U0717660

中国中古社会经济史论稿

李天石 著

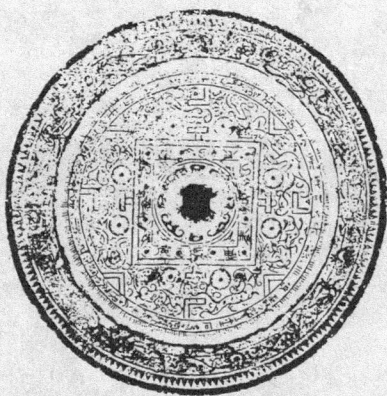

敦煌所出卖身、典身契约年代考

敦煌吐鲁番汉文文献中的奴婢资料及其价值

敦煌吐鲁番汉文文献中奴婢资料的再整理

略谈敦煌、吐鲁番经济文献研究

从睡虎地秦简看秦朝奴隶与唐代奴婢的异同

从张家山汉简与唐律的比较看汉唐奴婢的异同

试论晋魏士家制度对中古贱民身份制的影响

从出土文献看六朝时期西北地方法的特点

西凉大姓略考

试论北魏时期良贱身份制度的法典化

试论中古籍帐中贱口登录形式的演变

从刘宋「符伍连坐」问题的讨论看南朝的奴客

萧衍覆齐建梁考论

略论侯景之乱中梁人的向背及奴婢的作用

从判文看唐代的良贱制度

试论唐代的奴婢制度及其变化

试论两税法对唐代良贱制度的影响

从唐律与罗马法的比较看唐代奴婢的身份

论唐律与罗马法关于奴婢、奴隶规定异同的历史根源

唐宋奴婢的雇佣化趋势及中古良贱制的消亡

中古门阀制度的衰落与良贱体系的瓦解

唐代中后期奴婢掠卖的盛行及其原因

唐宪宗与韩愈谏佛骨事新论

略论元和年间唐宪宗对吏治的整顿

论唐宪宗元和年间唐朝与吐蕃的关系

试论唐宋时期淮南盐业的发展

从天盛律令看西夏转运司与地方财政制度

略论唐宪宗元和年间唐朝社会经济的整顿与发展

论宋夏争夺河西控制权述评

北宋东京蔬菜种植土地分布影响因素考察

改革开放40年来的中国古代经济史研究

江苏人民出版社

图书在版编目(CIP)数据

中国中古社会经济史论稿/李天石著.—南京：
江苏人民出版社,2020.12
ISBN 978-7-214-25705-5

Ⅰ.①中… Ⅱ.①李… Ⅲ.①中国经济史—中古—文
集 Ⅳ.①F129.4-53

中国版本图书馆 CIP 数据核字(2020)第 238205 号

书　　　名	中国中古社会经济史论稿	

著　　　者	李天石
责 任 编 辑	曹富林　刘　焱
特 约 编 辑	都　健　程丰余
责 任 监 制	王列丹
出 版 发 行	江苏人民出版社
出版社地址	南京市湖南路 1 号 A 楼,邮编:210009
出版社网址	http://www.jspph.com
照　　　排	江苏凤凰制版有限公司
印　　　刷	江苏凤凰数码印务有限公司
开　　　本	718 毫米×1000 毫米　1/16
印　　　张	43.5　插页 4
字　　　数	833 千字
版　　　次	2020 年 12 月第 1 版　2020 年 12 月第 1 次印刷
标 准 书 号	ISBN 978-7-214-25705-5
定　　　价	178.00 元(精装)

(江苏人民出版社图书凡印装错误可向承印厂调换)

　　李天石,男,1954 年生,山东济南人。1970 年参加工作。1978 年考入兰州大学。先后获兰州大学学士、硕士,南京大学博士学位。历任南京师范大学历史学讲师、副教授、教授,博士生导师,现任首都师范大学特聘教授。曾兼任南京师范大学社会发展学院院长、中国魏晋南北朝史学会理事、中国唐史学会理事、江苏省历史学会副会长、南京历史学会会长等职。曾多次应邀赴美国、日本、韩国等国及港台地区讲学、参加学术会议。先后主持完成国家社会科学基金重点项目、省部级重点项目、一般项目十多项。出版学术专著、编著教材等十多部,《中国中古良贱身份制度研究》一书入选"十五"国家重点图书出版规划。在《中国社会科学》《历史研究》《中国史研究》等中外学术刊物发表论文八十余篇。论著先后获江苏省哲学社会科学优秀成果一、二、三等奖五项,江苏省高校教学成果奖一项。

目　　录

自　序

　　人生苦短,不经意间,已经到了"奔七"之年。现在终于有时间坐下来编选一下自己的文稿了。

　　我是 1978 年考入兰州大学历史系后开始从事历史学学习与研究的。兰州大学历史学系 1946 年正式成立,著名国学大师顾颉刚教授担任首任系主任,著名史学家张舜徽、史念海、杨向奎、王树民等教授曾在此执教。1949 年中华人民共和国成立后,有赵俪生、张孟伦、李天祜、汤季芳等一批名家及由北京大学、复旦大学等名校毕业的高才生在这里任教。我们七八级同学,是恢复高考后入学的第二届学生,同首届七七级同学一样,大家经历过此前那个"史无前例"的时代,都特别珍惜来之不易的学习机会,大家学习异常刻苦努力,形成了特别好的学习氛围。因此谈到史学研究的起步,我要特别感谢母校及母校老师当年对我们的培养与教育,感谢历史系当年为我们成长提高创造的极好条件,也特别怀念同学们当年"为中华崛起"而努力学习、共同生活的美好时光。

　　此次选编入本书的史学文稿,系我从事史学学习与探索四十年以来陆续写就,大多已在中外正式刊物或出版物上发表过。内容大体涉及这样几个方面:一是关于敦煌吐鲁番出土文献;二是关于六朝史;三是关于唐宋史。这几方面大体上反映了我在史学领域学习与探索的范围。此外,还收录了部分序跋、书评、学术综述类文章。

　　关于敦煌吐鲁番出土文献,这是上世纪八十年代初,我跟随硕士导师齐陈骏先生学习时开始涉及的领域。本书前面所收的数篇均属出土文献考据或资料整理,大多与我重点研究的中古良贱身份制度相关。对于"考索之功"在史学中的作用,章学诚有名言曰:"高明者多独断之学,沉潜者尚考索之功,天下之学术,不能不具此二途。"章学诚既看重"独断之学",又不轻视"考索之功"。治史者若不具备考索之功,史料来源、史料存亡、史料真伪搞不清楚,那么立论的根基就难以牢固,也不可能形成真正的"独断之学"。

　　在治学的主攻方向上,我以唐史为重点。本科与研究生阶段,主要研读的是隋唐历史文献史料。接触的敦煌吐鲁番出土文献，也多以这一时段的资料为重点。而唐史研究的重点，我放在社会经济史方面，这除了恩师的引导之外，主要得益于当年学习赵俪生先生的中国土地制度史、金宝祥先生的唐代均田制、宁可先生的汉唐经济史等课程及拜读陈寅恪、何兹全、唐长孺诸大家著作后受到的影响。这些先生在中国史研究领域，都是既有"考索之功"，又真正具有"独断之学"。

在研究专题方面，我用力最多的则是中国中古的良贱身份制度，最初仅限于唐代的良贱身份制度，以奴婢身份为重点。1985 年到南京师范大学任教后，进一步拓展良贱身份制度研究的范围。特别是跟随南京大学魏良弢先生攻读博士学位之后，无数次的耳提面命，他要求我必须从长时段在更大的时空范围内来看待中国中古的良贱身份制度，搞清楚这一制度的来源及衰落的原因，要注意中外相关法律的比较，加强理论的综合分析。我最终以《中国中古良贱身份制度研究》的博士论文通过了答辩。2004 年，同名成果经专家评审入选南京师范大学"随园文库"，并入选国家"十五"重点图书出版规划，正式出版。收入本书中的多篇论文就是在探讨这个专题时陆续发表的。

初随导师齐陈骏先生学习时，他就一再告诫，研究唐史，不能不研究前后的朝代，必须通读魏晋南北朝的史料，掌握相关的研究成果，有条件时还要下延至宋史。齐师开出的重点阅读书目，除基本史料外，重点是陈寅恪先生的《隋唐制度渊源略论稿》、唐长孺先生的《魏晋南北朝史论丛》《魏晋南北朝史论丛续编》等。齐师指导我写作的本科毕业论文是四万多字的《论五凉政权中的世家大族》。当时承蒙导师厚爱，让我抽出部分内容发表在《兰州大学学报》（哲学社会科学版）上。收入此书中的《西凉大姓略考》即是那时完成的习作。来南京师大任教以后，身处六朝都城南京，进一步加强六朝史的学习与探索，我先后完成了江苏省哲学社会科学基金重点项目"六朝社会研究"等，出版了《六朝文化概论》（与许辉等先生合作）、《南朝文化》（与来琳玲等合作）等，同时发表了《萧衍覆齐建梁考论》等一批论稿。

宋与西夏史是我很早感兴趣的另一史学领域。这缘于我当年在大学学习李蔚先生宋史及西夏史课程时受到的启发。李蔚先生是宋史专家，亦是国内较早研究西夏史的名家。在他的指导下，我完成了第一篇宋史论文《宋夏争夺河西控制权述评》，经李先生推荐发表于《西北史地》。多年后，我又有幸与著名宋史专家陈振先生合作，完成了"研究生学习指南丛书"中《宋辽金史研究概述》一书（天津教育出版社 1995 年版）的写作。可以说在研习宋夏史方面，两位先生给了我很大帮助。

2013 年我承担了国家社会科学规划基金重点研究项目："西域出土中国中古法律文献比较研究"。课题组成员经过六年的艰苦努力，2019 年最终以结项优秀的成绩完成了项目。收入本书中的论文如《三至五世纪鄯善王国水利法初探》《试论三至五世纪鄯善王国奴隶制的几个问题——兼与中原奴婢制、罗马奴隶制比较》

《从出土文献看六朝时期西北地方法的特点》《从〈天盛律令〉看西夏转运司与地方财政制度——兼论宋夏地方财政制度的比较》等，即为其中的部分成果，全部成果不久将成书，正式出版。

我对历史人物用力较多的，是对唐宪宗的探索。唐宪宗李纯与唐太宗李世民、唐玄宗李隆基号称为唐帝"三宗"之一，以往人们比较重视唐太宗、唐玄宗、女皇武则天的研究，仅相关的著作就不下数十部，而对安史之乱后平定天下藩镇、再振大唐的唐宪宗却研究甚少，成果有限。专著最早仅有赵文润、拜根兴两先生的《唐宪宗》（三秦出版社 1992 年 7 月版）一书，虽只有十多万字，但筚路蓝缕，诚属不易。此外，学界有关唐宪宗的研究论文也不多，很多问题需要深入探讨。1994 年我应东北师范大学任爽先生之约，完成了唐帝列传之一《唐宪宗》（吉林文史出版社 1995 年版）一书的撰写。2016 年，我又应人民出版社之邀，为"历代帝王传记"丛书撰写了 42 万字的《唐宪宗传》一书（人民出版社 2017 年版），此间，我还围绕着唐宪宗问题，撰写了一批论文，现拣选数篇收入本书。

在江苏地方史、南京地方史研究方面，我先后主编出版了《江苏通史·宋元卷》（与潘清等合作）、《南京通史·隋唐五代宋元卷》（与王淳航、骆详译等合作）等。《江苏通史》曾获江苏省政府哲学社会科学优秀成果一等奖。本书收入了数篇相关文稿。另外，我为魏良弢师主编的、由中国青年出版社出版的《史著英华》一书所写的"三通"评介文章，考虑到对青年初学者也许还有用，也一并收入书中。

本书第二部分是书序、书评、学术动态等。其中有些是我为自己著作写的序言、导论等，有些是我为学人著作写的序言、书评。清人顾炎武曾批评"人之患在好为人序"，但我想顾炎武批评的是那些自己不了解所序书的内容、又想利用作序赢得声誉或书的作者想利用作序者身价扩大书的影响的人。而我对所序书的内容都是有感而发，所序多在数千言以上，是我对书中相关学术问题的评论，且我也不是什么大咖名人，想来作者也不必借我之名抬高书的身价。

最后几篇文章属于学术动态的介绍，有的虽然发表时间已久，但对初涉此领域者也许还有一定的参考价值。

书稿中多数文章的内容可归于宽泛的社会经济史范围，故以此为书名。

"文章天下事，得失寸心知"。由于论稿完成于不同时期，前后历经多年，随着时间的推移及新资料的发现，有些论点也许需要修正，有些史料可能需要补充，回头看遗憾不少，但为尊重历史原貌起见，除明显的字、句之误外，未作大的改动。个别文献的注释，为方便今天读者，改为易见的通行版本。我的学术水平与能力都很有限，所选论稿中难免有许多谬误与不当之处，敬乞同行及读者给予批评指正。

敦煌所出卖身、典身契约年代考

　　十九世纪初发现的敦煌石室遗书中,有八件唐五代宋初的卖身、典身契约。多年来,国内外学者都很重视对这批契约的研究。但令人遗憾的是,这批卖身典身契约,大多无明确纪年,仅仅标之以干支。部分契约的具体写作年代一直不十分清楚,因而妨碍了人们对这些契约的科学分析和充分利用。这里,笔者就所见资料,对这几件契约的具体写作年代试加考证。

　　敦煌所出八件卖身、典身契约的编号、名称、纪年及资料刊布处见下表:

文书编号	契约名称	年号或干支纪年	资料来源
斯 3877 号	阿吴卖儿契	丙子年	唐耕耦、陆宏基:《敦煌社会经济文献真迹释录》二,第 47 页
斯 1398 号	郭定成典身契	壬午年	唐耕耦、陆宏基:《敦煌社会经济文献真迹释录》二,第 53 页
斯 1946 号	韩愿定卖妮子契	淳化二年	唐耕耦、陆宏基:《敦煌社会经济文献真迹释录》二,第 49 页
斯 3573 号	曹留住卖人契	贞明九年	唐耕耦、陆宏基:《敦煌社会经济文献真迹释录》二,第 48 页
伯 3150 号	吴庆顺典身契	癸卯年	唐耕耦、陆宏基:《敦煌社会经济文献真迹释录》二,第 51 页
伯 3964 号	赵僧子典儿契	乙未年	唐耕耦、陆宏基:《敦煌社会经济文献真迹释录》二,第 50 页
北图余字 81 号	何通子典儿契	辛巳年	唐耕耦、陆宏基:《敦煌社会经济文献真迹释录》二,第 52 页
敦煌研究院 0298 号 0299 号	胡奴多宝买卖市券契	天宝或乾元年间	《文物》1972 年第 12 期

表中所列契约,有明确纪年的只有斯坦因编 1946 号《韩愿定卖妮子契》与伯希和编 3573 号《曹留住卖人契》。后者贞明九年实为后唐庄宗同光元年,即 923 年。前者据契文所记,其书写年代为北宋淳化二年辛卯岁十一月十二日,即公元 991 年 12 月 20 日。

通过相连文书,可以间接证明年代的有斯编 1398 号《郭定成典身契》。此件契约的笔迹与后面相连的《宋太平兴国七年壬午岁吕佳盈等卖宅、卖地契》笔迹相同,①可证《郭定成典身契》的壬午年即太平兴国七年,即 982 年。

敦煌研究院收藏的《胡奴多宝买卖市券契》,原件亦无年代。经施萍婷等先生考订,其书成年代当在天宝或乾元年间。②

现在年代不详的契约还有《阿吴卖儿契》《吴庆顺典身契》《赵僧子典儿契》《何通子典儿契》。下面根据唐耕耦、陆宏基:《敦煌社会经济文献真迹释录》录文部分及影印原件,分别录出原文,并考证其写作的具体年代。

一、《丙子年阿吴卖儿契》(S3877)

1. 赤心乡百姓王再盈妻阿吴,为缘夫主早亡,男女

2. 碎小,无人求(救)济,急(给)供依(衣)食,③债负深圹(广),今将福(腹)生

3. 儿庆德,柒岁,时丙子年正月廿五日,立契出卖与

4. 洪润乡百姓令狐信通,断作时价干湿共叁拾石。

5. 当日交相付讫,一无玄(悬)欠。其儿庆德自出卖与

6. 后,永世一任令狐信通家□□□□(世代为主)。④ 不许别人论

7. 理。其物所买儿斛斗,亦□□,或有恩敕流

8. 行,亦不在论理之限。官有政法,人从私契。恐

9. 后无凭,故立此契,用为后验。

此件契约,日人仁井田陞曾在著作中引用,对文书的具体写作年代没有确定。⑤ 法

---

① 影印原件亦见台湾黄永武主编《敦煌宝藏》第 10 册,新文丰出版社 1981 年版,第 408 页。
② 施萍婷文见《文物》1972 年第 12 期。池田温《中国古代籍账研究》第 490 页界定为 744—758 年。
③ 影印件亦见《敦煌宝藏》第 32 册,第 100 页。唐耕耦、陆宏基:《敦煌社会经济文献真迹释录》录文为"供急衣食",有误。
④ 据唐耕耦、陆宏基:《敦煌社会经济文献真迹释录》录文,为"世代为主",但核以影印原文,似以"世为家业"为是。
⑤ 仁井田陞文见《西域研究》第 2 册 1959 年版。

人吴其昱在一篇论文中曾估测此契约"可能"书于公元916年，①但没有提出论据，因此有必要详细论证。

从契约第三行"时丙子年正月廿五日"一句来看，《阿吴卖儿契》是以干支纪年的，此乃唐朝后期吐蕃人占领沙州以后，敦煌文书纪年的一个特征。

公元八世纪中叶，安史之乱爆发，唐王朝为平定安史之乱，将西北守军东调，致使陇右空虚，吐蕃人乘机由东而西攻占河西走廊。贞元二年（786年），沙州城失陷，②从此敦煌地区为吐蕃人所控制，敦煌行用的各种文书不再使用唐朝年号纪年，而仅标之以天干或地支，《阿吴卖儿契》以丙子纪年，说明此契的书写年代必在公元786年吐蕃占领沙州以后。吐蕃人占领沙州不久，废除唐朝在沙州设立的乡里制度，而代之以曷骨萨、撩龙、丝绵、行人等吐蕃部落制度，因而这一时期的敦煌文书，凡涉及具体地名，皆以某某部落称之。大中二年（848年），沙州人张议潮率人民起义，赶走吐蕃统治者，以河西十一州之版图重新归附唐王朝。不久，废除吐蕃部落制度，重新恢复唐朝的乡里旧制。此时期的敦煌文书，虽然仍有以干支纪年的，但涉及具体地名，都复用唐时乡里旧名。《阿吴卖儿契》中"赤心乡"、"洪润乡"，都是唐时旧称，这说明此契约的书写年代又在大中二年（848年）以后。

查848年到宋初，丙子年共有三个，即856年、916年、976年。《阿吴卖儿契》当书于其中一年。

斯坦因编3877号文书，乃是一长卷，背文除《阿吴卖儿契》，尚写有《乾宁四年张义全卖宅契》《天成（？）二年壬戌年曹大行换舍地契》和《天复九年安力子卖地契》。这几件文书可以提供《阿吴卖儿契》书写年代的线索。

张义全、曹大行宅舍及安力子田土的买主和换主都是令狐信通，与阿吴儿庆德的买主同为一人，因此《阿吴卖儿契》的书写年代与这几件契约的书写年代大体相当。"乾宁"是唐昭宗年号，《张义全卖宅契》所书乾宁四年乃897年。《曹大行换舍地契》的订立时间，据契文所记为"天成贰年壬戌岁"中，但查《二十史朔闰表》，天成二年的干支并非壬戌，而是丁亥，壬戌岁实际是天复二年（902年）。因此，契文中天成二年有可能系天复二年之误。由于无其他证据，我们且把《曹大行换舍地契》视作后唐天成二年（927年）订立的文书。

《安力子卖地契》，据契文所记，订立于天复九年。"天复"亦唐昭宗年号，但只行用了两年，无天复九年。出现这种情况的原因，据有的学者分析，是由于朱温篡唐以后，张承奉政权为表抵制，继续行用唐昭宗年号的结果。③按"天复九年"推计

---

① 吴其昱：《有关唐代和十世纪奴婢的敦煌卷子》，原载巴黎-日内瓦1979年出《敦煌论文集》第1卷。耿昇译文载《敦煌学辑刊》1984年总第6期，第141页。

② 关于吐蕃占领沙州的时间，学界有不同看法，此处采陈国灿贞元二年说。

③ 参见李正宇：《关于金山国和敦煌国建国的几个问题》，载《西北史地》1987年第2期。

下来,《安力子卖地契》的订立时间是后梁开平三年(909年)。

由以上三件契约可以看出,令狐信通此人的活动大约在897年到927年左右,即九、十世纪之交。这样,就排除了《阿吴卖儿契》订立于十世纪之末这一丙子年的可能。因为按年龄推计,乾宁四年(897年)令狐信通买张义全宅时,即使只有二十岁(实际可能远远超过二十岁),到976年这一丙子年时,也已年及百岁。古人长寿百岁者极少,且百岁老人买七岁小儿亦于理不通。

现在,进一步分析856年和916年这两个丙子年。

在令狐信通与人订立的以上几个契约中,《张义全卖宅契》所书的买主是"令狐信通兄弟"二人,而《曹大行换舍地契》《安力子卖地契》及《阿吴卖儿契》所书的买主都是令狐信通一人。按通常情理分析,兄弟共同立户,时间应当在先,兄弟分别立户,时间应当在后。由此推断,乾宁四年令狐信通买张义全宅舍时,兄弟尚未分家别居,故契约所书买主为兄弟二人。到"天复九年"时,令狐信通兄弟已分家别居,故此后的几个契约,买主都只有令狐信通一人了。由此可见,《阿吴卖儿契》订立的时间当在乾宁四年(897年)之后的第一个丙子年,即916年。

此外,纪年方式的变化也说明《阿吴卖儿契》订立于916年。

从敦煌文书来看,敦煌地方政权使用唐昭宗天复年号纪年,一直到天复十年为止。此后一段时间到后梁贞明三年,六年间(910—917年),敦煌地区的文书不用任何年号,仅以干支纪年。①《阿吴卖儿契》正是订立于这一个时期,所以用丙子纪年,不用中原王朝年号。而在这一时期之前订立的《张义全卖宅契》《安力子卖地契》及这一时期之后订立的《曹大行换舍地契》则都以中原王朝年号纪年,这证明前面对《阿吴卖儿契》写成年代的判定无误。

二、《癸卯年吴庆顺典身契》(P3150)

1. 癸卯年十月廿八日慈惠乡百姓吴庆顺兄弟三人商拟(议),为缘
2. 家中贫乏,欠负广深,今将庆顺己身典在龙兴寺索
3. 僧政家。见取麦壹拾硕,黄麻壹硕陆斗,准麦叁硕
4. 贰斗,又取粟玖硕,更无交加。自取物后,人无雇价,物无
5. 利头,便任索家驱驰。比至还得物日,不许左右,或若到
6. 家被恶人构卷,盗切(窃)他人牛羊园菜麦粟,一仰庆顺
7. 抵当,不干主人之事。或若兄弟相争,延引抛功,便同雇
8. 人逐日加物叁斗。如若主人不在,所有农(具)遗失,亦仰庆顺

① 参见李正宇:《关于金山国和敦煌国建国的几个问题》,载《西北史地》1987年第2期。

9. 填倍（赔）。或若瘥出病死，其物本在，仰二弟填还。两共面

10. 对商量为定。恐人无信，故立此契，用为后凭。

11. 又麦壹硕粟贰斗，恐人不信，　　　　　只（质）典兄吴庆顺（押）

12. 押字为凭。　　　　叔吴佛碑（押）　同取物口承弟吴万升（押）

13. 　　　　　　　　　　　　　　　同取物口承弟吴庆信（押）

14. 　　　　　　　　　　　　　　　口承见人房叔吴佛婢（押）

15. 　　　　　　　　　　　　　　　见人安寺主（押）

此件契约的具体年代，日人仁井田陞、法人吴其昱都未明确判定，唐耕耦先生认为此契书成年代在公元943年，但没有说明其判定的根据。①

此件契约使用干支纪年，其写成年代当在贞元二年（786年）之后。又契约中的地名不用吐蕃部落名称，而用"慈惠乡"等唐朝乡里旧制，可证其写成年代又在大中二年（848年）沙州张议潮起义之后。

查大中二年到宋初，癸卯年共有两个，即883年和943年，此件契约当写于其中的一年。

从契约内容来看，吴庆顺是典身于敦煌著名的大寺龙兴寺的索僧政，契约中的知见人安寺主，根据寺主主要职掌寺院外部事务、凡涉外契卷文书皆由寺主署押的规定来看，②亦应是龙兴寺的寺主。这里，如果能够确定索僧政、安寺主担任龙兴寺僧职的大体时间，便可以判定《吴庆顺典身契》究竟是订立于883年还是943年。

在敦煌文书中，涉及沙州龙兴寺的文书还有数件，其中比较重要的是斯坦因编2614号《敦煌诸寺僧尼名簿》。这个名簿较完整地列出了沙州诸寺的僧政、僧尼、新旧沙弥。其书写年代，日人滕枝晃认为在乾宁二年（895年），日人池田温及国内陈国灿先生认为在九世纪晚期，证据之一便是名簿中出现的"新沙弥"绍净，曾出现在有明确纪年的《光化三年四月徒众绍净请乞寺主牒》中。光化乃唐昭宗年号，光化三年即900年。在诸寺名簿中，绍净尚为"新沙弥"，而在乞寺主牒中，绍净已能领头乞寺主，由此可见，《敦煌诸寺僧尼名簿》的书成时间，必在光化三年（900年）以前。绍净由"新沙弥"上升为有资望的僧人，至少也需相当一段时间，按此推断，《敦煌诸寺僧尼名簿》的书成时间当在880年至890年左右。

在《敦煌诸寺僧尼名簿》中，载有龙兴寺僧政、僧徒五十余人完整的名单。从名簿来看，九世纪末担任龙兴寺僧政的是翟氏，而不是索氏。名簿中虽有一索氏，但僧职是法官。名簿中亦有一安氏，但从排列在后的情况看，不可能是寺主。我们知道，寺院中的僧职是相对稳定的，僧政、寺主非有一定资望者莫能任之，由此可以推

---

① 见唐耕耦：《唐五代时期的高利贷》，载《敦煌学辑刊》总第9期。

② 见王素：《高昌至西州寺院三纲制度的演变》，载《敦煌学辑刊》总第8期。

断,《吴庆顺典身契》中的索僧政、安寺主,担任僧职的时间不在883年这一癸卯年,只能是在943年左右。索僧政、安寺主担任僧职的时间既经确定,那么《吴庆顺典身契》的书成时间必在943年这一癸卯年无疑。

三、《乙未年赵僧子典儿契》(P3964)

1. 乙未年十一月三日立契,塑匠都料赵僧子,伏缘家中户内有地
2. 水出来,缺少手上工物,无地方觅。今有腹生男苟子只(质)典与
3. 亲家翁贤者李千定,断作典直价数:麦贰拾硕,粟贰
4. 拾硕。自典已后,人无雇价,物无利润。如或典人苟子身上病
5. 疾疮出病死者,一仰兄佛奴面上取于本物。若有畔上及城
6. 内偷劫高下之时,仰在苟子抵当。忽若恐怕人无凭信。
7. 车无明月,二此之间,两情不和,限至陆年。其限满足,容许
8. 修赎。若不满之时,不喜(许)修(收)赎。伏恐后时交加,故立此
9. 契,用为后凭。
10. 　　　　只(质)典身男苟子(押)
11. 　　　　只(质)典口承兄佛奴(押)
12. 　　　　商量取物父塑匠都料赵僧子(押)
13. 　　　　知见亲情米愿昌(押)
14. 　　　　知见亲情米愿盈(押)
15. 　　　　知见并畔村人杨清忽(押)
16. 　　　　知见亲情开元寺僧愿通(押)

此件典儿契的订立年代,法人吴其昱认为在815年到995年之间。时限过大,须进一步考订其具体写作年代。

契约以干支纪年,其写成年代必在贞元二年(786年)吐蕃攻占沙州之后。契约中未涉及地方名称,故无以判定其属于吐蕃占领时期还是归义军政权时期。查贞元二年以后到宋朝初年,乙未年共有四个,即815年、875年、935年、995年。此契当书于其中的一年。

检读其他敦煌文书,可以发现《赵僧子典儿契》中的知见人之一,开元寺僧愿通出现于斯坦因编2614号《敦煌诸寺僧尼名簿》中。在分析前面契约时已谈到,此僧尼名簿的书成年代在九世纪末期,与愿通同列于僧尼名簿的绍净曾出现在《光化三年四月徒众绍净请乞寺主牒》中。由此可以判定,《赵僧子典儿契》所书的乙未年,当是靠近九、十世纪之交的875年或935年。

进一步分析,在《敦煌诸寺僧尼名簿》中,愿通是被列在"新沙弥"之列的。而

在《赵僧子典儿契》中,愿通却被直书为"开元寺僧",按佛寺制度,"新沙弥"为新入寺者,故愿通当新沙弥的时间必定在先,为开元寺僧的时间必定在后。又从敦煌所出诸契约来看,担任知见者多是年老长者(有些契约知见人径直书为"耆寿某某某"),不可能是涉世未深的年轻沙弥。由此可以断定,《赵僧子典儿契》的书成年代必在《敦煌诸寺僧尼名簿》之后。而名簿书成以后的第一个乙未年乃是935年,《赵僧子典儿契》当书于此年,即五代时后唐清泰二年。

四、《辛巳年何通子典儿契》(北图余字81号)

1. 辛巳年五月八日立契,洪池乡百姓何通子,伏缘家中
2. 常亏物用,经求无地,获设谋机,遂将腹生男善
3. 宗只(质)典于押牙(下空)

此件典儿契系未成之稿,从以干支纪年来看,契约书成于贞元二年(786年)吐蕃占领沙州以后,又契约中地名不用吐蕃部落称谓,而使用"洪池乡"唐代乡里旧称,说明此契书成年代又在张议潮大中二年(848年)率沙州人民起义之后。从大中二年到宋初,辛巳年共有三个,即公元861年、公元921年、公元981年。

由于此契后部未完成,且缺少相关资料的佐证,我们很难确定此契究竟书成于以上三年中的哪一年,但从敦煌典身契约大多出自五代的情况来看,我们比较倾向于它的书成年代在921年或981年。

以上笔者对敦煌所出几件卖身、典身契的具体写作年代进行了初步考证。现将各契书成年代表列如下:

文书编号	契约名称	年号或干支纪年	相当公元年代
斯3877号	阿吴卖儿契	丙子年	916年
斯1398号	郭定成典身契	壬午年	982年
斯1946号	韩愿定卖妮子契	淳化二年	991年
斯3573号	曹留住卖人契	贞明九年	923年
伯3150号	吴庆顺典身契	癸卯年	943年
伯3964号	赵僧子典儿契	乙未年	935年
北图余字81号	何通子典儿契	辛巳年	921或981年
敦煌研究院0298号0299号	胡奴多宝买卖市券契	天宝或乾元年间	744—758年

(原刊《敦煌学辑刊》1998年第1期,总33期)

敦煌吐鲁番汉文文献中的
奴婢资料及其价值

在中国中古时期社会经济、阶级关系的研究中,奴婢问题是一个重要的问题。搞清楚这个问题,对于认识我国中古社会的性质,认识奴婢在当时社会生产、生活中的地位作用,对于认识中国封建社会转折时期阶级关系的一些特点,都具有十分重要的意义。

中国现存的传世文献,由于种种原因,特别是由于封建史观的影响,有关奴婢的情况在正史中极少得到反映。封建文人笔记小说中,虽然奴婢的资料相对多一些,但这些资料大多支离破碎,凌乱芜杂。据此要对中古时期的奴婢问题得出全面清晰的认识,是有不少困难的。

十九世纪以来,敦煌吐鲁番文书的发现,为我们研究奴婢问题,提供了大量的第一手的宝贵资料。如果将这些资料与传世文献结合起来加以研究,无疑会使我们对中古时期的奴婢问题产生一些新的认识,加深对这一问题的理解。鉴于这一目的,本文试将敦煌吐鲁番汉文文献中有关奴婢的资料加以分类介绍,并略论其价值。

一

根据台湾地区黄永武主编《敦煌宝藏》、中国社科院编《敦煌资料》第一辑、国家文物局等单位合编的《吐鲁番出土文书》一至八册,以及日本池田温编《中国古代籍帐研究》录文的统计,敦煌吐鲁番汉文文书中涉及奴婢的文书在一百件以上。如果加上尚未公开发表文书中的奴婢资料,其总数还要多。这些文书跨越的年代约从四世纪到十一世纪,所涉及的范围包括奴婢的身份、地位、来源、数量,奴婢从事的劳动,奴婢的买卖、放良,奴婢的管理,官府的奴婢政策等等,年代久长,内容丰富。

我们将敦煌吐鲁番汉文文书中的奴婢文书分为"直接资料"和"间接资料"分别加以介绍。所谓直接资料,是指文书当初便是专为奴婢事宜而写就的,如奴婢买卖、价格文书,悬捕逃奴文书,奴婢放良文书等等。所谓间接资料,是指文书不是专为奴婢事宜而写,而是在有关户籍、手实、计帐、名簿、过所、狱讼辞等文书中间接反映奴婢情况的资料。

下面首先介绍敦煌汉文文书中的奴婢资料。

敦煌汉文文书中,直接反映奴婢情况的资料有十五件,按其性质又可分成两类。一类是关于卖身、典身为奴及奴婢市场价格的文书,共八件(以下凡未注明出处的敦煌文书皆见《敦煌资料》或《敦煌宝藏》)。

(1) S3877 号《丙子年阿吴卖儿契》。此件契约全文八行。书写年代据笔者考证,在后梁贞明二年,916 年。[①]

(2) P3964 号《乙未年赵僧子典儿契》。此件契约全文十六行。其年代据笔者考证在后唐清泰二年,935 年。

(3) P3150 号《吴庆顺典身契》。此件契约全文十五行。其中代据笔者考证为后晋天福八年,943 年。

(4) S1398 号《郭定成典身契》,此件契约全文三十三行。据相连的另一件宋太平兴国七年的文书判断,书成年代当在 982 年左右。

(5) S1946 号《韩愿定卖妮子契》,此契约全文十八行,是敦煌奴婢买卖文书中唯一一件有明确纪年的文书,书成中代在北宋淳化二年,991 年。

(6) 北图余字 81 号《何通子典儿契》,此件文书残损严重,仅余两行字。其书成年代估计在 921 年或 981 年。

(7) 敦煌文研所收藏《胡奴多宝买卖市券契》,存九行文字。原文发表于《文物》1972 年 12 期,施萍婷等曾撰文介绍,认为其书成年代在唐天宝三年到唐乾元元年之间,即 744 年到 758 年。

(8) 四川省图书馆收藏有一件唐代沙州市场价格的文书,张勋燎、朱雷先生先后撰文加以研究介绍,定名为《唐沙州某市时价簿口马行时沽》。[②] 此件文书虽只残存九行,却是研究唐代奴婢市场、价格、奴婢买卖制度的最直接、最宝贵的资料。

敦煌文书中直接反映奴婢情况的另一类资料是关于奴婢放良的文书,共七件:

(1) S6537 号《家童再宜放良书》,此文书存十五行,年代不详。反映了奴婢再宜劳作十年后被放良。

(2) S6537 号《放良书》,此件文书与上件为同一卷,残存文字三行。反映奴婢

---

① 此件及以下两件契约的书成年代,见李天石:《敦煌所出诸卖身、典身契约年代考》,载《敦煌学辑刊》1998 年第 2 期。

② 张勋燎:《敦煌石室奴婢马匹价目残纸的初步研究》,载《四川大学学报》1978 年第 8 期;朱雷:《敦煌所出〈唐沙州某市时价簿口马行时估〉考》,载《敦煌吐鲁番文书初探》,武汉大学出版社 1983 年版。

专甲被放良的情况。似是放良范文。

（3）S5706 号《放良书》，此件文书残存五行。反映了一些奴婢在战争中死亡，主人将他们放良的情况。

（4）S0343 号《放良书》（一），残存七行文字。

（5）S0343 号《放良书》（二），残存八行文字。此件文书与上件放良文，同书于 S0343 号文书背面。

（6）S4374 号《放良书》，此件全文十五行，是一份奴婢放良的范文。

（7）S5700 号《后唐清泰三年放家童契》，全文三十行，反映了后唐清泰三年某人放家童青衣女专甲的情况。似是放良范文。

敦煌文书中间接反映奴婢的资料，据初步统计，约有二十多件。按其性质也可以分为四类。第一类是敦煌的户籍、手实、名簿等。

（1）S0514 号《唐大历四年沙州敦煌县悬泉乡宜禾里手实》，此件手实记载了二十一户的情况，其中索思礼一户拥有奴婢四人，除奴安安死亡外，其余三人皆是成丁。此件文书曾引起学者们高度重视。

（2）S0613 号《邓延天富等户残卷》，此件经日本学者山本达郎等重新组合整理，定名为《西魏大统十三年瓜州效谷郡计帐》，此件文书为学术界所瞩目，文书中九户五十六人，其中二人为婢女。

（3）S3287 号《子年氾履倩等户残牒》，此文书是吐蕃占领时期的文书，文书中四户六十三人，其中奴婢多达十一人，约占总人口百分之二十。

（4）《唐定兴等户残卷》，原为北京萃文斋洛竹筼藏，现藏上海图书馆。此件文书，日本池田温定名为《唐河西支度营田使户田给谷簿》。姜伯勤认为其书成年代在 760 年至 789 年之间。[①] 文书中残存三十九户一百六十六人，其中四户有奴婢十三人，占总人口的百分之七。

（5）《宋端拱三年沙州户邓守存等户口受田簿》，文书上有归义军节度使之印，存两户十七人，其中奴婢多达十三人。文书载入日本池田温《中国古代籍账研究》录文部分。

（6）S0542 号背面《沙州诸寺寺户妻女名簿》文书记大云寺有婢菊花、婢见相，这可能是作为寺户家眷的婢女。

（7）日本京都有邻馆敦煌文书 51 号《唐大中四年十月沙州令狐进达申请户口牒》，文书反映令狐进达家口三十四人中有奴婢四人。

（8）《敦煌陈长敦受田籍》，文书残存一户八人，其中奴婢有六人。文书钤有归

---

① 姜伯勤：《上海藏本敦煌所出河西支度营田使文书研究》，载《敦煌吐鲁番文献研究论集》（二）。北京大学出版社 1983 年版。

义军节度使之印,可能是宋初文书。文见日本《西域出土汉文文献分类目录初稿.非佛教文献之部·古文书类 I》。

第二类间接反映奴婢情况的敦煌资料是分家样文、遗书、官府榜文等。

(1) S4374 号文书为《分家书样文》,文中所列家产包括了奴婢。

(2) S2199 号《唐咸通六年尼灵惠唯书》,记载尼灵惠临终将一家生婢女威娘作为遗产传给了侄女潘娘。

(3) P3410 号《僧崇恩处分遗物凭据》,记载崇恩将一买得的小女子作为遗产传给女儿娲柴。

(4) 大谷 2836 号《长安三年三月录事董文彻牒》,文中涉及家奴客的情况。

第三类间接反映奴婢情况的敦煌资料是法律文书,这是研究奴婢法律地位的重要资料。

(1) P3608、3252 号《职制、户婚、厩库律残卷》,全文存一百七十一行。写成年代在载初元年到神龙元年之间(689—705 年)。文书中有关奴婢的法律条文甚多,与传世本《唐律疏议》有关条文颇有不同,值得高度重视。①

(2) Дx1391《名例律残卷》,残存十五行,其中两处涉及奴婢。文书现藏列宁格勒苏联科学院东方研究所。

(3) 河字十七号《名例律疏残卷》,残存一百四十三行。数处条文涉及奴婢。文书现藏北京图书馆。

(4) P3078 号《神龙散颁刑部格》,其中涉及奴婢的格文有五条。原文见池田温《中国古代籍账研究》(录文)。

第四类间接反映奴婢情况的敦煌资料是文书中各种体裁的文学作品。这些作品的故事情节虽多是虚构,但所反映的奴婢制度却是作品写作时代的情况。如多达十个写本的变文《捉季布文》、S2073 号《庐山远公话》便反映了唐代奴婢买卖的制度及奴婢价格。再如 P3350 号的《下女词》,虽是民间喜庆歌唱之词,但词文却反映了当时奴婢从事的各种劳动,对于了解唐代奴婢的役使情况有一定价值。其他能够反映奴婢情况的文学作品还有不少,此处不一一罗列。

二

吐鲁番文书中涉及奴婢的资料,据对《吐鲁番出土文书》第一至八册及日本池田温氏《中国古代籍账研究》录文的统计,约有七十余件,其中也可以分为直接反映

① 刘俊文:《敦煌吐鲁番发现唐写本律及律疏残卷研究》,载《敦煌吐鲁番文献研究论集》(一),北京大学出版社 1982 年版。

奴婢情况的资料和间接反映奴婢情况的资料二类。

直接反映奴婢情况的吐鲁番文书,计有四十多件。按其不同内容,又可分为这样几类:

第一,关于奴婢买卖的文书,共有六件:

(1) 75TKM96:38《买奴残文书》,此件文书残存四行,反映一道人买得一奴,名承使,身价未载。此件可能与75TKM96:21《悬捕逃奴赏格班示》有关系,文书年代在北凉玄始十二年至义和二年之间,即423—432年。[1]

(2) 75TKM99:6(a),《北凉承平八年翟绍远买婢卷》,此件文书较完整,共七行,记载翟绍远从石阿奴处买一婢,名绍女,年廿五岁,身价为龟兹锦三张半。文书的年代是北凉承平八年,但也有可能是高昌王鞠嘉的年号。[2]

(3) 60TAM337:11/10《唐永徽元年西州高昌县范欢进买奴契》,文书残存七行,且每行都不完整,内容是范欢进从张怀□处以练买得奴婢一人,练数已缺。

(4) 64TAM4:29(a)《唐龙朔元年左憧熹买奴契》,契约存九行,反映左憧熹从张庆住处买奴一人,字申得,年十五岁,身价为水练六匹,钱五文。买主左憧熹在文书中多次出现,既出租田地菜园,又放高利贷,其身份绝非普通百姓。

(5) 60TAM317:30/7《唐某人买奴契》,文书残存四行。买主卖主都已缺,被买奴婢□□[富],年十三岁,买主以练买得,练数不清。文书年代据同墓其他文书判断,不晚于唐龙朔二年,662年。

(6) TAM509《唐开元十九年二月西州兴胡米禄山卖婢市券公验》,原文发表于《文物》1975年第1期,王仲荦撰文介绍。文书共十六行,反映兴胡米禄山将一个十一岁女婢失满儿出卖给唐荣,得练四十匹,请官府给予市券公验。此文书完整,内容重要,是研究唐代奴婢买卖制度的宝贵资料。

第二,关于奴婢的名籍、账簿等,此类文书约有十余件。为简便明了起见,现将文书名称、年代、编号、文书中所记奴婢数量及资料来源列成表一:

表一　吐鲁番出土部曲奴婢名簿籍账

文书编号或藏处	年代	朝代	文书名称	奴婢数	资料刊布处
75TKM91:17	408—436	西凉	奴婢月廪麦账	3	《敦煌吐鲁番出土文书》第一册
75TKM90:33/1—3	约482	高昌王国	高昌□建等奴主名籍	8	《敦煌吐鲁番出土文书》第二册

[1] 文中所列吐鲁番文书年代,皆据国家文物局古文献研究所、武汉大学等单位编《吐鲁番出土文书》的考订。

[2] 本件文书的年代见国家文物局古文献研究所等:《吐鲁番出土文书》第一册第138页注释。

文书编号或藏处	年代	朝代	文书名称	奴婢数	资料刊布处
64TAM15:21	641	唐代	唐西州高昌县弘宝寺僧及奴婢名籍	6	《敦煌吐鲁番出土文书》第四册
64TAM35:43	685—704	唐代	武周先漏新附部曲客女奴婢名籍	68	《敦煌吐鲁番出土文书》第七册
72TAM187:211b	687年后	唐代	唐部曲奴婢名籍	5	《敦煌吐鲁番出土文书》第八册
日本东京国立博物馆	716	唐代	开元四年柳中县高宁乡藉	3	《中国古代籍账研究》245页
73TAM192:21a	约719	唐代	唐奴安保等残籍	3	《敦煌吐鲁番出土文书》第八册
72TAM216:12/7	742—751	唐代	唐奴宜保等残籍账	3	《敦煌吐鲁番出土文书》第八册
日本书道院流沙遗珍14	747	唐代	交河郡佛寺给家人春衣历	8	《中国古代籍账研究》214页
日本大谷文书	742—756	唐代	唐交河郡籍	2	《中国古代籍账研究》262页

表中所列年代只是大约时间,所列奴婢数由于文书残缺,大多仅是最低数字。有些文书名籍登录的不仅是奴婢,但以奴婢居多,故列此。

第三,官府有关奴婢事宜的文书。内容包括奴婢的附除,逃奴的悬捕,奴婢的诉讼词,关于奴婢的牒文、榜文等等约二十件,下面按年代顺序列成表二:

表二 吐鲁番出土奴婢附除、辩词等官文书

文书编号	年代	文书名称	资料刊布处
75TKM89/1-2	541	高昌都官下交河郡司马主者符为检校失奴事	《吐鲁番出土文书》第一册
73TAM206:42	618—684	唐勘问婢死虚实对案录状	《吐鲁番出土文书》第五册
69TKM48:8	650	唐永徽元年后报领皮账	《吐鲁番出土文书》第四册
73TAM210:136/16	649—763	唐奴某残辩辞	《吐鲁番出土文书》第六册

文书编号	年代	文书名称	资料刊布处
73TAM507：012/1	676—680	唐某人申状为欠练、马事	《吐鲁番出土文书》第五册
66TAM61：22(a)	665	唐麟德二年张玄逸辩为失盗事	《吐鲁番出土文书》第六册
66TAM61：23(a) 27/1-2	665	唐麟德二年婢春香辩辞为张玄逸失盗事	《吐鲁番出土文书》第六册
66TAM61：24(a)	665	唐麟德二年知是辩辞为张玄逸失盗事	《吐鲁番出土文书》第六册
64TAM35：16	664—707	唐西州高昌县追人勘问帖	《吐鲁番出土文书》第七册
日本大谷文书	664	唐麟德元年养婢牒残卷（二件）	《敦煌资料》第一辑
73TAM518：2/7	664—706	唐史李明牒为大女阿春德首附事	《吐鲁番出土文书》第七册
64TAM29：114.115	672—685	唐匡□奴莫贺吐辩辞	《吐鲁番出土文书》第七册
64TAM29：102	672—685	唐绿叶辩为附籍事	《吐鲁番出土文书》第七册
64TAM35：31(a)	695	武周证圣元年牒为申报婢死事	《吐鲁番出土文书》第七册
72TAM188：56	714—724	唐开元某奴小德除籍牒	《吐鲁番出土文书》第八册
72TAM188：58/1	716	唐开元四年玄觉寺婢三胜除附牒	《吐鲁番出土文书》第七册
64TAM29：89/(a)	682	唐永淳元年坊正赵思艺牒为勘当失盗事	《吐鲁番出土文书》第七册
72TAM184：7(b)	714—724	唐请处分前件物纳官牒文稿	《吐鲁番出土文书》第八册
73TAM509：8/26	762	唐宝应元年西州使衙榜	《文物》1975年第3期
73TAM116：50	619—621	高昌残文书之二	《吐鲁番出土文书》第三册
大谷3473-3474	不详	天山县岸头府[交河县]到着牒状目（奴逃等事）	《西域出土汉文献分类目录初稿》

第四,涉及奴婢事宜的私人文书,约有六件:

(1) 75TKM96:21《悬募追捕逃奴赏格班示》,此件文书残存五行,其年代据同墓文书判断,在北凉玄始十二年到义和二年之间,423 年到 432 年。此文书与前面所列 75TKM96:38 号《买奴残文书》有关,反映一奴婢逃跑后,僧□[渊]班示各处,悬捕逃奴,报酬为毯十张。

(2) 73TAM193:11(a)《武州周郭智与人书》,存十四行,文书中有武周新字,故知年代在 690 年到 705 年之间。文书内容似是在官府的郭智写与亲友的,告知某案审理的情况,其中涉及追讯一奴婢之事。

(3) 64TAM24:30《唐赵义深与阿婆家书》,此文书年代在贞观二十年到永徽二年之间,646 年至 651 年。此家书中提及奴婢的情况。

(4) 72TAM152:31/1《唐海隆家书》,文书存九行。书写年代在贞元十九年左右,内容涉及奴婢买卖。

(5) 72TAM184:9(b)11(b)《唐上娘娘书》,文书共九行,从背面开元十二年残书牍来看,年代应在开元十二年左右。文书反映开元十二年左右,唐西州曾检括奴婢,其原因值得研究。

(6) 64TAM5:40《唐李贺子上阿郎、阿婆书》(一)。64TAM5:78(a)(b)《唐李贺子上阿郎、阿婆书》(二)、(三)。此信件写于贞观二十一年到总章元年之间,公元 647 年到 669 年。家书中提到买两个胡婢的情况,是研究西州奴婢买卖、价格的重要资料。

以上是直接反映奴婢情况的吐鲁番汉文文书。此外,间接反映奴婢情况的资料,在吐鲁番文书中约有二十五件,其中主要是户籍、手实、田亩簿账、过所等。下面按年代顺序列为表三(见下页)。

总的来看,敦煌吐鲁番文书中关于奴婢的资料是比较多的。其中敦煌文书的奴婢资料大多集中于唐中期以后到五代宋初,吐鲁番文书的奴婢资料大多集中于十六国到唐前期。两者结合起来,就为我们研究四到十一世纪的奴婢制度提供了宝贵的、第一手的资料。

三

敦煌吐鲁番文书中的奴婢资料,所能说明的问题是多方面的。这里,仅从几个方面略论其重要价值。

表三　吐鲁番文书中间接涉及奴婢事宜的文书

文书编号	年代	文书名称	奴婢数	资料刊布处
64TKM1:32-36	640	唐西州高沙弥等户家口籍	6	《吐鲁番出土文书》第四册
67TAM78:26	640	唐西州高昌县李石桂等户手实	11	《吐鲁番出土文书》第四册
68TAM103:20/4-5	644	唐西州高昌县武城乡户口账	72	《吐鲁番出土文书》第四册
68TAM103:20/1(a)	644	唐西州某乡户口账	57	《吐鲁番出土文书》第四册
68TAM103:20/3(b)	644	唐西州某乡户口账	116	《吐鲁番出土文书》第四册
69TAM39:9/4(a)	647	唐贞观二十一年账后□芍户籍	1	《吐鲁番出土文书》第六册
69TAM39:9/2-3	640—649	唐贞观某年男世达户籍	6	《吐鲁番出土文书》第六册
69TAM39:9/4(b)	644—655	唐西州某乡户口账	20	《吐鲁番出土文书》第六册
69TAM39:9/7(a)	640—655	唐西执高州高昌县□□友等户家口田亩籍账	3	《吐鲁番出土文书》第六册
73TAM221-5	648	唐贞观二十二年庭州人米巡职辞为请给公验	2	《吐鲁番出土文书》第七册
64TAM42:90(b)91(b)	650	唐永徽元年后某乡户口账（五）	334	《吐鲁番出土文书》第四册
66TAM5:64(a)70/1(a)	667	唐乾封二年某乡户口账	15	《吐鲁番出土文书》第六册
64TAM5:74(B)	667—668	唐某乡户口账	121	《吐鲁番出土文书》第六册
64TAM29:128	672—685	唐果毅高运达等请过所（?）残文书	6	《吐鲁番出土文书》第七册

续 表

文书编号	年代	文书名称	奴婢数	资料刊布处
64TAM29:24、25	685	唐垂拱元年康尾义罗施等请过所案卷	6	《吐鲁番出土文书》第七册
64TAM35:61、62、64	689	武周载初元年西州高昌县宁和才等户手实(三一六)	1	《吐鲁番出土文书》第七册
67TAM83:5	713	唐先天二年队副王奉琼牒为当队兵见在及不到人事(一一三)	10	《吐鲁番出土文书》第八册
67TAM83:139/1-2	713	唐通当队兵死亡抽调见在牒	4	《吐鲁番出土文书》第八册
67TAM83:12/1	713	唐阴行感等残名籍	2	《吐鲁番出土文书》第八册
72TAM184:12/2-4	714	唐开元二年账后西州柳中县康安住等户账	1	《吐鲁番出土文书》第八册
73TAM509:8/13	732	唐开元二十年三月瓜州沙州给石染典过所	1	《文物》1975年第7期
73TAM509:8/4-2	733	唐开元二十一年正日西州判唐益谦请往福州过所案	4	《文物》1975年第7期
73TAM509:8/4-2	733	唐开元二十一年正日西州判唐益谦请过所牒	7	《文物》1975年第7期
73TAM509:8/10	733	唐开元二十一年西州高昌县为申麹嘉琰过所状	2	《文物》1975年第7期
73TAM509:8/	733	唐开元二十一年十二月西州蒲昌县九等定簿	2	《文物》1975年第7期
大谷1293b	不详	金部关系牒残卷	不详	《西域出土汉文文献分类目录初稿》

研究奴婢制度,首先碰到的一个问题是关于奴婢的来源问题。从敦煌吐鲁番文书可以看到,敦煌吐鲁番地区在中古时期奴婢的来源主要有三个方面:一是一些自耕农半自耕农因家境贫寒或遭自然灾害,无以度日,被迫卖身卖子女为奴婢。这乃是当时奴婢的主要来源。我们从以下几件文书看得很清楚:例如 S3877 号《阿吴卖儿契》所载,阿吴卖儿的原因是:"为缘夫主早亡,男女碎小,无人救济,给供衣食,债负深广",不得不将腹生子庆德卖与他人;S1946 号《韩愿定卖妮子契》所载韩愿定卖妮子的原因是:"伏缘家中用度不济,欠阙(缺)匹帛";北图余字 81 号《何通子典儿契》所载何通子典儿的原因是:"伏缘家中常亏物用,经求无地";S1398 号《郭定成典身契》所载郭定成典身的原因是由于"伏缘家内欠负";P3150 号《吴庆顺典身契》所载吴庆顺典身的原因是由于:"家中贫乏,欠负广深。"(此处及下文所涉及文书,刊布处见前文。)

我们知道,一般民户不到万不得已的境地是不会出卖自已的家庭骨肉的。在敦煌吐鲁番文书中,有不少农民为生活所迫出卖田地、耕牛的契约。通过这些契约,我们可以清楚地看到,贫苦农民是怎样在封建剥削下被迫出卖田地房产以至于亲生儿女的。这使我们对史书中所载"人小乏则求取息利,人大乏则卖鬻田庐。幸逢有年,才偿逋债,敛获始毕,糇粮已空。执契担囊,行复贷假,重重计息,食每不充。倘遇荐饥,遂至颠沛,室家相弃,骨肉分离,乞为奴仆,犹莫之售,或行丐邻里,或缢死道途"[①]的记载有了进一步的理解。

文书反映,敦煌吐鲁番地区奴婢的另一来源是掠卖少数民族人口为奴婢。这在当时似乎是较普遍的现象。例如唐天宝到乾元时期的敦煌文书《胡奴多宝买卖市券契》,反映了西域地区一少数民族少年多宝,被行客王修智出卖给惠温的情况;吐鲁番出《唐麟德二年婢春香辩辞为张玄逸失盗事》文书中的春香,"身是突厥",其辩辞尚须"译语人"翻译;吐鲁番出《唐李贺子上阿郎阿婆书》反映,贞观二十年,李贺子曾买得胡婢二人,再如吐鲁番出土开元十二年左右的《唐上娘娘书》,也提到其家中的突厥奴婢。在吐鲁番出《武周先漏新附部曲客女奴婢名籍》中,有不少奴婢的名字如诃利、遮不略、勒腕、婆固胫等,也证明有不少少数民族奴婢。

看来西北地区蓄养少数民族人口为奴婢的现象持续了相当长的时间,一度曾发展到很严重的地步,武则天大足元年曾专门发布诏敕,"西北缘边州县,不得畜突厥奴婢"[②]。

值得注意的是,有不少地主官僚,还在敦煌吐鲁番地区购买少数民族奴婢带往内地。如吐鲁番出《唐开元十九年二月西州兴胡米禄山卖婢市券公验》反映,兴胡

---

① (唐)陆贽:《翰苑集》卷二二,《均节赋税恤百姓第五》,文渊阁《四库全书》本。
② (宋)王溥:《唐会要》卷八六,《奴婢》,中华书局 1955 年版。

米禄山曾将一胡婢失满儿卖与京兆府金城县人唐荣,唐荣后来将此胡婢又转卖给福州都督府长史唐循忠之侄唐益谦。据《唐开元二十一年正月福州唐益谦请过所牒》记载,唐益谦西来时,随身仅带两名奴婢,而其东归时,奴婢已增加为七人,其增加的五名奴婢都是从西州一带买得,其中多数也应是像胡婢失满儿一样的少数民族人口。

战争中的俘虏,是敦煌吐鲁番地区奴婢的又一来源。在史书中,南北朝直到唐前期,以战俘为奴的事例是不少的。唐朝主管奴婢事务的刑部都官,重要的职责之一便是"掌配没隶,簿录俘囚"①。突厥人的《厥特勤碑》就曾称与唐人战役以后,"贵族子弟陷为唐奴……女子降作唐婢"②。唐初官僚贵族之家,颇多"辽口",这种辽口许多实是征高丽所获的战俘。如元仁基随太宗征辽东,便得"辽口五十八人"③。吐鲁番文书的出土进一步证明,唐前期仍存在没战俘为奴婢的制度。如阿斯塔那 337 号墓出有一件《唐西州范欢进买奴契》,其文曰:

```
1  □徽元年七月廿四日,校尉张怀□□□
2  □□□得赏口壹人奴,其人□□□
3  □□□已付火长范欢进□□□
4  □□□情愿讫,求□□□
5  □□□日还练便丁□□□
6  □□□文入奴主,□□
7  □□□练使了□□□(后缺)④
```

此文书反映唐高宗永徽元年(650 年)府兵将领张怀某得到"赏口"一人后,将此奴转卖与府兵下级头目火长范欢进。此处赏口,联系到唐太宗平定高昌时,曾将战俘赏赐有功官兵一事来看,显系战争中的俘虏。⑤ 敦煌吐鲁番地区地处东西方交通孔道,民族众多,战事相对频繁。存在着一定数量的战俘奴婢当是没有疑问的。

在研究奴婢问题时,常使学者们感到困难的又一个问题是:在某一历史阶段,奴婢究竟能占当时人口的多大比重? 各个地区之间,奴婢在社会总人口中的比重又有什么不同? 搞清楚这一问题对于认识奴婢在社会生产生活中究竟占有什么样的地位是非常重要的。在传世文献中,我们得不到这样具体的资料。而敦煌吐鲁番文书则提供了这方面的具体的、最可靠的资料。

---

① (唐)李林甫等撰,陈仲夫点校:《唐六典》卷六,《刑部都官》,中华书局 1992 年 1 月第 1 版。
② 《厥特勤碑》见岑仲勉:《突厥集史》,中华书局 1958 年 10 月版,第 880 页。
③ (宋)欧阳修:《新唐书》卷一四三,《元结传》,中华书局 1975 年 2 月版。
④ 国家文物局古历史研究所等:《吐鲁番出土文书》第五册,文物出版社 1983 年 4 月版,第 108 页。
⑤ (宋)欧阳修:《新唐书》卷一一〇,《阿史那社尔传》。

吐鲁番阿斯塔那出土名为《唐西州某乡户口账》的文书,反映贞观十八年左右,唐西州某乡总人口数为 2 064 人,奴婢 116 人,奴婢占当乡总人数 5.6%。同墓出土的另一件《唐贞观十八年西州高昌县武城等乡户口账》则反映武城乡总人数为 1 200 多人,奴婢 140 人,奴婢占该乡总人口的 12%。阿斯塔那还曾出土一件《唐永徽二年西州某乡户口账》,文书中贱口多达 337 人,其中奴 152 人,婢 182 人,部曲 3 人,占该乡总人口 2 300 人的 14%强。以上三件文书平均计算,贱口约占当时总人口的百分之十强。另外,《武周先漏新附部曲客女奴婢名籍》中,被检括的奴婢多达 68 人。敦煌所出《河西支度营田使户田给谷簿》记载的 29 户人家 165 人中间,有 4 户拥有奴婢 12 人,奴婢占总人口的 7%。S0514 号《唐大历四年沙州敦煌县悬泉乡宜合里手实》、S0613 号《西魏大统十三年瓜州效谷郡计帐》、S3287 号《子年氾履倩等户残牒》《宋端拱三年沙州户邓守存等户受田簿》《沙州令狐进达申请户口牒》《敦煌陈长敦受田籍》等文书,也都提供了这方面的资料。唐长孺先生曾据吐鲁番文书对唐西州的奴婢进行了精辟分析。[①] 文书证明中古时期敦煌吐鲁番地区的奴婢占社会总人口的比重较高。吐鲁番地区又高于敦煌地区。这虽是边远局部地区的统计,但多少也反映了中原地区的一些情况。

与奴婢数量有关的另一问题是关于奴婢在社会生产生产中的作用问题。以往许多同志据唐代奴婢不再受田这一均田条文,认为唐代奴婢已很少用于生产。但从敦煌吐鲁番文书有关资料来看,直到唐前期,奴婢很多仍被使用于社会生产,例如《唐大历四年沙州敦煌县悬泉乡宜禾里籍》中的索思礼户,实受田二百零七亩,其家中除了任官职的父子以外,别无劳力。很清楚,二百多亩土地主要是由四名奴婢来耕种的。《敦煌陈长敦受田籍》中陈长敦的 6 名奴婢也不可能仅用于家内使役。

再如《武周先漏新附部曲客女奴婢名籍》中的 68 名奴婢,不少是从寄户括附出来的。正像唐长孺先生指出的:"寄庄一般带有土地,从寄庄括出的奴婢、部曲、客女可能是(不一定都是)庄田上的劳动者。"[②]从前面所讲奴婢占当时社会总人口的比重来看,奴婢不从事生产劳动是不太可能的。这与史书的有关记载能够互相印证,如唐初刘弘基"遗令给诸子奴婢十五人,良田五顷"[③]。杨场曾言,"得田十顷,僮奴十人足矣"[④]。武攸绪"买田使奴耕种,与民无异"[⑤]。郭子仪死后,奸人"多论夺田宅奴婢。"[⑥]其实,奴婢使役于家内与从事于生产并不能截然分开。在大多数

① 唐长孺:《唐西州诸户口帐试释》,见唐长孺主编:《敦煌吐鲁番文书初探》,武汉大学出版社 1983 年版,第 126—216 页。

② 唐长孺:《唐西州诸户口帐试释》,见唐长孺主编:《敦煌吐鲁番文书初探》。

③ (后晋)刘昫等:《旧唐书》卷五八,《刘弘基传》,中华书局 1975 年 5 月第 1 版。

④ (宋)欧阳修:《新唐书》卷一三〇,《杨场传》。

⑤ (宋)司马光:《资治通鉴》卷二五〇,唐纪二十一,则天万岁通天元年腊月条。

⑥ (后晋)刘昫等:《旧唐书》卷一二〇,《郭子仪传》,中华书局 1975 年 5 月第 1 版。

情况下,奴婢,特别是那些中小地主的奴婢往往是既从事家内使役又要从事生产的。

从文书还可以发现,奴婢除了用于生产、生活以外,还被用来代主人服兵役,这也是传世文献很少记载的。

唐代前期,实行府兵制度。兵士征点的标准是"财均者取强,力均者取富,财力又均,先取多丁"①。因此,府兵征发的对象首先是富室强丁之家。唐朝初年,由于尚武风气犹浓,富户子弟从军者并不少见,所谓"富室强丁,并从戎旅"②。但随着后来对外征战的频繁及社会矛盾的加深。府兵制逐渐败坏。官僚地主富户之家想方设法规避兵役。于是雇用贫弱、诡名代番的出现了,隐瞒财产降低户等以避兵役的出现了,交结权贵、借以苟免兵役的出现了。吐鲁番出土文书则反映,地主富户规避兵役的另一重要方法是以家中贱口代己从军。

TAM83号墓曾出有《唐先天二年队副王奉琼牒为当队见在及不到人事》文书,文书三部分记载的兵士中有10名奴婢、5名部曲,兹引其中第二部分:

〔前缺〕

1 □□□「奴」 大吉 傅□□□□□□

2 □质奴什德 被牒入武 杨□□每□□ □□□□
　　　　　城队

3 韩善住 已上里 部曲「赵」丰洛、转事天山县 成礼部曲白无难、王小叔、索僧□ 正 　　　　　　　　人鞠洪感

4 □「寿」 王嘉积 史意奴毛德 高波子 张慈感 已上人今日 　　　　　　　点身□□□

〔下略〕

同墓还出有《唐通当队兵死亡、抽调、见在牒》文书,至少记载了四名奴婢担任兵士。

以上奴婢部曲的名字前,往往都登记了其主人的姓名。显然这些贱口是代主人出征的。在唐代,这种主人以贱口代服兵役的办法是得到法律认可的。据《唐令拾遗》赋役令二三载,唐代"遣部曲代役者听之"。注引"赋役令岁役集解"曰:"唐令,遣部曲代役者,即知是家人也,案奴婢亦听耳"。又引"日本养老赋役令第四条"曰:"若欲雇当国郡人及遣家(人)代役者听之……即于送簿名下,具注代人贯属姓名"。吐鲁番文书为这一法律规定提供了例证。③ 当然,也有另一种可能,即在先天年间唐政府曾征发贱口从军。但除了万岁通天元年唐政府曾征发贱口征讨契丹以外,史书中并没有先天年间征发贱口从军的记载。且贱口从军,官酬主直,似没

---

① (唐)长孙无忌等:《唐律疏议》卷一六,《擅兴》,中华书局1983年版。
② (后晋)刘昫等:《旧唐书》卷七〇,《戴胄传》。
③ 〔日〕仁井田陞著,栗劲、霍存福等译:《唐令拾遗》,长春出版社1989年11月第1版,第671页。

有必要再将奴婢挂于主人名下。

关于中古时期奴婢的法律地位问题,敦煌吐鲁番文书也提供了不少有价值的资料。例如关于奴婢的属性,《唐律疏议》规定:"奴婢贱人,律比畜产","奴婢畜产,即同资财"。从 S4374、P5941 号《唐代分家书样文》来看,在唐代社会实际生活中,奴婢的确是被视作财产的。再如,P3608 号、3252 号《职制、户婚、厩库律残卷》,据刘俊文先生研究乃垂拱律之残卷,①其中关于奴婢部曲放良的有关条文,与传世本唐律不同之处甚多。如放奴婢为良,已给放书,还压为奴婢者,传世本唐律规定的处罚为"徒二年",而垂拱律规定:"徒一年半,各还正之"。奴婢已放为部曲,被还压为奴婢者,传世本唐律规定的处罚为"徒一年半",垂拱律则规定:"徒一年,各还正之"。奴婢已放为良,被压为部曲者,传世本唐律规定的处罚为"徒一年半",垂拱律则规定"徒一年,各还正之"。从这些变化来看,垂拱律的处罚较传世本永徽律有所减轻,但更强调"各还正之",亦即强调恢复被压为奴婢部曲者原来的社会地位。这些无疑是研究唐代奴婢法律地位变化的重要资料。

从敦煌所出的大量放良文书来看,唐中期以后,奴婢放良的现象愈来愈多,而且从放良文书可以看出,奴婢一般都是一次性放良,即从奴婢直接放为良人。这反映了部曲奴婢贱民制度的衰落。另外,从文书还可以看出,唐朝政府对奴婢的控制是比较严格的,奴婢的附籍、除籍都有严格的规定。奴婢死亡,主人须向官府报告,如 64TAM35:31(3)《证圣三年婢杏女死亡牒》曰:

1. 户主李康师婢杏女
2. 右件婢今月中旬死
3. 牒件状如前, 谨牒 ［后略］

阿斯塔那 206 号墓亦曾出土《唐勘问婢死虚实对案录状》,这些文书联系史书中有些唐代高官因屠杀奴婢而受处罚的记载来看,唐代奴婢已不完全是任由主人杀戮的牛马,其身份地位已有提高。

此外,关于官贱民制度,寺观奴婢制度,官府实行的奴婢政策,奴婢买卖价格管理等方面,敦煌吐鲁番文书都提供了不少有价值的资料,限于篇幅,不再赘述。

以上对敦煌吐鲁番汉文文书中有关奴婢资料的介绍,可能会有遗漏,分类亦不一定妥当。将来有条件将作进一步补充。对其价值的论述也仅限于几个方面,相信随着敦煌吐鲁番学的发展,这些资料会愈来愈受到学者们的重视和利用。

(原刊《敦煌学辑刊》1990 年第 1 期,总第 17 期)

---

① 刘俊文:《敦煌吐鲁番发现唐写本律及律疏残卷研究》,载《敦煌吐鲁番文献研究论集》(一),北京大学出版社 1982 年版。

敦煌吐鲁番汉文文献中
奴婢资料的再整理

奴婢是中古良贱身份系统中的一个重要等级,也是中古时期社会阶级结构的重要组成部分。① 正确认识奴婢问题,对理解中古时期良贱身份制度,探讨这一时期社会关系,进而深入认识古代社会都具有十分重要的意义。传世文献中的奴婢资料,相对较少,在笔记小说中的奴婢资料又杂乱零散,这使探察奴婢问题存在较大困难。而敦煌吐鲁番文献中保存的基层社会中的第一手资料,为研究奴婢问题提供了新的可能。②

为此笔者在 1990 年曾撰文对敦煌吐鲁番汉文文献中的奴婢资料做过整理与分类介绍,并论述了它们的史料价值。受当时发布资料的限制,相关工作难免有所疏漏。③ 进入二十一世纪后,敦煌文献的公布趋于完整,吐鲁番文书又有新的发现。因而有必要在当年研究的基础上,对所有已公布的敦煌吐鲁番文献中奴婢的资料进行更全面的梳理。

一、敦煌汉文文献中的奴婢资料

根据目前已公布出版的敦煌文献统计,汉文文书中涉及奴婢的资料约有一百余件。依照文书的性质,我们把这些文书分为以下五类:1. 契约类,包括含有人身典卖信息的各类契约、放良书以及涉及奴婢的遗书、分家书、放妻书等;2. 籍账类,

① 关于中古时期的奴婢问题,学界探讨者颇多,研究目录请参见胡戟等:《二十世纪唐研究》,中国社会科学出版社 2002 年版;李锦绣:《敦煌吐鲁番文书与唐史研究》,福建人民出版社 2006 年版。

② 1990 年,作者曾对敦煌吐鲁番汉文文献中的奴婢资料加以整理分类并略论其价值。本文则是根据近三十年来新刊布的敦煌吐鲁番汉文文献,再对奴婢资料加以整理分类介绍,以为进一步研究提供方便。

③ 参考李天石:《敦煌吐鲁番汉文文献中的奴婢资料及其价值》,《敦煌学辑刊》1990 年第 1 期,第 1—15 页。

主要包括载有奴婢信息的户籍、手实、差科、名籍、账历等;3. 政书类,主要包括与奴婢相关的公验过所、牒状敕诏及律令格式等政府公文;4. 生活类,主要包括涉及奴婢的书仪斋文、愿文祝词、社邑文书与占卜文献等;5. 文学作品类,主要包括小说、诗歌、曲子词及变文各类俗文学等。

契约类文书共有十二件,其中有关卖身、典身、赎身契四件,其他契约三件,放良书两件,放妻书两件,遗书一件。

(1) P.3573《后梁贞明九年闰四月曹留住卖奴仆契》,全文共九行。①

(2) Дx.05299《唐天祐六年洪池乡人典男契》,全文残存六行,推测应为典身契。②

(3) Дx.01409《后梁贞明六年辛奴子典腹生男胡儿契》,十三行。③

(4) BD11994《赎小儿残历》,全文共四行。据残存文字推测,是一件内容为赎回因债借贷所抵押小孩的残契,书成于十世纪五六十年代。④

(5) 羽063《神沙乡吴山子便麦契》,该文书原为李盛铎旧藏,现藏杏雨书屋,全文共十行,推测为归义军时期十世纪写本。⑤

(6) P.4525《宋太平兴国三年养女契(稿)》,全文共十六行,记载了康会某把家僮康顺昌的女儿收为养女事宜。⑥

(7) S.2746V《辛巳年押牙王仏德买驼马契》,该件《英藏敦煌文献》未收录,郝春文《英藏敦煌社会历史文献释录》第14卷对此有缀合释文,提及一典家女。⑦

---

① 上海古籍出版社、法国国家图书馆:《法藏敦煌西域文献》第25册,上海古籍出版社2002年版,第372页。

② 图版见《俄藏敦煌文献》第12册,上海古籍出版社2001年版,第91页。该件在《俄藏敦煌文献》中无命名,乜小红考释过内容并定名,但编号误为Дx.0529,据《俄藏敦煌文献》校正为Дx.05299。参见乜小红:《俄藏敦煌契约文书研究》,上海古籍出版社2009年版,第100页。

③ 图版见俄罗斯科学院东方研究所圣彼得堡分所等:《俄藏敦煌文献》第8册,1997年版,第154页。《俄藏敦煌文献》中定名为《贞明六年十一月二十四日典物契》,据乜小红考释,该文书内容并非典物契约,而是辛奴子将腹生男出典给押衙康富子所立下的凭证,是一件典男契,参见乜小红:《俄藏敦煌契约文书研究》,第105页。

④ 任继愈:《国家图书馆藏敦煌遗书》第110册,北京图书馆出版社2009年版,第193页。

⑤ 图录见[日]吉川忠夫编《敦煌秘笈》影片册一,杏雨书屋2009年版,第390页。从敦煌借贷文书整体来看,蕃占时期粮食借贷债务人多为部落百姓或寺户,归义军时期粮食借贷债务人多为某乡百姓;蕃占时期粮食借贷的债权人多为寺院都司仓、佛帐所或常住处,归义军时期粮食借贷债权人较多为僧正、法律、押衙等富人。该件文书借贷人为神沙乡百姓吴山子,债权人是梁都头,据田德新考证,都头是主管都司仓的僧官,梁都头相应地位较高,羽063更具备归义军时期粮食借贷契约的特征。参见[法]童丕著,余欣、陈建伟译:《敦煌的借贷:中国中古时代的物质生活与社会》附录,借贷契约分析图表,中华书局2003年版,第187—250页;田德新:《敦煌寺院中的"都头"》,《敦煌学辑刊》1996年第2期,第100页。

⑥ 上海古籍出版社、法国国家图书馆:《法藏敦煌西域文献》第31册,2005年版,第372页。

⑦ 郝春文:《英藏敦煌社会历史文献释录》第14卷,社会科学文献出版社2016年版,第209—210页。

（8）Дx.03002《丁巳年十一月十七日亲情□□放书一件》，残存十行，是一件奴婢放良文书。①

（9）Дx.11038《谨立家僮放书一道》，十三行，是一件完整的放良书样文。②

（10）S.6537V《文样》中有一件《放妻书》，文书提及作为家产奴婢的析分处理。③

（11）P.3212V《夫妻相别书一道》，文书反映了因贫穷而卖子女的情况。④

（12）浙敦065《尼灵皈遗嘱》，全文十四行，涉及一婢。⑤

籍账类文书共十一件，其中户籍、受田籍、名簿八件，寺院账历两件，差科簿一件。

（1）津艺060《唐咸亨二年沙州胡萨坊口户牒》，该户牒记载了两户十七口，其中有奴婢二人。⑥

（2）Дx.3676V《力皓等户账》，文书残片中载有婢一人。⑦

（3）Дx.4679《□隆年二月三日户籍残片》，该件存四行，记有奴二人。⑧

（4）P.3935V《索子全户受田籍》，记载了索子全户有奴婢二人。⑨

（5）Дx.2163＋Дx.2393 背《大中六年十一月女户宋氏汉授田牒状》，记有婢一人。⑩

（6）Дx.2163《大中六年十一月百姓杜福胜授田牒状》，载奴婢四人。⑪

（7）Дx.1393＋1465V《佃种土地人名目》存有两行"奴由子三亩半""奴九儿五

---

① 俄罗斯科学院东方研究所圣彼得堡分所等：《俄藏敦煌文献》第10册，1998年版，第160页。
② 俄罗斯科学院东方研究所圣彼得堡分所等：《俄藏敦煌文献》第15册，2000年版，第146页。
③ 中国社会科学院历史研究所等：《英藏敦煌文献（汉文佛经以外部分）》第11册，四川人民出版社1994年版，第92页。
④ 上海古籍出版社、法国国家图书馆：《法藏敦煌西域文献》第22册，2002年版，第175页。
⑤ 余欣认为这件文书是根据S.2199伪造而成，黄征从字体、古人习惯、文书成因等角度分析，认为伪造不易，真假存疑待考，暂且列入。参见余欣：《浙敦065文书伪卷考——兼论敦煌文献的辨伪问题》，《敦煌研究》2002年第3期，第41—47页；黄征：《浙藏敦煌文献校录整理》，上海古籍出版社2012年版，第399页。
⑥ 上海古籍出版社、天津艺术博物馆：《天津艺术博物馆藏敦煌文献》第1册，上海古籍出版社1996年版，第304页。
⑦ 俄罗斯科学院东方研究所圣彼得堡分所等：《俄藏敦煌文献》第11册，1999年版，第22页。该残文书在《俄藏敦煌文献》中无命名，录文与命名见唐耕耦、陆宏基：《敦煌社会经济文献真迹释录》第二辑，全国图书馆文献微缩复制中心1990年版，第498页。
⑧ 俄罗斯科学院东方研究所圣彼得堡分所等：《俄藏敦煌文献》第11册，第295页。该件文书在《俄藏敦煌文献》中无命名，笔者据内容暂定。
⑨ 上海古籍出版社、法国国家图书馆：《法藏敦煌西域文献》第30册，2003年版，第250页。
⑩ 俄罗斯科学院东方研究所圣彼得堡分所等：《俄藏敦煌文献》第9册，1998年版，第57、181页。
⑪ 俄罗斯科学院东方研究所圣彼得堡分所：《俄藏敦煌文献》第9册，第56页。

亩",反映了奴婢佃种的情况。①

(8) S.11287《征行名簿》是由多件残片组成的军士名籍,其中载有奴婢十八人,部曲二人,是研究奴婢参军问题的重要材料。②

(9) S.5947《宋家南宅官健十寺厮儿、十寺百姓用面历》,记载寺属奴婢十六人。③

(10) S.2474/2《太平兴国五年至七年油面破历》,提及索都衙的一名家僮。④

(11) Дх.01299《等爱寺新上差科》,记载了等爱寺"奴婢不多""家人无食",侧面反映出寺院占有人口的状况。⑤

政书类文书共十七件,其中诏赦一件、法律文书三件、官府案卷牒状十三件。

(1) P.2696《唐中和五年三月车驾还京师大赦诏》,文书涉及贱口赦免。⑥

(2) S.1344《唐开元户部格》,存六十九行,共有完整格文十七条,其中长安二年(702年)条为禁断男女质卖事宜。⑦

(3) P.4634《唐永徽二年令卷第六》,记载了户曹参军掌"户图宅、债负、过所、奴婢、田庄及戈猎之事"⑧。

(4) ch.0045《捕亡律》,该断片残存十四行,内容为唐贞观律文,记载了部曲、奴婢匿主的相关条文。⑨

(5) S.89V《官府审婢迎定牒》,仅存一行,年代不明,是一件奴婢偷盗的官府断案文书。⑩

(6) S.389《肃州防戍都状》,该件书成于中和元年(881年)十二月中旬,是研究甘州回鹘的重要材料,提及奴、客。⑪

---

① 俄罗斯科学院东方研究所圣彼得堡分所等:《俄藏敦煌文献》第8册,1997年版,第135页。

② 中国社会科学院历史研究所等:《英藏敦煌文献(汉文佛经以外部分)》第13册,1995年版,第200—203页。

③ 中国社会科学院历史研究所等:《英藏敦煌文献(汉文佛经以外部分)》第9册,1994年版,第220页。

④ 中国社会科学院历史研究所等:《英藏敦煌文献(汉文佛经以外部分)》,第4册,1991年版,第87页。

⑤ 俄罗斯科学院东方研究所圣彼得堡分所等:《俄藏敦煌文献》第8册,第69页。

⑥ 上海古籍出版社、法国国家图书馆:《法藏敦煌西域文献》第17册,2001年版,第289页。

⑦ 中国社会科学院历史研究所等:《英藏敦煌文献(汉文佛经以外部分)》第2册,1990年版,第269—270页。

⑧ 上海古籍出版社、法国国家图书馆:《法藏敦煌西域文献》第32册,2005年版,第211页。

⑨ 该件藏于英国原印度事务部图书馆,录文见唐耕耦、陆宏基:《敦煌社会经济文献真迹释录》第四辑,全国图书馆文献缩微复制中心1990年版,第518页。

⑩ 中国社会科学院历史研究所等:《英藏敦煌文献(汉文佛经以外部分)》第1册,1990年版,第44页。

⑪ 图版见中国社会科学院历史研究所等:《英藏敦煌文献(汉文佛经以外部分)》第1册,第179页。书成年代参见荣新江:《甘州回鹘成立史论》,《历史研究》1993年第5期,第37页。

（7）S.619V《都虞侯安怀恩处分赵奴奴兄弟诤论事牒稿》，据同号文书《曹子盈状》，曹子盈生活在公元 900 年左右，可大致判断文书年代在九、十世纪之交。这件未完成的稿牒残存五行，文意颇费解，但反映了奴婢身份继承、放免、自赎等情况。①

（8）S.11456《唐开元十三年陈思李齐娶妻案卷》由五个片段组成，是官府审理婚姻纠纷案件的记录，涉及婢女。②

（9）P.2803《唐景福二年二月押衙索大力状》，该牒状反映了私奴婢的婚配、役使等情况。③

（10）BD15406《唐敦煌县用印事目历》，书成于公元七至八世纪，文书中"牒神泉观为置庆婢伊勒事"、"下敦煌乡为阴嗣庆婢伊勒卖与神泉观事"两道反映了道观畜养、买卖奴婢的情况。④

（11）P.4040《后唐清泰三年洪润乡百姓章午牒》，文书中章午之女因罪罚入北宅驱使，反映了敦煌归义军时期的官奴婢状况。⑤

（12）S.4489《宋雍熙二年六月慈惠乡百姓张再通乞判分割祖产状》，文书中张再通曾被哥哥质卖，又自己借贷赎身，反映了典身制相关情况。⑥

（13）BD15438《道深为与弟惠晏分割债负上神亳牒》，书成于十世纪五六十年代，该文书提及奴仆，对了解僧人财产、家庭关系有一定价值。⑦

（14）S.528V《三界寺僧智德状》，此件为归义军时期写本，存十行，是认识僧尼畜养奴婢的重要材料。⑧

（15）P.2942《河西节度使判集》，书成于唐永泰元年（765 年）至大历元年（766 年）间，其中《朱都护请放家口向西并勒男及女婿送》一事涉及奴婢。⑨

（16）Дх.1335《归义军都虞侯司奉判令追勘押衙康文达牒》，十世纪写本，记载

---

① 中国社会科学院历史研究所等：《英藏敦煌文献（汉文佛经以外部分）》第 2 册，第 103—104 页。

② 《英藏敦煌文献》中命名为《开元十三年苏先超娶妻案卷》，见中国社会科学院历史研究所等：《英藏敦煌文献（汉文佛经以外部分）》第 13 册，1995 年版，第 286 页。陈丽萍认为苏先超只是诉状后出现的证人之一，陈思和李齐才是对案公堂者，定名为《开元十三年陈思李齐娶妻案卷》，这里采用陈说。参见陈丽萍：《中古时期敦煌地区财婚风气略论》，刊兰州大学敦煌学研究所等编《2002 年麦积山石窟艺术与丝绸之路佛教文化国际学术研讨会论文集》，2002 年版，第 259—268 页。

③ 上海古籍出版社、法国国家图书馆：《法藏敦煌西域文献》第 18 册，2001 年版，第 298 页。

④ 任继愈：《国家图书馆藏敦煌遗书》第 143 册，2012 年版，第 342 页。

⑤ 上海古籍出版社、法国国家图书馆：《法藏敦煌西域文献》第 31 册，第 27 页。

⑥ 中国社会科学院历史研究所等：《英藏敦煌文献（汉文佛经以外部分）》第 6 册，1992 年版，第 112 页。

⑦ 任继愈：《国家图书馆藏敦煌遗书》第 143 册，2012 年版，第 369 页。

⑧ 中国社会科学院历史研究所等：《英藏敦煌文献（汉文佛经以外部分）》第 2 册，第 7 页。

⑨ 上海古籍出版社、法国国家图书馆：《法藏敦煌西域文献》第 20 册，2002 年版，第 184 页。

了康文达自小畜养一仆名苟奴在家劳作。①

(17) Дx.1400＋Дx.2148＋Дx.6069《于阗天寿二年九月弱婢员嬢祐定牒》,提及于阗国公主的两位侍婢。②

生活类文书共六十五件,其中书仪斋文七件、愿文祝词九件、具注历三件、回向疏一件、社邑转帖四件、占卜文献四十一件。

(1) S.329《书仪镜》中有两件与奴婢相关的书信文书:《奉马口奴婢书》两行,是赠送奴婢的附函;《四海奴婢亡书》两行,是给亡失奴婢主人的安慰信。③

(2) S.5643《失名书仪》有一篇《谢奴婢偷盗放罪语》,全文共两行。④

(3) S.5637《文样(诸杂篇第六)》中有两篇赞美奴婢的文书,僮德篇存十五行,婢德篇存六行。⑤

(4) S.1522《文样》中有一篇《亡奴婢文》,是奴婢死亡时使用的斋文,存三行。⑥

(5) P.3362V《释门文范》有《奴婢》条,存两行,同样是奴婢死亡时使用的斋文。⑦

(6) 上图060《亡文》有《奴婢死》条三行、《放良》条两行,是研究寺院奴婢的重要材料。⑧

(7) S.6417《文样》有一篇《从良文》,字迹潦草难辨,是奴婢从良使用的斋文。⑨

(8) P.3284《新集吉凶书仪》中《嫁受函仪》《女家铺设仗仪》,在婚礼的步骤和新婚祝愿词中都涉及奴婢。⑩

(9) P.2646《新集吉凶书仪上下两卷并序》中《告婚书》,相关内容与 P.3284 相同。⑪

---

① 俄罗斯科学院东方研究所圣彼得堡分所等:《俄藏敦煌文献》第 8 册,第 101 页。
② 俄罗斯科学院东方研究所圣彼得堡分所等:《俄藏敦煌文献》第 8 册,第 145 页;参见张广达、荣新江:《十世纪于阗国的天寿年号及其相关问题》,《欧亚学刊》1999 年第 1 期,第 181—192 页。
③ 中国社会科学院历史研究所等:《英藏敦煌文献(汉文佛经以外部分)》第 1 册,第 130、131 页。
④ 中国社会科学院历史研究所等:《英藏敦煌文献(汉文佛经以外部分)》第 7 册,1992 年版,第 24 页。
⑤ 中国社会科学院历史研究所等:《英藏敦煌文献(汉文佛经以外部分)》第 7 册,第 202 页。
⑥ 中国社会科学院历史研究所等:《英藏敦煌文献(汉文佛经以外部分)》第 3 册,1990 年版,第 90 页。
⑦ 上海古籍出版社、法国国家图书馆:《法藏敦煌西域文献》第 23 册,2002 年版,第 350 页。
⑧ 上海古籍出版社、上海图书馆:《上海图书馆藏敦煌吐鲁番文献》第 2 册,上海古籍出版社 1999 年版,第 43 页。
⑨ 中国社会科学院历史研究所等:《英藏敦煌文献(汉文佛经以外部分)》第 11 册,第 58 页。
⑩ 上海古籍出版社、法国国家图书馆:《法藏敦煌西域文献》第 23 册,第 48 页。
⑪ 上海古籍出版社、法国国家图书馆:《法藏敦煌西域文献》第 17 册,第 89 页。

（10）S.329V《祝愿新郎文》，这篇新婚祝词中涉及奴婢。①

（11）P.2976《咒愿新女婿》，提及奴婢。②

（12）P.3350《下女词一本》，多处反映了奴婢役使的情况。③

（13）S.5546《咒愿一本》，祝词中涉及奴婢。④

（14）S.9405V《愿文》残片，祝词中涉及奴婢。⑤

（15）BD16277＋BD16278B《修营庆赞文》，修营完成的祝词中提及奴婢。⑥

（16）BD04064V《驱怪文》，提及奴婢。⑦

（17）S.95《后周显德三年具注历日》，涉及奴婢。⑧

（18）S.276《癸巳年具注历日》，涉及奴婢。⑨

（19）P.3492《唐光启四年戊申岁具注历日》，涉及奴婢。⑩

（20）P.2697《后唐清泰三年九月比丘僧绍宗为亡母转念设斋施舍放良回向疏》，内容涉及家童青衣女富来及其儿什儿的放良。⑪

（21）P.5032《公元984年渠人转帖》，该件是下发给渠人修理河道的通知单，要求"须得本身，不用奴"，侧面反映奴婢代替主人劳作的情况。⑫

（22）P.4017《渠人转帖抄》，要求渠人修理河道时"是须壮夫，不用厮儿女"⑬。

（23）P.3412V《壬午年五月十五日渠人转帖》，提及厮儿。⑭

（24）P.3779《徒众转帖》，提及厮儿。⑮

---

① 中国社会科学院历史研究所等：《英藏敦煌文献（汉文佛经以外部分）》第1册，第133页。
② 上海古籍出版社、法国国家图书馆：《法藏敦煌西域文献》第20册，第298页。
③ 上海古籍出版社、法国国家图书馆：《法藏敦煌西域文献》第23册，第288页。
④ 中国社会科学院历史研究所等：《英藏敦煌文献（汉文佛经以外部分）》第7册，第246页。
⑤ 中国社会科学院历史研究所等：《英藏敦煌文献（汉文佛经以外部分）》第12册，1995年版，第224页。
⑥ 任继愈：《国家图书馆藏敦煌遗书》第146册，2012年版，第71—72页。
⑦ 任继愈：《国家图书馆藏敦煌遗书》第55册，2007年版，第269页。
⑧ 中国社会科学院历史研究所等：《英藏敦煌文献（汉文佛经以外部分）》第1册，第45—47页。
⑨ 中国社会科学院历史研究所等：《英藏敦煌文献（汉文佛经以外部分）》第1册，第108—109页。
⑩ 上海古籍出版社、法国国家图书馆：《法藏敦煌西域文献》第24册，2002年版，第342页。
⑪ 上海古籍出版社、法国国家图书馆：《法藏敦煌西域文献》第17册，第291页。
⑫ 上海古籍出版社、法国国家图书馆：《法藏敦煌西域文献》第34册，2005年，第110页。
⑬ 上海古籍出版社、法国国家图书馆：《法藏敦煌西域文献》第30册，第355页。
⑭ 上海古籍出版社、法国国家图书馆：《法藏敦煌西域文献》第24册，第132页。
⑮ 上海古籍出版社、法国国家图书馆：《法藏敦煌西域文献》第28册，2004年版，第24页。

敦煌遗书中的占卜文献数量庞杂,内容丰富,不少占条与奴婢相关,现将其整理如下表:[①]

类别	文书编号和原名	奴婢相关记载	文书出处
卜法	P.3896《卜筮书》	女名憧盗贼奴婢逃亡	法藏.29.110
	P.3782《灵棋卜法一卷》	祸从下兴戒慎憧仆阴谋合□	法藏.28.41
	上图 017(812388)4.《卜筮法》	姓朱王徐名当奴藏在木下	上图.1.130
	上图附 9《卜筮书卷第廿三》	奴婢贼主生男妨父生女妨母	上图.4.352
	S.813《李老君周易十二钱卜法》	失财难得,奴婢逃亡,为人眩诱远去;规求奴婢,交关称心	英藏.2.193
	S.2578《孔子马头卜法一部》	占奴婢及六畜等得不	英藏.4.103
	S.1339/2《孔子马头卜法》	卜诉讼理奴婢钱财得否;卜论利奴婢得否	英藏.2.268
	S.5686《占卜书》	卜失物家奴婢黑人取之	英藏.9.69
	S.6054《失名五兆卜法》	奴婢离于本主急需解□求之	英藏.10.60
	S.6167/2《失名五兆卜法》	卜失物法占奴婢及牛马之法	英藏.10.120
	S.8574《失名五兆卜法》	妻妾奴婢牛马生气亡财;奴婢走失不得	英藏.12.162
	S.11362B《失名五兆卜法》	丙为中女丁为奴婢	英藏.13.243
	Дx.10720《失名五兆卜法》	占卖买生口法	俄藏.15.13
	P.2614《占筮书》	煞未纳奴婢牛马必害主	法藏.16.260
	P.2859《五兆要诀略一卷》	牛马奴婢易主凶等	法藏.19.148

---

① 对占卜文献的分类,参考黄正建:《敦煌占卜文书与唐五代占卜研究(增订版)》,中国社会科学出版社 2014 年版;郑炳林、陈于柱:《敦煌占卜文献叙录》,兰州大学出版社 2014 年版。表中文书出处以某藏.x.x 作简略处理:如英藏.2.75 指《英藏敦煌文献》第 2 册第 75 页;杏藏.1.292 指杏雨书屋藏《敦煌秘笈》第一册第 292 页;上图.1.130 指《上海图书馆藏敦煌文献》第 1 册第 130 页;法藏 23.240《法藏敦煌西域文献》第 23 册第 240 页;俄藏.3.12 指《俄藏敦煌文献》第 3 册第 12 页。

类别	文书编号和原名	奴婢相关记载	文书出处
卜法	P.2905《五兆经法要决第卅三》	王是妻财相是奴婢等	法藏.19.387
六十甲子占	S.6182《失名占书》	内奴婢吉，内牛马凶	英藏.10.153
	S.8350《六十甲子纳音》	少厄资财奴婢是非	英藏.12.114
	P.4680《占筮书》	嫁娶内(纳)六畜奴婢出行吉	法藏.33.77
	羽044《占法》	壬癸日男女奴婢死亡	杏藏.1.292
	P.3281《卜筮书》	内(纳)奴婢三世富贵 市买奴婢牛马吉等	法藏.23.19
梦书	S.620《解梦书》	梦见骑羊，得奴婢	英藏.2.106
	S.2222《解梦书》	梦见把笏，得奴信	英藏.4.47
	S.2222V《解梦书一卷》	梦见失靴履，忧奴婢走	英藏.4.49
禄命书	P.3081《七曜日吉凶推法》	买奴婢六畜及欢乐凶等	法藏.21.259
七曜占	S.1396《占命书》	辰时所有奴婢六畜走失等	英藏.2.11
	P.2693《七曜历日一卷并十二时》	得钱财奴婢六畜等十余条	法藏.17.350
葬书	P.2831《卜葬书》	升加午煞奴婢六畜	法藏.19.18
	P.3647《葬经》	葬得大吉下煞牛马奴婢女凶	法藏.26.217
	上图017(812388)2.《葬经》	呼木奴□木婢	上图.1.130
相书	P.2572《相书》	此人不出年中为奴婢等	法藏.16.43
	P.3492V《相书》	踝内有黑子主大富多奴婢	法藏.24.342
	P.2797《相书》	如雷声男妨婢女妨夫	法藏.18.256
宅经	P.3281V《宅经》	二月煞六畜及奴婢	法藏.23.32
	S.4534V《宅经一卷》	伤胎奴婢东南不利子孙	英藏.5.129
	P.3594《宅经》	避病兴贩买田宅□奴婢	法藏.26.40
	P.2615《帝推五姓阴阳宅经等宅图经一卷》	仓库在庚，奴婢在辛； 仓库在甲，奴婢在乙等	法藏.16.270
	P.2632V《五姓宅经》	买角羽家田宅、奴婢、六畜	法藏.17.12

续　表

类别	文书编号和原名	奴婢相关记载	文书出处
天文占	S.2729V《失名占书（悬象占）》	外国兵来煞人害畜粟贵奴婢贱人民流出二千石	英藏.4.227
	P.3288《立像西秦五州占第廿二》	宜奴婢六畜司命等	法藏.23.68
	P.2632《手决一卷》		法藏.17.8
	P.2964《星占书》		法藏.20.272
生理占	P.3398-2《推十二时人命相属法》	左眼瞤，有奴婢事等	法藏.24.79
禄命书	S.612V《失名占书》	凤凰下生男即孝，女合慈心，多居禄位，奴婢不少	英藏.2.75
逆剌占	P.2859《逆剌占一卷》	时逢六己合主奴婢小人六畜逃亡藏匿	法藏.19.156
	BD14636/2《逆剌占》		国图.131.122

文学作品共三十余件，其中变文小说十三件，百行章一件，诗词二十余件。

（1）S.610《启颜录》，有一则与奴婢买卖相关。①

（2）S.2204《董永变文》，记载了董永"所卖当身殡耶（爷）娘"的故事。②

（3）P.2747《捉季布传文》，另有P.3697等十余个写本，故事中反映了奴婢买卖的情况。③

（4）S.133V《秋胡小说》，记载了秋胡求学前后的故事，提及奴婢。④

（5）S.2073《庐山远公话》，记载了慧远被掳为奴仆，并以奴仆身份说法的故事。文中有不少关于奴婢买卖的信息。⑤

（6）S.6836《叶净能诗》，反映了道观奴婢的情况。⑥

（7）S.5674《孔子项托问书》，另有羽033等十八个写本，涉及奴婢。⑦

---

① 中国社会科学院历史研究所等：《英藏敦煌文献（汉文佛经以外部分）》第2册，第60—70页。

② 中国社会科学院历史研究所等：《英藏敦煌文献（汉文佛经以外部分）》第4册，第41页。

③ 上海古籍出版社、法国国家图书馆：《法藏敦煌西域文献》第18册，第57页。

④ 中国社会科学院历史研究所等：《英藏敦煌文献（汉文佛经以外部分）》第1册，第57页。

⑤ 中国社会科学院历史研究所等：《英藏敦煌文献（汉文佛经以外部分）》第3册，第265—275页。

⑥ 中国社会科学院历史研究所等：《英藏敦煌文献（汉文佛经以外部分）》第11册，第200—209页。

⑦ 中国社会科学院历史研究所等：《英藏敦煌文献（汉文佛经以外部分）》第9册，第60页。

(8) P.3910《茶酒论》,另有 P.2718 等五个写本,涉及奴婢。①

(9) S.6551《佛说阿弥陀经讲经文》,有对奴婢生活细节的描述。②

(10) P.2633、S.4129《齟齬新妇文》,提及奴婢。③

(11) S.5257《先天元年九月一日敕旨京城诸寺各写示道侵损常住物恶报灵验记》,记载了两件佛教灵验故事,侧面反映出寺院畜养奴婢的情况。④

(12) S.6454《十戒经》,另有羽003R 等 11 个写本,书成于景龙三年(709 年)至至德二年(757 年)之间,戒文中有"与奴婢言则慎于事"条。⑤

(13) P.3764《太公家教》,另有 S.1163 等四十余个写本,据刘安志考证,该蒙书写于七世纪下半叶,反映了社会意识中奴婢相关情况。⑥

(14) S.1815《百行章》,另有 S.1920 等二十余个写本,其中《严行章》第二十记载了"若家无杖,奴婢逃亡"。⑦

白话诗人王梵志的作品通俗浅显,主题多与一般民众的日常生活相关,反映了下层民众的真实生活和心态,奴婢在他的诗中也屡屡出现。此外,敦煌其他诗词中也有部分保存了奴婢资料。现将其整理如下表:⑧

作者、诗名	文书编号	诗句内容	文书出处
王梵志《王梵志诗》	S.0778	养奴多养婢,伺命门前唤。	英藏.2.149
	S.5474,S.1399	钱财奴婢用,任将别经纪。	英藏.7.147,英藏.3.13
	S.0778,S.1399	奴事新郎君,婢逐后娘子。	英藏.2.149,英藏.3.13
	S.0778,S.1399	有奴不能使,有婢不相随。	英藏.2.149,英藏.3.13

① 上海古籍出版社、法国国家图书馆:《法藏敦煌西域文献》第 25 册,2003 年版,第 198 页。

② 《英藏敦煌文献》原命名为《说三皈五戒文》,见中国社会科学院历史研究所等:《英藏敦煌文献(汉文佛经以外部分)》第 11 册,第 106—119 页。《敦煌变文校注》中载有录文,定名为《佛说阿弥陀经讲经文》,参见黄征、张涌泉:《敦煌变文校注》,中华书局 1997 年版,第 679 页。

③ 上海古籍出版社、法国国家图书馆:《法藏敦煌西域文献》第 17 册,第 16 页。中国社会科学院历史研究所等:《英藏敦煌文献(汉文佛经以外部分)》第 5 册,1992 年版,第 258 页。

④ 中国社会科学院历史研究所等:《英藏敦煌文献(汉文佛经以外部分)》第 7 册,第 29 页。

⑤ 中国社会科学院历史研究所等:《英藏敦煌文献(汉文佛经以外部分)》第 11 册,第 88 页。

⑥ 上海古籍出版社、法国国家图书馆:《法藏敦煌西域文献》第 27 册,2004 年版,第 328 页。刘安志:《〈太公家教〉成书年代新探——以吐鲁番出土文书为中心》,《中国史研究》2009 年第 3 期,第 143—150 页。

⑦ 中国社会科学院历史研究所等:《英藏敦煌文献(汉文佛经以外部分)》第 3 册,第 154 页。

⑧ 参考项楚:《王梵志诗校注(增订本)》,上海古籍出版社 2010 年版;张锡厚:《全敦煌诗》,作家出版社 2006 年版。

续　表

作者、诗名	文书编号	诗句内容	文书出处
	S.0778,S.1399	无心造福田,有意事奴仆。	英藏.2.149,英藏.3.13
	P.3211	唤女作家生,将儿作奴使。	法藏.22.161,法藏.28.251
	P.3826V		
	P.3211	工匠莫学巧,巧即他人使。 身是自来奴,妻亦官人婢。 奴人赐酒食,恩言出美气。	法藏.22.161,英藏.7.91
	S.5441		
	P.3833,	不是后身奴,来生作事地。	法藏.28.281,俄藏.9.261
	Дх.2558		
	P.3833	钱少婢不嫁,财多奴共婚。 闷遣奴吹笛,闲令婢唱歌。	法藏.28.281
	P.3833		
	P.2914	家僮须饱暖,装束唯麁踈。 此时丈夫妾,何关曹主奴。	法藏.28.281,法藏.20.51
	P.2914		
	P.3418	得禄奴婢食,请赐妻儿著。	法藏.20.51
	P.3724	奴富欺郎君,婢有陵娘子。 仍更买奴婢,牛羊共成群。	法藏.24.145 法藏.27.137
	P.3418	奴婢换曹主,马即别人骑。	法藏.24.145
	羽030R	此则是兵奴。	杏藏.1.216
岑参《玉门关盖将军歌》	Дх.1360	问者即是苍头奴。 灯前侍婢泻玉壶。	俄藏.8.116
白居易《道州民》	P.2492	市作矮奴年进贡。 号为道州任土贡。	法藏.14.291
周口《献闽中十咏并序》	P.3629	骨肉飘零何日会, 家僮星散已无依。	法藏.26.152
明达诗	S.389	阿爷买却孩儿去。	英藏.1.180
《九观想诗》	P.3892	亲戚妾奴各自还。	法藏.29.101
《无住诗偈七首》	P.2125	你是没价奴,到老走不得。	法藏.6.146

续 表

作者、诗名	文书编号	诗句内容	文书出处
《叹百岁诗》	P.3361V	童仆朝扶暮坐看。	法藏.22.347
	S.1588V		英藏.3.98
白居易《盐商妇》	P.2492	前呼苍头后呼婢	法藏.14.289
《歌辞抄》①	Дx.17442	奴婢勤荣惣不知	俄藏.17.121

二、吐鲁番文书中的奴婢资料

对目前已公布的资料统计,此次整理涉及奴婢的吐鲁番汉文文书共五十一件。根据文书内容,可分为以下几类:1. 契约类:主要是奴婢买卖契约、放良书及涉及奴婢的遗书;2. 籍账类:包括载有奴婢信息的户籍、手实、账历等;3. 政事类:主要包括涉及奴婢的官府文书,如公验过所、讼辞牒文等;4. 生活类:主要包括涉及奴婢的书信、占卜、墓葬文书等。

契约类文书共六件:奴婢买卖市券四件,遗书一件,放良书一件。

(1) Дx.11414V《前秦建元十三年七月廿五日赵伯龙买婢契券》,存六行。②

(2) 73TAM509:8/12-1(a),8/12-2(a)《唐开元十九年唐荣买婢市券》,该件首尾完整,是奴婢买卖完成后契约交验官府批准形成的市券。文书记载了婢失满儿在西州市上卖出,年龄十二岁,价格为练十四匹。据文书样式及内容分析,这件文书是同墓文书唐谦益请过所案卷所附抄件。③

(3) 73TAM509:8/4-73(a)《唐开元二十年薛十五娘买婢市券》,该件是奴婢买卖完成后契约交验官府批准形成的市券。文书中在西州市上卖出的胡婢绿珠年龄三十岁,价格为大练四十匹。这件文书同样是唐谦益请过所案卷所附抄件。④

(4) 97TSYM1:5《阚氏高昌永康十二年闰月十四日张祖买奴券》,共九行,记载了张祖从粟特人康阿丑处买得胡奴一人,价格为缣一百三十七匹。柳方撰文对

---

① 俄罗斯科学院东方研究所圣彼得堡分所等:《俄藏敦煌文献》第17册,2001年版,第121页。该件在《俄藏敦煌文献》中无命名,笔者据内容暂定。

② 俄罗斯科学院东方研究所圣彼得堡分所等:《俄藏敦煌文献》第15册,第212页。该件为《俄藏敦煌文献》中混入的吐鲁番出土文书,参见徐俊:《俄藏 Дx.11414V+02947 前秦拟古诗残本研究》,季羡林等:《敦煌吐鲁番研究》第6卷,北京大学出版社2002年版,第211页。

③ 国家文物局古历史研究所等:《吐鲁番出土文书》第九册,文物出版社1990年版,第26页。

④ 国家文物局古历史研究所等:《吐鲁番出土文书》第九册,第29页。

这件文书作了介绍。①

(5) 2006TZJI:138《麹氏高昌延和八年十二月二十二日绍德遗书》,残文共十三行,遗书中涉及奴婢。冻国栋对这件文书作了介绍。②

(6) 大谷1507《奴隶解放文书》,存两行,根据残存文字可知为放奴文书。③

籍账类文书共十五件,其中官府账目两件、户籍名籍十件、差科簿一件、寺院手实、账历各一件。

(1) 64TAM4:46/1《唐支用钱练账一》,提及买婢。④

(2) 64TAM4:47,49,48《唐支用钱练账二》,同样提及了买婢。⑤

(3) 2006TSYIM4:5-1《前秦建元二十年三月高昌郡高宁县都乡安邑里籍》,该户籍登有五户三十六口,奴婢四人。该件是敦煌吐鲁番文书中现知最早的户籍,也是古纸写本中最早的户籍。荣新江对这件文书作了细致的研究,张荣强更正补充了录文。⑥

(4) 66TAM31:14《高昌昭武九姓胡人曹莫门陁等名籍》,记载了奴三人。⑦

(5) 64TAM35:29(b)《武周阴仓子等城作名籍》,记有奴四人。⑧

(6) 67TAM83:10《唐师师等名籍》,载有奴三人,其中奴尾奴又见于同墓67TAM83:12/1《唐阴行感等残名籍》。⑨

(7) 2006TZJI:033《唐开元四年后西州高昌县宁昌乡逃死名籍》,记载了唐长安二年至开元四年间高昌县死、逃、没落人口情况,其中有部曲一人,婢六人。⑩

(8) 大谷1042《丁男丁女断简》,载有奴一人。⑪

(9) OR.8212/518《蒲隐户口簿》,载有奴一人。⑫

① 图录见荣新江、李肖、孟宪实:《新获吐鲁番出土文献》,中华书局2008年版,第125页。柳方:《吐鲁番新出的一件奴隶买卖文书》,《吐鲁番学研究》2005年第1期,第122—126页。

② 图录见荣新江、李肖、孟宪实:《新获吐鲁番出土文献》,第287页。冻国栋:《麹氏高昌遗言文书试析》,武汉大学中国三至九世纪研究所:《魏晋南北朝隋唐史资料》第23辑,武汉大学出版社2007年版,第188—197页。

③ [日]小田义久:《大谷文书集成》第一卷,法藏馆1984年版,图版一三一。

④ 国家文物局古历史研究所等:《吐鲁番出土文书》第六册,1983年版,第434页。

⑤ 国家文物局古历史研究所等:《吐鲁番出土文书》第六册,第436页。

⑥ 图录见荣新江、李肖、孟宪实:《新获吐鲁番出土文献》,第177—178页。荣新江:《吐鲁番新出〈前秦建元二十年籍〉研究》,《中华文史论丛》2007第4期,第1—30页;张荣强:《再谈〈前秦建元二十年籍〉录文问题》,《史学史研究》2015年第3期,第120—122页。

⑦ 国家文物局古历史研究所等:《吐鲁番出土文书》第三册,1981年版,第119页。

⑧ 国家文物局古历史研究所等:《吐鲁番出土文书》第七册,1986年版,第446页。

⑨ 国家文物局古历史研究所等:《吐鲁番出土文书》第八册,1987年版,第25—26页。

⑩ 荣新江、李肖、孟宪实:《新获吐鲁番出土文献》,第328页。

⑪ [日]小田义久:《大谷文书集成》第一卷,释文第9页。

⑫ 沙知、吴思芳:《斯坦因第三次中亚考古所获汉文文献(非佛经部分)》,上海辞书出版社2005年版,第52页。

(10) 97TSYM1:11-4《残名籍》,载有奴德子一人。①

(11) 大谷5408[A面]《名籍断片》,残存三行,有奴一人。②

(12) 大谷4157《性质不明文书》,该件残片仅存"术荣宗婢花女"一行。③

(13) 大谷8074《安西差科簿》,载有家人五人,奴一人。④

(14) 2006TAM607:4(a)《唐神龙三年正月西州高昌县开觉等寺手实》,该文书由两座寺院残手实黏连而成,属于官府保管的档案。文书中并未记载具体贱口情况,但反映了寺院中存在奴婢、部曲。据同墓文书与其他吐鲁番出土文书推测,开觉寺为高昌县寺院,文书书成于707年。⑤

(15) 60TAM80:15,16/3,16/2《高昌某寺条列粮食账》,载有奴婢饮食资料。⑥

政书类文书共二十五件,法律文书一件、官府案卷牒状二十一件、西州事目历三件。

(1) 大谷5098[A面]+8099[A面]《贼补盗律残片》,分别残存两行、三行,是有关人口买卖的法律条文。⑦

(2) 66TAM62:6/2《翟彊辞为负麦被曳牛事》,涉及一奴名佛流。⑧

(3) 64TAM4:35(a)《唐瀵舍告死者左憧憙为左憧憙家失银钱事》,从文书内容看,瀵舍当为左憧憙的叔叔,被冤枉偷盗左憧憙五百文钱而向官府申辩,案件涉及了左憧憙家大小奴婢。⑨

(4) 66TAM61:20(a)《唐麟德二年畦海员辩辞》,是官府对畦海员租牛给鞠运贞的审问判辞,提及一婢。⑩

(5) 73TAM221:62-2(a)《唐永徽三年士贞辩》,辩辞中提及士贞与两个奴婢一起种粟。⑪

(6) 75TKM89:1-2《高昌章和十一年都官下柳婆、无半、盐城、始昌四县司马主者符为检校失奴事》,该件与同墓文书75TKM89:1-1《高昌章和十一年都官下

① 荣新江、李肖、孟宪实:《新获吐鲁番出土文献》,第150页。
② [日]小田义久:《大谷文书集成》第三卷,释文第164页。
③ [日]小田义久:《大谷文书集成》第二卷,1990年版,图版九三。
④ [日]小田义久:《大谷文书集成》第三卷,2003年版,图版一八。
⑤ 图录见荣新江、李肖、孟宪实编:《新获吐鲁番出土文献》,第53页。参见孟宪实:《新出唐代寺院手实研究》,《历史研究》2009年第5期,第170—179页。
⑥ 国家文物局古历史研究所等:《吐鲁番出土文书》第三册,第209页。
⑦ [日]小田义久:《大谷文书》第三卷,图版二一。
⑧ 国家文物局古历史研究所等:《吐鲁番出土文书》第一册,1981年版,第102页。
⑨ 国家文物局古历史研究所等:《吐鲁番出土文书》第六册,第441页。
⑩ 国家文物局古历史研究所等:《吐鲁番出土文书》第六册,第460页。
⑪ 国家文物局古历史研究所等:《吐鲁番出土文书》第七册,第25页。

交河郡司马主者符为检校失奴事》内容相同，是下发给地方寻找翟忠义失奴的公文。[①]

(7) 67TAM93:15(b)《武周长安二年西州高昌县顺义乡人荀仁残辞》，提及一婢。[②]

(8) 72TAM184:9(a)，11(a)《唐开元十二年残文书牍》，末尾两行有"分付家人奴子"，此处家人应为家奴。[③]

(9) 64TAM35:16《唐西州高昌县追人勘问帖》，该帖要求的审问名单中有奴三人。[④]

(10) 73TAM509:196/6(b)《武周军府帖为领死驴价钱等事》，提及一家奴。[⑤]

(11) 73TAM509:8/8(a)，8/14(a)，8/21(a)，8/15(a)《唐开元二十一年西州都督府案卷为勘给过所事》，涉及奴婢二人。[⑥]

(12) 73TAM509:8/5(a)《唐西州天山县申西州营状为张无锡请往北庭请兄禄事》，提及奴胡子一人。[⑦]

(13) 73TAM224:080/1(a)《唐西州蒲昌县户曹牒为催征逋悬事》，提及一奴。[⑧]

(14) 2006TBM113:6-3《唐西州某县何花辞为男女放良事》，全文共四行，残卷中记载了放出从良的两个奴婢。根据载有文书中人名的其他文书推测，书成年代当在显庆三年(658年)至乾封元年(666年)之间。[⑨]

(15) 2004TBM207:1-4《唐仪凤三年九月西州功曹牒为检报乖僻批正文案事》，提及略良胡，可能为专门压良为贱贩卖人口的胡人。[⑩]

(16) 2006TSYIM4:3-1背《北凉文书为偷盗事》，残案卷中提及一婢。[⑪]

(17) 2006TSYIM4:3-18《北凉爱纪辞》，残案卷中提及一沙弥奴相生。[⑫]

(18) 2005TST54《唐咸亨元年后西州仓曹文案为公廨本钱及奴婢自赎价事》，

---

① 国家文物局古历史研究所等：《吐鲁番出土文书》第二册，1981年版，第28—29页。
② 国家文物局古历史研究所等：《吐鲁番出土文书》第七册，第277页。
③ 国家文物局古历史研究所等：《吐鲁番出土文书》第八册，第291页。
④ 国家文物局古历史研究所等：《吐鲁番出土文书》第七册，第486页。
⑤ 国家文物局古历史研究所等：《吐鲁番出土文书》第九册，1990年版，第13页。
⑥ 国家文物局古历史研究所等：《吐鲁番出土文书》第九册，第51页。
⑦ 国家文物局古历史研究所等：《吐鲁番出土文书》第九册，第135页。
⑧ 国家文物局古历史研究所等：《吐鲁番出土文书》第九册，第236页。
⑨ 荣新江、李肖、孟宪实：《新获吐鲁番出土文献》，第65页。
⑩ 荣新江、李肖、孟宪实：《新获吐鲁番出土文献》，第78页。
⑪ 荣新江、李肖、孟宪实：《新获吐鲁番出土文献》，第210页。
⑫ 荣新江、李肖、孟宪实：《新获吐鲁番出土文献》，第211页。

提及奴婢自赎身事宜。①

(19) 大谷1037＋1254,1256＋1419,1013＋2831《唐贞观十七年六月西州奴俊延妻孙氏辨》,该文书由六个残片组成,可两两缀合,是关于奴俊延妻的审问记录。②

(20) 大谷1263《官厅文书》,载有"诸牧监所有尉长户奴婢等"。③

(21) 大谷2845《西州高昌县佃人文书》,有奴佃作的记录。④

(22) OR.8212/520《唐开元年间西州都督府诸曹符帖事目历》,有一行"法曹符为公主寺婢逃走事"。⑤

(23) 64TAM2:20/2(a),16(a)《唐西州事目》(二)有"买婢患手请退事"一道。⑥

(24) 64TAM2:20/2(a),16(a)《唐西州事目》(五),记载了"买得婢请给粮事""奴得伽等将练事"两道。⑦

生活类文书共六件,其中移文、钱物疏四件,占卜文书两件。

(1) 65TAM42:40《唐缺名随葬衣物疏》,记载了车、牛、奴婢十具。⑧

(2) 2004TMM102:4,6吐鲁番新出《唐显庆元年宋武欢移文》,随葬物品中有奴婢十具,刘安志根据主人墓志,推断书成于656年。⑨

(3) 64TAM4:29(a)《唐咸亨四年左憧憙生前功德及随身钱物疏》,提及了左憧憙的六个奴婢。左憧憙身份为高昌县崇化乡前庭府卫士,家产殷厚,同墓有他放贷、买园、租地、买奴等十余件文书,对认识唐西州基层社会有重要价值。⑩

(4) 64TAM29:44《唐咸亨三年新妇为阿公录在生功德疏》,提及奴婢。⑪

(5) 97TSYM1:13-5,13-4,13-3(a)(c)(b)《古写本易杂占》,该写本共五十九行,有四处提及奴婢,分别为第十五行(奴婢、六畜、行作、谋事、见贵人、请谒皆可)、第三十二行(当亡财失物,奴婢、六畜死)、第四十四行(必口舌辞讼相让,女子、

---

① 荣新江、李肖、孟宪实:《新获吐鲁番出土文献》,第269页。

② [日]小田义久:《大谷文书》第一卷,图版一〇五、一〇六。

③ [日]小田义久:《大谷文书》第一卷,图版二三。

④ [日]小田义久:《大谷文书》第一卷,图版八五。

⑤ 沙知、吴芳思:《斯坦因第三次中亚考古所获汉文文献(非佛经部分)》,第55页。

⑥ 国家文物局古历史研究所等:《吐鲁番出土文书》第九册,第215页。

⑦ 国家文物局古历史研究所等:《吐鲁番出土文书》第九册,第217页。

⑧ 国家文物局古历史研究所等:《吐鲁番出土文书》第六册,第211页。

⑨ 荣新江、李肖、孟宪实:《新获吐鲁番出土文献》,第105页。刘安志:《跋吐鲁番新出〈唐显庆元年西州宋武欢移文〉》,武汉大学中国三至九世纪研究所:《魏晋南北朝隋唐史资料》第23辑,第198—208页。

⑩ 国家文物局古历史研究所等:《吐鲁番出土文书》第六册,第402页。

⑪ 国家文物局古历史研究所等:《吐鲁番出土文书》第七册,第71页。

奴婢逐人走)、第五十八行(扶奴婢、忧逃亡)。①

(6) 97TSYM1∶13-3(c)背《古写本甲子推杂占》,一处提及奴婢。②

三、斯坦因第三次中亚考古所发现的奴婢资料

斯坦因第三次中亚考古从和田、楼兰、麻扎塔格、黑城子等地发现的一批汉文文书中,部分也含有奴婢资料,已公布出版的敦煌吐鲁番文献中混入的黑水城文献也有几件涉及奴婢,现将其整理如下:

(1) OR.8212/1557《唐别奉康云汉文书》,载有奴二人。③

(2) OR.8212/1901《残书信》,残存十行,涉及奴婢买卖。④

(3) OR.8212/1930(1)《唐残文书》,残存七行,提及奴婢二人,内容似为出度已放良婢善女为尼事宜。⑤

(4) OR.8212/716《唐家人胡子等用粮账》,残片提及的家人胡子应为私奴婢。⑥

(5) OR.8212/719《唐果物账》,有"家人执壁"。⑦

(6) OR.8212/734《元河渠司上亦集乃路总管呈文》,是一件元代与人口买卖公文。⑧

(7) OR.8212/998《残籍》,残存一行四字,载有一婢吐子。⑨

(8) OR.8212/1113《残账》,残存两行,载有家奴敏官一人。⑩

(9) OR.8212/斯5868《唐护国寺三纲令外巡僧大晋领家人刘草浇田帖》,涉及寺奴婢。其中僧大晋又见于 OR.8212/斯11585《唐护国寺残文书》,该文书内容与僧大晋遗失典婢契有关。⑪

(10) 敦研381《元延祐三年永昌税吏司文书》,全文共七行。⑫

---

① 荣新江、李肖、孟宪实:《新获吐鲁番出土文献》,第157页。
② 荣新江、李肖、孟宪实:《新获吐鲁番出土文献》,第161页。
③ 沙知、吴芳思:《斯坦因第三次中亚考古所获汉文文献(非佛经部分)》,第217页。
④ 沙知、吴芳思:《斯坦因第三次中亚考古所获汉文文献(非佛经部分)》,第285页。
⑤ 沙知、吴芳思:《斯坦因第三次中亚考古所获汉文文献(非佛经部分)》,第298页。
⑥ 沙知、吴芳思:《斯坦因第三次中亚考古所获汉文文献(非佛经部分)》,第191页。
⑦ 沙知、吴芳思:《斯坦因第三次中亚考古所获汉文文献(非佛经部分)》,第192页。
⑧ 沙知、吴芳思:《斯坦因第三次中亚考古所获汉文文献(非佛经部分)》,第210页。
⑨ 沙知、吴芳思:《斯坦因第三次中亚考古所获汉文文献(非佛经部分)》,第33页。
⑩ 沙知、吴芳思:《斯坦因第三次中亚考古所获汉文文献(非佛经部分)》,第49页。
⑪ 沙知、吴芳思:《斯坦因第三次中亚考古所获汉文文献(非佛经部分)》,第315、322页。
⑫ 图版见甘肃藏敦煌文献编委会等:《甘肃藏敦煌文献》第2卷,1999年版,第227页。施萍婷曾撰文对这件文书作了介绍,认为这是元代一件有关奴婢买卖的正式红契,见施萍婷:《元祐三年买卖文书跋》,《敦煌研究》1989年第2期,第61—64页。杨际平质疑此观点,认为这件文书只是永昌税吏司给驱口买主的契尾,是官司给出的证明文书,并对文书重新定名,见杨际平《元代买卖奴婢手续——从敦煌研究院藏元延祐三年永昌税使司文书谈起》,《敦煌研究》1990年第4期,第65—70页。

（11）Дx.2957《光定十三年十月初四日杀了人口状》，记有"杨青士户下驱虏二人"一行。①

（12）Дx.1403《皇庆元年刑房大赦令》，残存九行，该文书中奴婢杀主不在赦令之内。②

（13）Дx.01348《买婢契》，文书残存七行，据乜小红考释书成于元代。③

以上，本文对敦煌吐鲁番汉文文献中的奴婢资料再次进行了梳理与分类，这些资料的价值及其所揭示的相关问题，笔者将另文讨论。

（原刊《敦煌学辑刊》2019 年第 1 期，合作者：曾柏亮）

---

① 俄罗斯科学院东方研究所圣彼得堡分所等：《俄藏敦煌文献》第 10 册，1998 年版，第 143—144 页。

② 俄罗斯科学院东方研究所圣彼得堡分所等：《俄藏敦煌文献》第 8 册，1997 年版，第 151 页。

③ 图版见俄罗斯科学院东方研究所圣彼得堡分所等：《俄藏敦煌文献》第 8 册，第 109 页。乜小红：《俄藏敦煌契约文书研究》，第 117 页。

略谈敦煌、吐鲁番经济文献研究

1983 年,中国敦煌吐鲁番学会在兰州成立,至今已经过去二十六个年头了。在这许多年里,中国的敦煌吐鲁番学研究,与中国人文社会科学研究的许多方面一样,突飞猛进,受到空前的重视,出现了根本性的变化,取得了世人公认的成就,陈寅恪先生早年曾言"一时代之学术,必有其新材料与新问题。取用此材料,以研求问题,则为此时代学术之新潮流。治学之士,得预于此潮流者,谓之预流。"①现在,学术界运用新的出土文献,研究新的问题的"预流"者,可以说是越来越多了。

综观多年来中国敦煌、吐鲁番学研究,史学、文学、宗教、艺术、科技等等,各个领域可以说是异彩纷呈,各有千秋。这里,我仅就敦煌、吐鲁番出土经济文献研究的问题,谈几点粗浅的看法。

一

首先,关于敦煌吐鲁番地区的经济文献,对于研究当时全国经济现象的普遍意义问题。

敦煌这个地方,与历史时期的其他地方相比较,由于其地在西陲,处于东西交通孔道的咽喉地带,而且是多民族杂居地区,因而有其特殊性的一面。同时毫无疑问,敦煌又有其与中原地区相同或者具有共同性的一面。

由于特殊的原因,敦煌给我们留下了大量的丰富的文献,但不是说其他地方历史上就没有自己的文献。例如吐鲁番,距敦煌不算远,在比敦煌文书面世略晚的时候,尤其是自上世纪七十年代以后,曾发现了数量相当可观的吐鲁番文献、文物资料。而且这个过程还在继续。如近期中华书局出版的由荣新江等先生主编的《新获吐鲁番出土文献》上下册,收入了吐鲁番出土文献及墓志墓表等资料三百件左

---

① 陈寅恪:《陈垣敦煌劫余录序》,载《金明馆丛稿二编》,上海古籍出版社 1980 年 10 月版,第 236 页。

右。这就是最新发现的资料。① 可以肯定地说,类似的资料今后还会继续发现。

当然,敦煌、吐鲁番,包括西北的其他一些地方,有其独特的地理、气候条件,这才能使大量的文献、文物以特殊的方式保存下来。毫无疑问,当时在其他的地方,特别是在一些重要的都会、城市、镇市、宗教中心、要塞、关隘、交通要道,包括当时的各地方基层组织所在地,历史上也一定会存在过大量的文献。只是由于多方面原因,特别是地理与气候方面的原因,这些文物、文献未能保存下来。

历史研究,强调有一分材料说一分话,已出土的大量敦煌、吐鲁番文献资料,为我们提供了文献出土地区当时基层社会的实态。但是,我们目前所能看到的材料,毕竟是属于当时极少数地方的有限的文献,而更多地方的文献,我们已无法见到。是不是我们就不能根据这些材料,对其他地方的情况做些推测呢? 这应不应该成为影响我们对历史进行正确的理性逻辑推理与考证的根本限制呢? 我以为不能。我们在进行历史问题的分析时,应当思考,如果其他地方也出有同一时期的文献资料,内容会是什么? 它所反映的政治、经济、思想文化、典章制度等内容,会在多大的程度上与中央政府的规定、中原地区的情况相一致? 会在多大程度上与其他地方的情况相一致? 同时,它又会具有多少自己的地方特色?

具体来说,这涉及三个方面,一是我们所知道的传世文献资料中所反映出的中央的各项典制、方针、政策;二是在敦煌、吐鲁番等地出土的以往我们不知道而现在已大体知道的各类文献资料,三是目前未能发现、但历史上在其他地方肯定也会存在过的我们无法知道的各种文献资料。

我们研究的任务之一,是通过已发现的有限的地方出土文献资料,结合已有的传世的文献资料,了解中央政权、中原地区的各项典制、方针、政策及其在地方上得到了多大程度的实施;地方政府及基层组织又在多大程度上根据所在地的实际情况,做了因地制宜的变革。由此两者,我认为还应当在此基础上,对第三个方面,即对目前尚未发现文献资料的其他地方曾经有过的各项制度以及其他方面的方针、政策、典制包括文化宗教思想等,进行比较正确的历史的理性逻辑推理、考证,由此来研究全国其他地区一些带有普遍性的问题。

也许有人会认为,对敦煌、吐鲁番以外的地区,进行史实的逻辑推理,没有什么实际意义,因为史学研究,不能凭空讲话,下虚妄之言。有的人认为,远在西陲之沙州、西州,并不能反映其他地区的历史与情况,因而有意无意贬低了敦煌、吐鲁番文献资料与相关的学术研究的学术价值与普遍意义。在时下一些关于这个历史时期的著述中,有些学者对敦煌、吐鲁番文献已能确凿说明的事实视而不见,很少或者根本不利用敦煌、吐鲁番文献,即是这种情况的反映。

---

① 荣新江、李肖、孟宪实:《新获吐鲁番出土文献》,中华书局 2008 年版。

我认为,若从总体上来看,敦煌、吐鲁番文献资料,其具有的普遍意义是大于其地方的特殊性的。试以吐鲁番文献为例,自上世纪二三十年代以后,特别是自上世纪七十年代以来,吐鲁番地区先后出土了从十六国时期至唐代的大量文书,其中属于唐西州时期的文书,又占了大多数,内容十分丰富。其实,唐西州仅是唐代盛时329个州(郡)中的一个州,而且唐代西州仅有五万余口、一万一千余户,土地亦不多(属于均田制度中的狭乡),远不是大州强郡。从敦煌的情况来看,户数最多的开元年间,户数也不过为6 395户,口为32 234。^① 人口比之西州更少。可以肯定的是,在唐代,许多人口远远多于敦煌、吐鲁番的州郡,其当时的官私文书,数量要远远多于敦煌与西州,只是我们现在无法看到这些文书而已。

唐时沙州、西州,地方虽然不大,人口不多,但我们却不能低估其所出文献的价值。其实唐代敦煌、吐鲁番文献资料所反映的各项制度,固然具有鲜明的地方特色,但无疑更具有广泛的代表性,它在一定程度上反映的是大唐帝国实行于全国的制度,从这个意义上讲,敦煌、吐鲁番所出文书,绝不只是地方文献、只是反映了西陲地方一域,而是具有普遍的史料价值与学术意义的。我们这里试以敦煌与吐鲁番两地所出的部分经济文献为据,举例说明它们在反映其他地区、反映全国经济现象中的普遍性价值。

1. 均田制度问题。

上个世纪初,学者们曾经争论过中国中古的均田制度是否存在,有人曾认为这是个"子虚乌有"的制度,是古人的杜撰。而敦煌、吐鲁番出土文书面世以后,人们发现了敦煌、吐鲁番文献中有大量反映均田制度的文献资料。于是,均田制度乃中古时期确曾存的土地制度,已是没有疑问。自上世纪以来,日本学者西岛定生、西村元佑、周藤吉之、池田温及中国学者韩国磐、宋家钰、王永兴、朱雷、杨际平、卢向前等众多学者,对敦煌与吐鲁番的均田制度进行了深入的研究。

在敦煌文书中,有涉及均田制的户籍账、田亩账、授田簿、退田簿等,而在吐鲁番所出唐西州文书中,更有大量涉及均田制的户籍账、田亩账、民户手实、授田簿、退田簿及反映土地还授的文书,从基本制度这个层面看,这些地区的均田制度,的确是属于中央颁布并实行了的制度。另一方面,我们也从中可以看出其地区的特殊性,如在西州均田制下的世业田与口分田的区分问题、常田与部田的问题、丁的受田面积、均田的还授等问题,似乎有些制度与正史及传世文献所记载的均田制度不同,这些显然是西州地区均田制度的特殊性一面。另一方面,我们又可以看出,无论是敦煌还是西州,其均田制度又有与全国均田制度相统一、相一致的一面。如在西州地区,均田土地十分紧张,百姓普遍受田不足。据唐朝田令规定,"其州县界

① (唐)杜佑:《通典》卷一七四,《州郡典》四,中华书局1992年版。

内所部受田,悉足者为宽乡,不足者为狭乡"①。西州显然属于狭乡。据史书载,唐代全盛时,天下"宽乡有剩田州",不到三四十州,约占全国 329 个州的十分之一,由此可见,当时全国十分之九的州皆属狭乡,因此,我们不妨把西州作为唐代均田土地"狭乡"的代表,其作为"狭乡"的均田制度的相关政策,必定具有很大的代表性,应当会反映全国众多"狭乡"的均田制的一般情况,这显然具有普遍的认识价值。

我们可以由西州与沙州的均田制度文书推断,在唐代的其他地方,一样会有大批的均田制文书存在。例如贞观十八年(644 年)二月,唐太宗在雍州灵口村见到百姓,"问其受田,丁三十亩,遂夜分而寝,忧其不给。诏雍州录尤少田者,并给复,移之于宽乡"②。显而易见,在雍州灵口村,均田制也是实行了的,只是田地数量比唐代田令规定的少,但比西州多,仍属于狭乡。可以断定,当时此地亦必然有大量的籍账文书记载均田的情况。敦煌、吐鲁番文献中大量反映均田制度的文献,无疑为我们认识这些地方的均田制度提供了具体的参照实例。

2. 关于中古时期户籍制度与户籍制度中良贱身份的登录形式及变化问题。

关于中古时期的户籍制度,正史等传世文献有记载,但具体格式,包括基层各级政权户口登录的方式,手实、户籍、乡账、计帐等方面的具体关系等,我们却不甚了解,更无法知道当时的良贱户口在手实、户籍、乡账等籍账中的登录方式。是敦煌与吐鲁番两地所出的大量的户籍资料,使我们对以唐代为重点的中古户籍制度明了起来。著名的如《西凉建初十二年敦煌郡敦煌县西宕乡高昌里籍》《西魏大统十三年瓜州效谷郡籍》,使我们对唐以前的户籍有了基本的了解。最近,荣新江先生依据一件最新发现的吐鲁番户籍文书,写了《吐鲁番新出〈前秦建元二十年籍〉研究》一文,③使我们更多了解了唐以前的户籍制度。在敦煌、吐鲁番文献中,更有大量的极为珍贵的真实的唐代户籍资料,使我们大体掌握了唐代全国实行的户籍制度及其许多的细节。日本池田温先生所撰《中国古代籍账研究》,就充分利用了敦煌、吐鲁番出土文献。④

由敦煌、吐鲁番文献资料,我们还知道,在《唐律疏议》502 条律文中所载的多达一百余条的唐代繁复的良贱身份制度,绝不是纸上空文,而是广泛存在的身份制度。如由敦煌文书中《西魏大统十三年瓜州效谷郡计账》⑤,我们知道早在西魏时,

① (唐)杜佑:《通典》卷二,《田制》下,第 30 页。
② (宋)王钦若等:《册府元龟》卷一〇五,《帝王部·惠民一》。
③ 荣新江:《吐鲁番新出〈前秦建元二十年籍〉研究》,《中华文史论丛》2007 年 4 期第 1—30 页。
④ [日]池田温:《中国古代籍账研究》,日本东京大学东洋文化研究所报告 1979 年版。中译本,龚泽铣译,中华书局 2007 年 5 月第 1 版。
⑤ 唐耕耦、陆宏基:《敦煌社会经济文献真迹释录》,书目文献出版社 1986 年版,第 112 页。

民户已明确地有良贱身份的区别了,这与正史所载均田制度及三长制下的良奴制,能够相互印证。由敦煌《唐大历四年沙州敦煌县悬泉乡宜禾里手实》①,我们知道了唐代贱口在民户中登录的具体方式。由吐鲁番文书《唐贞观十八年西州某乡户口账》《唐永徽元年后某乡户口账》等,我们知道了唐代基层记账中,都要一一注明当乡的良人数、贱人数(其中又区分为部曲、奴婢等)、良贱人口总数、新旧等等,特别是由新近出土的吐鲁番文书《前秦建元二十年籍》,我们知道,早在唐以前几百年的公元384年,即十六国前秦时期的建元二十年,与民户中的奴婢有关的转移、买卖等,已经是需要登入户籍册了。结合长沙走马楼所出吴简户籍中的奴婢登录形式综合分析,②说明唐代的贱口登录制度,早在魏晋时已经初步形成,这说明了良贱身份的区分,历史久远,中古的良贱身份制度的一些特征,魏晋时已具有雏形。唐代的良贱身份制度,渊源有自。③

另外,我们还通过敦煌、吐鲁番出土的奴婢放良、奴婢买卖、奴婢继承、过所中的奴婢登录方式等多方面的良贱文书,基本搞清楚了唐代在全国实行良贱制度的许多细节。

由敦煌、吐鲁番文献中的良贱身份资料,我们可以得出一系列的结论,如中古的良贱身份体系,魏晋时已有雏形;良贱身份的登录形式逐步演变,至唐代趋于成熟;《唐律疏议》所反映的唐代良贱体系,在唐代是切切实实执行了的制度。因此,我们可以说,敦煌、吐鲁番文献中的良贱身份资料,所反映的绝不只是敦煌、吐鲁番个别地区的地方制度,而是具有普遍意义的在全国范围内皆实行了的制度。

由以上二例,我们大体可以看出,敦煌、吐鲁番文献中所反映的唐代社会的一些制度,不仅仅具有地方的特色,更具有启发我们研究唐代全国社会经济制度与经济现象的普遍意义。因此,我们在利用敦煌、吐鲁番文献资料时,应注意举一反三,通过解剖麻雀,观察全体,拓展我们的视野。通过敦煌、吐鲁番文献,对其他地区的历史进行一些比较正确的历史的理性逻辑推理与考据,以加深对历史的认识。我以为在这方面,我们做得还是不够的。

总之,敦煌、吐鲁番经济文献既有特殊性又具有普遍性,两者之间有联系又有区别。我们在对敦煌、吐鲁番经济文献资料进行研究时,对敦煌、吐鲁番文书历史价值的地方性与普遍性两个方面,都应给予注意,不应偏颇。这就是辩证法所讲的一般中有个别,个别中有一般。当然,我这是从整体研究来讲的,在进行具体问题的研究时,这并不排除人们的研究重点,有时可能会在突出敦煌、吐鲁番地方特色

① 唐耕耦、陆宏基:《敦煌社会经济文献真迹释录》,第189页。
② 陈爽:《走马楼吴简所见奴婢户籍及相关问题》,载《吴简研究》,崇文书局2004年7月版。
③ 荣新江、李肖、孟宪实:《新获吐鲁番出土文书》第177—178页,相关研究论文可参考荣新江:《吐鲁番新出前秦建元二十年籍研究》,载《中华文史论丛》2007年4期。

或在反映与中原或其他地区共同性一面上,各有所侧重。时下我想强调的是,人们的研究眼光,不能只看见一个方面,特别是不能只看到敦煌地区历史文化特殊性的一面,而忽略其与其他地区历史文化存在共同性、普遍性的一面。其实,由于中国历史自秦汉以后大一统王朝始终占据主导地位这一历史特点的影响,地方的特点始终很难从根本上超越其与中原王朝基本制度的一致性。

二

敦煌、吐鲁番出土文献资料与正史等其他传世史料的关系问题。

王国维说“古来新学问,大都由于新发现”。一般来说,这个说法无疑是正确的,但是我们若是不能深入地发掘、利用丰富的传世史料对新的文献与资料进行全面的分析,而是仅仅就新资料讲新资料,那么有些问题往往会出现说不清楚的现象。基于这一认识,我认为敦煌、吐鲁番文献所反映的制度与现象,固然有其特殊性的一面,但更多的则是其与中原王朝制度相一致的一面,这就要求我们在利用敦煌、吐鲁番文献资料时,要充分利用、深入发掘已有的传世文献,与出土文献相互印证,相互证明。否则就会舍本求末、舍近求远,甚至出现传世文献中已经说清,而我们自己却为出土文献所迷惑的现象。事实上,只有将传世文献与出土文献资料很好结合,才能使研究不断深入。

这里仍举均田制的研究为例。过去人们对发现的敦煌、吐鲁番文书中的有些均田制资料在唐代是否具有普遍性、代表性颇有怀疑。如对于西州的土地还授制度,有的学者认为官田授田数量“丁男十亩、老少当户五亩”,不符合唐令规定,因而认为这不属于唐代均田制,而是西州的地方制度,没有普遍意义。而卢向前先生仔细搜索、对比正史等传世文献,认为敦煌吐鲁番文书均田制中的“丁男十亩、老少当户五亩”,在传世文献中并不是没有依据的,他举出狄仁杰《乞免民租疏》所反映彭泽地方“一户不过十亩五亩”等史料,认为这与西州“丁男十亩、老少当户五亩”具有相同的意义,同时,他还以《隋书》卷二四《食货志》及《通典》的相关材料进一步佐证,最后得出结论说,“从开皇十三年(593 年)经贞观十八年(644 年)到长寿元年(692 年),虽则地域不同,数额相异,但一以贯之,属于均田制范畴、不同于田令规定的授受土地额是一直存在着的;而西州田制中的授受额竟然与彭泽授受额相同,令我们在惊讶的同时不得不说,丁男等十亩、老小等五亩的土地授受额并非仅仅是西州的特殊形态,而是具有全国普遍意义的事物”①。另外,对于西州田制及土地授受额是否受“式”的制约、授田对象、田土分类、土地还授等问题,卢向前先生也结

---

① 卢向前:《唐代西州土地关系述论》,上海古籍出版社 2001 年版,第 353 页。

合传世文献资料,给予了有力的论证,从而说明,西州的均田制度,并非没有依据;从传世文献资料与敦煌、吐鲁番文书的相互印证与对比分析来看,唐代西州的均田制是具有普遍意义的。

当然这里仅是举个实例。学界这样将传世文献资料与出土文献很好结合,从而得出科学、正确结论的研究实例有不少。其实,老一代史学家如唐长孺、韩国磐及朱雷、姜伯勤、陈国灿等不少先生的敦煌、吐鲁番文献研究,大多是立足于对传世文献资料烂熟掌握的基础上进行的,因而他们的研究,往往能够旁征博引,结论极具有说服力。在这方面,时下的一些中青年学者,似乎尚有较大的欠缺。现在,虽然电子图书文献资料大大增加了,电子检索手段也大大提高而不同于以往了,但是先进手段的运用,只能是作为工具,并不能代替对传统文献史料的阅读、掌握与理解。

另一个问题,是怎样将已有的敦煌、吐鲁番经济文献研究的成果,加以充分的利用,吸收至现在的通行著作、特别是教材等基本著作中的问题。

我们进行历史研究的目的,是为了推进后人对历史真相的了解。我们对敦煌、吐鲁番经济文献研究的目的,是为了推进后人对中国历史上经济发展的真相的了解。我们若能通过已有的研究成果,对已往的经济史现象做出基本正确的解释,我们就应当利用这些研究成果,将之写入相关的出版物如通史、教材中去,这样我们的认识才能不断提高,一些旧的、过时的甚至是根本错误的观点才能得以更新。

这些年来,敦煌、吐鲁番研究的专著,出版情况大大好转。各类专业性、通俗性的敦煌、吐鲁番研究出版物大量出现。但是,在一些历史的基础性出版物方面,如通史、教材中,虽也开始吸收一些近年的敦煌吐鲁番学的研究成果,但总体来看,是远远不够的。文学方面的情况,看起来好些,如敦煌曲子词、敦煌变文、敦煌赋等材料广受重视,在许多文学类与文学史著作中,都广泛加以征引与利用。其原因正如郑阿财先生所讲,"由于文学相对于其他学科而言,它和民族的心理与情感关系最为密切,中国学者在这方面自然拥有一种天然的优势"。但历史学著作这方面的情况,似乎就差一些,例如,时下通用的中国古代史教材、通史著作中,利用已有敦煌、吐鲁番学的研究成果的并不很多。在几部大型的中国经济史著作中,对敦煌、吐鲁番经济文献的已有研究成果,也利用得不够。这可能与前面我所讲的有些学者过多看到了敦煌、吐鲁番文献作为地方文献的局限性,而忽视了其历史资料代表的广泛性及其在许多方面对全国具有的普遍意义有关,也与有的学者较少涉猎敦煌、吐鲁番出土文献研究这一领域有关。在这方面,日本的学者做得更好一些。因此,在敦煌学百年之时,我们呼吁更多的学者,应尽力将已有的且为多数学者所公认的研究成果,更好地利用起来,写入我们的各类著作中去,使敦煌、吐鲁番文献及我们以往的研究成果,发挥更大的作用。这样才能促进我们的敦煌、吐鲁番文献研究,有更大更快的发展。

此外,我认为在敦煌所出的敦煌文学方面大量的文献资料中,还有不少可资利用的中国社会经济史资料。这方面,有些学者做了一些工作,如朱雷先生曾利用敦煌出土的赋,写了《敦煌两种写本燕子赋中所见唐代浮逃户处置的变化及其他》一文,但总的看,敦煌文学资料中的历史与社会经济史资料,尚待发掘利用的还有很多,今后有必要加强这方面的努力。

(原刊《社会科学战线》2009 年第 9 期,《新华文摘》2009 年第 22 期全文转摘)

从睡虎地秦简看秦朝奴隶与
唐代奴婢的异同

近二十多年来,许多学者对秦汉至隋唐法律的沿革,对睡虎地秦简与唐律,分别进行了多方面的研究,但正像日本学者堀毅所讲,"作为说明唐律各篇目和各部分条文之溯源问题的专论,还十分缺乏"①。关于秦汉法律与唐律中奴隶、奴婢身份的对比研究,除日人堀敏一稍有涉猎外②,其他中外学者尚无专文涉及。因而将这两个时期法律中的奴隶、奴婢身份地位进行比较研究,对于认识当时社会特别是唐代社会中奴婢的身份地位,认识中古良贱制度的历史渊源,显然是十分必要的。③

一

自秦汉到魏晋南北朝隋唐,中国是一个有着延续性的社会,因而中古良贱制的某些方面、特别是在奴婢制度方面,与秦汉社会的奴隶制有着种种联系。

在传世文献中,关于秦朝奴隶的记载相对不多且不系统,这曾经限制了不少史学家研究秦汉奴婢问题的视野。而睡虎地秦简的出土,为我们提供了不少关于秦代奴隶的资料。其中直接涉及奴隶的律文即不下数十条,在《法律答问》部分及《封诊式》的案例中,亦有数十条涉及秦朝的奴隶制度。在民间所用吉祥占书《日书》中,也有不少反映秦朝奴隶的内容。④ 尽管秦简反映的主要是官奴隶的情况,但与中古时期特别是唐代有关奴婢的律文相比较,仍可以发现它们之间的渊源关系及

---

① [日]堀毅:《秦汉法制史论考》,法律出版社 1988 年版,中译本第 368 页。
② 见[日]堀敏一:《均田制研究》,福建人民出版社 1984 年版,中译本第 332—333 页。
③ 本文之所以分别称"秦朝的奴隶"与"唐代的奴婢",仅是为行文的方便,其实两个朝代对奴隶、奴婢的称谓是相通的,并无严格区别。
④ 2002 年夏,在湖南龙山里耶发现大量秦简,其中有不少关于秦代社会身份的资料。目前简文尚在整理中。

同异之处。

这里我们首先考察秦律与唐律中有一定继承关系的奴隶、奴婢制度律文。主要从奴隶、奴婢的来源、性质、法律地位等几方面展开讨论。

从睡虎地秦简与唐律的对比来看,秦朝与唐朝,官私奴隶的来源十分相近。

从官奴隶来看,主要有以下几个来源:

1. 因本人犯罪,籍没为奴隶。早在先秦时代,《尚书·甘誓》《尚书·汤誓》中,已有"予则奴戮汝"之言。《左传》襄公二十三年载:"裴豹,隶也,著于丹书。"杜预注云:"盖犯罪没为官奴者。"在秦简《法律答问》中,规定可以没为奴隶的罪名很多:有因"盗"而"耐为隶臣"者;[①]有"以剑及兵刃"伤人而"耐为隶臣"者;[②]有以"耐隶臣诬人"而"耐为隶臣"者;[③]有因盗食官府祭品"当赀以下耐为隶臣"者。[④] 唐代对于一般犯罪者,多处以杖笞或徒刑,而罪重尚不至于死刑者,则予以籍没。如武则天执政时,"天下犯罪籍没者甚众"[⑤]。

2. 因亲属犯罪,籍没为奴隶。先秦时代即已有没罪犯家口为奴隶的制度。[⑥] 秦国亦有此制,《史记·商君列传》载:商君之法,"事末利及怠而贫者,举以为收孥。"《索隐》曰:"末利,谓工商也……纠举而收录其妻、子,没为官奴婢。"秦律中因亲属犯罪籍没的律文很多,如隶臣"将城旦"逃亡者,"收其外妻、子"[⑦]。唐代亦有没入罪人家属为奴婢的专门规定:"凡反逆相坐没其家为官奴婢。"[⑧]"诸谋反及大逆者,皆斩,父子年十六以上皆绞,十五以下及母女妻妾(子妻妾亦同)祖孙兄弟姊妹,若部曲资财田宅,并没官。"[⑨]《新唐书·刑法志》亦载:"反逆者,祖孙与兄弟缘坐,皆配没。"在唐代社会实际生活中,特别是在唐前期,因罪籍没家口为官奴婢者甚众。

3. 籍没私家奴隶为官奴隶。秦律中有一《封守》案例,反映犯罪者籍没其财产,包括"家室妻、子、臣妾、衣器、畜产"[⑩]。而唐代凡籍没罪犯财产,无一例外皆包

---

① 《睡虎地秦墓竹简》,文物出版社 1978 年版(下同),第 154、166 页。
② 《睡虎地秦墓竹简》,第 204 页。
③ 《睡虎地秦墓竹简》,第 202 页。
④ 《睡虎地秦墓竹简》,第 161 页。
⑤ (后晋)刘昫等:《旧唐书》卷六四,《高祖二十二子传》。
⑥ 谋反谋大逆者家口没官之制产生甚早。《周礼·秋官》载:"古者,身有大罪,身即从戮,男女缘坐,男子入于罪隶,女子入于舂稿。""古者"系指何时虽难以确指,但《周礼》一书,一般认为成书于战国秦汉,故将谋反等罪犯家口没为官奴婢之制自三代已存在。
⑦ 《睡虎地秦墓竹简》,第 201 页。
⑧ 《唐六典》卷六,《刑部都官》,[日]广池本,横山株式会社昭和四十年印行。
⑨ (唐)长孙无忌等:《唐律疏议》卷一,《名例》,中华书局 1983 年版。
⑩ 《睡虎地秦墓竹简》,第 249 页。

括家内奴婢,如"谋反者,男女奴婢没为官奴婢"①。

4. 官奴隶所生子女仍为官奴隶。在先秦时代,奴隶的后代,仍为奴隶。秦朝依然如此。② 这在秦律中也可得到印证。《厩苑律》"将牧公马牛"条提到"小隶臣疾死者"③,《仓律》"隶臣妾其从事公"条提到"小城旦、隶臣"和"小妾",④"小隶臣妾以八月傅为大隶臣妾"条提到"小隶臣",⑤《工人程》"冗隶妾二人当工一人"条提到"小隶臣妾"。⑥ 据《仓律》解释:"隶臣、城旦高不盈六尺五寸,隶妾、舂高不盈六尺二寸,皆为小。"⑦这些小隶臣、小妾、小城旦都是未成年的男女。《仓律》还提到"妾未使"者,即未达到役使年龄的幼女。秦律中这些幼小的男女奴隶,不可能是由于本人犯罪而成为奴隶的,因为秦律规定,幼年人犯罪不负刑事责任。如《法律答问》说:"甲盗牛,盗牛时高六尺,击(系)一岁,复丈,高六尺七寸,问甲可(何)论? 当完城旦。"⑧身高六尺时,还未成年,尽管犯了盗牛这样的重罪,也只是拘系,等到身高六尺七寸时,即成年后,才量罪定刑,完为城旦。《法律答问》中还规定:"甲谋遣乙盗杀人,受分十钱,问乙高未盈六尺,甲可(何)论? 当磔。"⑨甲不是亲手杀人,但要处以车裂刑,原因在于偷盗杀人的乙尚未成年,刑事责任主要由成年人甲承担。可见,秦律中出现的年幼男女奴隶,大多应不是自身犯罪而沦落为奴隶。他们成为奴隶的主要原因,一是由于家长或亲属犯罪而被抄没为奴,另一原因则主要是因为他们的父母为奴隶,他们继承父母的身份,仍为奴隶。唐代情况依然如此,官奴婢之子女仍为官奴婢,身份不得改变。实际上随着中古良贱等级的森严,无论官私奴婢,其奴婢身份是世代相袭的。唐人颜师古注《汉书·陈胜传》"人奴产子"时云:"奴产子,犹今人云家生奴也。"史书中反映唐代家生奴数量不少,《唐律疏议》亦有大量相关律条。

5. 战俘及战场上的逃兵,皆没为官奴隶。秦律规定:"战死事不出,论其后,又后察不死,夺后爵,除伍人;不死者归,以为隶臣;寇降,以为隶臣。"⑩"寇降者",当

① (宋)欧阳修:《新唐书》卷五六,《刑法志》。
② 《史记》卷四八,《陈涉世家》载:"周文率军击秦,至戏地,秦会少府章邯免郦山徒、人奴产子生,悉发以击楚大军,尽败之。""人奴产子生",《汉书》卷三一,《陈胜传》作"人奴产子"。《史记集解》引服虔注云:"家人之产奴也。"《汉书》颜师古注云:"奴产子,犹今人云家生奴也。"服、颜二注的训释是正确的,奴产子就是奴隶的后代,秦统治者在急迫情况下,解除奴产子的奴隶身份,驱使他们同农民起义军作战。《史记》《汉书》的这一材料可以确切地说明,秦奴隶之子仍为奴隶。
③ 《睡虎地秦墓竹简》,第33页。
④ 《睡虎地秦墓竹简》,第49页。
⑤ 《睡虎地秦墓竹简》,第50页。
⑥ 《睡虎地秦墓竹简》,第74页。
⑦ 《睡虎地秦墓竹简》,第49页。
⑧ 《睡虎地秦墓竹简》,第153页。
⑨ 《睡虎地秦墓竹简》,第180页。
⑩ 《睡虎地秦墓竹简》,第146页。

是指战俘,"不死者归,以为隶臣",显然指逃兵。唐代亦明确现定"入钞之俘,归于司农"①。唐政府中主管奴婢事务的刑部都官职责之一即是"掌配没隶,簿录俘囚"②。唐前期,以战俘为奴婢的制度依然存在。历次战争中的俘虏,被没为奴婢者仍有相当的数量。

二

在私人奴隶、奴婢的来源方面,唐朝与秦朝亦大体相似:

1. 由买卖而获得奴隶。

奴隶买卖,自先秦就已存在。《周礼·地官》载:"质人掌成市之货贿,人民、牛马、兵器珍异,凡卖儥者质剂焉。"所谓"人民"即是奴隶,与牛马一样在市场上出售。秦代亦有买卖奴隶的市场。《汉书·王莽传》载:"秦为无道……置奴婢之市,与牛马同栏,制于臣民,颛断其命。"其实,"奴婢之市"在秦朝以前即已出现。上引《周礼》的记载即可为证。另外,从秦简《告臣》爰书有"令少内某、佐某以市正贾(价)贾丙丞某前"一语来看,③秦代奴隶交易有一定的制度,有所谓"市正贾(价)",即市场上的官定常规价格。在秦简《日书》中,有不少关于购买奴婢、牲畜吉日的记载,如:建日,"可以入人"④;收日,"可以入人民、马牛、禾粟"⑤;戊子,"不利出人"⑥;辰日,"入人奴妾"⑦;这些都说明,秦代奴隶交易是相当经常、相当普遍的。

私人奴隶许多来自买卖市场。如《封诊式》的《告臣》爰书中,即讲到"某里士伍甲"的奴隶丙,凭"丞某"作"中人",以"价若干钱"买来,因丙"骄悍",欲卖给公家。⑧ 在奴隶交易市场上,出卖的既有私奴隶亦有官奴隶。如《法律答问》讲到某"隶臣将城旦,亡之,完为城旦,收其外妻子"⑨,政府拟将其妻子儿女出卖,但因为隶臣之子年龄太小,离不开母亲,所以规定"弗买子、母"。显然,官府也买卖奴隶。私人亦可从官府购买奴隶。

唐代政府亦在各地设立奴婢市场,一般情况是将奴婢与牛马牲畜设在同一行

① (宋)欧阳修:《新唐书》卷四六,《百官志》。
② 《唐六典》卷六,《刑部都官》。
③ 《睡虎地秦墓竹简》,第259页。
④ 吴小强:《秦简日书集释》,岳麓书社2000年7月版,第28页。
⑤ 吴小强:《秦简日书集释》,第28页。
⑥ 吴小强:《秦简日书集释》,第72页。
⑦ 吴小强:《秦简日书集释》,第260页。
⑧ 《睡虎地秦墓竹简》,第259页。
⑨ 《睡虎地秦墓竹简》,第201页。

中,称为"口马行",同时官府亦规定有"市估价"即常规价。① 买卖的手续更有严格规定:"买奴婢、马牛驼骡驴等,依令并立市券。两和市卖,已过价讫,若不立券,过三日,买者笞三十,卖者减一等。"对于市司不及时为私人买卖奴婢立券者,亦规定了处罚办法:"卖买奴婢及牛马之类,过价已讫,市司当时不即出券者,一日笞三十。所由官司依公坐,节级得罪。其挟私者,以首从论。一日加一等,罪止杖一百。"② 由此可见,唐代私人奴婢的来源之一是市场,交易的奴婢有官定的市场价格,其买卖手续与制度是十分严格的。如果说秦代的奴婢市场还曾受到王莽等人的抨击的话,那么,在中古时,人们已视奴婢的交易与牛马的交易一样正常。

2. 由官府赏赐而获得奴隶。自商鞅变法以后,立有军功者既可获得爵位,又可受赐奴隶。《商君书·境内》载,攻城围邑或野战中斩敌首达到一定数目者,"爵吏而为县尉,则赐虏六"。"虏"即是战俘。获赐者的"虏"显然成为私家奴隶。除军功以外,有其他功劳的,有时也被赐与奴隶。如《法律答问》载:"有投书,勿发,见辄燔之;能捕者购隶臣二人,击(系)投书者鞫审谳之。"③ 可见,能捕获投匿名信者,可获赐两个奴隶。在唐代,特别是在唐前期,皇帝因各种原因赐与臣下奴婢的情况是很多的。例如唐初李靖因平江南受赐物千段、奴婢百口、马百匹。④ 李孝恭因平江南受赐甲第一区、女乐二部、奴婢七百人。⑤

3. 由私家奴隶繁育获取奴隶。在秦简《法律答问》中,多处提到"人奴擅杀子""人奴妾笞子"之事,秦朝法律明确禁止奴婢"擅杀"及"笞"其子女。这是因为奴婢生育的子女,并不为其父母所有。作为财产,他们仍属于奴隶的主人。奴隶所生子女,系私人奴隶的来源之一,历魏晋南北朝至唐代,情况依然如此。唐律明确规定:"奴婢即同资财,即合由主处分,辄将其女私嫁与人,须计婢赃,准盗论罪。"⑥ 律文说明,奴婢所生子女为主人当然之财产,奴婢无权处置。违者有罪。唐代奴婢所生"家生奴"是唐代私奴婢的重要来源之一。这一点与秦代可以说一脉相承。

由以上对比可见,秦朝与唐朝,在官私奴隶的来源上是很相近的。

---

① 见张勋燎:《敦煌石室奴婢马匹价目贱纸的研究》,见《四川大学学报》1978 年第 3 期;朱雷:《敦煌所出〈唐沙州某市时价簿口马行时估〉考》,见《敦煌吐鲁番文书初探》,武汉大学出版社 1983 年版。

② (唐)长孙无忌等:《唐律疏议》卷二六,《杂律》。

③ 《睡虎地秦墓竹简》,第 174 页。

④ (后晋)刘昫等:《旧唐书》卷六七,《李靖传》。

⑤ (后晋)刘昫等:《旧唐书》卷六〇,《河间王孝恭传》。

⑥ (唐)长孙无忌等:《唐律疏议》卷一四,《户婚》。

三

从秦代奴隶与唐代奴婢的性质来看,他们都同属于财产。

睡虎地秦简《封诊式》的《封守》篇载:"乡某爰书:以某县丞某书,封有鞠者某里士五(伍)甲家室、妻、子、臣妾、衣器、畜产。甲室、人:一宇二内,各有户,内室皆瓦盖,木大具,门桑十木。妻曰某,亡,不会封。子大女子某,未有夫。子小男子某,高六尺五寸。臣某,妾小女子某。牡犬一。幾讯典某某、甲伍公士某某:'甲党(倘)有[它]当封守而某等脱弗占书,且有罪。'某等皆言曰:'甲封具此,毋(无)它当封者。'即以甲封付某等,与里人更守之,侍(待)令。"①

该简册反映的是根据某县县丞文书,查封被审讯人某里士伍甲家人财产的情况。从文书所列查封财产名单可以看出,奴婢是与衣物、牲畜等列在一起的。秦代的隶臣、臣妾明显具有财产的属性,这也可从其他文献得到证明。如前引王莽所言:"秦为无道……置奴婢之市,与牛马同栏"。奴婢与牛马一起出售,其财产性质确实无疑。

中古时期的奴婢,同样属于财产,法律对此有明确规定。如《唐律疏议》卷六《名例》明确规定:"奴婢贱人,律比财产"。"奴婢畜产,即同资财。"卷一四《户婚》规定:"奴婢即同产,即合由主处分。"卷一七《盗贼》规定:"奴婢同资财,故不别言"。同书卷三《名例》规定:"其奴婢同于资财,不从缘坐免法。"卷一八《盗贼》规定:"奴婢比之资财,诸条不同良人。"中古奴婢财产的属性当是继承秦汉而来。

从法律地位来看,秦代与唐代,奴隶、奴婢地位都十分低下,这可从以下几方面看出:

第一,奴隶、奴婢都没有任何诉讼权利。

秦简《法律问答》载:"子告父母,臣妾告主,非公室告,勿听。可(何)谓'非公室告'?主擅杀、刑、髡其子、臣妾,是谓'非公室告',勿听。而行告,告者罪。告(者)罪已行,它人有(又)袭其告之,亦不当听。"②

该律文反映奴婢没有任何诉讼权利,即使主人擅自杀臣妾,亦不准告发,告者有罪。

《唐律疏议》卷二四《斗讼》规定:"诸部曲、奴婢告主,非谋反、逆叛者,皆绞。"可见唐代除主人有"十恶"之罪外,奴婢是不能告发主人的,否则将被处以极刑。在不许告父母、主人这一点上,唐律与秦律是相同的。

---

① 《睡虎地秦墓竹简》,第249页。
② 《睡虎地秦墓竹简》,第196页。

第二,奴隶、奴婢身份须世代相袭,不得任意改变。

秦代隶臣之子仍为隶臣,《法律答问》规定:"女子为隶臣妻,有子焉,今隶臣死,女子北其子,以为非隶臣子也,问女子论可(何)也? 或黥颜颧为妻妾,或曰完,完之当也。"①此律反映,隶臣死,其子仍不能脱离隶臣的身份。若私自改变身份,要处刑罚。同样,按唐律规定,贱人身份亦是世代相袭,非经主人许可并"经本属申牒除附"、在官府削籍,是不能改变身份的。

第三,奴隶、奴婢虽可以拥有自己的小家庭,但法律上并不承认与保护这种所谓婚姻的合法性。奴婢可以拥有自己的小家庭,这显然是宗法家长奴隶制度的特点。关于秦代奴隶拥有家庭这一点,吴荣曾先生早已引用秦律加以说明。同时指出,"秦的这些情况,在有些关东国家也同样存在"②。在唐代,奴婢组成小家庭也是极为普遍的。但这仅是简单的同居,只是为主人生育新的劳动力而已,法律上并不承认与保护奴婢婚姻的合法性。

第四,奴婢所生子女的所有权属于主人,奴婢无任何处置权利。

在秦代与唐代,奴婢子女同样是主人的财产,奴婢虽身为父母,亦无权处置自己的子女。如秦简《法律答问》规定:"人奴擅杀子,城旦黥之,畀主。""人奴妾治(笞)子,子以枯死,黥颜颧,畀主。"③可见,奴婢是不能擅自处置、惩罚自己的子女的,因为奴婢之子女是属于主人的。前引唐律同样规定:"奴婢私嫁女,与良人为妻妾者,准盗论。"该律疏议曰:"奴婢既同资财,即合由主处分,辄将其女私嫁与人,须计婢赃。准盗论罪。"④奴婢嫁己女与人,被视为盗主人财产,可见奴婢对自己的子女毫无支配权利。在这一点上,唐律与秦律显然有一定继承关系。

第五,一般情况下,奴婢作为权利客体,无刑事责任能力。

秦律规定:"'盗及者(诸)它罪,同居所当坐。'可(何)谓同居? 户为同居,坐隶,隶不坐户谓也。"⑤也即是说,奴隶犯罪,主人要负刑事责任,反之,主人犯罪,奴隶则不负刑事责任。在唐代,奴婢亦是权利客体,奴婢犯罪,主人要负刑事责任。

第六,奴婢死亡须由官府验实并削籍。

秦律规定:"将牧公马牛,马[牛]死者,亟谒死所县,县亟诊而入之,其入之其弗亟而令败者,令以其未败直(值)赏(偿)之。其小隶臣疾死者,告其□□之,其非疾死者,以其诊书告官论之。"⑥律文反映,奴隶死亡与马牛死亡一样,必须向官府申

---

① 《睡虎地秦墓竹简》,第225页。
② 吴荣曾:《先秦两汉史研究》,中华书局1995年版,第72页。
③ 《睡虎地秦墓竹简》,第183页。
④ (唐)长孙无忌等:《唐律疏议》卷一四,《户婚》。
⑤ 《睡虎地秦墓竹简》,第160页。
⑥ 《睡虎地秦墓竹简》,第33页。

报。虽然这里是指官牛马与隶臣，但估计私人奴婢死亡，也有同样规定。唐朝政府也规定，奴婢死亡，主人须向官府报告，如吐鲁番出土 64TAM35：31(3)《证圣三年婢杏女死亡牒》曰：①

1. 户主李康师婢杏女
2. 右件婢今月中旬死
3. 牒件状如前，　谨牒　（后略）

阿斯塔那 206 号墓亦曾出土《唐勘问婢死虚实对案录状》②，这些文书都反映唐代对奴婢的控制是比较严格的。秦律的有关规定显然是唐代此制的渊源。

第七，私家奴婢须代主人服役。

秦简《司空律》规定："有罪以赀赎及有责（债）于公，以其令日问之。其弗能入及赏（偿），以令日居之，日居八钱；公食者，日居六钱。居官府公食者，男子叁，女子驷（四）……人奴妾居赎赀责（债）于城旦，皆赤其衣，枸椟欙杕将司之；其或亡之，有罪……百姓有赀赎责（债）而有一臣若一妾，有一马若一牛，而欲居者，许。"③该律反映，凡有罪愿以财产赎罪或欠官府债务的，可以服劳役抵偿，亦可以自己的奴婢服城旦劳役抵偿。唐代亦有此规定。据《唐令拾遗》赋役令二三载，唐代"遣部曲代役者听之"。注引《赋役令岁役集解》曰，"唐令，遣部曲代役者，即知是家人也，案奴婢亦听耳"。又引《日本养老赋役令》第四条曰，"若欲雇当国郡人及遣家（人）代役者听之……即于送簿名下，具注代人贯属姓名"④。看来这种以私人贱口代主人服役的制度在秦代已经形成。

第八，奴隶、奴婢犯罪，所受处罚较他人为重。

为了保护奴隶主的利益，秦朝与唐朝政府都曾制定了不少惩处奴隶犯罪的律文。例如，秦《法律答问》规定："'臣妾牧杀主。'可（何）谓牧？欲贼杀主，未杀而得，为牧。"⑤简文中"牧"即"谋"，"臣妾牧杀主"即奴隶谋杀主人。此简证明秦律有奴隶谋杀主人罪。唐律规定，"诸部曲、奴婢谋杀主，皆斩。谋杀主之期亲及外祖父母者，绞，已伤者，皆斩。"⑥

再如，在伤害罪方面，秦有奴强奸主罪、殴主罪等，《法律答问》规定："臣强与主奸，可（何）论？比殴主。"⑦"强与主奸"与"殴主"罪相同。其处罚亦相同。唐律规定："其部曲及奴，奸主及主之期亲，若期亲之妻者绞，妇女减一等。强者，斩。即奸

---

① 国家文物局古历史研究所等：《吐鲁番出土文书》第七册，文物出版社 1985 年版，第 442 页。
② 国家文物局古历史研究所等：《吐鲁番出土文书》第五册，文物出版社 1985 年版，第 270 页。
③ 《睡虎地秦墓竹简》，第 84—85 页。
④ ［日］仁井田陞：《唐令拾遗》中译本，长春出版社 1989 年版，第 671 页。
⑤ 《睡虎地秦墓竹简》，第 184 页。
⑥ （唐）长孙无忌等：《唐律疏议》卷一七，《贼盗》。
⑦ 《睡虎地秦墓竹简》，第 183 页。

主之缌麻以上亲及缌麻以上亲之妻者,流;强者,绞。"①据唐律来看,秦律还应当有奴与主通奸的处罚规定,唐代对此方面的规定较秦律要细密严谨,其基本原则当源自秦律。关于奴殴主罪,唐律未见明确规定,但从部曲奴婢殴伤旧主人要处绞刑,诸部曲、奴婢殴伤良人各加凡人罪一等、二等,皆处死刑的情况来看,奴婢殴主人可能亦处死刑。其处罚基本同于奴婢强奸主人。这些规定与秦律同类犯罪的处罚基本相同,可见它们有一定的渊源关系。

四

以上我们比较了秦律与唐律中奴隶、奴婢制度的一些主要方面,由此不难看出,秦朝与唐朝,两个朝代虽然相隔八百多年,但在奴婢制度上是有相同之处的,其制度上的渊源关系是很明显的。

下面再分析秦朝与唐朝在奴婢制度上的相异之处。

第一,秦代良贱界限尚不十分严峻,而在唐代良贱界限则极为严格化。

秦代奴婢地位是十分低下的,但良人与奴婢之间仍可通婚。如秦简《司空律》规定,"隶臣妾、城旦舂之司寇、居赀赎责(债)击(系)城旦舂者,勿责衣食;其与城旦舂作者,衣食之如城旦舂。隶臣有妻,妻更及有外妻者,责衣。人奴妾击(系)城旦舂,贷衣食公,日未备而死者,出其衣食"②。此律反映奴隶有外妻即身份为自由人妻子的,其衣服由其外妻提供,这说明隶臣与自由人的婚姻是得到法律认可的。

《法律问答》亦规定:"隶臣将城旦,亡之,完为城旦,收其外妻、子。子小未可别,令从母为收。可(何)谓'从母为收'?人固买(卖),子小不可别,弗买(卖)子母谓也。"③该律文反映,隶臣监领城旦而城旦逃亡的,则将隶臣完为城旦,其自由人身份的妻子,亦没为隶臣妾。这些事实反映,在秦代,奴良界限尚不十分严格,在汉代,亦未见严禁平民与奴隶通婚的规定,而在中古特别是在唐代情况则完全不同了。唐律明确规定:"诸与奴娶良人女为妻者,徒一年半,女家减一等,离之,其奴自娶者亦如之,主知情者,杖一百;因而上籍为婢者,流三千里。疏议曰:人各有偶,色类须同,良贱既殊,何宜配合。"④可见奴婢只能当色为婚,娶良人为妻是非法的。唐代的良贱界限显然比秦代严格了许多。

再如,秦代官奴隶在一定情况下可以出借于私人。如秦简《仓律》规定:"妾未

① (唐)长孙无忌等:《唐律疏议》卷一七,《贼盗》。
② 《睡虎地秦墓竹简》,第87页。
③ 《睡虎地秦墓竹简》,第201页。
④ (唐)长孙无忌等:《唐律疏议》卷一四,《户婚》。

使而衣食公,百姓有欲假者,假之,令就衣食焉,吏辄被事之。"①即未成年女婢可以由百姓"假"之。在唐代,官府对官奴婢的控制则严格得多,律文明确规定私人不可随意借用官奴婢。《唐律疏议》卷一五规定,"诸监临主守以官奴婢及畜产私自借,若借人及借之者,笞五十";《疏》议曰,"监临主守之官以所监主官奴婢及畜产,私自借,谓身自借用,若转借他人及借之者,或一人、一畜,但借即笞五十"。从唐律上述规定看,除非上级官府特许,一般情况下,官奴婢不许借给私人役使。犯者有罪。

第二,秦代奴隶在一定情况下,可以改变自己的身份,而唐代,非经主人许可及官府放免,身份不能改变。

如前所述,秦代法律规定:"欲归爵二级以免亲父母为隶臣妾者一人,及隶臣斩首为公士,谒归公士而免故妻隶妾一人者,许之,免以为庶人。工隶臣斩首及人为斩首以免者,皆令为公。其不完者,以为隐官工。"②再如《仓律》规定:"隶臣妾欲以人丁邻者二人赎,许之。其老当免老,小高五尺以下及隶臣妾欲以丁邻者一人赎,许之。赎者皆以男子,以其赎为隶臣。女子操敥红及服者,不得赎。边县者,复数其县。"③《司空律》规定:"百姓有母及同牲(生)为隶妾,非谪罪也,而欲为冗边五岁,毋尝(偿)兴日,以免一人为庶人,许之。或赎迁欲入钱者,日八钱。"④从上述规定可以看出,隶臣妾在一定情况下可以改变身份。有的学者据隶臣妾身份可以改变而否认隶臣妾的官奴婢身份,⑤但从前述隶臣妾的主要特征,特别是其财产的属性及身份一般世袭来看,其属奴隶无疑。在一定条件下特别是在斩敌首、冗边等条件下身份的改变,似更应从秦朝奖励军功、"一断于法"的法家指导思想来考察。⑥

唐代没有通过冗边、归爵而改变身份的规定。至于以自由人代赎奴隶、使自由人与奴隶身份互换,在唐代是绝对不可想象的。唐代私奴婢身份的改变,必须完全由主人决定。必须由家长及长子手书并报请官府除附,或由官府赎买及强令赦免,如此方可成为良人。作为奴婢本人及其亲属,一般是很难改变其贱人身份地位的。官奴婢身份的改变,官奴婢自己更无权决定。至于以良人取代奴婢,更受到法律的严格禁止。

第三,在有关奴婢的法律规定上,秦律尚不够严密,许多规定显得较为简略甚至有些粗疏,而唐律有关奴婢的规定则较秦律要全面、详密得多。

---

① 《睡虎地秦墓竹简》,第 48 页。
② 《睡虎地秦墓竹简》,第 93 页。
③ 《睡虎地秦墓竹简》,第 54 页。
④ 《睡虎地秦墓竹简》,第 91 页。
⑤ 栗劲:《秦律通论》,山东人民出版社 1985 年 5 月第 1 版,第 460 页。
⑥ 汉代奴婢,据沈家本分析:"当日之奴婢,无论为官奴婢为私家之奴婢,未尝令其世为奴婢也,后世奴婢,但有主家放出及本人赎身之事,而国家无赦免之文,亦刑法中一缺典也。"(《沈寄移先生遗书》,《中国书店海王邨古籍丛刊》,第 171 页。)

从现已出土的秦简来看,秦律中有关隶臣妾、臣妾的条文,在全部秦简中所占的比重,相对讲是比较多的,但以秦律对臣妾各方面的规定与唐律有关贱民的规定相比,秦代以及后来汉代的有关规定就显得较为简单,甚至可以说它是粗线条的。从战国到秦汉,是商品经济较为发达的历史时期,因而虽然社会上存在着大量奴隶,但编户齐民以及奴隶之间,其身份尚不十分固化,流动性较大。由平民转化为奴隶及由奴隶转变为平民,似无太多法律上的障碍。因而即使是无公侯之尊的素封之家,只要其财力允许,占有多少奴隶并不受法律严格限制。此时,像中古那样在法律上对贱民身份作出系统、严密而全面的规定,贱民身份严重固化,地主占有奴婢数量多少主要依其身份而定的情况尚未出现。这一方面反映秦汉的奴隶使用相当广泛,另一方面也反映其奴婢制度尚未发展到严密、完善的程度。

综上所述,可以确切地说,唐律中有关奴婢的许多律文、亦即中古良贱身份制度的许多律文,源自秦律。这与史书所载唐律源自于魏晋之律,魏晋之律源自秦汉之律的记载,完全吻合。[①] 另一方面,中古社会与秦朝社会相比,历史条件毕竟发生了很大变化,其身份等级系统与秦朝相比亦发生很大变化,因而在奴婢制度上也有着相当程度的差异。

(原刊《中国经济史研究》2005 年第 3 期)

---

① (唐)房玄龄:《晋书》卷三〇,《刑法志》。

从张家山汉简与唐律的比较
看汉唐奴婢的异同

二十世纪七十年代出土的睡虎地秦代法律竹简中,有不少奴婢的资料,我曾以之与唐代律文中有关奴婢身份的规定进行比较,借以说明秦朝与唐朝奴婢制度的渊源关系及其异同。近年,在湖南龙山里耶又出土了大批秦简,据说其中亦有不少关于秦朝奴婢身份的资料。惜乎这些资料的全部公开出版与发表,尚待时日。

2001 年,引人瞩目的《张家山汉墓竹简(二四七号墓)》出版发表,这为我们研究汉代奴婢的情况,特别是进行汉唐奴婢身份地位的对比,提供了大量弥足珍贵的资料。以下本文从这一角度,结合汉唐传世文献资料,从几个方面简要分析汉代奴婢与中古特别是唐代奴婢身份地位的异同,以便进一步了解中古良贱制度在汉代的源头。

一

第一,汉代奴婢与中古时期的奴婢都在生产中广泛使用。

关于汉代奴婢的役使范围特别是是否使用于农业生产的问题,学术界已争论多年。现在来看,这一问题已基本解决。从汉代的情况来看,与秦代基本相同,奴婢在各个领域的使用都相当普遍。如果说传世文献中这方面的资料尚属有限,二十世纪七十年代湖北江陵凤凰山汉墓所出竹简则提供了这方面的有说服力的资料。[①] 如第八、九、一六八号等座墓中所出的竹简,其中即有奴婢的名册。有的注明"耕大奴四人",或是"田者男女各四人,大奴大婢各四人","小奴一人,持插",等等。有些竹简上还标明奴婢所从事的各种具体职务,有侍、养、谒者、御、牛仆、马

---

① 《江陵凤凰山八号汉墓竹简试释》,《文物》1976 年第 6 期;《江陵凤凰山 167 号汉墓发掘简报》,《文物》1976 年第 10 期。

仆,田等。"田"字,据吴荣曾先生分析,即指种田奴婢,[①]即《季布传》中所说的从事"田事"的奴婢。从江陵汉简可见,从事于农田劳动的奴婢有细致的分工,例如九号墓所出的竹简:"大婢意,田,操锄";"大婢思,田,操锄";"大婢女己,田,操锄";"大婢信,田,操锄";"大奴载,田,操插"。简文中的这些田事奴婢显然是一批专门种田的奴隶。从江陵汉简还可以发现,女奴也和男奴一样用于耕作,但男女之间有分工,男奴一般是"操插",而女奴都是操锄,这反映女奴在劳动强度上略轻于男奴。名册中大奴、大婢都指成年奴婢,小奴指未成年的男奴。女奴和小奴都用于农业生产,这反映出汉代生产劳动中对奴隶劳力的需求量是很大的。在两汉时期,奴婢从事工商业的数量亦不少。这是学术界都承认的。

新发表的张家山汉墓竹简又提供了一些新的资料。如《二年律令》规定:"孙为户,与大父母居,养之不善,令孙且外居,令大父母居其室,食其田,使其奴婢,勿贸卖。"[②]这里,田地与奴婢联系在一起。

中古时期,奴婢使用于农业生产亦是极普遍的,从三国"奴执耕稼,婢典饮爨"、南北朝"耕当问奴,织当访婢"、"耕则问奴,绢则问织婢"等民谚,到均田制下奴婢普遍受田,都说明了这一点。唐代的奴婢虽不受田,但仍然在农业及手工业中使用,显然,从秦汉到中古时期,奴婢一直都是广泛用于生产的。

第二,汉代奴婢与中古时期奴婢性质的异同。

汉代人们对奴婢是否为财物的看法并不十分一致。汉政府明确宣布,奴婢亦为"人",但在汉代社会实际生活中,奴婢无疑是被人们视为财产的。在汉代居延汉简中,有奴婢作为家资计算的明确记载。如《居延汉简甲乙编》三七·三五(乙叁贰版)载:"候长鱳得广昌里公乘礼忠年卅,小奴二人,直三万。用马五匹,直二万。宅一区,万。大婢一人,二万。牛车二两,直四千。田五顷,五万。轺车两乘,直万。服牛二,六千。凡资直十五万。"在这个财产登记簿里,"赀直"共十五万。其中即包括了三名奴婢作为财产的五万。显然,这里奴婢是被视作财产的。这点还可以从四川郫县出土的东汉残碑文得到进一步证明。其碑中有这样的记载:[③]

[前略]

6. 王岑田□□,直□万五千,奴田、婢□、奴多、奴白、奴鼠,并五人……

7. 田顷五十亩,直卅万,何广周田八十亩,质……

8. 五千,奴田、□□、□生、婢小、奴生,并五人,直廿万,牛一头,万五千

---

① 参见吴荣曾:《试论秦汉奴隶劳动与农业生产的关系》,载《郑天挺纪念论文集》,中华书局1990年版。

② 《二年律令释文注释》,《张家山汉墓竹简(二四七号墓)》,文物出版社2001年11月版,第178页。

③ 《四川郫县犀浦出土的东汉残碑》,《文物》1974年第4期。

9. 元始田八□□，质八万，故王汶田，顷九十亩，贾卅一万，故杨汉□□□

10. 奴立、奴□、□鼠，并五人，直廿万。牛一头，万五千、田二顷六十……

11. 田顷卅亩，□□□万，中亭后楼，贾四万，苏伯翔谒舍，贾十七万

12. 张王田三十□亩，质三万，奴俾、奴意、婢最、奴宜、婢营、奴调、奴利，并……

这里，奴婢同田地、牛并列在一起，并标明价格，显然是作为资产来计算的。汉代征收的财产税亦包括了奴婢，例汉武帝"伐四夷、国用不足，故税民田宅、船乘、畜产、奴婢等"[①]。可见，汉代奴婢确属财产无疑。新出土张家山汉简《户律》规定："民欲先令相分田宅、奴婢、财物，乡部啬夫身听其令，皆参辨券书之，辄上如户籍，有争者，以券书从事；毋券书，勿听。""民大父母、父母、子孙、同产、同产子，欲相分予奴婢、马牛羊、它财物者，皆许之，辄为定籍。"可见，奴婢也是作为马牛羊一样的财产登记在户籍中的。

另一方面，奴婢亦为"人"的一面也是很明显的。日本学者堀敏一认为汉代"刑人和奴婢都不被当人看待，在这个意义上被称为'贱'"。但是在汉代，"奴婢不被当作人而被作为'物'这种观念也还没有固定化"[②]。他引用《后汉书》卷五五《刘宽传》中的故事：客人骂奴婢为"畜产"，而刘宽却称"此人也，骂言畜产，辱孰甚焉，故吾惧其死也"。认为刘宽仍把奴当人对待，"如果奴婢即畜产这一观念已经固定了的话，那么，这一段插话就失去了意义"。堀氏所言有一定道理。在汉政府的诏令中，光武帝明确宣布"杀奴婢不得减罪"，奴婢是被视为人的。一些开明的地主、士人，也不主张将奴婢当作"物"来对待。这一点与中古社会大不相同，中古时期如《唐律疏议》卷六《名例律》明文规定："奴婢贱人，律比畜产。"同书卷一四《户婚律》规定："奴婢既同资财，即合由主处分。"在中古时期，奴婢被视同家畜、财物这一观念已为人们所普遍接受。因此，日本一些学者认为魏晋以后，"奴婢是'物'的观念才固定下来"[③]，《宋书》卷四二《王弘传》记载了南朝士人的话说："奴不押符，是无名也。民之资财，是私贱也。"这说明奴婢与被编附于国家直接统治下的"良民"不同，奴婢没有独立的名籍，没有被编成符伍，被当作民之资财、私贱来看待。

二

第三，关于汉唐奴婢法律地位规定的异同。

---

① （汉）班固：《汉书》卷六，《武帝纪》。
② ［日］堀敏一：《均田制研究》，福建人民出版社1984年版，中译本第332页。
③ ［日］堀敏一：《均田制研究》，中译本第333页。

从史料反映看,汉唐时期法律上对奴婢的规定,既有一定的渊源关系,但又有所不同。这里试举几例:《史记》卷九六《张丞相列传》载:"其时京兆尹赵君,丞相奏以免罪,使人执魏丞相,欲求脱罪而不听。复使人胁恐魏丞相,以夫人贼杀侍婢事而私独奏请验之,发吏卒至丞相舍,捕奴婢笞击问之,实不以兵刃杀也。而丞相司直繁君奏京兆赵君迫胁丞相,诬以夫人贼杀婢,发吏卒围捕丞相舍。不道;又得擅屏骑士事,赵京兆坐腰斩。"

在该事件中,赵京兆欲以魏丞相夫人杀害侍婢事胁迫魏丞相,达到其报复魏丞相的目的。看来魏丞相夫人致死该侍婢是实,但问题关键之处在于魏夫人是故杀——即贼杀,还是惩罚过当——即过失杀婢。赵君企图以故意杀婢的罪名治魏丞相及其夫人之罪。但经核实在场其他奴婢,侍婢"实不以兵刃杀也"。以兵刃杀,即故意杀害。而此言背后则是:若因笞、杖决罚致死,并不为罪。《汉书》卷七六《赵广汉传》亦载:"地节三年七月中,丞相傅婢有过,自绞死。广汉闻之,疑丞相夫人妒,杀之府舍……广汉即上书告丞相罪。制曰,下京兆尹治。广汉知事迫切,遂自将吏卒突入丞相府,召其夫人跪庭下受辞,收奴婢十余人去,责以杀奴婢事……事下廷尉治罪,实丞相自以过遣斥傅婢,出至外第乃死,不如广汉言。"再如《汉书》卷五三《景十三王传赵敬肃王彭祖传》载:缪王刘元"前以刃贼杀奴婢,子男杀谒者,为刺史所举奏,罪名明白"。

通过以上事例可见,在汉代,杀奴婢是十分严重的事情,即使贵为丞相夫人,故杀奴婢也难免被追究责任。这与中古时期特别是魏晋南北朝时期,颇多杀害奴婢之事而不受追究形成鲜明对照。同时也可以看出:如果属于过失或惩罚过当杀害奴婢,在汉代并不是严重犯法。新发表的张家山汉墓竹简中规定:"父母殴笞子及奴婢,子及奴婢以殴笞辜死,令赎死。"①可见,只要不是"故意"打死奴婢,主人只要出钱赎罪即可。

这条法律规定,唐代显然继承下来,这当是《唐律疏议》卷二二《斗讼》中"其有愆犯、决罚致死及过失杀者各勿论"这一律文在汉代的源头。不过,唐代的处罚比之汉代的规定更轻了,主人处罚致奴婢死,不要交赎金,基本不要负多少责任。

从法律规定来看,汉代奴婢身份地位比唐代要高,在实际生活中亦是如此。如汉哀帝时,王莽"中子获杀奴,莽切责获,令自杀"②。祝良为雒阳令,"常侍樊丰妻杀婢,置井中,良收其妻,杀之"③。首乡侯段普曾孙胜坐杀婢,国除。④ 再如其他如

① 《二年律令释文注释》,《张家山汉墓竹简(二四七号墓)》,第130页。
② (汉)班固:《汉书》卷九九,《王莽传》。
③ (汉)班固等:《东观汉记》卷二〇,《祝良传》。
④ (汉)班固等:《东观汉记》卷二一,《段普传》。

邵侯顺和梁王立以杀奴而被夺爵，①将陵侯史子回妻因杀侍婢而论弃市；②缪王元因杀奴婢、胁迫奴婢殉葬而受到"不宜立嗣"的处罚等，③都说明汉代对杀奴事处罚颇严。

汉光武帝十一年诏明确规定："天地之性人为贵，其杀奴婢不得减罪。"④在法律上将奴婢与自由人人身侵犯的地位拉平了。八月癸亥诏曰："敢灸灼奴婢论如律，免所灸灼者为庶民。"冬十月壬午诏："除奴婢射伤人弃市律。"十二年、十三年、十四年皆有免奴婢为庶人的记载。

与汉代相比，中古时期杀奴婢是可以减罪的。唐律明确规定，主人杀奴婢可以减罪四等，故意杀奴婢仅处徒刑一年，过失杀奴婢无罪。而奴婢殴伤主人，即使是过失伤主，也要被处以绞刑，⑤很显然，就法律规定而言，中古时期奴婢的地位显然比汉光武帝时要低。

从奴婢诉讼权利来看，《唐律疏议》卷六《名例》规定："部曲奴婢为主隐，皆勿论。疏议曰：部曲奴婢，主不为隐，听为主隐，非谋叛以上，并不坐。"《唐律疏议》卷二载："诸部曲、奴婢告主，非谋反、逆叛者，皆绞。"除"十恶"罪外，奴婢不许告主。否则处以绞刑。

先秦时代，奴婢是不可能拥有诉讼权的，从当时奴婢大多与罪隶身份一致，而受过宫、劓、刖、膑诸刑者一般被屏弃于正常社会秩序以外的情况来看，奴婢不可能有告主权利。秦汉时代，一般情况下奴婢仍不能诉主。前文举秦简《法律问答》即规定了"擅杀、刑、髡其子、臣妾，是谓非公室告，勿听"⑥。新出土的张家山汉简亦有"子告父母，妇告威公，奴婢告主、主父母妻子，勿听而告者弃市"的规定。⑦

唐律中"诸部曲、奴婢告主，非谋反、逆叛者，皆绞"当源于秦汉律。⑧

汉代奴婢一般仍是诉讼关系中的权利客体，如"父母告子不孝，皆弃市。其子有罪当城旦舂、鬼薪白粲以上，及为人奴婢者，父母告不孝，勿听"。⑨奴婢之所以不能成为被告，是因为他不是法律诉讼关系中的主体，不能负有刑事诉讼的能力。

但在法律实践中，汉代奴婢的地位已处于变化之中，如前引汉光武帝诏令，多次规定不许杀虐奴婢，"杀奴婢不得减罪"。在汉代这样的大背景下，有些奴婢开始

---

① （汉）班固：《汉书》卷一五，《王子侯表》。
② （汉）司马迁：《史记》卷二〇，《建元以来侯者年表》褚先生补。
③ （汉）班固：《汉书》卷五三，《景十三王传》。
④ （南朝宋）范晔：《后汉书》卷一，《光武帝纪》。
⑤ （唐）长孙无忌等：《唐律疏议》卷二二，《斗讼》。
⑥ 《睡虎地秦墓竹简》，第 196 页。
⑦ 《二年律令释文注释》，《张家山汉墓竹简（二四七号墓）》，第 151 页。
⑧ （唐）长孙无忌等：《唐律疏议》卷二四，《斗讼》。
⑨ 《二年律令释文注释》，《张家山汉墓竹简（二四七号墓）》，第 138 页。

有了一些权利主体的能力。《史记》卷一二九《货殖列传》载："齐俗贱奴虏，而刁间独爱贵之，桀黠奴，人之所患也，唯刁间收取，使之逐鱼盐商贾之利……终得其力，起富数千万。"时人评价刁间"能使豪奴自饶，而尽其力也"。该史料中的豪奴，主人使其经营鱼盐商业，看来其行动是比较自由的。正由于其有一定的经营权利，方能尽其力而自饶。

据东汉出土的《建宁四年孙成买地铅券》载："建宁四年九月戊午朔廿八日乙酉，左驭厩官大奴孙成从雒阳男子张伯始卖（买）所名有广德亭部罗佰田一町，贾（价）钱万五千，钱即日毕。田东比张少卿，南比许仲异，西尽大道，北比张伯始。根生土著毛物，皆属孙成，田中若有死尸，男即当为奴，女即当为婢，皆当为孙成趋走给使。田东、西、南、北以大石为界。时旁人樊永、张义、孙龙、异姓樊元祖皆知券约，沽酒各半。"①

该地券中左驭厩官大奴孙成，似是官府中管理马匹官员的奴隶，其人能以一万五千钱买张伯始田一町，可见其拥有个人财产，契中所谓田中若有死尸男女即为其奴婢，系表示其拥有该土地一切所有权之用语。反映其对该土地的所有权是真实的，也反映他拥有占有奴婢的权利。大奴孙成有正式姓名，拥有财产，显然与那些毫无权利能力、任由主人摆布的奴隶身份是有区别的。另外人所周知的汉代《王褒僮约》②，虽系游戏文字，但毕竟反映了奴婢与主人可以有某种契约关系，说明奴婢并非完全无责任能力。

再如《汉书》卷五九《张汤传附子安世传》载："郎淫官婢，婢兄自言，安世曰：'奴以愤怒，诬污衣冠，'（自）［告］署谪奴。其隐人过失皆此类也。"此史料反映，奸污官婢是犯法的，因此官婢之兄敢于申告。张安世为隐"郎"之恶事而颠倒黑白，指责婢兄诬告。可见在一般情况下，若奴婢所告属实，官府也是要受理的。相比之下，中古时期，奴婢几乎没有任何诉讼权利，告主若非谋反叛逆罪要处死刑，地位实际比汉代进一步下降了。

据张家山出土汉初法律反映，在某些情况下，汉代奴婢甚至有财产继承权："死毋后而有奴婢者，免奴婢以为庶人，以□人律□之□主田宅及余财。奴婢多，代户者毋过一人，先用劳久、有□子若主所言吏者。"③可见主人死而无后者，奴婢可转变为庶人继承财产，并规定了确定继承人的具体方法。在唐代，奴婢显然没有这样的地位，因而法律上亦无此种规定。

---

① 载罗振玉：《蒿里遗珍》，转引自朱绍侯：《秦汉土地制度与阶级关系》，中州古籍出版社1985年版，第40页。另外，东汉《诸葛敬买地铅券》等一些地券与此券在形式、内容上亦基本相同，可证此券并非赝品。

② （唐）徐坚等：《初学记》卷一九，《奴婢第六》。

③ 《二年律令释文注释》，《张家山汉墓竹简（二四七号墓）》，第184页。

当然，在一般情况下，汉代奴婢比一般人的法律地位还是要低下的，同罪并不同罚。如："子贼杀伤父母，奴婢贼杀伤主，主父母妻子，皆枭其首市"①；"奴婢殴庶人以上。黥颧，畀主"②。

第四，关于官奴婢的管理。

汉代政府对官私奴婢之间的界限并不十分重视。一方面私奴婢可因其主人犯法被政府没为官奴婢，奴婢主亦可将其私奴婢入为官奴婢，用以赎罪买爵；同样，官奴婢也可以通过赏赐或出卖的方式，变为私奴婢。不过无论私变官、官变私，汉政府更重视的似乎是奴婢作为财产关系的转变，而不是身份的转变。甚至贵为太后，取得官奴婢亦要出钱购买。如《汉书》卷七七《毋将隆传》载："傅太后使谒者买诸婢，贱取之，复取执金吾官婢八人，隆奏言：贾贱，请更平直。"太后取官奴婢，尚且通过购买的手续，身份地位不如太后的，必须用钱来向政府请购奴婢，更是不用说了。这与中古时期权贵奴婢大量来自赏赐，情况不同。像唐代，宗室权贵使用官奴婢大多从司农寺直接领取。

当然汉代亦有赐奴。如汉武帝赐同母姊修成君奴婢三百人；③又赐方士栾大童千人；④霍光前后受赐奴婢百七十人；⑤东汉明帝赐弟东平王刘苍宫人、奴婢五百人；⑥和帝赐清河王刘庆奴婢三百人；⑦这些作为赏赐或出卖的官奴婢，出卖或被当作赏赐品以后，其身份也就转化为私奴婢。

中古时期，特别是唐代，官奴婢制度管理严格。官私奴婢区分清晰，官私奴婢不可互代，凡私借官奴婢及将官奴婢借人者，笞五十。⑧

第五，汉代奴婢与庶民界限不十分严格。

前已说明，秦代奴婢与自由人界限并不严格。汉代亦大体如此。据张家山出土汉初法律规定："奴婢为善而主欲免者，许之，奴命曰私属，婢为庶人，皆复使及算，事之如奴婢。主死若有罪，以私属为庶人，刑者以为隐官。所免不善，身免得复入奴婢之。其亡，有它罪，以奴婢律论之。"⑨可见，汉代奴婢与庶人之间身份的转换，比较灵活。

又据《汉书》卷一《高帝纪》载，五年诏："民以饥饿自卖为人奴婢者，皆免为庶

---

① 《二年律令释文注释》，《张家山汉墓竹简（二四七号墓）》，第139页。
② 《二年律令释文注释》，《张家山汉墓竹简（二四七号墓）》，第138页。
③ （汉）班固：《汉书》卷九七，《孝景王皇后传》。
④ （汉）班固：《汉书》卷二五，《郊祀志》。
⑤ （汉）班固：《汉书》卷六八，《霍光传》。
⑥ （南朝宋）范晔：《后汉书》卷四二，《东平宪王苍列传》。
⑦ （南朝宋）范晔：《后汉书》卷五五，《清河王孝庆列传》。
⑧ （唐）长孙无忌等：《唐律疏议》卷一五，《厩库》。
⑨ 《二年律令释文注释》，《张家山汉墓竹简（二四七号墓）》，第155页。

人。"《后汉书》卷一《光武帝纪》载：建武七年，"诏吏人遭饥乱，及为青徐贼所略为奴婢、下妻，欲去留者恣听之，敢拘制不还，以卖人法从事"。十二年，"诏陇蜀民被略为奴婢，自讼者，及狱官未报，一切免为庶民"。十三年，"诏益州民自八年以来，被略为奴婢者，皆一切免为庶民，或依托为人下妻，欲去者恣听之，敢拘留者，比青徐二州，以略人法从事"。十四年，"诏益、凉二州奴婢，自八年以来，自讼所在官、一切免为庶民，卖者无还值"。同书《明帝纪》载：中元二年，诏"边人遭乱为内郡人妻，在己卯赦前，一切遣还边，恣其所乐"。

这些诏令，反映汉代债务奴婢身份并不稳定，中央政权有权加以干涉并令其主人无条件放免。这与中古时期政府相对重视主人权利，一般情况下只允许赎免的情况有所不同。

在七科谪诸身份中，汉代贵贱等级界限也不严格。商人婚姻不存在限制是明确的。与奴婢相近的赘婿也是与普通民女成婚，并不实行同色相婚制。此外，汉代同秦朝一样，庶民亦可用奴婢赎罪，用奴婢换爵位，用奴婢免赋役。这都说明汉代奴婢与自由民之间，身份并不严格，如晁错就曾说文帝"募以丁奴婢赎罪，及输奴婢欲以拜爵者，徙之塞下"①。

新发表的张家山汉墓竹简载："奴有罪，毋收其妻子为奴婢者，有告劾未还死，收之。匿收与盗同法。"②"民为奴妻，而有子，子畀奴主；主奸婢，若为它家奴妻，有子，子畀婢主，皆为奴婢。"③这反映汉代仍有奴婢与正常人通婚，良贱界限并不十分严格。

至于像中古时期那样对奴婢身份地位、良贱关系等各方面作出的十分详密、繁复、森严的法律规定，在汉代大多还没有出现，这是因为，中古良贱制度得以形成的历史条件，在汉代尚未完全具备。

（原刊《敦煌学辑刊》2005 年第 2 期，总第 47 期）

---

① （汉）班固：《汉书》卷二五，《郊祀志》。
② 《二年律令释文注释》，《张家山汉墓竹简（二四七号墓）》，第 158 页。
③ 《二年律令释文注释》，《张家山汉墓竹简（二四七号墓）》，第 158 页。

三至五世纪鄯善王国水利法初探

鄯善王国遗留下来的三至五世纪的佉卢文文献,为我们研究这个西域绿洲国的社会情况提供了重要的史料。本文以鄯善王国所属凯度多州为例,探讨鄯善王国水利法的实施及其在鄯善王国财产权利体系中的地位,并以之与唐代水利法令比较。①

一

鄯善王国历史悠久。西汉初中期时,此国称楼兰,汉宣帝元凤四年(前 77 年)楼兰改名鄯善。汉朝在鄯善国伊循城设立都尉并派驻军队,实行屯田。神爵三年(前 59 年),汉朝于轮合设置了西域都护府,其所统属国即包括鄯善王国。

东汉末年,鄯善国势力扩张,先后吞并若羌、且末、小宛、精绝等国,西部疆域拓展至阗以东,成为与焉耆、龟兹、于阗、疏勒等国比肩并列的西域大国。至三国时期,鄯善成为曹魏控制西域的中心,曹魏西域长史长驻鄯善,负责联络与统领西域诸国。西晋建立亦派西域长史驻在鄯善国,并在尼壤设置关卡,稽查商旅,同时建立司禾府,驻兵屯田。八王之乱发生后,晋朝无力顾及西域,河西张轨创建的前凉割据政权与鄯善建立了密切联系。

虽然早在西汉时期,鄯善王国就已与中原王朝有了来往,但鄯善王国的财产制度是独立发展起来的,还是受到中原制度的影响,未见传世史书明确记载。我们只能利用出土的佉卢文书,分析鄯善王国基本经济结构与制度所反映的各种财产权

---

① 财产权利,一般指直接体现财产利益的民事权利,是一定社会物质资料占有、支配、流通、分配关系的法律表现。古代社会的财产权,即人们拥有财产、支配财产的法律权利,包括物权即所有权、债权、继承权等。在中国古代,虽没有"财产权""物权""所有权""债权""继承权"之类的名词,此类说法大多来自西方法学概念,但实际上在中国整个古代及近代社会,无论是客观现实还是在思想观念上,都存在着相应的财产关系的法律制度。

法："权利永远不能超出社会的经济结构以及由经济结构所制约的社会的文化发展。"①

一般来说，土地所有权问题，应是一切财产所有关系中最重要的所有制关系，但是，作为一个沙漠绿洲国家，鄯善王国似乎有比土地更重要的财产权利，那就是水利所有权。

鄯善是一个在沙漠中由绿洲组成的国家，其所属行政区，基本是由河流冲击形成的绿洲。对此类绿洲国度的特点，恩格斯曾专门谈及，他在 1853 年 6 月 6 日致马克思的信中，特别强调了灌溉在沙漠绿洲国家中的作用问题。他在分析古代东方各民族历史的发展时，认为许多东方民族没有发展出土地私有制，其原因在于"主要是由于气候和土壤的性质，特别是由于大沙漠地带，这个地带从撒哈拉经过阿拉伯、波斯、印度和鞑靼直到亚洲高原的最高地区。在这里，农业的第一个条件是人工灌溉，而这是村社、省或中央政府的事。在东方，政府总共只有三个部门：财政（掠夺本国人）、军事（掠夺本国和外国）和公共工程（管理再生产）。"②

鄯善王国作为一个沙漠王国，颇近似于马克思分析东方社会时所提出的以灌溉为主要特征的沙漠绿洲国家。从目前发现的佉卢文书看，颇能说明其水利灌溉的特点。虽然鄯善王国似乎不需要全国大规模地组织水利开发工程，但是应当注意到，由于尼雅河的年水流量有限，实际在鄯善国凯度多州存在一个用水的分配与管理问题。当时要保证作物的丰产，合理地运用灌溉渠道，关键是均衡、合理、适时地分配用水，即把从水源引来的水量，按土地的面积和作物品种进行合理的分配。

由于水源分配、灌溉管理的需要，因此国家具有水利集中管理的特点。③ 管理者需要为种植者制订用水的顺序和用水时间。特别对于深处内陆的沙漠绿洲地带，由于水资源的紧缺，对灌溉用水的相关规定也就更加具体，更加细致。

首先来看鄯善统一的分配用水的管理机构的设置。王广智译佉卢文书第 160 号即涉及国王征收水费之事：

> tasuca 鸠那罗及苏那迦谨向等等……亲爱之兄弟 cozbo 莱比耶致敬等等……兹函告如下：汝曾派凯托那来此耕种，涉及水和籽种之事，余已知悉，送此之契形文书。该楔形文书内未曾提及水和籽种。据该老人说，舍凯之一块田地已给 cozbo 莱比耶使用，水和籽种未给。按照该地从国王陛下处接受之情况来看，该地系属汝所有。汝处或许有关于水和籽种之任何亲笔信。或若

---

① 马克思：《哥达纲领批判》，《马克思恩格斯选集》第三卷，人民出版社 1972 年版，第 12 页。

② 《马克思恩格斯全集》第 9 卷，第 145 页。

③ 卫斯先生认为，"此时的农业人工灌溉工程并不完全需要整个村社或整个国家的力量才能完成，尼雅河稍加导流就可以灌溉其沿河两岸的耕地"。参见卫斯《尼雅遗址农业考古揭秘》，中国考古网，2006 年 4 月 11 日。

有内具详情之命令书,应找出送此。若无此类(文件),水费及籽种费应即由汝送来,耕种将在此进行。同时据该老人说,当舍毕迦住于此处之时,地向来由彼供给,籽种和水则由舍凯人供给,耕种由 katmas 进行。[①]

林梅村所译此文献之上首,有完整的收发人。发信人为祭司鸠那罗及苏那迦,收件人则为其兄、州长莱比耶与林苏。

该信件是弟弟写与身为州长的兄长莱比耶的,弟弟虽然在信首处表示了对兄长的崇敬之意,但是在信中,则颇不客气地谈起了兄长所承赐的王田应交纳水费及籽种费的事情。并指出,若有国王免交此费用的谕令,必须找出并送与其弟。若无此类谕令,则必须先交纳水费籽种费方能耕种。此处文书中提及另一人,即舍毕迦居住于此处之时,土地向来由他供给,籽种和水则由舍凯人供给,耕种由 katmas 进行。

文献中写信者身份为祭司,代国王管理土地与水费、籽种费事宜,这是因其职责所在呢,还是国王临时授权,需要探索。

从文书内容看,使用官控的水灌溉田地,必须交纳水费。[②] 这件文书表明,在绿洲地带,由于供水来源的紧张,国王牢牢地掌控着水利的分配权。

林梅村译第 72 号文书,是一件详细记载凯度多州某地灌溉情况的名单:

背面 ······小麦已灌溉两、三次,登记如下:

(栏一)1. ······;2. ······;3. ······;4. ······;5. ······ 提······ 灌溉小麦三次;6. 苏阇陀灌溉小麦三次。(栏二)1. ······灌溉三次;2. ······灌溉两次;3. ······;4. ······;5. 甘支格耶灌溉两次;6. 名勇灌溉三次。(栏三)1. 迦······利······灌溉······次;2. 伏······灌溉两次;3. 第二遍,楚伽灌溉小麦两次;4. 督军阿般那灌溉小麦两次;5. 苏伐尔支伽灌溉两次;6. ······尉施卢罗灌溉小麦三次。(栏四)1. 布隆陀耶灌溉两次;2. 曼查耶灌溉小麦两次;3. 贵人施者耶灌溉三次;4. 帕卢格耶灌溉小麦两次;5. 督军苏者陀灌溉三次;6. 布尼耶灌溉小麦两次;7. 埃卡罗侯苏者陀灌水两次。

正面 (栏一)1. 左陀帕伽灌溉两次;2. 驮吉耶灌溉两次;3. 左腊摩灌溉三次;4. 卓伽·苏者陀灌溉小麦三次;5. 波格那灌溉小麦四次;6. 苏钦色那灌溉两次;7. 左腊摩灌溉两次;(栏二)······2. 州长林苏灌溉三次;3. 曹长左尔摩

[①] 王广智:《新疆出土佉卢文残卷译文集》,载《尼雅考古资料》,新疆文化厅文物处编印,1988年版,第 201 页。亦见林梅村:《沙海古卷》,文物出版社 1988 年版,第 281 页。

[②] 卫斯认为,赏赐的王田可分三种管理方式:"一种是只给土地,不给水和籽种;一种是又给土地又给水,不给籽种;一种是土地、水和籽种都给。这是西域特有的现象,古代内地封建王朝从未见过这种情况。"他认为"国王赏赐给莱比耶的舍凯村的王田,仅属暂时现象。因为这块王田原来是赏赐给舍毕迦的,现在从他那里收回,转赐给莱比耶了"。参见卫斯《尼雅遗址农业考古揭秘》,中国考古网,2006 年 4 月 11 日。

沙灌溉三次;4. 探长苏遮摩灌溉两次;5. 鸠尔布陀灌溉两次;6. 婆数罗灌溉两次;7. 曹长左尔摩沙灌溉两次;(栏三)1. 探长苏遮摩灌溉三次;2. 雅吉陀灌溉小麦三次;3. 楼支伽灌溉小麦三次;4. 婆数罗灌溉小麦三次;5. 鸠罗罗·日友灌溉小麦三次;6. 沙色伽·苏者陀灌溉三次;7. 探长苏遮摩灌溉三次。(栏四)1. 州长林苏灌溉小麦三次;2. 优波色那灌溉三次;3. 安提耶灌溉三次;4. 苏阇陀灌溉两次;5. ……;6. 州长林苏灌溉三次;7. 帕尔伐提·左摩色那灌溉两次。[①]

此份名单,详细记载了各户用水的情况。说明这个地区的灌溉活动,显然是统一进行的。说明供水一方不可能是个人的行动。值得注意的是,清单中大体每一栏的人户,灌溉的次数是基本相同的,要不都是两次,要不都是三次。这更说明了用水是统一的行动。

此清单,集中保存在州长家的文书库中,只是反映了一个地区的集中灌溉情况,完全有理由推断,在其他的地区,同样有灌溉行动的统一管理。这说明国王是通过州长掌控水源的统一分配权的。能说明这一点的还有第 368 号文书:

皮革文书正面　威德宏大、伟大之国王陛下敕谕(州长索阇伽,汝应悉知朕之谕令,当朕下令)处理国事之时,汝应关心国事,不惜以生命小心戒备。若扞弥和于阗(有什么消息,汝应向朕,伟大的国王陛下禀报,朕便能从中知悉一切。汝曾报告说)……耕地无水,结果无水。现将水引入汝州,不可能……(残)须由彼将人们登记造册,共计百人,务必将彼等和诸 aresa 一起于 7 月 15 日交左摩伽和沙布伽带到莎□。汝,州长索阇伽(残)若彼等逾期前去,而发生在莎□捣乱破坏之类的事情,朕伟大的国王将要汝赔偿……(残)唯 6 月 28 日。

皮革文书背面　致州长索阇伽。[②]

此文书是国王给州长的敕令,其中涉及耕地用水之事。看来州长曾向国王申请用水,国王同意"将水引入"州长所在地,但"不可能"所有人都供水。必须由州长将相关人员登记造册,共计百人,然后在 7 月 15 日送造册到在莎□之地的相关官员,如此才能供水。国王特别警告,不能"逾期"前去要水,否则就是"捣乱破坏",国王将给予处罚。

此文书透露出的信息还有,国王此信写于 6 月 28 日,距送造册的 7 月 15 日至少还有半月之久。同时国王又强调,不能逾期。这似乎说明,需要官府供水的地方当有不少,都必须预先安排,进行计划,可能有先后次序。无论提前或延后,一般是

---

① 林梅村:《沙海古卷》,文物出版社 1988 年版,第 159 页。
② 林梅村:《沙海古卷》,第 103—104 页。

不允许的。结合前面灌溉名册文书反映的浇灌田地的整齐划一与大致相同的次数,完全可以推断出,在这一个绿洲国家,用水是有计划、有限度的。

据 502 号文书反映,若私自将本人所借用之水给与他人,按水法是不允许的:

底牍正面 威德宏大、伟大之国王陛下敕谕,致州长克罗那耶和税监黎贝耶谕令如下:今有沙门修爱上奏,曹长阿波尼耶已将水借来。彼将借来之水给了别人,当汝接此楔形泥封木牍时,应即刻对此详细审理。此水是否为阿波尼耶所借,又是否将此水借人。此外,若排水口未曾准备好,则不能让阿波尼耶赔偿损失。若并非如此

底牍背面 修爱关于水之事……①

此文书说明,若没有计划内的供水,人们是可以从官府借水使用的。但是不允许将借来之水,随意再给与他人使用。修爱上奏,控告曹长阿波尼耶将水借来,却将借来之水给了别人,于是国王命令州长与税监立即"详细审理,此水是否为阿波尼耶所借,又是将此水借人"。显然,按水利权法,阿波尼耶若将所借之水又借与他人,国王是要令阿波尼耶赔偿损失的。但是,从国王的敕令中也可以发现,若是阿波尼耶没有主动借水与人,而是因为阿波尼耶田中的排水口未曾准备好,以致水流至他人田中,则不必赔偿损失。由此文书可见,在鄯善王国,水利权法的规定是很具体细致的。

由于水源可以人为地管制,因此若有人利用了这一条件,也会造成灾害。据第 47 号文书记载,莱比耶的田舍即曾被人恶意放水淹没:"顷据 vasu 莱比耶控告,彼之田园及住房均被阿钵吉耶放水所淹。"这说明,鄯善王国的水利系统,主要是用于灌溉,但管理不好,亦可以造成水害。这说明对水的掌控,是鄯善王国的重大事务。

二

据 639 号文书反映,占有土地者离开时,一个重要的事情,是必须交纳完毕相关的水费,有时水费的代价是相当高的,下面是一件交纳水费的文书:

封牍正面 致祭司鸠那罗

底牍正面 威德宏大、伟大之国王陛下敕谕,致祭司鸠那罗

谕令如下:今有奥古侯阿苏罗伽上奏,奥古侯阿苏罗伽之领地的精绝人现都离去。汝霸占道路并长期扣留彼等。若有自愿离去者,须向彼等要牛一头作为使用水源之酬金,这条规定并非原有法律。若必须占据……人的道路,届时自然而向汝颁发谕令,命汝封锁道路或占据水源。若汝没有接到谕令,道路

---

① 林梅村:《沙海古卷》,第 125 页。

应对精绝人和平开放，作为使用水源之一头牛，不得放弃。

底牍背面　关于奥古侯阿苏罗迦之事。①

此文书中欲离开的精绝人，需交纳的是使用水源的费用。② 王广智译本译为过桥之费，校之以巴罗的英文原本，应以林译为是。

根据林译文书内容，此文书是国王致祭司鸠那罗的。一批精绝人在奥古侯的领地上进行生产活动，使用水源。这些精绝人应是在精绝州以外的地方居留。其离开时，国王督促相关的官员，必须征收其使用水源的费用，而未提及其他的费用。这是不是说明，水的税收是政府的重要收入呢？从征水税一头牛来看，用水的费用是很高昂的，不过我们从下面文书中可以看出，征收一头牛，一般是以用来祭祀水源的名义进行的。文书中的祭司，似乎是因为精绝人未交纳水费而留难扣留精绝人的。国王谕令，只要精绝人交了水费，就应让其自由离去。但是国王也特别强调，作为征收的水源费，一头牛的征收"不得放弃"。

联系上一文书，祭司亦管理水费的征收，是不是说明祭司具有征收水费的职责呢？祭司管理水费的征收，会不会与祭司享有主祭水神的权力有关呢？请看第157号文书：

底牍正面　人皆爱慕、美名流芳之爱兄、州长车摩耶、书吏特迦左和探长苏左摩诸大人、税监黎贝耶再拜稽首：

谨祝福体健康，万寿无疆，并致函如下：吾妻前曾患病在此，托汝等之福，现已康复。余还在此听说，汝已在该处将水截流，余甚为欣喜。汝来信提及已带数人来此，当这些人到汝处时，要在泉边将祭牛一头奉献给贤善天神。据贵人昆格耶说："余曾得一梦，梦见天神未接受该泉边之祭牛。"贵人昆格耶还说，在尼壤之乌宾陀之牛栏中有一头两岁之牛，彼要将这头两岁之牛作为奉献贤善天神之祭品。贵人昆格耶还说，该祭祀须在埃卡罗侯牟特格耶之庄园进行。关于这头两岁之牛之事，汝不可玩忽职守，应速派祭司林苏前去。由彼和贵人左摩将牛带来。不得留难。

底牍背面　贵人昆格耶还做过一梦，梦见三位曹长的一只五岁之羊在布尼和累弥那作为祭品。务必从速处理此事，认真办理。③

此文书的作者是州长车摩耶的弟弟，显然也与书吏、探长、税监等熟稔。从其信中言及州长等曾关照其病妻及曾遵照其意见处理水利之事，以及命令州长等人送祭牛事"不得留难"来看，身份非同一般。而从信中提及的贵人昆格耶的口吻及尊崇程度来看，贵人昆格耶地位似乎又在信的作者包括州长诸人之上。从众多佉卢文

---

① 林梅村：《沙海古卷》，第144页。
② 林梅村：《沙海古卷》，第144页。
③ 林梅村：《沙海古卷》，第278页。

献中反映出的国王、州长、税监、祭司、书吏等复杂的姻亲关系来看,在鄯善王国,实际上已形成一个以王室为中心、从中央到地方的贵族集团。他们实际掌控着从中央到地方的政治、经济、军事、财政权力。对此,将另文研究。

信中言及以一头牛祭祀水源之事,这便与上一文书中命令精绝人交纳一头牛的事重合起来。看来交纳水费一般是以交纳一头祭祀牛的形式出现的。

此文书中更清楚的一点则是,此祭祀水源的事是有专人负责的,那就是"祭司"。该信中,贵人昆格耶要求以一头两岁之牛祭祀贤善天神,而且必须在埃卡罗侯牟特格耶的庄园进行。信的作者要求州长等人"汝不可玩忽职守,应速派祭司林苏前去"。显然,在鄯善人看来,祭祀水神是重大的事情,除了祭以牛之类的牺牲重物以外,要由专人即"祭司"专主祭祀。

在其他文书中也有在水源处祭祀的反映。如第 109 号:"须举行祭祀,祭祀将在彼来余处时举行"[1]。第 188 号:"彼将带至泉边……三岁之橐驼……十头……汝一定得办此事。该牲畜务必赠送予诸守泉人……余已奉上礼品……若有何事余定为汝办理"[2]。第 195 号:"有婆伽沙地方兄弟(姊妹)数人……彼等已作祭祀。彼等已自奥钵吉耶处取骆驼一峰贡献"[3]。

由此,我们可以看出,在身居沙漠绿洲之地中的鄯善人看来,水是生命之源,必须乞求于天神,据文书反映,鄯善人在水源处祭祀的是"贤善天神"。此神看来也许是一种鄯善人信奉的神祇,或与水相关的自然神。因此,水之所有权的控制,应是重于其他财产所有权如土地、牲畜、物品的控制的。

三

相较于中原地区水利的管理规定,在汉代文献中可以发现汉政府特别是汉武帝时期,曾经掀起过大兴水利的高潮,"朔方、西河、河西、酒泉皆引河及川谷以溉田。而关中灵轵、成国、韦渠引诸川,汝南、九江引淮,东海引钜定,泰山下引汶水,皆穿渠库溉田,各万余顷。它小渠及陂山通道者,不可胜言也"[4]。而在西北地区,水利的发展尤为迅速。汉代在西域大规模屯田,为此兴修的水利工程颇具规模,朔方、西河、河西、酒泉的屯田水利事业规模很大,居延汉简对此多有反映。[5]

---

① 林梅村:《沙海古卷》,第 273 页。
② 林梅村:《沙海古卷》,第 286 页。
③ 王广智:《新疆出土佉卢文残卷译文集》,载《尼雅考古资料》,新疆文化厅文物处编印,1988年版,第 205 页。
④ (汉)班固:《汉书》卷二九,《沟洫志》。
⑤ 谢桂华、李均明、朱文炤:《居延汉简释文合校》303.15;565.12;498.10;140.15。

汉朝中央主持的这些水利事业,会不会对鄯善国的水利事业产生一定的影响呢?从水利的法令来看,系统的汉代水利法律目前未曾发现。但在《汉书》中,已有"水令"出现。倪宽在六辅渠修成以后,曾"定水令,以广溉田"①。召信臣在南阳修建陂塘时也"为民作均水约束,刻石立于田畔,以防纷争"②。

目前出土的中国古代最系统水利法律文献,是敦煌文书中唐代的《水部式》《沙州敦煌县行用水细则》等文书,这些文书反映了唐代对水利的严格管理。③

试看敦煌文书中《沙州敦煌县行用水细则》的部分内容,并与鄯善的水利法相比较。

> (前列渠名)循环浇溉,其行时,具件如后:
>
> 一,每年行水,春分前十五日行用。若都乡、宜秋不遍,其水即从都乡不遍处浇溉收用,以次轮转向上。承其已来,故老相传,用为法则。……春分前十五日行水。从永徽五年太岁在壬(甲)寅,奉遣行水用历日勘会。春分前十五日行水为历日,雨水合会。每年依雨水日行用,剋须依次日为定,不得违迟。如天时温暖,河水消泽,水若流行,即须预前收用,要不待到期日,唯早最甚,必天温水次早到北府,浇用周遍,未至场苗之期,东河已南百姓即得早浇粟地,后浇商伤苗田水大疾,亦省水利。

这是春分前十五日用水的规定,包括浇水的时间、次序、与天气变化的关系等,而且说明这些规定是"承其已来,故老相传,用为法则"。

> 其次春水浇溉,至平河口已北了,即名春水一遍轮转,次当浇伤苗。其行水日数日(衍),承水日数,承水多少。若逢天暖水多,疾得周遍,如其天寒水少,日数即迟,全无定准。(后略)④

此为春水至时浇灌土地的原则。《用水细则》另对立夏前十五日、立夏日、谷雨等季节的用水也都作出了具体规定。

《沙州敦煌县行用水细则》(残卷),是唐代甘泉水灌区的灌水制度,制订于唐高宗永徽五年(654 年),全面记述渠道之间轮灌的先后次序。涉及的干支渠名称共有七十多个,相比较鄯善王国,敦煌的用水制度十分具体完备,从其灌水的原则来看,先低处后高处,先远处后近处。

从细则中所言"依次轮转向上。浇用周遍""春水一遍轮转""周遍至平河北下

---

① (汉)班固:《汉书》卷五八,《倪宽传》。
② (汉)班固:《汉书》卷八九,《循吏传·召信臣》。
③ 罗振玉在《鸣沙石室佚书》(1913 年)一书中,对 P.25077 号《水部式》残卷进行了研究,并以《水部式》校刊《唐六典》,此后研究者众多。
④ 唐耕耦、陆宏基:《敦煌社会经济文献真迹释录》(一),书目文献出版社 1986 年版,第 394—398 页。

口已北了,即名两遍""更报重浇水,麦苗已得两遍""悉并成就,周如复始,以名三(遍)"等话语来看,敦煌与鄯善一样,灌溉行动是统一进行的。从"每年行水,春分前十五日行用""每年浇伤苗,立夏前十五日行用""每年秋分前三日即正秋水"的规定来看,一般灌溉的时间也是相对按农时固定的。敦煌西边的唐代西州,其水利的管理也是集中统一的。[①]

与前引林梅村译第72号佉卢文书记载的凯度多州某地水利灌溉情况相比,虽然时代不同,但两地的做法是极为相似的。只是唐代的规定,更加具体,更加明了。

从国家层面来看,唐代的水利管理法更为全面细致,这从敦煌文书中所出的唐代国家颁布的《水部式》看得很清楚。此处不赘述。

至于祭祀河神之事,中原的水利管理,除了文献中曾记载过战国传说中的西门豹废除魏国以女子祭祀西河伯的故事以外,似乎很少专门以牺牲进行河神祭祀。秦汉以后水利管理制度已经形成更加经济化、严格化、成熟化的法规了。因此,鄯善国人以牛祭祀水神的做法,应该是来自自己的文化传统。

以上,通过比较鄯善王国与中原王朝水利法的不同,论述了水利在鄯善王国社会经济中的重要地位与作用。其实质是一个水的所有权问题,这是水利管理立法的核心问题,是制定有关水事法律规范的立足点和出发点。正如有的学者所言:"在世界上,各国水的所有权的法律规定是不一样的,这与一个国家的社会制度、宗教信仰以及历史传统习惯密切相关。即使同一个国家和地区,因历史发展阶段和所有制形式的不同,水的所有权的法律规定也不尽相同。"[②]

鄯善王国由于其地处沙漠地带、水源有限的特殊性,就使其水利的分配与管理具有了特殊重要的地位,一定程度上影响到其土地制度、政治制度与文化内涵的变迁。日本学者西村元佑先生在讨论唐西州水渠问题时曾说:"西州显然有土地,但用水很困难,即便在今天,也是处于用地沟(坎尔井)引出天山的雪水进行耕种的状态,富豪们与其说是土地所有者,不如说是水的所有者反而更确切一些。因此,耕地就像文书的地段项中见到的那样,是属于渠的,又如佃人文书所示,'堰'形成了

---

① 关于唐代敦煌、西州水利及《水部式》《沙州敦煌县行用水细则》的研究,可参考李正宇:《唐宋敦煌县河渠泉泽简志(一)》,《敦煌研究》1988年第4期;《唐宋敦煌县河渠泉泽简志(二)》,《敦煌研究》1989年第1期;李并成:《唐代沙州绿洲水系考——对沙州都督府图经残卷等写卷的研究》,《中国史研究》1986年第1期;李方中古时期西域水渠研究系列论文;苏金花:《唐五代敦煌水利管理论略》,《中国经济史研究》2009年第3期;《从敦煌吐鲁番文书看古代西部绿洲农业的灌溉特点》,《中国经济史研究》2015年第6期。关于水渠管理,郝春文撰有《敦煌的渠人与渠社》一文,深入分析了渠人的性质、渠社的管理,特别指出了"它受到官府的严密控制与监督,与官府有着密切的关系",见《北京师范学院学报》1990年第3期。

② 周长勇:《水的所有权内涵的演变》,《治淮》1993年第4期。

一个区,因此,耕地的增加是以开发渠堰为前提条件。"①

清人曾论及清代地处沙漠地带的甘肃民勤县:"地介沙漠,全资水利,播种之多寡,恒视灌溉之广狭以为衡……此本邑所以论水不论地也。"②

"论水不论地",看来是沙漠地带水利与土地关系的普遍特征,说明了水利作为一种财产,较之其他财产的特殊重要性。

唐人、清人尚且如此评论沙漠地带水利的重要性,早在三至五世纪深在沙漠腹地的鄯善国当更会是如此。

与水利相关的另一值得注意的问题是:在敦煌、西州,私有土地一般皆有明确的四至范围,如 S3877《安力子卖地契》文书:

> 阶各渠地壹段两畦共五亩,东至唐荣德,西至道,汜温子,南至唐荣德及道,北至子渠及道。又地壹段两畦共两亩,东至吴通通,西至安力子,南至子渠至道,北至吴通通,已上地四畦共柒亩。天复玖年己巳岁十月七日,洪润乡百姓安力子为缘缺少用度,遂将祖父口分地出卖与同乡百姓令狐信通。(后略)③

文书中明确指出了出卖土地的四至及范围、亩数。再如敦煌文书之大谷文书第2845号《西州高昌县租人文书》载:"王赤奴,田一亩,佃人王孝道,东桓王寺,西县公廨左史田;南康多充;北白苟始。"④四至很明确。大谷文书第2391号《西州高昌县退田文书》载:"柳中县界,东孟还绩;西李酉海;南刘海子;北王龙智;给龙戎皮充。"⑤四至范围也很明确。再如吐鲁番出土《唐西州高昌县授田簿》文书,皆载田地四至。如"一段二亩,常田,城东廿里酒泉巢渠;东张海明;西白隆人;南(缺);给李庆熹充分"⑥。吐鲁番出土文书,无论是租田文书、退田文书还是土地买卖文书,皆书明四至范围及数量。

而在鄯善王国,关于土地的文书,却一般并不讲明四至范围,如王译第580号文书:

> 此一有关舍祇摩之 misiya 地之文件,由 sothamgha 罗没索蹉妥为保存。
>
> 兹于伟大国王、上天之子夷都伽·阿没瞿迦陛下在位之19年10月6日,

---

① [日]西村元佑:《唐代均田制下授田的实际情况》,载《敦煌学译文集》,甘肃人民出版社1985年版,第641页。

② 道光五年《镇番县志》卷四,《水利考》。

③ 唐耕耦、陆宏基:《敦煌社会经济文献真迹释录》(二),全国图书馆文献缩微复制中心1990年版,第8页。

④ [日]小田义久:《大谷文书集成》,法藏馆昭和五十八年版,录文第113页。

⑤ [日]小田义久:《大谷文书集成》,录文第95页。

⑥ 国家文物局古历史研究所等:《吐鲁番出土文书》第六册,文物出版社1985年版,第248—249页。

有一男人,名舍祇摩。彼愿将能种一米里马一希籽种之 misiya 地一块卖给 sothamgha 罗没索蹉。该地尚连有几块能种一米里马籽种之 akri 地。彼将这二处之几块地皆出卖。以故,舍祇摩从 sothamgha 罗没索蹉处得价值 40 穆立之四岁马一匹,作为地价。(后略)①

文书中的舍祇摩愿将能种一米里马一希籽种之土地一块卖给罗没索蹉,并无明确的四至范围。再如第 587 号文书:

此一有关莱钵多出售土地之字据,由司书罗没索蹉妥为保存。兹于伟大国王上天之子夷都伽阿没克伐迦陛下在位之 21 年,有一名属于蒙吉耶所有之男人莱钵耶及僧凯,彼等原将能种 7 希 sahini 籽种之 ciramta 地一块卖给罗没索蹉。双方在此公平之条件上当诸执政官之面前达协议。自今以后,索没索蹉对该地有权播种、耕种、交换、出卖、抵押、为所欲为。②

鄯善王国涉及土地问题,一般皆如以上两件文书,并不言明四至,而是说明该地能播种多少籽种,其前提则是能得到多少水的供应。联系前面文书,国王在谈及土地时,皆言是否"涉及水和籽种之事"而不谈四至。③ 这就说明,至少在鄯善王国的凯度多地区,人口少,土地多,个人土地的四至,并不一定完全与他人土地相衔接。耕种土地的多少,不是取决于占有土地的多少,而是在更大程度上取决于得到水与种籽供应量的多少。

从这个意义上讲,在鄯善这样的绿洲国家,水在人们的生活中,较之其他生产生活资料,更为重要,因而国家关于水利法权的相关规定,也就有了特别重要的地位。

(原刊《南京师大学报》社会科学版 2018 年第 2 期)

---

① 王广智:《新疆出土佉卢文残卷译文集》,第 251 页。
② 王广智:《新疆出土佉卢文残卷译文集》,第 253 页。
③ 鄯善民间在讨论农田耕作问题时,也往往关注的是否有水浇地,能撒多少种籽,而不是土地的面积。例如第 703 号文书,载一人写给大军侯列斯帕那之母鸠韦若的信称:"此处尚无种子,土地已浇水,请由该处送二至三弥里马粟种"。见林梅村:《沙海古卷》第 315 页。

试论三至五世纪鄯善王国
奴隶制的几个问题
——兼与中原奴婢制、罗马奴隶制比较

　　自二十世纪初英国人斯坦因在中国新疆地区对尼雅遗址进行考古发掘并发现大批佉卢文献以来,中外学术界对佉卢文献及相关问题的研究已取得很大成绩,无论是对佉卢文献出土地区尼雅遗址的进一步考古发掘、佉卢文献主人种族来源的考证、佉卢文献主人最终迁徙的原因,还是对鄯善国国王谱系的年代、鄯善国行政区域的分布、鄯善国当时的生态环境、鄯善国的农业经济等,都发表了不少高水平的论著。[①] 但与一千多件佉卢文献所蕴含的丰富内容相比,目前已经取得的成果仍是远远不够的。

　　本文根据现已发表的佉卢文资料,通过佉卢文献与汉唐中原法律文献、罗马法律文献的比较,对鄯善王国尼雅地区奴隶阶层的身份性质、法律地位、主要来源、劳动役使范围、与尼雅社会性质的关系等几个问题,提出一点看法,敬请指正。

一、关于鄯善王国奴隶的法律地位

　　据统计,现已发现的佉卢文文献约有 1 190 件,[②]马雍曾撰文对已经发表的佉卢文献中的 763 件加以系统介绍,认为"这些文书对鄯善王国的社会、经济、政治、司法、军事、交通、文化等各个方面都有详细的反映"[③]。关于这些文献的年代,马

---

　　① 关于尼雅遗址考古及佉卢文献的研究情况,详见孟凡人:《楼兰汉文简牍文献的刊布及研究概况》,载氏著《楼兰鄯善简牍年代学研究》,新疆人民出版社 1995 年 6 月第 1 版;林梅村:《中国所出佉卢文书研究综述》,《新疆社会科学》1988 年第 2 期;刘文锁:《尼雅考古一百年》,《考古》2005 年第 10 期;肖小勇:《楼兰考古研究综述》,《西域研究》2006 年第 4 期。

　　② 此数据系刘文锁据斯坦因、孟凡人、林梅村、王冀青、王炳华、盛春寿等学者及新疆博物院等单位发表的文献资料统计,见氏著《尼雅考古一百年》,《考古》2005 年第 10 期。

　　③ 马雍:《古代鄯善、于阗地区的佉卢文字资料综考》,《西域史地文物丛考》,文物出版社 1990 年版。

雍根据国内外众多学者的意见断定为三至五世纪,应是比较可信的。①

在佉卢文文书中,有一类从梵语单词演变而来的特殊名词。其中"达萨"(dasa)、dajha、dhajha 和 dajha-jamna 有人认为是指男性奴隶。dajhi 或 dasi 则是指女性奴隶。英国人 T.贝罗译作"slave"(奴隶)。中国王广智的译文也因之译为奴隶。② 印度阿格华尔等也称为奴隶,③而有的学者,如中国的林梅村等,不用奴隶一词,而称此类人为"奴仆"。

关于奴隶的定义,公元前四世纪古希腊的亚里士多德在其《政治学》中为奴隶制辩护时明确认为:"(1)任何人在本性上不属于自己的人格而从属于别人,则自然而为奴隶;(2)任何人既然成为一笔财产(一件用品),就应当成为别人的所有物;(3)这笔财产就在生活行为上被当作一件工具,这种工具是和其所有者可以分离的。"④在亚里士多德眼中,奴隶便是工具,是财产,是可以转让出卖的物品。现代语境下奴隶的定义是:"为奴隶主无偿劳动而没有人身自由的人。常被奴隶主任意买卖与杀害。"⑤

能不能视某类人为奴隶,关键应是看其身份特征。从现存的佉卢文献来看,鄯善王国奴隶身份的特征主要体现在以下几方面:

1. 奴隶属于主人私有财产,并得到国家法律保护

《沙海古卷》载 492 号文书:⑥

> 致州长帕特罗耶和罗帕耶:
>
> 底牍正面 威德宏大、伟大之国王陛下敕谕,致诸州长帕特罗耶和罗帕耶谕令如下:今有沙门修军上奏,沙门云集将属于左摩伐提和雍格所有的一名女人抵押给他人,现云集已死。彼等曾呈交一份报告。未经主人许可将主人私有之物出售,殊不合法。汝应对此案及誓约、证人一起依国法进行审理。汝若不能澄清此案,应起草一份报告,内具誓约、证人,交适当的人送来。
>
> 封牍背面 未经主人同意立下的字据,殊不合法。

此文书乃国王给州长的敕谕,强调主人对某女子的所有权问题,从文中称此女子乃

---

① 马雍:《新疆所出佉卢文书的断代问题》,《文史》1979 年第七辑。

② 王广智:《新疆出土佉卢文残卷译文集》,载《尼雅考古资料》,新疆文化厅文物处编印,1988 年版。下引佉卢文献将尽可能分别注出贝罗译英文、王广智译文、林梅村译文出处。

③ [印]阿格华尔:《新疆出土佉卢文文书所见奴隶和农奴的处境》,见杨富学、徐烨译文,载《甘肃民族研究》2013 年第 1 期。

④ [古希腊]亚里士多德:《政治学》,商务印书馆 1996 年版,第 13 页。

⑤ 《汉语大词典》上卷,汉语大词典出版社 1997 年版,第 2257 页。

⑥ 林梅村:《沙海古卷》,文物出版社 1988 年版,第 123—124 页。英文本见 T. Burrow, *A translation of the Kharosthī documents from chinese turkestan*, London 1940(以下简称 Kharosthī documents),p.96。王广智:《新疆出土佉卢文残卷译文集》,第 238 页。

"主人私有之物"来看,其身份应当属于奴隶阶层。文书说明"未经主人许可将主人私有之物出售,殊不合法"。这说明国家对于奴隶主对奴隶的所有权是给予法律保护的,若被他人侵占,主人可以上诉官府。

又据《新疆出土佉卢文残卷译文集》(以下简称《译文集》)载 491 号文书:[①]

> 国王陛下等等……

> 顷据僧伽罗塔诉称,鲜卑人曾抢走彼之名菩达色罗之奴隶一名。彼从该处逃返此地。关于该人,僧伽罗塔[……]自今以后,其他人对该奴隶均无权利。彼属于僧伽罗塔所有。

此文书也是国王给州长的敕谕,强调说明被外人抢走返回之奴隶,其所有权仍属原主人,其他人不能侵夺。此案显然也是有法律依据的,说明政府是竭力维护奴隶主人利益的。

第 551 号文书反映一件奴隶买卖纠纷事,一女孩 Opuge 经数人转卖,最后由苏伽纽多"取去作为彼之财产"。[②] 在现已发现的佉卢文书中,奴隶主对奴隶的处理,基本上都是作为财产来对待的。如 345 号文书,反映僧人阿难陀犀那之奴菩达瞿钵从啰苏处偷盗丝绢毡衣等物,总计价达到 100 穆立,案件双方在法庭外达成协议,僧人阿难陀犀那将自己的奴隶菩达瞿钵送给啰苏以抵偿损失。这是以奴隶抵偿物品的案例。[③] 393 号文书是"属于毗诃罗伐啰之财产男子一名"在多罗村欠款 20 穆立之事。[④] 437 号文书是一买女奴契约,反映一女孩舍伽那钵阿被出售后,"成为摩色地耶之财产"一事。[⑤] 578 号文书是苏笈多将骆驼给利钵耶伐迦驯养,而该骆驼在利钵耶伐迦处死去,利钵耶伐迦以女孩一名进行赔偿之事。[⑥] 585 号文书是男奴隶阿没祇耶以另一男子支没吉耶及绵羊 6 只"作为彼自己之终身赎金"之事。[⑦] 719 号文书称"该妇女瞻檀诺阿应交给莱迷没那,作为彼自己之财产"[⑧]。

鄯善王国中此类人的法律地位,与大约同时代的汉晋中原地区相比较,身份与奴婢相似。在中原地区,一般奴婢都视作财产,而且是仅次于房地等重物的财产。秦汉时,"置奴婢之市,与牛马同栏"[⑨],王莽时虽对此制加以废除,但在实际生活中,奴婢无疑仍是被人们视为财产的。司马迁《史记·货殖列传》将"僮手指千"与

---

① Kharoṣṭhī documents, p.95.

② Kharoṣṭhī documents, p.109.《译文集》,第 245 页。《沙海古卷》,第 135 页。

③ Kharoṣṭhī documents, pp.65 - 66.《译文集》,第 221 页。

④ Kharoṣṭhī documents, p.80.《译文集》第 229 页。《沙海古卷》,第 108 页。

⑤ Kharoṣṭhī documents, pp.89 - 90.《译文集》,第 234 页。

⑥ Kharoṣṭhī documents, p.118.《译文集》,第 250 页。

⑦ Kharoṣṭhī documents, pp.122 - 123.《译文集》,第 253 页。

⑧ Kharoṣṭhī documents, pp.143 - 144.《译文集》,第 265 页。《沙海古卷》,第 147 页。

⑨ (汉)班固:《汉书》卷九九,《王莽传》。

"车船长千丈""铜器千均"等并列。在汉代居延汉简中,也有奴婢作为家资计算的明确记载。如《居延汉简甲乙编》三七·三五(乙叁贰版)所载:"候长鰊得广昌里公乘礼忠年卅,小奴二人,直三万。用马五匹,直二万。宅一区,万。大婢一人,二万。牛车二两,直四千。田五顷,五万。轺车两乘,直万。服牛二,六千。凡资直十五万。"①在这个财产登记簿里,"赀直"共十五万。其中即包括了三名奴婢作为财产的五万。显然,这里奴婢是被视作财产的。

汉晋以后,唐律对奴婢财产属性的规定更是丝毫不加掩饰:《唐律疏议》卷六《名例六》规定:"奴婢贱人,律比畜产。"《唐律疏议》卷四《名例四》规定:"其奴婢同于资财,不从缘坐免法。"《唐律疏议》卷一二《户婚》规定:"奴婢既同资财,即合由主处分。"《唐律疏议》卷一七《贼盗一》规定:"奴婢同资财,故不别言。"这些律文再也明白不过地说明了唐代奴婢在法律上的财产属性。

在罗马法中,奴隶亦是权利的客体,其财产属性更是明确的。查士丁尼罗马法规定:"奴隶是根据万民法的制度,一人违反自然权利沦为他人财产之一部。"②罗马法十分明确地规定了奴隶的财产属性与地位,将奴隶完全排除在正常的社会身份等级秩序以外。③

因此,与汉晋唐律及罗马法比较,鄯善王国中的确存在着奴隶或曰奴婢这样一个特定的社会阶层。国家法律维护奴隶主人拥有奴隶所有权的做法是完全相同的。

2. 奴隶可以像物品一样买卖、交换、赠送、赏赐

在佉卢文献中,奴隶买卖的现象比较普遍。④ 如《译文集》载209号文书:⑤

兹于伟大国王、天子夷都伽·伐色摩那陛下在位之3年1月12日,有名叫啰吉之男人,属ogu布没纳耶沙及阇耶沙之kilme,彼愿将名叫阿罗祇瑜多祇沙阿之妇女一名卖给阿钵多,得七岁之骆驼一峰,作为该妇女之售价。双方在此公平的条件上达成协议,并在证人面前作出决定。[违背协议,双方所受之]处罚相同。彼等断绳(为凭)。彼等给一峰 Kapala 骆驼之 o[du]vaga。关于此事,彼等答应一项同样之处罚。今后,无论何人想要更改此项协议,双方将受同样之处罚,(罚)vito马一匹,责打七十大板。证人为僧人钵利瑜沙,钵那伽罗及克昆那伽。彼等现写此协议书。

---

① 《居延汉简甲乙编》三七·三五(乙叁贰版)。

② [罗马]查士丁尼:《法学总论》第1卷,商务印书馆1989年版,第12页。

③ [罗马]查士丁尼:《法学总论》第1卷,第36页。

④ 关于鄯善王国的人口买卖和与之相关的问题,如契约非契约人口买卖的形式、用语等问题,张婧曾进行过专门探讨。见张婧:《新疆出土佉卢文人口买卖文书及相关问题研究》,陕西师范大学博士论文,2012年。

⑤ Kharosthi documents, p.39.《译文集》,第206页。

此文书是一份典型的人口买卖契约,反映有一名叫钵啰吉的男人,将名叫阿罗祇瑜多祇沙阿的妇女"卖给阿钵多,得七岁之骆驼一峰,作为该妇女之售价"。此契约有时间、交易人与被交易人姓名、证人、违约处罚办法等。

再如 591 号文书,反映莱比耶等购买名为钵楼色达耶的男子一名,售价为五岁骆驼一峰及五岁马一匹等。592 号文书反映,一男子钵啰难托将女孩莱迷索阿卖与罗没索蹉,得 30 穆立骆驼一峰。同一个罗没索蹉,在 589 号文书中曾购名为色迷蹉的妇女,在 590 号文书中,他曾购名为莱钵的妇女。

从 3 号、11 号、45 号、106 号、152 号、209 号、324 号、328 号、436 号、437 号、551 号、575 号、589 号、590 号、591 号、709 号和 564 号等文书来看,在鄯善,奴隶买卖并非只是私人的、个别的、未经政府允许的地下贸易行为,而是政府称认与允许的公开的合法行为。与汉唐时期中原及敦煌吐鲁番地区的人口买卖合同相比,基本原则上是相同的。

按唐代制度,奴婢买卖,必须订立书面契约,履行"过贱"手续,如吐鲁番出有一件题为《唐开元十九年二月西州兴胡米禄山买婢失满儿市券公验》的文书,[1]反映米禄山将失满儿卖与唐荣,"问口承贱不虚,又责得保人石曹主等五人,款保不是寒良诱诱等色者。勘责状同,依给买人市券"。此外,吐鲁番还出有《龙朔元年左憧憙买奴申得契》[2]《开元二十年准给薛十五娘买婢券》[3]等奴婢买卖契约,这些契卷中"请给买人市券""问口承贱不虚""依给买人市券""保人石曹主等五人""款保不是寒良玄诱"等语,清楚地反映了唐律所规定的关于奴婢买卖的手续,在实际生活中得到严格贯彻执行。唐代西州地近鄯善,虽然时代不同,但两地奴婢的买卖市券、契约,在官府出面、说明售价、交易物品种类及数量、需要多人担保方面是相似的。对于违约一方,契约也都做出了明确的处罚办法。

在鄯善,奴隶还被作为礼物相互赠送,如 380 号文书是一件"有关被作为礼物赠送之女孩索没阇色罗之文件"[4]。345 号文书是一件以奴隶作为被盗财物抵押品的文书。[5] 161 号文书反映了国王曾赏赐鸠基多男逃亡者一名。[6]

3. 奴隶所生子女身份仍为主人财产,未经主人同意,不得转让他人

《译文集》载 39 号文书:[7]

---

① 国家文物局古历史研究所等:《吐鲁番文书》第九册 73TAM509:8/12 - 12 - 1(a),8/12 - 12 - 1(a)。

② 国家文物局古历史研究所等:《吐鲁番文书》第六册 64TAM4:44。

③ 国家文物局古历史研究所等:《吐鲁番文书》第九册 73TAM509:8/4 - 3(a)。

④ Kharoṣṭhī documents, p.76.《译文集》,第 227 页。

⑤ Kharoṣṭhī documents, pp.65 - 66.《译文集》,第 221 页。

⑥ Kharoṣṭhī documents, pp.30 - 31.《译文集》,第 201 页。

⑦ Kharoṣṭhī documents, pp.8 - 9.《译文集》,第 190 页。

> 国王陛下等等……
>
> 项据莱比雅报告,彼等之奴隶支迷伽未经彼等之允许,即将其女儿给伽钵吉之奴隶作养女。该养女系由彼等抚养长大,奶费亦未付给。当,等等……汝务必调查彼等之奴隶是否确属未经彼等之许可即将养女给伽钵吉而未给奶费。(若确属如此),应由莱比雅向伽钵吉之奴隶取一匹 tirsa 牝马或一匹 tirsa 马,而养女将完全归彼等所有。若有任何争执,等等……

此案例令人寻味:某主人莱比雅的奴隶支迷伽未经主人允许,即将女儿送给另一奴隶主伽钵吉之奴隶作为养女。为此送女一方的奴隶主将对方告上法庭。

与此案相关的另一件文书是 45 号文书:[①]

> 国王陛下等等……
>
> 项据 vasu 莱比雅报告,彼之女奴支迷伽之女已由楼答喇耶认领为养女。此间皇廷已判给予 tirsa 马一匹作为奶费。关于此事,前曾给汝发出二、三次泥封楔形文书,惟迄今汝尚未作出决定。当汝接此泥封楔形文书,等等……务必按照皇廷前判予以解决。若有其他争执,应按法作出决定,等等……

从内容可以看出,该文书收养方是楼答喇耶,送养方是莱比雅之奴隶支迷伽。被收养人是支迷伽之女。很明显 45 号文书与 39 号文书所涉及的是同一件事情,而其中的收养方楼答喇耶的身份根据 39 号文书可以判断出是伽钵吉的奴隶。

莱比雅之奴隶支迷伽未经主人允许,即将其女儿给伽钵吉之奴隶作养女,从"该养女系由彼等抚养长大,奶费未付给"一句可以看出,奴隶的子女也是奴隶主人的私有财产,未经主人允许,奴隶是不能擅自将其子女送给别人的。此处所谓"养女",其实是买卖人口的代称,所谓"奶费",实即卖身费。45 号文书属于国王敕谕,反映出政府对于奴隶之类财产的非法转移,是要加以干预的。

在汉唐中原地区,奴婢之类身份也同样存在着继承性,奴婢子女在唐律中被明确规定为主人的私有财产。未经主人同意,奴隶夫妇亦无权处置或嫁娶子女。如《唐律疏议》卷一四《户婚》载:"奴婢即同资财,即合由主处分"。奴婢即是主人的财产,其所生子女同样归主人所有,其性质与主人的马生驹一样,没有什么不同。唐律明确规定,"生产蕃息者,谓婢产子,马生驹之类"[②]。奴婢无权利处置自己的子女。唐律还具体规定,奴婢"辄将其女私嫁与人,须计婢赃,准盗论罪"[③]。"私从奴婢买子孙及乞取者,准盗论。乞买者,与同罪(虽为良,亦同)",奴婢将自己女儿嫁人或送人,被视为盗窃主人财产。可见,奴婢包括其子女,完全是主人会说话的

---

① Kharoṣṭhī documents,pp.10-11。《译文集》,第 191 页。《沙海古卷》,第 54 页。
② (唐)长孙无忌等:《唐律疏议》卷四,《名例》。
③ (唐)长孙无忌等:《唐律疏议》卷四,《名例》。

牛马,没有任何财产权利。① 39 号、45 号文书说明,在鄯善王国,奴隶对其子女的处置,也是受制于其主人的,这一点显然也是与中原地区完全相同的。另据 49 号文书反映,奴隶主人耽没吉耶曾控告"彼之诸奴隶将某物给予 Cozbo 舍摩犀那",他因此提出"此系彼自己之财产"。② 在 33 号文书中,莱比雅则控告"苏祗耶在困难之时从彼(莱比雅)奴隶钵多耶处取走三 ambila 及一匹马",他因此上诉,国王下谕令,"务必调查苏祗耶已将它们取走是否属实。彼应归还该人之财物"③。这说明,在鄯善国奴隶其实是没有自己的财产权的。

4. 鄯善国奴隶的主要来源是破产贫户

在一般情况下,中国历史上奴隶或奴婢的来源主要是战争俘虏、犯罪籍没、官府赏赐、农民破产、家产继承等。从鄯善王国的情况来看,奴隶的主要来源多是贫困农户的破产等。

如《译文集》载 589 号文书:④

此一有关女孩色迷蹉之字据,由司书罗没索蹉妥为保存。

兹于伟大国王、上天之子阿没笈伐迦陛下在位之 11 年 2 月 12 日,有一妇人,名莱毕没蹉及其子名钵祗多。彼等于饥荒之时愿将名色迷蹉之女孩一名卖给司书罗没索蹉。给价为价值 40 穆立之一岁骆驼一峰。莱毕没蹉及钵祗多现已收到该骆驼。另又给绵羊四只,作为头(?)价。故现罗没索蹉对该女孩色迷蹉有权为所欲为。双方在诸执政官毕特耶及迦罗没蹉之面前达成协议。证人为(十证人姓名略)此字据系由余,司书耽摩色钵之子、司书莫伽多奉诸执政官之命所写。其权限如生命一样,长达一百年。Tomgha 僧凯断绳。该女孩色迷蹉身长 4distis,莱毕没蹉得售价之一半,masina yatma 支祗托耶得一半。

此文书是一件因为饥荒出卖人口为奴隶的典型契约。文书反映出人口买卖在鄯善地区是合法的行为,买卖双方在执政官面前达成协议,而且有官员为证;新主人对所买人口的权力很大,可以对所买人口"为所欲为",另外,买卖字据亦有专人书写,可见在当时,人口买卖有一定的法律程序,协议一旦达成,权限则如生命般长达一百年。所谓"长达一百年",即可看作被卖人一经卖出,则永远属于其新主人。文书有专人断绳,不能再反悔。另如 128 号文书中也反映,一名为瑜伽犀那的人,由于

---

① 关于这一问题,参见李天石:《从判文看唐代的良贱身份制度》一文,载《中国史研究》1999 年第 3 期。

② 《译文集》,第 191 页。

③ 《译文集》,第 190 页。

④ Kharosthī documents, pp.126.《译文集》,第 254 页。

"原来之欠债","成为柯莱沙之财产"。①

伕卢文书反映鄯善地区与汉唐中原灾荒时大量出现奴婢的情况大致相同,农民出卖子女的原因多是"无人救济供给衣食""债负深广""为缘家中贫乏"等。在文书格式上也有相似之处。至于"在此干旱和饥馑之时"②,农民被迫出售土地、果园、财产的情况,在伕卢文书中更是普遍。

至于以战俘作奴隶,文书未见直接的证据。唐代前期,对外战争所获战俘一般要没为奴婢,但这始终不是唐代奴婢的主要来源。在罗马,奴隶制则主要是依靠对外战争获得奴隶来支撑的,鄯善地区的情况显然与之不同。③

二、关于对奴隶的处罚权、杀奴权问题

奴隶主对奴隶能否拥有生杀大权,成为人们判定奴隶性质的重要依据之一。从现有文献来看,鄯善国奴隶主人对于奴隶拥有任意处罚甚至生杀大权。奴隶地位极其低下。

首先看看鄯善王国的情况。

《译文集》载590号文书:④

此一有关妇人莱钵之字据,由司书罗没索蹉妥为保存。

兹于伟大国王、上天之子夷都伽·阿没笈伐迦陛下在位之17年4月28日,有一男人,名僧凯,彼愿将名莱钵之妇人一名卖给罗没索蹉。僧凯已收到罗没索蹉所出之该妇人莱钵之卖价。彼收到价值40穆立之viyala骆驼一峰,价值30穆立之amkla(tsa)骆驼一峰,12手长之地毯1条及11手长之地毯1条。另得8sutra muli。卖价共计为98穆立。双方在此公平之条件上达成协议。自今以后,司书罗没索蹉对该妇人有所有权,可以打她、弄瞎她之眼睛、出卖、作为礼物赠送他人,交换、抵押,为所欲为。此事之证人为(证人略)。今后,无论何人对此事进行告发或有异议,彼之反案在皇廷皆属无效。此字据系由余,司书耽摩色钵之子、司书莫伽多奉诸执政官之命所写。其权限如生命一样,长达一百年。此字据系根据僧凯之请求所写。Yatma凯托断绳。

此文书是一份买卖妇女的契约,时间明确。卖主名僧凯,男性,被卖者莱钵则是一名女性,两人关系未能说明,有可能是他自己的奴隶,也可能是其亲属,如女儿或妻子。从此件契约及其他的类似契约可以看出,买主对所购奴隶不仅有所有权,而且

① 《译文集》,第198页。
② 《译文集》,第251页。
③ 参见李天石:《中国中古良贱制度研究》,南京师范大学出版社2004年版,第279—280页。
④ Kharosthī documents, pp.125-126.《译文集》,第254页。

对所买人口拥有"打她,弄瞎她之眼睛、出卖、作为礼物赠送他人,交换、抵押,为所欲为"之权力。在该件文书中,证人多达 11 人,而且注明是"奉诸执政官之命所写。其权限如生命一样,长达一百年"。可见,奴隶主人对奴隶所拥有的这些处置权,是得到官府认可的,是永远有效的。

再如《译文集》载 591 号文书:①

> 此一有关男人钵楼色达耶之文件,由莱比耶妥为保存。此系 kala 卢基齐之印。兹于伟大国王、上天之子杰都伽(Jetugha)摩夷利陛下在位之 15 年 1 月 11 日,莱比耶及菩娑娑(Bosarsa)向 kala 卢基齐购买名为钵楼色达耶之男人一名,kala 卢基齐得五岁之骆驼一峰,五岁之马一匹及 atga 25。双方在此公平之条件上达成协议。自今以后,莱比耶对该人有所有权,可以出卖、抵押、交换、作为礼物赠送人、为所欲为。今后,无论何人若对此事进行告发或有异议,彼之反案在皇廷皆属无效。(下略)

此件文书与前引 589 号文书一样,规定主人对所买奴隶"有所有权,可以出卖、抵押、交换、作为礼物赠送人、为所欲为"。这一权利得到官府认可。类似表达语言在鄯善国所有的奴隶买卖合同契约中基本都是一样的,反映了鄯善国奴隶地位的普遍低下。

据现有的一些佉卢文献反映,鄯善王国的奴隶,即使被人杀害,杀人者往往也是不受处罚的。如果杀害的是他人奴隶,也仅是作为损失他人财产来处理,并不按杀人罪处罚,杀人者只要赔偿对方主人即可了事。如《译文集》载 144 号文书是一件国王敕谕:②

> 国王陛下等等……

> 顷据莱比耶向余等报告,彼有奴隶一名,名迦凯那者,被舍伽那殴打,致于第八日死亡。前曾有口谕饬汝索没阇迦,需命证人发誓,若迦凯那因舍伽那殴打致死,必须偿还一人。汝对此事竟如此玩忽,时至今日,尚未作出任何决定,当汝接此泥封楔形文书,应立即命证人发誓,若迦凯那被殴打后未做任何工作[……]即行死亡,必须偿还一人。若汝不明实情[……]写于信内。

文书反映了这样一个案件:莱比耶的奴隶迦凯那被舍伽那殴打,八日后死亡。文书中提到"若迦凯那被殴打后未做任何工作……即行死亡,必须偿还一人"。即如果迦凯那确实是被舍伽那殴打致死,舍伽那必须偿还莱比耶一人,而被用于还债的人无疑是其主人的私有财产。

从文书可以清楚地看出,国王敕谕的重点不是追究打死人者舍伽那的刑事责

---

① Kharosthī documents, p.126.《译文集》,第 255 页。
② Kharosthī documents, p.26.《译文集》,第 199 页;《沙海古卷》,第 67 页。

任,惩处凶手,而是强调赔偿一人了事。这里,死者仅是作为一个具有劳动力的财产而对待的,而只要凶手赔偿了同样一个具有劳动能力的人即财产,此案即算了结,凶手亦即没有任何责任了。敕谕中之所以需要索没阇迦说明迦凯那被殴打后未做任何工作即行死亡,只是为了证明此人不是因为做了其他工作而死亡,而是被殴后因伤重死亡,责任完全在于舍伽那。

国王一再责备索没阇迦"对此事竟如此玩忽",并不是因为人命关天,打死了人,而是因为没有及时赔偿奴隶主人莱比耶的财产损失。

再如《译文集》载 324 号文书:[1]

> 兹于伟大国王、上天之子迈利陛下在位之 4 年 3 月 13 日,鲜卑人到达且末,劫掠王国,抢走居民。鲜卑人曾抢走 vasu 瑜纽之名为僧罗必那之男奴一名,并将彼作为礼物送给支那色伽尸。支那色伽尸由此处(给予)金币二枚和德拉克马(drachmas,古希腊银币单位,中译注)二枚,作为对该人之答谢。(所以)该人便已成为色伽尸之合法财产(?)。彼自己之主人 vasu 瑜纽不希望杀害该人,允许色伽尸将彼卖给他人。因此,支那色伽尸将该人卖给迦多吉。该人之卖价〔……〕及弓一张甚为公平。支那色伽尸及迦多吉卖买双方皆很满意。自今以后……

该文书反映鲜卑人(此词翻译有误)入侵时劫掠了男奴僧罗必那,他先是被作为礼物送给支那色伽尸,答谢为金币二枚和德拉克马二枚,原主人 vasu 瑜纽希望新主人不要杀害该奴隶。此后,支那色伽尸又将男奴僧罗必那卖给迦多吉,卖价是一张弓和其他一些东西。

从这件文书可以看出,奴隶不但可以自由买卖,而且一旦获得奴隶的所有权,新主人即有权任意处置奴隶,直至处死。此文书"彼自己之主人 vasu 瑜纽不希望杀害该人",也仅是"希望"而已,并不能从法律上限制新主人对奴隶的处置甚至处死权。文书说明,在鄯善国,奴隶主一旦获得奴隶所有权,几乎是有杀奴隶权力的。在 57 号、63 号文书中,主人阿钵吉耶将其所有的一名女奴杀死,事后国王因此下谕给阿钵吉耶,强调"该已死妇女应作价偿还给莱比耶",却并不关心杀死此妇女有何责任。[2]

由以上文书不难看出,在鄯善王国,即使是在掌握法律的最高统治者那里,奴隶的生命也是没有保障的,结合大量文书中公开宣称奴隶主人对奴隶可以"为所欲为","有所有权,可以出卖、抵押、交换、作为礼物赠送他人","可以打她,弄瞎她之眼睛、出卖、作为礼物赠送他人,交换、抵押,为所欲为"等,要断言在鄯善国这里已

---

① Kharoṣṭhī documents, pp.60 – 61.《译文集》,第 218 页。
② Kharoṣṭhī documents, pp.13 – 14.《译文集》,第 192—193 页。

不能任意杀死奴隶,"看不到一件关于记载对奴隶的大肆屠杀或者主人任意处死奴隶的资料",恐怕是不妥当的。

其实,在古罗马,奴隶也不是随便就可以杀害的。我们可以比较一下罗马法的有关规定。在罗马早期的《十二铜表法》中,并无奴隶主可以处死奴隶的规定。在奴隶制仍处鼎盛时期的帝政初期,即公元二世纪的罗马法中,虽明文规定:"奴隶处于主人的支配权下。这种支配权来自于万民法。实际上在所有的民族那里我们都可以发现:主人对奴隶拥有生杀权;而且所有通过奴隶取得的东西,均由主人取得。"但在此律文后,罗马法明确规定:"但是在今天,任何罗马市民和其他一切受罗马国家权力管辖的人均不得过分地和无故地虐待自己的奴隶。实际上,根据安东尼皇帝(138—161 年在位)的一项谕令,无故杀死自己奴隶的人所承担的责任不亚于杀死他人奴隶的人所承担的责任"。

罗马法是罗马奴隶制仍处鼎盛时期的规定,可见任意杀害奴隶、过分虐待奴隶即使在罗马奴隶制繁荣期已为法律所禁止。相隔数百年后,在罗马奴隶制开始衰落的东罗马查士丁尼时期的《法学总论》中,对任意杀害奴隶、过分虐待奴隶更是明文禁止,这些规定源于帝政初期的罗马法。

那么人们通常所讲的罗马可以随意杀害奴隶的情况是在何时、在何种情况下发生的呢? 马克尧先生在《罗马和汉代奴隶制比较研究》一文中曾分析道:"早先罗马奴隶主对奴隶的杀害权力,可能与其家父权有关,古罗马在社会发展中形成父家长制家庭,这个大家庭中既包括有姻亲关系的家人也包括奴隶。所以 family 这个字既可指家人,又可指奴隶。这种大家庭有一个家长——家父,其妻、子女以及奴隶在他的权力之下。根据罗马法,家父权力很大,对家子也有出卖、处死的权力。家子没有权利能力,没有财产权,他的财产也是家父暂时让他保管经营的,和奴隶的财产一样被称为特有产。所以,家子的地位和奴隶的地位是一致的。而奴隶当然更可被家长出售、处置其或杀害。"[1]

将杀害奴隶权与罗马较早的父家长制联系起来,这一见解是十分深刻的。相比较而言,在鄯善国,奴婢可以被主人任意处置,甚至于杀死一个奴隶也受不到任何惩罚,只是经济赔偿即可了事,这种情况与鄯善国奴隶制可能也是处于父家长制下的特点是不是有一定关系呢? 值得研究。

从法律上看,在唐代,奴婢主人也有变相处死奴婢的权利。唐律虽规定:"奴婢贱隶,虽各有主,至于杀戮,宜有禀承。"但实际上法律又规定:"诸主毁部曲致死者,徒一年,故杀者,加一等,其有愆犯决罚致死,及过失杀者,各勿论。"[2]此律文虽是

---

[1] 马克尧:《罗马和汉代奴隶制比较研究》,载《历史研究》1981 年第 3 期。

[2] (唐)长孙无忌等:《唐律疏议》卷二二,《斗讼》。

针对部曲的规定,但决罚部曲致死尚且无罪,决罚身份更低一级的奴婢致死,更不会有什么罪过。在另一处,唐律则明规定:"其有过失杀缌麻以上部曲、奴婢者,各无罪。"①实际上主人决罚打死奴婢在多数情况下都是不难找到奴婢"愆犯"的。另外,在唐代,故杀奴婢所受处罚也极轻,其处罚尚不如盗杀马牛者。在唐代,奴婢也没有诉讼权,无论受何虐待,除非主人谋反,不许告发主人。

相比较而言,在鄯善国,主人杀害奴隶的权利较之罗马、唐代法律规定的权利还要更大一些,鄯善国的奴隶较之唐代奴婢与罗马奴隶的法律地位更为低下,由此断定此类人的身份为奴隶,应是没有多少疑问的。

三、关于鄯善国奴隶劳动的性质及其在社会中的地位问题

基于对奴隶阶层身份性质认识的不同,学界对三至五世纪鄯善国社会的性质,在认识上有较大的差异。吴平凡认为鄯善国时期,"尽管西域诸国具体情况千差万别各具特点,与希腊、罗马各城邦更难尽同,但在社会经济结构、阶级关系、政治制度等许多根本问题却属同一类型",即奴隶制城邦。②赵俪生认为魏晋时期的鄯善国"虽已显然进入封建社会,但买卖奴隶、买良为奴的事,在简文中还有不少反映。这大体上也和中原的晋、魏情况相同"③。钱伯泉也认为鄯善国是封建制国家,但奴隶制残余仍然浓重。④

综合上述研究,笔者认为必须分清几个问题:一是鄯善王国的这一社会身份阶层,是否属于奴隶性质。经过前文分析,我认为这应是没有疑问的。二是此类人员的劳动,在鄯善王国中占有多大比重,是主要从事生产呢,还是仅仅用于家内劳动,因为我们知道,只有占主导地位的社会劳动,才能决定一个社会的性质。二是其奴隶制的特点,与中原或罗马奴隶制相比,更多受到哪个方面的影响。

印度学者阿格华尔认为鄯善王国的奴隶"在主人的家里有仆人的职责,还要在主人的农田里耕作"⑤。从佉卢文献可以看出,在鄯善王国,农业比较发达,农业是主要生产领域,奴隶被广泛使用于农牧业生产与家内劳动中。如佉卢文书中曾多次出现一个名叫罗没索蹉的贵族官员,通过购买强取等方式,兼并了大量土地与葡萄园,他也经常购买奴隶,这些奴隶应是在其农田、葡萄园上从事农业劳动的。有

---

① (唐)长孙无忌等:《唐律疏议》卷二二,《斗讼》。
② 吴平凡:《上古西域诸国也是奴隶制城邦》,《新疆大学学报》1984 年第 3 期。
③ 赵俪生:《新疆出土佉卢文简书内容的考释和分析》,《兰州大学学报》1979 年第 1 期。
④ 钱伯泉:《魏晋时期鄯善国的土地制度和阶级关系》,载《中国社会经济史研究》,1988 年第 2 期。
⑤ [印]阿格华尔:《新疆出土佉卢文文书所见奴隶和农奴的处境》,见杨富学、徐烨译文,载《甘肃民族研究》2013 年第 1 期。

的文书反映奴隶在果园劳动,有的文书反映奴隶代主人处理土地买卖事宜等。据714号等文书反映,尼雅当地征收的税种有粮食、绵羊、地毯、毛毡、酥油等,故奴隶的劳动种类应是不少的。①

虽然奴隶劳动在鄯善整个社会劳动中占有较大比重,但较之自耕农、佃农,仍处于次要地位。笔者曾对佉卢文书加以统计,除去一些无法显示具体生产内容或身份的文书外,可以看出占比重最大的几类文书,一是关于小块土地、少量牲畜、粮食、生产资料等的买卖、交易、租佃、债务、案件等方面的文书,占了很大比重,这类文书所涉及的人员,身份大多应是小自耕农或小租佃农,涉及的土地、牲畜、粮食、生产资料等数量一般都非常少,例如土地多在一至二米里马籽种规模以下,牲畜多是一头以下。《沙海古卷》载有182件籍账,部分内容记载了许多农户拥有各类财产的情况,如117号文书,记载了一部分农户拥有耕牛的情况,多是一头牛。② 686号文书,是一个各家各户牛跑散各处的记录,基本都是一头牛。③ 再如685号文书,记录了各家各户羊跑散各处的情况。④ 鄯善是个绿洲地区,水利看来是统一管理的,72号文书反映了各家小农户农业灌溉的次数,⑤78号文书说明了各户牲畜受伤的情况,⑥说明了当时当地居民以小自耕农户居多。二是涉及国王、贵族、官府的土地占有、税收、利息、庄园经营、物品征发、赏赐、案件处理等方面的文书,涉及的土地、粮食、牲畜、税收数量一般都比较大,反映了国王、贵族地位的优崇,经济实力的雄厚;三是关于国王、贵族、官府对奴隶的占有、役使、买卖、交换、人口的收养等方面的文书,有相当数量;四是涉及寺院与僧人的关于土地、牲畜、粮食、生产资料、人口买卖等方面的文书,从此类文书涉及的数量来看,寺院、僧人的经济实力并不平衡,例如有的寺院与僧人的土地交易额,多达五至十米里马籽种规模,有的则只有一至三米里马籽种规模,说明了僧人势力的分化。

现已发现的各类文书的比重,虽带有偶然性,却是考察社会各类劳动者多少的参考,大体可以反映出,在鄯善国,社会上的主要劳动阶层应是小自耕农、小佃农。而国王、贵族的政治、经济实力则最为强大,佉卢文书中关于国王与贵族的土地有专门的称谓 rajade 和 kilmechi。(如第374号文书,)奴隶阶层主要是在国家或达官贵人的庄园里劳作。所以在鄯善国,占有奴隶劳动的也主要是这些人。文书也反映,寺院地主、僧人势力在社会中占有一定地位。由此我们可以说,鄯善国是一

① Kharosthī documents, p.143.《译文集》,第264页。
② 林梅村:《沙海古卷》,第180页。
③ 林梅村:《沙海古卷》,第251页。
④ Kharosthī documents, pp.139-140.《沙海古卷》,第250—251页。
⑤ 林梅村:《沙海古卷》,第160页。
⑥ 林梅村:《沙海古卷》,第164页。

个以自耕农、小佃农为主体、国家及贵族庄园制占主导地位、奴隶劳动占有相当比重、寺院僧人经济势力有相当发展的社会。

从鄯善国奴隶阶层的特点来看，与中古时期中原奴婢制度相比，其奴隶的财产属性、卑贱的社会地位、在社会劳动中占有相当比重，是基本相同的，但其奴隶制度的残酷性，如公开宣称可以对奴隶"弄瞎她之眼睛"，可以"为所欲为"，则是为中原儒家礼治社会公开的法律所不允许的。而鄯善国奴隶制度许多情况下是以"养子"的形式出现，卖身钱多以抚养"奶费"的形式出现，这也是一个不同于中原奴婢制的特点。①

另外，从鄯善国奴隶制度的系统性与法规的完备性上来看，也远远不能与中原中古时期特别是唐律关于奴婢的相关规定相比，这说明了中原王朝国家制度的成熟与完备。与罗马奴隶制相比，鄯善国奴隶制与罗马法都十分明确地规定了奴隶的财产属性与卑贱地位，将奴隶完全排除在正常的社会身份等级秩序以外，这一点两者是基本相同的。而鄯善国主人在一定程度上拥有处死奴隶的权利与罗马法早期的情况相似，而较之成熟时期的罗马法及唐律的规定，鄯善国主人对奴隶处置残害的权利似乎还要更大一些，在这个意义上可以说鄯善国的奴隶较之唐代奴婢与罗马奴隶的法律地位更为低下。从奴隶来源上来看，鄯善国奴隶大多来自破产农户，类似于汉唐，而不像罗马，奴隶主要来自战俘。从总体上来看，三至五世纪的鄯善王国尼雅地区，其奴隶制度的特点与中原奴婢制及罗马奴隶制相比较，既有同亦有异。而其与中原奴婢制度的相似之处，是大于其与罗马奴隶制的相同之处的。

（原刊《山西大学学报》哲学社会科学版 2014 年第 2 期）

---

① 中古时期中原的养子制多是同宗之内的过继制，如《唐令》规定，"无子者，听养同宗于昭穆相当者"。《唐律》卷一二《户婚》规定："即养异姓男者，徒一年"，《疏议》曰："异姓之男，本非族类，违法收养，故徒一年。违法与者，得笞五十。"

试论曹魏士家制度对中古
贱民身份制的影响

曹魏屯田制、士家制与中古时期良贱身份等级制度有没有关系及有什么样的关系？这是治中古史学者们未能给予充分重视的一个问题。本文就此谈一点看法，以求教于方家学者。

一

曹魏屯田分军屯、民屯两种。从民屯上的屯田民带有强制性、身份不自由、有些系从奴隶身份转变而来及其所受剥削的程度来看，屯田客实际是由国家所掌握的依附性极强的农奴，这点学者们论述甚详。但与后来唐律所规定的部曲身份相比，曹魏屯田客的身份地位还是略高一些的。如屯田客身份尚无世袭的规定，婚嫁不必像后来部曲那样只能同类相婚，屯田客与普通民户亦无明确身份差等。复杂一点的是军屯上士家的身份问题。

关于"士"或"田兵""士家"的身份，学术界有不同看法。一种观点认为士家身份高于奴婢而低于编户齐民，类同于部曲农奴。近年来，也有人认为士家身份不低于民的地位，不能与农奴相等。笔者认为，士家制既是曹魏为适应战争需要，依据世族控制私人家兵奴仆方式，通过政权强力建立起来的一种控制军队的制度，但同时也是一种通过国家法律确定下来的特殊的身份制度。曹魏士家制的实行，对中古良贱身份等级制度起了重要的影响作用。中古良贱制度的许多特征，在曹魏士家制度中都已清楚地显示出来。这里，我们结合有关史料，对士家的来源、构成、性质及其与良贱制的关系试作辨析。

据史料反映，曹魏士家制度的来源是质任制度。汉魏之际，战争频繁，为防止士兵逃亡，各割据势力往往以羁留士兵家属作质任的方法，加强对士兵的控制。如曹魏时"兵家拥众，作为寇害，更相扇动，往往棋跱"。而梁习出任并州刺史，到官后

"稍移其家,前后送邺,凡数万口"①。李典为释曹操疑心,"徙部曲宗族万三千余口居邺"②。另外田畴、臧霸等人也都将其家属、宗族迁邺居住。曹操普遍实行质任制是在建安二年,该年张绣降而复叛,曹操对诸将曰:"吾降张绣等,失不便取其质,以至于此。吾知所以败,诸卿观之,自今以后不复败矣。"③从此,曹操诸将士都必须纳质任,集中居住,在此基础上形成了士家制度。此后,出征士众若在前方逃亡,即以其家属问罪,没为官奴婢。不仅曹魏有质任,刘备同样实行质任制。如他进攻成都刘璋时,便"质诸将并士卒妻子"④。既然是人质,行动自由必然受到限制,如曹操时诸将质任多在邺城。后曹操迁洛后,质任又大多随去洛阳。⑤

不仅质任制的渊源影响到士家及其亲属的地位,士家兵员的来源也与其身份地位的低贱有关。从曹魏屯田士兵的组成情况看,其主要来源,一为降户,如青州黄巾军余众;二为俘虏;三为流民;四为罪犯、免奴;五为豪强私家部曲佃客等。⑥ 俘虏、罪犯,按当时制度,一般应没官府奴婢。这些人成为士兵,说明其身份类同或接近奴婢,地位比较低下。而私家部曲佃客,东汉末年以来,身份已在下降。至于免奴之类,成为田士后,身份虽有改变,但不会有太大提高。

这里必须分析一下身份颇为特殊的"青州兵"问题。按秦汉以来制度,降户虽不必完全像战俘一样变成奴婢,但其身份一般比较低下是没有问题的。但曹魏由黄巾起义军收编而成的"青州兵",身份似乎并不低下。关于青州兵的来源,据《三国志·魏志》卷一《武帝纪》记载:"(初平四年夏四月)青州黄巾众百万入兖州……(太祖)追黄巾至济北。乞降。冬,受降卒三十余万,男女百余万口,收其精锐者,号为青州兵。"从这段史料可见,当初由于受到粮食补给等条件的限制,经曹操简选组成的"青州兵"人数是有限的,其余百万黄巾降口当由曹操随宜安置,安置地点当然在曹操控制下的兖州。仔细分析《武帝纪》及裴注引《魏书》关于这次战役的记述,可以看出曹操在与青州黄巾较量的过程中,似未取得决定性的军事胜利,而青州黄巾乞降,很可能是曹操与青州黄巾之间达成了某种妥协。这一点,在同书《于禁传》中也有所反映:"[于禁]未至太祖所,道见十余人被创裸走,禁问其故,曰:'为青州兵所劫。'初,黄巾降,号青州兵,太祖宽之,故敢因缘为略。禁怒……乃讨之,数之以罪。青州兵遽走诣太祖自述……或谓禁:'青州兵已诉君矣,宜促诣公辨之。'"

---

① （晋）陈寿:《三国志·魏志》卷一五,《梁习传》。
② （晋）陈寿:《三国志·魏志》卷一八,《李典传》。
③ （晋）陈寿:《三国志·魏志》卷一,《武帝纪》。
④ （晋）陈寿:《三国志·蜀志》卷三二,《先主传》。
⑤ 质任实际是周秦时期的人质制度的发展。《墨子·杂守》曰:"城守司马以上,父母昆弟妻子有质在主所,乃可以坚守。"《墨子·备水》曰:"先养材士,为异舍,食其父母妻子以为质。"在睡虎地秦简中亦有葆子即人质的记载。既为人质,自由就必然受到限制。这必然影响到人质的地位。
⑥ 何兹全:《魏晋南朝的兵制》,载《读史集》,上海人民出版社1963年版,第275页。

此史料中的青州兵敢随意劫殴其他兵士,受曹操心腹大将惩治后竟又敢直接奏告曹操,可见他们的地位并不同于其他士兵。建安二十五年曹操病逝,"青州兵擅击鼓相引去"。

对于这种在关键时刻严重违反军纪的行为,曹丕政权不仅没有严加惩处,反而"乃为作长檄,告所在给其廪食"。对青州兵的优容,已超出正常情况,其原因除上述曹操与他们可能当初有约外,也可能与青州兵投降曹操后在历次战争中所发挥的作用有关。还有一种可能,即曹操一直将收降的青州兵视为自己的嫡出,故他们地位在其他诸将所带来的诸部曲兵士之上。

另据史料反映,最初作为质任的士家,如梁习送往邺的数万口士家,也是"部曲服事供职,同于编户"①,身份基本与民相等。因此,曹操于建安七年正月下令:"举义兵已来,将士绝无后者,求其亲戚以后之,授土田,官给耕牛,置学师以教之。"②曹操授予死于战事士家的亲戚土地、耕牛,并设师教习,可见这些士家待遇不低。建安十四年三月曹操又下令:"吏士死亡不归,家室怨旷……其令死者家无基业不能自存者,县官勿绝廪,长吏存恤抚循,以称吾意。"③这都说明,此时士家身份并不比民户低,而且当时有些士家还可以担任官吏,如杨俊,"以人伦自任。同郡审固,陈留卫恂本皆出自兵伍,俊资拔奖致,咸作佳士。后固历位郡守,恂御史、县令"④。又如黄朗,"父为本县卒",朗却以学业后仕至二千石高官。⑤

据青州兵及以上史料,一些学者认为士家身份不低于民户。对此,高敏、刘汉东先生认为,这种情况仅是士家制最初实行时的情况,⑥而到了建安十六年,曹操平息因关中诸将部曲拒绝调防激起的兵变后,"乃复胁喻,并徙千人,令相及共东,凡所全致二万余口",士家身份开始逐渐下降。显然,区分士家制在不同阶段的不同情况是较切合史实的。

自建安十六年以后,从一般士家的情况来看,他们的身份地位是不断下降的。这集中地反映在以下几个方面:士家只能实行内婚制;身份须世代相袭;在某些情况下,士女类同生口,可以奴婢赎代。《三国志·魏志》卷三《明帝纪》注引《魏略》载:"太子舍人张茂以吴、蜀数动,诸将出征,而帝盛兴宫室,留意于玩饰,赐与无度,帑藏空竭;又录夺士女前已嫁为吏民妻者,还以配士,既听以生口自赎,又简选其有姿色者内之掖庭,乃上书谏曰:'臣伏见诏书,诸士女嫁非士者,一切录夺,以配战

① (晋)陈寿:《三国志·魏志》卷一五,《梁习传》。
② (晋)陈寿:《三国志·魏志》卷一,《武帝纪》。
③ (晋)陈寿:《三国志·魏志》卷一,《武帝纪》。
④ (晋)陈寿:《三国志·魏志》卷二三,《杨俊传》。
⑤ (晋)陈寿:《三国志·魏志》卷二三,《裴潜传》。
⑥ 高敏等:《魏晋南北朝经济史》(下),上海人民出版社1996年版。复收入《中国经济通史·魏晋南北朝卷》,经济日报出版社2007年1月版,第608页。

士,斯诚权时之宜,然非大化之善者也。臣请论之。陛下,天之子也,百姓吏民,亦陛下之子也。礼,赐君子小人不同日,所以殊贵贱也。吏属君子,士为小人,今夺彼以与此,亦无以异于夺兄之妻,妻弟也,于父母之恩偏矣。又诏书听得以生口年纪、颜色与妻相当者自代。故富者则倾家尽产,贫者举假贷赁,贵买生口以赎其妻;县官以配士为名,而实内之掖庭,其丑恶者乃出与士。得妇者未必欢心,而失妻者必有忧色……'"这段史料反映,士家女只能配嫁与士兵,即实行内婚制,不允许随意嫁与吏民。另一方面,又反映出此时政府所力图维护的士女内婚制,似是刚刚建立起来,尚未能很好贯彻执行。从"吏属君子,士为小人"来看,士家身份是低于吏民的。

这说明若吏民成为士家,则身份即是降等。又从士女已嫁吏民者允许以生口即奴婢赎换来看,士女身份更接近生口。而"吏"此时与"民"身份相同,故而"吏民"连称。魏晋之后,吏的身份才大幅度下降。另据史书反映,士死以后,其妻则由政府强行配嫁给其他士兵,只有"士为侯,其妻不复配嫁"①。士要封侯,谈何容易,即使有士封侯者,也只能是极少数。而大多数战士,身死之后,其妻由官府改配其他兵士。因此,就这种同类婚配制度的性质来看,实与官奴婢的婚配没有什么不同。

二

在士家制度中,士有区别于平民的"士籍",如嘉平六年,镇东将军毌丘俭为临难死节的合肥新城守士刘整、郑像上言,请求嘉勉。为此朝廷发诏:"今追赐整、像关中侯,各除士名,使子袭爵,如部曲将死事科。"②刘整、郑像是士家,故有"士名",说明政府必有专门登记士家的士籍。"除士名"即除士籍。再如魏司空卢毓之女得顽症,"有南征厩骑,当充甲卒,来诣卢公,占能治女郎……寻有效,即奏除骑名,以补太医"③。所谓"骑名"亦即"士籍"。这说明士家已是一种有别于平民的特殊社会身份。

士家既有"士籍",非经特许,不能脱籍,因此,士家身份必须世代相袭,其子弟称为"士息"。唐长孺先生曾以《晋书·赵至传》为例,撰文分析曹魏士家制度。赵至为脱离士籍,先是佯狂炙身,后又两次改易姓名、隐瞒籍贯。"种种奇特行为,一言以蔽之,就由于他出身于士家,他是个'士息'(士之子)。"④由于赵至设法脱离了士籍,在他乡取得了出仕资格,被举为郡计吏。此后,他虽距家密迩,却不敢归乡探

---

① (晋)陈寿:《三国志·魏志》卷一三,《钟繇传》附《钟毓传》。
② (晋)陈寿:《三国志·魏志》卷四,《齐王芳纪》。
③ (晋)陈寿:《三国志·魏志》卷二九,《管辂传》裴松之注引管辂轶事。
④ 唐长孺:《魏晋南北朝史论丛》,三联书店1978年版,第34页。

亲,甚至老母病死,父亲亦不让他还乡,原因就在于害怕暴露其原来士籍身份。这说明士家是一个"低贱的特殊阶级",唐先生这一分析是深刻的。①

曹魏士家制度中还实行严格的"士亡法"。据《三国志》卷二二《卢毓传》载:"卢毓字子家,涿郡涿人也。父植,有名于世……崔琰举为冀州主簿。时天下草创,多逋逃,故重士亡法,罪及妻子。亡士妻白等,始适夫家数日,未与夫相见,大理奏弃市。毓驳之曰:'夫女子之情,以接见而恩生,成妇而义重。……今白等生有未见之悲,死有非妇之痛,而吏议欲肆之大辟,则若同牢合卺之后,罪何所加?且《记》曰:"附从轻",言附人之罪,以轻者为比也。又《书》云:"与其杀不辜,宁失不经"。恐过重也。苟以白等皆受礼聘,已入门庭,刑之为可,杀之为重。'太祖曰:'毓执之是也。又引经典有意,使孤叹息。'"

该史料反映曹操因士多逋逃,而"重士亡法",虽过门尚未见夫的亡士妻如白氏亦要处死刑,经卢毓进言,方免白氏一死。曹操《步战令》规定:"卒逃归,斩之。一曰家人弗捕执,及不言于吏,尽与同罪。"②又据《三国志》卷二四《高柔传》载:"鼓吹宋金等在合肥亡逃。旧法,军征士亡,考竟其妻子。太祖患犹不息,更重其刑。金有母、妻及二弟皆给官,主者奏尽杀之。(高)柔启曰:'士卒亡军,诚在可疾,然窃闻其中时有悔者。愚谓乃宜贷其妻子,一可使贼中不信,二可使诱其还心。正如前科,固已绝其意望,而猥复重之,柔恐自今在军之士,见一人亡逃,诛将及己,亦且相随而走,不可复得杀也。此重刑非所以止亡,乃所以益走耳。'太祖曰:'善'。即止不杀金母、弟,蒙活者甚众。"

以上史料说明曹魏执行士亡法十分严厉。亡士妻白氏只因过门尚未见夫,方为卢毓所救,若此女"已入门庭",士亡而处其妻子死,则是必然。《高柔传》则反映,曹魏士亡法经高柔进言后,有所减轻,但亦可看出,曹操并未根本改变士亡法。这从魏明帝时窦礼案件可以看出。据《高柔传》载,明帝时:"护军营士窦礼近出不还。营以为亡,表言逐捕,没其妻盈及男女为官奴婢。盈连至州府,称冤自讼,莫有省者。乃辞诣廷尉。柔问曰:'汝何以知夫不亡?'盈垂泣对曰:'夫少单特,养一老姁为母,事甚恭谨,又哀儿女,抚视不离,非是轻狡不顾室家者也。'柔重问曰:'汝夫不

---

① 有学者对唐长孺先生的观点提出质疑。认为当初赵母之所以见到繁氏县令的排场产生望子出仕的念头,是因为士伍子弟仍可能仕进;又认为赵至后来能诣师受业、结识名流且雄有大志,必以一定的文化程度及经济实力为基础。因此赵至传的史料不仅不说明士家地位低下,反而证明士家有一定经济实力和地位(见马植杰:《三国史》,人民出版社1997年第2版)。这种看法,并未能说明赵至为何要佯狂炙身、为何变易姓名、为何不敢归乡亲亲的原因。若士家与齐民身份相等,赵至为何自残自搔如此。这些若不能否认,则士家身份低贱亦是不可否认的。此外,分析士家身份地位,应结合其他士家制的史料全面分析,若仅从赵至产生仕进念头、有雄心大志、具备经济实力来否定士家地位低贱,似嫌证据不足。

② (唐)杜佑:《通典》卷一四九,《兵典二》引《步战令》。

与人有怨仇乎？'对曰：'夫良善，与人无仇。'又曰：'汝夫不与人交钱财乎？'对曰：'尝出钱与同营士焦子文，求不得。'时子文适坐小事系狱，柔乃见子文，问所坐。言次，曰：'汝颇曾举人钱不？'子文曰：'自以单贫，初不敢举人钱物也。'柔察子文色动，遂曰：'汝昔举窦礼钱，何言不邪？'子文怪知事露，应对不次。柔曰：'汝已杀礼，便宜早服。'子文于是叩头，具首杀礼本末，埋藏处所。柔便遣吏卒，承子文辞往掘礼，即得其尸。诏书复盈母子为平民。班下天下，以礼为戒。"

以上窦礼案件说明，士家逃亡，妻子、母亲等亲属虽未处死刑，却被没为官奴婢。这反映士亡法经高柔提出建议后，有所减轻。魏刑律中有"罪人妻子没为官奴婢"的规定。可见士亡之妻仍被作为罪人妻处置。[①]

当然，需要强调说明的是，对于士家的身份和地位也不能一概而论。段灼曾给晋武帝上疏说："昔伐蜀，募取凉州兵马、羌胡健儿，许以重报，五千余人，随（邓）艾讨贼，功皆第一。而乙亥诏书，州郡将督，不与中外军同，虽在上功，无应封者。唯金城太守杨欣所领兵，以逼江由之势，得封者三十人。自金城以西，非在欣部，无一人封者。苟在中军之例，虽下功必侯；如在州郡，虽功高不封，非所谓近不重施，远不遗恩之谓也。"[②]由此可知，士的身份并不完全一致，而是有等级之分的，其中中军的待遇最为优厚，故多由曹氏亲兵担任，但这种待遇优厚的士家当是极少数。

以上分析可见，曹魏时期，士家已成为一个身份较为固定的特殊身份阶层。士家身份的特点，直接影响到中古贱民许多特征的形成。这集中反映在：第一，身份世袭制；第二，身份差等制；第三，同类相婚制；第四，身份放免制；第五，同罪异罚制。

三

曹魏士家制后来影响到东晋南朝的世兵制，到实行世兵制时，兵户的身份已基本与奴婢同类了。表面上看，士家制直接影响的是东晋南朝的世兵制。但实际上它对整个中古良贱身份制的形成都起着重要的促进作用。不少学者已指出：曹魏士家制度，实际是模仿东汉以来世族豪强控制私人部曲家兵的办法来实行的，"是大姓豪门家兵的模拟和扩大"[③]。同时，也应当看到，无论私人部曲家兵制怎样发

---

① 据《三国志·魏志》卷三《明帝纪》载，明帝太和二年（228年）十二月，诸葛亮包围陈仓，使人招降魏陈仓守将郝昭，郝昭答复曰："魏家科法，卿所练也；我之为人，卿所知也。我受国恩多而门户重，卿无可言者，但有必死耳。"郝昭拒降死战，一个重要原因即是魏法严酷。若将士亡叛，其家属必遭株连。

② （唐）房玄龄等：《晋书》卷四八，《段灼传》。

③ 唐长孺：《魏晋南北朝隋唐史三论》，武汉大学出版社1996年版，第59页。

展,若未能得到国家政权的确认和从立法上加以规定,那也是不会成为一种在全国范围内实行的系统的、全面的身份制度的。

不容否认,中古贱民身份制的一些特征,直接来自秦汉奴婢制度的影响。但是,两者之间亦有不同:第一,从秦汉官奴婢来看,虽然其与唐律中的官奴婢,在身份地位的规定上有许多相似之处,这可以视为中古奴婢身份规定的渊源之一,但是,官奴婢无论是在秦汉时期还是在中古时期,数量都是十分有限的,其有关制度难以全面影响到像中古时期那样范围广泛、数量众多的贱民阶层。第二,秦汉的官奴婢制度,在许多方面,如奴婢身份的可变异性、庶奴婚姻界限的不十分严格、身份规定的相对粗疏等,都与中古贱民制度有所不同。而在这些方面,士家制却与中古贱民制在诸多方面有着共同的特征。第三,从私奴婢情况来看,在现存秦汉传世文献及出土相关律文中,似乎还看不到像唐律中对私奴婢那样严密、繁复的规定。然而在曹魏士家制度中,却可以发现唐律贱民包括部曲、奴婢的一些主要特征。如身份世袭、同类相婚、身份差等、身份放免、同罪异罚、特别名籍等,在曹魏士家制中都已产生。第四,曹魏士家制度不是一个在狭小范围、短时间内实行的制度。而是在北方中国这样一个大的范围内,前后实行了七八十年并深刻影响到后来士兵身份的制度。因此,曹魏开始的屯田士家制度能够在长时间内,在广度及深度上全面影响到中古贱民制度的形成及法典化。正是从这一个意义上讲,曹魏士家制度实为中古贱民制的重要源头之一。

当然,上述曹魏士家制的一些特征,似乎尚未完全固定化,特别是在实行士家制的初期,有的制度尚处于变化之中。这一现象应以发展变化的眼光来看待。如果联系秦汉时期士兵地位一般并不低下、甚至相对较高的情况来看,[1]曹魏士家制下士兵地位的卑贱化、制度化则是十分清晰的。

在蜀汉与孙吴,也出现了类似曹魏士家制一样的兵制。在孙吴表现为世袭领兵制,在蜀汉表现为给兵制。如《三国志·吴志》卷五五《陈武传附子表传》载:"初,表所受赐复人得二百家,在会稽新安县。表简视其人,皆堪好兵,乃上疏陈让,乞以还官,充足精锐。诏曰:'先将军有功于国,国家以此报之,卿何得辞焉?'表乃称曰:'今除国贼,报父之仇,以人为本。空枉此劲锐以为僮仆,非表志也。'皆辄料取以充部伍。所在以闻,权甚嘉之,下郡县,料正户羸民以补其处。"

何兹全先生分析该段史料,指出孙吴士兵的身份,似较魏晋士兵的身份更低。"吴兵多山越人,系强制料取为兵。吴兵地位的低下,这或者是一个原因。"[2]何先生的分析是很有道理的。在中古时期,政府及豪强经常掠夺南方少数民族人口为

---

① 唐长孺:《魏晋南北朝隋唐史三论》,武汉大学出版社 1996 年版,第 53 页。
② 何兹全:《读史集》,上海人民出版社 1963 年版,第 292 页。

奴婢,孙吴料取的山越吴兵,比曹魏主要由汉人编户组成的士家地位略低,是十分自然的。不过,与士家制不同的是,由于孙吴、蜀汉实行将领私人直接世袭统兵的制度,国家很少直接干预私人世兵制,故史书中极少见到东吴、蜀汉政府对士兵的身份地位及管理制度等作出明确具体的规定。因而尽管孙吴、蜀汉世袭兵户地位十分低下,受严重剥削奴役,但从制度演化、法律渊源来看,其对中古贱民制度主要特征的形成,远不如曹魏士家制度的影响来得大。

曹魏屯田制度及士家制度确立之前,存在相当一部分将领的私家部曲家兵。这些私家部曲家兵后来在曹魏政权下,由于质任制的实行,名义上都属于国家控制,纳入了士家系统。但除了家属等作为质任以外,出征作战时,士兵基本上仍由其原主人统领。如许攸、公孙集、孟达的旧部曲等即是如此,献帝建安二十四年,"关中营帅许攸拥部曲不归附,而有慢言,操大怒,先欲伐之。(杜袭谏止,)……遂厚抚攸,攸即归服。"①曹丕时,"建义中郎将公孙集等,率将部曲,咸各归命,使还本郡。"②再如"(孟)达以延康元年率部曲四千余家归魏。文帝时初即王位……逆与达书曰:'……若卿欲来相见,且当先安部曲,有所保固,然后徐轻骑来东'。"③无论是许攸,还是公孙集、孟达,他们所领有的部曲显然仍是他们归附以前自己所拥有的部曲;像孟达的部曲七千余家,直到太和初年,因其主人孟达欲反,方被迁徙于幽州。可见,一般情况下,归附曹操的世族、豪强虽被施以质任、错役制,但他们原有的部曲即使已成为士家,也主要由他们自己统领,而家属等则作为质任。因而在曹魏士家制下,士兵一方面仍与旧主人有一定联系,另一方面更受到国家有关士家制度的制约。这一类士兵实际兼有国家军队与近于私人家兵的双重身份,这样长期沿袭的结果,必然使私家部曲佃客之类,也受到士家身份地位有关规定的影响,地位逐渐法典化。④

司马氏掌权以后,由于政权日益向儒家化方向发展,等级身份意识大为加强,士卒的卑贱化进一步制度化。泰始八年(272年)晋武帝《己巳诏书》:"诸士卒百工已上,所服乘皆不得违制。若一县一岁之中,有违犯者三家,洛阳县十家已上,官长免。"⑤魏晋时期百工基本是刑徒或官奴婢,士卒与百工同列,服乘已不能"违制",可见士卒服乘已有专制,说明其身份已固定化。《太平御览》记载了《晋令》关于士

---

① (宋)司马光:《资治通鉴》卷六八,献帝建安二十四年。

② (晋)陈寿:《三国志·魏志》卷二六,《牵招传》。

③ (晋)陈寿:《三国志·魏志》卷三,《明帝纪》注引《魏略》。

④ 裴松之曾解释说:"质任之兴,非仿近世,况三方鼎峙,辽东偏远,羁其亲属以防未然,不为非矣。"(《三国志·魏志》卷二四,《高柔传》)。这就是当时人称为所谓"错役"的制度。曹操"使人役居户,各在一方",即实行不让兵士在家属居住所在地服役的制度,此称"错役"。见《晋书》卷四六,《刘颂传》。

⑤ (唐)房玄龄等:《晋书》卷四六,《李重传》。

卒服制的部分内容,如《晋令》在"服制"的规定中把士卒百工同列为一个等级,反映出国家政权已经从法律角度对士家低于平民、类同奴仆的地位加以肯定。

以上分析说明,曹魏实行的屯田制、士家制,无论从社会现实、制度本身还是从法律规定上看,都与中古部曲、奴婢等贱民阶层的身份特征十分相近。曹魏民屯的屯田客实际上是模拟社会上普遍存在的部曲佃客制而建立起来的国家部曲佃客制度,而军屯上的士家,在许多情况下,身份地位比屯田客更低一等,与奴婢及后来的杂户之类相近。①

东汉以来,现实生活中已普遍存在着部曲佃客奴婢等不同的身份等级,然而,这种身份等级尚有待政府从制度上加以承认并且使之法典化。由于曹魏屯田制、士家制在北方中国大范围、长时间的实行,由于部分士家与私人部曲、家兵身份在一定程度上的重叠,曹魏政权士家制的某些制度和特征必然会对世族豪强地主的私人部曲奴婢的法律规定发生重要影响。这就为中古贱民身份的制度化、法典化创造了条件,开辟了道路。

(原刊《学海》2004 年第 6 期,合作者张文晶)

---

① 士家制下士家身份隶属关系的极度强化,显然是模拟了现实生活中的私兵及奴婢役使制度。如果说三国时期兵户的身份有时尚不是太稳定,或尚处于某种程度上的半良半贱身份之间,至东晋南朝时,兵户身份则已与奴婢相同了。正如何兹全先生所言:"两晋南朝的兵,是跟着曹魏的士家制度演变下来的","身份低下更为明显"(何兹全:《中国古代社会》,北京师范大学出版社 2001 年 8 月第 1 版,第 471 页)。

从出土文献看六朝时期
西北地方法的特点

六朝隋唐时期,在中国甘肃的河西走廊、新疆的天山南北麓及塔克拉玛干沙漠的南北缘一带,先后出现了一批或称臣于六朝隋唐政权,或依附于某游牧民族势力,或独立存在的地方政权。由于传世历史文献资料保留下来的较少,因而人们对这些政权实行了什么样的法律制度及其特点,了解甚少。然而自二十世纪初期以来,在中国西北地区,先后出土了大批相关的历史文献,其大宗除敦煌、吐鲁番汉文文书以外,还有佉卢文、回鹘文、吐蕃文等各类民族文献。这些文献既有地方特点又有民族特色。其涉及民族之多、涵盖内容之丰富、反映法律现象之齐备,可以说是历史上少有的。深入探讨这些法律文献的地域特点及其与中原王朝法律体系的关系,无疑具有重要的学术价值与现实意义。

本文拟在前贤研究的基础上,重点利用佉卢文书、吐鲁番文书,对六朝时期鄯善王国及河西走廊、吐鲁番地区高昌诸政权法律制度的几个重要方面,进行比较与研究。

一、出土文献所反映的西北诸政权法制特点

公元三至六世纪,是中国历史上的六朝时期。① 自汉代以来,在西域地区,即有所谓的"三十六国"。而河西走廊地区自汉武帝正式设立四郡以后,一直隶属于中原王朝。二世纪末,东汉政权瓦解以后,中原除西晋短期统一以外,大多数时间处于分裂状态。这一时期的西北地区,也出现了众多的地方政权,但与中原的联系,并未因此中断。三国时期,曹魏政权承袭汉朝在西域的统治,在海头(今楼兰遗址)设立西域长史。下设戊己校尉驻在高昌(今吐鲁番)。同时在行政方面采取了

① "六朝"的概念有广义狭义之分,本文所述"六朝",主要指广义的六朝,有时也特指狭义六朝。

两项重要措施:一是从雍州划分出凉州,将西域长史和戊己校尉隶属于凉州刺史统辖;二是在伊吾设县,隶属于凉州辖下的敦煌郡,进而加强了西域与内地的联系。① 此后西域及河西的众多政权,包括鄯善王国、高昌王国、河西的五凉诸政权,大都与六朝政权保持着密切的联系。

目前出土的属于六朝时期西北地区的法律文献,分布并不均衡,其中主要有二十世纪初由英国人斯坦因首先在我国新疆南部尼雅遗址发现的属于鄯善王国的三至五世纪的佉卢文书,②在二十世纪初至七十年代发现的属于四至七世纪涉及诸凉政权、高昌政权的吐鲁番文书。因此,我们的探讨,主要以鄯善王国与诸凉政权、高昌政权为重点。

鄯善王国位于塔克拉玛干沙漠东南部,在汉代称精绝国,《汉书·西域传》载:"精绝国,王治精绝城,去长安八千八百二十里,户四百八十,口三千三百六十,胜兵五百人,精绝都尉、左右将、译长各一人。北至都护治所二千七百二十三里,南至戎卢国四日行,地阨陕,西通扜弥四百六十里。"史料反映,东汉末年,鄯善人先后征服丝绸之路南道包括精绝在内的诸小国,建立起一个西至尼雅河、东至敦煌的鄯善王国。此后,精绝(凯度多)成为鄯善统治下的一个州,最后随鄯善国灭亡,于公元五世纪退出历史舞台。

古代鄯善国流行的佉卢文,是一种音节字母文字,公元三世纪中叶,大约在中亚贵霜王国渐趋瓦解消亡之际,出现于中国新疆地区。关于佉卢文字,在中国传世文献中的记载仅有只言片语。现经研究得知,这种文字曾流行于古代的鄯善、于阗和龟兹等新疆的一些地方。现在所见的佉卢文书,主要出自位于新疆塔克拉玛干沙漠南部腹地的尼雅遗址,文书记录的多是公元三世纪至五世纪鄯善王国的世事。内容包括鄯善国王的谕令、贵族和官吏的信件、各类契约和簿籍。③ 较之传世文献中关于鄯善王国的记载极少且极为简略的情况,佉卢文献为研究鄯善王国这一西域地方政权的历史包括法律制度,提供了最直接的资料。

中国传统法律的地域性,表现在立法的地方性差异,包括中央、地方行政设置的异同,各层次机构部门立法的差别,中央政府对特殊地区制订的特别法等。从尼

① (唐)李吉甫:《元和郡县志》卷四〇,中华书局1983年版,第1029页。
② 参见斯坦因《西域考古图记》《古代和田》等,广西师范大学出版社出版。目前国内学者主要依据的佉卢文献是英国学者贝罗的英译本 T.Burrow, *A translation of the Kharosthī documents from chinese turkestan* london 1940(以下简称 translation of the Kharosthī)及中国学者王广智以贝罗英文本转译的汉译本:《新疆出土佉卢文残卷译文集》;林梅村:《沙海古卷》译本,文物出版社1988年版。
③ 林梅村认为,东汉末年佉卢文传入塔里木盆地。至于佉卢文是如何传入塔里木盆地的,目前学术界尚无统一说法。"西方和印度学者认为,它是贵霜王朝统治塔里木盆地的结果;日本和我国一些学者指出,它是贵霜难民迁入塔里木盆地的产物。"参见林梅村:《佉卢文时代鄯善王朝的世系研究》,载《西域研究》1991年第1期。

雅遗址出土的一千多件佉卢文书可见,鄯善王国虽是西域的一个地方小政权,但其法律制度已比较健全完备,且有其地方的民族的特点。①

当时已有成熟的国家成文法。在各类文书中经常出现"根据国法"(31、33、219、223、408 号),"根据法律"(10、113、474、484、561 号)"依法作出判决"(1、3、7、9、13 号),"依据原有国法"(19、24、297、435、636 号),"根据相应之法律"(38 号),"国法无此规定"(403 号)"不得非法占有"(3 号),"本朝廷曾制定一条法令"(18 号)等说法。从佉卢文书中大量的案例及相关资料可以看出,鄯善王国法律制度大体有如下一些类别与特点:

第一类:行政法规。这包括中央与地方的行政法规。在中央行政体制方面,鄯善王国明显具有绿洲城邦政治体制的特点,其法律规定,鄯善国王拥有至高无上的权力。国王就财产、税收、土地、水利等众多问题经常向地方首脑发布谕令。其行政权力与司法权力基本是统一的,国王既是最高行政长官,也是最高司法裁判者。中央干涉的案件,大到人命案,如 58 号文书女子被杀案②、144 号文书殴人致死案③,小到一般民事纠纷。如 9 号文书,国王谕令州长处理乌波格耶申诉其妻被人殴打致使流产案④;11 号文书国王谕令州长处理莱比耶与尹吉耶关于养子争执案⑤。21 号文书关于一头骆驼所有权的争执案;124 号文书关于土地所有权的案件。⑥ 有时甚至具体到小牲畜归属权的纠纷,如 412 号文书涉的即是叶波怙与乌迦左关于一只绵羊的归属争执。⑦ 由此可见鄯善国王对于地方事务干预之广泛。这显然是西域绿洲政治体制的一个特点。

从经济法规的角度看,国王也拥有至高无上的权力。例如在关系国家命脉的税收方面,国家据"原有法律规定",已建立起一套系统的税收体制。税务官员有专职的,也有由地方官兼任的(86、520 号)。税种则有人头税、实物税、劳役税等多种。46 号文书规定,"百户中丁男拒不赋役",要给予惩处。"原有法律规定,丁男须赋百户之役,女子不赋领地之役。"⑧57 号文书称,"今年税收已预算出和往年一样","应将欠税和今年的税收一并交来,不得隐瞒",⑨70 号文书则是追欠交被侵吞

① 刘文锁曾对佉卢文法律文书的类别进行了初步划分。本文重新分类并重在分析各类法律的特点。见氏著《沙海古卷释稿》一书,中华书局,2007 年版。
② 林梅村:《沙海古卷》,文物出版社 1988 年版,第 60 页。
③ 王广智:《新疆出土佉卢文残卷译文集》,《尼雅考古资料》,新疆交化厅文物处 1988 年版,第 199 页。
④ 林梅村:《沙海古卷》,第 37 页。
⑤ 王广智:《新疆出土佉卢文残卷译文集》,第 186 页。
⑥ 王广智:《新疆出土佉卢文残卷译文集》,第 188 页。
⑦ T.Burrow, *A translation of the Kharoṣṭhī documents from chinese turkestan*, p.11.
⑧ T.Burrow, *A translation of the Kharoṣṭhī documents from chinese turkestan*, p.83.
⑨ T.Burrow, *A translation of the Kharoṣṭhī documents from chinese turkestan*, p.13.

四年的税收。①

根据法律,国王不仅掌握世俗行政权力,而且对于僧团及僧界事务,也拥有最高的控制权,鄯善国国王信奉佛教,僧界法规,或曰宗教行政法规,皆由国王统一制定。489 号文书载:

> 僧界之规章……应妥为保存。……兹于伟大国王、上天之子夷都伽·摩诃祇梨陛下在位之 10 年 12 月 10 日……都城之僧界制定凯度多僧界之规章。据闻沙弥对长老不殷勤,对老僧人不服从。关于此事,现由陛下当各级僧人之面规定这些规章。②

文后接着做出了一系列僧界必须遵守的法规。此文书反映,在鄯善国第四位国王摩诃祇梨在位的第十年 12 月 10 日,在中央政府所在地的都城凯度多(精绝),国王当着都城僧界众僧人之面,"制定僧界之规章",都城,也包括其他各州僧界,都必须遵守国王为僧界制定的法规,这说明,国王实际上是直接掌控着全国僧界与僧人的。这种制度与中原政权后来与宗教界的关系十分相似。

在地方政府的行政法规方面,从文书可见,王室主要通过设在各地的行政机构实现其统治。地方政府的官员,主要是由国王委派。他们名义上都向国王负责,但从一些文书也可以发现,国王有时为了一件事务不得不多次发布谕令,这表明,国王的权威也不是什么时候都是绝对奏效的。从文书可见,地方官的职责一般是人口登记、税赋征收、地方司法、守备国土、供给使节、传递信差等。729 号国王谕令中曾说:"任何人不得以非法手段办理国家事务。"③显然,在鄯善国家行政运作已是严格法制化了的。

第二类:刑法律令。这涉及抢掠、斗殴、伤害、盗窃、强奸、诈骗等刑事案件,此类文书有较大比重。如 1 号文书反映,黎贝耶的二头牛被莎阇的士卒抢走,其中一牛已送还,另一牛被宰杀,为此国王命令州长檀阇伽:"争讼务必由汝亲自详细审理,依法做出判决。"④9 号文书是乌波格耶向国王起诉其妻子遭受掳掠、殴打致使流产之事,国王下谕令处置。⑤ 187 号文书,系为财产分配家庭内殴斗造成伤害之事。兄因打伤其弟而被判严重处罚:除了"责打七十大板"外,附带赔偿奴隶一名。判决书还特别规定:"故从今起,其兄长殴打幼弟及父亲殴打其子者,由此案做一了结……此兄弟中无论何人伤害其他,均应制止。"这件文书涉及家庭内犯罪,由此引

---

① T.Burrow, *A translation of the Kharosthī documents from chinese turkestan*, p.15.
② 王广智:《新疆出土佉卢文残卷译文集》,第 237 页。
③ T.Burrow, *A translation of the Kharosthī documents from chinese turkestan*, p.145.
④ T.Burrow, *A translation of the Kharosthī documents from chinese turkestan*, p.1.
⑤ T.Burrow, *A translation of the Kharosthī documents from chinese turkestan*, p.2.

出朝廷通行的规定,性质正如刘文锁指出的,"带有判例法味道"①,对旧有的家庭法中那种偏袒年长者(兄长或父亲)一方的倾向进行了纠正。这与中原汉族长幼尊卑之秩序森严不可颠倒的法律规定形成对比。

339 号文书涉及败诉一方不但不履行判决,反而将原告的父亲"手脚捆住,进行殴打"。540 号据苏难多(Sunamta)报告,迦凯那(Kacana)无理将其殴打,他被抓住睾丸,剃光头发。② 719 号国王谕令涉及一起强奸案。"有一 vesi 女子,名曰詹檀若耶(Camtamnoae),被沙迦贝耶(Sagapeya)和伏伽(Pgo)从彼处无理拉走,并将其强奸。"女子主人黎弥那(Lyimimna)为此向国王控告。国王要求地方官:"当汝接到此楔形泥封木牍时,应即刻对此案详加审理。该女子詹檀若耶系私有之物,应交还黎弥那。彼欠沙迦贝耶和伏伽之物,亦应偿还。"③这显然是因为债务纠纷而引起的报复行为。

第三类:民法类文书。涉及各类民事纠纷,如财产权利、婚姻纠纷、人口领养、奴隶买卖、牲畜损害、埋藏物归属、继承、赔偿、债务、借贷、租赁、抵押、赠与、买卖、转让、交换、代理、合伙、赎买、役权等。此类文书亦占较大比重。值得注意的是,在鄯善王国,司法活动中涉及财产所有权的案例相对较多。在许多案件中,特别强调了"私有财产"的不可侵犯性。

第四类:诉讼法。从文书可以看出,鄯善民间的诉讼案,可以向地方官员提出,也可直接向国王提出。起诉形式可分为自诉、私诉、公诉等,自诉又分为行政诉讼、民事诉讼、刑事诉讼等。另外,关于上诉、裁决、举证、誓证、判决、法官、民事时效等方面,文书都有着丰富的内容,刘文锁对此曾作细致的分析。④ 我认为以之与同时代内地中原的相关法律文书相比,由于鄯善地区的私有制度比较发达,且似无中原民间提倡"息讼"的传统,因而相关的诉讼制度,内容涵盖面之广泛,涉及程度之复杂,为六朝时期所特有,中原似乎到了唐律形成之时,诉讼法之复杂与内容之丰富程度,方可与鄯善王国相比。

第五类:契约经济法。也是由于鄯善地区的私有制度比较发达,契约经济法的规定也相当成熟,关于这一点,将作专门分析。此外,鄯善王国有一种"韦伽领地法",即贵族的封邑制度,属贵族私有财产。这种领地在鄯善这个地方小国,似乎还比较普遍,其原因颇可研讨,或者是与鄯善人的来源或种族有关? 此外,在这种领地上的劳动者的身份也有必要深究。另外,从文书也可看出,鄯善王国亦有民间习惯法,或曰世俗法。这种"民有私法"的现象,在中原及西域各地都是普遍存在的。

---

① 刘文锁:《沙海古卷释稿》,第 179 页。

② T.Burrow, *A translation of the Kharosthī documents from chinese turkestan*, p.107.

③ T.Burrow, *A translation of the Kharosthī documents from chinese turkestan*, p.143.

④ 刘文锁:《沙海古卷释稿》,第 241 页。

以上涉及六朝时期佉卢文的法律文献,清晰地反映了西域地方社会的法律文化与制度,既具有明显地方特色,也兼有西域地区绿洲社会政治体制的特征。

与鄯善王国相邻的吐鲁番及河西走廊地区,在六朝时期曾先后隶属于前凉、前秦、后凉、西凉、北凉等政权。这些政权如前凉、西凉,是汉人所建,前秦、后凉、北凉是少数民族政权。此后在吐鲁番地区,又出现了阚氏、张氏、马氏、麹氏高昌王国。结合出土文书可以看出,①这些政权在国家基本法制上的主要特点是:

第一,从政治隶属关系上来看,为了生存与争取正统地位,这些政权,多以六朝汉族政权为正朔所在,向不同的六朝政权称臣,接受六朝中央政府的册封。如前凉奉东晋为正朔,称臣于东晋,同时也接受前秦的册封;北凉接受东晋凉州刺史之职,同时又称臣于北魏;西凉称臣于东晋,"冀凭国威,统摄崐裔,辑宁殊方"②,但也朝贡于北魏。后凉也曾两次遣使朝贡北魏;麹氏高昌则先后臣属于北魏、隋唐、突厥等。这种政治隶属关系上的两属甚至多属,是西北地方政权当时在政治上的特点。

第二,在国家基本制度包括法律制度上,西北各政权主要是受中原汉文化的影响,以汉文化系统为主导,但也有变通。这表现在许多方面,例如,在行政建制上,基本与中原政权相同。在中央机构设置上,汉晋时期,中央最高行政机构长官尚书令之下,一般设曹,如西晋、北魏各有三十六曹,而在五至七世纪的高昌国,据陈仲安等研究,其中枢行政部门不称曹,而是在高昌令下称作部。高昌国的令尹一职,是高昌国各行政部门的最高首脑。从文书记载来看,高昌国没有设立尚书省,高昌令尹一职,即相当于中原尚书省的首脑尚书令。下有吏、库、祀、兵、民、仓、库等部。因为这是主管多种政令的部门,故在门下校郎签后,由高昌令尹所属各部会签。③ 这种制度,既继承了汉晋的遗制,又吸收了诸凉政权的法度。

再如在地方机构的设置上,据《晋书》载,河西诸政权在河西地区完全继承汉制,实行郡县制度,而且随着西迁人口的增多,增设了不少新的郡县。如张氏前凉,增设武兴郡、晋兴郡、广武郡、建康郡、祁连郡、湟河郡、临松郡等。此外,在势力所至的西域地区也开始推行郡县制度,据顾野王《舆地记》载,"晋咸和二年(327年),

---

① 二十世纪发现的诸凉政权与高昌政权的吐鲁番文书,主要收录在《吐鲁番文书》第一至四册中。

② (唐)房玄龄等:《晋书》卷八七,《凉武昭王列传》。

③ 陈仲安:《麹氏高昌时期门下诸部考源》,载《敦煌吐鲁番文书初探》,武汉大学出版社1983年10月版;齐陈骏:《敦煌、吐鲁番文书中有关法律文化资料简介》,载《敦煌学辑刊》1993年第1期。高昌只有屯田、都官和主客三个部门未以"部"为名,参见孟宪实、宣红:《试论麹氏高昌中央诸曹职掌》,《西域研究》1995年第2期。

置高昌郡",下设高昌、田地二县。① 从此揭开了汉人政权在西域设立郡县的历史。其后,前秦、后凉、北凉、西凉承袭此制,皆在高昌等地设置郡县。著名的《李柏上张骏表稿》等出土文书,清楚地说明了前凉继魏晋政权在海头设立西域长史一职及其履行职责的史实。② 吐鲁番出土的《前秦建元二十年三月高昌郡高宁县都乡安邑里籍》说明前秦不仅建立了高昌郡,而且将郡下辖县扩展为三个,高昌、田地之外又增添了高宁县,县以下还设置了乡、里。据史料记载,在张骏统治时期,前凉的地域曾向西域一直拓展至今塔克拉玛干沙漠整个西南一带、葱岭以东,进一步扩大了汉文化的影响。③

关于西凉、北凉的出土文献较多。如《西凉建初四年秀才对等文》《西凉建初二年功曹书佐左谦奏为以散翟定口补西部平水事》《(北凉)功曹下田地县符为以孙孜补孝廉事》《(北凉)中部督邮残文书》《(北凉)请奉符敕尉推觅逋亡文书》《建□某年兵曹下高昌、横截、田地三县符为发骑守海事》等等。《建初十四年八月廿九日高昌郡高(昌)县都乡孝敬里民韩渠妻随葬衣物疏》,则反映了西凉等政权也在此地设立高昌郡县及其乡里制。④

第三,在文化上,中原士人的大量迁入及家学的兴盛,使河西地区成为仅次于江南的汉文化保留地之一。西晋末年,中原将乱,许多士人迁向江南或河西。正是在这样的背景下,张轨主动求任凉州刺史,建立了前凉政权。"永嘉之乱"时,中原血流成河,而凉州相对安定。所谓"秦川中,血没腕。惟有凉州倚柱观。"由于大量士人的西迁,遂使寄寓于家族的学术文化亦随之西迁。这些士家大族成为各个政权的依靠力量,使文教事业在河西大大昌盛起来。如张氏前凉政权时,"征九郡胄子五百人,立学校,始置崇文祭酒,位视别驾,春秋行乡射之礼。"⑤并向西晋中央推

---

① (唐)徐坚:《初学记》卷八,陇右道车师国田地县注引,中华书局1962年版,第181页。关于高昌设郡的时间,自古争论不已,经孟凡人、余太山、山口洋、王素等学者考证,现已取得较一致的结论。详见孟凡人:《楼兰新史》,光明日报出版社1990年版;余太山:《关于李柏文书》,《西域史研究》1995年第1期;[日]山口羊:《高昌郡设置年代小考》,《小田义久博士还历纪念东洋史集》,真阳社1995年版;王素:《高昌史稿统治篇》,文物出版社1998年版。

② 关于李柏文书,学界研究的成果不下数十种,如王国维:《罗布淖尔所出前凉西域长史李柏书稿跋》,载《观堂集林》卷一七,中华书局1984年重印本。余不一一列出。虽然在文书具体年代的断定上有分歧,但学者们对于此文书为前凉西域长史李柏的书信确信无疑。文书编号为日本龙谷大学图书馆编藏号538A、538B,图版见侯灿、杨代欣编著:《楼兰汉简纸文书集成》下册,天地出版社1999年版,第529—531页。

③ (唐)房玄龄等:《晋书》卷八六,《张轨传》载,张骏"又使其将杨宣率众越流沙,伐龟兹、鄯善,于是西域并降。鄯善王元孟献女,号曰美人,立宾遐观以处之。焉耆前部、于阗王并遣使贡方物。得玉玺于河,其文曰'执万国,建无极'"。

④ 载于《吐鲁番出土文书》第一册,文物出版社1981年版,分见第113、179、87、88、199、131、14页。

⑤ (唐)房玄龄等:《晋书》卷八六,《张轨列传》。

送"郡国秀孝贡计"。西凉时,大兴文教,在吐鲁番文书中有一件编号为75TKM91:
11的《西凉建初四年秀才对策文》,虽首尾残缺,但从仍存的77行文字可以看出,
第一道策文的主题是讲春秋战国之际,晋国智伯联合韩、魏之众攻打赵襄子的事。
此事最早出自《战国策》。第二道策文的主题出自《诗经·关雎》。因此无论从秀才
策试制度本身及策试内容来看,都与中原无异。① 高昌麹氏王国曾向北魏遣使奉
表,"自以边遐,不习典诰,求借五经、诸史,并请国子助教刘变以为博士"②。吐鲁
番出土了高昌时代诸多经史典籍写本《毛诗》《论语》《孝经》《孝经解》《汉书》《三国
志》《晋阳秋》《谥法》《急就章注》等,显示出汉文化在这儿的深远影响。

河西诸政权包括高昌崇尚文教的这些措施,对于保存中原文化作出了贡献,史
称:"永嘉之乱,中州之人避地河西,张氏礼而用之,子孙相承,故凉州号为多士。"③陈
寅恪在其名著《隋唐渊源制度略论稿》一书中论及隋唐制度的三个来源时说:

> 西晋永嘉之乱,中原魏晋以降之文化转移保存于凉州一隅,至北魏取凉
> 州,而河西文化遂输入于魏,其后北魏孝文、宣武两代所制定之典章制度遂深
> 受其影响……秦、凉诸州西北一隅之地,其文化上续汉、魏、西晋之学风,下开
> (北)魏、(北)齐、隋、唐之制度,承前启后,继绝扶衰,五百年间延绵一脉,然后
> 始知北朝文化系统之中,其由江左发展变迁输入者之外,尚别有汉、魏、西晋之
> 河西遗传。④

陈寅恪认为"河西因子","上续汉、魏、西晋之学风,下开魏、齐、隋、唐之制度"。
因而河西的文化典制,深深影响了后来北朝社会的变革与发展,成为隋唐制度的重
要来源。

当然,西域及诸凉、高昌政权的统治者并非都是明君,其中也有十分残暴的君
主,如前凉后期的张天锡,"荒于声色,不恤政事"。后凉的吕光"严刑重宪",但这毕
竟不能改变六朝时期西域及河西诸地方政权保存了汉文化并与中原王朝在基本制
度上趋于一致的潮流。

二、出土文献反映的西北诸政权户籍法

中国古代的户籍制,是国家通过各级权力机构对所辖范围内的户口按一定的
原则进行登记、立户、注册,并据以征调赋税、劳役和征集兵员以及区分人户职业和

---

① 关于此对策文的详细研究,参考陆庆夫:《吐鲁番出土西凉〈秀才对策文〉考略》,载《敦煌学
辑刊》1989年第1期。

② (北齐)魏收:《魏书》卷一〇一,《高昌传》。

③ (宋)司马光:《资治通鉴》卷一二三,《宋纪》五,文帝元嘉十六年。

④ 陈寅恪:《隋唐制度渊源略论稿》,中华书局1963年5月第1版,第2、41页。

等级的重要制度。户籍法则是政府对户籍制在法律上所作的基本规定。中国是世界上最早进行人口调查并制定和执行一套严密户籍管理制度的国家。历代政府高度重视户籍的管理,并以此为基础对国民进行有效的控制与统治。在二十世纪西北地区出土的法律文献中,涉及六朝时期西北诸政权户籍与身份法的文书相对较多,因而有必要专门研究。

关于鄯善王国户籍制度的具体内容,传世文献中没有明确反映。我们从《汉书·西域传》关于精绝一地有"户四百八十,口三千三百六十,胜兵五百人"及西域诸政权有关户口的统计数据推测,此地应当有与中原相类似的户籍登记制度或相关的规定。

在鄯善王国的佉卢文书中,有许多籍账类文书,但我们似乎还看不到明确为户籍的资料。稍稍相近的只有几件,例如 334 号文书:[①]

正面:1. 甘怙左之女　　　　名甘支格耶　寿勤之……

　　　2. 妇人年提耶之女　　名沙伽波伽　补嫁至皙蒂女神县

　　　3. 爱力铠之养女　　　……之妻

反面:1. 伽之母系皙蒂女神县人……名曰……系法业之妻

　　　2. ……甘之母,　嫁至……县,现居皙蒂女神县

　　　3. 一女子,名曰……嫁至皙蒂女神县,现系印吉之妻

　　　4. 甘怙左之女　,名曰安伽那……柯罗罗　左归……名曰……

反面第 4 行的"安伽那"应即正面第 1 行的"甘支格耶"之异译。

从这个名册登记的名字可见,其特点是人员皆为妇女,且所记主要是某人是某人之女,嫁往何方。在著名的《西魏大统十三年瓜州效谷郡计账》中,第 30 行也记有"息女女亲辛丑生年,两拾柒,中女,出嫁受(寿)昌县郡民泣陵申安",第 31 行记有"息女丑婢,丙辰生,年拾两,中女,出嫁效谷县斛斯己奴党王奴子"。[②] 可见,此类女子姓名、出嫁于何处,皆在相关籍账的统计范围内。因此,334 号这个名册的性质虽难以确定,但这个名册的制定,应是依据与户籍相应的资料来登录的。

另据张家山出土西汉《二年律令》之户律规定:[③]

民宅园户籍、年细籍、田比地籍、田命籍,谨副上县廷。皆以筐若匣匮盛,缄闭,以令若丞、官啬夫印封,独别为府,封府户;节(即)有当治为者,令史、吏主者完封奏令若丞印,啬夫发,即杂治为;藏口已,辄复缄闭封藏,不从律者罚金各四两。

① 林梅村:《沙海古卷》,第 212 页。

② 唐耕耦、陆宏基:《敦煌社会经济文献释录》第 1 辑,书目文献出版社 1986 年版,第 117 页。

③ 张家山二四七号汉墓竹简整理小组:《张家山汉墓竹简》(二四七),文物出版社 2001 年版,第 178 页。

从户律所列的民宅园户籍、年细籍、田比地籍、田命籍等与户籍相关的材料来看，汉代的户籍是分为多种专门的登记形式的。有的学者分析了走马楼吴简的户籍，也发现了户籍的多种形式。①

第一种为：

　　简10477　佃妻大女毕，年五十八，算一……凡口若干，算若干，事若干（中），訾若干。

这是吴简户籍册中最典型的户口籍形式；

第二种形式为：

　　简14　富贵里户人公乘胡宀年六十　踵两足，

　　简11　妻大女年思年四十三　礼子男要年。

　　简20　礼侄子男鲁年五岁　鲁兄勉年八岁　若　病　三人男，

　　简6　右礼家口食合四人，其一人女。

第三种形式为：

　　简7631　县吏唐达　年廿一

　　简7865　县吏毛章弟欣年十五　以嘉禾三年十二月十七日叛走。

最后的第三种户籍显然是为专人集中登记的一种特别形式，如在此两简中，登录人皆为"吏"。下简还记载了其中欣的下落。

相比之下，上引佉卢文书334号文书，则是专门记录妇女出嫁至外地的情况，与第三种吴简户籍有相似之处，很可能是一种户籍的材料。因为作为地方民户管理者，是完全有必要了解本地哪些人包括妇女离开本地，去向何方，以相应地订正户籍。张家山出土西汉《二年律令》户律规定："有移徙者，辄移户及年籍爵细徙所，并封。留弗移，移不并封，及实不徙数盈十日，皆罚金四两。……民宅园户籍、年细籍、田比地籍、田命籍，谨副上县廷。"

可见，对于"移徙"的人员，汉代以来就十分重视，规定了若不依实登录的惩罚办法。户律中规定的各类籍账，应是根据不同的需要而进行的统计，都可能属于户籍的系列。②

还可以佐证在鄯善可能存在户籍的是：在楼兰遗址中，与佉卢文书相同时代出土的汉文纸本户籍已经出现，如LM.1.i.108和022.马纸260　原书图版XIII：③

① 汪小烜：《走马楼吴简户籍初论》，载《吴简研究》第一辑，崇文书局2004年版。
② 如杨振红即认为，汉代户籍并非仅指一种簿籍，而可能是由民宅园户籍等"五个子簿籍构成"。参见氏著《龙岗秦简诸"田"、"租"简释义补正》，《简帛研究二〇〇四》。
③ 侯灿等：《楼兰汉文简纸文书集成》，图版见第556页，录文见557页。天地出版社1999年版。池田温与侯灿录文出入较大，此处仅据所见节录大意。图版亦见[日]池田温《中国古代籍账研究》第307页，孟凡人《楼兰鄯善简牍年代学研究》，第241—242页。登录也略有不同处，基本形式与内容则无异。

1. □□（后残）
2. 蒲豪　寃成　年卅　　　　妻　　嫣申金　年廿
3. 　　　　　　　　　　息男　蒲能　　　年六　物故
4. 蒲豪　隃林　年卅　　　　妻　　勾文　　年廿五
5. 　　　　　　　　　　息男　皇可罗　年五

原文共有 15 行，此处只列引 4 行以示其登录方式与内容，下十行形式、内容类似。

从行文内容已可以清楚地看出，此文书已带有户籍性质，日本学者池田温直接定名为《晋（四世纪?）楼兰户口簿稿》。此文书既然与佉卢文书同出自鄯善，那么大体上可以断定鄯善王国也应是有自己的户籍登录制度的。从佉卢文书可以看出，在鄯善王国的凯度多州，社会的基层组织为"十户""百户"，即十个民户组成一个"十户"，十个"十户"组成一个"百户"。尼雅遗址中涉及"百户"的佉卢文书多达 37 件。在"百户"以上，尚有行政组织"阿瓦那"（avana），有人称之为县，有人称为"区"或"城"，再上层则是州（raja 或 raya），在这样一个行政体系下，很难想象政府没有户籍制度而完全凭各级官员的记忆来进行人口管理。斯坦因在尼雅河下游曾发现晋初的汉文木简 N.xv.53 号，其中也有随行人员年龄、身高、肤色等类似户籍内容的记载：[①]

　　　　月支国胡支柱，年卅九，中人，黑色……

　　　　……丑，年十四，短小，同著布袴褶夹……

　　　　……卅，中人，黑色，大目，有髭须

　　　　……异，年五十六，一名奴，中人，髭须仓[苍]白色（后略）

王国维推断这些"恐系关吏所录的过所文簿"。而这些登录的内容，与中原通行的过所、户籍簿在形式上有相似之处。日本学者池田温认为有户口的性质。[②]

与鄯善王国相邻的诸凉及高昌政权，户籍资料相对来说要丰富得多。除了人们熟知的 S.113《西凉建初十二年正月敦煌郡敦煌县西宕乡高昌里籍》（以下简称《西凉建初籍》）、[③]《西魏大统十三年瓜州效谷郡计账》[④]（以下简称《西魏大统十

---

① Aurel STAN Ancint khotan. Oxford, 1907. vol Ⅰ, Appendix A, *Chinese Documents by Edouard Chavannes*, p.540. vol Ⅱ, plates, CXII - CXIV.在同一地址发现一批晋泰始五年（269 年）的木简，池田温认为与上简为同时代木简。[日]池田温：《中国古代籍账研究》，中华书局 2007 年 5 月版，第 43 页。

② 池田温认为："可以断定甚至西域的外族居住地，也曾实行由魏晋的驻屯机关同内地相通的文书行政，以之与同样在楼兰遗址发现的纸本户口名簿稿合并起来看，就会联想到当时户口登录制一直渗透到了西陲的情形。"但也有的学者并未认定此文献的户籍性质。见[日]池田温：《中国古代籍账研究》，中华书局 2007 年 5 月版，第 43 页。

③ 唐耕耦、陆宏基：《敦煌社会经济文献真迹释录》，第 1 辑，书目文献出版社 1990 年版，第 109—111 页。

④ 唐耕耦、陆宏基：《敦煌社会经济文献真迹释录》，第 1 辑，第 112—127 页。

三年账》》外,荣新江近年又最新公布了吐鲁番文书 2006TSYIM4:5(1-2)《前秦建元二十年三月高昌郡高宁县都乡安邑里籍》(以下简称《前秦建元籍》)。日本关尾史郎也比定出了两件高昌郡时代的户籍残片,一件是德藏吐鲁番文书 Ch 6001 残片背面的《北凉承阳二年十一月籍》,另一件是残存 1 行文字的俄藏 x08519 文书背面题为《高昌郡高昌县都乡某里户籍》的吐鲁番文书。[①] 学者们认为,《前秦建元二十年三月高昌郡高宁县都乡安邑里籍》是反映时代最早、内容最丰富、最具代表性的民籍。下面是荣新江等对此户籍的录文:[②]

(一)

[前缺]

1. 奴妻扈年廿五　　　　　小男一　　得孙奋坞下田二亩
2. 奴息男郁年八　　　　　凡口七　　虏奴益富年卅入李洪安
　　　　　　　　　　　　　　　　　　虏婢益心年廿入苏计
3. 郁女弟蒲年一新上　　　舍一区
4. 贺妻李年廿五[新上]
5. 高昌郡高宁县都乡安邑里民崔奋[年]
6. 弟平年[　　]　　　　　[　　]　　[　　　　　]
7. 奋妻□年[　]　　　　　[　　]　　[　　　　　]
8. 平妻郭年卅[　]　　　　[　　]　　□□□田□□亩
9. 奋息女颜年廿一从夫　　[　　]　　得阚高桑园四亩半
10. 颜男弟仕年十四　　　　　　　　　得江进卤田二亩以一亩为场地
11. 仕女弟训年十二　　　　　　　　　得李亏(?)田地桑三亩
12. 平息男生年三新上　　　　　　　　舍一区
13. 生男弟鞠(?)年一新上　　　　　　　　建[元廿年三月籍]

[后缺]

(二)

[前缺]

1. [　　]　[　　]　　　□□三　　坞坞下[　　　]
2. 女々弟素年九新上　　　凡口八　　得猛季常田四亩
3. 素女弟训年六新上　　　　　　　　西塞奴益富年廿入李雪
房婢巧成年廿新上

---

　　① 两件文书参见关尾史郎《从吐鲁番带出的"五胡"时期户籍残卷两件——柏林收藏的"Ch 6001v"与圣彼得堡收藏的"Дx08519v"》,新疆吐鲁番地区文物局编《吐鲁番学研究——第一届吐鲁番学国际学术研讨会论文集》,上海辞书出版社 2006 年版,第 180—190 页。
　　② 荣新江等:《新获吐鲁番出土文献》上册,图版与录文,第 176—180 页。

4.　　　勋男弟明年三新上　　　　　　　　舍一区

5.　　　明男弟平年一新上　　　　　　　　建元廿年三月藉(籍)

6. 高昌郡高宁县都乡安邑里民张晏年廿三

7.　　　叔聪年卅五物故　　　奴女弟想年九　　　桑三亩半

8.　　　母荆年五十三　　　　晏妻辛年廿新上　城南常田十一亩入李规

9.　　　叔妻刘年卅六　　　　丁男二　　　　　得张崇桑一亩

10.　　　晏女弟婢年廿物故　　丁女三　　　　　沙车城下道北田二亩

11.　　　婢男弟隆年十五　　[奴]丁男三　　　　率加田五亩

12.　　　隆男弟驹[　　　]　　[　　　]　　　　[　　区]

13.　　　驹女弟[　　　]　　　[　　　]

14.　　　聪息男[　　　]　　　凡口九

15. 高昌郡高宁县都乡安邑里民[　　　]

16.　　　妻朱年五十　　　　　丁男一　　　　　沙车城下田十亩入赵□

17.　　　息男隆　年卅三物故　丁女一　　　　　埔坞下桑二亩入杨抚

18.　　　隆妻张年廿八□□　　小女一　　　　　埔坞园二亩入□□

19.　　　隆息女颜年九　　　　小男一　　　　　舍一区

20.　　　颜[　　　]　　　　　[　　　]　　　[

　　　　[后缺]

张荣强依图版重新录入后,个别地方与此有出入。如第 11 行,"奴"字,录为"次"字。①

　　关于《前秦建元籍》的书写年代、地点、内容、格式、造籍日期、籍贯书式、文书类型等,荣新江、张荣强等作了很好的探析,解决了不少问题,②这里重点对土地、奴婢问题再作进一步讨论。

　　首先,根据户籍探讨一下高昌的土地制度问题。

　　前秦是氐族人建立的政权,351 年,苻健自称大秦天王、大单于。352 年,改称皇帝,国号秦,都长安,史称前秦。至苻坚在位时,崇尚儒学,奖励文教。国势大盛,史称"关陇清晏,百姓丰乐",遂有意一统天下。建元十二年(376 年),前秦攻灭前凉,此件文书年代为建元二十年(384 年),故此文书是在前秦占领前凉八年以后所书。高昌具体接受前秦统治的时间,据王素考证,不会晚于建元十三年。③

　　《前秦建元籍》中关于土地登录的信息与内容,颇具代表性。现摘录如下:

---

① 张荣强:《汉唐籍账制度研究》,商务印书馆 2010 年版,第 225 页。

② 荣新江:《吐鲁番新出土前秦建元二十年籍研究》,《中华文史论丛》2007 年第四辑。张荣强:《前秦建元籍与汉唐间籍账制度的变化》,《历史研究》2009 年第 3 期。

③ 王素:《高昌史稿统治篇》,文物出版社 1998 年版,第 136 页。

1. 乔息女颜	年廿一从夫	得孙乔坞下田二亩
9. 乔息女颜	年廿一从夫 〔 〕	得阚高桑园四亩半
10. 颜男弟仕	年十四	得江进卤田二亩以一亩为场地
11. 仕女弟训	年十二	得李亏(?)田地桑三亩
2. 女々弟素年九新上	凡口八	得猛季常田四亩
7. 叔聪年卅五物故	奴女弟想年九	桑三亩半
8. 母荆年五十三	晏妻辛年廿新上	城南常田十一亩入李规
9. 叔妻刘年卅六	丁男二	得张崇桑一亩
10. 晏女弟婢年廿物故	丁女三	沙车城下道北田二亩
11. 婢男弟隆年十五	〔奴〕丁男三	率加田五亩
16. 妻朱年五十	丁男一	沙车城下田十亩入赵□
17. 息男隆年卅三物故	丁女一	埵坞下桑二亩入杨抚
18. 隆妻张年廿八□□	小女一	埵坞园二亩入□□

户籍的第三栏,集中书写土地与奴婢的出入情况。与其他文书相比较,我们认为能够反映出高昌地区一些重要的历史现象。

综合来看,高昌地区,自前凉以来,历经前秦、后凉、西凉、北凉及阚氏、马氏、麹氏高昌王国,其土地私有制是比较发达的。在中原地区,自商鞅变法以来,开阡陌、废井田,土地私有制发展起来。但是自秦汉以来,中央政府仍会采取各种措施,加强对私有土地所有权的干预。总是要采取一些国家颁布的田制,将私有土地纳入国家的轨道。人们现在知道,汉代曾实行名田制度,而西晋占田,北魏、西魏、隋唐几百年的均田制,无不体现出国家对私有土地所有权的强力干预。

在《前秦建元籍》之前发现的《西凉建初籍》,作为吏兵籍,未有占有土地及四至的记载,而《西魏大统十三年籍账》已是在均田制背景下制定的籍账,清楚书写了均田制下每户土地的数量与四至。后来唐代的户籍与籍账,更是如此。

此次新发现的《前秦建元籍》,清楚地写明了每户占有土地的数量,买卖进出的情况,但并未有土地四至的记录。从各户占有土地数量有较大差别来看,其性质显然不是国家控制下的土地分配,而是私人所有的土地。之所以要登录在户籍上,是因为国家要据之征发赋税徭役。从现在发现的六朝时期高昌地区的有关文献来看,在高昌这个地区,数百年来,土地私有制与货币经济是相对比较发达的。与此相适应,从前凉到北凉、前秦、高昌王国,都在土地私有制的基础上,制定了相应的经济政策。[①]

---

① 关于高昌的土地制度,参见杨际平:《麹氏高昌土地制度试探》上下,《新疆社会科学》1987年第1、3期。

第一,北凉时期,曾实行赀簿征税制度。赀税以乡为单位,诸户分别登记田亩,以田亩高下及种植分别计赀征税。以下节引《北凉承平年间高昌郡高昌县赀簿》之一《预等户赀簿》[北(大)图(一)(a)]:

[二]

1. 冯照蒲陶二亩半桑二亩;

2. 常田十亩半;

3. 无他田十五亩;

4. 田地枯枣五亩破为石田亩二斛;

5. 兴蒲陶二亩半桑二亩;

6. 常田十八亩半无他田七亩;

7. 泮桑二亩半;

8. 得张阿典(兴)蒲陶二亩半;

9. 得阚衍常田七亩;

10. 得韩千哉田地沙车田五亩;

11. 得张绪无他田四亩半;(瓜)二亩半;

12. 赀合二百五十七斛;

13. 赀合二百六十三斛。

[三](前缺)

7. 阚衍桑四亩;

8. 常四十七亩七亩入冯泮;

9. 卤田十八亩半田地枣十三亩半三斛。

据朱雷先生研究,北凉时期,在高昌实行赀簿征税制。[①] 这种制度,田、园是计赀对象,为确保实行计赀制度的公平,关键是要牢固掌握各户田、园产权的转移动态。"当户内出卖了土地,要注明何色田、园若干亩入何人,而买进户内则必须注明得何人何色田、园若干。"上面节引赀簿中,阚衍户内记载常田"七亩入冯泮",则冯照户内记"得阚衍常田七亩"。此件土地产权转移的记录,表明了计赀制度的关键所在。"一户内所有土地的变化,该户'赀合'总额亦随之变化"。

由此赀簿征税制度可见,《前秦建元籍》中注明"得""入"的目的,同此赀簿一样,都是为了说明产权的转移。《前秦建元籍》是前秦建元二十年即公元 384 年的

---

① 关于赀簿制的研究,参见朱雷:《吐鲁番出土北凉赀簿考释》,《武汉大学学报》1980 年第 4 期,《敦煌吐鲁番文书论丛》,甘肃人民出版社 2000 年版。王素:《吐鲁番出土北凉赀簿补说》,《文物》1996 第 7 期。卢向前:《部田及其授受额之我见——唐代西州田制研究之四》,《敦煌吐鲁番研究》第 1 卷,北京大学出版社 1996 年版。裴成国:《吐鲁番新出北凉计赀计口出丝账研究》,《中华文史论丛》2007 年第 4 期。

文献,至北凉承平年间(443—460年),已相隔近六十年,然而,这样长的时间,虽然政权已屡有变动,不仅资产转移登录的原则没有改变,甚至连使用的词汇语言仍然相同。

第二,"计田输银钱"制。关于麴氏高昌时期的田租,在史书中有"计(田)输钱,无者输麻布"的记载。[①] 在吐鲁番文书中,学者们果然发现了依田地征银的证据。这里节引阿斯塔那78号墓所出《高昌将显守等田亩得银钱账》11至13行:[②]

　　11. 赵洛愿陆拾步,得银钱贰文,海惠师半亩叁拾步得银□□□究居

　　12. 陆拾步,得银钱壹文,索僧伯陆拾步,得银钱壹文,思　寺柒拾步,得

　　13. 银钱贰文,道恺师肆地拾步,得银钱□□□拾步,得银钱壹文。

很清楚,若要能够据土地征收银钱税,国家必须依靠对私有土地情况的了解为基础。[③]

第三,"计田承役"制。这是高昌徭役制的又一个很大特点,亦即民户根据占有田地的多少、好坏,承担不等的徭役。这一制度的前提之一,就是国家掌握民众私有土地占有的情况。下面是阿斯塔那99号墓所出68TAM99:6(a)《高昌侍郎焦朗等传尼显法等计田承役文书》:[④]

　　〔前缺〕田二亩半役,永为业。侍郎焦朗传张武儁寺主尼显法田地隩略渠桃一亩半役,听断除;次传张羊皮田地刘居渠断除桃一园,承一亩半六十步役,给与张武儁寺主显法永为业;次听阴崇子洿林小水渠薄田二亩,承厚田一亩役,给与父阴河集,永为业。通事张益传:索寺主德嵩师交何(河)王渠常田一亩半,次高渠薄田六亩半,承厚田二亩半,次小泽渠常田三亩半,合厚田七亩半役,听出俗役,入道役,永为业,次依卷(券)听张零子买张永守永安私图渠,常田一分承四亩役,次买东高渠桃一园承一亩半卅步役永为业。侍郎明犟传:氾寺主法兴左官渠俗役常田二亩,听入道役,永为业。通事张益传:高宁宋渠底参军文受田南胁空亭泽五亩,给与鞠僧伽用作常田,承五亩役,永为业,次依(券)听。〔后缺〕

此文书,据同墓文书年代判断,在延寿八年(631年)左右,从计田承役文书可见,一般居民占有的土地多在一二亩至六七亩之间。这多数人应是自耕小农。冻国栋先生曾撰文专门研究,[⑤]他认为,高昌役制远因汉晋,近同魏周。但由于它所处的特殊历

---

　　① (唐)令狐德棻:《周书》卷五〇,《高昌传》。
　　② 国家文物局古历史研究所等:《吐鲁番出土文书》第四册,第69页。
　　③ 卢开万:《试论麴氏高昌时期的赋役制度》,载《敦煌吐鲁番文书初探》,武汉大学出版社1983年版。
　　④ 国家文物局古历史研究所等:《吐鲁番出土文书》第四册《补遗》,文物出版社1983年版,第64—65页。
　　⑤ 冻国栋:《麴氏高昌役制研究》,《敦煌学辑刊》1990年第1期。

史条件,又呈现出鲜明的地区特点。高昌徭役的重要特点便是"计田承役",即根据占有田地多少相应地承担徭役,这是高昌普遍推行的制度。计田亩多少承担徭役,在高昌具有法律上的意义。不仅是一般的土地,而且果园也要根据面积的大小承担不等的徭役。据《高昌勘合高长史等葡萄园亩数账》等文书来看,高昌的居民占有的葡萄园多是从数十步至六七亩之间。之所以高昌能够实行这样的制度,一个前提是国家对私有土地情况的掌握。这是国家特别重视户籍中土地数据统计的原因。

以上种种证据说明,《前秦建元籍》注明土地田园包括奴婢的转移情况,目的是为了掌握民户私有资产变动的情况,以便有利于国家的管理与赋税的征收。

那么户籍中为什么除了转移与变动的财产进行登记,而没有变动的财产没有登记呢?[①] 我以为有两种可能。一是在进行这一工作时,上一次注册的户籍仍在配合使用,另一种可能就像前面对汉代户籍的分析一样,国家户籍的种类分为民宅园户籍、年细籍、田比地籍、田命籍等多种,尚有专门的籍账对没有变动的财产进行登记。

总之,六朝时期的西北诸政权,基于自己的历史条件,统治者制定了适应本国本地情况的一些政治经济政策,这在户籍的编制与登录的方式方法上,也清楚地反映出来。

三、出土文献反映的西北诸政权奴隶身份法

中国古代社会,是一个身份等级社会,人们在社会中的地位在法律上有明确的规定。从出土文献可见,在鄯善、河西、高昌诸政权中,普遍存在着贵贱身份等级制度,其中奴隶身份法,尤其值得探讨。下面将以佉卢文献为重点,结合吐鲁番文献,对西北地区的奴隶身份制度进行研究。

在鄯善社会中,地位最为低下的无疑是奴隶阶层,其身份地位从《沙海古卷》492 号文书可见:

致(诸州长帕特罗)耶和罗帕耶

威德宏大、伟大之国王陛下敕谕,致诸州长帕特罗耶和罗帕耶谕令如下:今有沙门修军上奏,沙门云集将属于左摩伐提和雍格所有的一名女人抵押给他人,现云集已死。彼等曾呈交一份报告。未经主人许可将主人私有之物出售,殊不合法。汝应对此案及誓约、证人一起依国法进行审理。汝若不能澄清此案,应起草一份报告,内具誓约、证人,交适当的人送来。(封牍背面)未经主

---

① 文书中第 7 行:"桑三亩半"与 8 行"城南常田十一亩入李规"二行,张荣强认为不应像荣新江理解的那样连读起来,他认为"桑三亩半"是"该户原在籍的赀产",与下行"入李规之田"是两回事。此可备为一说,但户籍中仅有寥寥在籍的财产,而大部分田产都在买、卖中,似于理不通。见氏著《汉唐籍账制度研究》,商务印书馆 2010 年版,第 235 页。

人同意立下的字据,殊不合法。(底牍背面)关于修军……①

此案涉及的是关于奴隶主人对奴隶的所有权问题,从文书中"未经主人许可将主人私有之物出售,殊不合法"一句可以看出,在鄯善国,奴隶是主人的私有财产。官府是竭力维护奴隶主的利益的。所谓"殊不合法"应是关于维护主人私有财产权包括拥有奴隶的合法性的法律。反映奴隶性质的文书还有不少,如《沙海古卷》491 号:

> 致州长索阇伽
>
> 威德宏大、伟大之国王陛下敕谕,致州长索阇伽谕令如下:今有众车向本廷起诉,彼有一奴仆,名觉吉,被苏毗人抢走。彼后又逃回。关于此人,众车(残)……其他人对该奴仆均无所有权,彼属众车所有。②

此文书说明,根据法律,被外人抢走而返回之奴隶,所有权仍属原主人,其他人不能侵夺。再如 709 号文书(王广智译文),反映的是某人导致他人奴隶逃失,而作为财产赔偿主人之事,这显然也是鄯善王国固有法律的规定。在北凉的高昌,也有官府悬赏追捕逃奴的规定,如 75TKM96:21《悬募追捕逃奴赏格班示》:

> 1. 还奴妇□隗参军□□□□
>
> 2. 浮游不出也,去九日□□□□
>
> 3. 得者募毯十张。得者将诣唐司马祠收检
>
> 4. 受募不负言誓也。③

这是北凉义和二年(432 年)的文书,时间年代大致与鄯善国相近,可证两地奴隶制度有相似之处。再如 719 号文书作为一篇诉讼仲裁文书,反映一名叫莱迷没那的人称诉,舍伽比耶及钵瞿"毫无正当理由"地将"作为彼之财产"的 vesi 妇女瞻檀诺阿从彼处拉走,请求官府处理,官府发给地方官的命令则称:"关于此事,此处业已发出泥封楔形文书二、三次。直至今日,汝尚未作出判决,此事殊属不对。当汝接此泥封楔形文书,该妇女瞻檀诺阿应交给莱迷没那"。至于"彼欠舍伽比耶及钵瞿之任何物品,皆应向彼索取"。文书说明,即使欠人物品,也不允许随意抢劫奴隶作为抵押。再看 39 号文书:

> 国王陛下等等……
>
> 顷据莱比雅报告,彼等之奴隶支迷伽未经彼等之允许,即将其女儿给伽钵吉之奴隶作养女。该养女系由彼等抚养长大。奶费亦未付给。当,等等……汝务必调查彼等之奴隶是否确属未经彼等之许可即将养女给伽钵吉而未给奶

① T. Burrow, *A translation of the Kharosthī documents from chinese turkestan*,p.14.中译本见林梅村:《沙海古卷》,文物出版社 1988 年 10 月版,第 124 页。

② T. Burrow, *A translation of the Kharosthī documents from chinese turkestan*,p.96.中译本见林梅村:《沙海古卷》,第 123 页。

③ 国家文物局古历史研究所等:《吐鲁番出土文书》第 1 册,第 76 页。

费。（若确属如此，）应由莱比雅向伽钵吉之奴隶取一匹 tirsa 牝马或一匹 tirsa
马，而养女将完全归彼等所有。若有任何争执……①

此案例颇耐人寻味：莱比雅的奴隶支迷伽未经主人允许，即将女儿送给另一奴隶主
伽钵吉之奴隶作为养女。为此送女一方的奴隶主人将对方主人告上法庭。这实际
是主人对奴隶的子女是否拥有财产权的问题。从案情内容来看，主人起诉的依据，
应是鄯善国关于奴隶子女仍然是主人财产的法律规定，最后官府的裁决是令接受
女子一方以牝马一匹抵押而结案。文书说明，在鄯善王国，对奴隶及其子女的身份
地位，国家有着系统、完整的法律规定。

从文书中可见，主人对自己的奴隶，权力极大。拥有"打她，弄瞎她之眼睛、出
卖、作为礼物赠送他人，交换、抵押，为所欲为"之一切权力。第 144 号文书是一件
国王敕谕：

国王陛下等等……

项据莱比耶向余等报告，彼有奴隶一名，名迦凯那者，被舍伽那殴打，致于
第八日死亡。前曾有口谕饬汝索没阇迦，需命证人发誓，若迦凯那确因舍伽那
殴打致死，必须偿还一人。汝对此事竟如此玩忽，时至今日，尚未作出任何决
定，当汝接此泥封楔形文书，应立即命证人发誓，若迦凯那被殴打后未做任何
工作[ ]即行死亡，必须偿还一人。若汝不明实情，[……]写于信内。②

文书说明，莱比耶的奴隶迦凯那被舍伽那殴打，八日后死亡。文书中提到"若迦凯
那被殴打后未做任何工作……即行死亡，必须偿还一人"。如果迦凯那确实是被舍
伽那殴打致死，舍伽那必须偿还莱比耶一人，而被用于还债的人无疑是其主人的私
有财产。从文书可以清楚地看出，国王敕谕的重点不是追究打死人者舍伽那的刑
事责任，惩处凶手，而是强调赔偿一人了事。这里，死者仅是作为一个具有劳动力
的财产而对待的，而只要凶手赔偿了同样一个具有劳动能力的人即财产，此案即算
了结，凶手亦即没有任何责任了。敕谕中之所以需要索没阇迦说明迦凯那被殴打
后未做任何工作即行死亡，只是为了证明此人被殴后是因伤重死亡，责任完全在于
舍伽那，而不是因为在莱比耶那儿做了其他工作而死亡。国王一再责备索没阇迦，
称其"对此事竟如此玩忽"，并不是因为人命关天，打死了人，而是因为没有及时赔
偿奴隶主人莱比耶的财产损失。

由此文书不难看出，在鄯善王国，即使是在掌握法律的最高统治者那里，奴隶
的生命也是没有保障的。据此推理并结合大量文书中公开宣称奴隶主人对奴隶可

---

① T.Burrow, *A translation of the Kharosthī documents from chinese turkestan*，p.9.中译本见
王广智：《新疆出土佉卢文残卷译文集》，第 190 页。

② T.Burrow, *A translation of the Kharosthī documents from chinese turkestan*，p.26.中译本
见王广智：《新疆出土佉卢文残卷译文集》，第 200 页。

以"为所欲为",奴隶的主人将自己的奴隶打杀,看来是没有多大罪过的。

对于奴隶的转让、买卖、奴隶的赎身事等等,佉卢文书反映鄯善王国也有明确的法律规定。总体来看,鄯善王国的奴隶阶层,在法律上地位极为低下,与中原的奴婢、罗马的奴隶性质相类似。在高昌等政权中,也同样存在着地位身份极为低下的奴隶阶层。吐鲁番出土文书中有许多奴隶名籍及涉及奴婢的案件,如《高昌某建等奴主名籍》《买奴残文书》《奴婢月廪麦账》《翟绍远买婢契》等,①限于篇幅,这里不展开讨论。

值得讨论的另外一个问题是,在西北地区存在的奴隶制中,奴隶是否有财产权?第24号文书反映的内容值得分析。

> 威德宏大、伟大之国王陛下敕谕,致州长檀阇阇伽谕令如下:
>
> 今有苏耆陀上奏本廷,现左勒正向彼之奴仆沙毗伽索要马债,彼等欲还此马而左勒无欲取之,天子陛下赐予苏耆陀之宅地系左勒意欲所在,当汝接到此楔形木牍时,务必……动用主人私有之物替奴婢抵债,殊不合法,汝务必根据原有国法做出判决……②

文书中左勒向苏耆陀奴隶索要马债,真实意图是想占有苏之宅地,而国王认为,左勒"动用主人私有之物替奴隶抵债,殊不合法",国王命令州长"务必根据原有国法做出判决"。显然,奴隶不能动用主人财产还债,是"原有国法",但此处同时也透露出一个信息,即奴隶也是可以负债的,如果这一点成立,也就是说明,奴隶在一定情况下,也是可以拥有财产的。与此相关,在39号文书中,一奴隶主人的婢女,未经主人同意,擅自将奴婢的女儿送与他人作养女,为此主人将接受此女的一方告上法庭。③有的文书还反映出在鄯善地区,奴隶与主人的关系有时是较为松散的,有的奴隶可以转雇在外长达十余年,这些现象值得探讨。④

前引新近发表的吐鲁番《前秦建元籍》文书,登录了不少主人拥有的奴婢,如[一]片3行:"虏奴益富年卅入李洪安"、"虏婢益心年廿入苏计"[二]片3行的"西塞奴益富年廿入李雪",4行的"虏婢巧成年廿新上",荣新江先生对这些奴隶的来源作了很好的分析。从这些买卖的奴婢登录入户籍来看,早在唐以前几百年的384年,即前秦建元二十年,民户中的奴婢及有关的转移、买卖等,已经需要登入户

---

① 分见国家文物局古历史研究所等:《吐鲁番出土文书》第四册,第11页;第一册,第75、158、187页。
② T.Burrow, *A translation of the Kharosthī documents from chinese turkestan*, p.6.
③ T.Burrow, *A translation of the Kharosthī documents from chinese turkestan*, p.9.
④ 550号国王敕谕文书反映一名为奥布吉的奴隶,远离主人芯摩犀那受雇于他人十年之久。364号文书反映凯色吉使用一名属于凯摩迎所有之奴隶已十二年。文书反映,如果奴隶不愿意回归原主人,奴隶原主人将诉诸法律,维护自己合法的权益。政府也会不遗余力地维护奴隶原主人的利益。

籍册了。结合长沙走马楼所出吴简户籍中的奴婢登录形式,综合分析,说明贱口登录制度,早在魏晋时期已经形成,《大统十三年籍账》说明在北魏西魏均田制时期,良贱身份在户籍中的登录与区分,已经明确,中古的良贱身份法的一些特征、唐代的良贱身份制,渊源有自。

(原刊《南京师大学报》哲社版 2014 年第 6 期,合作者李常生)

西凉大姓略考

十六国时期,河西走廊一带曾先后产生过五个凉政权。在这五个政权中,河西世家大族始终占据着统治地位。本文试对西凉政权兴立中大族的作用及大姓渊源进行一些考察。

一

西凉政权由李暠于东晋隆安四年(400 年)建立,东晋元熙二年(420 年)为北凉沮渠蒙逊所灭,立国二十一年,历二主。

西凉政权可以说是河西大姓,尤其是敦煌大姓的产物。

早在曹魏时期,河西世家大族即已拥有相当大的势力了。《三国志·魏书·仓慈传》载:"太和中,(慈)迁敦煌太守。郡在西陲,以丧乱隔绝,旷无太守二十岁,大姓雄张,遂以为俗。前太守尹奉等循故而已。……旧大族田地有余,而小民无立锥之土。……先是属城狱讼众猥,县不能决,多集治下。……又常日西域杂胡欲来贡献,而诸豪族多逆断绝,既与贸迁,欺诈侮易,多不得分明。"这里,虽然只是反映了敦煌郡的情况,但可以想见其他郡县必不会较敦煌郡情况好多少。

这段史料说明,第一,河西大姓占有大量土地,而农民则无立锥之土,只能成为地主的依附农民,这与嘉峪关十六国墓葬壁画中所反映的地主庄园拥有大量奴婢、部曲的情况是一致的。[①] 第二,所谓"大姓雄张""狱讼众猥",说明河西大姓政治上把持了地方权力,故旷无太守二十余岁,地方秩序仍然得以维持,甚至狱讼的权力也集中于大姓手中。第三,河西大姓不仅盘剥汉族人民,而且还利用河西为中西交通贸易孔道的地理条件,勒索盘剥西域商人。

西晋十六国时期,河西已形成了一批拥有权势,并得到普遍承认的世家大姓。这些大姓久居河西,实际左右着河西地区的政治形势,他们的向背往往成了一个政

---

① 吴乃骧:《酒泉嘉峪关晋墓的发掘》,《文物》1979 年第 6 期。

权成败的决定因素。李氏西凉政权正是河西大姓为了对抗诸少数民族贵族政权，为了保护共同的政治、经济利益而建立起来的。

李暠的家世，据《晋书·凉武昭王李玄盛传》载："武昭王，讳暠，字玄盛，小字长生，陇西成纪人，姓李氏，汉前将军广之十六世孙也。广曾祖仲翔，汉初为将军，讨叛羌于素昌，素昌即狄道也，众寡不敌，死之。仲翔子伯考奔丧，因葬于狄道之东川，遂家焉。世为西州右姓。高祖雍，曾祖柔，仕晋并历位郡守。祖弇，仕张轨为武卫将军、安世亭侯。父昶，幼有令名，早卒，遗腹生玄盛。"据李暠上东晋表所说，其高祖雍为东莞太守，曾祖柔为北地太守，伯祖卓为龙骧将军、广晋太守、长宁侯。[①]显而易见，李暠号称李广后代，陇西李氏早已为陇右的大姓。

吕光末年，凉州大乱，建康太守段业起兵反对吕光自称凉州牧以后，敦煌大姓索氏、郭氏将李暠推为宁朔将军、敦煌太守，响应段业，段业因之封其为安西将军、敦煌太守、领护西胡校尉。

李暠虽为陇右大姓，但在起兵之初，并没有建立独立政权的愿望，只是由于个别大族分子的篡夺野心，才逼使他走上独立的道路。当时，有一个大族人士名叫索嗣，"自以本邦，谓人情附己"，心想取代李暠，于是在段业面前诬陷李暠。段业偏信，便改命索嗣为敦煌太守，并让索嗣率五百人西去敦煌接任。

李暠得信后，准备率众官员去迎接索嗣。就在这时，敦煌大姓宋繇对李暠说："大丈夫已为世所推，今日便授首于嗣，岂不为天下笑乎！大兄英姿挺杰，有雄霸之风，张王之业不足继也。"大姓张邈亦说："将军处一国成资，奈何束手于人！"这样在众多大姓的支持下，李暠才下决心以武力击败索嗣，而后建立了西凉政权。李暠自己曾一再说过："吾少无风云之志，因官至此，不图此郡士人，忽尔见推"；"为群雄所奉，遂起霸图。"

二

河西大姓之所以拥戴李暠，从各种资料来看，大概有三个方面原因：

首先，李暠出自名门大族，家世显赫，足以统御河西。李暠在义熙元年上东晋表中说："臣之郡僚以臣祖……著功秦陇，殊宠之隆，勒于天府，妄臣无庸，辄依窦融故事，迫臣以义，上臣大都督、大将军、凉公、领秦凉二州牧、护羌校尉。"河西大姓虽然众多，但门望却没有可以与陇西李氏相匹敌的，所以由李暠担任诸大姓首领是最合适不过的了。

第二，李暠"少而好学，性沈敏宽和，美器度，通涉经史，尤善文义。及长，颇习

---

① （唐）房玄龄等：《晋书》卷八七，《凉武昭王李玄盛传》。以下引文未注明出处者皆引自此传。

武艺,诵孙吴兵法"。熟谙封建统治术,"温毅有惠政",这是李暠受到拥戴的直接原因。

第三,河西地区自汉代以来,一直是汉人统治的地方,因此在汉人地主看来,只有汉人政权才是正统的、合法的政权。后凉吕光末年,凉州大乱,各少数民族贵族乘机建立起割据政权。公元397年,鲜卑人秃发氏建立了南凉,公元397年,卢水胡沮渠氏拥立段业建立了北凉,另外在金城一带,还有鲜卑人乞伏氏建立的西秦。在河西大姓看来,这些由少数族贵族建立的政权,都不能代表河西世家大族的利益,因此建立一个由汉人地主掌握的政权作为自己的政治代表,对抗各少数民族政权,就显得十分必要了。

正是在敦煌大族拥立下,在东晋隆安四年(400年),李暠移檄六郡,自称凉公,建元庚子,都敦煌,设置了百官。《晋书·凉武昭王李玄盛传》记载了当时李暠西凉政权的一份官僚名单:"以唐瑶为征东将军,郭谦为军咨祭酒,索仙为左长史,张邈为右长史,尹建兴为左司马,张体顺为右司马,张条为牧府左长史,令狐溢为右长史,张林为太府主簿,宋繇、张谡为从事中郎,繇加折冲将军,谡加扬武将军,索承明为牧府右司马,令狐迁为武卫将军、晋兴太守,氾德瑜为宁远将军、西郡太守,张靖为折冲将军、河湟太守,索训为威远将军、西平太守,赵开为骁马护军、大夏太守,索慈为广武太守,阴亮为西安太守,令狐赫为武威太守,索术为武兴太守,以招怀东夏。"

这份官僚名单中的有些郡,如晋兴、西郡、河湟、西平、大夏、广武、武兴,并不是李暠实际占有,而仅是存名侨治,因此这些郡的太守亦是侨设,但这个官僚名单却最完整地反映了西凉政权的构成情况,我们可以此为线索来考察西凉大姓的渊源及在西凉政权中的地位。

首先要提到的是宋氏、氾氏和阴氏,这几个大姓在前凉时就是河西的名族。前凉张轨初到凉州,便"以宋配、阴充、氾瑗、阴澹为股肱谋主",并倚为其统治河西的基本力量。

担任西凉从事中郎、折冲将军的宋繇,其曾祖宋配原是敦煌人,西晋初即已"仕至西平太守"[1],成为前凉张轨的股肱后,担任凉州司马,掌军事大权。宋氏一门如宋毅、宋矩、宋辑、宋熙等人,皆在前凉任将军,占有举足轻重的地位。张祚时,张瓘传檄废祚,宋混应之,"混西奔召合夷晋至万余人以应瓘,还向姑藏"。结果张祚失败被杀。

张玄靓时,宋混为辅国,张瓘忌其权大,征兵数万人,企图讨灭宋氏。宋混带四十余人申令诸营,即刻召集数千人,将张瓘击败,张瓘自杀。张玄靓以宋混为使持

---

① (宋)李昉等:《太平御览》卷三七八,《人事部》,中华书局1960年2月第1版。

节都督中外诸军事、假节辅政。宋混兄弟擅权，"玄靓虚坐而已"。

宋混反张祚，一呼即可聚众万人，反张瓘，俄而聚众数千，张玄靓也只能"虚坐"，宋氏一族势力之大由此可见。以后，宋混死，弟宋澄继掌前凉大权。右司马张邕"恶澄专擅，杀之，遂灭宋氏"。但百足之虫，死而不僵，后凉、西凉政权中宋氏仍居显位。"宋繇，敦煌人也，曾祖配，祖悌世仕张轨子孙。父僚，张玄靓龙骧将军、武兴太守。……（繇）吕光时举秀才，除郎中，后奔段业，业拜繇中散常侍。繇以业无经济远略，西奔李暠，历位通显。"①

宋繇的姐姐系李暠的生身母亲，加之宋繇又是李暠最初建国立业最得力的支持者，因此，宋氏一族在西凉政权中的地位非其他大姓可比，凡西凉军国大事，宋繇无不参与。李暠临终，亦托孤于宋繇，并说："吾终之后，世子犹卿子也，善相辅导，述吾平生。"②李歆继任后，任宋繇为武卫将军、广夏太守、军咨祭酒，录三府事。后来李歆不顾宋繇劝阻，东击沮渠蒙逊，失败被杀。敦煌宋承又拥立李歆之子李恂在敦煌重组政权，被沮渠蒙逊率兵攻灭。

北凉灭西凉后，宋繇成为北凉重臣，沮渠蒙逊曾说："孤不喜克李歆，欣得宋繇耳。"③拜宋繇为尚书吏部郎中，委以军国大任，"蒙逊之将死也，以子牧犍委任之"④。北魏平北凉，宋繇随沮渠牧犍至平城仕北魏，其子孙皆居显位。宋氏一门，无论政权如何更替，显赫地位仍保持不变，在前凉、西凉、北凉、北魏皆受到重用，李暠、沮渠蒙逊都以宋氏托孤辅政，主要原因就是因为宋氏为一方所归，其在河西的势力足以利用。

氾德渝氾氏亦久为敦煌大姓。氾氏自称是"汉成帝时御史中承氾雄直道见惮、河平元年自济北卢县徙居敦煌，代代相生，遂为敦煌望族"⑤。据《大宋重修广韵》载："氾，又姓，出敦煌、济北二望。皇甫谧云，本姓凡氏，遭秦乱，避地氾水，因改焉。汉有氾胜之……子辑为敦煌太守，子孙因家焉。"两种说法虽略有不同，但汉代以来，氾氏即为敦煌大姓，自是无疑。

晋初有氾衷在太学，号为"敦煌五龙"之一。⑥前凉时，中督护氾瑗被张轨倚为股肱，氾讳，张茂时为长史，参与军国大事，很有权势。另有氾腾，"敦煌人，举孝廉，除郎中。属天下兵乱，去官还家……散家财五十万以施宗族。张轨征之为府司马，固辞"⑦。氾腾一家即拥有家财五十万，其家族豪富可以想见。前凉还有氾昭，辟

---

① （北齐）魏收：《魏书》卷五二，《宋繇传》。
② （唐）房玄龄等：《晋书》卷八七，《凉武昭王李玄盛传》。
③ （北齐）魏收：《魏书》卷五二，《宋繇传》。
④ （北齐）魏收：《魏书》卷五二，《宋繇传》。
⑤ （唐）房玄龄等：《晋书》卷八七，《凉武昭王李玄盛传》。
⑥ （唐）房玄龄等：《晋书》卷六〇，《索靖传》。
⑦ （唐）房玄龄等：《晋书》卷九四，《隐逸氾腾传》。

州主簿,以"理枉申滞"名闻凉州。西凉除了氾德渝为宁远将军、西郡太守外,另有氾称为主簿,北凉有氾傁为常侍。隋唐时,氾氏仍是敦煌大姓,敦煌石室遗书中有《敦煌氾氏家传》就是证明。[①]

阴氏阴亮,祖籍原是南阳新野人。其祖上名字虽无可考,但据《阴处士修功德记》碑记载,阴氏在汉代曾"荣升紫府,贵践黄门"[②]。后来"野载(战)十年,留连至此,至今为敦煌人矣。"[③]查《汉书》《后汉书》,汉代阴氏能够称得上"荣升紫府,贵践黄门"的,只有阴识一家,而且同为南阳新野人,因此,阴识很可能就是敦煌阴氏的祖先。阴识是刘秀光烈皇后阴丽华的同父异母弟。建武元年,刘秀纳阴丽华,同时征阴识,授官骑都尉,升迁至执金吾,封定鹿侯。"帝每巡郡国,识常镇守京师,委以禁兵。"[④]极受宠信,阴氏子孙先后封侯者四人,"富贵已极,不可复加"[⑤]。

前凉时,阴氏是张轨政权的主要支持者,"轨保凉州,阴澹之力"[⑥]。据史书记载,阴氏一门除了阴澹为敦煌太守外,在前凉政权中任要职的还有:阴濬,太府司马;阴元,左司马;阴鉴,镇军将军;阴预,前锋都护;阴据,从事;阴监,宁羌将军。张骏嗣位后,阴澹弟阴鉴为镇军将军,"骏以阴氏门宗强盛,乃逼澹弟,令自杀,由是大失人情"[⑦]。阴氏的势力虽受到限制,但仍然材备文武,盛极凉州。张实遇害,张茂正是在左司马阴元的拥立下才得以继位。

西凉政权中除阴亮为西安太守外,另有阴兴为助教,阴兴当时与著名学者刘昞、索敬"并以文章见举"[⑧]。阴世隆亦以文才著称。南凉有散骑侍郎阴利鹿,又有阴驹,"乌孤以为西州之德望,擢为股肱"[⑨]。十六国以后,阴氏更是宗族绵延不断,如阴仲达,少以文学知名,"(北魏)世祖平凉州,内徙代都。司徒崔浩启仲达与段承根云,二人俱凉土才华。同修国史,除秘书著作郎。"[⑩]至唐代,阴仁幹曾任昭武校尉沙州子亭镇将上柱国;阴仁希曾任麾将军守左武卫将军上柱国、敦煌郡开国公;阴嗣业任正议大夫使持节岷州诸军事行岷州刺史上柱国;阴嗣监曾任北府付大都

① S1889《敦煌氾氏家传残卷》,见唐耕耦、陆宏基:《敦煌社会经济文献真迹释录》第一辑,书目文献出版社 1996 年版,第 104 页。

② P4638 号《大番故敦煌郡莫高窟阴处士修功德记》,唐耕耦、陆宏基:《敦煌社会经济文献真迹释录》第四辑,第 221 页。

③ P4638 号《大番故敦煌郡莫高窟阴处士修功德记》,唐耕耦、陆宏基:《敦煌社会经济文献真迹释录》第四辑,第 221 页。

④ (南朝梁)范晔:《后汉书》卷三二,《阴识传》。

⑤ (南朝梁)范晔:《后汉书》卷三二,《阴识传》。

⑥ (唐)房玄龄等:《晋书》八六,《张轨传》。

⑦ (唐)房玄龄等:《晋书》八六,《张轨传附骏传》。

⑧ (北齐)魏收:《魏书》卷五二,《刘昞传》。

⑨ 《古今姓氏书辨证》卷一九,阴氏条,江西人民出版社 2006 年 6 月版,第 286 页。

⑩ (北齐)魏收:《魏书》卷五二,《阴仲达传》。

护瀚海军使。故有记载说,阴氏自"隋唐以来,尤为望族"①。

敦煌张氏亦是李暠所依靠的主要大姓之一。张邈曾劝李暠起兵自立,后来在西凉政权中任右长史,是个握有实权的核心人物。张氏的来源依现有资料来看,应有二支。一支是前凉张轨宗室的后裔,一支是西汉司隶校尉张襄的后裔。张襄于汉宣帝时"奏霍光妻显毒煞(杀)许后,帝以光有大功,寝其事,襄惧,以地节元年自清河驿幕举家西奔天水,病卒。子□□年来适此郡(敦煌),家于北府,俗号北府张"②。张襄后代遂居敦煌。东汉时,曾有张奂以招抚羌人著名河西,号为"凉州三明"之一,其子猛为武威太守。前凉政权中,张氏先后居显位者多达三十四人。《晋书·张轨传》载:"晋昌张越,凉州大族。"晋昌郡系由敦煌分出,晋昌大族即敦煌大族。

李暠建都敦煌,故西凉政权中张氏大多当为敦煌张氏,如张体顺为建康太守,张条为牧府左长史,张靖为折卫将军,张显为从事中郎,张邈为右长史。其中张邈地位最高,为开国功臣。李暠曾令群臣商议迁都酒泉,有些大臣表示反对,只有张邈赞成,李暠即说:"二人同心,其利断金,张长史与孤同矣,夫复何疑。"③张邈之宠贵由此可见。隋唐时,张氏仍是敦煌望族之一。《旧唐书·经籍志》载有《敦煌张氏家传》二十卷即可证明。

索氏在西凉政权中亦有相当地位。索氏来源有二支,一支是西汉武帝时太中大夫索抚直谏,"恐被诛,以元鼎六年自钜鹿南徙居于流沙,子孙因家焉,遂为敦煌人也"④。另一支是王莽天凤三年(16年),都尉索骏迁于敦煌。二支都来自钜鹿,号为南北二索,"累世官族,东汉有索颋,明帝永平中为西域戊已校尉"⑤。西晋有敦煌人索湛为北地太守,其子索靖以草书驰名于世,官至尚书,封安乐亭侯。索靖五子皆举秀才,天下知名,⑥前凉时,索氏一门先后居要位者多达十几人,如索泮,张天锡时任中垒将军,西郡、武威太守,典戎校尉,"天锡甚敬之。天锡归化于秦,符坚见(泮)而叹曰:'凉州信多君子'。即而以泮河西德望,拜别驾,寻迁建威将军、西郡太守。"⑦索泮的弟弟索凌仕张天锡为执法中郎冗从右监,符坚时为伏波将军。索氏其他人如索孚为张掖太守,索绥为儒林祭酒,索充为守功曹,索苞为郎中。后凉时,敦煌索嘏曾起兵五千反对吕光。另外索敞、索袭、索纩都是名闻天下的学者。

① P2625《敦煌名族志残卷》,唐耕耦、陆宏基:《敦煌社会经济文献真迹释录》第一辑,第99页。
② P2625《敦煌名族志残卷》,唐耕耦、陆宏基:《敦煌社会经济文献真迹释录》第一辑,第100页。
③ (唐)房玄龄等:《晋书》卷八七,《凉武昭王李玄盛传》。
④ P4640《沙州释门索法律窟铭》,唐耕耦、陆宏基:《敦煌社会经济文献真迹释录》第五辑,第95页。
⑤ P2625《敦煌名族志残卷》,唐耕耦、陆宏基:《敦煌社会经济文献真迹释录》第一辑。
⑥ 《古今姓氏书辨证》校勘记下。
⑦ (唐)房玄龄等:《晋书》卷一一二,《符坚载记》。

西凉建立前,索氏亦有功劳。最初李暠由效谷县令升为敦煌太守,就是由当时的沙州治中索仙推举的。① 李暠建国之初任命的二十二名重要官吏中,仅索氏就有:索仙为左长史,索承明为牧府右司马,索训为威远将军,索慈为广武太守,索术为武兴太守。索氏在西凉中的地位由此可见。隋唐时索氏仍然不败,如索勋曾担任归义军节度使,有些成员甚至被称为"一城领袖,六郡提纲"②。

尹建兴尹氏,赵开赵氏,都是天水大姓。《晋书·姚苌载记》载:"西州豪族尹祥、赵曜……率五万余家,咸推苌为盟主。"《晋书·尹纬传》载:"纬与尹祥、庞演等煽动群豪,推(姚)苌为盟主,遂为佐命之功。……苌死,纬与姚兴灭苻登,成兴之业,皆纬之力也。"可见天水尹氏可以煽动群豪,决定成败。

李暠妻子尹氏即为天水大姓尹文之女。"尹氏幼好学,清辩有节……暠之初业也,谟谋经略,多所毗赞,故西州谚曰:'李尹王敦煌'。"③ 左司马尹建兴曾与张邈、宋繇一起率兵击败索嗣,拥立李暠,为开国元勋之一。

征东将军唐瑶原为晋昌太守,隆安四年,"移檄六郡",推李暠为凉公,是开国功臣之一,被封为永兴侯。据称,唐氏祖先唐雎有名于战国,雎的子孙在汉晋时期,有的任尚书令,有的任大司空,历代显贵。到晋太常丞唐熙时,"娶凉州刺史张轨女,永嘉末,遂居凉州。生辉,字子产,仕前凉陵江将军,徙居晋昌"④。

唐瑶系唐辉的曾孙。西凉灭后,唐瑶之子唐契与后主李歆弟弟的儿子李宝北奔伊吾,臣于柔然,柔然以唐契为伊吾王达二十年之久。十六国以后,唐氏子孙多居显位,如唐契子唐褒为北魏华州刺史,褒子唐茂为秦州刺史,茂子唐翼为凉州守。隋唐时,唐氏后裔任州郡守宰者极多,唐中宗时宰相唐休璟即河西唐氏之后。⑤

右长史令狐溢,祖籍原是太原,"汉有令狐迈,避王莽乱,居敦煌"⑥。西晋泰始八年(272年),曾有敦煌大姓令狐丰废西晋任命的敦煌太守梁澄,自领郡事达四年之久,死时又立其弟。⑦ 西晋还有敦煌人令狐馨为谏议大夫,系汉建威将军令狐迈的直系子孙。邈的孙子令狐亚为前凉西海太守、安人亭侯。⑧

西凉政权中除令狐溢外,还有令狐赫为武威太守,令狐迁为武卫将军,他们与

① 索氏大族中最初亦有人如索嗣等企图取代李暠掌握敦煌大权,未获成功。但李暠政权稳定后,却依然依靠索氏家族加强自己的统治。
② P4640《沙州释门索法律窟铭》,唐耕耦、陆宏基:《敦煌社会经济文献真迹释录》第五辑,第97页。
③ (唐)房玄龄等:《晋书》卷八七,《凉武昭王李玄盛传》。
④ (宋)欧阳修:《新唐书》卷七四,《宰相世系表》四。
⑤ (宋)欧阳修:《新唐书》卷七四,《宰相世系表》四。
⑥ (宋)郑樵:《通志》卷二七,《氏族志》。
⑦ (宋)司马光:《资治通鉴》卷七九,晋纪一。
⑧ (宋)欧阳修:《新唐书》卷七五,《宰相世系表》五。

令狐亚的宗亲关系已无从稽考。北魏时，令狐安、令狐嗣"世为西土冠冕"①，官至郡守。其后代北周的令狐整曾率敦煌的宗亲二千余人入朝，随军征讨，官至骠骑大将军，整子令狐休为敦煌郡守，进位仪同三司。② 唐代修纂《周书》的令狐德棻，唐宪宗时宰相令狐楚，据载都是敦煌令狐氏的后裔。

另外，西凉武都太守裴嗣也是敦煌大姓。裴氏祖先最早可追溯到西汉水衡都尉侍中裴陵。裴陵的九世孙裴遵，汉光武时为敦煌太守。裴遵玄孙裴茂，灵帝时历郡守尚书，讨李傕有功，封阳吉平侯，其子裴徽为曹魏冀州刺史，"以其子孙多仕西凉者，故号西眷裴"③。裴氏迁河西的时间是在裴徽的孙子裴粹为武威太守时，"晋末大乱，粹子孙多避难凉州"④。前凉征南将军裴恒、后凉酒泉太守裴垒澄可能即为其后代。西凉裴嗣系裴徽的五世孙。敦煌文书《西凉户籍残卷》中记有裴氏二户，当为其族。⑤ 西眷裴后来分出了洗马裴、南来吴裴、中眷裴。其中南来吴裴、中眷裴都是裴嗣的直接后代。隋唐时，裴氏极盛，任唐朝宰相者多达十七人，其中大多数出自西眷裴分出的四房。⑥

<h1 style="text-align:center">三</h1>

通过以上对西凉大姓渊源的考察，我们可以看到，十六国时期，河西已形成了少数最有权势的大姓，他们大多在汉晋时就已定居河西，世代掌握着州郡的要职，包揽了地方一切权力。后凉吕光末年，在各少数民族贵族不断建立割据政权的情况下，河西大姓主要是敦煌大姓，为了保护自己的政治经济利益，为了对抗各少数民族贵族政权，推出了自己的政治代表李暠，建立了西凉政权。也正是由于这个原因，敦煌大姓在西凉政权中占有决定一切的地位，把持了所有的重要职务，并实行优待河西大姓的政策。虽然西凉政权只存在了二十一年便灭亡了，但河西大姓的势力并没有因政权的更替而削弱。他们逐渐地同少数民族统治者结合起来，仍旧保持着特权地位，甚至到了隋唐时期，河西的某些大姓仍然发挥着很大的影响。

（原刊《兰州大学学报》社会科学版 1983 年第 3 期）

---

① （唐）令狐德棻：《周书》卷三六，《令狐整传》。
② （唐）令狐德棻：《周书》卷三六，《令狐整传》。
③ （宋）欧阳修：《新唐书》卷七一，《宰相世系表》一。
④ （宋）欧阳修：《新唐书》卷七一，《宰相世系表》一。
⑤ 陈垣：《跋西凉户籍残卷》，《北京师范大学学报》1963 第 2 期。
⑥ （宋）欧阳修：《新唐书》卷七一，《宰相世系表》一。

论北魏时期良贱身份制的法典化

在中古良贱身份制度的发展演变过程中,北魏是一个十分重要的阶段。这是因为自魏晋以来渐次形成的中古良贱身份等级制度,至北魏时期开始系统化、法典化。北魏关于良贱身份等级制度的各项规定,许多成为隋唐良贱身份制度律文的直接来源。以下本文从北魏时期良贱身份制度法典化的历史条件、北魏以儒家礼治理论为指导的汉化与尊卑贵贱身份等级制度的关系、北魏建立以门阀士族制为核心的身份等级制的努力等几个方面展开讨论。

一

作为北方统一帝国建立者的北魏拓跋部,进入中原以后,面临经济成分多样、种族关系复杂、身份等级混乱的社会,要巩固自己的统治,就必须从法律上对多种经济成分的并存及社会阶级、阶层复杂化的现状加以合理的确定,使社会处于相对的稳定状态之中。而要做到这一点,就必须利用汉人世家大族的代表人物,利用儒家思想中系统的社会等级理论,整合社会结构,建立等级土地制度及身份贵贱差等制度,完成汉化。这成为北魏统治者必然的选择。

从政治上来看,北魏拓跋部有着一个较为强大的中央集权政府而相对较少历史传统的包袱,因而一旦他们接受汉化,便能够以强制力量推动体现儒家政治理想的社会制度包括身份等级制度的建立。美国政治史家亨廷顿曾指出:"政治制度软弱的社会缺乏能力去抑制过分的个人或地区性的欲望。……没有强有力的政治制度,社会便缺乏去确定和实现自己共同利益的手段。"[①]显然,在中古时期北方各地遍布世家大族坞壁与割据势力的情况下,没有一个强有力的中央集权政府的存在,便不可能建立起反映国家与地主共同利益的政治制度,包括系统的身份等级制度。

在建立系统的良贱身份制度过程中,北魏还有一个有利条件,即北方汉人士族

---

① [美]塞缪尔·P.亨廷顿:《变化社会中的政治秩序》中译本,三联书店1996年版,第23页。

由于宗奉汉代传统经学而较少受到玄学影响。纵观北魏汉化过程中起主导作用的汉人儒士如崔浩、张伟、高允、李冲、李彪、刘芳、邢子才之流,皆是以汉经学为旨归。太武帝时所征范阳卢玄等三十五人及平凉州所获宋繇、阚骃、索敞等人也都是习汉代传统儒学的名士。他们相对务实的作风,使他们在参与北魏政权以后,能够以传统的儒家礼治理论为依据,提出更为切实可行的改革方案并得以贯彻实施。

此外,中国传统儒家礼治理论与中古社会、与鲜卑拓跋部早期社会的特征有着诸多契合之处,这也是中国中古良贱等级制在这一时期得以法典化的一个原因。我们知道,先秦的儒家学说,不是一时崛起的纯理论主张或空想,它是在中国社会从原始氏族部落制向早期部落国家转变时期社会等级分化的过程中逐渐产生,以宗法血缘关系的存在及自然经济占据绝对主导地位为深厚基础的。儒家学说在某种意义上讲,具有原始性、宗法性。东汉魏晋以来,随着商品经济的萧条及自然经济重新在社会经济生活中占据压倒一切的地位,儒家学说与经济现实的亲和性较之战国及秦汉时期反而有所增强。此时期北方世家大族宗法血缘关系的强化及对礼教的特别重视,是此时期儒家之礼大量进入法律,礼律合一进程加快的重要原因。

同样,儒家学说与鲜卑部早期社会的特征亦有着诸多契合之处。在北方诸民族中,鲜卑拓跋部是比较落后的一支,比较多地保留了部落村社制及家长奴隶制。例如北魏保护世家大族利益的宗主督护制,陈寅恪先生认为"实本胡部之遗迹"[1]。唐长孺先生亦指出:"宗主的设立自然起了巩固宗族组织的作用。北魏为什么要建立这种制度呢?我想除了适应黄河流域大族集团的固有状态之外,也还是拓跋内部制度的推广。"[2]唐先生在分析北魏的其他问题及王仲荦先生在分析拓跋氏均田制的来源时也充分注意到了这一点。[3]

实际上不仅在宗主督护制、均田制等个别制度上如此,儒家礼治思想之所以能够成为北魏统治者的指导思想,儒家的社会身份等级理论之所以能够在北魏时期形成系统的法律制度,都是与北魏早期社会的某些特征与儒家学说存在着某种程度上的契合性分不开的。

二

儒家礼治理论的中心是强调等级名分,因此,建立以门阀士族制度为核心的尊卑贵贱身份等级制度及法律体系,是北魏政权汉化的中心内容之一。

---

① 陈寅恪:《隋唐制度渊源略论稿》,中华书局 1977 年版,第 40 页。
② 唐长孺:《魏晋南北朝史论丛》,三联书店 1978 年版,第 248 页。
③ 王仲荦:《魏晋南北朝史》下册,上海人民出版社 1980 年版,第 523 页。

北魏从道武帝拓跋珪开始，就十分重视汉人和儒家经学，为此道武帝曾颁令搜集儒家经典。同时他更注意网罗汉人士族，"诸士大夫诣军门者，无少长，皆引入赐见，存问周悉，人得自尽，苟有微能，咸蒙叙用"①。著名的汉人儒生邓渊、李先、崔玄伯等先后成为北魏政权中的重要人物，对北魏诸制的创建，起了重要作用。如天兴元年(398年)十一月，"诏尚书吏部郎中邓渊典官制，立爵品，定律吕，协音乐；仪曹郎中董谧撰郊庙、社稷、朝觐、飨宴之仪；三公郎中王德定律令，申科禁；太史令晁崇造浑仪，考天象；吏部尚书崔玄伯总而裁之"②。此即所谓天兴定制。这为后来北魏政权全面汉化打下了一定基础。神麚四年(431年)，太武帝大规模征士，三十五位汉人名士进入北魏政权之中。虽然此时北魏王朝中的鲜卑贵族和汉人士族之间仍然存在着种种矛盾，但北魏政权确确实实已经是一个鲜卑贵族和汉人士族联合专政的政权了。

道武帝以后到孝文帝以前，对北魏的礼律汉化起着重大影响的是崔浩、高允等人。

崔浩出身清河著姓崔氏，为崔玄伯之长子，通经律，重礼法，而不好老庄之书。《魏书》本传载："浩从太宗幸西河……遂与同僚论五等郡县之是非，考秦始皇、汉武帝之违失。好古识治，时伏其言。"寇谦之曾邀崔述"撰列王者治典"，"浩乃著书二十余篇，上推太初，下尽秦汉变弊之迹，大旨先以复五等为本"。《魏书》卷四七《卢玄传》载："(崔)浩大欲齐整人伦，分明姓族。"

陈寅恪先生曾指出："崔浩的思想代表汉、魏、晋北方士族的思想。"③这种思想与曹魏时期司马朗建议复五等制，相国晋王(司马昭)奏复五等爵制，是一脉相承的。

自汉代以来，诸多儒生所追求的礼治理想社会，经济上是井田制，政治上最重要的则是建立所谓公、侯、伯、子、男五等爵制。五等爵制，从一定意义上讲，实际代表的是一个尊卑贵贱的身份等级体系。西汉董仲舒在论五等爵制时曾称："尊者取尊号，卑者取卑号……五等之爵以尊之，皆以国邑为号。其无德于天地之间者，州国人民，甚者不得系国邑，皆绝骨肉之属……无名姓号氏于天地之间，至贱乎？贱者也！其尊至尊巍巍乎不可以加矣，其卑至贱冥冥其无下矣。春秋列序位，尊卑之陈累累乎可得而观也……天子受命于天，诸侯受命于天子，子受命于父，臣妾受命于君，妻受命于夫。诸所受命者，其尊皆天也，虽谓受命于天亦可。"④董仲舒勾画

① (北齐)魏收：《魏书》卷二，《太祖纪》。
② (北齐)魏收：《魏书》卷二，《太祖纪》。
③ 万绳楠整理：《陈寅恪魏晋南北朝史讲演录》，黄山书社1987年版，第247页。
④ (汉)董仲舒：《春秋繁露》卷一五，《顺命》第七，见《二十二子》，上海古籍出版社1991年版，第802页。

了一幅尊卑贵贱等级图系,这一体系向上是"其尊至尊巍巍乎不可以加",向下则是"其卑至贱冥冥其无下"。他把上下悬绝的贵贱等级系统视作礼治的主要内容。

崔浩的"复五等制",强调"分明族姓",即按儒家礼治模式确定人们的尊卑贵贱地位。在这一点上,少数民族贵族政治与儒家主张的贵贱等级制是有着共同之处的:"胡人之欲统治中国,必不得不借助于此种汉人之大族,而汉人大族亦欲藉统治之胡人以实现其家世传统之政治理想,而巩固其社会地位。"①尽管由于历史条件的不同,崔浩建议的五等爵制并未真正建立起来,但尊卑贵贱等级体系却在北魏礼法合一的过程中强化了。

自道武帝以来,北魏政权汉化的过程基本没有中断。在制定法律上,汉人士族一直起着主导作用。礼律的融合始终在进行之中。这个时期,在改定法律方面发挥了重要作用的汉人士族是高允。《魏书》卷四八《高允传》载:"(允)博通经史天文数术,尤好春秋公羊……(世祖)又诏允与侍郎公孙质、李虚、胡方回共定律令。世祖引允与论刑政,言甚称旨。……初,真君中以狱讼留滞,始令中书以经文断诸疑事。……允据律评刑三十余载,内外称平。"高允好公羊之学,主刑律长达三十余年,太武帝令"以经文断诸疑事",其以儒家礼乐制度制定魏律,势在必然。

在现存史料中,最早反映北魏统治者强化门第等级的诏令,是由世祖拓跋焘在太平真君五年(444年)春正月发布的:"自顷以来,军国多事,未宣文教,非所以整齐风俗,示轨天下也。今制自王公已下至于卿士,其子息皆诣太学。其百工伎巧,驺卒子息,当习其父兄所业,不听私立学校,违者师身死,主人门诛。"②世祖这个诏令,显然是企图以简单的行政手段强化人们的贵贱身份等级。

高宗文成帝和平四年(463年)十二月发布诏令,进一步强化等级观念与制度:"名位不同,礼亦异数,所以殊等级,示轨仪。今丧葬嫁娶,大礼未备,贵势豪富,越度奢靡,非所谓式昭典宪者也。有司可为之条格,使贵贱有章,上下咸序,著之于令。"壬寅诏令又规定:"夫婚姻者,人道之始。是以夫妇之义,三纲之首,礼之重者,莫过于斯。尊卑高下,宜令区别。然中代以来,贵族之门多不率法,或贪利财贿,或因缘私好,在于苟合,无所选择,令贵贱不分,巨细同贯,尘秽清化,亏损人伦,将何以宣示典谟,垂之来裔。今制皇族、师傅、王公侯伯及士民之家,不得与百工、伎巧、卑姓为婚,犯者加罪。"③

文成帝此诏,是北魏政权建立以来对尊卑贵贱身份等级制的最全面的规定。魏晋以来,人们强调身份等级,主要在"一婚一宦",文成帝诏令中所谓"名位不同",应指"宦"的问题;而壬寅诏中所具体针对的嫁娶"越度奢靡"及婚姻的"贵贱不分"

---

① 陈寅恪:《金明馆丛稿初编》,中华书局1982年版,第126页。

② (北齐)魏收:《魏书》卷四,《世祖纪》。

③ (北齐)魏收:《魏书》卷五,《高宗纪》。

问题,是指"婚"的问题。因此文成帝此诏,实际上是北魏政权全面建立系统的贵贱身份等级制度,"使贵贱有章,上下咸序"的开始。从世祖、文宗颁布诏令中所言"整齐风俗,示轨天下";"名位不同,礼亦异数,所以殊等级,示轨仪";"尊卑高下,宜令区别"等话语来看,在如何建立和完善身份等级系统的问题上,北魏王朝完全是受儒家礼治思想指导的。

三

自文成帝和平四年(463 年)以后,特别是自魏孝文帝即位以后,拓跋鲜卑汉化的步伐大大加快,重建与强化"以贵承贵,以贱袭贱"[①]的门阀贵族体系与尊卑等级秩序,成为北魏统治者面临的重要任务。正是在实现汉化、重建门阀士族制的过程中,系统的良贱身份等级制度建立起来。

众所周知,孝文帝是北魏政权汉化的代表人物。他熟悉儒家经典,十分重视以门阀士族为中心的身份等级制度的建立:"魏主(孝文帝)雅重门族,以范阳卢敏、清河崔宗伯、荥阳郑义、太原王琼四姓,衣冠所推,咸纳其女以充后宫,陇西李冲,以才识见任,当朝贵重,所结姻连,莫非清望,帝亦以其女为夫人。"[②]孝文帝不仅自己与大族联姻,同时还为诸弟聘娶大族之女,"时王国舍人,应取八族及清修之门。禧取任城王隶户为之,深为高祖所责"[③],因下诏为六弟聘室:"长弟咸阳王禧可娉故颍州太守陇西李辅(李冲兄)女;次弟河南王干可聘故中散代郡穆明乐女;次弟广陵王羽可聘骠骑谘议参军荥阳郑平城(郑羲兄子)女;次弟颍川王雍可聘故中书博士范阳卢神保女;次弟始平王勰可聘廷尉卿陇西李冲女;季弟北海王详可聘吏部郎中荥阳郑懿女。"六国王妃除穆明乐女出于鲜卑八大贵族外,其余全是汉人大姓。不仅皇室如此,其余拓跋王公贵族也争相与汉人士族联姻。

孝文帝皇室及拓跋部贵族婚姻妙选汉人高门,显然是以承认"以贵承贵,以贱袭贱"的汉人门阀制原则为前提的。从"应取八族及清修之门"来看,北魏政府对皇室婚姻对象已有定规,孝文帝对咸阳王娶隶户极为不满,故有为诸弟聘士族女之举。由此我们亦可看出:维护士族门户之婚姻与禁绝士族与卑贱户的婚姻是一个问题的两个方面。

不仅如此,孝文帝还效法汉人门阀制度为代北贵族制定姓族。太和十九年(495 年),孝文帝发布诏令曰:"代人诸胄,先无姓族……其穆、陆、贺、刘、楼、于、嵇、尉八姓,皆太祖已降,勋著当世,位尽王公,灼然可知者,且下司州、吏部,勿充猥

---

①　(北齐)魏收:《魏书》卷六〇,《韩麒麟传附韩显宗传》。

②　(宋)司马光:《资治通鉴》卷一四〇,《齐纪六》,齐明帝建武三年。

③　(北齐)魏收:《魏书》卷二七,《咸阳王禧传》。

官,一同四姓。自此以外,应班士流者,寻续别敕。"诏书规定了定姓族的具体标准,指出:"凡此定姓族者,皆具列由来,直拟姓族以呈闻,朕当决姓族之首末。"同时诏令"详定北人姓,务令平均。随所了者,三月一列籍账,送门下以闻"。太和二十年(496 年),又"诏黄门郎、司徒左长史宋弁定诸州士族,多所升降"①。

孝文帝为代人定族姓的原则,是三世有官在五品以上者,即得入士族。世代官宦成了确定族姓的标准。关于汉人的定族姓标准,据《新唐书》卷一九九《柳冲传》载:"郡姓者,以中国士人差第阀阅为之。制:凡三世有三公者曰膏粱,有令仆者曰华腴,尚书、领、护而上者为甲姓,九卿若方伯者为乙姓,散骑常侍、太中大夫者为丙姓,吏部正员郎为丁姓,凡得入者谓之四姓。"

自孝文帝定姓族,史书称"于是升降区别矣",亦即拉开了等级距离。"升降区别",主要是指士族之间及士庶之间的区别,但并不仅限于此。唐长孺先生曾指出,魏晋士族形成以来,虽然族姓高卑已与官爵有关,东晋南朝辨别士庶以婚以宦,但北魏定族姓的规定如此明确,"并无先例",这"不妨说是传统惯例的具体化与制度化"。唐先生又指出,门阀制度的标准等级,"在两晋南朝至多是习惯上的,而不是法律上的。以朝廷的威权采取法律形式来制定门阀序列,北魏孝文帝定士族是第一次。"②

唐先生这一分析是精辟的。实际上不只是门阀制度如此,整个北魏的社会身份等级制度包括良贱身份体系亦是如此,许多贱民的身份虽在魏晋十六国时已经出现、尊卑良贱体系已逐渐形成,但其系统化、制度化、法典化,基本上是在北魏政权以中央集权的强制力量建立以门阀制度为中心的贵贱尊卑体系过程中完成的。

除了通过"定族姓"严格贵贱尊卑之分外,孝文帝即位后,屡发诏令,明确各类人士尊卑贵贱身份等级。《魏书》卷七《高祖纪》载,太和元年(477 年)八月丙子诏曰:"工商皂隶,各有厥分,而有司纵滥,或染清流。自今户内有工役者,唯止本部丞,已下准次而授。若阶藉元勋以劳定国者,不从此制。"孝文帝此诏批评了"有司纵滥"、使工商皂隶"或染清流"的情况,规定了今后工役之户任职将限于本部丞以下。从该诏敕可以看出,北魏此前法律上的等级身份界限尚不十分严格,此诏则使之出现强化的趋势。

《魏书》卷七上《高祖纪》载太和二年(478 年)五月诏曰:"婚聘过礼,则嫁娶有失时之弊,厚葬送终,则生者有糜费之苦。圣王知其如此,故申之以礼教,约之以法禁。乃者,民渐奢尚,婚葬越轨,致贫富相高,贵贱无别。又皇族贵戚及士民之家,不惟氏族,下与非类婚偶。先帝亲发明诏,为之科禁,而百姓习常,仍不肃改。朕今

---

① (宋)司马光:《资治通鉴》卷一四〇,《齐纪六》,齐明帝建武三年。
② 唐长孺:《魏晋南北朝史论拾遗》,中华书局 1983 年版,第 91 页。

宪章旧典，祗案先制，著之律令，永为定准，犯者以违制论。"在此诏中，孝文帝明确批评了皇族贵戚及士民之家，不讲身份，下与"非类"婚偶的现象，并宣布要将有关禁止非类相婚的制度"著之律令，永为定准"。太和五年（481年），孝文帝又"班乞养杂户及户籍之制五条"①。《魏书》卷七《高祖纪》载太和十七年（493年）九月诏曰："厮养之户，不得与士、民婚。"前引《魏书》所载太和二十年（496年）咸阳王禧娶妇违反制度，"取任城王隶户为之，深为高祖所责"，孝文帝为此另为其聘著名的陇西大族李辅之女为妃，而"前者所纳（隶户女），可为妾媵"。妾媵在中古是属于半贱民身份，隶户女改为妾媵，与隶户身份基本相称，由此可见孝文帝是极为重视门第贵贱等级的。

由太和初以来诸诏令可见，孝文帝一直在着力强化社会的贵贱尊卑等级意识。他在太和二年（478年）诏中所言的先帝"明诏"，当指世祖特别是文成帝和平四年（463年）诏令。这说明北魏统治者欲强化社会等级身份的努力是前后一致的。他要求皇族贵戚及士民之家，注意自身氏族门第身份，不要下与非类婚姻，这显然既起到了维护权贵士族尊贵身份地位，又迫使"非类"逐渐同色为婚、身份固化的作用。这些诏令进一步说明，太和十九年（495年）定姓族，是以北魏整个社会等级结构的整合为内容的，并不仅仅是士族之间及士庶之间的区别。实际上，北魏在确立尊贵者身份的同时，也就确定了卑贱者的地位。当然，系统的良贱身份等级制度，并不是靠几道诏敕便能够彻底建立起来的，它在很大程度上还是取决于现实社会中经济成分的多样性与身份等级多层次化的现实。不过，在中国封建专制社会，皇帝的诏敕是具有法律效力的。因此，北魏诸帝、特别是孝文帝的一系列强化社会尊卑贵贱等级制的诏令，是中古良贱身份制度逐步系统化、法典化的反映。

另据《魏书》卷九《肃宗纪》载，肃宗神龟元年（518年）正月曾"诏以杂役之户或冒入清流，所在职人，皆五人相保。无人在保者，夺官还役"。这说明孝文帝以后，北魏朝廷整顿贵贱尊卑等级秩序的努力仍在进行。对于杂役户冒入清流的现象，朝廷加大了督察的力度。

四

在建立系统的良贱身份等级制度的过程中，北魏统治者还在均田制实施以后，"定良奴之制"，进一步严格了良贱之分，使良贱身份等级更加明确。据《魏书》卷一一《食货志》载，北魏均田令及租调法涉及奴婢的内容有：（1）诸男夫十五以上，受

---

① "乞养"，据《唐律疏议》卷二〇《贼盗》载："私从奴婢买子孙及乞取者准盗论，乞买者与同罪……疏议曰：'即私从奴婢买子孙及乞取者，或买或乞，各平所乞买奴婢之价，计赃从盗论。'"乞养即非购获贱口意。

露田四十亩,妇人二十亩,奴婢依良;(2)诸民年及课则受田,老免及身没则还田。奴婢、牛随有无以还受;(3)诸初受田者,男夫一人给桑田二十亩,奴各依良;(4)诸麻布之土,丁男别给麻田十亩,妇人五亩,奴婢依良,皆从还授之法;(5)买卖奴婢、牛者,应还受田,皆至明年正月;(6)奴婢所纳赋调,据租调法规定,为"奴任耕婢任织者,八口当未娶者四"。

从以上规定可以看出,均田令最大限度地照顾那些占有众多奴婢的地主,特别是士族地主。这与地主权贵占有众多奴婢的实际情况是相吻合的。正是由于占有奴婢即可占有土地,且没有数量限制,因而实行均田制以后,关于奴良之讼的案件大增,有些地主以良人为奴婢要求多占土地,因而到世宗延昌二年(513年)二月癸卯,宣武帝宣布"定奴良之制,以景明为断"①。亦即景明年为奴婢者仍为奴婢,此后成为奴婢或奴婢成为良人者一律无效。从此,良奴界限更加严格起来,良贱身份开始在户籍上清楚地表现出来,②在现存西魏大统年间计帐中,居民明确区别为良贱③,这显然是继承北魏良贱制而来。

"定奴良之制,以景明为断",其结果必然是使良奴身份进一步固定下来。这对于中古良贱身份的世袭化、凝固化、制度化,无疑起了重要的推动作用。良奴身份制的确立,对于国家来说,可以防止更多的自耕农破产流入私门;而对地主来说,则可以保障其土地所有权的稳定及其对奴婢之类劳动力的世代占有。同时,这也意味着世家大族随意占有、荫复劳动人口的权力受到法律限制。

在史书中,我们可以发现,自延昌二年"定奴良之制"以后,北魏政府多次依法受理关于奴良身份的诉讼案件,严厉处罚违反规定者,其中不乏王公贵族。这里试举几例:

例一:《魏书》卷一四《河间公齐传附孙志传》载,世宗时元志任荆州刺史,"御史中尉王显奏(元)志在州日,抑买良人为婢",后经皇帝赦免才没有被治罪。

例二:《魏书》卷一六《京兆王传附继传》载,京兆王元黎之孙元继,在世宗延昌三年颁布奴良之制后,在青州"为家僮取民女为妇妾,又以良人为婢,为御史所弹,坐免官爵"。

例三:《魏书》卷二一《咸阳王禧传》载,孝文帝长弟咸阳王禧,"昧求货贿,奴婢千数,田业盐铁遍于远近,匠吏僮隶,相继经营"。其所占奴婢有些显然掠自良人,

---

① （北齐）魏收:《魏书》卷八,《世宗纪》。

② 延昌二年诏令,估计缘自李平任相州大中正期间,当时因"前来良贱之讼,多有积年不决,平奏不问真伪,一以景明前为限,于是诤讼止息"。估计朝廷将此办法推广于全国(《魏书》卷六五,《李平传》)。

③ 现存最早反映良贱的籍账见《西魏大统十三年瓜州效谷郡计账》,而现存十六国时西凉籍账中似尚无良贱身份区别。见唐耕耦、陆宏基:《敦煌社会经济文献真迹释录》第一辑,书目文献出版社1986年版,第109页。

为此受到颁布延昌二年(513年)奴良之制的世宗"恶之",其最后被诛,亦与"坐多取此婢辈"有关。

例四:《魏书》卷一一一《刑罚志》载延昌三年(514年)关于费羊皮卖七岁亲女案的讨论,其中涉及的中心问题是良贱身份问题,反映自"定良奴之制"后,北魏身份制度日益严格化了。

例五:《魏书》卷七七《高崇传附谦之传》载正光年间,国子博士高谦之奴婢"诉良",为灵太后心腹李神轨所乘,"判禁谦之于廷尉",后来"于狱赐死"。

由以上事例可证,自延昌二年"定奴良之制"后,北魏良贱身份制度日益严格化了。

北魏延昌二年虽然制定了"奴良之制",但均田令未规定以奴婢受田的最高限数,随着时间的推移、土地的减少,放任地主以奴婢名义受田,毕竟是政府无法长期承受的。北齐人宋孝王《关东风俗传》载:"广占者,依令,奴婢请田亦与良人相似,以无田之良口,比有地之奴牛。宋世良天保中献书:请以富家牛地先给贫人。其时,朝列称其合理。"[1]

从宋世良所言可见,地主以奴婢名义占田是确实的,而且当贫人授田与地主奴婢、耕牛授田发生矛盾时,又是地主的奴牛优先。这样长期下来势必造成均田土地的紧张,因此到北齐河清三年(564年),统治者终于对授田奴婢的数量做出了限定。然而,根据庶人尚可占有授田奴婢六十余人的情况看,北朝末年社会上一般地主占有的奴婢数量还是不少的,政府关于良贱身份的规定有着相当的社会适用面。

不仅奴婢的身份固定下来,而且经过北魏统治者"区分贵贱"的努力,其余诸类贱民的法律身份,也日益巩固下来。如工、乐及隶户、牧户、屯户、营户、细茧户、罗縠户、绫罗户诸杂户,从文献记载来看,大多在秦汉时尚未出现,秦汉时官府中手工业者除官奴婢、刑徒外,大多为自由民。魏晋时期,士家中的百工、鼓吹等特殊职业者身份开始下降,西晋时,作为士家制一部分的士卒及由官府控制的百工,身份日益低贱,具备了贱民的主要特征,并对后来该类贱民身份产生了很大影响。但从法律规定来看,直到北魏时期,以上诸杂户才开始真正成为一种法定的卑贱身份。[2] 世祖规定"其百工伎巧,驺卒子息,当习其父兄所业,不听私立学校,违者师身死,主人门诛"。这实际上是规定百工士卒身份世袭化。北魏太和五年(481年)七月甲戌,孝文帝"班乞养杂户及户籍之制五条"。

虽然五条的具体内容已难知其详,但其限制工乐及诸杂户身份并设立专籍是

---

[1] 《通典》卷二,《田制》,浙江古籍出版社1988年版。

[2] 高敏、张维华诸先生对杂户的产生、演变、消亡曾作深入分析,参见高敏《杂户考》一文,收入其《魏晋南北朝社会经济史探讨》,人民出版社1987年10月版;张维华《略论杂户的形成与演变》一文,载《中国史研究》1983年第1期。

清楚的。太和十七年(493 年)九月孝文帝又诏曰:"厮养之户,不得与士、民婚。"这显然是实行杂户之类贱民的"同色为婚"制。可见工、乐及诸杂户作为法律上的特殊身份,其主要特征此时都已具备,其法律上的贱民身份正式形成,这些也可从《左传》襄公二十三年孔颖达注疏所言证明:"近世魏律,缘坐配没为工乐杂者,皆用赤纸为籍,其卷以铅为轴。此亦古人丹书之遗法。"①所谓"近世魏律"是指北魏律,所谓"赤籍",实即贱籍,这是工乐杂户正式成为贱口、身份开始法典化的证明。

《隋书》卷二五《刑法志》载北齐河清三年(564 年)律令规定:"盗及杀人而亡者,即悬备注籍,甄其一房配驿户。"北周保定三年(563 年)的大律也规定:"盗贼及谋反、大逆、降叛、恶逆罪当流者,皆甄一房,配为杂户。"可见,北魏此律为北齐北周所沿袭。《唐律疏议》卷三《名例》所载"诸工乐杂户及太常音声人"条下疏议曰:"工乐者,工属少府,乐属太常,并不贯州县。杂户者,散属诸司上下。太常音声人,谓在太常作乐者,元与工乐不殊,俱是配隶之色,不属州县,唯属太常。"显然,唐代工乐杂户的身份,亦系继承北魏制度而来。

虽然由于北魏律文的残缺,我们已无法将北魏律与唐律中关于良贱身份制的规定一一加以对应研究,而且还有些身份如部曲,其法典化的过程似乎是在北魏以后的北周,但从以上的梳理,我们还是大致可以看出中古良贱身份制度在北魏时期系统化、法典化的脉络,其后又经北周、北齐、隋朝、唐初的进一步发展,最终形成了唐律中系统、全面的良贱身份等级制度。

(原刊《江海学刊》2004 年第 5 期)

---

① (春秋)左丘明:《左传》卷三五,襄公二十三年,《十三经注疏》上册,中华书局 1979 年影印本。

试论中国中古籍账中贱口
登录形式的演变

壹 唐代良贱身份登录的主要形式

唐代社会是一个等级分明的社会,一般人们认为唐代的社会等级主要有君臣之别、官民之别,良贱之别。[①] 其实,对于相当多数民户来讲,在日常生活中,涉及较多的应是良贱之别,这就是为什么《唐律疏议》五百零二条律文中,涉及良贱方面的律文多达一百余条的原因。

唐代的良贱身份,主要是以法定的形式反映在户籍及国家的身份登录制度上。

唐代的户籍调查与登记制度,据《大唐六典》户部郎中员外郎条载:"每一岁一造计帐,三年一造户籍"。《旧唐书》卷五一《食货志》载:"凡里有手实,岁终具民之年与地阔狭为乡帐。乡成于县,县成于州,州成于户部。又有计帐,具来岁课役。以报度支。"

据此可见,唐代里中民户,每年要编写手实上报乡,手实中既有人口统计也有土地数目,乡据手实造乡帐,逐级上报至户部,是为计帐。[②] 另外尚有户籍。据开元十八年(730 年)十一月敕规定:"诸户籍三年一造,起正月上旬;县司责手实计帐,赴州依式勘造"。这说明户籍是根据手实、计帐编造的。每三年进行一次,时间在正月上旬。基层里正的重要职责之一,便是"掌案比户口,收手实,造籍书"[③]。在出土的唐代吐鲁番及敦煌文书中,反映此类户籍、计帐、手实登录形式的文书不少,其中比较有代表性的约有十几件。下面我们按计帐、户籍、手实顺序,分别举例分析唐代贱口登录的基本形式。

---

① 刘俊文:《唐律疏议笺解》上册,中华书局 1996 年版,第 45 页。
② 朱雷:《唐代"乡帐"与"计帐"制度初探》,载《敦煌吐鲁番文书论丛》,甘肃人民出版社 2000 年版。
③ (唐)长孙无忌等:《唐律疏议》卷一二,《户婚》。

据唐长孺分析吐鲁番文书,唐代计帐分为简式、繁式两种。简式如《唐贞观十八年西州某乡户口账》文书,下引该账第二部分:[1]

1.　　　□□　百　　五　　　　　　旧
2.　　　　户一　十　七　　　　　新
3.　　合当乡新旧口二千六十四
4.　　　一千九百八十二　　旧
5.　　　　八　十　二　　　新
6.　　　七百廿三安　　　杂任、卫士及职资、侍丁□□□
　　　　六百五十六
7.　　　二百七十三人　　　白　丁　□□□
8.　　　二　百□十七　人　旧
9.　　　　　六　　人　　　新
10.　　　□百五十二老寡、丁妻、黄、小女
11.　　　一百一十六人　　　贱
12.　　　□　十　九　人　　　奴丁(一)新五十八旧
13.　　　□　□　□　人　　　婢三新五十四旧
14.　　□□□□□□□□□□　　　　　　白丁并依实,
后若

［后缺］

由上引文书可见,在乡帐中,除注明新旧老小见输之外,民户明确分为良贱两大类,并具体列出新旧口数。关于繁式户口账,吐鲁番文书中至少有七件,如《唐永徽元年后某乡户口账》(草)第五件文书:[2]

1.　口一十三　　　　　□□□
2.　口一百一　十　七　　□□□
3.　口一中女　笃　　　□
4.　口一百六　十　二　　小女
5.　口卅七黄　女
6.　口　三百卅七　贱
7.　口二老　部曲
8.　口一丁　部曲

①　国家文物局古历史研究所等:《吐鲁番出土文书》第四册,第217页,68TAM103:20/1(a)。
②　国家文物局古历史研究所等:《吐鲁番出土文书》第六册,第227—228页,65TAM42:90(b)、91(b):(五)。

9. 口 一 百 五 十 二 奴

10. 口廿五 老奴

11. 口卅 □ □ 奴

12. 口 □ 奴

13. 口 □ 奴

14. 口一 百 八 十 二 婢

15. 口 一客女

16. 口卅三 老婢

17. 口 七 十 七 丁婢

18. 口 四十 中婢

19. 口卅 小婢

20. 口一 黄婢

21. 口二 百 九 十 二 □

22. 口三县佐 （后缺）

可以看出，计帐之类，主要登录当乡良贱人口总数及其新旧口、黄小中丁老等情况。而具体到每个家口的情况则不在登录之列。

唐代各级的计帐，是在掌握基层户口籍的基础上完成的。唐律规定："率土黔首，皆有籍书，若一户之内，尽脱漏不附籍者，所由家长合徒三年。"[1]奴婢部曲之类贱口，虽属于无课役口，但亦严禁脱漏。若有脱漏，"四口为一口"[2]，主人徒一年半。

在现已出土的敦煌吐鲁番文书中，有不少反映民户贱口身份情况的户口籍，试以《唐西州高沙弥等户家口籍》中片断为例：[3]

［前略］

17. □主 孟海仁年四十四 县史 母张年七十一

18. 仁妻史年廿七 妾（妻）高年廿八

19. 男建德年四岁 女光英年五岁

20. 男黑奴年六岁 奴□□年六十三

21. 婢未香年十八 □一头黄犍□岁车一

22. 婢守香年六 □

此户籍中登录的既有家口，亦有贱口。再看敦煌文书中比较典型的另一个家庭户

---

① （唐）长孙无忌等：《唐律疏议》卷一二，《户婚》。

② （唐）长孙无忌等：《唐律疏议》卷一二，《户婚》。

③ 国家文物局古历史研究所等：《吐鲁番出文书》第四册，第13页。64TKM1：33(b)、34(b)、32(a)、36(a)。

口账,即《唐大历四年沙州敦煌县悬泉乡宜禾里籍》中的索思礼户,其户口及受田情况如下:①

> 41.　户主索思礼　年陆拾伍岁　老男　昭武校尉前行右金吾卫灵州武略府别将上柱国
>
> 42.　母汜　　　　年捌拾玖岁　寡　上元二年帐后死
>
> 43.　妻汜　　　　年伍拾玖岁　老男妻
>
> 44.　男游鸢　　　年叁拾柒岁　丹州通化府折冲上柱国[注略]
>
> 45.　鸢妻张　　　年叁拾捌岁　职资妻
>
> 46.　鸢男齐岳　　年壹拾贰岁　小男　大历二年帐后编附
>
> 47.　奴罗汉　　　年肆拾陆岁　丁
>
> 48.　奴富奴　　　年贰拾玖岁　丁
>
> 49.　奴安安　　　年伍拾叁岁　丁　乾元三年籍后死
>
> 50.　婢宝子　　　年贰拾玖岁　丁
>
> 51.　合应受田陆拾壹顷伍拾叁亩　　贰顷肆拾叁亩已受(下略)

从以上户口账来看,贱口与良口一同登录,贱口一般在家庭主要成员之后,需要注明性别、年龄等。第二件文书中户主索思礼名下注为"下中户,不课户"。索思礼之所以为"不课户",当然是由于其具有官勋的缘故。

　　除乡帐、户口帐外,在出土文献资料中,还有反映基层最基本情况的手实帐,"手实者,令人户具其丁口田宅之实也",②这是为编造户籍、计帐而责令民户提供的。试看《武周载初元年西州高昌县宁和才等户手实》第六部分:③

> 1. 户主康才宝年肆　▢▢▢▢
>
> 2. 女胜姜年[贰]　　▢▢▢▢
>
> 3. 度弟妻　　　　　▢▢▢▢
>
> 4. 女行檀年拾贰[岁]　▢▢
>
> 5. 弟方艺年叁拾肆岁　　白丁
>
> 6. 妻高年叁拾岁　　　　丁妻
>
> 7. 弟真宝年叁拾陆岁　　丁妻
>
> 8. 婢真珠年伍贰岁　　　▢▢
>
> 9. 右件口旧有　▢

从以上敦煌、吐鲁番出土的大量唐代户籍资料来看,唐代系统的、完整的、社会影响广泛的良贱身份制度,显然是以计帐及户籍、手实中的良贱身份的区分为基础的,

---

① 唐耕耦、陆宏基:《敦煌社会经济文献真迹释录》第一辑,第192页。

② (宋)李焘:《续资治通鉴长编》卷二五四,神宗熙宁七年七月吕惠卿议。

③ 国家文物局古文献研究所等:《吐鲁番文书》第七册,第424—425页。

没有户口中良贱身份的登录,即无法维持这样一个身份系统。

唐代社会中良贱身份的改变,按规定须经"本属申牒附除",所谓申牒附除,即是经由官府有关部门在户籍中改变身份之意。若不经官府,随便改变身份,则是触犯法律。如《户婚律》规定,以良人女"上籍为婢者流三千里"①。奴娶良人,徒一年半,娶客女减一等,徒一年,"因而上籍为婢者,徒三年,其所生男女,依户令,不知情者从良,知情者,从贱"②。

唐代私人的贱口不授田、不纳课,之所以要列入国家的统计序列,当然是统治者出于政治、经济、军事各个方面的考虑,认为有必要掌握全国贱口包括部曲、奴婢总的情况。有唐一代,唐政府关于贱口问题的大量诏敕,显然是在掌握全国贱口基本情况的基础上发布的。③ 这与唐律中存在的大量良贱身份制律文,形成了明显的对应,是唐代社会中一个引人注目的十分重要的社会制度。

在唐代社会中,还有相当数量的官贱民,如官奴婢、杂户、官户、乐户等,他们的籍账管理不同于私贱口。

唐代的官贱民,隶属于尚书省刑部都官。都官一职,汉代已有,但直到开皇三年(583年),始专管官私贱口之事。首先看官奴婢的管理,都官郎曹管理诸司官奴婢籍账的方法,据《唐六典》记载:官奴婢"每岁孟春,本司以类相从,而疏其籍以申,每岁仲冬之月,条其生息,阅其老幼而正簿焉。注:每年十月,所司自黄口以上,并印臂送都官阅貌。"④《唐会要》卷八六《奴婢》亦载:"其年(大历十四年)都官奏,伏准格式,官奴婢诸司每年正月造籍二通,一通送尚书,一通留本司,并每年置簿点身团貌,然后关金仓部给衣粮。"综合两条史料,都官具体管理官奴婢的方法是:第一,每年十月,诸部门将黄口以上的奴婢印臂送到刑部都官曹以备核检。第二,官奴婢送至刑部后,由都官据名籍进行貌阅,核对老小生死,校正簿籍。第三,貌阅属实以后,第二年正月,由官奴婢所在司根据貌阅情况进行附除,造籍册两份,一份送刑部都官,一份留本司为底。都官核实无误后,通知户部的金仓二司,支给衣粮。

官户在唐代是身份略高于官奴婢的贱民,"亦为先代配役及配隶相生者,此等之人,州县无贯,惟属本司,故名官户"⑤。官户上番的规定是一年三番,即三个月,而且可以纳资代役。我们知道,官户在均田制中是占有土地的,"凡官户受田,减百

① (唐)长孙无忌等:《唐律疏议》卷一二,《户婚上》。
② (唐)长孙无忌等:《唐律疏议》卷一四,《户婚下》。
③ 《唐六典》卷六,《尚书刑部》载,都官郎中员外郎"凡公私良贱必周知之"。这显然是以掌握全国各州县随户口上报中央的贱口数字为基础的。
④ 《唐六典》卷六,《刑部都官》。
⑤ (唐)长孙无忌等:《唐律疏议》卷三,《名例》。

姓口分之半"①,即官户丁男四十亩、丁女二十亩。但由于官户"隶司农,州县元无户贯"②,因而他们耕种的土地可能是京城司农寺的官田。

这里,还有一点应当引起重视,即部分附贯州县的官奴婢也可以纳资代役了。在唐以前,纳资代役是良人才能享有的权利,官奴婢只能长役终身,但到了唐代中期,这种情况发生了变化。据《新唐书·百官志》都官条载,官奴婢"附贯州县者,按比如平民,不番上,岁督丁资,为钱一千五百;丁婢、中男、五输其一;侍丁残疾半输"。这说明附贯州县的一部分官奴婢已经有了自己简单的生产活动,有了私有财产,能够像平民一样纳资代役了。

此外,唐代政府中还有杂户、工、乐户、太常音声人等官贱民。"杂户者,谓前代以来,配隶诸司职掌,课役不同百姓,依令'老免、进丁、受田,依百姓例',各于本司上下。"③杂户的籍账,看来也是由都官总管,"散配诸司驱使,在各司供职上下"。同时,他们"亦附州县户贯"。即州县看来亦有他们户账。"工、乐者,工属少府,乐属太常,并不贯州县。……太常音声人,谓在太常作乐者,元与工、乐不殊,俱是配隶之色,不属州县,唯属太常,义宁以来,得于州县附贯,依旧太常上下,别名太常音声人。"④"义宁"是隋朝年号,看来,太常音声人的籍账,经历了一个从隶属中央到隶属地方的过程。

唐律规定,"诸会赦,应改正、征收,经责簿账而不改正、征收者,各论如本犯律"。疏议举例列出"应改正、征收"的内容有:"私入道、诈复除、避本业",并解释"避本业"曰:"谓工、乐、杂户、太常音声人,各有本业,若回避改入他色之类,是名避本业。""脱漏工、乐、杂户之类。会赦以后,经责簿账,即须改正,若不改正,亦论如本犯之律。"可见,唐代通过簿账,严格控制官贱民身份的改变。

贰　秦汉至魏晋时期贱口登录形式之演变

我们知道,唐代良贱身份制度的形成,主要是以唐代政治经济结构与文化背景为基础的,是唐代社会结构自身的产物,但作为一个系统的身份等级制度,其形成必然有其历史的根源及其继承性,在良贱身份的籍账登录形式方面,也自必有一个形成的历史过程。

---

① 《唐六典》卷三,《尚书省户部》。
② (唐)长孙无忌等:《唐律疏议》卷六,《名例》。
③ (唐)长孙无忌等:《唐律疏议》卷三,《名例》。
④ (唐)长孙无忌等:《唐律疏议》卷三,《名例》。

一、秦汉时期贱口登录形式的演变

在中国，户籍制度产生得很早。早的不说，春秋时期，周宣王"料民于太原"①，即是人所周知的统治者依据户籍对人民户口的一次调查。先秦时期，奴婢之类的贱口是否登录于户籍之中，史无明文，但从裴豹代人杀人以求免丹书之事来看②，贱人是有其专门的籍账的。从商鞅变法时"明尊卑爵秩等级，各以差次名田宅，臣妾衣服以家次"来看，③臣妾之类奴婢是必须登录于国家籍账并有所限制的。

秦汉时期，奴婢之类的贱口，开始明确载入户籍或资产籍中。云梦睡虎地出土的一件秦简《爰书》，有如下记载：④

> 封守　某乡爰书：以某县丞某书，封有鞫者某甲士五甲室、妻、子、臣、妾、衣、器、畜产。甲室、人：一宇二内，各有户、内室皆瓦盖、木大具、门桑十木（株）。妻曰某，亡、不会封。子大女子某，未有夫。子小男子某，高六尺五寸。臣某、妾小女子某。牡犬一

此简虽非专门户籍，但大体反映了秦代户口登录的内容。简册中奴婢与主人家口同时登录，他们的名字列在家人之后，但他们并非家人，而是与牡犬一样作为财产登录的。

在云梦睡虎地出土的其他秦简中，也反映了奴婢之类贱人是列入户籍或财产籍之中的。

两汉政权继续用名籍即户籍制度控制民户，"汉时八月案比而造籍书"⑤。即每年的八月实行户口统计，举凡姓名、年纪、籍贯（郡、县、里）、爵级、肤色、身长、家口、财产（田宅、奴婢、牛马、车辆等及其所值），都要在名籍上一一载明。近年出土的《张家山汉墓竹简》载：

> 民欲先令分田宅、奴婢、财物，乡部啬夫身听其令，皆参办券书之，辄上如户籍。⑥

> 民大父母，父母，子孙、同产、同产子。欲相分予奴婢、马牛羊、它财物者，皆许之，辄为定籍。孙为户，与大父母居，养之不善，令孙且外居，令大父母居其室，食其田，使其奴婢，勿贸卖。孙死，其母而代为户。令毋敢逐夫父母及入

---

① （汉）司马迁：《史记》卷四，《周本纪宣王三九年条》，第145页。
② （唐）孔颖达：《春秋左传正义》卷三五，襄公二三年夏条："以裴豹请焚丹书，知以丹书其籍。"
③ （汉）司马迁：《史记》卷六八，《商君列传》。
④ 《睡虎地秦墓竹简》，文物出版社1978年版，第249页。
⑤ 《周礼》地官小司农疏，贾公彦注。
⑥ 《二年律令释文注释》，《张家山汉墓竹简（二四七号墓）》，文物出版社2003年版，第335简，第178页。

赘，及道外取其子财。①

前条简牍中的"先令"即遗嘱，按汉律规定，死亡者遗嘱中交待的财产包括奴婢、田宅、财物等，都要按规定办手续，登记入户籍之中。后条简牍中规定民户在分家时，奴婢、马牛等财产，也必须按规定"辄为定籍"，即纳入户籍之中。

一方面我们看到汉代奴婢要"名数"，即登入主人户籍。另一方面，在汉代，奴婢也经常作为财产登录在财产籍中。这在出土的秦汉简牍中有明确的反映，如《居延汉简甲乙编》载：

> 侯长触得广昌里公乘礼忠年卅
>
> 小奴二人，值三万。用马五匹，值二万。宅一区，万。大婢一人，二万。牛车二两，值四千。田五顷，五万。
>
> 轺车二乘，值万。服牛二，六千。凡赀值十五万。②

此文书中的奴婢，显然是与牛马房车一样作为财产登录的。

在汉代社会中，法定的其他贱民身份还有七科谪，即"吏有罪一，亡命二，赘婿三，贾人四，故有市籍五，父母有市籍六，大父母有市籍七，凡七科"③。七科，实际是四大类人，赘婿即男到女家者，亡命即脱籍者，加上"吏有罪"，此三类人一般是不能立户的，而后四种人实际都是指商人或家人曾为商人者，他们列入单独的受歧视的"市籍"。不过，应当注意到的是，目前所见秦汉史料中，七科谪中有些身份似未作为一种贱民身份在秦汉户籍中登录。

此外，在秦汉户籍中，虽有庶奴之别，但户籍中却未见到像唐代户籍中明确标明"良贱"那样，明确标明一般人的"庶人"的身份。

值得注意有是近年出土的张家山汉简中有一种"私属"之类的贱口，请看以下文书：

> 奴婢为善而主欲免者，许之，奴命曰私属，婢为庶人，皆复使及算，事之如奴婢。主死若有罪，以私属为庶人，刑者以为隐官。所免不善，身免得复入奴婢之。其亡，有它罪，以奴婢律论之。④

以往，我们在讨论王莽改制时，看到王莽曾改天下土地为王田，奴婢曰"私属"，现在我们终于知道，早在汉初，已出现了"私属"这样一种身份。这种私属身份，向上可以成为庶人，向下仍可成为奴婢，因此其身份介于庶人与奴婢之间。这样看来，汉代已经出现了贱口身份多层次化的苗头。只是在现存文献资料中，我们已难得其详了。

---

① 《二年律令释文注释》，《张家山汉墓竹简（二四七号墓）》，第337至339简，第178页。
② 《居延汉简甲乙编》三七·三五（乙叁贰版）。
③ （汉）司马迁：《史记》卷一二三，《大宛列传》引正义张晏注。
④ 《二年律令释文注释》，《张家山汉墓竹简（二四七号墓）》，第162至163简，第155页。

二、魏晋南北朝时期贱口登录形式的演变

进入魏晋南北朝时期,中古时期系统的良贱身份制度开始形成。社会身份开始出现多层次化的倾向。此时期各类贱口在户籍中登录的方式,在不同的历史阶段及南北方不同的地区,有着很大不同。

三国时期,魏、蜀汉、东吴三国的贱口身份登录有同有异。曹魏时期,除法定的奴婢身份以外,曹操在北方实行士家制度。士家制度,这是曹魏为适应战争需要,依据世族控制私人家兵奴仆方式,通过政权强力建立起来的一种控制军队的制度,实际上也是一种通过法律确定下来的特殊的身份制度。曹魏士家制的实行,可以说对中古良贱身份等级制度起了重要的影响作用。中古良贱制度的许多特征,特别是唐律贱民包括部曲、奴婢的一些主要特征,如身份世袭、同类相婚、身份差等、身份放免、同罪异罚、特别名籍等,在曹魏士家制度中都已清楚地显示出来。[①]

孙吴时期,贱口身份在户籍中的登录方式,大体与汉代相似,近年在长沙走马楼出土的一批吴简中,多少反映出这些情况。请看以下户籍资料:[②]

简八九〇六　　　　绍户下奴鼠年十四聋耳病

简九三二〇　　　　绍户下婢□心年廿二苦腹心病

简九三七〇　　　　绍户下婢意年十六

简九三七二　　　　绍户下婢退年六十

简九三八三　　　　绍户下奴寔年十三

简八八九七　　　　右绍家口食十一人　　　　　　赀五十

这是户主绍名下的一批奴婢,分别注明了他们的名字、年龄及身体状况等。这种注录方法,与唐代《唐西州高沙弥等户家口籍》相比,形式已十分相像了,由此可证,唐代户口中贱口注录的方式,由来已久。再如简六七〇八:"右见师佐廿一人兄弟妻子及奴七十八人合九十九人"。此简是一个总计,其中民口是与奴合并在一起统计的,这说明当时奴婢一般是加入民籍的。与唐代计帐中总计良贱口数的情况已有相似之处。

两晋时期,户籍制度中最值得重视的,是客户作为依附民的合法化。

客户作为一种依附人口,自曹魏"给公卿以下租牛、客户各有差"及西晋实行按官品荫客制以后,即开始合法化了。他们的身份也由过去的自由民变为低于自由民的类贱民。至东晋,"时百姓遭难,流移此境,流民多庇大姓以为客。元帝大兴四年,诏以流民失籍,使条流其名上有司,为给客制度"[③]。其实,当时类似客户身份

---

① 参见李天石:《中国中古良贱身份制度研究》,南京师范大学出版社 2004 年版,第 115 页。

② 《长沙走马楼吴简·竹简》壹(下),第 1076 页。

③ (南朝梁)萧子显:《南齐书》卷一四,《州郡志》,南兖州条。

的还有不少。《隋书·食货志》载:"都下人多为诸王公贵人左右佃客、典计、衣食客之类,皆无课役。官品第一、第二,佃客无过四十户……第九品五户。其佃谷皆与大家量分。其典计,官品第一、第二置三人……皆通在佃客数中。官品第六以上并得衣食客三人……。客皆注家籍。"

对于"客皆注家籍",学界一直有争议。有的学者认为"客注家籍"是指客加入主人户籍;[1]有的认为是客独自立户、列籍而署以主名;[2]有的认为是主人制作客的名籍,而注上主人的名字。[3] 无论哪种观点正确,不可否认的事实是,对过去官府并不承认其依附地位的作为流动户的客户,作为一种社会身份,政府开始予以承认,并合法登录入户籍,尽管其户籍是附着于主人名下。在最近出土的长沙走马楼吴简中,我们看到不少奴注在主人家籍下的情况,但还看不到"客注家籍"的情况。这反映客注家籍主要还是两晋以后的情况。东晋南朝时期,政府多次发布免奴为客的诏令,说明客这一身份在社会上已得到比较普遍的承认。南北朝后期,客与部曲在身份上日益接近。北周武帝建德六年(577 年)十月关于免奴婢为部曲客女的诏书第一次确定部曲身份高于奴婢,但又不能"一同民伍",所以,正如唐长孺先生所说,部曲身份相当于客。[4] 他们对主人的人身依附关系是强烈、牢固的。后来唐律中详密的有关部曲条文必定是周隋律的沿袭和发展。

十六国时期的户籍制度,史书中反映不多,敦煌文书中出有一件《西凉建初十二年敦煌西宕乡高昌里籍账》,从其中几户较完整的户口簿,大体可见当时户口登录的情况,[5]户籍中虽未见贱口,但从形式看,与吴简民户登录方式相类似,若有奴婢之类,也应登录在主人家口之后。

北朝时期,社会阶层多层次化的趋势更加明显。从北魏开始,历代政府特别是北魏政权,依据中国传统的儒家礼制等级观念及门阀世族体制,发布一系列诏令,使各类身份进一步法典化、系统化。其中最可注意的,便是各类贱民身份的法典化及通过均田制,将社会人口区分为良贱两大系统。这一时期,见诸史籍与文献的各类贱口有奴婢、部曲、客户、杂户、隶户、乐户、营户、平齐户等,如"缘坐配没为工乐杂户者,皆用赤纸为籍,其卷以铅为轴"[6]。寺院中的贱口则有僧祇户、佛图户等。在这些贱口中,杂户、乐户、营户等基本属于官贱民,政府有单独的户籍,在平民户

① [美]杨联陞:《晋代经济史注解》,载杨联陞著,彭刚、程钢译《中国制度史研究》,江苏人民出版社 1998 年 12 月第 1 版,第 115 页。

② 越智重明:《客与部曲》,《史渊》1973 年第 110 期。

③ [日]堀敏一:《均田制研究》,东京岩波书店 1975 年版。

④ 唐长孺:《魏晋南北朝时期的客和部曲》,载《魏晋南北朝史论拾遗》,中华书局 1983 年版。

⑤ 唐耕耦、陆宏基:《敦煌社会经济文献真迹释录》第 1 辑,书目文献出版社 1986 年版,第 109 页。

⑥ (春秋)左丘明:《左传》襄公二十三年疏。

中,主要有部曲、客户、奴婢等。关于北魏时期官户、乐户、平齐户、营户等身份法典化的过程及良贱身份体系的建立过程,我已撰文进行过探讨。① 总之,自孝文帝按汉人门阀世族体制进行改革以后,各类贱口在法律上的身份大体固定下来。当然,对社会影响最大的是均田制下良奴身份体系的确立。

北魏实行的均田制,无疑是依据中国传统的井田制理论建立起来的。除了土地的分配以外,最重要的是对劳动人手的分割。由于均田制的授田数量是依据官品、家口及占有奴婢的多少确定,奴婢授田依良人。多一个奴婢,理论上即可多授六十亩田土。同时,又由于占有奴婢没有数量上的限制,因而实行均田制以后,关于奴良之讼的案件大增,有些地主强以良人为奴婢要求多占土地,因而奴婢身份的确定就成了一项重要的工作,到世宗延昌二年二月癸卯,宣武帝宣布"定奴良之制,以景明为断"②。亦即景明年为奴婢者仍为奴婢,此后成为奴婢者一律无效。从此,将人们区分为良贱身份二个系统的规定,便开始在户籍上全面地表现出来。③

关于奴良身份的确认,显然是实行均田制的需要。早在均田制实行以前,也曾产生过争田问题。李安世上书称"所争之田,宜限年断,事久难明,悉属今主"④。而"定奴良之制,以景明为断",其结果则必然是使良奴身份进一步固定下来。这对于良贱身份的世袭化、凝固化,良贱身份的制度化,无疑起了重要的推动作用。在史书中,我们可以发现,自延昌二年"定奴良之制"以后,北魏良贱身份制度日益严格化了,以良为贱,可被处以极刑。

北魏实行均田制后,"奴良之别",日益社会化了,北齐人宋孝王《关东风俗传》载,"广占者,依令,奴婢请田亦与良人相似,以无田之良口,比有地之奴牛。宋世良天保中献书:请以富家牛地先给贫人。其时,朝列称其合理"⑤。从宋世良所言可见,奴与良的对称,已相当普遍了。北魏均田制中明确实行的奴良之制,深远地影响到后来几百年的良贱身份体系。从此,在户籍之中,社会所有的人口都必须区别其良贱身份。

关于北魏的籍账,现已无法见到,但据史书记载,西魏时苏绰曾于西魏大统二年(536 年),"始制文案程式,朱出墨入,及计帐、户籍之法"⑥。大统三年,"又为六

---

① 李天石:《试论北魏时期良贱身份制度的法典化》,《江海学刊》2004 年第 4 期。

② (北齐)魏收:《魏书》卷八,《世宗纪》。

③ 延昌二年诏令,估计缘自李平任相州大中正期间,当时因"前来良贱之讼,多有积年不决,平奏不问真伪,一以景明年前为限,于是诤讼止息"。估计朝廷将此办法推广于全国(《魏书》卷六五,《李平传》)。

④ (北齐)魏收:《魏书》卷五三,《李安世传》。

⑤ (唐)杜佑:《通典》卷二,《田制》。

⑥ (唐)令狐德棻:《周书》卷二三,《苏绰传》,中华书局 1972 年版。

条诏书,奏施行之"。宇文泰规定,"其牧官令长,非通六条及计帐者,不得居官"①。胡三省注释"计帐"说:"计帐者,具来岁课役之大数,以报度支;户籍者,户口之籍。"胡三省的解释当依唐代情况而言,唐代的计帐户口之法来自西魏。

那么唐代的良贱身份登录之法是不是来自北魏、西魏的制度呢?这点我们可从继承了北魏均田制基本精神的残存的敦煌出西魏户籍中知道个大概。敦煌出 S613 号文书《西魏大统十三年瓜州效谷郡计帐》,②反映了西魏良贱制度的一些具体情况,下为该文书第四断片:

1. ▭▭▭▭ (户主 白丁 课户上)

2. ▭▭▭▭ (妻 丁妻)

3. 息男众僧乙卯生年拾叁 实年十八

4. 息男神和甲子生年肆 小男

5. 婢来花己未生年玖 实年十八进丁

6. 息男黄口甲子生年两 黄男 上

7.
          口一小男年四

口二不课
          口一黄男年二

9.   凡口六

                二丁男
10.   口四课见 [输] 口三 良
                一丁妻
        口一贱丁婢

11.

12.

13.
          一匹二丈 良
14. 计布一匹三丈
          一丈 贱
15.

16.
          三斤 良
17. 计麻三斤八两
          八两 贱
18.

[下略]

---

① (宋)司马光:《资治通鉴》卷一五八,梁武帝大同七年条。

② 唐耕耦、陆宏基:《敦煌社会经济文献真迹释录》第 1 辑,第 112—127 页。

［下略］

关于该文书的学术价值及与均田制度有关的情况，中外学者已进行了深入探讨。①

从良贱身份在户籍中登录的角度来看，我认为该文书说明，自北魏实行均田制与"定良奴之制"后，良贱身份体系已开始在户籍、计帐上明确反映出来，良贱身份制度正式进入了户籍计帐。该籍账将所有人员身份明确区分为良贱的登录方法，完全为隋唐所沿袭。如文书中有名为"来花"的婢女，与主人家成员同时登录在户口之中（而且夹录在良口之中），在该户六口人中，两个不课口，四个课口，其中三个课口明确注明身份为"良"，而婢来花作为课口之一，身份明确注明为"贱"。在所承担课役的人员之中，亦明确区分为良、贱，所纳布、麻、租及所授田土数量，良贱亦有明显不同。

在敦煌、吐鲁番所出唐代文书中，虽然未能见到与此完全相同的籍账，但据唐长孺先生研究，吐鲁番文书中所出唐代计帐的繁式与此件西魏大统十三年籍账有诸多相似之处，这也说明了它们的继承性关系。从前引贞观年间籍账中良贱身份注明的方式可以看出，其良贱身份登录的方法与西魏大统十三年计帐已如出一辙，由此可证北朝良贱制对隋唐良贱身份制的影响。

（原文在 2005 年台湾地区第七次唐代史学术会议上报告，后收入刘进宝、高田时雄主编：《转型期的敦煌学国际学术会议论文集》，上海古籍出版社 2007 年版）

---

① 关于该文书的研究，参见［日］西村元佑：《中国经济史研究》，第 158—268 页；［日］池田温：《中国古代籍账研究》，第 149—165 页。唐耕耦：《西魏敦煌计帐文书以及若干有关问题》，载《文史》第九辑；王永兴：《陈门问学记》，江西人民出版社 1993 年版，第 256—281 页。

试论南朝奴客的身份问题

——以刘宋符伍问题的讨论为中心

南朝宋文帝元嘉年间，围绕着士族在符伍中应否连坐的问题，刘宋朝廷曾展开过一场大的辩论。《宋书·王弘传》详细记载了此次辩论的整个过程及诸位大臣发表的意见。对于此次事件，以往学者虽曾注意到其对分析南朝里伍制度以及门阀世族地位变化的价值，①但对该事件所反映的南朝奴婢的有关问题，则尚未给予足够的重视。其实，该段史料对于研究南朝良贱身份等级制度、特别是南朝的奴客身份问题，具有极高价值。

一

关于这次符伍问题争论的时间，从《宋书·王弘传》所载王弘在此事件前的元嘉六年年初，曾上书文帝为彭城王刘义康言事，元嘉九年王弘病逝的情况来看，应发生在元嘉六年到九年（429—432 年）之间。又据参与讨论的尚书右丞孔默之元嘉六年七月以后，已改任广州刺史的情况来看，此次讨论的时间当在元嘉六年年初至六七月间。②

主持此次讨论的是尚书仆射王弘。王弘，字休元，东晋名相王导之曾孙。最初曾任刘裕谘议参军、左长史等职，深受刘裕信重。宋朝建立后，出任尚书仆射，兼领彭城太守。王弘为人刚正，曾不顾众议弹劾左卫率谢灵运私杀力人之事及包庇此事的有关官员。史称其"博练治体，留心庶事，斟酌时宜，每存优允"③。另外，参与讨论的人员有尚书左丞江奥、尚书右丞孔默之、尚书王准之、殿中郎谢元、吏部郎何尚之等所谓"八座丞郎"，都是刘宋朝廷最高的决策官员。

此次关于士族是否在符伍中连坐问题的讨论，看来并非临时的动议。王弘事先曾将议题以疏的形式送与八座丞郎。又从疏文中"各言所怀"的口吻来看，王弘

---

① 朱绍侯：《魏晋南北朝土地制度与阶级关系》，中州古籍出版社，1988 年版。

② （南朝梁）沈约：《宋书》卷五，《文帝纪》。

③ （南朝梁）沈约：《宋书》卷四二，《王弘传》，下引此次争论各大臣意见并出此。

组织此次讨论,似是奉敕而行。因此这次讨论是刘宋朝廷的一件大事。

王弘给八座丞郎的疏文曰:"同伍犯法,无士人不罪之科,然每至诘谪,辄有请诉。若垂恩宥,则法废不可行;依事纠责,则物以为苦怨。宜更为其制,使得优苦之衷也。又主守偷五匹,常偷四十匹,并加大辟,议者咸以为重。宜进主守偷十匹、常偷五十匹死,四十匹降以补兵。既得小宽民命,亦足以有惩也。想各言所怀。"

从疏文来看,刘宋王朝的法律,在律文上似未明确规定照顾士族。但在实际生活中,士族则往往"每至诘谪,辄有请诉"。对此,朝廷若不依法处置,则"法废不可行",若"依事纠责",士族们则"以为苦怨"。宋文帝企图找到一种折衷的办法。此外,对于主守偷五匹、常偷四十匹处死刑的规定,亦有人认为过重,主张减轻处理。

自孙吴在江东建立政权以来,士族在江南一直占有举足轻重的地位,享有各种经济、政治特权,特别是东晋政权建立以后,门阀政治更达到了极盛。在那个时期,士族享有特权是理所当然的。在朝廷中,恐怕不会有人敢于提出士族应否享有司法特权的问题。但是,随着士族的日益腐败,特别是经过东晋末年孙恩、卢循农民起义的沉重打击,士族的政治、经济、军事地位已非昔日可比。寒人出身的刘裕建立刘宋政权以后,寒人掌机要已成定势。在此背景下,为强化中央集权,为适应士庶政治经济地位的新变动,对士族的某些特权加以限制便是在情理中的事情。这应是宋文帝进行此次士族在里伍中应否连坐问题讨论的主要背景。

讨论开始后,首先发表意见的是尚书左丞江奥。他说:"士人犯盗赃不及弃市者,刑竟,自在赃污淫盗之目,清议终身,经赦不原。当之者足以塞愆,闻之者足以鉴戒。若复雷同群小,谪以兵役,愚谓为苦。符伍虽比屋邻居,至于士庶之际,实自天隔,舍藏之罪,无以相关。奴客与符伍交接,有所藏蔽,可以得知,是以罪及奴客。自是客身犯愆,非代郎主受罪也。如其无奴,则不应坐。"

江奥的意见要点有四:第一,他认为"士庶之际,实自天隔",士族不应同于"群小";第二,士人犯盗赃既已处刑,对于其士人的身份来讲,等于受到了严处,其人"清议终身,经赦不原",处罚已经到位,不应再"谪以兵役";第三,在里伍中,士人不与庶人交往,故庶人犯法,不应连坐同伍士人;而士人的奴客则与庶人等来往,若里伍中庶人犯法,士人奴客应当连坐。这并不是代主人受连坐,而是奴客自当其罪。第四,没有奴客的士人,不应在里伍中连坐。

江奥其人,史书中不详其出身背景,疑为济阳考城人。[①] 当属南迁的中等士族。从其发言的立场看,他是主张维护士人的特权的。他认为士人行为既受乡里清议制约,定罪后即不可能再出仕,不应再"谪以兵役"。按刘宋时期,兵户地位已

[①] 按东晋南朝江氏绝大多数为济阳考城人,见南朝四书及唐人林宝《元和姓纂》卷一,中华书局 1994 年标点本。

十分低落,其身份类同奴客,因此在江奥看来,士人即使犯罪,其身份也不应如此降等。谈到士人在里伍中的连坐问题,他主张以士人的奴客连坐,不能罪及主人。

奴客能不能受连坐,实际上即是奴客有没有刑事责任能力的问题,这当然是关系奴客本身性质的一个十分重大的问题。在奴隶社会,奴婢类同牛马,是民事关系中的权利客体,而不是权利主体,完全没有刑事责任与能力。奴隶犯罪,性质如同主人的牛马吃了他人的庄稼或踏伤他人,牛马本身无法负刑事责任,受害者只能追究牛马的主人的责任。在罗马法中,奴隶犯罪,主人必须承担刑事责任。《罗马法》对此有明确规定,①在中国,商周时期不必谈起,到秦汉时期,奴婢仍然是民事关系中的权利客体,是基本没有刑事责任与能力的。② 而江奥发言称奴客可受里伍连坐,而且是"非代郎主受罪也",这反映此时已有人认为奴客可以作为民事关系中的权利主体,承担一定的刑事责任了。这实际反映了奴客的地位已不同于奴隶社会的奴隶。不过,这种观念看来亦尚未被人们完全接受,此次讨论中即有大臣认为奴客不能负刑事责任。(见下文谢元所言)

当然江奥这里所言的"奴客"是个很含糊的概念,其实,奴与客身份是不相同的。这在中古时期的法律规定上是很清楚的。

许多学者根据魏晋南北朝时期奴客在实际生活中身份的接近,即奴的客化与客的奴化,认为这是封建生产关系发展的表现。这种见解,在认识魏晋南北朝生产关系变化的主流上,是相当正确的。但我们亦不能因此而忽视此时期奴与客在法律身份上的差异。在实际生活中,人们在一般情况下也是将奴客身份区分的很清楚的。奴与客在与主人的人身依附关系程度上及使用价值上都是有相当差别的。同时,在整个中古时期及不同的地区、不同的政权下,奴与客的区分情况也是不同的。在东晋南朝,由于封建生产关系的发展,奴客的身份似乎更模糊、更接近一些。江奥发言中时而称"奴客",时而称"客",时而称"奴",可见这几种称谓,大体是指同一类人。从此后其他人的发言看,这里的"奴客",身份更接近奴婢。但这种奴婢的身份已较秦汉无责任能力的奴婢,地位有所提高。

---

① 如[罗马]查士丁尼《法学阶梯》第四卷第八篇规定:"如你的奴隶犯下不法行为,只要他处在你的权力下,人们就对你起诉;如处于他人的权力下,则对新主人起诉。"商务印书馆 1996 年版。

② 宋齐时,奴客犯罪,主人一般是要负责任的。(南朝梁)萧子显:《南齐书》卷三九《陆澄传》载:"建元元年,骠骑谘议沈宪等坐家奴客为劫,子弟被劾,宪等宴然。右丞任遐奏[陆]澄不纠,请免澄官。"陆澄为此上表自理,言"伏寻晋、宋左丞案奏,不乏于时,其及中丞者,从来殆无。……今若以此为例,恐人之贵贱,事之轻重,物有其伦,不可相方。"从此段史料不难看出,第一,奴客犯罪,主人要负刑事责任,奴客仍是权利客体;第二,门阀世族特权并非法律上明确的规定,而是一种惯例。

二

尚书右丞孔默之随后发言。他说:"君子小人,既杂为符伍,不得不以相检为义。士庶虽殊,而理有闻察,譬百司居上,所以下不必躬亲而后同坐。是故犯违之日,理自相关。今罪其养子、典计者,盖义存戮仆。如此,则无奴之室,岂得宴安。但既云复士,宜令输赎。常盗四十匹,主守五匹,降死补兵。虽大存宽惠,以纾民命,然官及两千石及失节士大夫,时有犯者,罪乃可戮,恐不可以补兵也。谓此制可施小人,士人自还用旧律。"

尚书右丞孔默之,鲁人,曾注《穀梁春秋》,以儒学知名。他的意见要点有三:第一,既然士庶一同编入符伍,则必须相检与连坐,这正像百司不必参与其下级之事而却必须对下级的行为负责一样,士人也必须在符伍中受连坐;第二,现在据符伍连坐法罪责士人奴仆、养子,并非说明士人不应连坐,而是取古人"义存戮仆"之古义:即以惩罚奴隶代替惩罚贵族。① 第三,无奴之士人,亦不能置身法外,应在符伍中受连坐,但他们可以输钱粮以赎罪。第四,对于庶族小人之类,可以采用"降死补兵"的办法,以宽其性命。但对于士大夫及高级官员,则以用旧律为宜。

孔默之的发言有几点值得重视:

第一,从法规上看,士人既编入符伍,即应与庶人相互同负连保责任,而不应单方面只由庶人负连坐责任。此点证实前面王弘之所言——以往法律对士人在里伍中并无免受连坐的特殊规定——是确实的;这也进一步证明,东晋南朝士族即世族的特权地位不像北朝那样是通过法律明确规定下来的,而仅仅是存在于社会舆论之中。其实东晋南朝关于良贱身份制度的情况也是如此。

在里伍的实际生活中,奴婢一般要代主人受同伍连坐之罪,此乃取"义存戮仆"之古义,而不是如江奥所言,"自是客身犯愆"。孔默之熟谙儒家经典,其对奴婢代主人受罪的解释显然是正确的。

"养子""典计"与奴客的称谓及身份都是相通的。"典计"身份似乎高于一般奴婢,与客相近。在前述东晋南朝给客制度中,"典计"也在政府的给客之列:"其典计,官品第一、第二置三人,第三、第四置二人,第五、第六及公府参军、殿中监……一人,皆通在佃客数中。"典计可以"通在佃客数中",这应是一个重要的信息。

我们知道,西晋时期政府除规定荫客以外,尚规定有各级官员占有"衣食客"的数量,而东晋南朝则相应地有"典计",此岂非说明典计与衣食客二者在身份上有相通之处。中古法典上的部曲,所生女儿则称"客女",因此一直有学者认为部曲身份

---

① "义存戮仆"之意,见(唐)孔颖达:《春秋左传正义》卷二九,中华书局《十三经注疏》本。

与衣食客身份是相通的。果若如此,此处衣食客又与典计身份相通,由此可证"典计"身份大体属部曲之类。

在东晋南朝,实际上存在着性质不同的各种身份包括贱民身份,但由于在法律上缺少清楚的界定,因而许多身份显得模糊不清。这里典计仅是一例。

由此联系到南朝时期一些士族"不知几月当耕、几月当收",完全游离于生产之外,其生产可能即由这些"典计"之类的人掌管。"典计"似应是"典掌生计"之意,其身份大概属小管家之类。身份应高于一般奴婢,与客相近。中古文献中类似的称谓还有"典仓"①、"典信"②等,此处"典"乃掌管、典管之意。在北朝文献中亦有"典隶"的称谓,应是典管奴隶的小头目。

至于"养子",在南朝人的概念中,其身份与奴客相通。在其他的文献中,也可以发现以"养男""养女""义儿"等名义依附在主人名下的贱口。此点看似无关紧要,实际具有重要意义:它说明,当时许多奴客是以所谓"养子"的名义依附在主人户下的。之所以不直以奴客相称,当是为了避免压良为贱的嫌疑。同时,我们不难发现,中古的贱民在许多情况下,其身份地位亦是受主人宗族中宗法关系所制约的。如对于不孝之子,父亲处死无罪,同样对于户内贱民,主人亦可用宗族法处置。对于称为"养子"的贱口更是如此,因为在时人眼中,儿孙在宗族中地位最低,父家长可以用来处罚儿孙的办法,更可以用于惩处地位远比儿孙低得多的奴仆。尽管这些处置可能已经越出了国家的法度,但依宗族法解释却是行得通的。由于中古时期是中国历史上血缘宗法制度再次强化的时期,因而在相当程度上受宗法制所制约的中古贱民身份亦表现得特别低下。

三

继孔默之后,尚书王准之发表了意见,他说:"昔为山阴令,士人在伍,谓之押符。同伍有愆,得不及坐,士人有罪,符伍纠之。此非士庶殊制,实使即刑当罪耳。夫束修之胄,与小人隔绝,防检无方,宜及不逞之士,事接群细,既同符伍,故使纠之。于时行此,非唯一处。左丞议奴客与邻伍相关,可得检察,符中有犯,使及刑坐。即事而求,有乖实理。有奴客者,类多使役,东西分散,住宿家者少。其有停者,左右驱驰,动止所须,出门甚寡,典计者在家十无其一。奴客坐伍,滥刑必众,恐非立法当罪本旨。右丞议士人犯偷,不及大辟者,宥补兵。虽欲弘士,俱无以惩邪。乖理则君子,违之则小人。制严于上,犹冒犯之,以其宥科,犯者或众。使畏法革

---

① 国家文物局古历史研究所等:《吐鲁番出土文书》第八册,文物出版社 1987 年 2 月版,第 16、23、24、27、452 页。

② 国家文物局古历史研究所等:《吐鲁番出土文书》第九册,第 31、33 页。

心,乃所以大宥也。且士庶异制,意所不同。"

王准之所言,有难以理解之处,因而有些学者引用上文时的标点与中华书局本《宋书》的标点略有不同。其中自"夫束修之胄"以下断为:"夫束修之胄,与小人隔绝、防检,无方宜及;不逞之士,事接群细,既同符伍,故使纠之。"①从"束修之胄"与"不逞之士"的对仗来看,此种标点基本是正确的,但其中"无方宜及"似又不通。我认为此段中"宜及"当是"宜免"之误,如此则"束修之胄"可与"不逞之士"相对,"宜免"则与"纠之"相对,文意方通。另外,文中"右丞议士人犯偷,不及大辟者"一句,对照前文,当是指左丞相江奥所言,"右"字显系"左"字之误。

王准之认为士人"押符"在伍,"同伍有愆,得不及坐;士人有罪,符伍纠之"是正确的,因为有修养的士人,不与里伍中"小人"往来,无法防检里伍中他人的行为,故应免于连坐;而士人中的不法之徒,必与里伍"群细"往来,故不逞士人犯罪,庶族小人应受连坐。对于尚书左丞江奥所言士人奴客应在符伍中受连坐的观点,王准之表示反对,认为从"立法当罪"的本旨看,奴客劳作分散,不应负连坐责任,否则"滥刑必众"。对于左丞相江奥"士人犯偷,不及大辟,宥补兵"的意见,王准之亦表示反对,认为士人犯罪,即类同小人,不应宽赦。这样才能使人们"畏法革心",减少犯罪,这是最大的容赦宥免。

王准之的观点,大体上是维护现有的政策,即维护"束修之胄"的利益。不同之处在于他不主张符伍中庶人犯罪而连坐士人的奴客,这显然也是出于维护士族经济利益的考虑。在犯赃处罚上,他亦不主张"士庶异制"。

从王准之所言,大体可以看出南朝奴客的役使情况,这是反映南朝贱民的极重要史料。看来在南朝时期,至少是刘宋时期,多数地主的土地是分散而非集中的,由此决定了在这些土地上的劳动者——奴客同样是分散的,显然,这些奴客大多应是"皆注客籍"的依附户,他们大多应有自己的家庭,这与罗马奴隶多是集体劳动且无自己家庭的情况完全不同。另外"典计者在家十无其一",这一点是否与奴客分散劳动为同一概念?据前文典计与奴客可以通称以及此段所言"典计者在家十无其一,奴客坐伍,滥刑必众"的文意来看,应是如此。从王准之所言还可以看出,真正用于家务劳动的奴客是少数。

四

随后发言的殿中郎谢元认为,事情的关键在于明确士人押符的本意所在,而不是纠缠末节。他说:"事必先正其本,然后其末可理。本所以押士大夫于符伍者,所

---

① 朱绍侯:《魏晋南北朝土地制度与阶级关系》,中州古籍出版社 1988 年版。

以检小人邪？为使受检于小人邪？案左丞称士庶天隔，则士无弘庶之由，以不知而押之于伍，则是受检于小人也。然则小人有罪，士人无事，仆隶何罪，而令坐之。若以实案相交关，责其闻察，则意有未因。何者？名实殊章，公私异令，奴不押符，是无名也，民乏赀财，是私贱也。以私贱无名之人，豫公家有实之任，公私混淆，名实非允。由此而言，谓不宜坐。还以其主，于事为宜。无奴之士，不在此例。若士人本检小人，则小人有过，已应获罪，而其奴则义归戮仆，然则无奴之士，未合宴安，使之输赎，于事非谬。二科所附，惟制之本耳。此自是辩章二本，欲使各从其分。至于求之管见，宜附前科，区别士庶，于义为美。盗制，按左丞议，士人既终不为兵革，幸可同宽宥之惠，不必依旧律，于议咸允。"

谢元的议论，乍看似乎艰涩难懂，但仔细分析，其思路基本是清晰的。[1]他同意江奥的意见：对士族既不依旧律，又不降低身份补兵，而是给予"宽宥之惠"。

从谢元的发言来看，他是竭力从各方面维护士族的利益的。即使士族的奴仆，他也不主张代主人连坐受罚，此亦是为维护士族的经济利益。谢元出身陈郡阳夏，为谢灵运从祖弟，东晋以来世为江东大族，刘宋初王弘曾弹劾其族兄谢灵运私杀力人之事，因此谢元在此维护士族利益的立场是不难理解的。他实际上否定了王弘最初所讲法律上不分士庶的观点。主张士族应享有完全的特权。[2]

吏部郎何尚之最后一个发言："按孔右丞议，士人坐符伍为罪，有奴戮奴，无奴输赎。既许士庶缅隔，则闻察自难，不宜以难知之事，定以必知之法。夫有奴不贤，无奴不必不贤。今多僮者傲然于王宪，无仆者怵迫于时网，是为恩之所沾，恒在程、卓，法之所设，必加颜、原，求之鄙怀，窃所未惬。谢殿中谓奴不随主，于名分不明，

---

① 谢元依次讲了五层意思：第一，首先应搞清楚士大夫"押符"的目的是什么，即：是为了让士大夫监督小人呢，还是为了使士大夫受小人监督？此"本"与"末"区分清楚，方可辨清事理。第二，谢元首先按左丞江奥"士庶天隔"、士人无法检小人而小人可以检士人的情况分析。按此则小人有罪，士人不受连坐。但谢元进一步推理道：既然主人不受连坐，"仆隶何罪，而令坐之"？即使里伍中小人案情真与士人奴仆相关，亦不应由奴仆坐之。原因是奴仆无权押符，且是人家私贱，此等人不能"豫公家有实之任"。因此，小人有罪，士人奴仆不应连坐，奴仆还是随其主人为宜。无奴之士则不存在此问题。第三，谢元又按士人可以检小人的情况进行分析，如此则小人有罪，士人亦应连坐，其奴仆则"义存戮仆"，代主人受罚。无奴之士，则应输赎以免受惩罚。第四，辨析了两种情况后，谢元表示了自己的倾向：他主张采取前种办法，"区别士庶，于义为美"。既不连坐士人，亦不追究奴仆。第五，在对待犯赃士人的处罚上，他同意江奥的意见：既不依旧律，又不降低身份补兵，而是给予"宽宥之惠"。

② 此段史料中"奴不押符，是无名也，民乏赀财，是私贱也"一句，以往学者将其当成不关联的二句，理解为奴无独立名籍，故不能押符；而庶人贫贱是因为缺乏赀财。这种理解其实是错误的。因为从该句后"以私贱无名之人，豫公家有实之任，公私混淆，名实非允"一句来看，此处"私贱"与"无名"者应同是指奴仆，而非"私贱"指庶人，"无名"指奴仆。之所以产生这种理解上的错误，关键是"民乏赀财"一句有误。其实，联系上下文分析，可以断定，句中"乏"字乃"之"字之误。全句应是"奴不押符，是无名也，民之赀财，是私贱也"。意为奴仆无独立户籍，不具备押符资格。他们是人家的资财，是私家的贱人。

诚是有理。然奴仆实与闾里相关,今都不问,恐有所失。意同左丞议。"

何尚之反对孔默之"有奴罪奴,无奴输赎"的意见,认为"有奴不贤,无奴不必不贤",若按孔默之所议,有钱有奴之士可以逃避连坐,而无钱无奴之士却要承担连带责任,这是不公平的。从最后一句可以看出,何尚之实际上主张的是:有奴客的士人,因"奴仆实与闾里相关",应受连带之责,而无奴之士则应免于追究连坐。显然,何尚之所言代表了那些政治上失势、经济上没落、家中缺少奴客之士人的利益。在大臣们一场各抒己见的激烈辩论之后,王弘作了总结发言,他的意见随后得到了宋文帝的支持与批准,实际上等于为这场争论作了最后结论。王弘的总结发言可以分为四段:

第一段:"寻律令暨不分别士庶,又士人同伍罹谪者,无处无之,多为时恩所宥,故不尽亲谪耳。吴及义兴适有许、陆之徒,以同符合给,二千石论启丹书。己未间,会稽士人云十数年前,亦有四族坐此被责,以时恩获停。而王尚书云人旧无同伍坐,所未之解。恐莅任之日,偶不值此事故邪。圣明御世,士人诚不忧至苦,然要须临事论通,上干天听为纷扰,不如近为定科,使轻重有节也。"

第二段:"又寻甲符制,蠲士人不传符耳,令史复除,亦得如之。共相押领,有违纠列,了无等衰,非许士人闾里之外也。诸议云士庶缅绝,不相参知,则士人犯法,庶民得不知。若庶民不许不知,何许士人不知。小民自非超然简独,永绝尘秕者,比门接栋,小以为意,终自闻知,不必须日夕来往也。右丞百司之言,粗是其况。如衰陵士人,实与里巷关接,相知情状,乃当于冠带小民,今谓之士人,便无小人之坐;署为小民,辄受士人之罚。于情于法,不其颇软?"

第三段:"且都令不及士流,士流为轻。则小人令使征预其罚,便事至相纠,闾伍之防,亦为不同。谓士人可不受同伍之谪耳,罪其奴客,庸何伤邪?无奴客,可令输赎,又或无奴僮为众所明者,官长二千石便当亲临列上,依事遣判。"

第四段:"又主偷五匹,常偷四十匹,谓应见优量者,实以小吏无知,临财易昧,或由疏慢,事蹈重科,求之于心,常有可愍,故欲小进匹数,宽其性命耳。至于官长以上,荷蒙禄荣,付以局任,当正己明宪,检下防非,而亲犯科律,乱法冒利,五匹乃已为弘矣。士人无私相偷四十匹理,就使至此,致以明罚,固其宜耳,并何容复加哀矜。且此辈士人,可杀不可谪,有如诸论,本意自不在此也。近闻之道路,聊欲共论,不呼乃尔难精。既众议纠纷,将不知其已。若呼不应停寝,谓宜集议奏闻,决之圣旨。"

王弘第一段讲话首先理清了二点:

第一,法律上从未规定士庶分别定罪之制,士人定罪受罚之事并不少见。第二,许多士人免于谪科,完全是出于"时恩所宥",不能视为正常制度。王弘以揶揄的口吻否定了尚书王准之所谓士族"旧无同伍坐"的观点,随后,话头一转,指出士人犯罪,虽应给予照顾,但总是像以往那样"干扰天庭"显然是不合适的,应"近为定制",使这一问题规范化,"使轻重有节"。

这里,王弘已定下了基调:即首先在一定程度上,否定了士族享受的司法特权。接下来,王弘为士族区分了两种情况,一类是那些势力犹盛、奴客仍多的士族,这一类士族,王弘认为他们享有的特权仅是"蠲士人不传符耳",这并不等于他们可以免受同伍连坐之罚。因为在符伍之中,士庶是"了无等衰的","非许士人闾里之外也"。士庶既然"比门接栋",便应互受连坐,不能有例外。众人所谓"士庶缅绝,不相参知",是站不住脚的。随后王弘又分析了另一类衰陵士族的情况。他认为这类士人"乃当于冠带小民。""与里巷相接",这类士人无疑在符伍连坐之列。但若就因为士人一旦沦为"小民"便受连坐,而其余未衰士人却可免受里伍株连,"于情于理",显然是不合适的。这里,王弘乃是以衰陵士人与庶人相类似的情况为由,彻底否认"士庶天隔"、不能相互连坐的观点。

从王弘所言,可以看出,口称"士庶之际,实自天隔"的士族们,此时其社会地位基本停留在人们的意识之中,在法律上并无保障。这与北朝通过法权定姓族门阀有很大不同。

在第三段、第四段讲话中,王弘具体提出了处理士人符伍连坐问题的办法,即第一,令史必须按"闾伍之防",不分士庶,按符伍连坐之法进行督检;第二,士人可以奴客当罪,而无奴客士人则可以钱输赎;而"无奴僮为众所明者,官长二千石便当亲临列上,依事遣判"。此言可能是指那些既无奴僮又缺少钱财的士人,临事将由二千石官员奏处。第三,对于犯赃之官吏,王弘主张严惩职高权重、包括那些士人犯罪者,因为他们"荷蒙禄荣,付以局任,当正己明宪,检下防非",而他们却"亲犯科律,乱法冒利",因此"五匹乃已为弘矣。""致以明罚,固其宜耳,并何容复加哀矜。且此辈士人,可杀不可谪",到此彻底驳回了主张宽免士人犯赃的意见。

当然,王弘亦知仅凭自己这样决断,众官员、特别那些士族是不会心悦诚服的,所以他最后抬出了"决之圣旨"的王牌,而宋文帝既授意讨论此事,其最后下诏以"卫军议为允"正式通过王弘的提议,便是在意料之中了。

综合以上分析,我们可以从《宋书·王弘传》关于符伍问题的讨论中,就刘宋士族与奴客的问题得出如下结论:

第一,在南朝社会阶级结构中,虽然士庶之分在当时人们的观念及史书中有大量的反映,但从王弘所言,可以看出,口称"士庶之际,实自天隔"的士族们,其社会地位基本停留在人们的意识之中,在法律上并无明确规定与保障,这与北朝通过法律定姓族门阀有很大不同。在南朝法律规定中,士族庶族、士人小民之间,并无明确区别,他们量刑定罪的标准原则上是一样的。士族在法律上的特权只表现在当权者一时的恩赦。而这种恩赦,随着寒人势力的上升,也受到了严格限制。

第二,在南朝社会中,拥有众多奴客的主要是士族地主,这与他们大多是大土地所有者,在经济、政治、文化等各个方面占据优势的地位是完全一致的,而衰陵的士族则既少奴客又少土地钱财,这说明士族的地位在一定程度上亦取决于其占有土地及奴客的多少。而庶族地位,一般情况下经济力量较弱,占有的土地与奴客亦较少。

第三,奴客是大土地所有者土地上的主要劳动者,他们大多是分散劳动。这反映南朝地主的土地大多应是分散、零碎经营的。大块的、集中的土地应是少数。这进一步证明世族大家庭的分化及分居异财已成较为普遍现象。而在这分散土地上的劳动者似是由"典计"之类的人主持的。

第四,即使是士族,一旦失势,亦会有谪为类似奴婢身份的兵户的可能,即从最尊贵的地位跌到最卑贱的地位。这说明,在南朝与北朝一样,士庶之分、良贱之分都是社会整个身份等级体系结构中的一部分,并非是两个完全无关的系统。

第五,在刘宋时人的观念中,奴客、奴僮、奴仆、仆隶、典计、养男、义儿等常可互相代称,这反映了他们基本上属于同一类人。在士族们看来,这些人是属于"奴不押符,是无名也,民之赀财,是私贱也"的贱人,在符伍中不能负刑事责任,这显然是人们对奴客的传统看法,亦应是当时法律上对奴客的定位。但在现实生活中,在许多人的观念中,已出现将奴客地位提高到传统奴婢身份地位之上的倾向。在他们看来,奴客已不仅是权利的客体,而是具有部分权利主体的劳动者了,亦应负一定的刑事责任。持这种观点的,多是主张在一定程度上限制士族势力的官员。虽然争论的结果,是允许士族以"义存戮仆"的古义用奴仆代主人受过,但毕竟说明奴客已有部分的刑事责任能力了,这反映了奴客身份地位的提高及更多地由"奴"向"客"身份的靠拢。

(原文发表于 2001 年南京六朝史国际学术会议,后刊《南京晓庄学院学报》2001 年第 3 期)

萧衍覆齐建梁考论

在六朝367年的历史上,梁武帝萧衍无疑是一个重要的历史人物。关于他的治国方略及统治特色,一些学者已进行了深入探讨。① 但是对于萧衍何以在南齐末年兵变屡屡爆发又屡屡失败的背景下,覆齐建梁取得成功,学术界尚未见专文讨论。笔者不揣浅陋,试从齐末兵变的分析入手,对萧衍覆齐建梁的有关问题略陈管见。

一

萧衍覆齐建梁的成功,主要得力于以他为首的雍荆军事武装集团的形成,而这一集团又是在齐末政局动荡不安,兵变不断爆发的背景下形成并得以发展的。

齐高帝萧道成建立的萧齐政权,最初在萧道成、齐武帝萧赜统治的十几年里,政局尚比较安定。齐武帝即位初期,曾出现了为封建史家所称道的"永明之治"。但是及至齐武帝晚年,齐政日益衰败。西昌侯萧鸾废武帝子孙自己夺取帝位以后,因自己与高、武宗属关系疏远,且又以不正当手段取得帝位,开始对高武子孙大开杀戒。高武子孙为王者数十人被害。同时他感到高武时期的功臣宿将亦是自己潜在的威胁,于是采取各种手段,展开对前朝文臣武将的打击。萧湛、萧谌、萧诞、沈文猷、王宴、萧毅、刘明达、王诩等人先后被杀。

东昏侯萧宝卷即位以后,更遵照其父萧鸾"作事不可在人后"的遗训,继续诛杀了河东七王及右仆射江祏、侍中江祀等一批宗室大臣,齐政更为昏暗。在这种形势下,高武旧将"多不自安"。为了维护正常的统治秩序,为了维护个人的身家安全及既得利益,他们中间的一部分人铤而走险,走上了发动兵变的道路。

自齐明帝永泰元年(498年)以后,短短的两年时间,会稽太守王敬则,始安王

---

① 关于萧衍的统治方针及特色,周一良先生撰有《论梁武帝及其时代》一文,载于《魏晋南北朝史论集续编》,北京大学出版社1991年版。方立天先生撰有《梁武帝萧衍与佛教》一文,载于《魏晋南北朝佛教论丛》,中华书局1982年版,可参考。

萧遥光、松江文忠公徐孝嗣、江州刺史陈显达、平西将军崔慧景等,先后发动了多次兵变。这些兵变既有对齐末以来当权者胡作非为、诛戮宗室大臣的反抗,也有野心家欲乘乱攫取政权的图谋。之所以先后失败,其共同的原因是:第一,这些兵变多是临事而发,既无事先周密的计划,亦无力量的长期储备。如王敬则,起兵时方问:"发丁可得几人? 传库见有几钱物?"①部下据实称人丁钱物不多时,他竟将言者处死。起兵后士卒多无兵械。崔慧景等人起兵,更是上下离心,遭部众多人反对。第二,战略指挥失误,一再贻误战机。如王敬则起兵后,在长冈埭耽误多日,不知避险就易进攻建康。陈显达江州起兵东下,本有可能攻取建康,但也不听部下劝谏,轻率出击,阵前被杀。第三,几次兵变的领导人皆不具备应有声望,未能形成强有力的军事核心集团。起事后又不注意联络四方力量,孤军作战,响应者极少,因而形成敌众我寡的局面。第四,几次兵变的领导人大多年至耄耋,身老气衰。如王敬则年逾七十,陈显达年逾七十二,崔慧景亦年近七十。他们大多本无建立新朝的雄心大志,起兵乃是孤注一掷。

萧衍的起兵,显然与以上兵变不同。萧衍与萧齐之萧氏,同为淮阴令萧整之后,萧衍父亲萧顺之乃齐高帝始族弟,在建立齐朝过程中立有"推锋决胜"之功。但齐武帝即位后,对萧顺之"深相忌惮,故(顺之)不居台辅"②。后来萧顺之奉诏讨平武帝之子萧子响的反叛,事后武帝却自己反悔,怪罪萧顺之,顺之因此忧惧而死。

萧衍早年由于家庭与齐皇室的族亲关系,生活较为安逸,热衷诗文,为竟陵王西邸八友之一。但与西邸文士们不同的是,萧衍亦重视武事,以善骑而著称。隆昌元年(494年),萧衍参与了西昌侯萧鸾向武帝子孙夺权的事件,说明此时他已在积极干预政事。这可能与萧衍父亲当年受武帝猜忌不得善终的背景有一定关系。此后萧衍的职位日益显要,在多次对外用兵中,显示出其军事才能,声望日高。但是,随着齐末政局的多变,特别是齐明帝一再滥杀无辜,使萧衍不能不吸取父亲的教训,处世谨慎。因而这一时期,萧衍一方面韬光养晦,"避时嫌,解遣部曲,常乘折角小牛车"③。另一方面,却也在暗中培植腹心,积蓄力量,等待有利时机的到来。④

永泰元年(498年)七月,萧衍被任命为都督梁雍南北秦四州及郢州之竟陵、司州之随郡诸军事、辅国将军、雍州刺史,这为萧衍军事武装核心集团的最终形成,为其覆齐建梁,创造了有利的条件。

---

① (南朝梁)萧子显:《南齐书》卷二六,《王敬则传》。
② (唐)李延寿:《南史》卷六,《梁武帝本纪》。
③ (唐)李延寿:《南史》卷六,《梁武帝本纪》。
④ 关于萧衍何时萌发代齐念头,一般认为在其出任雍州刺史以后,但据《梁书·张弘策传》所载萧衍与张弘策的对话来看,萧衍代齐念头,在北魏攻占南阳即萧衍出任雍州刺史前便已萌生。

二

雍州治所在襄阳,位居长江上游、荆州之北,原是为安置雍秦南来流民而设的侨置郡县。刘宋以来,特别是孝武帝刘骏依靠雍州地方武装夺取中央权力以后,雍州地位日益显要,而荆州自文帝元嘉二十六年(449 年)分部分郡县并于雍州及孝武帝孝建元年(454 年)分五郡设置郑州以后,地位日益削弱。宋末萧齐时代,雍州实际上取代了荆州的重要地位,成为长江上游的军事重镇,以至出现"荆州本畏襄阳人"①的说法,非宗室及心腹大臣,一般人难得出任雍州刺史。

萧衍出任雍州刺史,并非完全出于齐明帝对他的信任,而多少带有一些偶然。萧衍之前,雍州刺史为高武旧将曹虎,齐明帝对此人掌握上游重镇始终放心不下,因而在自己病危之际,召曹虎入京,旋即将其杀害。为确保长江上游安全,明帝派妻兄刘暄出镇雍州,但刘暄却不愿远离京师,在一时更无合适人选的情况下,明帝才以萧衍出任雍州刺史,六日后齐明帝便死去。

出任雍州刺史,这是萧衍早已盼望的事情,所谓"避祸图福,无如此州"②。萧衍后来曾对长兄萧懿说过:"郢州控带荆、湘,西注汉沔,雍州士马,呼吸数万,虎视其间,以观天下。世治则竭诚本朝,时乱则为国翦暴。"③可见,萧衍是将其出任雍州刺史,看作实现他颠覆萧齐政权的重要一步。正是在到雍州上任以后,萧衍开始将其颠覆齐政权的图谋付诸于实际行动,广招各方武将豪强及流民领袖,"士庶响从者万余人"。④ 以萧衍为核心的雍州军事武装集团逐渐形成。

关于萧衍与雍州武将豪强的关系,陈寅恪先生上世纪四十年代即曾敏锐地指出:"如果说武帝刘裕的兴起靠了京口北府集团的武力,则梁武帝萧衍的兴起,却靠了襄阳集团的武力。"⑤这一见解,可谓一语中的。这里,需要进一步考证分析的是:萧衍的军事武装集团,主要有哪些人物组成,其出身情况又是怎样的。

从史书记载来看,较早成为萧衍军事集团核心人物的有张弘策、吕僧珍、王茂、柳庆远、郑绍叔、韦睿、韦爱、席阐文、吉士瞻等。

最早与萧衍计议天下大事的,是范阳方城人张弘策,此人为萧衍母亲的从父弟,"幼见亲狎,恒随高祖游处"⑥,与萧衍关系最为密切。萧衍任雍州刺史后,首先

---

① 关于雍、荆的关系问题,可参见何德章先生《释"荆州本畏襄阳人"》一文,载《魏晋南北朝史研究》,湖北人民出版社 1996 年版。

② (宋)司马光:《资治通鉴》卷一四二,《齐纪》,东昏侯永元元年八月。

③ (唐)姚思廉:《梁书》卷一,《武帝本纪》。

④ (唐)姚思廉:《梁书》卷一,《武帝本纪》。

⑤ 陈寅恪:《魏晋南北朝讲演录》第八篇,贵州人民出版社 2012 年 1 月第 1 版,第 115 页。

⑥ (唐)姚思廉:《梁书》卷一一,《张弘策传》。

上表求以弘策为录事参军、襄阳令,此后"谋猷所及,张弘策而已"①。

吕僧珍、王茂、郑绍叔等人,乃萧衍的旧部下。吕僧珍,东平范人,建武二年(495年)即随萧衍征战,萧衍出任雍州刺史后,吕僧珍"固求西归",重投萧衍门下,任中书参军。萧衍"委以心膂",授命其"阴养死士,归之者甚众"②,具体负责起事的准备工作。王茂亦是萧衍旧将,萧衍到雍州后,王茂出任长史,参与了起兵决策。郑绍叔在萧衍早年出兵司州时,即任衍的中兵参军,"因是厚自结附",后萧衍为避时嫌,"谢遣宾客",郑绍叔暂时离开萧衍。当萧衍出任雍州刺史后,"绍叔间道西归"③,成为起兵的骨干。新野人庾域,早年为萧衍之兄萧懿的部下,与萧衍早有过往。萧衍起兵时,域奉召前往雍州任宁朔将军,"每献谋画,多被纳用"④。

除了早年的旧部以外,萧衍到雍州以后结附的核心人物,主要有柳庆远、韦睿韦爱兄弟、吉士瞻、席阐文、昌义之、曹景宗等人。如柳庆远,曾任襄阳令等职,号为地方"州纲"。萧衍久闻其名,来雍州后"深相交纳",任其为别驾从事史。庆远"亦尽诚协赞","常居帷幄为谋主"⑤。韦睿、韦爱兄弟,为"三辅著姓",举族南下,号为"西土领袖",萧衍厚自结纳。韦爱母亲去世,萧衍"亲往临吊",于是成为至交。萧衍举兵时,韦睿率郡人数千来赴,韦爱则出任壮武将军,为萧衍镇守后方。席阐文原为荆州官吏,"高祖之将起义,阐文深劝之"⑥。献银装刀以示支持,萧衍亦报以金如意,其后阐文多次派秘使向衍通报荆州消息,在动员荆州长史萧颖胄归附过程中起了决定作用。原雍州戍主昌义之,萧衍"亦厚遇之"⑦。新野人曹景宗,以善骑射著称,萧衍"深自结附"⑧,两人都被授以重任,在萧衍起兵时发挥了重要作用。参与决策的冯诩人吉士瞻也是在萧衍到雍州后出任功曹史的。

除了以上核心人员外,萧衍联络的各方豪强武将还有:义阳人张惠绍,"闻义师起,驰归高祖"⑨。河东人柳忱,"及高祖起兵,举汉中应义"⑩。广平人冯道根,"闻高祖起义师……率乡人子弟胜兵者,悉归高祖"⑪。华山太守蓝田人康绚,闻"义兵

---

① (唐)姚思廉:《梁书》卷一一,《张弘策传》。
② (唐)姚思廉:《梁书》卷一一,《吕僧珍传》。
③ (唐)姚思廉:《梁书》卷一一,《郑绍叔传》。
④ (唐)姚思廉:《梁书》卷一一,《庾域传》。
⑤ (唐)姚思廉:《梁书》卷九,《柳庆远传》。
⑥ (唐)姚思廉:《梁书》卷一二,《席阐文传》。
⑦ (唐)姚思廉:《梁书》卷一八,《昌义之传》。
⑧ (唐)姚思廉:《梁书》卷九,《曹景宗传》。
⑨ (唐)姚思廉:《梁书》卷一八,《张惠绍传》。
⑩ (唐)姚思廉:《梁书》卷一二,《柳忱传》。
⑪ (唐)姚思廉:《梁书》卷一八,《冯道根传》。

起,举郡应高祖"①。彭城人刘仲渊,"闻义师起,率乡人以应高祖"②。

总的来看,萧衍在雍州举兵时,其军事集团的构成主要有两类人员:第一类是萧衍出任雍州刺史以前即已成为腹心的骨干,如张弘策、吕僧珍等;另一类是萧衍到雍州以后倾心结纳的所谓西土豪杰领袖,如柳庆远、韦氏兄弟、席阐文等。此外,像张惠绍、柳恢等人,能在萧衍起兵时迅速响应,大多也应与萧衍早有联系。

从出身情况来看,萧衍军事集团最初由三类人构成:一类是本人出身寒贱的文人武吏,如吕僧珍、郑绍叔、席阐文、昌义之、吉士瞻等,起兵前多为中下级官吏;一类是出身于宋齐官僚家庭、本人很早便起家出仕的中等官员如柳庆远、曹景宗等;还有一类是所谓次等士族,如韦睿、韦爱兄弟等。这一类人大多在地方上具有较大影响。举兵时多是率宗亲乡族数千家参加。当然,如果以数代为官的标准看,第二类三类人员都可以算作次等士族。不过,在荆州响应萧衍举兵以前,萧衍军事集团中尚未有南阳士族的重要人物参加。而且,居于萧衍军事集团最核心地位的,仍是萧衍任雍州刺史以前的旧部腹心。

三

萧衍在广招豪杰、精心组织军事武装集团的同时,还在以下几方面进行举兵的准备:第一,大量储积粮草船只武器,为举兵做好物质准备。雍州素以殷富著称,萧衍来此后,"潜造器械,多伐竹木,沉于檀溪,密为舟装之备","积茅盖若山阜,皆不之用"。③ 东昏侯派郑植以探亲名义赴雍州欲行刺萧衍时,郑植弟郑绍叔引其"登临城陴,周观府署,士卒、器械、舟舫、战马,莫不富实"。郑植看后叹曰:"雍州实力,未易图也。"④席阐文在说服萧颖胄时也曾讲,"萧雍州畜养士马,非复一日"⑤。正由于有了充分的物质准备,因而当萧衍举兵之时,三千战船立即备就,士马强盛,器械充足,为覆齐创造了条件。

第二,为消除起兵的后顾之忧,从京师召归子弟宗亲。

萧衍兄弟十人,除其本人及先已亡故的两个兄弟外,在京者尚有七人,家眷侄亲更多。萧衍欲在雍州起兵,就不能不考虑他们的安全。因此举兵之前,萧衍曾写信劝告在京的长兄萧懿:"今得守外藩,幸图身计","宜召诸弟以时聚集","如不早

---

① (唐)姚思廉:《梁书》卷一八,《康绚传》。
② (唐)姚思廉:《梁书》卷二〇,《刘仲渊传》。
③ (唐)姚思廉:《梁书》卷一,《武帝本纪》。
④ (唐)姚思廉:《梁书》卷一一,《郑绍叔传》。
⑤ (唐)姚思廉:《梁书》卷一二,《席阐文传》。

图,悔无及也"。① 当时由于萧懿身当重任,心存犹疑,结果只有八弟萧伟、十弟萧
憺奉召赴襄阳。虽然如此,由于萧衍的提醒,其诸弟侄俱做好了应变的准备,萧懿
被害,除萧融及祸外,"诸弟侄俱隐人间"②。

第三,规劝其兄萧懿共同颠覆东昏政权。

萧衍长兄萧懿自齐武帝以来历任要职。永元二年(500 年)裴叔业及崔慧景的
兵变,皆由其率军镇压。历任益州、郢州等重镇刺史,因功升任尚书令、都督征讨水
陆诸军事。萧衍多次动员这位身居重位的长兄颠覆东昏政权,但萧懿始终未明确
表态。对于萧懿,不少史家认为其乃萧齐忠臣,至死无有反意。吕思勉先生则认为
"武帝之图齐久矣。然懿亦非必纯臣",东昏侯心腹茹法珍称萧懿将发动兵变,"行
隆昌故事",并非完全子虚乌有。③ 吕说其是。

据史书反映,萧衍起兵的一些骨干如庾域、何远等人,或系萧懿旧部,或曾受萧
懿庇护,萧衍在雍州的活动,萧懿亦予以默许。萧懿被东昏侯杀害之前曾言:"家弟
在雍,深为朝廷忧之。"④实际是对东昏侯的警告。种种蛛丝马迹证明,萧懿很可能
在等待覆齐的时机,只是由于东昏侯处事诡异无常,才使萧家兄弟的计划落空。萧
衍规劝其兄覆齐的计划虽告失败,但萧懿的被杀,却也为萧衍起兵提供了有力的借
口,使其覆齐的行动增加了"正义"的色彩。

永元二年(500 年)十月十三日,东昏侯与茹法珍突然将萧懿赐死,其五弟萧融
同时遇害。消息传至雍州,萧衍与张弘策、王茂、吕僧珍、柳庆远等心腹商议,决定
立即建牙起兵,进军建康。从当时形势看,并不容萧衍乐观。因为萧衍若沿江东进
建康,必须先攻占长江沿线荆州、郢州、江州等军事重镇。特别是荆州,控制着雍州
之南门。荆州不下,雍州兵马则无法过沔水南下入江。即使萧衍避开荆州,自荆州
以东入江,雍州也会面临荆州从后方颠覆的危险。此外,荆州拥有一大批自南阳南
下的士族豪强,实力雄厚,他们的向背,将直接影响到萧衍覆齐的成功与否。

此时,任荆州刺史的是年仅十五岁的齐宗室南康王萧宝融,而实权掌握在州长
史行事萧颖胄手中。萧颖胄在"方镇各怀异计"的情况下,亦在观望。为此,萧衍致
书萧颖胄"劝同义举",同时以席阐文、柳忱等潜在荆州的心腹从内部加紧说服工
作,晓之以利害:"荆州素畏襄阳人,人众又不敌,取之不可必制,制之,岁寒复不为
朝廷所容。"不如"与雍州举事",⑤霸业可成。在这种情况下,萧颖胄杀掉了东昏侯
派来进攻雍州的辅国将军刘山阳等人,响应了萧衍的举兵。

---

① (唐)姚思廉:《梁书》卷一,《武帝本纪》。
② (唐)李延寿:《南史》卷五二,《梁宗室下》。
③ 吕思勉:《两晋南北朝史》第十章,上海古籍出版社 1983 年版,第 490 页。
④ (宋)司马光:《资治通鉴》卷一四三,《齐纪》,东昏侯永元二年十月。
⑤ (南朝梁)萧子显:《南齐书》卷三八,《萧赤斧附萧颖胄传》。

萧颖胄的归附,不仅为萧衍南下东进打开了大门,更重要的是使萧衍军事集团再一次得到壮大。萧颖胄为人"有器局,即唱大事,虚心委己,众情归之"①。许多南阳次等士族随之成为萧衍军事集团的重要成员。如号称"西土位望"的宗夬、乐蔼、刘坦等俱为南阳的晋宋官僚之后,他们或者被萧衍"任以经略"②,参与帷幄,或者"分诣十郡,悉发人丁,运租米三十余万斛,致之义师,资粮用给"③,或者"营造器甲",准备舟船军械,设计新朝仪宪,都发挥了重要作用。再如宋齐武将之后杨公则、邓元起、蔡道恭等人,皆以善战著称,"敢死之士乐为用者万有余人"④。俱成为萧衍的精锐之师及东进的先锋。谯郡寒人夏侯详"同创大举"以后,一方面协助萧颖胄为萧衍镇守雍荆后方,同时又与建康城内的长子夏侯亶联络,秘取宣德太后懿令⑤,使萧衍的起兵更加"名正言顺"。

至于萧颖胄本人,虽系萧齐宗族出身,但自响应萧衍举兵后,与其弟萧颖达、萧颖孚等即成为萧衍的忠实支持者。他不仅为萧衍网罗了大批文武之才,而且为萧衍积极筹措物资,取长沙寺黄金数千两以供军,甚而"献私钱谷及换借富资以助军"⑥。在稳定萧衍后方、保障前线供给等方面作出重大贡献,并因之积劳病亡。萧衍建梁后称萧颖胄"缔构义始,肇基王迹",并不为过。

荆州的归附,使萧衍军事集团的构成有了较大变化。以南阳士族为骨干的一批"西土位望"加入了萧衍的队伍。他们与萧衍笼络的雍州新野士族,京兆士族及秦、雍流民领袖等,共同成为萧衍军事集团的中坚力量。

四

萧衍军事集团,在招附荆州共同举事以后迅速壮大。但是要彻底推翻东昏萧齐政权,尚存在很大困难,倘若战略战术上稍有失误,覆齐之事仍会功亏一篑。为此,精于兵法的萧衍与其核心集团精心谋划,避免出现战略决策上的重大失误,终于取得了覆齐建梁的成功。考诸史书,萧衍东进过程中,关系全局的重大决策主要反映在五个问题上:

第一,东进的时间。雍荆军队合兵以后,萧颖胄提出了到来年二月再举兵东进的建议。萧衍等分析形势后认为,"今坐甲十万,粮用自竭,况所籍义心,一时骁锐。

---

① (南朝梁)萧子显:《南齐书》卷三八,《萧赤斧附萧颖胄传》。
② (唐)姚思廉:《梁书》卷一九,《宗夬、刘坦、乐蔼传》。
③ (唐)姚思廉:《梁书》卷一九,《宗夬、刘坦、乐蔼传》。
④ (唐)姚思廉:《梁书》卷一〇,《邓元起传》。
⑤ (唐)李延寿:《南史》卷五五,《夏侯详传》。
⑥ (南朝梁)萧子显:《南齐书》卷三八,《萧赤斧附萧颖胄传》。

事事相接,犹恐疑怠,若顿兵十旬,坐生悔吝。童儿立异,便大事不成"①。因此,萧衍等决定乘锐进军,这一决策显然是正确的。

第二,是否迎南康王到襄阳。雍荆合兵后,王茂等人认为南康王萧宝融在荆州,而萧衍率军东进,搞不好会使萧颖胄"挟天子以令诸侯"。萧衍反受制于人。不如"迎南康王都襄阳,先正尊号,然后进军"②。萧衍等计议后则认为,覆齐能否成功,并不在于谁控制南康王这一傀儡,关键在于能否攻取建康。"若使前途大事不捷,故自兰艾同焚。若功业克建,威誉四海,号令天下,谁敢不从,岂是碌碌受人处分。"③再者,若迎南康王北去襄阳,必然影响与荆州人士的团结,于全局不利。后来事态的发展,证明这一决策是正确的。萧衍攻取建康后,在荆州称帝的南康王被萧衍轻易废杀。

第三,郢城之战的方针。萧衍率军东进,在郢城即今武汉受到齐将张冲及鲁山房僧寄的夹江攻击。衍军初战失利,许多人主张分兵东进,萧颖胄亦遣人劝告萧衍弃郢城东进。萧衍等则认为,"汉口狭窄,箭道交至",若悉师东进,必为敌人切断后路,断绝粮运。若建康军西进,与郢城敌军前后夹击,则首尾难以兼顾,如此大势必去。对于有人提出北联魏军的主张,萧衍等认为更不可取,那样"徒取丑声",④影响声誉。在萧衍的坚持下,经过艰苦的攻战,郢城、鲁山之敌被迫投降,长江中游的军事重镇终为萧衍控制。

第四,是否回援江陵。攻克郢城后,萧衍又以胜利声威逼使江州齐将陈迫之投降,很快兵临建康城下。恰在此时,齐巴东太守萧璝、巴西太守鲁烈向荆州发起猛烈进攻,江陵外围失陷,荆州告急文书不断。萧颖胄请求萧衍速派前军主将杨公烈率军回兵救援。萧衍等计议后认为,只要攻破建康,围攻荆州之齐军必会溃散。若此时回军救荆,则不但近水难救远火,覆齐之事亦将付诸流水。为此,萧衍一方面令雍州的两弟率军赴援荆州,另一方面加紧进攻建康。建康攻克后,攻荆之齐军果然溃散。

第五,攻取建康的策略。当萧衍率军于中兴元年(501年)九月兵临建康城下时,建康外围齐军"精手利器"之甲兵尚有十万,台城则有众二十余万,"实甲"七万。⑤ 因此建康之役能否成功,成为最后覆齐的关键。一年前,陈显达、崔慧景的二次起兵,都是在包围建康的有利形势下失败的。因此,萧衍等不得不十分谨慎。首先,萧衍在城南发动朱雀航之战,挫齐军威风,使东城、石头、白下守军溃散。随

---

① (唐)姚思廉:《梁书》卷一,《武帝本纪》。
② (宋)司马光:《资治通鉴》卷一四三,《齐纪》九,东昏侯永元二年十一月。
③ (唐)姚思廉:《梁书》卷一,《武帝本纪》。
④ (唐)姚思廉:《梁书》卷一,《武帝本纪》。
⑤ (宋)司马光:《资治通鉴》卷一四二、一四四。

后，萧衍筑长围困台城，同时遣使者招降京口、广陵、瓜步等周边地区齐军，使台城齐军待援绝望。萧衍又利用各种渠道瓦解台城武将文臣，不久，齐大臣王珍国等便杀掉东昏侯，"百僚署名送其首"①，向萧衍投降。几个月后，萧衍便废杀了齐和帝萧宝融，正式建立梁朝。

建梁以后，萧衍利用自己与沈约、任昉、范云等人多年的关系，进一步取得宋齐旧官僚们的支持。同时，对于王、谢等高门士族，萧衍亦给予百般照顾，使自己的政权很快稳固下来，从此开始了他长达四十八年之久的统治。

五

分析萧衍整个覆齐建梁的过程，有一个值得注意的现象，即萧衍在以武力夺取政权成功以前，依靠的主要是自己的旧部及雍、荆的次等士族、流民领袖，而与萧衍有着长久交往的沈约、范云之类齐朝廷高官及王谢高门士族绝无参与者。建梁几年后萧衍曾对范云、沈约说道，"我起兵于今三年矣，功臣诸将，实有其劳；然成帝业者，乃卿二人也"②。萧衍此言，意在彰明沈、范二人的劝进之劳。③ 然而，却也透露出沈、范等人并非当初起兵时的功臣诸将。

这种现象的出现，并非偶然。若从萧衍出身兰陵萧氏的门望及其个人曾参与齐宗室皇帝废立、与其兄皆历任要职的经历来看，萧衍似乎大可不必从遥远的雍、荆起兵夺取政权。他如果依靠自己与萧齐朝廷官员们的广泛联系及影响，在京师直接夺取政权，也并非没有可能。然而事实却并非如此。

就以与萧衍同为"西邸八友"的沈约、范云、任昉等人来说，他们大多出身于次门士族，门望其实并不在兰陵萧氏之下。萧氏之所以能与王、谢、袁三姓并称，那只是萧氏在齐、梁成为帝室的缘故，对此，周一良先生已有确论。④ 从齐末任职的情况来看，齐亡前任昉为中书侍郎，范云曾任广州刺史、国子博士，沈约曾任国子祭酒、左卫将军、散骑常侍等职，地位都不在萧衍之下。早年萧衍曾对任昉曰："我登三府，当以卿为记室。"而"昉亦戏高祖曰：'我若登三事，当以卿为骑兵。'"⑤ 可见，萧衍虽与宋以来的许多朝廷官员关系密切，但因为地位相当，要指靠他们在无相当把握的情况下，最初便支持自己成就帝业，是有困难的。范云是在萧衍兵围台城、

---

① （唐）姚思廉：《梁书》卷一，《武帝本纪》。

② （宋）司马光：《资治通鉴》卷一四四，《高祖武皇帝》一天，监元年。

③ 建康平定后，沈约因为萧衍更朝换代，萧衍曾虑言："吾方思之。"沈约劝进曰："公初杖兵樊沔，此时应思，今王业已就，何所复思。"萧衍召范云，"云对略同约旨"。于是萧衍废齐建梁。可见，沈、范是在萧衍事成之后劝进，而非参与当初起事之人。事见（唐）姚思廉：《梁书》卷一三，《沈约传》。

④ 周一良：《论梁武帝及其时代》，载《魏晋南北朝史论集续编》，北京大学出版社1991年版。

⑤ （唐）姚思廉：《梁书》卷一四，《任昉传》。

东昏被诛后,才"便参帷幄"的,沈约、任昉是在萧衍占领建康后,才因是"旧游"故人,方授以重任的。许多其他齐朝官僚如江淹、张稷、张齐之流,情况也大体相似。

至于王谢等高门士族,本来对次等士族便有蔑视的态度,处世又"首先考虑是如何保卫家门"[①],在无确切把握的情况下,也不会贸然支持他人以成帝业。比较典型的例子如永泰元年(498 年)会稽太守王敬则兵变,曾召其婿南徐州行事谢朓共举。然而,谢朓不仅不予响应,反而向齐明帝告发其岳父,这成为王敬则兵变失败的重要原因。事后谢朓因功升任尚书吏部郎。[②] 显然,谢朓是将保护自己谢氏高门的利益放在一切之上的。此外,自东晋以来,高门士族日益腐朽,他们中间也缺乏堪为将领的人才,[③]因而萧衍要以武力推翻萧齐政权,高门士族是无法依靠的。

相比之下,雍、荆次门士族则与京师的高门、次门士族有很大不同:

第一,论政治社会地位,他们与王、谢高门士族无法相比,即使与先后建立宋、齐政权的晋陵次门士族及吴人士族相比,也略逊一筹。若不依靠新主建立新朝,他们绝无涉足中央政权的可能。因而当萧衍在雍、荆发展自己的力量时,新野、南阳等南下的次等士族及流民领袖自然成为积极的响应者。

第二,雍、荆的次等士族及流民领袖,与晋陵的次等士族,都有一个共同的特点,即以勇武善战著称,如曹景宗、蔡道恭、杨公则、邓元起等,皆为惯于征战之士,[④]因此能够成为萧衍所依靠的武装力量。

至于萧衍早年的旧部,他们更是期望辅佐自己的旧主,成就一番帝业,成为开国的功臣,舍此,他们也并无多少出路。

(原刊《江苏社会科学》1999 年第 2 期)

---

① 周一良:《论梁武帝及其时代》,载《魏晋南北朝史论集续编》,北京大学出版社 1991 年版。
② (南朝梁)萧子显:《南齐书》卷四七,《谢朓传》。
③ 陈寅恪:《魏晋南北朝讲演录》第八篇,黄山书社 1987 年 4 月版。
④ 陈寅恪:《魏晋南北朝讲演录》第八篇。

略论侯景之乱中梁人的向背及奴婢的作用

在梁朝末年严重的社会危机中,东魏叛将侯景降梁继而叛梁,最终颠覆了萧衍梁政权,这是众所周知的事实。但是对于侯景军队何以短时间内迅速壮大,梁朝奴婢在侯景之乱中起了什么作用,目前尚无专文讨论,本文试就这两个方面的问题略陈管见。

一

梁武帝太清三年(549 年)三月十二日,经过一百三十多天的战斗,侯景军队终于攻陷建康台城。侯景入城见到梁武帝,二人有一段颇有意味的对话:"上(萧衍)问:'初渡江有几人?'(侯)景曰:'千人'。'围台城几人?'曰:'十万。''今有几人?'曰:'率土之内,莫非己有。'上俯首不语。"①

寥寥数言,形象地道出了侯景军队渡江以后迅速壮大的事实。

侯景早年臣事尔朱荣,尔朱氏败后,降附高欢。高欢以其为少时友好,"仗任若己之半体"②,授官为河南道大行台,位至司徒,以十万之兵专制河南,长达十四年之久。这是侯景反梁之前势力最盛的时期。高欢去世之前,已觉察到侯景有"飞扬跋扈之志"③,采取了必要的防范措施。因而当高欢之子高澄即位以后,立即着手削夺侯景兵权。侯景遂以河南之地叛归西魏宇文泰。

宇文泰亦深知侯景为人,派军队接管侯景七州十二镇之地,④而征其本人入朝。侯景惧不敢赴,且高澄已派慕容绍宗率军队向河南步步紧逼,在此东西夹击进退维谷的情况下,侯景决计降梁。

此时,侯景所掌握的军事力量,由于西魏占领七州十二镇的缘故,只剩下四万

---

① (宋)司马光:《资治通鉴》卷一六二,《梁纪》一八,武帝太清三年。
② (宋)司马光:《资治通鉴》卷一五九,《梁纪》一五,武帝中大同元年。
③ (宋)司马光:《资治通鉴》卷一五九,《梁纪》一五,武帝中大同元年。
④ (宋)司马光:《资治通鉴》卷一六〇,《梁纪》一六,武帝太清元年。

多人。梁武帝接受侯景投降,派萧渊明率军北上接应侯景。但接应军队在彭城寒山(今徐州市东南)被东魏军队大败。随后,东魏慕容绍宗率军向侯景所在地涡阳(今安徽蒙城)发起进攻,"景众大溃,争赴涡水,水为之不流"①。此战侯景所领四万军队丧亡殆尽。收拾散卒,"仅得马步八百人"②,逃奔寿阳(今安徽寿县)。此次战役,对侯景的军事力量,是近于毁灭性的打击。诚如梁朝大臣萧介等人所言,侯景此时"亡师失地,直是境上之匹夫耳"。③

侯景涡阳之败,是梁武帝太清二年(548年)正月的事情。时过不久,到了这一年的八月,侯景却公然起兵反梁。很显然,侯景的反梁,并不是出于自己力量的强大,而是为形势所迫。据史书记载,侯景自涡阳之败后,闻讯梁武帝与东魏议和,曾数次上书劝阻。同时以饷金贿赂梁朝权臣朱异,求其劝阻武帝。此时,侯景并无反意。但朱异"纳金而不通其启"④。不久,萧衍又决定以侯景交换在寒山之战中被东魏俘虏的皇家宗室贞阳侯萧渊明,在"坐听亦死,举大事亦死"的情况下,⑤侯景才决意起兵反梁。

太清二年(548年)二月至八月起兵以前,侯景将"属城居民,悉召募为军士"⑥,并不断向朝廷索取各种物资,加强自己的实力。据有关资料来看,寿阳"众无一旅",户不逾万,⑦纵使所有男丁扫地为兵,也不过数千而已。因此,侯景此时拥有的军队,虽不至于像朱异所说"数百叛虏,何能为役"那样寡弱,⑧数量不多自是一个事实。

太清二年(548年)八月,侯景与梁朝临贺王萧正德暗中勾结,在寿阳正式起兵。梁武帝闻讯后笑曰:"是何能为,吾折棰笞之。"⑨并未将侯景的叛梁当作一回事。

不久,叛军攻占谯州、历阳等地,兵临采石。据《通鉴》胡三省注释,此处谯州是指合肥以东的南谯州(今安徽滁州)。谯州、历阳(今安徽和县)两地户数皆不及万,⑩因此侯景军队不可能短时间内在此得到很多补充。渡江之时,侯景军队只有数千人是十分自然的。

---

① (宋)司马光:《资治通鉴》卷一六〇,《梁纪》一七,武帝太清二年。
② (唐)姚思廉:《梁书》卷五六,《侯景传》。
③ (宋)司马光:《资治通鉴》卷一六〇,《梁纪》一七,武帝太清二年。
④ (宋)司马光:《资治通鉴》卷一六,《梁纪》一七,武帝太清二年。
⑤ (宋)司马光:《资治通鉴》卷一六,《梁纪》一七,武帝太清二年。
⑥ (唐)姚思廉:《梁书》卷五六,《侯景传》。
⑦ (唐)姚思廉:《梁书》卷五六,《侯景传》。
⑧ (唐)姚思廉:《梁书》卷五六,《侯景传》。
⑨ (宋)司马光:《资治通鉴》卷一六,《梁纪》一七,武帝太清二年。
⑩ 据《宋书·州郡志》《隋书·地理志》载,南谯州、历阳两地户数皆不足万户,故梁时两地户数亦不会逾万。

关于侯景军队在萧正德的接应下渡江的具体人数,史书记载有异。《梁书·侯景传》记为"马数百匹,兵千人",《南史》及《资治通鉴》皆记为"马数百匹,兵八千人"。考诸史实,后者当较为可信。

侯景军队到达建康以南的朱雀航以后,与萧正德的军队会合。萧正德虽早就"阴养死士,储米积货,幸国家有变"①,但此时掌握的军队并不多。两军会合,兵力不过万人左右。② 然而,当侯景叛军攻陷东府城,包围台城以后,军队数量却在"旬日之间,众至数万"③,不久以后,增至十多万人。到侯景攻陷建康进取江州、郢州时,队伍更加壮大,仅水军便逾二十万,联旗千里,"江左以来,水军之盛未有也"④。

对于侯景军队渡江以后迅速发展壮大的原因,历来封建史家都归于侯景残暴,"民不敢窜匿,并出从之"⑤。此说看似合理,然而细分析起来,并不尽然。其实,侯景军队渡江后梁人的大量加入,有更深刻的历史背景。

我们知道,梁朝自建国以来,以萧衍为首的统治者实行优待士族、放纵权贵、听任地主权贵兼并剥削的政策。地主官僚无不广占田土,众役奴仆。郡守牧宰,"竞事聚敛,劫剥细民"⑥。像三任郡守鱼弘那样要使"水中鱼鳖尽,山中獐鹿尽,田中米谷尽,村里民庶尽"的贪婪官僚决不止少数。⑦ 到梁朝后期,萧衍佞于佛事,"刑政多僻",为法"急于黎庶,缓于权贵"⑧,"民不能堪命,各务流移"⑨,权臣朱异"奸佞骄贪,为时人所疾"。少府卿徐骁、太子右卫率陆验、制局监周石珍"以苛刻为务,百贾怨之",世人谓之"三蠹"。⑩

政治的极端腐败,人民的极度痛苦,使"国有累卵之忧,俗有土崩之势"⑪,"人人厌苦,家家思乱"⑫,各地农民起义不断爆发。如中大通元年(529年),北兖州有沙门僧疆与蔡伯龙为首的众至三万余人的起义;中大通二年(530年),有会稽农民的起义;中大通五年(533年),有益州江阳人齐苟儿为首的十万余人的起义;大同

---

① (唐)姚思廉:《梁书》卷五五,《临贺王正德传》。
② 据《通鉴》卷一六太清二年条载,太子命萧正德、庾信二人率三千人守朱雀桁北,侯景逼近时,庾信率部分守军逃走,故萧正德所领兵士不会太多。
③ (唐)姚思廉:《梁书》卷五六,《侯景传》。
④ (唐)姚思廉:《梁书》卷五六,《侯景传》。
⑤ (宋)司马光:《资治通鉴》卷一六二,《梁纪》一八,武帝太清三年。
⑥ (北齐)魏收:《魏书》卷九八,《岛夷萧衍传》。
⑦ (唐)姚思廉:《梁书》卷二八,《鱼弘传》。
⑧ (唐)魏征:《隋书》卷二五,《刑法志》。
⑨ (宋)司马光:《资治通鉴》卷一五九,《梁纪》,武帝大同十一年。
⑩ (宋)司马光:《资治通鉴》卷一六〇,《梁纪》一七,武帝太清二年。
⑪ (宋)李昉等:《文苑英华》卷七五四,《梁典·高祖事论》。
⑫ (宋)司马光:《资治通鉴》卷一六〇,《梁纪》一六,武帝太清元年。

元年(535年),有鄱阳郡鲜于琮领导的众至万余人的起义;大同八年(542年),有安城郡刘敬躬为首的农民起义;大同十年(544年),有巴山郡民王勤宗为首的起义和广州人卢子略领导的起义。① 建康作为京城,统治者一向控制严紧,但是,一旦有了合适的契机,民众对统治者的仇恨,也会一泄千里地爆发出来。

正是在这社会危机日益加深、人心思乱的历史背景下,侯景的军队渡过了长江。

侯景之所以敢以几千人渡江进攻建康,一方面是因为朝廷内部有临贺王萧正德接应;另一方面,也由于他深知梁朝政治的腐败,民众思乱的心态,认为人心可用,梁朝可灭。还在寿阳起兵之初,侯景便打出清君侧、除“三蠹”的旗号,争取梁人的同情支持。渡江后,又以“奸邪乱政,上久不豫”的名义废除梁武帝。包围台城之后,侯景顺应民意,在讨伐萧衍的文告中指出:“梁自近岁以来,权幸用事,割剥齐民,以供奢欲。如曰不然,公等试观今日国家池苑、王公第宅、僧尼寺塔;及在位庶僚,姬妾百室,仆从数千,不耕不织,锦衣玉食;不夺百姓,从何得之!”②这里,我们姑且不论侯景是否真要关心百姓疾苦,文告里所讲事实,却正中萧梁腐朽统治的要害,反映了梁朝被压迫民众的心声。

数年以前,梁大臣贺琛曾上书武帝批评时政,指出天下守宰“皆尚贪残”,“惟以应赴征敛为事”,建议息费休民。萧衍大怒,斥责贺琛“空作漫语”,“欺罔朝廷”。③ 如果说对贺琛的上书当时尚可压制不理的话,那么侯景宣布萧梁罪状的文告,则是面向梁朝广大民众,必然会在受难深重的梁朝百姓中产生重大影响。人们对侯景要建立什么样的政权,也许并不了解,但是在推翻萧衍腐朽统治这一点上,却与侯景有着某种程度上的一致之处。这便是侯景能够利用阶级矛盾,迅速壮大自己军队力量,并使其具有很强战斗力的原因。正是因此,才出现了“被吾(梁)甲而寇王城,驱我(梁)人而围天阙,势如破竹,易若转圜,万里靡沸,四方瓦解”的局面。④

另外,据史书记载,侯景军队初至建康时,“号令甚明,不犯百姓”⑤,这在争取民心方面也起了一定作用。相比之下,由于梁朝统治不得人心,梁末以来,“发召兵士,皆须锁械,不尔便即逃散”⑥。侯景军队逼近建康时,梁朝“户口徒众,不见死战

① 分别见《梁书·陈庆之传》《南史·梁长沙王懿传子猷附传》《梁书·武帝纪》《梁书·陆襄传》《梁书·陈庆之传子昕附传》《南史·梁本纪》。
② (宋)司马光:《资治通鉴》卷一六〇,《梁纪》一七,武帝太清二年。
③ (唐)姚思廉:《梁书》卷三八,《贺琛传》。
④ (宋)李昉等:《文苑英华》卷七五四,《梁典高祖事论》。
⑤ (唐)姚思廉:《梁书》卷五六,《侯景传》。
⑥ (北齐)魏收:《魏书》卷九八,《岛夷萧衍传》。

之士,宠遇虽多,宁有报恩之士"①。太子萧纲受命募军,数日竟"莫有应募者"②,人心向背,一目了然。

<h1 style="text-align:center">二</h1>

在参加侯景军队、帮助侯景进攻萧梁政权的梁人中,梁朝奴婢是一支重要的力量。江南地区,自西晋末年永嘉南渡以来,南北士族不仅在政治上世居高位,把持朝政,而且在经济上也是"僮仆成军,闭门为市,牛羊掩原隰,田池布千里"③,靠广大奴客的劳作过着优裕的生活。"耕当访奴,织当访婢",便是这种现实的反映。宋齐以来,士族的政治经济势力有所衰落,但直到梁武帝统治时期,在生产、生活中大量役使奴婢的现象仍普遍存在。如号称"不事产业"的裴之横,有"僮属数百人"④。北来大族羊侃,仅侍婢便有百余人,⑤破落官僚刘兴道家也有众多奴婢。⑥

梁代奴婢来源,除破产农民、罪犯没入、前朝遗留以外,战争俘虏是一个重要来源。据史书记载,梁朝在与北方政权的交战中,所获战俘,一般都没为奴婢。如天监五年(506年)邵阳之战,魏人大溃,"趋水死者十余万人,斩首亦如之,其余释甲稽颡,乞为囚奴,犹数十万"⑦。昌义之钟离之战,"多俘生口"⑧。天监六年(507年),韦放北伐,"凡降城五十二,获男女口七万五千人"⑨。天监八年(508年),夏侯夔"凡降男女口四万余人"⑩。天监十年(511年),马仙埤破魏军十万,大多俘为生口。⑪ 大通元年(527年),陈庆之将士在涡阳之战中破魏,"获男女三万余口"⑫。从这些较大的战役来看,梁朝俘获的生口多达四五十万,至于小规模的战斗,俘获的生口恐怕也为数不少。所谓"生口",是人们当时称呼战俘奴婢的专用名词。可见,梁朝以北方战俘为奴婢的数量是相当大的。

此外,一些地方将领,在对梁朝境内少数民族的作战中,也获取不少战俘奴婢。

① (宋)李昉等:《文苑英华》卷七五三,《梁武帝论》。
② (宋)司马光:《资治通鉴》卷一六〇,《梁纪》一七,武帝太清二年。
③ (晋)葛洪:《抱朴子·吴失篇》。
④ (唐)姚思廉:《梁书》卷二八,《裴邃附之横传》。
⑤ (唐)姚思廉:《梁书》卷三九,《羊侃传》。
⑥ (南朝梁)萧统:《文选》卷四〇,《奏弹刘整》。
⑦ (唐)姚思廉:《梁书》卷一二,《韦叡传》。
⑧ (唐)姚思廉:《梁书》卷一八,《昌义之传》。
⑨ (唐)姚思廉:《梁书》卷二八,《夏侯亶传》。
⑩ (唐)姚思廉:《梁书》卷二八,《夏侯夔传》。
⑪ (唐)姚思廉:《梁书》卷二,《武帝本纪》中。
⑫ (唐)姚思廉:《梁书》卷三二,《陈庆之传》。

如梁萧励进攻俚族,"所获生口、宝物,军赏以外,悉送还台"①。梁、益两州的将领,"岁岁伐獠,以自裨补"②。梁朝奴婢所受的剥削压迫是十分沉重的。特别是梁朝末年,士族地主已相当腐朽,正如颜之推所言:"江南朝士,因晋中兴南渡江,卒为羁旅,至今八九世,未有力田,悉资俸禄而食耳,假令有者,皆信僮仆为之。未尝目观一垄土,耕一株苗,不知几月当下,几月当收,安识世间余务乎?"③

奴婢部曲们从事着艰苦的生产劳动,而贵族子弟"无不熏衣、剃面,傅粉施朱,驾长檐车、跟高齿屐,坐棋子方褥,凭斑丝隐囊,列器玩于左右"④,过着奢侈的寄生生活。这与侯景讨梁文告所言"不耕不织,锦衣玉食;不夺百姓,从何得之"反映的史实是一致的。

奴婢不仅从事生产、服侍主人,战时还被送往前线服役、作战。如大同九年(543年)二月,"使江州民三十家出奴婢一户,送司州"⑤。司州当时是梁魏交战前线。即使按江州当时约有五万多民户计,⑥此次发往前线的奴婢也有数千户,一万多人。对于梁朝社会中存在的大量奴婢,梁统治者也曾故作姿态地予以部分放免。如天监元年(502年),萧衍初即皇位,将"劫贼余口没在台府者"蠲放,天监十七年(518年)八月,他又"诏以兵驺奴婢男年登六十,女年登五十,免为平民"⑦。很明显,前者纯是为表示萧衍代齐后的"仁政"。而后者,将部分快要丧失劳动力的年高奴婢放免,作用实在有限。

由于梁朝奴婢处于社会的最底层,所受压迫剥削格外沉重,且北方的战俘奴婢占有较大比重,因而当侯景进攻建康并打出了解放奴婢的旗号时,奴婢们就成为侯景反梁的最积极响应者与参加者。

最早响应侯景进攻建康的,是梁朝都城中的罪隶囚徒。当时建康诸冶中各种徒隶为数不少。当侯景军队逼近建康之时,萧衍命令直从监俞景茂"敕二冶、尚方、钱署罪人及建康廷尉诸囚,欲押令入城以勉防捍"⑧,但是,这些罪隶囚徒不仅没有听从梁朝的命令,反而举行了暴动,放火烧毁工房诸冶,一时散走。按梁代制度,罪隶脸上有黥记,这些罪隶若逃至建康以外梁朝尚控制的地区,难免仍为罪隶,因此,这些罪隶囚徒当有不少投靠了侯景的军队。

侯景在包围台城以后,为了瓦解台城的守军,壮大自己的力量,于太清二年

① (唐)李延寿:《南史》卷七四,《萧景传附传》。
② (北齐)魏收:《魏书》卷一一〇,《獠传》。
③ (北齐)颜之推:《颜氏家训》卷三,《涉务》。
④ (北齐)颜之推:《颜氏家训》卷三,《勉学》。
⑤ (唐)姚思廉:《梁书》卷一,《武帝纪》。
⑥ 按《宋书·州郡志》《隋书·地理志》载,江州户数皆在五万左右,梁时江州户数当相去不远。
⑦ (唐)姚思廉:《梁书》卷一,《武帝纪》。
⑧ (宋)司马光:《资治通鉴》卷一六,《梁纪》一七,武帝太清二年。

(548年)十一月,公开号召台城中的奴婢反正,"募人奴婢者,悉免为良"。为了扩大影响,争取更多的奴婢投靠,侯景"得朱异奴,以为仪同三司。(朱)异家产悉与之。奴乘良马、衣锦袍,于城下仰语(朱)异曰:'汝五十年仕宦,方得中领军,我始事侯王,已为仪同矣。'于是三日之中,群奴出就景者以千数,景皆厚抚以配军,人人感恩,为之致死"①。侯景此举,对于从军事上、精神上削弱台城的防御力量,最后攻陷台城,起了重要作用。

根据史实分析,侯景释放奴婢的范围,并不限于台城以内,而是包括了梁朝境内的其他奴婢,特别是北方战俘奴婢,这从攻陷台城以后的"矫诏"中可以看出。太清三年(549年)五月侯景以简文帝名义发布的诏令曰:"育物惟宽,驭民惟惠,道著兴王,本非隶役。或开奉国,便致擒虏;或在边疆,滥被抄劫。二邦是竞,黎元何罪!朕以寡昧,创承鸿业,既临率土,化行宇宙,岂欲使彼独为匪民。诸州见在北人为奴婢者,并及妻儿,悉可原放。"②

从诏文内容看,赦免放良的对象主要是梁朝境内的战俘奴婢,这与前述梁朝曾大量以北方战俘为奴婢的史实相吻合。另外,从"或开奉国,便致擒虏"来看,放良的对象也包括梁朝始建时的"擒虏",范围较广。从当时情况推断,侯景宣布赦免放良梁境的奴婢的时间当在围攻建康时,只有这样,才能在进攻台城最需敢死之士时"翼用其力"。太清三年(549年)五月的"矫诏",只是为了使侯景先前的做法合法化而已。

<h2 style="text-align:center">三</h2>

奴婢们加入侯景的反梁队伍,使侯景军队的战斗力有了很大增强,正如胡三省所言:"奴婢一旦免之为良,固已踊跃,况又资之以金帛,安得不为贼致死乎!"③

在围攻台城的战斗及与梁朝援军的战斗中,侯景屡战屡胜,梁朝奴婢无疑发挥了重要作用。梁朝奴婢在帮助侯景推翻萧衍政权的同时,将他们多年来对士族地主的仇恨,猛烈地发泄出来,给梁朝权贵及士族地主以沉重打击。破东城府,"悉驱城内文武,裸身而出,贼交兵杀之,死者三千人"。陷建康,"纵兵杀掠,交尸塞路,富室豪家,姿意哀剥,子女妻妾,悉入军营"④,这恰恰应了侯景当年求婚王、谢高门而遭萧衍拒绝时侯景"会将吴儿女以配奴"的誓言。

---

① (宋)司马光:《资治通鉴》卷一六,《梁纪》一七,武帝太清二年。
② (唐)姚思廉:《梁书》卷四,《简文帝纪》。
③ (宋)司马光:《资治通鉴》卷一六,《梁纪》一七,武帝太清二年。
④ (宋)司马光:《资治通鉴》卷一六,《梁纪》一七,武帝太清二年。

经侯景之乱的打击,"中原冠带,随晋渡江者百家……至是,在都者覆亡略尽"①。在随后侯景军队横扫三吴的过程中,地方士族也遭到毁灭性打击。胡三省在《通鉴》注中痛心地总结道:"士大夫承平之时,虐用奴婢,岂特误其身,误其家,亦以误国事,可不戒哉"②。梁元帝在讨侯景的诏书中曾言,侯景攻取建康后,"臧获之人,五宗及赏,缙绅之士,三族见诛",③这清楚地反映了侯景利用奴仆打击地主权贵的事实。

在帮助侯景推翻萧衍统治、打击士族地主方面,梁朝奴婢固然发挥了重要作用,但另一方面,奴婢所处的社会地位,使他们在政治上缺乏远见,心胸狭隘,且破坏性极强,具有很大的局限性。这些先天的局限性,决定了他们只能帮助侯景摧毁一个腐朽政权,而不能在建立、巩固一个新政权方面有什么作为。尽管侯景将不少奴仆授以高位、拔以不次,"三公之官动置十数,仪同尤多"④,但这些奴仆既无政治经验,又无领导能力。他们跟随侯景在沉重打击地主权贵的同时,也给江南普通百姓带来沉重的灾难,严复破坏了社会经济。因此,他们加入侯景政权,从一定意义上讲,又加快了侯景政权的覆亡。

(原刊《江海学刊》1999年第2期,合作者:周映芝)

① (唐)李百药:《北齐书》卷四五,《颜之推传》。
② (宋)司马光:《资治通鉴》卷一六,《梁纪》一七,武帝太清二年。
③ (唐)姚思廉:《梁书》卷五,《梁元帝纪》。
④ (唐)姚思廉:《梁书》卷五六,《侯景传》。

从判文看唐代的良贱制度

唐代的良贱制度,涉及政治、经济、阶级关系、社会结构等诸多方面,是一个颇受中外学者重视的研究课题。然而,长期以来,人们在讨论唐代良贱制度的时候,对于现存唐人判文中所保留的良贱制度资料,未能给予足够的重视与充分的利用。①

唐代吏部任用官员,试以身、言、书、判四事。"身"即体貌,"言"即口才,"书"即书法,而"判"则是指唐代官府公文案卷中的判辞——原本是断狱之词,后来广泛用指一个案件或事件的判决、裁决的词语。该项考试主要考察考生对国家法规政策掌握的程度及判断、处理问题的能力。

现存唐人判文,主要是供考试人员参考的范文及部分考生应试后保留下来的判文,因而具有广泛的代表性与典型性,保留了当时人们对一些社会问题的基本认识和看法。当然,由于判文普遍采用骈文文体,且行文中大量用典,致使许多判词内容显得艰涩难懂,影响了人们对它的利用。但只要经过仔细的分析、推敲,我们仍可以发掘出不少有价值的资料,说明一些为其他史料所不能说明的问题。

一

现存有关唐代良贱制度的判文,大约有十多道,基本都收载在《文苑英华》或《全唐文》中,涉及良贱制度的各个方面。

众所周知,传世的《唐律疏议》从立法的角度,对唐代良贱身份制度的各个方面,作了全面、系统、完整的规定。② 但由于文献中缺少对这些律文实施情况的详

---

① 据笔者所见,只有张泽咸先生在《唐代阶级结构研究》(中州古籍出版社 1996 年版)等论著中利用过个别唐代判文。其他中外学者包括〔日〕浜口重国的《唐代的贱人制度》(东洋史研究会 1966 年版)、〔日〕堀敏一的《中国古代的身份制》(汲古书院 1987 年版)等论著,都极少利用这些判文。

② 据笔者统计,《唐律疏议》五百零二条中,直接涉及良贱身份制度的律文有一百零一条。其具体分布为:《名例》二十条;《卫禁》一条;《职制》一条;《户婚》七条;《厩库》一条;《贼盗》二十四条;《斗讼》十六条;《诈伪》六条;《杂律》十二条;《捕亡》六条;《断狱》七条。

细记载,所以有些学者认为,唐律中有关良贱制度的规定,主要是对魏晋南北朝旧律的沿袭,在唐代则缺少现实的社会基础。然而,现存唐人判文说明,唐律中的有关规定,并非徒具虚文,而是有着现实的社会内容的。

《文苑英华》卷五三一载有一道《买奴云是良人判》,判文曰:

> 题:王丙于赵丁处买奴勤心,至家一月余日,乃自云是良人。丙告县,勘是良人。科赵丁及奴罪。申州,州断科赵丁,其奴无罪。

> 对:美言可市,老经之格言。聚人曰财,众象之明义。王丙室盈龟贝,持货苍头。虽挟诸庞之规,终成教子之竞。经三十日,非关买者之愆。依三千条,须结鬻良之罪。赵丁宜从县断,勤心难听州裁。彼此攸同,斯为可矣。

该判文作者佚名,《全唐文》卷九八二亦载。判文主题是关于赵丁将一良人冒充为奴,卖与王丙,事发后州县该治何人何罪的讨论。

关于压良为贱,《唐律疏议》明确规定:"诸略人、略卖人为奴婢者,绞;为部曲者,流三千里;为妻妾子孙者,徒三年。""和诱者,各减一等。若和同相卖为奴婢者,皆流二千里。""若和同相卖,谓元谋两和,相卖为奴婢者,卖人及被卖人,罪无首从,皆流二千里。"[1]

上引判文中赵丁所卖奴勤心,原为良人,冒充为奴的身份,由赵丁卖与王丙。这里,如勤心是被强迫卖身,赵丁即犯了唐律中"略卖人"之罪,按律当处绞刑。但从判文内容来看,勤心的被卖,显然是事先与赵丁的共谋,因而,他们触犯的是"和同相卖为奴婢"的律条。按律,卖人与被卖人,罪无首从,皆应处流刑二千里。至于王丙,因为事先并不知道勤心为良人,依据唐律"不知情者不坐"的规定,"非关买者之愆",不负刑事责任。

从判文来看,州府追究了赵丁之罪,却未追究被卖人的"和同相卖"之罪,因而判词作者认为:"赵丁宜从县断,勤心难听州裁。"只有将两人同时科罪,"斯为可矣"。显然,判文作者是依上引唐律的律条作出如此判断的。

以往,有些学者根据武则天时郭元振"前后掠卖所部千余人,以遗宾客,百姓苦之。则天闻其名,召见与语,甚奇之"一段史料,[2]以及唐中宗时安乐公主、长宁公主、定安公主"三家厮台掠民子女为奴婢,左右侍御史袁从一缚送狱。主人诉,帝为手诏喻免"等史料,[3]得出唐代对压良为贱的现象,"极少有依律处断者"的结论,[4]然而,唐代判文及近年出土的吐鲁番文书都说明,唐律中关于严格良贱界限、严禁压良为贱的条文,是得到广泛贯彻执行的。郭元振及三公主掠人为奴婢而未

---

① (唐)长孙无忌等:《唐律疏议》卷二,《贼盗》。
② (后晋)刘昫等:《旧唐书》卷七九,《郭元振传》,中华书局点校本,下同。
③ (宋)欧阳修:《新唐书》卷八三,《安乐公主传》。
④ 刘俊文:《唐律疏议笺解》,中华书局 1996 年版,第 1426 页。

受制裁,属于发生在少数高官、贵戚身上的特殊案件,史家是作为特例而记载的,并不能反映普遍的情况。

《文苑英华》卷五三二载有一道《部曲判》,判文曰:

题:已(乙)男准格不合取部曲妻,违者被绳,诉云强干弱枝,窃将益利,未知合利否?

对:国家每轸纳隍,遍忧边徼。在庸微之俗,隔良贱之婚。千头之奴,具传其号,百姓之女,罕闻其卜。故为罔冒,取陷刑书,何强干而弱枝,非爱人而治国。议事以制,非我塼(专)哉,①斯之谓宜,确乎不拔。

从判文不讳唐高宗"治"字的情况来看,该判文当作于高宗以前的高祖、太宗时期。判文反映某男违背"当色为婚"的规定,私娶部曲妻,被绳之以法,而某男不服,上诉称娶部曲妻是"强干弱枝"。

按唐律规定:"人各有偶,色类须同,良贱既殊,何宜配合!"②唐律对各种情况下违反良贱身份等级的通婚,都作出了明确的处罚规定。

该判文中的乙男,据判文推断,身份应是良人。因为按唐律规定,部曲娶部曲妻,为同色相婚,不存在违法的问题。只有良人与奴娶部曲妻,才违反了"当色为婚"的规定。判文中乙男称自己娶部曲妻是"强干弱枝",故乙男身份应高于部曲妻,为良人。乙男明知部曲妻的贱人身份,却仍与之通婚,此乃以贱人"罔冒"良人。按唐律规定:"率以奴婢为良人而与良人为夫妻者,徒二年,部曲减一等。""以妾及客女为妻,以婢为妾者,徒一年半。各还正之。"③客女,即部曲女,身份与部曲妻同,据此,乙男应科一年半徒刑。

从判文看,唐朝政府十分重视民户因灾困而流离失所沦为贱口的问题,所以,"在庸微之俗,隔良贱之婚"。这与唐律的精神是一致的,更深一层的原因,显然是为了维护森严的等级制度,避免太多的民户沦为贱口以后,影响国家的赋税收入。

判文中的"千头之奴,具传其号,百姓之女,罕闻其卜"一句,亦有根据。在唐代,严禁"同姓为婚",而奴婢皆无姓氏,只有名号,这已为传世及出土文献所证实。因此,唐代若以婢女、客女为妾,为防同姓为婚,则以占卜形式定其姓氏。此种做法,实际来自《礼记·曲礼》的规定:"买妾不知其姓,则卜之。"对此,唐户婚律有明确的规定。④而百姓之女由于姓氏清楚,故"罕闻其卜"。以上判文,证明了唐律有关规定在现实生活中是得到贯彻执行的。

除了严格良贱之分以外,在唐代,法律还规定了不同阶层的贱人在身份、权利、

---

① "塼"字,据《说文解字》,通"专"。

② (唐)长孙无忌等:《唐律疏议》卷一四,《户婚》。

③ (唐)长孙无忌等:《唐律疏议》卷一三,《户婚》。

④ (唐)长孙无忌等:《唐律疏议》卷一三,《户婚》。

财产关系等方面的不同,这也可以从判文中得到证明。

《文苑英华》卷五三一载有《婢判》,判文曰:

题:命官妇女阿刘氏,先是蒋恭家婢,被放为客女,怀阿刘娠出嫁。恭死后,嫂将刘充女使。刘不伏,投匦诉。

对:阿刘母先从侍儿放为客女。梦蛇纳庆,先合(当作含)候月之胎;附马申观(当作欢),即就行霜之礼。才欣执盥,仍诞弄砖。既而李善主君,俄惊阃室;孔丘兄子,欲契宜家。遽拥妖妍,将充媵婢;徒为柱柳,终见称张。望彼刘闺,宁某诵赋;均夫郑室,聊事薄言。论母既谢萱枝,按女即非桃叶。方欲指腹称贱,凭胎索婢,自可以大匹小。将古明今,刘氏若属蒋家,秦政须归吕族。据斯一节,足定百端。

该判文涉及的是一个身份指认的问题。阿刘母原来是蒋恭家婢女,怀孕后被放为客女出嫁,生下阿刘。当蒋恭去世以后,蒋恭嫂将客女所生阿刘充作女使,亦即女婢。阿刘不服,上诉求理。

按照唐律的规定,"客女,谓部曲之女,或有于他处转得,或放婢为之。"[1]从判文看,阿刘母当属后者,即由婢女放免为客女者。客女虽仍属贱流,但其身份已高于婢女一等。其婚后所生之女则随其母,身份同为部曲客女。

判文中所争议的问题在于:阿刘母在放免为客女出嫁之前已怀有阿刘,蒋恭嫂据此认定阿刘生下后身份应为蒋家婢女,而不是随其母亲身份成为客女。判词的作者则认为,蒋恭嫂欲"指腹称贱""凭胎索婢",这是站不住脚的。因为阿刘母腹中的阿刘,身份应随其母亲,即所谓"以大匹小",既然母亲的身份已由婢女转变为客女,其腹中的胎儿,身份自然随其母亲改变,亦即"论母既谢萱枝,按女即非桃叶"。作者又援引秦始皇据传为吕不韦之子的典故,指出如果阿刘属于蒋家婢女,那么秦朝岂不要归于吕氏家族了,这显然是不可能的。"据斯一节,足定百端"。

这里,为什么蒋恭嫂一定要将阿刘认作女使亦即婢女呢?难道阿刘身份为客女,蒋家就不能驱使了吗?这就涉及了唐律中所规定的奴婢、部曲两种贱人的差异及他们与主人的关系问题。

奴婢,在唐律中被明确规定为主人的私有财产。如《唐律疏议》卷一四《户婚》载:"奴婢即同赀财,即合由主处分。"同书卷四《名例》载:"奴婢同于赀财,不从缘坐免法。"同书卷二《贼盗》载:"奴婢畜产,即是总同财物。"同书卷一七《贼盗》载:"诸谋反及大逆者皆斩……若部曲赀财田宅,并没官。疏议曰:奴婢同赀财,故不别言。"

奴婢既是主人的财产,其所生子女自然归主人所有,其性质如同主人的马生驹

---

① (唐)长孙无忌等:《唐律疏议》卷一三,《户婚》。

一样。唐律明确规定："生产蕃息者,谓婢产子,马生驹之类。"①奴婢无权处置自己的女子。唐律还具体规定,奴婢"辄将其女私嫁与人,须计婢赃,准盗论罪"②。奴婢将自己女儿嫁人,竟被视为盗窃主人财产,可见,奴婢包括其子女,完全是主人会说话的牛马,没有任何财产权利。

部曲、客女,情况则有不同。部曲虽然属于贱口,但不能买卖,即所谓"奴婢有价,部曲转事无估",因此,"盗诱部曲,并不计赃"。③据唐代僧人道宣所撰亡僧遗产继承法《量处轻重仪本》规定:"部曲者,谓本是贱品,赐姓从良而未离本主。本主身死……(部曲)衣资畜产,随身所属,不合追夺。"④可见,部曲是可以拥有自己的财产并拥有财产处置权的。部曲将其女儿嫁与他人,并不被视为侵夺原主人的财产(当然,这仅是从法律规定上判断,在实际生活中,部曲要将自己的女儿随意嫁与外人,恐怕不会很容易)。

上面《婢判》中,蒋恭嫂之所以要将阿刘母所生阿刘的身份认作婢女,就是因为阿刘如为婢女,其作为财产的所有权理当属于原主人蒋恭家,阿刘母亲无权处置。相反,阿刘的身份若随其母成为客女,那么其母亲便拥有对自己女儿的支配权,蒋恭家则无权干涉。正由于阿刘是婢女抑或客女直接决定了其与旧主人及自己母亲的关系问题,因而阿刘身份的确定,便成为整个判文争论的中心所在。

该判文的内容充分说明,《唐律疏议》有关部曲、奴婢身份地位异同的规定,是有着现实的社会基础的,在社会现实生活中得到贯彻执行。

二

现存唐人判文,有些内容反映出唐代良贱制度在不同的历史条件下所发生的一些变化。例如,唐代官员按品秩高低占有不同数量奴婢的制度,在唐代中期前后,便有着明显不同。

《文苑英华》卷五三一载有一道《奴婢过制判》,判文曰:

题:得丁上言:豪富人畜奴婢过制,请据品秩为限约。或责其越职论事。不伏。

对:品秩异伦,臧获有数;苟逾等列,是紊典常。丁志在作程,恶乎过制;爰陈诚于白奏,俾知禁于素封。将使豪富之徒,资虽积于巨万,僮仆之限数无逾于指千。抑淫义叶于随时,革弊道符于汉日。责其论事,无乃失辞! 若守职以

---

① (唐)长孙无忌等:《唐律疏议》卷四,《名例》。
② (唐)长孙无忌等:《唐律疏议》卷一四,《户婚》。
③ (唐)长孙无忌等:《唐律疏议》卷二五,《诈伪》。
④ 《大正新修大藏经》第四五卷。

越思,则为出位;将尽忠于陈计,难伏嘉言。楚既失之,郑有辞矣!

该判文亦载于《全唐文》及《白氏长庆集》,作者为白居易。判文的主题是某丁状告某豪富畜养、拥有的奴婢数量超过了朝廷的有关规定,请官府据其品秩对其奴婢加以限制。判文要应试人回答的问题是:豪富人拥有超出规定的奴婢数是否应该?某丁上言是否属于越职论事?

其实,对于贵族、官员占有奴婢的数量加以限制,早在汉代即有明确规定。这既是国家防止过多的小农流入私门,保证国家掌握基本的赋役人口的需要,也是对地主官僚的利益加以必要的照顾和适当限制的需要。汉哀帝时规定:"诸侯王奴婢二百人,列侯、公主百人,关内侯、吏民三十人。"[①]所以作出规定,是因为当时"诸侯王、列侯、公主、吏二千石及豪富民多畜奴婢,田宅亡限,与民争利,百姓失职,重困不足"[②]。

唐代建立以后,亦对官员占有奴婢贱人的数量作过几次限制。《唐会要》卷八六载:"永昌元年九月,越王贞破,诸家僮胜衣甲者千余人,于是制王公以下奴婢有数。"此次限制奴婢的数量,似乎主要是出于防止有人利用过多奴婢进行谋反。

现存唐人判文中有一道《对四品女乐判》。[③] 女乐,亦是唐代贱口的一种。据此件判文来看,不同级别的官员占有女乐的数量亦有明确规定。四品一级官员,占有女乐一部是合法的。此种贱口数量的限制,主要是为了防止某些官员僭侈过度。

天宝八年(749年),唐政府对不同级别官员占有奴婢的数量,作出更明确、具体的规定。天宝八载六月十八日敕:京畿及诸郡百姓,有先是给使在私家驱使者,限敕到五日内,一切送付内侍省。其中有是南口及契卷分明者,各作限约,定数驱使。虽王公之家,不得过二十人,其职事官,一品不得过十二人;二品不得过十人;三品不得过八人;四品不得过六人;五品不得过四人;京文武清官,六品七品不得过二人;八品九品不得过一人。[④]

唐玄宗的敕文,对其他王公贵族应占有的奴婢数量亦作了明确规定。

唐代中期以前,对王公官僚贵族奴婢贱口占有数量的规定,最主要的特点是以身份及官职的高低作为依据的。而非身份性地主及无官品的豪富,即使"资虽积于巨万",也是不应该扩大自己占有奴婢的数量的。

上引白居易《奴婢过制判》,大约作于唐宪宗至文宗时期,上距天宝八载玄宗的规定已在五十年以上。判文反映,至少从形式上看,唐朝廷关于不同级别的官僚贵族占有不同数量奴婢的规定仍是有效的。超过规定数量,仍属于"紊乱典制"。

---

① (汉)班固:《汉书》卷一一,《哀帝纪》。
② (汉)班固:《汉书》卷一一,《哀帝纪》。
③ (清)董诰:《全唐文》卷九七八,上海古籍出版社1990年影印本。
④ (宋)王溥:《唐会要》卷八六,《奴婢》。

另一方面,从白居易的判文又可以看出:随着均田制度的瓦解,土地兼并的空前发展,唐中期以后,"豪富人畜奴婢过制"已成了常见的现象,所谓"资虽积于巨万,僮仆之限数无逾于指千",只能是一种幻想。无独有偶,现存唐人判文中这样一件《奴判》:

> 题:下士有僮指千,为邻人所告,县断不应。云遇廉价,金之所致。州覆无罪。

> 对:爵以驭贤,禄以颁士。去嫌守职,虽殆亦荣,舍道成富,在官所丑。况位沾下士,利掩上农。千指家僮,等江陵之橘树;万金贾子,均洛阳之富商。畜伎既垾于卓孙,遇业颇同于翁伯。财之所积,但觉浮云,讼之所兴,果为鸣鼓。虽州县两断,片折未分,而邻人一言,商亦何玷。士且同于贾竖,州颇昧于正刑。是可忍焉,孰为过者。①

该判文的主题是身为下士之人,拥有过多奴婢,被邻居告发。县令认为下士有过,而下士称遇到廉价奴婢,以钱买得。州府复审,认为下士无罪。判词的作者则认为,下士作为有身份爵位者,不应"舍道成富","利掩上农","同于贾竖"。文中下士乃周代官名,此处泛指职爵低下之人。

判词的作者,摆出一副卫道士的面孔,对下士以金钱购买过多的奴婢,深恶痛绝。然而从判文不难看出,在唐代商品经济迅猛发展,"素封"势力不断壮大的形势下,那种按身份、官品占有奴婢的制度已难以实行下去了。这正像均田制瓦解以后,土地所有权转移加快,土地"有钱则买之,无钱则卖之"一样,在商品经济的冲击下,占有奴婢的多少已不取决于身份地位的高低,而是取决于经济力量的大小。

值得注意的是,判文中县府最初认为下士不应占有过多的奴婢,而当下士解释是遇到廉价奴婢,以钱买取时,州府竟判定为无罪了。在一些州府官员看来,以购买的方式增加奴婢数量,以经济力量之大小决定其占奴婢之多少,已属正常。此外,判词的作者,虽然认为州府官员"昧于正刑",判决失误,但他本人反对下士占有过多奴婢的理由,已不是因为下士职爵的低下及身份的卑微,而是认为下士作为朝廷的官员,不应"舍道成富","同于贾竖"。这已属于传统的"贱商"观念,而不是要强调按品秩身份占有奴婢的多少了。这些事实说明,唐代中期以后,商品经济的发展,已经使按身份品级占有奴婢数量的制度,难以实行下去。

其实,唐中期以后,除了部分官僚、富商为满足奢侈生活的需要,曾较多购买奴婢、特别是从周边少数民族地区掠买奴婢之外,总体来看,大量占有和役使奴婢的现象并没有真正发展起来。这是因为,雇佣关系的发展,已使役使雇佣劳动者较占有奴婢更为有利。到了宋代,人们已认为"奴婢贱口,本是雇佣良人"。中古的良贱

---

① (宋)李昉等:《文苑英华》卷五三一,《判》。

身份制度已趋于瓦解。正是因此,宋初文人在将唐代奴婢贱人类判文编入《文苑英华》时,竟直接列在了商贾佣赁门类之下。

三

现存唐人判文,有些还反映出,唐代前期,政府仍以战争俘虏作为奴婢。而在唐中期以后,这种制度与观念都已发生一些变化。《全唐文》卷九七八载有一道《对还生口判》,判文曰:

> 题:得甲为平卢小将军,军中有擒得生口者,尽还之。节度使欲加以罪,云古之名将,亦有如此者。

> 对:获则必取,兵家旧法。舍之从权,伐国新意。惟甲早从师旅,久成边庭,将立大勋,以图贵位。爰从是役,得展其谋。于万众之中,力能获丑……节度使属当戎行,未知军要,此宜论赏,反欲加刑。由是观之,罪有所在?

平卢节度使是唐中期设立的十节度使之一。[①] 故该判文的写作年代一定在唐中期以后。判文的内容虽是虚指,但其透露的信息却值得重视。

该判文涉及的是如何处置战争俘虏即"生口"的问题。按唐代正常制度,对外战争中获取的俘虏,尤其是那些敢于反抗唐军者,被俘后都要被没为奴婢。此即判文中所说"获则必取,兵家旧法"。秦汉以来,这种将战俘没为奴婢的现象一直未曾间断。尤其是魏晋南北朝时期,以战俘为奴婢已成惯例。最著名的是梁承圣三年(554年),西魏攻占江陵,梁军民被没为奴婢者多达十余万人。[②] 北周时期,"故事,获生口,并囚送京师"[③]。隋代以战俘为奴婢的事例,更是史不绝书。

据《新唐书·百官志》记载,唐朝战争中的"入钞之俘,归于司农"。既然战俘归于司农,显然是被籍没为官奴隶了。突厥人曾称,与唐人交战,被俘后"(突厥)贵族子弟陷为唐奴……女子降作唐婢"[④]。此言是有根据的。

唐政府中主管奴婢事务的刑部都官,职责之一便是"掌配没隶,簿录俘囚"[⑤]。典型的具体事例则如唐太宗时,"初攻辽东城,其有抗拒王师应没为奴隶者一万四千……将分赏将士。太宗愍其父母妻子,一朝分散。令有司准其直,以布帛赎之,赦为百姓"[⑥]。有的学者认为此段史料说明唐朝统治者不再将战俘没为皂隶,此说

---

① (宋)欧阳修:《新唐书》卷五〇,《兵志》。
② (唐)令狐德棻:《周书》卷二,《文帝纪》。
③ (唐)令狐德棻:《周书》卷三七,《韩褒传》。
④ 《厥特勤碑》,见岑仲勉《突厥集史》,中华书局1958年版,第880页。
⑤ 《唐六典》卷六,《刑部都官郎中员外郎》。
⑥ (后晋)刘昫等:《旧唐书》卷一九一,《高丽传》。

显然不妥。实际上,唐太宗赦免了这些战俘,并没有改变"抗拒王师应没为奴隶"的制度。正是因此,唐太宗要赦免的这些辽东战俘,也必须令有司以布帛赎买。甚至到了唐德宗时,四川地方上获取的"戎俘",有司还建议"准旧事颁为徒隶"①。"旧事",显然指的是唐前期的制度。

关于唐代存在的以战俘为奴婢的制度,唐人判文中也可以得到证明。如有一道《对旋凯献俘判》曰:

> 题:军旋凯,献俘毛有二者,执法止而劾之。军司云:拔巨石者。

> 对:兵居死地,百战功宣……我师告捷,收属获多。斯举故得系颈,请命不以悬首。……二毛就擒,征古可纵。在今莫舍;既负投石之力,允当操袂之来。执法劾止,未谐通议。请依军见,得谓其宜。②

该判文的主题,是该不该将年老的俘虏即"二毛"(人老头发斑白,故称"二毛")押回献捷。在中国古代,俘虏不取老人,即《左传》僖公二十二年所言:"君子不重伤,不禽二毛。"判文中执法者欲以擒归老人之罪名弹劾有关人员。军司则辩解称此人力大能拔巨石,不应视为老俘。判词作者同意军司的看法,而认为执法的意见"未谐通议"。所谓"通议",显然是指将有战斗能力的俘虏,一概押解回朝的制度。

《全唐文》卷九七八还载有《对克狄孥来判》及《对获五甲首判》。前者的判题是:"甲克狄邑长孥来,有非寮者,以其孥行,军吏执之,云非事士也。"后者的判题是:"景获五甲首,请隶五家,御史按景干赏蹈利,诉云锐士。"前者的"克狄孥来",反映的是以少数民族战俘为奴的情况。"孥"字,汉语中通"奴"字,可以用为动词,即使某人成为奴隶之意。另外通"挐"字,拉曳牵引之意。此处显然两种意思都有,即将战俘系颈孥来,使之成为奴婢。判文争论的问题在于,甲将"非寮者"也当作俘虏孥来了。反推之,只要是"寮"的战俘,都是可以押回朝廷作奴婢的。

《对获五甲首判》,题意是引用《荀子·议兵》中的典故,意为战争中斩敌五人,便可相应地役隶五家。在唐代,不存在斩敌五人役隶五家的制度,但出征将士因战功受赐俘虏的制度是存在的,例如随唐太宗征辽东的将士,不少就曾获赐"辽口",这些"辽口"系辽东战俘无疑。吐鲁番文书中也有府兵军官获赏口的反映。③ 因此,该判文所反映的以杀敌立功大小而决定获赏战俘奴婢多少的思想观念,在唐代依然是存在的。前引中期以后的《对还生口判》,所反映的主导思想,则已与唐前

---

① (后晋)刘昫等:《旧唐书》卷一九六,《吐蕃传》。

② (清)董诰:《全唐文》卷九七八,《对旋凯献俘判》。

③ 如元仁基从太宗征辽东,便获赐"辽口"五十人。见《旧唐书》卷一九一《高丽传》。再如高宗永徽元年,校尉张怀□曾获赏口一人为奴。见国家文物局古历史研究所等:《吐鲁番出土文书》第五册,文物出版社1985年版,第108页。

期的观念有所不同。

唐前期的"旧事""通议"都认为以战俘为奴婢乃理所当然,而《对还生口判》却认为"获则必取",已是"兵家旧法",而放还生口,则是"伐国新意",不仅不应得罪,反之应当论赏。

同样是论及战争的俘虏问题,现存的唐人判文却反映了两种不同的思想倾向,这说明唐代人们对处理战争俘虏的看法已在改变。这与唐朝政府在唐前期还经常以战俘为奴婢、而唐中期以后很少以战俘为奴婢的史实是完全吻合的。[①]

四

现存唐人判文,除了反映与说明唐代良贱制度一些重要问题以外,对于探讨唐代良贱制度的许多具体细节问题也有较高的利用价值。

例如关于唐代贱口死亡的处置问题,《文苑英华》卷五三一载有这样一道《奴死弃水中判》,判文曰:

　　题:丙奴死,不埋,弃水中,人告之。

　　对:丙为不道,龟鳖何亲。情之不良,僮仆是弃,爱其有力,未闻削舟(丹)之恩。欺其游魂,更比怀沙之惨。虽不封不树,家僮无葬送之仪,而载沉载浮,甲令有弃尸之禁,告言不谬,刑典宜申。

判文反映某人未将已死奴婢掩埋,而是随意丢弃水中,被人告发。判文中"削舟"似是"削丹"之误。"削丹"乃是免除奴籍之意。

按《唐律疏议》卷一八有"残害死尸"的律文:"诸残害死尸,及弃尸水中者,各减斗杀罪一等。疏议曰:'各减斗杀罪一等',谓合死者死上减一等,应流者流上减一等之类。"此当即判文中所说的"甲令有弃尸之禁"。

在唐代社会里,奴婢"律比畜产","诸事不同于良人"。"奴婢即同赀财,即合由主人处分"[②]。但在处理奴婢死亡这一问题上,显然与处理畜产死亡不同。在吐鲁番阿斯塔那 35 号墓出土的唐代文书中,有一件武则天证圣元年(695 年)《婢杏女死亡牒》[③],牒文曰:

　　户主李康师婢杏女

　　右件婢今月中旬死

　　牒件如前。　谨牒

　　　证圣元年闰二月

①　参见李天石:《唐代的官奴婢制度及其变化》,《兰州学刊》1988 年第 3 期。
②　(唐)长孙无忌等:《唐律疏议》卷一四,《户婚》。
③　国家文物局古历史研究所等:《吐鲁番出土文书》第七册,第 442 页。

在同地206号唐代墓葬中,也出有《唐勘问婢死虚实对案录状》的文书。[①] 这些文书反映,按制度,凡奴婢死亡,主人必须向官府报告,由官府验实并削籍。关于随意处置死亡奴婢尸首应受什么样的处罚,唐律中没有明确的规定。但从上引判文来看,主人随意丢弃奴婢尸首,也是触犯刑律的。当然,从部曲、奴婢残害主人尸首不得减罪,"决不待时"的规定来看,主人残害部曲、奴婢尸首,当会比残害一般良人尸首减罪处理。

上述判文还透露出,唐代奴婢死亡埋葬以后,"不封不树","无葬送之仪"。这一规定仅见于此处判文记载,反映了唐代贱人地位的低下。《文苑英华》卷五三一还载有一道《官户判》,判曰:

题:官户炙面送掖庭,旧有疹疾。所由以非五十以上,不许。

对:倬彼旧章,闻于白粲。嗟夫贱妾,隶我丹书。当年且欲于役身,称疾式瞻乎炙面。平阳白发,既乏子夫之容,应门绿苔,爰闭掖庭之恨。薄言之诉,情或可哀,壮齿之年,且殊知命。嘉所由直笔,执法不回。想官户之循涯,吞声未爽。

该判文的主旨,是官户以旧有疹疾为由,请求免于炙面送掖庭。而有司以其年纪在五十岁以下,不予批准。此处"旧有疹疾"一句后,似脱漏了"求免"之类词句。

官户,系唐代官贱人的一种。官奴婢一免为番户,亦即官户,二免为杂户,三免为良人。[②] "官户者,谓前代以来配隶相生,或有今朝配没,州县无贯,唯属本司"[③]。"依户令,官户当色为婚"。

从唐律规定来看,官户地位略高于官奴婢,官户有自己独立的经济,"凡官户受田,减百姓口分之半"[④]。但从上述判文来看,官户五十岁以下配送掖庭者,仍需在面部炙上标记,这在唐代其他文献中未见记载。西晋时期官奴婢皆黥面供官。"奴婢亡,加铜青若墨,黥两眼。后再亡,黥两额上,三亡,横黥目下。皆长一寸五分,广五分。"[⑤]而唐代官奴婢,据《唐六典》卷六记载,"每年十月,所司自黄口以上,并印臂送都官貌阅"。所谓印臂,即"以绸缪记印于臂上……渍以挂红膏,则水洗色不退"[⑥]。这显然比在脸上炙印进步了许多。官户身份高于官奴婢,但仍列入贱籍,即所谓"隶我丹书"。上引判文反映唐代官户仍要炙面送掖庭,这可能反映的是唐初或唐前期的情况,唐中期以后,炙面的做法当为"印臂"所取代。

---

① 国家文物局古历史研究所等:《吐鲁番出土文书》第五册,第270页。
② 《唐六典》卷六,《刑部都官郎中员外郎》。
③ (唐)长孙无忌等:《唐律疏议》卷三,《名例》。
④ 《唐六典》卷三,《尚书省户部》。
⑤ (宋)李昉等:《太平御览》卷六四八,引《晋令》。
⑥ 《唐代丛书》卷一四,《妆楼记》。

据史书记载,官奴婢长役无番,六十以上及废疾者,可以升为官户,七十岁以上可放免为良人。而官户一年三番上值,且有自己的经济。从上引判文反映的情况看,官户大约五十岁可免灸面配送掖庭,比官奴婢早二十年,这符合官户身份较高的实际情况。这一年龄规定,在唐代史料中也仅见此处。弥足珍贵。

综上所述,保留至今天的关于唐代良贱制度的判文,是我们研究良贱身份制度的宝贵资料。这些判文说明,唐律中关于良贱身份制度的大量法律条文,不只是魏晋南北朝律文的遗留,而是有着现实的社会基础的。这些判文,不仅提供了许多为其他史料所未反映的唐代良贱制度的细节,更重要的是通过这些判文与唐律有关律文的比较,可以发现中古良贱制度在唐代所发生的某些重要变化,从而为深入研究唐代社会历史,提供了重要帮助。

(原刊《中国史研究》1999 年第 4 期)

唐代的官奴婢制度及其变化

唐朝是中国封建社会的鼎盛时期,其各种政治制度日臻成熟和完备。反映森严的封建等级制的良贱制便是唐代重要的政治制度之一。

近年来,一些学者对唐代的"贱人"制度进行了研究,取得了不少成果,但对于其中的官奴婢制度,尚少专文论列。唐代官奴婢制度的许多问题有待进一步探讨。为此,本文试从唐代官奴婢的主要来源、唐代官奴婢的役使与管理,以及唐代官奴婢制度的变化等几方面谈一点不成熟的看法。

一

唐代的官奴婢是唐朝政府中"贱人"的一种。官府中同属"贱人"阶层的还有官户、杂户、工乐、太常音声人等。官户、杂户大多由官奴婢转化而来,如官户系"前代以来,配隶相生",或由官奴婢"一免为番户"。① 杂户则是由官户再免而为之。至于工乐、太常音声人等,则主要简选自官户或官奴婢。

根据史书的记载,唐代官奴婢的主要来源有以下几个方面:罪犯籍没、战争俘虏、地方贡献、官府掠买。将罪犯家口籍没为官奴婢的制度由来已久。据《周礼·秋官司寇·司厉》载:"古者,身有大罪,身既从戮,男女缘坐。男子入于罪隶,女子入于春稿"。汉代,罪犯家口"没为奴婢之制则终汉世未尝废也"②。魏晋南北朝时期,因罪被没为奴婢者更是史不绝书。如刘宋时,"谢晦反逆,家属坐系尚方"③。南齐时,射手亡叛,"家口没奚官"④。梁律更明确规定,反逆之人,"男无少长皆弃

---

① 奴婢一免为番户,即免为官户,有的学者引《新唐书》卷四六《百官志》,将杂户、官户视为同色,显系错误,应从《唐六典》说。《唐六典》卷六《都官》载,官奴婢"一免为番户、再免为杂户、三免为良人"。其下有注曰:"有言官户者,是番户之总号,非谓别有一色"。《唐会要》《旧唐书》所记略同。唯有欧阳修《新唐书》卷四六《百官志》记为"杂户,亦曰官户"。欧书此处显然有误。

② 程树德:《九朝律考》卷一,《汉律考》三。

③ (南朝梁)沈约:《宋书》卷六〇,《范泰传》。

④ (南朝梁)萧子显:《南齐书》卷四一,《张融传》。

市,母妻姊妹及应从坐弃市者,妻子女妾同补奚官为奴婢"①。"隋无族诛之制,故常以籍没代之"②。

唐代继承前代之制,犯罪家口仍被籍没为官奴婢。《唐六典》卷六《刑部都官》载:"凡反逆相坐,没其家为官奴婢"。如果说这条材料讲的还不够具体,那么,《唐律》的有关规定则交待了有关谋反、谋大逆者籍没的范围,"诸谋反及大逆者皆斩,父子年十六以上皆绞,十五以下及母女妻妾(子妻妾亦同)、祖孙兄弟姊妹若部曲、资财、田宅并没官"③。这里没有提及谋逆者的私奴婢是否没官,因为"奴婢同资财,故不别言"。《新唐书》卷五六《刑法志》则明确记载:"谋反者,男女奴婢没为官奴婢"。

以上史料说明,唐代所谓谋逆之家,除本人及其父子年满十六岁以上皆处死刑外,其余家口、包括私奴婢一律籍没为官奴婢。

其实根据史书记载来看,唐代籍没之制并不仅施于谋逆者。如武德四年(621年),唐政府就曾规定,"犯盗铸钱者处死,家属并没"④。总章年间,高宗敕令,"征边辽军人逃亡,限内不首,及更有逃亡者,身并处斩,家口没官"⑤。永泰元年"宣州刺史李侁坐赃二十四万贯,集众杖死,籍没其家"⑥。这说明犯有盗铸钱币、临军脱逃、贪赃枉法等其他罪行者,亦有籍没家口的情况。实际上,什么罪行需要籍没家口、籍没的范围有多大,统治者总是根据政治斗争的需要来决定的。如武则天时,为巩固统治,大兴牢狱,便出现了"天下犯罪籍没者甚众"⑦的情况。越王贞谋反兵败以后,缘坐者六七百人,籍没者多达五千余口。

笔者曾对史书中有关唐代籍没罪犯家口的情况进行统计,列成下表:

表一 唐代籍没家口统计表

年代	公元年代	被籍没家口者	被籍没原因	资料出处
武德二年	619	刘文静等	谋反	《旧唐书·刘文静传》
武德二年	619	樊兴父	犯罪	《旧唐书·刘文静传》
武德三年	620	独孤怀恩	谋反	《旧唐书·独孤怀恩传》
武德六年	623	刘世让	谋逆	《旧唐书·刘世让传》

---

① 程树德:《九朝律考》卷八,《隋律考下》。
② (唐)魏征:《隋书》卷二五,《刑法志》。
③ (唐)长孙无忌等:《唐律疏议》卷一七,《贼盗律》。
④ (宋)司马光:《资治通鉴》卷一八九,高祖武德四年。
⑤ (后晋)刘昫等:《旧唐书》卷八六,《孝敬皇帝弘传》。
⑥ (后晋)刘昫等:《旧唐书》卷一一,《代宗纪》。
⑦ (后晋)刘昫等:《旧唐书》卷六四,《韩王元嘉传》。

续　表

年代	公元年代	被籍没家口者	被籍没原因	资料出处
武德七年	624	辅公祏等	逆乱	《唐大诏令集》卷二三
武德七年	624	杜伏威等	谋反	《旧唐书·杜伏威传》
武德七年	624	阚棱	谋反	《旧唐书·阚棱传》
武德九年	626	李瑗	谋反	《旧唐书·李瑗传》
武德年间	643	何稠等	有罪	《旧唐书·张道源传》
贞观十七年	643	侯君集	谋反	《旧唐书·侯君集传》
贞观十七年	643	李安严等	谋反	《册府元龟》卷一四七
贞观十九年	645	李元昌	图为不轨	《旧唐书·李元昌传》
贞观二十年	646	张亮	谋反	《旧唐书·张亮传》
贞观二十二年	648	李君羡	将为不轨	《新唐书·李君羡传》
显庆四年	659	长孙无忌	谋反	《旧唐书·长孙无忌传》
显庆四年	659	韩瑗	谋反	《新唐书·韩瑗传》
显庆四年	659	柳奭	谋反	《新唐书·柳奭传》
麟德元年	664	上官仪	谋反	《旧唐书·上官仪传》
光宅元年	684	裴炎	谋反	《旧唐书·裴炎传》
光宅元年	684	程务挺	谋反	《旧唐书·程务挺传》
垂拱二年	686	刘浚	酷吏所陷	《旧唐书·刘仁轨传》
垂拱四年	688	李贞等	谋反	《旧唐书·狄仁杰传》
永昌元年	689	张光辅	私说图谶	《旧唐书·张光辅传》
永昌元年	689	刘景先	为酷吏陷	《旧唐书·刘祥道传》
永昌元年	689	郭正一	为酷吏陷	《旧唐书·郭正一传》
圣历元年	698	唐波若	潜谋应贼	《旧唐书·侯君集传》
天授元年	690	乔知之	为酷吏罗织	《朝野佥载》卷二
天授元年	690	韦方质	为酷吏所构	《通鉴》卷二〇四
神功元年	697	朱待辟等五十家	叛逆	《旧唐书·姚璹传》
神龙二年	706	王同皎	谋杀武三思	《旧唐书·王同皎传》
景龙二年	709	李思冲	谋反	《旧唐书·李敬玄附传》
景龙二年	709	李多祚	谋杀武三思	《旧唐书·李多祚传》
景龙二年	709	李千里	谋杀武三思	《旧唐书·吴王恪传》

年代	公元年代	被籍没家口者	被籍没原因	资料出处
景龙二年	709	李禧	谋杀武三思	《旧唐书·吴王恪传》
先天元年	712	岑羲	谋逆	《旧唐书·岑文本传》
先天二年	713	窦怀贞	谋逆	《册府元龟》卷八四
先天二年	713	萧至忠等	谋逆	《旧唐书·萧至忠传》
先天二年	713	常元楷	谋逆	《朝野金载》卷三
开元十年	722	权楚璧等	谋反	《旧唐书·权怀恩传》
开元十年	722	李齐损	谋反	《通鉴》卷二一二
开元十年	722	李淑	谋反	《旧唐书·权怀恩传》
开元十年	722	卢玢	谋反	《旧唐书·权怀恩传》
开元十年	722	周履济	谋反	《旧唐书·权怀恩传》
开元十年	722	杨楚剑	谋反	《旧唐书·权怀恩传》
开元十年	722	元令琪	谋反	《旧唐书·权怀恩传》
开元十二年	724	王守一	潜通左道	《旧唐书·王守一传》
开元十九年	731	张审素	谋反	《旧唐书·张琇传》
至德二年	758	窦廷芬	谋反	《太平广记》卷一五〇
永泰元年	765	李佚	坐赃	《旧唐书·代宗本纪》
大历十二年	777	元载	图非望纳赃	《唐国史补》卷上
兴元元年	784	李忠臣等	反逆	《旧唐书·德宗本纪》
贞元八年	792	窦参	受贿	《唐语林》卷六
元和二年	807	李锜	叛逆	《唐国史补》卷中
元和十二年	817	吴元济妻等	叛逆	《旧唐书·吴元济传》
元和十四年	819	李宗爽	叛逆	《旧唐书·崔群传》
长庆二年	822	李介、薛志忠等	谋反	《旧唐书·穆宗本纪》
大和九年	835	李训、郑注	坐甘露之变	《旧唐书·李训郑注传》
大和九年	835	李孝本	坐甘露之变	《旧唐书·魏传》
大和九年	835	王涯等人	坐甘露之变	《旧唐书·王涯传》
大和九年	835	焦寓、李楚等	坐甘露之变	《旧唐书·王涯传》
咸通十三年	872	韦殷裕等	论皇亲阴事	《旧唐书·懿宗本纪》

上表中见于记载的籍没事件约有五十多起,其中唐前期四十多起,安史之乱以

后十多起。其实史籍所载,并不能反映有唐一代籍没情况的全貌,例如德宗时,"西原叛,前后经略使征讨反者,获其人皆没为官奴婢"①。像这些被籍没者的姓名便不得而知。再如,唐朝近三百年,发生了无数次的农民起义。在统治阶级看来,这些反压迫的斗争自然都属于谋逆的行为。这些起义失败以后,一定会有不少的起义者及其亲属被籍没为官奴婢。对于这些情况,史书都极少记载。其原因一方面是由于封建史家的史观受到其阶级立场的局限。另一方面则是由于封建史书所记载的,多是与中央朝廷直接有关的事件,对于许多地方官府的籍没事件便不可能一一俱载。如《唐六典》卷六《都官》所载配隶,"在外州者,供当处官役",便反映了唐代地方州县也有籍没犯罪人家口为奴婢的情况。虽然如此,史书还是反映出在唐代因罪被籍没为官奴婢的仍为数不少。这无疑是唐代官奴婢的一个重要来源。

战争中捕获的俘虏,是唐代官奴婢的另一重要来源。这显然也是继承前代制度而来。秦汉以来,将战争中的俘虏没为奴婢的现象一直未曾间断。尤其是两晋南北朝时期,以战俘为奴婢几乎已成惯例。如《魏书》卷四《世祖记》载:"真君十一年四月,皆以南伐所获生口为赐"。《南史》卷四一《萧景传附萧励传》载,梁萧励进攻狸族"所获生口宝物,军赏以外,悉送还台"。尤为著名的是梁承圣三年(554年)西魏军攻占江陵,梁军民被没为奴婢者多达十余万人。② 隋朝统治者亦曾将大量的战俘赐赏给权贵为奴婢,动辄百千。所有这些做法都不能不影响到唐代的战俘政策。

据《新唐书》卷四六《百官志》记载:唐朝战争中的"入钞之俘,归于司农"。既然归于司农,显然是被籍没官奴婢了。突厥人曾称,与唐人交战被俘之后,"(突厥)贵族子弟陷为唐奴……女子降作唐婢"③。此言是有根据的。唐朝政府"簿录俘囚"之事之所以由主管奴婢事务的刑部都官主持,正是因为存在着这样一种将战争俘虏籍没为官奴婢的制度。

据笔者大略统计,唐代历次战争中捕获的俘虏,每次多则五万到十万,少亦成百上千,估计在四十万人以上。此乃对史书中三十六次获俘情况的统计(见表二),这样多的战俘,是不是不分具体情况一律籍为奴婢呢? 看来并不完全是这样。唐太宗时,"初攻辽东城,其有抗拒王师应没为奴隶者一万四千,并遣先集幽州,将分赏将士。太宗愍其父母妻子,一朝分散。令有司准其直,以布帛赎之,赦为百姓"④。由此可见,只有那些敢于抗拒唐朝军队的人被俘之后才被籍没为奴婢。前引唐征辽东"前后虏获,数十万计,分配诸州,无处不满",亦可为证。

① (后晋)刘昫等:《旧唐书》卷一一二,《李皓传》。
② (唐)令狐德棻:《周书》卷二,《文帝纪》。
③ 《厥特勤碑》,载岑仲勉《突厥集史》,中华书局1958年版,第880页。
④ (后晋)刘昫等:《旧唐书》卷一九一,《高丽传》。

这里,有一点需要辨析,有的学者在谈到唐代奴婢问题时,往往引证上述太宗史料,来说明唐初统治者不再承袭前代将战俘"沦为贱种、类为皂隶"的旧制。我以为这种看法值得商榷。从当时的情况来看,唐太宗赦免这些战俘显然属于一种特例和"恩典",并不意味着从此就改变了"抗拒王师应没为奴婢"的制度。实际上,就是在唐太宗此次亲征高丽时,也并没有完全杜绝将战俘没为奴婢的作法。如元仁基,"从太宗征辽东,以功赐宜君田二十顷,辽口并马牝牡各五十,拜宁塞令,袭常山公"①。这里辽口便是征高丽时捕获的战俘。也正是因为唐代存在着没战俘为奴婢的制度,身为皇帝的李世民要放免辽东战俘,也必须令有司以布帛赎之。《全唐文》卷二八九载张九龄《让赐番口状》亦称"番口执自边军,释因为隶"。

在《吐鲁番出土文书》第五册中,载有唐高宗永徽年间唐西州的一件文书。文书反映西州府兵中校尉张怀□得到"赏口"一人,转卖于火长范欢进,②此"赏口"显系战俘无疑。

另据《旧唐书》卷一九六《吐蕃传》载,唐在与吐蕃的战争中,"俘获其人,必遣中官部统徙江岭"。

表二　唐代历次战争获俘统计表

年代	公元年代	唐军主帅	俘虏来源	俘虏人数	资料来源
武德初	618—621	窦轨	稽胡	20000	《旧唐书·窦威附窦轨传》
武德二年	619	李靖	开州蛮	5000余	《旧唐书·李靖传》
武德二年	619	梁师都	突厥	200	《旧唐书·梁师都传》
武德二年	619	王君廓	突厥	2000	《旧唐书·王君廓传》
武德四年	621	李建成	稽胡	1000余	《旧唐书·隐太子建成传》
武德九年	626	郭行万	眉州獠	5000	《册府元龟·外臣部讨伐》
贞观初	626—634	马三宝	吐谷浑	数千人	《旧唐书·马三宝传》
贞观三年	629	李绩	突厥	50000	《旧唐书·李绩传》
贞观四年	630	李靖	突厥	10000余	《旧唐书·李靖传》

---

① (宋)欧阳修:《新唐书》卷一四三《元结传》。
② 国家文物局古历史研究所等:《吐鲁番出土文书》第五册,60TAM337:11/10。

续　表

年代	公元年代	唐军主帅	俘虏来源	俘虏人数	资料来源
贞观十二年	638	齐善行	巫州獠	3000 余	《册府元龟·外臣部讨伐》
贞观十二年	638	上官怀仁	壁州獠	10000 余	《册府元龟·外臣部讨伐》
贞观十二年	638	侯君集	高昌国	7000 余	《旧唐书·侯君集传》
贞观十三年	639	上官怀仁	巴等四州獠	6000 余	《册府元龟·外臣部讨伐》
贞观十四年	640	党弘仁	罗窦獠	7000 余	《册府元龟·外臣部讨伐》
贞观十四年	640	张亮	高丽	数千	《旧唐书·张亮传》
贞观十五年	641	李绩	突厥	1000 余	《旧唐书·李绩传》
贞观十五年	641	李绩	突厥	50000 余	《旧唐书·李绩传》
贞观十九年	645	李绩	高丽	20000	《旧唐书·高丽传》
贞观十九年	645	程名振	高丽	8000	《旧唐书·高丽传》
乾封三年	668	李绩	高丽	30000 余	《旧唐书·高宗本纪》
开耀元年	681	薛仁贵	突厥	20000 余	《旧唐书·薛仁贵传》
开元二年	714	薛纳	吐蕃	10000 余	《旧唐书·薛纳传》
开元三年	715	王晙	突厥	1000 余	《旧唐书·王晙传》
开元十六年	728	张忠亮	吐蕃	1000 余	《旧唐书·吐蕃传》
开元十七年	729	李韩	吐蕃	200 余	《旧唐书·吐蕃传》
开元末年	735—741	高仙芝	吐蕃	1000 余	《旧唐书·李光弼传》
天宝十五载	756	李光弼	史思明军	4000	《旧唐书·李光弼传》
乾元二年	759	李光弼	史思明军	500	《旧唐书·李光弼传》
永泰元年	765	白元光	回纥	10000 余	《旧唐书·回纥传》
永泰元年	765	白元光	回纥	人畜 300 里	《旧唐书·代宗本纪》
永泰元年	765	浑日进	吐蕃	500	《旧唐书·吐蕃传》
永泰元年	765	浑日进	吐蕃	160	《旧唐书·吐蕃传》
大历二年	767	灵州军帅	吐蕃	500	《旧唐书·吐蕃传》
贞元十七年	801	韦皋	吐蕃	6000	《旧唐书·韦皋传》
贞元十八年	802	陈孝阳	吐蕃	6000 余	《旧唐书·吐蕃传》
会昌三年	843	石雄	回鹘	5000	《旧唐书·石雄传》

唐德宗时,"蜀帅上所获戎俘,有司请准旧事颁为徒隶"①。唐懿宗时,王式曾将"吐蕃、回纥迁隶数百"加以武装,用来镇压农民起义。② 所谓迁隶,实际就是吐蕃、回纥被籍没为官奴婢的战俘。以上史实证明,战争俘虏的确是唐代官奴婢的一个重要的来源。

唐朝政府中官奴婢的另一来源,是地方官府的贡献。例如地近岭南的道州,"产侏儒,阳城哀其生离,无所进。帝使求之,城奏曰,'州民尽短,若以贡,不知何者可',贡自是罢"③。又如,"(元和)十三年四月,剑南、西川节度使奏,南诏请贡献助军牛羊奴婢"④。大历十四年(779年)五月,(肃宗)诏曰:"邕府岁贡奴婢,使其离父母之乡,绝骨肉之恋,非仁也,宜罢。"⑤既然是"岁贡",当然是年年进贡。另外,一些地方官府每年还要向中央进贡"阉儿",入宫充作宦官,实际这也是官奴婢的一个类别,其中尤以福建进贡最多,史载:"诸道岁进阉儿,号私白,闽岭最多。"⑥

与地方贡献相联系的另一个奴婢来源,是官府的强制性掠买。实际上,地方官府进贡的奴婢中相当一部分就是通过这种渠道得来的。唐代人顾况曾有诗《囝》,生动地描写了当时福建地方官吏掠夺良民之子向官府进贡的情景,诗中曰:"囝生南方,闽吏得之,乃绝其阳,为臧为获,致金满屋。为髡为钳,视如草木。天道无知,我罹其毒。神道无知,彼受其福。郎罢别囝,吾悔生汝……囝别郎罢,心摧血下,隔地绝天,乃至黄泉,不得在郎罢前。"⑦(郎罢闽语指父亲)

在唐政府兴办的监牧中,也曾大量使用官府强制掠买来的奴婢。张延圭在《论置监牧登莱和市牛羊奴婢疏》中说:"窃见国家于河南北和市牛羊及荆益等州和市奴婢,拟于登莱州置监牧……荆益等州和市奴婢,多是国家户口,奸豪掠来,一入于宫,永无雪埋。"⑧开元年间,王毛仲也曾"募严道獠僮千口为牧圉"⑨。《张说之文集》则记为往严道市獠僮千口。无论是"市"还是"募",实际上都是强制獠人为官奴婢无疑。

除以上几个主要来源外,前朝世代相承的奴婢也是唐朝官奴婢的一个来源。

① (后晋)刘昫等:《旧唐书》卷一九六,《吐蕃传》。
② (宋)欧阳修:《新唐书》卷一六七,《王播传附王式传》。
③ (宋)欧阳修:《新唐书》卷一九四,《阳城传》。
④ (宋)王溥:《唐会要》卷九九,《南诏蛮》。
⑤ (宋)王溥:《唐会要》卷八六,《奴婢》。
⑥ (宋)欧阳修:《新唐书》卷二〇七,《吐突承璀传》。
⑦ (清)彭定求等:《全唐诗》卷二六四,顾况《囝》。上海古籍出版社1987年影印本。
⑧ (清)董诰:《全唐文》卷二六五,《论置监牧登莱和市牛羊及奴婢疏》。
⑨ (宋)欧阳修:《新唐书》卷一二一,《王毛仲传》。

二

唐代的官奴婢,除各地府、州、县拥有一部分"供当处官役"外,大多都集中于唐中央政府。从其役使的情况来看,主要分布于三个方面,一是内侍省的掖庭局;二是"有伎艺者从其能而配诸司"[①];三是"无能者咸隶司农"[②]。

官奴婢中的女子,大多属于内侍省的掖庭局,被统称为宫女。她们或由官府从民间采选而来,或因罪籍没而来。《新唐书·百官志》载:"凡初配没……女子工巧者入掖庭"。掖庭局的职掌,据《唐六典》载,"掌宫禁女工之事,凡宫人名籍,司其除附。功桑养蜜,会其课业"[③]。可见,养蚕织染、缝纫等女工之事是宫女的主要工作。她们中间。除极个别偶然会得到皇帝皇亲的"恩幸"之外,绝大多数都是一入深宫便永远失去了自由,终生不能婚嫁,不得与家人团聚,许多宫婢,至死不知其姓名籍贯。据《陕西金石志》卷九所载的唐宫人墓志,开首一句往往是:"亡宫者不知何许人也"。如其中一墓志载:"亡宫者不知何许人也。爰自良家入陪天闱,专一成性,淑慎居心……卒于宫所,春秋七十五。"此宫婢在深宫禁锢六十余年左右,终生劳作,至死得到的仅是一块不知姓名籍贯的墓志,宫婢命运之悲惨,于此略见一斑。

至于有特别伎艺的男女奴婢,按规定是"以其所能各配诸司"。主要是配于少府、将作等专门的手工业部门。《新唐书·刑法志》载,"男奴,京师隶将作,女子隶少府缝作"。

最大量的官奴婢是在司农寺中,可以说,司农寺是官奴婢的主要集聚之所。《新唐书·百官志》载:"入钞之俘,归于司农"。"惟诸司用奴时,可由司农寺拨给"。《唐六典·都官》亦明载:"凡行宫与监牧及诸王公主应给(奴婢)者,则割司农之户以配"。

司农寺的官奴婢,役使比较繁杂,这与司农寺本身的职掌有关。据《新唐书·百官志》载:司农寺,"掌仓储委积之事。总上林、太仓、钩盾、导官四署及诸仓、司竹、诸汤、宫苑、盐池、诸屯等监。凡京都百司吏禄廪、朝会、祭祀所需,皆供焉"。由于司农寺中官奴婢所属的具体部门不同,其劳作亦有分别。例钩盾署,负责祭祖朝会宾客享宴的供给,因而钩盾署中"凡孳生鹅鸭鸡猪之属,皆令官奴婢为课养之"[④]。上林署中的官奴婢则主要是种植果木蔬菜、冬日藏冰,太仓署中的官奴婢主要从事凿窖制屋、粮食搬运;诸屯监中的官奴婢则主要从事农业生产。《新唐

---

① 《唐六典》卷六,《刑部都官》。
② 《唐六典》卷六,《刑部都官》。
③ 《唐六典》卷一二,《内侍省》。
④ 《唐六典》卷一九,《司农寺》。

书》所说官奴婢"男子入于蔬圃、女子入于厨膳",只是概称而已。①

　　除本寺役使之外,司农寺还须负责向其他部门提供官奴婢,即所谓:"惟诸司用奴婢时由司农寺拨给"。例"乐工、兽医、骗马、调马、群头、载接之人皆取焉"②。唐政府赏赐官僚贵族功臣的奴婢,亦主要取自于司农寺。下表是对唐代赏赐官奴婢情况的统计:

表三　唐代赏赐官奴婢统计表

年代	公元年代	受赐者	赐奴婢数量	资料出处
武德元年	618	武士彠	300	《全唐文·攀龙台碑》
武德六年	623	李孝恭	700	《旧唐书·宗室》
武德六年	623	李靖	100	《旧唐书·李靖传》
武德六年	623	李大亮	120	《旧唐书·李大亮传》
贞观初年	约626—634	任瓌	2	《朝野佥载》卷二
贞观五年	631	屈突通	数十人	《全唐文·颍川定公碑》
贞观八年	634	李大亮	150	《旧唐书·李大亮传》
贞观十四年	640	姜行本	70	《旧唐书·姜行本传》
贞观十九年	645	元仁基	58	《新唐书·元结传》
贞观末	644—649	李道宗	40	《旧唐书·宗室》
贞观末	644—649	薛仁贵	10	《旧唐书·薛仁贵传》
仪凤四年	679	裴行俭	200	《全唐文·太尉裴公神道碑》
万岁通天元年	696	来俊臣	10	《旧唐书·酷吏传》
万岁通天二年	697	张昌宗	不详	《旧唐书·张行成传》
景云元年	710	李宪	10房	《旧唐书·让皇帝宪传》
景云元年	710	刘幽求	20	《旧唐书·刘幽求传》
开元二年	714	火拔颉利	10	《旧唐书·突厥传》
开元末	730—741	张九龄等	不详	《曲江集·让赐番口状》
天宝末	751—755	哥舒翰	10	《全唐文·加哥舒翰爵赏制》
天宝十三载	754	安禄山	10房	《旧唐书·玄宗本纪下》
元和年间	806—820	张志和	2	《新唐书·张志和传》
大和二年	828	刘克明母	2	《新唐书·刘克明传》
大中十一年	857	金可记	4	《太平广记·金可记》

　　①　(宋)欧阳修:《新唐书》卷五六,《刑法志》。
　　②　(宋)欧阳修:《新唐书》卷五六,《刑法志》。

仅据史料大略统计,唐王朝即数十次赏赐臣下奴婢,总数达数千人。这些用于赏赐的奴婢,如果不是战俘,一般都是由刑部都官曹从司农寺支取。例如万岁通天元年,武则天赐来俊臣奴婢十人,"当受于司农"①。再如万安公主,缺少奴婢,"有司给奴婢如令"②。其他诸司、亲王、公主等所需奴婢皆取于司农。至于战俘的赏赐,一般是在都官"簿录俘囚"之后,由政府直接赐给了当次战役中有功的将领。此类奴婢,一经赏赐,便转变为私人奴婢。

在唐朝政府的其他部门中,也都有数量不等的官奴婢。如《唐会要》卷八六《奴婢》载:"如意元年四月十七日,逆人家奴婢及缘坐等色入官者,不许充尚食、尚药局驱使"。可见此前尚食、尚药局也有官奴婢。再如工部四司之一的虞部,"掌京都、衢闾、苑囿、山泽草木及百官蕃客时蔬薪炭供顿、畋猎之事。每岁春,以户小儿、户婢仗内莳种溉灌,冬则谨其蒙覆"③。内侍省的奚官局亦有奚隶二,"凡宫人有疾病则供其医药,死亡则给其衣服"④。

虽然官奴婢广布于唐官府的各个部门,但总的主持官奴婢事务的却是尚书省刑部的都官曹,所谓"总其(奴婢)籍者为都官"⑤。

都官一职并非唐代始设,究其渊源可以追溯至汉代。"都官者,本因汉置,司隶校尉其属官有都官从事一人,掌中都官不法事,因以名官"。魏晋南北朝历代沿袭汉制,皆设都官郎中或都官侍郎一职,"并掌京师非违得失事"。⑥ 隋初依然如此。直到开皇三年(583 年),"改都官尚书曹为刑部,其都官郎曹,遂改掌簿录配没官婢并良贱诉竞俘囚之事"。⑦

唐承隋制,都官曹设郎中一人,员外郎一人,主事二人。都官总的职责是"掌配没役隶,簿录俘囚,以给衣粮药疗,以理诉竞雪免,凡公私良贱必周知之,凡反逆相坐,没其家为官婢"⑧。

上述史料说明,都官虽自汉代已有,但直到开皇三年(583 年),始专管奴婢之事。(唐人将都官称为中官部,则是沿袭汉代中都官之称而来)

唐代刑部都官郎曹管理诸司官奴婢的方法,据《唐六典》记载:"每岁孟春,本司以类相从,而疏其籍以申,每岁仲冬之月,条其生息,阅其老幼而正簿焉。注:每年

① (后晋)刘昫等:《旧唐书》卷一三六,《酷吏传》。
② (宋)欧阳修:《新唐书》卷八三,《诸帝公主》。
③ (宋)欧阳修:《新唐书》卷四六,《百官志》。
④ 《唐六典》卷一二,《内侍省》。
⑤ 《唐六典》卷六,《刑部都官》。
⑥ 《唐六典》卷六,《刑部都官》。
⑦ 《唐六典》卷六,《刑部都官》。
⑧ 《唐六典》卷六,《刑部都官》。

十月.所司自黄口以上,并印臂送都官阅貌。"①《唐会要》卷八六《奴婢》亦载,"其年(大历十四年)都官奏,伏准格式,官奴婢诸司每年正月造籍二通,一通送尚书,一通留本司,并每年置簿点身团貌,然后关金仓部给衣粮"②。

综合两条史料,都官具体管理官奴婢的方法是:第一,每年十月,诸部门将黄口以上的奴婢印臂送到刑部都官曹以备核检。什么是印臂呢?这是官府在奴婢等特殊身份的人身上印下的一种标志。《新唐书·百官志》记载,唐代朝廷中设执扇三卫三百人,"择少壮肩膊齐、仪容整美者,本卫印臂,送殿中省肄习"。许多权势子弟争相为之。《新唐书·兵志》载:"开元十二年,诏左右羽林军飞骑阙,取京旁州府士,以户部印其臂,为二籍,羽林兵部分掌之"。由此来看,"印臂"并不带有惩罚污辱的性质。据《妆楼记》一书记载,"开元初,宫人被进御者,曰印选,以绸缪记印于臂上,文曰:'风月常新',渍以挂红膏,则水洗色不退"③。官奴婢的印臂,估计当与此法相似。当然,官奴婢印臂的内容不会是什么"风月常新",很可能是所属司名或类别名称。这种印臂的方法,较之历代对奴婢皆"黥面供官"的做法显然是一个很大进步。

第二,官奴婢送至刑部后,由都官据名籍进行貌阅,核对老小生死,校正簿籍。这里有一点颇使人费解的是,据前引《唐六典》的规定,诸司十月将奴婢送至都官,可都官在十一月(仲冬)貌阅,这样一来,官奴婢岂不是要在刑部都官处滞留一个月吗?这显然不可能。正确的解释应该是:每年从十月开始,都官进行貌阅,但由于诸司奴婢众多,且同一司中奴婢又不可同时都去参加貌阅,因此,都官的貌阅工作只能按秩序逐司分批进行。这样到十一月份,貌阅工作才能结束。

第三,貌阅属实以后,第二年正月,由官奴婢所在司根据貌阅情况进行附除,造籍册两份,一份送刑部都官,一份留本司为底。都官核实无误后,通知户部的金仓二司,支给衣粮。造籍的工作之所以规定在正月,一方面是考虑到貌阅工作可能拖延,另一方面,也是为诸司造籍留有一定的时间。实际上,以上三个环节是很自然地联结在一起的。

关于官奴婢的生活待遇,唐政府亦有具体的规定,据《唐六典》载,"春衣每岁一给,冬衣两岁一给,其粮则季一给,丁奴春头巾一,布衫各一,牛皮靴一量并毡。官婢春给裙衫各一,绢衫一,鞋二量,冬给褥服各一,牛皮靴一量,并毡……其粮丁口日给二升,中口一升五合,小口六合,诸户留长上者,丁口日给三升五合,中男给三升。"④

---

① 《唐六典》卷六,《刑部都官》。
② (宋)王溥:《唐会要》卷八六,《奴婢》。
③ 《唐代丛书》卷一四,《妆楼记》。
④ 《唐六典》卷六,《刑部都官》。

以上规定在唐代实行得怎样呢？史书中没有记载。但近年出土的吐鲁番《唐永徽元年后报领皮账》文书,提供了这方面情况。兹节引文书第三部分:[1]

（前略）

8. 羊皮贰拾捌张

9. 廿张造奴靴 ☐☐☐☐☐☐ 关送兵曹充钉驼脚

10. 二张用料理 ☐☐☐☐☐☐ 兵曹领取

11. 右靴,奴 ☐☐☐☐☐☐ 驼皮壹张 ☐☐☐☐

12. 马皮拾张 ☐☐☐☐☐☐ 奴鞋卅

（后略）

此件文书说明,唐政府关于配给官奴婢衣物的制度不仅在中央实行,而且即使在偏远的西州地区也得到了一定程度的施行。

为了防止奴婢的逃亡,唐朝统治者还详细制定了惩治逃亡的法律,《唐律疏议》卷二八《捕亡律》载:"诸官户,官奴婢亡者,一日杖六十,三日加一等,主司不觉亡者,一口笞三十,五口加一等。"对于官奴婢在社会中的法律地位,《唐律疏议》亦作了明确记载,从总的原则来看,与私奴婢的有关规定大同小异,此处不再赘述。

上述事实说明,唐代的官奴婢制度是十分详密而完备的,从一定意义上可以说,它是对秦汉以来官奴婢制度的一个总结,然而,事物的发展都是辩证的。经过封建社会长期发展的官奴婢制度,到了唐代虽然好似达到了"尽善尽美"的境地,但也正是从这时开始,官奴婢制度(实际包括整个中古良贱制度)已走上了衰落的道路。

三

我们知道,唐中叶开始一直到宋代,是中国社会经济发生重大变化的时期。在这一历史时期,随着社会经济的发展,封建土地私有制日益深化、契约租佃关系日趋普及,农民阶级依附关系不断减轻。这些巨大的变化不能不深刻影响到唐代的良贱制度。关于唐代私贱人制度的变化,前已进行了探讨,这里进一步对唐代官贱人主要是官奴婢制度的变化进行分析。

正像前面已指出的那样,中国封建社会的官奴婢制度发展到唐代,从法律规定上看似乎已臻于"完美"的程度,关于奴婢的来源、地位、婚配、放免、役使、管理乃至衣食规格,唐政府无不作了细密的规定。然而随着封建社会发生的巨大变化,作为唐朝良贱身份等级制度重要内容之一的官贱民制度受到了猛烈的冲击,开始变得

---

[1] 国家文物局古历史研究所等:《吐鲁番出土文书》第五册,69TKM《唐永徽元年后报领皮账》。

不那么完整以至于逐渐瓦解了。

首先,从官奴婢的来源上看,唐中期以后,无论是因罪籍没家口为奴者,还是以战俘为奴者,都已明显减少。根据统计,史书有载的唐代籍没事件,在前期达四十多起,而安史之乱以后,只有十余起,与前期相比,已明显减少。分析其原因,固然与地方藩镇兴起、中央集权的削弱有关,但它主要还是反映了籍没罪犯家口为官奴婢的做法已不符合历史发展的潮流。唐代大量捕获战俘的现象也多是集中于唐前期,后期逐渐减少(唐前期二十七起、总数约有二十七万三千余人,后期九起,总数约有二万八千五百六十余人)。另外,唐代大量赏赐臣下官奴婢的现象同样还是集中于唐朝前期(前期二十次,一千多人,后期三次,仅七人)。当然以上统计仅是史书的反映,不可能全面、精确,但它却反映出了一个趋势:即以自由的人充作如牛似马的官奴婢已经开始受到历史发展的唾弃。

在现存唐人判文中,也可以反映出唐代前期政府仍以战争俘虏作为奴婢。而在唐中期以后,这种制度与观念都已发生了一些变化的情况。

其实在统治阶级中的一些有识之士,早已开始认识到以良人为贱隶的不合理性,主动采取一些措施放免奴婢,如前面所谈唐太宗放免辽东战俘,唐武宗会昌灭佛放寺院奴婢为两税户。再如李大亮受赐奴婢百余口,他说,"汝辈皆衣冠子女,破亡至此,吾亦何忍以汝为贱隶乎"[1]。遂将奴婢全部放还。张道源曾因功受赐籍没的官奴婢,"道源叹曰:'人有否泰,盖以是常,安可因己之泰,利人之否,取其子女以为仆妾,岂近仁者之心乎?'皆舍之,一无所取"[2]。再如前举道州太守阳城,拒绝向中央贡奴。这些做法,虽然不能从根本上改变奴婢制度,却顺应了历史发展潮流。

如果说,上面所讲的几个变化在唐代看得还不够清楚的话,那么到了宋代,这个变化便明朗化了。我们知道,宋代是民族矛盾十分尖锐的时期,但是在史书中,很少见到以战俘为奴婢的记载了,同时官府大量赏赐臣下奴婢的现象也几乎绝迹了。至于籍没罪犯家口为官奴婢的制度也已基本取消了,正像南宋人方回所说,"近代无从坐没入官为奴婢之法"[3]。所有这些变化显然都是肇始于唐代的。

第二,从官奴婢的役使情况来看,也发生了一定的变化。我们知道,自秦汉以来,官奴婢、刑徒一直是官府手工业及各种政府工程中的重要力量,例如汉代的官府作坊中,奴婢刑徒劳动就占据了主要的地位。魏晋南北朝以后,官奴婢与刑徒劳动仍是官府手工业中不可或缺的一支力量。[4]

---

① (后晋)刘昫等:《旧唐书》卷六二,《李大亮传》。
② (后晋)刘昫等:《旧唐书》卷一八七,《张道源传》。
③ (宋)方回:《续古今考》卷三六,文渊阁《四库全书》本。
④ 唐长孺:《魏晋至唐官府作坊及官府工程的工匠》,载《魏晋南北朝史论丛续编》,中华书局1978年版。

入唐以后,在唐朝的官府作坊中,仍然沿袭南北朝之制,使用罪隶为手工业劳动者。被没为官奴婢者"配作坊重役"①,"凡初配没,从其能而配诸司"②。所谓从其能而配诸司,主要是指配于少府监和将作监。

但是随着纳资代役制与和雇制的发展,官奴婢的手工业劳动,其重要性日益下降。据《唐六典》卷七《工部郎中》条载,"凡兴建修筑材木工匠,则下少府将作以供其事。注:少府监匠,一万九千八百五十人。将作监匠一万五千人,散出诸州、皆取材力强壮、技能工巧者,不得隐巧补拙,避重就轻,其驱役不尽及别有和雇者,征资市轻货纳于少政将作监"。《唐六典》成书于开天之际,从这段记载来看,至迟在开天之际,唐官府手工业者的主要成分已不是官奴婢,而是实行番役工匠了。特别是后来和雇制的发展,更进一步排斥了官府手工业中官奴婢的劳动,这就使官府中官奴婢的数量不断减少,依附关系随之减轻。这一趋势发展到宋代,在官府手工业中,官奴婢以及官户、杂户等手工业劳动者就完全被从民间召募的工匠及"差雇匠""和雇匠"所取代了。

在发生以上变化的同时,值得注意的是:在唐代官府手工业中劳动的官奴婢,已有部分逐步地实行了番上制。按唐代制度,一般官奴婢是"长役无番"的,但仔细分解史料,可以发现,一部分有技能的官奴婢并非"长役无番"。《唐六典》卷六《刑部都官》条载:"官户皆在本司上番,每年十月,都官按比,男年十三已上,在外州者,十五已上,容貌端正,送太乐,十六已上,送鼓吹及少府教习,有工能官奴婢亦准此,业成准官户例上番。"这里,最后一句话值得重视。

官户,在唐代是身份略高于官奴婢的贱民,"亦为先代配役及配隶相生者,此等之人,州县无贯,惟属本司,故名官户"③。官户上番的规定是一年三番,即三个月,而且可以纳资代役。有工能官奴婢业成准官户例上番,也就是说亦是一年三番。那么哪些官奴婢属于有工能者呢?我以为在将作监、少府监中劳作的官奴婢大多应属于有工能者,因为唐政府明确规定,"无能者咸隶司农"。"有技艺者从其能而配诸司"④。当然也有另外一种可能,即只有那些"十六已上,送鼓吹及少府教习"的官奴婢业成以后才能准官户例上番。不管以上那一种解释正确,部分有工能的官奴婢已实行了番上制则是没有疑问的。我们知道,官户在均田制中是占有土地的,"凡官户受田,减百姓口分之半"⑤。即官户丁男四十亩、丁女二十亩。但由于官户"州县无贯",因而他们耕种的土地可能是京城的官田。有工能的官奴婢上番

---

① (后晋)刘昫等:《旧唐书》卷一一二,《李皓传》。
② 《唐六典》卷六,《刑部都官》。
③ (唐)长孙无忌等:《唐律疏议》卷三,《名例》。
④ 《唐六典》卷六,《刑部都官》。
⑤ 《唐六典》卷三,《尚书省户部》。

之外从事何种劳动,史书未有明载,很有可能与官户一样,从事官田上的劳动,或者进行私营手工业生产。因此就有工能的官奴婢而言,其地位已与官户没什么多大差别了。

这里,还有一点应当引起重视,即附贯州县的官奴婢也可以纳资代役了。在唐以前,纳资代役是良人才能享有的权利,官奴婢只能长役终身,但到了唐代中期,这种情况发生变化。据《新唐书·百官志》都官条载,官奴婢"附贯州县者,按比如平民,不番上,岁督丁资,为钱一千五百;丁婢、中男、五输其一;侍丁残疾半输"。这说明附贯州县的一部分官奴婢已经有了自己简单的生产活动,有了私有财产,能够像平民一样纳资代役了。这,不能不说奴婢制度史上一个重大的变化,它反映了奴婢阶层向良人阶层的演化迈进,体现了封建社会变革时期奴婢本身的特点。当然由于史料所限,这种奴婢的有关细节有待进一步考证研究。另外,这个事实进一步证明,在中央官府手工业中,一部分有工能的官奴婢实行了番上制是完全可能的。

以上官奴婢役使情况的变化,反映了官奴婢的身份地位已在逐渐提高。

第三,唐代奴婢制度的变化,还表现在官奴婢制度本身在许多方面已开始破坏、瓦解。前文,我们已从各方面论述唐王朝有关官奴婢的各个方面,正是这些具体的制度,在唐中期以来社会变动的冲击下逐渐变得支离破碎了,许多制度规定已徒具其文。例如前面提到的都官掌管奴婢籍账、每年阅貌的制度,在安史之乱以后就很难正常进行了。大历十四年(779年),由于许多官户以有勋及入老的借口纷纷从良,引起了都官的担心,因而上书肃宗,重申有关"点身阅貌"的规定,并指出,"准格式、官户受有勋及入老者,并从良。比来因循,省司不立文案,伏恐日月滋深,官户逃散,其受勋及入老无定数,伏请令诸司准式造籍送省,并孳生及死亡者,每季申报,庶凭勘会"①。肃宗为此专下诏旨,要求诸司严格按有关规定行事,"自今以后,有违阙者,委所司奏闻,准法科罪"②。

其实,都官的上书并未道出问题的症结所在。造成官户逃散的原因恐怕不单单是不立文案的问题,而是随着整个封建社会发生的变化,官户包括官奴婢为了争取自己的自由,展开了逃亡的斗争。不管是都官将每年一次的阅貌改为每季的申报,还是皇帝亲下敕令以法威吓,都难以阻挡官贱民阶层封建依附关系减轻的历史潮流。

如果认真注意一下的话,我们可以发现,到了宋代,都官虽然依然设置,但是其职掌与唐朝几乎迥然不同了,它的主要工作不再是簿录俘囚、配没奴隶、掌奴婢簿籍,而是掌天下役人与在京百司吏职之籍,也许是由于职掌松闲的缘故吧,到隆兴

---

① (宋)王溥:《唐会要》卷八六,《奴婢》。

② (宋)王溥:《唐会要》卷八六,《奴婢》。

元年(1163 年),都官又兼管起比部、司门之事了。① 封建职官制度的这种变化正深刻反映了唐朝以后官奴婢制度走向衰落的事实。

综合上述,我们认为:唐朝的官奴婢制度是秦汉以来各代官奴婢制度的发展和延续。在官奴婢的来源方面:战俘与籍没、地方贡献与官府掠买,仍是唐王朝获取官奴婢的主要途径。在官奴婢的役使方面,官奴婢与官户、杂户等"贱人"阶层的劳动,在唐官府手工业中仍然占有一定的地位。在官奴婢的管理方面,唐王朝更加严密而具体。可以说,唐王朝的官奴婢制度是对秦汉以来官奴婢制度的一个总结。

然而,正像唐王朝是中国封建社会的极盛时期却同时又是封建社会转向后期的开始一样,唐朝官奴婢制度,在社会政治、经济、阶级关系变革的猛烈冲击下,也逐渐显露其衰落的端倪:那种以战俘及罪犯家口为官奴婢的做法已愈来愈不合时宜了。随着官府手工业中和雇制度的进一步发展,官奴婢等贱民手工业者亦日益为和雇匠所排挤和取代,部分官奴婢已开始享有番上与纳资代役的权力了。所有这一切都清楚地说明:唐朝是中国历史上官奴婢发生变革的时代,深入地探讨唐代官奴婢制度及其变化,无疑会帮助我们加深对中国封建社会发展演变规律的认识和理解。

(原刊《兰州学刊》1988 年第 3 期)

---

① (元)脱脱等:《宋史》卷一六三,《职官》三。

试论两税法对唐代私奴婢的影响

　　众所周知,唐建中元年(780年)实行的两税法包括地税、户税两部分。地税的征收以田亩的多寡为据,户税的征收以户等的高低为本。定户等的标准则是"量其资产","资产少者则其税少,资产多者则其税多"。[①]　这里,据以定户的资产是否包括奴婢? 占有奴婢与交纳户税有什么关系? 史书中有关两税的令文未作明确交待,治唐史者亦尚未有人注意到这个问题。为此,就所见资料提出一点不成熟的看法。

一

　　两税的征收是以资产为宗的,因此,要搞清楚两税与占有奴婢的关系,首先应搞清楚唐代奴婢的属性,即唐代奴婢是否属于资产。然后说明其与户等的关系。为此,我们不能不从唐代以前的情况谈起。

　　在奴隶社会里,奴隶是被压迫、被剥削的主要阶级,"奴隶不仅不是公民,而且不算是人"[②]。他们没有人身自由,毫无生命保障,可以被任意买卖、转让、屠戮。因此,奴隶的财产属性是无须多言的。

　　进入封建社会以后,奴婢的身份、地位有所提高,奴婢所有者已不能任意杀害奴婢了。东汉即有"杀奴婢不得减罪"的规定,[③]但总的看,奴婢被视作财产这一点,并没有根本变化。汉代"置奴婢之市,与牛马同栏"[④]。在居延汉简中,更有奴婢作为家资计算的明确记载。如《居延汉简甲乙编》三七·三五(乙叁贰版)载,"候长禀所得广昌里公乘礼忠年卅,小奴二人,直三万。用马五匹,直二万。宅一区,万。大婢一人,二万。牛车二两,直四千,田五顷,五万。轺车两乘,直万。服牛二,

---

①　(唐)陆贽:《翰苑集》卷二二,《均节赋税恤百姓》第一条,文渊阁《四库全书》本。
②　《列宁选集》第4卷,人民出版社1972年10月第2版,第49页。
③　(南朝宋)范晔:《后汉书》卷一,《光武帝纪》下。
④　(汉)班固:《汉书》卷九九,《王莽传》。

六千。凡赀直十五万"。在这个财产登记簿里,"货直"共十五万,其中即包括了三名奴婢作为财产的五万。显然,这里奴婢是被视作财产的。

这点还可以从四川郫县出土的东汉残碑碑文得到进一步证明,其碑文中有这样的记载:"王岑田□□,直□□万五千。奴田、婢口、奴多、奴白、奴鼠并五人……田顷五十亩,直卅万。何广田八十亩,质□□五千。奴田、□□、□生、婢小、奴生,并五人,直廿万。牛一头,万五千。""故杨汉□□□奴主、奴□、□鼠共五人,直廿万。牛一头,万五千。"①这里,奴婢同田地、牛并列在一起,并标明价格,显然也是作为资产来计算的。

汉代征收的财产税亦包括了奴婢,例汉武帝"伐四夷、国用不足,故税民田宅、船乘、畜产、奴婢等"②。可见,汉代奴婢确属财产无疑。

魏晋南北朝时期,战乱频仍,社会动荡不已,更由于北方少数民族入主中原,带来了落后的生产关系,奴婢数量仍然很多。当时地主官僚无不争相扩大自己的奴婢队伍。

占有奴婢的多寡成为当时衡量财产的一个重要标志。如《南史·沈庆之》传载:"(沈庆之)家产累万金,奴僮千计";《北史·薛辩传》载:"辩家素富,僮仆数百人";《魏书·高崇传》载:"(高崇)家资富厚,僮仆千余。"当时的统治者还常常将奴婢连同牛马等财产赏与臣下,如《北史·陆腾传》载:"(陆腾)凡赏得奴婢八百口,马牛称是。"《南史·萧景传》载,梁朝萧励进攻俚族,"所获生口宝物,军赏之外,悉送还台。"可见奴婢也同宝物一起用来军赏。

在这一历史时期,固然有些奴婢身份在向佃客转化,但就相当多数的奴婢来说,在法定的意义上无疑仍属财产之列。当时政府所征的财产税、交易税都包括了奴婢。例如南朝"凡货卖奴婢、马牛田宅有文券,率钱一万输估四百入官,卖者三百,买者一百……历宋、齐、梁、陈以为常"③。有些日本学者如堀敏一氏甚至认为只是到了魏晋以后,奴婢是"物"的观念才固定下来。④

唐以前诸代奴婢的资产属性,为唐代的奴婢制度所沿袭和继承。从现有史料来看,唐代奴婢无论是在法律规定还是在实际生活中,都具有资产的属性。

现存唐代法典《唐律疏议》,明确规定了奴婢的财产属性:"奴婢贱人,律比畜产。""奴婢畜产,类同资财"⑤。"生产蕃息者,谓婢产子、马生驹之类。"⑥"奴婢同于

---

① 《四川郫县犀浦出土东汉残碑》,《文物》1974年第4期。

② (汉)司马迁:《史记》卷一二二,《张汤传》引张守节正义。

③ (唐)魏征:《隋书》卷二四,《食货志》。

④ [日]堀敏一:《均田制的研究》中译本,福建人民出版社1984年3月版,第333页。

⑤ (唐)长孙无忌等:《唐律疏议》卷六,《名例》六。

⑥ (唐)长孙无忌等:《唐律疏议》卷四,《名例》四。

资财,不从缘坐免法。"①"奴婢既同资财,即合由主处分。"②"奴婢同资财,故不别言。"③类似条文还有很多。可以说,唐代奴婢在法律上的财产属性是再清楚不过了。

从唐代社会的实际生活来看,奴婢也的确是被视作财产的。敦煌文书中,有一件编号为 S4374/b5941 的唐代分家书样文,其中说道:"家资产业,对面分张;地舍园林,人收半分。"在谈到具体资财时,列有"车、牛、羊、驼马、驼畜,奴婢、庄园、舍宅、田地乡籍、渠道四至"等等,并说:"右件家产,并以平量,更无偏党丝发差殊。"④从这个分家样文所列的财产来看,在唐人的观念中,奴婢是属于"家资产业"之列的。而且从各种家产的排列顺序来看,(由轻到重,)唐人是把奴婢视作仅次于田产房舍的"重物"的。

在编号为 S2199/b7570 的另一件敦煌文书中,有一份唐咸通六年(865 年)敦煌僧尼灵惠处理身后财产的遗嘱,文中曰:"灵惠只有家生婢子一名威娘,留与侄女潘娘,更无房赀。灵惠迁变之日,一仰侄女潘娘葬送营办、以后更不许诸亲悕获,恐后无凭,对诸亲,遂作唯书,押署为验。"⑤遗嘱中"更无房贫"一语,明言家生婢威娘便是唯一家货。

在史籍中,我们也可以见到类似记载,如刘弘基病危,"给诸子奴婢各十五人、田五顷,谓所亲曰:使贤,固不籍多财,即不贤,守此可以脱饥冻。"这里所讲的财,显然也包括奴婢。在唐代的交易市场上,奴婢也是与牛马驴骡同处口马行的。敦煌文书中就有《唐某市时价簿口马行时估》,详细规定了不同等级的奴婢、马匹的价格。唐代地主官僚之间相互赠送财产物品时,亦往往包括奴婢。凡犯罪之家,其家产被籍没时,亦包括了奴婢。

以上事实说明:无论是从历史的传统来看,还是从唐代社会的实际情况来看,奴婢都具有财产的属性。两税中的户税既然以资产作为划分户等的依据,那么占有奴婢理应与户等的判定、户税的交纳有直接关系。

二

唐代民户的等级,高祖武德六年(623 年)规定,"天下户量其资产,定为三等"。

① (唐)长孙无忌等:《唐律疏议》卷三,《名例》三。
② (唐)长孙无忌等:《唐律疏议》卷一四,《户婚》。
③ (唐)长孙无忌等:《唐律疏议》卷三,《名例》。
④ 唐耕耦、陆宏基:《敦煌社会经济文献真迹释录》第 2 辑,第 187 页。
⑤ 唐耕耦、陆宏基:《敦煌社会经济文献真迹释录》第 2 辑,第 153 页。

至武德九年(626年),又重新划分为九等。① 定户等的原则是:"量其资产,类其强弱,定为九等,其户皆三年一定,以入籍帐。"② 天宝四载(745年),唐玄宗敕令,"自今以后,每至定户之时,宜委县令与村乡对定,审于众议,察以资财,不得容有爱憎,以为高下,徇其虚妄,令不均平。使每等之中,皆称允当"③。从这些原则的规定可以知道,唐代民户的等级皆三年一定,定户等的依据主要是"资财"。至于资财包括了哪些内容,具体讲是否包括了奴婢,史籍的记载是不甚清楚的。所幸近年在新疆吐鲁番509号唐墓中出土了一件《唐开元廿一年西州蒲昌县户等案卷》,为研究这一问题提供了第一手资料,兹摘引此文书的B、C断片如下:④

(B断片)

1. 蒲昌县

2. 当县定户

3. 右奉处分,今年定户,进降须平,仰父老等

4. 通状过者。但蒲昌小县,百姓不多,明府

5. 对乡城父老等定户,并无屈滞,人无怨词。

6. 皆得均平,谨录状上。(后欠)

(C断片)

1. 肆户下上户

2. 户韩君行,年七十二,老。　部曲,知富,年廿九。宅一区,菜园坞舍一所。

3. 车牛两乘,　青小麦捌硕,廪粟肆拾硕。

4. 户宋克隽,　年十六,中。　婢叶力,年卅五,丁,宅一区,菜园一亩,车牛一乘。

5. 牡牛大小二头,青小麦伍硕,廪粟拾硕。

6. 户范小义,年廿三,　五品孙。　弟思权,年十九。婢柳芸,年七十,老,宅一区。

7. 廪粟拾硕。

8. 户张君政,年卅七,卫士。　男小钦,年廿一,白丁,赁房住,廪粟伍硕。

9. 已上并依县　(后欠)

对于这个定户等簿的性质,不少学者已进行了研究,认定此系开元廿一年蒲昌县官府与乡城父老对定户等后向州呈报、州司详覆后予以批复的牒文。这里,我们主要

① (唐)杜佑:《通典》卷六,《食货·赋税下》;(宋)王溥:《唐会要》卷八五,《定户等第》;(宋)王钦若等:《册府元龟》卷四八六,《户籍》。
② 《唐六典》卷三〇,《县官吏》。
③ (宋)王溥:《唐会要》卷八五,《定户等第》。
④ 国家文物局古历史研究所等:《吐鲁番出土文书》第九册,第98—99页。

对其中贱口、主要是奴婢与定户的关系进行探讨。

定簿的 C 断片是随牒文一同呈报的附件，虽然文书已断残，但四户下上户一组完整无缺，详细记载了户主姓名、年龄、劳力、园宅、车、畜、小麦、廪粟等，其中也包括了部曲、奴婢。文书中韩君行户有部曲一人，名知富，年二十九。宋克隽户有婢一人，名叶力，年三十五，丁。范小义户，有婢一人，名柳芸，年七十，老。这里登录的三名贱口，与户等之间有什么联系？日本学者池田温先生认为："每户登载户主姓名和户内的丁中男及部曲、婢，不外是区其强弱，而登录宅、园田、车、牛、谷，乃是计算其资产，这可以说是一目了然。"①池田氏认为部曲、奴婢与"区其强弱有关"，这一见解是无误的，但他将奴婢排除在资产之外，这恐怕值得讨论。

分析一下定簿，我们可以看出，定簿中除了户主及丁男、中男以外，凡女子、老男、黄男、小男皆未登录。这是因为，制定九等定簿的目的是为了根据户等确定差科的数量和先后，与差科无关的人口没有必要登录（四户之中除了户主丁中以外，不可能别无妇女、老小），按此分析三名贱口，部曲知富年二十九，属成丁部曲；婢叶力，年三十五，属丁婢。从考察其劳力强弱的角度看或可登录，但范小义家婢柳芸，年已七十，属于老婢，如果仅从考察劳力强弱的角度看，完全没有必要登录。假如需要登录，四户中其他老口、妇女及黄小为何都没有登录？史籍中我们还没有见到七十岁的老妇仍然按劳动力计算的先例。因此答案只能是婢柳芸作为财产进行了登录。由此分析婢芸力，显然也是作为财产进行登录的。正由于奴婢是财产，所以在对定户等时，不受年龄、性别的限制，一概登录。至于部曲知富，因唐律明文规定"部曲不同资财"，所以，有可能仅是作为劳动力而登录的。

这里还需要说明的问题是：奴婢既然属于资产，那为什么在敦煌吐鲁番文书中，奴婢都注入民籍、乡账？②又为什么在上面九等定簿和其他些文书中，奴婢都像良人一样明确地区分为黄、小、中、丁、老？这是否意味着唐代定户等时奴婢并不被当作财产看待？

笔者认为，这一现象应当从奴婢这一"财产"的特殊性来考察。首先，奴婢虽具有财产属性，但在封建制度高度发展的唐代社会中，奴婢毕竟是封建政府控制下的属民。法律明确规定其为贱人，还并不等于说奴婢"非民"，统治阶级出于政治、经济、军事各个方面的考虑，有必要掌握全国贱口包括奴婢总的情况。有唐一代，唐政府关于奴婢问题的大量诏敕，显然是在掌握奴婢基本情况的基础上发布的。③因此，奴婢计入民籍，是统治阶级统治的需要。日本有些学者据此认为唐代奴婢具有

---

① ［日］池田温：《中国古代籍账研究》中译本，中华书局 1988 年版，第 188 页。

② 见国家文物局古历史研究所等：《吐鲁番出土文书》第四册、第六册中所载唐代户籍、手实、籍账。

③ 《唐六典》卷六《尚书刑部》载，都官郎中员外郎"凡公私良贱必周知之"。这显然是以掌握全国各州县随户口上报中央的贱口数字为基础的。

"半人半物"的性质,是不无道理的。①

其次,奴婢虽属资产之列,但他们并不一般地等同于其他资产。奴婢的价值就在于他能够为主人劳动,能够创造财富。从这点来说,奴婢本身劳动能力的强弱,反映了他本身价值的高低。而区别奴婢劳动能力强弱最一般、最可靠的方法,则是从人体生理发展的角度将其区分为黄、小、中、丁、老,这点也可以从敦煌文书中得到证明。敦煌文书中曾出有一份《唐某市时价簿口马行时沽》,其全文如下:②

[前缺]

1. 上家生中婢壹口

2. 上蕃丁奴壹口　直钱肆拾　[　]
[　]　[　]　[　]

3. 上蕃中奴壹口　直叁拾伍仟文　次叁仟文　[　]
[　]　[　]　[　]

4. 上蕃丁婢壹口　直钱叁拾仟文　次贰拾伍仟文,下贰拾仟文

5. 上蕃中婢壹口　直钱贰拾柒仟文　次贰拾伍仟文

6. 上家生细敦父马壹匹直柒拾伍仟文　次陆拾伍仟文

7. 上家生□敦父马壹匹　直贰拾叁□□次贰拾壹□□　　[后缺]

从这件唐代市场上奴婢马匹的价目单可见,奴婢之分为丁中,日的是为了根据奴婢的劳动能力,确定奴婢的身价。文书中丁奴身价高于中奴,丁婢身价高于中婢,其原因正在于丁奴婢的劳动能力高于中奴婢。因此,奴婢按丁中制进行登录,与奴婢的资产属性并不矛盾。实际上,也只有将奴婢区分为黄、小、中、丁、老,官府才能在与民户对定户等时,确定奴婢劳动能力的强弱,亦即确定奴婢作为资产计算时价值的高低,从而定出比较合理、公允的户等。

在上面所引九等定簿的四户下上户中,三户拥有奴婢或部曲。这说明在西州的七等或七等以上户中,拥有奴婢或部曲的民户还是为数不少的。笔者曾对敦煌吐鲁番文书中下中户和下下户的占奴婢情况进行过统计。下列表一是家口齐全的十七户下中户的情况:

表一　唐代敦煌吐鲁番文书中部分下中户占有奴婢情况

年代	地区	户主姓名	占奴婢数	年代	地区	户主	占奴婢数
开元四年	沙州敦煌慈惠乡	余善意	无	天宝六载	沙州敦煌龙勒乡	程大庆	无

---

① [日]仁井田陞:《中国身份法史》,第937页。

② 张勋燎:《敦煌石室奴婢马匹价目贱纸的研究》,《四川大学学报》1978年第3期。

续　表

年代	地区	户主姓名	占奴婢数	年代	地区	户主	占奴婢数
开元四年	西州柳中高	汪义宣	无	天宝六载	沙州敦煌龙勒乡	程思楚	无
开元十年	沙州敦煌慈惠乡	杨义本	无	天宝六载	沙州敦煌龙勒乡	郑恩养	无
开元十年	沙州敦煌慈惠乡	赵玄义	无	天宝六载	沙州敦煌龙勒乡	曹思礼	无
开元十年	沙州敦煌慈惠乡	曹仁备	无	天宝六载	沙州敦煌龙勒乡	阴袭祖	无
开元十年	沙州敦煌莫高乡	王万寿	无	天宝六载	沙州敦煌悬泉乡	程智意	无
开元十年	沙州敦煌莫高乡	白树合	无	天宝六载	沙州敦煌悬泉乡	刘感德	无
天宝六载	沙州敦煌龙勒乡	程什任	无	大历四年	沙州敦煌龙勒乡	索思礼	3奴1婢
天宝六载	沙州敦煌龙勒乡	程大忠	无				

　　上表十七户下中户中,占有奴婢的仅有索思礼一户,其他户均无奴婢。下列表二是家口齐全的三十三户下下户的情况:[①]

表二　唐代敦煌吐鲁番文书中部分下下户占有奴婢情况

年代	地区	户主姓名	占奴婢数	年代	地区	户主姓名	占奴婢数
开元四年	沙州敦煌慈惠乡	杨法子	无	天宝六载	沙州敦煌龙勒乡	卑二郎	无
开元四年	沙州敦煌慈惠乡	杨客生	无	大历四年	沙州敦煌悬泉乡	赵大本	无
开元四年	西州柳中高宁乡	王孝顺	无	大历四年	沙州敦煌悬泉乡	张可	无
开元四年	西州柳中高宁乡	索住洛	无	大历四年	沙州敦煌悬泉乡	宋二	无
开元四年	西州柳中高宁乡	白小尚	无	大历四年	沙州敦煌悬泉乡	安游璟	无
开元四年	西州柳中高宁乡	阴婆记	无	大历四年	沙州敦煌悬泉乡	安大忠	无
开元十年	沙州敦煌悬泉乡	郭玄昉	无	大历四年	沙州敦煌悬泉乡	令狐朝	无
开元十年	沙州敦煌悬泉乡	氾尚元	无	大历四年	沙州敦煌悬泉乡	令狐进	无
开元十年	沙州敦煌悬泉乡	赵玄表	无	大历四年	沙州敦煌悬泉乡	令狐娘子	无
天宝三载	沙州敦煌神沙乡	张奴奴	无	大历四年	沙州敦煌悬泉乡	索仁亮	无
天宝六载	沙州敦煌效谷乡	□仁明	无	大历四年	沙州敦煌悬泉乡	索如玉	无
天宝六载	沙州敦煌龙勒乡	刘智新	无	大历四年	沙州敦煌悬泉乡	杨日晟	无
天宝六载	沙州敦煌龙勒乡	阴承光	无	大历四年	沙州敦煌悬泉乡	李大娘	无

---

　　① 表中资料来源于唐耕耦、陆宏基:《敦煌社会经济文献真迹释录》;[日]池田温:《中国古代籍账研究》录文部分。

续 表

年代	地区	户主姓名	占奴婢数	年代	地区	户主姓名	占奴婢数
天宝六载	沙州敦煌龙勒乡	徐 庭	无	大历四年	沙州敦煌悬泉乡	樊黑头	无
天宝六载	沙州敦煌龙勒乡	程仁贞	无	大历四年	沙州敦煌悬泉乡	赵元钦	无
天宝六载	沙州敦煌龙勒乡	令狐仙	无	大历四年	沙州敦煌悬泉乡	唐大昭	无
天宝六载	沙州敦煌龙勒乡	杜怀奉	无				

该表二十二户下下户中,没有一户拥有奴婢。

由上可见,唐代敦煌吐鲁番地区占有奴婢或部曲的,一般都是在七等户以上人家。八等户占有奴婢的仅属个别,九等户占有奴婢的基本不存在。在吐鲁番文书中,还有不少占有数个奴婢的民户,(例《唐贞观十四年李石住等手实》《唐西州高沙弥等户家口籍》所反映的情况)①由于文书残缺,已不能确定其户等,但正像唐长孺先生分析的那样,这些民户,通常也不是一般的农户,而是户等较高者。②

能够证明占有奴婢与户等的确有关的证据还可以找到一些,例吐鲁番阿斯塔那三十五号唐墓曾出有《武周先漏新附部曲客女奴婢名籍》,这份名籍中记载了许多此前不附籍账的贱口,现将其列成表三:③

表三 吐鲁番出土《唐武周先漏新附部曲客女奴婢名籍》

身份	名字	身份	名字	身份	名字	身份	名字	身份	名字
奴	洛□	奴	富多	奴	诃利	奴	宜得	奴	婆个
婢	卷是	婢	云树	婢	典□	婢	松叶	婢	四鼠
婢	斯伏	婢	阿时	婢	香芸	婢	未足	婢	气力
婢	乌头	婢	歌浑	婢	余地	婢	绿叶	婢	耶不
婢	斯力	婢	祀足	婢	丑女	婢	簸机	婢	白女
部曲	鞏居	部曲	何西	部曲	曹□	奴	秋生	奴	永吉
奴	遮不	奴	莫列	奴	秋得	奴	煞鬼	奴	蔦沙
奴	洛州	奴	牛始	奴	多木	奴	苟始	奴	什得
奴	万寿	奴	申丰	奴	蒲个	奴	小奴	奴	典药
客女	王香	客女	汜支	客女	石多	客女	石肒	奴	黑是
婢	易师	婢	者其	婢	百足	婢	赤是	婢	沉香
婢	归香	婢	明月	婢	阿典	婢	富女	婢	陁容
客女	勒肶	客女	卢媚	婢	祀香	婢	转胜	婢	云叶
婢	满儿	婢	买是	婢	相女	婢	柳叶	婢	小芸
婢	战子	婢	药施	婢	采香	婢	家洛	婢	真礼
婢	胜胜	婢	三陁						

---

① 国家文物局古历史研究所等:《吐鲁番出土文书》第四册,第78页。
② 唐长孺:《敦煌吐鲁番文书初探》,第182页。
③ 国家文物局古历史研究所等:《吐鲁番出土文书》第七册,第455页。

在《武周先漏新附部曲客女奴婢名籍》文书中,有数处明确记有:"右件口并漏,已从寄庄处通□□□……","右件口并漏,寄庄已从□□□□","右件部曲、客女奴婢先漏不附籍账。今并见在,请从手实为定,件录年名如前"等字句。这样多的奴婢漏附籍账,显然不是由于一时大意疏忽。按唐代均田时期,奴婢不受田、不纳课,地主、官僚之所以要隐瞒自己的贱口,其目的无非是为了降低自己的户等以求减轻差科负担。这说明占有奴婢的多寡确与户等的高低有关(因劳力的强弱是定户的根据之一,所以部曲、客女也在地主隐瞒的贱口之列)。

虽然我们上面所用的资料基本都是唐代前期的,但实际上唐代两税法以前判定户等的原则到实行两税法时,并没有大的改变。在两税法下,定户等的财产同样包括了奴婢。在占有其他资产基本相同的情况下,占有奴婢愈多,其户等必然愈高,相应地其应交纳的户税钱也就愈多。

<h1 style="text-align:center">二</h1>

上面我们论证了奴婢与定户等的关系,那么在史籍中有没有关于两税法下奴婢需要纳资产税的比较明确的记载呢? 笔者认为还是存在的。

《文苑英华》卷四八三《策》部,载有唐宪宗时左拾遗独孤郁的《对才识兼茂明于体用策》,其文曰:"今天下困于商税不均可谓甚矣,百姓之忘本十而九矣。昔尝有人有良田千亩,柔桑千本,居室百堵,牛羊千蹄,奴婢千指,其税不下七万钱矣。然而不下三四年,桑田为墟,居室崩坏,羊犬奴婢十不余一,而公家之税曾不稍蠲,督责鞭笞,死亡而后已。"

查《旧唐书》本传,独孤郁乃唐宪宗时常州刺史独孤及之子,"贞元十四年登进士第……元和初,应制举才识兼茂明于体用策,入第四等"[1]。《资治通鉴》卷二三七载:"元和元年三月丙午,策试制举之士,于是校书郎元稹、监察御史独孤郁、校书郎下邽白居易、前进士萧俛、沈传师出焉。"由此可知,独孤郁策文作于元和元年(806 年)三月,即唐建中元年实行两税法二十六年之后。对策文中没有提到两税,却提到了商税,根据对策文内容及其历史背景的分析,笔者认为此"商"字系"两"字之误,根据如下:

其一,独孤郁策文中谈到"百姓忘本十而九矣",百姓为什么会忘本呢? 这显然是由于与农业直接有关的土地税和户税太重造成的,与商税不均无关。按两税法规定"为行商者,在所在州县税三十之一,使与居者均,无侥利",不久,又"以军兴,

---

① (后晋)刘昫等:《旧唐书》卷一六八,《独孤郁传》。

增商税为什一"①。后来商税虽有变化,但除了盐税之外(策文所讲显然不指盐税),并不存在商税过重或严重不均的问题。在史书中,我们并未见到贞元、元和年间商税不均的记载,却看到贞元、元和年间两税不断加重的情况。例如,两税法始立,户钱多折绫绢,初时纳绢一匹,当钱三千二三百文。而到贞元十年(794 年)左右,纳绢一匹,只当钱一千五六百文,户税钱数虽未变,而两税实际提高一倍。② 到元和十四年,绢价落到初定两税时的三分之一,纳税户的负担实际增加了三倍。③ 此外,两税外加税的现象也日益严重。独孤郁对策文作于元和元年,所说情况显然是指两税,而非商税。

其二,策文接着谈道:"昔有人有良田千亩,柔桑千本,居室百堵,牛羊千蹄,奴婢千指,其税不下七万钱。"这里所提到的良田、柔桑、居室、牛羊、奴婢,无一属商业性质的产业。假如是商税,不能没有店铺、商品、货币等资财。由此可见,这里所纳七万钱,乃是"田亩之税"和"财产之税",而不是商税。

其三,独孤郁在对策文中还谈到赋税不均的几个原因:第一,地方官吏将逃户之赋,"均其所存",以至农户"展转奔逃……是以赋益重而人益贫,不均之甚一也"④。这与陆贽奏议中所说两税摊逃的情况是一致的。第二,商人"乘时射利,贸迁有无,取倍息之利",而农夫"尽悴出赋","糠麸不足"。这里尽悴出赋的是农夫,取倍息之利的是商人。联系前面所讲,赋税不均显然是指两税,而不是商税。第三,"自兵革以来,人多流散……屋室聚为瓦砾,田野俱为榛芜,赋税不均,居者日困,又为此也"。随后,独孤郁建议:"是故欲人之财赋均一,而无日蹙之患,宜视通邑之盈虚,使乡户坐乎(于)田,迭相隐覆其上下,不使贪官赃吏纷动其间,则有无轻重可得而均也。诚能宽农人之征而优之","禁人为商,以反其耕绢(织)","杜众邪之门而因辱之,则农桑益而衣食有余也"。可见,赋税不均是指两税,而非商税。

其四,与独孤郁同应制举的元稹,在同一策目答文中也一再提到"惰游之户转增,而耕桑之赋愈重。昔时之十室共输而犹不给者,今且数家一夫矣"。"赋重则恋本之心薄,惰游之户众"。⑤ 白居易在同一策目答文中亦指出农户赋税不均的问题。

其五,"两"字在字形上与"商"字是比较接近的,在历代辗转抄刻的过程中,很有可能将独孤郁对策文中的"两"字误为"商"字。亦有可能是无识文人的误改,《文苑英华》中,类似这样的误字、错字现象是屡见不鲜的。

---

① (宋)司马光:《资治通鉴》卷二二六,《唐纪》四二,德宗建中二年五月丙寅条。
② (唐)陆贽:《翰苑集》卷二二,《均节赋税恤百姓》第二条,文渊阁《四库全书》本。
③ (清)纪昀:《李文公集》卷九《疏改税法》,文渊阁《四库全书》本。
④ (宋)李昉等:《文苑英华》卷四八三,独孤郁《对才识兼茂明于体用策》。
⑤ (宋)李昉等:《文苑英华》卷四八三,白居易《对才识兼茂明于体用策》。

以上事实说明,独孤郁对策文中的"商税不均"应是"两税不均"之误。因而证明了两税法下,占有奴婢如同占有田产房屋牛马一样,是要交纳资产税的,占有奴婢愈多所纳户税也就愈多。七万税钱中,"奴婢千指"的资产税能占多大比重,这是难以搞清楚的。但我们知道,唐代中后期,奴婢作为财产计算的价值是比较高的,这从唐代奴婢的价格便可反映出来。天宝年间一婢可以折合十牛。① 唐朝后期奴婢的价格,据笔者大略的考证,一般都在二十万到四五十万钱之间,折合绢约二百五十至五百匹。② 奴婢是仅次于田产房舍的资财。因此,在九等定户和户税的征收中占有比较重要的地位恐怕是没有疑问的。

独孤郁对策文中所讲的人和事可能是虚构的,可是,其反应的事实必然是以唐代两税法时期的现实生活为基础的。独孤郁出身官僚世家,熟谙唐代典章制度,不至于把奴婢是否属于定户纳税的资产搞不清楚。③ 这方面,我们还可以找到其他的证据。例如唐德宗时,以军费不足,行借商钱,规定商人"留万贯为业,有余官借以给军","京师嚣然,如被贼盗,都计富户田宅奴婢等估,才及八十八万贯"。④据《资治通鉴》记载,此次行借商钱在建中三年(782 年)四月,距实行两税法的建中元年(780 年)只隔一年。⑤ 商人的估产既然包括了奴婢,那么两税法中的户税在计算财产时,肯定也不会将奴婢排除在财产之外。

三

上面我们重点讨论了占有奴婢与户等、户税的关系。现在进一步探讨两税法的实行对奴婢阶层的影响,这需要从魏晋以来奴婢与赋税的关系谈起。

我们知道,魏晋南北朝时期,赋税制度的主要特点是"以人丁为本",即以丁、以口、以户为征收赋税的主要依据,而按土地、按财产、按户等所征收的赋税只占很小比重。魏晋时期的户调制、南朝后期的丁调制基本都是不问资产,按户、按口征敛的赋税。占有奴婢的多寡与交纳赋税的多少关系不大。唐朝前期"租庸调之法,以人丁为本"⑥,按户等征收的户税、地税只不过是正赋的补充。因此,从赋税的角度来看,地主官僚占有奴婢数量的增加,并不意味着赋税相应地提高。(买卖奴婢的交易税除外)

---

① (宋)欧阳修:《新唐书》卷一三四,《杨慎矜传》。
② 李天石:《唐代私奴婢初探》(署名李军),载《敦煌学辑刊》1984 年第 2 期。
③ 独孤郁之父独孤及熟悉朝廷财政,见(宋)欧阳修:《新唐书》卷一六二,《独孤郁传》。
④ (后晋)刘昫等:《旧唐书》卷一三五,《卢杞传》。
⑤ (宋)司马光:《资治通鉴》卷二三七;(宋)欧阳修:《新唐书》卷七,《德宗本纪》。
⑥ (宋)欧阳修:《新唐书》卷五二,《食货志》二。

这里,有必要分析一下北魏到唐前期实行均田制时期,占有奴婢与交纳赋税的关系。北魏太和九年均田令规定:"诸男夫十五以上,受露田四十亩,妇人二十亩,奴婢依良……奴婢、牛,随有无以还受";"诸麻布之土,男夫及课,别给麻田十亩,妇人五亩,奴婢依良,皆从还受之法";"诸还受之田,恒以正月。若始受田而身亡及卖买奴婢、牛者,皆至明年正月乃得还受"。^① 所谓奴婢受田,其田土当然属奴婢主人所有。从上面规定可见,奴婢受田数,同于良人。有奴婢则受田,无奴婢则还田。同一均田令还规定,奴婢亦须交纳租调:"奴任耕婢任织者,八口当未娶者四"。未娶者,"四人出一夫一妇之调",即帛一匹,粟二石。这个数量与奴婢主占有八名奴婢可以获得的土地相比,是微不足道的。八名奴婢,且以四奴四婢计之,每奴受露田四十亩,桑田二十亩,四奴应受田二百四十亩。每婢受露田二十亩,四婢应受田八十亩,如果再将露田加一倍计算,那么四奴四婢合计可受田五百六十亩。五百六十亩土地只需交纳二石粟、一匹帛,占有奴婢的好处是显而易见的。按占有奴婢的多少受田,扩大了大土地所有者的土地,最大限度地照顾了那些占有大量奴婢的地主官僚和贵族的利益,这从北齐《关东风俗传》的记载便可得知:"广占者,依令,奴婢请田,亦与良人相似。以无田之良口,比有地之奴牛。宋世良天保中献书,请以富家(奴)^②牛地,先给贫人,其时朝列,称其合理。"^③

北齐时期,随着土地的不断开辟,可用于还受的土地愈来愈少,因而无限制地以奴婢名义占田,必然要影响到小农的利益和国家的税收。北齐河清三年(564年),均田令对据以受田的奴婢数量作了一定限制:"奴婢受田者,亲王止三百人,嗣王止二百人,第二品嗣王以下及庶姓王止一百五十人,正三品以上(下)及王宗止一百人,七品以上限止八十人。八品以下至庶人限止六十人。奴婢限外不给田者皆不输。"^④虽有如此的限制,但即使是按六十个奴婢来计算,奴婢主人可以得到的田土仍是相当可观的。如果说地主官僚不是对以奴婢的名义受田有兴趣,统治者做出这样的强制性规定就很难理解了。

当然,正像我们在前文所论,均田制下的授田并不一定是实际授予土地,它主要是一个可以占有土地的最高限额,但这一点对地主来说依然十分重要,因为有了足够的"受田"数量,地主的私有土地即可以得到合法承认,甚或得到进一步兼并土地、扩大土地占有的权利。

隋代均田令没有明确记载奴婢是否受田,但据隋炀帝"除妇人及奴婢、部曲之

① (北齐)魏收:《魏书》卷一一〇,《食货志》。
② 联系前文,此处显然脱一"奴"字。
③ (唐)杜佑:《通典》卷二《食货二·田制下》引《关东风俗传》。
④ (唐)魏征:《隋书》卷二四,《食货志》。

课"①的情况来看,隋朝前期,奴婢仍然可以受田,至炀帝时可能停止了。

唐代的均田令明确取消了奴婢受田的规定,占有奴婢已不能像过去一样相应地占有大量土地了。这使占有奴婢的经济意义下降了。但从榨取奴婢的无偿劳动及占有奴婢几乎不需要交纳赋税这一点来看(户税仅是辅助税),占有奴婢仍是有利可图的。

由上可见,魏晋直到唐朝前期,占有奴婢与交纳赋税之间基本不存在相对应的关系,而占有奴婢为地主官僚所带来的经济利益却是巨大的。唐建中元年(780年),杨炎建议实行了两税法,明确宣布两税"以资产为宗","不以丁身为本"。② 这就使封建社会长期以来以丁、以口、以户为主要征税根据的制度,向主要征收资产税的方向转变,唐代原来只是作为租庸调附加税的户税、地税,一跃而成为主要的赋税。财产的多少成为征收赋税的主要依据。这样一来,作为财产之一的奴婢在赋税中的地位大大提高了。特别是在唐朝后期,国家财政日益困难,聚敛之臣,"剥下媚上,唯思竭泽,不虑无鱼"③。"通津达道者税之,葪蔬艺果者税之,死亡者税之"④。在这种情况下,仅次于田产屋舍的奴婢,焉能被封建官府轻易放过。

奴婢纳税,这对唐代整个社会必然产生影响,一些地主官僚贵族不能不考虑占有大量奴婢在经济上是否有利的问题。当占有奴婢可以为地主官僚带来利益、增加剥削量时,他们总是贪得无厌地扩大自己的奴婢队伍,例如像南北朝时期那样。可是,奴婢一旦成为两税法下国家征收赋税的重要对象,地主官僚们就不会像过去一样无限地增加自己的奴婢了。中唐以后,甚至有些官僚已将一些奴婢变为佃户了。如文宗大和年间,梁州城固人崔觐,"为儒不乐仕进,以耕稼为业……以田宅家财分给奴婢,令各为生业。觐夫妻遂隐于城固南山,家事一不问,约奴婢递过其舍,至则供给酒食而已"⑤。在两税法下,官吏的免税特权已被取消,任何官僚占有奴婢都不能不交纳一定的资产税。对于那些拥有大量奴婢的官僚贵族来说,奴婢已成为一个沉重的负担。两税法的实行之所以遭到一些地主官僚的反对,恐怕与此亦有一定关系。中唐以后,社会上从事生产的奴婢数量的减少及奴婢放良现象的增多,⑥与奴婢资产税的提高显然是有着因果关系的。

当然,两税法的许多原则,后来并未得到很好的实行,一些地主官僚也必然会

① (唐)魏征:《隋书》卷二四,《食货志》。
② (唐)陆贽:《翰苑集》卷二二,《均节赋税恤百姓》第一条。文渊阁《四库全书》本。
③ (后晋)刘昫等:《旧唐书》卷一七一,《李渤传》。
④ (后晋)刘昫等:《旧唐书》卷四八,《食货志》。
⑤ (后晋)刘昫等:《旧唐书》卷一九二,《崔觐传》。
⑥ 敦煌文献中有不少时代较晚的唐五代奴婢放良样文,反映了奴婢放良现象的增多。见唐耕耦、陆宏基:《敦煌社会经济文献真迹释录》第 5 辑。

采取各种手段来规避应纳的资产税。但是,在中唐以后土地制度发生变化,契约租佃制、雇佣制日益发展,农民阶级依附关系逐步减轻,奴婢劳动愈来愈不合时宜的历史溯流下,两税法的实行无疑对唐代奴婢制度的变化起了一定的推动作用。

总结以上所论,主要说明了三个问题:

第一,从历史的传统来看,从现有的文献记载来看,唐代奴婢无论是在法律规定上还是在社会实际生活中,都具有资产的属性。

第二,奴婢既然属于资产,那么占有奴婢的多少必然与判定户等的高低直接相关。在占有其他资产基本相同的前提下,占有奴婢数量愈多,其户等必然愈高,所纳的户税也就愈多,这点可从敦煌吐鲁番文书及史籍的记载得到证明。而部曲作为劳动力亦与定户等有关。

第三,两税法实行以前,封建政府征收赋税主要以丁、以口、以户为依据,作为财产计算的奴婢与赋税的多少没有直接的联系。实行均田制时期,占有奴婢虽然需要交纳一定赋税,但地主官僚以奴婢名义可以占有的土地则更多。唐朝前期,奴婢不纳课,而当时的户税仅是正赋租庸调的补充,因此奴婢在赋税中并不占有重要地位,两税法实行以后,地税户税一跃而成为唐朝的主要税收,这样作为资产计算的奴婢在赋税中的地位陡然提高了,地主官僚贵族不得不因为占有大量奴婢而交纳较高的户税,这显然是与地主阶级不断增加剥削量的愿望相抵触的。同时,由于土地制度的变化、契约租佃制及雇佣关系的日益发展,奴婢的生产积极性日益低下。面对这样的形势,地主官僚自然会减少其奴婢的使用量而代之以更多的契约租佃农民或雇佣劳动者,因此,两税法的实行,无疑是导致中古良贱制度发生重大变化的原因之一。

(原刊《敦煌学辑刊》1987 年第 1 期)

从唐律与罗马法的比较看
唐代奴婢的身份地位

公元六世纪左右,在前后相距不到一百年的时间里,在欧亚大陆的东西两端,产生了两部影响深远的法典:一部是东罗马帝国皇帝查士丁尼在 533 年至 565 年主持制定的、其后对欧洲法律制度产生重大影响的《学说汇纂》《法学总论》(即《法学阶梯》)及在此基础上汇集而成的《查士丁尼新律》(后合称为《查士丁尼国法大全》)。[①] 一部是东方唐帝国在 629 年制定、后经数次修订,对中国古代法律制度影响深远的《唐律疏议》。两部法典的形成有着不同的社会历史文化背景,将两部法典加以对比研究,对于了解东西方古代社会的历史特点无疑是具有重要意义的。

在中国中古时期良贱身份制的研究中,二十世纪五十年代,日本学者仁井田陞在其《中国法制史》的《部曲奴婢法》一章,曾将唐律中的奴婢与罗马法中的奴隶作过简要的比较。[②] 虽然仁井田陞氏的比较是粗线条的,总共只有三百余字,难以全面了解唐代奴婢与罗马奴隶在法律规定上的异同,但这种方法却给了我们良好的启示。近年来,随着罗马法原文被大量地译为汉文,进一步将唐律与罗马法中关于奴婢、奴隶的律文进行全面、深入的比较研究,对于认识中国中古奴婢的身份、地位,认识中国中古时期良贱制度的特点,都是具有重要意义的。

以下本文将以罗马法的经典之作《法学总论》为主,并结合其他罗马法资料,与中国中古法典的集大成之作《唐律疏议》进行比较法学的研究。[③] 需要说明的是,

---

① 周枏:《罗马法原论》,商务印书馆 1994 年 4 月版。

② [日]仁井田陞:《中国法制史》第 8 章第 3 节,东京大学出版社 1962 年版,第 931 页。

③ 比较法的概念在法学界有不同看法,英国法学家沃森(A.Watson)认为它是一种法制史和法理学的研究(Watson, *Legal Transplant : An Approach to Comparative Law*, 1974, pp.1 - 9);德国比较法学家格罗斯费尔德(B.Grossfeid)则认为比较法是一种文化的研究(Grossfeid: "The Strength and Weakness of Comparative Law", 1990, p.111);意大利比较法学家萨科(R.Sacco)认为:"比较法首先承认众多的法律规则和具体法律制度的存在,它研究这些法则和制度在何种程度上相同或不同。"(Sacco, "Legal Fomants: A Dynamic Approach to Comparative Law", in *American Journal of Comparative Law*, 1991, vol.39, pp.4 - 5)中国沈宗灵认为:"比较法是对不同国家(或特定地区)的法律制度的比较研究。"(沈宗灵:《比较法研究》,北京大学出版社 1998 年 9 月版,第 3 页)本文采纳萨科及沈宗灵的比较法概念。

罗马社会实际生活中的奴隶与唐代社会实际生活中的奴婢,因着不同的时期、不同的地域等历史条件而有很大变化,为使讨论对象明确及防止概念上的混乱,本文对罗马奴隶与唐朝奴婢的讨论,将基本限制在法律规定概念的范围以内。

一、罗马奴隶与唐朝奴婢来源的比较

关于罗马奴隶、唐代奴婢的来源,据罗马法、唐律及相关史料来看,主要有以下几个渠道:

第一,来自战争俘虏。查士丁尼《法学总论》第 1 卷解释"奴隶"时说:"奴隶(servi)一词的由来是:将领们命令把俘虏出卖,于是就把他们保存(servare)起来而不把他们杀掉。奴隶又叫作 mancipia,因为他们是被我们从敌人那里用手抓来的。"[1]罗马奴隶制产生之初,战俘就是其奴隶的重要来源之一。罗马的奴隶贩子往往随军出征,收购军队的战俘,运到罗马出售,转卖给私人作为奴隶。外国人在罗马者,一旦他们的国家与罗马发生战争,他们即被罗马人俘为奴隶。这种情况从罗马奴隶制产生开始,共和国时期达于高潮,帝政时期逐渐衰落。但从查士丁尼时期的罗马法中仍可看到这样的律文。[2]

相比之下,在唐代,由于占主导地位的是封建经济,因而对外战争中掠俘为奴并非战争的目的,在唐律中亦未见有将战俘没为奴隶的明确律文,唐代的战俘显然不像罗马那样成为社会奴隶的主要来源。但从唐前期特别是唐初的实际情况看,唐朝继承了秦汉魏晋南北朝的制度,仍将战争中的俘虏没为奴婢。正是因此,唐朝掌管奴婢事务的都官郎中,亦同时负责"簿录俘囚"之事。[3]《新唐书》卷四六《百官志》更明确记载:"入钞之俘,归于司农。"既然战俘归于司农,显然是被籍没为官奴婢。[4] 文献反映,唐代官员贵戚所受赏赐奴婢,一般都从司农领受。[5] 突厥人曾称,

---

① [古罗马]查士丁尼:《法学总论》第 1 卷,商务印书馆 1989 年版,第 12 页。

② 马克斯·韦伯在其《古典西方文明衰落的社会原因》中谈到罗马战争奴隶的作用时说:"因为古代文明以相互攻伐为常务的特点使人力的获得最为廉价。古代战争乃是掳取奴隶的战争。这些战争不断为奴隶市场供应奴隶,从而也就不断推动古代经济中的非自由劳动部分和劳动力的积累达到惊人的程度。其结果则是自由劳动这一部分不再扩展,手工业则无法走向由无产者的雇佣劳动来为消费者生产的阶段。"该文收入《韦伯文选》第 1 卷《民族国家与经济政策》,三联书店、牛津大学出版社"社会与思考丛书"1997 年版,第 19—33 页。

③ 《唐六典》卷六,《尚书刑部都官郎中》,[日]昭和四十八年(1973 年)广池学园事业部发行本。

④ "入钞之俘,归于司农",原出处发表此文时误置为《新唐书·兵志》,经王素先生指正,更正为《新唐书》卷四六《百官志》。谨致谢!见王素:《唐华文弘墓志中有关昆丘道行军的资料》,载《西域研究》2013 年第 4 期。

⑤ 《唐六典》卷六,《尚书刑部都官郎中》载,"凡行宫与监牧及诸王公主应给(奴婢)者,则割司农之户以配"。

与唐人交战被俘之后,"(突厥)贵族子弟陷为唐奴……女子降作唐婢"①。唐太宗攻高丽,"前后房获,数十万计,分配诸州,无处不满"②。唐前期以战俘为奴婢的史料颇多。这里颇有意味的一点是,在中文中,捕获战俘使之成为奴隶往往使用"拏"字,该字恰与罗马奴隶亦称 manicipa 有同样的意思:即用手将对手抓来,使之成为奴隶。在东西方出现了反映同样历史内容、同样含意的文字,说明了它们在历史发展过程中有某些相似与共同之处,即都曾将战争俘虏当作奴隶。

第二,来自奴隶的自然繁殖。《法学总论》载:"奴隶或者是出生时是奴隶,或者是后来成为奴隶的。女奴所生的子女,生来是奴隶;那些后来成为奴隶的,或者依据万民法,即由于被俘或依据市民法,即年在 20 岁以上的自由人意图分得价金而听由他人将其出卖。"③在论及遗赠问题时,《法学总论》亦有"我以在我家出生的奴隶斯提赫作为遗赠"的记载,④由此可见,除了战俘以外,罗马的女奴所生后代,身份仍为奴隶。从一些资料来看,在罗马帝国奴隶制繁荣时期,奴隶的自然繁殖远不能满足社会对奴隶的需要。自然繁殖的奴隶显然不是罗马奴隶的主要来源。

唐代的奴婢,法律上明确规定他们只能"同类相婚",即奴只能与婢为婚,所生子女只能继承父母的贱人身份,非经主人许可及政府赦免,身份不得改变。对于奴婢与良人的婚配,唐政府严加禁止:"诸与奴娶良人女为妻者,徒一年半,女家减一等,离之。其奴自娶者,亦如之。主知情者,杖一百;因而上籍为婢者,流三千里。疏议曰:人各有耦,色类须同。良贱既殊,何宜配合。"⑤对于良贱所生子女,《唐律疏议》规定:"其所生男女,依《户令》:不知情者从良,知情者从贱。"⑥由于"同类相婚",贱口后代只能为贱口,这就使唐朝能够保证贱口一直有着稳定的来源,维持了良贱制的长期存在。

第三,来自于买卖。上引罗马法中"年在 20 岁以上的自由人意图分得价金而听由他人将其出卖"之语,说明罗马自由人要成为奴隶是比较容易的。似乎只要自己愿意,自由人随时可以成为奴隶。其实这只是反映东罗马查士丁尼时期的情况。在罗马共和国早期的《十二铜表法》规定中,罗马本国人只能因债务、犯罪等原因卖到外国去为奴隶,而不得在国内为奴。⑦ 在帝政时期,自由人变为奴隶的渠道,一是罪犯被剥夺自由权后,可成为"刑事奴隶"。二是自由人妇女与奴通奸,主人制止

① 《厥特勤碑》,载岑仲勉《突厥集史》,中华书局 1958 年版,第 880 页。
② (唐)吴兢:《贞观政要》卷九,上海古籍出版社 1984 年版,第 266 页。
③ [古罗马]查士丁尼:《法学总论》第 1 卷,商务印书馆 1989 年版,第 12 页。
④ [古罗马]查士丁尼:《法学总论》第 2 卷,商务印书馆 1989 年版,第 110 页。
⑤ (唐)长孙无忌等:《唐律疏议》卷一四,《户婚》,中华书局 1983 年版。
⑥ (唐)长孙无忌等:《唐律疏议》卷一四,《户婚》。
⑦ 《十二铜表法》,见周枏:《罗马法原论》下册,商务印书馆 1994 年 6 月版,第 931—941 页。

三次不听者,奴隶主可收该女为奴隶。另外被解放的奴隶如"忘恩负义",仍可被
"恩主"重新变为奴隶。到东罗马查士丁尼时期,则主要有自由人串通他人自卖和
"恩主"将解放了的奴隶重新买为奴隶这两条买卖奴隶的渠道。① 由此可见,罗马
将自由人买卖为奴隶者数量有限。据史料记载,罗马奴隶制繁荣时期大宗的奴隶
买卖主要是通过对外交易进行的。②

买卖亦是唐朝奴婢的重要来源之一。但唐朝奴婢的买卖主要是在国内各地市
场上及民间交易本国奴婢为主,法律上一般禁止购买战俘以外的外国人为奴(原为
奴隶者除外)。对于正常的奴婢买卖,唐政府在法律上制定了详细的律令予以保
护。各地奴婢市场一直是公开的,遍及全国各地。奴婢与牛马同在"口马行"中买
卖,官方有统一的市估价公布。凡交易的奴婢必须是原为奴婢身份或为"家生奴"
者,必须经"过贱""立券"等手续。相比较而言,唐朝对良人身份变为奴婢身份,控
制极为严格,对私自将良人掠买为奴者,处罚极重:"诸掠人、掠买人为奴婢者,绞;
为部曲者,流三千里。"③对于以诱骗、错认、妄认等方式将良人压为奴婢者,分别科
以不同的严刑,被压良人可以到官府申诉控告。像罗马法规定的那样,自由人可随
意自由卖身为奴是不允许的。

第四,来自破产农民等。破产农民等由于债务等原因论为奴隶或奴婢,是罗马
与唐朝都存在的现象。但罗马与唐朝的具体情况又有所不同。在罗马共和国初
期,《十二铜表法》第三表规定,"要式现金借贷"(nexum)的债务人逾期不能清偿债
务的,债权人有权把他拘押于私牢,他便失去了行动自由,但在法律上仍是自由人。
在拘押期间,债务人可以和债权人订立还债协定。④ 公元前 325 年,罗马通过《波

① 周枏:《罗马法原论》上册,第 232 页。
② 在罗马国内,正如韦伯所言:"事实上,在古罗马的农业手册中,定期购买奴隶乃被看成是庄园
的日常开销。古代种植园之消费奴隶就像现代炼钢需要消费煤炭一样。因此一个能定期和大量供应
人力的奴隶市场乃是一个从事市场生产的奴隶营得以维持的不可或缺的前提条件。"(见[德]马克斯·
韦伯:《古典西方文明衰落的社会原因》,载《韦伯文选》第 1 卷《民族国家与经济政策》第 15 页,三联书
店、牛津大学出版社"社会与思考丛书"1997 年版。)汤普逊亦指出:维持一个稳定的奴隶市场是奴隶制
经济的需要,而奴隶市场上贩卖的奴隶主要"由罗马的战争所获得的俘虏来补充着。"(见[英]汤普
逊:《中世纪经济社会史》上册。商务印书馆 1997 年版,第 39 页。)马克思更明确指出:"奴隶市场本身是
靠战争、海上掠夺等等才不断得到劳动力这一商品的。"(见《马克思恩格斯全集》第 24 卷,第 539 页。)
③ (唐)长孙无忌等:《唐律疏议》卷二〇,《贼盗》,中华书局 1983 年版。
④ 关于债务执行,《十二铜表法》规定:"一、对于自己承认或经判决的债务,有 30 天的法定宽
限期。二、期满,债务人不还债的,债权人得拘押之,押他到长官前,申请执行。三、此时如债务人仍
不清偿,又无人为他担保,则债权人得将他押至家中拘留,拴以皮带或脚镣,但重量最多为 15 磅,愿
减轻的听便。四、债务人在拘禁期间,可自备伙食,如无力自备,则债权人应每日供给谷物饼一磅,愿
多给的听便。五、债权人可拘禁债务人 60 天。在此期内,债务人仍可谋求和解;如不获和解,则债权
人应连续在 3 个集市日将债务人牵至广场,并高声宣布所判定的金额。六、在第三次牵债务人到广
场后,如仍无人代为清偿或保证,债权人得把债务人卖于台贝河(Tiber)以外的外国或把他杀死。"可
见,债权人只能把债务人卖往外国。

特利亚·帕被里亚法》,规定除私犯和经判决的外,债务人不再因契约而以人身对债权人负责。当然,这并不能排除实际上罗马仍有因债务而卖身者的存在。只不过此类人政治上身份仍为自由人,有市民权,经买主解放后,仍为生来自由人。在民事上此类人属于半自由人,罗马法中称为"准奴隶"(Servi loco)。

唐律亦明确禁止因负债沦为奴婢。《唐律疏议》卷二六《杂律》规定:"诸妄以良人为奴婢用质债者,各减自相卖罪三等;知情而取者,又减一等,仍计佣以当债直。"法律虽如此规定,但由于小农经济的脆弱性及土地兼并的客观规律、契约租佃制的不尽发展,唐以前因债务而破产的农民,沦为奴婢的现象是相当严重的。这应当是当时社会上奴婢阶层的主要来源之一,史书中此类资料并不少见。

第五,来自犯罪籍没。在古罗马时期,债务人、小偷、逃兵、罪犯可以被出卖。在罗马共和国时期,有因罪成为奴隶者:"根据《艾里亚和森迪亚法》[公元4年]的规定,那些因受惩罚而被主人套上枷锁的奴隶,那些被刺了字的奴隶,那些因被指控犯罪而受到拷问并且被定罪的奴隶,那些被送去击剑或者斗兽并且被关进击剑学校或被监禁的奴隶,如果后来被同一主人或者其他人所解放,则变为其地位同归降的异邦人相同的自由人。"[1]该律文中的几类奴隶有些犯罪前即是奴隶,但从他们有些并非异邦人来看,其中当有罗马人因罪变为奴隶者。在罗马的帝国时期,被判处死刑的人,亦可成为刑罚奴隶(servipoenae)。[2]

在中国,因罪籍没为奴隶的制度由来已久。如西周罪人"男子入于罪隶,女子入于舂稿",汉律"罪人妻子,没为奴婢"。[3] 在唐代前期,此制尚存,因罪被籍没为奴婢者甚多。中国古代、包括唐代,籍没罪人为奴婢,主要是具有政治上的意义,其经济意义是次要的。

由上可见,罗马的奴隶与唐朝的奴婢,在来源上既有相似之处,又有不同之处。

二、罗马奴隶与唐朝奴婢法律地位的比较

关于奴隶的性质,公元前四世纪古希腊的亚里士多德在其《政治学》中为奴隶制辩护时明确认为:(1) 任何人在本性上不属于自己的人格而从属于别人,则自然而为奴隶;(2) 任何人既然成为一笔财产(一件用品),就应当成为别人的所有物;(3) 这笔财产就在生活行为上被当作一件工具,这种工具和其所有者是可以分离

---

① [古罗马]盖尤斯:《法学阶梯》第1编,中国政法大学出版社1996年11月版,第6页。

② 引自[意]彼德罗·彭梵得著《罗马法教科书》中文版,中国政法大学出版社1996年版,第34页。

③ (晋)陈寿:《三国志》卷一二,《魏志·毛玠传》。

的。① 在亚里士多德眼中,奴隶便是工具,是财产,是可以转让出卖的物品。

在罗马法中,奴隶亦是权利的客体,其财产属性是明确的。查士丁尼罗马法规定:"奴隶是根据万民法的制度,一人违反自然权利沦为他人财产之一部。"②罗马法十分明确地规定了奴隶的财产属性与地位,将奴隶完全排除在正常的社会身份等级秩序以外,如关于身份减等的条文就明确规定:"奴隶被释放,不是身份减等,因为他原来就没有身份。"③

相比之下,唐代对奴婢财产属性的规定也是丝毫不加掩饰的,《唐律疏议》明确规定:"奴婢畜产,类同资财。""奴婢贱人,律比畜产。""生产蕃息者,谓婢产子、马生驹之类。""奴婢、部曲,身系于主。""奴婢同于资财,不从缘坐免法。""奴婢既同资财,即合由主处分。""奴婢同资财,故不别言。"可见,奴婢属于诉讼关系中的权利客体也是没有疑问的。

虽然唐朝奴婢与罗马奴隶在法律上都被规定为物品财产,但同样的,罗马法与唐律在某些情况下又都承认奴隶、奴婢"人"的一面。如罗马《十二铜表法》中对牲畜致他人损害和奴隶致他人损害就是分别规定的,后者是和家属的侵权行为规定在同一条文里,而不是与牲畜规定在一起;又如,打断自由人一根骨头的罚 300 阿司,打断奴隶一根骨头的,罚 150 阿司,而对打断牛马骨头的则未作特别规定;④罗马法的编制是采人法、物法和诉讼法的三分法,有关奴隶的规定是在人法而不在物法中;公元三世纪的佛罗伦丁认为"奴隶制是违反自然法的,因为根据自然法人是生而自由的。""根据自然物,一切人生而自由,既不知有奴隶,也就无所谓释放。"⑤罗马法承认奴隶作为自然人的一面,不承认的是奴隶作为具有权利能力的人的一面。即从法学角度讲,奴隶是权利客体而非像自由人那样是权利主体。

而实际上,罗马奴隶即使从法律规定上来看,在某些情况下也有一些"人"的权利。如奴隶可以代主人出外办事、经商。在主人授权下可以与他人缔约;可代主人在外经营产业;可代主人成为债权人;在特殊情况下可成为财产继承人;公家的奴隶还可以立遗嘱;奴隶可以在每年举行一次祭天神的大庆时和自由人一起共同欢乐,可以参加宗教团体,死后其尸体和坟墓同自由人一样,受到法律保护。⑥

因此在罗马法中,奴隶有"物"与"人"的矛盾一面。在唐律中,也有这种矛盾性,如在国家的户口登记中,奴婢与良人登记在一起,因此有学者认为唐代奴婢为

① [古希腊]亚里士多德:《政治学》,商务印书馆 1996 年版,第 13 页。
② [古罗马]查士丁尼:《法学总论》第 1 卷,第 12 页。
③ [古罗马]查士丁尼:《法学总论》第 1 卷,第 36 页。
④ 《十二铜表法》第八表,见周枏:《罗马法原论》下册,第 938 页。
⑤ [古罗马]查士丁尼:《法学总论》第 1 卷,第 12 页。
⑥ 周枏:《罗马法原论》上册,第 216 页。

"半人半物"，①有人更据此否定唐代奴婢的奴隶性质。其实，与罗马法规定相比，唐代奴婢"人"的一面并不比罗马的奴隶更多一点，在唐代，很难想象奴婢可以享有罗马奴隶的上述权利，如代主人成为债权人、成为财产继承人等。有的学者在谈到唐朝奴婢时，往往从奴隶能否被杀害、能否拥有财产、能否婚姻等几个方面提出唐朝奴婢已不同于奴隶社会的奴隶。事实上，如果仅从法律规定上来看，这种观点值得商榷。

首先，关于杀奴权的问题。

在罗马早期的《十二铜表法》中，并无奴隶主可以处死奴隶的规定。在奴隶制仍处鼎盛时期的帝政初期、即公元二世纪的罗马法中，明文规定："奴隶处于主人的支配权下。这种支配权来自于万民法。实际上在所有的民族那里我们都可以发现：主人对奴隶拥有生杀权；而且所有通过奴隶取得的东西，均由主人取得。"

但就在此律文后，罗马法继续明确规定："但是在今天，任何罗马市民和其他一切受罗马国家权力管辖的人均不得过分地和无故地虐待自己的奴隶。实际上，根据安东尼皇帝的一项谕令，无故杀死自己奴隶的人所承担的责任不亚于杀死他人奴隶的人所承担的责任。而且，主人的过分严酷也在同一皇帝的一项谕令中受到惩罚：他就某些奴隶跑到神庙中或皇帝塑像下避难一事征求了一些行省总督的意见，然后作出规定，如果主人的严酷看起来是无法忍受的，将强迫主人出卖他们的奴隶。这两种规定都是正确的：我们不应当滥用我们的权利；根据同样的原因禁止浪费人经管自己的财物。"②

上引罗马法是罗马奴隶制仍处鼎盛时期的规定，可见任意杀害奴隶、过分虐待奴隶即使在罗马奴隶制繁荣期已为法律所禁止。相隔数百年后，在罗马奴隶制开始衰落的东罗马查士丁尼时期的《法学总论》中，对任意杀害奴隶、过分虐待奴隶亦明文禁止，这些规定源于帝政初期的罗马法，但也有所不同，即更加明确规定："处于本皇帝统治下的人，都不准在没有法律上所承认的原因时，用暴力对待自己的奴隶，或过分地虐待自己的奴隶。"又规定："奴隶如果有正当理由请求援助，以反对虐待、饥饿或不可忍受的侮辱，我们不应该拒绝给予援助，这对所有主人来说也是有利的。……如果发现他们受到了太苛刻的待遇或重大侮辱，应命令把这些奴隶出卖，使他们不再回到他们主人的权力之下。"

英国法学家梅因在其《古代法》中曾指出："罗马法由于受到了'自然法'理论的影响，把他（奴隶）日益看作一件财产的趋势得以停止发展，从而凡是深受罗马法

---

① "半人半物"是日本学者中田薰氏为描述日本律令制下的奴隶特征而使用的，石井田氏沿用了这一词。仁井田陞又将它用于中国的奴婢。见［日］仁井田陞：《中国身份法》，座右宝刊行会1942年版，第937页注1。

② ［古罗马］盖尤斯：《法学阶梯》第1编，中国政法大学出版社1996年11月版，第18页。

律学影响并准许有奴隶的地方,其奴隶的状态从来不是悲惨得难堪的。"①

那么人们通常所讲的罗马可以随意杀害奴隶的情况是在何时、在何种情况下发生的呢? 马克尧在《罗马和汉代奴隶制比较研究》一文中曾分析道:"早先罗马奴隶主对奴隶的杀害权力,可能与其家父权有关,古罗马在社会发展中形成父家长制家庭,这个大家庭中既包括有姻亲关系的家人也包括奴隶。所以 famil 这个字既可指家人,又可指奴隶。这种大家庭有一个家长——家父,其妻、子女以及奴隶在他的权力之下。根据罗马法,家父权力很大,对家子也有出卖、处死的权力。家子没有权利能力,没有财产权,他的财产也是家父暂时让他保管经营的,和奴隶的财产一样被称为特有产。所以,家子的地位和奴隶的地位是一致的。而奴隶当然更可被家长出售、处置甚或杀害。"②

将杀害奴隶权与罗马较早的父家长制联系起来,这一见解可谓切中肯綮。此外,大量屠杀敌俘一般是军事需要或是处于某种报复的行为,不应视为正常的杀奴权。前引罗马法反映,早在共和国时期,已有主人不能随便处死奴隶的习惯。如果奴隶犯重大过失要被处死时,要全家人一致同意。如果主人笞责奴隶,家人或亲朋应在场并有权阻止酷刑。前引罗马法还反映,奴隶受虐待时可以逃往神庙请求庇护,政府官员也有权利干预奴隶主过分虐待奴隶。到帝政时,由于奴隶数目很多,地位日益重要,成为一种不可忽视的阶级势力,国家对虐杀奴隶更发布了一系列禁令。所以就是从法律上看,"简单地说罗马奴隶可以被主人随意屠杀也是不够准确的"③。

从法律上看,唐代奴婢的人身境遇并不见得比罗马奴隶要好。这表现在几个方面:

第一,唐代奴婢主人有变相处死奴婢权利。唐律虽规定:"奴婢贱隶,虽各有主,至于杀戮,宜有禀承。"但实际上法律又规定:"诸主殴部曲致死者,徒一年,故杀者,加一等,其有愆犯决罚致死,及过失杀者,各勿论。"④此律文虽是针对部曲的规定,但决罚部曲致死尚且无罪,决罚身份更低一级的奴婢致死,更不会有什么罪过。在另一处,唐律则明确规定:"其有过失杀缌麻以上部曲、奴婢者,各无罪。"⑤实际

---

① 〔英〕梅因:《古代法》第 5 章,商务印书馆 1959 年版,1996 年第 5 次印刷,第 95 页。
② 马克尧:《罗马和汉代奴隶制比较研究》,载《历史研究》1981 年第 3 期。
③ 公元 19 年,通过波得罗尼亚法,规定如无城市长官允许,禁止奴隶主送奴隶去斗兽。皇帝克劳狄时(41—54 年)命令,如果奴隶主送病奴到阿斯库拉披乌斯岛上,而后这个奴隶痊愈了,那他就获得自由(过去有些奴隶主对病奴不予治疗,弃置此岛上任其死亡)。哈德良时(117—138 年)禁止虐杀奴隶的立法很多,其中一条是除非先得到长官判决,禁止主人杀死奴隶。而到安东尼·皮乌斯时(138—161 年),更规定主人杀死奴隶与杀死第三者同样犯杀人罪,从法律上完全禁止主人杀奴了。
④ (唐)长孙无忌等:《唐律疏议》卷二二,《斗讼》,中华书局 1983 年版。
⑤ (唐)长孙无忌等:《唐律疏议》卷二二,《斗讼》。

上主人决罚打死奴婢在多数情况下都是不难找到奴婢"愆犯"的。他们随时可以"决罚致死"或以"过失"杀奴婢为自己开脱罪责。另外,唐律在"盗及伤人者"条下还规定,"杀一家三人为不道。注云:杀部曲奴婢者非",明确将部曲奴婢排除在"人"之外。① 对于享有"八议"特权的达官贵人功臣等来说,由于享有司法上的特权,他们实际上可以恣意虐杀奴婢而不必担心法律上的惩处。

第二,唐代故杀奴婢所受处罚极轻,其处罚尚不如盗杀马牛者。唐律规定:"诸奴婢有罪,其主不请官司而杀者,杖一百。无罪而杀者,徒一年。"②而"若盗官私马牛而杀者,徒二年半"③。杀有罪奴婢与盗杀马牛,处刑竟差四级;杀无罪奴婢与盗杀马牛,处刑则相差三级。人与牲畜处刑相差之大,使人吃惊:杀一无罪奴婢徒仅一年,竟比盗杀马牛者处罚轻四级。反之,"诸部曲殴伤良人者,加凡人一等。(加者加入于死——原注)奴婢又加一等"④。"诸部曲奴婢过失杀主者,绞。伤及詈者,流。"⑤即使放免的奴婢,若骂旧主,按唐律规定,也要徒二年,伤者,绞。可见唐代奴婢地位极为低下。

第三,唐代奴婢无论受何种虐待,除非主人谋反,不许告发主人。唐律规定:"诸部曲、奴婢告主,非谋反、逆、叛者,皆绞。"⑥在唐前期历史上不乏因奴告主而被处死者。《贞观政要》卷八《刑法》反映,唐太宗时,一度曾将奴婢告叛逆的权利也取消了,凡奴婢告主,不问何事、真否,一律将告者处死。相比罗马奴隶尚可以向神像及保民官控告主人虐待的法律规定,即使在号称盛世的贞观年间,唐律上的奴婢地位也要比罗马奴隶地位低下。

其次,关于奴隶、奴婢的婚姻权问题。

有学者认为,唐代奴婢有自己家庭,已是半封建化的农民,他们已不同于罗马奴隶无家庭的婚配。实际从法律规定看,罗马奴隶与唐朝奴婢的婚配并无根本的不同。

从法律规定看,罗马奴隶没有婚姻权利。"奴隶完全不享受市民法上的结合"⑦,这是和罗马法把奴隶视为物有关的。罗马法认为,人具有三方面的人格(caput),即自由权、公民权和家族权。奴隶不是自由人,当然就没有这些权利。家族权是指一个人属于某一家庭,作为此家庭成员享受的权利和义务,而合法婚姻则

① (唐)长孙无忌等:《唐律疏议》卷四,《名例》。
② (唐)长孙无忌等:《唐律疏议》卷二二,《斗讼》。
③ (唐)长孙无忌等:《唐律疏议》卷一九,《贼盗》。
④ (唐)长孙无忌等:《唐律疏议》卷二二,《斗讼》。
⑤ (唐)长孙无忌等:《唐律疏议》卷二二,《斗讼》。
⑥ (唐)长孙无忌等:《唐律疏议》卷二四,《斗讼》。
⑦ [古罗马]查士丁尼:《学说汇纂》第28编第一章第20条第7款。引自[意]彼德罗·彭梵得著《罗马法教科书》中文版,中国政法大学出版社1996年版。

是组成家庭的前提条件。于是无家族权的奴隶当然不能享有婚姻权,罗马法把两性奴隶之间或自由人与奴隶之间的结合称之为 contubernium(同居)。所以罗马法不承认奴隶的婚姻具有罗马法的那种合法性,因为那样会混淆自由人和奴隶的界限。罗马法在论及遗产占有问题时明确指出:"关于依亲等接近而许其取得遗产占有的那部分大法官告示,不适用于奴隶的血亲关系,因为古代法从来不承认这种血亲。"①古罗马农业手册中所描绘的在庄园里过着兵营式生活的奴隶,的确没有婚姻与家庭。② 可是事实上,罗马奴隶的婚姻现象是很多的,而且这也得到一些奴隶主的鼓励。瓦罗已建议应使牧奴有女奴与之同居,不仅可使牲畜照顾得更好,而且还可生下小奴隶以扩大主人的奴隶队伍。③ 科路美拉更主张奴隶应予婚配并使之生育子女,女奴生子可以减轻劳动,生子女三人可以获得自由。④ 所以,在法律中,也时常提到奴隶的妻、父、子、女等家庭关系的名称,等于事实上承认了奴隶婚姻、家庭的存在。

从唐朝情况看,在法律规定上,部曲奴婢是可以"同色为婚"、即承认奴婢在同一身份阶层内的婚姻权的,而实际上,奴婢的结合,并不是真正意义上的婚姻。因为奴婢的婚配与否,与何人婚配,何时婚配,婚配后所生子女,奴婢都没有丝毫的权利,完全由奴婢主人决定。在奴婢主人们看来,奴婢们的结合类似于牲畜的配合,他们的生育完全是主人增加劳动力的需要,即唐律所言:"生产蕃息者,谓婢产子、马生驹之类。"⑤在唐律《厩库律》"验畜产不实"律文下,疏议规定:"若验奴婢不实者,亦同验畜产之法。"在《名例律》"诸以赃入罪"条下,疏议规定,良人与赃婢所产育子女,"不合从良,止是生产蕃息,依律随母还主"⑥。可见,奴婢的婚配并非正常人的婚姻关系,不过是为主人"生产蕃息"新的奴婢而已,法律规定奴婢犯反逆之罪,其所谓亲属不受连坐,表明其亲属关系不为法律所认可。此外,主人可以将奴之妻、女任意收为妾,可以随时奸淫玩弄,不受法律任何限制。可以随意将奴婢夫妻拆散出卖、转送,在这种所谓婚姻下,良人那种法定意义上的家庭是不存在的,家族权更是谈不到的。另外,奴婢没有姓氏,而在中国古代,取得姓氏权及姓氏在子孙后代中的延续,是继血统、承祭祀、区别血缘继承关系的基础,唐代奴婢连取得姓氏的起码权利都没有,遑论家族权之类。

从以上婚姻权的情况来看,唐朝的奴婢并不比罗马的奴隶情况好些,而像唐律

① [古罗马]查士丁尼:《法学总论》第 3 卷,第 142 页。
② 见马克斯·韦伯:《古典西方文明衰落的社会原因》,《韦伯文选》第 1 卷《民族国家与经济政策》,三联书店、牛津大学出版社"社会与思考丛书"1997 年版,第 14 页。
③ [古罗马]M.T.瓦罗:《农业论》第 17 章,商务印书馆 1997 年版,第 49 页。
④ [英]弗兰克:《古罗马经济概论》第 5 卷,巴尔的摩 1940 年版,第 181 页。
⑤ (唐)长孙无忌等:《唐律疏议》卷四,《名例》。
⑥ (唐)长孙无忌等:《唐律疏议》卷四,《名例》。

那样直接宣称奴婢的产育类同于骡马,查验奴婢类同于查验畜产,将人混同于牲畜,在罗马法中是看不到的。

再次,关于奴隶、奴婢的财产权问题。罗马奴隶不是法律上的权利主体,原则上讲没有财产权。但奴隶既然有家庭,必然会有维持家庭存在的起码财产,如果有了家庭而没有起码的财产,那么家庭也难以存在。早期罗马法规定,奴隶完全没有财产权,在帝国时期,查士丁尼罗马法仍规定奴婢不能有自己的财产,其所获任何财物,皆归主人所有:"你们的奴隶因接受物的转让,或根据要式口约或任何其他原因,而取得的(财产),都是为你们的利益而取得的,哪怕你们不知情和不愿意。因为奴隶本身是处于他人权力之下,所以不能有自己的财产。……他们所占有的任何物,都视为你们占有的。"①在罗马法关于遗嘱权的律文中更明确规定:"根据市民法,在家长权力下的人的一切私有财产都被计算在家长的财产之内,如同奴隶的私有财产被列入主人的财产一样。"②但事实上,在共和国末期以后的罗马法中,又有奴隶可以拥有"特定财产"的规定。③ 罗马奴隶的"特有财产",是奴隶拥有的财产,但这种财产只是形式上为奴隶所有,主人一旦需要,便可以随时将特有财产收回,或转赠他人。

在中国的唐代,唐律反映,奴婢原则上也是没有财产的。如在《贼盗律》"掠奴婢"条下,唐律规定,如果被掠奴婢随身带有财产,那么掠奴婢者除了计其"掠奴婢"之罪外,还要计其盗窃罪,因为奴婢"不合有财",其随身之财是属于奴婢主人的,所以掠奴婢有随身财产者,实际犯下了掠奴婢与盗窃奴婢主人的双重罪。相同条件下,掠良人、部曲有随身财产者,则掠人者只有掠良人、部曲之罪,而无盗窃良人、部曲主人之罪。这是因为,良人、部曲"合有资财"。其资财属于良人、部曲自己而并不属

---

① 〔古罗马〕查士丁尼:《法学总论》第 2 卷,第 73 页。

② 〔古罗马〕查士丁尼:《法学总论》第 2 卷,第 81 页。

③ 罗马法中关于奴隶"特有财产"的律文很多,如查士丁尼《法学总论》第 20 条规定:"如以奴隶的特有财产遗赠,特有财产在遗嘱人在世时的一切增减,无疑地都归受遗赠人取得或负担。如在遗嘱人死后和继承人承受遗产前奴隶有所取得时,犹里安作出下列区别:如以特有财产遗赠奴隶本人,同时一并给予自由,受馈赠人在继承人承受遗产前所取得的一切,也属于受遗赠人所有:因为关于这种遗赠,受遗赠人的权利,于继承人承受遗产时起才固定;如以特有财产向第三者遗赠,上述奴隶之所得不包括在遗赠物之内,除非所得是利用特有财产中的财物所得来。特有财产未经订明遗赠奴隶者,不因遗嘱给予奴隶自由而属于奴隶。至于遗嘱人生前释放奴隶的,只要他不明示把特有财产从奴隶手中取去,特有财产即属于奴隶所有。塞维尔帝和支多宁帝就是这样批复的。他们又批复决定,以特有财产遗赠奴隶,不得视为给予奴隶请求返还他们为主人所支出费用的权利。又批复,如遗嘱人命令在奴隶结清账目,并从其特有财产中补足差额后即获得自由,应认为是以特有财产遗赠奴隶。"该律文清楚反映:主人可将奴隶特有财产遗赠给受遗赠人;主人死亡前可将特有财产遗赠奴隶本人;主人可将奴隶特有财产遗赠第三者;主人可明示把特有财产从奴隶手中取走。这些事实说明,奴隶的特有财产,其所有权归根到底属于奴隶主人。

于他们的主人。① 该律文清楚地说明,奴婢的财产属于奴婢主人,其本身不拥有财产。

但是另一方面,唐代奴婢实际上也有类似罗马奴隶的"特定财产"。唐律中,即有证明奴婢拥有个人财产的律文。如唐律规定,"部曲奴婢应征赃赎者,皆征部曲奴婢"②,而不征其主人,既然是向奴婢征赃,这说明唐代奴婢有个人财产,否则征赃自赎无从谈起。这种个人财产,在一定情况下是与奴婢主人的财产相分离的。③ 与罗马奴隶的"特有财产"相类似。但很清楚,奴婢本身尚且"既同资财,既合由主处分",其所谓私有财产的性质可想而知。所谓奴婢的财产,不过是形式上为奴婢所有而已,是维持奴婢简单生活、生产的需要。一旦有必要,主人随时可以没收。所以据唐律中奴婢可以拥有私人财产而推断唐代法定的奴婢已有独立的个体经济,已属半封建性农民是难以成立的。正像早在北魏的均田制度下,奴婢可以受田,但奴婢所谓的受田,并非为奴婢个人所有、其土地所有权属于奴婢主人一样,像罗马奴隶拥有特有财产并不能改变其本身性质一样,唐代奴婢拥有个人财产并不能改变其本身属于其主人财产的性质。

三、罗马奴隶与唐朝奴婢"个人权利"的比较

从法律规定来看,罗马奴隶与唐朝奴婢在各自的社会中,都是法律上的权利客体而非权利主体,他们是主人的财产,地位最为极下,他们与自由人或良人相犯,法律明确规定了不同的处罚办法。但由于奴隶、奴婢的特殊性,在某些特殊情况下,他们也有一些受到一定限制的权利。

从罗马法来看,罗马奴隶享有的权利除了上文已涉及的,如"奴隶如果有正当理由请求援助,以反对虐待、饥饿或不可忍受的侮辱"时,他可以向保民官控告主人等以外,奴隶其他的主要权利还有:

(一)缔约权

奴隶在一定条件下可以与他人缔结要式口约:查士丁尼《法学总论》规定:"奴隶基于他主人的人格有权缔结要式口约。由于遗产往往代表被继承人的人格,所以在承受遗产前,属于遗产中的奴隶所缔结的要式口约,其利益归属于遗产,亦即归属于后来承受遗产的继承人。"关于缔结口约的具体规定有:"1. 奴隶无论为他的主人,或为他自己,或为他的同伴奴隶,或为不指名的人缔结要式口约,其利益一律

---

① (唐)长孙无忌等:《唐律疏议》卷二〇,《贼盗》。
② (唐)长孙无忌等:《唐律疏议》卷六,《名例》。
③ (唐)长孙无忌等:《唐律疏议》卷一二,《户婚》。

归属于他的主人。以上所述,同样适用于在家长权力下的子女为他们父亲的利益取得的各种情况。2. 如要式口约以许可做某事为内容,其全部利益属于口约者本人,例如,奴隶在要式口约中指明,他方应准其驾车或驱牲畜通行,则仅仅他自己而不是他的主人才可以不受禁阻地通行。3. 共有奴隶在成立要式口约时所得的利益,按各主人对他所享有部分的比例分别归于各主人,但他如奉其中一个主人之命或以一个主人的名义所作的口约,则不在此限;有此情况下,他仅仅为这一主人的利益取得。共有奴隶口约所涉及的物,不可能为另一主人的利益取得时,例如,他口约指明应给予的物是属于主人之一所有,则通过口约所取得的应归于他的主人之一。"①

(二)取得债权

奴隶可以代表主人成为债权人:查士丁尼《法学总论》规定:"应该指出,我们不但通过我们自己,而且也可以通过在我们权力下的人,不论是我们的奴隶和儿子,取得债权。不过通过我们奴隶所取得的,全部属于我们所有。"具体又规定:"1. 又我们可以通过我们所善意占有的自由人和他人的奴隶而取得债权,但以下列两种情况为限,即债权是根据他们的劳动或我们所有之物而取得的。2. 在上述两种情况下,我们也可通过我们对之享有用益权或使用权的奴隶取得债权。3. 共有奴隶按其主人各自的应有部分而为他们取得,这是没有疑问的,除非他以指名方式为单独一个主人订立口约或受领物之交付,有此情况时,他只为这一主人的利益取得,例如他这样提问:'你承诺给予我的主人铁提吗?'如果奴隶奉主人中一人之命提问,尽管过去这是一个疑难问题,本皇帝宪令已决定,奴隶仅为给予他命令的那个主人取得,已如上述。"②虽然奴隶的债权代表的是主人,其收益或损失亦归主人所有,但奴隶能有这种权利还是值得注意的。

(三)继承权

根据罗马法,奴隶在一定情况下可以成为财产继承人:查士丁尼《法学总论》规定:"自由人和奴隶无论自己的或他人的——都可以被指定为继承人。关于自己的奴隶,过去多数人的意见认为,如果指定他们为继承人,必须同时给予自由,始为适法。但是今天,根据本皇帝宪令,遗嘱人得不明示给予自由而指定他们为继承人。朕实施这一规则,非在标新立异,而是因为这样才公平。"③

罗马法还对被确立为继承人的奴隶的权利予以一定的保护:"凡对于自己的支付能力有怀疑的,往往指定自己的奴隶为第一位、第二位或顺序较后的继承人,在

---

① [古罗马]查士丁尼:《法学总论》第 3 卷,第 164—165 页。
② [古罗马]查士丁尼:《法学总论》第 4 卷,第 200 页。
③ [古罗马]查士丁尼:《法学总论》第 2 卷,第 86 页。

遗产不能满足债权人时,就由债权人对继承人而不是遗嘱人的财产进行占有、出卖或分割。为了补偿这一不利,奴隶在他的保护人死后所取得的财产,留归他自己所有,因为即使被继承人的财产不足以清偿,债权人也不得出卖奴隶根据这种情况为自己所取得的财产。"①

查士丁尼《法学总论》还规定:"他人的奴隶,在主人死亡后,仍得被指定为继承人,因为属于遗产的奴隶具有遗嘱能力;在遗产未被承受前遗产所代表的,不是未来继承人,而是已死亡的被继承人。同样,胎儿的奴隶亦得被有效地指定为继承人。"②该律文反映,奴隶是遗产之一;奴隶具有遗嘱能力;奴隶可成为继承人。

对于奴隶继承权所涉及的种种复杂情况,查士丁尼的法律都作出了详密的规定。③ 只要将其律文与公元前二世纪的罗马法相比较就不难看出,其关于奴隶继承权的基本规定大体都是沿袭罗马共和国时期的法律,由来已久,并非只是罗马帝国衰落时期的规定。

罗马法中关于奴隶继承权的大量的、详细的、严密的规定,反映了当时奴隶成为主人财产继承人并非个别的现象。

(四)宗教信仰权

依照宗教和习惯,与罗马人信仰相同宗教的奴隶,可以随主人参加家祀和宗教活动,在祭天神大典时,可和市民一样参加盛会,也可以参加宗教团体。罗马人信仰神灵,奴隶的墓葬与自由人的一样受法律保护。④

在唐律中,关于奴婢权利的规定,仅限于告主人谋反、叛逆。唐律规定:"诸部曲、奴婢告主,非谋反、逆、叛者,皆绞(被告者同首法——原注);告主之期亲及外祖

---

① [古罗马]查士丁尼:《法学总论》第2卷,第99页。

② [古罗马]查士丁尼:《法学总论》第2卷,第88页。

③ 罗马奴隶的继承权问题,查士丁尼《法学总论》有诸多规定,如:"1. 被主人指定为继承人的奴隶,如一直保持同一状态,于遗嘱生效时成为自由人和必然继承人。但若主人在生前把他释放,他得自行决定是否承受遗产,因为他既不是由于主人的遗嘱同时获得自由和遗产,所以不是必然继承人。但如果他被出让,他必须奉新主之命承受遗产,因此新主人通过他而成为继承人。主人虽已指定奴隶为继承人,并给予自由,但奴隶一经出让,就不可能成为自由人或根据出让他的主人的遗嘱而成为继承人,因为主人既经把他出让,就应认为放弃了给予他自由的意图。同样,他人的奴隶被指定为继承人的,如一直保持奴隶状态,他必须奉主人之命承受遗产。如果他在遗嘱人生前或死后而在他承受遗产前被主人出让,他必须奉新主人之命承受遗产;如果他在遗嘱人生前或死后而在他承受遗产前已获释放,他得自行决定是否承受遗产。2. 他人的奴隶,在主人死亡后,仍得被指定为继承人,因为属于遗产的奴隶具有遗嘱能力;在遗产未被承受前遗产所代表的,不是未来继承人,而是已死亡的被继承人。同样,胎儿的奴隶亦得被有效地指定为继承人。3. 具有遗嘱能力的数人共有一个奴隶,而其奴隶被第三者指定为继承人者,应奉每一主人之命,按照每人对他的所有部分,承受遗产。"见《法学总论》第2卷,第87页。

④ 周枏:《罗马法原论》上册,商务印书馆1994年6月版,第220页。

父母者,流;大功以下亲,徒一年。"①即使如此,从该律文也不难看出,贱人告主的权利并非唐政府从正面授予的,而仅是在剥夺贱人所有告主权利的基础上规定了一种特例。显然,这种特例并非是为了授予奴婢什么权利,而纯粹是为了巩固中央集权统治的需要。同时也由于奴婢主人即欲谋叛逆,即已非人臣,故可告发。正如疏议所云:"日月所照,莫匪王臣。奴婢、部曲,虽属于主,其主若犯谋反、逆、叛,即是不臣之人,故许论告。非此三事而告之,皆绞,罪无首从。"②而奴婢这仅有的权利,正如前面所言,唐太宗一度还曾予以取缔。③

在唐朝法律中,有良人侵犯贱人、主人侵犯部曲奴婢的规定,然而部曲、奴婢告主的权利既经剥夺,受害人不能控告侵害人,主人侵犯贱人的事情恐怕就很难按律得到惩处了。

在唐代现实生活中,唐政府或主人在某些特殊情况下,授予部曲、奴婢一定的权利,或经营谋利,或收取出借奴婢的雇值,这些现象应该是存在的。早在魏晋南北朝时,就有主人遣奴婢出外经商、雇作的情况。如人所熟知的任昉《弹刘整文》,文中刘寅便曾遣奴当伯去广州经营七年,④再如出土的高昌王国时期吐鲁番文书中,亦有通过出借贱口收取雇值以谋利的事例。在唐代,特别在唐中叶商品经济活跃以后,此类情况亦应不少,但这些在法律上并没有明确清晰的反映。而唐中期以后不少官僚贵族以出借奴婢收取雇值,谋取私利,唐政府却曾屡屡发诏令严加禁止。这与罗马法的有关规定形成鲜明对比。

四、罗马法奴隶解放与唐律令奴婢放良的比较

在罗马法和唐代律令中,都有解放奴隶、放良奴婢的法律规定。

在罗马法中,奴隶的所有权与用益权(使用权)区别的是很清楚的。尽管罗马社会中许多人对其奴隶拥有用益权,法律上对其某些权利亦予以保护,但他们无权解放只拥有用益权的奴隶,而只有拥有奴隶所有权者才能解放奴隶。在唐代法律上,并无所有权与用益权的区分,所谓放良奴婢,仅指那些实际上拥有奴婢的人。

关于奴隶的解放,查士丁尼《法学总论》规定:"被释自由人是从合法奴隶地位

① (唐)长孙无忌等:《唐律疏议》卷二四,《斗讼》。

② (唐)长孙无忌等:《唐律疏议》卷二四,《斗讼》。

③ 贞观二年,唐太宗曾对大臣们说:"比有奴告主谋逆,此极弊法,特须禁断。假令有谋反者,必不独成,终将与人计之,众计之事,必有他人论之,岂藉奴告也。自今奴告主者,不须受,尽令斩决。"(见《贞观政要》卷八《刑法》第239页)唐太宗虽如此规定,但从上引《唐律疏议》的律文来看,唐政府实际并未取消允许奴婢告主谋反、叛逆的律文,这是因为防止谋反,巩固统治,毕竟比授予奴婢一点微不足道的权利要重要得多。

④ (南朝梁)萧统:《文选》卷四,任昉《弹刘整文》,中华书局1987年版。

中释放出来的人。释放就是'给予自由',因为奴隶是掌握在他人'手中'并处于其权力下的,释放乃是从这种权力之下解放出来。这种制度导源于万民法。因为根据自然法,一切人生而自由,既不知有奴隶,也就无所谓释放。但奴隶制一旦在万民法中建立起来,接着也就产生了释放的善举。'人'原来是对一切人的一个自然的名称,万民法却开始把人分为三种:自由人,与之相对的奴隶,第三种是不再是奴隶的被释自由人。"①

罗马法承认在自然法下,"一切人生而自由",奴隶也是自然的人,但在万民法的奴隶制下,人又分为三种:自由人、奴隶、被释自由人。奴隶解放只能成为被释自由人。

按罗马法规定,奴隶的解放是相当灵活的,其渠道多种多样。官府对解放奴隶的方式,似无特别限制性规定。② 概括起来,奴隶的解放主要方式为:

第一,由皇帝或法官宣布解放。此种方式称为法定解放,是据法律的规定解放奴隶,而不问主人是否同意。这反映君主或政府对于私有奴隶的身份有直接干预的权力。这种干预不要得到奴隶主人的同意。

第二,主人可以在任何时间、任何地点以及以信函、遗嘱等任何形式随意解放自己的奴隶。此种解放不必得到官府的许可与批准。但主人必须年满二十岁。③

此外在某些特殊情况下奴隶亦可获得解放,如有债负而无偿还能力的主人,当其去世时,无论其愿意与否,奴隶都将成为事实上的自由人和继承人,以便向债权人偿付债务;④不仅主人自己可以解放奴隶,而且罗马法规定主人可通过信托方式委托他人放免奴隶。⑤

罗马法关于解放奴婢的周密规定,显然是考虑到了随着奴隶解放而可能出现的财产关系变化的各种情况。

至于罗马奴隶解放的具体形式,主要有执杖解放、登记解放、遗嘱解放、略式解

① [古罗马]查士丁尼:《法学总论》第1卷,第13页。
② 查士丁尼《法学总论》第1卷第5篇对奴隶的释放规定:"1.释放可以采取各种不同方式进行:根据皇帝宪令在神圣的教堂中进行,或通过法官的隆重宣告进行,或在朋友面前进行,或用书函,遗嘱,或任何其他行为的方式进行。此外,奴隶还可依照过去皇帝的宪令和本皇帝宪令所规定的许多其他方式获得自由。2.主人可以在任何时候释放其奴隶,甚至可乘长官在途中经过时,例如大法官、副执政官或行省总督去浴室或剧院的途中,进行释放奴隶。"这说明罗马法对解放奴隶的方式并无限定,形式较为灵活。
③ [古罗马]查士丁尼:《法学总论》第1卷,第17页。
④ [古罗马]查士丁尼:《法学总论》第1卷,第16页。
⑤ 如罗马法规定:"同样,[主人]可以通过信托遗赠而给予奴隶自由,即请求继承人、受遗赠人或信托遗给受益人释放奴隶。至于遗嘱人请求释放的是自己的奴隶,或是继承人、受遗赠人甚或其他人的奴隶,则无关紧要。如果奴隶不是遗嘱人的财产,必须买受而释放之。若奴隶的主人不愿出卖——应假定他从载明遗给自由的遗嘱中并无所得——遗给自由的信托并不消灭,而是推迟,因为可能过了一个时期,会出现购买奴隶的机会,从而给予奴隶自由。"(见[古罗马]查士丁尼:《法学总论》第2卷,第122页)。

放等。而对于已经解放的奴隶,原主人即所谓"恩主",根据罗马法的规定,有撤销解放的权利,即将被释自由人重新变为奴隶。

相比较而言,唐代官私奴婢的放良形式较为单一,放良程序有严格规定,放良奴婢严禁重新压为贱口。

关于官奴婢,主要有两个放良的渠道:一个渠道为官府赦免。《唐六典》卷六《尚书刑部都官》载:"[官奴婢]一免为番户,再免为杂户,三免为良人,皆因赦宥所及则免之。原注:凡免,皆因恩言之,得降一等、二等,或直入良人。诸律令格式有言官户者,是番户之总称,非谓别有一色。"此类赦免,一般针对因罪被没为官奴婢者。官奴婢放良的另一渠道为年老免贱,《唐六典》卷六《尚书刑部都官》载:"[官奴婢]年六十及废疾,虽赦令不该,并免为番户。七十则免为良人,任所居乐处而编附之。"《唐会要》卷八六载:"显庆二年十二月敕……诸官奴婢,年六十以上及废疾者,并免贱。"《文献通考》卷一一《奴婢》亦载:"长庆四年敕,诸司使各勘官户奴婢,有废疾及年七十者,准格免贱从良。"可见从唐初到唐中后期,官奴婢年老免贱的制度是一直存在的。此类放良,不受官奴婢种类的限制。

唐代私人奴婢的放良,从唐《户婚律》中"依《户令》,放奴婢为良及部曲、客女者,并听之。皆由家长给手书,长子以下连署,仍经本属申牒除附"的规定来看,私奴婢放良,首先要有家长给手书;其次要由长子以下连署;第三要向有关部门申牒附除。具体放良的渠道一为官府敕令赦免;二为主人放良;三为自赎。史书及敦煌吐鲁番文书都证明,唐代私奴婢放良的程序是比较严格的,而不像罗马解放奴隶那样随意。

对于已放良的部曲、奴婢,唐律严禁再将其压为贱口,《唐律疏议》卷一二《户婚》:"诸放部曲为良,已给放书而压为贱者,徒二年;若压为部曲,及放奴婢为良,而压为贱者,各减一等。即压为部曲,及放为部曲而压为贱者,又各减一等,各还正之。疏议曰:……若放部曲客女为良,压为贱者徒二年;若压为部曲者,谓放部曲客女为良,还压为部曲客女,及放奴婢为良,还压为贱,各减一等,合徒一年半。即压为部曲者,谓放奴婢为良,压为部曲客女,及放为部曲者,谓放奴婢为部曲客女,而压为贱者,又各减一等,合徒一年,仍并改正,从其本色。故云:各还正之。"①

唐律关于严禁将已放良部曲、奴婢重压为贱人的规定,唐政府曾进行过调整,前后有所变化,②这说明了该律文在现实生活中严格地加以实行,也说明了唐政府

---

① (唐)长孙无忌等:《唐律疏议》卷一二,《户婚》。

② 敦煌所出 P3608、3252 号文书反映武则天垂拱年间曾对此律文修订,修订后律文更重视保护已放良部曲的利益,证明唐代极重视身份改变问题。参见刘俊文:《敦煌吐鲁番出土法制文书考释》,中华书局 1988 年版。

对这一问题的重视。相比较罗马法中没有这方面的明确规定来看,唐政府对良贱身份之间的界限更为重视。但从财产关系角度对奴婢所作的规定则远不如罗马法对奴隶的规定多。

另外,罗马法与唐律都还规定了解放奴隶即被释自由人与恩主、放良贱口与旧主之间的法律关系。罗马法除了规定被释自由人与恩主之间的身份名分外,主要侧重于被释自由人与恩主之间在财产方面的权利与义务关系;而从唐律规定看,被放良贱口与旧主之间的关系主要限于名分的相互侵害关系上,至于他们之间的经济关系,唐律未作明确规定,远不像罗马法对被释奴隶与恩主之间经济关系的规定那样复杂。

五、简短的结论

通过以上几个主要方面的比较,大体可以看出唐朝奴婢与罗马奴隶在法律规定上的主要异同。这里再作概括如下:

从奴隶、奴婢的来源看,罗马与唐朝,都曾以战俘作为来源。罗马在法律上明确规定以战俘作为奴隶。在罗马历史上,特别是在共和国时期,外国战俘曾是罗马奴隶制经济重要的、有时甚至是主要的来源。一旦罗马对外战争减少了、停止了,"由此奴隶市场所需的源源不断的人力供应也就停止了"[①],罗马帝国的衰落也就开始了。而唐代的战俘,虽大体上继承前朝的传统,大多都被没为奴婢,唐前期尤其如此,但作为一个封建王朝,唐朝的对外战争,并不以获取战俘及没其为奴婢为主要目的。唐代没战俘为奴婢,只是对"敌方"的一种惩罚,对现存奴婢役使来源的一个补充。战俘奴婢显然不是唐朝奴婢的主要来源。文献反映,罗马与唐朝奴隶、奴婢的又一来源是自然繁育。

在罗马法和唐律中,法律上都规定奴隶、奴婢的身份是世代相袭的,这应是奴隶、奴婢较稳定的来源。但相比之下,罗马帝国的繁荣时朝,外国战俘及购进奴隶数量居多,自然繁育的奴隶不占重要地位,到帝政后期,情况方有所改变。在中国的唐朝,由于良贱界限森严,一般良人严禁卖身为奴、奴婢只能同类为婚,因而"家生奴婢"便成为奴婢的主要来源之一。此外,因负债沦为奴婢,是唐代社会中奴婢的另一主要来源,唐律虽明令禁止,但在契约租佃制尚未充分发展的时代里,这种现象一直是相当严重的。在罗马法中,法律上允许将债务人卖往外国为奴,后来又明令禁止将本国负债人变为奴隶,尽管在实际生活中肯定仍有债务奴的存在,但总的看,在罗马奴隶制繁荣时朝,本国人因负债沦为奴隶者数量并不多。

---

① 《马克思恩格斯全集》第 24 卷,第 539 页。

在罗马与唐朝,法律上都允许和保护奴隶、奴婢的正常买卖,但罗马大宗的奴隶买卖主要是在对外交易中进行,国内的奴隶市场亦主要以贩卖战争俘虏补充。而唐朝的奴婢买卖,主要对象是本国人沦为奴婢或原来身份即为奴隶者,外国人为奴者如昆仑奴之类在人口买卖市场上数量有限。籍没罪犯为奴,在罗马法及唐律中虽都有反映,但这显然不是罗马及唐朝奴隶、奴婢的重要来源,从唐律规定来看,籍没罪犯为奴的目的主要是出于政治上的考虑,经济意义并不重要。在罗马法中,刑罚奴隶亦不占重要地位。

从罗马法与唐律所规定的奴隶、奴婢身份地位来看,他们在法律上都具有国家或私人财产的性质。罗马法所言奴隶"为他人财产之一部"及唐律所言"奴婢资财、类同畜产"等规定即是明证。唐代奴婢虽有家庭,但这种家庭与罗马奴隶的家庭没有质的不同:他们的血亲关系是不受法律保护和承认的;唐代奴婢虽有财产,但这种财产与罗马奴隶的"特有财产"亦没有质的不同,它们归根到底是属于主人的。因此,唐代奴婢有家庭、有财产,改变不了他们奴隶的性质。但也必须看到,唐代奴婢与罗马奴隶的法律地位亦有不同之处:

第一,在罗马王政、共和国、帝政时期的大多数时间里,战争俘虏及贩买外国人是罗马奴隶的重要来源,帝政中后期,自生奴隶的比重方逐渐增加;而在唐朝,战俘始终不是奴婢的重要来源,唐代奴婢更多来自于破产农民及家生奴。

第二,罗马奴隶在罗马法中,列在"人法"之内,"物法"中不包括奴隶,不同时期的罗马法虽然都说明奴隶是主人财产之一部,但亦引用自然法,说明一切人是生而自由的;而唐代却明确把奴婢与牲畜列为同类,法律上"杀一家三人"罪之类,将部曲、奴婢排除在"人"之外。

第三,罗马共和国时期、帝政时期的罗马法都规定,奴隶在受主人"太苛刻的待遇或重大侮辱"及过分虐待时,可以向保民官控告并请求保护;而在唐代,奴婢主人惩罚奴婢过当致死者无罪,这实际上等于变相授予主人处死奴婢的权力。而故意杀死奴婢者,所受处罚很轻,比盗杀马牛者所受惩处还要轻三到四级。

第四,罗马法中规定了罗马奴隶在一定条件下享有缔约权、债权、继承权、诉讼权等;而唐代奴婢唯一的权利是可以在主人谋反、叛、逆时告发主人,显然这一规定纯粹是为了维护中央集权统治的需要,并非要授予奴婢什么权利。而且这一"权利",一度亦被剥夺。从法律上看,唐代奴婢实际上没有任何权利。

第五,从唐代放良奴婢与旧主人的关系来看,亦与罗马被释奴隶和恩主的关系有所不同。唐朝放良部曲、奴婢与旧主之间仍有森严的名分等级关系,在与旧主人发生侵害时,放良部曲、奴婢的法律地位与未放良前相差不多,但法律上严禁将放良部曲、奴婢再次压为贱口;罗马法中关于被释奴隶和恩主的关系主要以财产关系为主,同时,恩主有权将释放奴重新变为奴隶。

　　以上我们从一些主要方面对比分析了罗马法与唐律关于奴隶、奴婢来源、身份地位、"个人权利"等方面的异同。显然,这里谈到的还仅仅是罗马法与唐律在奴隶、奴婢立法方面怎样规定的问题,更重要的应当是探索中西方的唐律与罗马法为什么会有如此规定,即这种规定的历史文化背景问题,这一问题我们将另文探讨。

(原刊《比较法研究》2002 年第 1 期)

论唐律与罗马法关于奴婢、
奴隶规定异同的历史根源

在《从唐律与罗马法的比较看唐代奴婢的身份》一文中,笔者曾以唐律与罗马法为据,探讨了唐代奴婢与罗马奴隶的异同问题。指出若仅从法律规定来看,唐代奴婢与罗马奴隶在来源、法律地位、"个人权利"、放良解放等诸多方面,既有同,又有异。总的来看,唐代奴婢法定的身份地位并不比罗马奴隶的身份地位高。[①]

当然,如果仅仅进行这种一般法学律文的对比显然是不够的。在本文中,笔者将进一步探讨罗马法与唐律中奴隶、奴婢身份规定异同的社会历史原因,即法律为什么这样规定的问题。由于这一问题十分复杂,涉及中西方社会的许多方面,因而这里仅是提出一些初步的看法,以就正于学界同好。

一

首先,唐代与罗马不同的社会经济特点与历史文化背景决定了其奴婢、奴隶制度的不同。

恩格斯在谈到不同的法的关系源自不同的经济关系时曾指出:"在社会进一步发展的进程中,法律便发展成或多或少广泛的立法。这种立法愈复杂,它的表现方式也就愈益不同于社会日常经济生活条件所借以表现的方式。……人们往往忘记他们的法权起源于他们的经济生活条件,正如他忘记了他们自己起源于动物界一样。"[②]又指出:"法的关系正像国家的形式一样,既不能从它们本身来理解,也不能从所谓人类精神的一般发展来理解,相反,它们根源于物质的生活关系,这种物质的生活关系的总和。"[③]同样,认识唐律与罗马法的不同,也必须从它们所赖以产生的不同的社会经济关系、不同的历史条件入手。

---

① 李天石:《从唐律与罗马法的比较看唐代奴婢的身份》,载《比较法研究》2002 年第 1 期。
② 《马克思恩格斯全集》第 18 卷,人民出版社 1996 年版,第 309 页。
③ 《马克思恩格斯全集》第 13 卷,第 18 页。

以唐代的奴婢与罗马的奴隶相比较，其基本特征如财产性质、无诉讼权利、役使不受限制、人身没有保障、社会地位最为低下等可以说是基本相同的，由此将唐朝法定奴婢的基本性质定为奴隶是没有多大问题的。但怎样认识唐代奴婢与罗马奴隶在法律规定上的不同之处呢？马克思曾指出："不应忘记，法也和宗教一样，是没有自己的历史的。所谓法律的历史就是与一定时期的社会经济发展水平相适应并作为它的反映物的法律发展、变化的历史。"①很显然，罗马法与唐律，它们是各自赖以产生与存在的社会经济基础在法权上的表现。而罗马法与唐律中关于奴隶、奴婢法律地位的不同规定，又是与罗马、唐代各自社会的经济、历史特点直接联系在一起的。

这里我们重点分析宗法制下的父家长制对唐律与罗马法的影响问题。

如果留意一下，不难发现，唐代的贱民制度，是与中国传统社会自然经济条件下宗法血缘父家长制的长期存在有着密切关系的，试看唐律以下规定：

1. "诸告祖父母、父母者，绞。注曰：谓非缘坐之罪及谋叛以上而故告者。疏议曰：父为子天，有隐无犯……若有忘情弃礼而故告者，绞。"②子孙告父辈等处绞刑，父辈等则同自首。同样，部曲、奴婢告主人，非谋反、叛、逆罪，"皆绞"，主人同于自首。③ 可见，部曲奴婢告主人，同于子孙告父辈，皆在严禁之列。

2. "诸谋杀期亲尊长、外祖父母、夫、夫之祖父母、父母者，皆斩。"该律后接着规定："诸部曲、奴婢谋杀主者，皆斩。"④可见，贱口谋杀主，类比子孙谋杀父祖。

3. "若子孙违犯教令，而祖父母、父母殴杀者徒一年半，以刃杀者，徒二年。故杀者，各加一等……过失杀者，各勿论。"而"诸奴婢有罪，其主不请官司而杀者，杖一百。无罪而杀者，徒一年"。"诸主殴部曲至死者，徒一年。故杀者，加一等。其有愆犯，决罚致死及过失杀者，各勿论。"⑤两相比较，殴、杀贱口与殴、杀子孙处罚大体相近，而过失杀者，皆不论罪。

4. "若子孙于祖父母、父母，部曲、奴婢于主冢墓熏狐狸者，徒二年，烧棺椁者，流三千里，烧尸者，绞。"⑥此律文反映，贱口与子孙犯同罪则受相同惩处。

5. "诸詈祖父母、父母者，绞；殴者，斩；过失杀者，流三千里；伤者，徒三年。"而"诸部曲、奴婢过失杀主者，绞；伤及詈者，流。"⑦这里诸子孙詈或殴父祖，处死刑，比贱口同罪处罚为重，这当是因为父为子纲，詈、殴父祖乃是宗法家长制中的严重

---

① 《马克思恩格斯选集》第三卷，第143页。
② （唐）长孙无忌等：《唐律疏议》卷二三，《斗讼》。
③ （唐）长孙无忌等：《唐律疏议》卷二三，《斗讼》。
④ （唐）长孙无忌等：《唐律疏议》卷一七，《盗贼》。
⑤ （唐）长孙无忌等：《唐律疏议》卷二二，《斗讼》。
⑥ （唐）长孙无忌等：《唐律疏议》卷一八，《盗贼》。
⑦ （唐）长孙无忌等：《唐律疏议》卷二二，《斗讼》。

罪行,故处罚极重;而子孙过失杀父祖,之所以处流刑三千里,不处死刑,盖因本非有意,不作违三纲处理;贱口对主人犯同罪则要处死刑,盖因贱口"事主须存谨敬,又亦防其二心",故过失杀主,亦处极刑。从该律对比可见,贱口犯主人,与子孙犯父祖,处罚虽有所区别,但相差不多,如过失杀父祖流三千里与过失杀主人处绞刑,仅是一级之差。瞿同祖先生在《中国法律与中国社会》一书中论及父权时曾注意到中国历史上杀子权是同宗法关系之强弱直接联系在一起的。西周春秋时宗法关系强化,父有杀子之权,而战国秦汉宗法关系减弱,两男以上不得同居,杀子权受到限制,汉以后中古时宗法关系有所强化,则父权又有加强。且影响到宋元明清。①

从唐律各方面的规定可以看出,贱口与主人的法律关系,同子孙与父祖的法律关系十分相近,这绝不是偶然的,而是与中国古代社会的奴隶制大多都是存在于父家长宗法体系的范围内这一特点分不开的,与儒家名分伦常分不开的,与中国自然经济始终占统治地位分不开的。

多年来学者们的研究已经证明,我国古代社会血缘氏族宗法关系在古代社会留存的状况是十分典型的。苏凤捷先生认为,公元前二十一世纪夏朝建立,标志着我国由原始社会进入以奴隶制为基础的阶级社会,但夏王朝国家内部"原始氏族血缘关系基本未遭到破坏","依然保持下来"。② 夏亡商兴,这种情形依旧。据朱凤瀚先生考证,商代仍然"保存着完整的从宗族到家族的组织结构,并依照此族系聚族而居,就其基本成员之间关系看,仍是一种血缘组织"。"整个社会结构和国家关系,表现为以商王为最高家长的血缘家族系统。"③至于周人,其宗法血缘的亲疏关系与政治等级结构的统一,更是人所周知的。西周的国家结构实际就是姬姓家族的扩大。三代的家国同构体制,可以说开了中国宗法血缘政治的先河。在这种宗法血缘体系下,国家便是放大了的家庭,君臣的关系即是家庭内父子关系的放大。④

我们知道,先秦时代的春秋战国时期,社会变革曾给予西周以来的宗法等级制

---

① 瞿同祖:《中国法律与中国社会》第一章《家族》,中华书局1981年12月版,第7页。

② 苏凤捷:《试论中国古代社会的特点及其成因》,《中国史研究》1984年第1期。

③ 朱凤瀚:《商人氏族组织形态初探》,载《民族论丛》第二辑,云南民族出版社1983年版。

④ 张光直先生曾提出重新认识中国古代血缘关系的问题,他说:"在研究中国古代文明和国家起源时,常有这样一条法则:在古代王国文明形成的过程中,血缘关系渐被地缘关系所取代,政治的、地缘的团体占的成分比亲属占的成分越来越厉害和强烈,而亲属关系则日趋衰微。这是根据外国古代史所得的经验作出的结论,用它来看中国具体的史实似乎很合理,然而是错误的。因为在中国古代,文明和国家起源转变的阶段,血缘关系不但未被地缘关系所取代,反而是加强了,即亲缘与政治的关系更加紧密地结合起来。所以,我们不能仅根据外国社会科学的法则简单地来套中国的史实,而应从零开始,看看中国的情况是否可用这种法规或其他的办法来解决。就是说我们应该不时地把根深蒂固的成见放在一边,重新从起步开始,这样,或许会得到些新的解释。"见张光直:《中国青铜时代》,三联书店1999年9月第1版,第471页。

度以巨大的冲击,各国的变法使建立在宗法制基础上的世卿世禄制遭到破坏,新的等级身份体系在战国秦汉时期已经建立起来。但是,即使是在这一时期,中国社会重视宗法血缘关系的传统亦未根本改变,以个人宗法血缘关系为基础的社会体系并没有受到彻底破坏。及至汉代儒学的独尊地位在董仲舒的建议下最终确立,东汉以来商品经济的衰落,使社会的自然经济色彩重义加强,特别是世家大族的兴起与君主集权的削弱,使宗法血缘关系再次成为人们瞩目的最重要的社会关系之一。

严格来说,中古时期的私人贱口,都是隶属于一个个宗法血缘家族或家庭的,在这样的父家长制家族或家庭里,男系父家长主宰一切,妻妾子孙包括贱口都处于这一父家长的绝对支配之下。在这种情况下,从一定意义上讲,子孙的生杀大权,尚处在父家长的掌握之下,更不必说贱口的命运了。中古时期,北方少数民族入主中原所带来的原始氏族制成分,更使中原的宗法血缘关系进一步强化。侯外庐先生曾深刻指出:"如果说中国的古代氏族制度和公社组织沉重地延续到后代封建制社会,那么奴隶也随家族而保存于封建制社会。"不仅奴婢如此,部曲、僮客、宾客亦"有家族奴隶的遗迹"[1]。

唐初制定的唐律,既是唐初社会经济与政治关系的反映,同时亦是中古法律制度的总结。如果我们承认中古时期占据统治地位的地主阶级是世族地主、在中古社会中与部曲奴婢劳动制结合最为密切的是世家大族土地所有制的话,那我们就不必怀疑,唐律的许多律文集中体现的,正是世家大族的阶级意志,人们所讲的西晋以来"引礼入法"的过程,实际上便是世家大族将其阶级意志与意识形态渗入到法律中的过程。这是因为,儒家之礼,本身便是西周宗法血缘等级制度的产物。世家大族之所以特别重视礼法,正是因为儒家的礼法为维系宗族内部的等级身份结构与秩序提供了最好的理论根据。唐律中关于部曲、奴婢卑贱身份地位的大量规定以及授予主人对贱口近乎生杀予夺的权力,反映的即是世家大族利用父家长制的宗法血缘关系,利用伦常名教,确定贱口卑贱的身份等级地位、借以强化对依附劳动人口的占有与超经济强制的意志。

关于父家长制下奴役的残酷性,这是学者们早已注意到的,童书业先生曾指出:"在希腊(雅典)、罗马,债务奴隶制在废除以前,其残酷是超过任何东方国家的。"[2]童先生所指是希腊罗马的父家长奴隶制时期。马克尧先生在研究杀奴权问题时,亦将其与罗马的父家长制联系在一起。为什么父家长制下的奴隶命运更为悲惨?为什么唐律规定下的贱口,身份地位在许多方面比罗马法下的奴隶还要低贱?这显然是与父家长在宗族与家庭关系中的绝对统治地位联系在一起的。

---

① 侯外庐:《中国封建史论》,人民出版社 1979 年版,第 82 页。
② 童书业:《童书业历史理论论集》,青岛出版社 1998 年版,第 200 页。

为什么在中国古代社会里,宗法血缘关系下的父家长制会长朝存在呢? 其主要原因在于中国自然经济的长期存在。自然经济的内封闭性使商品经济难以充分发展起来,没有商品经济的相当程度的发展,那缘于封闭状态下的宗法血缘等级身份,便难以为商品经济条件下交易双方相对平等的契约关系所取代。中国中古时期自然经济的再度强化,使春秋战国以来有了相当发展的商品经济势头受到抑制,而宗法血缘关系却进一步加强。这就使中国宗法父家长制下的奴隶制因素不仅没有消退,反而有某种程度增强的趋势。

古罗马的社会情况显然与中国不同:由于罗马所处的地理环境,由于希腊文明的影响,罗马的简单商品生产高度发展,"日益发达的货币经济,就像腐蚀性的酸类一样,渗入了农村公社的以自然经济为基础的传统的生活方式"[1]。因而在罗马建立国家之际,以个人血缘关系为基础的氏族社会制度便趋于瓦解。而到共和国时期,商品生产更发展到相当高的水平,正如马克思所讲:"在古罗马,还在共和制的后期,商人资本已发展到古代世界前所未有的高度。"[2]"在古代罗马,从共和国末期开始,虽然手工制造业还远远低于古代的平均发展水平,但商人资本、货币经营资本和高利贷资本,却已经——在古代形式范围内——发展到了最高点。"[3]而且罗马的商品经济,并不限于本土范围,而是建立起了一个在当时近乎世界性的商品经济体系。

罗马简单商品生产的高度发展,影响到罗马社会的基本体制。马克思在《经济学手稿》中深刻指出:"如果说经济形式,交换,确立了主体之间的全面平等,那么内容,即促使人们去进行交换的个人材料和物质材料,则确立了自由。可见,平等和自由不仅在以交换价值为基础的交换中受到尊重,而且交换价值的交换是一切平等和自由的生产的、现实的基础。作为纯粹观念,平等和自由仅仅是交换价值的一种理想化的表现;作为在法律的、政治的、社会的关系上发展了的东西,平等和自由不过是另一方的这种基础而已。"[4]

经典作家深邃的思想,为我们分析罗马社会提供了基本的理论。

古罗马发达的简单商品生产,使作为商品交换基本准则的契约关系与平等观念发展起来,进而人们根据契约关系中的私人权利的标准来看待君主和国家的权利,把个人权利看成国家权利的最高准则。因而在罗马人的观念中,"共和国(Commonwealth)是人民的事情:人民并不是以任何方式相互联系的任何人的集团,而是集合到一处的相当数量的这样一些人,他们因有关法律和权利的一个共同

---

① 《马克思恩格斯选集》第四卷,第 107 页。
② 马克思:《资本论》第 3 卷,第 371 页。
③ 马克思:《资本论》第 3 卷,第 671 页。
④ 《马克思恩格斯选全集》第 46 卷上,第 197 页。

协定以及参与互利行动的愿望而结合在一起"①。这也就是说,在罗马人的观念中,国家与个人是分开的,个人是独立自由的权利主体,而国家则是由参与互利行动的人们依据有关法律和权利选成的政治性契约基础上产生的法人团体,它必须对个人的权利和自由给予尊重和保护。换言之,对契约关系的保护,是国家的基本任务之一。"罗马人就是依据这个观念,标定了国家在社会经济、政治生活中的法律地位,国家虽然在社会生活中居于至高无上的地位,享有极大的权威,但它在本质上是一个法人团体,是公民'共同协定'或法律的产物,因而它必须在'共同协定'或法律限制的范围内行使自己的权利,执行国家权利的官员必须依照法律,并接受全民的检验。"②罗马奴隶制民主政治秩序的建构,就是依据这样的观念和原则进行的。

罗马人在简单商品经济发展的基础上形成的契约文明观念与民主政治理念,是罗马奴隶制国家立国的基本指导思想,虽然罗马国家是将奴隶排除在其政治秩序之外的,但其相对的人类平等观念不能不在客观上在某些方面影响到其所实行的奴隶制度。这便是罗马法中一再出现"根据自然法,一切人生而自由,既不知有奴隶,也就无所谓释放","'人'原来是对一切人的一个自然的名称","奴隶如果有正当理由请求援助,以反对虐待、饥饿或不可忍受的侮辱,我们不应该拒绝给予援助"等律文的由来。③ 这些在一定限度内保护奴隶的律文及奴隶在某些情况下享有的某些有限的权利,虽然有其虚伪的一面,若放在中国古代法的背景下则难以解释,但若放在古罗马社会的整个历史背景下来认识这一问题,就不难理解了。④

当然在罗马奴隶制中并非没有宗法家父制的影响,正如前述,在早期罗马债务奴隶制时期,其奴隶制亦是较为严酷的。恩格斯在《家庭、私有制和国家的起源》一文中曾分析过罗马奴隶制的宗法制大家庭形态,并认为这是一种典型的宗法制家庭。马克思所说的"现代的家庭,在萌芽时,不仅包含着奴隶制,而且也包含着农奴制",以及恩格斯引摩尔根的话"若干数目的自由人及非自由人在一个家长的父系权力之下组成家庭"都是指的从原始社会向阶级社会过渡期的罗马父权制大家庭

① 在古罗马,"国家"的拉丁文是 respublica,意思是"公共的事业"。Publicus(公共的)一词是源自 populus(人民)。而在中国古代,"国家"一词是与"家"联系在一起的。参见[古罗马]西塞罗:《论共和国》第1卷,中国政法大学出版社1997年版,第39页。
② 蒋先福:《契约文明:法治文明的源与流》,上海人民出版社1999年版,第170页。
③ [古罗马]查士丁尼:《法学总论》第1卷,商务印书馆1989年版,第18页。
④ 研究罗马史的西方学者有人曾经注意到这一问题,指出:"罗马人对奴隶制的认识是完全不同的。尽管长期生活在他们自身的腐败和军人的狂暴行为的重压之下,他们却在相当长的时间中始终保存着他们的自由生活的祖先们的情绪或至少是对自由的向往。……从希腊的哲学思想中他们吸收了有关人性尊严和文明社会如何得以形成的最公开、最开明的思想。"见[英]爱德华·吉本:《罗马帝国衰亡史》(C.M.洛节编本),黄宜思等译。

的初期情况。马克思、恩格斯之所以把罗马的父权家庭作为宗法制大家庭的典型来处理,因为其大家庭形态比较完整:个体家庭还没有从大家庭中完全独立出来,大家庭内包含了若干家庭成员(自由人)和若干奴隶、依附者(非自由人),族长还实行一夫多妻制。更重要的原因是罗马家族内部所表现出来的奴役压迫的性质。在罗马共和国初期制定的《十二铜表法》中,规定了严厉的家长权:"关于家父对儿子行使权力的规定;即家父对儿子有监禁、杖打、带之以枷锁,而使之服役田园劳动,卖掉以及杀戮等终身的权力,即或儿子是政府的高官,也是如此。"[1]

罗马初期的家属继承制度规定,宗族、氏族的成员可以继承遗产;属于死者对他人债务要求的财产,按其遗产份额在共同继承人中间分配。这说明罗马的私有经济比较发展,但罗马的家族形态在早期是比较巩固的。在古代罗马的家长制家庭中,奴隶和家庭、家族的成员在一定条件下是同一个概念。

在废除债奴制及商品经济繁荣以后,古罗马父家长制的影响虽然依然存在,但是其对法律的影响及在法律上的表现却已与中国古代社会完全不同了。一个明显的事实,是罗马家父制与公法完全分开,因而家父权受到公法的制约,在共和国时期,罗马家父制影响更大为减退。正如恩格斯所言,"罗马法的发展本身和罗马共同体的解体也是完全一致的"[2]。

而在中国,"以具有极为久远的氏族血缘的宗法制度为其深厚根基"的"礼"与代表公权制度的"法"进行着长期的斗争,最后仍以法律的儒家化为终结。正如侯外庐先生指出的,"在亚细亚的古代中国社会,由于过时的氏族约束,这一'法'的建立的历史形成长期的斗争史。(中古封建由于保存了古代的氏族遗制,私有的法律观念仍然薄弱。)"[3]

马克思在谈到奴隶制时,曾明确提到两个阶段或者说两种类型的奴隶制,罗马古典经济时期属于由"以生产直接生活资料为目的的奴隶制,转化为以生产剩余价值为目的的奴隶制度。"[4]而在中国,除秦汉时期曾有部分奴隶制经济以生产剩余价值为目的外,大多数时期、包括中古时期,奴隶制基本是以生产直接生活资料为目的的。

二

其次,唐律与罗马法本身的特点决定了它们对奴婢、奴隶法律规定的不同。

[1] 《十二铜表法》第4表第2条。见周枏:《罗马法原论》附《十二铜表法》,商务印书馆1994年4月版,第934页。
[2] 《马克思恩格斯全集》第46卷上,第198页。
[3] 侯外庐等:《中国思想通史》第1卷,人民出版社1957年版,第605页。
[4] 《马克思恩格斯全集》第25卷,第321页。

　　罗马法的特点,是由罗马法形成的背景——简单商品的高度发展所决定的。经典作家曾高度评价罗马法的历史地位。恩格斯指出:"罗马法是纯粹私有制占统治的社会的生活条件和冲突的十分经典的法律表现,以致一切后来的法律都不能对它做任何实质性的修改。"①他又说:"罗马法是简单商品生产即资本主义前的商品生产的完善的法,但是它也包含着资本主义时期的大多数法权关系。"②正是由于罗马法包含着有利于商品经济发展的法权关系,所以恩格斯认为,现代资产阶级国家可以"把商品生产者社会的第一个世界性法律即罗马法以及它对简单商品所有者的一切本质的法律关系(如买主和卖主、债权人和债务人、契约、债务等等)所作的无比明确的规定作为基础"③。恩格斯还认为,在古代法中,罗马法是维护"以私有制为基础的法律的最完备的形式"。

　　罗马法最早建立了严密而完整的私法体系,这与唐律主要是刑法的立法宗旨不同。罗马人将法律分为公法与私法,公法是保护整个国家和社会利益的法律。私法则是保护一切私人利益的法律,主要是指调整所有权、债权、家庭婚姻权和继承关系的规范。它们各自独立,互不干扰,"家父权"属于私法范畴,不涉及公法。依私法,父亲是自权人、妻子和子女是他权人,但在公法范围内就不同了。这恰如梅因在《古代法》中所说那样,"罗马法学中有这样一个格言,'家父权'并不触及'公法'(Jus Publicum)。父和子在城中一同选举,在战场上并肩作战;真的,当子成为将军时,可能会指挥其父,成为高级官吏时,要审判其父的契约案件和惩罚其父的失职行为"④。这实际上就是以公民的权利侵蚀家长权利。家庭成员以公民身份为国家服务,其重要性超过了家长制,在这样的背景下,以自然血缘关系为基础的家长权便趋于削弱与松弛。

　　罗马法通过公私法的划分,解决了家子身份与公民身份的法律冲突问题,确立了个人相对独立于家长的地位。个人从家族中间分离出来,成为法律所考虑的独立单位。故罗马当时盛行"法不进家门"的说法,亦即法律具体到个人,而不管你在哪一家。这样在奴隶制度中,公法即可以限制主人依血缘宗族法或受父家长权力影响的对奴隶的某些私人权利。

　　与罗马法明显不同,"在古代中国,以家族为本位的宗法思想渗透到上层建筑的各个方面。由于宗法血缘关系有着深厚的基础,形成以家族为本位、家国相通、亲贵合一的政治体制。因而宗法伦理精神和原则渗透和影响着整个社会形态的基本格局。也同样支配着法律的历史发展。法律的宗法化,成为中国古代法制的一

　　① 《马克思恩格斯全集》第21卷,第154页。
　　② 《马克思恩格斯全集》第36卷,第168页。
　　③ 《马克思恩格斯全集》第21卷,第346页。
　　④ 〔英〕梅因:《古代法》,商务印书馆1959年版,1996年第5次印刷,第79页。

大特点"①。

唐律是"诸法合体,以刑为主"的法律,虽然唐代已不像西周那样在社会实际生活中家国完全同构、宗法血缘家长制与政治结构完全统一,但在立法上,家与国仍是相通的。这表现为唐律实际上将国家之"君主"的利益与宗法血缘家庭之"家长"的利益结合在了一起。法律既维护专制主义中央集权的利益,又维护中央集权政府的基础——宗法地主的利益。虽然这样做的结果有时会产生家与国的矛盾。如家长与子孙、主人与贱人,在某些情况下,维护了家长、主人利益则要损害国家利益。例如家长或主人盗窃国家财物,按律"子为父隐","贱为主隐",若执意告发家长、主人,告者将被处以死刑。但隐而不告的结果,势必在一定程度上损害国家利益。如此冲突之处,不一而足,看似矛盾,而实际上,这正反映了中国古代法既维护集权统治又保护集权统治的基础——宗法地主利益的一面,反映了中国古代法"家国混一""礼法混一"的特点。

中古时期,中国古代法这种国家法与宗族法相统一的特点,表现得尤为突出。在中古门阀世族占据统治地位的背景下,法律在良贱身份制度上最大限度地维护宗法血缘父家长制及贱口主人的利益,最大限度地保持宗法家族内部关系的稳定,最大限度地保证地主对依附劳动人手即部曲奴婢的占有是不难理解的。这应是中古父家长对子孙、主人对贱口拥有很大支配权、处罚权的根本原因。②

中国中古时期的法律,实质上是一部宗法等级身份法,它在经济上维护地主阶级的利益,更从政治的角度确定了不同身份不同劳动者的法律地位,并使其固定下来。它反映了现实生活中的经济关系,然而更强调了君臣、贵贱、尊卑、长幼的身份等级关系,这与罗马法主要是私法,着重强调财产利益关系而基本摆脱了宗法制度下繁复的身份关系的特点有着极大的不同。在唐律中,身份是固定的,依血缘宗族关系为主干,人们相互之间是占有被占有、依附被依附的关系,而在强调财产权的罗马法中,财产是流动的,财产关系中的各个人在法律上是独立的、平等的。这应是唐律中贱人身份地位在某些方面较之罗马法下的奴隶还要低下的原因。

这里需要进一步辨析的一个问题是:关于父家长制下奴隶的处境到底比古典经济奴隶制繁荣时期奴隶的处境坏些还是好些,中外学术界的观点是有不同的。正如前已指出,马克尧等认为父家长制下奴隶的处境是更差一些的,因为父家长拥

<hr>

① 公丕祥:《法哲学与法制现代化》,南京师范大学出版社1998年3月版。
② 唐律中维护宗法血缘家族关系的律文很多,如重罪"十恶"中便有"不孝",户婚律规定:"诸祖父母、父母在、而子孙别籍、异财者,徒三年"。"若子孙违犯教令及供养有缺者。徒二年"(《唐律疏议》卷一二《户婚》)。这当是《礼记·内则》"孝子之养老也,乐其心,不违其志,乐其耳目。安其寝处,以其饮食忠养之"和《礼记·曲礼》"父母存,不有私财"的法律化。类似的例子在唐律中是随处可见的。

有奴隶的生死大权,而西方学者从最早的亚当·斯密到韦伯,不少人则认为在古罗马早期或东方父家长制下的奴隶处境,要比罗马古典经济时期的奴隶处境好得多。如马克斯·韦伯便讲过,"对传统的虔敬和对统治者本人的孝敬,是权威的两大基本要素。前者的力量,包括约束统治者们的动机,对形式上毫无权利的服从权力者有利,例如奴隶,因此,他们的状况在东方地区受传统约束的父权家长制的统治下,得到的保护要比例如在迦太基-罗马的种植园里奴隶的状况基本上要强得多,后者是理性的,不再受传统约束的利用的对象。"①不仅韦伯有这样的认识,更早的西方学者如亚当·斯密等也有类似看法。②

笔者以为出现这种认识上的差异,可能有几个方面原因:第一,韦伯等人讨论的奴隶及其所进行的对比,主要是指东西方奴隶的实际处境,而非法律上政府关于奴隶身份地位的规定;第二,他们所讲的奴隶,是泛指东方所谓广义的奴隶,而非唐律中所规定的特定的奴隶,实际上他们所讲的家内奴隶、普遍奴隶,在我们看来有些并不是严格意义上的奴隶。而对于唐律中有关奴婢的法律规定,他们显然是不了解的或了解极少,这从他们的著作中可以清楚地反映出来;第三,他们所用以与东方社会比较的罗马奴隶,仅指特定时期即古典经济时期罗马奴隶制庄园经济中奴隶营的奴隶,而没有将包括罗马父家长制时期的债务奴隶制在内的两种奴隶制与东方的奴隶状况分别加以比较。在这一问题上,梅因的看法也许更客观一点(见下文)。

总之,西方一些学者之所以有人认为父家长制下奴隶的处境比奴隶制繁荣时期奴隶营中奴隶的处境要好一些,主要是由于他们的着眼点是奴隶在社会生活中的实际处境,而非奴隶的法律规定。实际上,奴隶的法律规定与奴隶的实际处境是两个概念,应分别辨析。从法律规定看,父家长制时期家长对奴隶的权力是更大一些的,他甚至可以像处死家子一样处死奴隶。而在实际上,此时期在小规模家族或家庭农业上劳动的奴隶,处境并不一定会太差;而罗马奴隶制繁荣时期奴隶营大庄园经济中劳作的奴隶,从国家法令规定来看,由于受到自然法影响,由于君主集权的需要,禁止虐待奴隶,更严禁随意杀害奴隶,国家决不会像过去那样授予奴隶主人以父家长处死奴隶的权力。(不难想象,在存在众多以战俘为主要来源奴隶的情况下,授予主人杀奴权,无异于激化奴隶与奴隶主的矛盾、促使奴隶制终结。)而在实际上,在以俘虏或海外贸易为主要来源的奴隶营大庄园中,奴隶的生活条件与待遇肯定要差得多,劳动强度也一定会大得多,死亡率肯定也会高得多。这应是西方

---

① [德]马克斯·韦伯:《经济与社会》下卷,商务印书馆 1997 年版,第 327 页。
② [英]坎南:《亚当·斯密关于法律、警察、岁入及军备的演讲》,商务印书馆 1962 年版,第 116 页。

学者认为罗马奴隶制繁荣时期奴隶的处境比之东方奴隶更差的主要原因。① 前引韦伯所谓"在东方地区受传统约束的父权家长制的统治下"奴隶处境较好的看法，显然只考虑到"传统约束"的一面，而多少忽略了其时"国家"亦在法律上授予父家长很大权力、甚至像杀子权力一样的杀奴权的一面。

梅因显然不认为在"传统的约束"下的父家长制奴隶的处境会更好一些。梅因指出："如果妄自推测，以为在社会的启蒙时期，因为在'父'的王国中曾经为他保留过一定的地位，所以'奴隶'的命运就可以大大改善，这当然是极端不妥当的。比较可能的情况是，家子在实际上已经被同化为'奴隶'，而不是'奴隶'分享着较晚的时代父对其子所表示的那种温情。"梅因对比了在美国各州中以罗马法为指导的奴隶制和在英国普通法指导下的奴隶制两种情况，认为"凡是以高度罗马化的路易安那州法典为其法律基础的那些州中，黑种人的命运及其前途，在许多重大方面都比以英国普通法为其基础的制度之下的要好得多"。

梅因总结道："凡是深受罗马法律学影响并准许有奴隶的地方，其奴隶的状态从来不是悲惨的难堪的。"②梅因的结论，容易使人将法律规定与实际情况完全等同起来，但他毕竟比较客观地区分了父家长制下的奴隶与古典经济时期罗马法下奴隶的不同。

以上认识，不仅在古罗马父家长奴隶制与其后的古典经济奴隶制的比较中能够得到证实，而且在中国史上亦有所反映，如恰恰在宗法关系极强的商周时期，奴隶身份较为固定，处境悲惨；而在宗法关系有了明显削弱（例秦规定二男以上必须分居）、古典经济色彩颇浓、奴隶数量很多的秦汉时期，国家在有关奴隶的法律规定上，体现出了较浓厚的经济色彩，如两个庶人可以替换一个奴隶，如戍边五年可赎还一个奴隶，如鬻爵亦可摆脱奴籍等，③相比较而言，此时期的奴隶制，其血缘宗法身份的色彩却颇为淡化，奴婢身份改变亦有可能。同时，这个时期国家在有关奴隶的法律规定上，屡屡宣布"其杀奴婢，不得减罪"、买卖奴婢是"逆天心，悖人伦，缪于'天地之性人为贵'之义"。（当然在实际生活中，虐待与杀害奴婢的现象是不少见的。）王莽更将"奴婢与牛马同栏"作为秦朝的重大罪状之一。这些情况与古典经济时期罗马法中关于奴隶的某些规定有类似之处。

---

① 如汤普逊指出："罗马大田庄上的奴隶的命运是苦恼的。他们不在田野劳动的时候，被关闭在奴隶大营里；他们的工作时间是长久的；他们被监工的皮鞭赶去做工。因此，他们中间死亡率很高，但是，奴隶市场继续由罗马的战争所获得的俘虏来补充着。下面一句话几乎成为早期罗马农业经济上的格言：与其厚待奴隶，宁可使奴隶劳碌到死，另买一个新奴隶，较为合算。庄稼的价值比人还大。汤普逊这里所说显然是指实际生活中罗马奴隶的处境，而非法律规定。见〔英〕汤普逊：《中世纪社会经济史》上册，商务印书馆1963年版，第39页。

② 〔英〕梅因：《古代法》，第95页。

③ 秦代有关奴隶法律规定参见《睡虎地秦墓竹简》，文物出版社1978年版。

而到了中古血缘家长宗法关系再度强化的魏晋南北朝时期,法律上却明确规定"奴婢畜产,类同牛马""奴婢贱人,律比畜产"了,奴隶的身份日益凝固化,"杀奴婢减罪"更成为世人普遍接受的观念。中国这种古典经济色彩较重时期与家长血缘宗法制强化时期奴婢法律规定的不同,与罗马不同历史时期奴隶法律地位有着明显差异的情况十分相似,这不应完全看作偶然。

<h1 style="text-align:center">三</h1>

再次,罗马法与唐律思想体系来源的不同,也是两部法律奴隶、奴婢身份规定不同的原因。

众所周知,罗马人的思想曾受到希腊人的影响,在希腊人如亚里士多德等人的观念中,奴隶乃是一件财产,"希腊人解释这个(奴隶)制度的根据是因为某种民族智力低劣,从而天然地适合于这种奴役状态"[1]。古罗马瓦罗在《农业论》中亦将奴隶视为会说话的工具。[2] 认为奴隶制度是天然合理的,但同时罗马法亦深深地受到了希腊斯多葛学派的影响,这是学术界公认的事实。梅因在谈到斯多葛学派对罗马法的影响时曾指出:"在罗马法学专家的遗著中,有些论点简直不能理解,除非我们掌握了斯多葛派的哲理把它用作一把钥匙……从整体来讲,罗马人在法律改进方面,当受到'自然法'的理论的刺激时,就发生了惊人迅速的进步。"[3]

斯多葛学派乃希腊时期的一个学派,关于该学派产生的背景此处不论。其主要的理论观点则有:

(1)众生平等观。古典时代希腊思想建立在"人类生而不平等"以及"个人注定要过城邦生活"等假设之上。在柏拉图和亚里士多德那里,人与[城邦]公民是同义词;而在斯多葛派那里,人的概念已成为人类概念,按其本性决非仅是一个"政治的动物",这就从根本上动摇了古典思想的教义之一,即把人们分成自由民和奴隶、公民和非公民的教义。伴随这种新的人类学思想出现了世界共同体的概念,在这共同体中,人人都能参与其事务,而不论他在权力、声望及财富结构中的地位如何。在自然面前,既无希腊人也无野蛮人;既无主人也无奴隶,只有彼此平等的人。

(2)自然法。在斯多葛派看来,众生所以平等,乃是因为人人皆为自然之子,皆秉有一份自然本性。人性的自然不在于感性而在于理性。理性作为一种遍及宇宙的万能力量,是法律和正义的基础。合乎理性的法律,适用于全体人类,包括奴隶。斯多葛派认为,奴隶制是不合乎自然和反理性的。作为人类的成员,要服从自

---

① [英]梅因:《古代法》,第 93 页。

② [古罗马]瓦罗:《农业论》,商务印书馆 1981 年版,第 48 页。

③ [英]梅因:《古代法》,第 33 页。

然的法则。个人隶属于两种不同秩序:政治秩序(并不必然合理的)和道德秩序(必然合理的)。政治秩序固然并非总是反自然的,但它决非是令人向往的。

(3) 世界主义。斯多葛派的世界主义正是基于上述的自然人性论提出的。既然理性是人类的共同本质,整个人类的生活便具有了共同的基础,斯多葛派的世界主义是以普遍理性为博爱的基础;以大同社会为普遍善的化身,以世界为人类生活的中心,从而倡导一种"大一统"的社会。斯多葛派之所以产生了关于人类平等的思想,是与他们看到奴隶制的不合理性有着一定联系的。

希腊斯多葛主义的社会思想,在古罗马时期继续流传,并有辉煌的发展,对罗马社会产生了重要影响,极大地促进了罗马法观念的形成。罗马斯多葛派从古典希腊斯多葛主义的人性(平等)概念和自然法概念思想中汲取灵感,①在这个方面,代表人物则是西塞罗(当然还包括罗马法的编纂者)。西塞罗社会哲学的一个核心概念是自然法,这在他的《论法律》一书中处处体现出来。他指出:"事实上有一种真正的法律——即正确的理性——与自然相适应,它适用于所有的人并且是不变而永恒的……用人类的立法来抵销这一法律的做法在道义上绝不是正当的,试图废止其中的一部分是不能容许的,而想要完全废除它则是不可能的。""法不是以人们的意见为基础,而是以自然为基础,这些问题更重要。"②西塞罗号为罗马法之父,其对自然法的强调,必然会深深影响到罗马法的立法原则。

英国哲学家罗素曾高度评价斯多葛学派对罗马法的影响,他指出:"像十六、十七、十八世纪所出现的那种天赋人权的学说也是斯多葛派学说的复活,尽管有着许多重要的修正。是斯多葛派区别了 jus naturale(自然法)与 jus gentium(民族法)的。自然法是从那种被认为是存在于一切普通知识的背后的最初原则里面得出来的。斯多葛派认为,一切人天生都是平等的。马尔库斯·奥勒留在他的《沉思集》一书里拥护'一种能使一切人都有同一法律的政体,一种能依据平等的权利与平等的言论自由而治国的政体,一种最能尊敬被统治者的自由的君主政府'。这是一种在罗马帝国不可能彻底实现的理想,但是它却影响了立法,特别是改善了妇女与奴隶的地位。基督教在接受斯多葛派的许多东西的同时,也接受过来了斯多葛派学说中的这一部分。最后到了十七世纪,向专制主义进行有效斗争的时机终于到来了,于是斯多葛派关于自然法与天赋平等的学说就披上了基督教的外衣,并且获得了在古代甚至于是一个皇帝也不能赋给它的那种实际的力量。"③

罗素所言,一方面指出了自然法"在罗马帝国不可能彻底实现",又一方面又肯定了"它却影响了立法",实际上准确区别了法的规定与现实的矛盾问题,这也证实

---

① [英]罗素:《西方哲学史》上卷,商务印书馆 1963 年版,第 336 页。
② [古罗马]西塞罗:《论共和国、论法律》,中国政法大学出版社 1997 年版,第 194 页。
③ [英]罗素:《西方哲学史》上卷,第 342 页。

了我们前面的分析是正确的:罗马奴隶的法律规定与奴隶的实际处境并不是一回事。当然,自然法对罗马法的影响并非与奴隶的实际处境没有什么关系。相反,正如梅因指出的:"法律学对于奴隶所持的观念,对于奴隶始终有着巨大的关系。罗马法由于受到了'自然法'理论的影响,把他(奴隶)日益看作为一件财产的趋势得以停止发展,从而凡是深受罗马法律学影响并准许有奴隶的地方,其奴隶的状态从来不是悲惨的难堪的。"①他还说"我找不出任何理由,为什么罗马法律会优于印度法律,假使不是'自然'的理论给了它一种与众不同的优秀典型。"②

当然,希腊斯多葛主义社会思想的影响,只是罗马法思想所受影响的一个来源,而前述在罗马古典经济即商品经济繁荣基础上产生的相对平等观念,显然是影响罗马法的一个更重要的方面。决定罗马法中相对平等观念的,主要还是罗马简单商品经济高度发展与繁荣的结果。

与罗马法不同,唐律是中国古代礼法结合的产物。唐律"一本于礼",而儒家之"礼",又是以具有极为久远的氏族血缘的宗法制度为其深厚根基的,是以强调贵贱尊卑等级差别为特征的。儒家学说本质上讲是一种等级制的统治学说,这与罗马法受到斯多葛派的自然法思想影响、强调自然法下的人都是平等的完全不同。像罗马法公开提到的"奴隶制是违反自然法的,因为根据自然法人是生而自由的"。"根据自然法,一切人生来平等。"这些罗马法中自然法的观念,在儒家礼治学说看来是不可接受的。虽然儒家礼学亦称"天地之间,人为贵",儒家体系中也有"民为贵,社稷次之"的民本思想,不少受礼教熏陶的权贵地主亦主张对奴隶之类贱民发恻隐之心,文献中亦时时有权贵地主善待贱民的记载,但正像儒家礼学认为三纲五常的原则受之于天一样,在法律上,人的尊卑贵贱等级地位一般来说是不可改变的。

西汉儒学大师董仲舒论及尊卑贵贱等级的一段话说得很清楚:"尊者取尊号,卑者取卑号……五等之爵以尊之,皆以国邑为号。其无德于天地之间者,州国人民,甚者不得系国邑,皆绝骨肉之属。□□谓之阍盗而已。无名姓号氏于天地之间至贱乎?贱者也。其尊至尊巍巍乎不可以加矣,其卑至贱冥冥其无下矣。春秋列序位,尊卑之陈累累乎可得而观也。虽暗且愚莫不昭然……天子受命于天,诸侯受命于天子,子受命于父,臣妾受命于君,妻受命于夫。……诸所受命者,其尊皆天也,虽谓受命于天亦可。"③

董仲舒勾画了一幅上至天子、下至臣妾的社会等级图谱,他认为上下悬绝的身

---

① [英]梅因:《古代法》,第 95 页。
② [英]梅因:《古代法》,第 45 页。
③ (汉)董仲舒:《春秋繁露》卷一五,《顺命》第七〇,见《二十二子》,上海古籍出版社 1991 年版,第 802 页。

份等级,向上是"其尊至尊巍巍乎不可以加",向下则是"其卑至贱冥冥其无下"。而这些尊卑贵贱等级都是合于自然体系即"天"的:尊贵者就是尊贵者,卑贱者就是卑贱者。儒家的这种社会等级身份观念深深体现在中古时期的唐律之中,贱人如奴婢之类,身份只能是"类同牛马",这便是唐律中贱人身份格外低下的理论依据。

当然,随着社会的变化,特别是在唐宋以后,由于商品经济的发展,儒家的身份等级观念亦相应发生一些变化。此是后来之事,不必赘述。

总之,对唐朝奴婢与罗马奴隶制度异同及其原因的对比研究,应从各自不同的社会经济、政治背景与不同的历史文化传统进行全面的分析,这是研究唐代贱民制度及整个中古良贱身份制度应当重视的方法。这里的分析仅是初步的尝试。

(原刊韩国釜山大学中国研究所:《中国研究》2007 年第 3 期)

唐宋奴婢的雇佣化趋势及
中古良贱制的消亡

唐宋奴婢的雇佣化问题对于认识中古良贱制度的衰亡具有特别重要的意义，本文将集中探讨唐代中后期到宋代奴婢的雇佣化问题。

许多学者都注意到唐代奴婢的身份，大体上沿着三个方向演变：一是部分奴婢向自耕农特别是契约租佃农民的转化；二是部分奴婢逐渐雇佣化；三是部分奴婢蜕化为统治者的鹰犬走狗。[①] 由于后者只占奴婢阶层中的少数，这里略而不论。

随着唐中叶商品经济活跃、土地所有制变化、农民阶级的日益契约租佃化，不少奴婢成为租佃农民，这是唐代奴婢数量减少，良贱制衰落的一个重要原因。但是奴婢由贱民变为契约租佃农民后，其奴婢的身份已发生质变，这部分奴婢无论是在名称上还是在实际上，都已脱离了贱民身份，与奴婢阶层基本没有了联系。因此，奴婢的契约佃农化固然具有重要意义，但仅此尚不足以说明中古贱民阶层自身性质的变化。笔者认为，真正反映唐宋奴婢自身性质变化并对中古贱民制度的衰亡产生重大影响的，应是唐宋奴婢的雇佣化问题。对于这一问题，以往虽偶有文章涉及，但缺少系统的专门的研究，这里笔者将根据有关史料，从理论上深入地探讨这一问题。

一、唐代法定奴婢身份与雇佣者的异同

唐律所规定的奴婢身份与唐代的雇佣劳动者，身份有很大不同。唐代法定的奴婢亦即典型的奴婢，其特点根据《唐律》的有关律文，作简要概括如下：

---

① 参见孟昭庚：《唐代的奴仆》，载《唐史论文集》，三秦出版社 1982 年版；李天石(李军)：《唐代私奴婢制度初探》，载《敦煌学辑刊》1984 年 2 期；李伯重：《唐代部曲奴婢等级的变化及其原因》，载《厦门大学学报》1985 年第 2 期；李季平：《试析唐代奴婢和其他贱民的身份地位》(上)、(下)，载《齐鲁学刊》1986 年第 6 期，1987 年第 1 期。赵云旗：《论隋唐奴婢阶层在中国历史上的变化及其原因》，载《晋阳学刊》1987 年第 2 期等。

第一,奴婢隶属贱籍,同于资财,不被当作人来看待。这一点唐律的规定十分明确:《唐律疏议》卷二〇《贼盗律》载:"奴婢畜产,即是总同财物。"同书卷一七《贼盗》疏议曰:"奴婢同资财,故不别言。"此类条文,唐律中很多。非唯法律如此规定,唐代社会实际生活中,奴婢也的确被视为资产。敦煌文书中分家样文在记载家产时,明确将奴婢与驼畜、庄园、田宅并列在一起,[①]在遗产文书中,也将奴婢作为财产进行传递。[②] 唐代征估及定户估产时,同样包括奴婢。[③] 由于奴婢系主人私有财产,因此奴婢没有独立户籍,皆列入主人户下,属于贱籍。买卖转让时,需按规定履行严格的"过贱"手续,即"买卖奴婢,皆须西市署出公券。仍经本县长吏,引验正身,谓之过贱,及问父母见在处分,明立文券,并关太府"[④]。奴婢如果被放良,"皆由家长手书,长子以下连署,仍经本属申牒除附"[⑤]。吐鲁番所出《唐开元四年玄觉寺婢三胜除附牒》《唐绿叶辩辞为附籍事》等文书,都说明了奴婢贱籍的存在及唐政府对贱籍的严格管理。

第二,奴婢对主人有强烈的隶属关系,一般不能脱离主人。《唐律疏议》卷一四《户婚》载:"奴婢部曲身系于主。""奴婢既同资财,即合由主处分。"主人对奴婢除不得随意杀戮外可以任意处置,奴婢则不得随意脱离主人,逃亡者,"一日杖六十,三日加一等"。[⑥]

第三,奴婢同类为婚,身份世代相袭。其为主人劳动是无期限无报酬的。《唐律疏议》卷一四《户婚律》载:"诸与奴娶良人为妻者,徒一年半,女家减一等,其奴自娶者亦如之,主知情者,杖一百,因而上籍为婢者,流三千里,疏议曰:人各有偶,色类须同,良贱既殊,何宜配合。"可见,奴婢娶良人为妻是违法的。奴婢所生子女,只能世代为奴婢。由于奴婢是主人永远的财产,因此奴婢为主人的劳动是永无期限的。其劳动成果亦为主人占有,毫无报酬可言。

第四,奴婢与良人在法律上的地位不平等,与良人有着不同的量刑标准。如奴婢对于主人,除十恶之罪外,其他罪行不能告发,告发者,奴婢要被处死。而主人对于奴婢,即使诬告,也不在坐限。再如,奴婢伤主人,要被处以绞刑。而主人伤奴婢,则减伤凡人四等,过失杀奴婢无罪,故杀者仅杖一百。[⑦] 如仅就这一点来看,唐

---

① 唐耕耦、陆宏基:《敦煌社会经济文献真迹释录》第 2 辑,全国图书馆文献缩微复印中心 1990 年复制本。

② 唐耕耦、陆宏基:《敦煌社会经济文献真迹释录》第 2 辑。

③ 唐德宗时行借商钱,"都计富户田宅奴婢等估,才及八十八万贯"。见(后晋)刘昫等:《旧唐书》卷一三五,《卢杞传》。

④ 《唐大诏令集》卷五,《改元天复赦》。

⑤ (宋)王溥:《唐会要》卷八六,《奴婢》。

⑥ (唐)长孙无忌等:《唐律疏议》卷二四,《斗讼》。

⑦ (唐)长孙无忌等:《唐律疏议》卷二四,《斗讼》。

代的规定比之汉代"杀奴婢不得减罪"的规定有了倒退。

从以上几个主要方面可以看出,唐代奴婢在法律上的地位是十分低下的。如果以此与经典作家关于"奴隶主把奴隶当作自己的财产,法律把这种观点固定下来,认为奴隶是一种完全被奴隶主占有的物品"①的论点来衡量,唐代"典型"的奴婢身上所体现的奴隶性成分是相当明显的。从与罗马法中奴隶与唐律中奴婢身份地位的对比也可以清楚地说明这一点。二十世纪八十年代末在陕西省凤翔县许多唐墓中发现的奴婢殉葬的事实,也反映了唐初部分奴婢身份地位的低下。② 在唐律法定的奴婢身上,我们是看不到封建雇佣关系的影子的。

唐律中关于奴婢身份地位的有关条文,主要反映的是唐前期特别是唐初的情况,如果以这种典型意义上的奴婢与唐中期以后及宋代的奴婢相比较,就不难发现奴婢阶层日益雇佣化的事实。

关于雇佣关系,在中国产生的时间可以说与奴隶劳动一样久远,"早在野蛮时代的高级阶段,与奴隶劳动并存就零散地出现了雇佣劳动,它个别地和分散地同奴隶制度并存了几百年"③。无论是在战国秦汉时期还是在魏晋南北朝时期,社会上都存在着一定数量的封建雇佣劳动者。但是雇佣关系出现很大发展则是在工商业充分繁荣的唐中叶以后。在唐代的文献中,我们可以看到,在农业、手工业、商业、运输业、家庭服务业等各行业中,都有不少雇佣劳动者,他们的身份、受雇原因及时间等不尽相同,作为雇佣者,他们的共同特点是:

第一,雇佣劳动者在法律上属于良人,自立户籍。如武则天末年李峤上书中曰:"天下编户,贫弱者众。亦有佣力客作,以济糇粮。"④元和三年(808年),皇甫湜亦曰:"今疆畛相接,半为豪家,流佣无依,率是编户。"⑤在敦煌吐鲁番文书中,也可以看到,雇工皆为良人,不属雇主私产,有独立户籍。

第二,雇工与雇主较少隶属关系,有选择雇主的权力,一旦对雇主不满,可在雇限期满以后,自由离去。如《太平广记》卷二七五载,李鹄为卢肃佣力,"一春事毕,鹄即辞去"。李敬为夏侯孜之佣,寒劳备至,同辈便劝他离去,另择雇主。⑥延陵有佣作坊,茅山陈生"求人负担药物,却归山居,以价贱,(佣工)多不肯"。后有一壮力愿去。⑦

第三,雇工以出卖劳动力而取得报酬,一般受雇前皆言明雇价。如贞元初,广

① 《列宁全集》第29卷,第433页。
② 见《人民日报》1986年5月13日第3版《我国首次发现隋唐殉人墓葬》。
③ 《马克思恩格斯全集》第5卷,第428页原注文。
④ (后晋)刘昫等:《旧唐书》卷九四,《李峤传》。
⑤ (清)董诰:《全唐文》卷六八五,《对贤良方正直言极谏策》。
⑥ (宋)李昉等:《太平广记》卷二七五,《李敬》,中华书局1981年版。
⑦ (宋)李昉等:《太平广记》卷七四,《陈生》,中华书局1981年版。

陵人冯俊为一道士送药囊去六合，"约酬一千文，至彼取资"①。受雇时间较长者，一般皆立有雇佣契约，如敦煌文书中有反映农业雇佣关系的雇工契十多件，契中都明确规定了雇佣的期限和雇主应付的报酬。兹引录 S3877 号《戊戌年令狐安定雇工契》：②

1. 戊戌年正月二十五日立契，洪润乡百姓令狐安定，为缘家内

2. 欠缺人力，遂于龙勒乡百姓就聪儿[面上雇]□□造作一年。从

3. 正月至九[月]末，断作价值，每月五斗。现与春肆个

4. 月价，余收勒到秋。春衣壹对，汗衫绲裆并

5. 鞋壹两，更无交加。其人立契，便任入作，不

6. 得抛工，抛工一日。勒物一斗。忽有死生，宽容三日，然后

7. 则须驱驱。所有农具什物等，并分付于聪儿，不

8. 得非理打损牛畜。如违打，倍[赔]在作人身，两共对

9. 面稳审平章，更不许休悔。如先(悔)者，罚羊

10. 一口，充入不悔人。恐人无信，故勒此契，用为后验。

此契中令狐安定通过聪儿雇人劳作。雇期为正月至九月，雇价每月五斗，预付四个月雇价，其余秋后支付。被雇作人旷工一日，便要克扣报酬一斗。在吐鲁番文书中也有不少雇佣契约。③ 一般都是以出卖劳动力换取报酬。

第四，唐代雇工身份并不固定，既可为雇工，亦可转而从事其他职业。唐代不少雇工往往兼有土地，农忙时务农，农闲时出外打工，来去自由，婚姻亦无限制。

第五，雇工身份属于良人，与其他良人在法律地位上是基本平等的。在量刑上也无根本不同。

以雇工的这些特点，与前述唐律所反映的奴婢特点相比较，不难看出，典型意义上的奴婢与雇工在身份地位的各个方面都存在着根本性的差别：前者主要体现的是奴隶制的成分，而后者则较多地体现了封建商品货币经济发展下的雇佣关系。两者性质不同，区别可谓泾渭分明。

二、唐代中后期奴婢的雇佣化趋势

从法律规定来看，唐代奴婢与雇佣劳动者身份是不同的，但是，只要认真阅读

---

① (宋)李昉等：《太平广记》卷二三，《冯俊》，中华书局 1981 年版。

② 唐耕耦、陆宏基：《敦煌社会经济文献真迹释录》第 2 辑，全国图书馆文献缩微复印中心 1990 年复制本，第 55 页。

③ 见国家文物局古历史研究所等：《吐鲁番出土文书》第一至十册，文物出版社 1981—1991 年版。

有关史料便可以发现,自唐中叶以来,在生产关系变化、契约租佃制空前发展、农民阶级依附关系减轻的大前提下,商品货币经济无孔不入的职能,使雇佣关系日益渗透到古老的奴婢制度中去,从而使奴婢与雇佣者的界限日益模糊,奴婢身上所体现的奴隶性成分日益减少,而封建的雇佣性成分却不断增加。这种变化的趋势,比较集中地反映在典身性质的演变及佣仆的增多上。

在唐代社会里,合法的奴婢来源有战俘奴婢、罪没奴婢、世袭奴婢等,非法的奴婢来源有掠卖奴婢、债务奴婢。在这几种奴婢来源中,唐代仍像历代奴婢多是"卖田宅,鬻子孙以偿值者"①的情况一样,奴婢主要来自破产农民。

一般说来,如是纯粹的卖身,被卖者的奴婢性质较为明显,这在许多奴婢买卖契约中看的比较清楚。如吐鲁番出土的《龙朔元年左憧喜买奴契》《开元十九年唐荣买婢市券》《开元二十年薛十五娘买婢市券》等,都明确记有"准状勘责问口,承贱不虚""保不是寒良泫诱或色者"之类话语,②说明被卖者的贱民身份。这里再举敦煌所出 S3877《丙子年阿吴卖儿契》一例:

1. 赤心乡百姓王再盈妻阿吴,为缘夫主早亡,男女
2. 碎小,无人救济,急供依食,债负深扩(广),今将福(腹)生
3. 儿庆德,柒岁,时丙子年正月廿五日,立契出卖与
4. 洪润乡百姓令狐信通,断作时价干湿共叁拾石。
5. 当日交相付讫,一无玄(悬)欠。其儿庆德自出卖与
6. 后,永世一任令狐信通家□□家□。不许别人论
7. 理。其物所买儿斛斗,亦□□,或有恩赦□
8. 行,亦不在论理之限。官有政法,人从此契。恐
9. 后无凭,故立此契,用为后验。③

该文书反映阿吴将亲生子庆德卖与令狐信通,身价为粮谷三十石。契书明确规定,庆德自出卖以后,"永世"为令狐家奴仆,即使朝廷恩赦,"亦不在论理之限"。而且"官有政法,人从此契"。敦煌所出的其他私人卖身契中,也有"世世代代永为某家奴仆","任某家男女世代为主","永世一任某人世代为主"的规定。这里奴婢包括其自身的劳动力,"一次就被完全卖掉了"。④ 从此"一身沦陷"⑤,成为买主的"特定财产"。这类奴婢对主人的隶属关系特别强化,与唐律所规定的奴婢身份十分

① (汉)班固:《汉书》卷二四,《食货志》。
② 分见国家文物局古历史研究所等:《吐鲁番出土文书》第六册,第 401 页。第九册,第 26、29 页。
③ 唐耕耦、陆宏基:《敦煌社会经济文献真迹释录》第 2 辑,全国图书馆文献缩微复印中心 1990 年复制本,第 47 页。
④ 《马克思恩格斯全集》第 4 卷,第 300 页。
⑤ S5706《放良书》,载唐耕耦、陆宏基:《敦煌社会经济文献真迹释录》第 2 辑,第 188 页。

相近。

但是我们知道,唐朝政府对于压良为贱是严加禁止的,《唐律疏议》中便有《略人略卖人》《略和诱奴婢》《妄认良人为奴婢部曲》等专门律文。如《唐律疏议》卷二〇《略人略卖人》条规定:"诸略人、略卖人为奴婢者,绞;为部曲者,流三千里,为妻妾子孙者,徒三年。"可见,唐律对略人为奴婢者的处罚是相当严厉的。因此,一般情况下,除了原来即是贱民者外,破产农民要将自身或子女卖为奴婢,不能不考虑法律的禁约,而且对于破产农民来说,只要有一线免贱的可能,是不愿将自身或妻儿永远出卖于人、世代为奴的。这样,变相的卖身形式——"典身制"便发展起来。

典身制在历史上出现得很早,历代都不乏农民在极度贫困时典儿贴妇的情况。但是唐中叶以来,典身的大量出现及其所体现出的雇佣化趋势却值得注意。请看有关史料:

敦煌文书 S1344 号为《唐开元户部格残卷》,文中载有长安二年(702 年)敕令:"诸州百姓乃有将男女质卖,托称佣力,无钱可赎,遂入财主。宜严加禁断。"[1]

《新唐书》卷一三六《李光弼传》载,李汇在泾原,"出俸钱赎将士质卖子,还其家"。

《册府元龟》卷四二《帝王部·恤下》载玄宗开元二十二年(734 年)诏曰:"其公私旧债,亦宜停征。贫下百姓有佣力买卖与富儿及王公已下者,任依尝式。"

《册府元龟》卷四二《帝王部·仁慈门》载文宗太和八年(834 年)诏曰:"苏州大水,饥歉之后,编户男女多为诸道富家虚契质钱……苏湖百姓愿赎男女者,官为评理,不得计衣食及虚契征索……不厌为贱者。亦听。"

《唐大诏令集》卷七二《乾符二年南郊赦》载,咸通五年(864 年),梧州军将因米损失,"摊保累数百家,或科决不轻。或资财荡尽,典男鬻女,力竭计穷。"

《唐大诏令集》卷五《改元天复赦》载:"兵戈以来,条法废坏,良家血属,流落它门,既远家乡,或遭典卖……其传典卖奴婢,如勘问本非贱人,见有骨肉,证验不虚,其卖主并牙人等,节级料决。"

这些史料中的质卖者实际便是典身。关于典身的性质,具体典质方式,敦煌所出四件典身契约反映得较为清楚。四件典身契约编号、名称为:1. 斯 1398 号《壬午年郭定成典身契》;2. 伯 3150 号《癸卯年吴庆顺典身契》;3. 伯 3964 号《乙未年赵僧子典儿契》;4. 北图余字 81 号《辛巳年何通子典儿契》。四件文书的年代笔者已进行了考证,大体都书成于五代。时间虽已越出唐朝,但其契约形式、内容等,应是与唐代基本相同。这里兹引录其中之一的《癸卯年吴庆顺典身契》:

---

[1] 唐耕耦、陆宏基:《敦煌社会经济文献真迹释录》第 2 辑,全国图书馆文献缩微复印中心 1990 年复制本,第 572 页。

1. 癸卯年十月二十八日.慈惠乡百姓吴庆顺兄弟三人商议,为缘

2. 家中贫乏,欠负广深。今将庆顺己身典在龙兴寺索

3. 僧政家。见取麦壹拾硕,黄麻壹硕陆斗,准麦三硕

4. 贰斗。又取粟玖硕,更无交加。自取物后,人无雇价,物无

5. 利头,便任索家驱驰。比至还得物日,不许左右。或若到

6. 家被恶人勾卷,盗窃他人牛羊园菜麦粟,一仰庆顺

7. 抵当,不干主人之事。或若兄弟相争,延引抛功,便同雇

8. 人逐日加物叁斗。如若主人不在,所有农〔具〕遗失,亦仰庆顺

9. 填赔。或若疮出病死,其物本在。仰二弟填还,两共面

10. 对,商量为定。恐人无凭,故立此契,用为后凭。

11. 又麦壹硕、粟贰斗。恐人不信,　　　只(质)典兄吴庆顺(押)

12. 押字为凭。　　　叔吴佛婢(押)　　同取物口承弟吴万升(押)

13. 　　　　　　　　　　　　　同取物口承弟吴庆信(押)

14. 　　　　　　　　　　　　□承见人房叔吴佛婢(押)

15. 　　　　　　　　　　　　见人安寺空(押)①

从该契文及其他几件典身契文反映,典身的主要特点是:第一,典身类似债务奴婢,系债主借出粮食钱财的抵押品;第二,典身任由债主驱使,直到负债者还清债务为止,典身"身无雇价",劳动没有报酬;第三,典身不是债主的私有财产,不能转卖,典身不属贱籍。

　　这里以典身与奴婢相比,明显的不同是典身未列入正式贱籍,如债务还清,典身可脱离典家。与奴婢的相似之处则是任由债主驱使,劳动毫无报酬。实际上,一般农民既已到了非典儿贴妇不能存活的地步,很难有能力将质典者赎回。如汉代时赘子三年不得赎即成为奴婢,柳宗元任官柳州时,当地风俗"以男女质钱,约不时赎,子本相侔,则没为奴婢"②。韩愈在袁州任官,"袁人以男女为隶,过期不赎则没入之"③。这里债主借出之物或有子息,或有时限,这种情况下,典身一般都难逃沦为奴婢的命运。正是因此,唐代文献中往往将典质与奴婢联系并称,如前引太和八年(834 年)诏令及改元天复赦文中,都将典卖者列入贱流。在这个意义上讲,典身是沦为正式奴仆之前的过渡阶段。正像韩愈所称,典身"名目虽殊,奴婢不别,鞭笞役使,至死不休"④。

　　但值得注意的是,在唐代某些典身身上确实已出现明显的雇佣化倾向,如前述

①　唐耕耦、陆宏基:《敦煌社会经济文献真迹释录》第 2 辑,第 51 页。

②　(清)董诰:《全唐文》卷五四九,《应所在典帖良人男女等状》。

③　(宋)欧阳修:《新唐书》卷一七六,《韩愈传》。

④　(唐)长孙无忌等:《唐律疏议》卷二六,《杂律》。

长安二年(702年)敕令中,有些质典者便"托称佣力"。这里虽是托称,但反映了质典者与佣力有相似之处。开元二十二年(734年)诏令中称:"贫下百姓佣力买卖与富儿及王公已下者,任依尝式"。这里既称买卖,又称佣力,显然是指以劳动来偿还身价的质典者。所谓"任依尝式",应指《唐律疏议》卷二六《杂律》中"诸妄以良人为奴婢用质债者,各减自相卖罪三等;知情而取者,又减一等,仍计佣以当债直"的规定。在开元二十五年(737年)颁布的杂令中。唐政府规定,悬欠公私债,"家资尽者,役身折酬,役通取户内男口"①。这里明确规定,债务可以提供劳动力偿付。

柳宗元在柳州期间,改变旧俗,令以身女质钱者,"书其佣,必足相当,则使归其质"②。韩愈在袁州时亦进行同样的变革,他在《应所在典帖良人男女等状》中说:"右准律不许典贴良人男女作奴婢驱使,臣往任袁州刺史,日检袁州界内得七百三十一人,并是良人男女,准律计佣折直,一时放免。"③在该状中,韩愈认为"袁州至小,尚有七百余人,天下诸州,其数固当不少"。因此他建议唐政府应"重举旧章,一皆放免"④。所谓"重举旧章",显然指前述唐律中有关典身质债者计佣折直的规定。

韩愈的建议是否为唐政府采纳,我们无从得知,但唐后期中央政府的确一再颁布诏敕,命令以身质债者计佣折直。如大中年间《禁岭南货卖男女款》规定:"如有贫穷不能存济者,欲以男女雇佣与人,贵分口食,任于行止,当立年限为约。"一些官僚也根据政府规定.对质卖为奴婢者采取计佣折直的办法放免。如"蜀人多鬻女为人妾,(李)德裕为著科约,凡十三而止。执三年劳,下者五岁,及期则归之父母"⑤。

典身的计佣折直,虽在唐初即有法律规定,然而大规模的出现,显然是在唐中叶雇佣关系进一步发展以后。社会出现的雇佣化潮流,促进与推动了政府及一些官员对有关"计佣折直"法律规定的实施。而无论是唐政府的诏令还是柳宗元、韩愈等人的大力推行,典身的计佣折直,实际都是当时社会上雇佣关系发展的反映,是雇佣关系对奴婢阶层的渗透。

典身一旦计佣折直,典身的身份就由无偿的劳动者,变成了以劳动力获取报酬的有偿劳动者,其性质就发生了根本的变化。

马克思在谈到奴隶与雇佣劳动的区别时曾经指出:"劳动并不向来就是雇佣劳动,即自由劳动。奴隶就不是把自己的劳动⑥出卖给奴隶主,正如耕牛不是向农民

---

① [日]仁井田陞著,栗劲、霍存福等译:《唐令拾遗》杂令第一五,长春出版社1989年版。
② (唐)韩愈:《韩昌黎集》卷三二,《柳子厚墓志铭》,文渊阁《四库全书》本。
③ (清)董诰:《全唐文》卷五四九,《应所在典帖良人男女等状》。
④ (清)董诰:《全唐文》卷五四九,《应所在典帖良人男女等状》。
⑤ (宋)欧阳修:《新唐书》卷一八〇,《李德裕传》。
⑥ 在1891年版本中,"劳动"改为劳动力。——引者注

卖工一样。奴隶连同自己的劳动一次而永远地卖给自己的主人了。奴隶是商品，可以从一个所有者手里转到另一个所有者手里。奴隶本身是商品，但劳动却不是他的商品。"①

前述一次性卖身者以及那些"身无雇价"的典身，实际正像马克思所讲，本身是商品，或债务抵押品，其本人包括自己的劳动力，"一次而永远地卖给自己的主人了"。而能够"计佣折直"的典身不同，"计佣折直"表明典身已在某种程度上可以把自己的劳动力当作自己的商品支配，已能以出卖自己劳动力的方式来偿还主人预付的卖身钱或债务，这种典身实际已变成了雇佣劳动者。当然，这种形式的雇佣者与主人的关系，同社会上完全自由的雇佣工人与雇主的关系尚不完全相同，因为这些典身的计佣折直还是有条件的，带有强制性。由于债务等原因，他们在以劳动力偿清身价之前，并不能自由选择主人，他们的身份地位也不能与主人等同。因此在他们身上，奴隶与封建雇佣者的成分交织在一起，唐中叶以后社会上广泛存在的"佣仆""佣奴""佣保"等，不少人就相当于这一类人的身份。

有一个较典型的事例可以说明。《太平广记》卷五三《麒麟客》载："麒麟客者，南阳张茂实佣仆也，茂实家于华山下，唐大中初，偶游洛中，假仆于南市，得一人焉……佣作之直月五百……居五年，计酬直尽，一旦辞茂实曰：'琼本居山，家业不薄，适与厄会，须佣作以禳之。固非无资而卖力者。今厄尽矣，请从此辞。'"

此段资料中的麒麟客，为张茂实佣仆。佣作之直月五百。从"居五年，计酬直尽"几字来看，张茂实在洛中南市一次付钱三万得到这一佣仆，麒麟客劳作了五年，"计酬直尽"，才还清身价。因此这个麒麟客的身份，最初购买时身份是一个奴仆，而实际是一个"计佣折直"的典身，一个雇佣劳动者，也就是说在他以劳动偿付完身价钱以前，是不能脱离主人的。

《太平广记》卷一九六《贾人妻》记唐余干县尉王立曾怜一女子勤劳，"因令佣买仆隶"，这也是以钱购买仆隶，然后令其"计佣折直"，自赎其身之意。这些资料清楚地反映了奴婢的雇佣化过程。

雇佣关系渗透到奴婢制度中，奴婢阶层反过来又在一定程度上影响到雇佣者的身份与地位，这便是唐代社会中某些奴仆与雇工身份混淆不清，难以区别的原因。在他们身上，"过去和将来的成分交织在一起"②。

唐律法定的典型意义上的奴婢数量的减少与雇佣性质奴婢数量的增多，这是唐代良贱制度中一个带有根本性的变化，这个变化不仅反映在私奴婢制度中，也反映在唐代的官奴婢制度中，唐代中叶以来，随着纳资代役制及和雇制的发展，官奴

---

① 《马克思恩格斯选集》第一卷，第 355 页。
② 《列宁全集》第 9 卷，第 70 页。

婢数量已在减少,特别重要的是,部分官奴婢已能"准官户例上番",附贯州县的官奴婢亦可"纳资代役"了。唐朝政府还多次颁布诏令,规定因罪没为官奴婢者,在劳作一定年限后可以编附为百姓,[①]这实际上是"以佣折直"的雇佣关系在官奴婢制度中的反映。

当然,奴婢的雇佣化会有多种形式和渠道,正像奴婢可以直接转化为封建租佃农民一样,奴婢也会在一定的条件下直接成为雇佣劳动者。上述由奴婢而典身,由典身而佣仆,由佣仆而雇工.只是更清楚地反映出了奴婢雇佣化过程中隶属关系依次减轻的一系列相互关联的环节而已。

三、宋代奴婢雇佣化趋势的进一步发展及其意义

自唐中叶以来出现的奴婢雇佣化趋势,到了宋代开始明朗化了,宋代商品货币经济的高度发展使雇佣关系进一步渗透到奴婢制度中去,使中古森严的良贱制度趋于瓦解。[②]

宋代的奴婢,在许多情况下,往往亦称"人力""女使""给使",为方便叙述,这里仍以奴婢统称之。

关于宋代奴婢雇佣化的资料比较多,这里仅择其要者析之。五代末,北汉刘孝忠,"母死,孝忠佣为富家奴,得钱以葬"[③]。北宋初,"周世宗有故宫婢流落,因受雇于(大将郭进)家"[④]。宋初大官僚王钦若家,"奴祈睿……本亳小吏……休役后始佣于家,它奴使多新募"[⑤]。福人施宜生"变服为佣,渡江至泰,有大姓吴翁者,家僮数十指,宜生佣其间"[⑥]。"蔡文忠公……祥符中擢为进士,为天下第一……特诏给金吾卫七人清道。……上闻公单贫,佣僦仆隶,故有是命"[⑦]。南宋初,"西北流寓之民乍到行在,往往不知巷陌……致被外人用情诱藏在家,恐吓以言,或雇卖与人为奴婢,或抑勒为娼者甚众"[⑧]。洪迈《夷坚志》中也有不少关于雇佣奴仆的记载,如"黄州市民李十六开茶肆于观风桥下,淳熙八年春,夜已扃户,其仆崔三未寝。闻

①　(宋)王钦若等:《册府元龟》卷八五,《帝王部赦宥》载,开元十七年、大中四年、元和十五年赦文,都曾将部分官奴婢"编附为百姓"。
②　关于宋代奴婢雇佣化问题,柯昌基、王曾瑜、朱瑞熙等先生皆有论及,虽与本文视角及史料运用不同,但受启发良多,特予说明。
③　(元)脱脱等:《宋史》卷四五六,《刘孝忠传》。
④　(明)陶宗仪:《说郛》卷六一,《清异录》,上海古籍出版社1988年版。
⑤　(元)脱脱等:《宋史》卷二八二,《王钦若传》。
⑥　丁传靖:《宋人逸事汇编》卷二〇,中华书局2003年版。
⑦　(宋)王辟之:《渑水燕谈录》卷五,文渊阁《四库全书》本。
⑧　(清)徐松:《宋会要辑稿》刑法二,中华书局1987年影印本。

外人扣门……乃一少年女子,容质甚美……崔曰:我受佣于人,安敢自擅"①。陆游诗中有"奴闵囊空辞雇直"之语。②《元典章》卷一九也有"典雇男女,系亡宋旧弊"的记载,这些资料都证明宋代雇佣奴婢的普遍存在。宋代以前,每有荒饥之年,诸朝往往允许民间鬻子。而宋代民间则多以男女雇人。如仁宗时,有上书者言:"比诏淮南饥,有男女雇人者,官为赎还之。今民间不敢雇佣人,而贫者或无以自存,望听其便。"③仁宗从之。这里的雇佣人,实际就是雇佣奴婢。

值得注意的是,唐代后期典卖奴婢较多的地区,在宋代往往是雇佣奴较多的地区。如开宝四年(745 年)《禁广南奴婢诏》曰,"广南诸州县民家有收买到男女奴婢,使转将佣雇以输其利者,自今并令放免"④。《续资治通鉴长编》卷一二记同一事为:"禁岭南民买良人黥面为奴婢,佣雇取直"。宋仁宗时,广南西路"邕州僚户缘逋负,没妇女为佣者一千余人"。宋政府曾下令,"禁广西路民佣雇溪洞妇女,犯者以违制论"⑤。

在唐代,尚需官府以行政手段,强制推行计佣折直办法以解放奴婢的这些地区,宋代竟成了佣奴制很发达的地区。这说明奴婢的雇佣化在边远地区也成了现实。

对于宋代奴婢的雇佣化,宋人自己认识得也很清楚。罗愿曾言:"臣窃以古称良贱,灼然不同。良者即是良民,贱者率皆罪隶。今世所云奴婢,一概本出良家"⑥。正是因此,宋人有时直接称奴婢的主人为雇主。袁采曾讲:"奴婢之于雇主,不可相视如朋辈。"⑦陈淳曾说:"婢仆不幸婴病以卒,而父母兄弟姑姨伯叔必把为奇货,群奏雇主之门,争攫金贝者。"⑧"顺昌官氏母子横行,掠人女与妻,勒充为婢,不偿雇金"⑨。这里,奴婢与雇主相对,说明了奴婢的雇佣性质。

宋代雇佣奴婢,往往须事先支付"身子钱",通过牙人订立雇契。袁采曾讲:"雇婢仆,须要牙保分明,牙保又不可令我家人为之也。""买婢妾须问其应典卖不应典卖,如不应典卖,则不可成契。或果穷乏,无所依倚,须令经官自陈,下保审会,方可成契"。⑩《名公书判清明集》卷九《卖过身子钱》载:"阿陈之女方于前年十一月雇

---

① 《夷坚志支乙》卷二,中华书局 1985 年版。
② (宋)陆游:《剑南诗稿》卷七二,《秋来苦贫戏作》。
③ (宋)李焘:《续资治通鉴长编》卷一一一,道明元年。
④ 《宋大诏令集》卷一九八,《禁广南奴婢诏》。
⑤ (宋)李焘:《续资治通鉴长编》卷一二,景祐四年四月丙午。
⑥ (宋)罗愿:《罗鄂州小集》卷五,《鄂州到任五事札子》。
⑦ (宋)袁采:《袁氏世范》卷一,《父兄不可辨曲直》。
⑧ (宋)陈淳:《北溪先生大全文集》卷四七,《上傅寺丞论民间利病六条》。
⑨ 《名公书判清明集》卷一二,《吏奸》,中华书局 1987 年版。
⑩ (宋)袁采:《袁氏世范》卷一,《父兄不可辨曲直》,文渊阁《四库全书》本。

与郑万七官者七年,止计旧会二百二十千。十二月,便雇与信州牙人徐百二,徐百二随即雇与铅山陈廿九,身子钱已增至七百贯矣。才及六月,陈廿九又雇与漆公镇客人周千二,曾日月之几何,而价已不啻三倍矣。"

支付身子钱,订立卖身契,这与唐以前的奴婢买卖没有什么差别,其不同处在于雇佣奴婢可以在一定的年限内通过为雇主劳动抵偿身子钱。所谓"雇佣家僮,限年自赎"。前节所述唐代麒麟客便是通过劳作五年,还清主人三万买身钱自赎的。唐大中九年(855 年)《禁岭南货卖男女敕》中"佣赁与人,贵分口食,任于当年立年限为约"①的规定也是这个意思。宋代对雇佣奴婢的年限更作出明确规定,北宋真宗时,规定"自今人家佣赁,当明设要契及五年"②。南宋时期规定,"雇人为婢,限止二年,其限内转雇者,年限价钱各应通计"③。

雇佣奴婢年限的规定,反映了奴婢已不再是主人永久占有的奴仆,奴婢的社会地位显然提高了。奴婢转雇现象的增多,则说明雇佣关系在奴婢制度中的深入与进一步发展。

奴婢阶层的雇佣化,对奴婢制度产生了决定性的影响,它使自魏晋以来形成、在唐初臻于完备的中古良贱制度发生了动摇。

首先,奴婢法定的"财产"属性日趋消失,奴婢已向良人转变。关于唐代奴婢法定的财产属性,前已论之,这种情况在建中两税法以后可能还持续了一段时间。但是奴婢的雇佣化,使奴婢实际上已非主人所能永久占有、任意处置的财产了,奴婢已有了服务期满脱离主人的可能。这种变化已反映在宋代法律中。《宋刑统》卷一二引唐开元二十五年(737 年)《丧葬令》曰:"诸身丧户绝者,所有部曲、客女、奴婢、店宅、资财,并令近亲转易货卖,将营葬事及量营功德之外,余财并与女。"其文后有宋代规定:"臣等参祥,请今后户绝者,所有店宅、畜产、资财、营葬功德之外,有出嫁女者,三分给与一分,其余并入官。"

此处且不论宋与唐代关于户绝财产继承的不同,值得注意的是宋人规定中。删去了开元令文中作为财产的奴婢及部曲客女,加上了畜产。这一变动不可能是疏忽,而是宋人不将奴婢视为财产的反映。宋人赵彦卫曾说:"《刑统》皆汉唐旧文,法家之五经也。当国初,尝修之,颇存南北朝之法及五代一时旨挥,如奴婢不得与齐民伍,有奴婢贱人,类同畜产之语及五代私酒犯者处死之类。不可为训,皆当删去。"④这里赵彦卫认为,奴婢是不能当作畜产对待的。宋真宗曾言:"今之僮使,本

① 《唐大诏令集》卷一〇九,《禁岭南货卖男女敕》。
② (元)马端临:《文献通考》卷一,《户口、奴婢、佣赁等》。
③ (宋)罗愿:《罗鄂州小集》卷五,《鄂州到任五事札子》,文渊阁《四库全书》本。
④ (宋)赵彦卫:《云麓漫钞》卷四,中华书局 1996 年标点本。

雇佣良民。"①咸平时,"诏川陕路逋欠官物,不得估其家奴婢价以偿"②。这反映官府已不允许将奴婢作为财产处理了,奴婢由"物"变成了"人",这不能不说是唐宋奴婢制度的重要变化。③

其次,奴婢的雇佣化使中古森严的良贱界限趋于模糊,消失。良贱制度存在的前提,是贱民阶层的存在,而贱民阶层的主要构成部分是奴婢。奴婢的雇佣化使奴婢很难再像唐代那样长期保持世袭的贱籍身份了。一个奴婢在计佣折直以后,可能就不再是奴婢,许多不是奴婢者,因生活需要,也可能雇身为奴,而身份仍为良人。如前述王钦若之奴,就仍保持有在州县的户籍。因此要保持一个有着稳定贱籍身份的奴婢阶层已不可能,唐代奴婢"过贱"及奴婢有固定"贱籍"那一套制度,在宋代已不存在。宋代雇佣奴婢立契的目的主要是言明雇价与年限,至多也只是像袁采所讲那样,证明"或果穷乏,无所能依倚"而已,与确认典雇者是否有贱民身份没有关系。既然奴婢已不是相对稳定贱人阶层,与良人之间已无明显界限,唐代那种杂户,官户、番户也不复存在,那么良贱之分自然也就失去了意义与可能。

第三,奴婢的雇佣化使宋代官奴婢制度进一步衰落下去。如前所述,唐中叶以来,随着纳资代役与和雇制的发展,官奴婢手工业劳动的重要性日益下降,到了宋代,官手工业中官奴婢之类的"贱民"已经消失,劳动者已都是召募的工匠及差雇匠了。从官奴婢的来源看,宋代已基本改变了没战俘为奴婢的传统做法。虽然宋代民族矛盾十分尖锐,宋与辽、西夏、金进行了无数次战争,但史书中已很少见到以战俘为奴婢的记载了。至于籍没罪犯家口为官奴婢的制度,形式上仍然存在。④ 但实际内容却发生很大变化。宋代的"配隶",实际是指流放与苦役相结合的一种刑罚,其身份是罪人而非奴婢。此外,犯罪者的私有奴婢,也不像过去那样完全作为财产没官了。太宗时宰相卢多逊获罪,其奴婢即被放免。⑤ 南宋开禧三年(1207 年),吴曦以谋反获罪,其妻妾等按律应没官为奴婢,但众官集议后认为,没官系"贷而不死,世为奴婢,律比畜产",但"此法虽存,而不见于用,其母女妻妾……合于流罪"。⑥ 南宋

---

① (宋)李焘:《续资治通鉴长编》卷五四,咸平六年四月。

② (元)马端临:《文献通考》卷一,《户口、奴婢、佣贷等》。

③ 宋代雇佣奴婢与唐代奴婢多为无姓氏之人不同,一般皆有完整姓名。如真宗时定陶县尉麻士瑶家僮姓范名辛。见(宋)李焘:《续资治通鉴长编》卷九五,天禧四年;蔡州团练使女婢姓陈。见(宋)李焘:《续资治通鉴长编》卷九一,天禧二年;仁宗时刘从德家奴姓韦名贵,竟"恩补班行"做了巡检大官。再如前引史料中宋代奴婢亦多有完整姓名。

④ 如宋神宗时庆州军伍兵变,其家属按律应诛,后改为"配隶为奴婢"。见(元)脱脱等:《宋史》卷三二八,《李清臣传》。

⑤ (元)脱脱等:《宋史》卷二六四,《卢多逊传》。

⑥ (清)徐松:《宋会要辑稿》刑法六,中华书局 1987 年版。

末年方回亦曰,"近代无从坐没入官为奴婢之法"①。

不仅官奴婢很少来自战俘和罪没,而且宫廷中奴婢的构成亦产生了变化。宋英宗时,司马光曾上书曰:"内中下陈之人,竞置私身,等级寝多,无复限极。监勒牙人,使之雇买,前后相继,无时暂绝。致有军营、井市下俚妇女,杂处其间,不可辨识。此等置之宫掖,岂得为便。"②神宗时,"诏宗室女仆尝生子者,不得再雇人有服属位"③。反之,可证未生子者仍可"雇人"。可见雇佣制已渗入到宫廷服侍阶层,对传统的官奴婢制度形成了一个冲击。

宋代官奴婢制度的衰落在职官制度上亦有反映。唐代主管"簿录俘囚、配没奴隶、掌奴婢簿籍"的刑部都官曹,在宋代,据《宋史·职官志》载,其职能已变为"掌天下役人与在京百司吏职之籍",这清楚地说明,以官奴婢为主要掌握对象的都官,职能已向掌握雇佣工匠转化,这是雇佣关系进一步发展的结果。

第四,奴婢阶层的雇佣化,使奴婢的身份地位,比之唐代有了进一步提高。奴婢能与雇主订立契约本身,就已标志着奴婢身份地位的提高。奴婢"贱籍"的消失,更说明奴婢与良人在身份上的接近。宋神宗时,枢密副使吴充言:"朝廷广开言路,微至于庶人皂隶,苟有可言,皆得上闻。"④"皂隶"居然也可以上言,这在中古时代是绝对不可想象的。这显然与唐中叶以来"冠冕皂隶,混为一区"以及奴婢的雇佣化趋势联系在一起的。皂隶既可向皇帝上言,那么也一定有了诉讼权利。宋代奴婢在实际的法律地位、婚姻关系等方面,都已不能与唐以前的奴婢同日而语了。这也可以从其他史料证明。

太祖时,右谏议大夫冯瓒因奸利为私奴击登闻鼓所告。⑤ 太祖乾德二年(964年),知制诰高锡上言"近廷臣承诏各举所知,或有同行贿获荐者。请自今许近亲、奴婢、邻里告诉,加以重赏"⑥。太祖批准实行。这反映奴婢除了主人"叛逆"罪以外,也可以告主了。

太宗时,"有富民家小女奴逃亡,不知所之,女奴父母讼于州,命录事参军鞠之……乃劾富民父子数人共杀女奴,弃尸水中,遂失其尸,或为首谋,或从而加害,

---

① 《续古今考》卷三六,北宋初期,庆州叛兵亲属没官为奴婢者"其老疾幼及妇女配京东、西,许人请为奴婢,余配江南、两浙、福建为奴"。见(元)脱脱等:《宋史》卷三二八。《李清臣传》。官员李逢、徐革等谋反,"男女没官为奴婢",见(宋)李焘:《续资治通鉴长编》卷二六四,熙宁八年五月丁丑。可见,北宋仍有没罪犯家口为奴婢的情况。但从南宋看,这种情况很少了。故有吴曦案中众官"此法虽存而不见于用"及方回之言。另外宋代"编管"奴婢与中古的官奴婢是有很大不同的,其身份主要是罪犯。

② 《司马文正公传家集》卷二九,《言后宫等级札子》。

③ (宋)李焘:《续资治通鉴长编》卷二四七,熙宁六年十月。

④ (宋)李焘:《续资治通鉴长编》卷二四六,熙宁六年八月。

⑤ (宋)李焘:《续资治通鉴长编》卷七,太祖乾德四年八月。

⑥ (宋)李焘:《续资治通鉴长编》卷三,太祖建隆三年八月。

罪皆应死"①。该史料中女奴的父母并非奴婢,可见女奴身份并不是世袭。女奴被杀,其父母可讼于官府,而女奴主人杀女奴亦不得免罪、减罪。仁宗至和元年(1054年)十一月,宰相陈执中本家笞女奴迎儿致死,曾引起轩然大波。开封"道路沸腾",官府检视迎儿有疮痕,大臣上言认为:"若女使本有过犯,自当送官断遣,岂宜肆匹夫之暴,失大臣之礼,违朝廷之法,立私门之威!"陈执中为此被"罢免相位"。有人称"为一婢子辱宰相"②。再如仁宗时,抚州司法参军孙齐,娶佣婢周氏为妻,而杀其子,周氏上诉,孙齐被治罪,编管濠州。③

此外宋代部曲也可告主。如太祖时,文思使常岑坐监主自盗,"为部曲所告"④。开宝五年(972年),部曲鸿遇告其主人殿中侍御史张穆贪赃,张穆被处弃市,而朝廷赏鸿遇锦袍银带、绢三百匹。⑤ 可见贱口告主已不限于"叛逆"之罪了。

贱口可以告主,同样主人也可以告奴婢。如宋太宗时,"京畿民牟晖击登闻鼓,诉家奴失牡豚一,诏令赐千钱偿其值"⑥。主人因失一猪而将奴婢告官,可见,奴婢此时已成了被告对象,说明其本身已不是物品了。在中古时期,主奴之间,是占有与被占有的关系,主人享有处置贱口的很大特权,贱口不能告主人,主人亦不可能去控告自己的奴婢,因为奴婢像牛马一样,属于无责任能力的财产,而宋代奴婢,却是具有一定权利和责任能力的刑事诉讼、被诉讼主体了。

《续资治通鉴长编》卷五四咸平六年(1003年)四月条载:"旧制,士庶家僮仆有犯,或私黥其面。上以今之僮使,本佣雇良人,癸酉,诏有盗主财者,五贯以上,杖脊、黥面、配牢城,十贯以上奏裁,而勿得私黥涅之。"两年以后,真宗再次颁诏:"自今僮仆盗主财五贯,配本州牢城,十贯配五百里外,二十贯以上奏裁。改咸平六年之制,虑其淹系也。"宋真宗先后二次颁布诏旨,规定对奴婢犯罪的处罚原则,从表面上看,似是为维护奴婢贱口主人的经济利益,而实际上等于正式取消中古长期以来奴婢主人的私刑权:在中古时期,奴婢是主人的私有财产,主人不仅可以任意处罚奴婢,而且几乎是享有变相处死奴婢的权力。

还应提及一下的是,唐宋时期,在掠卖奴婢的走向上亦出现了明显不同。在唐代特别是唐中期以后,社会上曾出现一股从周边地区掠卖奴婢的风气。上自朝廷命官,下至州县小吏,许多人都设法从岭南等落后地区购买奴婢,唐政府屡下诏令

① (宋)李焘:《续资治通鉴长编》卷三一,太宗淳化元年。
② (宋)李焘:《续资治通鉴长编》卷一七七,仁宗至和元年十一月。
③ (宋)李焘:《续资治通鉴长编》卷一一一,仁宗明道元年十一月。
④ (宋)李焘:《续资治通鉴长编》卷五,太祖乾德二年十一月。
⑤ (宋)李焘:《续资治通鉴长编》卷一三,太祖开宝五年三月。
⑥ (宋)李焘:《续资治通鉴长编》卷三四,太宗淳化四年十月。

禁止。但是到了宋代,不但从周边地区向中原地区掠卖奴婢的现象减少了,相反,却出现了一些人掠中原贫民到周边落后地区出卖的现象。如太宗淳化二年(991年)"诏陕西沿边诸郡,先岁饥,贫民以男女卖与戎人。宜遣使者与本道转运使,分以官财物赎还其父母"①。天禧三年(1019年)真宗诏曰,"自今掠卖人口入契丹者,首领并处死。诱致者同罪,未过界者决杖黥配"②。这种现象是否反映了中原良贱制的进一步瓦解及雇佣奴婢制的发展呢?

综合上述,唐宋之际,奴婢阶层的雇佣化趋势是十分明显的。从唐律规定的奴婢"律比畜产",到宋代奴婢的"雇佣良民",奴婢身份无疑产生了某些质的变化。这种变化的原因根本在于唐中叶以来生产关系的变化、商品经济的活跃,雇佣关系已渗透到中古贱民制度中去并促使其瓦解。这种变化在由奴婢到典身,由典身到佣仆,由佣仆到雇工这一身份系列中,得到较清晰的体现。奴婢大量的雇佣化的结果,使世袭性贱民大为减少,这一趋势与部曲、官户、杂户等贱民的消失,最终导致了整个中古良贱制度的消亡。

唐宋奴婢的雇佣化,不仅导致中古良贱制瓦解,而且在中国整个奴婢制度发展史上,具有重大意义。它在客观上将中国奴婢制度划分为前后两个阶段。一般说来,中国封建社会前期的奴婢,较多地保留了奴隶的成分,无论是在法律规定还是在实际生活中,身份地位都十分低下。受当时整个农民阶级封建依附关系十分强化的制约,奴婢对主人的隶属关系亦十分强化,在封建经济中的补充作用也较为突出。

而唐中叶后,随着商品经济的活跃、农民阶级的契约租佃化,部曲佃客阶层已为契约租佃农民所取代,而奴婢阶层的主要部分逐渐成为封建雇佣者。在他们身上所体现的奴隶或半奴隶性成分已日见消退,良贱界限趋于模糊。其中奴婢对地主经济的补充作用亦大大降低,他们已真正成为"单纯的家庭奴隶,不管是从事必要的劳役,还是仅仅用于显示排场……他们相当于现在的仆役阶级"③。唐宋时期奴婢阶层日益雇佣化的事实,从一个侧面体现了中国封建社会由前期向后期的转变。

当然,历史的发展是异常复杂的,个别的例证与事件任何时候都可能存在。上面所述只是就唐宋奴婢阶层主体的变化及其对中古良贱制度的主要影响而言,这并不排除宋及宋以后仍有一些奴隶性成分很强的奴婢的存在,也不排除在个别历史时期如金元时期,奴婢阶层依附关系的短期强化与身份的降低。历史唯物主义的任务就在于发现社会发展变化的一般规律。如果上述内容能够大体反映唐宋奴

---

① (元)马端临:《文献通考》卷一一,《户口》二。
② (元)马端临:《文献通考》卷一一,《户口》二。
③ 《马克思恩格斯全集》第24卷,第539页。

婢阶层的主要演变趋势及其对中国中古时期良贱身份制的重要影响,便达到了作者的目的。

(原刊《中国唐史学会论文集》,三秦出版社 1993 年版。删改后以《唐宋时期典身性质的变化及意义》为题刊于《历史研究》1993 年第 3 期)

唐代中后期奴婢掠卖之风的盛行
及其原因分析

入唐以后,特别是唐中叶以后,相当多数的部曲奴婢随着世族土地所有制的瓦解,大量转变为身份相对自由的契约租佃农民。同时,作为部曲奴婢阶层本身,也出现了明显的雇佣化趋势。总的来看,在唐中叶以后,像汉代那样大量小农破产沦为奴婢以及像中古那样部曲奴婢世代依附于主人而不得自由的情况已大为改变。

但是,与此相矛盾的一个现象是:在唐代中后期,社会上掠卖奴婢的风气曾盛行一时。为此,唐朝廷曾一再颁布诏敕加以禁止。有些学者据此认为唐代中期以后,社会上奴婢的数量不仅没有减少,反而有了增加,奴婢的人身依附关系重新强化。事实是不是这样呢? 怎样解释唐代中后期这种严重的奴婢掠卖现象呢? 这与唐代大量奴婢身份向契约租佃农民或封建雇佣者转变、其总的比例呈逐渐下降的趋势是否相矛盾呢? 笔者在此略陈管见。

一

我们知道,在中国长期的古代社会里,奴婢作为一个社会阶层是始终存在的,可以说直到清朝灭亡,奴婢制度才最后退出历史舞台。但是我们又必须看到,在中国不同的时期、不同的历史阶段,奴婢数量、地位、身份的变化,却又是与不同时代的历史背景、历史条件紧密联系在一起的。对于唐代中后期掠卖奴婢的问题,我们应具体地分析产生这一现象的历史背景、历史条件,进而探明其原因,说明其性质。

为了明了起见,这里不妨将唐政府禁止掠卖奴婢的诏敕按年代摘录如下:

《唐会要》卷八六《奴婢》载:"天宝八载六月十八日敕:京畿及诸郡百姓,有先是给使在私家驱使者,限敕到五日内,一切送付内侍省。其中有是南口及契券分明者,各作限约,定数驱使。……其南口请禁蜀蛮及五溪岭南夷獠之类。"《通典》卷三五《职官》载此史料为:"八载六月敕男口给使王公家不得过二十人……八品九品不得过一人。原注:百官家蓄丝竹及给使口并是朝恩优宠资给。"此处"男口"当为"南口"之误,此处奴婢限数,主要指官府资给各级官员的"南口"等官奴婢。

《唐会要》卷八六《奴婢》载:大历十四年(779 年)五月,诏曰,"邕府岁贡奴婢,使其离父母之乡,绝骨肉之恋,非仁也,宜罢之"。

《文苑英华》卷四三五《亢旱抚恤百姓德音》载:"元和四年闰三月敕,岭南、黔中、福建等道百姓,虽处遐俗,莫非吾民,多罹掠夺之虞,岂无亲爱之恋,缘公私掠卖奴婢,宜令所在长吏切加捉搦,并审细勘责,委知非良人百姓然许交关,有违犯者,准法条处分。"

《册府元龟》卷一六〇《禁岭南五管等饷遗人口诏》载:(元和八年九月)"比闻岭南五管并福建、黔中等道多以南口饷遗及于诸处博易。骨肉离析,良贱难分。念兹远人,受抑无告,所以去岁处分诸道,不令进献。近因赂遗事觉,方验诏旨不行,虽量轻重,各正刑典,犹虑未降明敕,尚有因循。自今岭南诸道辄不得以口饷遗及将诸处博易。又有求利之徒,以口博易,关镇人吏,容纳颇多,并敕所在长吏,严加捉搦,如更违犯,必重科惩,如长吏不存勾当,委御史台察访闻奏。"

《唐会要》卷八六《奴婢》载:"长庆元年三月,平卢军节度使薛苹奏,应有海贼詃掠新罗良口,将到当管登、莱州界及缘海诸道,卖为奴婢者,伏以新罗国虽是外夷,常禀正朔,朝贡不绝,与内地无殊。其百姓良口等,常被海盗掠卖,于理实难,先有制敕禁断,缘当管久陷贼中,承前不守法度。自收复以来,道路无阻,递相贩鬻,其弊尤深,伏乞特降明敕,起今以后,缘海诸道,应有上件贼詃卖新罗国良人等,一切禁断。请所在观察使严加捉搦,如有违犯,便准法断,敕旨宜依。"《旧唐书》卷一六《穆宗本纪》所载略同。[①]

《唐会要》卷八六《奴婢》载:"长庆三年正月,新罗国使金柱弼进状,先蒙恩敕,禁卖良口,使任从所适。有老弱者栖栖无家,多寄傍海村乡,愿归无路,伏乞牒诣道傍海州县,每有船次,便赐任归,不令州县制约。敕旨禁卖新罗,寻有正敕,所言如有漂寄,固合任归。宜委所在州县,切加勘会。责审是本国百姓情愿归者,方得放回。"《旧唐书》卷一六《穆宗本纪》简要载为:"长庆三年,敕不得买新罗人为奴婢,已在中国者,即放归其国。"

《唐大诏令集》卷七〇《宝历元年正月南郊赦》载:"诸军先擒获吐蕃生口,配在诸处者,宜委本道资给放还本国……自今以后,边上不得受纳投降人,并擒捉生口等。"

《唐会要》卷八六《奴婢》:"太和二年十月敕,岭南、福建、桂管、邕管、安南等道百姓,禁断掠卖饷遗良口。前后制敕,处分重叠,非不明白,卫中行李元志等,虽云

---

① 《唐会要》卷八六《奴婢》载"薛苹",《旧唐书》卷一六《穆宗本纪》为"薛平",核以新旧唐书本传,长庆初年薛平曾任平卢军节度使,当以"薛平"为是。

买致,数实过多。宜各令本道施行,准元和四年闰三月五日,及八年九月十八日敕文,切加约勒。……其新罗奴婢,伏准长庆元年三月十一日敕,应有海贼该掠新罗良口,将到缘海诸道,卖为奴婢,并禁断者,虽有明敕,尚未止绝,伏请申明前敕,更下诸道切加禁止,敕旨,宜依。"

《唐会要》卷八六《奴婢》:"大中五年二月敕,边上诸州镇,送到投来吐蕃、回鹘奴婢等,今后所司勘问了,宜并配岭外。不得隶内地。"

《唐会要》卷八六《奴婢》载:"(大中)九年闰四月二十三日敕,岭南诸州,货卖男女,奸人乘之,倍射其利,今后无问公私土客,一切禁断。若潜出券书,暗过州县,所在搜获,以强盗论。"

综合以上史料,可以看出:

第一,诏敕中所说奴婢,大多来源于唐朝缘边州县的少数民族地区,其中主要集中于岭南道、黔中道,剑南道及新罗、南诏、吐蕃、回鹘等地,这点在唐代史籍及文人笔记中都可以得到印证。与唐中期以前相比,奴婢来源发生的变化是明显的。唐中期前虽有私人掠卖缘边少数民族人口为奴婢的现象,但并未成为严重问题。总的来看,唐前期奴婢或是破产农民沦没,或从前代承袭而来,官府则主要是罪隶配没之奴婢以及战俘奴婢。

第二,诏敕中反映唐代中后期从边地所得到奴婢的手段主要是掠卖。这也与唐前期有所不同。唐前期从边缘地区所得奴婢主要是通过王朝战争取得,如:武德九年(626年),郭行方击眉州獠俘男女五千口;[1]贞观十二年(638年),齐善行击巫州獠俘男女二千余口;[2]上官怀仁击壁州獠,虏男女万余口;[3]次年,又击巴、壁、洋、集四州獠俘六千余口;[4]十四年,党仁弘击罗窦獠俘七千余口;[5]十五年,"李世绩败薛延陀于于诸真,捕获五万余"[6];"薛仁贵率兵击突厥……大破之,斩首万级,获生口三万。"[7]

按唐代制度,一般战俘都充做奴婢,故突厥人称,与唐人作战被俘之后"贵族子弟陷为唐奴……女子降作唐婢。"[8]即使在贞观年间,以少数民族俘虏为奴婢的数量也是很大的。[9]睿宗时,令李师古率军击姚州西贰河蛮,"欲诛其豪杰,没子女为

---

① (宋)王钦若等:《册府元龟》卷九七三,《外臣部讨伐》。
② (宋)王钦若等:《册府元龟》卷九七三,《外臣部讨伐》。
③ (宋)王钦若等:《册府元龟》卷九七三,《外臣部讨伐》。
④ (宋)王钦若等:《册府元龟》卷九七三,《外臣部讨伐》。
⑤ (宋)欧阳修:《新唐书》卷二二二,《南蛮传下》。
⑥ (宋)王溥:《唐会要》卷九四,《北突厥》。
⑦ (宋)欧阳修:《新唐书》卷一一一,《薛仁贵传》。
⑧ 《厥特勤碑》,见岑仲勉《突厥集史》,中华书局1958年版,第880页。
⑨ 《贞观政要》卷九载房玄龄上表,称唐太宗征辽东"前后虏获,数十万计,分配诸州,无处不满。"

奴婢",结果引起了蛮众反叛。① 在唐代前期,虽然唐太宗等人也曾在对外战争中赦免过一些战俘,但这多是史家作为特例来记载的。而唐代中后期,这种王朝掠奴的观象减少了,但私人地主、官僚、商人掠卖边缘州县少数民族人口为奴婢的现象却增多了。这个变化是值得重视的。

<h1 style="text-align:center">二</h1>

产生以上变化的原因是什么呢？ 笔者以为主要有以下几点:

(1) 随着土地所有制的变化、契约租佃关系及雇佣制的发展,内地小自耕农大量成为契约租佃农民,而破产沦为奴婢的人口愈来愈少,因而奴婢来源日益狭窄;而另一方面,中唐以来商品货币经济的发展,又使巨富豪商大量出现,他们的奢侈生活及对享乐的欲求,促使他们利用其雄厚的资本从边地购买奴婢。

关于唐代商品经济的发展,史家论述已多,这里仅引数条典型史料以见其一斑。关于唐中叶物资的富足,可以郑綮的《开天传信录》所载为例:"开元初,河清海晏,物殷俗阜,财物山积,不可胜较,四方丰稔,百姓殷富。"关于各地各具特色的商品生产,据《唐六典》载,开元前恒州的罗,定州的绫,扬州的铜镜,宣州的纸,成都的单丝罗,驰名全国;②青州的染业,在永徽时代已很发达。青州绢的制作,可算得上首屈一指。《太平广记》卷三〇〇《三卫》条引《广异记》载:"开元初,天下唯北海绢最好。"有名的齐纨鲁缟,已成为诗人描述的对象,杜甫忆昔诗中云"齐纨鲁缟车班班,男耕女桑不相失"即可为证。扬州的铜器制造业,开元前已很发达;邢州和越州的瓷器,制作之精致,更是超越前代,陆羽《茶经》称为"邢瓷类银,越瓷类玉,邢瓷类雪,越瓷类冰"。

由于商品生产的逐渐发达,促进了商业的兴盛和商业都市的繁荣。开元以后,以两京为中心,东到汴、宋,西到凉州、成都,北到太原,南到荆、襄,都有结党连群运货往返的商客出没其间。《通典》卷七载:"自(开元十三年)后天下无贵物,东到宋、汴,西至岐州,夹路列店肆待客,酒馔丰溢,每店皆有驴赁客乘,倏忽数十里,谓之驿驴;南诣荆、襄,北至太原范阳,西至蜀川凉府,皆有店肆以供商旅,远适数千里,不恃寸刃。"这反映唐代陆路转运商贸的发达。而水运商贸的发达则以武后时崔融上表所言最为典型:"天下诸津,舟航所聚,旁通巴汉,前指闽越,七泽十数,三江五湖,控引河洛,兼包淮海。弘舸巨舰,千舳万艘,交贸往还,昧旦永日。"③李吉甫《元和

① （后晋）刘昫等:《旧唐书》卷一二〇,《徐坚传》。
② 《大唐六典》卷三,《尚书户部》;卷二〇《太府寺》。
③ （后晋）刘昫等:《旧唐书》卷九四,《崔融传》。

郡县志》卷五亦称："自扬、益、湘南至交、广、闽中等州，公家运漕，私行商旅，舳舻相继。"

商品经济的发展，使巨贾富商大量产生。如《太平广记》卷四九五《邹风炽》载，"西京富商邹风炽……家巨富，金玉不可胜计，常与朝贵游，邸店园宅，遍满海内"。李清"家富于财，素为州里之豪甿，子孙及内外姻族，近百数家，皆能游手射利于益都，每清生日，则争先馈遗，凡积百余万"。①

许多官吏也成为富商，贩易营利，如安禄山分遣商胡，"诣诸道贩鬻，岁输珍货数百万"。② 德宗时岭南节度使王锷，"家财富于公藏，日发十余艇，乘以犀象珠贝，称商货而出诸境，周以岁时，循环不绝。凡八年，京师权门多富锷之财。……故锷钱流衍天下。"③大历十四年（779 年）唐代宗发布诏令："王公百官及天下长吏，无得与人争利，先于扬州置邸肆贸易者罢之。"④反映了官僚经商营利的普遍。安史之乱后，北方商品经济有所减退，但江淮、荆襄、四川等地基本未受战争的波及，商业更加繁荣起来，如扬州"江淮之间，广陵大镇，富甲天下。"⑤"富商大贾，动逾百数"⑥。益州"人物繁盛，江山之秀，罗锦之丽，管弦歌舞之多，使巧百工之富，扬不足以伴其半"⑦。

商品经济的繁荣，使奢侈之风气，风靡上层社会，财产唯求其多，婢仆必求其众，像玄宗时京兆韦陟"门第豪华，早践清列，侍儿阉闇，列侍左右者十数，衣书乐食，咸有典掌，而舆马僮奴，势侔于王家"⑧。代宗时元载"室宇宏丽，冠绝当时。城南膏腴别墅，连疆接畛，凡数十所，婢仆曳罗绮一百余人，恣为不法，侈僭无度"⑨。懿宗时兴元节度使王宗"善兴利，乘时贸易，由是富拟王者，仕宦因赀而贵，侯服玉食，僮奴万指"⑩。其子王处存，也有"财产数百万"⑪。

不仅官僚权贵如此，富商的生活也同样腐化，《白香山诗集》卷四讲一盐商妇，"本是扬州小家女，嫁得西江大商客，绿鬟溜去金钗多，皓腕肥来银钏窄，前呼苍头后叱婢"。可见商贾也竞相以财富、婢仆来夸耀。奢侈的生活，必然需要不少的奴

① （宋）李昉等：《太平广记》卷三六，李清条引《集异记》。
② （宋）司马光：《资治通鉴》卷二一六，天宝十年。
③ （后晋）刘昫等：《旧唐书》卷一五一，《王锷传》。
④ （宋）王溥：《唐会要》卷八六，《市》。
⑤ （后晋）刘昫等：《旧唐书》卷一五一，《王锷传》。
⑥ 《唐代丛书》卷一五，《广陵妖乱志》。
⑦ （清）董诰：《全唐文》卷七四四，卢求《成都纪序》。
⑧ （后晋）刘昫等：《旧唐书》卷九二，《韦安石附子陟传》。
⑨ （后晋）刘昫等：《旧唐书》卷一一八，《元载传》。
⑩ （后晋）刘昫等：《旧唐书》卷一八二，《王处存传》。
⑪ （后晋）刘昫等：《旧唐书》卷一八二，《王处存传》。

婢供家内役使,当时的上层社会中广泛流传着"越婢脂肉净,奚童眉目明"的说法,①既然内地奴婢来源狭窄、价格昂贵,官僚贵族们自然将魔爪伸向缘边少数民族地区。

(2)周边少数民族地区生产落后,有的刚进入封建社会不久,有的尚处于奴隶制社会发展阶段或氏族制解体阶段,所谓"火耕水耨,昼乏暮饥"②,因此存在着大量奴隶。这为汉人官僚富商贩卖奴隶创造了条件。如世代为岭南诸部首领的冯盎,家有奴婢多达万人。③唐人樊绰《蛮书》亦反映南诏奴隶数量众多。根据有些学者统计,唐代南诏的"配隶"及掠奴有一百多万,④此数可能有夸大,但南诏存在大量奴隶是可以肯定的。

同时,这些地区的奴隶买卖自南朝以来便很兴盛。有些奴隶主往往掠夺汉人,令其亲属纳大量财物赎回。《太平广记》卷一六六《吴保安》条载郭元振从侄郭仲翔,战没于"蛮夷","蛮夷利汉财物,其没落者,皆通音耗,令其家赎之,人三十匹"。吴保安以千匹绢才将郭仲翔赎回。为感谢救命之恩,郭仲翔"使人于蛮洞市女口十人",送给吴保安。

《新唐书》卷二二二《南蛮传》载,南平獠,女"贫者无以嫁,则卖为婢"。《南海异事》载:"南海贫民妻方孕,则诣富室,指腹以卖之,俗谓指腹卖。或己子未胜衣,邻之子稍可卖,往贷取以鬻,折杖以识其短长。俟己子长与杖等,即偿贷者,鬻男女如粪壤。"唐懿宗咸通七年(866年)大赦中指出,邕、容、桂、广等道的本土豪富"纵恣侵欺,多取良家,以为奴婢,遂使豪酋构怨,溪洞不安"⑤。由上可见,唐代缘边地区奴婢的大量存在及奴婢掠卖的盛行,是唐代中后期掠卖奴婢盛行的基础。

(3)一些缘边州县的官吏,尤其是通过贿赂而得官的商人官吏以及奸商,正是利用边地奴隶众多,而内地官僚地主拥有大量货币,相对缺少奴婢的情况,大搞奴婢贩卖,从中谋利,这也是促使唐中后期掠卖边地奴婢成风的一个重要因素。

唐代中后期,地主、商人、官僚三位一体的权贵愈来愈多,无论何人,只要有钱贿赂,都可以得到高官。《太平广记》卷二三九《陈少游》载:代宗时,陈少游"长于权变,时推干济,然厚敛财货,交结权右,寻除管桂观察使,时中官董秀用事……少游曰……请以一身独备七郎之费用,每岁愿送钱五万贯,今见有大半,请即收受,余到官续送……数日,拜宣歙观察使,改浙东观察使,迁淮南节度使,十余年间,三总大藩,征求货易,且无虚日,敛积财宝,累巨万亿,视文雅清流之士,蔑如也。初结元

---

① (唐)元稹:《元氏长庆集》卷二二,文渊阁《四库全书》本。
② 《唐大诏令集》卷一〇九,《禁岭南货卖男女敕》。
③ (后晋)刘昫等:《旧唐书》卷一〇九,《冯盎传》。
④ 本书编写组:《云南各族古代史略》,云南人民出版社1978年版,第90页。
⑤ 《唐大诏令集》卷八六,《咸通七年大赦》。

载,每岁馈十万贯"。

穆宗时,"方镇多以大将文符鬻之富贾,曲为论奏,以取朝秩者,叠委于中书矣"①。许多大商人往往买得边州高职。例江陵郭七郎,"其家资产甚殷,乃楚城富民之首。江淮河朔间,悉有贾客仗其货易往来者"②。后来郭七郎买到横州刺史,横州地处唐岭南道东部(今广西横县)。与邕州相近,是夷獠众多地区,像郭七郎这样的大商人,唯利是求,身居刺史,贩卖奴婢以求利是很自然的。再如"(隽州)刺史喻士珍贪狯,阴掠两林东蛮口缚卖之,以易蛮金"③。大中九年(855年)诏令对此说得更清楚:"岭外诸州居人,与夷獠同俗……货卖男女,奸人乘之,倍讨其利。……为吏者谓南方之俗,服习为常,适然不怪,因亦自利,遂使居人男女与犀象杂物俱为货财。"④可见,官吏亦大搞奴婢买卖,从中取利。

有唐一代,尤其是唐中后期,朝中诸官都视岭南之职为肥缺,因此岭南官吏多是贪纵之徒。武周时,"安南都护崔玄信命女婿裴惟岳摄爱州刺史,贪暴,取金银财物向万贯"⑤。长庆元年,工部尚书郑权,"以家人数多,俸入不足,求为镇守。旬月,检校右仆射,广州刺史,岭南节度使。初,权出镇,有中人内助,南海多珍货,权颇积聚以遗之。"⑥

大和中,广州刺史、岭南节度使王茂元"在安南,招怀蛮落……南中多异货,茂元积聚家财巨万计。"⑦懿宗时,"李琢为安南都护,贪于货贿,虐赋夷獠,人多叛怨。"⑧《旧唐书》卷一六七《郑权传》概括说:"南海有蛮舶之利,珍货辐凑,旧帅非法以致富,凡为南海者,靡不捆载而还。"

这些贪纵的官吏当然不会放过掠卖奴婢以取利的好机会。《太平广记》卷三七二《张不疑》条载:"南阳张不疑,开成四年,宏词登科……欲市青衣。……有披朱衣牙笏者,称前浙西胡司马……云:'某少曾在名场,几及成事,昔以当家使于南海,蒙携引数年,职于岭中,偶获婢仆等三数十人,自浙右已历南荆,货鬻殆尽,今但有六七人。'"

这是一段很能说明问题的史料。胡司马随其当家曾在岭南任职,估计其官职不会太高。他所贩卖的奴婢自称是"偶获",其实是掠卖的托词。"三数十人",据

① (宋)李昉等:《太平广记》卷二三九,《陈少游传》。
② (后晋)刘昫等:《旧唐书》卷一六,《穆宗本纪》。
③ (宋)欧阳修:《新唐书》卷二二二,《南蛮传上》。
④ 《唐大诏令集》卷一〇九,《禁岭南货卖男女敕》。
⑤ (唐)张鷟:《朝野佥载》卷三,中华书局1979年10月第1版。裴惟岳任职时间系据郁贤浩著《唐刺史考》第五册考证,江苏古籍出版社1987年2月第1版,第2914页。
⑥ (后晋)刘昫等:《旧唐书》卷一六七,《郑权传》。
⑦ (后晋)刘昫等:《旧唐书》卷一五二,《王栖曜传附子茂元传》。
⑧ (后晋)刘昫等:《旧唐书》卷一八二,《高骈传》。

"货鬻殆尽，今但有六七人"一句来看，应该是三十多人以上。他从岭南将这些奴婢贩卖到浙右、南荆、长安，历经大半个中国，其奴婢售出的价格即使按身价每人十万计，三十多人可得售价约三百万，减去其本钱，其获利之多是相当惊人的。这种情况在唐人文集中有不少记载，据《柳宗元集》卷一七《童区寄传》载："越人少恩，生男女必货视之，自毁齿以上，父兄鬻卖，以亲其利，不足则取它室。……汉官因以为己利，苟得僮，恣所为不问"。《新唐书》卷一五二《李降传》载："岭南之俗，鬻子为业。"说越人愿意卖子女非实，汉官以买卖奴婢取利则是实。在东北沿海一带，掠夺新罗人为奴婢的现象也很严重。前引诸帝诏敕即可为证。开成初年，新罗人张保皋自唐朝回新罗对其国王说："遍中国以新罗人为奴婢。"此言显然夸大，却反映了汉官僚地主不少人役使新罗人为奴婢。后来，张保皋以万人守住海路要冲清海，加之唐朝廷一再发敕令禁止，掠卖新罗人的现象有了减少。史书载："大和以后，海上无鬻新罗人者。"①

在唐朝西方，掠卖少数民族人口为奴婢的现象亦不少见。如戎昱诗中便有"昔年买奴仆，奴仆来碎叶"之句。② 在敦煌吐鲁番文书中，一些奴婢如"诃利""卷是""勒脝"等，③都可能是少数民族人口。武则天时曾下令不准西边州郡畜突厥奴婢。当然，从唐中后期掠卖奴婢的主要走向来看，还是以"南口"居多。

从史书来看，唐中期以后，拥有大量奴婢的往往是边州县官吏，如安南都护邓祐，韶州人，"家巨富、奴婢千人"④。琼山郡（今海南岛）郡守韦公干"贪而且酷，掠良家子为臧获，如驱犬豕，有女奴四百人"⑤。敬宗时岭南节度使胡证"善蓄积、务华侈，厚自奉养，童奴数百"⑥。

也正是因此，"南口"成为官吏们贿赂的重要"物品"，如代宗时，"元载子伯和，势倾中外，福建观察使寄女妓十人，即至，半载不得送"⑦。这些女妓来自福建，也属"南口"之类。唐代中后期，凡是到边地州郡任官者，"京师权要，多托买南人为奴婢"⑧。唐宪宗元和八年（813 年）轰动一时的房启贿赂一案，即暴露出容管（今广西容县南）节度使房启曾以"南口"十五人贿赂担任中央特使的宦官。此案的被揭露，亦由于宦官贪得无厌，仍不满足于已获南口数量而进一步向房启索求"南口"的

① （宋）欧阳修：《新唐书》卷二二〇，《新罗传》。

② （清）董诰：《全唐诗》卷二七〇，戎昱《苦哉行》。

③ 李天石：《略论中古时期奴婢的称谓名号》，刊韩国敦煌学会：《东西文化交流研究》第 6 辑，新星出版社 2003 年版。

④ （唐）张鷟：《朝野佥载》卷一，文渊阁《四库全书》本。

⑤ （宋）李昉等：《太平广记》卷二六九，《韦公干传》。

⑥ （后晋）刘昫等：《旧唐书》卷一六三，《胡证传》。

⑦ （宋）李昉等：《太平广记》卷一八八，《元载传》。

⑧ （后晋）刘昫等：《旧唐书》卷一五四，《孔巢传附孔癸传》。

结果。①

前引唐宪宗元和八年(813年)诏令中,所列诸官员贩卖奴婢的地区主要是岭南、福建、安南等地,其中特别是岭南五管地区。所谓"五管",是指广州(今广东广州)、桂州(今广西桂林)、容州(今广西容县南)、邕州(今广西南宁)、交州(今越南河内)等五都督府。可见,在从今福建到广东、广西、贵州等相当大的一个范围内,贩卖南口的现象是比较严重的。从唐宪宗"方验诏旨不行","犹虑未降明敕,尚有因循"等话语来看,朝廷禁止贩卖南口的规定亦很难贯彻落实。这不仅与各地关镇长吏的纵容包庇有着重要关系,而且这些官员许多本身便是掠卖南口并借此发财的人贩子。太和二年(828年)敕文反映,自唐中叶以来朝廷对买卖南口的数量曾一再限制。然而像敕文中反映的卫中行李元志等官员违限买卖南口,"数实过多",当不是个别现象。

(4)缘边州郡官吏为了讨好朝廷,常常将"矮奴""私白"之类的奴婢向朝廷进贡,这些奴隶大多充作宦官,其中闽岭最多。《太平广记》卷二三九《杜宣猷》载:"诸道每岁进阉人,所谓私白者,闽为首焉,且多任用,以故大阉以下桑梓,多系于闽,时人以为中官薮泽"。这些原为奴隶的宦官,在唐后期,权力达到了掌握朝政、左右皇帝的地步。而且不仅宫廷中有"私白",一般官吏在唐后期也往往使用这种奴婢,宝历二年(826年)唐敬宗诏令因此规定:"朝官及节度观察使,自今以后,并不许更置私白身驱使。"②

奴婢掠卖的盛行,必然要影响到唐王朝正常的赋税收入及统治秩序,尤其自安史之乱后,地方藩镇兴,中央集权削弱,法令弛坏,唐王朝虽一再颁布诏敕禁止掠卖奴婢,但正如唐宣宗大中九年(855年)《禁岭南货卖男女敕》中所说,"纵有令式,废而不举"。诚然,有些边地州郡官吏如柳宗元、韩愈、孔戣、阳城、韦丹等人,曾做过一些限制掠卖奴婢的努力,③但掠卖奴婢之风一直延续到唐王朝灭亡。

---

① (宋)欧阳修:《新唐书》卷一三八,《房琯传附子启传》。
② (宋)王溥:《唐会要》卷八六,《奴婢》。
③ (后晋)刘昫等:《旧唐书》卷一六〇,《柳宗元传》载:"柳州土俗,以男女质钱,过期则没入钱主。宗元革其乡法,其已没者,仍出私钱赎之,归其父母。"《全唐文》卷五四八载韩愈《应所在典帖良人男女等状》:"臣往任袁州刺史,日检责州界内得七百三十一人,并是良人男女,准律计庸折直,一时放免。"《全唐文》卷五六三载《正议大夫尚书左丞孔公(戣)墓志铭》:"岭南以口为货,其荒阻处父子相缚为奴,公一禁之。有随公吏,得无名儿蓄,不言官,有讼者,公召杀之。"《旧唐书》卷一九二《阳城传》:道州土地产民多矮,每年常配乡户贡其男,号为'矮奴',(阳)城不平其以良为贱,又悯其编氓岁有离异之苦,乃抗疏论而免之。"《旧唐书》卷一五一《朱忠亮传》载:"泾土旧俗多卖子,忠亮以俸钱赎而还其亲者约二百人。"《新唐书》卷一九七《韦丹传》载:"韦丹……民贫自鬻者,赎归之,禁吏不得掠为隶。"

三

唐代这种掠卖边地奴婢之风的盛行,能否说明唐代中期以后社会上部曲奴婢劳动制度重又流行、奴婢数量重新大幅度回升呢? 笔者认为不能,这是因为:

首先,中原内地农民破产后大量成为契约租佃农民或雇佣劳动者,而沦为奴婢者仅是少数。此外,战俘奴婢也已经大量减少,这些原因大大限制了奴婢的来源,虽然有些地方由于战乱,由于地方分裂倾向的发展,由于社会经济发展的不平衡性,有奴婢数量增多的现象,但从全国范围来看,奴婢数量及奴婢从事生产劳动并没有回升的迹象。

其次,掠卖奴婢的官僚、商人以及能够大量购买奴婢的地主官僚,在整个地主阶级中毕竟还是少数。

再次,掠卖的奴婢主要使役于家内,供权贵奢侈生活的需要,也决定了奴婢数量不可能像使用于生产时那样多。

最后,边地能够供给中原的奴婢数量毕竟有限,且这种掠卖活动多多少少受到法律的禁约。因此谈到唐代后期的奴婢问题,不能为其表象所迷惑,而应看到其在农业生产劳动中的比重及总的数量,比之唐中叶以前的中古时期有所下降的主流。

总之,唐代中后期掠卖奴婢之风的盛行,不是唐代社会经济本身需要奴婢的表现。而是唐代商品货币经济发展、地主阶级生活日益腐化的反映。不是奴婢依附关系再度强化的表现,而是商品货币交换关系发展以后,唐代中原与缘边地区社会、经济发展不平衡所导致的必然结果。唐宋以后,由于缘边地区经济的发展,内地与缘边地区经济、社会发展的差距有所缩小,加之中原地区雇佣关系进一步发展,像唐代中后期这种较大规模地掠卖边地人口为奴婢的现象已不多见了。

(原刊《历史教学问题》2001 年第 4 期)

中古门阀制度的衰落与良贱体系的瓦解

笔者试从唐宋时期门阀的衰落与中古良贱体系瓦解之间相互关系的角度,谈谈唐宋社会变革。

从总体来看,中国中古门阀世族贵族体系与中古良贱体系是一个紧密相关的身份等级体系,它们在魏晋南北朝之际的形成与在唐宋之际的瓦解基本是同步的。

一、中古门阀世族贵族体系与中古良贱体系形成过程中的同步性

魏晋时期,世族地主的兴起及地主阶级内部士庶等级身份的划分与该时期各类劳动者、依附者身份的多层次化、凝固化,共同构成了中古身份等级制度的完整系统。

自东汉以来,随着世家大族在政治、经济、军事各方面势力的发展,社会已出现了由古代社会向中古社会转变的征兆。作为秦汉时期等级身份高低主要标志的二十等爵位制,已经瓦解。布衣之士,包括一般地主在内,已经很难通过事功进入政治舞台。世家豪族地主阶层,因其对经学的传习,逐渐垄断了政治上的各种特权,形成了门阀贵族。而"编户齐民",此时也由于对地主依附关系强弱的不同,而不再平"齐",出现了多层次的分化。一个新的有别于秦汉的身份等级系统逐步形成。

世族的兴起与其世代传习儒家经典有着直接的关系。而儒家礼教的核心则是强调等级名分,因而以经学起家的世族只要有可能,总是企图建立起尊卑贵贱等级森严的身份制度及财产占有制度。汉代董仲舒以来,面对土地兼并的严重及小农的大量破产,众多儒生们一再提出重建等级秩序的主张甚至付诸实践,无不以失败告终。三国时期,曹操以社会上世族豪强控制部曲奴婢的方法建立起屯田制、士家制,及至其子曹丕执政时,"赐公卿客户耕牛",公开承认了世族地主占有依附民的合法性。在孙吴政权和蜀汉政权中,也出现了承认权贵地主占有依附民合法化的倾向。西晋时期更出现了系统的占田荫客制度,将世族地主占有土地与劳动者合

法化。

政府对世族地主土地占有及劳动人口分割的承认,是以现实生活中世族土地所有制的发展及其对劳动人口控制的强化及依附人口身份的降低为基础的。世族地主在取得政治、经济各种特权的过程中,为巩固自己的特权地位,一方面要严格地主内部的士庶之分、保证世族自身对政治经济特权的垄断,另一方面,则努力扩大自己的依附队伍并将其身份固化,以确保对劳动人手的占有。因此,世族地主的形成与发展,是良贱身份制度形成的一个重要原因。总的来说,东汉至魏晋时期世族地主的形成、大土地所有制的发展、依附关系的强化以及人口的锐减,使对劳动人手的争夺空前激烈,而一般民户为保全生命,亦主动投附豪家大族。这些原因都促成了依附关系的急速发展及依据依附关系强弱不同而形成的身份等级的多层次化与复杂化。这中间,以身份世袭为特征的世家大族的形成,与同样以身份逐渐世袭为特征的各类依附民、贱民身份的形成大体是同步的,绝非偶然。

南北朝时期,特别是北魏时期,在统治者利用汉人世族进行的汉化过程中,一方面明确了包括少数民族贵族在内的门阀贵族体系,同时也确定了良贱身份体系,特别是通过均田制度,强化了良奴之分,其门阀贵族系统与良贱身份制度的许多内容,大多为隋唐统治者所承袭。[1]

二、中古门阀世族贵族体系与中古良贱体系在唐前期的情况

中古门阀制度在南北朝时期已出现衰微迹象,经隋末农民战争,更进一步走向式微,但不可否认的是,唐中叶以前的社会经济大体仍是南北朝隋社会经济的延续,唐初的社会性质与魏晋南北朝隋朝的社会性质相比,基本上没有什么大的区别。在唐前期社会中仍是以关陇贵族、关东世族及江南世族占主导地位的门阀贵族土地所有制,部曲佃客奴婢仍是地主土地上重要的劳动者。同时,中古良贱身份制度经过长期的发展,至隋唐时期也臻于完备,这集中体现在隋唐法律中关于良贱身份制度全面、系统、严密的规定。

唐初基本的土地制度没有变,自然经济的现状没有变,占统治地位的地主阶层没有变,商品经济依然落后,唐初制定的律令,在经济方面,以维护大土地所有制及均田制下的等级土地占有为主要目的。其作用是两方面的,一方面它承认与维护现有的地主土地所有制及部曲佃客制,另一方面它限制土地兼并,保护自耕小农的稳定性。其基本目标则是保持现有的经济体系的稳定性、保证中央的赋税收

[1] 参见李天石:《试论北魏时期良贱身份制度的法典化》,载《江海学刊》2004年第3期。

人。总的看,唐初均田制及身份等级制等生产关系,在一定的历史时期内是适应当时生产力发展的,由于唐初社会的相对稳定、均田自耕小农的增加,由于统治者政策的调整及对生产的重视等多种原因,经过唐初至武周近百余年的发展,近至唐中叶,社会经济开始有重大转变,开元天宝年间,唐代社会出现了空前繁荣的景象。一方面是世族地主的衰落及庶族地主政治经济势力的壮大,一方面是部曲奴婢劳动制的衰落及客户即契约租佃农民的大量增加,这导致了中古良贱身份等级系统的彻底紊乱,"冠冕皂隶,混为一区",其最终结果必然是良贱身份等级制的瓦解。

总之,世族土地所有制的瓦解及世族地主退出历史舞台,并非出于某些人物、某些阶层的主观愿望,暴力的作用从来代替不了经济规律的作用。根据马克思"社会变化的终极原因归根到底应当从经济关系中去寻找"的原理,世族土地所有制的瓦解,归根到底应是生产力发展、特别是唐初百余年生产力发展引起商品经济发展、商品经济发展又导致世族土地所有制凝固性丧失、部曲奴婢身份雇佣化及世袭身份改变的结果。这一变化严格说自南北朝随着商品经济的活跃、世族逐渐的衰落即已开始,而随着唐代商品经济的进一步发展与繁荣、土地私有权的深化及土地转移频率的加快而加速,至唐中叶均田制的瓦解则是一个转折点,至宋代这一转变方告结束。概言之,唐中叶土地所有制由中古等级占田制到宋代"不立田制""不抑兼并",地主阶级由身份性世族地主向非身份庶族地主转变,农民阶级主体由依附性极强的中古部曲奴婢佃客向契约租佃农民的转变,这一过程,也就是中古良贱身份等级制度走向衰落的过程。

三、中古门阀世族贵族体系与中古良贱 体系在唐宋之际的瓦解

关于唐代门阀贵族的衰落,学者们已多有探讨。尽管意见不完全一致,但大多认为至少在唐代中期以后,士族已失去往日的光辉,走向衰亡。特别是经唐末农民战争后,在宋代,婚姻不问阀阅,仕宦不尚门第已成风气。同样,在唐初仍十分严密的中古良贱身份体系,在唐中叶以后,也开始趋于瓦解。笔者认为这两者基本是同步的,集中反映在以下几方面:

首先,唐中叶以来,代表贵族特权体制的均田制瓦解,同时在地主土地上劳动的主体,已由部曲奴婢等向契约租佃客转变。

唐中叶均田制度的破坏,不仅是均田小农的破产,土地流动转移的加快,也使世家大族土地所有权的稳定性丧失。我们知道,世族土地所有制的特点是其土地的世袭性及凝固性,由此决定了其劳动者身份的世袭性及凝固性。这正是世族土

地所有制与部曲奴婢劳动制紧密结合的根本原因。唐中叶土地兼并的发展,一方面使大量自耕农丧失土地而成为客户,另一方面,也使地主包括世族地主土地的流动性增加,这中间固然有可能是世族对他人土地的兼并,但更多的应是世族地主丧失其世代相袭的土地所有权,让位于庶族地主的土地兼并。这是因为:庶族地主土地上更多使用的是契约租佃农民,契约租佃农民因其封建依附性的减轻,劳动积极性远高于部曲奴婢,因此,在唐中叶土地兼并的潮流中,庶族地主所有制取代世族地主土地所有制,乃是历史发展的必然趋势。

《新唐书》卷九五《高俭传》史臣赞提到,古者"人皆土著,故名宗望姓,举郡国自表,而谱系兴焉",而至唐中叶,"谱录都废,公靡常产之拘,士亡旧德之传……悠悠世祚,讫无考按,冠冕皂隶,混为一区,可太息哉"! 这里作者把古代的"名宗望姓"及"谱系之兴"归之于"人皆土著",把唐中叶以后的"冠冕皂隶,混为一区"同"公靡常产之拘"联系起来,可以说是独具慧眼,即从土地关系的角度解释等级制的存废,抓住了问题的关键。

"人皆土著"实际反映了二层含义,一层为土地系"常产",土地所有权稳固;一层为土地上的人"土著",即地主拥有常产、劳动者附着于土地。这正是世族土地所有制及其占有的劳动者身份都具有凝固性、世袭性的表现。而唐中叶"冠冕皂隶,混为一区",则反映了旧的身份等级制的破坏。而旧的身份等级制的破坏,原因在于商品经济流动性导改了土地流动性的增加,进而导致世族土地所有制的瓦解。也就是说,唐中叶商品货币经济的迅猛发展,使商业资本和高利贷资本对世族土地所有制产生了强大的侵蚀作用,同时商品经济的发展必然瓦解宗族的血缘纽带,使大族趋于分化,由"人皆土著"走向离乡徙居。其传统的土地占有方式必然发生变化。

均田制的瓦解,也使唐政府无法再保证身份性地主稳固的土地所有权,因而世族世代相承的土地所有制在庶族地主的竞争下,迅速分化崩溃。土地"从一个人手里流到另一个人手里,并且任何规律都不能把它再保持在少数特定的人们手里"。那种具有世袭贵族色彩的世族土地所有制的"安定的垄断"再也保持不下去了。因而至唐中叶以后,"田亩移换,非旧额矣;贫富升降,非旧第矣"。至于具体事例,史载更多,此处不赘。唐代有人概括一些世族达官子弟的衰败说:"不肖子弟有三变,第一变为蝗虫,谓鬻庄而食也;第二变为蠹鱼,谓鬻书而食也;第三变为大虫,谓卖奴婢而食也。三食之辈,何代无之?"①

唐朝地主阶级内部"贫富升降"与"田亩移换"速度的加快,反映了世族地主土地所有制的衰败及庶族地主势力的壮大,亦从根本上动摇了原有社会各阶层政治、

① (宋)李昉等:《太平广记》卷二五六,《唐五经》。

经济身份地位的稳固性:世族土地所有制的瓦解,必然使部曲佃客、奴婢随着世族土地凝固性的丧失而减轻依附关系,许多佃客、部曲、奴婢随着世族土地的丧失,转复成为庶族地主土地上身份相对自由的契约租佃制农民。唐中叶以后,由于庶族地主所有制的迅速发展壮大,封建地权的私有性日益深化,土地转换的频率大大加快,土地易主之日,往往即是部曲、奴婢身份改变之时,正如前引史料中的"不肖子弟"一样,既然连庄田都已卖掉,保留过多部曲、奴婢岂非徒增消费人口。在这种情况下,任何地主很难再像世族地主那样世代保有其土地了,因而除了少量用于家内使役的奴婢外,长期占有大量的从事生产的部曲奴婢,既无可能亦无必要了。

其次,唐中叶以后,由于社会的巨大变化,唐律中关于良贱身份制度的许多法律规定已徒具行文了。我们知道,在唐前期制定的《唐律疏议》五百零二条中,涉及良贱身份的多达一百余条,这些律文在唐初大体是有效的,但是唐中叶以后,由于现实的改变,这些律文包括良贱制度的许多律文不少已失去效力。

再次,唐宋时期,部曲、奴婢等贱民,大量向租佃农民及雇佣劳动者转变,一个稳定的贱民阶层已不复存在。关于唐宋农民阶级的契约租佃化趋势这儿不再多讲,只谈谈贱民阶层的主体奴婢的雇佣化趋势。这表现在几个方面:

1. 奴婢法定的"财产"属性日趋消失,奴婢已向良人转变。

在唐代法律中,奴婢具有财产的属性。但是唐宋时期奴婢的大量雇佣化,使奴婢实际上已非主人所能永久占有、任意处置的财产了,奴婢已有了服务期满脱离主人的可能。这种变化已反映在宋代法律中。《宋刑统》卷一二引唐开元二十五年(737年)《丧葬令》曰:"诸身丧户绝者,所有部曲、客女。奴婢、店宅、资财,并令近亲转易货卖,将营葬事及量营功德之外,余财并与女。"其文后有宋代规定:"臣等参祥,请今后户绝者,所有店宅、畜产、资财、营葬功德之外,有出嫁女者,三分给与一分,其余并入官。"此处且不论宋与唐代关于户绝财产继承的不同,值得注意的是宋人规定中删去了开元令文中作为财产的奴婢及部曲客女,加上了畜产。这一变动不可能是疏忽,而是宋人不将奴婢视为财产的反映。

宋人赵彦卫曾说:"《刑统》皆汉唐旧文,法家之五经也。国初尝修之,颇存南北朝之法及五代一时指挥,如奴婢不得与齐民伍,有奴婢贱人类同畜产之语及五代私酒犯者处死之类。不可为训,皆当删去。"[1]这里赵彦卫认为,奴婢是不能当作畜产对待的。宋真宗也曾说:"今之僮使,本雇佣良民。"咸平时,"诏川陕路逋欠官物,不得估其家奴婢价以偿"。这反映官府已不允许将奴婢作为财产处理了,奴婢由"物"变成了"人",这不能不说是唐宋奴婢制度的重要变化。

---

① (宋)赵彦卫:《云麓漫钞》卷四,中华书局1996年标点本。

2. 奴婢的雇佣化使中古森严的良贱界限趋于模糊,消失。

良贱身份制度存在的前提,是贱民阶层的存在,而贱民阶层的主要构成部分是奴婢。奴婢的雇佣化使奴婢很难再像唐代那样长期保持世袭的贱籍身份了。一个奴婢在计佣折直以后,可能就不再是奴婢,许多不是奴婢者,因生活需要,也可能雇身为奴,而身份仍为良人。因此要保持一个有着稳定贱籍身份的奴婢阶层已不可能,唐代奴婢"过贱"及奴婢有固定"贱籍"那一套制度,在宋代已不存在。宋代雇佣奴婢立契的目的主要是言明雇价与年限,至多也只是像袁采所讲那样,证明"或果穷乏,无所依倚"而已,与确认典雇者是否有贱民身份没有关系。既然奴婢已不是相对稳定贱人阶层,与良人之间已无明显界限,唐代那种杂户,官户、番户也不复存在,那么良贱之分自然也就失去了意义与可能。

3. 奴婢的雇佣化使唐宋官奴婢制度进一步衰落下去。

唐代中期,魏晋以来官府手工业以官贱民劳动为主体的情况向以雇工人为主的体制转变。随着纳资代役与和雇制的发展,官奴婢手工业劳动的重要性日益下降,到了宋代,官手工业中官奴婢之类的"贱民"已经消失,劳动者已都是召募的工匠及差雇匠了。从官奴婢的来源看,宋代已基本改变了没战俘为奴婢的传统做法。此外,犯罪者的私有奴婢,也不像过去那样完全作为财产没官了。南宋开禧三年(1019 年),吴曦以谋反获罪,其妻妾等按律应没官为奴婢,但众官集议后认为,没官系"贷而不死,世为奴婢,律比畜产",但"此法虽存,而不见于用,其母女妻妾……合于流罪"[1]。南宋末年方回亦曰:"近代无从坐没入官为奴婢之法。"

不仅官奴婢很少来自战俘和罪没,而且宫廷中奴婢的构成亦产生了变化。宋英宗时,司马光曾上书反对宫中从市井雇佣井下俚妇女,认为"此等置之宫掖,岂得为便。"可见雇佣制已渗入到宫廷服侍阶层,对传统的官奴婢制度形成了一个冲击。宋代官奴婢制度的衰落在职官制度上亦有反映。唐代主管"簿录俘囚、配没奴隶、掌奴婢簿籍"的刑部都官曹,在宋代,据《宋史·职官志》载,其职能已变为掌天下役人及雇工人了。

4. 奴婢阶层的雇佣化,使奴婢的身份地位,比之唐代有了进一步提高。

奴婢能与雇主订立契约本身,就已标志着奴婢身份地位的提高。奴婢"贱籍"的消失,更说明奴婢与良人在身份上的接近。宋神宗时,"朝廷广开言路,微至于庶人皂隶,苟有可言,皆得上闻"。"皂隶"居然也可以上言,这在中古时代是绝对不可想象的。太祖时有大臣上言说"近廷臣承诏各举所知,或有同行贿获荐者。请自今许近亲、奴婢、邻里告诉,加以重赏。"太祖批准实行。这反映奴婢已不似唐代,不仅可以告发主人"叛逆""谋反"之罪,而且也可以告发主人的其他罪行了。在中古时

---

① (清)徐松:《宋会要辑稿》刑法六,中华书局 1987 年版。

期,主奴之间,是占有与被占有的关系,主人享有处置贱口的很大特权,贱口不能告主人,主人亦不可能去控告自己的奴婢,因为奴婢像牛马一样,属于无责任能力的财产,而宋代奴婢,却是具有一定权利和责任能力的刑事诉讼主体了。贱口可以告主,同样主人也可以告奴婢。如宋太宗时,有奴婢主人因失一猪而将奴婢告官,可见,奴婢此时已成了被告对象,说明其本身已不是物品了。宋真宗等还多次颁布诏旨,规定对奴婢犯罪的处罚原则,实际上等于正式取消中古长期以来奴婢主人的私刑权。仁宗时宰相陈执中本家笞女奴迎儿致死,曾引起轩然大波。开封"道路沸腾",陈执中为此被"罢免相位"。

另外,唐宋官府还以多种方式解放奴婢之类贱民,如唐武宗时从寺院一次就解放了十五万名奴婢。

从以上分析不难看出,唐中叶以来门阀世族的衰败与中古良贱身份体系的瓦解,基本是同步的。这是因为,中古良贱制度的形成,是与以部曲奴婢劳动制为特征的世族土地所有制的存在紧密相关的。当唐宋之际门阀世族土地所有制彻底瓦解从而导致部曲奴婢劳动制解体,部曲奴婢等贱民身份大量改变之时,中古良贱身份制度也就无法继续下去了。这从一个方面体现出了唐宋社会的巨大变化。

(原刊《江汉论坛》2006 年第 3 期)

从身份制度看中国中古社会的变迁

一、序言

自二十世纪二三十年代以来,特别是自 1949 年以后,中国学者对中国古史分期的问题,进行了长期热烈的讨论,提出了多种观点。[①] 在日本,自二十世纪初以内藤湖南为代表的京都学派形成后,二战后又形成历史学研究会派。在中国历史分期的观点上,两派提出了完全不同的观点,展开了同样热烈的讨论。[②] 中国进入改革开放时代特别是进入二十一世纪,随着经济发展成为社会的主题,中国古史分期的讨论沉寂下来,[③]日本史学界似乎更早经历了这样的历程。自二十世纪六七十代日本经济腾飞以后,青年人研究的路径发生很大变化。[④]

中国学者何兹全先生十多年前曾提出,与其在历史分期问题上研究奴隶社会与封建社会的时代区分而无法取得一致看法,不如重点研究中国历史发展过程中自然阶段的划分。他认为造成历史分期无法取得一致看法的原因有二:“一是中国是个大国,历史是复杂的,对这个复杂的历史的研究深度不够。二是论争主要停留在社会性质、社会发展形式等理论问题上。对中国历史实际没有研究、没有深度认识,理论上的争论是争论不出对中国历史的认识的。”他主张首先研究历史发展的自然段

[①] 相关讨论情况参见《中国古代史分期问题讨论集》,三联书店 1957 年版;林甘泉、田人隆、李祖德:《中国古代史分期讨论五十年》,上海人民出版社 1982 年版;张广志:《中国古史分期讨论》,陕西师范大学出版社 2003 年版等书。

[②] 参见[日]谷川道雄等:《战后日本的中国史论争》,载《日本学者研究中国史论著选译》,第二卷《专论》,中华书局 1993 年 10 月版。[日]西岛定生《中国古代帝国的形成与结构》之《序章》第三节,中华书局 2004 年版。

[③] 近些年来,随着冯天瑜《封建考论》一书的出版,中国史学界针对封建问题,展开了一些讨论,如《湖北社会科学》2007 年第 1 期举行专题笔谈,专门讨论“封建”等概念问题。但并未掀起持久的热潮。(见《冯天瑜等:“封建”概念再认识笔谈》一文,载《湖北社会科学》2007 年第 1 期。)

[④] 参见[日]谷川道雄:《战后日本的中国史论争》之《总论》,载《日本学者研究中国史论著选译》之二,中华书局 1992 年版,第 327 页。

落,他说"在中国历史发展过程中,有哪些自然段落?各段落有哪些特点、特征?哪些特点、特征是前后段所无而为它所特有、是使它和前后段区别开而自成一段落的?历史自然段和历史分期、社会性质的关系是:前者是客观实际,是基础,是本;后者是主观意识,是上层,是末。提出研究自然段的意义在于:重事实,重材料。研究中国历史,先重事实研究,少定框框。事实没有摸清楚,不要急于定社会性质。研究中国历史,先让中国史料说话。——争论历史分期,不如退而研究历史发展的自然段"①。

何先生的话我认为是极有道理的,也只有依据充分的史料,对中国历史发展客观存在的自然阶段进行划分,才能够为研究中国历史分期问题打下坚实的基础,提出正确的看法。

其实,多年来中外历史学者对于中国历史发展过程中带有划分阶段性意义的许多客观事实,是有着相对一致的看法的。例如,对于春秋战国时期、唐宋时期,社会发生的一些巨大变化,无论持何种分期观点的史家,都是给予承认的。② 若能够进一步求同存异,从不同方面深入研究中国不同历史阶段的不同特点,是能够将历史分期的研究进一步推向深入的。特别是近年来,在中国各地陆续出土的秦汉简牍及走马楼吴简等大量新文献,也为这一研究的深入,提供了更多的可能。

对中国中古身份制度的研究,应当说自清代以来即不乏其人,如沈家本、薛允升、何志骧、黄现璠等。日本学者尤为重视这一课题的研究,硕果累累。仁井田陞、浜口重国、堀敏一、尾形勇等学者皆有宏大著作发表。③ 在中国古史分期的讨论及中古史研究中,中国学者也曾就历史上的奴隶、奴婢、部曲等身份制度做过深入研究,④本人也曾以中古良贱身份制度为专题加以探讨。⑤ 因此,这里不是对中国古代身份制度的全面探讨,而只是想从中国历史分期这一角度出发,探讨中国中古身

---

① 何兹全:《争论历史分期不如退而研究历史发展的自然段》,《光明日报》1999年1月29日。
② 例如,内藤湖南《概括的唐宋时代观》一文中所列举的关于唐宋变革时期的种种历史现象,如贵族政治的衰落和君主独裁政治的兴起、人民地位的变化等等,无论持何种分期观点的人们,都是不曾否认的。
③ 对于中国古代的身份制,清末民初著名法学家沈家本在他大量的法学著作如《历代刑法考》《刑统赋解》《刑统赋疏》中,都有涉及。清末民初的另一个法学家薛允升,亦精于律学,"官刑部垂四十年"。其所作《唐明律合编》一书,将唐律与明律的身份等级规定一一对比。1945年,黄现璠出版《唐代社会概略》一书,涉及了身份制度。上世纪二十年代,日本玉井是博《唐代贱民制度及其由来》(收入《中国社会经济史研究》岩波书店1942年版)一文,揭开了日本研究中国身份制度的序幕。此后日本学者不断有成果发表。仁井田陞著有《中国身份法史》(东方文化学院1942年版)。二战后浜口重国著有《唐王朝的贱人制度》(东洋史研究会1966年版)。七十年代以后,堀敏一有《均田制度研究》(岩波书店1975年版)、《中国古代的身份制》(汲古书院1987年版),尾形勇有《中国古代的家与国家》(中华书局中译本2010年版)等书出版,对中国古代的身份问题皆做了相当深入研究。
④ 如唐长孺先生对中国三至九世纪的社会身份问题做了相当深入的探讨。详见《唐长孺文集》,中华书局2012年版。
⑤ 李天石:《中国中古良贱身份制度研究》,南京师范大学出版社2004年版。

份制度的一些阶段性特征,借此说明中国历史发展不同阶段在身份制度方面所体现的某些自然特点。

二、概说中国古代身份制的不同阶段及其特点

什么是身份? 历史学家、社会学家、法学家都有各自的解释。在古代社会,"身份"是最普遍的现象之一。在中国传统的语境中,"身份"最直白的诠释就是"名分"。"名"是用来表示个体在家、国秩序中所处的"位置","分"则指行为的准则。可以说,中国古代身份社会的特色就在于"名分"二字。按中国传统社会的说法,身份就是个人在家庭、社会、国家中的法律地位与公认的名分。^① 在春秋战国时代的经典著述中,"名分"已经是一个社会政治的、法律的概念。儒家特别强调"正名",所谓"名不正,则言不顺,言不顺则事不成"。法家则主张"定分"。名分在法家的著作中被直接用来表示与主体相关联的权利义务、行为规则,它可以为人们的行为提供普遍性的指导。

社会中的人与生物学意义上的人是不同的,由于历史时代的不同、场域背景的不同,人们的身份又可以区别为多个维度,如家庭身份、职业身份、政治身份、法律身份等。而用以确立、调整和维护身份关系的法律规范的总称,即是身份法。这里所要探讨的主要指的是国家统治秩序下的法律所规定的人们的身份。

先秦的殷商西周春秋时期,是中国身份制度发展的第一阶段。这个时期,中国社会去古未远。从中央至地方,东方亚细亚社会的特点尚十分明显。农村公社的宗法血缘关系体系尚未彻底破坏。作为国家立法的身份制度,虽然文献反映得不是十分明晰,但从有限的史料来看,公、侯、伯、子、男五等爵制度是人所周知的贵族身份体系,世卿世禄的等级秩序确定了人们的身份地位。此时期的身份,从贵族来说,主要依据与中央宗法嫡亲关系的远近来确定高下。而民间的身份,除了按种族与部族区分以外,亦有多种说法。如"天有十日,人有十等",其总的特点即是身份地位的高低依血缘的世袭关系来确定。^② 其实史书中许多等级名分的说法,许多是后来儒生的编排,当时是否如此,值得怀疑。不管具体的身份体制究竟如何,人们的身份地位主要是依据宗法血缘关系来确定这一点,似是没有多少争论的。因此可以称这个时期的社会为"世袭社会"时期。^③

身份地位的确定既是政治地位上的体现,同样是经济关系与阶级关系的体现。

① [日]滋贺秀三:《中国家族法原理》,张建国、李力译,法律出版社 2003 年版。
② [日]堀敏一:《中国古代身份法》对这一时期的身份等级史料有详细论述,汲古书院 1987 年 8 月版,第 93 页。
③ 何怀宏:《世袭社会及其解体》,生活·读书·新知三联书店 1996 年版。

在半个世纪前中国古史分期的热烈讨论中,中国学者多是从经济与阶级关系入手研究这一时期的身份问题,郭沫若、范文澜、李亚农、金景芳等先生等对先秦的社会经济、阶级、等级等做了大量的研究,对诸如"众人""庶人""野人"等众多身份做了许多有价值的探索。这些探索有些现在也仍有一定价值。①

中国古代身份制发展的第二个阶段,是战国秦汉时期。前后约六七百年左右。在这一阶段的开初如战国时期及后期如东汉时期,都带有由前阶段向后阶段过渡的历史特点。

春秋战国时期,是一个"礼崩乐坏"的社会大变动时期,其最为显著的特点是世卿世禄等级秩序的被打破,至战国中期,崇尚法家的秦国以商鞅变法为标志,强制性地推行法家路线,秦统一后,又在这一思想指导下将全体国民纳入了其从中央到地方的官僚队伍的管理体系中。以彻底的"编户齐民"体制,取代原来三代社会中隶属于不同贵族的基层村社宗族共同体,宗族结构全面解体。代之而起的是个体家庭的"户",这是一种近乎最小的自然形态的家庭。即李悝所说的"今一夫挟五口"②,孟子讲的"五口之家"③,晁错所说的"今农夫五口之家"④。随着秦汉帝国中央集权的君主官僚政体的确立,形成了皇帝一人在上、万民在下的新的政治格局,而作为"自由人"的社会个体则获得了具有一定普遍性的法律人格,即"编户民"身份。对于这一秦汉时期中国传统结构的形成过程,西岛定生、杜正胜等学者皆做了专门的探讨。⑤

秦汉帝国是怎样实现皇帝对全体编户齐民的身份控制的呢,这就是体现全民身份等级秩序的二十等级军功爵制度。在中国古史分期方面,不管人们对历史分期的看法与观点如何不同,但对春秋战国这一时期社会发生的重大变化,对世卿世禄制的瓦解都是予以承认的。同样,对于秦汉在法家理论指导下建立的二十等级军功爵制度的存在,现在也都不再怀疑,这就从身份制度变化的角度,为两个时代阶段的区分,确立了明显的标志。

关于二十等爵制度,中日学者都做了深入研究(详论见后)。笔者认为这一制度的最重要特征之一,是它的流动性。个人在社会身份体系中的地位不是一成不变的,而是可以根据个人的军功或事功而形成升降。整个社会的身份可以说是流

---

① 经济基础决定上层建筑一般来说是对的,但对于一个封闭的社会,经济的变化可能是十分缓慢的,而社会的、政治的、文化层面的变化可能要快得多。张光直曾指出夏、商、周三代在经济上差别不大,(《青铜时代》)而二十世纪中叶黄土高原上一个农民所使用的工具、生活方式乃至于他所介入的经济组织,都可能和一个两千多年前的农夫相差不多,尽管从社会政治文化层面来看,世事已经发生了不少的变化。

② (汉)班固:《汉书》卷二四,《食货》上。

③ 《孟子·梁惠王》上。

④ (汉)班固:《汉书》卷二四,《食货》上。

⑤ 杜正胜:《编户齐民:传统政治社会结构之形成》,联经出版公司1990年出版。

动的。这与三代的世卿世禄制形成了鲜明的对照与根本的区别,此外,它的另一个特点即是它的普遍性,即几乎所有臣民(奴婢、七科谪、罪徒少数除外)都有获得爵位的机会。张家山汉简所体现出的以法家为主导思想的身份法条文,最清楚地说明了这一时期身份制度的特点。这个阶段的下限,当在东汉二十等爵制彻底衰落与中古世家大族崛起之时。

中国身份制度发展的第三个阶段,从六朝开始,经隋唐时期,至五代结束。

这个阶段是国家与门阀士族共同主导并建立起具有宗法血缘特色的贵贱等级身份制时期。这个时期政治上最显著的特点,是门阀士族的兴起及其对政治权力的垄断,法律制度上出现了"引礼入律"的过程,人们皆被确定为社会中某一阶层中的固定的一员,形成了系统的凝固的身份等级制度。具体讲,就是在社会的统治层面,形成了士庶贵贱之分,而在社会的基本民众层面,出现了良贱之分。与此相对应,这个时期经济上的突出特点是商品经济的衰退与自然经济重占主导地位、宗法血缘关系的再度强化、社会阶层复杂化,这是这一时期政治体制与身份制度变化的社会经济基础。

这个时期的《唐律》,是中古法律体系"引礼入律"的总结,这个历程我以为其实就是世家大族把其崇尚的儒学礼制理念,纳入法律体系的过程。这个过程自汉代的"春秋决狱"开始,大体至六朝隋唐时期完成,《唐律》为礼法结合的典型代表。[①] 先秦时期在宗法血缘、自然经济基础上形成的儒家思想的父家长制特色,在秦汉时期有所消退之后,至这个时期又得以强化。中古法律,包括其中的身份法,实际上是一个门阀士族与专制国家政权相互博弈、相互妥协、相互让步的过程。这就是中古法律所形成的历史背景。在唐律中我们可以看到门阀士族意志与国家政权体制相互矛盾、相互妥协的痕迹。其中最有代表性或者说十分突出的一点,就是国家法律中所极力维护的建立在宗法父家长制基础上的良贱等级身份体系。

中国古代身份制度的第四个阶段,当是进入了京都学派所讲的中国近世时期,即宋元明清时期。这个时期身份制度的特色,是皇帝集权的不断强化,同时,皇帝通过科举制度选拔民众中的精英,形成以官本位为基础结合民间宗法共同体进行统治的身份等级系统。

三、儒法不同的身份等级观念及秦汉身份等级制的特点

春秋战国时期,社会发生变革,西周以来的政治、经济、思想文化结构包括等级身份制度,在这一时期都发生了重大变化。尽管人们对这一时期变革的性质由于历史分期观点的不同,而有不同的看法,但一般并不否认的几个事实是:第一,"普

---

① 瞿同祖:《中国法律与社会》,中华书局1981年版。

天之下,莫非王土""田里不鬻"的土地关系已随着商品货币关系的发展与土地的买卖,日益瓦解,土地所有权不再由身份贵族世代相袭;第二,西周"世卿世禄制"的宗法贵族体系与等级秩序、结构遭到破坏;第三,在"礼崩乐坏"的过程中,"礼"作为维护贵族特权的作用日益下降,而成文法的公布,则使"刑无等级"日益成为现实。社会的变革,使传统的等级身份观念发生根本的动摇。

从文献的记载不难看到,春秋战国之际,社会的动荡,尽管使诸子百家纷纷粉墨登场,各扬其说,但真正支配春秋战国社会发生重大变革的理论,是作为儒家对立面的法家思想。关于"礼法之争"无疑是该时期社会新旧秩序更替过程中在政治及思想意识领域内最重要的斗争。正如蒙文通先生所言:"儒家之传本于周,而法家之术大行于战国而极于秦,则儒法之争者为新旧两时代思想之争,故二家为一世新旧思想之主流,而百家乃其余波也"①。儒家之"礼治"思想,主张社会按宗法血缘身份划分等级、"别贵贱"、"序尊卑",使这种上下贵贱等级不可逾越,法家的"法治"思想则主张以军功、事功决定身份地位之高下;"礼治"主张贵族享有特权,"刑不上大夫",法家则主张"刑无等级"②,"不别亲疏、不殊贵贱,一断于法"③;"法家的法与儒家的礼之间,有着很多不同点。其最主要的区别,莫过于法的普遍性原则(它不允许任何个人或团体具有法律以外的特殊身份)与礼的等差性原则(它主张应根据人的身份、地位以及所处特殊环境,而给以区别性对待)的对立"④。儒法两家的对立,实际是明礼差等与奉法齐一的对立。法家的"无功者虽富,无所芬华"⑤是对贵族等级特权的否定。⑥

实际上,春秋战国时期旧的等级秩序与结构的瓦解,并非是儒法两家在理论上斗争的结果。社会变化的终极原因还应当从社会经济中去寻找。春秋以来等级结构的瓦解,根本原因还应是生产力发展促使商品经济活跃、而商品经济的活跃又加速了私有化进程的结果。⑦ 正如恩格斯在论述商品经济的历史作用时所说的,"由此而日益发达的货币经济,就象腐蚀性的酸类一样,渗入了农村公社的以自然经济

---

① 蒙文通:《法家流变考》,《古学甄微》,巴蜀书社 1987 年出版,第 295 页。
② 《商君书》卷四,《赏刑》,见《二十二子》,上海古籍出版社 1991 年版。
③ (汉)司马迁:《史记》卷一三〇,《太史公自序》,中华书局 1973 年版。
④ [美]D.布迪:《中华帝国的法律》,江苏人民出版社 1995 年版,第 21 页。
⑤ (汉)司马迁:《史记》卷六八,《商君列传》,中华书局 1973 年版。
⑥ 当然,作为儒家的礼也是在不断变化的。人们经常以孔子从礼乐中阐发出"仁"的观念,来说明孔子的"礼"学观念已突破了西周宗法关系中"亲亲"的范围,将"亲亲"引申泛化到了一切人之间,"泛爱众而亲仁"。而"贤贤"更打破了贵族世袭政治的特权。但孔子在维护西周宗法等级身份方面是不遗余力的。
⑦ 仁井田陞氏对这一时期生产关系扩大与交换经济发展对家族的瓦解过程有深入分析。见[日]仁井田陞:《中国身份法史》,东京大学出版社 1983 年复刻版,第 32 页。

为基础的传统的生活方式。氏族制度同货币经济绝对不能相容"①;"商品形式和货币就侵入那些为生产而直接结合起来的社会组织的内部经济生活中,它们逐一破坏这个社会组织的各种纽带,而把它们分解为一群群私有生产者。"②

在这里,我们看到了一个事实:即西周的宗法等级身份结构是建立在商品经济极不发展的自然经济基础上的。而自然经济与等级制度有着天然的联系。商品经济的发展,则是自然经济的腐蚀剂,是等级身份制度的对立物。商品交换的法则要求交换者之间的平等,要求交换者之间在价值规律下建立某种契约关系,因而其与贵族等级身份制度的特权观念是格格不入的。凡是商品经济充分发展之时,必是等级身份制度受到冲击之日。

关于秦代的等级身份制度。侯外庐先生指出:"秦汉之世有所谓社会等级之制,和古代'刑不上大夫,礼不下庶人'之制相反,这等级制是以耕勤战力者显荣为原则。"③日本学者堀敏一氏亦曾指出:自战国以来,西周春秋那种占支配地位的身份等级制已经瓦解,而到秦朝,君主统一集权下的新的国家身份系统已建立起来。④

众所周知,秦国是在法家学说的指导下发展壮大并最终吞并六国、实现统一的。法家的理论,并不从根本上否认等级身份制度存在的合理性,不过在法家看来,人们等级身份贵贱的高低,不是由宗法血缘关系来决定的,而是取决于军功事功之大小。在战国七雄争战之中,之所以"齐之技击不可以遇魏氏之武卒,魏氏之武卒不可以遇秦之锐士"⑤,正在于秦国实行了最彻底的以军功决定身份爵位高下的"军功爵"制。

商鞅时创立的爵制,是秦汉二十等爵制的前身。秦人重爵,甚于重官。爵之高低,决定了身份地位之高低。而爵位之高低又主要取决于军功之大小。"有军功者,各以率受上爵……宗室非有军功论,不得为属籍。明尊卑爵秩等级,各以差次名田宅,臣妾衣服以家次。有功者显荣,无功者虽富,无所芬华。"⑥《韩非子·定法》载:"商君之法曰:'斩一首者爵一级,欲为官者为五十石之官;斩二首者爵二级,欲为官者为百石之官,'官爵之迁与斩首之功相称也。"显然,商鞅将尊卑、贵贱、等级之高下,完全建立在爵位之上,所以"明王之所贵惟爵","夫民,力尽而爵随之,功立而赏随之","明君之使民也,使必尽力,自规其功,功立而富贵随之"⑦。韩非亦

① 《马克思恩格斯选集》第四卷,第107页。
② 《马克思恩格斯选集》第三卷,第350页。
③ 侯外庐:《中国封建史论》,人民出版社1979年版,第84页。
④ [日]堀敏一:《均田制研究》,福建人民出版社1990年版;《中国古代身份法》,汲古书院1987年版。
⑤ (战国)荀况:《荀子》卷一〇,《议兵》,见《二十二子》,上海古籍出版社1991年版。
⑥ (汉)司马迁:《史记》卷六八,《商君列传》,中华书局1973年版。
⑦ 《商君书》卷三,《错法》。见《二十二子》,上海古籍出版社1991年版。

明确称:"设爵位所以为贱贵基也。"①在这里,宗亲、血统、出身,全部失去了作用,"封建制度的君子小人分野取消了,万民同站在一条起跑线上,凭借个人在战场上的表现缔造自己的身份地位"②。

不仅决定身份地位的先天特权取消了,同时,秦国的罪罚标准也是"刑无高下","赏随功,罪随罚"。"圣人为国也,一赏、一刑、一教。一赏,则兵无敌";"一刑者,刑无等级。自卿相将军自至大夫庶人,有不从王命、犯国禁、乱上制者,罪死不赦。有功于前,有败于后,不为损刑;有善于前,有过于后,不为亏法。"③

当然,秦统一之前的秦国,法家理论与实践的发展,在某种程度上亦是得益于其本身宗法封建制的不发达,秦国国君子弟和贵戚皆无尺土之封。④ 秦之立君亦不讲嫡庶,而是"择勇猛者立之"⑤。宗法血缘关系的薄弱,使秦人摆脱了东方各国在宗法分封等级制基础上所形成的"礼教"之束缚与障碍,反而为自己战胜东方各国奠定了基础。

秦国及以后的秦朝,依军爵建立的身份制,显然与西周春秋那种以宗法血缘关系为基础建立的等级身份制完全不同。阎步克曾指出:"新式爵制意味着一种不同于旧日村社中传统身份的新身份,这种身份是政权授予的……爵制至少在原则上向平民开放,这就打破了贵族的世袭特权,创造了一个'编户齐民'的流动社会。"⑥

秦这种打破贵族世袭特权、身份向平民开放的军爵等级制度,使爵与社会上每一个人都发生联系,(不是指所有人都有爵,而是说每人都可能获爵,)任何人在军功事功面前,都存在着改变身份的可能。⑦ 战国时期,军功、事功成为决定爵位身份高低及田宅多少的主要因素。秦国商鞅从制度上把它明确下来,因而在这方面

① 《韩非子》卷一七,《诡使》,见《二十二子》,上海古籍出版社1991年版。
② 杜正胜:《编户齐民——传统政治社会结构之形成》,第335页。日本西岛定生亦认为:"里的秩序大概是靠血缘秩序维持的……而后赐爵以规制礼的秩序,里的氏族结合谅必解体。""自天子以至于庶人都含摄于爵制中,所以爵制不只是形成民间秩序的原理,以皇帝为顶点的国家结构也利用爵制组成为一个秩序体。"见[日]西岛定生《中国古代统一国家的特质——皇帝统治之出现》,《中国上古史史论文选集》下,台北华世出版社1979年版。
③ 《商君书》卷四,《赏刑》,见《二十二子》,上海古籍出版社1991年版。
④ 林剑鸣:《秦史稿》,上海人民出版社1981年2月版,第259页。
⑤ (汉)司马迁:《史记》卷六八,《商君列传》,中华书局1973年版。
⑥ 阎步克:《士大夫政治演生史稿》,北京大学出版社1996年版,第230—231页。
⑦ 实际上在春秋战国时期,不独秦国,东方不少国家亦已实行了这种以战功、事功决定身份高下及经济地位的制度。晋定公时,赵鞅在一次誓师词中宣布:克敌者,上大夫受县,下大夫受郡,士田十万,庶人工商遂,人臣隶圉免(《国语》卷一四,《晋语八》)。吴起为魏守河西时,下令进攻秦的边亭,宣布"有能先登者,仕之国大夫,赐上田上宅"(《韩非子》卷九,《内储说上》)。这是爵位与田宅一并赏赐的例证。申不害在韩国主持政治改革,建立了"循功劳、视次弟"的制度(《战国策》卷二七,《韩策》)。所谓"视次弟",指的是按军功的大小,赏赐相应的爵位和田宅,其目的正如韩非所说的"夫陈善田利宅,所以利战士也"(《韩非子》卷一七,《诡使》)。或者说是"夫上所以陈自田大宅,设爵禄,所以易民死命也"(《韩非子》卷一九,《显学》)。

做得更为出色。秦的统一,则使这种制度普及到了中央集权下的全国范围。这是秦朝军功爵身份制度的源头。

秦朝以军功决定身份高下的二十等军功爵制,虽然后来逐渐由军爵转化为民爵,但其爵制的基本原则仍被承袭实行。"流动性"及"非凝固性"仍是其主要特征。这与西周世卿世禄制度下以宗法血缘关系决定身份、中古门阀士族制度及良贱制度下以门第及先世决定身份,形成了鲜明对比。两种身份制度有着极大的差别、有着原则性不同。①

值得注意的是,早在先秦社会即为最下等之类人如奴婢等,在秦的法律下,也出现了改变身份的可能。这与晋定公时赵鞅宣布"人臣圉"可因克敌而改变身份的规定是一致的。如秦军爵律规定:"欲归爵二级以免亲父母为隶臣妾者一人,及隶臣斩首为公士,谒归公士而免故妻隶妾一人者,许之,免以为庶人。工隶臣斩首及人为斩首以免者,皆令为公。其不完者,以为隐官工。"②这说明,只要"归爵二级"或"斩(敌)首"者,都可以改变亲属或自己的奴隶身份。又如秦司空律规定:"百姓有母及同牲(生)为隶妾,非谪罪也,而欲为冗边五岁,毋尝(偿)兴日,以免一人为庶人,许之。"③这说明,如果"冗边五岁",即可免家庭成员中有奴隶身份者一人为庶人。虽然,秦究竟有多人通过戍边、归爵、斩敌首等方式改变了自己的身份,无法确知,但这种规定的象征意义是重大的。这说明,在秦代社会中,只要"自归其功","功立而赏随之","力尽而爵随之"。从这一角度看,上至皇室宗亲,下至庶人奴婢,都存在身份变动的可能。在这种"不别亲疏,不殊贵贱",一切身份地位依军功事功而决之的情况下,传统礼教在这里没有了余地,社会在这种情况下实现了"平齐"。④

汉代初期国家法定身份制度的特点,与秦代可以说是一脉相承,这里重点分析一下张家山247号汉墓《二年律令》的资料。尽管目前对此类文献的相关研究成果已有很多,但相对于传世文献,由于它来自于以法家思想主导的秦及汉初的法家法时代,具有明确的时代性与思想指向性、并且以非常典型的法律规范形式反映着那个时代存在的与国家秩序、国家社会的组织结构密切相关的、普遍性的身份制度,因而意义重大。

---

① 有的学者如阎步克指出:秦政代表了一种更"纯粹"的"法治","君臣块然循于法律之中",这不仅与其前的"周政"相异,甚至与此后以儒术为标榜的"繁文缛礼之政"大不相同。参见阎步克:《士大夫政治演生史稿》,北京大学出版社1996年版,第240页。
② 《睡虎地秦墓竹简》,文物出版社1978年版。
③ 《睡虎地秦墓竹简》。
④ 侯外庐很早便注意到秦汉买爵与奴婢的关系,指出"法律上讲来其身份依然为无名数的奴隶,买爵就可以名副其实地解放。""汉代自高祖以来每多爵民一级之举,景武之世更著,前人多不明此义,细绎之,最下之级似为奴隶在名义上的解放,因为赐赏与赎买同可由罪奴复身。"见侯外庐:《中国封建史论》,人民出版社1979年版,第85页。

汉初的身份体系大体沿袭了秦代的制度。在法家律学思想指导下的汉代法律，在身份制度上的特点十分鲜明，如以与名田宅制相配套的军功爵制度与"编户齐民"体制，取代了先秦依宗法血缘关系形成的世袭身份制度。

张家山 247 号汉墓出土的《二年律令》之《户律》规定：

> 关内侯九十五顷，大庶长九十顷，驷车庶长八十八顷，大上造八十六顷，少上造八十四顷，右更八十二顷，中更八十（简 310）顷，左更七十八顷，右庶长七十六顷，左庶长七十四顷，五大夫廿五顷，公乘廿顷，公大夫九顷，官大夫七顷，大夫五顷，不（简 311）更四顷，簪褭三顷，上造二顷，公士一顷半顷，公卒、士伍、庶人各一顷，司寇、隐官各五十亩。不幸死者，令其后先（简 312）择田，乃行其余。它子男欲为户，以为其口田予之。其已前为户而毋田宅，田宅不盈，得以盈。宅不比，不得。（简 313）

> 宅之大方卅步。彻侯受百五宅，关内侯九十五宅，大庶长九十宅，驷车庶长八十八宅，大上造八十六宅，少上造八十四宅，右（简 314）更八十二宅，中更八十宅，左更七十八宅，右庶长七十六宅，左庶长七十四宅，五大夫廿五宅，公乘廿宅，公大夫九宅，官大夫七宅，大夫（简 315）五宅，不更四宅，簪褭三宅，上造二宅，公士一宅半宅，公卒、士伍、庶人一宅，司寇、隐官半宅。欲为户者，许之。（简 316）

对于这段史料，研究者很多，杨振红等先生进行了非常细致的分析，[1]提出了许多重要的观点。若从身份制的角度来看，笔者认为这一制度最主要的特点，一是反映了汉初按等级授爵的普遍性，社会的大多数成员皆被纳入这一身份系统之中。二是二十等爵制按爵级地位的高下"名田宅"，即与经济利益紧密挂钩。朱绍侯先生指出："如果说西周五等爵制的经济基础是井田制的话，那末军功爵制的经济基础就是名田制。名田制与军功爵制是在井田制、五等爵制破坏的基础上，同时产生和

---

① 中国学者朱绍侯先后撰有《试论名田制与军功爵制的关系》，《许昌师专学报》1985 年第 1 期；《吕后二年律令赐田宅制试探》，《史学月刊》2002 年第 12 期；《从二年律令看汉初二十级军功爵的价值》，《河南大学学报》2003 年第 2 期。杨振红撰有《秦汉"名田宅制"说》，《中国史研究》2003 年第 3 期。王彦辉撰有《论张家山汉简中的军功名田宅制度》，《东北师大学报》2004 年第 4 期。卜宪群认为汉代赐爵制体现的是"以皇权为核心的身份等级秩序"。对早期官僚制度起了很大作用。见《秦汉官僚制度》，社科文献出版社 2002 年版。高敏、朱绍侯、李均明等也皆有专文专书讨论。（参见《张家山汉简二年律令研究文集》，广西师范大学出版社 2007 年版。朱绍侯：《军功爵制试探》，上海人民出版社 1980 年版。）日本学者西岛定生有《中国古代帝国的成立与结构：二十等爵制研究》，武尚青译自东京大学出版会 1961 年版，中华书局 2004 年版。对于汉代皇帝与民众爵制的关系，增渊龙夫：《所谓东洋专制主义的共同体》（载《一桥论丛》第 47 卷第 3 号）、轫山明氏《爵制论的再检讨》（《新历史学》1985 年 187 号）等也进行了讨论。参见杨眉：《秦汉爵制问题研究综述》一文，载《中国史研究动态》2010 年第 1 期。

发展起来的。"①这从一个方面说明了二十等爵制与普通民众及其生活的关系。曾对二十等爵制进行深入研究的西岛定生氏认为，在秦汉统一的中央集权国家中，皇帝的统治秩序，是以皇权为支配体制的中心。集权国家是以皇帝对"民"的直接支配为基础的，皇权与民之间的关系是形成秦汉帝国国家秩序的关键。②《二年律令》户律的发现，使秦汉这一摆脱了宗法血缘世袭关系而带有普遍意义的身份等级秩序，以具体而清晰的面目展现在我们面前。③

何兹全先生也特别注意到受爵受田民的自由化问题。他说："二十等爵是普通自由平民由平民爬向贵族的阶梯。二十等爵的历史意义是以军功贵族代替氏族贵族。"这一句话高度概括了秦汉身份制度与先秦社会身份体系性质的差别与不同。

汉代二十等爵制影响到身份制度的又一个重要特点，是它使先秦依宗法血缘关系为基础形成的父家长制权力受到很大的限制。

恩格斯在《家庭、私有制和国家的起源》一书中，曾根据摩尔根的调查，这样评述人类早期在血缘宗法基础上形成的父家长家庭制度："若干数目的自由人和非自由人，在家长的父权之下组成一个家庭。"④"这种家庭的主要标志，一是把非自由人包括在家庭之内，一是父权；所以，这种家庭形式的完善的典型是罗马的家庭。Familia[家庭]这个词……在罗马人那里，它起初甚至不是指夫妻及其子女，而只是指奴隶。……罗马的父权支配着妻子、子女和一定数量的奴隶，并且对他们握有生杀之权。"⑤恩格斯这里所讲显然是指罗马早期社会的情况。从中可以看出早期父家长在其原始形态的家庭中具有至高无上的绝对权力。

中国早期的血缘氏族宗法关系在古代社会的严重遗留，使中国古史上父家长的权力相比于世界其他民族要大得多，长久得多。战国时期，随着社会的巨变，宗法结构全面解体。特别是在法家思想指导下大一统王朝的建立，秦及汉初政权都极力强化皇帝对民户的个别支配，父家长的权力因此受到极大限制。从睡虎地秦简与张家山 247 号墓汉简可以看出，秦汉时期，国家法律中虽仍有父家长制的影响存在，但较之先秦时代、甚至较之其后的魏晋南北朝隋唐时代，父家长的这些权力受到了极大的限制。例如，在立户形式上，编户齐民制度打散了依血缘宗法关系结

① 朱绍侯：《军功爵制试探》，上海人民出版社 1980 年 4 月版，第 141 页。
② ［日］西岛定生：《中国古代帝国的成立与结构——二十等爵制研究》，中华书局中译本 2004 年版。
③ 《户律》中此处所展示的二十等爵身份是与皇权直接支配编户秩序相关的主要内容，但并非全部内容。在秦汉时期，还有属于封建关系的诸侯王和列侯（即彻侯），以及处在家长或主人的家长权支配下的奴婢、由犯罪和刑罚导致的罪人，但这些人的身份地位在其他的法律文献中也有规定，同样处于皇权的总体支配之下。正如尾形勇所讲："私贱民虽然隶属于私家，但仍然是处于国家秩序之中的。"见氏著《中国古代的家与国家》，中华书局 2010 年版，第 239 页。
④ 《马克思恩格斯选集》第四卷，第 52 页，转引摩尔根《古代社会》语。
⑤ 《马克思恩格斯选集》第四卷，第 52—53 页。

成的家族制。早在战国时商鞅即提出"令民为什伍,而相牧司连坐。""民有二男以上不分异者,倍其赋"。用行政命令的方式,强力拆散旧的血缘大家族关系,以个体小家庭取代大家族,从而使父家长权力失去了存在的基础,其次,在家内关系上,以皇权对臣民的支配权,取代或减弱了家长的绝对权力。①

从以上对秦汉身份制度的分析可以看出,在秦汉皇权支配下以二十军功爵制编制起来的编户齐民制,已取代了先秦依宗法血缘关系所形成的世袭身份体制,形成了中国身份制发展史上一个鲜明的阶段。

四、皇权与士族的矛盾与妥协:中古身份法形成的背景

对于秦汉之后中国中古社会的性质,中日学者的认识有很大不同,中国不少学者如何兹全等先生认为这是中国封建社会的开始时期。日本京都学派则认为这是中国历史上的贵族共同体占主导地位的中古时期,东京学派则认为这时期仍属于中国古代的奴隶制时期。怎样认识这个时期社会的性质呢? 我这里仍从身份制角度作些探索。

日本京都学派对三至九世纪的中国中古社会作了深入的研究,其代表谷川道雄先生提出了系统的贵族共同体理论。他认为:"以往的六朝研究,虽然也注重贵族(家族)的地方社会势力,但是那只是将其作为国家的对立面,即从统一与分裂的力学角度所作出的理解。我虽然也考虑这一方面的问题,但是更加注重的是使贵族阶级势力得以形成的那种内部结构。这是一种既存在着贵族与民众相隔离的阶级关系,又建立了共存体制的共同体社会。"②

在中国,多数学者在研究魏晋南北朝的士族制度时,多从经济基础、政治因素、文化背景多方面探讨,认为经济上的大地主经济是六朝贵族制度存在的经济基础。谷川先生所称的共同体,不同于秦汉之前的那种所谓的村落共同体。那种村落共同体,"多是以土地及生产手段共有或共同利用为基础,并由此形成村落为规律的。然而在六朝时代这种村落的存在是无法得到强有力的认证的"。他认为,"当时将农村中各家族结合为一体的力量,来自于那种特定的有实力家族的领导性,以及民众各家对于这种领导性的信赖之心。在这里与其说是经济关系,不如说是精神关

① 关于《二年律令》所反映的家父权的削弱,参见王彦辉:《从张家山汉简看西汉时期私奴婢的社会地位》,《东北师大学报》2003年第2期;李天石:《从张家山汉简看汉唐奴婢制度的异同》,《敦煌学辑刊》2005年第2期。吕利:《律简身份法考论》第二章第二节,法律出版社2011年10月第1版。

② 张皓、钟玉发:《谷川道雄教授访谈录》,载《史学史研究》2004年第3期。参见[日]谷川道雄:《中国中世社会与共同体》,马彪译,中华书局中译本2002年版;《隋唐帝国形成史论》,李济沧译,中华书局中译本2007年版。

系,形成了人与人之间相互结合的更加有力的纽带。"显然,谷川先生更重视的是士族与民众形成的共同体的精神层面。

笔者认为,如果把魏晋南北朝隋唐时期皇帝控制下的编户齐民体制,仍看作是与秦汉时期完全一样的编户齐民体制,无疑是有问题的。这样就会忽视了六朝士族的存在并在社会上有很大影响这样一个事实。但是,我们是否可以把这一时期的贵族与民众的共同体的作用看作主导的唯一起决定作用的因素呢? 我认为似乎不能。

笔者认为这一个时期在多数政权中起主导作用的力量,与其说是皇权个别支配下的编户齐民制或士族共同体哪一个方面起决定作用,不如说这一个时期是皇权与士族势力之间,不断博弈、不断妥协、不断调整、共同实现合力合作统治的时期。可以说,这种斗争与妥协的关系几乎反映在政治、经济、军事、思想、文化方方面面。例如,三国时期南方政权因照顾士族世代拥有的部曲家兵而实行的世袭领兵制;曹魏政权为照顾士族政治特权,取代汉代察举征辟选官制度而实行的九品中正制;南方政权皇帝与士族在国家治理上出现的"王与马共天下"局面;南方政权对南迁世家大族利益大加照顾而实行的"侨州郡县"制;北方政权在地方治理方式上,最初实行宗主督护制尔后才向三长制过渡;经济方面,六朝隋唐政府在屯田制、占田制、均田制及荫户占客制等经济赋役政策方面,对世家大族既照顾又限制,无不体现出皇权与世家大族既矛盾、又统一,既限制又退让、既团结,又斗争的特点。同样,反映在这一时期的法律制度方面,体现在国家制定的身份法中,也充分反映了这种矛盾、统一的关系。

众所周知,魏晋南北朝隋唐时期,参与制定国家法律的人士多是出身于世家大族。因此,以儒学传家的士族"引礼入律",就成为历史的必然。对此,陈寅恪先生曾在《隋唐制度渊源略论稿》等论著中,深入阐述了隋唐礼律制度与汉人士族不可分割的密切关系。[1] 瞿同祖、刘俊文等先生对此亦有深入论述。[2] 总的来看,魏晋开始的"引礼入律"的历史过程,实际上是一个世家大族在与皇权斗争的过程中,将儒家礼治学说向法律系统渗透的过程。

关于六朝隋唐时期良贱身份制度的形成历史,学术界多有争论。中国学术界一般都认为,就奴婢阶层来讲,它主要是古代奴隶制度的残余,就部曲阶层来讲,它主要是从汉代军队编制中的部曲制演变而来,而杂户、官户、番户等,则与中古以前

---

① 如陈寅恪讨论西晋法律时指出:"司马代以东汉末年之儒学大族创建晋室,统治中国,其所制定之刑律尤为儒家化,既为南朝历代所因袭,北魏改律复采用之。"谈及北魏定律时,"其议律之臣乃山东士族"。道武帝时的崔宏、太武帝时的崔浩父子,"改定律令","总而裁之","二人乃北魏汉人士族代表及中原学术中心也"。太武帝时"诏征召诸人如范阳卢玄、勃海高允、广平游雅等,皆当日汉人中士族之领袖"。"议定刑律诸人多为中原士族。"孝文帝太和二次改定刑律,参与者"皆中原儒士"。参见陈寅恪:《隋唐制度渊源略论稿》,中华书局 1963 年版,第 100—115 页。
② 瞿同祖:《中国法律与中国社会》,中华书局 1981 年版。

的历史关系不大。有的学者认为"六朝的等级划分首先是沿袭了秦汉以来的'良贱'之分"。① 对于中古时期等级身份的多层次化及复杂化则认为是封建制发展的表现。② 有的学者如侯外庐先生则十分强调与重视"唐代等级制度的再编制"③，把良贱身份制看作唐代身份等级"再编制"的结果。

日本学者一向重视对中国身份制的研究；论及中古良贱身份制形成的历史渊源，大体有三种观点。第一，秦汉说。西岛定生认为"不能脱离中国皇帝的统治体系，来理解良贱身份制"，因而他主张良贱身份制渊源于秦汉帝国时代④。第二，三国说。堀敏一认为"良与贱的观念，至少在汉代就已经形成"，而"良人和奴婢这一明确对立的概念是后汉末、三国时期出现的"⑤。第三，北魏说。尾形勇氏认为"在汉代，作为身份的良人这一概念并未形成，良人一语始于三国，在北魏的均田制建立时期正式出现"⑥。

历史唯物主义认为："人们自己创造自己的历史，但是他们并不是随心所欲地创造，并不是在他们自己选定的条件下创造，而是在直接碰到的、既定的、从过去承继下来的条件下创造。"⑦

中古的良贱等级身份制度，主要是中古社会特定经济基础、历史条件下的产物，同时它的某些等级身份如奴婢一类，则既有现实的社会基础，又有沿袭前代的一面。而作为整个中古良贱等级身份制系统的形成，则既是中古现实经济基础、阶级、阶层关系多层次化在政治上的反映，⑧更是统治者与世家大族在"引礼入法"过程中，继承中国儒家礼学等级身份传统观念并将其上升为政治法律体系的一种实践。⑨ 杜

---

① 熊德基:《魏晋南北朝时期阶级结构研究中的几个问题》，载《魏晋隋唐史论集》第一辑，中国社会科学出版社 1981 年版。仁井田陞认为部曲的身份经历了军队、私兵、贱民三个阶段，见氏著《中国身份法史》第 866 页。

② 如简修伟、孙鸿雁:《魏晋南北朝时期劳动者阶层结构的特点》一文认为，封建社会"愈向前发展，阶级关系愈复杂，各阶级内部等级层次也愈多"，魏晋南北朝即是如此。见《历史研究》1986 年第 5 期。

③ 侯外庐:《中国封建史论》，人民出版社 1979 年版，第 183 页。

④ 〔日〕西岛定生:《中国古代奴婢制的再考察》，载《古代史讲座》七，学生社 1963 年版。

⑤ 〔日〕堀敏一:《均田制研究》，中译本第 324 页，福建人民出版社 1984 年版。同氏《中国古代的身份制》，岩波书店 1987 年版，第 138—147 页。

⑥ 〔日〕尾形勇:《良贱制的形成和发展》，载《岩波讲座世界历史》五，岩波书店 1970 年版。

⑦ 《马克思恩格斯选集》第一卷，第 603 页。

⑧ 堀敏一认为，魏晋南北朝社会阶层的分化，是私贱人多层次化的原因。见氏著《中国古代的身份制》，岩波书店 1987 年版，第 283 页。

⑨ 提倡儒家礼治等级观并将其天人化的董仲舒曾在《春秋繁露》一书中对其理想的身份等级作出构建，认为"其尊至德巍巍乎不可以加矣，其卑至贱冥冥其无下矣。春秋列序位，尊卑之陈累累乎可得而观也。虽暗且愚莫不昭然。……天子受命于天，诸侯受命于天子，子受命于父，臣妾受命于君，妻受命于夫。诸所受命者，其尊皆天也，虽谓受命于天亦可。"见《春秋繁露》，《二十二子》，上海古籍出版社 1991 年版。

预在上晋律表的奏章中曾称,晋律的基本精神是"远遵古礼,近因时制","格之以名分"。① 中古良贱身份制的形成未尝不是如此。

前已指出,先秦的儒家学说,不是一蹴而就的纯理论主张或空想,它是在中国社会从原始氏族部落制向早期部落国家转变时期社会等级分化的过程中逐渐产生、以宗法血缘关系的存在及自然经济占据绝对主导地位为深厚基础的。儒家学说在某种意义上讲,具有原始性、宗法性。东汉魏晋以来,随着商品经济的萧条及自然经济重新在社会经济生活中占据压倒一切的地位,儒家学说与经济现实的亲和性较之战国及秦汉时期反而有所增强。此时期北方世家大族宗法血缘关系的强化及对礼教的特别重视,是此时期儒家之礼大量进入法律,礼律合一进程加快的重要原因。

若论中古良贱身份制的渊源,其实早在曹魏时期实行的士家制度中,就已有了中古良贱制度的某种雏形。而到了北魏时期,在皇室与世家大族血与火的斗争中,在孝文帝等开明皇帝迫切追求汉化的妥协过程中,北魏统治者终于接受了汉人士族的整体价值观,全面地实行了包括门阀贵族良贱身份体系在内的汉化过程。中古贵贱身份制度开始全面系统化、法典化。

总之,中古良贱身份体系的出现,既与当时北方社会多种经济成分的并存、与社会实际生活中身份等级的分化分不开,②更与这一时期世家大族占据政治上的重要地位,有意识地将儒家礼法观念渗透于法律系统的努力以及北魏统治者对汉人士族既有斗争更有妥协这一统治政策的背景分不开。

正由于中古良贱身份制度是在魏晋南北朝时期自然经济强化、商品经济衰落、劳动者身份多层次化的过程中建立起来的,在理论上又是在世家大族的儒家等级名分、尊卑贵贱观念指导下"引礼入律"的过程中实现的,因此,这种身份体制带有先秦宗法血缘制度时期世袭性、凝固性的特征。体现在良贱身份制度的贱民身份上,其特点可以归纳为:

第一,"身份差等";

第二,"身份世袭";

第三,"当色相婚";

第四,"同罪异罚";

第五,"身份放免"。③

对于中古贱民身份的这些特点,在后来沿袭魏晋南北朝法律而形成的《唐

---

① (唐)房玄龄:《晋书》卷三四,《杜预传》。

② 李天石:《试论北魏时期中国中古良贱制度的法典化》,载《江海学刊》2005 年第 3 期。

③ 对唐代贱人身份制的细节研究见[日]浜口众国:《唐王朝的贱人制度》,京都同朋社1966 年版。

律》中,规定清楚而明确,学者们的看法也无多大疑义,这里不再展开讨论。

对于《唐律》中的良贱身份制度的法律规定,过去曾有人怀疑其条文多是具文,在中古现实生活中,不一定具有现实性、可行性。然而自敦煌文书、吐鲁番文书面世以后,这已经不再是问题。在西魏《大统十三年籍账》《唐西州籍账》等大量文书中,这个良贱身份体系反映得已是十分清晰了。因此,我们完全可以确定,《唐律》中关于良贱身份制度的大量规定,是中古社会现实的反映。①

五、唐代良贱身份制与儒家宗法父家长制

对于中国中古成熟时期产生的《唐律》来说,中日学界研究成果已是硕果累累。对于其中的良贱身份制度,许多学者特别是日本学者,作了极为细致的研究,笔者也从长时段的角度,具体分析了这一制度的形成与衰落,②在此重点谈谈唐代的贱民身份与宗法血缘父家长制的关系。

笔者的基本看法是,唐代的贱民身份体系,既是中古社会经济与阶级关系出现多样化、多层次化的表现,也是皇权与士族相互博弈、相互妥协,最终使儒家礼法尊卑等级观念全面渗透于法律之中,使法律中的宗法血缘父家长制特色再度强化的结果。

我们知道,在唐代社会中,其国民身份体系的主体,是皇帝通过科举选拔的官僚体系控制下的编户齐民制度,国家通过均田制度等,实现经济上对臣民的层级统治。如均田令即是按官职高低规定受田数量的。与汉代名田宅制度的普遍赐爵授田相比,唐代主要以官位的高低,实现依身份等级向不同层次人员的授田。部曲、奴婢之类贱口则不在受田之列。

若从唐代官僚队伍的选拔是通过科举制度面向社会大众这一点来说,与汉代的二十等爵制通过军功事功而决定爵位的高下相比,其向社会的开放性是有相似之处的。而从魏晋南北朝时期以来身份一直优越的世家大族来看,虽不复可以像当年那样依家中枯骨平流进取,但在武则天以前,其身份的优势地位在政权中无疑仍是明显的。

而在唐代的良贱身份系统中,情况则完全不同了。唐代良贱身份体制复杂而完备。《唐律》五百零二条之中,有百余条律文与此相关。当时社会上所有的人除

---

① 我以为中国中古时期的门阀制度与中古良贱身份制度之间有着密切的关系,可以说它们在中古整个尊卑贵贱身份等级体系中是一个整体。中古法律中身份法的大量规定,正是当时世家大族将儒家尊卑贵贱等级名分礼理念渗透于法律体系的一种表现。参见李天石:《门阀制度的衰落与中古良贱身份制度的消亡》,《江汉论坛》2006 年第 3 期。

② 见李天石:《中国中古良贱身份制度研究》,南京师范大学出版社 2004 年版。

皇帝以外,皆被纳入这一良贱身份系统之中。

笔者曾通过唐律与罗马法的比较,^①重点分析了唐代奴婢与罗马奴隶身份的异同问题。我认为若仅从法律规定来看,唐代奴婢与罗马奴隶在身份来源、法律地位、"个人权利"、放良解放等诸多方面,既有同,又有异。总的来看,唐代奴婢法定的身份地位并不比罗马奴隶的身份地位高。^②为什么唐代奴婢在法律上的地位不如罗马奴隶的法律地位高呢?这与唐代奴婢在法律上处于宗法父家长制下这一背景有关。

如果留意一下,不难发现,唐代的贱民制度,是与中国传统社会自然经济条件下宗法血缘父家长制的长期存在有着密切关系的,试看唐律规定:"诸告祖父母、父母者,绞。注曰:谓非缘坐之罪及谋叛以上而故告者。疏议曰:父为子天,有隐无犯……若有忘情弃礼而故告者,绞。"^③子孙告父辈等处绞刑,父辈等则同自首。同样,部曲、奴婢告主人,非谋反、叛、逆罪,"皆绞",主人同于自首。^④可见,部曲奴婢告主人,同于子孙告父辈,皆在严禁之列。

再如:"诸谋杀期亲尊长、外祖父母、夫、夫之祖父母、父母者,皆斩。"该律后接着规定:"诸部曲、奴婢谋杀主者,皆斩。"^⑤可见,贱口谋杀主,类比子孙谋杀父祖。

"若子孙于祖父母、父母,部曲、奴婢于主冢墓薰狐狸者,徒二年,烧棺椁者,流三千里,烧尸者,绞。"^⑥此律文反映,贱口与子孙犯同罪则受相同惩处。

瞿同祖先生在《中国法律与中国社会》一书中论及父权时,曾注意到中国历史上杀子权是同宗法关系之强弱直接联系在一起的。^⑦

从唐律各方面的规定可以看出,贱口与主人的法律关系,同子孙与父祖的法律关系十分相近,这绝不是偶然的,^⑧而是与中国古代社会的奴隶制大多都是存在于父家长宗法体系的范围内这一特点分不开的,是与儒家名分等级伦常分不开的,是与中国自然经济始终占统治地位分不开的。

前已说明,春秋战国时期的社会变革曾给予西周以来的宗法等级制度以巨大的冲击,各国的变法使建立在宗法制基础上的世卿世禄制遭到破坏,新的等级

---

① 仁井田陞先生在其《中国身份法史》一书中,曾以唐律与罗马法关于唐代奴婢与罗马奴隶的有关规定作了二百余字的比较,见氏著《中国身份法史》第901页。对我的研究启发很大。近年,由中国与罗马合作汉译的罗马法文献大量出版,使进一步的比较研究成为可能。

② 李天石:《从唐律与罗马法的比较看唐代奴婢的特点》,载《比较法研究》2002年第2期。

③ (唐)长孙无忌等:《唐律疏议》卷二三,《斗讼》。

④ (唐)长孙无忌等:《唐律疏议》卷二三,《斗讼》。

⑤ (唐)长孙无忌等:《唐律疏议》卷一七,《盗贼》。

⑥ (唐)长孙无忌等:《唐律疏议》卷一八,《盗贼》。

⑦ 瞿同祖:《中国法律与中国社会》第一章《家族》,中华书局1981年12月版,第7页。

⑧ 仁井田陞氏曾注意到这一点。见《中国身份法史》,第89页。

身份体系在战国秦汉时期已经建立起来。在法家思想的指导下,以二十等爵制为主导的新的身份体系建立起来。然而自汉武帝罢黜百家独尊儒术以后,士族势力开始发展起来,到了东汉,中国重视宗法血缘关系的传统重又发展起来,加之这一时期商品经济的衰落,使社会自然经济的色彩重又加强。世家大族的兴起与君主集权的削弱,使宗法血缘关系再次成为人们瞩目的最重要的社会关系之一。

严格来说,中古时期的私人贱口,都是隶属于宗法血缘家族或家庭的,在这样的父家长制家族或家庭里,男系父家长主宰一切,妻妾子孙包括贱口都处于这一父家长的绝对支配之下。在这种情况下,从一定意义上讲,子孙的生杀大权,尚处在父家长的掌握之下,更不必说贱口的命运了。① 中古时期,北方少数民族入主中原所带来的原始氏族制成分,更使中原的宗法血缘关系进一步强化。侯外庐先生曾深刻指出:“如果说中国的古代氏族制度和公社组织沉重地延续到后代封建制社会,那么奴隶也随家族而保存于封建制社会。”不仅奴婢如此,部曲、僮客、宾客亦“有家族奴隶的遗迹”②。

唐初继承自隋朝制度的唐律,既是唐初社会经济与政治关系的反映,更是中古法律制度的总结。由于士族地主在中古社会中的巨大影响,因此,唐律的许多律文集中体现的,正是世家大族的阶级意识,人们所讲的西晋以来“引礼入法”的过程,实际上便是世家大族将其阶级意志与意识形态渗入到法律中的过程。这是因为,儒家之礼,本身便是西周宗法血缘等级制度的产物。世家大族之所以特别重视礼法,正是因为儒家的礼法为维系宗族内部的等级身份结构与秩序提供了最好的理论根据。唐律中关于部曲、奴婢卑贱身份地位的大量规定以及授予主人对贱口近乎生杀予夺的权力,反映的即是世家大族利用父家长制的宗法血缘关系,利用伦常名教,确定贱口卑贱的身份等级地位,借以强化对依附劳动人口的占有与超经济强制的意志。

关于父家长制下奴役的残酷性,这是学者们早已注意到的,童书业先生曾指出:“在希腊(雅典)、罗马,债务奴隶制在废除以前,其残酷是超过任何东方国家的。”③童先生所指是希腊罗马的父家长奴隶制时期。马克尧先生在研究杀奴权问题时,亦将其与罗马的父家长制联系在一起。为什么父家长制下的奴隶命运更为悲惨?为什么唐律规定下的贱口,身份地位在许多方面比罗马法下的奴隶

① 尾形勇注意到中古父母的杀子权问题,认为“这种家的秩序也是由国家法律来规定并给予保证的”。见氏著《中国古代的家与国家》,中华书局 2010 年版,第 235 页。
② 侯外庐:《中国封建史论》,人民出版社 1979 年版,第 82 页。
③ 童书业:《童书业历史理论论集》,青岛出版社 1998 年版,第 200 页。

还要低贱？这显然是与父家长在宗族与家庭关系中的绝对统治地位联系在一起的。①

为什么在中国古代社会里,宗法血缘关系下的父家长制会长朝存在呢？其主要原因在于中国自然经济的长期存在。自然经济的内封闭性使商品经济难以充分发展起来,没有商品经济的相当程度的发展,那缘于封闭状态下的宗法血缘等级身份,便难以为商品经济条件下交易双方相对平等的契约关系所取代。中国中古时期自然经济的再度强化,使春秋战国以来有了相当发展的商品经济势头受到抑制,而宗法血缘关系却由秦汉时期的削弱转为进一步加强。这就使中国宗法父家长制下的奴隶制因素反而有某种程度增强的趋势。

总之,魏晋南北朝隋唐时期,从身份制度的发展阶段来看,门阀士族在社会上发挥着巨大的影响,以宗法血缘父家长权力再度强化为特点的士庶良贱身份等级体系全面建立起来,士庶天隔、贱民法律地位低下而且身份世袭,便成为这个时期身份制度的鲜明特点。

六、略说唐宋变革之后的中国身份制度及其特点

唐帝国的衰落,标志着中古时代的结束。尽管中古近世划分的具体界线,史学界或放在中唐,或放在唐末,或放在五代宋初,但内藤湖南早年所提出的唐宋时期社会出现的变化,大家都是给予承认的。

内藤氏所言唐宋时期诸多变化中的首要一点,即是贵族制度的衰落,这是人人都看得见的。实际从更广义上来看,唐宋之际实际上是整个中古身份体系的结束、宋元明清新的身份体系开始的时代。

中古世家大族在唐代的衰亡,似乎已不用论证了,中国学者争论最多的不过是世家大族衰落的具体时间,是在南朝末？还是在隋末、唐中、唐末。至迟也不会在宋代之后,因为宋人讲得很清楚,"自五季以来,取士不问家世,婚姻不问阀阅"②。中古良贱身份体制,同样在这一个时期结束了,宋代的《宋刑统》,律文基本抄自《唐律》,与宋代社会现实严重脱节。作为中古均田农、依附民主体的农民阶层,在宋

① 对比秦汉时期与中古奴婢的不同,可以发现,在秦汉实行法家法时代,法律上对奴婢尚有一定保护,如杀奴婢不允许减罪,若"奴婢与牛马同栏"则会受严厉指责,奴婢身份在"冗边"、卖爵等许多情况下可以转变。而在中古儒家法时代,奴婢是物的观念不仅在法律上明确规定,而且为社会所普遍接受,口马市上"奴婢与牛马同栏"已是最常见最普遍现象,一定情况下杀奴婢无罪或减罪也是明文规定,贱民身份世袭,一般不能改变,这反映了中古良贱身份体系受到宗法血缘父家长制影响的原始性。参见李天石:《从张家山汉简看汉唐奴婢制度的异同》,《敦煌学辑刊》2005 年第 2 期;李天石:《从睡虎地秦简看秦代与唐代奴婢的异同》,《中国经济史研究》2005 年第 3 期。

② (宋)郑樵:《通志略》之《氏族略》第一《氏族续》,上海古籍出版社 1990 年 10 月第 1 版。

代,已大多变为与主人签订契约的契约租佃农民了。① 至于像六朝隋唐时期存在的那种身份固定、婚姻同色、同罪异罚、良贱天隔的贱民阶层,在宋代,整体上看已不复存在,宋代的奴婢阶层大多已变成了雇佣劳动者,官贱民与部曲、杂户、番户之类贱民全然不见了,唐代作为贱民称呼的"官户",在宋代概念已完全不同。② 对此,宫崎市定先生曾撰有《从部曲走向佃户》,王曾瑜先生曾撰有《宋代的奴婢、人力、女使和金朝奴隶制》等重要文章,进行了深入的阐述。③ 宫崎市定高度评价宋代的社会变化,他说:"宋代的政治和前代的相比有几个特殊的优点,打破过去的身份制、建立在独裁君主之下万民彼此平等的原则可算是其中之一";"从前被从良民中划分出去的奴婢、部曲等贱民,已经不复存在了。这在东洋史上是前所未见的、无可比类的人权宣言。"④

宋代以后,中国社会的身份系统仍有变化,如宋元以后随着一些地方上"敬宗保族"趋势的出现,一些地方的父家长权、族长权有强化的现象。⑤ 再如元代的四等级制度也是一种民族歧视背景下的身份,在东南沿海也有职业性的贱民——"疍户",再比如明清许多地方的身份低下的"火佃"等,这些毕竟属于短期的或局部的或未为国家承认许可的历史现象,像中古那样通过颁布法律、户籍登记来确定的普遍的、固定的、高低贵贱悬殊的特殊身份等级现象,基本上不存在了。宋以后历代统治者儒表法里、释道互补,以君主集权控制下的科举制度选拔的官僚队伍,实现或通过地方宗族乡绅势力实现对编户齐民的统治,应是基本一致的了。限于篇幅,这里不再展开论述。

七、结语

综合以上所述,笔者认为在中国古代,身份制度经历了一系列比较明显的演变。依据其不同阶段的特点,可以分为这样几个自然段:

第一阶段:先秦时期,这是氏族宗法血缘关系主导下的世袭身份制时期,也是在自然经济及宗法血缘关系基础上形成儒家礼制思想的时期。

第二阶段:秦汉时期:这是在法家法思想指导下,在皇帝控制的编户齐民基础

---

① 仁井田陞在《中国身份法史》中已注意到了宋代租佃民(作人)的发展与宋代奴隶劳动减少的关系。见氏著第 96 页。

② 参见[日]仁井田陞:《中国身份法史》,东方文化书院 1942 年版。

③ [日]宫崎市定:《宫崎市定全集》第 11 卷,岩波书店 1992 年版。王曾瑜:《宋代的奴婢、人力、女使和金朝奴隶制》,载《文史》第 29 辑。

④ [日]宫崎市定:《从部曲走向佃户》,《宫崎市定全集》第 11 卷。

⑤ [日]参见徐扬杰:《宋明家族制度史论》,中华书局 1995 年版。

上实行二十等军功爵为主的身份制度时期。

第三阶段:六朝隋唐时期:这是在儒家礼制理论指导下,由国家与门阀世家大族共同主导并建立起具有很强宗法血缘关系特色的士庶良贱等级名分身份制时期。

第四阶段:宋元明清时期:这是在儒表法里、释道互补理论基础上,以君主集权控制下的选举制度选拔官僚队伍,以实现对编户齐民的统治时期(在元代有短期的不同)。

之所以区分为以上四个时期,是因为这中间的每一个阶段,身份制度都具有鲜明突出的特点。若以大的段落来划分,春秋战国前后,是两个大的段落,此前是血缘宗法关系占主导地位的世袭制社会时期,此后从战国至清朝灭亡,是一个大的段落。这中间可以有一些小段落的划分,但总体来看,则是专制君主通过科举选拔官僚体制控制编户齐民的时期。仁井田陞氏曾指出,中国社会历数千年来,王朝更替、政治变幻,但在社会基层,以宗法血缘关系为纽带的乡党村落组织却变化不大。[①] 我想这个看法是正确的。当然若与战国前的宗法血缘村社共同体组织相比,毕竟已经不可同日而语。自秦政确立以来,皇权支配下的编户齐民制度已普遍实施,只不过支配的程度、深度,在不同的时期、不同的地区,会有不同的情况。

身份社会是人类历史上建立在自由、平等及公民权普遍化基础上的公民社会确立以前的主要社会状态。人类社会进步的共同趋向,是传统社会身份制特别是宗法血缘身份制度的彻底摆脱。梅因在《古代法》一书中曾讲过这样一段著名的话语:

> 所有进步社会的运动在有一点上是一致的。在运动发展的过程中,其特点是家族依附的逐步消灭以及代之而起的个人义务的增长。……用以逐步代替源自家族各种权利义务上那种相互关系形式的……就是契约。在以前,人的一切关系都是概括在家族关系中,把这种社会状态作为历史上的一个起点,从这个起点开始,我们似乎是在不断地向着一种新的社会秩序状态移动,在这种新的社会秩序中,所有这些关系都是因个人的自由合意而产生的。……所有进步社会的运动,到此处为止,是一个"从身份到契约"的运动。[②]

梅因的话道出了社会进化的基本原理,这既是对历史事实的客观描述,也是一种价值的判断。

中国历史从先秦的氏族宗法血缘世袭制社会,到秦汉的二十等爵制为特点的编户齐民制时代,再经六朝隋唐时期血缘宗法特色强化的士庶良贱等级社会,又进

---

① [日]仁井田陞:《中国身份法史》,第3页。

② [英]梅因:《古代法》,商务印书馆1984年版,第96—97页。

入契约关系相对发达的宋代社会，时代总是在一步一折地向前行进，最终人类总会摆脱传统社会的身份障碍，走向人人平等、各尽义务、自由、公正的新时代。这也是我们研究这一问题的意义所在。

（原刊《第六次日中学者中国古代史论坛论文集》，日本汲古书院 2015 年 8 月版。复载入《敦煌吐鲁番文书与中古史研究——朱雷先生八秩荣诞祝寿集》，上海古籍出版社 2016 年 5 月第 1 版）

论唐宪宗元和年间社会经济的整顿与发展

元和年间(806—820 年),唐宪宗高度重视经济发展问题,采取多种措施来劝课农桑,兴修水利,赈恤灾民,减少逃税僧户,使朝廷的经济财政情况有了较大的改善,加强了国家的经济基础,为全面展开的征讨割据藩镇、重新一统天下的大业提供了物质上的保证,成为"元和中兴"的一个重要方面。对此学界尚缺少专论,本文试作探讨。

一

首先,分析宪宗即位时的经济形势与其发展经济的指导思想。

唐朝的社会经济,经过唐前期一百多年的发展,到开元天宝之际,达于繁荣昌盛。杜甫诗中所说:"忆昔开元全盛日,小邑犹藏万家室,稻米流脂粟米白,公私仓廪俱丰实。"[①]并非全是文学语言的夸张。以在籍户口来说,唐初仅有二百万户,而开元初已达七百多万户,天宝年间更达到九百多万户。[②] 从政府的赋税收入来说,天宝年间的钱、粟、绢、绵、布等税入,达到五千二百三十余万贯、石、匹、屯、端。[③] 然而,安史之乱以来,经过七八年的战争蹂躏,社会经济遭到严重的破坏,黄河流域满目荒凉,凋敝不堪,土地荒芜,人口流亡。

代宗、德宗统治的几十年里,由于藩镇割据的加剧,特别是由于山东、河北、河南等过去朝廷最重要的生产区域为藩镇所控制,因而使唐朝的经济恢复缓慢,财源枯竭,财政危机加深。有时甚至"官厨无兼食之粮,百姓在畿甸者拔谷捋穗以供禁军"[④]。"太仓空虚,雀鼠犹饿。"[⑤]代宗、德宗为解决财政困难,曾对经济、财政进行

---

① (清)彭定求等:《全唐诗》卷二二〇,《杜甫》五《忆昔》二首之二,上海古籍出版社 1986 年版,第 526 页。

② (宋)王溥:《唐会要》卷八四,《户口数》,上海古籍出版社 2006 年版,第 1551 页。

③ (宋)王钦若等:《册府元龟》卷四八七,《邦计部·赋税一》,中华书局 1960 年版,第 5830 页。

④ (宋)欧阳修等:《新唐书》卷五四,《食货志》四,中华书局 1975 年版,第 1378 页。

⑤ (唐)元稹:《新校元次山集》卷九,世界书局 1984 年版,第 140 页。

过一些改革,特别是建中元年(780年)德宗对赋税制度的整顿与改革,以两税法取代租庸调制,使朝廷的财政情况大为好转,但并未能从根本上解决财政的困难。

宪宗自幼跟随祖父、父亲成长,对于几十年来社会经济的残破与凋敝有着切身的认识和体会,即位以后,深知要平服藩镇、雪祖宗之耻,必须有坚实的经济基础,必须有充裕的物资积累。而且宪宗所要追求的,是像贞观、开元那样政治清明、经济殷实的社会,民富国强是他梦寐以求的奋斗目标。元和初年,宪宗曾问大臣:"前代帝王理天下,或家给人足,或国贫下困,其故何在?"李藩回答说:"古人云'俭以足用',盖足用系于俭约,诚使人君不贵珠玉,唯务耕桑,则人无淫巧,俗自敦本,百姓既足,君孰不足,自然帑藏充羡,稼穑丰登。若人君竭民力,贵异物,上行下效,风俗日奢,去本务末,衣食益乏,则百姓不足,君孰与足,自然国贫家困,盗贼乘隙而作矣。今陛下永鉴前古,思跻富庶,躬尚勤俭,自当理平。伏愿以知之为非艰,保之为急务,宫室舆马,衣服器玩,必务损之又损,示人变风,则天下幸甚。"宪宗闻言回答:"俭约之事,是我诚心,贫富之由,如卿所说,唯当上下相勖,以保此道。"①

李藩所讲,多少有些重节流而轻开源,有一定的片面之处,但他所讲孔子之言"百姓既足,君孰不足","百姓不足,君孰与足",却辩证地说明了民富与国强的关系。对此,宪宗深以为是,并表示要"上下相勖,以保此道"。在宪宗的其他不少诏令中,也一再提到过民富与国强的关系,如在元和九年(814年)《赈给京畿百姓制》中宪宗说道:"善为国者,务蓄于人,百姓未康,君孰与足。"②可见,从指导思想上来看,宪宗是将蓄财于民,思跻富庶,民富而后国强作为自己指导经济的一个基本方针。

在宪宗执政的十几年里,为达"思跻富庶",实现民富国强的目标,他注意吸取"秦以惨刻而亡,汉以宽大而兴"的经验教训,十分强调"安民"。他曾一再指出:"为理之本,在乎安人。"③怎样"安人"呢?宪宗认为在于发展生产,而发展生产,首先在于"务本"。"务本方能安民"这是经常出现在宪宗诏令中的话。在宪宗的不少诏令中还反复强调:"王者设教,务农为本","劝保农桑,衣食之本","每念万方所奉唯在一人,百姓未康,岂安终食。"④这些看起来似乎是陈词老调,实际上,这与宪宗追慕贞观、开元"以宽仁为政之大本"的治国思想是相统一的。

宪宗"务在安人"的思想反映在许多方面,即位伊始,宪宗即对百姓生计的艰辛,予以充分的同情,指出:"匹夫之耕,匹妇之织,积微成著,以供国计,永念烝庶,

---

① (后晋)刘昫等:《旧唐书》卷一四八,中华书局1975年版,第3999页。
② (宋)王钦若等:《册府元龟》卷一〇六,《帝王部·惠民三》,第1266页。
③ (宋)王钦若等:《册府元龟》卷四九一,《帝王部·蠲复三》,第5873页。
④ (宋)李昉等:《文苑英华》卷四三五,中华书局1966年版,第2205页。

厥惟艰哉。"①对于一些官员呈献吉物、祥瑞,宪宗下诏予以批评,认为"为君当思理本","至如嘉禾神芝,奇禽异兽,盖王化之虚美也",②规定今后不得进献,以免劳民伤财,影响生产。在历代帝王都以进呈祥瑞为朝廷大事的古代,宪宗竟公开斥之为"虚美",反映了宪宗讲求实际、不尚浮华、恤人爱民的一面。

为了促进经济的发展,积蓄讨伐藩镇的资财,宪宗在德宗、顺宗所实行的改革的基础上,采取了诸如奖励发展农桑、广泛兴修水利、振恤灾困百姓、检括隐漏户口、整顿国家财政等多方面的措施,使国家的实力大为增强,人民的生活有所改善。为讨平天下方镇,实现国家的初步中兴,奠定了可靠的基础。

<h2 style="text-align:center">二</h2>

在富民强国思想的指导下,宪宗积极鼓励发展农桑生产。在宪宗颁布的众多诏令中,每每强调农桑为诸事之本的思想,要求各级地方官员必须以主要的精力来检查和督促所在地的农桑生产。元和年间虽然战争较多,难免对农桑生产造成一定影响,所以宪宗几乎在每一个涉及战事的诏令中都告诫将士不可妨害农人耕作,征发夫役尽可能不要妨碍农时。如征李师道时,宪宗在诏令中特别强调:"时属春阳,各务农业",有关将领必须"陶我惠化,当令便安","任自营生",不能随意征发,更不能掠夺其农桑之资。③

元和七年(812年)四月六日,宪宗曾发布《劝植桑诏》,诏文规定:

> 农桑切务,衣食所资。始闻闾里之间,蚕织犹寡,所宜劝课,以利于人。诸道州府有田户无桑处,每检一亩,令种桑两根。勒县令专勾当,每至年终,委所在长吏检察,量其功具殿最奏闻,兼令两税使同访察,其桑仍切禁采伐,犯者委长吏重加责科。④

在唐代诸帝中,虽然农桑问题在不少的帝王诏令中都有所强调,但专就植桑问题发布诏令,宪宗却是第一人,⑤这反映了宪宗对植桑问题的高度重视。诏文中,宪宗指出农桑是人们衣食之源,但是不少地区蚕织业的情况难以令人满意,有必要加以劝课。其实,与植桑有关的蚕织业并不只是关系人们的穿衣问题,而且与唐朝财政货币问题紧密相联。

中国历史上的丝织业,唐代是一个大发展的时期。唐代以前,北方的丝织业远

---

① (宋)王钦若等:《册府元龟》卷一六二,《帝王部·命使二》,第1959页。
② (后晋)刘昫等:《旧唐书》卷一四,《顺宗宪宗本纪上》,第411页。
③ (宋)王钦若等:《册府元龟》卷六四,《帝王部·发号令三》,第721页。
④ (宋)王钦若等:《册府元龟》卷七〇,《帝王部·务农》,第791页。
⑤ (宋)王钦若等:《册府元龟》卷七〇,《帝王部·务农》,第788—793页。

比南方发达。随着大批北人的南迁,种桑育蚕技术和丝织技术在南方广泛传播。入唐以后,长江流域的丝织业,上自川蜀,下至吴越,都出现了迅速的发展。唐代的丝织业,从分布地区来看,已形成三大区域,即河北道、河南道以及江南东道。其中河南道的宋州、亳州,所产绢帛质量最好,列为一等,郑州、汴州的绢帛列为二等。唐代前期,河南、河北两道的贡赋,主要折算为绢帛输送到中央。[①] 在天宝时期每年二千五百余万石租粟中,有三百万石是折成绢或布输入国库的。

江南东道的丝织品在唐代中期也已有众多的品色。如润州丹阳郡产衫罗、水纹绫、方纹绫、鱼口绫、绣叶绫、花纹绫;湖州产乌眼绫、御服绫等;苏州产八蚕丝、绯绫;杭州产白编绫、绯绫;常州产绅绢、红紫绵巾、紫纱;睦州产交绫;越州产宝花罗、花纹罗、白编绫、交梭绫、十样花纹绫、轻容、生縠、花纱、吴绢;明州产吴绫、交梭绫等。这些绫绢虽然是贡品,所产数量有限,但反映了唐代江南丝织业已发展到相当水平。[②]

安史之乱以来,两河一带遭受严重破坏,丝织业也受到严重影响,藩镇割据的形成,使两河地区的丝织品难以进贡中央,而关中一带蚕织业本来即不发达,所产丝绢难以满足官府需要,因此,东南八道就不仅是唐中期以后粮食的主要来源地,也成了朝廷所需丝绢的重要生产区。由于朝廷所控制的丝织品产区大为减少,因而宪宗发布专诏,以行政命令的方式鼓励桑蚕生产便是很自然的。此外,由于唐中期以来出现严重的钱荒,绢帛作为实物货币的主要形式,其流通量也大大增加,形成严重的钱重帛轻的局面。[③] 由于绢帛价格过低,无形中影响到人们种桑养蚕织绢的积极性,这也许是宪宗鼓励人们种桑养蚕的另一个原因。

在《劝植桑诏》中,宪宗规定诸道州府有田户必须在每亩田中种桑两根。宪宗的这一规定,在适应种桑的地区,不会成为多大问题,在不宜种桑的地区,这种规定显然不切实际,朝廷估计会有种麻或其他的规定。

为保证以上规定的实施,宪宗诏令县令负责督查,年终加以核实,并根据种桑的多少确定地方官员的治绩。朝廷所派两税使在征取赋税时,同时检查诸道植桑的情况。

除了鼓励发展民间的农桑业外,宪宗对于由官府主持的农业——屯田,也给予高度的重视。唐初以来,朝廷在沿边军府空隙之地,广泛设立营田,天下屯有九百九十二处。司农寺每屯三十顷,州镇诸军每屯五十顷。开元二十五年(737 年),天

①　(宋)欧阳修等:《新唐书》卷五一,《食货志一》,第 1346 页。
②　(宋)欧阳修等:《新唐书》卷五一,《食货志一》,第 1346 页。
③　(宋)欧阳修等:《新唐书》卷五四,《食货志四》,第 1388 页载,贞元二十年(804 年)因钱少,诏令市井交易,以绫、罗、绢等与钱兼用。宪宗在元和六年(811 年)规定,公私交易,十贯钱以上,即须兼用绢帛匹段,参见(宋)王钦若等:《册府元龟》卷五〇一,《邦计部·钱币三》,第 6002 页。

下屯田收谷达一百九十余万斛。[①] 安史之乱爆发以后,旧时屯田沃饶之地,十不余一,大多荒废。德宗时曾有心恢复,成效不大。

宪宗即位以后,接受宰相李绛的建议,任用韩重华为振武京西营田和汰水运使,在代北一带屯田。东起振武,西过云中,[②]一直到中受降城,包括周围的地区,方圆六百余里,列栅二十多个,开屯田三千八百余顷,每年收粟二十万石,节省中央度支经费二十余万缗。韩重华后来入朝,又奏请宪宗批准增开屯田五千顷,但由于其他原因,增开屯田的计划未能全部实现。元和六年(811年)五月,李维简出任凤翔节度使,遵照宪宗的旨意,在沿边一带开垦土地多达数十万亩,促进了当地经济的发展,节省了朝廷的开支。[③] 元和三年(808年),宪宗下令在东都洛阳防御史旧苑范围内,开设屯田六百五十顷。元和六年又诏令归河南府经营,每年年终将收获奏报朝廷。[④]

宪宗时期的营田,到元和末年,往往采取雇民耕种或出租给农民的方法经营,也就是说以经营私人土地的方式来经营官府的土地,这种经营方式虽然也存在一些弊端,却反映了唐宋以后中央政府经营官有土地的一个发展趋势。

在唐中期以后的诸帝中,宪宗时期经营的官府屯田,规模最大,从屯田的收入来看,仅韩重华主持的屯田,一年收入便达二十万石,如果加上李维简在凤翔开垦的数十万亩土地的收入及其余地区的屯田收入,整个屯田的经济收益是相当可观的,这对于节省朝廷开支,加强边防力量,促进沿边一带农业的发展,有着重要作用。

三

对于关系农业收获成败的水利问题,宪宗给予了高度的关注,并切实从中央的角度加强组织领导。

唐帝国是一个幅员辽阔的大国,境内河流纵横,有着丰富的水利资源,但如果重视不够、治理不当,也会造成一定的灾害。特别是由于气候的不稳定性及个体小农力量的单薄,因而由官府组织的兴修水利事业就显得特别重要。元和初年,江南西道观察使韦丹上书,请在当地修筑陂堰,防止旱涝,宪宗下诏予以批准,并大加褒

---

① (宋)欧阳修等:《新唐书》卷五三,《食货志三》,第1372页。
② (宋)欧阳修等:《新唐书》卷五三,《食货志三》,第1372页。原文"云中"为"云州",按云州在今山西大同,与振武相距数百里,且在振武之东,因此"云州"当为"云中"之误,云中处于振武与中受降城之间,与原文文意相符。
③ (宋)司马光:《资治通鉴》卷二三八,宪宗元和六年五月条,第7684页。
④ (宋)王钦若等:《册府元龟》卷五〇三,《邦计部·屯田》,第6037页。

奖。宪宗指出："修利陂塘,皆合其宜,并依所奏。"同时表扬韦丹主动请求兴修陂塘,体现了与宪宗共分天下之忧、共图天下之治的忠臣之心,希望韦丹"勉于始终,以副朕意"①。经宪宗批准并获得大力支持后,韦丹立即组织民众施工,沿江修筑长堤十二里,在堤坝上设立水闸,旱则引江灌田,涝则开闸排水。在沿江一带,修筑陂塘五百九十八所,灌田一万二千余顷。② 说来也巧,第二年由于暴雨不断,江水猛涨,水面几乎与去年新筑长堤相平。堤内百姓及良田都由于长堤的护卫而获平安。百姓皆感极而泣。③

元和初年,江淮一带由于长期以来缺少统一的规划、管理,公私所修筑的堰埭十分混乱,严重影响了灌溉及水上交通,盐铁使李巽奏请宪宗批准,于元和三年(808 年)六月,将有碍灌溉及交通的二十二所堤埭拆除,为百姓带来了方便。元和六年(811 年)五月,鉴于浚渠年久失修,水道淤塞,京兆尹奏请宪宗批准,派遣右神策军士兵疏浚穿挖浚渠,并修筑斗门,方便了沿渠农田的灌溉及砲户的舂米。工程的费用,宪宗规定由朝廷与砲户共同负担。元和八年(813 年)常州刺史孟简奏请朝廷批准,组织民工开挖古孟渎四十一里,将长江水南注漕河,提高漕河的水位,灌溉农田四千余顷。④ 元和年间,灵武节度使李听奏请批准,开凿疏通了境内的光禄渠,方便了屯田的灌溉,灌田一千余顷。这条渠道以后长期发挥着作用,宋代时这条水渠仍在使用。元和中期,李吉甫担任淮南节度使时,在高邮湖筑堤为塘,灌田数千顷,又筑富人、固本二塘,不仅保证了山阳渎水量的充足,而且灌田万余顷。此外,李吉甫为解决漕渠库下不能保持水量的问题,组织民工修筑平津堰,水少则防不足,水多则泄有余,深为百姓所称道。⑤

元和八年,宪宗下诏令修治卫州黎阳县境内的古黄河水道。长期以来,由于藩镇割据,魏博境内的黄河水道失修,滑州到黎阳一带黄河经常泛滥。由于滑州城西距黄河只有二里之遥,因此每年夏季黄河泛滥之时,河水往往直掩滑州城下,大片田地被淹没,马羊牲畜损失大半,百姓及当地官府深受其害。魏博观察使田弘正主动归服朝廷以后,向宪宗提出修治黄河水道的问题,宪宗大力支持,诏令征发郑、滑两州百姓一万多人在黄河之北原黄河故道上开凿了一条长十四里、宽六十步、深一丈七尺的河渠。雨季黄河泛滥之时,将部分河水引入新渠,保证了滑州到黎阳一带居民的安全及农业的丰收。⑥

---

① (唐)白居易:《白居易集》卷五七,《与韦丹诏》,上海古籍出版社 1988 年版,第 1226 页。
② (宋)欧阳修等:《新唐书》卷一九七,《韦丹传》,第 5630 页。
③ (唐)白居易:《白居易集》卷五七,《与韦丹诏》,第 1226 页。
④ (后晋)刘昫等:《旧唐书》卷一六三,《孟简传》,第 4257 页。
⑤ (后晋)刘昫等:《旧唐书》卷一四八,《李吉甫传》,第 3994 页。
⑥ (宋)王钦若等:《册府元龟》卷四九七,《邦计部·河渠二》,第 5953 页。

元和八年(813 年)十二月,当征讨淮西的战争正在进行之际,盐铁转运使王播向宪宗贡上陈州、许州界内琵琶沟周围的水利形势图,认为可以将古汴河与颍水北口之间的水道利用起来,缩短向郾城前线漕粮的距离。为此,宪宗派出特使李重秀前往汴水、颍水一带观察,证明了该方案切实可行,于是诏令批准了王播关于改造漕路的计划,由宣武军节度使韩弘征发士兵实施该项工程。该项工程完成以后,使漕运三百石的漕船可直达于郾城,大大缩短了漕运路线,同时,由于新水道的竣工,使汴颍间大片的农田得到灌溉,促进了这一地区农业的发展。① 元和年间,袁州刺史李将顺在宜春曾组织百姓修建了李渠,灌田多达二万亩。②

与唐代许多帝王相比较,宪宗元和年间兴修水利的突出特点,首先表现为高度重视,亲自过问。在唐朝中央,设有都水监专门负责全国的河渠水利之事。但是宪宗认为水利关系国计民生,君主应当特别注意。对于较为重大的水利工程,宪宗往往直接过问,亲自定夺。元和八年(813 年),盐铁使王播奏请开通琵琶沟时,宪宗不仅派特使去实地勘查,而且自己亲自核对图纸以做定夺。③ 有时对于水利工程的具体问题,宪宗也亲自过问。元和十四年(819 年)五月,山南东道观察使孟简奏称复州刺史许志雍在复、郢二州界内修筑郑敬古堤并塞断鸬鹚港,截水灌田,以有利于本道农业的发展。同时,荆南观察使裴武也上奏章,指责山南东道的复、郢二州官员擅自筑堤截水,影响了下游本道的农业用水,请求宪宗批准重新掘开鸬鹚、师子两个港口,以利于灌溉荆南农田。

面对两道关于农业用水的争议,宪宗在派人进行充分调查以后,下诏令说:江汉分流,各有港路,两道应协商解决用水问题,不能派人随意筑堤塞港,妨碍下游农田灌溉。宪宗下令,山南东道必须立即决开鸬鹚港,分水下游。至于师子港,由于壅塞年代已久,由两道"详尽本末事理"④,协商解决。

对水利的重视,还表现为给予兴修水利成绩显著的地方官员以重奖。元和初年,韦丹请修陂堰时,宪宗称其"公勤奉上",下诏予以褒扬。常州刺史孟简开孟渎后,宪宗特赐金紫朝服以资奖励。田弘正修治黄河水道成功以后,宪宗也发专诏,特别奖励田弘正、薛平、裴弘泰,加官赐物。

宪宗时期兴修水利的又一个特点是兴修的水利工程多,规模大。有唐一代,据统计,有据可查的水利工程大约有二百五十六项,其中唐玄宗以前的一百三十多年

---

① (宋)王钦若等编:《册府元龟》卷四九七,《邦计部·河渠二》,第 5954 页。
② (宋)欧阳修等:《新唐书》卷四一,《地理志五》,第 1070 页。
③ (宋)王钦若等编:《册府元龟》卷四九七,《邦计部·河渠二》,第 5954 页。
④ (宋)王钦若等编:《册府元龟》卷四九七,《邦计部·河渠二》,第 5954 页。

中,大约有一百六十余项,唐后期约一百五十余年中,水利工程约有一百余项。① 唐宪宗在位不足十五年,所主持兴修的较大水利工程有二十四项,元和十四年多的时间约占唐后期一百五十余年的十分之一,而水利工程的数量却占到唐后期水利工程一百余项的四分之一,可见宪宗对水利事业的重视。另外,值得注意的是,继承宪宗的穆宗是一个昏庸之主,他在位不过三年多,完成的水利工程却有十四项。显然,这些水利工程不少是始建于元和年间的,只是完成的时间在穆宗执政时期罢了。② 从元和年间治理滑州段黄河、开孟渎渠、疏凿古汴河、修建洪州堤塘等工程来看,其工程规模之大,收效之显著,在整个唐代也可以说是罕见的。

四

宪宗以宽仁之政作为治国之本,以富民强国作为兴邦之术,因而对由各种原因引起的百姓生活、生产的疾困,给予了较多的关注。

元和十五年中,水旱灾害一直不断,其严重程度,几乎仅次于玄宗在位的四十四年。从洪涝灾害来看,元和年间较为严重的水灾便有二十余次,而玄宗四十四年中有三十二次。③ 从旱灾来看,元和年间严重的旱灾有五次,玄宗时有八次。④ 尽管史籍所载数据不尽准确,但大体是可以反映出元和年间自然灾害的严重程度的。

对于受灾百姓的态度,宪宗的指导思想是明确的。他曾在诏令中多次强调,"朕闻王者之牧黎元,爱之如子,视之如伤,苟或风雨不时,稼穑不稔,则必除烦就简,借力重劳,以图便安,以阜生业"⑤,给予及时的救济。

根据文献记载,宪宗在元和年间较大规模蠲免钱粮与救济灾困百姓的事实主要有:

元和二年(807 年)正月,由于淮南、江南自元和元年以来遭受水旱疾疫,宪宗诏令其租税根据受灾害程度节级蠲免。天下逋欠及京畿当年夏青苗钱一律放免。有人家产子者,免来年税,并赐生育者胎养谷每人三斛,其丈夫免一年税。宪宗关于赐胎养谷的规定,是为了鼓励人口的增长。元和二年二月,因江南西道水旱相乘,诏令蠲放去年两税上供钱三十四万余贯。元和二年四月,因讨伐西川,蠲免上年两税榷酒上供钱五十六万贯,当年的免一半。七月,免西川欠赋钱米七十余万

---

① 冀朝鼎:《中国历史上的基本经济区与水利事业的发展》,中国社会科学出版社 1981 年版,第 36 页。

② 王仲荦:《隋唐五代史》上册,上海人民出版社 1988 年版,第 362—363 页。

③ (宋)欧阳修等:《新唐书》卷三五,《五行志二》,第 916—917 页。

④ (宋)欧阳修等:《新唐书》卷三五,《五行志三》,第 930—933 页。

⑤ (宋)王钦若等:《册府元龟》卷四九一,《邦计部·蠲复三》,第 5871 页。

贯、石。元和二年十月,因平李锜,免润州今年秋税未征纳者。元和四年(809年)正月,诏令上年遭水灾的京师诸县、遭旱灾的淮南、江南、江西、湖南、山南东道等,①凡收成在四成以下的,免两税钱米,超过四成的,根据情况节级减免。元和六年(811年)二月,泗州元和二年所遭水旱损失经查属实,当时没有蠲免两税,因此,宪宗诏令免泗州元和五年欠钱四千六百四贯,米三千一百石。元和六年(811年)四月,应浙江东道观察使李逊的请求,台、明、温、婺四州归农的官健蠲免赋税,以便安家。同时免鄂岳道逃户钱十三万五千贯。唐德宗以来,对待逃户欠钱,往往采取摊派到其余百姓的办法解决,严重影响百姓生产的积极性,宪宗免逃户钱,对所在地区百姓显然是优恤。

元和七年(812年)二月,诏令放免元和六年诸色税草及职田草共一百一十五万束、免京兆府欠上年两税青苗钱二万一千八百贯及秋税杂斛斗及职田粟五万三千三百石。元和九年(814年)二月,诏令百姓所欠元和八年秋税斛斗青苗钱税草,一律放免。五年(810年),因京畿旱,免当年夏税大麦杂菽十三万石、随地青苗钱五万贯。元和十年(815年)十月,罢免四道两税。元和十一年(816年)四月,因旱灾、免京畿百姓所有积欠的元和九年、元和十年两税及青苗折钱、折纳斛斗及税草等。同年七月,因讨伐淮西,免淮西四面诸州夏税钱。元和十二年(817年)七月,免淮西四面诸州县夏税。九月,免秋税。十月,诏免淮西百姓赋税两年。元和十三年(818年)正月,宪宗发布赦文,宣布诸道悬欠及借钱物、斛斗、杂物四百八十余万贯、石、端、匹、枚、具、斤、两等一律放免。悬欠盐铁、户部、诸监院的税赋也酌情减免。元和十四年(819年)四月,蠲免京畿二十二县所欠元和十四年职田二十二万九十一石、束、贯等。原因是曾差百姓船运军粮、营修陵寝,虽付给报酬,但妨碍了农时,因而有此蠲免。五月,诏令放免京兆府及诸县夏税大麦共九万四千六百九十四石。放免的原因是京兆府历年征收颇多,"人食尚寡"。七月,宪宗大赦天下,规定京畿秋税、青苗、榷酒钱每贯(一千文)放免四百文。元和五年至十年悬欠的钱谷斛斗,酌情放免。此外淮南、浙江东道、宣歙、江南西道、湖南、福建、山南东道、荆南等九道,今年秋税钱上供部分每贯减放若干文。悬欠度支、盐铁、户部的钱粮,也由诸部根据情况减免。②

在中国古代社会,遇有水旱等灾害,蠲免钱粮,可以说是历代成规,并不少见。但宪宗执政的十四年多中,蠲免的钱粮数量及频率明显高于代、德时期及宪宗以后诸帝。以下是史书中所载唐中期以后诸帝在位的时间及蠲免钱粮的次数:玄宗在位四十四年,二十次;肃宗在位六年,六次;代宗在位十八年,十四次;德宗在位二十

---

① (宋)王钦若等:《册府元龟》卷四九一,《邦计部·蠲复三》,第5872页。原文未载具体遭灾地区。以上受灾地区系据《旧唐书》卷一五《宪宗本纪上》第427页所载录出。

② (宋)王钦若等:《册府元龟》卷四九一,《邦计部·蠲复三》,第5871—5874页。

六年,十次;顺宗在位不到一年,三次;宪宗在位十五年,二十次;穆宗在位四年,四次;敬宗在位四年,一次;文宗在位十四年,十五次;武宗在位六年,一次;宣宗在位十三年,未曾放免钱粮;懿宗在位十五年,二次;僖宗在位十五年,一次;昭宗在位十六年,未曾放免钱粮;哀帝在位四年,一次。①

史书的记载,不可能无误,其中肯定会有错讹遗漏,但大体还是能够反映蠲免钱粮的基本情况的。在唐朝中期以来,蠲免钱粮最多的是唐玄宗、唐宪宗和唐文宗。唐玄宗在位时间较长,因而相对来说,宪宗在位十五年,蠲免钱粮达二十次,在唐中期以后诸帝中,可以说是比较多的,这说明宪宗在元和年间对百姓的疾苦,还是比较关心的。

蠲免钱粮是为了减轻百姓的负担。对于受水旱等灾害侵袭的百姓来说,仅仅是免纳赋税有时还是很不够的,他们在受灾之际,往往因缺少衣食而难以生存。因此,元和年间,宪宗曾多次调拨钱粮,直接赈贷百姓。见于文献记载的主要有:

永贞元年(805 年)因旱赈申、光、蔡三州米十万石,陈、许二州米五万石。元和元年(806 年)命礼部员外郎以米十万石赈给浙东。四年(809 年)以三十万石赈贷淮南道三州。同年以三十万石贷浙西道三州。六年(811 年)以二十四万石贷京兆百姓,并诏令各地长官以常平仓、义仓米赈贷百姓。元和二年的贷米停止征收,以待丰年。七年(812 年)以三十万石赈给京畿百姓,其中包括常平仓八万石。九年(814 年)以常平仓三十万石赈京畿百姓。出太仓粟七十万石开场粜米。十年(815年)派薛公干赈恤易、定二州。十一年(816 年)以八万石粟赈徐、宿水旱灾民。十二年(817 年)出太仓米二十五万石粜赈两京灾民,出义仓米赈五府十八州遭水灾百姓。十四年(819 年),以七万石粟赈贷河南府汝州百姓。②

宪宗对灾困百姓的赈贷事宜,十分重视,有着明确、具体的要求。从宪宗的一系列诏令来看,宪宗在赈贷灾困百姓方面,重点强调这样几个方面:

建立完整的赈贷体制,抓好常平仓、义仓的建设。在中国古代,灾荒年对灾民进行赈贷,很早便已出现。两汉魏晋之际,赈贷通常是以官府的正仓钱粮救济灾民。隋朝开皇五年(585 年),开始在全国各地设立社仓,也就是后来的义仓。在收获粮食的季节,由官府征收一定的粮食贮于社仓,以备荒年。唐朝建立后,更建立起完整的赈贷机构,武德元年(618 年)九月,高祖诏令各地普建社仓,③贞观二年(628 年),太宗接受尚书左丞戴胄的建议,更社仓为义仓,王公以下垦田,每亩交纳

① (宋)王钦若等:《册府元龟》卷四九一,《邦计部·蠲复二》,第 5860—5877 页。参考《旧唐书》诸帝本纪。
② 参见(宋)王钦若等:《册府元龟》卷一〇六,第 1265 页;(宋)王溥:《唐会要》卷八八,第 1616—1617 页。
③ (宋)王溥:《唐会要》卷八八,《仓及常平仓》,第 1613 页。

二升,贮于义仓中以备荒年。贞观十三年(639年),又诏令在洛、相、幽、徐、齐、并、秦、蒲等州设常平仓,丰收时收进粮食,歉收时卖出粮食,以平抑粮价,救济灾困。开元七年(719年),玄宗诏令进一步扩大设立常平仓的范围,使义仓、常平仓成为遍布全国的赈贷体系。在救济受灾百姓方面发挥了重要作用。然而,安史之乱以后,唐朝廷的赈贷体系被彻底破坏,德宗时户部侍郎赵赞上言指出,安史之乱后,义仓、常平仓寝废已近三十余年,"其间或因凶荒疏散,馁死相食者,不可胜纪"①,建议重建赈贷体系,恢复义仓、常平。德宗采纳赵赞的建议,在两京及江陵、汴、苏、洪等州设立了常平仓,征收财产交易税作为本钱。贞元八年(792年),军镇州郡,贮常平粮约三十三万石。但是由于当时财政开支紧缺,常平本钱及常平粮往往被政府支用,因而德宗时,赈贷体系一直没能较好地恢复起来。

宪宗即位,深感尽快重建赈贷体制的重要性,即位数月,便于元和元年(806年)正月,颁布恢复义仓、常平仓的诏令:

> 岁时有丰歉,谷价有重轻,将备水旱之虞,在权聚敛之术。应天下州府每年所税地子数内,宜十二分取二分,均充常平仓及义仓,仍各逐稳便收贮,以时粜籴,务在救乏赈贷,所宜速须闻奏。②

宪宗的诏令,规定在天下所有州县都要恢复义仓、常平仓,这就比德宗时仅在部分州府建立义仓、常平仓范围要大得多。从义仓、常平仓粮食的来源来看,宪宗没有像德宗那样重点征收交易税,而是恢复唐前期从地税中征收钱粮的办法,这也比征收交易税的来源更多、更可靠,因而使赈贷工作更有保证。正是因此,元和年间的赈贷灾困百姓工作取得了明显成效。朝廷动辄以数十万石粟米赈贷受灾百姓,这是与宪宗恢复重建赈贷体系的努力分不开的。③

宪宗强调,赈贷百姓必须使百姓真正受益,不要扰民。宪宗不仅要求恢复和建起赈贷的体系,而且在具体的发放赈贷工作中,严格督查,防止有的官员以赈贷的名义从中取利,害民扰民。宪宗在多次关于赈贷的诏令中,都要求选择清廉正直的官员来负责赈贷工作,"于每县界逐处给付,使无所弊,各得自资"。"将我诏令,戒之以扰,授之以仁,宣示朕怀,咸使知悉。"④元和初,宪宗从中央派潘孟阳赴江淮宣慰安抚灾民,而潘孟阳却一路上游山玩水,吃喝玩乐,对此,宪宗给予严厉批评和处分,并在以后多次提起此事。元和四年(809年)宪宗派郑敬赈恤江淮百姓时曾说:

① (宋)王溥:《唐会要》卷八八,《仓及常平仓》,第1614页。
② (宋)王溥:《唐会要》卷八八,《仓及常平仓》,第1615页。
③ 据《新唐书》卷五三《食货志三》第1374页载:"宪宗即位之初,有司以岁丰熟,请畿内和籴。"结果有些府县按户强迫籴粮,"号为和籴,其实害民"。应当说这种强迫和籴的现象的确害民,但并不能得出元和籴粮全是强迫的结论。从元和年间宪宗多次粜米赈贷百姓来看,元和年间的和籴,积极作用是主要的。
④ (宋)王钦若等:《册府元龟》卷四九三,《邦计部·山泽》,第5891页。

朕在宫中每用帛一匹都有登记,只有赈恤百姓不惜费用。你们切不可学潘孟阳,只知饮酒游山而已。

一段时间,由于宪宗对受灾地区的百姓经常蠲免赋税,产生了新的问题:一些依附于权贵的民户,纳税之时,因循观望,一再拖延,"忽逢恩贷,全免征徭",而孤弱贫民,则被基层的里胥官吏催迫,"及期输纳,不敢稽违"。皇帝蠲免的恩惠,往往不得沾及。还有的奸猾之辈,心怀侥幸之心,"雨水稍多,已生企望,竞相诱扇,以至逋欠"。为解决这一问题,宪宗于元和十年(815 年)三月,采纳京兆府的建议,下诏规定:凡逢水旱灾害,都按所应交纳的钱粮每贯每石按比例蠲免,或十分放免六分,或十分放免四分。如全部交纳赋税以后,遇有蠲免诏令发布,可以按所应交纳的钱粮数,折算来年租税。由于实行了这一措施,减少了一些人故意拖欠赋税、对朝廷蠲免赈恤期望值过高的现象,保证了蠲免赈贷措施既能起到赈恤百姓扶持生产的作用,又防止了非正常的政府税收的减少。①

在发放赈贷粮时,宪宗也要求地方官员分别具体情况,根据实际受灾程度,分等级赈恤,"据所损多少,量事赈给",而不能平均分配。

唐宪宗还强调,蠲免赈贷工作要迅速及时。元和年间,宪宗多次在有关诏令中强调:地方灾情必须迅速及时上报朝廷,不得隐瞒,亦不得虚报。元和七年(812年)五月,宪宗曾对宰相们说:卿辈多次讲江、浙去年水旱,近来有御史从江淮来,说虽有水旱,不致为灾,事情到底如何? 宰相李绛回答:臣按察淮南、浙西、浙东奏状,都奏报水旱之灾,人多流亡,请求设法招抚,言中尚有害怕朝廷怪罪之意,岂敢无灾而妄称有灾及民户流亡? 这不过是御史为讨圣上高兴而故意谀媚而已。宪宗听后自知失言,连忙说:"国以人为本,闻有灾当亟救之,岂可尚复疑之邪? 朕适不思,失言耳!"②于是迅速诏令赈济钱粮,蠲免租赋。

及时赈济灾民,使其得以喘息,对于恢复人民元气,促进生产,无疑具有重要的作用。

五

为了增加劳动生产的人口,减少食利人员,增加国家税入,宪宗也采取了一系列有效的措施。

唐中期安史之乱的八年战争,使唐中央政府掌握的户口数由战前天宝十三载(754 年)的九百五十三万余户急剧减少为战后广德二年(764 年)的二百九十三万

---

① (宋)王钦若等:《册府元龟》卷四八八,《邦计部·赋税》,第 5835 页。

② (宋)司马光:《资治通鉴》卷二三八,唐宪宗元和七年五月条,中华书局 1956 年版,第 7691 页。

余户。户口减少在三分之二以上。① 户口减少的原因,一方面是大量战争中死亡,另一方面则是大量的隐漏。因此,检括隐漏户口,增加劳动人口及国家征收赋税对象,就成为唐中期以后唐朝廷发展生产、增强中央实力、削弱地方藩镇及豪强地主力量、减轻现有纳税民户负担的一个重要方面。

宪宗在检括隐漏户口、增加社会劳动力及国家纳税对象方面,做了很大的努力,并取得相当成效。

元和六年(811年)正月,衡州刺史吕温奏称,自贞元以来,二十多年没有制定户等,贫富不均,衡州旧额户一万八千四百零七户,除贫穷死绝者老幼单孤不支济等外,现在能够查科的民户有八千二百五十七。吕温通过检括,查出隐漏不输税户一万六千余户。因此他奏请宪宗说,仅衡州一处,"检获隐户,数约万余"②,其余各处,可想而知,他建议应在全国范围内团定户口,清查隐户。宪宗批准吕温的建议,敕令有关部门具体主持进行。可惜,由于史料的缺载,我们已不清楚此次检括户口的结果。不过,从元和以后长庆年间(821—824年)户数已达三百九十四万的情况来看,元和年间(806—820年)户口有较大增长是可以肯定的。③

除了直接检括户口以外,宪宗重点通过清查伪滥僧道、减少捉利钱户等方式来增加国家的纳税户口。

唐代是佛教兴盛的时代,同时也是寺院地主经济大为膨胀的时代。寺院地主享有免税特权,占有大量劳动人口,严重影响了国家的赋税收入,加重了人民的负担。唐初二百多万户中,僧尼多达二十万人。武则天、唐中宗时期,佛教寺院不断增加,僧尼人数更急剧增长,当时左拾遗辛替已有"十分天下之财,而佛有其七八"之说。开元年间(713—741年),宰相姚崇也指出富户冒为僧尼、躲避赋役的问题。玄宗曾因此沙汰僧尼三万余人,使其成为国家的纳税户。④

安史之乱以来,为解决财政困难,朝廷曾以出卖度牒的方式来筹集钱财,因而使僧尼的人数大量增加。然而,出卖度牒仅能解决政府一时的困难,却从长远的角度上减少了国家的劳动人口与征税对象,加重了其他百姓的赋役负担。大历十三年(778年),都官员外郎彭偃曾上言:"今天下僧道,不耕而食,不织而衣,广作危言险语,以惑愚者,一僧衣食,岁记三万有余,五丁所出,不能致此,举一僧以计天下,

---

① (宋)王溥:《唐会要》卷八四,《户口数》,第1551页。

② (宋)王溥:《唐会要》卷八五,《定户等第》,第1558页。

③ (宋)王溥:《唐会要》卷八四,《户口数》,第1551页。另据《旧唐书》卷一六《穆宗本纪》第493页载,元和十五年(820年)天下有二百三十七余户,此数字显然有误。因为数年之隔的长庆年间(820—824年)户数为三百九十四万余户,数年内人口不会增加一百五十万户。所以《旧唐书》所载元和十五年(820年)二百三十七万余户可能是三百三十七万余户之误。

④ (宋)王溥:《唐会要》卷四七,《议释教下》,第837页。

其费可知。"彭偃建议,僧道未满五十岁者,每年输绢四匹,尼及女道士未满五十者,输绢二匹。这样天下僧尼所出,不下于国家赋税三分之一,如此"则陛下之国富矣"①。

元和初年,僧尼的伪滥仍是一个严重的社会问题,白居易曾在《议释教》一文中指出:

> 降及近代,释氏尤甚焉!……僧徒月益,佛寺日崇;劳人力于土木之功,耗人利于金宝之饰;移君亲于师资之际,旷夫妇于戒律之间。古人云:一夫不田,有受其馁者,一妇不织,有受其寒者,今天下僧尼,不可胜数,皆待农而食,待蚕而衣。臣窃思之:晋、宋、齐、梁以来,天下凋敝,未必不由此矣。②

李吉甫也曾谈到,天下僧尼与商贩、杂入色役等不归农桑者,约占天下人口的十分之五六,③可见元和年间僧尼人口众多。正是针对这种情况,宪宗于元和二年(807年)三月发布诏令:

> 男丁女工,耕织之本,雕墙峻宇,耗蠹之源。天下百姓,或冒为僧道士,苟避徭役,有司宜备为科制,修例闻奏。④

宪宗诏令有关部门具体制定科罚的条例,限制冒滥为僧尼道姑者。这一诏令及随后有关部门的规定,对于私度为僧道的风气是一个遏制,有利于减轻百姓负担,改善国家财政状况。从后来敬宗宝历年间(825—827年)李德裕上表中提到自宪宗朝有敕禁私度戒坛、"久不兴置"等话语来看,宪宗关于禁止私度僧道的诏敕是得到比较好的实行的。特别是在江淮间,"自元和二年不敢私度",因此,当宝历元年(825年)徐泗节度使王智兴冒禁陈请私度僧尼时,"天下沙门奔走如不及"⑤,王智兴因此获取大量度钱而致富。这进一步说明,宪宗元和二年(807年)的诏令在颁布以后的十七八年中得到了比较好的贯彻执行。

元和六年(811年)正月,京师诸寺院请求朝廷对他们所经营的庄碓免征赋税,宰相李吉甫为此向宪宗奏文表示反对,宪宗十分赞赏李吉甫的见解,拒绝了僧院的无理要求。

如果说严禁私度僧道,是为了保证"男丁女工,耕桑之本",减少逃税者的话,那么限制捉利钱户的增加,则是宪宗为防止一些富户逃避、转嫁徭役而采取的又一项重要措施。

隋唐时期,为了提供官府各种公用开支,解决官员的俸钱,官府设置了由官方

① (宋)王溥:《唐会要》卷四七,《议释教下》,第838页。
② (唐)白居易:《白居易集》卷六五,《议释教》,第1367页。
③ (宋)王溥:《唐会要》卷六九,《刺史》,第1227页。
④ (宋)王溥:《唐会要》卷五〇,《杂记》,第881页。
⑤ (后晋)刘昫等:《旧唐书》卷一七上,《敬宗本纪》,第513页。

经营的商业和高利贷本钱,又称公廨钱。这种公廨钱源于北朝时的周齐。入隋以后,京师和诸州的官署,都设有公廨钱。出贷经商,收利息以充公用。唐代在武德元年(618年)即设立了公廨本钱,以诸司的令史掌管,每司九人,称捉钱令史,其中由六品以下官员子孙充任捉钱令史的,称为"捉钱品子",一般每人领掌四十至五十贯钱,用来经商或出贷,每月纳利四千文,每年纳利五万文,作为京官俸钱。如果能够按时送利,达到一定年限后,即可以参加吏部的铨选,授予官职。① 太宗时,一度罢废,到贞观二十一年(647年),重新设立。当时京师共有七十余司,捉钱令史六百人,诸司公廨本钱总数在二万四千贯到三万贯之间。除中央机构以外,在地方州县,也设立有公廨本钱,获利供地方官员的日常支用及官员的俸料。在唐前期,公廨利息钱一直是百官俸料的主要来源之一。唐初公廨本钱由诸司的令史主掌,高宗永徽年间(650—655年)以后,开始由高户即百姓中富户主掌。唐中期以后,掌握公廨钱的高户被称为"捉钱户""捉利钱户""捉钱人"等。

设立公廨钱,本来是唐朝廷为减轻人民负担、解决官府办公费用及官俸来源而采取的一项措施。但唐中期以后,捉利钱户却成了一些人躲避徭役的渊薮。乾元元年(758年),肃宗敕令长安、万年两县各设一万贯钱,发放给捉利钱户收息,以利息供祠祭及蕃夷赐宴费用。担任捉利钱户的人由官府发与牒文证明,可以免除徭役、兵役,如果犯罪,府县不敢查办。② 代宗、德宗时期,捉利钱户的队伍不断扩大,诸司公廨本钱的数量不断增加,不少富贵人户为躲避徭役及司法制裁,虽然没有获官府本钱,也通过各种关系在有关部门虚挂名称,号称捉利钱户,甚至传之子孙,严重影响了官府正常徭役的征发及正常的司法管理。

宪宗即位后开始整顿这种现象。元和二年(807年),首先将大批在五坊(专门为皇室饲养雕、鹘、鹞、鹰、狗的部门)的色役户加以免除,归府县收管,正常生产与服役。五坊色役户是为皇帝的奢侈性消费服务的。大量色役户归属府县,自然增加了劳力,减轻了其他居民的徭役,因此,诏发之日,"万民欣喜"。与此同时,宪宗也令诸司整理各种色役户及捉利钱户,仅中书门下两省即减少一百二十四人。③

元和六年(811年)四月,宪宗又批准御史台所奏,规定今后捉利钱户如果犯罪,不再由诸部司过问,一律交由府县按正常司法程序处理。④ 同年五月,御史中丞柳公绰上奏:有民人刘嘉和,因为与人殴斗,将他人头打破,于是到官府闲厩司,情愿交纳利钱,以求获得捉利钱户的牒证,逃避府县的司法处理。为此柳公绰清查闲厩司的有关文档,发现仅闲厩司之下便有捉利钱户八百余人,查访朝廷其他诸司

---

① (宋)欧阳修等:《新唐书》卷五五,《食货志五》,第1394页。
② (宋)王溥:《唐会要》卷九三,《诸司诸色本钱上》,第1678页。
③ (宋)王溥:《唐会要》卷九三,《诸司诸色本钱上》,第1679页。
④ (宋)王钦若等:《册府元龟》卷五〇七,《邦计部·俸禄三》,第6083页。

使下,也同样挂有大量的捉利钱户,总计至少有数千家之多。经柳公绰查实,其中相当一部分捉钱户都是虚立保契,子孙相承逃避生产劳动及官府徭役、兵役的人,为此,柳公绰提出建议,请求全面清理捉利钱户。①

根据柳公绰的奏文,宪宗意识到元和初年的整顿,并没有根本解决捉利钱户的虚挂避役问题。于是批准柳公绰的建议,采取了五项措施:

第一,诸司诸使,只能在朝廷提供本钱的范围内设立捉利钱户。除此以外,今后不论是否愿意交纳本钱、利钱,诸司诸使都不得妄自增发捉利钱户的牒证。第二,捉利钱户凡有过犯者,一律交由府县处分,有犯官府法律者,依法处罪,诸司不得过问。第三,对于以往滥发的捉利钱户牒证,由本司、本使一律收回销毁,虚挂的捉利钱户仍归属府县正常服徭役、兵役。第四,如果今后发现有仍虚挂某司使继续伪冒捉利钱户者,有关使司当事人及伪冒的捉利钱户要予以严惩。第五,清理过程中,如果捉利钱户本来即未曾得过官府本钱者,不再补交利息。②

此外,宪宗在整顿虚挂捉利钱户的同时,对诸司使的公廨本钱数量也予以缩减。据对元和九年(814年)所设诸司公廨钱与德宗贞元十二年(796年)公廨钱数相比较,元和年间的公廨本钱数明显减少,例如:太仆寺,贞元时公廨本钱为三千余贯,元和时为一千余贯;鸿胪寺贞元时公廨本钱为六千六百余贯,元和时为两千六百余贯;司农寺贞元年间公廨本钱为五千六百余贯,元和时为二千三百余贯;太府寺贞元年间公廨本钱为二千二百余贯,元和时为一千五百余贯;国子监贞元时公廨本钱为三千三百余贯,元和时为二千六百余贯。③

当然也有个别部门如大理寺、殿中省等元和年间的公廨本钱略有增加,但从总数来看,贞元十二年(796年)六十八司、使所置公廨本钱为二十四万贯,而元和九年(814年)三十二司、使的公廨本钱为五万三千九百余贯。如果将元和三十二司、使的公廨本钱与贞元六十八司、使的一半即三十四司相比较,两者是五万三千九百贯与十二万贯之比,元和年间的公廨本钱要少一半还多。此外,元和时期除三十二司、使以外是否还有公廨本钱,史籍缺载,即使存在,估计所设公廨本钱的数量也很有限,否则官府不会不加统计。

因此,无论从具体部门的比较还是从总数的比较来看,元和时期的公廨本钱数量都要比德宗时减少了许多。元和六年(811年)以后,宪宗还曾在元和九年、十年、十二年、十四年多次就公廨本钱问题发布过一系列诏令,总的来看,元和年间的公廨钱制度愈来愈完善,如元和九年(814年)宪宗规定,捉利钱户纳利,如果超过

① (宋)王溥:《唐会要》卷九三,《诸司诸色本钱下》,第1680页。
② (宋)王钦若等:《册府元龟》卷五〇七,《邦计部·俸禄三》,第6084页。
③ (宋)王溥:《唐会要》卷九三,《诸司诸色本钱下》,第1667—1681页。

本钱十倍,即应与官府脱离关系,不再担任捉利钱户;五倍以上,可以免部分欠利。元和十年(815年)宪宗规定:每年年底,御史要与诸司、使勘核公廨本钱发放情况,捉利钱户要"各置案历,三官通押,逐季造帐,印讫入案"①。所有这些措施,都在一定程度上限制了捉利钱户的无限增加与伪滥。

元和年间宪宗对捉利钱户的整顿,也应当包括地方州县。据《新唐书·食货志》②和敦煌地志残卷所载州县公廨本钱数推算,③开元时全国州县公廨本钱总额约在八十万贯到一百万贯左右。元和初年,地方州府的捉利钱户数量也不会太少,同样存在伪滥与整顿的问题,只是由于文献缺少记载,我们对宪宗时期地方州府公廨本钱整顿的成果无从了解。④

通过宪宗对公廨钱制度的整顿,贞元以来捉利钱户无限扩大的趋势及逃避徭役、兵役的问题得到比较有效的解决,"州府不失丁夫,奸人免有侥幸"的目的,⑤应是基本达到了。这对于减轻其他人民的负担,保证生产人口及国家夫役兵源,净化官僚队伍风气,都起了积极作用。

综上所述,唐宪宗在元和年间,重视生产,采取一系列有力措施促进生产、发展生产,取得了很大的成效,经济有了比较快的发展,这就为宪宗最后平定藩镇、实现天下一统,奠定了坚实的基础,构成了"元和中兴"的一个重要方面。此外,唐宪宗元和年间对财政的整顿也颇有特色与成效,我将另文探讨。

(原刊《唐史论丛》2019年第29辑)

---

① (宋)王溥:《唐会要》卷九三,《诸司诸色本钱上》,上海古籍出版社2006年版,第1680—1683页。
② (宋)欧阳修等:《新唐书》卷五五,《食货五》,第1397页。
③ 唐耕耦、陆宏基:《敦煌社会经济文献真迹释录》第一辑,书目文献出版社1986年版,第56—67页。
④ 从《唐会要》卷九三《诸司诸色本钱上》第1680页载御史中丞柳公绰奏文中所称整顿捉利钱户,可使"州府不失丁夫"一句来看,元和六年(811年)对公廨本钱的整顿应当包括地方州府。
⑤ (宋)王溥:《唐会要》卷九三,《诸司诸色本钱上》,第1680页。

略论唐宪宗平定藩镇的历史
条件与个人作用

　　自唐中叶代宗宝应元年（762 年）始封河北降将、藩镇割据局面正式形成，至唐宪宗元和末年扫平藩镇，天下再归一统，前后历经六十年。其间代宗、德宗、顺宗都曾进行过削除藩镇、重新统一天下的努力，最终都未能取得成功。而唐宪宗执政以后，却在短短的十多年里，先后平服西川、夏绥、镇海、淮西、成德、平卢、卢龙等大河南北数十个藩镇，使安史之乱以来中衰的大唐国势重新为之一振，宪宗成为唐中后期唯一一位再度统一天下、初步实现国家中兴的君主。

　　唐宪宗平定藩镇成功的原因何在呢？这是人们及史学工作者都十分感兴趣的问题。这里，笔者略陈管见，以就正于方家。

一

　　经典作家在评论历史上某些历史人物的作用时曾指出："历史必然性的思想也丝毫不损害个人在历史上的作用，因为全部历史正是由那些无疑是活动家的个人的行动构成的。在评价个人的社会活动时会发生的真正问题是：在什么条件下可以保证这种活动得到成功呢？有什么东西能担保这种活动不致成为孤立的行动而沉没于相反行动的汪洋大海中呢？"①这里，历史活动家成功的原因，包括了历史活动所受到一定限制的历史条件以及个人在一定的历史条件下所发挥的作用两个方面。宪宗平定藩镇的成功，同样脱离不了唐中叶以来社会所给他提供的历史条件及唐宪宗个人品格与才能两个方面的作用。

　　从宪宗平定藩镇的历史条件来看，至少有这样几方面的有利因素：

　　第一，宪宗即位之时，他所面临的藩镇形势与代宗、德宗执政时期相比已有很大变化。对此，清人王夫之有着深刻的认识。他认为，元和之际与广德、贞元之时

---

　　① 《列宁选集》第 1 卷，人民出版社 1972 年版，第 26 页。

相比，"势"已有所不同。代宗广德年间（763—764年）安禄山、史思明的失败，并不是由于唐朝武臣力制其死命，而是安、史自败而唐师坐收其成。安、史虽死，藩镇的根基并未动摇。"幽、燕、河、济，贼所纠合之蕃兵、突骑皆生存，而枭雄之心未艾，田承嗣、薛嵩、朱希彩之流，狼子野心，习于战斗，狃于反覆。于斯时也，虽李（光弼）、郭（子仪）固无如之何，而下此者尤非其敌也。"①

代宗的退让骄之、德宗的初期剿战及随后的姑息，结果都是"惧取败辱"。此原因并不全在代宗、德宗个人，而是"势"使之然。"至于元和，而天下之势变矣。昔所与安、史同逆矫厉自雄者，死亡尽矣，嗣其僭逆者，皆纨绔骄憨、弋色耽酒之竖子也。其偏裨，则习于叛合、心离志怠、各图富贵之庸夫也；其士卒，则坐糜粟帛、饮博游宕之罢民也。而狃于两代之纵弛，不量力而轻于言叛。乃至刘辟以白面书生、李锜以贵游公子，苟得尺寸之土，而妄寻干戈"，结果必然是"望风而仆，应手而靡"。

王夫之认为，杜黄裳请讨刘辟，武元衡请征李锜，李绛不加兵而服王承宗、田弘正，"皆时为之也"，顺其时，方弱而可以强，逆其时，方强而必有弱者也。"故德宗奋而启祸，宪宗断而有功。"②王夫之是封建史家，他所谓"势""时"的观点，虽有朦胧迷离之感，但他却看到六十年来藩镇内部构成及人员的一些变化，看到宪宗与代、德之时历史条件的不同，确实是精邃过人的见解。

第二，代、德以来诸方面的改革为宪宗平定藩镇创造了有利条件。

任何人的历史活动，不能超越或摆脱具体历史环境所提供的具体条件。自代宗、德宗以来，虽未能解决藩镇割据问题，但代宗、德宗为解决藩镇问题在经济、军事、政治等方面所进行的改革，所实行的一些措施，却为宪宗提供了解决藩镇割据问题的有利条件。

从经济上来看，代宗、德宗之时承天下大乱、剧战之后，政府的财政体系遭到严重破坏，民户逃亡尚未完全归复，税源枯竭，开支浩繁。代宗时为解决财政困难，以刘晏为户部侍郎兼河南江淮以南转运使兼盐铁使、常平使等职，对财政状况加以整顿。大历末年（776—779年），"通天下之财，而计所入，总一千二百万贯，而盐利居半"③。德宗建中元年（780年）实行两税法的重要改革，收入增至一千三百零五万六千零七十贯，盐利尚不在内，④比之大历末年税收增加了一倍以上。

据元和时宰相杜佑所编《通典》记载，实行两税法以后，税收"每岁天下共收三

---

① （清）王夫之：《读通鉴论》卷二五，《宪宗》，中华书局1975年版，第877页。
② （清）王夫之：《读通鉴论》卷二五，《宪宗》，第877页。
③ （宋）王溥《唐会要》卷八七，《转运盐铁总叙》，中华书局1990年版。
④ （后晋）刘昫等：《旧唐书》卷一二，《德宗本纪》，中华书局1975年版。

千余万贯"。至元和初年,"两税榷酒斛斗盐利茶利总三千五百一十五万一千二百二十八贯石"①。虽然两税法实行以后,税收仍达不到天宝年间的五千万贯石的水平,但元和初年比之安史之乱后及两税法初期,税收增加了很多却是事实。两税法的施行,暂时解决了唐朝的财政困难,缓和了阶级矛盾,重新稳定了唐朝政权。德宗在财政和资源的积累上,接受了当年对藩镇战争中中央财力匮乏的教训,不惜以各种手段来加强中央的财力力量,到宪宗即位之时,中央政府有了较强的经济力量,因而宪宗能够"因德宗府库之积"②,进行对藩镇的战争,并取得统一天下的胜利,形成唐朝的中兴之局。③

从军事上来看,代宗、德宗时期在条件不够成熟的情况下曾发动过讨伐藩镇的战争,受挫以后转而注意积蓄军事力量。贞元二年(786年),德宗吸取泾师之变时中央没有强大武装力量的教训,着手建立一支直属朝廷的强大武装——神策军。德宗晚年,中央直接控制的神策军已达十五万人。④ 当德宗将政权交给顺宗并很快转移到宪宗手中时,中央已能在短时间内迅速调遣一支庞大的作战部队了,这为宪宗讨伐藩镇提供了军事力量。⑤

在政治上,代宗、德宗、顺宗时期的一些改革,也为宪宗平定藩镇提供了好的条件。如德宗时,在加强地方官员的任免以及更多以文职官员取代武将方面,取得明显进展,至贞元二十年(804年)时,地方节度使中的一半都已不是武将,而是专职的文职官员了。在安史之乱刚结束时,地方武将出身的官员则高达百分之七十。⑥ 此外,德宗、顺宗的一些改革措施如限制宦官、惩治贪赃、罢除宫市、抑制藩镇,都对宪宗的进一步改革及对藩镇的斗争创造了好的条件。

第三,安史之乱以来,长期的藩镇割据,给各地人民带来无穷的灾难,人民也希望朝廷能够及早结束藩镇割据的状态,以减少战争、减轻赋税,过较为安定的生活。

安史之乱以来,各地特别是两河地区的民众,遭受了极大痛苦,中原民户剧减,洛阳至关中一带千里无烟。德宗时"四王""二帝"之乱,也都给人民带来巨大灾难。除战乱之灾以外,人民的赋役负担也由于藩镇割据而大为加重。从各地藩镇的内部来看,节度使不遵守朝廷法度,任意苛征暴敛。如王昂为河东节度使,贪纵不知法令,务在聚敛;路嗣恭为岭南节度使,私征商舶及百姓货财达数百万贯,尽入私

① (宋)司马光:《资治通鉴》卷二三七,《唐纪》五三,宪宗元和十二年十二月条,中华书局1976年版。
② (后晋)刘昫等:《旧唐书》卷五二,《食货志》二。
③ 韩国磐:《唐宪宗平定方镇之乱的经济条件》,《隋唐五代史论集》,三联书店1979年版,第326页。
④ (宋)欧阳修等:《新唐书》卷五〇,《兵志》。
⑤ [英]崔瑞德:《剑桥中国隋唐史》第8卷,中国社会科学出版社1992年版,第537页。
⑥ [英]崔瑞德:《剑桥中国隋唐史》第8卷,第510页。

室;李叔明为东川节度使近二十年,积聚财货,不知其极。①李泳为河阳节度使,以贪残为务,聚敛无已,人不堪命;魏博田承嗣,"既得志,即计户口,重赋敛,厉兵缮甲,使老弱耕,壮者在军"②。淮西吴少阳,"不立徭役籍,随日赋敛于人"③。

正是由于地方藩镇的赋敛异常沉重,因而藩镇统治下的民众都希望能够改变藩镇滥征赋税的状况。所以当宪宗元和十四年(819年)平定平卢藩镇,派谏议大夫王彦威以十二州勘定两税使的身份,赴十二州勘定户籍两税时,受到了各地百姓的欢迎与支持,④反映了藩镇统治下民众要求减少横征暴敛的普遍心态。

由于藩镇的存在,朝廷控制地区的人民负担同样沉重。安史之乱以来,天下藩镇四十八,管州府二百九十五,其中十五道、七十一州不报户口,每年的赋税主要征自浙江东、浙江西、宣歙、淮南、江西、鄂岳、福建、湖南等八道四十九州、一百四十四万户。沉重的赋税压在只占天宝时期四分之一的户口身上,供养天下八十三万士兵,平均两户供一兵,而水旱所损、非时征科发敛,又在正常徭役之外。⑤ 因此,作为朝廷控制地区的民众也都盼望早日结束藩镇的割据,均征天下赋税,减少战争的重负,过和平宁静的生活。这是宪宗时期平定藩镇能够得到百姓大力支持的重要原因。可以说,如果没有各地无数民众对讨伐藩镇战争的大力支持和牺牲,宪宗便不能取得平定藩镇的成功。

第四,元和年间唐朝周边地区相对安定的环境及融洽的民族关系,也为宪宗在国内平定藩镇创造了良好的外部条件。元和年间,吐蕃因在中亚与大食争雄,在东方采取了守势,加上唐朝在保持民族友好关系方面的主动努力,因而在元和初、中期,周边没有发生大的战争,使宪宗得以集中财力、物力、人力,重点解决内地藩镇割据的问题。

二

历史提供了讨平天下藩镇的有利条件与机遇,但是,如果没有宪宗个人对历史条件和历史机遇的把握,没有宪宗个人杰出的才智及领导指挥能力的发挥,藩镇的平定同样不会成为可能。宪宗才智的发挥及个人作用,至少表现在以下几方面:

第一,元和年间(805—820年),宪宗自始至终抱着"以法度裁制藩镇"、一统天下的坚定信念和果敢意志,从不动摇。这是宪宗能够取得平定藩镇成就的前提。

① (宋)王钦若等:《册府元龟》卷四五五,《将帅部贪黩》,中华书局1988年版。
② (后晋)刘昫等:《旧唐书》卷二一〇,《藩镇魏博传》。
③ (宋)欧阳修等:《新唐书》卷二一四,《藩镇宣武彰义泽潞传》。
④ (宋)王溥:《唐会要》卷八四,《两税使》。
⑤ (宋)司马光:《资治通鉴》卷二三七,《唐纪》五三,宪宗元和十二月丙寅条。

宪宗即位伊始,即把"举贞观、开元之政"作为自己奋斗的目标,把平服天下藩镇、重振大唐国威作为自己的首务。十几年里,孜孜以求,从未间断。在顺利的情况下,宪宗能一鼓作气、毫不懈怠,努力争取对藩镇斗争的更大成功。在失利的情况下,决不气馁,总结教训,积蓄力量,重新准备新的斗争。元和初年,征西川,定夏绥,平镇海,宪宗敢于决断。元和十一年(816年),讨淮西三年不下,罢兵呼声弥盖朝野,宪宗几乎成为孤家寡人,但他坚持继续作战方针,终使吴元济授首。铁城之败,举朝文武皆有惧色,宪宗却以大家风度处之,坦言胜败乃兵家常事,岂可因一败丧失信心。元和十年(815年)河北藩镇刺宰相于京师,谋暴动于东都,颇有天下大乱之势。宪宗临事不惊,果断处置,终使平卢、成德企图动摇宪宗讨叛决心的阴谋破产。可以说,如果没有宪宗始终如一的坚定信心和坚强意志,藩镇的征讨很可能会像德宗时那样半途而废,功亏一篑。

战争是敌我双方政治、经济、军事力量的较量,也是战争指挥者意志信心的较量。在战争的关键时刻,统帅者的信心与决心,在一定程度上甚至会超过政治的、军事的因素,决定战争的胜负。宪宗对藩镇者的战争特别是对淮西的战争即是生动的说明。

第二,努力制定正确的战略决策与方针,随时纠正失误。宪宗以法度制裁藩镇,大体坚持先近后远、先易后难、先招抚后用兵、先重点后一般的方针。元和初,首先解决了号称朝廷"回翔之地的"西川及家门口的绥夏。不久又解决了关系江淮财赋来源的镇海。一年多中更换三十多个藩镇的节度、观察、招抚之使,使天下藩镇为之一震。①元和中,进讨成德失利以后,宪宗积蓄力量、招抚魏博,切断了河北与淮西的联系,使淮西陷于孤立。讨淮西,围而困之,弱而击之,虽多少是出于无奈,却也不失为一良策。讨平卢,注意分化瓦解敌军,重点打击李师道,终于导致刘悟举义。

当然,宪宗十几年的征讨藩镇也屡有失误,其大者便有:元和四年(809年)不待淮西即将出现的替代良机,急于决策征讨强大的成德,招致官军受挫,此为一误;讨淮西,组军太杂,兵力分散,西线连易二帅,皆不得人,屡致失败,此为二误;不顾淮西战事尚未结束,二征成德,分散兵力,耗费军资,此为三误;平郓州,沂帅任用不当,导致兵变,又不审原委,滥杀无辜,大损朝廷声誉,此为四误。

---

① 《新唐书》卷一四六,《李栖筠传附李吉甫传》。宋人洪迈在《容斋随笔》一书中曾对李吉甫任相一年多更换三十六镇官员表示怀疑,清人钱大昕《二十二史考异》也认为"传文不足深信"。近人岑仲勉则在《凡易三十六镇》中认为:李吉甫任相一年多更换的节度使有:凤翔、河中、邠宁、西川、泾原、鄜坊、朔方、振武、陕虢、山南东道、山南西道、荆南、浙西先后二人,浙东先后二人,江西、福建、鄂岳、湖南、黔中、岭南、岭南西,另加停舒、庐、滁和四川团练使额,停保义军等,虽不足三十六,但《新唐书》之言,"尚未铺张过甚"。见岑仲勉《唐史余沈》,上海古籍出版社1979年版,第141页。

　　然而,宪宗的可贵之处在于,一旦发现决策失误,在多数情况下,能够不失时机地予以克服与纠正。一征成德,官军失利,宪宗利用拘捕卢从史之机及时罢兵;征淮西,一旦发现命帅不当,便及时予以调整,终于发现了李愬这样的智勇之将;二征成德再次失利,宪宗不惜有损自己的尊严,接受大臣的劝告再次罢兵。成功的战争指挥者,并不在于他完全不存在失误,重要的是他能够从失误中吸取教训并予以及时纠正,从而取得最后的胜利。

　　第三,善于发现和利用优秀人才,发挥集体智慧,博采众人之长。

　　宪宗即位以后,用人的基本原则是"任人唯贤"。虽然在一定的条件下,宪宗也会本着权力平衡的原则支配部分官员的任免,但在征讨藩镇的过程中,总的看来用人是恰当的。征西川,宪宗听从宰相杜黄裳的推荐,征用无名之将高崇文,终获平西川、擒刘辟的成功。讨淮西,数撤败军之将,终使李愬夜袭蔡州、活捉吴元济而显名。在平定藩镇的过程中,宪宗特别重视发挥宰相的作用,前后所用杜黄裳、李绛、李吉甫、武元衡、裴垍、裴度等都是有智有谋的人才,他们在协助宪宗讨平藩镇方面,发挥了杰出的作用。在用兵的重大问题上,宪宗一般都能够广泛听取宰臣的意见,尽管这并不排除在一定的情况下,不为群言所左右、坚持己见的例外。

　　第四,注意经济、军事、政治诸方面条件与因素的细致充分准备,保证讨伐藩镇这一主要战略目标的成功实施。

　　一般说来,围绕主要战略目标所进行的准备工作越具体、越充分、越全面,主要战略目标成功实现的可能性就越大。宪宗在平服藩镇的过程中,显然是充分意识和注意到了这一点。宪宗为平服藩镇在各方面做了精心细致的准备,这里仅从经济财政方面进一步说明。

　　在平定藩镇的财政基础方面,宪宗既有"因德宗府库之积"的一面,也有为筹措战争经费而苦心经营的一面。这不仅表现在制度上对财政体系的整顿,而且宪宗本人在各个方面带头节俭,正像宪宗自己所讲:"朕所以恶衣菲食,蓄积货财,正为欲平定四方,不然,徒贮之府库何为?"①由于宪宗注意到了物质基础对于平定藩镇的重要性,采取了多种有力的措施,因而在平定藩镇的战争中,能够源源不断保证前方的各种供给。仅以元和中期以来平服藩镇的主要开支来说:元和四年至元和五年(809—810年),第一次征成德,支出七百万缗,战后赏赐诸道军兵二十八万匹绢。元和七年(812年),魏博归服,支出一百五十万缗;征淮西三年,支出超过一千万贯石;成德归服,赐钱一百万缗;收复平卢,开支也不少于数百万缗;卢龙归服,赐钱百万缗。此外,尚不包括宪宗多次从内库中拨出的动辄数十万贯、匹的供军钱物。

---

　　①　(宋)司马光:《资治通鉴》卷二三九,《唐纪》五五,宪宗元和七年十月庚戌条。

宪宗朝一年所入约三千五百万缗，属上贡者约三分之一，即一千多万缗。而以上用于藩镇的部分经费已超过二千万缗，①这样大的开支所以能够得到保证，固然反映元和年间朝廷对百姓征敛的严重，但也说明宪宗在平定藩镇过程中，在财经方面准备的充分。

同样，宪宗在军事上，每次发动对藩镇的斗争，也都是尽可能作好充分的准备。除在总体战略上给予规划、指导外，对各路兵马的调配，将领的任免及其具体战略的实施，都在尊重宰臣及前方将领意见的基础上亲自加以过问。

在政治方面，宪宗始终以"举贞观、开元之政"、讨平藩镇为中心，所有具体政策的制定，人员的任免，官员之间及朝官、宦官之间诸种矛盾的处理，都以不影响这一大局为前提，从政治上保证讨伐藩镇的成功。

总之，元和年间宪宗讨伐藩镇的成功，是宪宗充分利用中唐以来社会、历史所提供的有利条件，发挥个人才智及领导指挥才能，充分依靠群臣及广大将士，共同奋斗努力的结果。

当然，由于宪宗的时代尚不存在从根本上彻底解决藩镇割据问题的社会、历史条件，宪宗并不能超越社会及历史所提供的客观条件发挥个人的作用，因此，宪宗虽然在平服藩镇、一统天下方面取得巨大成功，然而这种成功是难以持久的。随着他的去世，随着他的继承者在个人品格及才智等方面的大为逊色，藩镇割据的局面终又恢复。当然，这一历史责任并不是宪宗所应负担、所能负担得了的。

（原刊《浙江师大学报》2001 年第 6 期）

---

① （后晋）刘昫等：《旧唐书》卷一五七，《王彦威传》。

唐宪宗与韩愈谏佛骨事新论

元和十四年(819年)初,韩愈因上《谏佛骨表》而激怒唐宪宗,险被处以极刑,后被贬谪潮州,此即佛教史上有名的谏佛骨事件。论及韩愈激怒宪宗的具体原因,论者多以为宪宗笃信佛教以求长生,而韩愈上表中竭力攻讦佛教,故有潮州之贬。

笔者则认为,韩愈上表攻击佛法,仅是谏佛骨事件发生的一方面原因。另一方面,更深层次的原因则是因为韩愈的上表严重触犯了宪宗作为封建帝王的尊严。在平定藩镇取得基本胜利、大唐初步实现中兴、人们对宪宗的称颂不断高涨的背景下,宪宗志骄意满,已难以容忍臣下对皇权的任何冒犯。

本文将从宪宗与佛教的关系、宪宗在平定藩镇后的变化、韩愈上表激怒宪宗的具体原因等三方面,对这一论点展开讨论。

一

宪宗自贞元二十一年(805年)受禅嗣位以后,励精图治,追效"二祖(太宗、玄宗)之道德风烈"①,以主要精力来解决自安史之乱以来形成的藩镇割据问题,其各方面的政策方针,无不以削平藩镇这一中心为转移。对待佛教,宪宗为防止其对国家财税收入的分割,亦采取限制的政策。

宪宗即位后,首先针对僧道伪滥、逃避赋役的问题,全面对私度僧道的现象进行整顿。唐朝初年,由于高祖、太宗推崇道教,佛教势力尚无多大发展,但自武则天以后,佛教势力急遽膨胀,寺院僧尼人数迅速增长。中宗时左拾遗辛替否已有"十分天下之财,而佛有七八"之说。② 开元年间,全国寺院总数已达5 358所,富户强丁冒为僧尼躲避赋役的情况更为严重。安史之乱以后,为解决财税的困难,朝廷公开以出卖度牒的方式聚敛钱财。这种方式虽然能解政府一时之难,却在随后的长

---

① (宋)欧阳修:《新唐书》卷七七,《李绛传》,中华书局1975年版。
② (后晋)刘昫等:《旧唐书》卷一一○,《辛替否传》,中华书局1975年版。

时期内减少了赋役的对象,加重了百姓的负担。元和初年,僧尼伪滥仍是一个严重的社会问题,宰相李吉甫曾谈到,天下僧尼及杂人重役等不归农桑者,约占天下人口十分之五六。[①] 白居易也曾指出:"今天下僧尼,不可胜数,皆待衣而食,待蚕而衣,臣窃思之,晋、宋、齐、梁以来,天下凋敝,未必不由此矣!"[②]显然,僧道的伪滥严重影响到国家的财税收入,这对于正在想方设法积蓄国力以讨平方镇的宪宗来说,是不能不解决的问题。元和二年(807年)三月,宪宗发布诏令曰:"男丁女工,耕织之本,雕墙峻宇,耗蠹之源,天下百姓,或冒为僧道士,苟避徭役,有司宜备为科制,修例闻奏。"[③]

宪宗的诏令及随后有关部门的规定,对于僧道伪滥之风是一个遏制,有利于减轻百姓负担、改善国家的财政状况。虽然由于史料的缺乏,我们无法确知此次限制僧道政策实行的具体结果,但从后来敬宗宝历年间(825—826年)李德裕上表提及自宪宗有敕禁度、戒坛"久不兴置"的话语来看,宪宗元和二年(807年)关于禁止私度僧道的诏敕得到了比较好的执行。特别是在江淮地区,"自元和二年不敢私度"。由于这一禁令的严格执行,因此当宝历元年(825年)徐泗节度使王智兴冒禁陈请敬宗,要求私度僧尼时,"天下沙门奔走如不及"[④],王智兴因此获取了大量度钱而致富。这说明,在宪宗元和二年(807年)诏令颁布以后的十七八年、包括宪宗元和十三年迎奉佛指舍利时,私度僧尼道士是受到严格禁止的。这无疑是元和年间国家财力较强、得以平服藩镇的原因之一。

对于寺院地主的特权,宪宗在平定藩镇以前,亦严加限制。如元和六年(811年)正月,针对京师地区僧院地主庄碨享有免税特权、影响国家税人的情况,宰相李吉甫专门向宪宗上表指出,国家向经营钱米之人征税,历来有法定制度与固定数额,若免除这些历来拥有经济实力的僧人的赋税,势必加重劳苦百姓的负担,减少国家的收入。宪宗接表后十分赞赏李吉甫的见解,废除了僧院地主庄碨免税的特权。[⑤] 元和八年(813年),宪宗应御史中丞之请,处死犯罪的高级僧人鉴虚,给了那些不法僧人以极大的震动。[⑥]

元和十年(815年),由于征讨淮西的战事久无结果,宪宗令骑军至西明寺,将昆沙门神恭迎至开元寺中,迎护的队伍长达数里。此举反映宪宗已有崇奉佛法的意图。但同年八月,当嵩山中岳寺僧圆通与藩镇李师道勾结在东都谋反时,宪宗对

① (宋)王溥:《唐会要》卷六九,《刺史下》。
② (唐)白居易:《白居易集》卷五三,《策林·议释教》,中华书局1985年版。
③ (宋)王溥:《唐会要》卷五〇,《尊崇道教》。
④ (后晋)刘昫等:《旧唐书》卷一七,《敬宗本纪》。
⑤ (后晋)刘昫等:《旧唐书》卷一四八,《李吉甫传》。
⑥ (后晋)刘昫等:《旧唐书》卷一五三,《薛存诚传》。

参与谋反的僧众予以坚决镇压。此后,宪宗诏令限制各地寺院讲经的次数与规模,规定只有观察使、节度使所在之州,每三个长斋月,在一寺一观置讲,其余随意开场讲经者,一律禁止①,使日益膨胀的佛教势力受到遏制。

上述事实说明,在平定藩镇之前,为了实现中兴大业,宪宗对于佛教势力是加以限制、甚至给予严厉打击的。此间,他虽也曾参加过某些佛事活动,但这些活动属于封建帝王正常的宗教活动,其次数规模,都远不能与代宗、德宗时的崇佛活动相比。

宪宗对佛法的逐渐执迷,开始于元和十二年(817年),当时由于淮西方镇久攻不下,宪宗希望能够通过虔诚的礼佛活动来获取佛祖的支持与保佑,并祈求福寿。此年,宪宗在右神策军中设元和圣寿佛寺,又为礼佛的方便,令神策军筑夹城,将宫城与兴福寺联结起来。同时,他与僧人端甫、广宣等人的来往也日益密切。端甫"迎合上旨,皆契真乘,虽造次应对,未尝不以阐扬为务"。宪宗"待之如宾友,常承顾问"。在端甫等僧人的影响下,宪宗对佛法的迷信愈来愈深,"天子益知佛为大圣人,其教有大不可思议之事"。平定淮西以后,僧人们借机宣扬这是佛教"显大不可思议之道,辅大有为之君"的结果,②使宪宗愈益相信佛法的作用,礼佛活动进一步升级,终于导致了迎奉法门寺佛指舍利的盛大礼佛活动。

从以上宪宗与佛教的关系来看,在元和十二年(817年)以前,宪宗对佛教基本上采取的是限制甚至打击的政策。元和十二年以后,其对佛法的崇信才日益加深。元和十二年到十三年十二月遣使迎奉法门寺佛指舍利,不过一年多的时间,其间朝廷关于严禁私度僧尼等限制佛教的政策并未见改变。因此,若将宪宗欲置韩愈于死地的原因,仅仅归结为韩愈诋毁了佛教,是不足以令人信服的。这其中必还有其他的原因。

二

对有关史实进行深一层的分析,我们不难发现,宪宗之所以欲将韩愈置之于死地,是与宪宗本人在平定天下藩镇以后所发生的变化及其处理君臣关系方针的改变有着必然联系的。

元和初期,宪宗以中兴大唐、平定藩镇为己任,"嗣贞观之功,弘开元之理","举

---

① (宋)王钦若等:《册府元龟》卷五二,《帝王部·崇释氏二》,中华书局1966年6月版,1988年第三次印刷。

② (宋)赞宁等:《宋高僧传》卷第六,《唐京师大安国寺端甫传》,见《历代高僧传》,上海书店1989年10月第1版。

贞观、开元之政"①,因而在处理君臣关系上,多以太宗为榜样,主张"为君推诚,为臣尽忠"。元和初年,宪宗曾就这一问题多次与臣下展开讨论。元和三年(808 年)九月,他对大臣们说:"以太宗、玄宗之明,犹藉辅佐以成其理,况如朕不及先圣万倍者乎!"②

在宪宗看来,贞观、开元的政治经验,最值得自己学习,因此,他即位以后,经常阅读《太宗实录》《玄宗实录》《贞观政要》等书。元和四年(809 年),他诏令李绛、崔群、白居易等人搜集历代君臣成败的经验五十余种,亲自编成《前代君臣事迹》十四篇,并手书于屏风之上宣示臣下,君臣共勉。③他在阅读《贞观政要》时,看到太宗鼓励臣下直言,不怕意见上下往复四五次,感叹道:以太宗之天资聪睿,与群臣讨论问题尚且如此,以自己之寡昧,更不可简单处理臣下的进言。为此宪宗规定,今后大臣进谏,不同意见可以上下往复十次以至更多。元和四年(809 年)三月,诏令查访贞观时期著名谏臣魏征的后代予以厚赏,以此鼓励大臣们直言进谏。对于那些敢于发表自己意见、直言进谏的大臣,宪宗大胆起用,如给事中吕元膺,回答宪宗所问时政得失,无所隐讳,直抒己见,虽辞气激切,宪宗却十分欣赏,第二日便向宰相建议:"元膺有谠言直气,宜留在左右,使言得失。"④此后吕元膺多次大胆进谏,屡屡封还诏书。给事中段平仲、御史中丞薛存诚等人也以敢于进谏受到宪宗嘉奖。同时,宪宗对于那些身居要职、处世圆滑,遇事模棱的官员,毫不客气地予以批评,甚至解除他们的职务。如立有拥立之功的宰相郑铟、大臣权德舆等人,即因"拱默无建言"而被免职。由于宪宗的提倡与鼓励,元和初中期,敢于直言进谏的大臣如李绛、吕元膺、李藩、元载、白居易等,大量涌现。有的大臣稍久不谏,宪宗便会责备道:"岂朕不能容受耶? 将无事可谏也?"⑤

当然,在处理臣下的谏言时,宪宗有时也会与大臣发生分歧,甚至为此发怒。但事后宪宗多能自检过失。如元和五年(810 年),翰林学士李绛指责宦官吐突承璀过于专横,主张给予严惩,宪宗变色道:"卿言太过。"李绛则坚持己见,陈明事理。事后宪宗称赞李绛"真忠臣也","他日尽言,皆应如是"。⑥翰林院学士白居易有时进谏毫不留情面,直言"陛下错",使宪宗在群臣面前十分难堪。一次宪宗忍不住对李绛言道:"白居易小臣不逊,须令出院。"而李绛则曰:"陛下容纳直言,故群臣敢竭

---

① (后晋)刘昫等:《旧唐书》卷一六四,《李绛传》。
② (宋)司马光:《资治通鉴》卷二三七,《唐纪》五三,元和三年九月丙申。
③ (宋)王溥:《唐会要》卷三六,《修撰》。
④ (后晋)刘昫等:《旧唐书》卷一五四,《吕元膺传》。
⑤ (宋)司马光:《资治通鉴》卷二三八,《唐纪》五四,宪宗元和七年三月。
⑥ (宋)司马光:《资治通鉴》卷二三八,《唐纪》五四,宪宗元和五年十二月。

诚无隐。"①宪宗闻后,待白居易如初。

尽管元和初中期,宪宗接受君臣的谏言有时显得勉强,但总的来看,宪宗能够虚心求谏纳谏,集思广益,任用贤良,因而在元和年间的政治、经济、军事、文化舞台上,涌现出一大批难得的人才。正是在他们的努力下,宪宗才得以在元和初年到元和十二年间基本平服了天下藩镇,初步实现了大唐的中兴。

然而,随着平服藩镇的节节胜利,特别是在取得平服淮西藩镇的决定性胜利以后,宪宗虚心纳谏的作风及其处理君臣关系的方针发生了明显的变化。这里最重要的转折点是平淮西之役。如果说元和初年平定西川、夏绥、镇海等一系列藩镇,是宪宗君臣团结一心、共同奋斗的结果,那么讨平淮西的胜利则是在极为困难的条件下,特别是在众多朝臣的反对及罢兵呼声一直不断的情况下取得的。事实证明,宪宗始终如一的决心与坚强意志对于讨平淮西起了决定性作用,也正是因此,宪宗开始产生了骄慢的倾向,胜利使宪宗对自己个人的作用产生了不恰当估价,"淮西既平,上浸骄侈"②。从此,宪宗不仅在生活上因"世道渐平,欲肆意娱乐"③,一改往日的节俭作风,大兴土木,追求奢华,而且在处理君臣关系上,也一改往日虚心求谏纳谏的作风,日益变得自专独断,着意扩大自己的皇权。对待君臣的进谏,特别是比较尖锐的批评,产生了明显的反感与抵触情绪。这可以从平定淮西以后一系列的事件中得到证明:如平淮西的次月,宪宗以宦官担任馆驿使,开了宦官担任外职的先例,左补阙裴潾进谏,宪宗不纳;元和十三年(818 年)正月,宪宗下令扩建麟德三殿,右龙武统军张奉国等以淮西方平,国家财政尚有困难为由进谏,宪宗不纳,不久,却将张奉国等免职;元和十三年十一月,柳泌谎称天台山多灵草,求任台州刺史以求之,宪宗许之,谏官劝阻,宪宗不纳;此类事例自平淮西以后甚多,其中直接影响到宪宗后来处理韩愈谏佛骨之事的,是裴度与宪宗关于任命皇甫镈、程异为相的争论。

皇甫镈,贞元初进士,长期担任司农卿、判度支等职,淮西战争中出任盐铁使,为了解决战争中官府的财政问题,切于馈运,勾剥严急,在百姓中名声不好,但由于其善于理财,使前方供给不乏,战后又聚敛媚上,助宪宗营造,因而深得宪宗欢心。程异,以明经起家,以精于财政著称,在解决讨淮西的经费方面,亦立有功勋。

元和十三年(818 年)八月,宪宗在事先未征求大臣们意见的情况下,任命皇甫、程二人为相。诏书既发,舆论大哗。在反对任命二人为相的群臣中,宰相裴度三次上书,言辞最为激烈。裴度为贞元时进士,宪宗即位后渐受重用,在招抚魏博

---

① (宋)司马光:《资治通鉴》卷二三八,《唐纪》五四,宪宗元和五年六月。
② (宋)司马光:《资治通鉴》卷二四〇,《唐纪》五六,宪宗元和十三年八月。
③ (后晋)刘昫等:《旧唐书》卷一三五,《皇甫镈传》。

等事件中立有大功,为人以劲正敢言著称。元和十年(815年)宰相武元衡被人刺杀以后,裴度受命全权负责政事。他在上书中称皇甫镈乃"市肆商徒,下等微人,其掌财政以来,百姓无不切齿,以此人为相","凡百君子皆欲痛哭"。① 裴度表示:宁愿自己不做宰相,亦决不与皇甫镈为伍。

裴度的上书若在元和初期,宪宗也许会予以考虑,但此时情况已有不同:随着淮西的平定,宪宗威望日高,处于天下一片赞扬声中的宪宗已容不得臣下如此尖锐的批评。另外,在宪宗看来,任命五品以上官员乃皇帝职权范围之内的事情,裴度此时却以自己封印辞职相要挟,逼皇帝就范,这是宪宗自尊心所难以接受的。事情至此,宪宗认为这已经不是任命皇甫为相的问题,而是一个君权、臣权孰尊孰卑的问题。

同时,宪宗认为裴度的态度不仅仅是他个人的态度,而是一批人的态度。就在不久前,宪宗曾对裴度说过:"人臣当力为善,何乃好立朋党,朕甚恶之。"② 宪宗当时虽未明言朋党为谁,实际即是针对裴度的,他此时对裴度、崔群、韩愈、冯宿等大臣之间的关系已产生猜疑。裴度当时的一番解释并未能使宪宗释怀。此次裴度如此猛烈地反对宪宗命相,如果对之妥协,无疑是对那些轻君犯上的人开了绿灯。所以裴度一再上疏之后,宪宗不仅没有改变任命皇甫、程二人为相的决定,反而于次年四月,将裴度免相。

裴度上疏反对宪宗任命皇甫、程二人为相,是元和十三年(818年)下半年的事情。同年十二月,宪宗在未征求群臣意见的情况下遣使迎奉法门寺佛指舍利,韩愈随后即上了言辞激烈的《谏佛骨表》。由于韩愈与裴度的密切关系及两人先后上表言辞激烈,对宪宗尊严多有触犯,因而不论当时韩愈是否意识到,宪宗实际上是把韩愈视作裴度的朋党来看待的。在这样一种背景下,韩愈上表对佛教的攻击已成其次,而他对宪宗的不敬态度及对皇帝尊严的冒犯,才是宪宗必欲将其置于死地的主要原因。

三

提及韩愈对宪宗皇帝尊严的冒犯及与裴度的所谓朋党问题,就不能不对韩愈与宪宗、裴度的关系进行一番分析。

德宗贞元年间(785—805年),韩愈因请求减免灾民赋税而被德宗贬官阳山县令。元和初年,宪宗将韩愈召还朝廷,逐渐委以重任。应当说,宪宗是有恩于韩愈

---

① (后晋)刘昫等:《旧唐书》卷一三五,《皇甫镈传》。
② (后晋)刘昫等:《旧唐书》卷一三五,《皇甫镈传》。

的。自对藩镇用兵以来,韩愈多次上书为宪宗出谋划策,特别是在平淮西的过程中,韩愈屡次上书分析战场形势、坚定宪宗用兵决心,是朝廷中与裴度等人一样坚决支持宪宗将讨淮西战争进行到底的极少数大臣之一。正因为如此,在征讨淮西的后期,宪宗在任命裴度为淮西宣慰处置使的同时,应裴度的要求,任命韩愈为裴度的行军司马,同赴淮西前线。

淮西之役的成功,无疑是裴度、韩愈等主战一派的胜利及李逢吉、令狐楚等主和一派的失败,这种现实显然影响到裴度、韩愈等人在朝廷中的地位及其在朝廷中说话的分量,这应是裴、韩二人敢于直言而不惧得罪宪宗的原因之一。而也正是这一点,使有意加强皇权的宪宗日益不满,这种苗头首先反映在《平淮西碑》的更修上。

淮西之役胜利以后,韩愈受命修撰《平淮西碑》文,无论从韩愈的文采还是主战的态度来看,韩愈起草《平淮西碑》文,都应说是恰得其人。但碑成以后,李愬妻子、唐安公主之女入宫哭诉,称韩愈碑文不实,宪宗因此下令磨去韩愈碑文,由翰林学士段文昌重新撰文刻碑。

关于韩愈《平淮西碑》的问题,历代皆有争论,不容否认的一个事实是,韩文客观上贬低了李愬在平淮西之役中的作用,而大大突出了裴度督军的个人作用。对于宪宗,韩文所用的称颂之辞,则远不如后来段文昌碑文使用得多。凭着这一点,宪宗将韩愈视为裴度的朋党,是完全可能的。因而当裴度一再上疏以辞相要挟宪宗罢免皇甫、程两人相职之事不久,韩愈又在《谏佛骨表》中多出不逊之词,宪宗因之发怒,欲将其置于死地,便十分自然。

除了人事上的复杂关系之外,韩愈所上《谏佛骨表》立论的根基、进谏的方式显然也存在问题。韩愈之前,唐代士大夫进言禁毁佛教者代有其人。如果就其对佛教攻击批判的猛烈程度来看,有些人并不在韩愈之下,如高祖、太宗时,傅奕数次上疏请除佛教,特别是在武德年间,他向高祖进言称:"佛为一姓之家鬼也,作鬼不兼他族,岂可催驱生汉供给死胡?""佛生西方,非中国之正俗,盖妖魅之邪气。"[①]此类极端攻击佛教的语言,其严厉尖刻程度比韩愈有过之而无不及。故此萧瑀曾愤称:"地狱所设,正为是人。"傅奕之后,历朝上书攻击佛法者仍大有人在。其中亦不乏言辞激烈者。然而,从高祖、太宗到代宗、德宗,他们都能容忍这些言论的存在,而为什么韩愈上了《谏佛骨表》,宪宗便欲将其置于死地呢? 当然,首要的一个原因是因为唐中期以前,佛教的地位尚不能独排道教与儒学,历朝皇帝对佛教的崇信程度也有不同,但另一个方面,和韩愈上表的立论基点与以前诸人的立论基点有着很大不同有关。

---

① (后晋)刘昫等:《旧唐书》卷七九,《傅奕传》。

　　傅奕等人的上书,其基本立足点都是极力维护皇权,批判佛教与皇权的对立。认为佛教的发展是"窃人主之权","以匹夫而抗天子","于国家有害","与朝廷争利"。他们的上书或进言,目的都是力图使君主认识到,佛教是皇权的对立物,反对佛教,即可加强皇权、巩固统治,增加国家的赋税收入,减轻百姓的负担。

　　韩愈的《谏佛骨表》则重点强调的是信奉佛教的帝王都不会长寿、都没有好下场,"奉佛愈过,寿考愈促"。这里,韩愈显然将历代帝王与佛教放在同一个位置上加以批判了,这就严重地触犯了宪宗作为帝王的尊严。而且,韩愈的上表,颇多讥讽之言,最后又称"佛如有灵,能作祸祟,凡有殃咎,宜加臣身上"①,这等于把自己摆到了与帝王平等的位置上。此类言语,正如后人所评论:"矫激太过","是欲上冥行也"。②

　　宪宗在韩愈上表后曾言:"韩愈言我奉佛太过,我犹容之,至谓东汉奉佛之后,帝王咸致夭促,何言之乖刺也。愈为人臣,敢尔狂妄,固不可赦。"③显然,宪宗对韩愈的愤怒,主要已不在于其对佛教的攻击,而是其对历代帝王亦即对待宪宗本人的"狂妄"态度。对于这一点,韩愈内心其实也是明白的。因此,他被贬潮州以后,在上宪宗书中主要检讨的是自己"狂妄戆愚,不识礼度"和"言涉不敬"的问题,而对自己诋毁佛教之事,只字未提。为了弥补自己对宪宗的不敬,他在上表中,以大量的文字歌颂了宪宗的"巍巍之治功",宪宗接表后,心领神会,坦言:"愈为人臣,不当言人主事佛乃年促也,我以是恶其容易。"所谓"恶其容易"即指韩愈上表中对帝王的大不敬。其后皇甫镈认为韩愈"终太狂疏",不主张赦免,实际这也是宪宗对韩愈的看法。由此可见,宪宗对韩愈《谏佛骨表》的震怒,与其说是因为韩愈攻击诋毁了佛教,不如说是因为其上表严重触犯了宪宗的尊严。韩愈的名望愈高,宪宗愈是不能容忍这种冒犯。

（原刊《南京师大学报》2005年第3期）

---

①　(后晋)刘昫等:《旧唐书》卷一六〇,《韩愈传》。
②　(清)何焯:《义门读书记》卷一,《昌黎集评语》。《文渊阁四库全书·子部杂家类》。
③　(后晋)刘昫等:《旧唐书》卷一六〇,《韩愈传》。

略论元和年间唐宪宗对吏治的整顿

唐宪宗元和年间对藩镇展开的斗争,取得了重大的胜利,结束了自安史之乱以后所形成的藩镇割据局面,初步实现了大唐中兴。

对于唐宪宗平定藩镇的方略、过程及意义,学术界已有不少专文讨论。但是,对于唐宪宗元和年间对吏治的整顿,至今却无专文探讨。其实,元和年间宪宗对吏治的整顿,是宪宗能够平定藩镇的一个重要原因,有些整顿吏治的措施本身就是针对藩镇的。可以说没有宪宗对吏治的整顿,就不可能取得对藩镇斗争的胜利。认真分析总结元和年间唐宪宗整顿吏治的政策、措施与经验教训,不仅对于认识宪宗平定藩镇取得成功的原因是必要的,而且对于我们今天加强干部队伍建设、反腐倡廉,也有着重要的借鉴意义。

一

唐宪宗即位之初,以平定藩镇、中兴大唐为己任。他总结历史的经验教训,深深认识到"为理之本,在于得人""国以人为本"的重要性,[1]如果用人不当,宦风不正,吏治败坏,贪赃之风盛行,要平定藩镇、中兴大唐是不可能的。因此,宪宗初即位即着手吏治的整顿,严惩贪赃,并将这一精神贯彻于元和年间始终,取得明显成效。

宪宗即位时所面临的官僚队伍是一支贪污成风、冗员众多、素质不良、办事效率低下的队伍。依靠这样一支队伍,要改革朝政、平服藩镇、实现国家的中兴是不可能的。元和初年,宪宗曾问宰臣:"当今政教,所施何者为急"?宰相李吉甫回答:"为政所急,谅非一端",但是"国以人为本,亲人之任,莫先牧宰。"[2]李吉甫认为,牧宰(即地方官员)镇守一方,如果委用得人,政化自宣,如果选用不当,那就会成为蠹

---

① (宋)王钦若等:《册府元龟》卷一○四,《帝王部》。
② (宋)王钦若等:《册府元龟》卷一○四,《帝王部》。

民之害。因此国家应以观察使、刺史、县令的任用作为大事。宪宗对此深表同意。

唐代地方官的任免,在开元以前,朝廷比较重视。太宗一生"孜孜求士,务在择官"[1]。他曾将主要地方官的姓名书于屏风之上,政有好恶,随时记录。武则天、唐玄宗也都重视地方官的任用。玄宗规定都督、刺史赴任前,都必须"面辞",亲授治理方略。[2] 安史之乱以后,天下裂于藩镇,地方官不少都以刻剥百姓为事。肃宗、代宗以来,命官多轻视出任地方官,"选授之际,意存沙汰,委以藩郡,自然非才"[3]。刺史的数量虽然众多,往往不加认真选择,加上刺史任免过于频繁,结果"人无安志,迎送之费,竭耗不供",德宗后期,"性猜忌,不委任臣下,官无大小,必自选而用之,宰相进拟,少所称可"。特别是陆贽罢相后,德宗"尤不任宰相,自御史、刺史、县令以上,皆自选用,中书行文书而已"[4]。然而,德宗深居宫中,不可能全面了解天下官员情况,因此,实际上德宗仅是听信裴延龄等宠臣的意见,结果裴延龄、李实等人"皆权倾宰相,趋附盈门"[5],使天下吏治更为败坏。

对于德宗的用人之弊,宪宗早有了解,即位以后,在地方官的任用方面,宪宗针对藩镇割据的特点,重点抓两方面:

第一,提高州县官的权力,加强州县官任免权限的管理,注意发挥州县官的作用。

宪宗在即位诏书中指出:"理天下者,先修其国,国命之重,寄在方镇,方镇其理,实维列城,列城为政,系乎属县。"[6]为此,宪宗采纳李吉甫"使属郡刺史得自为政,则风化可成"的建议,[7]注意加强州县长官的权力,使其摆脱藩镇节度使的严密控制,直接听命于中央。

宪宗规定,州县长官主要对中央负责,一般州刺史不得擅见本道节度使,同时宣布,废除年终本道节度使巡视检查外县的制度,防止节度使官员对州一级的苛敛。对于州县长官的任用,注意直接从中央有关部门推荐,吏部要"精加考核,必使详实"[8]。元和十二年(817年)四月,宪宗又规定,"自今以后,刺史如有利病可言,皆不限时节,任自上表闻奏,不须申报节度观察使"[9]。这样做的结果,加强了中央与州刺史的直接联系,削弱了藩镇对州县的控制,有利于加强中央集权,也便于吏

---

① （唐）吴兢:《贞观政要》卷一,《君道》。
② （宋）王溥:《唐会要》卷六九,《刺史》。
③ （宋）王钦若等:《册府元龟》卷一〇四,《帝王部》。
④ （宋）司马光等:《资治通鉴》卷二三四,德宗贞元十年夏四月。
⑤ （宋）王溥:《唐会要》卷一,《帝号》。
⑥ （宋）王钦若等:《册府元龟》卷一六二,《命使》。
⑦ （宋）欧阳修等:《新唐书》卷一四六,《李吉甫传》。
⑧ （宋）王溥:《唐会要》卷六九,《刺史下》。
⑨ （宋）王溥:《唐会要》卷六九,《刺史下》。

治的改进。

元和十四年(819年)乌重胤三月上言,更加明确地提出提高州县长官权力包括军事权力的问题。他指出:"臣以河朔能拒朝命者,其大略可见。盖刺史失其职,反使镇将领兵事。若刺史各得职分,又有镇兵,则节将(即节度使)虽有禄山、思明之奸,岂能据一州为叛哉?!所以河朔六十年能拒朝命者,只以夺刺史、县令之职,自作威福故也。"①乌重胤上表的同时,将自己横海军节度使所管辖的德、棣、景三州职权归于刺史,州兵亦令州刺史收管,受到宪宗诏令嘉许。实际上,乌重胤的建议与元和初年李吉甫关于"使属郡刺史得自为政"的建议基本精神是一致的,目的都是在于削弱藩镇对州县的控制权,而集州县权力于中央。

对于边远地区州郡官员的任用,宪宗也给予一定重视。

自唐朝建立以来,朝廷即形成了以犯罪官员和杂流品外正吏出任边远州县长官的习惯做法。但是这仍不能解决边远州郡官员的短缺问题。德宗贞元中期,岭南观察使李复曾上奏说,南方地区地土卑湿,与内地不同,担任州府佐官的大多是杂流(九品官外正官为杂流),而且大半州府,刺史短缺,请求朝廷批准在当地判官中选拔有才干的官吏,令知州事。② 德宗予以批准。元和初年,宪宗为限制藩镇节度使的权力,禁止节度使、观察使自派判官监任州县长官。这一规定由于没有区分内地与边远地区的差别,影响了边远地区官吏的来源。元和四年(809年),岭南观察使杨于陵奏言,认为朝廷禁止诸道自差判官监领州务的规定,不适合边远州郡。杨于陵认为岭南地区"州县凋残,刺史阙员,动经数岁,至于上佐,悉是贬人。若遣知州,必致挠败"。杨于陵建议应对岭南等边远地区实行特殊政策,允许当道"量才差择,以便荒隅"③。从杨于陵的奏言可以证实,宪宗确曾规定诸道节度、观察使不得以本道判官监任州县长官。这一规定确也得到了贯彻执行,以至于杨于陵要违反这一规定,必须奏请朝廷批准。

宪宗批准了杨于陵的建议,岭南等边郡节度、观察使可以根据实际情况选授州县官,以适应边地的特殊情况。

第二,加强对地方官员的考察与监督。

能不能保证对官僚队伍实行有效监督,是能不能保持良好的吏治的前提条件。宪宗即位伊始,即派出度支及盐铁转运副使户部侍郎兼御史大夫潘孟阳,代表朝廷巡察宣慰江淮,检查地方官租赋的征收及为政是否清廉。当然,由于潘孟阳本身不廉洁,未能完成宪宗使命。元和四年(809年),宪宗派左司郎中郑敬宣慰江、淮、两

---

① (后晋)刘昫等:《旧唐书》卷一六一,《乌重胤传》。乌上表具体时间,依据《通鉴》卷二四一宪宗元和十四年三月戊子条记。

② (宋)王溥:《唐会要》卷六八,《刺史上》。

③ (宋)王溥:《唐会要》卷六八,《刺史上》。

浙、荆、湖、襄、鄂等道,督察吏治,赈恤百姓。此后宪宗亦多次派出专使检查地方官治状。元和七年(812年)闰七月,宪宗敕令指出:近年多次颁发制敕,由御史、郎官访察地方治状。凡诸道违法征科、刑政宽滥,皆一一奏闻。虽有此敕,有关官员有的未能尽职。今后凡出使郎官、御史,所历州县,其官员治状、闾里疾苦、水旱灾伤,必须一一奏闻,郎官由左右丞审核,访察归来五日内必须将访察的情况报告中书门下,如有奏报不实,必议惩责。①

为选择好地方官,元和三年(808年),宪宗发布敕书,规定推举县令,必须直言其事,不得在考课时"妄有文饰",吏部检勘官员,不能只是"略堪资历,不究人材",必须对有关官员的实绩精加考审,必使详实。为防止在用人及考课上的舞弊行为,宪宗规定观察使、刺史荐举之人,不能担任本州府县令。被荐举官员到任后犯罪,荐举者要追究连带责任,予以贬罚。② 元和四年(809年)、六年(811年),宪宗又一再下诏令,强调加强对县令等官员的考察。元和十一年(816年)九月,宪宗批准中书省奏呈,强调考课县令,务必从实。如果朝廷发现检勘无据,铨不称职,甚至有犯罪行为,"量轻重坐其举主,轻则削夺,重则贬责"③。

宪宗一再发诏强调官员的考课务必从实,一方面反映了在元和年间官员的铨选及考课上存在着"比来铨覆,多务因循"的弊病,另一方面,也反映了宪宗对官员素质问题的高度重视,反映出宪宗一心要整顿好吏治的决心。

二

搞好地方的吏治固然重要,但中央高级官员特别是宰相的选用,尤其关系到中央决策的正确与否及朝政的兴败,因而特别受到宪宗的重视。

宪宗在位十五年,先后任用过二十六位宰相。二十六人中,即位初年因袭父祖任命使用的过渡宰相有贾耽、韦执谊等。贾耽旋即去世,韦执谊不久因系二王集团成员被罢免。另外,郑绍、袁滋、杜黄裳、郑余庆等人,主要是因为有拥立之功而被任命为相(其中杜黄裳也确有才能)。

随着政权的稳定,元和初年以后,宪宗任相多以才德命之。其中李绛、裴垍、李吉甫、武元衡、裴度、崔群等堪称一代名相。正如宋人孙甫所言,宪宗"首得杜黄裳陈安危之本,户其机断,继得武元衡、裴垍、李绛、裴度谋议国事,数人皆公忠至明之人,故能选任将帅,平定寇乱。累年叛涣之地,得为王土,四方之人,再见太平者,相

---

① (宋)王溥:《唐会要》卷六二,《御史台》。
② (宋)王溥:《唐会要》卷六九,《刺史下》。
③ (宋)王溥:《唐会要》卷六九,《刺史下》。

得人也。所谓天下危,亦当注意相,相得人,将自出矣"①。孙甫认为,"相者之贤,非天子之明不能任","宪宗之明,能任贤相"。这是宪宗得以成就中兴大业的主要原因。

宪宗命相得人,首先是因为他对命相问题的重要性高度重视。宪宗不止一次在诏令中指出:"朝廷者,天下之祯干,宰辅者,王化之根源。""佐予成功,实赖良弼。"②其次,在一般情况下,宪宗命相能处以公心,任人唯贤。既重德又重才,注意听取多方意见。不仅自己注意发现人才,而且特别重视宰相的引荐,如裴垍为相,"举贤任能,启沃帝心,弼谐王道。如崔群、裴度、韦贯之辈,咸登将相,皆垍之荐达"③。"其余量材赋职,皆叶人望,选任之精,前后莫及"④。许多人都认为裴垍为相,才与时会,朝无幸人。再次,宪宗在元和初、中期,比较好地处理了君权与相权的矛盾,放手发挥宰相的作用,使宰相们各尽其才。"军国枢机,尽归之于宰相。于是中外咸理,纪律再张"⑤。

在精选中央、地方官吏的同时,宪宗注意精兵简政,裁汰冗员,提高官僚队伍的办事效率。元和六年(811 年)六月,李吉甫奏称,官省则事省,事省则人清。官烦则事烦,事烦则人浊,清浊之由,在官之烦省。从秦朝至隋朝,十三代中所设官吏,从没有哪个朝代像唐朝这样数量众多。李吉甫列举唐代官多俸乱的情况,主张合并州县,减少官吏,减少俸禄。李吉甫的建议,受到宪宗的高度重视。宪宗立即命令给事中段平仲、中书舍人韦贯之、兵部侍郎许孟容、户部侍郎李绛共同组成一个班子审定天下官员、俸料数目。经过审核,去除重叠机构,沙汰多余人员,共并省内外官 808 人、诸司流外官 1 769 人,使官僚队伍的庞大臃肿情况有了改善。

同年十月,宪宗又发布诏令,进一步精简冗散机构,减少财政开支。宪宗在诏令中强调官职之设,应讲求实效。指出陕路转运漕引之事,已归中都(唐蒲州,今山西永济西)统领,可是京兆尹却仍旧挂名受俸。诸道已设立都团练使,而许多地方仍别置军额,增加官吏俸禄开支。因此宪宗诏令河南水陆运等七处使额一律取消,所省俸禄,折作本道百姓缺交的两税。

在精简政府机构和人员、减少俸禄开支的同时,宪宗还特别强调各级政府部门要讲求办事效率。元和四年(809 年)九月,针对刑部和大理寺审理判决案犯过于迟缓的情况,宪宗下诏敕给予严厉批评,并提到"助长奸倖"的高度来认识。宪宗同时规定:自今以后,大理寺检断,不得过二十日,刑部复下,不得过十日。如刑部复

---

① (宋)孙甫:《唐史论断》下卷,《丛书集成续编》,中华书局 1985 年版。
② (宋)王钦若等:《册府元龟》卷七三,《命相》。
③ (后晋)刘昫等:《旧唐书》卷一四八,《权德舆子璩传》。
④ (后晋)刘昫等:《旧唐书》卷一四八,《李吉甫传》。
⑤ (后晋)刘昫等:《旧唐书》卷一五,《宪宗本纪》。

有异同,寺司重断不得过十五日,省司重新复查不得过七日。如有需要将案件移送外地州府审断者,以及由京师内其他司法部门审理者,即以牒文到后开始计日数,却报者不得过五日。刑部必须在发出的牒文及收回的牒文上注明收发时间,有违反规定者,要予以勾举纠访,严加惩处。曾有河南尹查办崔应被劫杀一案不力,奸盗"收擒不获,致使漏网",宪宗下专诏予以严厉批评,并扣罚河南尹及县令、捕贼官每人一月俸料钱,年终考课列为下考。

对于有些官员任职不守职责的情况,宪宗一旦发现,便予以惩处。曾有立戟官卢坦、元义方违反朝廷令式,"造次而行,殊乖审慎",使立戟的人员及数量大大超过规定。宪宗罚每人俸料一月。左司郎中陆则"发付不精",礼部员外郎崔备、工部员外郎元礼等人随意受人请托,错误严重,罚每人一个季度的俸料钱。同时宪宗也从制度上作出规定,并编入法律之中,永为常式。

三

宪宗在整顿官吏队伍的同时,大力加强法制,以法律的手段,惩治贪赃。

宪宗一方面强调"宽仁乃为政之本",同时,对于刑法的辅助作用也十分重视。元和初,宪宗即与杜黄裳讨论过"有功则赏,有罪则刑,选用以公,赏刑以信"的问题。元和六年(811年),宪宗与权德舆讨论"为政宽猛何先"的问题时,也肯定了刑法的辅助作用。事实上,宪宗执政期间,无论是"以法度裁制藩镇",还是依法整顿官僚队伍、惩治贪赃,都体现出宽仁与刑法相辅而治的思想。

为加强法制,宪宗对事关重大的法律制度建设给予了高度重视。自唐初制定唐律以来,特别是《律疏》颁布以后,唐朝法律的各个方面都有详细完备的规定,诸事有法可依。但是,由于社会的情况是在不断变化的,因而某些具体法律条文,需要根据变化的情况不断颁布令、格来加以修正,使"旧制不便者,皆随宜删改"[①],这对于完善法律制度,使唐律更好地贯彻执行具有重要意义。唐初以来,唐政府曾多次颁布格令。然而,自安史之乱以后,唐朝的法律制度受到严重影响。肃宗、代宗企图根据开元以来的实际情况编定令、格,始终没有成功。德宗建中元年(780年),删定格令的计划也没能完成。贞元元年(785年),尚书省曾完成《贞元定格后敕》三十卷,但"留中不出",并没有执行。[②]

宪宗即位以后,开始对开元以来六七十年一直没有修定法典的情况加以改变。他下诏组织强大的阵容先后完成了《元和格敕》三十卷、《元和格后敕》三十卷,颁行

---

① (唐)杜佑:《通典》卷一六五,《刑典》。
② (宋)欧阳修等:《新唐书》卷五六,《刑法志》。

天下,使开元以后法律条文紊乱的情况有所改变。^①

宪宗重视法律建设,更重视以法律为武器,加强法制,惩治贪赃。对于官员的贪赃事件,有一件抓一件,即使涉及自己的腹心也不姑息。据史书记载,宪宗亲自处理的影响重大的案件主要有:中书省主书滑涣受贿案;京兆尹杨凭贪污僭侈案;盐铁福建院官权长孺贪赃案;行营粮料使于皋暮、董豁等贪赃案;弓箭库使刘希光受贿案;僧人鉴虚贿赂案;金吾卫大将军伊慎贿赂案;京兆尹窦易直包庇奸赃案;夏州节度使田缙贪污军饷案等。

这些大案要案,大多盘根错节,背景复杂,如僧人鉴虚贿赂一案,涉及范围广、层面高,案中人有些甚至是已故名相功臣,但宪宗都义无反顾地追查到底,不到水落石出之时,决不罢休。元和年间宪宗查处的大案要案之多,在唐中期以后的皇帝中是绝无仅有的。仅据《册府元龟》之《牧守部》统计,宪宗在位十五年中亲自过问处理的贪赃大案就在二十件以上,而肃宗、代宗、德宗三朝五十年中仅查办了十几件贪赃案,而且主要集中于德宗前期。

重大案件查办得多,并不说明元和年间的吏治较其他时期更差,相反,正说明宪宗对打击贪赃问题的重视及措施的得力。像代宗那样,"不治赃吏",才是不正常的。

当然,宪宗对贪赃现象的打击也存在着明显的缺陷,即追查从严,处理却失之于宽。按《唐律》规定,贪赃罪"刑名甚重",如唐初"诸坐赃致罪者,一尺笞二十,一匹加一等,十匹徒一年,十匹加一等、罪止徒三年"^②。超过此数即应处死。实际上,唐中期以后,对贪赃的处罚远低于《唐律》的规定,如天宝元年(742 年),岭南五府经略探访使彭梁坐赃达数十万钱,按律罪当诛死,但玄宗仅将彭梁杖责六十,免职流放而已。宪宗处理的重大贪赃案也存在处刑偏轻问题,如京兆尹杨凭贪赃上万贯,盐铁福建院官权长孺贪赃一万三百余贯,金吾卫大将军伊慎贿赂达三千万钱,按律条都应处以极刑,然而宪宗却以多种借口,减轻对他们的处罚。在地方上,对贪赃的处罚还要轻得多。

对于这一问题,宪宗看来也有所察觉。因此,在元和十年(815 年)十月十四日,针对贪赃罪处罚偏轻的问题,宪宗发布《严犯赃罪诏》,指出"其犯赃官,本具令文,刑名甚重。顷者多从宽容,不足惩奸。切在申明,使其知惧,自今以后,如钱谷稍多及情状难恕者,宜杖决配流。余并比类,节级科处,如有此色,所在长史及观察使不能纠察,事发之后,并据所犯轻重,重加责罚,庶警贪吏,以惠疲人"^③。

---

① (唐)长孙无忌等:《唐律疏议》卷二六。
② (唐)长孙无忌等:《唐律疏议》卷二六,《杂律》。
③ (清)董诰:《全唐文》卷六〇,《严犯赃罪诏》。

从宪宗的诏令来看,施刑偏宽似乎是个普遍问题,即使从宪宗诏文中的规定来看,贪赃罪重者不过是杖决配流,仍远远达不到《唐律》的处罚规定。不过,宪宗此诏的颁布,多少会对贪赃的官员起到一些惩戒警告的作用。

总的来看,宪宗整顿吏治、严惩贪赃,取得明显效果,构成了元和新政的一个重要方面。由于吏治的整饬,宪宗能够依靠从中央到地方的一批品行端正、才能出众的文臣武将,展开对藩镇的斗争并取得胜利,减少了贪官污吏对百姓的盘剥,保证了国家财政的有效利用,提高了各级政府的办事效率及军队的作战能力。可以说,没有宪宗对吏治的大力整顿、对贪赃枉法的打击,就不会取得其他方面一系列的成就。

唐宪宗的时代,经过唐中期五六十年的变乱,藩镇割据的局面已根深蒂固,因而宪宗对官僚队伍的整饬仅限于中央及中央所能有效控制的地区,而且即使在隶属于唐中央的许多地方官府中,基层的吏治如何,中央也难以进行十分有效的监督。此外,由于代、德以来吏治的败坏,已非一朝一夕,积重难返,因此宪宗整顿吏治的努力并不能完全奏效。如元和初年,宪宗采纳李吉甫"使属郡刺史得自为政"的建议,加强州府长官与中央的联系,限制藩镇对州县的控制,这一规定就难以全面实行。实际上,藩镇所控制的州县,绝不是宪宗的一纸通令便能使其摆脱藩镇控制而重归于中央。在打击贪赃方面,宪宗虽然雷厉风行、态度严厉,但在具体处理时,却失之于宽,体现出封建社会人治往往大于法制的特点。这些,都使宪宗整顿吏治、惩治贪赃的各项措施打上了折扣。

(原刊《浙江师大学报》1999 年第 6 期)

论唐宪宗元和年间唐朝与吐蕃的关系

　　唐宪宗元和年间(806—820 年)的唐吐关系问题,目前史学界尚无专文讨论。一方面是因为人们论及元和时期的政事,注意较多的往往是唐宪宗对藩镇的平定;另一方面,在唐朝中后期的唐吐关系问题上,人们一般都将视线放在德宗时期的唐吐"清水会盟""平凉吐蕃劫盟"及元和以后穆宗时期的唐吐"长庆会盟"等重大历史事件上,而对相对比较平稳的宪宗元和年间的唐吐关系问题,则未能给予足够的重视。

　　其实,元和虽然只有十五年时间,唐吐关系却经历了一个由交好到交恶的过程,其间颇多曲折,颇有特色。认真分析这个时期唐吐关系的变化,对于研究整个唐代的唐吐关系问题,对于评价唐宪宗的历史作用都具有重要的意义。本文拟从元和初中期唐朝与吐蕃友好关系的恢复、发展,元和中期唐朝与吐蕃关于"三州"问题的交涉,元和后期唐吐关系的破裂三个方面,探讨这一时期唐朝与吐蕃的关系。

一、元和初中期唐吐友好关系的恢复、发展

　　唐中期以来,吐蕃是对唐朝政治、经济、军事影响最大的周边民族。一方面唐吐之间有着友好的经济、文化交流,另一方面,唐之边患"莫大于吐蕃"。唐宪宗初承大统,即面临着如何处理与吐蕃的关系问题。宪宗即位之初,曾与杜佑等大臣讨论边事。君臣总结历史的经验,吸取前朝的教训,在唐与周边民族关系的问题上达成了共识,制定了一个基本方针,这就是:"示存声教",修文德以来远;"慎择良将……用示怀柔;来则惩御,去则谨备"。① 元和初中期唐朝与吐蕃的关系,大体上是受这一基本方针指导的。

　　肃、代以来,吐蕃渐次占领陇右,并利用距唐长安城近在咫尺的地理优势,频频入侵,代宗为此曾逃离长安,甚至拟议迁都。其后,唐吐之间多次展开大战。唐朝

---

① 　(宋)王溥:《唐会要》卷九八,《党项羌》。

廷不得不在应付东方藩镇的同时,投入巨大的经济、军事力量来对付吐蕃。德宗即位后企图改变这种东西两线作战、穷于应付的局面,"先内靖方镇"①,对吐蕃则"欲以德绥怀之"②。于是派太常少卿韦伦出使吐蕃,释放并护送吐蕃俘虏五百余人还蕃,"与之约和,敕边将无得侵伐"③。而此时吐蕃亦有修好的愿望,于是派遣宰相论钦明思等五十人组成使团随韦伦入朝,德宗热情接待。此后经多次协商,唐吐于建中四年(783 年)会盟于清水,双方友好关系得以修复。

德宗与吐蕃的结盟,使唐朝西部的压力大为减轻,从而使德宗得以专心对付藩镇。但在兴元元年(784 年)"泾师之变"中,由于吐蕃出兵帮助唐朝平叛而事后德宗没有按原来的许诺向吐蕃割让泾、灵四州之地,吐蕃因此怨怒德宗,双方关系再度紧张。吐蕃向陇、泾、邠、宁等地进犯,掠人畜,败田稼,使唐吐关系恶化。德宗不得不再次收缩东方战线,调兵遣将,加强西北边防。

贞元三年(787 年)吐蕃在平凉以结盟为掩护,大败唐军,抄掠陇州汧阳、吴山、华亭等地三万多人西去,唐吐关系降至"安史之乱"以来的最低点。此后,唐吐之间多次交战,互有胜负。

宪宗即位之际,西面形势发生新的变化:由于中亚大食帝国的兴起直接威胁到吐蕃在中亚的利益,吐蕃不得不集中力量对付大食帝国,"吐蕃岁西师,故鲜盗边"④,而宪宗为集中力量平定藩镇,亦抓住这一大好时机,主动与吐蕃修好。

元和元年(806 年)正月,宪宗首先作出友好态势,诏令将福建道的吐蕃俘虏七十余人递送蕃地,同时派使者赴吐蕃修好。⑤ 宪宗的主动姿态立刻得到吐蕃的响应,六月,吐蕃赞普派使者论与勃藏来朝。"后比年来朝"⑥。元和四年(809 年)五月,宪宗再派祠部郎中徐复出使吐蕃,⑦双方关系重归于好。此后唐吐双方多次互派使者,唐吐关系出现了稳定发展的局面。

"安史之乱"以来,吐蕃占领了唐朝西北地区的大片土地,双方的边境相互交错,因而难免会出现一些摩擦。对于这方面的问题,宪宗从维护唐吐之间和平的大局出发,采取抚绥谦让的方针妥善处理。这点可从唐政府处理唐吐边界上党项人的抄掠问题反映出来。元和中期一段时间,居于唐朝境内的党项人经常在唐吐边境之间进行抄掠,吐蕃颇怀疑党项人的行动是受到唐政府的支使,边境形势一度紧

---

① (宋)欧阳修等:《新唐书》卷二一六,《吐蕃传》。
② (后晋)刘昫等:《旧唐书》卷一九六,《吐蕃传》。
③ (宋)欧阳修等:《新唐书》卷二一六,《吐蕃传》。
④ (宋)欧阳修等:《新唐书》卷二二一,《西域传下·大食》。
⑤ (宋)王钦若等:《册府元龟》卷四二,《帝王·仁慈部》。
⑥ (宋)欧阳修等:《新唐书》卷二一六,《吐蕃传》。
⑦ 此次出使,实由副使李逢完成,徐复至鄯州后返回,见《新唐书·吐蕃传》。关于此次出使的时间,《新唐书》记为元和五年,《资治通鉴》卷二三七记为元和四年,当以后者为是。

张。为澄清事实,打消吐蕃不必要的猜疑,维护唐吐之间的友好关系,元和四年(809 年)七月,宪宗敕令以朔方、灵、盐、平等州节度使王佖的名义,给吐蕃北道节度使论赞勃藏写信,说明情况,消除猜疑。该信主要内容如下:

> 国家与彼蕃,代为舅甥,日浴恩信,虽云两国,实若一家。遂令疆场之臣,得以书信相问……皇帝以赞普频遣和使,恳求通好。凡此边镇,皆奉朝章。但令慎守封陲,不许辄令侵轶。至于事理,彼此宜然。且如党项,久居汉界,曾无征税;既感恩德,未尝动摇。然虽怀此抚循,亦闻窥彼财货,亡命而去,获利而归。但恐彼蕃不知,大为党项所卖。其中亦闻诱致,事甚分明,不能缕陈,计已深悉。今请去而勿诱,来而勿容,不失两境之欢,不伤二国之好。在此诚为小事,于彼即是远谋。幸履坦途,勿遵邪径。今圣上德柔四海,威及万方,虽外国蛮夷,尚皆率伏;况中华臣妾,敢有不恭?岂假彼蕃,欲相借助?诚愧厚意,终讶过言。①

该信发信人王佖,是德宗时名将李晟的外甥,雄武善骑射,曾随李晟南征北战。在"泾师之变"中收复京城时,率先登城血战,被德宗封为神策将。元和四年(809 年)六月,被宪宗任命为灵州大都府长史、灵盐节度使。这应是元和初年宪宗"慎择良将"政策的体现。由于宪宗此信是写给吐蕃北道节度使的,本着对等的原则,故以王佖的名义发出,而实际内容则是宪宗授意翰林学士白居易起草的。

在信中,宪宗肯定了"赞普频遣和使,恳求通好"的美意,重申了唐吐"虽云两国,实若一家"的传统友好关系,强调了唐朝"凡此边镇,皆奉朝章。但令慎守封陲,不许辄令侵轶"的一贯政策。至于党项人的"亡命而去,获利而归",确非唐朝支使。希望吐蕃人能知晓事实,不要为少数党项人所蒙骗。谈到处理此类党项人的方法,唐方在信中提出:"今请去而勿诱,来而勿容,不失两境之欢,不伤二国之好"。对于吐方提出欲助唐朝解决党项抄掠的问题,信中加以拒绝:"圣上德柔四海,威及万方","岂假彼蕃,欲相借助"。此言一方面反映了唐朝的大民族主义态度,另一方面却也表示唐朝愿意并有能力解决党项抄掠的问题。

从该信不难看出,唐宪宗是十分珍视唐吐之间的友好关系的。

元和中期,唐军在唐吐边境一带烧草、筑城,引起了吐蕃人的怀疑,宪宗得知以后,以四镇北庭行军泾原等州节度使朱忠亮的名义,致信吐蕃东道节度使论结都离:

> 国家与吐蕃,代为舅甥,日修邻好,虽曰两国,有同一家,至于封疆,尤贵和叶,忽枉来问,稍乖素诚;虽有过言,敢以衷告。来书云:'频见烧草,何使如此'者。至如时警边防,岁焚宿草,盖是每年常事,何忽今日形言?况牛马因风,犹

---

① (唐)白居易:《白居易集》卷五六,《代王佖答吐蕃北道节度论赞勃藏书》。

出疆以相及；草木延火，纵近境而何伤？遽怀异端，未敢闻命。又云："去年忽生异见，近界筑城"者。且国虽通好，军不撤警；近边修葺，彼此寻常。况城是汉城，地非蕃地；岂乖通理，何致深疑？静言思之，谁生异见？①

从这一封信可以看出，元和初年以来，唐吐之间虽然保持友好，但唐朝一方并未放松警备，仍按一贯的制度，在秋季将边界牧草烧光，以防备敌军进犯时作为马料；修筑城池以作敌军入侵之备。也许是吐蕃新任将领不了解以往情况，也许是元和三年（808 年）以来，宪宗诏令在麟游、灵谷、良原、崇信、归化所修军镇规模过大，②引起了吐蕃的怀疑和不满。宪宗授意的此信加以必要的解释，打消了吐蕃的顾虑。

元和中期，鉴于有些边将图立军功，抄掠吐蕃，蓄意生事的现象，宪宗及时调换部分将领。如凤翔陇州一带，"地与吐蕃接，旧常朝夕相伺，更入攻抄，人不得息"，宪宗于元和六年（811 年）五月调以持成稳重著称的金吾大将军李维简出任节度使。李维简赴任后，奉行宪宗旨意，严令边将"谨守备，蓄财谷"，"不当睹小利，起事盗恩。禁不得妄入其地"。同时在唐吐接境一带，买耕牛，铸农器，救济农民。增垦土地多达十余万亩，使农业连年丰收，边境获安，③唐吐之间摩擦减少。在一些地方，宪宗还同意吐蕃的请求，增设互市地点。④

由于宪宗在元和初中期十分珍视唐吐之间的友好关系，妥善处理双方出现的各种纠纷——即使是十分微小的纠纷，因而在元和十三年（818 年）以前，唐吐之间基本保持着稳定的友好关系。

二、唐朝与吐蕃关于"三州"问题的交涉

元和初中期，唐宪宗一方面积极同吐蕃建立一种稳固的友好关系，另一方面对于一些涉及唐朝安危的关键性问题又注意坚持原则。同时，宪宗还能以一定的灵活性来避免因为坚持原则立场而导致双方关系的破裂。元和中期关于"三州"问题的交涉即集中地反映了这一点。

"安史之乱"时，唐朝廷尽征陇右、朔方军队入靖内难。吐蕃乘机在随后几年里占领了陇右地区。后来凤翔以西，邠州以北都为吐蕃占领。其中最为接近唐朝的是安乐（今宁夏灵武南）、原（今宁夏固原）、秦（今甘肃秦安西北）三州。

安乐，地处灵州的南部，是北方军队越过黄河南下的必经之路；原州，处于陇山上陇道之要冲，历史上汉光武帝取陇右先占此地，使陇右的隗嚣势危。十六国时

---

① （唐）白居易：《白居易集》卷五七，《代忠亮答吐蕃东道节度使论结都离书》。
② （宋）王钦若等：《册府元龟》卷九九三，《外臣部·备御》。
③ （宋）司马光：《资治通鉴》卷二三八，《唐纪》五四，宪宗元和六年五月庚子条。
④ （宋）王钦若等：《册府元龟》卷九九九，《外臣部·互市》。

期,赫连勃勃占有此地,乘高以窥陇东岭北,使占据长安的后秦政权为之穷迫。"诚要害之地也"①;秦州,地处沿渭河东进之要冲,对于唐朝廷来说,拥有秦州则可以依托陇坻的大震关(今陕西陇县西),形成对吐蕃的可靠防线。

元和初年唐朝与吐蕃恢复友好关系以后,吐蕃希望通过会盟的形式来巩固与唐朝的关系,以便集中精力对付中亚的大食帝国;②也希望通过会盟确定其所占土地的合法性。唐宪宗也希望通过巩固与吐蕃的友好关系,保持西北边境的安定,以集中精力解决东面的方镇问题。因此双方都有进行会盟的愿望和要求。但是,宪宗并不想无条件地与吐蕃结盟:当年唐德宗时吐蕃"平凉劫盟"的教训宪宗不会忘记。在宪宗看来,唐朝如果不能掌握安乐、原州、秦州三个军事要地,吐蕃会利用地理上的优势随时挥师东下威胁长安,那样即使唐吐有了会盟,也是靠不住的。宪宗因此提出,要会盟应当首先归还唐朝三州之地,这是会盟的前提条件。

对于唐朝的这一要求,吐蕃一方最初是同意的。但到了元和四年(809年)冬天,当吐蕃论与勃藏来使时情况起了变化。吐蕃来表中不再提及三州归唐之事。为此,宪宗向吐蕃宰相钵阐布发去一封长信。为了解事情原委,今移录如下:

> 吐蕃宰相沙门钵阐布:论与勃藏至,省表及进奉,俱悉。卿器识通明,藻行精洁,以为真实合性,忠信立诚,故能辅赞大蕃,叶和上国。弘清净之教,思安边陲;广慈悲之心,令息兵甲。既表卿之远略,亦得国之良图。况朕与彼蕃,代为舅甥,两推诚信,共保始终。览卿奏章,远叶朕意。披阅嘉叹,至于再三。所议割还安乐、秦、原等三州事宜,已具前书,非不周细;及省来表,似未指明。将期事无后艰,必在言有先定。今信使往来无壅,疆场彼此不侵,虽未申以会盟,亦足称为和好。必欲复修信誓,即须重画封疆。虽两国盟约之言,积年未定;但三州交割之后,克日可期。朕之衷情,卿之志愿,俱在于此,岂不勉欤? 又缘自议三州已来,此亦未发专使。今者赞普来意,欲以再审此言,故遣信臣,往谕诚意,即不假别使,更到东军。此使以后,应缘盟约之事,如其间节目未尽,更要商量,卿但与凤翔节度使计会。此已处分,令其奏闻。则道路非遥,往来甚易,颇为便近,亦冀速成。更待要约之言,皆已指定,封疆之事,保无改移。即蕃汉俱遣重臣,然后各将成命,事关久远,理贵分明。想卿通才,当称朕意。昔者郑叔矩、路泌,因平凉盟会,没落蕃中。……今既约以通和,路泌合令归国;叔矩骸骨,亦合送还。表明信诚,兼亦在此。其论与勃藏等,寻到凤翔。旧例:未进表函,节度不敢闻奏。自取停滞,非此稽留。昨夜方进表函,旋令召对。今便发遣,更不迟回。仍令与祠部郎中兼御史中丞徐复,及中使刘文璨等同

---

① (宋)司马光:《资治通鉴》卷二二四,《唐纪》四〇,代宗大历八年九月乙丑条胡注。

② (宋)欧阳修等:《新唐书》卷二二一,《西域传下·大食》。

往。其余事宜,已俱与赞普书内。卿宜审于谋议,速副诚怀。兼有少信物赐卿,具如别录,至宜领也。冬寒,卿比平安好。遣书指不多及。①

宪宗在信中明确地指出,割三州之事上次信中已经说明,"非不周细",可吐蕃来表却"似未指明"。宪宗认为,如果重修盟誓就必须重划疆界,归还三州。在这个问题上,唐朝不愿作出让步。宪宗强调,如果吐蕃归还三州会盟则马上可以进行。宪宗又退一步讲,如果吐蕃不愿作出让步,保持现在这样的友好关系也是完全可以的。

宪宗在信中提出,为商量的方便授权凤翔节度使具体进行谈判。同时,宪宗要求吐蕃一方应将当年"平凉会盟"时劫获的唐臣路泌等人及已在吐蕃身亡的郑叔矩的遗骨归还唐朝,宪宗认为这也是吐蕃表示诚信应该做的一件事。

最后,宪宗解释了吐蕃使者论与勃藏在凤翔被羁留未能及时入朝的原因。

通观宪宗的全信,既表现了唐朝在会盟必须割还三州这个问题上的原则性,同时,也提出可以保有和维持现在这样一种友好关系的灵活性。宪宗向吐蕃发出此信以后,吐蕃两次派使来唐。元和五年(810年),吐蕃派论思邪热来朝,归还郑叔矩之柩,放还路泌及郑叔矩的儿子郑文延等十三人。在来表中吐蕃表示不能接受宪宗关于归还三州然后会盟的要求,强调三州并不是吐蕃侵袭的土地,不应割属大唐。来信还辩解说,最初同意割让三州的意见事先未经赞普批准。

对于吐蕃的来信,宪宗持十分慎重的态度,元和五年(810年)六月,宪宗命令宰相杜佑等大臣与吐蕃使者在中书令厅中进行会谈。七月,再遣鸿胪少卿摄御史中丞李铦为入蕃使,吴王府长史兼侍御史吴晕为入蕃副使出使吐蕃。在给吐蕃宰相尚绮心儿等人的信中,宪宗再次申明唐朝的立场。指出自讨论会盟问题以来,"颇历岁时"。双方都想早点结盟,以为永久之好。虽然双方的诚意彼此都不怀疑,但具体谈到盟约,仍然需要商量。谈到三州的归属问题,宪宗指出:"河陇之地,国家旧封,论州郡,则其数颇多;计年岁,则没来甚近。既通和好,悉合归还。今者舍而不言,岂是无心爱惜?但务早成盟约。所以唯言三州,则没于彼者甚多,归于此者甚少。犹合推于礼让,岂假形于言词!"②

宪宗的这段话,主要针对吐蕃人认为自大历以后,陇右包括安乐、原、秦三州已为吐蕃所有,唐朝廷既然未曾要求归还陇右,何必一定要求吐蕃割让三州。宪宗指出:河陇之地原都属于唐朝,论数量何止三州;论吐蕃占领的时间距今也不长。如果严格意义上的和好,吐蕃应归还河陇的所有州郡。现在,唐朝之所以没有这样要求,并不是不爱惜自己的故土,而是确有会盟诚意。唐朝要求吐蕃归还的三州,仅

---

① (唐)白居易:《白居易集》卷五六,《与吐蕃宰相钵阐布敕书》。

② (唐)白居易:《白居易集》卷五六,《与吐蕃宰相钵阐布敕书》。

是吐蕃所占唐朝领土的一小部分。唐朝之所以这样做,完全是处于礼让。

针对吐蕃人来表所称三州不是侵袭得来,不可割属大唐的看法,宪宗指出:三州本来并不属于吐蕃,现在却为吐蕃所占,怎能说不是侵袭得到的呢!现在地归原主,怎能说是割让吐蕃的土地呢!去年吐蕃论与勃藏来使时,即已谈到上报赞普归还三州之事,称赞普已经知晓,"便请为定",现在所来两个使团却称吐蕃"未合首而论",前后使团所讲不同,"信使徒烦来去,虽欲速为盟会,其如无所适从"。

宪宗认为,问题的症结不在吐蕃首领没有议论这一问题,而是吐蕃肯否归还唐朝三州。宪宗再次重申唐朝廷的原则:其一,如果讨论修盟,必须重定疆界,先还三州,"若三郡未复,两界未分,即是未定封疆,凭何以为要约"!其二,若吐蕃难以答应上述条件,则双方仍保持现在的友好关系,"未能修盟,且务通好"。如有要事,互派使者来往,至于边境上的小小纠纷,由双方节度使商议处理。

在信中,宪宗对吐蕃送还路泌等人及郑叔矩灵柩表示感激,并解释了前次论悉吉赞使团未能及时遣返的原因。从七月由李铦带给吐蕃的这封信中可以看出,宪宗在与吐蕃会盟的这个问题上,态度是积极而认真的,既坚持了原则性,又保持了灵活性。对吐蕃来表中的一些不正确看法进行了必要的、不失分寸的辩驳,语气平和而又坚决。

对于宪宗的这封信,吐蕃一方有什么反应,史书没有记载。从此后的实际情况来看,吐蕃实际上接受了宪宗关于保持现存友好关系、暂不会盟的建议。在元和六年(811 年)至元和十三年(818 年)这段时间里,吐蕃朝贡不绝,唐吐保持着良好的关系。

元和中期,唐宪宗不肯在未获三州的情况下与吐蕃会盟,据史书记载,尚与南诏问题有一定联系。李吉甫曾指出,德宗时期朝廷急于与吐蕃结盟,是因为那时朝廷与南诏关系紧张。与吐蕃结盟,可以牵制南诏。而现在,南诏与朝廷友好,吐蕃不敢犯塞。如果朝廷与吐蕃会盟,可能会使南诏怨望,南部边界难保安宁。从李吉甫的话中不难看出,元和中期,宪宗决定暂不与吐蕃结盟,是出于多方面因素的考虑。①

三、"有意复陇右故地"与元和后期唐吐关系的恶化

元和十二年(817 年)四月,吐蕃赞普去世,吐蕃遣使者论乞冉来唐报知,并献马十匹、玉腰带二条、金器十事等物品。② 宪宗派遣右卫将军乌重圯兼御史中丞为

---

① (后晋)刘昫等:《旧唐书》卷一四七,《李吉甫传》。
② (宋)王钦若等:《册府元龟》卷九七二,《外臣部·朝贡》。

充吊祭使,殿中侍御史段钧为副使,前往吐蕃吊祭。反映这一时期的唐吐关系仍是十分友好的。

元和十三年(818年),当宪宗平定淮西方镇以后,唐吐关系开始出现变化。十月四日,吐蕃军队进攻宥州。① 十二日,驻灵州唐军出兵,在定远城向吐蕃军队发起进攻,击败吐蕃军队两万人,杀两千人,俘节度副使一人,判官长行三十九人,此外,获得大量牲畜。十四日,平凉镇遏使郝玭也向吐蕃发起进攻,击败吐蕃两万人,收复了宪宗曾多次与吐蕃交涉的三州之一——原州,获取大量羊、马。同时,夏州节度使田缙于灵武击败吐蕃三千人。十一月一日,夏州唐军击败吐蕃军队五万人。灵州唐军攻破吐蕃长乐州的罗城。② 在西川,节度使王播率唐军收复峨和、栖鸡等地。③ 同时,唐宪宗还扣留了吐蕃的来使。

在元和十三年十月至十一月之间,唐朝与吐蕃关系突然出现恶化的形势,原因是什么呢?

从数次大规模的交战来看,除第一次是吐蕃主动进攻宥州以外,其余“定远城之战”、收复“原州之战”“夏州之战”“长乐州之战”以及西川的“峨和、栖鸡之战”,从地理方位来看,交战之前,这些地区大都是吐蕃控制区。这些战役的发生,显然都是唐朝军队的主动出击所引起的。

据《新唐书·吐蕃传》记载,元和十三年(818年)十月,吐蕃使者论矩立藏来朝尚未归去,吐蕃似乎便已开始围攻宥州,随后便发生唐军进攻的一系列事件。从种种迹象来看,吐蕃进攻宥州,如果不是一次误会或史家有意曲笔的话,至多也只是一次没有经过吐蕃最高当局批准的吐蕃与唐军的局部冲突,似乎并不能构成唐军在北起夏州、灵州,西至原州,南到西川全面出击的理由。它反映出宪宗在取得征讨淮西的战争胜利之后,已有进一步收复河、湟失地的打算及初步的行动。淮西平定以后,宪宗曾于元和十三年(818年)五月调征淮西的功臣李愬出任凤翔陇右节度使,“有意复陇右故地”④。后因东部平卢李师道再叛,才改任李愬为武宁节度使。

元和十四年(819年)正月,宪宗释放吐蕃使者论矩立藏,并发布诏令说:

朕临御万邦,推布诚信,西人纳款,积有岁时,中或亏违,亦常包贷。我有殊德?宁不是思。重译贡珍,道途相继,申恩示礼,曾无阙焉。昨者蕃使奉章,及至京辇,将君长之命,陈和好之诚。临轩召见,馆饩加厚,复以信币,谕之简

---

① (后晋)刘昫等:《旧唐书》卷一九六,《吐蕃传》载:“围我宥州、凤翔。”《旧唐书·宪宗本纪》及《新唐书·吐蕃传》只记载吐蕃进攻宥州。今从后者。
② (宋)司马光:《资治通鉴》卷二四〇,《唐纪》五六,宪宗元和十三年十一月辛巳条。
③ (后晋)刘昫等:《旧唐书》卷一五,《宪宗本纪》。
④ (后晋)刘昫等:《旧唐书》卷一三三,《李晟传附李愬传》。

书,亦既言旋,才及郊甸,遽闻蚁聚,来犯封陲,河曲之间,颇为暴扰。背惠弃约,斯谓无名,公议物情,咸请诛绝。朕深惟德化之未被,岂虑殊俗之不宾。其国失信,其使何罪?释其维絷以遂性,示之宏覆以志怀。予衷苟孚,庶使知感。其使论矩立藏等并后般来使,并宜放归本国。仍委凤翔节度使,以此意晓谕。①

从宪宗的诏书及有关史料可以看出,自十月唐吐交战、唐朝扣留吐蕃使者论矩立藏以后,吐蕃还曾一再"上言遣使修好"。在双方已经交战的情况下,吐蕃之所以一再向唐朝派遣使者,显然是为了商讨解决双方的冲突问题。这说明在元和十三年(818年)十月至十一月唐吐的一系列冲突中,起主导作用的是唐朝一方,唐朝应当对这一系列冲突负主要责任。从宪宗释放吐蕃使者这一举动来看,元和十四年(819年)年初,宪宗已有意重新与吐蕃修好。估计这是由于东方征讨平卢的战争进入关键阶段,宪宗不愿在西线与吐蕃发生更大冲突,耗费过多的精力及财力、军力。

元和十四年(819年)十月,吐蕃节度使论三摩及宰相尚塔藏、中书令尚绮儿共率领十五万军队大举进犯,包围盐州城数重,党项首领也发兵帮助吐蕃作战。唐盐州刺史李文悦率军竭力拒守二十七天,战事异常激烈,后经灵武牙将史奉敬率军从吐蕃军队背后突然袭击,吐蕃军方撤围离去,史奉敬乘机大败吐蕃军。②

盐州之战,是吐蕃自元和初年与唐修好以后,第一次大规模主动向唐朝发起的军事进攻。从吐蕃十五万军队的数量及宰相、中书令亲自指挥来看,这次进攻是有预谋、有准备的。它标志着元和年间唐吐友好关系的破裂。

在宪宗企图于平定藩镇以后进一步收复陇右地区这一方针的指导下,唐吐之间的冲突是难以避免的。吐蕃的大举进攻,一方面是对唐朝在沿边一带向吐蕃占领地区发起攻击的报复,另一方面,也带有以武力迫使唐朝与之会盟、确定现有唐吐边界的目的。宪宗去世后,穆宗曾派遣秘书少监田洎出使吐蕃,吐蕃明确提出在长武会盟的要求。田洎归来后,唐朝一方未兑现诺言,导致吐蕃再次进犯,直到"长庆会盟"以后,唐吐关系才重归于好。

在唐中期以后诸帝中,宪宗不仅平服了天下方镇,而且也是唯一有志以武力收复陇右故土,并开始初步付诸实际行动的人,"宪宗常览天下图,见河湟旧封,赫然思经略之"③。但由于当时尚不具备收复陇右的历史条件,因此宪宗的这一努力也随着他的去世而结束。

宣宗时,沙州张议潮举行起义驱走吐蕃人,以河西十一州之地归唐,宣宗高兴

① (宋)宋敏求:《唐大诏令集》卷一二八,《放吐蕃使归国敕》。
② (宋)欧阳修等:《新唐书》卷二一六,《吐蕃传》。
③ (宋)欧阳修等:《新唐书》卷二一六,《吐蕃传》。

地说:"宪宗尝念河湟,业未就而殂落,今当述祖宗之烈。"①可见,唐宪宗志在收复陇右故土的雄心是尽人皆知的。这也在相当程度上决定了元和年间唐吐友好关系最终破裂的结局。

（原刊《西藏研究》2001 年第 2 期）

---

① （宋）欧阳修等:《新唐书》卷二一六,《吐蕃传》。

试论唐宋时期淮南盐业的发展

唐宋时期是中国盐业经济大发展的一个时期。而淮南的盐业、盐利则是当时"视天下为最厚"的地方。[①] 学界以往研究较多的是浙盐、川盐、闽盐,而对唐宋时期的淮盐则关注不够,[②]笔者不揣浅陋,在此试对唐宋时期淮南盐业生产的几个问题开展讨论。

一、汉唐的淮盐生产与唐元和年间的整顿

在中国,盐的生产有悠久的历史。中国古代社会自进入战国以后,盐业就与冶铁一样,成为重要的产业。

汉初,大规模的盐铁之业,大多为豪强权贵之家所掌控,由于煮盐与冶铁业的利润丰厚,因此盐铁业成为一些反政府势力所依赖的重要的财力来源。汉初,吴王刘濞发动叛乱时,就利用了沿海煮盐业作为其重要的财政经济来源之一。史载,"文帝之时,纵民得铸钱、冶铁、煮盐,吴王擅鄣海泽(盐),邓通专西山。山东奸猾,咸聚吴国"[③]。由此可见,吴楚之乱时吴王刘濞不但利用了煮盐之工人作为反叛之军队,而且利用了煮盐所获之财利。正如桑弘羊所说:"往者豪强大家,得管山海之

---

① (元)脱脱等:《宋史》卷一八一,《食货志》,中华书局 1985 年版。本文所言"淮南",主要指唐代的淮南道、宋代至道时期十五路之一的淮南路沿海地区,即今江苏的淮河南、北地区。

② 吴丽娱、陈衍德曾研究唐代盐法、盐政;张家驹研究宋两浙盐、闽盐;吴天颖、程光裕、林文勋曾研究川盐;郭正忠曾研究川盐、广盐、海盐;姜锡东曾研究冀盐;梁庚尧曾研究南宋淮浙盐的官鬻、南宋的淮浙盐场;不一一列举。具体发表论文题目及刊载期刊目录,参见胡戟等:《二十世纪唐研究》,中国社会科学出版社 2002 年版,第 413—416 页。方建新:《二十世纪宋史研究论著目录》,北京图书馆出版社 2006 年版,第 113—115 页,第 1410 页。在戴裔煊《宋代钞盐制度研究》(商务印书馆 1957 年版)、郭正忠《宋代盐业经济史》(人民出版社 1990 年版)、《中国盐业史·古代编》(人民出版社 1997 年版)、陈衍德《唐代盐政》(三秦出版社 1990 年版)、齐涛《汉唐盐政史》(山东大学 1994 年版)、何维凝《中国盐政史》(台湾图书公同 1966 年版)、漆侠《宋代经济史》(上海人民出版社 1988 年版)、汪圣铎著《两宋财政史》(中华书局 1995 年版)等著作中,亦涉及了淮盐问题。

③ (汉)桓宽著,王利器校注:《盐铁论校注·错币篇第四》,中华书局 1992 年版,第 57 页。

利,采铁石、鼓铸、煮盐,一家聚众,或至千余人,大抵尽收放流人民也。"①

据《史记·货殖列传》载:"彭城以东,东海吴广陵有海盐之饶。"史起蜇曾说:"吴王濞立国广陵,煮海水为盐,盐所入辄以善价与民,此两淮盐利之始也。"②《维扬志》载:"吴王濞开邗沟,自扬州茱萸湾通海陵仓,及如皋蟠溪,此运盐河之始。"

其实,吴王的领地有"三郡五十三城"③,从其辖地来看,其盐业生产主要在浙江会稽郡沿海一带,两淮之地,盐业虽已兴起,但规模还十分有限。汉代之淮水流域,总体看,社会经济,包括盐业经济,尚处于初期发展水平阶段。

汉武帝时,国家开始对盐铁生产实行全国范围的专卖制度,收入大增。此后,汉武帝虽然多次兴兵征伐,"赋敛不增而用足"。此时江淮沿海盐业,也纳入了官榷范围。至东汉时,章和元年(87 年),广陵太守马棱"奏罢盐官以利百姓"④。广陵太守马棱所说盐官,主要应指设于广陵郡所属沿海的煮盐业地区盐官,此时淮河流域的盐业当已有一定规模。

魏晋南北朝时期,北方中原一带战乱频繁,但以往相对落后的沿海及周边地区的经济却有了较大发展,这一时期,江淮的盐业开始较快地发展起来。仅盐城县一处,即"有盐亭一百二十三所,县人以鱼盐为业,略不耕种,擅利巨海,用致饶沃"⑤。

及至到了唐代,江淮地区盐业有了更大的发展。

唐代盐的生产,据产地的不同分为海盐、池盐、井盐、岩盐四种。而以海盐居多。隋唐以来,在相当长一段时间内,官民都可以自由地采盐、贩卖,官方没有实行严格的专卖制度。但至唐中期以后,由于政府税入紧张,而盐则是人们生活的必需品,不可一日或缺,因而唐统治者开始对盐实行专卖政策。开元初年(713—722年),朝廷大臣们认识到"盐铁之利,甚兹国用",开始正式进行盐铁税的征收。

安史之乱以后,由于财政困难,而盐的专卖又是一项重要财源,官府进一步加强对盐的全面征榷。肃宗乾元元年(758 年),第五琦首先改变盐法,他效法河北地区征收盐利以供军的做法,在任盐铁使以后,对海盐、池盐、井盐一律实行官榷,在产盐地设立"监院",组织游民制盐,称为"亭户",禁止盐的私制私售。盐户生产的食盐,全部由官府以十文一斗的价格收购,加价一百一十文后售出,"人不贡税而上用以饶"。第五琦初任盐铁使,盐税收入便达四十万缗。⑥

上元元年(760 年),刘晏担任盐铁使以后,自淮北设立十三个巡院,负责推销

① (汉)桓宽著,王利器校注:《盐铁论校注·错币篇第六》,第 78 页。
② (清)佶山:《两淮盐法志》卷六,清嘉庆十一年刻本。
③ (汉)班固:《汉书》卷三五,《吴王刘濞传》。
④ (南朝宋)范晔:《后汉书》卷二四,《马援传附马棱传》。
⑤ (宋)乐史:《太平寰宇记》卷一二四,《淮南道二》,中华书局 2007 年版。
⑥ (宋)欧阳修等:《新唐书》卷五四,《食货志》。

官盐,缉查走私盐贩。盐官统一收购亭户生产的食盐,现场转卖给盐商,盐商可以自由出卖,无任何限制,"官收厚利而人不知贵"①。经过刘晏整顿,唐朝盐利增长到六百万贯,天下之赋,盐利居半。十三巡院中,属于两淮的有扬州、泗州等。可见江淮盐业的发展。

德宗建中初年,以杨炎为相,罢免刘晏,盐法受到干扰,盐价日增,盐商乘机获利,官府收利不到一半。由于盐价高,许多百姓淡食,后来盐价更高,数斗谷才能换一升盐。②

贞元四年(788年)时,"淮南节度使陈少游奏加民赋,自此江淮盐每斗亦增二百,为钱三百一十,其后复增六十,江淮豪贾射利或时倍之"③。

顺宗时,为将江淮盐铁之利收归中央,罢免了利用职权贪赃的江淮盐铁转运使李锜。

元和二年(807年)三月,唐宪宗为整顿盐法,将盐利从私商手中收归中央,任命李巽为江淮盐铁转运使,重点在五方面改革盐法:

第一,按实估计盐价,减少地方截留。

德宗以来,润州节度使李锜担任盐铁转运使,掌握天下榷估、漕运。李锜贿赂朝中权贵,使盐利归于私家,"盐法大坏","国用日耗"。李锜将盐利大量地占为私有,一方面是直接减少江淮盐利的上交,另一方面,则是利用虚估、实估的差价,大量截留盐利。李锜榷盐,"多为虚估,率千钱不满百三十而已"④。

李锜之所以能够利用虚实估的差价,是因为唐代盐的交易,百姓大多以绢帛杂物米谷等实物交换,直接使用铜钱者十无二三。由于绢帛等实物存在虚估、实估的问题,因而也影响到盐的交易。李锜在向百姓出售盐时,将百姓的绢帛等按实估(即时价)计算,而向朝廷上报时,则按虚估(官定价格)。虚实估之间几倍的差价便归于李锜。例如,一斗盐价如为二百文,一匹绢按时价八百计算,可得四斗盐,如果一匹绢按虚估四千文计算,一匹绢可得二十斗盐,虚实估之间的差别可达四倍。

从实际情况看,永贞元年(805年)宪宗初即位时,李锜收虚估盐利七百五十三万余贯⑤,如以虚估绢价四千文一匹计算,李锜应向中央上交绢约一百八十万零八千匹绢,而李锜实际上向百姓售盐时,如果按实估每匹绢八百文计算进行交易,实得绢为九百四十一万二千五百匹绢,除去上交中央的一百八十万零八千匹绢,地方盐铁官可得差额七百多万匹绢的暴利。虚实估之间的差价达四倍多。实际上,按

---

① (宋)欧阳修等:《新唐书》卷五四,《食货志》。
② (宋)欧阳修等:《新唐书》卷五四,《食货志》。
③ (宋)欧阳修等:《新唐书》卷五四,《食货志》。
④ (宋)王钦若等:《册府元龟》卷四九三,《邦计部》。
⑤ (宋)王钦若等:《册府元龟》卷四九三,《邦计部》。

李锜榷盐"千钱不满百三十"的情况来看,李锜等利用虚实估差价所取暴利已超过七倍。这正是造成国用耗屈,民人受困,而盐铁官员盐商等私室巨肥的原因。① 榷盐中虚估、实估双轨制的存在,为地方盐铁官员提供了攫取暴利的条件,因此,宪宗以李巽为江淮盐铁转运使,首先取消榷盐中的虚估,即无论地方盐铁官向百姓售盐还是向中央交纳盐利时,一律按实估计算,不再存在实估、虚估的差价,这样地方盐铁官员便难以从中取利。

第二,取消地方各级官员设立的种种征收盐税的关卡,减少盐利流失,畅通盐的销路。按照刘晏改革盐法以后官收商销的办法,专卖商人以钱帛等从官府购得食盐后,即应允许其自由贩运转卖。然而诸道为获取暴利,在关津路口,处处设立关卡,加征榷盐钱,使盐利再次被地方官员所瓜分,而专卖商人在此基础上则通过继续抬高盐价,将负担又转嫁到百姓头上。李锜任江淮盐铁转运使,"盐院津堰,供张侵剥,不知纪极,私路小堰,厚敛行人"②。宪宗以李巽为盐铁使,"大正其事",将原属于浙西观察使辖区内的堰埭关卡一律收归盐铁使所有,至于各地临时因循设置的关卡,一律取消,打击了地方乱设关卡、乱征盐税的风气,减少了盐利流失。

第三,严格限制盐价。食盐专卖政策是由中央统一规定的,但由于政府批发食盐的地点离产地有远有近,因此专卖价格不可能完全划一。再加地方官府的干预,因而会形成局部的涨价,有时会由此引起物价的全面上涨。建中三年(782年)五月时,榷盐一斗加百文,盐价为一百一十文。如陈少游任淮南节度使,将江淮盐价每斗增二百,盐价升为三百一十文。而且,江淮的盐价亦会直接影响到其他地方的盐价。随着江淮地区盐价上涨,其他地区如河中池盐的盐价也升到每斗三百七十文。德宗末年,盐价上涨更没有边际。③

唐宪宗即位后,第二月便减江淮盐价一百二十文,使榷盐价保持在二百五十贯。元和三年(808年)五月,宪宗又批准盐铁使上奏,在每州贮盐,如果遇到盐价升至二百二十文时,官府每斗减十文出粜,"以便贫人,公私不缺"。为保证粜盐的及时供应,宪宗命每州各以留州钱造一十二间盐仓,由知院官和州县官一人共同掌管。粜盐获钱后送知院,购买轻货转送中央。由于宪宗采取有效措施,因而在元和年间(806—820年)盐价相对平稳。食盐由滞销变为畅销,给百姓生活带来方便,也使中央所得盐利迅速增长。④

第四,改革盐利管理系统,加强中央监控。自第五琦改变盐法以来,各地区设

---

① (宋)王钦若等:《册府元龟》卷四九三,《邦计部》。
② (宋)王溥:《唐会要》卷八七,《转运盐铁总叙》。
③ (宋)欧阳修等:《新唐书》卷五四,《食货志》。
④ (宋)王溥:《唐会要》卷八七,《转运盐铁总叙》。参见陈衍德:《唐代中央与地方分割盐利的斗争》,《江海学刊》1989年第2期。

有监院,中央设立盐铁使,自成系统,主持盐的专卖。由于盐铁系统官员既负责盐铁税的榷征,又负责盐利的收管,因而盐利容易流失。宪宗以李巽为盐铁使后,规定盐铁官员负责榷征盐铁利润,然后除留下成本钱之外,其余利润一律移交度支官收管。"盐铁使煮盐,利系度支,自此始也。"①这样将榷盐者与保管盐利者分开,加强了对盐利的监控。

第五,想方设法与藩镇争夺盐利。两河地区是食盐重要的产地和销地,长期为藩镇所占有。宪宗即位以后,在与藩镇的斗争过程中,总是想方设法从藩镇手中争取更多的盐利。元和四年(809年),宪宗坚持要王承宗割取德、棣两州,重要的一个原因即是该地区有盐海之利,仅徐州的蛤㟃、盆池两处便每年产盐数十万斛。②淮西吴元济被平定以后,十三院之淮西、庐寿、包括其周围的甬桥、陈许、汴州等,都为中央所进一步控制。淮西平后,成德的王承宗惧于形势,只好献出德、棣二州,"发困奉粟,并灶贡盐"。宪宗随后令皇甫镈在河北设立巡院,像江淮、两池一样榷盐,实行食盐专卖制度,将盐利收归中央。

在今河南山东一带,平卢李师道的齐、青、郓、海诸州等重要盐业基地,也是宪宗与藩镇力争的对象。从史书记载来看,李师道所控制的地区,如郓、兖、海地区,虽然不属于中央直接控制,但从元和三、五、六、七各年唐政府都从这里征收到一定的盐利来看,兖、郓等巡院(属十三巡院)仍在行使其中央经营食盐专卖的职权,李师道占有的只是该地区盐利的一部分。③

元和十四年(819年)三月,宪宗在平服平卢方镇后,将平卢的十二州,分为郓、青、兖三道,每道设巡院一所,经营盐的专卖,使盐铁之利全归中央。自此盐铁收管以后,军府的盐铁截留几乎断绝。除此以外,宪宗对违反盐法行为的查处,也更为严厉。

通过对榷盐制度的整顿,宪宗元和年间(806—820年)的盐利有了明显增加,为讨伐藩镇提供了有力的财政保证。从盐利的收入来看,经过元和二年(807年)的整顿改革以后,元和三年(808年)盐税已增加到七百二十七万贯,这是实估,如折算成改法前虚估,则达到一千七百八十一万五千八百零七贯,成为有唐一代盐利收入最多的年份。元和三年(808年)以后,相当长一段时间,朝廷都保持着盐铁每年收入七百万贯左右(实估)的水平,④其中沿海诸州,特别是淮南海盐,占有相当

① (宋)王溥:《唐会要》卷八七,《转运盐铁总叙》。
② (后晋)刘昫等:《旧唐书》卷一二四,《李正己传》。
③ (宋)王钦若等:《册府元龟》卷四九三,《邦计部》。
④ (宋)王钦若等:《册府元龟》卷四九三,《邦计部》。《新唐书》及《旧唐书》之《食货志》《唐会要》都称李巽榷估之利三倍于刘晏,张泽咸等先生已正确指出这是以刘晏时的盐利与李巽时的虚估数相比较,因此不足为据。参见张泽咸:《唐五代赋役史草》第五章第197页,中华书局1986年版。

比重,这无疑成为朝廷财政来源中极重要的一部分。

由于唐宪宗对盐法的整顿,使元和年间食盐的榷征比较正常、稳定,宪宗对盐法的整顿,重点是从地方盐铁官、方镇及州府官员手中争夺盐利,对百姓来讲,负担并没有很大增加,甚至是得到了相当益处的。因此,元和年间对盐法,包括两淮盐法的改革与整顿,获得了比较大的成功,为宪宗实现平定天下藩镇的宏愿,提供了重要的财政支持与保障。同时,也为宋代两淮盐业的进一步发展奠定了好的基础。

二、宋代淮南盐产量的提高与制盐技术的进步

宋代建国,"天下盐利皆归县官"[①],沿海盐场成为国家重要的财政来源。《宋史·食货志》载:"煮海为盐,曰京东、河北、两浙、淮南、福建、广南,凡六场,其煮盐之地曰亭场,民曰亭户,或谓之灶户。户有盐丁,岁课入官,受钱或折租赋,皆无常数——诸路盐场废置,皆视其利之厚薄,价之赢缩,亦未尝有一定之制。"[②]

宋朝攻取南唐以前,南唐政府在沿海也设有盐官。"南唐昇元元年,置海陵盐监。"[③]南唐之"丰利监:通州故有盐场七,置监以掌之。(宋)太平兴国中,移治于通州西。南唐刘式归宋,以大理寺丞赞善大夫监丰利"[④]。

宋代继续了南唐的所有盐业场院,淮南制盐业有了新的发展,这表现为盐场的扩大与盐产量的提高。

宋代淮南盐场的增多与规模的扩大,从以下史料可以清楚地看出:

通州:《太平寰宇记》卷一三〇记载,通州有"利丰监,古之煎盐之所,国朝升为监,在通州城南关三里,管八场,为西亭、利丰、永兴、丰利、石港、利和、金沙、余庆"。

泰州:《宋史·食货志》记载,泰州"有海陵监、如皋仓、小海场。海陵监,煮盐之务,唐开元元年置海陵县,为监于县。后置州以辖其县。开宝二十八年移至于如皋。下辖七场:角斜场、拼桑场、虎墩场、掘港东陈场、丰利东西场、丁溪场、梁家垛场"。

楚州:《宋史·食货志》记载,楚州有"盐城监,古之盐亭,历代海岸煎盐之所,元管九场,南唐以为盐监,周显德三年平定江淮,因之不改焉。宋太平兴国二年隶楚州,大中祥符二年废为仓。盐场七所,在县南北五十里至三十里,俱临海岸。为五紫庄、南八游、北八游、丁溪、竹子、新兴、七惠、四海场"。《宋史·食货志》卷一八〇还记载:"其在淮南曰楚州盐城监。岁鬻四十一万七千余石。"

---

①　(元)脱脱等:《宋史》卷一八一,《食货下》四。
②　(元)脱脱等:《宋史》卷一八一,《食货下》。
③　(清)赵宏恩等:《江南通志》卷八一引《古今盐略》,文渊阁《四库全书》本。
④　(清)赵宏恩等:《江南通志》卷八一引《通州志》。

为能够清楚地比较,现将宋代淮南盐产量列为表一。表中材料主要来自《宋史》《文献通考》,反映了宋代淮南地区食盐产量的基本情况。

表一　宋代淮南部分地区的食盐产量

单位:石

	泰州	通州	楚州
太宗	128 100	150 805—200 000	277 000
真宗	656 000	489 000	417 000
政和四年	2 400 000	—	—
绍兴元年	131 063	—	—
绍兴二年	257 180	—	—
绍兴末	1 800 000		293 711
绍兴三十二年	1 616 800	789 130	277 700
乾道间	同上	同上	同上

另有史料记载,太宗淳化四年(993 年)"通、泰、楚、海四州煮海盐以供六路者,三百二十余万石"[1]。此外,在淮北的海州之板蒲、惠泽、洛要三场,真宗时鬻盐为477 000 余石;涟水军之海口场为 115 000 石。

有宋一代,淮盐的生产量不断提高,北宋时的淮盐为 3 350 万千克,到了南宋时已经达到了一亿千克左右,可见增长的迅速。史载:"以盐额论之,淮东之数多于二浙五之一;以去岁卖盐钱数论之,淮东多于二浙三之二。"与唐代相比较来看,唐乾元初年(约 758 年)"举天下盐利岁才四十万缗,至大历增至六百余万缗,天下之赋盐利居半。元祐间,淮盐与解池等岁四百万缗,比唐举天下之赋已三分之二"[2]。

唐宝应年间,全国设"四场十监",淮南境内的海陵监,"岁煮盐六十万石",盐城监,"每岁煮盐四十五万石"。[3] 宋代绍兴末年以来,"泰州、海宁一监支监三十余万席,为钱六七百万缗,则是一州之数过唐举天下之数矣"[4]。

为进一步明了宋代淮南盐业在全国的地位,可看下表。[5]

---

① (宋)张邦基:《墨庄漫录》卷四,文渊阁《四库全书》本。
② (元)脱脱等:《宋史》卷一八二,《食货志下》四。
③ (宋)王象之:《舆地纪胜》卷三九,《淮南东路》引《元和郡县志》,中华书局 1992 年影印本。
④ (元)脱脱等:《宋史》卷一八一,《食货志下》三。
⑤ 本表主要参考汪圣铎著《两宋财政史》下第 659 页制表,中华书局 1995 年版。

表二　宋朝各盐产区盐产量比较表

时期 盐产区	宋　初		仁宗朝		南宋前期	
	产量:石	百分比%	产量:石	百分比%	产量:石	百分比%
淮南	2 154 000	51.3	1 456 460	32.2	2 683 711	39.7
两浙	575 000	13.7	507 000	11.3	1 985 428	29.4
河北	21 000	0.5	30 145	0.5	—	
京东	32 000	0.7	32 000	0.7	—	
解池	866.624	20.6	1 526 429	34	—	
福建	100 300	2.4	149 208	3.3	331 388	4.9
广南	—	—	513 686	11.4	562 749	8.3
河东	125 000	3.0	121 563	2.7	—	
四川	323 382	7.7	153 090	3.4	1 200 000	17.7
合计	4 197 306	100	4 489 581	100	6 763 276	100

宋代关于盐产量的数据,记载较杂乱,矛盾之处不少,上表不能说精确,仅仅是展示大概。

由上表可以看出,两淮盐在全国盐业生产中,宋初在50%以上,后来也在30%至40%之间,在全国盐产中占有很大比重。因此《宋史·食货志》卷一八称曰:"东南盐利,视天下为最厚。"后来一直到元中叶时,两淮二十九个盐场产盐三百八十万石,居全国产盐区之首,盐城境内十三个盐场产盐二百九十万石,占淮盐总产的76%。乾隆时期"淮盐"产量达到全国海盐产量的二分之一。时至今日,盐城仍然是中国重要的八大海盐生产基地之一。

宋代的淮南路地区,不仅盐业资源丰富,产量较高,盐利也相当可观。表三是对两淮及江南东道部分州县的统计:

表三　宋熙宁九年两淮及江南东道部分地区盐课表

州别	盐务名	盐课数(贯、文)	州别	盐务名	盐课数(贯、文)
楚州	在城 宝应 淮阴 涟水 盐城 太平镇 全城镇 黄甫务 渎头务	16 097 贯 6 文 7 350 贯 703 文 998 贯 725 文 1 525 贯 544 文 1 846 贯 82 文 8 贯 976 文 32 贯 533 文 649 贯 951 文 942 贯 391 文	海州	在城 泰兴 沭阳 怀仁 东海 临洪镇	699 贯 307 文 474 贯 549 文 252 贯 925 文 174 贯 896 文 397 贯 111 文 71 贯 644 文

州别	盐务名	盐课数（贯、文）	州别	盐务名	盐课数（贯、文）
泰州	在城	5 906 贯 671 文	泗州	在城	11 693 贯 205 文
	泰兴	474 贯 549 文		河南务	4 118 贯 280 文
	兴化务	1 379 贯 412 文		青阳务	1 355 贯 640 文
	柴墟	673 贯 981 文		徐城务	2 487 贯 810 文
	陵停务	195 贯 372 文		拓信务	4 050 贯
	如皋务	868 贯 973 文		木杨务	2 463 贯 527 文
	海安务	1 503 贯 105 文		平源务	764 贯 750 文
	西溪务	459 贯 760 文			
真州	在城	17 773 贯 67 文	通州	在城	1 107 贯 214 文
	六合	8 695 贯 214 文		海门	1 281 贯 96 文
	宣化镇	1 295 贯 820 文		崇门镇	717 贯 790 文
	瓜步镇	764 贯 146 文			
苏州	在城	69 710 贯 93 文	常州	在城	16 989 贯 90 文
	零卖场	726 贯 422 文		宜兴	14 718 贯 531 文
	昆山	3 720 贯 282 文		无锡	10 160 贯 306 文
	常熟	3 752 贯 218 文		湖伏场	3 043 贯 713 文
	吴江	9 807 贯 94 文		张渚场	4 529 贯 151 文
	福山场	1 309 贯 752 文		青城场	554 贯 954 文
	庆安场	290 贯 776 文		万岁场	627 贯 208 文
	木渎场	2 325 贯 332 文		奔牛场	1 945 贯 944 文
	梅里场	390 贯 192 文		江阴场	4 355 贯 937 文
	江湾场	88 贯 887 文		利成场	514 贯 237 文
				籴村场	956 贯 774 文
				横林场	115 贯 442 文
润州	在城	23 696 贯 380 文	江宁	在城	52 110 贯 365 文
	吕城场	5 561 贯 617 文		句容	7 160 贯 534 文
	丁角场	5 379 贯 157 文		溧水	17 648 贯 988 文
	丹阳	7 443 贯 214 文		溧阳	10 706 贯 895 文
	丹徒	1 291 贯 810 文		举善镇	633 贯 542 文
	延陵	2 582 贯 244 文		社渚镇	1 297 贯 791 文
	大巷场	1 348 贯 246 文		下蜀寨	453 贯 577 文

　　上表资料是据《元丰增修五朝会要》[①]对熙宁年间盐利所作的统计，虽不能说是精确的，但大体反映了沿海部分地区盐利的征收情况。从中可见淮盐占有相当的比重。表四是各州盐课汇总的统计情况：

---

　　① （清）徐松：《宋会要辑稿》第 133 册，《食货》二三，中华书局 1957 年版，第 5160—5182 页。

表四　宋熙宁九年两淮及江南东道部分州盐课汇总表

州名	盐课数（贯、文）	州名	盐课数（贯、文）
楚州	29 452 贯 843 文	海州	2 070 贯 432 文
泰州	11 461 贯 824 文	泗州	26 933 贯 212 文
真州	28 528 贯 85 文	通州	3 106 贯 964 文
苏州	92 090 贯 795 文	常州	57 947 贯 097 文
润州	47 302 贯 668 文	江宁	90 011 贯 692 文
十州合计			388 906 贯 377 文

宋代淮南不仅盐的产量大大增加，而且在制盐工艺方面，也取得了巨大的成就。

宋代制盐技术的进步，主要表现在验卤技术上的突破、运用皂角加速食盐结晶以及大型铁盘的发明等三大成就。

两淮盐民率先在验卤技术方面采用了石莲验卤法。所谓石莲验卤法生产海盐，《太平寰宇记》有详尽的记载：

> 取石连十枚，尝其厚薄，全浮者全收盐，半浮者半收盐，三帘以下浮者，则卤未堪，须却剌开而别聚溜。卤可用者，始贮于卤漕，载入灶屋，别役人丁驾高车，破皮为窄连，络头皮绳，挂着牛犊，铁叉钩搭，于草场取采芦柴芳草之属，旋以石灰封盘角，散皂角，于盘内起火煮卤。一溜之卤，分三盘至五盘，每盘成盐三石至五石。既成，人户疾着上盘，冒热收取，稍迟则不及收讫。接续添卤，一昼夜可成五盘。[1]

《宋会要》之《食货》也曾经记载："近淳熙初，间亭户得尝试卤水之法，以石莲十枚掷之卤水中。如五枚浮起，为五分之卤；如七枚浮起，为七分卤。或不及七分，再用牛刺爬盐土，复将淡卤再淋，必待卤浓可用，然后煎之。"

同时，苏北的盐民也开始用皂角加速食盐的结晶。《太平寰宇记》卷一三〇记述"皂角于盘内，起火煮卤"。皂角是一种豆科植物种子，化学实验表明皂角内部的化学元素水解以后，生成了一种新的物质，可以加速食盐的结晶。而煎盐的时间缩短无疑大大节省了劳动力和燃料。

另外，两淮的盐民还改造了铁盘。在宋代以前，盐区的人民多熔铸铁来做煎盐的铁盘。到了宋代，苏北盐区的人民在继承汉唐技术的基础上，开始消化吸收，创造了一种新的铁盘。以前苏北盐民煮盐的时候，方薄的铁盘由于铁盘的底面比较薄，传导热很快，而圆形的铁镬，由于底面比较厚，所以比较坚固耐用，但是传导热

---

[1]　(宋)乐史：《太平寰宇记》卷一三〇，《淮南道》，中华书局 2007 年版。

则比较慢。对此,苏北的盐民在吸收二者长处的基础上,同时运用自己的实践经验和勤劳智慧,创造了一种新型的制盐工具——铁盘。铁盘是由若干块铁片组成的,可分可合。铁盘的发明大大提高了劳动生产力,在铁盘发明以前,以大镬煮盐,每镬也只不过只有十几斤,而铁盘则可以每盘达到百十斤,大大提高了劳动生产率。

天圣六年(1028年)从盐城经海陵、如皋至海门的捍海堤——范公堤筑成后,阻挡海潮,遮护民田,屏蔽盐灶,使盐业生产有了保障。此时的灶民利用广大的滩涂草荡资源,大胆实践,择盐分重、土质硬的平地摊晒草灰淋卤,在"刺土成盐"的基础上又创造了"晒灰采卤法"。其煎盐经过碎场、晒灰、淋卤、试莲、煎盐、采花等6道工序后,不仅出盐率增进一成,而且盐质"色白、粒大、干",时有"淮盐甲天下"之称。

三、宋代淮南海盐的输出与纲运

淮南生产的食盐不只是满足本地人民之需,更主要的是大量外运,供济他方。

按宋代制度,食盐运销有严格的范围规定,淮盐的产销属于通、泰盐区,一般销行于淮南东西路、江南东路、江南西路、荆湖南路、荆湖北路:"各给本州及淮南之庐、和、舒、蕲、黄州、无为军,江南之江宁府、宣、洪、袁、吉、筠、江、池、太平、饶、信、歙、抚州、广德、临江军,两浙之常、润、湖、睦州,荆湖之江陵府、安复、潭、鼎、鄂、岳、衡、永州、汉阳军。"[①]而淮北地区的盐业主要是在海州、涟水的二地四场,产量各为477 000石、115 000石,主要供京东及两浙。

雍熙二年(985年),"入中刍粟于沿边以券至京师,江淮给盐谓之交引"[②]。交引之在宋代的起源,据陈傅良曰,"国初盐筴只听州县给卖,岁以所入课利申省,而转运使操其赢,以佐一路之费。初未有客钞也。雍熙二年三月,令河东北商人如要折博茶盐,令所在纳银,至京请领交引。盖边郡入纳算请,始见于此[③]。

此外,与江淮盐业流通相关的,还有"折中"交纳:"端拱二年九月,始令商人输刍粟塞下,执交卷至江淮给以茶盐,谓之折中,此召商中纳之始。"[④]

由于各地产盐的数量及质量不同,需要盐的缓急程度不同,宋政府在收入与支出食盐时,价格亦有差别。"盐之入官,淮南、福建、两浙之温、台、明,斤为四钱;杭、秀为钱六;广南为钱五。其出,视去盐道里远近而上下其估,利有至十倍者。"[⑤]

---

① (元)脱脱等:《宋史》卷一八二,《食货志下》四。
② (清)赵宏恩等:《江南通志》卷八一引《九朝编年》。
③ (元)马端临:《文献通考》卷一五,《征榷》之《盐铁》。
④ (清)赵宏恩等:《江南通志》卷八一,《食货志》引《大学衍义补》。
⑤ (元)脱脱等:《宋史》卷一八二,《食货志下》四。

淳化年间(990—994 年),"张纶除江淮制置发运副使时,盐课大亏。乃奏除通、泰、楚三州盐户夙负,官助其器用,盐人优与之直。由是岁增课数十万。"[1]

宋真宗时,"雷有终为江、浙、荆湖茶盐制置使,奏(王)子舆为判官,转太子中允,改著作郎,江、淮、两浙制置茶盐,就转太常博士。真宗即位,迁殿中侍御史。因入对,与三司论列利害,以子舆为长。转度支员外郎。子舆以每事上计司,移报稽滞,求兼省职,乃命为盐铁判官,仍领制置,增岁课五十余万贯。咸平三年,就命兼充淮南转运使"[2]。由此可以看出,不同的官员,其任职的结果是大不相同的。

有宋一代,由于食盐缺乏或劣质的问题,在许多地方曾为食盐问题发生民变。如在嘉祐年间(1056—1063 年),虔州、汀州,就发生过这种情况。当时虔州地方的官盐质量极差,于是"岭南盗贩入虔,以斤半当一斤,纯白不杂,而卖钱二十,以故虔人尽食岭南盐。庆历中,官卖岁止百万余斤,冒禁之人,本轻利厚,挟刃鸣鼓,千百为众,劫掠村疃,官不能制,余二十年,朝廷患之"[3]。

有人因此建议以两淮盐发送救济:"第岁运淮南盐七百万斤至虔,二百万斤至汀,民间足盐,寇盗自息。"[4]此前宋政府派遣职方员外郎黄炳乘,通知所属监司及知州、通判,降低虔、汀二州近年所增的官方盐价,以每斤四十钱的价格卖与百姓,而且以十县五等户夏秋税率百钱令籴盐二斤,随夏税入钱偿官。此时朝廷听从建议,以提点铸钱沈扶选江西漕船团为十纲,以三班使臣部署,从江北的通、泰、楚三州官府的都仓盐中直接运盐至虔、汀二州。一直到了熙宁初年,朝廷"仍定岁运淮盐十二纲至虔州",以解决虔州的盐困。

其间,发生了运输人员的盗劫之弊,使"盐支杂恶",提点刑狱蔡挺进一步建议,"虔州经涉赣江三百余里,故令盐船三岁一易,增入二分,舟人运盐无欠负而有羡及百斤者支半价,三运毕,部押人转为押官,若使臣即得减磨勘二年"。也就是说将纲运淮盐的好坏与奖励相结合,与有关人员的考核提拔相结合,结果使淮盐纲运数量大增,"故盐不杂恶,有羡,岁卖至三百六十一万斤,增二十倍。[5] 食者既众,不复以税钱均配,盗贩衰息"。

然而后来由于蔡挺调职,纲运淮盐的船只由三年一换改为七年更易,相关工作人员也减少了,奖励亦相应减少,"挺之法十废五六,无赖抵冒之民稍集,而官卖益亏"。于是提点江西刑狱张颉上言朝廷,说明情况,请"尽复挺规画以杜奸盗"。

为此,宋神宗专门批示:"蔡挺昨在东南处置盐事,最有显效,绩状可验。不惟

① (元)脱脱等:《宋史》卷四二六,《张纶传》。

② (元)脱脱等:《宋史》卷二七七,《王子舆传》。

③ (宋)李焘:《续资治通鉴长编》卷二一三,熙宁三年七月辛丑条,中华书局 1992 年版。

④ (元)脱脱等:《宋史》卷一八一,《食货志下》三。

⑤ 据李焘考证,朱签上书言契勘旧岁卖盐百余万斤,因此,此处二十倍应是二倍或数倍。

课利增盈，实得盗贼屏息。今无故改革，致于如此不便，或使无赖啸聚，极非细事，可详颎奏，速令一切如旧。"宋神宗表扬了蔡挺主持此事时的成绩，特别强调了其"实得盗贼屏息"的功效。并命令恢复蔡挺所实行的"旧制"，以保证淮盐运输行销的正常。同时，神宗再发诏令申明旧制："江南西路岁运淮南盐十二纲赴虔州，提点刑狱官与虔州知州依嘉祐七年二月四日指挥，同提举出卖。运船三岁一易。盐有羡十分，以五分价钱与梢工充赏，部押人三年迁押官，并依治平四年四月二十三日指挥及编敕施行。合破纲船兵、夫分数，即且见行条贯。"①

神宗发布此诏于熙宁三年，此后数年，收到了较好的效果，至元丰三年（1080年）间，又有了新的问题。权发遣度支副使蹇周辅上言说：淮南每年以舟运通、泰州盐五十九万斤，于虔州立仓置吏出售，但盐运至虔州的数量有限，民居远城郭者常常淡食，而盗盐公行，以至于殴伤吏士。而且运路危险遥远，官府出钱雇佣挽舟工费巨大，运输的舟人盗取公盐，而代之以土，使盐质更差。而广州东莞、新会两县盐场、栅十有二煮盐。从广州水行十六日可至南雄州，度大庾岭至南安军不到百里，船行顺流只用四日可至虔州。淮盐官以九钱买一斤，而计算广盐之费，可减淮盐价格一钱。而且这条运路无险阻。

蹇周辅又进一步论证说："岁运淮盐有常数，人苦淡食，而广东所产不得辄通，无赖奸民冒利犯禁，习以盗贩为业。已与两路监司会议，谓宜立法，兼通广盐于虔州，以七百万斛为年额，百十万斤为准备；南安军以百二十万斤为年额，三十万斤为准备。复均虔州旧卖淮盐六百一十六万斤于洪、吉、筠、袁、抚、临江、建昌、兴国等州国军缺盐处卖，不害淮盐旧法，而可通广盐。"

显然，淮盐还不能完全解决江西的食盐问题，周辅主张从广东、淮南同时运盐至江西。同时将淮盐六百一十六万斤重点供给洪、吉、筠、袁、抚、临江、建昌、兴国等州国军缺盐处。

神宗接其上言后，立即下书曰："民用盐不可一日缺，今改立新额，官自卖，以救淡食而消盗贼，则兴滞补弊，察奸御暴，宜必有法。为法之本，在于均有无，平远近。详定吏禄，严丐取之禁，以防阻扼。编籍首领，重告捕之格，以绝私贩。而移用舟车，增置兵校，设处督之官，罢无名之税，以通漕运。岁时考法，则登课者有赏，亏欠者有罚。"②神宗诏令周辅一个月内制定具体的成法。不久，周辅将江西、广东盐法同时上报朝廷，神宗诏令批准施行。同时任命周辅提举江南西、广南东盐事，检察监司之不称职者，同时置局于司农寺，专门统领此事。

宋朝廷一再就淮盐运江西事宜进行讨论，制定专法、调整人员、设立机构，并由

---

① （宋）李焘：《续资治通鉴长编》卷二一三，熙宁三年七月辛丑条。

② （宋）李焘：《续资治通鉴长编》卷三一一，元丰四年三月戊子条注。

皇帝一再发表诏书谕示,可见此件事情对于宋朝廷的重要性。

此外,在治平三年(1066年),政府还曾调发淮盐四十万石,以二十四纲官船及雇佣客舟载盐以运往荆湖,治平四年(1067年),再次发运食盐五十三万余石至荆湖。

可见,宋代食盐运销有严格的范围规定,有的是强制性安排。江西食盐本可从广东运进海盐,但宋政府最初规定,江西只能行销淮盐,这就使运输成本提高,造成了盐价的偏高,人民生活的不便,为此,不得不对相关政策做出一些调整。

四、宋代淮盐生产的管理

宋代食盐实行的是榷盐专卖制度,不仅对食盐的生产、销售全面垄断,而且设有严格的食盐仓储制度、准备盐制度,同时,"尤重私贩之禁"。

宋代淮盐,遵守宋代"凡盐之入,置仓以受之"的规定,在各地设仓储之。"通、楚州各一,泰州三,以受三州盐。又置转运仓二,一于真州,以受通、泰、楚五仓盐;一于涟水军,以受海州涟水盐。江南、荆湖岁漕米至淮南,受盐以归。"[1]

由于营销食盐的利润很大,而且官府盐价偏高,在江淮也不乏暗下的私盐生产。史书载:"江、湖运盐既杂恶,官估复高,故百姓利食私盐,而并海民以鱼盐为业,用工省而得利厚。由是不逞无赖盗贩者众,捕之急则起为盗贼。江、淮间虽衣冠士人,狃于厚利,或以贩盐为事。"[2]

诱之于盐的厚利,不少人暗中贩盐。甚至于一些读书人也顾不得斯文,竞相贩盐。为此,朝廷公布严法加以禁止。元丰六年(1083年),大理寺曾上言:"泰州大保长卫和煎贩私盐,为首围掩县尉,责不敢捕私盐状。"[3]神宗下诏令斩之。元祐元年(1086年),提点淮南东路刑狱专切提举盐事间邱孝直,因失职,"失觉所部售盐违令"[4]而被罢免。

为了打击私盐,朝廷实行了犒赏纠检私盐的制度,凡举报私盐者,可按比例提成得赏。元祐元年(1086年)八月,江、淮、荆、浙等路发运副使蒋之奇上言说:江、淮、荆、浙六路捕到私盐,除官给盐犒赏钱外,更于犯人名下别理赏钱,并依规定先以官钱代支。而各州县代支过转运司的很多,没有办法纳足。有的人怕不能获得赏钱,以至于未获犯人先从官府支三分充赏,相比于旧的办法,奖赏太多。而且旧的办法,募赏的额度已够,足以禁止,何必再枉费官钱?他提出应"一遵嘉祐敕告,

---

① (元)脱脱等:《宋史》卷一八二,《食货志下》四。
② (元)脱脱等:《宋史》卷一八一,《食货志下》三。
③ (宋)李焘:《续资治通鉴长编》卷三三三,元丰六年二月辛亥条。
④ (宋)李焘:《续资治通鉴长编》卷三六五,元祐二年二月癸亥条。

捕私盐未获徒伴,即据获到的盐数,十分中官给一分充赏"①。可以看出,江、淮纠告私盐的奖励,经历了一个从十分之一到十分之三,再到十分之一的过程。

虽然盐利颇高,但是官府控制下的盐户,其实受着官府沉重的剥削,过着悲惨的生活,有人为盐户们算过一笔账并谈及私盐盛行的原因:

> 国家鬻海之利,以三分为率,淮东居其二。通、泰、楚隶买盐场十六,催煎场十二,灶四百十二。绍兴初,灶煎盐多止十一筹,筹为盐一百斤。淳熙初,亭户得尝试卤水之法,灶煎至二十五筹至三十筹,增旧额之半。缘此,盐场买亭户盐,筹增称盐二十斤至三十斤为浮盐。日买盐一万余筹,其浮盐止以二十斤为则,有二十万斤,为二千筹,筹为钱一贯八百三十文,内除船脚钱二百文,有一贯六百三十文。其盐并再中入官,为钞钱四百五十一万七千五百余缗。又纲取盐一代并诸窠名等,及卖又多称斤两,亭户饥寒,不免私卖。若朝廷严究,还其本钱,而后可以尽革私卖之弊。②

正是在这样一种情况下,宋政府迫于压力,下诏补还了通、泰等州诸盐场欠亭户盐本钱一百一十万贯。宁宗庆元初,又下诏罢除了循环盐钞。

然而私盐的问题,并不是一下就能解决的。宝祐四年(1256年)十二月,殿中侍御史朱熠上言:"盐近者课额顿亏,日甚一日。姑以真州分司言之,见亏二千余万,皆由台阃及诸军帅兴贩规利之由。"于是,政府再次申明严私贩之禁,然而成效未显。

宝祐五年(1257年),朱熠又上言说:

> 盐之为利博矣。以蜀、广、浙数路言之,皆不及淮盐额之半。盖以斥卤弥望,可以供煎烹,芦苇阜繁,可以备燔燎。故环海之湄,有亭户,有锅户,有正盐,有浮盐。正盐出于亭户,归之公上者也。浮盐出于锅户,鬻之商贩者也,正盐居其四,浮盐居其一。端平之初,朝廷不欲使浮盐之利散而归之于下,于是分置十局,以收买浮盐,以岁额计之,二千七百九十三万斤。十数年来,钞法屡更,公私俱困,真、扬、通、泰四州六十五万袋之正盐,视昔犹不及额,尚何暇为浮盐计邪?是以贪墨无耻之士大夫,知朝廷住买浮盐,垄断而笼其利;累累灶户,列处沙洲,日藉铢两之盐,以延旦夕之命;今商贾既不得私贩,朝廷又不与收买,则是绝其衣食之源矣。为今之计,莫若遵端平之旧式,收锅户之浮盐。所给盐本,当过于正盐之价,则人皆与官为市。却以此盐售于上江,所得盐息,径输朝廷,一则可以绝戎阃争利之风,二则可以续锅户烹煎之利。③

---

① (宋)李焘:《续资治通鉴长编》卷三八五,元祐元年八月庚子条。
② (元)脱脱等:《宋史》卷一八一,《食货志下》三。
③ (元)脱脱等:《宋史》卷一八二,《食货志下》四。

朱熠之言,分析了淮盐生产的历史及其在国家食盐产业中的重要地位,认为生产正盐的亭户与生产浮盐的锅户,都不能不管不顾。正盐的生产是主流,必须保护,而浮盐的生产也不可能完全禁绝,也应当让他们有生路,然而,政府盐法屡变,使"公私俱困"。现在又简单地不与收买,也禁止商贾私贩,如此则断绝了锅户的生路。他建议不如按照端平年间的做法,以高于正盐之价的盐本,收锅户之浮盐,使人们皆愿与官府交易,这样就可以官私两利。朱熠上言,受到了朝廷重视并加以采纳:"有旨从之。"

至道二年(996 年),针对商人倒卖食盐的现象,发运使杨允恭上言:"淮南十八州,其九禁盐,余不禁。商人由海上贩盐,官倍数而取之。至禁盐地碱地则上下其价。今请悉禁,遣吏主之。"据说实行的结果是"是岁,收利巨万"①。

宋初时,盐钞未行,东莱吕祖谦曾论及淮盐之事:"天下之盐皆入禁榷。论禁榷之利,惟是海盐与解池之盐最资国用。南方之盐,皆出于海。北方之盐,皆出于池。如蜀中井盐,自赡一方之用,于大农之国计不与焉。——今且论本朝盐本末。本朝就海论之,惟是淮盐最资国用,方其国初,钞盐未行,是时建安军置盐仓,乃令真州发运在真州。是时李沆为发运使,运米转入其仓,空船回,皆载盐散入江浙诸路,各得盐资,船运而民力宽。此南方之盐其利广,而盐最资国用。"吕氏所言,道出了淮盐的重要性。

明道二年(1033 年),参知政事王随又建言:

> 淮南盐初甚善。自通、泰、楚运至真州,自真州运至江、浙、荆湖,纲吏舟卒,侵盗贩鬻,从而杂以沙土。涉道愈远,杂恶殆不可食,吏卒坐鞭笞,徒配相继而莫能止。比岁运河浅涸,漕觥不行,远州村民,顿乏盐食;而淮南所积一千五百万石,至无屋以贮,则露积苫覆,岁以损耗。又亭户输盐,应得本钱或无以给,故亭户贫困,往往起为盗贼,其害如此。愿权听通商三五年,使商人入钱京师,又置折博务于扬州,使输钱及粟帛,计直予盐。盐一石约售钱二千,则一千五百万石可得缗钱三千万以资国用,一利也;江、湖远近皆食白盐,二利也;岁罢漕运糜费,风水覆溺,舟人不陷刑辟,三利也;昔时漕盐舟可移以漕米,四利也;商人入钱,可取以偿亭户,五利也。

从王随上言可见,由于运输问题,淮南有一千五百万石的食盐积压,由于路途遥远,不能运至各地,又不能解决储藏问题。而在同时,远方州县地方的人民,却缺少食盐。一些吏卒运盐过程中不惜违法,在盐中掺杂沙土,"殆不可食",因此王随建议,改革办法,暂时听任盐之通商三至五年,使商人投入资金,在京师置"折博务",在扬

---

① (宋)王应麟:《玉海》卷一八一,《食货》引《咸平江淮盐法》,广陵书社 2003 年版,第 3330—3331 页。

州则使输钱及粟帛，"计直予盐"，按盐一石约售钱二千计算，则一千五百万石可得到钱三千万缗，"以资国用"。①

当时，范仲淹正在安抚江、淮，他也同意王随的建议，上言主张开商，"疏通盐利"，他在《议弛盐禁疏略》中说："盐税之入，但分减商贾之利耳，行于商贾，未甚有害也。国用未减，岁入不可缺，既不取之于山泽及商贾，须取之于农，与其害农，孰若取之于商贾。"

为此，宋仁宗下诏，令知制诰丁度等人与三司使、江淮制置使共同商议此事。众人都认为如果听从食盐任意通商，恐怕私盐贩就会肆行无忌，侵蠹国家利益。因此，王随与范仲淹的建设性意见被众臣否决。众人提出的办法，则是请皇帝敕令制置司，增加漕船，将淮南盐分别运至诸路，使各处都有二三年之蓄积，这样来解决真州食盐的积压与运输问题。

争论的结果，最终是宋仁宗支持了王随、范仲淹的建议："复天禧元年制，听商人入钱粟京师及淮、浙、江南、荆湖州军易盐"。所谓"天禧元年制"，就是天禧初年，政府开始的募人入缗钱粟帛于京师及淮、浙、江南、荆湖州军易盐的办法。至乾兴元年（1022 年），数年间，入钱货京师总数为缗钱一百一十四万。后来，因通、泰"鬻盐岁损，所在贮积无几"，因而罢停入粟帛易盐，但仍可以入钱易盐。一段时间后，"积盐复多"。

恢复天禧元年制后，允许商人入钱粟于京师及淮、浙、江南、荆湖州军易盐；同时规定，在通、楚、泰、海、真、扬、涟水、高邮贸易者，不得出城，在其他州可以至县镇贸易，但不能至乡村；若用现钱至京师者，贸易中可以受到增加盐量的奖励。

同时，宋朝廷敕令转运司筹划，将亭户本钱予以偿还。这是针对许多地方在亭户输盐于官府后，却得不到本钱，因此贫困，往往成为盗贼这一情况而采取的措施。其实，地方官拖欠亭户本钱是一个老问题。

据史书载，此次改变淮盐流行办法，"诏皆施行"。一直到了景祐二年（1035 年），"诸路博易无利，遂罢"，但是入钱京师易盐法仍然得以施行。

从这个时期淮盐流通办法的不断改易可以看出，最好的淮盐流通办法，应是随宜而变，不应偏执一法，当淮南食盐积蓄较多时，可以适当放宽入粟帛钱货易食盐的规定，允许商人通商，而当"博易无利"、盐储有限时，则可以暂停或在一定范围内限制以粟帛钱货易食盐的办法。

在江淮等地，为了保证食盐的及时供给，宋朝廷还实行了"准备盐"制度，即提前储备一年、二年或半年的食盐，以备上贡、纲运或市场的需求，同时起着调剂盐价的作用。具体储备多少、多长时间，依情况而定。元祐六年（1091 年）九月，江、淮

①　（元）脱脱等：《宋史》卷一八二，《食货志下》四。

等路转运司曾上言:"诸路准备盐,昨准元祐元年九月朝旨,立定荆湖、江南、蕲、黄、庐、寿、光、舒州,比元条减下外作一年至二年,及宿、亳、滁、和、真、扬、濠、泗州,无为军,通、泰、楚、海州作半年至一年。近为诸路减价卖盐数多,有诏添复年份,遂致积压不便,乞依元祐元年九月朝旨。"①朝廷接报后,批准了江、淮等路转运司的要求,下令恢复了元祐元年的规定,具体到江淮的真、扬、通、泰、楚、海州,各储备半年至一年的"准备盐"。

五、结语

综合以上所述,我们可以看出唐宋时期的淮南盐业生产,有了较快的发展,从产量来看,较之汉魏时期,大幅度提升。唐宪宗元和二年(807 年)盐法整顿改革以后,元和三年(808 年)全国的盐税已增加到七百二十七万贯,而且这是实估,如折算成改法前虚估,则达到了一千七百八十一万五千八百零七贯,成为有唐一代盐利收入最多的年份。这其中来自两淮地区的淮盐占了很大比重。到了宋代,淮盐生产更是飞快发展,绍兴末年,仅仅泰州、海宁一监支监三十余万席,即为钱六七百万缗,"则是一州之数,过唐举天下之数矣"②。两淮海盐在全国盐业生产中的比重,宋初已达到 50%以上,后来即使宋金南北对峙时期,淮盐产量仍占全国的 30%至40%之间,同时,这一时期的制盐技术也有了巨大的进步。而在淮盐的运销、管理等方面,唐宋时期的改革,也颇具成效,对后来的盐业生产产生了深远的影响。

(原刊《唐史论丛》2011 年 2 月第 13 辑)

---

① (宋)李焘:《续资治通鉴长编》卷四六六,元祐六年九月条。
② (元)脱脱等:《宋史》卷一八一,《食货志下》三。

唐代江苏地区农业经济发展述论

关于唐代长江下游社会经济发展问题,近年来学术界已有不少专论,但从地方史研究的角度来看,目前从整体上探讨唐代江苏地区社会经济发展问题的专文尚付阙如,今日江苏乃历史上江苏地区发展的延续,探讨唐代本地区社会经济的发展状况,对于规划指导今日江苏省社会经济的发展具有现实意义,为此,笔者拟首先就唐代江苏地区农业经济的发展问题略陈管见。

一

唐贞观初年,分天下为十道,今江苏地区分属河南道、淮南道和江南道。开元年间改十道为十五道以后,江苏地区分属河南道、淮南道、江南东道、江南西道,共计八州四十县。其中属河南道的有徐、泗、海三州;属淮南道的有楚、扬二州;属江南东道的有润、常、苏三州;属江南西道的有宣州的二个县。[①] 本区地跨北纬30°46′—35°37′之间,处于暖温带向亚热带过渡的地区。气候温和,雨量充沛,年平均气温从北往南由 13 ℃递增到 16 ℃。全年无霜期由北往南为七至八个多月,境内平原辽阔,河湖众多,水网密布,土地丰饶,有着发展农业经济的良好条件。

从江苏境内所发现的原始社会遗址来看,早在五六千年以前,本区已有种植水稻等农作物的历史。[②] 春秋战国时期,本区属吴楚等国,进一步得到开发。秦汉之际,泗水流域、彭城一带,"颇有桑麻之业",牛耕农业发达。[③] 东海、广陵等地亦有田畴鱼盐之利,而长江以南地区据司马迁《史记·货殖列传》讲,仍是"地广人稀,饭稻羹鱼,或火耕而水耨",农业经济比较落后,魏晋南北朝时期,淮水流域为南北政权争战之地,农业生产无大的发展,但从曹魏到北齐,一直未曾间断屯田垦种,同期江南地区则由于北人大量南迁,迅速得到开发,所谓"江南为国盛矣……地广野丰,

---

① 据(宋)欧阳修:《新唐书·地理志》卷三八、卷四一,谭其骧《中国历史地图集》第五册统计。
② 文物编辑委员会:《文物考古工作三十年》,文物出版社 1979 年 4 月第 1 版,第 201 页。
③ 文物编辑委员会:《文物考古工作三十年》,第 20 页。

民勤本业,一岁或稔,则数郡忘饥"①。然而南北朝末年,本区社会生产遭严重破坏,如侯景之乱,"江南大饥,江扬弥甚,早蝗相继,年谷不登,百姓流亡,死者涂地……于是千里绝烟,人迹罕见,白骨成聚丘陇焉"②。隋朝统一南北,本区经济逐渐恢复,沟通江淮两大水系的大运河,更为本区经济的发展创造了条件,但时间不久,隋末战乱又使江淮流域"鞠为茂草",生产再遭破坏。

江苏地区社会经济出现较大飞跃并持续发展,是在唐朝建立,特别是唐中期以后,其农业生产的发展集中反映在以下几方面:

第一,农业劳动人口的大量增加。

在古代社会,经济增长通常与劳动人口的增长成正比,唐以前本区人口状况,据笔者统计,以西汉元始二年(2 年)数字为最高,当时本区约有户 644 083,口 2 851 648,③其中户口的绝大部分集中于苏北特别是彭城一带,苏南人口约为苏北人口的六分之一。这与本区当时经济重心尚在苏北的情况是相符的。从东汉至隋末,本区人口几度升降。其中东晋南朝时期,苏南人口一度超过苏北。隋统一后,苏北人口又超过苏南,但从总的情况看,本区隋大业五年(609 年)有户 261 521,有口 1 352 118,仍未能超出西汉元始二年(2 年)的户口数。这反映唐代以前,江苏地区经济发展的水平仍是有限的。特别是隋末战乱,江淮人口剧减。据对《旧唐书·地理志》所载统计,唐贞观初,本区仅余口 502 107,人口数跌入西汉以来本区的最低点。

人口的长期缓慢增长及一再的剧烈减损,使本区劳动力缺乏的局面很久得不到改善,这不能不严重影响本地区经济的进一步发展。唐朝建立以后,由于统治者实行休养生息政策,社会安定,生产发展,户籍制度完善,北人继续南迁,因而本区人口呈现了直线上升之势。开元中本区口数已由贞观年间的 502 107 人增长为 2 591 061 人,天宝元年(742 年),本区口数进一步增长到 3 087 511 人,天宝口数比之贞观口数增长 515%。比之隋大业口数增长 128%,即使与唐以前本区人口最多的西汉相比,天宝人数仍增 8%。

与唐代其他地区相比,本区人口的增长也是显著的,如关内道,天宝户数为隋大业户数的 66.9%;河北道天宝户数为隋大业户数的 72%;河东道天宝户数为隋大业户数的 74%。北方七道合计,天宝户数为隋大业户数的 73%,而江苏地区,天宝户数为隋大业户数的 177%。

安史之乱以后,江苏地区同全国其他地区一样,人口有所下降,但由于张巡、许

① (南朝梁)沈约:《宋书》卷五四,《孔季恭传附论》。
② (唐)李延寿:《南史》卷八○,《侯景传》。
③ 文中所引江苏地区各个时期户口数系据正史地理志及《中国历史地图集》统计,不属今江苏的县份口数已扣除。

远死守睢阳,安史军队不得南下,因而江淮人口下降幅度低于其他地区。据赵文林《中国人口史》一书推算,元和年间江苏地区户数不低于 331 766 户,比之天宝年间江苏户数,约减少 39%,而同期唐代全国户数减少约 75%,江苏人口的下降幅度远低于其他地区,值得注意的是,江苏某些地区如苏州,户口不仅没有减少,反而由于"衣冠南避,寓于兹土"[①]"多士奔吴为人海"[②],户口数由开元时的 68 093 增长为元和时的 100 880 户。[③]

以上情况说明,唐以来本区人口有了较大幅度的增长,这就为农业经济的发展提供了最基本的劳动力资源,北方人的大量南迁,又带来了先进的农业生产技术和经验,使本区农业生产能够进一步向深度和广度发展。

第二,农田水利事业的发展。

本区有着优越的自然条件,但同时亦存在着较为严重的水旱自然灾害,因而水利事业的兴修至关重要。唐代以前,本区水利事业的兴修远落后于全国其他地区,据近人冀朝鼎统计[④],汉代河南地区,水利工程有十九项,同期江苏水利工程只有一项,隋代陕西水利工程有九项,河南有四项,江苏仍为一项。

入唐以后,本地区的水利事业才迅速发展起来,列表是对唐代江苏地区兴修水利情况的统计:

唐代江苏地区兴修水利工程一览表

地区	工程名称	兴修年代	工程作用	主持人	资料来源
海州	永安堤	开元十四年	长十里,捍海潮。	刺史杜令昭	《新唐书·地理志》
泗州	新漕渠 直 河	垂拱四年 太极元年	南通淮,北通海、沂、密州,便漕运。 引淮水通黄土冈。便漕运。	缺载 刺史魏景清	《新唐书·地理志》 《新唐书·地理志》
扬州	雷塘、勾城塘 爱敬陂 雷 陂 七里港渠 富人、固本二塘 平津堰	贞观十八年 贞元四年 贞元年间 宝历二年 元和年间 元和年间	溉田八百顷。 通漕运,溉夹陂田。 斥瀕海弃地为田,积米五十万斛。 东注官河,便利漕运。 溉田万顷。 防不足,泄有余。	长史李袭誉 节度使杜亚 节度使杜佑 盐铁使王播 节度使李吉甫	《新唐书·地理志》 《新唐书·杜佑传》 《新唐书·地理志》 《淮系年表》

---

① (清)董诰:《全唐文》卷五一九,梁肃《吴县令厅壁记》。

② (清)董诰:《全唐文》卷五二九,顾况《送宣歙李衙推八郎使东都序》。

③ 《元和郡县志》卷二九,《江南道》。

④ 冀朝鼎:《中国历史上的基本经济区与水利事业的发展》,中国社会科学出版社 1981 年版。

地区	工程名称	兴修年代	工程作用	主持人	资料来源
	邵伯埭堤 高邮堤塘	元和中 兴元年间	溉田。 溉田数千顷。	节度使李吉甫 缺载 节度使李吉甫	《新唐书·李吉甫传》
楚州	常丰堰	大历中	溉屯田。	黜陟使李承	《新唐书·地理志》
	白水塘	证圣中	置屯田。	缺载	《新唐书·地理志》
	羡　塘	证圣中	置屯田。	缺载	《新唐书·地理志》
	徐州径	长庆中	溉屯田。	缺载	《新唐书·地理志》
	直州径	长庆中	溉屯田。	缺载	《新唐书·地理志》
	大府径	长庆中	溉屯田。	缺载	《新唐书·地理志》
	竹子径	长庆中	溉屯田。	缺载	《新唐书·地理志》
	常梨径	长庆二年	溉屯田。	缺载	《新唐书·地理志》
	射阳洪泽堰	大历三年	兴屯田。	缺载	《淮系年表》
润州	伊娄堰、埭 练塘 南北谢塘 绛岩湖	开元廿二年 永泰中 武德二年 麟德中	便漕运,岁利百亿。 溉丹阳、金坛、延陵田。 溉田。 开田万顷。	刺史齐瀚 刺史韦损 刺史谢元超 句容令杨延嘉	《新唐书·地理志》
常州	孟渎 泰伯渎 无名渠	元和八年 元和八年 大历年间	通漕运,溉田四千顷。 东连蠡湖,溉田。 引江水溉田。	刺史孟简 刺史孟简 常州刺史李栖筠	《新唐书·地理志》 《新唐书·李栖筠传》
苏州	汉塘 常熟塘 古泾三百一十	大和七年 元和三年 长庆中	溉田。 溉田。 御水旱。	缺载 刺史李素 缺载	《新唐书·地理志》 《苏州府志》卷六 《新唐书·地理志》

表中所列工程,有些始修年代并不在唐代,如苏州的汉塘、古泾之类,然而只是经过唐人重新开挖疏浚以后,方又发挥作用。

从表中所列水利工程的效用来看,大致可以分为三类:一是灌溉农田,排除水涝。本区苏北春季多旱,夏季多涝,而苏南晚春之季,洪涝时有发生,盛夏则常有伏旱,因此,防止水旱乃兴修水利之首要目的。扬州平津堰,富人、固本二塘、雷塘、勾城塘,楚州唐堰、润州练塘、南北谢湖,苏州常熟塘以及为屯田、营田所开渠堰,皆属此类。二是为了沟通江河,便利漕运,此类工程虽不一定直接作用于农田,但对促进农业生产的发展亦起重要作用,如泗州新槽渠的开凿,即促进了海州一带农业的发展,徐城十八里渠、扬州七一里港渠、泗州直河等都在相当程度上促进了当地的农业生产,三是为了拦防海潮,护造良田。本区东部沿海一带,盐卤土地较多,修筑海堰石塘,既可防海水侵袭,又可排除盐卤,围造良田,水多则泄之,水少则蓄之,海州永安堤、泗州雷陂、楚州肯丰堰等即属此类。此外还有一些工程,几种作用兼而有之,如扬州的爱敬陂,既通漕运,又"溉夹陂田","化浇薄为膏腴者不知几千万亩"。常州的孟渎也是在通漕运的同时"灌田四千顷"。

除官方主持的较大工程以外,各地尚有众多私人兴修的堤堰斗门,辟划出大量的湖田和圩田,所有这些工程都取得了显著的经济效益,像润州练塘能溉丹阳、金坛、延陵三县之田,昇州句容的绛岩湖、常州武进县的孟渎都能溉田数千顷乃至上万顷。楚州常丰堰修筑后,"收常十倍它岁"。泗州汴淮交汇处官田诸渠"俱东仰泽河流,其水温而泥多,肥比泾水",故田地丰饶。[①] 泗州雷陂修筑后"列营三十区,积米五十万斛"。

二

第三,粮食生产的发展。

本区唐代粮食生产的进步与发展是十分显著的。这首先反映在农业生产工具改进方面,其中最具代表性的是曲辕犁即江东犁的出现。晚唐人陆龟蒙所著《耒经》详细记载了这种新式农具的构造。这种犁耕作时能翻覆土块,断埋草根,并能利用犁评犁箭的进退上下掌握深浅,省工省力,操作自如,尤适用于江南水田"深耕细作"的需要,因而江淮地区普遍推广了这种耕犁。

本区的稻作技术在唐代亦有很大提高,本区淮河南北气候条件有一定差异,但多数地区具备了发展稻麦轮种的自然条件,《全唐诗补逸》卷八载张祜诗曰"三月平湖浪欲齐,绿扬分映入长堤。……溪槛正当莲叶渚,水泾新麦稻苗畦"。这正是"刈

---

① (宋)李昉等:《文苑英华》卷八○八,沈亚之《淮南都梁山仓记》。

麦种禾,一岁再熟"的稻麦复种制。另外,早在两晋时已出现的再生稻,唐代又有新的发展,据《文献通考》载,"开元十九年,(扬州)再生稻一千八百顷,其稻与常稻无异",至于唐代本区种植双季稻的问题,学术界虽有不同看法,但至少在部分地区如太湖流域已经出现了双季稻,这种新的稻作技术的出现,使稻产量有了成倍的提高。

育秧、插秧技术在本区亦得到推广,高适《广陵别郑处士》诗所言:"溪水堪垂钓,江田耐插秧。"[1]张籍《江村行》诗所言:"南塘水深芦笋齐,下田种稻不作畦……江南热早天气毒,雨中移秧颜色鲜"都可为证。[2]

稻米的品种也增多了,如《新唐书·地理志》所载苏、常二州长庆贡中就有大小香粳、红粒、糯米等。扬州贡米中亦有黄稜米、乌节米等新品种。

水利的兴修、生产工具的改进、耕作技术的提高,大大促进了本区粮食种植面积的扩大和产量的提高,如前面所述绛岩湖水利工程开田万顷,常丰堰化浇薄为膏腴者成千上万亩,都反映了垦田面积的扩大。至于粮食产量的提高,那也是明显的,如杜佑在泗州组织营田,积米多达五十万斛。特别是在苏州、常熟等太湖流域,"强家大族,畴接壤利,动涉千顷,年登万箱"[3],润州地区练塘周围幅员四十里,"其旁大族豪家,泄流为田,专利上腴,亩收倍钟,富剧淫衍"[4]。

最能反映唐代江苏地区粮食生产巨大发展的,莫过于唐中期以后江淮地区的粮食漕运了。唐代以前,本区粮食生产规模有限,粮食外调不多。唐前期,本区开始大量向中央调出粮食,洛阳含嘉仓就曾出土武则天时"苏州租糙米"一万余石的铭砖,《陈子昂集》卷八也有调江淮租船千艘、粮食百余万斛至幽州充纳军粮的记载。安史乱后,作为唐朝廷主要税粮供应地的黄河流域遭到严重破坏,随后的藩镇割据更使赋税不入朝廷。于是东南八道便成为唐中央政府主要的粮食供应地区,正所谓"天下以江淮为国命","朝廷仰食江淮"。代宗时,刘晏主漕运,岁转粟百一十万石,主要来自江淮。此后粮食漕运虽有升降,但一般都在数十万石上下。作为江淮一部分的江苏地区,在提供漕粮方面扮演了重要的角色。刘晏在给元载的信中曾讲到:"京师三辅百姓,唯苦税亩伤多,若使江湖米来每年三二十万,即顿减徭赋,歌舞皇泽。"[5]这里所讲江湖米来,即主要来自苏州的太湖流域。白居易亦讲到,"况今国用多出江南,江南诸州,苏为大"[6]。杜牧也曾言三吴"国用在焉"[7]。润

① (清)彭定求等:《全唐诗》卷二一四,高适《广陵别郑处士》。
② (清)彭定求等:《全唐诗》卷三八二,张籍《江村行》。
③ (清)董诰:《全唐文》卷三一四,李华《润州丹阳县复练塘颂》。
④ (清)董诰:《全唐文》卷三一四,李华《润州丹阳县复练塘颂》。
⑤ (后晋)刘昫等:《旧唐书》卷一二三,《刘晏传》。
⑥ (唐)白居易:《白居易集》卷六八,《苏州刺史谢上表》。
⑦ (宋)李昉等:《文苑英华》卷九七七,杜牧《崔公(郾)行状》。

州、常州也以繁富著称。润州,"厌饫江淮,富润数州",唐平淮西之乱,就曾借助于润州钱粮。① 常州为江左大郡,兵食之所资,财赋之所出,公家之所给,岁以万计。②

《新唐书·权德舆传》亦载:"江东诸州,业在田亩,每一岁善熟,则旁资数道。"可见,唐代江南地区的粮食生产有了巨大发展,达到了一个相当高的水平。至于江北地区,淮南淮北情况又有所不同。唐中期以后,徐、泗淮北一带,遭战争破坏较为严重,《元次山集》卷七六载元结语曰:"当今三河膏壤,淮泗沃野,皆荆棘已老,其耕可知。"淮南地区,唐中期以后仍在发展,人称"独扬州一隅,人首完聚……富家相得,耕织未罢"③。《陆宣公集》卷八亦载陆贽语:"淮海奥区,一方都会,兼水陆漕盐之利,有泽鱼山伐之饶。"德宗时,淮南节度使陈少游曾上贡米二十万石,④其中属于楚、扬二州生产的粮食当不在少数。唐中期以后,讲及粮食来源之地时,江淮并称绝非虚言。

第四,经济作物等农副业生产的发展。

粮食生产的发展促进了其他农副业生产的发展,加之本区既有广阔平原又有丘陵山地,既有众多的河湖又有广袤的海岸,气候多样,适合多种经济作物的发展。

本区最重要的经济作物当属茶叶。时称"江淮人什二三以茶为业",本区茶叶产地主要在苏南润、常、苏三州,所谓"江南百姓营生,多以种茶为业"⑤。苏州茶叶主要产于太湖洞庭山一带。常州义兴所产紫笋茶则为进贡之名品。开成元年(836年),常州茶税据《册府元龟·邦计部》载,"至年终所收,以溢额五千六百六十九贯,比类盐铁院正额元数加数倍已上"。可见,常州茶叶种植面积在不断扩大。江北一带,茶叶种植业不甚发达,但由于漕路之所系,扬楚等州茶商十分活跃,江南茶叶多由此北运。《封氏闻见记》卷六即载:"茶自江淮来,舟车相继,所在山积,色类甚多。"

桑麻亦是本区重要的经济作物之一。开元二十八年(740年),"以徐、泗二州无蚕,免今岁税"⑥,可见正常年景下,徐、泗一带桑麻业应是很发达的。苏南地区桑麻种植更为普遍。张籍诗中"桑林椹黑蚕再眠,妇姑采桑不向田"之句便是现实情况的写照。从《新唐书·地理志》所载本区各州开元、长庆贡品中丝麻织品种类之多,数量之大,亦可推见本区桑麻业的发达。如扬楚二州贡品中即有蕃客袍锦、被锦、半臂锦、独窠绫、赀布、绽布等。这些丝麻织品的生产必有一定的原料生产作

---

① (清)董诰:《全唐文》卷三一四,李华《润州丹阳县复练塘颂》。
② (宋)李昉等:《文苑英华》卷九七二,梁肃《独狐公行状》。
③ (清)董诰:《全唐文》卷三六八,贾至《送蒋十九丈奏事毕正拜殿中归淮南幕府序》。
④ (宋)司马光:《资治通鉴》卷二三一,德宗兴元元年十一月癸卯条。
⑤ (宋)王钦若等:《册府元龟》卷五一〇,《邦计部·重敛》。
⑥ (宋)欧阳修等:《新唐书》卷四,《玄宗本纪》。

为基础。常州所产麻布曾远销到唐朝西陲的交河郡,足见其麻织业相当发达。①

本区的竹子、蒲苇种植和编织业亦有很大发展,刘禹锡诗中讲淮阴"竹楼缘岸上"②。姚合诗中讲扬州"有地唯栽竹"③。太湖苏常一带亦盛产竹,各种筐、箕、篓、罩等竹编织品产量很大。《太平广记》卷二一,载:"江淮州郡,火令最严,犯者无赦","差多竹屋或不慎之,动则千百间,立成糠烬"。反映了竹子种植和编织业的发达。

蒲苇种植和编织唐时亦在本区兴起。陆龟蒙即有《种蒲》一诗,蒲苇虽至贱,用途却极广。《太平广记》卷五三载,淮南节度使高骈一次便向江都、江阴二县征用"百姓苇席数千领"。一些竹蒲编织品,如常州的龙凤席,苏州的白角罩、草席,扬州的殿额莞席,都被列为朝廷贡品。《吴郡图经续记》称苏州"织席最良,给用四方"。

水果种植是本区农民的另一项重要副业。扬州多橘柚。李白《秋日登扬州西灵塔》一诗即以"霜催橘柚黄"的诗句加以歌咏。桃子亦为扬州名产,《入唐求法巡礼行记》曾载扬州开元寺将桃子作为礼品赠给日僧园仁等。刘晏驻扬州时,曾向朝廷进贡橘柚珍甘等果品。苏州太湖一带则盛产洞庭橘、樱桃、柿子、橘子等果品,其中橘子还远销至郑州一带。张籍诗中即有,"江南人家多橘树"之语。④

本区河湖众多,傍依东海,有着发展渔业的有利条件。唐代本区人民除捕捞江河湖泊中自然繁息的鱼类外,人工养鱼技术也大为提高。苏州一带已出现人工开挖的鱼塘,人工采放鱼种的方法也广为普及,苏州所产鱼子、鲻皮、鲅都被列为贡品。润州贡品中亦有鲟、鲊。扬楚一带,渔业亦颇发达,有所谓"泽鱼山伐之饶"的说法。扬州的鱼脐、鱼鲀、糖蟹都属贡品。苏北沿海一带,海鱼捕捞是人们重要的生活来源之一,所产海须、海虾、拥剑、海蟹、紫菜都曾进贡朝廷。

此外,本区的蔬菜栽培业,与农业有关的家禽、家畜饲养业及植物采集业等,在唐代亦有很大发展。

三

综上所述,可以看出唐代江苏地区的农业经济有了空前的发展,江苏地区在全国农业经济中的地位大大提高了。这无疑为唐以后历代江苏地区农业经济的发展奠定了一个良好的基础,从中我们也可以得到这样几点启示:

第一,社会的安定是社会经济发展的首要前提。

唐代江苏地区的农业经济之所以能有空前的发展,固然与江南优越的自然条

---

① 见《唐天宝二年交河郡市估案》,载(日)池田温:《中国古代籍账研究》,中华书局 2007 年 5 月版,第 303 页。

② (清)彭定求等:《全唐诗》卷三六四,刘禹锡《淮阴行》。

③ (清)彭定求等:《全唐诗》卷四九八,姚和《扬州春词》。

④ (清)彭定求等:《全唐诗》卷二九九,张籍《江南行》。

件、人口南迁等诸多因素有关,但首要的一个前提是本区的相对安定。唐代前期,由于社会安定,全国经济持续发展,出现了开元盛世。但安史之乱起后,北方成为战场,经济遭到严重破坏,安史之乱平定以后,北方"无地不藩,无藩不叛",经济仍然难以发展。而包括江苏地区在内的江淮,则由于免遭战祸,社会相对安定,经济仍能够继续向前发展,遂成为唐后期朝廷主要的财赋来源之地。从江苏地区淮北与淮南、苏南经济变化的情况也可以说明这一点,淮北徐泗一带,秦汉时期曾是蔚为大国,重要的经济区域。人口繁盛,经济发达,而同期苏南则为水耕火耨的落后地区。然而自魏晋以来,淮北屡被兵火,人口大减,经济频遭破坏,而淮南、苏南则相对稳定、经济发展。于是出现了江苏地区经济重心的逐步南移。唐末五代,孙儒、秦彦等叠相攻伐,楚、扬二州数遭焚掠,本区的经济重心又移向苏南,可见,社会的相对安定是经济发展的基本条件。

第二,水利事业的兴修是农业经济发展的重要保证。

水利为农业之命脉,古今皆然。唐代以前,江苏地区农田水利事业发展缓慢,在相当程度上制约了农业生产的发展,而入唐以来水利工程的大量兴修,大大缓解了自然灾害所造成的损害,改善了耕地的自然环境条件。这是唐代江苏地区农业持续发展的一个重要原因。这点可以从太湖水患变化的情况看出一个梗概。据统计,东晋至唐五代时期,太湖水患随着水利工程的增加而逐渐减少,唐五代,太湖水患平均二十多年才有一次,进入历史上太湖水患最少的时期,而宋代以后,太湖水患渐趋频繁,宋元时期平均五年多一次,明清时期平均三年多一次。① 这中间水系的变迁,水域自然生态的变化等虽然是重要原因,但水利事业的兴废、防御洪涝能力的升降也是不可忽视的因素。

第三,农业生产技术的改进与提高是农业生产向深度和广度发展的根本出路。

唐代江苏地区农业的发展,并不是单纯依靠扩大耕地面积的方法来实现的,而是在很大程度上依靠农业生产技术的改进与提高。曲辕犁的使用,粮食品种的改良,施肥技术的改进,间作制、再熟制技术的推广,以及育苗插秧制、双季稻耕作制的出现,都极大地促进了粮食生产的发展,而茶叶、桑麻、果品、竹蒲栽培技术的提高,人工养鱼等新技术的出现、普及,也都直接促进了多种经营的发展,联系到今天江苏省的农业生产要上一个新的台阶,就必须加强科学技术对农业的指导作用。

总之,唐代是江苏地区农业经济大发展的时期,这其中所提供的历史经验和教训,是我们今日发展江苏农业经济时所应认真总结和吸取的。

(原刊《南京师大学报》1991 年第 3 期)

---

① 见汪家伦:《古代太湖地区的洪涝特征及治理方略的探讨》,载《农业考古》1985 年第 1 期。

宋夏争夺河西控制权述评

宋真宗咸平五年(1002年),党项族首领李继迁集中诸蕃部,在对宋灵州实行了长期的围困之后,以凶猛的攻势攻下了这座军事重镇,揭开了争夺河西,建立西夏国家的序幕。接着,从次年开始,将战略进攻的重点转向河西,发动了对臣服于宋王朝的河西诸部族的攻击。后经其子李德明、孙李元昊三代三十三年的征讨,终于占领了河西,使宋王朝失去了对河西的控制,使宋以河西诸部族击党项腹背的战略遭到失败,为巩固党项政权、东南与宋辽争雄奠定了基础。

本文试对这一段历史略加评述,主要讨论宋夏争夺河西控制权的原因、宋王朝对河西的经略、西夏攻占河西的方略及河西失陷的原因、影响等问题,不妥之处,恳请指正。

一、宋初河西的形势及宋夏争夺河西控制权的原因

自汉武帝开发西域,在河西设置郡县以来,河西地区一直是中原王朝向西发展的重要战略基地。占有了河西,西可以进取中亚,北可以阻止蒙古高原上游牧民族与西南民族的联合,解除对中原王朝形成的威胁。从经济角度看,河西宜牧宜农,是中原王朝屯田畜牧的重要处所。尤其重要的是,汉唐以来,河西乃是东西方丝绸之路的必经之地,中原王朝不仅通过这儿得到西域的各种珍品异宝,而且更重要的是从这儿或通过这儿得到重要的军事战略物资——良马。因此,无论从政治、经济、军事哪个角度来看,河西都是中原王朝必争之地。历代封建王朝无不把河西当作经略西域、御卫边疆、发展商业贸易的重要地区来对待。

八世纪中叶,唐王朝爆发了安史之乱,唐政府将河西守军东调入卫京师,致使河西守备空虚,"吐蕃乘虚攻陷河西,河西、陇右华人百万皆陷于虏"[①]。唐宣宗大中元年(847年),汉人张议潮率沙州人民起义,赶走了吐蕃人,收复了河西十一州

---

① (宋)欧阳修等:《新五代史》卷七四,《四夷传·吐蕃》。

之地,河西复入中原,但由于当时唐王朝已无力西顾,所以张议潮逝后不久,归义军政权衰落,河西又为甘州回鹘及吐蕃诸部族瓜分。甘州回鹘的势力范围包括了甘、肃、瓜、沙等州,吐蕃部族则控制了凉州以东以南的广大地区。此时吐蕃"其国亦自衰落,族种分散,大者数千家,小者数百家,无复统一矣"①。

河西地区虽然处于分裂状态,但河西诸部族与中原王朝的往来并没有断绝,从史书记载来看,这种往来仍是比较频繁的,所不同的是这种往来大多都是河西诸部族单独与中原王朝进行的。如后唐"天成中,权知西凉府留后孙超遣大将拓跋承诲来贡,明宗召见……授超凉州刺史,充河西军节度留后"②。孙超卒后,"州人推其土人折逋嘉施权知留后,遣使来贡,即以嘉施代超为留后"③。后周时,"广顺三年,始以申师厚为河西节度,师厚初至凉州,奏请授吐蕃首领折逋支等官,并从之"④。再如甘州回鹘"历梁、后唐、晋、汉、周皆遣使朝贡"⑤。

宋初,中原统一,宋王朝与河西地区的政治、经济、军事联系较唐末五代有了新的发展。河西诸政权都与宋王朝保持着臣属的友好关系(具体情况后面讨论),而且河西作为东西交通贸易的孔道也基本是畅通无阻的。宋建隆三年(962年),高昌遣使来贡;⑥太平兴国八年(983年),宋太宗遣王延德出使高昌;⑦大中祥符二年(1009年),于阗国黑韩王遣使罗厮温入宋朝贡,厮温上奏宋真宗曰:"昔时道路尝有剽略,今瓜沙抵于阗,道路清谧,行旅如流,愿遣使安抚远俗。"⑧总的说来,宋初宋王朝是掌握着河西的控制权的。

控制河西,对北宋王朝有着至关重要的意义,这是因为,在宋朝的北方,有强大的契丹政权与宋朝为敌,多次击败宋军,使宋王朝处境狼狈。到了宋太宗时,李继迁为首的党项政权也日益强大起来,由于民族、地理上的原因,契丹、党项都很有可能联合河西的回鹘、吐蕃等部族共同威胁中原。在这种情况下,河西诸部族对宋、契丹、党项的向背就具有了极重要的战略意义。河西诸部落联盟虽部众分散,但具有一定的政治影响和军事实力,是河西的直接统治者。他们臣服于契丹党项,就会对宋造成西、北两面夹攻的形势,使宋王朝顾此失彼难以应付;臣服于宋,则可以与宋军形成掎角之势,从南、西两个方向夹击契丹或党项,使其无力南侵。"澶渊之盟"以后,党项的政权成为宋王朝的主要威胁,河西诸部族与宋夏的关系具有了更

---

① (元)脱脱等:《宋史》卷四九二,《吐蕃传》。
② (元)脱脱等:《宋史》卷四九二,《吐蕃传》。
③ (清)徐松:《宋会要辑稿》第195册,《方域二一·西凉府》。
④ (元)脱脱等:《宋史》卷四九二,《吐蕃传》。
⑤ (元)脱脱等:《宋史》卷四九〇,《回鹘传》。
⑥ (元)脱脱等:《宋史》卷四九〇,《高昌传》。
⑦ (元)脱脱等:《宋史》卷四九〇,《高昌传》。
⑧ (元)脱脱等:《宋史》卷四九〇,《于阗传》。

重要的意义。宋真宗就曾说:"继迁常在地斤三山之东,每来寇边,及官军出,则已遁去。使(西凉)六谷部族近塞捍御,与官军合势,亦国家之利。"①宰相张齐贤也曾建议:"蕃部中族盛兵众可以牵制继迁者,唯西凉而已。""真宗用其议……俾(西凉)犄角攻讨"②。可见,牢固地掌握对河西诸部族的控制权乃是宋王朝保持对党项战争主导权的重要条件。

为了保证重要的军事战略物资——军马的来源,宋王朝也必须牢牢地控制河西。河西地区自汉代以来便是产良马的地方,宋朝初年,其军马主要仰给于河西诸蕃部的供应,宋王朝曾多次遣使至河西招致良马。河西诸部族亦主要以马匹作为贡品。这从西凉吐蕃、甘州回鹘贡马的情况便可看出(详见下表)。

由表中可以看到,在河西被夏占领以前的几十年中,吐蕃、回鹘等河西少数民族曾大量地向宋王朝贡献马匹,每次多则数千余匹,少则数十匹。另外,据史书记载,于阗、龟兹、高昌等地亦经常经由河西向宋王朝贡献马匹。可以说,河西是宋朝初期战马的重要来源地。咸平四年(1001年)何亮在其上安边书中就曾指出:"冀之北土,马之所生,自匈奴猖獗之后,无匹马南来,咸取足于西戎……夏贼桀黠,服从诸戎,俾不得货马于边郡,则未知中国战马从何而来。"③

西凉吐蕃、甘州回鹘献马表

年代	公元年代	贡马者	数量(匹)	资料来源
建隆二年二月	961	甘州回鹘可汗	缺载	《宋会要辑稿》第199册,《历代朝贡·蕃夷七之一》(以下简称《辑稿·朝贡》)
乾德二年正月	964	甘州回鹘景琼	六十五	《宋会要辑稿》第197册,《蕃夷四之一·回鹘》(以下简称《辑稿·回鹘》)
乾德二年四月	964	甘州回鹘景琼	十	
乾德三年十二月	965	甘州回鹘可汗及瓜、沙	一千	《辑稿·回鹘》
乾德五年	967	西凉阎逋马等六人	缺载	《宋史》卷四九二《吐蕃传》(以下简称《宋史·吐蕃传》)
开宝元年	968	甘州回鹘鞠仙越	缺载	《辑稿·回鹘》

---

① (元)脱脱等:《宋史》卷四九二,《吐蕃传》。
② (宋)江少虞:《宋朝事实类苑》卷七八,《安边卿寇唵厮啰》。
③ (明)陈邦瞻等:《宋史纪事本末》卷四四,《西夏叛服》。

年代	公元年代	贡马者	数量（匹）	资料来源
开宝元年十一月	968	甘州回鹘及于阗、沙州	缺载	《辑稿·回鹘》
太平兴国五年	980	甘沙州回鹘夜落纥、密礼遏	缺载	《宋史》卷四九〇《回鹘传》（以下简称《宋史·回鹘传》）
淳化二年	991	西凉折逋阿喻丹	缺载	《宋史·吐蕃传》
淳化五年	994	西凉折平族及六谷族	一千	《宋史·吐蕃传》
淳化五年	994	西凉折逋喻龙波、都罗族	缺载	《宋史·吐蕃传》
至道元年	995	西凉蕃部当尊	缺载	《宋史·吐蕃传》
至道二年	996	西凉没嗺拽于及六谷族	缺载	《宋史·吐蕃传》
咸平元年	998	西凉游龙钵	二千	《宋史·吐蕃传》
咸平四年四月	1001	回鹘禄胜	缺载	《辑稿·朝贡》
咸平五年十一月	1002	西凉潘罗支	五千	《宋史·吐蕃传》
咸平六年	1003	者龙族首领	缺载	《宋史·吐蕃传》
景德元年正月	1004	西凉潘罗之遣厮陁完	三千	《辑稿·回鹘》
景德元年六月	1004	西凉潘罗之遣邦逋支	缺载	《辑稿·回鹘》
景德元年七月	1004	西凉茹罗等三族	缺载	《辑稿·朝贡》
景德元年九月	1004	甘州回鹘夜落纥等	缺载	《辑稿·回鹘》
景德二年二月	1005	西凉厮铎督	缺载	《辑稿·西凉府》

年代	公元年代	贡马者	数量（匹）	资料来源
景德二年五月	1005	西凉者龙、当宗等十族	缺载	《辑稿·西凉府》
景德四年五月	1007	西凉厮铎督遣兰通赤	缺载	《辑稿·西凉府》
景德四年九月	1007	甘州回鹘夜落纥遣尼法仙	缺载	《宋史·回鹘传》
景德四年十月	1007	甘州回鹘夜落纥及没孤宰相	十四	《辑稿·回鹘》
景德四年	1007	夜落纥遣僧翟大秦	十五	《辑稿·回鹘》
景德四年十一月	1007	甘州回鹘婆温宰相	缺载	《辑稿·回鹘》
大中祥符元年	1008	西凉厮铎督	缺载	《辑稿·西凉府》
大中祥符元年	1008	甘州回鹘夜落纥	缺载	《宋史·回鹘传》
大中祥符三年	1010	西凉绰克宗	三百	《西夏书事校证》卷七
大中祥符三年	1010	甘州回鹘左温宰相	缺载	《宋史·回鹘传》
大中祥符五年	1012	西凉者龙族舍钦盘	缺载	《宋史·吐蕃传》
大中祥符五年	1012	甘州回鹘夜落纥	缺载	《辑稿·回鹘》
大中祥符六年	1013	夜落纥遣使献御马	二十	《辑稿·回鹘》
大中祥符八年	1015	西凉厮铎督遣钦盘	缺载	《辑稿·西凉府》
大中祥符九年	1016	甘州回鹘夜落隔归化	缺载	《辑稿·回鹘》
天圣二年五月	1024	甘州回鹘夜落隔通顺	缺载	《宋史·回鹘传》
天圣三年二月	1025	甘州回鹘遣赵福	二十	《辑稿·回鹘》
天圣四年	1026	西凉厮铎督、舍钦波	缺载	《辑稿·西凉府》

从党项政权来看，能否占领河西，同样具有极重要的军事、经济意义。

重建党项政权的李继迁，是一个雄心勃勃的人物。宋咸平初，他趁宋真宗初即位对沿边诸少数民族实行羁縻政策的机会，首先索回银、夏、绥、宥四州，恢复祖先故土。接着，他又积蓄力量攻下北宋军事重镇灵州。灵州"扼西陲要害"，"乃（宋）

必争之地，苟失之，则缘边诸郡皆不可保"①。灵州的攻占，奠定了李继迁全盘攻略的基础。此后，李继迁对宋王朝时和时叛玩弄两面手法，而把战略进攻的重点移向河西，这显然有两个目的，第一，夏政权初建，所占"灵、夏、绥、银、地不产五谷"②。粮食来源紧张，民困财乏，而河西地区"物产丰饶，畜牧甲天下"。占领了河西，无疑是得到一个取之不尽的粮食、物资基地。第二，从战略上看，河西诸部族，皆臣服于宋，且拥有相当实力，不占领河西，就不能解除后顾之忧，摆脱河西诸部族的掣肘，东南与宋辽争雄便是一句空话。

李继迁死后，其子李德明继承其父的战略意图，与宋王朝订立了和约，对河西则"毕世经营，精神全注于此"③。李元昊即位，亦以"西掠吐蕃健马，北收回鹘锐兵，然后长驱南牧"为己任，④不遗余力进攻河西，最后终于实现了控制河西的战略目的。李氏三代之所以这样重视河西，正像吴广成所说，"盖平夏以绥宥为首，灵州为腰，西凉为尾。有灵州则绥宥之势张，得西凉则根固"⑤。

正由于宋王朝和党项政权都认识到河西的重要地位，都把控制河西诸蕃部当作能否取得战略主动权的重大部署来对待，因此在展开大规模正面冲突以前，宋夏首先争夺河西的控制权就是势所必然了。

二、宋王朝对河西的经略

在河西被党项占领以前的几十年中，宋王朝对河西的控制，主要是通过控制西凉府吐蕃联盟、甘州回鹘联盟及河湟地区的唃厮啰吐蕃联盟来实现的。

占领西凉府的吐蕃六谷族部落散居于河西东部的广大地区，在宋初已经臣服于宋，并主动担负起护送宋使者东西往来的职责。乾德四年(966年)，西凉吐蕃首领折逋葛支曾向宋太祖奏报护送汉僧六十余人西去的情况，宋太祖"诏褒答之"⑥。此后，西凉吐蕃经常向宋献马遣使，与宋保持着友好关系。至道二年(996年)，"蕃部频为继迁侵略"⑦，折逋喻龙波与没嗼拽拽等蕃部首领二次遣使来朝，请求宋太宗派遣将帅统领众蕃部以抵御李继迁。太宗答应了他们的要求，诏以汉人丁惟清知西凉府事。⑧据史书记载来看，丁惟清在西凉府的八年(995—1003年)影响不

① (清)吴广成撰，龚世俊等校证:《西夏书事校证》卷七，甘肃文化出版社1995年版。
② (元)脱脱等:《宋史》卷三二五，《刘平传》。
③ (清)吴广成撰，龚世俊等校证:《西夏书事校证》卷一一。
④ (清)吴广成撰，龚世俊等校证:《西夏书事校证》卷七。
⑤ (清)吴广成撰，龚世俊等校证:《西夏书事校证》卷七。
⑥ (元)脱脱等:《宋史》卷四九二，《吐蕃传》。
⑦ (元)脱脱等:《宋史》卷四九二，《吐蕃传》。
⑧ (清)徐松:《宋会要辑稿》第195册，《方域二一·西凉府》。

大,在他任职期间,知镇戎军李继和向真宗建议:"西凉府六谷部首领潘罗支愿戮力讨继迁,请授以刺史。"①于是宋王朝任命潘罗支为盐州防御使兼灵州西面都巡检使,潘罗支原为者龙族十三部的首领,后被诸蕃部首领推举为西凉府六谷都首领,实际是西凉诸吐蕃部族的总统领。潘罗支的影响与作用远比丁惟清大得多,这一方面是由于潘本人系吐蕃首领,而凉州当时又以蕃人居多,另一方面是因为他具有相当的政治军事才能。在潘罗支统治的四年中(1001—1004 年),西凉诸蕃部势力发展很快,兵力盛时多达六七万人,在牵制李继迁方面起了相当大的作用。潘死后,张齐贤曾叹曰:"向使潘罗支尚在,则德明未足为虞。"②后来,西凉诸吐蕃部推举潘罗支之弟厮铎督为首领,仍联宋抗夏。

控制河西西部甘、肃、瓜、沙③广大地区的甘州回鹘部落联盟,原是唐代蒙古高原回鹘政权的一支,公元 840 年,回鹘政权被黠戛斯击败,部众分裂,其中一部分奔至河西,号甘州回鹘。吐蕃占领河西后,甘州回鹘依附于吐蕃,沙州张议潮起义后,甘州回鹘又归服唐王朝。归义军政权衰落后,甘州回鹘控制了河西地区的西部。在唐末五代到宋初的几十年中,甘州回鹘始终向中原王朝遣使纳贡。宋咸平四年(1001 年),回鹘可汗禄胜遣曹万通入宋,言"本国东至黄河,西至雪山,有小郡数百,甲马甚精"④。从史书记载来看,咸平四年时,河西东部实际在西凉吐蕃联盟控制之下,曹万通之语未免言过其实,但多少反映甘州回鹘政权在夜落纥为可汗王时发展到极盛,曾多次击败夏军进攻。自西凉潘罗支吐蕃联盟被夏攻破之后,甘州回鹘政权成为宋王朝在河西牵制夏军的主要力量。

河湟地区唃厮啰这个人的来源,史家颇有争议,但有一点是清楚的,即唃厮啰系吐蕃人之后裔。唃厮啰政权统治的范围,据宋人沈括记载:"有汉陇西、南安、金城三郡之地,东西二百余里。"⑤李德明击败西凉吐蕃联盟后,"潘罗支旧部往往归厮啰,又得回纥种人数万"⑥,势力开始强大。"有胜兵六、七万,与赵德明抗,希望朝廷恩命。"⑦大中祥符八年(1015 年),唃厮啰"聚众数十万,请讨平夏以自效"⑧。自甘州回鹘被夏政权击破以后,唃厮啰成为河西东部抗夏的主要力量,屡次击败李元昊,"自元昊拒命,终不敢深入关中者,以唃厮啰等族不附,虑为后患也"⑨。

---

① (元)脱脱等:《宋史》卷四九二,《吐蕃传》。
② (元)脱脱等:《宋史》卷二六五,《张齐贤传》。
③ 瓜州虽有曹氏汉人政权,但基本是依附于甘州回鹘的。
④ (元)脱脱等:《宋史》卷四九〇,《回鹘传》。
⑤ (宋)沈括:《梦溪笔谈》卷二五,《杂志》二。
⑥ (元)脱脱等:《宋史》卷四九二,《吐蕃传》。
⑦ (元)脱脱等:《宋史》卷四九二,《吐蕃传》。
⑧ (元)脱脱等:《宋史》卷四九二,《吐蕃传》。
⑨ (元)脱脱等:《宋史》卷二九五,《孙甫传》,关于唃厮啰政权有关问题,请参见李蔚、汤开建:《论唃厮啰政权兴起的原因及其历史作用》,载《中央民族学院学报》1983 年第 1 期。

西凉吐蕃联盟、甘州回鹘部落联盟及河湟唃厮啰吐蕃联盟由于在经济上军事上与宋王朝有着共同的利害关系，因而都积极地向宋王朝靠拢，希望能够得到宋王朝在各方面的支持，共同抵抗夏政权的侵掠。而宋王朝为了实现牵制西夏的目的，也比较注意在政治上、经济上、军事上采取一些措施，支持这三个部落联盟的抗夏斗争。宋咸平四年(1001年)，职方员外郎吴淑曾向真宗上言，分析了宋夏战争的形势，然后建议："臣谓宜通西域之地，以助灵武之势(当时灵州尚未陷落)，可以掩其不意，以诛黠寇；宜遣使喻秦陇以西诸戎，结其欢心，令为前驱。指导斯不难矣。古人云：'以蛮夷伐蛮夷。'计之上者也。宜示之以中国强盛，喻之以中国富厚，待之以至诚，临之以威重，夷落岂敢不从服哉。……所谓断匈奴之右臂。"宋真宗对此"甚嘉纳之"①。

吴淑的上言，虽充分暴露了宋王朝的妄自尊大及对少数民族的歧视，但基本反映了宋王朝对河西诸蕃部的政策。

根据史书记载来看，宋王朝在联合诸蕃部共同抗夏方面，主要采取了以下几方面的措施：

第一，在政治上，尊重和承认河西各部族首领统治权力，授之以官，待之以礼。

至道二年(996年)，宋太宗曾应西凉蕃部请求，派遣丁惟清知凉州府事，但事实上，丁并不能有效地统御诸蕃部，其声望反不及蕃部首领潘罗支。鉴此，以后凡河西请帅者，宋王朝总是授官于蕃部首领以代之。咸平四年(1001年)，回鹘使者曹万通求派统帅以进攻李继迁，真宗加以褒奖，然后下诏曰："今更不遣使臣，一切委卿统制。"②授曹万通为左神武军大将军。

对西凉六谷部的潘罗支，宋王朝先授以西凉节度使，后又授以盐州防御使兼灵州西面都巡抚使。同时授吴福圣腊为安远将军，副首领元佐等七人为怀化将军等，至于身为左厢副使的折逋游龙钵"四世受朝命为酋"，宋授以"安远大将军"之号，"又以其督六族首领褚下箕等三人并为怀远将军"。③

潘死后，"六谷诸豪议立罗支弟厮铎督为首领"。宋王朝"以迁党未平，藉其腹背受攻制，遂加铎督朔方军节度，押蕃落使，西凉府六谷大首领"。④ 大中祥符三年(1010年)，甘州回纥"夜落纥遣使言，败赵德明立功首领请加恩赏。诏给司戈、司阶、郎将告敕十道，使得承制补署"⑤。天圣元年(1023年)，特封甘州回鹘可汗王夜

① (宋)李焘：《续资治通鉴长编》卷五一，真宗咸平四年。
② (元)脱脱等：《宋史》卷四九〇，《回鹘传》。
③ (清)徐松：《宋会要辑稿》第195册，《方域二一·西凉府》。
④ (元)脱脱等：《宋史》卷四九二，《吐蕃传》。
⑤ (元)脱脱等：《宋史》卷四九〇，《回鹘传》。

落隔通顺为"归忠保顺可汗王"①。唃厮啰强大后,宋授之为宁远大将军,后又加为保顺河西节度使,唃的后代亦被授予官爵。

为表示对诸蕃部落的恩信无猜,景德三年(1006 年),"诏释西面纳质戎人"②。咸平六年(1003 年),潘罗支遣使成逋来宋联络军务,因宋军误会,坠崖而死,真宗得知,"遣使臣乘传按鞫"并令以礼葬之,③同时下诏令曰:河西使臣"凡再诣阙,朕皆召见,奖其向化"④。景德二年(1005 年),西凉使臣路黎奴来宋得了重病,真宗特遣尚医疗治。一次,西凉发生瘟疫,"诏赐白龙脑、犀角、硫黄、安息香、白紫英等药凡七十六种"⑤。甘州回鹘公主景德年间曾上言:"国中不产香药及小儿药、冷病药,望赐之,又发愿修寺并无金粉,并求赐粧粉钱房卧金银盆之类,诏并从其请。"⑥

为表示关心,宋王朝经常遣使慰谕河西诸部族,如太平兴国二年(977 年),遣殿直张璨诏谕甘州、沙州回鹘,赐以器币;咸平年间,遣宋沆、梅询慰谕潘罗支;景祐年间,仁宗遣鲁经诏谕唃厮啰。

第二,在经济上,对河西诸部族实行优惠。

宋制,凡诸蕃部贡献,宋王朝都据贡品质量"估值"回赐。河西诸部族向宋王朝进贡了大量马匹、物产,他们所得到的回赐远远超过其贡品价值,又由于他们接受宋朝封爵,因而还可以得到不少的俸禄。如咸平五年(1002 年),潘罗支贡马五千匹,"诏厚给马价,别赐彩百段,茶百斤"⑦。景德二年(1005 年),厮铎督贡马,"且乞优给马价,犒设蕃部,从之"⑧。同年,"诏赐甘州回鹘可汗王衣五百匹,银器五百两,晕锦旋襕金腰带宝物,公主衣着四百匹,银器三百两,两左温宰相衣着二百匹,银器百两"⑨。大中祥符八年(1015 年),唃厮啰遣使来贡,"诏赐锦袍、金带、器币,供帐什物,茶药有差,凡中金七千两"⑩。所献马匹"赐估其值得钱七百六十万"⑪。次年,"厮啰立遵遣使来献马五百二十二匹,诏赐金币总万二千,计以答之"⑫。大中祥符三年(1010 年)十月,有司反映回赐六谷部厮铎督马价偏高,真宗曰:"厮铎

----

① (元)脱脱等:《宋史》卷四九〇,《回鹘传》。
② (元)脱脱等:《宋史》卷四九二,《吐蕃传》。
③ (元)脱脱等:《宋史》卷四九二,《吐蕃传》。
④ (元)脱脱等:《宋史》卷四九二,《吐蕃传》。
⑤ (元)脱脱等:《宋史》卷四九二,《吐蕃传》。
⑥ (清)徐松:《宋会要辑稿》第 197 册,《藩夷四之一·回鹘》。
⑦ (元)脱脱等:《宋史》卷四九二,《吐蕃传》。
⑧ (清)徐松:《宋会要辑稿》第 195 册,《方域二一·西凉府》。
⑨ (清)徐松:《宋会要辑稿》第 197 册,《藩夷四之一·回鹘》。
⑩ (元)脱脱等:《宋史》卷四九二,《吐蕃传》。
⑪ (清)徐松:《宋会要辑稿》第 198 册,《藩夷六之一·唃厮啰》。
⑫ (清)徐松:《宋会要辑稿》第 195 册,《方域二一·西凉府》。

督与诸蕃不同,常宜优奖,所进马每匹赐银五十两"①。这种赏赐在宋真宗时是十分频繁的。

除回赐外,俸禄的数量也是很可观的,例西凉蕃族诸部首领,皆"月给千钱"②。唃厮啰"岁给俸禄,每年支大采一千斤,角茶一千斤,散茶一千五百斤"③。此外,凡诸蕃部击夏有功者,宋王朝随时奖赏,景德元年(1004 年),潘罗支击败李继迁,"诏赐金帛物彩"④。宋仁宗景祐二年(1035 年),为使唃厮啰进攻西夏,一次就赐给唃厮啰绢二万匹。⑤

为表示对河西诸部族的信赖和殊遇,宋王朝特准河西诸蕃部购买兵器。"旧制,弓矢兵器不入外夷,时西凉样丹族上表求市弓矢,上以样丹宣力西陲,委以捍蔽,特令渭州给赐,因别赐厮铎督,以重恩意"⑥。另外,由于河西为交通要冲,"诸部入贡多由其地"⑦,河西诸部族往往截劫商旅,宋王朝亦不加追责。对河西诸蕃部来宋贸易者,总是给予方便。景德三年(1006 年),厮铎督派人入宋贡马,"因上言积官俸半年未清,乞就京给赐物市所须物,从之"⑧。

第三,在军事上,与河西诸蕃部结成联盟,共同抗夏。

宋王朝在军事上联合河西地区诸蕃部以制夏的政策,曾经历一个从酝酿、提出,到逐步完善成熟的过程。

最初在宋太宗至道二年(996 年)四月,西凉吐蕃折平族首领握散上言,"部落为李继迁所侵,愿会兵灵州以备讨击",太宗"赐币以答之"⑨。七月,西凉府押蕃落副使折逋喻龙波上言请帅,宋太宗派丁惟清知西凉府事,以加强对西凉吐蕃的领导,这是宋朝联吐蕃以制夏的萌芽和酝酿阶段。

咸平元年(998 年),李继迁暂时归顺,但如京使柳开仍向宋真宗指出了夏政权对宋王朝潜在的危险性,并且预言"若以契丹比议,(继迁)为患更深"⑩。因此,他建议"多命人使西入甘、凉,厚结其心,为我声援,如有动静,使其侵掩,令彼有后顾之忧,乃可制其轻动"⑪。可以说,这是联河西诸蕃部以制夏方针的正式提出。

咸平四年(1001 年),李继迁攻破定州、永州及清远军,并开始进围灵州,对宋

① (清)徐松:《宋会要辑稿》第 195 册,《方域二一·西凉府》。
② (清)徐松:《宋会要辑稿》第 195 册,《方域二一·西凉府》。
③ (宋)张方平:《乐全集》卷二二,《秦州奏唃厮啰事》。
④ (元)脱脱等:《宋史》卷四九二,《吐蕃传》。
⑤ (清)徐松:《宋会要辑稿》第 198 册,《蕃夷六之一·唃厮啰》。
⑥ (元)脱脱等:《宋史》卷四九二,《吐蕃传》。
⑦ (元)脱脱等:《宋史》卷四九〇,《回鹘传》。
⑧ (清)徐松:《宋会要辑稿》第 195 册,《方域二一·西凉府》。
⑨ (元)脱脱等:《宋史》卷四九二,《吐蕃传》。
⑩ (元)脱脱等:《宋史》卷四四〇,《柳开传》。
⑪ (宋)李焘:《续资治通鉴长编》卷四三,真宗咸平元年十二月丙午。

威胁日益严重。兵部尚书张齐贤自陕西经略安抚还,上言真宗曰:"以今日西鄙事势言之,穷讨则不足,防遏则有余,其计无他,在激励自来与继迁有仇蕃部,招引远处大族首领,啗之以官爵,诱之以货财,推恩信以导其诚,述利害以激其志,若山西蕃部响应,远处族帐倾心,则凶丑之势减矣。……若缘边兵得及五万余,更诱蕃部,逾十余万,但彼出则我归,东备则西击,使其奔命不暇,矧更能外侵哉。"①同时张齐贤提出了联合六谷等吐蕃部族的具体方法和步骤,指出:"苟朝廷信使得达潘罗支,则泥埋族,西南远蕃不难招辑。西蕃既已禀命,缘边兵势自雄,则鄜、延、环、庆之浅蕃,原、渭、镇戎之熟户,自然齐心讨贼,竭力圣朝。"②

张齐贤这些有远见的建议,受到了真宗的重视,立即加以采纳,数日后,即授潘罗支为盐州防御使,兼灵州西面都巡检使,使折通游龙钵为宥州刺史,其余河西诸蕃部首领亦封官授爵。一个月后,吴淑在上疏中更进一步阐述了"联蕃夷以制夏"的方针,使其更加完善。在张齐贤、吴淑等人的一再建言下,宋真宗很快发布诏令:"诏西蕃诸族有能生擒李继迁者,当授节度使,赐银彩茶六万,斩首来献者,授观察使,赐物有差。"③至此,诸蕃夷以制夏的战略决策正式确立,并开始进入实施阶段。

宋王朝联蕃部以制夏的号召,得到了河西诸部族尤其是西凉六谷部潘罗支的积极响应,数年后就取得了击毙李继迁的重大胜利。在此前后,宋王朝与河西诸部族实际上已结成了一种军事联盟的关系,这主要反映在两个方面,首先,协调对夏的军事行动,争取互相配合。如咸平六年(1003 年)四月,潘罗支遣使"言六谷聚兵,愿会王师讨继迁"④。真宗诏答"所请会兵,如至乌白池、盐州以来,即为进师"⑤。景德元年三月,真宗遣使持手诏谕告西面守军及蕃部,"宣承迁贼即死,速图攻守之策,飞驿以闻"⑥。潘罗支即派兄邦逋支入宋,言欲"直抵贺兰山讨贼残孽,请与王师会灵州"⑦。宋真宗诏答曰:"候卿等才集诸族人马起离西凉,即差心腹人走马来报。"⑧同时,"诏泾原部署陈兴等,候罗支已发,即率众鼓行赴石门策应"⑨。可惜这次重要的军事行动由于潘罗支遇害未能实施。真宗大中祥符以后,宋王朝主要依靠唃厮啰吐蕃联盟牵制西夏,景祐二年(1035 年),仁宗遣使"持诏厮啰,使背击元昊……厮啰奉诏出兵向西凉"⑩。

① (宋)李焘:《续资治通鉴长编》卷四八,真宗咸平四年。
② (宋)李焘:《续资治通鉴长编》卷四八,真宗咸平四年。
③ (宋)李焘:《续资治通鉴长编》卷五一,真宗咸平四年。
④ (宋)李焘:《续资治通鉴长编》卷五一,真宗咸平四年。
⑤ (宋)李焘:《续资治通鉴长编》卷五四,真宗咸平六年。
⑥ (宋)李焘:《续资治通鉴长编》卷六五,真宗景德元年。
⑦ (宋)李焘:《续资治通鉴长编》卷六五,真宗景德元年。
⑧ (清)徐松:《宋会要辑稿》第 195 册,《方域二一·西凉府》。
⑨ (元)脱脱等:《宋史》卷四九二,《吐蕃传》。
⑩ (元)脱脱等:《宋史》卷四九二,《吐蕃传》。

其次,凡重要军情及时通报。如景德四年(1007年),宋边军得到李德明"谋劫西凉,袭回鹘"的情报,向宋真宗奏知,时宋夏已订立和约,真宗仍"遣使谕厮铎督,令援结回鹘为备"①。

当然,宋王朝与河西诸蕃夷部落的军事联盟,实际上是松散的,但在当时,对于夏对宋朝的军事压力及延缓夏对河西的攻占方面,无疑起到了一定作用。

总之,宋王朝为使河西诸部族能够从军事上牵制西夏,曾在政治上、经济上、军事上采取了一系列措施。这些措施在一段时间内也曾确曾收到了一定效果。但我们也必须看到,宋王朝对河西的经略并不是十分得力的。到真宗末年、仁宗初年,宋王朝实际上已放松对河西诸部族的支持,这就为西夏最终占领河西埋下了伏机。

三、西夏攻占河西的方略

针对宋王朝对河西诸蕃部的笼络和支持,夏政权若以政治、经济的手段来使河西诸部投向自己显然是困难的,因此,只能借助于军事的征服。

西夏攻占河西,前后大约用了三十三年的时间(1003—1036年),根据其不同的战略进攻重点,基本可以分为三个阶段。

第一阶段,从李继迁占灵州以后将战略重点移向河西开始,到景德年间为止(1003—1007年),这一阶段夏政权的战略进攻重点是征服西凉府潘罗支吐蕃联盟,解决西凉对夏的直接威胁。

咸平六年(1003年),夏"境内日窘,抄掠鲜获"②,李继迁为攻下粮草皆盛的凉州、消灭潘罗支,"尽籍五州丁壮,大会诸族于盐州"③。声言将攻宋环、庆二州,并扬言"六谷众盛,难以加兵,不复进取"④,使西凉吐蕃放松戒备,而李继迁"潜移兵"西向突然袭击,迅速攻下西凉府,杀府事丁惟清。潘罗支见势不利,暂时伪降,同时他暗集诸蕃部数万人,大败夏军,李继迁中箭负伤,不久身亡。但是,到了第二年,夏施反间计杀害了潘罗支,者龙十三部有六族被瓦解。潘的副首领左厢副使折逋喻龙钵迫于形势,也率部"尽归德明部下"。李德明乘西凉大乱,人心未定,"率兵复攻西凉取之"⑤。此后,六谷诸酋共推罗支弟厮铎督为首领,但其力量已大不如前,

---

① (元)脱脱等:《宋史》卷四九二,《吐蕃传》。
② (清)吴广成撰,龚世俊等校证:《西夏书事校证》卷七。
③ (清)吴广成撰,龚世俊等校证:《西夏书事校证》卷七。
④ (清)吴广成撰,龚世俊等校证:《西夏书事校证》卷七。
⑤ 《西夏书事校证》卷八。《续资治通鉴长编》卷六八,祥符元年四月条下载张齐贤言:"近知赵德明依前攻劫六谷,兼闻曾破却西凉府,所有节度使并副使,折逋游龙钵及在府户民,并录部下。"其下注曰:"齐贤上疏,不得其日月……更俟考详。"《宋史·张齐贤传》载张齐贤上疏时间为景德二年,其内容亦基本与《续资治通鉴长编》所载相同,可证《西夏书事校证》载李德明再占凉州一事无误。

不能对夏构成威胁。

这一阶段,西夏战略意图基本实现,但李继迁却因此而亡。

第二个阶段,从李德明大中祥符元年(1008 年)发动对回鹘的进攻开始,到甘州回鹘被灭为止(1008—1028 年),这一阶段西夏的战略进攻重点是征服甘州回鹘。

李德明即位,自知国力尚弱,与宋在景德二年(1005 年)订立和约,并藉此从宋取得优厚的经济利益,另一方面则开始向威胁其后方的甘州回鹘发动进攻。大中祥符元年(1008 年)三月,李德明遣万子等四个将领率军攻甘州,中夜落纥埋伏,大败而归。二年四月,李德明派张浦率精骑二万攻甘州,夜落纥坚壁不战,待夏军懈备,突然夜袭,张浦大败。同年十二月,李德明亲征亦因形势不利退回。屡征甘州失利,李德明决定断绝回鹘与宋的联系以困之,"回鹘贡路悉为阻绝"①。但甘州回鹘几败夏军后,势力愈来愈强,大中祥符九年(1016 年)十一月,甘州回鹘攻下夏统治的凉州,势力东抵黄河岸边,使李德明几乎失去在河西的立足之地。

此次大败以后,西夏用了较长的时间来积蓄力量。天圣四年(1026 年)六月,李德明与辽联兵攻击甘州回鹘,"三日不克",又由于辽国国内发生叛乱,辽军先撤,李德明力孤,只好收兵。天圣六年(1028 年),李德明以善于征战的李元昊率军突袭甘州,一举成功,甘州政权至此灭亡。② 不久,李元昊又率军夺回了回鹘控制的凉州。

这一阶段,西夏用了二十年的时间,先后多次用兵才攻灭了甘州回鹘政权,从此,李德明"恃其形势,制驭西番,灵夏之右臂成矣"③。

第三个阶段,从李德明攻灭甘州回鹘始,到李元昊攻占瓜、沙、肃三州,"尽破兰州诸羌"全部占有河西为止。这个阶段西夏的战略目标是企图征服河湟地区的唃厮啰吐蕃联盟,巩固对河西的控制,进一步解除后顾之忧。这一阶段历时八年(1028—1036 年)。

李德明攻灭回鹘政权后不久便死去,李元昊继位,当时在河西已没有与夏相抗衡的军事力量,因此,李元昊自然将进攻的战略重点指向威胁其控制河西的唃厮啰政权,史书称元昊"欲南侵,恐唃厮啰制其后"④。明道二年(1033 年)七月,李元昊派大将苏奴儿率兵二万五千进攻唃厮啰,全军覆没,苏奴儿被俘。同年九月,李元昊率军亲征,至牦牛城(据《宋史·地理志》载,牦牛城在西宁州北二十五里),屠掠

---

① (清)吴广成撰,龚世俊等校证:《西夏书事校证》卷一〇。
② 戴锡章:《西夏纪》,大中祥符二年条。关于甘州回鹘具体失败原因,参见高自厚:《甘州回鹘失守甘州的社会原因》一文,载《社会科学》(甘肃)1983 年第 1 期。
③ (清)吴广成撰,龚世俊等校证:《西夏书事校证》卷一一。
④ (元)脱脱等:《宋史》卷四九二,《吐蕃传》。

而还。景祐二年(1035 年)十一月,李元昊包围唃厮啰的政治中心青塘城(今西宁),唃厮啰派安子罗率十万大军相抗,李元昊率军转战二百多天,士卒饿死无数,败军而还。一月后,李元昊再次进攻又被击败。此后,"厮啰数以奇计破夏兵,元昊遂不敢窥其境"①。

从此,李元昊对河西采取了保境自守的政策。景祐三年(1036 年)七月,李元昊"取瓜、沙、肃州",十月,"尽破兰州诸羌,南掠地至马衔山,筑城瓦川会②留兵镇守"③。(据《临洮府志》载,马衔山、瓦川会俱在皋兰、榆中附近)同时,"绝吐蕃与中国相通路"④,而唃厮啰亦避免与党项军大战,宋王朝知"邈川势力不足与夏人抗,但欲解散其谋,使不与结合而已,故终不能大有功"⑤。

在这一阶段中,李元昊企图征服唃厮啰的战略目的基本落空,却全部控制了东到黄河,西达瓜沙的整个河西地区,削弱了唃厮啰政权,从这个方面来看,夏政权又取得了一定的胜利。

除了直接的军事征服以外,西夏在与宋王朝争夺河西控制权的斗争中,策略上还采用了利诱瓦解的政策,并取得了一定的成功。如咸平五年(1002 年),李继迁得知潘罗支遣宋使者因宋军误会,坠崖而死,趁机拉拢潘罗支,主动放还了投夏的一些六谷族部众,⑥同时"遣人以铁箭诱六谷诸蕃叛附"⑦。次年二月"复以铁箭诱六谷将领"⑧。

这些拉拢引诱活动,均遭到潘罗支的严厉拒绝,"戮一人,挈一人,表闻"⑨。景德元年(1004 年)六月,原受李继迁派遣,伪降西凉的迷般嘱、日逋吉罗丹二族突然发难,谋杀了潘罗支,并率者龙族中的六族投夏,因而使西凉府吐蕃联盟失去了杰出的领袖,力量大衰。

西夏进行的另一次比较成功的瓦解活动是在景祐三年(1036 年)"元昊闻(唃厮啰)二子怨父,阴以重赂间之,且诱诸酋归附"⑩。又挑动一声金龙(其父温通哥被唃厮啰杀)"拥众万余,叛附元昊,结为婚姻"⑪。结果唃厮啰的二个儿子分别占

---

① (元)脱脱等:《宋史》卷四九二,《吐蕃传》。
② (宋)李焘《续资治通鉴长编》作"几川会"。
③ (清)吴广成撰,龚世俊等校证:《西夏书事校证》卷一二。
④ (元)脱脱等:《宋史》卷四九二,《吐蕃传》。
⑤ (元)脱脱等:《宋史》卷四九二,《吐蕃传》。
⑥ (清)吴广成撰,龚世俊等校证:《西夏书事校证》卷一二。
⑦ (清)吴广成撰,龚世俊等校证:《西夏书事校证》卷七。
⑧ (清)吴广成撰,龚世俊等校证:《西夏书事校证》卷七。
⑨ (清)吴广成撰,龚世俊等校证:《西夏书事校证》卷七。
⑩ (清)吴广成撰,龚世俊等校证:《西夏书事校证》卷一二。
⑪ (清)吴广成撰,龚世俊等校证:《西夏书事校证》卷一二。

据了河州(今甘肃临夏)、邈州(今青海乐都)与其父分庭抗礼,"唃厮啰势蹙"①,被迫徙居历精城(今西宁西),不久,李元昊又引诱唃厮啰之子"许割赂斫龙以西地,云如归我,即官爵恩好,一如所须"②,但遭到拒绝。

西夏所进行的这些分裂瓦解活动,在其争夺河西控制权的斗争中,无疑起到了一定的作用。

四、宋朝丧失河西控制权的原因及其影响

从宋初河西地区的形势来看,秦陇以西广大地区的诸少数民族部落,大都是臣服于宋王朝的。由于他们在经济上需要与宋进行重要的马匹贸易并且从中原得到各种生活资料和物品,因而对宋王朝具有极大的依赖性。③ 在军事上,他们无不切齿于党项政权的骚扰掠夺,迫切希望能够与宋合作,共同抗夏。这种形势对宋王朝来说应是十分有利的。从宋王朝来看,朝廷中似乎也不乏远见之士,如柳开、张齐贤、吴淑等人。他们所提出的联蕃部以制夏的方针也不可谓不高明,但为什么宋王朝最终还是丧失了其对河西诸部族的控制权呢?

分析其原因,不外乎以下几点:

首先,由于宋朝统治者在思想上始终认为"非我族类,其心必异",因而对河西诸蕃部没有给予充分的重视和强有力的支持。这从以下几个简单的事实便可看出:咸平二年(999年),潘罗支为配合宋军进攻李继迁,遣使请示出师日期,宋真宗便以极不信任的口吻说:"朕看盟会图,颇记吐蕃反覆狼子野心之事。"④咸平四年(1001年),在朝议授潘罗支官爵时,张齐贤主张授潘以"招讨使"之号,群臣却共同反对,说什么"招讨使之号不可假于外夷"。对于张齐贤等人提出的一些联蕃抗夏的具体方针,也"多为沮挠"⑤。后来,虽终于确立了"联蕃夷以制夏"的政策,并与河西部诸族结成了一定程度的军事联盟关系,但这种联盟关系是松散的。同样是从"蕃夷难以为信"的角度出发,对河西诸部多次提出的联合击夏的建议,宋王朝多是笼络应付,而很少采取有力的行动来配合河西诸部族共同击夏,这就在一定程度上挫伤了河西诸蕃部抗夏的积极性。

---

① (清)吴广成撰,龚世俊等校证:《西夏书事校证》卷一二。
② (清)吴广成撰,龚世俊等校证:《西夏书事校证》卷一二。
③ 《续资治通鉴长编》卷五一,咸平五年三月载张齐贤言"西凉与西小蕃,惟持卖马获利,既受朝廷恩信,纵被迁贼阻绝道途,固当深结仇怨,使与之战,其理甚明"。孙沔也曾言,以西陆蕃户久来贸鬻,举马、药物,岁数百万,至于米盐、饮食,皆取资于内地(《嘉靖宁夏新志》卷六《拓跋夏考证》)。可见河西诸部族与宋有着密切的经济联系,他们联蕃抗夏是有着深刻的经济基础的。
④ (元)脱脱等:《宋史》卷四九二,《吐蕃传》。
⑤ (元)脱脱等:《宋史》卷二六五,《张齐贤传》。

在处理宋与河西诸蕃部政权的关系上,宋王朝从大汉族主义的立场出发,总是以宋夏关系变化的情况来单方面决定河西诸蕃部对夏的政策,很少考虑河西的实际情况。景德二年(1005 年),在李德明尚未停止对河西骚扰的情况下,真宗"录德明誓表,从渭州遣人至西凉府,晓谕诸蕃转告甘、沙首领"①。"以德明归款,谕河西诸蕃各守疆界"②。束缚了河西诸蕃夷的手脚。

宋仁宗即位的初期,由于宋统治者苟安于暂时的和平及宋朝军马需求量的下降,③宋王朝对河西诸蕃部政权的控制更有了削弱的趋势。吴育曾向仁宗上言:"汉通西域诸国,断匈奴右臂……真宗命潘罗支攻杀李继迁,而德明迺降。元昊第见朝廷比年与西域诸戎不通朝贡,乃得以利啗邻境,固其巢穴,无肘腋之患,跳梁猖獗,彼得以肆而不顾矣。"④宋王朝这种政策,更助长了党项政权志在吞并河西的决心,这也正是仁宗天圣年间至景祐年间李元昊最终占领河西的重要原因。

其次,河西的丧失显然也是与宋王朝严重的轻敌思想和一味的姑息羁縻政策分不开的。宋初统治者,始终以契丹为主要敌人,每年劳兵靡饷,穷于应付。而李继迁趁机崛起,对此宋廷并未加重视,认为:"党项号为小蕃,非是劲敌,诚如鸡肋,若约出山布阵,止劳一战,便可荡除。"⑤对于李继迁的不断侵扰,以为"只是怀恋祖父旧地,别无他心"⑥,因授银州观察使以慰之,但李继迁仍"攻劫不已",宋王朝中"言事者犹谓封奖未厚"⑦,故又"赐以银夏土壤,宠以节旄"⑧。一再的姑息纵容,使李继迁野心膨胀,灵州终为吞并。"澶渊之盟"后,按说宋王朝应有一定力量对付党项的威胁了,但宋真宗迫不及待地与李德明订立和约,而对李德明向河西发动的进攻,虽采取了一些措施,但斗争不力,更不愿为河西问题而与李德明打破暂时的和平,致使夏政权更加没有顾忌地加快了对河西的攻击。

当初在宋夏订立的和约中曾有规定,夏"毋得攻劫西路进奉蕃部,纵有争竞,并取朝廷和断"⑨。但实际上李德明对此根本不加理睬,仍然对西凉六谷等部"侵掠无虚日"。厮铎督"潜以蕃书入诉"⑩,宋真宗也只是"令张崇贵谕之",而"德明不

---

① (清)张鉴:《西夏纪事本末》卷七。
② (元)脱脱等:《宋史》卷七,《真宗本纪》。
③ (清)徐松:《宋会要辑稿》第 182 册,《兵二二·买马》条载向敏中言:"近岁边陲撤禁,兵革顿销,然诸军战马尚未减省,颇烦经费,望加裁损。"宋仁宗采其建议,削减了与诸蕃部的马贸易额。
④ (元)脱脱等:《宋史》卷二九一,《吴育传》。
⑤ (清)毕沅:《续资治通鉴》卷三五,太宗淳化五年春正月。
⑥ (元)脱脱等:《宋史》卷二六五,《张齐贤传》。
⑦ (元)脱脱等:《宋史》卷二六五,《张齐贤传》。
⑧ (元)脱脱等:《宋史》卷二六五,《张齐贤传》。
⑨ (宋)李焘:《续资治通鉴长编》卷六三,景德三年五月甲辰。
⑩ (清)吴广成撰,龚世俊等校证:《西夏书事校证》卷七。

听"①宋王朝也就无奈了。吏部尚书张齐贤在上疏中曾预言:"近知赵德明依前攻劫六谷……若使胁制却六谷之后,即虑瓜、沙、甘、肃、于阗诸处,渐为控制"②。张齐贤建议"伏望委两府大臣谋议,早为经制"③。但这并未引起宋神宗足够的重视。宋仁宗即位,仍是如此,致使甘州回鹘终为党项所灭。甚至到李元昊全部吞并河西、建国立号时,宋廷中许多大臣仍不顾事实,说什么"元昊,小丑也,旋即诛灭矣"④。

再次,从河西诸少数民族部落联盟来看,其本身内部也存在着最终亡败的内在因素。河西诸部族由于在民族上地理上的诸种原因,相互之间在政治上、军事上缺乏集中统一的领导,因对夏作战的统一战线是很脆弱的,这从他们之间时常发生的一些摩擦便可窥见一斑,如景德四年(1007年),唃厮啰"欲娶(甘州回鹘)可汗女为妻,而无聘礼,可汗不许,遂相为仇敌"⑤。这种诸部族间的分异性,必然导致其军事上缺乏互相支援,各自为战,从而使夏军能够集中兵力,各个击破。

从军事上看,河西诸部族在战略战术上缺乏积极主动性,往往是片面防御,这就很难摆脱被动挨打的地位。当然,河西诸部族地理上相对遥远及夏军进攻往往具有突然性,也是客观上造成难以相互支援的原因。

最后,从夏政权方面来看,李继迁到李元昊统治时期,正处于由奴隶制向封建制过渡的阶段,具有蓬勃向上的生命力和很强的战斗力。尤其是李德明统治时期,内政上,重视生产,"使塞垣之下,有耕无战逾三十年"⑥,积蓄了国力。外交上,实行了一条东和辽宋、西略河西的正确战略方针,在具体策略和战术上,又能够集中兵力、先攻河西之一部,并充分利用敌方矛盾,进行分化瓦解,各个击破。因此,党项政权终能屡败不折,占领河西。

宋夏之间争夺河西控制权的斗争,是宋夏关系史上带有决定性意义的一页。它所产生的影响是十分重大的。

首先,夏政权扩大了统治版图,增加了财经来源,奠定了夏国的基础。李元昊占河西后领土增加数倍,"东尽黄河,西界玉门,南接萧关,北控大漠"⑦,"方二万余里"⑧。成为一个幅员辽阔的大国,同时,"元昊自先世并吞西土三十余年,聚中国

---

① (清)吴广成撰,龚世俊等校证:《西夏书事校证》卷七。
② (宋)李焘:《续资治通鉴长编》卷六八,大中祥符元年四月己未。
③ (宋)李焘:《续资治通鉴长编》卷六八,大中祥符元年四月己未。
④ (元)脱脱等:《宋史》卷二九一,《吴育传》。
⑤ (清)徐松:《宋会要辑稿》第197册,《藩夷四之一·回鹘》。
⑥ (清)吴广成撰,龚世俊等校证:《西夏书事校证》卷一一。
⑦ (清)吴广成撰,龚世俊等校证:《西夏书事校证》卷一二。
⑧ (元)脱脱等:《宋史》卷四八五,《夏国传》。

所赐赍财无算"①。且河西水草丰茂,物产众多,使夏政权有了雄厚的物质基础,这样就完成了建国的准备。1038年,李元昊设官定制,正式称帝建国,俨然以一个与宋、辽同等地位的大国自居了。后来,河西作为西夏的军事、经济基地,一直支持西夏立国一百九十多年之久。

第二,解除了西夏的后顾之忧,改变了宋、夏之间的战争态势。综观宋夏之间战争的全过程,我们可以发现:在夏占领河西以前,宋夏战争的规模是很有限的,除了攻占灵州的战役规模较大外,夏对宋的战争大多是掠夺骚扰性的。这除了党项政权当时国力尚弱以外,一个重要的原因,就是因为有河西诸部族的掣肘。李元昊占领河西以后,"则控制伊西,平吞漠北,从此用兵中原,无后顾忧矣"②。几年以后,便与宋展开了三川口、好水川、定州砦等大规模的战役。宋"三经大战,军覆将死,财用空虚,天下嗷嗷,困于供给"③,遭到极大的损失。

第三,河西的失陷,使宋王朝失去了有力的牵制力量,陷于孤军作战的境地。虽然唃厮啰吐蕃部族仍然经常对西夏进行骚扰,但"终不能有大功",实际起不了多少牵制西夏的作用了。另外,宋王朝失去了河西,使西域地区军马的来源基本断绝,这对宋王朝的军事力量来说,不能不说是一个重大损失。

第四,基本切断了宋王朝与西方诸国陆路上的经济贸易往来,但促使海路贸易更加兴起,并代替了陆路贸易的重要地位。此点学者已有论述,不赘述。

(原刊《西北史地》1987年第3期)

---

① (清)吴广成撰,龚世俊等校证:《西夏书事校证》卷一二。
② (清)吴广成撰,龚世俊等校证:《西夏书事校证》卷一二。
③ (宋)李焘:《续资治通鉴长编》卷一三九,庆历三年二月乙卯。

从《天盛律令》看西夏转运司与
地方财政制度
——兼论宋夏地方财政制度的比较

前人对于西夏财政制度的研究,集中在西夏财政的支出和收入两方面①,对于西夏地方财政运转的问题缺乏深入研究。同时,西夏中央官制多是效仿宋朝而设,清人吴广成言西夏中央官制"多与宋同",②那么西夏的财政制度是否与宋朝有相似之处,相关问题未见有较为深入的研究。

传世文献载西夏财政制度的内容甚为简略,而《天盛改旧新定律令》(以下简称《天盛令》)详载了西夏转运司与地方财政制度方面的内容。本文拟从西夏转运司与地方财权这一角度出发,重点以《天盛律令》中水利管理的律文为例证,并将其与宋代地方财政制度相比较,从而管窥中国十一至十三世纪西北政权与汉政权在财政制度上的异同。

一、水利管理中的转运司与地方财权

西夏水利管理制度的许多重要内容都与地方赋税制度息息相关,而西夏转运司在地方水利管理中与赋税缴纳制度中发挥了重要的财政职权,因此本文以水利管理中的转运司与地方财政为例,分析西夏地方财政制度的运作模式。

水利建设方面,对于春天开渠日等事宜商议,先由下属水利部门上交提案,然后由转运司与伕事小监、监司、阁门、前宫侍及巡检前宫侍人等水利、财政官

---

① 杜建录:《西夏经济史研究》,甘肃文化出版社 1998 年版,第 49—73 页。
② (清)吴广成撰,龚世俊等校证:《西夏书事校证》卷一一,《夏显道二年》,甘肃文化出版社 1995 年版,第 122 页。

僚，①在宰相面前开会定夺。每年春开渠大事开始时，有日期，先局分处提议，伏事小监者、监司及转运司等大人、承旨、阁门、前宫侍等中及巡检前宫侍人等，于宰相面前定之，当派胜任人。② 显而易见，对于开渠事宜，转运司只有审议权，具体差派官员主管开渠事务之权则归属宰相——中书，又载：每年春伏事大兴者，勿过四十日。事兴季节到来时当告中书，依所属地沿水渠干应有何事计量，至四十日期间依高低当予之限期，令完毕。③ 中书派遣官员负责开渠，并发号施令，规定开渠时限，说明开渠事宜由中书全权负责。

在水利设施的修建上，转运司只有审议权，但关系到开垦征税与开渠事宜，转运司就有权负责："诸人有开新地，须与官私合适处开渠，则当告转运司。"④也就是说，之所以能权及开渠事务，是因为"开新地"关系到"地水渠干之租"："大都督府转运司当管催促地水渠干之租，司职事勿管之，一律当依京师都转运司受理事务次第管事。⑤ 在负责所属"地水渠干之租"工作当中，如遇到未足缴纳的情况，派人催促缴纳的工作由转运司部门负责，即"大都督府转运司所属冬草、条椽等，京师租户家主依法当交纳入库。若未足，则彼处转运司人当量之，当于租户家主征派使纳。"⑥大都督府转运司负责征收租税，与地方有所不同：前者系京畿之地的征收，大都督府转运司亲自负责，而后者系都转运司指挥、各地郡县派人催促征收："都转运司大人、承旨勿入催促地租中，当紧紧指挥、催促所属郡县内人。"⑦

都转运司虽然主管地方赋税征收，但在具体催租事宜中并不直接参与，而是指挥领导郡县部门进行。具体的赋税征收工作由所辖区的郡县负责："诸租户所属种种地租见于地册，依各自所属次第，郡县管事者当紧紧催促，令于所明期限缴纳完毕。"⑧对于地方冬草、条椽的征收："租户家主纳冬草、条等时，转运司大人、承旨中当派一库检校，当紧紧指挥库局分人，使明绳捆长短松紧，当依法如式捆之。五十

---

① "伏事小监"是主要负责地方水利的官僚，"诸沿渠察水渠头、渠主、渠水巡检、伏事小监等，于所属地界当沿线巡行，检视渠口等，当小心为之"(史金波等译注：《天盛改旧新定律令》卷一五，《渠水门》，法律出版社 2000 年版，第 363 页)。"阁门"和"前宫侍"为中央官僚，其在中央对地方财政监管方面，握有一定权力："等种种官钱谷物，边中、京师库局分三年期满，迁转日已近，所遣新局分已明时，前宫侍、阁门臣僚等中当派能胜任之人，分别当往实地上，种种钱谷物何置，令交接者及新旧库等共于眼前交接"(史金波等译注：《天盛改旧新定律令》卷一七，《库局分转派门》，第 528—529 页)。

② 史金波、聂鸿音、白滨译注：《天盛改旧新定律令》卷一五，《催租罪功门》，法律出版社，2000 年，第 494 页。

③ 史金波、聂鸿音、白滨译注：《天盛改旧新定律令》卷一五，《春开渠事门》，第 497 页。

④ 史金波、聂鸿音、白滨译注：《天盛改旧新定律令》卷一五，《渠水门》，第 502 页。

⑤ 史金波、聂鸿音、白滨译注：《天盛改旧新定律令》卷一五，《渠水门》，第 502 页。

⑥ 史金波、聂鸿音、白滨译注：《天盛改旧新定律令》卷一五，《渠水门》，第 503 页。

⑦ 史金波、聂鸿音、白滨译注：《天盛改旧新定律令》卷一五，《催租罪功门》，第 494 页。

⑧ 史金波、聂鸿音、白滨译注：《天盛改旧新定律令》卷一五，《催租罪功门》，第 493 页。

日一番当计量,捆不如式,则几多不如式者由草局分人偿之。"①地方转运司同样起领导指挥的职能,派遣库检校指挥地方仓库进行租税的交纳与检校工作,而不是亲自参与,这与大都督府转运司在京畿之地的征收有明显区别。

当然,也有转运司亲自上阵的时候,如租户家主的租地河水断流,水利设施无法发挥灌溉作用时,转运司大人、承旨至少要一人前往视察,因为这关系到租种土地的变更和租佣草缴纳的改变:"又先已注销后其地中所种可生,及为舍处又损而他迁等,不许随意种之,当告转运司而种之,种种租佣草当依拓新地法纳之。"②这种关系到租地变动的情况,都在转运司直接管辖的范围内,如监管荒地租种事务,并发布谕文实行耕种事宜:"诸人无力种租地而弃之,三年已过,无为租佣草者,及有不属官私之生地等,诸人有曰愿持而种之者,当告转运,并当问邻界相接之家主等,仔细推察审视,于弃地主人出明之,是实言则当予耕种谕文,著之簿册而当种之。"③转运司负责荒地租种事宜,主要是因为转运司负责租佣草的征收,即赋税的征收。又如开垦荒地,转运司对开垦荒地采取鼓励、减免三年税收的政策:

> 一诸人地册上之租地边上,有自属树草、池地、泽地、生地等而开垦为地者,则可开垦为地而种之。开自一亩至一顷,勿为租佣草,当以为增旧地之工。有开地多于一顷者,除一顷外,所多开大小数当告转运司。三年毕,则一亩纳三升杂谷物,佣草依边等法为之。④

这种鼓励措施,最终目的还是为了增加税收。三年免税期过后就开始按一亩纳三升杂谷物、并征收佣草。黑水城文书4067号载:

> 一户梁吉祥有册上有十亩地,税一斗二升半
>
> 杂一斗　麦二升半
>
> 佣五日　草十捆⑤

这份纳税账文书记载了土地耕种与纳粮、征收佣草的比例关系,说明土地耕种与纳税紧密联系,转运司负责开垦荒地,正是为了保证赋税征收、行使地方财权。再如租地的买卖:

> 诸人互相卖租地,买地者曰我求丈量,告转运司者,当遣人丈量,买凭据上有顷亩数不足者,卖地者其地原是甚多,另二三种已卖,余持自种,则皆当丈量,超地所在处当承租佣草事,空顷亩上当减之,价当还买地者。其中地虽未另卖,然部分地主人自己未种,皆卖与一人,少于地册上者,转运司大人、承旨

① 史金波、聂鸿音、白滨译注:《天盛改旧新定律令》卷一五,《渠水门》,第504页。
② 史金波、聂鸿音、白滨译注:《天盛改旧新定律令》卷一五,《地水杂罪门》,第508页。
③ 史金波、聂鸿音、白滨译注:《天盛改旧新定律令》卷一五,《取闲地门》,第492页。
④ 史金波、聂鸿音、白滨译注:《天盛改旧新定律令》卷一五,《租地门》,第495—496页。
⑤ 这份文书由史金波先生翻译,参史金波:《西夏农业租税考》,《历史研究》2005年第1期。

一人当往丈量。①

转运司之所以对租地变动进行直接管理,是因为租地变动关系到赋税的征收,如天盛二十二年寡妇耶和氏宝引等卖地契(ИНВ.No.5010)载:

> 天盛庚寅二十二年,立契者寡妇耶和氏宝引等,今将自属撒二石种子地一块,连同院落三间草房、二株树等一并自愿卖与耶和米千,议定全价二足齿骆驼、一二齿、一老牛,共四头。此后其地上诸人不得有争讼,若有争讼者时,宝引等管。若有反悔时,不仅依《律令》承罪,还依官罚交三十石麦,情状依文据实行。界司堂下有二十二亩。

> 北与耶和回鹘盛为界,东、南与耶和写□为界,西与梁蒐名山为界

> 立契者耶和氏宝引(画指)

> 同立契子没啰哥张(画指)

> 同立契没啰口鞭(画指)

> 证人说合者耶和铁□(押)

> 梁犬千(押)　耶和舅盛(押)

> 没啰树铁(押)

> 税已交(押)

> 八□(押)

又有天庆寅年正月二十九日梁老房酉等卖地舍契(ИНВ.No.5012-1):

> 天庆寅年正月二十九日立契人梁老房酉等,将自属渠尾左渠灌撒十五石种子地,及院舍并树石墓□等,一并卖与普渡寺内粮食经手者梁喇嘛等……
> (其余内容格式与上则文书相似,不赘载)。

> ……

> 有税二石,其中有四斗麦日水

> ……②

两份卖地契约文书主体内容是关于土地买卖,但注明了"税已交""有税二石",这说明土地买卖不仅是使用权的转移,就连交税义务也需随之转移,这是西夏政府确保租税征收的手段之一。③ 因此,转运司掌管租地变动的有关事务,是为了确保税收,也是西夏中央政府赋予转运司地方财权的表现之一。

除了负责赋税征收的职权外,转运司还要负责水利设施相关的道路修造工作、

---

① 史金波、聂鸿音、白滨译注:《天盛改旧新定律令》卷一五,《地水杂罪门》,第509页。
② 两份契约文书为史金波先生译释,见史金波:《黑水城出土西夏文卖地契研究》,《历史研究》2012年第2期。
③ 史金波:《黑水城出土西夏文卖地契研究》,《历史研究》2012年第2期。

役夫的征发工作、①水利设施附近租户种植树木的监察工作。② 这不仅是为了保护水利设施的正常、有效运转，更是为了促进农田水利的发展，从而增加赋税收入。黑水城文书 5067 号载：

> 一户三十八亩地，出佣工十五日；
>
> 一户七十五亩地，出佣工二十日；
>
> 一户十亩地，出佣工五日；
>
> 一户十亩地，出佣工五日；
>
> 一户三十八亩地，出佣工十五日；
>
> 一户十亩地，出佣工五日；
>
> 一户三十五亩地，出佣工十五日；
>
> 一户七十三亩地，出佣工二十日；
>
> 一户六十三亩地，出佣工二十日；
>
> 一户十五亩地，出佣工十五日；
>
> 一户四十亩地，出佣工十五日。③

文中所载出佣工应包括役夫在水利工程劳作的天数。④ 通过这则文书可以看出，一方面政府按照亩数规定出役标准，有利于保证徭役制度的运行；另一方面水利役夫的劳作，也能促进水利灌溉的建设，从而给农田的增产、赋税的征收带来积极影响。正是基于这种目的，转运司在负责水利建设的同时，也在发挥其保证赋税收入的财政职权。

二、赋税簿册监管与转运司的地方财权

（一）纳租簿册的管理权

管理和监察地方赋税簿册，是转运司地方财权的重要体现，如纳租簿册的管理："催促地租者乘马于各自转运司白册□□盖印，家主当取收据数登记于白册。其处于收据主人当面由催促者为手记，十五日一番，由转运司校检，不许胡乱侵扰家主取贿等。"⑤转运司首先要置一"白册"登记租户家主的收据，即赋税额度与种

---

① 史金波、聂鸿音、白滨译注：《天盛改旧新定律令》卷一五，《桥道门》，第 504 页。
② 史金波、聂鸿音、白滨译注：《天盛改旧新定律令》卷一五，《地水杂罪门》，第 505 页。
③ 史金波：《西夏农业租税考》，《历史研究》2005 年第 1 期。
④ 《天盛律令》所载开渠役工天数与亩数比例关系，与这则文书的比例基本对应，参史金波：《西夏农业租税考》，《历史研究》2005 年第 1 期。
⑤ 史金波、聂鸿音、白滨译注：《天盛改旧新定律令》卷一五，《地水杂罪门》，第 507 页。

类:"一诸租户家主当指挥,使各自所属种种租,于地册上登陆顷亩、升斗、草之数。"①同时,地册的登记也用于监管地方郡县的征收工作:"诸郡县转交租,所属租佣草种种当紧紧催促,收据当汇总,一个月一番,收据由司吏执之而来转运司。"②转运司每月都要监管郡县租税簿册的汇总工作。

前述租户因自己租地河水断流而导致无法耕种,需向转运司注销:"地边相邻者应担保,是实言,则当明其顷亩数而奏报注销。"③这种注销即在转运司所掌管的纳租簿册上的注销。租户的土地买卖,也要在转运司所掌管的纳租簿册上进行注销事宜,前引"诸人互相卖租地"即为此例,接言:"是实言,则当奏而注销顷亩未足之数。"纳租簿册的注销工作反映了赋税征收是转运司掌管地方财政的重要职能与权力的体现,如果注销工作没有顺利进行,违者按"依边等隐瞒官私地而避租佣草事之计量罪状法判断。"④这条罪状按"边等法"处治,即对民也对官,对民,则是转运司对违法纳税者的惩处,这就体现转运司的地方财权。

虽然转运司拥有地方财权,但也有一定的权限和责任,即对中央负责。地方郡县交租过程中,出现催促官员所交收据受到侵扰,"转运司大人、承旨、都案、案头、司吏等谁知者,有官罚马一。"⑤这条规定,反映转运司在监管地方郡县征收工作中,自身也要受到一定监管,这种监管即来自中央,中央赋予转运司在地方上的财权,也对转运司规定一定权限。又如前述租户买卖田地时,注销工作处理不当受到的惩罚中,对官,即是对相关责任者——转运司进行惩处。

(二) 赋税簿册的审核权

《天盛律令·纳领谷派遣计量小监门》详细记载了转运司与赋税簿册审核的关系:

> 一边中、畿内租户家主各自种地多少,与耕牛几何记名,地租、冬草、条椽等何时纳之有名,管事者一一当明以记名。中书、转运司、受纳、皇城、三司、农田司计量头监等处,所予几何,于所属处当为簿册成卷,以过京师中书,边上刺史处所管事处检校。完毕时,依据属法当取之。⑥

赋税缴纳前,先要制作预交赋税的参考簿册,分别上交中书、转运司、受纳司、皇城

---

① 史金波、聂鸿音、白滨译注:《天盛改旧新定律令》卷一五,《地水杂罪门》,第508页。
② 史金波、聂鸿音、白滨译注:《天盛改旧新定律令》卷一五,《地水杂罪门》,第507页。
③ 史金波、聂鸿音、白滨译注:《天盛改旧新定律令》卷一五,《地水杂罪门》,第508页。
④ 史金波、聂鸿音、白滨译注:《天盛改旧新定律令》卷一五,《地水杂罪门》,第509页。
⑤ 史金波、聂鸿音、白滨译注:《天盛改旧新定律令》卷一五,《地水杂罪门》,第508页。
⑥ 史金波、聂鸿音、白滨译注:《天盛改旧新定律令》卷一五,《纳领谷派遣计量小监门》,第514页。

司、三司、农田司，这些部门再将之成卷，呈报中书审核，最后由边上刺史检校，簿册才能成为有效、合法的赋税簿册进行纳税。引文讲到边中、畿内两种区域的主管赋税部门，"中书、受纳（司）、皇城（司）、三司、农田司"都为中央部门，与转运司都涉及地方（边中）赋税的职权，但在赋税簿册重修时需要财政部门审核方面，转运司却有着仅次于国家最高财政部门——中书的审核权：

> 一边中、畿内租户家主种地纳租法：年年死亡、外逃、地头无人、依次相卖，所改变之情须有，虚杂不入，典册清洁，三年一番，司干及中书郡县等处所置新册当卷之使牢。……所属郡县内人自二月一日始，一县写五面地册板簿，自己处及皇城、三司、转运司、中书等当分别予之。司当记名，所当改变除数，其上当改正，其上□□人当为提举，七十日以内当使完毕，则四月十日当送转运司，分别为手记于板簿。五月一日当送中书，十五日以内当校验，无参差，则中书大人亦当为手记，置印。五月二十日当散予应予处，其中本司内新册往至当验视，粮食、冬草、条橡纳处依不同库门、自己所应纳而分之，为头字典册，本司内人置印，手……①

因人口变动，赋税簿册也须三年一次重新修订后上交审核，这个过程中，郡县先交四份地册给皇城司、三司、转运司、中书，这四个部门审查后，再交至转运司处统一审核，最后上交国家最高财政机构——中书审核后，颁布新的赋税簿册，作为纳税的新参考标准。可见，转运司握有地方赋税簿册审核的仅次于中书的审核权，这充分体现了转运司的地方财权。

（三）地方政府的年终赋税簿册审核

地方政府在上交年终赋税簿册时，首先交至转运司："一所属郡县局分大小交纳种种地租多少，十一月一日于转运司不告交簿册、凭据，迟缓时罪……"②转运司在十二月前将簿册交至磨勘司审核，至年底结束前，如出现"遗尾数"地租问题，即还未上交、交足问题时，再由转运司指挥郡县进行催促工作。③ 这个过程反映出，转运司既掌握地方财权，又要承担地方财政运转的主要责任，如出现簿册审核的延误，转运司也必须受到惩处："转运司人将簿册、凭据种种于十一月至月末一个月期间引送磨勘司不毕，逾期延误时，（转运司）大人、承旨、都案、案头、司吏等一律与前述郡县局分大小误期罪状相同。"④

① 史金波、聂鸿音、白滨译注：《天盛改旧新定律令》卷一五，《纳领谷派遣计量小监门》，第515页。
② 史金波、聂鸿音、白滨译注：《天盛改旧新定律令》卷一五，《催缴租门》，第490页。
③ 史金波、聂鸿音、白滨译注：《天盛改旧新定律令》卷一五，《催缴租门》，第490—491页。
④ 史金波、聂鸿音、白滨译注：《天盛改旧新定律令》卷一五，《催缴租门》，第490页。

对于年终簿册审核出现的第一次"遗尾数"地租问题,转运司为州一级的主管部门:

> 都磨勘司当引送,所属郡县管事□、司吏等当往磨勘。自腊月一日始至月末,一个月期间当磨勘完毕,所遗尾数当明之。正月一日转运司当引送,令催促所属郡县人,令至正月末毕其尾数。若其中有遗尾数者,二月一日当告中书,遣中书内能胜任之人,视地程远近,所催促多少,以为期限。①

年后出现的"遗尾数"地租问题,转运司在正月一个月内指挥所属郡县完成催促交租的工作,若还出现"遗尾数"问题,转运司还须负责上报中书,让中书派人催促。转运司不仅负责地区年终簿册的上交,并呈递中央进行审核,还要负责年后"遗尾数"地租的催促工作;上交审核和催促交租的过程中,转运司一方面行使州一级的地方财政职权,另一方面也受中央的领导和制约:簿册审核先上交中央部门的都磨勘司,最终呈递给国家最高财政部门——中书审核,催促交租。

三、宋夏转运司地方财权的比较

西夏中央官制多与宋同,如中央财政部门——"三司"。"三司,总国计,应贡赋之入,属有正使、副使、盐铁使、度支使等官。……其制多与宋同。"②可见西夏财政体系对宋代多有效仿之处,那么作为握有地方财权的转运司,在宋夏两朝会有何异同?

宋代转运司职掌:"掌经度一路财赋,而察其登耗有无,以足上供及郡县之费;岁行所部,检察储积,稽考籍帐,凡吏蠹民瘼,悉条以上达,及专举刺官吏之事。"③前人对宋代转运司掌一路之财权有过详细的探讨,也分析了"足上供"是其职责中最重要的一面。④ 前述西夏转运司地方财权的最重要方面即是征收赋税、上交中央,与宋代转运"足上供"为第一要务并无不同,这也是宋夏转运司行使地方财权的共同之处。

(一)督征与亲临

就行使地方财权的情况来看,包伟民先生指出转运司与地方州军在赋税征收

---

① 史金波、聂鸿音、白滨译注:《天盛改旧新定律令》卷一五,《催缴租门》,第489页。
② (清)吴广成撰,龚世俊等校证:《西夏书事校证》卷一一,《夏显道二年》,甘肃文化出版社1995年版,第122页。
③ (元)脱脱等:《宋史》卷一六七,《职官志七》,中华书局1977年版,第3964页。
④ 许怀林《北宋转运使制度略论》和郑世刚《北宋的转运使》都详细探讨转运司掌地方财权的问题,见邓广铭、郦家驹等主编:《宋史研究论文集》,河南人民出版社1984年版。包伟民:《宋代地方州军财政制度述略》,中华书局编辑部编:《文史》(第四十一辑),中华书局1996年版,第54页。

中:"转运司足上供职责的侧重面,在于督征于所辖州军,而不是直接经办。"①前述西夏转运司在地方赋税征收中,行使指挥、领导的职权,具体征收工作由所属地方郡县进行,同样是起"督征"作用。

劝农桑,同样是宋夏转运司在行使地方财权的重要体现。元丰元年(1078 年)八月六日,诏"河北转运司体量被水户灾伤,及七分,蠲其税;不及七分者,并检覆"②。宋代转运司对灾后状况的检校,一方面是因"江水坏田"导致"虚招税租",从而"民力不堪",从劝农桑的本职出发,转运司检校,能作为免税的依据,利于"劝诱归业,及召人租佃承买"③,但最重要的还是为了保证赋税收入。绍兴四年(1134年)十一月二十六日,两浙运副使李谟言:"被旨催纳湖、秀州、平江府上供米斛。据平江府具到今年苗米三十万斛余硕,内逃田开阁四万三千余硕,灾伤检放八万二千余硕。契勘本府乡村田亩,比之他处,最系肥田,窃虑暗有桩占,及不亲临检视。乞下浙西提刑司专委官覆实,将不识官吏送所司根勘,重赐行遣。如所委官辄敢隐蔽不实,许监司互察,依此根勘。"④转运司向中央汇报关于平江府上供情况时,因怀疑有"暗有桩占",故要进行检校,其目的还是为了确保赋税的上供。这与西夏转运司在劝农桑时,行使职权的目的几乎相近,如前所述,西夏转运司负责荒地的开垦与免税政策,也是确保地方赋税能够正常上供。

在一些具体操作方面,宋夏又有不同:租户的水利设施因河水断流无法灌溉时,西夏转运司的领导层如"大人",必须亲自前往视察;租地买卖时,出现土地丈量与政府地册上的数据不符,西夏转运司也要亲自前往丈量。宋代转运司基本上行使"督征""指挥"的职权,即使中央命令转运司下州县时,也是由转运司委派官员进行实地的检校工作。绍兴二十八年八月二日,"诏令逐路转运司疾速行下州县,开[具]实被炎伤顷亩数目及合检放分数以闻。……(乾道)四年七月二十五日,诏:'诸路转运司行下所属州县,将炎伤去处,各选委清彊官遍诣地头,尽实检放。'"⑤

委派实地检校的官员,应该是在转运司的指挥下、一部分由各县委派:乾道六年(1170 年)六月二十七日,户部尚书曾怀言:"乞委诸路漕臣,应炎伤去处,仰民户依条式于限内陈状,仍录白本户砧基、田产数目、四至,投连状前,委自县官将砧基

① 包伟民:《宋代地方财政史研究》,中国人民大学出版社 2011 年版,第 12 页。
② (清)徐松辑,刘琳、刁忠民、舒大刚、尹波等校点:《宋会要辑稿》食货一之三—四,上海古籍出版社 2014 年版,第 5938 页。
③ (清)徐松辑,刘琳、刁忠民、舒大刚、尹波等校点:《宋会要辑稿》食货一之六,第 5940 页。
④ (清)徐松辑,刘琳、刁忠民、舒大刚、尹波等校点:《宋会要辑稿》食货一之七,第 5940—5941 页。
⑤ (清)徐松辑,刘琳、刁忠民、舒大刚、尹波等校点:《宋会要辑稿》食货一之十一—十二,第 5943 页。

点对坐落乡村、四至亩步,差官核实检放。"①另一部分也由转运司内委派。乾道九年(1173 年)八月九日,"浙东州军间有阙雨去处,不无损伤田亩。可令两浙路转运司委官躬亲检视"②。宋代转运司亲下州县,也是因为地方受灾这种极端情况的出现,一般情况下,宋代转运司在行使地方财权时,如前辈学者所讲,"督征"是其主要特点,而西夏转运司亲临地方的制度特点,与宋代有所不同。但不论存在"督征"还是"亲临"这种具体的、微观的差异,宋夏转运司在制度设计、职权运作和职权宗旨基本相同,都是为了保证国家赋税的征收。

(二) 财经监管

对地方财经的监管,是宋夏转运司在掌握地方财经大权的表现之一。有关宋代转运司的财经监管职权,方宝璋先生已有过详细论述,③本文只从对地方收入监管的角度出发,对宋夏转运司进行比较分析。

宋代转运司对地方收入的监管,《续资治通鉴长编》载:

> 诏措置帐法并提举三司帐、勾、磨勘等司钱穀所奏帐法事,其县、镇、仓场、库物帐,本勘勾;诸州帐,转运司勘勾。内钱帛以下具收支,应见在逐县总数造计帐申省,每三年各缴已经司金帐一道,送省架阁,余并依所奏。内钱帛粮草图并策,令措置帐法所立法以闻。④

显而易见,宋代转运司对地方收入的监管体系是:州勾覆县——转运司勾覆州的地方逐级勾覆系统。⑤ 但这是元丰改制后转运司对地方收入的监管体系,在此之前,转运司也同样掌地方收入的监管职权,"旧制,每道有计度转运使,岁终则会诸郡邑之出入"⑥,可见宋代转运司对于地方收入的监管拥有较大权力,特别是在收入的审核方面。西夏转运司也同样握有地方收入的审核大权,如前所述,西夏郡县的赋税簿册重新修订后,先交至皇城司、三司、转运司、中书审查,再交至转运司统一审核,最后才是上交国家最高财政机构——中书,转运司在这方面握有仅次于中书的地方收入审核权。

就地方审核体系来看,宋代的转运司地方审核,实行州勾覆县、转运司勾覆州的两级体系:"诸仓库月终以钱帛粮草见在逐色总数次月五日以前申州,州限十日

---

① (清)徐松辑,刘琳、刁忠民、舒大刚、尹波等校点:《宋会要辑稿》食货一之十二,第 5944 页。
② (清)徐松辑,刘琳、刁忠民、舒大刚、尹波等校点:《宋会要辑稿》食货一之十三,第 5944 页。
③ 方宝璋:《宋代财经监管研究》,中国审计出版社 2001 年版,第 89—102 页。
④ (宋)李焘:《续资治通鉴长编》卷三〇九,神宗元丰三年庚子条,中华书局 1995 年版,第 7495 页。
⑤ 方宝璋:《宋代财经监督研究》,第 93 页。
⑥ (宋)李心传撰,徐规点校:《建炎以来朝野杂记》卷一七,《财赋四·诸州军资库》,中华书局 2000 年版,第 393 页。

磨审讫缴申转运司。"①西夏似乎不然，前述不论是地方赋税簿册的重修审核，还是地方的年终审核来看，都是由所属郡县交至转运司，进行垂直审核，并不存在如宋代有州一级存在的二级地方审核体系，这一点西夏转运司与宋代明显不同。

宋夏转运司虽握有地方财经监察大权，但宋夏中央政府都设置了相关部门进行制约。宋代转运司就受到提刑司和提举司的制约，②如提刑司要对转运司审核过的收入情况再加以审核："三司令诸路转运司勘会所辖州军，熙宁十年以前三年收支，应见在钱物，除间难及理欠物更不条具，其泛收泛支，或诸处支借出入，并蠲放欠阁，各令开析，限半年攒结成都状，送提点刑狱司驱磨保明，上中书点检。"③

提刑司不仅负责三年收支情况的再审查，对地方年终收入也有监管权："诸州仓库场务簿历，并岁前两月缴申提点刑狱司印押，限岁前一月给下，岁终开具已印给过名件申尚书户部帐司。若州郡巧作名色增置，令本司觉察按劾。"④从"收支见在钱物状""转运司申粮草计帐"等来看，转运司虽负责地方一年收入的汇总，⑤看似握有地方财经大权，但提刑司每半年就要对转运司经手的簿册进行审查，这正是提刑司对转运司地方财经监察权制约的表现。⑥

西夏转运司虽对地方收入进行垂直监管，但仍受一些中央部门的制约。如前所述，地方赋税的重修审定，要先由皇城司、三司、转运司、中书四个部门共同审查后，才交至转运司审核，然后上交中书；从这里可以看出，西夏转运受到中央部门的直接制约，而不像宋代设提刑司、提举司这样的地方制约部门。又如西夏地方年终收入的审核，转运司审核后交至磨勘司审核，反映出转运司还要受到磨勘司的制约；这一点与宋代类似，即宋夏转运司的地方收入的审核权，都受到磨勘司的分割与制约。

① （宋）谢深甫：《庆元条法事类》卷三七，《库物门二·给纳》，杨一凡、田涛主编，戴建国点校：《中国珍稀法律典籍续编》（第一册），黑龙江人民出版社 2002 年版，第 579 页。

② 方宝璋先生对此进行过详细分析，见其《宋代财经监督研究》，第 104—107 页、第 115 页。

③ （宋）李焘：《续资治通鉴长编》，卷二九一，神宗元丰元年庚午条，第 7126 页。

④ （宋）谢深甫：《庆元条法事类》卷三七，《库物门二·给纳》，杨一凡、田涛主编，戴建国点校：《中国珍稀法律典籍续编》（第一册），第 579 页。

⑤ （宋）谢深甫：《庆元条法事类》卷三七，《库物门二·给纳》，杨一凡、田涛主编，戴建国点校：《中国珍稀法律典籍续编》（第一册），第 586—592 页。

⑥ 汪圣铎先生对这种被称为"复监司互察法"的制度论述道："这是宋朝有意造成地方官司利害势差的一项举措，但对于地方官司的财政监察的职权独立性来说，不能不说是一种缺陷。"（参见《两宋财政史》，中华书局 1995 年版，第 651—652 页）。汪先生的分析反映出，提刑司对转运司财政监察权的制约已是一项制度。方宝璋先生也论述过提刑司通过分割转运司、兼领、兼提举、分隶、共同负责等来执行财经职能，有利于这两个部门互相制约和监督（参见《略论宋代提点刑狱司的财经职能》，《中国经济史研究》2015 年第 5 期）。

四、结语

从西夏水利事务管理中可以看出,在中央,中书握有这方面的决定权,转运司只有商议权,对中书负责;在地方,转运司负责具体的事务管理,尤其侧重于赋税方面,这反映了西夏转运司不仅握有地方水利事务管理权,也握有与水利相关的财政职权。这种地方财权集中反映在转运司征收地方赋税方面,具体方面有纳租簿册的管理权、审核权。不论是簿册的上交汇总,还是簿册的审核,都是通过郡县、转运司、中央三级财政管理的形式呈现出来,这是西夏转运司的地方财权垂直地方且握有地方经济大权的表现;虽然,西夏中央政府对转运司的财权有所限制,但从转运司直接向中书负责这一体系来看,中央还是赋予了转运司很大的地方财权。

以上我们以《天盛律令》中水利管理律文为重点,通过对宋夏转运司在地方财权中作用进行比较,看出西夏从中央到地方的财政制度体系,很大程度上效仿、甚至承袭了宋代的财政制度。从具体的财政系统运转来看,二者都有许多相似之处。[①] 两个政权的转运司基本都是为了"足上供",且握有地方重要的财经监管大权。当然,在权限方面,双方都受到中央政府所设相关部门的制约。但是,宋夏转运司在地方财政制度的具体方面也存在一些差异:如西夏转运司亲临上阵的范围似乎要比宋朝广,亲临官员的级别要更高,反映出西夏转运司财权细化的趋向;在地方审核权方面,一个最大不同点是西夏转运司拥有对地方的垂直审核这样的地方一级审核体系,而宋朝还有州一级这样的二级制。不论怎样,文献所载西夏中央官制"多与宋同"并无误,且宋夏转运司的比较分析可以深刻反映出十一至十三世纪西北少数民族政权对汉政权在财政制度方面的传承与演变。

(原刊《中国经济史研究》2016 年第 3 期,合作者:骆详译)

[①] 例如在中央方面,宋代元丰改制后,作为国家最高财政机构的三司权力弱化,户部财权扩大,但属财计方面的较为重大的事务,户部尚书都不能径奏皇帝或自行裁定,而须征得宰相同意,这就使得宰相(中书)的财政权力扩大(参见汪圣铎《两宋财政史》,第 73—76 页)。西夏的中书拥有对地方赋税征收的最终裁定权,这与宋朝极为相似。

论宋代江淮的漕运

一、北宋立国与江淮漕运的关系

北宋中央政府与江淮地区的经济关系,特别是与江淮地区漕运的关系,可以用"相依相生"来形容:"自祖宗以来军国之费,多出于东南。"①在宋代,没有哪一个地区在经济上的重要性,可以与江淮地区相比。

《宋史》载:"宋都大梁有四河以通漕运,曰汴河,曰黄河,曰惠民河,曰广济河,而汴河所漕为多。"②北宋的立国从某种意义上来讲,就是立足于江淮漕运的。当然,这种相生相依关系,自唐代中后期就已逐渐形成。史学家陈寅恪先生曾讲:"唐代自安史乱后,长安政权之得以继续维持,除文化势力外,仅恃东南八道财赋之供给,至黄巢之乱既将此东南区域之经济几全加破坏,复断绝汴路运河之交通,而奉长安文化为中心、仰东南财赋以存立之政治集团,遂不得不土崩瓦解,大唐帝国之形式及实质,均于是告终矣。"他还说:"夫黄巢既破坏东南诸道财赋之区,时复断绝南北运输之汴路,藉东南经济力量及科举文化以维持之李唐皇室,遂不得不倾覆矣。"③

唐代由江淮运至长安唐中央的粮食,天宝极盛时最多达到四百万石,安史乱后,最多时在一百一十万石左右,少时在四十万至五十万石左右。由于当时各地形成了藩镇割据的局面,大多地方的供赋不能正常达于中央,江淮漕运的地位显得更加重要,可以说唐朝中央的生存,全赖来自江淮运河的财赋漕运。唐中期以后,唐中央在汴河一带驻守十万大军,以保证运路的畅通。唐代后期,由于战乱及藩镇割据,漕路断绝,运河污塞,唐中央的财赋来源中断,唐朝亦随之覆灭。继之朱温、李存勖、石敬瑭、刘知远等虽然先后建国,但由于南北对立,都没能重新开通淤塞的运河。

---

① (宋)李焘:《续资治通鉴长编》(以下简称《长编》)卷四六六,哲宗元祐六年九月。
② (元)脱脱等:《宋史》卷一七五,《食货志》上。
③ 陈寅恪:《唐代政治史述论稿》,上海古籍出版社1982年版,第15、159页。

宋建立以后,宋太祖杯酒释兵权,加强中央集权,在汴京集中了大量的军队,加上中央政府的巨大官僚机构,需要大量的粮食供给。史书载:"太祖……蓄兵京师……故于兵食为重。"①因此开始着手运河的开通。其实还在此前,后周的柴荣已开始在做这一工作,"世祖(柴荣)区区五六年间,取秦陇,平淮右,复三关"②,已奠定了北宋统一的基础。同时,周世宗在显德二年(955年)十一月下令开通运河。史载:"汴水自唐末溃决……上(世宗)谋击唐,先令武宁节度使武行德发民夫因故地、堤疏导之,东至泗上。议者皆以为难成。上曰:'数年之后,必获其利'。"③

周显德五年(958年)三月,再次疏导运河:"是月,浚河流达于淮,于是江淮舟楫始通。胡三省注曰:此即唐时运路也。自江淮割据,运漕不通,水路湮塞,今复浚之。"④显德六年(959年),周世宗再次发民夫,《宋史》卷四八四《韩通传》载:"诏(韩)通河北按行河堤,因发徐、宿、宋、单等州民浚汴渠数百里。"

开宝七年(974年),当北宋对南唐开战以后,自汴京发出的水军沿汴河源源不断地开往前线,为北宋征服南唐创造了有利的条件。

宋开宝五年(972年)时,宋太祖君臣曾有一场关于迁都的争论。史载:

> 上生于洛阳,乐其土风,尝有迁都之意。始议西幸,起居郎李符上书,陈八难曰:"京邑凋敝,一难也。宫阙不完,二难也。郊庙未修,三难也。百官不备,四难也。畿内民困,五难也。军食不充,六难也。壁垒未设,七难也。千乘万骑,盛暑从行,八难也。"上不从。既毕祀事,尚欲留居之,众臣莫敢谏。铁骑左右厢都指挥使李怀忠乘间言曰:"东京有汴渠之漕,岁致江、淮米数百万斛,都下兵数十万人,咸仰给焉。陛下居此,将安取之?且府库重兵,皆在大梁,根本安固已久,不可动摇。若遽迁都,臣实未见其便。"上亦弗从。晋王又从容言曰:"迁都未便。"上曰:"迁河南未已,久当迁长安。"王叩头切谏。上曰:"吾将西迁者无它,欲据山河之胜而去兵,循周、汉故事,以安天下也。"王又言:"在德不在险。"上不答。王出,上顾左右曰:"晋王之言固善,今姑从之。不出百年,天下民力殚矣。"⑤

宋太祖去洛阳祭祀后,有迁都于此的想法,起居郎李符提出"八难"加以反对。而这些都未能打动宋太宗。八条理由中,有一条是"军实不充",实即洛阳不如汴京漕粮食方便之意,但重点不突出。李怀忠则一语中的,认为东京有汴渠之漕,岁致江、淮

① (元)脱脱等:《宋史》卷一七五,《食货志上》。
② (宋)欧阳修:《新五代史》卷一二,《周本纪》。
③ (宋)司马光:《资治通鉴》卷二九二,显德二年十一月。《宋史》卷二五二《武行德传》亦载:"世宗即位……兼武宁军节度……先是唐末杨氏……决汴,汇为污泽。二年,将议南征,遣行德率所部丁壮于古堤疏导之,东达泗上。"
④ (宋)司马光:《资治通鉴》卷二九四,显德五年三月。
⑤ (宋)李焘:《续资治通鉴长编》卷一七,太祖开宝九年二月。

米数百万斛,都城有兵数十万人,"咸仰给焉。陛下居此(洛阳),将安取之"? 表面上看宋太祖似仍未听从其言,但从宋太祖其后所言"天下民力殚矣"及决定不再迁都,可以看出,宋太祖承认要养这数十万兵,不呆在汴京而迁都于洛阳是不可行的。他说的长远考虑迁至长安,是以去兵守险为前提的,他知道要养这数十万军队,确实是天下老百姓的沉重负担,而现实是不在汴京,要养这数十万兵又难以做到。因此,迁都之议遂作罢。

苏辙谈到这一问题时说:"汉唐以来,重兵分于四方,虽有末大之忧,而馈运之劳不至于太甚。祖宗受命,惩其大患而略其细故,敛重兵而聚之京师,根本既强,天下承望而服,然而转漕之费遂倍于古。"[1]他在另一个上表中也说:"臣窃见国朝建立京邑,因周之旧,不因山河之固,以兵屯为险阻。祖宗以来,漕运东南,广畜军食,内实根本,外威夷狄。"[2]

从这场争论及苏辙所言可以看出,汴京沟通江淮漕运,是北宋朝廷的命脉所在,江淮经济对于北宋中央的重要性,由此可见一斑。张方平为三司使,他上书论京师军储问题时说:"今之京师,古所谓陈留,四通八达之地,非如雍、洛有山河之险足恃也。特恃重兵以立国耳。兵恃食,食恃漕运,漕运一亏,朝廷无所措手足。"[3]

最初几年,宋漕运数量并不大,远低于唐代。直到开宝五年(972年),仍只有十多万石。史载,开宝五年七月,三司上言,说朝廷的仓储粮食供给,只能到来年的二月,请皇上下令各地分屯诸军,想法率领老百姓船只帮助江、淮漕运。宋太祖听说此情况后既惊又怒,他想不到堂堂大宋朝廷,储粮竟不足以支撑半年。于是立即召来权判三司楚昭辅,当面加以重责:"国无九年之蓄曰不足。尔不素为计度,今仓储垂尽,乃请分屯兵旅,括率民船,以给馈运,是可卒致乎? 且设尔安用! 苟有所缺,必罪尔以谢众。"[4]

赵匡胤怒斥楚昭辅,竟然连"设尔安用"这样的话都说出来了。楚昭辅找皇弟赵光义商量办法,希望皇弟能为他"于上前解释,使得尽力营办",赵光义则向右知客押衙永城陈从信请教,"为之奈何"? 陈从信对赵光义讲:

> 从信尝游楚、泗间,见粮运停阻之由,良以舟人日食,旋于所历州县勘给,故多凝滞。若自起发即计日并支,往复皆然,可以责其程限。又楚、泗一季度运米入船,至京师辇米入仓,宜各宿备运卒,皆令即时出纳。如此,每运可减数十日。楚、泗至京千里,旧定八十日一运,一岁三运。今若去淹留之虚日,则岁可增一运矣。又闻三司欲籍民船,若不许,则无以责办,若尽取用之,则冬中京

---

① (宋)苏辙:《栾城集》卷二一,《上皇帝书》。
② (宋)苏辙:《栾城集》卷三七,《乞借常平钱置上供及诸州军粮状》。
③ (宋)李焘:《续资治通鉴长编》卷四七五,哲宗元祐七年七月。
④ (宋)李焘:《续资治通鉴长编》卷一三,太祖开宝五年十二月。

师薪炭殆绝，不若募其船之坚实者令运粮，其损败者任民载樵薪，则公私俱济。

今市中米贵，官乃定价斗钱七十，商贾闻之，以其不获利，无敢载至京师者，虽富人储物，亦隐匿不粜，是以米益贵，而贫民将忧其馁殍也。①

看来京师粮少，已引起汴京米荒，官府为之限价，更使富商不愿运米入京。而且汴京的薪炭，亦赖运河漕运，与官府运粮入京的用船发生冲突。

赵光义认为陈从信所言有理，次日，"具以告上，上悉从其言。由是事集，昭辅亦免责焉"②。

由于改变了运粮办法，至此年十月，"运江、淮米十万石至京师，皆汴、蔡两河公私船所载也"。开宝五年（972 年），距建国已有十多年时间，但漕运状况如此，宋太祖当然是不满意的。于是加强江淮粮食转运的工作，成为宋朝廷重视的一项工作。

二、江、淮两浙发运使、司设废

追溯源头，发运使一职，在唐代已出现。唐开元二年（714 年），唐于陕州置水陆发运使掌漕运。唐僖宗乾符元年（874 年），唐中央设发运使一职。

宋代发运使，名称及设废，多次发生变化。

宋太祖建隆二年（961 年）九月，宋朝开始以鸿胪少卿卢浚为京畿东路发运使。③ 太宗至道元年（995 年），置江、淮两浙发运使。至道三年（997 年），罢发运使，将发运使一职公务并入淮南转运使。王子舆任职时，称都大发运，不加使名。④ 真宗咸平四年（1001 年）五月，以殿中侍御史卞笃为淮南转运使，同时，仍命卞笃与本路转运副使刘师道领淮南、江、浙、荆湖制置茶盐矾税都大发运事。

景德二年（1005 年），"以（李）溥为制置淮南、江、浙、荆湖茶盐矾税兼都大发运事，委成其事"⑤。至景德三年（1006 年）二月，正式设使名。⑥ 景祐元年（1034 年）

---

① （宋）李焘：《续资治通鉴长编》卷一三，太祖开宝五年七月。

② 史称此事楚昭辅"免责"，但从楚昭辅任扬州事兼管江、淮漕运十年，而江淮漕运情况不佳、太祖皇帝盛怒的事实来看，其随即被免知扬州府兼管江、淮漕运一职，当与此有关。

③ （宋）李焘：《续资治通鉴长编》卷二，太祖建隆二年九月。

④ （宋）李焘：《续资治通鉴长编》卷四一，太宗至道三年五月。又，同书卷四记载："至道末罢发运使，及子舆兼淮南转运使，寻加都大，而不立使名。"（李焘注：发运使自后并淮南转运使兼领其务。省发运使在至道三年四月，子舆以制置茶盐兼淮南漕，在咸平三年八月，其加都大发运，不见于实录，据会要在四年，今附此。）

⑤ （宋）李焘：《续资治通鉴长编》卷六〇，真宗景德二年五月。

⑥ （宋）李焘：《续资治通鉴长编》卷六〇载李焘注曰："《实录》但云兼都大发运事，《会要》乃云发运使。按景德四年八月，溥以发副使迁发运使，则初除必非使，今从《实录》。又景德三年二月，冯亮初除发运使，《会要》及本志并云景德三年复置发运使一人，盖发运自此始立使名，冯亮为使，李溥为副使也。"

十月,罢淮南、江、浙、荆湖制置发运使,仍诏淮南转运使兼领发运使司事,其制置茶盐矾税,各归逐路转运使司。景祐二年(1035 年),徙江东转运使蒋堂为淮南转运使兼发运司事。当时废发运使一职,"上封者屡以为非便。堂言:'唐裴耀卿、刘晏、第五琦、李巽、裴休,皆尝为江淮、河南转运使,不闻别置使名。国朝卞衮、王嗣宗、刘师道,亦止为转运兼领发运司事,而岁输京师常足'"①。朝廷采用了他的意见,仍废发运使一职。但是不久再复此职。宣和三年(1121 年)六月,发运使兼经制江、浙、淮、荆湖、福建七路财赋,不加"都大"二字。②

南宋绍兴二年(1132 年)三月,罢发运使一职。③ 绍兴八年,设江淮荆浙闽广等路经制发运使,④绍兴九年(1139 年),去"发运"之名。孝宗乾道六年(1170 年)三月,再置江浙京湖、淮广、福建等路都大发运使。十二月,又废除此职。⑤

由以上的变化可见,宋代发运使起自太宗时,但当时仅领京畿东路,与江淮关系不大。太宗至道元年,设江淮两浙发运使,今江淮地区,始与发运使密切相关了。其后,特别是南宋时期,时设时废。就其本质来看,此职虽有废设,但其公务却始终未废。如不设发运使期间,其公务便纳入江淮转运使的职权范围。南宋时,由于临安即在江南,不存在南粮北运问题,且划区供漕体系也已形成,因此发运使的作用已不再重要,故屡屡罢之。⑥

从发运使掌管的地区来看,也有很大变化,一般是统制六路,但有时亦涉及七路,南宋时,又往往包括福建、广州等地。不管有多大变化,发运使的职权范围,始终以江、淮地区为主。宋时,尚有"三门白波发运使"、"陕府三门发运使",但其职权与统制范围远比江淮六路发运使小的多。

江淮六路发运使的具体机构与治所为发运使司。

太平兴国八年(983 年)九月京师设立水陆发运司,奠定了北宋江淮两浙荆湖发运使的雏形,并且此后十余年间江淮发运使的治所都在京师。⑦ 至道元年(995 年)"始就淮南置局",具体地点就在真州。《文忠集》卷四〇《真州东园记》说:"真为州当东南之水会,故为江淮两浙荆湖发运使之治所。"真州是发运使和副使驻地。《续资治通鉴长编》卷二五七熙宁七年十月辛卯载:"(发运)使副只于真州本司连书发遣,遇春运拥并,即轮一员至扬、楚、泗州,以来提举催促部押末运,入京奏事。"

① (元)脱脱等:《宋史》卷二九八,《蒋堂传》。
② (清)徐松:《宋会要辑稿》《职官》四二之二二。
③ (宋)李心传:《建炎以来系年要录》卷五二,戊戌。
④ (宋)李心传:《建炎以来系年要录》卷一二〇,乙卯。
⑤ 《中兴圣政》卷四九。参考龚延明:《宋代官制辞典》,第 479 页。
⑥ 袁一堂:《南宋的供漕体制与总领所制度》,《中州学刊》1995 年第 4 期。
⑦ 黄纯艳:《论宋代发运使的演变》,《厦门大学学报》2003 年第 2 期。

除真州外,发运司的属官也设有治所,如《姑苏志》卷二二《官署中》载:"崇宁三年八月江淮荆浙等路发运司奏移,自润州至衢州催辖纲运官于苏州置廨宇。"王明清《玉照新志》卷四说,他于宣和年间寓居泗州,泗州宝积门外、淮河岸边的南山"发运司属官廨宇在焉",上皇曾"登发运衙城上之亭观渔人取鱼于淮"。北宋末向子諲还建议"令发运使副判官三员迭相往来,周而复始,其一在真州,主江湖,其一在泗州,主淮、浙,其一在京,主交纳理欠。在泗州者循例奏计",得到朝廷的采纳。①

北宋时置司于真州或泗州的发运使。② 从任官性质及制度上来讲,六路发运类似地方官,"路发运使止此一官"③,但从其从事工作的范围与性质来看,又不限于一个地区,而且直接服务于中央财政,在全国各地的地方官员中,类似这样的职务、职权范畴,也是极为罕见的④(白波发运使等工作范围显然小得多),由此可见江淮地区经济与中央财政关系之密切。

三、江、淮两浙发运使的职责

按宋代制度,发运使的职责,是掌握经营山泽财货之源,漕运淮、两浙、江南东、西、荆湖六路储廪,以输送首都,同时而兼管统制茶、盐、钱币之政事,还掌握有专门察访举报剌史及官吏之事。

熙宁初年,辅臣陈升之、王安石领导制置三司条例司,上书建言:"发运使实总六路之出入,宜假以钱货,继其用之不给,使周知六路之有无而移用之。凡上供之物,皆得徙贵就贱,用近易远,令预知在京仓库之数所当办者,得以便宜蓄买以待上令,稍收轻重敛散之权归于公上,则国用可足,民财不匮矣。"⑤

神宗当时正悦意变法与改革,采用了这一建议。此时的发运使实际上还掌握有均输各地货物、调节物价、为官府创收的职能。不久,仁宗又诏六路转运使,凡是各地"弗协力者"一律加以改择,允许发运使薛向"自辟其属",也就是可以举荐僚属官员。这说明发运使掌有一定的用人权。此前仁宗的康定年间(1040—1041年),蒋堂任发运使时,一年就曾向朝廷荐举"部吏"二百人。⑥ 不久,神宗又令发运使可以举真、楚、泗守臣及兼提举九路坑冶、市舶之事。这样,发运使举荐官员的层次大大提高。连州级守臣也能推荐了。九路的坑冶、市舶之事,也纳入其职权范围,可

① 汪应辰:《文定集》卷二一,《徽猷阁直学右大中大夫向公墓志铭》。
② (元)脱脱等:《宋史》卷三七九,《章谊传》:"顷因定都汴京,故发运使置司真、泗,今驻吴会。"
③ 龚延明:《宋代官制辞典》,中华书局1997年版,第479页。
④ 余蔚认为,发运使一级统辖六路,性质应属准行政区一级,有其特殊性。见余蔚:《宋代的财政督理型准政区及其行政组织》,载《中国历史地理论丛》,2005年7月20卷3辑。
⑤ (元)脱脱等:《宋史》卷一六七,《职官》七。
⑥ (元)脱脱等:《宋史》卷二九八,《蒋堂传》。

见变法时期,发运使权力之重。①

哲宗元祐中期,诏发运使兼制置茶事。至崇宁三年(1104年),开始另外差官来提举茶盐之事。

徽宗政和二年(1112年),蔡京主政,他罢除漕运的转般仓法,六路上供米经从本路直达中都,以发运司所拘纲船均给六路。这样发运使权力下降了。各地直接与中央发生联系。宣和六年(1124年),诏令恢复转般仓,命发运判官卢宗原具体操办,但不久以后发生靖康之难,发运使职能不能再恢复。

渡江后,南宋的发运使,"惟领给降籴本,收籴米斛,广行储积,以备国用"。绍兴二年(1132年),大臣上言,发运使省罢,以其职事分别委于漕臣。绍兴八年(1138年),户部又上言,为了"广籴储积"之便,请朝廷"再置经制发运使,并理经制司财赋"。于是,宋朝廷以徽猷阁待制程迈充任经制发运使,专掌籴事。程迈知道现在已不同过去,于是上疏说,"租庸、常平、盐铁、鼓铸各分于诸司而总于户部,发运使无所用之",坚决辞任。第二年,朝廷罢发运司,以户部侍郎梁汝嘉为经制使,"检察中外失陷钱物,与催未到纲运、措置籴买、总领常平为职"②。这与过去发运使的职权已不能相比,不久,又因为大臣上言,"分其责于逐路监司",经制使废除。乾道六年(1170年)再置发运使以后,以户部侍郎史正志为两浙、京、湖、淮、广、福建等路都大发运使。但同年冬天,因为发运使"奏课诞谩"。朝廷将史正志免职,同时并废发运使一职。

在宋代,发运使有时兼管控掌六路茶、盐、香、矾百货之利,此时发运使往往称"淮南、江、浙、荆湖制置发运使"③,或"都大发运使","都大制置发运使"。④

当然在特殊情况下,发运使也会用作他途。如北宋末年金人来侵,徽宗慌忙将皇位让于钦宗,自当太上皇,率童贯、高俅等以兵扈从,逃奔江南以避金人。当听说汴京已被金人包围时,竟下令停止东南邮传及勤王之师。钦宗为得勤王之师,下诏议迎太上皇帝还京。此时,"陈东上书,乞诛蔡京、蔡攸、童贯、朱勔、高俅、卢宗原等人"。大臣们计议,准备派遣聂山"为发运使往图之",李纲认为:"使山所图果成,震惊太上,此忧在陛下。万一不果,是数人者,挟太上于东南,求剑南一道,陛下将何以处之? 莫若罢山之行,请于太上去此数人,自可不劳而定。"⑤在这里,发运使有

① 由于发运使举荐过多,宋朝廷一度加以限制:"诏江淮发运使举官,无得过本路转运使副所举之数。(宋)李焘:《续资治通鉴长编》卷二二八,神宗熙宁四年十一月壬午。

② (元)脱脱等:《宋史》卷一六七,《职官》七。

③ 据《宋史》卷三〇九《杨允恭传》载,"制置"初称为"擘画",杨允恭为发运使,始改"擘画"为"制置",同时以西京作坊副使李廷遂、著作佐郎王子舆并为"同发运使"。

④ 龚延明:《宋代官制辞典》,中华书局1997年4月版,第480页。

⑤ (元)脱脱等:《宋史》卷三五八,《李纲传》。

督办江淮漕运等事之名,而实则负有特殊使命。

再如南宋初年,宋中央一时难以与地方建立有效的联系,而发运使管理着大量漕卒和数千艘运船。发运使利用自己总领六路的地位和拥有的上供财赋和兵船,起到了其他官司都无法起到的特殊作用。①

建炎元年(1127年),当康王赵构还在流亡之中时,江淮发运副使向子諲派人"赍金帛诣元帅府,且悉献本司钱粮之在济州者以助军费"②,积极措置勤王之事"以外路动息及所措置事募壮士达奏于京师,复以京师平安及大元帅府行移檄东南八路,以安人心",而且"张邦昌僭窃伪命下东南者,子諲一切截送所司拘系,申元帅府,馈给东南勤王之师数十万,不激怒生变者,子諲之力为多"③,并劝进康王。

在南宋初的混乱局面中,发运使在一定程度上成为联结朝廷与地方及民间的桥梁。如建炎初高宗一度准备逃往南阳,一面令人修治邓州城池,缮葺宫室官府,一面"命发运司拨江湖纲运,由襄江通漕",同时调动其他各路钱粮集聚南阳。高宗还"命发运司说谕两浙富民助米,以备巡幸"④。金人侵泗州时"江淮发运副使吕源闻之,遣人收淮北舟船数百泊南岸"⑤。正因为发运使的特殊作用,所以南宋初期对北宋发运使体制大都沿袭不变。

总的看,发运使在北宋时权力比较重大,南宋时,时设时废,职权有时仅是掌平籴之事。但即使如此,有时平籴的权力亦无法行使,程迈因此拒任此职。后来的经制使并无实职,仅是检察督办。史正志再任都大发运使,也不能完成使命,这固然是由于其能力不行,更是此时的国势已不同于北宋。中央政廷有时尚且无法正常运作,发运使更不会有北宋时期那么大的权威与能量了。

四、江、淮六路发运使的任用与管理

由于发运使在国家经济财政中的重要性,对于此职的任用,宋代皇帝一直是相当重视的。仁宗曾对宰相们说:"发运使总六路之广,财货调用,币帛谷粟,岁千百万,宜得其人。"⑥史书也称:"发运使实总六路之赋入。"⑦其重要性由此可见。章谊曾上言:"祖宗设官理财,内则户部,外则诸路转运使、副,东南委输最盛,则又置发运,以督诸路供输之入,皆有移用补助之法,户部仰以不乏者也。""臣闻东南馈运,

① 黄纯艳:《论宋代发运使的演变》,《厦门大学学报》,2003年第2期。
② (宋)李心传:《建炎以来系年要录》卷三,建炎元年三月癸巳。
③ 胡寅:《斐然集》卷九,《应诏荐监司郡守奏状》,四库全书本。
④ (元)脱脱等:《宋史》卷二六,《高宗本纪》三。
⑤ (宋)李心传:《建炎以来系年要录》卷一九,建炎三年正月己酉。
⑥ (宋)王称:《东都事略》卷七五,《许元传》。
⑦ (清)徐松:《宋会要辑稿》,《职官》四二之三〇。

所系国计至大,故祖宗以来,特置发运司专任其责,选用既重,威令自行,如昔时许元辈皆能约束诸路,主张纲运。其监司、州郡及诸场务,岂敢非理刻薄邀难,但发运使得人,稍假事权,东南大计,自然办集。"①

1. 宋代发运使的特点与纲运存在的弊害

发运使的设职,一般是一人,但有时也设两人。有时还设"同发运使"、临时代管的"权发运使"。另有发运副使二人、判官两人,另有一批做具体工作的属官。②

下表主要是根据《宋史》及《续资通鉴长编》等史料,对宋代曾任此职官员的统计。③

表一 《长编》《宋史》所载宋代任发运使(事)等职情况表

任、离发运使时间	任者姓名	任职情况	资料出处
建隆二年任职	卢 浚	京畿东路发运使	《续资治通鉴长编》卷二
开宝三年离职	何幼冲	京畿东路发运使	《续资治通鉴长编》卷一一
开宝五年	薛居正	兼淮南、湖南、岭南等道都提举三司水陆发运使	《宋史》卷二六四
天禧中	贾宗始	发运使	《宋史》卷九六
天禧中	陈亨伯	发运使	《宋史》卷九六
咸平三年	刘师道	改淮南转运副使兼淮南、江、浙、荆湖发运使	《宋史》卷三〇四
咸平三年	王嗣宗	任淮南转运使、江浙荆湖发运使。	《宋史》卷二八七
咸平四年	秦羲	领发运使事	《宋史》卷三〇九
咸平六年离任	卞衮	淮南转运使兼发运使	《宋史》卷二七七
淳化四年任职	王宾	知扬州兼淮南发运使	《宋史》卷二七六
至道元年任职	杨允恭	江淮两浙发运使	《续资治通鉴长编》卷三四
至道元年任职	王子舆	同江淮两浙发运使	《宋史》卷二七七
至道元年任职	李延遂	同江淮两浙发运使	《宋史》卷三〇九
景德二年任职	李溥	淮南、江、浙、荆湖茶盐矾税兼都大发运事	《续资治通鉴长编》卷六〇

① (元)脱脱等:《宋史》卷三七九,《章谊传》。
② (清)徐松:《宋会要辑稿》,《职官》四二之三〇、三一。
③ 此表据《长编》及《宋史》统计。表中人物,有的只知其任职或离职时间,故直接加以标明。有的只知此年此人在此职,但不知上任或离职时间,故只标明此年,而不代表其仅在此年任职。

续　表

任、离发运使时间	任者姓名	任职情况	资料出处
景德三年任职	冯　亮	淮南江浙荆湖制置茶盐兼都大发运使	《续资治通鉴长编》卷六二
景德四年任职	李　溥	由江淮都大制置茶盐发运副使充发运使	《续资治通鉴长编》卷六六
大中祥符初年	刘承规	发运使	《东都事略》卷一二〇
大中祥符二年	杨　谭	淮南、江、浙、荆湖制置发运使	《宋史》卷三〇七
大中祥符三年	黄　震	江淮发运使	《宋史》卷三〇三
大中祥符四年	邵　晔	为淮南、江、浙、荆湖制置发运使	《宋史》卷四二六
大中祥符五年	薛　奎	江淮制置发运使	《宋史》卷二八六
大中祥符七年	胡　则	江、淮制置发运使	《宋史》卷二九九
天禧二年	薛　奎	淮南转运副使,迁江、淮制置发运使	《续资治通鉴长编》卷九一
天禧三年	贾　宗	江淮发运使	《续资治通鉴长编》卷九三
天禧五年	周　实	淮南、江、浙、荆湖发运使	《续资治通鉴长编》卷九七
乾兴元年	章　频	淮南江浙荆湖制置发运使	《续资治通鉴长编》卷九九
天圣元年	赵　贺	江、淮、荆、浙发运使	《续资治通鉴长编》卷一〇一
天圣三年	方仲荀	发运使	《续资治通鉴长编》卷一〇三
天圣四年	张若谷	淮南江浙荆湖制置发运使	《续资治通鉴长编》卷一〇四
天圣六年	钟离瑾	江淮发运使运花石纲	《宋史》卷二九七
天圣七年	狄　棐	江淮制置发运使	《宋史》卷二九九
天圣九年	任　布	淮南江浙荆湖制置发运使	《续资治通鉴长编》卷一一〇
景祐元年	李　绎	江淮制置发运使	《续资治通鉴长编》卷一一四

任、离发运使时间	任者姓名	任职情况	资料出处
景祐元年	刘承颜	淮南制置发运使	《续资治通鉴长编》卷一一四
宝元元年	杨日彦	复置淮南、江、浙、荆湖制置发运使	《续资治通鉴长编》卷一一七
宝元元年	杨　告	复置淮南、江、浙、荆湖制置发运使	《续资治通鉴长编》卷一二二
康定元年四月离职	李昭述	淮南江浙荆湖制置发运使	《续资治通鉴长编》卷一二七
康定元年	蒋　堂	淮南江浙荆湖制置发运使。江南东路转运使,徙淮南,兼江、淮发运事	《宋史》卷一二七
康定元年十一月	张　锡	淮南江浙荆湖制置发运使	《宋史》卷二九四
庆历三年	徐　的	淮南江浙荆湖制置发运使	《续资治通鉴长编》卷一四一
庆历四年	方　偕	擢天章阁待制、江淮制置发运使	《宋史》卷三〇四
庆历五年	袁　抗	江、淮发运使	《宋史》卷三〇一
庆历六年	夏安期	江、淮发运使	《宋史》卷二八三
庆历七年	王居白	淮南江浙荆湖制置发运使	《续资治通鉴长编》卷一六一
皇祐元年	史昌言	江淮荆湖发运使	《续资治通鉴长编》卷一六六
皇祐元年七月	许　元	江淮荆湖发运使	《续资治通鉴长编》卷一六七
皇祐三年	魏　瓘	江淮荆湖发运使	《宋史》卷三〇三
至和元年九月	周　湛	淮南、江、浙、荆湖制置发运使	《续资治通鉴长编》卷一七七
嘉祐元年	高良夫	淮南江浙荆湖制置发运使	《续资治通鉴长编》卷一八四

任、离发运使时间	任者姓名	任职情况	资料出处
嘉祐三年	孙长卿	淮南、江、浙、荆湖制置发运使,孙长乡理三司副使资序,令久任	《续资治通鉴长编》卷一八八
嘉祐四年	杨 佐	为江、淮发运使	《宋史》卷三三三
嘉祐六年	李肃之	淮南江浙荆湖制置发运使	《续资治通鉴长编》卷一九五
熙宁三年	薛 向	权淮南江浙荆湖制置发运使	《续资治通鉴长编》卷二一一
熙宁三年十二月	罗 拯	淮南江浙荆湖制置发运使	《续资治通鉴长编》卷二一八
熙宁四年	皮公弼	权以遣发运使	《续资治通鉴长编》卷二二二
熙宁六年	罗 拯	江淮等路发运使(再任)	《续资治通鉴长编》卷二四七
熙宁八年	谢景温	江、淮等路发运使(即授又改任)	《续资治通鉴长编》卷二六四
熙宁八年	卢 秉	江、淮等路发运副使	《续资治通鉴长编》卷二五三
元丰二年	沈希颜	权江、淮等路发运使	《续资治通鉴长编》卷三〇〇
元丰六年	蒋之奇	江、淮等路发运使	《续资治通鉴长编》卷三三七
元祐元年	张汝贤	江、淮等路发运使	《续资治通鉴长编》卷三七八
元祐二年	范纯礼	江、淮、荆、浙等路制置发运使	《续资治通鉴长编》卷四〇六
元祐四年	蒋之奇	江、淮、荆、浙等路制置发运使	《续资治通鉴长编》卷四二四
元祐四年六月	蔡 京	江、淮等路制置发运使	《续资治通鉴长编》卷四二九

续　表

任、离发运使时间	任者姓名	任职情况	资料出处
元祐五年五月	路昌衡	江、淮等路发运使	《续资治通鉴长编》卷四三〇
元祐五年五月	晁端彦	江、淮等路发运使	《续资治通鉴长编》卷四四〇
元祐五年七月	王觌	江、淮等路发运使	《续资治通鉴长编》卷四四五
元祐六年九月	钱勰	江、淮等路发运使	《续资治通鉴长编》卷四六六
元祐六年十一月	杨汲	江、淮等路发运使	《续资治通鉴长编》卷四六八
元祐七年	谢卿材	江、淮、荆、浙等路发运使	《续资治通鉴长编》卷四七六
元祐八年	王宗望	江、淮等路发运使	《续资治通鉴长编》卷四八一
绍圣四年	吕嘉问	江、淮等路发运使	《续资治通鉴长编》卷四八七
绍圣四年六月	吕温卿	权发遣江淮等路发运使	《续资治通鉴长编》卷四八九
元符元年三月	吴居厚	江、淮发运使	《宋史》卷三四三
元符元年	张商英	江、淮等路发运使	《续资治通鉴长编》卷四九九
元符二年	胡宗愈	权发遣江淮荆浙等路发运使	《续资治通鉴长编》卷五〇九
哲宗朝	孙览	江淮发运使	《宋史》卷三四四
康定元年	张锡	淮南江浙荆湖制置发运使	《宋史》卷二九四
哲宗朝	张近	发运使	《宋史》卷三五三
徽宗朝	卢知原	江淮发运使	《宋史》卷三七七
宣和年间	任谅	江淮发运使	《宋史》卷三五六

续　表

任、离发运使时间	任者姓名	任职情况	资料出处
建炎元年五月	梁扬祖	为江淮等路制置发运使	《要录》卷五
建炎四年	权邦彦	江、淮等路制置发运使	《宋史》卷三九六
嘉定以后	吴渊	知平江府兼浙西两淮发运使	《宋史》卷四一六
淳祐七年	程元凤	平江府兼淮、浙发运使	《宋史》卷四一八
开庆元年	程元凤	平江府兼淮、浙发运使	《宋史》卷四一八
开庆二年	王爚	知平江府淮浙发运使	《宋史》卷四一八
咸淳四年	陈垲	知平江府兼淮、浙发运使	《宋史》卷四二五
太平兴国八年后	邵晔	为淮南、江、浙、荆湖制置发运使	《宋史》卷四二六
孝宗隆兴元年	史正志	江、浙、荆湖、两广福建等路都大发运使	《宋史》卷四二九

从上表及相关史料可以看出,宋代发运使一职的任用,其主要特点是:

第一,一般来说,发运使权大位重,朝廷任用较为慎重。任此职者,提升亦较快。

皇祐二年(1050年)十一月,宋仁宗赐淮南江浙荆湖制置发运使、金部员外郎许元进士出身时,对宰相们说:"发运使总领六路八十八州军之广,其财货调用,币帛谷粟,岁千百万,宜得其人而久任之。"正是因此,从最早太祖、太宗时,朝廷都是慎选发运使之人。如太宗淳化年间任王宾为发运使,其人"事宣祖、太祖、太宗殆六十年,最为勤旧,故恩宠尤异,前后赐赍数千万"[1]。再如,宋初太祖朝担任此职的官员中,虽然卢浚和何幼冲仅为鸿胪少卿和吏部郎中,但薛居正和沈伦都以宰职兼发运使,符合司马光所说"国初亦以宰相都提举三司水陆发运等使"[2]的情况。宋初的发运使,属于使职差遣,而且多为兼职。任此职的官员,能力一般较强。如周湛,"治烦剧,能得其要,所至喜条上利害,前后至数十百事。天资强记,吏胥满前,一见辄识其姓名"[3]。

由于此职的重要,凡较有成绩者,也较易为朝廷所提拔。

如宋神宗熙宁三年(1070年)六月,破格提拔发运使薛向为天章阁待制,侍从

---

① (元)脱脱等:《宋史》卷二七六,《王宾传》,第7409页。
② (宋)司马光:《传家集》卷二五,《论财利疏》,四库全书本。
③ (元)脱脱等:《宋史》卷三〇〇,《周湛传》,第9966页。

皇帝,因此曾引起官员们的议论与强烈反对。御史中丞冯京上言说:"(薛)向人物风采,天下共知,不可以备侍从。俟向绩效显著,酬劳未晚。"冯京显然认为薛向的成绩还不够显著,不足以达到备皇帝左右顾问的程度。

对于冯京的上言,神宗最初没有理会。冯京又上疏说:

> 案待制,备天子顾问,陪扈游宴,是盖法从最亲,而日奉德音者也。非才智明亮,该洽古今,难以通选。而近年自三司副使及尝理三司副使资序者,皆以为集贤殿修撰,知制诰阙人,则又除直舍人院数人,天下悉以为陛下重惜名器,以待材杰,不意乃今所除如此而已。则是前日天下所属望以为重惜者,不得为重矣。向谪补郡未尝至官,为发运使一年未尝有显绩,总九路利权,郡邑繁重,设有卖盐增益之效,而自诸兴置未见所以为功者,今遽除待制,物议未允。皇祐中,发运使许元颇号任职,而元赂遗权要,倾巧百端,其始也止得同进士出身,既而又为侍御史,在任累年,晚乃得除此职。天下清议,不以为允。而向从事日浅,经纪未立,阿附者众,过为游说,使陛下信为有劳,骤加恩赏,臣愚未见其可也。臣闻天下之人不从上之所言,而从上之所行。窃恐自今百执事,不复以德教政治为心,而希冀效慕,惟利是兴,尺帛斗粟毫铢之息,有以利入于公上者,悉笼取之,以幸官赏,则生民日骎骎滨於困穷,而莫之能救也。其源甚微,其害甚远。臣之所忧,在此而已。①

冯京上言,语气恳切,从历来任侍从官的惯例,到薛向的身份资历与政绩,从天下的物议,到德治教化,多方面论证了提拔薛向任皇帝顾问是极不合适的。

另一个官员,知杂事谢景温也上言:"选任近职,非以德,则以劳。(薛)向在江、淮,未有分毫之效,不可谓有劳。一区区聚敛之臣,不可谓有德。兼去岁朝廷委(薛)向者十事,(绢、米二法,则措置固已失宜,佣雇客舟,则公私之利未显。其余数事,方遣属吏计置,陈偯入福建,卫琪之两浙,刘忱往江西,沈叔通遍历淮南,适广南、荆湖者,臣即不知其姓名,皆约以七月至泗州商量利害。)今十事之中,未效者七八,而向已酬劳,使向十事尽有成效,陛下复以何官酬之?欲望朝廷下中书条例司及三司取其所施行者,暴于中外,如向实有成效,即臣甘受妄言之罪,如别无显绩,即追还敕告,以示至公。"

宋神宗看了景温上疏后,问王安石:谢上书所言,是否确实?王安石具体向神宗谈了薛向在东南的措置之方,认为也许用他人为待制更为合适,但对任用薛向也并不反对。

神宗又对王安石说:冯京这个人,不为人惑时也可以用,他的上疏却极其荒谬,

---

① (宋)李焘:《续资治通鉴长编》卷二一二,神宗熙宁三年六月。

"朕与逐条诘难,(冯)京即服其非,拜谢而去"①。对于冯、谢等大臣的反对,神宗"皆寝其奏"。据《宋史》载:"神宗知向材,以为江、浙、荆、淮发运使。纲舟历岁久,篙工利于盗货,尝假风水沉溺以灭迹。向募客舟分载,以相督察。官舟有定数,多为主者冒占,悉夺界属州,诸运皆诣本曹受遣;以地有美恶,利有重轻,为立等式,用所漕物为诛赏。迁天章阁待制。"②

宋神宗亲下手诏赐给薛向说:"政事之先,理财为急。故朕托卿以东南赋入,皆得消息盈虚,翕张敛散之。而卿忠识内固,能倡举职业,导扬朕意,底于成绩,朕甚嘉之。前览奏,且虑流言致惑,朕心匪石,岂易转也。卿其济之以强,终之不倦,以称朕意。"

宋神宗不为众议所惑,重成绩,看实效,坚持破格提拔了薛向,以其担任自己的顾问。这也证明了发运使一职的重要性。对薛向此人,史臣李焘特加按语说:"史称向干局绝人,论兵通畅明决。神宗深知其才,安石从中主之,益得展奋其材业。"

对于发运使的任用,苏辙后来曾在上书中论及,认为其"不一二年即为侍从,自非清望正人,不与此选"③。这个改变应是从宋仁宗开始的。宋神宗对任用发运使也是深思熟虑。如熙宁五年(1072年),盐铁副使空缺,王安石愈用罗拯出任,神宗却说他认为罗拯任发运使一职更合适。其实在此前,罗拯已担任过此职,显然神宗认为罗拯任职比较称职。④

发运使的任用,按宋代制度应有一定的程序,皇帝往往较重视发运使的实际经验与能力。如徽宗时,"帝将易置发运使,命选诸道计臣有阀阅者",有的宰相信推荐陈遘,徽宗认为此人也不错,蔡京却认为他官位太低:"职卑不可用,愿更选。"徽宗说这个好办,可以立即提拔他任集英殿修撰然后出任。"京乃不敢言"⑤。陈遘出任后,果然十分称职。

由于发运使责任重大,必须有一定的经验,所以宋代发运使多从较优秀的转运使中选拔。如徽宗时,"纲运阻于重江,吏卒并缘为奸"。漕运遇到很大的困难,而当时担任江西转运副使的卢知原,却"悉意经理,故先诸道上京师"。因此朝廷不久就提拔他为江、淮、荆、浙等路发运使。⑥ 苏轼曾言:"东南馈运,所系国计至大……但发运使得人,稍假事权……东南大计,自然办集。"⑦

① (宋)李焘:《续资治通鉴长编》卷二一二,仁宗熙宁三年六月。李焘载《新本考异》,认为此载是王安石"录私意"而有失。
② (元)脱脱等:《宋史》卷三二八,《薛向传》。
③ (宋)李焘:《续资治通鉴长编》卷三八三,哲宗元祐元年七月。
④ (宋)李焘:《续资治通鉴长编》卷二三四,神宗熙宁五年六月。
⑤ (元)脱脱等:《宋史》卷四四七,《陈遘传》。
⑥ (元)脱脱等:《宋史》卷三七七,《卢知原传》。
⑦ (元)马端临:《文献通考》卷二五,《国用》三。

第二，任此职者，一般时间较短。有的人甚至尚未上任，又改为他职。如此一来，产生的问题是，统管六路财赋，本来就是一个涉及范围广泛、内容复杂、任务艰巨的使命，可是官员刚刚上任，一熟悉情况或尚未熟悉情况，又被调任。这样必然会影响工作效率。

皇祐二年（1050 年）十一月，宋仁宗赐淮南江浙荆湖制置发运使、金部员外郎许元进士出身时，对宰相们说："发运使总领六路八十八州军之广，其财货调用，币帛谷粟，岁千百万，宜得其人而久任之。今许元累上章求解，朕思之，不若旌励以尽其才。"①

宋徽宗时，兵部侍郎兼侍读陈轩上书，论监司、守臣数易之弊时，特别提出："江、淮发运使，十五年间至更三十二人，愿稍久其任。"②十五年换了三十二个发运使，一年平均两人多。这样高的更换频率，官员要做好发运使工作显然是困难的。

第三，此职虽然权大位重，但职任亦较为艰巨，没有相当的组织与运作能力难以胜任，故有不少人视为畏途，不愿出任此职。任此职者，一方面要对朝廷负责，不能不想法满足中央财政及消费之需要。另一方面，要满足中央财政及消费之需要，势必加重东南人民的负担，两者之间往往产生重大矛盾。

薛奎任江、淮发运使，向宰相王旦告别，王旦许久不说话，最后方说道："东南民力竭矣。"薛奎后来对人说："真宰相之言也。"③

宋神宗熙宁八年（1075 年）时，任命谢景温为发运使的诏命发布以后，景温却"不肯做发运使"④，朝廷于是又改以他任。为此吕惠卿向神宗进言加以批评。

元祐年间（1086—1094 年），朝廷拟提拔范纯礼为给事中，一些官员认为不可，并举出老账弹奏，说他在任淮南发运使时，无所建树，以疾病为借口，"坚请"回宫中任官，逃避责任。可是"既除卿列，旋升侍从，曾不固辞"，所以大臣认为范是不想做发运使的艰苦工作，只想图清闲，这样对工作避重就轻的人，不能重用，不宜做给事中。应"别除纯礼职任，以协公议"⑤。

发运使的工作并不好做，如薛向任发运使工作成绩显著，却屡遭非议。史书称他"吏材绝人远甚，所商财利无遗。然其甚者，不能不病民，有所上课，或不实。故御史刘述、钱顗、刘琦，谏官范纯仁等，皆言向不可为大吏"。其后还有人评论说："向吏事精锐绝人，于财利足心计，然发运使所施置如均输、客运之类，后虽不终，诚不能无小害，然亦当时风俗，以诈清高，养名誉为事，故向多为所排诋。御史、谏官

①　（宋）李焘：《续资治通鉴长编》卷一六九，仁宗皇祐二年十一月。
②　（元）脱脱等：《宋史》卷三四六，《陈轩传》。
③　（元）脱脱等：《宋史》卷二八二，《王旦传》。
④　（宋）李焘：《续资治通鉴长编》卷二六八，神宗熙宁八年九月。
⑤　（宋）李焘：《续资治通鉴长编》卷四五三，哲宗元祐五年十二月。

皆言向不可以为大吏者,非确知其利害也。"①

由此可见,发运使这个工作的确难做。若满足了皇上及朝廷的要求与成命,可能会换来民间的骂名,而若顾惜了东南民力,则又无法完成使命,这便是许多人视此职为畏途的关键所在。

第四,发运使因掌握有巨大的财权,任此职者亦往往容易成为贪官。许多人即因在职贪赃或以职权贿赂京官,最终都被弹劾查处。

鉴于不少官员在此职任上翻船,宋仁宗曾对即将任江、淮制置发运使的大臣周湛加以劝励,"诫以毋纳苞苴于京师。"周湛惶恐地对曰:"臣蒙圣训,不敢苟附权要,以谋进身。"②

江淮地区纲运机构宠大,存在的问题与弊害也各种各样。

苏轼在知扬州时,曾指出纲运存在五种弊害:"一曰发运司人吏作弊,取受交怨不公。二曰诸仓专斗作弊,出入斗器。三曰诸场务、排岸司作弊,点检附搭住滞。四曰诸押纲使臣人员作弊,减刻雇夫钱米。五曰在京及府界诸仓作弊,多量剩取,非理曝扬。"

苏轼认为:"如此之类,皆可得而去也。纵未尽去,亦贤于立空法而人不行者远矣。何谓假以事权而助其耳目?盖运路千余里,而发运使二人,止在真、泗二州,其间诸色人作弊,侵扰纲梢于千里之外,则此等必不能去离纲运而远赴诉也,况千里乎?臣欲乞朝廷选差,或令发运使举辟京朝官两员,为勾当纲运。自真州至京,往来点检,逐州住不得过五日。"③

2. 发运使的任用与考核

从史书记载来看,朝廷对发运使的任用与管理,有一定的制度与要求。

首先,是道德方面的要求。由于转运使、发运使管理众多钱财,因而对于发运使的道德要求,是不能不考虑的。哲宗元祐二年(1087 年)任用李南公、路昌衡等为转运使、发运使,大臣吕陶即上言说:"夫君子小人之道,各有消长,观其大势何如,则治乱可知矣。君子并进则治,小人汇征则乱,世主所以防微杜渐,而谨其用舍也。今朝廷选拔材器,澄清流品,勤亦至矣。而间有小人杂于其中,不可不虑也。"随后吕陶直截了当地说:"李南公、路昌衡辈皆刻薄之资,见于已试,而又任之以经略、发运之职,必无以副朝廷德意而惠养元元矣。"④他认为李、路二人,都是刻薄之辈,前时的任用已经说明了。若现在再任之为转运使,显然是不合适的。

嘉祐六年(1061 年)八月,仁宗拟调知亳州、刑部郎中、直史馆李徽之为淮南、江、

① (宋)李焘:《续资治通鉴长编》卷三一一,神宗元丰四年三月。
② (元)脱脱等:《宋史》卷三〇〇,《周湛传》。
③ (宋)苏轼:《东坡全集》卷六二,《乞岁运额斛引以到京定殿最状》。
④ (宋)李焘:《续资治通鉴长编》卷四〇四,哲宗元祐二年八月。

浙、荆湖制置发运使,遭到台官的反对。"台官言徽之前为制置发运使,坐事罢去,不当复除",仁宗于是改命李徽之知河阳。另任用"河北转运使、司勋郎中、直史馆李肃之为制置发运使"①。可见,犯有前科的官员一般是不能再任用为发运使的。

第二,对发运使实行年度考核上计制度。

宋初,发运使一年一入京师,面见皇上,汇报工作情况。后来皇帝嫌麻烦,废除此制:"皇祐四年,谏官韩贽言:'发运使旧例虽尝入奏,不闻逐次改官。今乞每岁更不许赴京奏事,只差一人附奏年额足数。'诏发运使自今押米运至京城外,更不朝见。"②

但是,由于此职的重要性,不见皇帝显然是不合适的。于是,"诏淮南转运使岁一诣阙奏事。先是,罢发运使及岁岁入奏计。至是,祠部郎中杨告领转运使、兼发运使,请复之"。神宗熙宁三年(1070年),"上批:'江、淮发运使薛向熟知环庆城寨地形,可召赴中书询访。兼旧制发运使到阙不得出入,理甚无谓,其除之。'初,权盐铁副使杨佐言:'故事,江、淮发运使岁押米运赴阙,许朝见上殿。后许元自殿中为发运判官,十年间至天章阁待制,而言者以为侥求恩命,遂令岁部米运止得至国门封进文字。自是发运使权益轻,诸路多不禀从。缘东南六路大计,委寄甚重,事干利害,须合面陈。'诏自今到新城外,实有要切事奏,候朝旨入见,奏事毕即辞出城。至是,又弛此禁"③。

看来由于发运使常见皇上,得以很快升迁,引起了一些官员的不满,他们认为这是"侥求恩命",于是规定,发运使归朝,只能至国都大门,写文字汇报,但结果是"发运使权益轻,诸路多不禀从",而发运使的工作"委寄甚重,事干利害,须合面陈",于是不得不恢复发运使面见皇上述职的制度。

第三,禁止发运使借进京机会贿赂朝官。

由于发运使掌控钱财,有的人乘机向权贵行赂讨好。仁宗天圣七年(1029年)九月,丁未,"诏淮南、江、浙、荆湖制置发运使奏计京师,毋以土物馈要近官。先是,钟离瑾因奏计多载奇花怪石纳禁中,且赂权贵。殿中侍御史鞠咏、右司谏刘随皆劾瑾,咏请付御史台治,帝面谕瑾亟还所部,于是又条约之"④。

"庚寅,以盐铁副使、吏部员外郎蒋堂为天章阁待制、淮南江浙荆湖制置发运使。先是,发运使上计,造大舟数十,载江湖物入遗京师权贵。堂曰:'吾岂为此!岁入自可附驿奏也。'前后五年,未尝一至京师。"⑤蒋堂任职五年,从不贿赂京官权要,显然是少数比较清廉的发运使之一。

① (宋)李焘:《续资治通鉴长编》卷一九五,仁宗嘉祐六年八月。
② (宋)李焘:《资治通鉴后编》卷六二,仁宗皇祐四年九月。
③ (宋)李焘:《续资治通鉴长编》卷二一五,神宗熙宁三年九月。
④ (宋)李焘:《续资治通鉴长编》卷一〇八,仁宗天圣七年九月。
⑤ (宋)李焘:《续资治通鉴长编》卷一二七,仁宗康定元年四月。

第四,发运使权力有时受到地方官一定的制约。

宋仁宗时,江淮发运使曾强占雷塘民田,由于扬州知府刘敞的反对,不得不作罢。宋神宗时,孙洙知海州,当时江、淮发运使不顾春旱,征调民夫疏浚漕渠以通盐船,孙洙反对,但发运使不听,孙洙于是三次上书朝廷,使此役停止。[①] 可见,虽然江、淮发运使的权力不小,但有时还是难以逾越地方官的制约的。

五、江淮漕粮的增加与民众的重负

宋代初年,国家漕运来自四个方向,"是时漕运之法分为四路:东南之粟自淮入汴至京师;若是陕西之粟,便自三门白波转黄河入汴至京师;若是陈蔡一路粟,自惠民河至京师;京东之粟自广济河至京师"。四条漕路中,"最重者惟是汴河",其次是自三门白波入关的北方之粟,所谓"三门白波之类,非大农仰给之所。惟是江淮最重"。至于惠民、广济二条漕路,"来处不多,其势也轻"。史称"本朝置发漕两处,最重者是江淮。至真州陆路转输之劳。其次北之粟,底柱之门、舟楫之利,若其他置发运。如惠民河、广济河,虽尝立官,然不如两处之重"[②]。

四条漕路,设官亦有不同:江淮物资通过汴河入京,"置发运使领之",陕西物资"自黄河三门沿流入汴,以达京师,亦置发运司领之",而自广济河、石塘、惠民河至京师者,"皆有京朝官廷臣督之"[③]。

关于漕运的时限,据神宗熙宁八年(1075 年)三司上言可见相关规定:"江、淮东西,荆湖南北路,两浙各乞别立限般上供年额斛斗。今年欲令淮南东、西二路第一限十二月,第二限二月,第三限四月,止令在本路州军封桩外,江东第一限十二月,第二限三月,第三限五月;江西、荆湖南北、两浙第一限二月,第二限四月,第三限六月。"[④]

关于漕粮数量,宋代前后期变化颇大。

北宋建国初,由于江南大多地区尚未纳入版图,故漕运的范围仅局限于北方地区:"方隅未一,京师储廪仰给惟京西、京东数路而已",一年的漕粮不过百余万石。至宋太祖开宝时,又通过汴河征调淮南漕米数十万石。但总的水平仍不很高,漕粮大体维持年运量一百几十万石上下。

统一江南后,东南漕运大增,"岁运米四百万石"。太平兴国六年(981 年),宋王朝确定全国漕粮年运量标准,其中"汴河岁运江淮粳米三百万石,豆百万石",相

---

① (元)脱脱等:《宋史》卷三二一,《孙洙传》,第 10422 页。
② (元)马端临:《文献通考》卷二五,《国用三·漕运》。
③ (元)脱脱等:《宋史》卷一七五,《食货上》三。
④ (宋)李焘:《续资治通鉴长编》卷二八三,神宗熙宁十年六月。

比于"黄河粟五十万石,豆三十万,石惠民河粟四十万石,豆二十万石,广济河粟十二万石,尺五百五十五石"来看,江淮岁运远高于他处。不久,这一定额标准又被日渐增长的东南漕运量所突破。太宗后期,东南漕粮年运量已达六百万石以上。景德四年(1007年),宋中央取至道二年到景德二年间(996—1005年)东南漕运"十年酌中之数定为年额,上供六百万石,米纲立额始于此"。按正常情况,江淮每年只需漕运到规定额数即可,而丰年多出的漕粮,可折来年数。年景不好漕粮不足时,可以来年再补交。

景德四年(1007年),北宋确立的全国漕粮年额为八百万石,其中东南地区六百万石,北方地区二百余万石(黄河八十万;广济河六十二万,惠民河六十万),东南地区占了四分之三。北宋中期以后,北方漕粮常在百万石以下。"岁计所赖者,惟汴流焉"①。江淮漕运愈显重要。

在真宗和仁宗朝一些年份,东南地区上供漕粮曾出现过年运八百万石的记录。② 而熙宁七年(1074年)又出现了"江淮上供谷至京者,三分不及一"的现象。而到北宋末,东南漕粮又常降至五百万石左右。虽然如此,北宋时期漕粮中的绝大部分还是来自东南地区六路地区,即淮南路、江南东、西路、荆湖南、北路及两浙路。东南六路漕粮又有各自相对固定的数量和运送目的地。如淳化四年(993年),据史料记载,当年"统六路年额上供米六百二十万石,内四百八十五万石赴阙,一百三十五万石南京畿送纳。淮南一百五十万石赴阙二十万石咸平、尉氏,五万石太康。江南东路九十九万一千一百石,七十四万五千一百石赴阙,二十四万五千石赴拱州。江南西路一百二十万八千九百石,一百万八千九百石赴阙,二十万石赴南京。湖南六十五万石尽赴阙,湖北三十五万石尽赴阙。两浙一百五十五万石,八十四万五千石赴阙,四十万三千三百五十二石陈留,二十五万一千六百四十八石雍丘"③。大体上说来,这一数额和地点,规定了北宋时期东南六路漕粮的负担及输送情况。

表二　北宋江南地区漕运数量表

时间	漕运数额	提供漕粮地区	资料来源
开宝五年	米数十万石	江、淮	《宋史》卷一七五,漕运
开宝九年	米百余万石	淮南诸州及淮北徐海、沂等州	《续资治通鉴长编》卷一一七,开宝九年九月
太平兴国	米400万石	两浙	《宋史》卷一七五,《漕运》

---

① (元)马端临:《文献通考》卷二五,《国用》三。
② (宋)欧阳修:《欧阳文忠公集》卷二六,《资政殿学士尚书户部侍郎简肃薛公墓志铭》。
③ (宋)张邦基:《墨庄漫录》卷四。

时间	漕运数额	提供漕粮地区	资料来源
太平兴国六年	米 300 万石，菽 120 万右，粟 40 万石	东南各地	《宋史》卷一七五,《漕运》
淳化四年	米 620 万石	淮南、江南东、西、荆湖南、北,两浙路	（宋）张邦基《墨庄漫录》卷四,《中国历代户口、田地、田赋统计》第 294 页
至道初	米 580 万石	东南各地	《宋史》卷一七五,《漕运》
景德四年	600 万石	淮南、江浙,荆湖南、北路	《宋会要辑稿》食货四六之四
大中祥符初	700 万石	东南各地	《宋史》卷一七五,《漕运》
大中祥符三年	米 679 万石	江、淮	《续资治通鉴长编》卷七四,大中祥符三年
天禧五年	米 600 余万石	淮南、江、浙、荆湖	《宋会要辑稿》食货四六之六
天圣初年左右	650 万石	江、淮	《宋会要辑稿》食货四六之九
天圣四年	550 万石	江南诸路	《文献通考》卷二五《国用》三
天圣五年	550 万石	江南诸路	《宋会要辑稿》,《食货》四六之九
宝元元年	600 余万石	江、淮	《玉海》卷一八二,《漕运》
仁宗到英宗年间	米 800 万石	江、浙、荆、淮	《宋史》卷三三一,《孙长卿传》
嘉祐以前	600 万	江、淮	《续资治通鉴长编》卷四七五,元祐七年七月
治平二年	602.2 万石	东南各地	《宋史》卷一七五,《漕运》
熙宁三年	620 万石	江、淮	《续资治通鉴长编》卷二一一,熙宁三年五月
熙宁七年	不及往年三分之一	江、淮	《续资治通鉴长编》卷二一一,熙宁三年五月

续　表

时间	漕运数额	提供漕粮地区	资料来源
元丰六年	620万石	江、淮、荆、湖	《宋史》卷三四三,《蒋之奇传》
元祐六年	450万石	江、淮	《续资治通鉴长编》卷四七五,元祐七年七月

就北宋而言,漕粮年额实际上因受各地粮食丰歉情况、河道善恶状况以及政局变化的影响,年运量经常会出现上下波动的情况,如仁宗天圣初,因江淮荆湖等地和籴粮米过多,而天圣四年江淮地区又广泛地出现灾荒,粮食产量大减。于是经主管全国财政的三司勘合以后,奏请减东南漕粮五十万石,以五百五十万石为年额。[①] 三年后,负责东南漕运的发运司又以丰年为由,奏请恢复旧额。北宋时期的漕粮,有时尚需调剂给其他地区。

总的来看,北宋在太宗至神宗年间的近百年中,漕运东南粮食数量平均保持着年六百万石的高数额,这不仅远远超过唐时一年四百万石之数,而且也为明清时期所不及。

宋代东南漕运量的增加,一方面,是因为东南地区经济的发展,另一方面也是由于统治者的搜括无度。因而严重影响到江淮人民的生活。史载:

> 天圣四年闰五月戊申,定江、淮制置发运司岁漕米课六百万石。初,景德中岁不过四百五十万石,其后益至六百五十万石,故江、淮之间,谷常贵而民贫。于是,都官员外郎吴耀卿请约咸平、景德中岁漕之数,立为中制,故裁减之。然东南灾俭,辄减岁漕数,或巨万或数十万,又转移以给它路者时有焉。[②]

漕粮增加的结果,是使江淮谷价大涨,"谷常贵而民贫"。

再如,据明道二年(1033年)二月己卯诏曰:

> 淮南、江、浙、荆湖发运司比留上供米赈江、淮贫民,如闻流亡未已,今更以百万斛济之。仍命翰林侍读学士王随、入内供奉官邓守恭、入内殿头江从莹乘驿督视之。二月庚子,诏淮南、江南民被灾伤而死者,官为瘗埋,仍祭酹之。先是,南方大旱,种饷皆绝,人多流亡,困饥成疫气,相传死者十二三,官虽作粥糜以饲之,然得食辄死,村聚墟里几为之空。[③]

在如此严重的灾情下,要保证漕粮数,显然是不可能的了。但是,只要年景稍好,漕

①　(元)马端临:《文献通考》卷二五,《国用三·漕运》。
②　(宋)李焘:《续资治通鉴长编》卷一〇四,仁宗天圣四年闰五月。
③　(宋)李焘:《续资治通鉴长编》卷一一二,仁宗明道二年二月。

运数又会升上来。如仁宗天圣七年（1029 年）壬寅，"三司言，江、淮发运使岁丰上供米六百万石，前诏权减五十万，今岁丰，请复如旧"①。仁宗还算清楚，估计到民众的实际，"诏更一年复之"，即再减免一年漕粮数。

苏东坡在元祐七年（1092 年）任职于扬州时曾上书说，他自颍州至扬州，舟过濠、寿、楚、泗等州，所至之处"麻麦如云"，一片丰收景象。但他屏去吏卒，亲入村落访问时，父老皆有忧色，说是"丰年不如凶年"。因为天灾流行，民虽乏食，缩衣节口，犹可以生；而若至丰年，"举催积欠，胥徒在门，枷棒在身，则人户求死不得"。说完泪流满面。苏轼也"不觉流涕"。他在所到的城邑，还看到许多流民，官吏向他解说："以夏麦既熟，举催积欠，故流民不敢归乡。"苏轼为此大有感慨，他在上书中说：

> 臣闻之孔子曰："苛政猛于虎"。昔常不信其言，以今观之，殆有甚者。水旱杀人，百倍于虎，而人畏催欠，乃甚于水旱。臣窃度之，每州催欠吏卒不下五百人，以天下言之，是常有二十余万虎狼散在民间，百姓何由安生，朝廷仁政何由得成乎？

苏轼上书中还说道："臣访闻浙西饥疫大作，苏、湖、秀三州，人死过半。虽水稍退，露出泥田，然皆无土可作田塍。有田无人，有人无粮，有粮无种，有种无牛，殍死之，人如鬼腊。臣窃度此三州之民，朝廷加意惠养，仍须官吏得人，十年之后，庶可全复。"②

总之，江淮源源不断地北输的漕粮，是江淮人民的血汗，给江淮人民带来的并不是福祉与安康。

一些有识之士，也认识到江淮漕运给人民带来沉重负担，一再呼吁减免漕粮数。范仲淹曾在宋仁宗明道二年（1034 年）六月上书论及八事，说到江淮漕运，他说："祖宗时，江、淮馈运至少，而养六军又取天下。今东南漕米岁六百万石，至于府库财帛，皆出于民，加之饥年，艰食如此。愿下裁造务、后苑作坊、文思院、粮料院，取祖宗岁用之成数校之，则奢俭可见矣。"

范仲淹主张减少漕运数量至宋朝初年，并减少裁造务、后苑作坊等奢侈性行政开支以宽济百姓。他还说：

> 天之生物有时，而国家用之无度，天下安得不困！江、淮诸路，岁以馈粮，于租税之外，复又入籴，两浙一路七十万石，以东南数路计之，不下三、二百万石，故虽丰年，谷价亦高，官已伤财，民且乏食。至于造舟之费，并以正税折充。又馈运兵夫，给受赏与，每岁又五、七百万缗。故郡国之民，率不暇给，商贾转徙，度岁无还，裨贩之人，淹迟失业，在京榷务，课程日削。国家以馈运数广，谓

① （宋）李焘：《续资治通鉴长编》卷一○七，仁宗天圣七年春正月。
② （宋）苏轼：《东坡全集》卷六一，《论积欠六事并乞检会应诏四事一处行下状》。

之有备,然冗兵冗吏,游惰工作,充塞京都。……乃知馈运之患,不止伤财,其害人如此! 今宜销冗兵,削冗吏,禁游惰,省工作,既省京师用度,然后减江、淮馈运,以租税上供之外,可罢高价入籴,则东南岁省官钱数百万缗,或上京实府库,或就在所给还商旅。商旅通行,则榷货务入数渐广,国用不乏;东南罢籴,则米价不起;商人既通,则入中之法可以兼行矣。……江、淮发运司岁漕六百余纲,省员侍俸,并以岁劳改班行。若国家稍节用度,则可减纲运酬奖之人。①

范仲淹上书深入分析了江南人民因漕粮数增加带来的苦难,并提出了解决的办法。然而他的上书,并没有受到重视。

包拯也曾在仁宗皇祐三年(1051 年)十一月,就这一问题上书朝廷,为民请命。他说,还在三年时,皇上曾对辅臣们说:江淮连年荒歉,而听说发运转运司仍惟务诛剥,以达到漕运年额为能,虽然名曰和籴,实际是强制抑配。因此朝廷减少了当年上供米百万。

他又继续进言:

臣闻天以五星为纬,人以五谷为命,五星紊于上,则灾异起于下,五谷绝于野,则盗贼兴于外。天之于人,上下相应,故天变于上,则人乱于下,是天人相与之际,甚可畏也。……方今灾异之变尤甚,臣近已论列详矣。惟江、淮六路,连岁亢旱,民甚艰阻,流亡者比比皆是。朝廷昨遣使命安抚赈贷,以救其弊,而东南岁运上供米六百万石,近虽减一百万石,缘逐路租税尽已蠲复,则粮斛从何而出? 未免州县配籴,以充其数,由是民间所蓄悉输入官,民储已竭,配者未已,纵有米价,率无可籴。父子惶惶,相顾不救,老弱者死于沟壑,少壮者聚为强盗,不幸奸雄乘间而起,则不可制矣。当以何道而绥安之哉? 且国家之患,未有不由此而致,可不熟虑乎! 欲望圣慈特降指挥,应江、淮六路灾伤州县,凡是配籴及诸般科率,一切并与止绝,如敢故犯,并坐违制,庶几少释贫民倒垂之急。其上供米数若不敷原额,即候将来丰熟补填。仍令州县官吏多方擘画,赈济饥民,不得失所,兼委逐路提转专切提举,如不用心赈济,以致流亡及结成髑盗,即乞一例重行降黜。②

包拯列出了江、淮六路"连岁亢旱,民甚艰阻,流亡者比比皆是"的事实,用天人感应的理论启发统治者,指出现在江淮地区的人民"父子惶惶,相顾不救,老弱者死于沟壑,少壮者聚为强盗",如此下去,则"不幸奸雄乘间而起,则不可制矣",一旦到了那时,宋朝的统治也就要出现危机了。他主张应全面减少江淮人民的漕运粮数。

在宋代,这样关心江淮地区人民疾苦的有识之士固然曾有不少,但他们的建

---

① (宋)李焘:《续资治通鉴长编》卷一七一,仁宗明道二年六月。
② (宋)李焘:《续资治通鉴长编》卷一七一,仁宗皇祐三年十一月。

言，又有多少能为统治者所采纳呢?! 因此，江淮漕粮的增加，一方面是这一地区生产发展的结果，另一方面，也是统治者对人民加重征掠的反映。固然史书中有不少关于皇帝减免江淮租税的记载，但同样也可看到对漕粮征收催逼迫交的记载，如熙宁七年(1074 年)十月，由于"今岁江、淮上供粮实至京师者，比元额不及三分之一……不预处置，虑耗岁额，或致阙乏。宜督张颉奏事讫，速还本任，计置来年元额"①。除命令张颉速还本任，筹措漕粮外，次年，又"诏三司选官往江淮发运司趣上供粮纲，令张颉具滞留因依以闻。己巳，三司言:'乞责发运司漕今岁上供及积欠，须及六百万石'，从之"②。

其实，即使灾荒之年朝廷对漕粮数有所减免，却仍是以皇帝赏赐的名义"赐"与百姓。如熙宁八年(1075 年)二月，江淮受灾，神宗赐"江南东路上供米三万石，均给灾伤州军"。③ 熙宁十年(1077 年)六月，三司上言:"江、淮等路灾伤，发运司未运上供粮三百五十余万石，欲下本司相度，如计置不行，权许折变见钱，毋过百万石，限今年十月以前至京省司收籴，以备军储。"④

从三司所言可见，此年因灾伤，江淮漕粮缺少上供米达三百五十余万石，但朝廷仍以折变的形式征收现钱，而神宗予以批准。

熙宁十年(1077 年)，淮、浙发生饥荒，"诏出本界上供米，损市价籴，以活饥民"。发运副使卢秉为此上言说:米价虽贱，但贫者终无能力购米，因此，他"请偿籴本"，尽以其余的米无偿赈恤流民。获得神宗批准。神宗曾在发运使"奏计"时问卢秉:听说江南有的民众无粮而食蝗虫以求生，有这种事吗? 卢秉以实相答说:"民饥甚，死者相枕籍。"神宗听后惨然，"赐上供米赈济饥民"。

此外，为了保证漕路的畅通，统治者还经常征发江淮地区的民众修治河道，加重了人民的负担。如八年，判扬州陈升之言:"真、扬等州开河用工四百余万，传闻今冬先役兵夫。缘淮南苦寒，或值雨雪，必多死亡，乞候至正月役兵，二月兴民夫。"⑤神宗采纳了陈之升的建议，下诏令，将开淘真、扬、楚、通、泰等州运河之事推迟，"相度施行"，等待来年春暖时再调发民夫施工。

另外，漕粮运输船的建造，亦是一项负担，耗费民力不少。

元丰六年(1083 年)，三门白波辇运司向皇上乞求借江淮发运司四百料平底船三百只，"运榷场盐货、赏茶等至汜水，以本司船运赴河北"。神宗同意，下诏说:"应副榷场物，至为重事，若有亏欠，或启戎心。上降朝旨，取拨无期，可选差使臣于发

① (宋)李焘:《续资治通鉴长编》卷二五七，神宗熙宁七年十月。
② (宋)李焘:《续资治通鉴长编》卷二六四，神宗熙宁八年五月。
③ (宋)李焘:《续资治通鉴长编》卷二五九，神宗熙宁八年二月。
④ (宋)李焘:《续资治通鉴长编》卷二八三，神宗熙宁十年六月。
⑤ (宋)李焘:《续资治通鉴长编》卷二七一，神宗熙宁八年十二月。

运司计会,限十日差拨。"

　　神宗指出,供应北方契丹榷场盐货之事务,关系重大,必须保障,否则会引起契丹的不满,即"或启戎心",他命令江淮发运司十日内调三百只船给白波辇运司。但是江淮发运副使蒋之奇上言说:"汴纲船岁额千七百余艘,近准诏减数,止造七百四十八,以所减工料价钱封桩。本司岁运军储六百二十万石,而止用七百余艘,风水抛失,尚忧不足;兼已有旨许免朝省别司借发,虽有申请,许执奏不与之法。若更分拨与白波辇运司,即本司大计必致妨误,乞免借拨。"[1]从蒋之奇所言不难看出,江淮岁额的纲船,正常应有一千七百多只,修造这些船只,对江淮人民来说,应是不小的一个负担。

　　　　　　　　　　(原刊《江南地域文化的历史演进文集》,三联书店 2013 年 5 月版)

---

① (宋)李焘:《续资治通鉴长编》卷三三三,神宗元丰六年二月。

北宋东京蔬菜种植土地分布影响因素考察

宋代是中国历史上城市发展最快的时期之一。近年来,宋代城市史研究取得了很大的成绩。学界注意从多角度关注宋代城市史的相关问题,①但目前对于宋代城市的土地利用问题,学界尚少关注。

一般来说,城市周边区位优势明显。作为城乡经济的结合体,其经济具有典型的二元特点,农产品的生产供应直接适应和影响着城市市场的消费状况。生产与消费、城市与农村在此实现衔接与过渡。然而,蔬菜种植土地为何向城市周边扩展却缺乏微观分析。②

本文以北宋东京为例,对影响蔬菜土地分布的因素进行综合分析,以期揭示这一现象背后隐含的社会背景。

一

北宋初期,东京分布有大量的蔬菜种植土地,如:

太平兴国初,[张美]来朝,改左骁卫上将军。[张]美献都城西河曲湾果园

---

① [日]加藤繁:《宋代城市的发展》,《中国经济史考证》第一卷,吴杰译,商务印书馆 1959 年版,第 239—277 页。近年关于宋代城市史的研究回顾,有[日]平田茂树:《宋代城市研究的现状与课题》,《中日古代城市研究》,中国社会科学出版社 2004 年版,第 107—124 页;吴松弟:《中国大陆宋代都市史研究回顾(1949—2003)》,《宋史研究通讯》2009 年第 1 期;朱瑞熙、程郁:《宋史研究》,福建人民出版社 2006 年版,第 256—268 页;关于日本学者对开封的研究参看梁建国:《日本学者关于宋代东京研究概况》,《中国史研究动态》2007 年第 4 期。关于开封的城市环境问题,程遂营:《唐宋开封生态环境研究》,中国社会科学出版社 2002 年版;宋代城市种植蔬菜较集中的分析有:漆侠《宋代经济史》(上),上海人民出版社 1987 年版,第 157—161 页;曾雄生:《宋代的城市与农业》对宋代城市蔬菜种植有较详尽的介绍,见姜锡东、李华瑞编:《宋史研究论丛》(第 6 辑),河北大学出版社 2004 年版,第 327—361 页。

② 宋代城郊的发展较为集中的分析,详见梁庚尧:《南宋城市的发展》第四部分,收入氏著《宋代社会经济史论集》上卷,允晨文化实业股份有限公司 1997 年版,第 555—578 页。

二、蔬圃六、亭舍六十余区。①

（大中祥符六年三月）宜春郡主高氏言，蒙恩赐城西蔬圃，望蠲其常租。上曰："租税所以备军须，免之，则后援例者众。"不许。②

以上史料反映，在东京城西，有专门用于蔬菜生产的园圃。其他反映开封府蔬菜土地空间分布的材料还有不少，如《清异录》载：

汴老圃纪生，一锄苊（庇）三十口。病笃，呼子孙戒曰："此二十亩地，便是青铜海也"。③

同书又载：

王爽善营度，子孙不许仕宦，每年止种火苗玉乳萝卜、壶城马面菘，可致千缗。④

今开封繁塔内太平兴国年间的石刻也记载：

菜园王柞施菠棱汗把，萝卜贰拾考老。⑤

上述反映城西蔬菜种植的史料，时间为"太平兴国初"和大中祥符六年（1013年）。而《清异录》所载则多为唐五代宋初时人与事，⑥繁塔石刻亦为宋初所记。由此可见，北宋初年东京的蔬菜种植还是很普遍的。

随着五代末年至北宋初期城市发展，东京的土地已出现紧张情况。后周显德二年（955年），周世宗颁布扩建东京外城诏，其中就已有"诸卫军营，或多窄狭；百司公署，无处兴修；坊市之中，邸店有限；工商外至，络绎无穷；僦赁之资，增添不定；贫乏之户，供办实难"的说法，⑦反映了东京城区的狭小。此诏颁布以后，后周政府扩建东京外城、疏通对外水上交通，实行奖励居民沿汴建立邸店的政策，加上北宋初期继续推行这一政策，使得东京人口急剧增加。太宗真宗时期，东京土地供应的紧张局面已初露端倪。王禹偁（954—1001年）曾说"重城之中，双阙之下，尺地寸土，与金同价，其来旧矣"⑧。而与王禹偁有着儿女亲家的张咏（946—1015年）也有

① （元）脱脱等：《宋史》卷二五九，《张美传》，中华书局1985年版，第8998页。

② （宋）李焘：《续资治通鉴长编》（以下称《长编》）卷八〇，大中祥符六年三月壬辰条，中华书局2004年版，第1819页。着重点为笔者所加。

③ （宋）陶谷：《清异录》卷上，《地理门·青铜海》，第17页。

④ 《清异录》卷上《蔬菜门·玉乳萝卜》，第47页。

⑤ 现存今开封繁塔内太平兴国年间的石刻记载。"考老"，即栲栳，一种筐。转引自周宝珠：《清明上河图与清明上河学》，河南大学出版社1997年版，第53页。

⑥ 《清异录》世传作者陶谷（903—970年），《宋史》卷二六九有传，然《清异录》作者是否为陶谷早有争议，详见《全宋笔记》第一编第二册该书《点校说明》，大象出版社2003年版，第3—4页。

⑦ （宋）王溥：《五代会要》卷二六，《城郭》，上海古籍出版社1978年版，第417页。

⑧ （宋）王禹偁：《小畜集》卷一六，《李氏园亭记》，四部丛刊初编本。此文作于淳化元年（990年）九月。

"大梁天帝之都,亩地千锱,一庐十金"的感慨。① 这都反映了随着城市经济的发展,东京土地价格出现日益上涨的趋势,土地供应的紧张,已为世人所瞩目。

在这样的背景下,关于城区蔬菜种植土地的记载相对减少,反映了北宋初期以来,东京由于城市建设的发展,蔬菜土地被挤占的趋势。

形成这种情况,原因是多方面的:

其一,权势人家修建宅邸时的挤占。东京作为帝都,大量权势人家的存在是显而易见的,赵普即"以隙地私易尚食蔬圃以广其居"②。而几与北宋时间绵延始终的皇帝大量的赐宠臣以园宅,也造成了城区土地资源供应的紧张,以下是依据《宋会要辑稿·方域》的记载整理出的北宋皇帝在东京赐宅列表:

表一　北宋皇帝赐大臣东京住宅次数表③

皇帝	太祖	太宗	真宗	仁宗	神宗	哲宗	徽宗
次数/人	5/13	14/19	7/9	4/4	5/5	2/2	6/6

从以上统计可见,太宗、真宗时期(976—1022 年),是北宋皇帝赐宅的高峰期,这与东京城市经济发展,土地供应紧张的局面,基本是同步的。

其二,寺院的修建,也使得蔬菜种植土地面积缩小,这在北宋初期表现尤其明显:

> 五代时,有僧某卓庵道边,艺蔬丐钱。一日昼寝,梦一金色黄龙,食所艺莴苣数畦。僧寤惊,且曰:"必有异人至。"已而见一伟丈夫,于所梦之所取莴苣食之。僧视其状貌凛然,遂摄衣延之,馈食甚勤。顷刻告去,僧嘱之曰:"富贵无相忘。"因以所梦告之,且曰:"公他日得志,愿为老僧只于此地建一大寺。"伟丈夫乃艺祖也。既即位,求其僧,尚存。遂命建寺赐名普安,都人称为道者院。④

> 崇真资圣禅院市蔬扰人,丁丑,诏以蔬圃赐之。⑤

> (景祐)二年九月七日,崇因院普安郡主尼法护言:"宣化门收买果园地,迁葬故父苏王及母亲,续买菜园四所,展本院墙园,乞免逐年夏税。"[诏]开封府据园地土与免税,所有菜园等许令依旧佃莳,即不得一例放免税赋⑥。

---

① (宋)张咏:《张乖崖集》卷八,《春日宴李氏林亭记》,中华书局 2000 年版,第 84 页。

② (元)脱脱等:《宋史》卷二五六,《赵普传》,第 8931 页。

③ (清)徐松:《宋会要辑稿》方域四之二二至二五,中华书局 1957 年版,第 7381—7382 页。其中,太宗始以"四年九月",据上下文意,应为太平兴国四年(979 年);真宗"(大中祥符)六年八月,赐王继忠诸子天波门外官第一区。"按:王继忠在宋时有子四人,见《宋史》卷二七九,《王继忠传》,第 9472 页。但仅赐宅一区,故本文视为一人。

④ (宋)周辉:《清波杂志校注》卷一,《普安院》,刘永翔校注,中华书局 1997 年版,第 6 页。

⑤ (宋)李焘:《续资治通鉴长编》卷七六,大中祥符四年七月丁丑条,第 1728 页。

⑥ (清)徐松:《宋会要辑稿》食货一七之二三,第 5095 页。

前条史料中的道者院，据《汴京遗迹志》记载，在郑门外五里。① 郑门是位于东京里城西南的一个城门。太祖将东京里城郑门外的菜地赐予对自己有旧恩的僧某，并建为寺院。第二条史料提到的崇真资圣禅院有二：一为在新并州城内，天禧五年（1021年）筹建，至仁宗天圣（1023—1032年）初成；一为太宗第七女陈国长公主出家后，大中祥符二年九月入居之寺院。该寺院初在建初坊，后徙城西隆安坊。② 据史料记载，建初坊在旧城左军第二坊，而隆安坊在新城城西厢，③比较真切的反映了真宗时期寺院对城西蔬圃的挤占。后条史料中苏王，是镇恭懿王赵元偓，④其女作为宗女出家并购买了菜园以"展本院墙园"。这块土地是否仍为菜园虽不能确知，但成为寺院财产应是情理之中。这都反映了寺院对东京城中蔬菜土地的侵占。

其三，东京城市居民与驻军的增加，也使城中蔬菜种植土地的布局发生改变。

根据史料从空间分布的意义上细细分析，我们可以发现，北宋都城的蔬菜土地分布，相对集中于东京城西。那么当时东京城西的土地占有是一种什么状况呢？我们首先从居民居住状况分析。

关于东京居民的户数，依据《宋会要》的记载，可列为表二：

表二　天禧五年(1021 年)开封府城 10 厢户数⑤

厢	坊数	户数	平均每坊户数
左军第一厢	20	约 8 950 户	447
左军第二厢	16	约 15 900 户	994
右军第一厢	8	约 7 000 户	875
右军第二厢	2	约 700 户	350
城东左军厢	9	约 26 800 户	2 978
城南左军厢	7	约 8 200 户	1 171
城南右军厢	13	约 9 800 户	753
城西右军厢	26	约 8 500 户	327
城北右军厢	11	约 7 900 户	718

① (明)李濂：《汴京遗迹志》卷一一，周宝珠、程民生点校，中华书局 1999 年版，第 188 页。
② (清)徐松：《宋会要辑稿》道释二之一四，第 7895 页。
③ 建初坊，《宋会要辑稿》方域一之一二原阙，据(宋)王瓘《北道刊误志》补，丛书集成初编本，中华书局 1985 年，第 3 页；隆安坊位置据《宋会要辑稿》方域一之一二，《东京杂录》，第 7324 页。
④ 赵元偓(977—1018 年)，宋太宗六子。据《宋史》卷二四五《宗室二》本传，历封彭城郡王、宁王、相王、徐王、邓王、密王、苏王(本传作"王苏")、韩王，第 8702—8703 页。
⑤ 据《宋会要辑稿》兵三之三至四所制，第 6803 页。开封城具体坊名称考订，可参看周宝珠：《宋代开封研究》，河南大学出版社 1992 年版，第 75—77 页。

厢	坊数	户数	平均每坊户数
城北左军厢	9	约 4 000 户	444
共计	121	约 97 750 户	807

据上表,东京城内厢坊的分布,大致反映如下图 1:

东京城内厢坊分布图①

从上表与图反映的情况可见,城西的右二厢和城西右厢的坊数与编户数,远远少于城东左二厢和城东左厢。同时,这里还分布有大量官署:"右掖门里西去乃天章、宝文等阁。宫城至北廊的百余丈。入门东去街北廊乃枢密院,次中书省,次都堂,次门下省,次大庆殿。"②这是内城的情况。

此外是军队的驻扎。由于北宋实行内外相制的军队部署原则,因此直到宋神宗以前,东京城内外都部署有大量军队,据学者分析,这些禁军军营一般都分布在城内西部。③ 宋初东京菜地也位于城西,两相印证不难推测,禁军军营在一定程度

①　本图摘自李合群:《北宋东京布局研究》,郑州大学博士论文,2005 年版,第 72 页。

②　(宋)孟元老:《东京梦华录》卷一,《大内》,邓之诚注,中华书局 1982 年版,第 31 页。

③　杨宽先生提出里城西北部的右二厢"是军营所在地",见氏著《中国古代都城制度史》,上海古籍出版社 1993 年,第 298 页。[日]入矢义高、梅原郁译注《东京梦华录》中,《开封内城扩大图》中西华门外标有"殿前司军营",而从大内通向西部梁门的北踊路之旁"有殿前司",分见平凡社 1996 年版,第 64 页、104 页。[日]久保田和男、郭万平译:《宋代开封研究》第六章《城内的东部与西部》中,以上元观灯结合禁军日落后不得外出及宋太祖对禁军统治策略(主要是物资供应角度)等角度证明了禁军在开封城西的广泛分布,上海古籍出版社 2010 年版,第 149—162 页。

上挤占了有限的空间,使城西的蔬菜土地面积减少。

关于北宋历代皇帝在位时期东京禁军数量变化的情况,日中学者从不同角度进行过对比分析(见表三):

表三 北宋禁军指挥数/总兵力在京变化表[①]

	太祖	太宗	真宗	仁宗	英宗	神宗	
久保田和男 (单位:指挥)	217	425	428	451	427	288	278
程民生 (单位:人数)	约10万	约17万	至少20万	一般为40万	约30万	94 400	约10万

从上表可见,太宗到英宗四朝,宋朝在京的兵力数量是相当庞大的。此外,相关史料也揭示出东京军营开始向城外扩张的趋势:

> (大中祥符)二年三月九日,开封府言:"准诏,以都城之外人户、军营甚多,相度合置厢虞侯管辖。"从之。仍诏:"……又增度置厢九。"[②]

而大中祥符七年(1014年)六月有"诸军营在新城外者"之令及同年八月"城门外军营"之诏,都反映出真宗朝东京大量军营扩展的情况。[③] 这自然会影响到城市土地空间的布局。

大量军队驻扎京师,必然涉及到在什么地方驻扎的问题。北宋在京师内驻扎禁军,其驻扎地是经过谨慎选择的,所谓"宋朝置禁旅于京师,处则谨守卫,出则捍边境,故择诸爽垲,列屯相望"。[④] 而东京城西部地势相对较高,选择在城西部驻扎,也正是这一选择原则的具体体现。[⑤]

据久保田和男先生的研究和推测,宋太宗以后,军营开始溢出城外。[⑥] 而这正与宋代初期以后东京的蔬菜土地见之于文献记载渐少的时段相吻合。可以想见,自

---

① 神宗朝所分两期为熙宁(1068—1077年)、元丰(1078—1085年)。其中久保田先生罗列北宋诸朝禁军指挥数的变迁,见《宋代开封研究》,第61页表1"在京"行;程民生先生是考订了京城禁军人数上的变迁,见《宋代兵力部署考察》,《史学集刊》2009年第5期。较集中记载北宋时禁军兵力的史籍为《文献通考》卷一五二、一五三《兵考》四、五,及《宋史》卷一八七《兵志一》等。太祖、太宗时进军兵力根据开宝、至道禁军马步兵力总数取其大概。另:斯波义信先生据宋代诸史料整理了北宋时兵员数变化表,见氏著《宋代江南经济史研究》,江苏人民出版社2001年版,第258—259页。

② (清)徐松:《宋会要辑稿》方域一之一二至一三,第7324—7325页。

③ (宋)李焘:《续资治通鉴长编》卷八二,大中祥符七年六月戊辰条,第1881页;(清)徐松:《宋会要辑稿》兵六之一三,第6861页。

④ (清)徐松:《宋会要辑稿》兵六之一六,第6862页。宋朝,按当时诏令必不自称"宋朝",疑为"本朝"之误。爽垲,高爽干燥,《左传·昭公三年》中有杜注曰:"爽,明;垲,燥"。

⑤ 关于唐宋开封地形,参看程遂营:《唐宋开封生态环境研究》,第80—85页。

⑥ 〔日〕久保田:《宋代开封研究》,第108页。

太宗时期开始到真宗朝前后京师驻军军营的增加,导致军营溢出城外,而军营又相对集中分布在东京城西,某种程度上影响了蔬菜土地在东京城西的分布,这与文献所反映的宋初东京城西蔬菜土地在时间与空间上分布的减少,存在着某种程度的关联。

二

仁宗时期,宋庠针对"玉津、瑞圣诸园,旧有隙地"的情况,上奏皇帝:

> 异时主者恳(垦)为公田,岁藉其收,以备常用。于苑中择上腴之地,播五谷之种,谨耘耔之勤,慎登获之勤,每春种秋敛之。……至于果蔬之细,皆须苑圃之植,外尽庶物,内将至诚,达其令芳,以介福禄……[1]

玉津、瑞圣二园与另外琼林、宜春二园,皆属宋朝廷的四园苑。关于四园苑,史载其作用为"掌种植蔬蒔,以待供进修饬亭宇以备游幸宴设"。[2] 皇家园苑种植的五谷果蔬,主要为荐新祭祀用物,这样的规定,主要是出于现实需要的考虑。景祐二年(1035 年),宋朝廷将荐新物品定为 28 种,主要来自市场的购买,其中蔬菜有韭、菘、笋、瓜、芡、茭笋、薯蕷等。[3] 但这些蔬菜果蔬等,由于时间的关系,经常出现损败的现象,如皇祐三年(1051 年),太常寺王洙言:"每内降新物,有司皆择吉日,至涉三四日,而物已损败。"[4]再如,元丰元年(1078 年),宗正寺奏:"据太常寺报,选日荐新兔、薯蕷、栗黄。今三物久鬻于市,而庙犹未荐,颇违礼意。"[5]用已损败的物品来荐新,显然是有违礼制的,为了确保新鲜,元丰七年(1084 年),诏:"旧制,荐新米麦之属,皆取于市,今后宜令玉津、琼林、宜春、瑞圣诸园及金明池后苑供具,其所无者,乃索之杂买务。"[6]到徽宗时立冬前五日需"西御园进冬菜",[7]可见,此时皇家

---

① (宋)宋庠:《元宪集》卷三一,《乞于御苑空地内种植奉祠祭劄子》,影印文渊阁《四库全书》本,上海古籍出版社 1987 年版,第 645 页上。

② (元)脱脱等:《宋史》卷一六五,《职官五·司农寺》,第 3905 页。属司农寺管辖,据《宋会要辑稿》职官二六之二至三载,其前先后隶属三司、提举司,第 2920—2921 页。关于北宋东京四园苑,《宋会要辑稿》方域三之一○至一一以玉津、琼林、宜春、瑞圣为四园苑,(宋)杨侃《皇畿赋》亦然,见《宋文鉴》卷二,中华书局 1992 年版,第 24—25 页。而(宋)叶梦得《石林燕语》卷一载:"琼林苑、金明池、宜春苑、玉津园谓之四园",中华书局 1984 年版,第 4 页。

③ (元)脱脱等:《宋史》卷一○八,《礼十一·荐新》,第 2602 页。《宋会要辑稿》礼一七之八六亦为 28 种,第 726 页。然《续资治通鉴长编》卷一一六 2726 页景祐二年四月己未条却载 26 种。

④ (宋)李焘:《续资治通鉴长编》卷一七○,皇祐三年六月壬辰条,第 4093 页。

⑤ (元)脱脱等:《宋史》卷一○八,《礼十一·荐新》,第 2603 页。

⑥ (元)马端临:《文献通考》卷九八,《宗庙考八·祭祀时享》,中华书局 1986 年版,第 892 页。杂买务,前身为市买司,是专管采购宫廷消费物资的机构,太平兴国四年(979 年)十二月改(见《续资治通鉴长编》卷二○)。其渊源设废参见《事物纪原》卷七,《库务职局部》,第 165 页。李晓先生对其有全面分析,见《宋朝政府购买制度研究》,上海人民出版社 2007 年版,第 138—142 页。

⑦ (宋)孟元老:《东京梦华录》卷九,《立冬》,第 62 页。按宜春苑有二,其中西御园"在固子门(金耀门俗名,开封西门,笔者注)外",见(明)李濂《汴京遗迹志》卷八,《苑》,第 126 页。

园苑中仍有蔬菜种植的痕迹。

稍前的元丰二年(1079年),神宗下诏,为符合古制,于京城东南划出千一百亩土地作为籍田,设置籍田令一员(由郊社令辛公佑兼任),将先农坛迁入其中,在东南角建神仓,选拔士兵中有农事知识的人为籍田兵。同时,辛公佑请求在旧𬭚麦殿规地为田,引蔡河水灌溉其中,并种植果树蔬菜。籍田上还修建了用于耕作人居住的房舍和牲口棚。[①]

天子籍田之制,始于周朝。春秋战国时,确立天子籍田千亩、诸侯百亩之制,并确定了天子籍田在京城南郊,诸侯籍田在都邑东郊的礼制传统。从历史发展来看,汉文帝是第一位行耕籍田礼的皇帝,但两汉时期籍田的位置并不固定,至晋武帝时对籍田地点做了明确规定。同时,就宋代以前诸朝籍田所处地可见,籍田所处位置或东或南。[②] 延至宋初,统治者继承了唐代的做法,将籍田设于东郊,宋太宗曾亲耕籍田以劝农。[③] 但到神宗时改革祖宗之制,[④]在东京城东南创设籍田,或是对《周礼》的尊崇而进行的复古,而这似可从神宗时变法派对周礼的援引看出端倪。[⑤] 布局都城东南的籍田,是对礼制的追求,反映了影响蔬菜土地分布的礼制和思想因素。

三

小农供应城市成为北宋晚期缓解京城蔬菜食用短缺的手段之一,尤其是秋冬季节。这或许从一些见载于《东京梦华录》的蔬菜可略窥端倪:

(1)十二月,街市尽卖撒佛花、韭黄、生菜、兰芽、勃荷、胡桃、泽州饧。

(2)是月(七月)……鸡头上市,则梁门里李和家最盛。中贵戚里,取索供卖。内中泛索,金合络绎。士庶买之,一裹十文。用小新荷叶包,糁以麝香,红小索儿系之。卖者虽多,不及李和一色拣银皮子嫩者货之。

(3)是月(六月)时物,巷陌路口,桥门市井,皆卖大小米水饭……义塘甜瓜。

---

① 参看(宋)李焘:《续资治通鉴长编》卷三〇〇,元丰二年十月癸卯"详定礼文"条,第7309页;《宋史》卷一〇二,《礼五·籍田》,第2490页。

② 关于籍田记载亦可参看(唐)杜佑:《通典》卷四六,《礼六·籍田》,中华书局1988年版,第1284—1287页。

③ (宋)李焘:《续资治通鉴长编》卷二九,端拱元年正月乙亥条,第646页。从太宗话语中可以判断,籍田也确有千亩之数。

④ 关于神宗对祖宗法度变革的讨论,叶坦先生的论点颇具启发意义,详参《评宋神宗的改革理想与实践》,《晋阳学刊》1991年第2期。

⑤ 《续资治通鉴长编》同日记有"详定朝会御殿仪注所言",内含对《周礼》《礼记》的援引,见《续资治通鉴长编》卷三〇〇,元丰二年十月癸卯条,第7308页。

（4）是月（四月）茄瓠初出上市，东华门争先供进，一对可直三五十千者。①

细究史料，可以发现：史料（1）中的"韭黄"见于宋元农书典籍。②北宋中期梅尧臣（1002—1060年）的诗《闻卖韭黄蓼甲》就描写了当时汴京卖韭黄的情景，诗云："百物种未活，初逢卖菜人。乃知粪土暖，能发萌芽春。柔美已先荐，阳和非不均。芹根守天性，憔悴涧之滨"。③这种技术的运用可以弥补冬季蔬菜供应短缺。

史料（2）中有明确的鸡头上市时间及价格。欧阳修（1007—1072年）曾有诗云："六月京师暑雨多，夜夜南风吹芡嘴。凝祥池锁会灵园，仆射荒陂安可拟。（自注：京师卖五岳宫及郑州鸡头最为佳。）争先园客采新苞，剖蚌得珠从海底。都城百物贵新鲜，厥价难酬与珠比。"④诗中反映了六月就有鸡头上市，这大概诚如诗句"都城百物贵新鲜"所指。反映了郑州的鸡头在东京市场上有所贩卖。

史料（3）中提到的"义塘甜瓜"在《墨庄漫录》中也有"襄邑义塘村，出一种瓜，大者如拳。破之，色如黛，味甘如蜜，余瓜莫及。顷岁贡之"的记载⑤。襄邑则在开封府周边，汴河之畔。

史料（4）北宋时，茄子的品种大大增加。仅《本草图经》中就有紫茄、黄茄、青水茄、白茄、黄茄、苦茄、藤茄等数种，⑥到北宋末的《本草衍义》的记载说：圃人又植于暖处，厚加粪壤，遂于小满前后，求贵价以售。⑦小满前后与四月初八时间大体一致，可见较早出产的茄子的抢手。

通过以上文史互证方法的考察，可以发现《东京梦华录》中出现的一些菜蔬品种，在北宋晚期之前已出现于京城周边地区，分布范围较宋初广泛。

普遍认为以东京东南城郊为背景的《清明上河图》，是反映北宋末年社会的著名风俗画，画面中也有一些蔬菜种植情况的描绘。如从图中可以看到在即将进入市区的大道旁，有一堵土墙，墙内是整齐的田园。这里的田园分成许多长条形的田

---

① 分见（宋）孟元老：《东京梦华录》卷一○，《十二月》，第249页；卷八《立秋》，第213—214页；同卷《是月巷陌杂卖》，第207页；同卷《四月八日》，第202页。

② （元）王祯《农书》指出这是宋元时北方冬天常用技术，见《东鲁王氏农书》卷八《百谷谱集之三》，上海古籍出版社1994年版，第539页。

③ （宋）梅尧臣：《宛陵文集》卷一一。据朱东润先生《梅尧臣集编年校注》研究，此诗写于仁宗庆历五年（1045年），上海古籍出版社1980年版，第269页。这首诗之前两首诗中有"相国寺"、"都人"和"王城"，或可表明卖韭黄的地方当在北宋东京。

④ （宋）欧阳修：《欧阳修全集》卷九，《初食鸡头有感》，中华书局2001年版，第141页。本诗作于嘉祐六年（1061年）。

⑤ （宋）张邦基：《墨庄漫录》卷二，《襄邑义塘村瓜》，中华书局2002年版，第65页。

⑥ （宋）唐慎微著，尚志钧等校点：《证类本草》卷二九，《菜部下品》引《本草图经》，华夏出版社1993年版，第630页。

⑦ （宋）唐慎微著，尚志钧等校点：《证类本草》卷二九，《菜部下品》引《本草衍义》，第630页。尚志钧点校本与四库本有异。

畦,非常规整。两排田畦中间,有灌溉用的水沟,在一大片田畦内,有一口圆形井,井上架着施萨,拢沟内有水正在流向田畦。田畦内,有的已生长着密麻的幼芽,有的种子可能还未出土。一个农夫可能是灌罢田畦,顺便挑了一担水,正向茅屋走去。茅屋旁和田畦中,各有一副浅筐,像是施肥或卖东西用的。[①] 相比于宋初城西的蔬菜土地分布,宋末位于东京城东南郊区的蔬菜种植也是另有一番风情。

不管是文献记载,还是图画描绘,史料都反映了北宋中后期以后,随着城市的扩大,商品经济的发展,蔬菜土地的分布较宋初,已远离城市中心地带,反映了影响蔬菜土地分布的商品经济因素。

四

综合以上所论可见,由于中国固有的以农业立国的传统,使得在古代传统城市的诸多经济因素中,小农经济仍占很大比重,宋代的城市蔬菜种植就是显例。

但细检北宋东京蔬菜种植的史料也可以发现,东京城市的蔬菜土地分布,与当时的社会、经济、军事政策等因素,都有密切关联。随着东京城市商业的兴盛和人口的增加,城市土地资源的紧缺,成为时人必须面对的问题。[②] 蔬菜相比于其他农作物,更加便于直接满足城市居民的日常消费需求。同时蔬菜土地相比于种植粮食的土地,也更容易在城市(包括城市周边和内部)分布。由于蔬菜是副食品,种植无需很高的技术条件,使得蔬菜土地分布较不稳定。它的分布受到各种具体因素的影响,这既是社会经济文化综合作用的结果,也是城市复合作用的体现,作为政治中心的都城的东京尤其如此。

当然,作为都城,东京有其不同于其他城市的特殊性,我们在分析其城市蔬菜供应和蔬菜土地的分布时,应当考虑到其政治地位的特殊性和狭隘性一面,但相对于其他城市,史料的相对集中与丰富,同样也可以为我们研究与宋代城市蔬菜种植相关的普遍性问题及其广阔的社会变迁意义和变化趋势,提供一个范例。

通过以上研究可见,影响宋代城市蔬菜土地分布的因素很多,包括城市基本建设、宅邸修建、寺院拓占、禁军驻军、礼制思想影响、商品经济发展等多种因素。而各种因素之间,相互交织,综合影响,反映了土地分布动态的复杂的变化过程。这些因素,不能只简单地归于商品经济的发展,而且城市种植蔬菜的土地面积,也并不是可以用"必然地扩大"这一过去较为笼统的结论来加以归纳的。

---

① 周宝珠:《清明上河图与清明上河学》,河南大学出版社1997年版,第52页。
② 关于中外学者对开封人口的研究及评述,可参看包伟民:《意象与现实:宋代城市等级刍议》,《史学月刊》2010年第1期,第34—35页。

同时,通过对宋代城市蔬菜土地分布这一具体实例的分析,也进一步说明,对史料进行竭泽而渔式的广泛搜集,进而"依靠微观分析来积累材料、提供思路和实证观点",运用"微观分析和宏观考察相结合的方法"来进行分析,是中国古代经济史研究不断深入的必由之路。[1]

(原刊《中国社会经济史研究》,合作者:王淳航)

---

① 吴承明:《多视角看历史:地域经济史研究的新方向》,刊李伯重编:《江南的城市工业与地方文化·序》,清华大学出版社 2004 年版。

历史视野下江苏的率先发展

进入新世纪以来,以科学发展观引领"两个率先"的江苏,正在向着全面建成更高水平小康社会、开启基本实现现代化的新征程阔步前行。省委书记罗志军同志说:"率先全面建成小康社会、率先基本实现现代化,是中央对江苏的期望,也是江苏对全国的承诺。"

从历史的角度来看,江苏地区较之其他地区实现率先发展,是有先例的,是完全有可能的。

按照辩证唯物主义的观点,事物的发展,平衡是相对的,不平衡是绝对的。同样按历史唯物主义的观点来看,历史上各地区之间,国家之间,其社会经济与文化的发展也不会是齐头并进的,总是有先有后,有率先发展的。有稍后发展的,也有比较落后的。一个地区、一个国家能不能实现率先发展,主要取决于一定的历史条件与人的主观能动性,取决于能不能很好的认识客观规律,抓住机遇,接受历史的挑战,能不能敢不敢为天下之先。著名历史学家汤因比将历史上文明的发展与衰落,归因于挑战与应战。

这里笔者重点从唐宋时期江淮地区的发展,谈谈江苏历史上的率先发展问题。

中国历史的发展,从文明起源角度来看,尽管是多元一体,在黄河流域、长江流域、珠江流域及至北到辽河流域,都发现了中国人类文化遗存,但三代时期,文明的主要中心毕竟是在黄河流域,这是不争的历史事实。秦汉之际,江南之地尚是"火耕水耨"、人口稀少、有待开发的落后之地。三国鼎立,孙氏割据江东,建立东吴政权,随后又历东晋、宋、齐、梁、陈,六朝先后在江南近四百年的经营,江南经济得以迅速发展。然而,直至唐朝中叶,中国政治、经济重心仍在以河北、河南、山东、关中为重心的北方地区。所谓"头枕三河(河东、河南、河内),面向草原",是当时中央政府立国的基本态势。

隋朝灭陈,为了防止六朝政治力量的东山再起,隋代统治者有意将金陵城廓夷为平地,隋炀帝长期镇守江淮,以压抑防止江南的东山再起。但是历史的发展不是以人的意志为转移的。到了唐宋时期,出现了新的历史现象,这就是中国经济重心的南移,在此基础上,又出现了文化重心的南移。

唐代凭借着六朝以来数百年持续不断的开发与积累,江南经济、文化与社会,进一步繁荣与发展,特别是安史之乱以后,中国经济文化重心实现了南移,江南地区实现了率先发展。这一重大变化对中国后来的历史发展,产生了深远而有重大意义的影响。

唐代中后期江南的发展,首先表现在经济方面。在农业上,唐代江南地区大体形成了江东、成都、江西、湖南、福建等几个重要的经济区域,这些区域农业生产力有了较快发展。中唐以后南方的农田水利工程已远超过北方,唐代最先进的耕犁曲辕犁首先出现在江东并在南方地区推广,长江流域普遍采用了水稻插秧技术,稻麦轮作复种制也在先进的农业区推广。长江流域的粮食产量空前增加,茶业、盐业、粮食加工业等相关的产业也有了超迈前代的发展。中唐以后,"天下以江淮为国命",江南地区几乎独立承担了唐中央政府一百多年的财赋供给,这显然是以江南地区经济的快速发展为基础的。

城市的发展也是唐代江南发展的又一表现:江南城市布局的密集程度越来越高,城市经济功能不断增强,城市服务型行业快速发展,市场商品经济普遍繁荣。江南地区在中国与世界的交往中的影响也越来越大,海上对外贸易愈加繁荣。

唐代江南的发展,在政治、军事上的表现也尤为突出。在唐代历次政治改革中,许多改革人士就来自江南。安史之乱后江南军镇的不断涌现,则说明了中央政权对这一地区在军事上的依赖,反映了这一地区政治、军事地位在全国的加强。

随着经济重心的南移,中国文化的重心也在唐代逐步南移。科举制度中曾选拔出来大量江南人才。江南曾云集了北方大量富有才学的文人墨客,如宋之问、孟浩然、王维、张继、李贺、白居易、韦庄、诗圣杜甫、诗仙李白等,他们在江南留下了许多脍炙人口的作品。至于江南本土文士,更是人才济济、钟灵毓秀,如"初唐四杰"之一的骆宾王、"挥毫落纸如云烟"的"草圣"张旭、"醉八仙"之一的贺知章、"忧国忧民同情民间疾苦"的皮日休等等,他们都在唐代江南文化发展史上留下了浓墨重彩。宗教方面,江南成为禅宗诸派荟萃之地,禅宗诸祖师十之八九来自江南,禅宗在江南的发展与兴盛,显示了江南文化的开放性及对新文化的吸收与融合。

宋元时期,是中国社会的一个大变动时期,这个变动可以按有些学者所讲的从唐代说起,称为"唐宋变革"时期,也可以按有的学者所认为的,"宋元时代又是中华文明居于世界领先地位的最后时期"。[①] 今江苏地区,在宋代大体相当于当时习称的江淮地区,但宋代通常的"江淮"概念,还包括今安徽和江西的一部分。宋元时期的江淮地区,与此前的唐代及更早的六朝时期相比较,发生了更大的变化。无论从

①《中国大百科全书·中国历史》二,中国大百科全书出版社1992年4月版,第1012页。

政治、经济、军事、思想文化哪个方面来看,其在全国的作用,都显得较前更为重要,成为中国古代社会后期举足轻重的地区,也成为江苏地区历史上发展最快的时期之一。其实不管怎样划分历史阶段,中唐以来至宋元,中国的社会形态发生了很大的变化,这是一个事实,宋元几百年的变化影响深远。

从宋代生产力发展水平、经济与科学技术、思想文化、文学艺术等各个方面的发展来看,这一时期无疑是一个极为繁荣的历史时期,即使放在当时的世界范围内来看,也处于领先地位。正如史学界研究业已证明的那样,"宋代经济文化多方面的成就,不仅在当时世界上处于领先地位,而且为人类文明做出了重大贡献,产生深远影响"。[①]

从宋元时期的江淮地区来看,相对于其他地区而言,这一地区在这一时期社会经济与文化的率先发展、对后来历史发展的深远影响。主要体现在以下几个方面:

首先,宋元时期江淮地区的发展,使自六朝以来开始的中国经济重心南移的过程,最终完成,使宋元以后中国经济重心南移成为定局,从而奠定了江淮在中国古代社会后期的地位与中国的基本经济格局。

唐代中叶发生安史之乱,河北、山东等地为藩镇所割据,而江南相对安定,经济继续发展。五代十国时期,南唐、吴越等政权统治的江南,经济文化继续快速发展,江南地区开始出现全面超越北方地区经济发展的趋势。至北宋之际,江南成为北宋政府财赋的主要来源之地,靖康之乱后宋廷南迁,江淮地区更成为宋朝廷的根本安身立命之所。此时期宋朝的立国态势已转变成为"头枕东南,面向海洋"了。

此时期江淮地区社会经济的发展,首先得益于北方人口的南迁。人才优势。人口的大量南迁,为江南地区的进一步开发与经济发展,提供了大量人力资源与先进的生产技术,无疑加快了中国经济与文化重心的南移。

此时期江淮地区社会经济的率先发展,还表现为生产力水平的大幅度提高。关于宋代江南农业生产发展的水平问题,是学术界讨论的一个热点。尽管对于宋代出现农业革命的看法,学界有不同的意见,但从"苏、常熟,天下足","苏、湖熟,天下足"等民谚的出现来看,[②]从江南稻产量基本产量单产约在 1.5 宋石以上,3 宋石以下、太湖平原的单产已达 2—3 宋石的情况来看,[③]在宋元之际,江淮的农业经济出现了快速发展应是没有疑义的。从耕作技术来看,此时也已形成精耕细作的传统,复种指数不断提高,土地利用达到极致,而北宋初年从今越南引进的早熟双季稻在江南的推广,促进了粮食产量的提高。

---

① 《中国大百科全书·中国历史》二,第 1012 页。

② (宋)陆游:《渭南文集》卷二〇,《常州奔牛闸记》;薛季宣:《浪语集》卷二八,《策问》。

③ 周春生:《宋元江浙诸郡稻米单产试探》,载《中国社会经济史论丛》,中国社会科学出版社 200 年版;周春生:《论宋代太湖地区农业的发展》,载《中国史研究》1993 年第 3 期,第 45—54 页。

关于漕粮数量,宋代前后期变化颇大。北宋建国初,由于江南大多地区尚未纳入版图,故漕运的范围仅局限于北方地区:"方隅未一,京师储庾仰给惟京西、京东数路而已","年漕不过百余万石"。^① 至宋太祖开宝时,又通过汴河征调淮南漕米数十万石。但总的水平仍不高,漕粮大体维持年运量一百几十万石上下。

北宋统一江南后,东南漕运大增,"岁运米四百万石"。太平兴国六年,宋王朝对全国漕粮确定年运量标准,其中"汴河岁运江淮粳米三百万石,豆百万石",相比于"黄河粟五十万石,豆三十万,石惠民河粟四十万石,豆二十万石,广济河粟十二万石,尺五百五十五石"来看,江淮岁运远高于他处。不久,这一定额标准又被日渐增长的东南漕运量所突破。太宗后期,东南漕粮年运量已达六百万石以上。景德四年,宋中央取至道二年到景德二年间东南漕运"十年酌中之数定为年额,上供六百万石,米纲立额始于此"。按正常情况,江淮每年只需漕运到规定额数即可,而丰年多出的漕粮,可折来年数。年景不好漕粮不足时,可以来年再补交。

景德四年,北宋确立的全国漕粮年额为八百万石,其中东南地区六百万石,北方地区二百余万石(黄河八十万;广济河六十二万,惠民河六十万),东南地区占了四分之三。北宋中期以后,北方漕粮常在百万石以下。江淮漕运愈显得重要。

在真宗和仁宗朝一些年份,东南地区上供漕粮曾出现过年运八百万石的记录。^② 而熙宁七年又出现了"江淮上供谷至京者,三分不及一"的现象。而到北宋末,东南漕粮又常降至五百万石左右。虽然如此,北宋时期漕粮中的绝大部分还是来自东南地区六路地区,即淮南路、江南东、西路、荆湖南、北路及两浙路。

东南六路漕粮又有各自相对固定的数量和运送目的地。总的来看,北宋时期漕粮数量,不仅远远超过汉唐时期一年四百万石之数,而且也为明清时期所不及。

从手工业、商业来看,江淮一带的制盐业、造船业、制瓷业、丝织业、冶铁业及茶叶、桑蚕等农副业,也全面发展起来。如北宋的淮盐为三千三百万千克,到了南宋时已经达到了一亿千克左右,增长迅速。再如江淮一带的造船业,多集中在扬州、建康,平江(苏州)等沿江河等,当时建康造船场已能制造用于航海的大船。当时大的战船多由官船场打造。除战船外宋代的船大都是用于交通运输的船。平江的造船业,在南宋时,已掌握利用转轴升降船桅和踏轮激水推动船身前进的技术,锚船方法也有了很大进步。

从赋税的收入来看,自唐中叶安史之乱以后,北方地区为诸藩镇所割据,财赋不入中央,宪宗元和年间虽有短暂天下统一,但为时并不长久。唐后朝中央政府的财赋来源,主要是依赖东南八道,唐《元和国计簿》称,唐中央"每岁县赋入倚办,止

---

① (宋)王曾:《王文正公笔录》,《文渊阁四库全书·小说家类杂事之属》。
② (宋)欧阳修:《欧阳文忠公集》卷二六,《资政殿学士尚书户部侍郎简肃薛公墓志铭》。

于浙西、浙东、宣歙、淮南、江西;鄂岳、福建、湖南等道,合四十州,一百四十四万户"①。唐代的这种情况,一方面是由于南方经济的发展,但在一定程度上也是藩镇割据的形势使然。五代十国时期,南方相对安定,经过五十多年的发展,至北宋灭南唐、并吴越之时,江淮一带已是高度发达的地区,故宋朝建国,经济主要依赖于江浙一带的漕运。宋初曾有过一次关于从汴京迁都西安或洛阳的争论,却由于洛阳政治中心距江南漕路太远而作罢,这也说明了宋代立国已不能不完全依赖江南之经济。

从对外关系来看,唐五代以后,传统的陆路丝绸之路渐渐衰落了,但随着经济重心的南移,航海技术的发达,沿海对外贸易却日益发达起来,北起山东,南至福建、广东,包括江淮沿海一带的对外贸易港口纷纷出现,丝绸、瓷器、铁器等的输出,香料等奢侈品的输入大大增加,进而刺激了江南外向型经济的活跃与发展,这无疑也是宋元时期江淮地区社会经济变化的一个重要方面。

其次,宋元时期,江淮地区一度成为全国的军、政核心地带,其在全国的政治地位日渐提高,举足轻重。

再次,宋元时期,随着经济重心的南移与经济的发展,长期居于北方的中国文化重心,也在南宋之际完成了南移,江淮地区,特别是江浙地区,真正成为中国的人文荟萃之地。

其实,自唐中期以来,江南已成为人才渊薮,至宋元三百多年间,江淮学子求学、应举的热情,在科举考试巨大利益的驱使下空前高涨。江淮读书风气之盛,读书人数之多,史无前例。人称"今吴越闽蜀,家能著书,人知挟册"。② 自北宋景祐二年范仲淹创建苏州府学,各地争相效仿,故有"天下有学自吴郡始"之说。宋时天下书院713个,南方占了682个,占了全国书院的95.7%。③

从科考来看,唐五代以前,科举考试中获状元者主要集中在北方,大体占总数64%,而至北宋,有籍可查的状元68名,其中北方籍35名,南方籍33名,南北处于平衡状态,而到南宋以后历代,南方状元人数大大增加,全国305位状元中,南方有240位,占79%,其中江苏有状元73名,浙江有状元62名,分别占了全国的1/4和1/5。④ 据《吴郡志》卷二八记载:自苏州州学创办以来,终北宋之世,苏州共出进士159名。可见,两宋时期,是中国文化重心南移的关键时期,而江淮无疑起了举足

① (宋)王溥:《唐会要》卷八四,《租税》下。
② (宋)叶适:《水心集》卷九,《汉阳军新修学记》,《文渊阁四库全书·集部别集类》,上海古籍出版社1979年版。
③ 参见王炳照:《中国古代书院》,商务印书馆1998年11月版,第202—203页。
④ 参见《江南通志》卷一一九至一二四,《选举制》;胡兆量等:《中国文化地理概述》,北京大学出版社2006年3月版,第185页。

轻重率先发展的作用。

从唐宋时期各个方面的发展来看,江淮地区出现了经济发展、市井繁荣、人才辈出、文化昌盛、思想活跃、科技发展、对外交流不断扩大、世界影响远被欧亚的发展局面,实现了率先发展,成为中国也是当时世界上最发达的地区之一。南宋以后,"上有天堂,下有苏常"、"上界有天堂,下界有苏杭"已成为广泛流传的民谚。从《马可·波罗游记》所记可以看出,江淮一带在宋元时期的富庶,即使放在世界范围内来看,也是首屈一指的。①

为什么在这一时期出现了这一变化?也就是说在中国封建时代的后半期,出现了江南率先发展的局面?很值得思考,分析起来,原因应是多方面的。除了江南优越的地理自然条件、历史变迁的原因外,主要的还是人才与文化的优势,

江南得天独厚的地理环境和悠远的人文历史影响了江南人的内在气质、思维方式、性格特征,铸造了优秀的江南精神。唐代以来江南地区崇文重教,科名相继,鸿儒巨子,层出不穷。文士的温文尔雅,知书达礼、善思考,重礼性,敢争先、重改革的文化传统与精神,影响及宋元明清,使江南地区历来有群星闪耀的人才优势。因而获得更多的发展机遇,不断推进江南的繁荣,铸就江南历史上发展的一个个辉煌。这一传统至今延续不绝,并且推动了江南地区在改革开放新时期继续独领风骚。

当然历史上的江苏能够在中国后期的历史中始终处于率先发展的原因很多,这是很值得我们现在在实现江苏的两个率先目标时认真总结与深入思考的。

(原刊《唯实》2016 年第 8 期)

---

① 尽管对于马可·波罗是否到过中国曾经有人怀疑,但据杨志玖先生研究,"无论从《行纪》本身的记录,还是中国的有关资料,都有力地证明马可·波罗不仅确实到过中国……而且他所叙述的旅行路线和沿途所见的风土人情、社会经济、战争情况等大都是真实可信的。"见杨志玖:《马可·波罗到过中国》,载《历史研究》1997 年第 3 期。

《通典》评介

在唐代以前中国史学著作的编撰上，长期以来，编年体与纪传体是两种主要的史学体裁。前者以左丘明传《春秋》为代表，后者以司马迁的《史记》为代表。唐代著名的史学评论家刘知几曾在他的传世名著《史通》一书中断言："载笔之体，于斯备矣，后来续作，相与因循，假有改张，变其名目，区域有限，孰能逾此。"[①]在刘知几看来，后来史家，是难以跳出编年、纪传二种史体的樊篱了。

然而，历史似乎是有意与刘知几开玩笑，就在他作出上述断言不久以后的几十年里，一种新的史学体裁——政书体史书出现了。这种新的史体出现的标志，便是杜佑修撰的我国历史上第一部记载历代典章制度的通史——《通典》的产生。

一、杜佑的生平及《通典》的编撰

（一）杜佑的生平

杜佑（735—812 年），字君卿，唐代京兆万年（今陕西西安）人。他是唐中叶著名的政治家和史学家，在政事及学术上都取得了很大成就。在中国历史上，像杜佑这样集政治家与史学家于一身而又取得很大成就的人是极为少见的。

杜佑出生于唐玄宗开元二十三年（735 年）。他的家族，是当时十分著名的京兆大姓城南杜氏。在唐代，虽然门阀制度已不再像六朝时期那样昌盛，然而人们仍十分看重阀阅家世，世家大族特别是一些著姓，在社会上仍有较高的社会地位。唐代曾有这样的谚语流传："城南韦、杜，去天尺五。"有唐一代，城南杜氏家族仅出任宰相的就多达七人，这都说明了杜佑家族显赫的社会地位。

杜佑的远祖，据他自己考述，是西汉御史大夫建平侯杜延年。杜延年在《汉

---

① （唐）刘知己：《史通》卷二，《二体》，贵州人民出版社 1985 年 12 月版，第 28 页。

书》中有传,以明习法律、持论公正而闻名当世。杜延年"家于杜陵,绵历千祀"①。杜佑的曾祖父杜行敏、祖父杜悫、父亲杜希望都曾担任过朝廷命官。特别是杜希望,唐玄宗开元年间,曾任交河公主和亲突厥突骑施判官,天宝年间又出任鄯州都督知留后,身经数十战,屡建功勋。杜希望不仅长于武事,而且"爱重文学",与不少知名文人有交往,门下有不少名重一时的文人学士。如曾写下著名的《黄鹤楼》一诗的崔颢即在他的门下。

生长在这样一个世代官宦、文武兼备的家庭环境里,杜佑自幼便酷爱读书学习,所学"该涉古今,以富国安人之术为己任"。这种良好的学习习惯,他保持了终身,即使后来身为宰相,位极人臣,仍然手不释卷。白日处理公务,"夜则灯下读书,孜孜不怠",这为他编撰《通典》一书,打下了良好的学问基础。

唐玄宗天宝十一年(752年)前后,杜佑18岁,他以"荫补"的身份出仕为官。在唐代,凡父祖曾任高官的,子弟可以不经科举考试而直接出来作官,这称为"荫补"。杜佑先是担任济南参军事,后又担任剡县(浙江嵊县)县丞。不久,他拜访父亲的老朋友润州刺史韦元甫,恰好碰到韦元甫正为一个案件的处理而犹豫不决,韦元甫试探着征询杜佑的意见,杜佑"口对响应,皆得其要"(《新唐书·杜佑传》,本篇引两唐书《杜佑传》均不注),因而大受韦元甫赏识,举荐杜佑担任了润州司法参军,掌管州治的律令刑狱等事。此后10多年里,杜佑随韦元甫任职于浙西、淮南等地,政治经验、社会阅历日益丰富。这为他日后在仕途上应付多变的风云奠定了良好基础。

大历六年(771年),韦元甫在淮南节度使职任上去世,杜佑累官为检校主客员外郎、工部郎中,充江西青苗使。青苗使是专为征收青苗税而设的官职,青苗税则是唐代宗时为补充国用在全国普征的一种田亩税,每亩征钱15文。杜佑出任此职,是他从事经济工作的开始。此后几十年里,杜佑的任职始终与经济工作有关,这对他经世致用思想的形成及《通典》中有关食货内容的撰述有重要影响。

大历十三年,杜佑出任抚州刺史及御史中丞、充容经略使。十四年,杨炎担任宰相,召杜佑入京,历任工部、金部郎中并充水陆转运使,后又改任度支郎中兼和籴使,在更大的范内从事经济工作。建中年间,朝廷内外战事颇多,急需军粮,漕运供给之事,都由杜佑负责。建中二年(781年),杜佑升任户部侍郎、判度支,主管全国的财政工作。为解决河朔用兵、人民贫困、财赋短缺的问题,杜佑向德宗提出精简官员的"省官议",他认为解决财赋困难最好的办法是节省开支,而节省开支最好的办法是精简官员。他指出:"当开元、天宝中,四方无虞,编户九百余万,帑藏丰溢,

① (清)董诰:《全唐文》卷四七七,杜佑《杜城郊居王处士凿山引泉记》,上海古籍出版社1990年版,第2160页。

虽有浮费,不足为忧。今黎苗凋瘵,天下户百三十万,陛下诏使者按比,才得三百万,比天宝三分之一,就中浮寄又五分之二,出赋者已耗,而食之者如旧,安可不革。"杜佑还列举历代官吏的设置与唐代比较,指出官员的冗滥。如军队的将领数量,"古天子有六军,汉前后左右将军四人,今十二卫、神策八军,凡将军六十员。旧名不废,新资日加。"针对有人担心一旦裁官,士人会投靠藩镇的问题,杜佑认为朝廷所裁之人,多非杰出之才,而且藩镇"遇士人如奴",不必担心士人投附藩镇。最后他又强调:"随时立制,遇弊则变,何必因循惮改耶!"杜佑关于精简官员、改革旧制的建议,说明他是具有政治上的远见和进取精神的。但是,他这个建议却受到了宰相卢杞的阻挠,没有被德宗采纳。杜佑也因此被贬为苏州刺史,后又改任饶州刺史。这一年,杜佑47岁,这是他仕宦生涯中遭受的第一次比较重大的打击。

德宗兴元元年(784年),杜佑升任广州刺史兼岭南节度使,任职期间,他"为开大衢,疏析廛閈,以息火灾",有着突出的政绩。德宗贞元三年(787年),杜佑应召入京,担任尚书左丞,不久又出任陕州观察使。贞元五年,杜佑受命担任扬州大都督府长史,充淮南节度使。

扬州是唐朝东方重镇,向有"扬一益二"之称。杜佑在淮南任上任职长达14年,这是杜佑一生中担任地方官最长的一段时间。此间,杜佑经历的重大事件主要是对徐州兵乱的处理。贞元十六年,徐州节度使张建封死,其部下军人叛乱,拥立张建封之子张愔继任节度使一职,并要求朝廷批准。当时德宗有心解决藩镇父子世袭节度使的弊端,不予承认,并诏令杜佑以尚书左仆射、同中书门下平章事的身份,统领徐、泗的官军讨伐叛兵。然而,杜佑"于出师应变非所长",没能完成平息叛军的成命,德宗被迫诏授张愔担任了徐州刺史。又由于杜佑为人过于随和,"于宾僚间依阿无制",致使一些僚属"争权乱政",以至德宗出面才将这些人斥免。"应变制众"固非杜佑所长,但他在淮南任职期间政绩还是比较突出的。如他组织军民"决雷陂以广灌溉,斥海滨弃地为田,积米至五十万斛,列营三十区,士马整饬,四邻畏之",可见他对农业生产及军队训练的重视。后来他在回顾这14年的经历时曾说:"臣伏蒙先朝过奖,累典方隅。顷镇江都,十有四载。数周星纪,水旱备经。境接淮渍,兵戈时起。至于邑里,粗免流离。"①贞元十九年,杜佑以69岁高龄被征入朝,拜检校司空、同平章事、充太清宫使,开始了他最后十年的三朝宰相的生涯。回朝后的几年里,朝廷政治风云变幻。先是德宗死,顺宗立,顺宗支持王叔文等人改革朝政,不及一年,改革失败,顺宗死,宪宗立,王叔文等人被排挤出朝廷。杜佑身为朝廷老臣,多年的经验使他基本没有卷入政治旋涡的中心。这个时期,杜佑两度"摄冢宰"。为解决度支所辖机构的重叠弊端,他"以营缮还将作,木炭归司农,涑染

---

① (清)董诰:《全唐文》卷六〇一,刘禹锡《为杜司徒让淮南立去思碑表》,第2690页。

还少府",使"职务简修"。

唐宪宗元和元年(806年),杜佑被拜为司徒、同平章事,封岐国公。

在担任宪宗辅宰期间,杜佑影响最大的一个政治举动是提出了处理朝廷与周边少数民族关系问题的方针。此前西、北周边的一些地区,民族关系紧张,一些边将为了邀功,常常无端向党项、吐蕃等少数民族发起进攻,影响了民族关系及周边地区的安定。为此,杜佑总结历史上民族关系的经验,向宪宗上疏,提出了"慎择良将,使之完辑,禁绝诛求,示以信诚,来则征御,去则候备""修文德以怀远"的处理民族关系的政策,受到了宪宗的赞赏和采纳。元和年间,杜佑提出的这一政策,得到了较好地贯彻执行,中央王朝与周边民族的关系处于平稳发展的状态。

一年后,杜佑年逾七十,提出了退休的要求,宪宗为继续发挥杜佑的作用,未予批准,但为了照顾杜佑,特许他三五日一入中书省,处理政事。元和七年六月,78岁的杜佑因年迈四次上表请求退休,"情理切至",宪宗不得已,批准了他的请求。宪宗在批准杜佑退休的诏书中称杜佑是"岩廊上才,邦国茂器,蕴精通之识,履温厚之姿,宽裕本乎性情,谋猷彰乎事业。博闻强学,知历代沿革之宜;为政惠人,审群黎利病之要",特别夸奖他"宣力济时,为臣之懿躅,辞荣告老,行己之高风",对杜佑的一生做出了高度评价。杜佑退休五个月后,即元和七年十一月,辞世于长安,走完了他作为杰出的政治家、优秀的史学家的一生。

杜佑的一生,历事玄、肃、代、德、顺、宪六朝,仕宦生涯达六十年之久,他的一生,不仅对中唐政治产生了较大影响,而且在史学上完成了《通典》这一部巨著,为中国史学的发展做出了突出贡献。

(二)《通典》的编撰

杜佑编撰《通典》,开始于代宗大历元年(766年),当时一场建唐以来的巨大政治风暴——"安史之乱"刚刚过去。"安史之乱"是在天宝十四载(755年)爆发的一场由平卢、范阳、河东三镇节度使安禄山及史思明发动的地方藩镇反对中央政府的叛乱,是唐朝建立以后长期积累的社会矛盾的一次总爆发。在长达八年的动乱中,两京先后失陷,中原惨遭涂炭,人民流离失所,生产严重破坏。这一变乱,标志着唐代鼎盛时代的结束,整个唐朝社会的政治、经济、文化等各领域都发生了巨大而深刻的变化,这是中国封建社会的一个历史转折时期。

安史之乱爆发之际,杜佑21岁。他亲眼看见了开元、天宝的盛世,又经历了安史之乱的大动荡。虽然这时杜佑刚刚踏入仕途,政治阅历及学术见解尚处于积累阶段,可他不能不为眼前的这场天翻地覆的动乱所震动。眼看着唐王朝的迅速衰落,面对着帝国的危机,杜佑开始思考从政治的得失去探求历史变动的原因,通过对历代典章制度的研究,总结历史经验教训,以寻求"富国安民之术"。正像他在《通典·序》中所说:"所纂《通典》,实采群言,征诸人事,将施有政。"

正是出于这种考虑,唐代宗大历元年(公元766年),安史之乱结束后的第三年,三十二岁的杜佑开始着手《通典》一书的编纂。当时杜佑正在韦元甫手下任职。韦元甫为人"敏于学行","以吏术知名","精于简牍","有器局,所莅有声"。对于杜佑编撰《通典》,他是给予支持的。杜佑出任江西青苗使、抚州刺史以后,繁忙的政事之余,继续从事《通典》的撰写,杜牧在诗中曾写道:"家集二百编,上下驰皇天,多是抚州写,今来五纪强。"①

经过三十五年的努力,贞元十七年(801年),担任淮南节度使的杜佑终于完成了《通典》巨著的撰写。他派人从淮南将《通典》献上。他在《进〈通典〉表》中写道:"臣本以门资,幼登官序,仕非游艺,才不逮人,徒怀自强,颇玩坟籍。虽履历叨幸,或职剧务殷,窃惜光阴,未尝轻废。"从"窃惜光阴,未尝轻废"之言可以看出,在长达三十五年的岁月中,杜佑在残灯寒窗下度过了多少个日日夜夜,最终才完成《通典》二百卷巨著。德宗在收到这部巨著后,"优诏嘉之,命藏书府。"此后,《通典》便在世上流传开来。

关于《通典》最后成书的年代,曾经有过贞元十年(794年)、贞元十七年、贞元十九年三种说法。贞元十年说的根据是杜佑的《进〈通典〉表》和南宋王应麟《玉海》所引《中兴书目》。现在通行本没有杜佑的这个"表",但宋刊本、宫内省本都在卷首刊载了这个"表"。在"表"的末尾,记有"贞元十年月日表上。南宋王应麟也在《玉海》中《通典》的条目下说:"贞元十年月日表上。"

贞元十七年说是根据《旧唐书》的《德宗本纪》和杜佑本传的记载。《德宗本纪》贞元十七年十月庚戌下记有"淮南节度使杜佑进《通典》,凡九门,二百卷"。《旧唐书·杜佑传》也记载着:"书成二百卷,号曰《通典》。贞元十七年自淮南使人诣阙献之"。在王应麟的《玉海》卷五十一本纪载有:"《旧》纪,贞元十七年十月庚戌,淮南节度使杜佑进《通典》,凡九门,二百卷。"显然,这都是引用《旧唐书·德宗本纪》的原文。

贞元十九年说是根据《唐会要》卷三十六《修撰》条:"[贞元]十九年二月,淮南节度使杜佑撰《通典》二百卷,上之,其书凡九门。"《玉海》引用《唐会要》的文句也与此相同。

以上三说,哪个正确呢? 有的研究者认为,贞元十九年二月说是误用了杜佑概括《通典》的《理道要诀》十卷的表上年月。贞元十年说也是错误的,而贞元十七年说则是正确的。《通典》卷首的唐李翰序中的话可以为证:"淮南元戎之佑,曰尚书主客郎京兆杜公君,雅有远度,志于邦典,笃学好古,生而知之,以大历之初,实纂斯

---

① (清)彭定求:《全唐诗》下册,上海古籍出版社1987年5月版,第1316页。

典,累年而成。"由此可知,《通典》起稿是在大历元年(766 年),杜佑《进〈通典〉表》说:"自顷纂修,年涉三纪。识寡思拙,心昧词芜。图籍实多,事日非少。将谓功毕,有愧乖踈。固不足发挥大猷,但微臣竭愚尽虑,凡一百卷。"可知《通典》从起稿以来,经过三纪三十六年才完成。从大历元年起稿,三纪三十六年后正好是贞元十七年。①

此外,关于杜佑所撰《通典》是否是在唐人刘秩所撰《政典》的基础上完成,学术界也有不同看法。据《旧唐书·杜佑传》记载,杜佑撰述《通典》的经过是:"初开元末,刘秩采经史百家之言,取《周礼》六官所职,撰分门书三十五卷,号曰《政典》,大为时贤称赏。房琯以为才过刘更生。(杜)佑得其书,寻味厥旨,以为条目未尽,因而广之,加以《开元礼》《乐》,书成二百卷,号曰《通典》。"《新唐书·杜佑传》也认为:"佑以为(《政典》)未尽,因广其阙,参益《新礼》为二百篇。"两《唐书》的说法,长期以来为人们所接受。许多书籍都按此介绍《通典》。正是因此,清代考据学者王鸣盛在讲到杜佑著《通典》的问题时,曾对杜佑提出尖锐的批评意见。他认为"《通典》九门中礼居其一,然礼共一百卷。……俱摄取《大唐开元礼》之文,钞誊入之。……《通典》既以刘秩书为蓝本,乃自序中只字不及;复袭取官书,攘为己有。以佑之事力,撰集非难,而又取之他人者若是之多,则此书之成,亦可云易也。"②

近年,有的学者经研究后认为,说《通典》以刘秩《政典》为蓝本的观点并不能成立。第一,史学的发展总是在一定程度上反映了历史的发展。由于刘秩和杜佑所处的历史条件不同,《政典》和《通典》在撰述思想上亦必然存在着差别。《通典》的作者,其撰述思想是针对着唐中叶以来一系列社会变动而撰写《通典》的,目的是为了"将施有政"。这样的思想和旨趣,当然是《政典》的作者不能具有的。第二,作为"分门书"来说,《政典》和《通典》确有相似之处,前者"取《周礼》六官所职"进行撰述,后者也是"撰述取法乎官礼"。但若细察起来,它们在编次上是有很大的歧异的。所谓《周礼》六官,即天官冢宰、地官司徒、春官宗伯、夏官司马、秋官司寇、冬官司空,此即隋唐以后所谓吏、户、礼、兵、刑、工六部所职。《政典》一书是依此进行编次的。《通典》则不然,它按食货、选举、职官、礼、乐、兵、刑、州郡、边防九门进行编次。《政典》以职官为中心,《通典》以制度为中心,这不论是在内容上还是顺序排列上,二者迥然不同。第三,《通典》和《政典》在部帙上相差极为悬殊;《政典》三十五篇(卷),《通典》二百卷,杜佑之书扩大了五六倍,实际上是另行撰述。③ 杜佑一生的著述不仅只是《通典》,见于《新唐书·艺文志》著录的杜佑的著作尚有《宾佐记》一卷(杂传记类)、《管氏指略》二卷(法家类)、《理道要诀》十卷(杂家类)。不过,

---

① 张志哲:《中国史籍概论》第 5 章,江苏古籍出版社 1988 年版,第 356 页。
② (清)王鸣盛:《十七史商榷》卷九〇,《杜佑作〈通典〉》,中国书店 1987 年 8 月第 1 版。
③ 瞿林东:《唐代史学论稿》,北京师范大学出版社 1989 年 3 月版,第 254 页。

杜佑所著众书中,最有成就、影响最大的则是《通典》。

二、《通典》的主要内容及编撰方法

(一)《通典》的主要内容

《通典》是我国第一部专门叙述典章制度沿革变迁的通史著作,全书二百卷,分为九门。具体篇章节目如下:

第一门《食货典》十二卷	《田制》二卷;《乡党、土断、版籍》一卷;《赋税》三卷;《历代盛衰户口、丁中》一卷;《钱币》二卷;《漕运、盐铁》一卷;《鬻爵、榷酤、算缗、杂税、平准、均输》一卷;《轻重》一卷。
第二门《选举典》六卷	《历代选举、考绩》三卷;《杂论议》三卷。
第三门《职官典》二十二卷	《历代官制要略》一卷;《三公》一卷;《宰相》一卷;《尚书》二卷;《御史台》一卷;《诸卿》三卷;《武官》二卷;《东宫官》一卷;《历代王侯封爵》一卷;《州郡》二卷;《文散官》一卷;《禄秩》一卷;《秩品》五卷。
第四门《礼典》一百卷	《历代沿革礼》六十五卷;《开元礼》三十五卷。
第五门《乐典》七卷	《历代沿革》二卷;《十二律》一卷;《权量》一卷;《歌、杂歌曲、舞、杂舞曲》一卷;《清乐、坐立部伎、四方乐、散乐、前代杂乐》一卷;《舞议、乐议》一卷。
第六门《兵典》十五卷	《叙兵》一卷;《法制》一卷;《料敌制胜》一卷;《间谍》一卷;《抚士》一卷;《示弱》一卷;《佯败引退取之》一卷;《避锐》一卷;《以逸待劳》一卷;《行军下营审择其地》一卷;《攻其必救》一卷;《按地形知胜负》一卷;《围敌勿周》一卷;《因机设权》一卷;《敌无固志可取之》一卷。
第七门《刑典》八卷	《刑制》三卷;《杂议》二卷;《肉刑议》一卷;《守正赦宥》一卷;《宽恕、囚系、舞紊、峻酷》一卷。
第八门《州郡典》十四卷	《序目》二卷;《古雍州》二卷;《古梁州》二卷;《古荆河豫州》一卷;《古冀州》二卷;《古兖州、古青州、古徐州》一卷;《古扬州》二卷;《古荆州》一卷;《古南越》一卷。
第九门《边防典》十六卷	《东夷》二卷;《南蛮》二卷;《西戎》五卷;《北狄》七卷。

（二）《通典》的编撰方法

《通典》全书内容的编排，皆寓有深意、富有逻辑，杜佑在这方面颇费了一番心思。这从杜佑所撰《通典·自序》看得很清楚：

> 佑少尝读书，而性且蒙固，不达术数之艺，不好章句之学。所纂《通典》，实采群言，征诸人事，将施有政。夫理道之先，在乎行教化，教化之本，在乎足衣食。《易》称聚人曰财。《洪范》八政，一曰食，二曰货。《管子》曰：仓廪实，知礼节。衣食足，知荣辱。夫子曰：既富而教，斯之谓矣。夫行教化在乎设职官，设职官在乎审官才，审官才在乎精选举。制礼以端其俗，立乐以和其心，此先哲王致治之大方也。故职官设，然后兴礼乐焉，教化堕然后用刑罚焉。列州郡俾分领焉，置边防遏戎狄焉。是以《食货》为之首，《选举》次之，《职官》又次之，《礼》又次之，《乐》又次之，《刑》又次之，《州郡》又次之，《边防》末之。或览之者庶知篇第之旨也。

从杜佑的《自序》可以看出，他对封建社会的经济、政治结构及其相互关系，有着深刻的认识与理解。在杜佑看来，经济是政治的基础，要达到天下"致治"的目的，就必须"行教化"，而"行教化"的前提应是"足衣食"，因此，杜佑将《食货典》置于首位。要达到"行教化"的目的，用人的问题即职官的设立是十分重要的，而要保证官员队伍的质量，选官的好坏又是前提。因此，在食货之后，杜佑依次排列了选举、职官二典。杜佑还认为，要使人才辈出，就必须"制礼以端其俗，立乐以和其心"，所以，职官之后杜佑排列了礼、乐二典。仅仅只讲礼、乐是不够的，教化堕坏之际，还必须施以兵刑。因此礼乐之后，杜佑分别叙述了兵刑。任何政令的实施，都必须落实在一定的空间地域，而边防的安定与否也是统治者不能忽视的问题，因此，兵、刑之后，杜佑依次排列了州郡、边防。

总之，杜佑在《通典》一书中首先论述经济制度，然后依次叙述选举、职官、礼乐、兵刑、最后叙述州郡、边防的方法，是有良苦用心的。反映了杜佑史识的卓越。

除九典之外，在每一典内部具体条目的编排上，杜佑同样用了一番心思。以《食货典》十二卷为例，依次叙述田制、赋税、户口、钱币、漕运、榷酤、贸易等。稍加用心就可以发现，这是一个十分严密的逻辑体系。

杜佑首先叙述田制，即土地制度。毫无疑问，杜佑是深晓土地所有是封建经济中最基本的生产资料这一点的。其次，杜佑叙述了以土地所有制形态为基础的赋税制度。再次，他叙述了历代户口的兴衰。这关系到劳动人手的多寡和赋税的数量。最后，叙述了货币流通、交通运输、商业价格等方面。这样一个严密的逻辑体系，清楚地反映了杜佑对封建经济结构不同层次相互关系的深刻认识。在距今一千多年的封建时代里，一个官员能有这样的认识，的确是具有非凡见地的。正像一些学者指出的那样:"《通典·食货门》从生产论到流通,从土地关系论到一切社会经济关系,这种逻辑体系应该说在当时的历史条件下是最能反映社会经济中的基本问题的。"①

杜佑的远见卓识,同样反映在其他各典之中。如《职官典》22 卷,杜佑首先从总体论述历代官职变化的简史,然后分别叙述三公、宰相、尚书、御史、诸卿、武官、东宫官属、王侯封爵、州郡、散官等,最后论述禄秩、秩品。这样,杜佑既从总体论述了官制的变化,又从微观上一层层剖析了具体官职的设立,演变,像编织一张网一样,从纵横两方面结合起来,将所有的职官纳入了一个完整的系统,使读者可以按图索骥,查到某一个历史时期的某一官职,并了解其来龙去脉。

在刑典中,杜佑也是首先综述了历代法制的变化,然后从横的方面具体罗列出肉刑、决断、考讯等具体的刑法。宽恕、峻酷等与刑罚有关的条目则列于最后。使读者可以从纵横两方面了解刑法的变化。

在杜佑列出的九个门类之中,大多都是构思精密、逻辑严谨。只有《兵典》情况有所不同。按杜佑《通典》的整个体例来看,《兵典》应首先概述历代兵制变化,然后分述兵制的各个方面,最后详述与兵制有关的问题。但杜佑所撰《兵典》却没有叙述古今兵制的沿革,只是以《孙子兵法》十三篇为中心,取历代有关的军事成败实例,分类叙述之。这显然是一个缺陷。后来宋人欧阳修在《新唐书》中修撰《兵志》,其体例与内容远胜于杜佑的兵典。

按门类记述历代的典章制度,这是杜佑的一个创新。中国史书体裁自先秦、秦汉以来,一直以编年体、纪传体为主。编年体史书在记事方面有其突出的优点,但在记载典章制度及其变化方却有着明显的缺陷。纪传体史书便于记载人物,虽然纪传体史书也有书、志,但所记仅仅是一朝一代的典制,不能全面地反映历代典制的变化。正是有鉴于此,杜佑才下决心编撰《通典》这样一部纵贯古今的典制专书。他在《上皇帝献书表》中曾明确指出:"夫《孝经》《尚书》《毛诗》《周易》《三传》皆父子君臣之要道,十伦五教之宏纲,如日月之下临,天地之大德,百王是式,终古攸遵。然多记言,罕存法制……略观历代众贤著论,多陈紊失之弊,或阙匡拯之方。"所以,《通典》在内容上是要突出"法制"、"政经",为世人提供"匡拯之方",在编撰形式上则是要贯通古今。

历代的典章制度,一般都有着前后因缘的关系,而各史的书、志大多断代为书,前后不相照应,正如梁启超所说,这样就发生两种困难:"苟不追叙前代,则源委不明;追叙太多,则反复取厌。况各史非皆有志,有志之史,其篇目亦互相出入。遇所阙遗,见斯滞矣。于是乎有统括史志之必要。其卓然成一创以应此要求者,则唐杜

---

① 胡寄窗:《中国经济思想史》,上海人民出版社 1978 年 8 月版,第 452 页。

佑之《通典》也。"①

三、《通典》的价值和影响

(一)《通典》的史学价值

杜佑在编撰《通史》时,其取材范围,唐以前大部分根据正史的志,将分散在各史的材料集中起来,综合叙述。另外,他博取五经群史及汉魏六朝人文集奏疏,益以唐人公私著述,征引极为丰富。据有的学者统计,《通典》引用他书至少在二百四十八种以上。②杜佑根据这样繁富的典籍,对历代经济、政治、军事等各方面史料,作了系统的整理。

《通典》的史学价值,在唐五代时已经受到人们的重视,正像《四库全书总目提要》所说:"考唐以前掌故者。兹编其渊海矣。""凡历代沿革,悉为记载,详而不烦,简而有要,原原本本,皆为有用之实学,非徒资记问者可比。"杜佑征引的典籍,现在不少已经失传了,《通典》所引,即使是片鳞只爪,也是十分宝贵的。试以北齐《关东风俗传》一书为例,该书为宋孝王撰,六十三卷,是一部反映北齐社会情况讽的十分重要的书籍。唐代此书尚存,《旧唐书·经籍志》所载开元书目尚有著录,但经唐末动乱以后,该书亡佚。宋人书目如郑樵《通志·艺文略》、马端临《文献通考·经籍考》都不再著录。而杜佑《通典》一书,大量引录了该书的资料,为我们了解《关东风俗传》一书,利用书中的资料研究北齐社会,提供了极大的方便。例如关于北齐的均田制度,上承北魏的均田,以后又影响到隋唐均田,是研究中古时期均田制度发展演变的重要内容。然而《北齐书》中,有关北齐均田的史料却极少,《隋书·食货志》中的记载也语焉不详。而《通典》转引《关东风俗传》,保留了不少这方面资料。下引是较为典型的一段,《通典·田制考》下引《关东风俗传》曰:

> 其时强弱相凌,恃强侵夺,富有连畛亘陌,贫无立锥之地。昔汉氏募人徙田,恐遗垦课,令就良美。而齐氏全无斟酌,虽有当年权格,时暂施行,争地文案有三十年不了者,此由授受无法者也。其赐田者,谓公田,及诸横赐之田。魏令,职分公田,不问贵贱,一人一顷,以供刍秣。自宣武出猎以来,始以永赐,得所买卖。迁邺之始,滥职众多,所得公田,悉从货易。又天保之代,曾遥压首人田以充公簿。比武平以后,横赐诸贵及外戚佞宠之家,亦以尽矣。又河渚山泽,有司耕垦,肥饶之处,悉是豪势,或"借"或"请",编户之人,不得一垄。纠赏

---

① 梁启超:《中国历史研究法》第 2 章,上海古籍出版社 1987 年 9 月版,第 21 页。

② 陈光崇:《杜佑在史学上的贡献》,载《中国史学史论集》二,上海人民出版社 1980 年 1 月版。

者,依令口分之外知有买匿,听相纠列,还以此地赏之。至有贫人实非剩长买匿者,苟贪钱货,诈吐壮丁口分以与纠人,亦既无田,即使逃走。帖卖者帖荒田七年,熟田五年,钱还地还,依令听许。露田虽复不听卖买,卖买亦无重责。贫户因王课不济,率多货卖田业,至春困急,轻致藏走。亦[有]懒惰之人,虽存田地,不肯肆力,在外浮游。三正卖其口田,以供租课。比来频有还人之格,欲以招慰逃散,假使暂还,即卖所得之地,地尽还走,虽有还名,终不肯住,正由县听其实帖田园故也。广占者,依令奴婢请田亦与良人相似,以无田之良口,比有地之奴、牛,宋世良天保中献书,请以富家牛地先给贫人,其时朝列称其合理。

这段史料,能够说明的问题是多方面的,它反映出均田制度在北齐之际,与北魏的均田制相比,已出现明显变化:

第一,原均田令规定土地"不听卖易",而实际情况是由于"授受无法",已是"贫无立锥之地"。露田(即不种桑树的田)规定:不许买卖,而"卖买亦无重责"。土地买卖的放松,为土地兼并打开了缺口。

第二,从《关东风俗传》记载可以看出:北齐统治者对贵族特权的照顾大大增加。不仅永业田的授田数量增加,而且可以得到大量的"赐田"、"永赐田"、"横赐田",同时"得听买卖","悉从贸易"。

第三,北齐以来,民间的土地也可以"帖卖"。"帖卖"实际上是后世的"典当"。这样以来,势必使土地兼并趋势进一步扩大,影响均田的实施。

第四,史料反映有的人利用可以买卖土地的规定及朝廷照顾还乡之人的规定,不断卖出土地,造成了均田制的混乱。

第五,史料也反映地主权贵以奴、牛的名义广占土地,而有的贫人却得不到法定均田的土地。

上述《关东风俗传》中反映的问题,都是关系均田制研究的重要问题,《通典》保留了这些记载,无疑为研究者提供了极有价值的史料。此外,《舆地志》《太康地志》等大量古籍的资料也极有价值。《通典》引用的有些史书,虽然没有亡佚,但由于《通典》用的都是较早的版本,因此仍有校勘学上的重要价值。

《通典》的史料价值,不仅是保留了大量唐以前许多文献中的资料,更重要的是《通典》还直接记载了唐代的史事、制度。由于这些记载大多是当时人记当时事,详尽而可信,史料价值更高。例如据《通典·选举典》记载,唐代科举制度考试中史书的科目是:"其史书,《史记》为一史,《汉书》为一史,《后汉书》并刘昭所注《志》为一史,《三国志》为一史,《晋书》为一史,李延寿《南史》为一史,《北史》为一史,习《南史》者兼通宋、齐《志》,习《北史》者通《后魏》、《隋书》志;自宋以后,史书烦粹、冗长,请但问政理成败所因及其人物损益关于当代者,其余一切不问;国朝自高祖以下及睿宗《实录》并《贞观政要》共为一史。"

从这段史料中，我们清楚地了解了盛唐和中唐时期历史著作与科举考试的关系。

《通典》的史学价值不仅表现为记载了大量有价值的史料，还反映在杜佑对许多历史问题的独到见解与认识上。这主要反映在他撰写的序、论、说、议、评等多种形式的史论之中。《通典》比较集中的史论约有七十余篇。其中序近二十篇，论、说、议、评五十篇。

《通典》中的序，有三种情况：一是叙全书之意的，二是分叙各典之意，三是叙某典之中某篇之意。叙全书之意的是杜佑《通典·自序》，前已引录。虽然此序仅两百多字，却说明了杜佑的治学旨趣，指出了《通典》撰述目的和逻辑结构，是杜佑治史思想的集中体现。《通典》各门，除《食货》外，各有分门之序。这些序，反映了杜佑对诸典所述领域的认识，集中表明了他的历史观点、政治思想和社会主张。例如《选举典》序，指出了人才的重要和"以言取士"的弊端；《礼典》序阐述了礼的性质、礼的文献和《通典》纂集礼制"将以振端末，备顾问"的目的；《乐典》序讲明了乐的作用及其会治乱的关系；《州郡典》序阐述了作者以德为尚的政治思想；《边防典》序阐述了作者的民族思想和处理民族关系的政治主张。关于叙述某典某篇之意的序，如"总序三师三公以下官属"、"将军总叙"、"东宫官叙"、"王侯总叙"（《通典·职官典》）、"东夷序略"、"南蛮序略"、"岭南序略"、"海外序略"、"西戎序略"、"北狄序略"（《通典·边防典》），或叙沿革，或论其得失，或辨其利害，都有很高的史学价值。

例如"王侯总叙"，全面辨析了历史上封国制与郡县制的得失利害，得出了"欲行古道，势莫能遵"的历史结论。《通典》三个不同层次的序文，构成了杜佑《通典》一书的主干，是杜佑史学观点最主要的体现。

《通典》中的"论"有两种，即前论、后论。前论一般置于某典某篇之首，后论一般则在某典某篇之末。前论，如《职官四·尚书上》有"尚书省并总论尚书"、《职官十四·州郡上》有"总论州佐"、《职官十五·州郡下》有"总论郡佐"及"总论县佐"等。这些"论"带有综述概括的性质。后论，如《食货七·历代盛衰户口、丁中》文末的长篇后论，体现了杜佑对历史问题的深刻认识。有些论断如"高颎设轻税之法，浮客悉自归于编户，隋代之盛，实由于斯"等更成为现代史学家们经常引用的名言。

"论"，特别是"后论"，最突出的特点就是引古论今，富有特别强烈的时代感，反映了作者对于社会现实的关注和自觉及"以富国安人之术为己任"的使命感。这也是现代史学家们特别重视杜佑史论的原因所在。关于《通典》中的"说""议""评"，杜佑在《礼典·沿革一·吉礼一》中曾自注说明，"说"，是阐说"经典"的深奥；"议"，是议先儒的"未明"之义；"评"，是评"先儒"所据之理的优劣。概括说来，说、议、评就是经典、义、理的区别，属于三个层次上的史论。在这三个不同层次的史论中，杜佑在辨析、吸收前人观点的基础上,对诸多历史问题都提出了自己卓越的见解。

例如在《选举典》六《杂议论下》卷末,杜佑总结了历代选拔人才制度上的得失,而特别指出魏、晋、宋、齐、梁、隋等朝"风流弥扇,体非典雅,词尚绮丽;浇讹之弊"的危害;唐开元、天宝之际,"一岁贡举,凡有数千",而"众名杂目,百户千途,人为仕者,又不可胜纪"所造成的"重设吏职,多置等级"的弊端,以及隋文帝时,选拔人才,尽归吏曹,"铨综失叙,受任多滥"的局面。

杜佑最后指出:"凡为国之本,资乎人氓;人之利害,系乎官政。欲求其理,在久其任;欲久其任,在少等级;欲少等级,在精选择;欲精选择,在减名目。俾士寡而农工商众,始可以省吏员,始可以安黎庶矣。诚宜斟酌理乱,详览古今,推仗至公,矫正前失,或许辟召,或令荐延,举有否臧,论其诛赏,课绩以考之,升黜以励之,拯斯利弊,其效甚速,实为大政,可不务乎!"

这篇评论,全面论述了如何选拔、任用人才的问题,集中反映了杜佑在人才同国本与官政之关系问题上的见解以及其改革吏治的逻辑思考、具体主张,也体现了杜佑将历史与现实问题综合考察的史学方法。①

《通典》史论的特点之一,是重视事实,反对臆说。杜佑的这一思想,在《职官典·王侯总叙》中阐述主封国制与主郡县制二者之间的争论时,反映得最为鲜明,《通典·职官典》十三《王侯总叙》载:

> 法古者多封国之制,是今者贤郡国之理,虽备征利病,而终莫究详。……始皇荡定,天下一家,历载千九百,并万而为一。众暴寡且无虚月,大灭小未尝暂宁,迭寻干戈,齐人涂炭。秦睹其弊,不复建侯,才及嗣君,天下怨溃。汉祀矫枉,并建勋亲。旋则韩彭菹醢,续有吴楚逆乱。武昭之后,制许推恩,分人为差,但食租税。王莽阶缘后族,克成篡夺。诸侯微劣,势同编氓。光武远惩大封,优全劳旧,邓寇、耿贾,国止四县,二汉所立,列郡不殊。……曹魏翦弱藩戚,未几覆亡。晋室分兵,八王致乱犹速。刘宋改更旧制,国吏不得称臣,自兹以还,建侯日削,欲行古道,势莫能遵。……政在列国也,其初有维城磐石之固,其末有下堂中肩之辱。远则万国屠灭,近则鼎峙战争,所谓其患也长。政在列郡也,其初乃四海一家之盛,其末有吐崩瓦解之虞。高光及于国初,戡定之助易集,所谓其患也短。岂非已然之证欤。夫君尊则理安,臣强则乱危。是故李斯相秦,坚执罢侯置守,其后立议者,以秦祚促,遂尔归非,向使胡亥不嗣,赵高不用,间左不发,酷法不施,百姓未至离心,陈、项何由兴乱?自昔建侯,多旧国也。周立藩屏,惟数十焉。余皆先封,不废其爵。谅无择其利遂建诸国,惧其害不立郡县。故曰事皆相因,斯之谓矣。

---

① 瞿林东:《重读〈通典〉史论》,《史学理论研究》1996 年第 2 期。

在这篇总叙中，杜佑对封国与郡县制的历史进行了考察，指出秦朝的废分封、立郡县，是从"君尊"、"臣强"两种不同的政治结局的经验中得到的启示而抉择的。秦的"祚促"有许多其他具体原因，并非立郡县所致。至于古代的封建诸国，都是以"旧国"为基础，周朝为"藩屏"而建侯，只有几十个。这些都是当时的历史情况所决定的，并不是当时的人就已经看到了"建诸国"就有利，"立郡县"就有害。在看待分封与郡县的问题上，这是从历史实际发、实事求是的分析方法。

值得注意的是，杜佑在分析分封制与郡县制的利弊时，提出了一个认识历史的方法论原则，即不可"将后事以酌前旨"。就在上引这段话之后，杜佑有一段自注，注文说：

> 自五帝至于三王，相习建国之制，当时未先知封建则理，郡县则乱。而后人睹秦汉一家天下，分置列郡，有溃叛陵篡之祸，便以为先王建万国之时，本防其萌，务固其业，冀其分乐同忧，缩利害共害之虑。乃将后事以酌前旨，岂非强为之说乎？

杜佑分析那些主封国说者的论点和根据时，一针见血地指出，他们是看到了秦汉两朝都出现"溃叛陵篡之祸"，便断言"先王"已经看到了分封可以天下大治，郡县天下必乱。杜佑强调：当着秦汉两朝还没有在历史上出现的时候，当着郡县制尚没有产生并加以施行的时候，"先王"又怎能知道有郡县制的提出及其实施所带来的"溃叛陵篡之祸"呢？杜佑认为这种看法"乃将后事以酌前旨，岂非强为之说乎？"也就是说，这是以后来出现的历史发展事态去推测前人的思想、主张，是强词夺理的说法。显然，杜佑的这一认识的理论价值是十分重要的：即在分析、判断、评价历史事件的时候，必须从这一事件所处的历史环境出发，而不应以这一事件之后的与此事无关联的历史环境去妄测前人的思想和主张。

《通典》的史论，许多涉及史学批评。从这些史学批评可以看出，杜佑重视史家的见识。如《通典·刑法典》在谈到春秋时期郑国大夫子产铸刑书而遭到晋国大夫叔向作书的责问这一事件时，杜佑议曰："古来述作，鲜克无累，或其识未至精，或其言未至公。观左氏之纪叔向书也，盖多其义，而美其词。孟坚从而善之，似不敢异于前志，岂其识或未精乎？"杜佑在这里批评《左传》所记这一史事以及班固在《汉书·刑法志》引用《左传》的这一记载。他说《左传》所记是"多其义，而美其词"，在此事上"其言未至公"。而班固援引《左传》不敢有异，是"其识未精"。杜佑认为"铸刑书"之前，已有公开的法度，因而叔向的指责既不能成立，《左传》所记自非至公之言，而《汉书》又据《左传》"从而善之"，则表明班固"其识未精"。从杜佑的批评来看，他并不迷信经典和名家的看法，而是对史实有着独立的分析、批判精神的。

《通典》作为典章制度的通史，它的史论所反映出来的史学批评涉及制度沿革者较多。如《州郡二》在讲到古九州时，杜佑根据先秦文献及后人注释，证明禹治水当在尧时,分天下为九州;舜时,更为十二州。而《史记》记禹治水在舜时,《汉书》则称尧时天下为十二州,禹治水后,更制九州。所以杜佑说:"若稽其证据,乃子长、孟坚之误矣。"

又如,《州郡二》在讲到周末"国之分野"的时候,引《汉书·地理志》所述秦地、魏地、韩地、周地、赵地、燕地、卫地、宋地、齐地、鲁地、楚地、吴地、越地等 13 个地理区域。随后杜佑评论说:听列诸国分野,具于班固《汉书》及皇甫谧《帝王世纪》。下分区域,上配星躔,固合同时,不应前后。当吴之未亡,天下列国尚有数十。其时韩、赵、魏三卿又未为诸侯,晋国犹在,岂分其土地? 自吴灭至分晋,凡八十六年,时既不同,若为分配? 又按诸国地分,略考所在封疆,辨详隶属,甚为乖互,不审两子依据。

这里,杜佑分析史实,指出存在的矛盾之处:吴国未灭之时,还没有韩、赵、魏;韩、赵、魏成为诸侯,上距吴灭亡时已有八十六年,不是同时存在的地理区域,怎么能放在一起论列呢? 杜佑在评论的最后总结道:"凡为著述,诚要审详。若也但编旧文,不加考核,递相因袭,是误后学。……然已载前史,历代所传,今且依其本书,别其境土,盖备一家之学,示无阙也。其诸郡历代所属,则各具正于本篇。有览之者,当以见察。"一方面指出其不妥之处,另一方面也考虑到"已载前史,历代所传"这一事实,既爱护前人,又不至于贻误后学,可见杜佑治史的态度是严谨的。他的这些分析考述,都是极有价值的。

《通典》的史论涉及对不少历史人物的评价,反映了杜佑的史学观点。如《通典·刑法典》七详细记载了唐代武则天时的法官徐有功的事迹,说徐有功处在"周唐革命"之际,"告密之辈,推核之徒,因相诬构,共行深刻","朝野屏气,道路以目。于斯时也,谁敢忠正?"而徐有功"遂于群邪之侧,纵诡之旁,孑然介立,守法不动,抑扬士伍,慷慨朝端,始卒不渝,险易如一。于是酷法之吏,诬告之人,见嫉甚于仇雠矣。"于是杜佑评论说:

> 详观徐大理之断狱也,自古无有斯人,岂张、于、陈、郭之足论,固可略举其事,且四子之所奉,多是令主,(自注:西汉文帝时张释之为廷尉;于定国,宣帝时为廷尉;东汉陈宠、郭躬、章宗时为廷尉,皆遇仁明之主。)诚吐至公,用能竭节。若遇君求治,其道易行。武太后革命,欲令从己,作威而作周政,寄情而害唐臣。徐有功乃于斯时,而能定以枉直,执法守正,活人命者万计;将死复舍,忤龙麟者再三。以此而言,度越前辈。①

杜佑认为,臣遇明主,竭节奉公并不是难事,难的是君主昏暗之时,臣下仍能执法守正,敢忤龙麟。杜佑评价历史人物,不是一般地从历史人物的品质或事功去论

① (唐)杜佑撰,王文锦等点校:《通典》卷一六九,《刑法典七》,中华书局 1988 年 12 月第 1 版。

其高下,而是特别着重于说明历史人物所处的历史环境,从而加重了评论的分量。同时,他也注意到从历史人物的比较中做出不同的评价。

(二)《通典》进步的历史观

《通典》不仅在体裁上开创了典制体通史的先例,在史学上提供了许多宝贵的历史资料并对许多史实进行了辨析、考索,而且在史学思想上,继承前辈优良的史学传统,提出了不少进步的历史观点。

第一,"教化之本在乎足衣食"。杜佑撰《通典》的目的在于巩固唐朝的统治,但与许多封建史家不同的是,他没有把礼、乐等列于行教化的首位,而是开宗明义,将《食货典》放在了全书之首。正像我们在第二节中指出的,杜佑的这一做法,是基于他对封建社会经济与政治、文化等各方面关系的深刻认识。

杜佑比较清醒地认识到,如果百姓不能温饱、四散流亡,则教化便无从谈起,国家便失掉了赋役来源。杜佑的这一认识,不仅是因为他久司财政,位居宰相,而且是从开元、天宝以来的现实历史事实中总结出来的深刻教训。在《通典·食货典》中,杜佑用大量的户口统计数字及当时的粮价、社会经济的繁荣,生动具体地刻画了开元、天宝的盛况。这样一个富饶强盛、户口殷实的大唐帝国,一旦爆发安史之乱,便迅速衰落,一蹶不振。这样的巨变,杜佑亲身经历,他痛定思痛,总结经验道:

> 谷者,人之司命也。地者,谷之所生也。人者,君之所治也。有其谷则国用备,辨其地则人食足,察其人则徭役均,知此三者,谓之治政。夫地载而不弃也,人著而不迁也,国固而不动,则莫不生殖。[1]

> 古之为理也,在于周知人数,乃均其事役,则庶功以兴,国富家足,教从化被,风齐俗和。夫然,故灾诊不生,悖乱不起。……及理道乖方,版图脱漏,人如鸟兽,飞走莫制,家以之乏,国以之贫,奸宄渐兴,倾覆不悟。斯政之大者,远者,将求理平之道,非其本欤。[2]

"国以民为本,民以食为天",由赋役苛重、黩武开边,造成户口流亡,版籍破坏,终于动摇了唐王朝的物质基础,使唐王朝一经风暴便坍塌下来。杜佑由此更深刻地认识到务农安民的重要性,"征诸人事,将施有政","用乂邦家",这是最根本的事情。杜佑不但继承了前人重农抑末的思想,而且较前人的认识要深刻得多。

杜佑的重农思想,以"使民地著"为核心。他认为人不地著,地难耕垦,谷难生长,危机必不可免。他主张均平赋役,并做到轻徭薄赋,以使百姓地著而不去。他

---

① (唐)杜佑撰,王文锦等点校:《通典》卷一,《食货典一》。
② (唐)杜佑撰,王文锦等点校:《通典》卷七,《食货典七》。

说:"敛厚则情离,情离则易动,人心已去,故遂为独夫。"又说:"夫欲人之安也,在于薄敛,敛之薄也,在于节用;若用之不节,而欲敛之薄,其可得乎?"他把天宝年间重役暴敛、轻启边衅、厚赏军功等弊政引为教训,而称赞唐初轻徭薄赋,深入人心,以致虽有安史之乱,而"人心所系,故速裁大乱"。

杜佑的这种思想,固然是将农民束缚于土地上,巩固封建专制主义的物质基础——自然经济,但就当时来说,还是有利于社会经济发展的。他能从人心向背的角度来考虑经济政策,不能不说是远见卓识。杜佑清楚地认识到只有使"天下之田尽辟,天下之仓尽盈,然后行其轨数,度其轻重,化以王道,扇之和风,率循礼义之方,皆登仁寿之域,斯不为难矣。"

杜佑重视食货问题,其基本的理论根据是:"《洪范》八政,一曰'食',二曰'货'。"《管子》曰:"仓廪实,知礼节;衣食足,知荣辱。"孔子曰:"既富而教,斯之谓矣。"其实在杜佑之前,一些古代思想家也曾认识到食货的重要性,如司马迁在《史记》中列有《平准书》《货殖列传》,后来历代正史有的也列有《食货志》。但是,杜佑以前所有的史学家,都没有像杜佑这样明确地把"食货"列在首位,把社会经济的决定作用强调到了空前的高度。马克思、恩格斯曾经指出:"一切人类生存的第一个前提也就是一切历史的第一个前提,这个前提就是:人们为了能够'创造历史',必须能够生活。但是为了生活,首先就需要衣、食、住以及其他东西。因此第一个历史活动就是生产满足这些需要的资料,即生产物质生活本身。"[1]

杜佑作为封建史家,不可能像马克思、恩格斯那样认识、理解唯物主义的基本原则,但从杜佑将"食货"放在诸事之首的思想来看,他已朦胧地意识到了物质生活本身在人类历史发展中的重要作用,已经将古代思想家们关于经济生活重要作用的某些思想片断,发展成了一种史学观点和史学方法,取得了前人所不曾取得的思想成果。

第二,"古今既异,形势亦殊",不应"非今是古"。杜佑认为,历史是不断变化、不断进步的。杜佑《通典》所论述的对象是历代典章制度沿革废置损益变化的过程,以及为什么会这样沿革变化的道理。所以,它反映的是人类社会历史的一个侧面。但是这些典章制度所以不断发生变革,正是人类社会历史不断变化发展的反映。因此杜佑在论述历代典章制度不断变革的情况并进而追求其所以变革的原因时,清楚地认识到人类社会是一个不断发展、不断前进的过程,不是今不如古,而是古不如今。例如,在讨论婚礼时,杜佑观察到人类婚姻制度的逐渐发展过程:

> 遂皇始有夫妇之道。伏羲氏制嫁娶,以俪皮为礼。五帝驭时,娶妻必告父母。夏氏亲迎于庭。殷迎于堂。周制,限男女之岁,定婚姻之时,亲迎于户。

---

[1] 《马克思恩格斯选集》第一卷,人民出版社 1975 年 1 月版,第 32 页。

六礼之仪始备。天子聘女纳征加谷珪。①

在讨论凶葬礼时,杜佑观察到人类丧葬制度的逐渐发展过程:"上古中华之葬,衣之以薪,葬之中野,不封不树。后代圣王易之以棺椁。"②"有虞氏瓦棺(始不用薪也,有虞氏尚陶)。夏后氏墍周(火熟曰墍,烧土冶之,以周于棺也。或谓之土周)。殷人棺椁(椁,大也,以木为之,言椁大于棺也,殷人尚梓)。周制天子之棺四重。水兕革棺被之,其厚三寸。杝棺一,梓棺二。四者皆周。国君大棺八寸,属六寸,椑四寸。……君裹棺用朱绿,用杂金镖……君盖用漆,三衽三束……天子柏椁,长六尺,诸侯松椁,大夫柏椁,士杂木椁。"③

关于人类的衣着,杜佑也认为存在着一个由低级向高级发展的过程。杜佑认为,上古人类曾经有过一个不施衣冠、"穴处衣毛"、"未有制度"的时期。后代圣人才"垂衣裳"、"乃染五色、始为文章以别贵贱"。④ 人类居住的情况也是这样,上古之人"穴居野处",根本没有房屋宫室。就连传说中黄帝举行祀天大典的"明堂",也不过是一个四面无墙的茅草棚。到后代圣人构木为巢、营建宫室以后,随着社会生产的发展、建筑技术的进步,汉代的"明堂",就成为一幢深广数十丈,包括"九室、十二座、三十六户、七十二牖"的巍峨大厦了。⑤ 随着人类社会生产的发展,阶级和国家的出现,作为统治工具的官僚机构也经历了一个从无到有,从简单到复杂的发展过程。官职的名称由朴野而典雅,官职的数目也随之日益庞大。杜佑曾用统计数字表明:唐官 60 人,虞官 60 人,殷官 240 人,周官 63 675 人,汉有 130 285 人(数兼诸府州郡胥吏。原注),隋朝已增加到将 12 576 人,唐朝更增加到 18 805 人之多了。⑥

随着统治机构的发展,统治阶级选拔统治人才的考试、铨选制度也日趋完备。如杜佑《通典·选举典》所言,伏羲神农时代,还是"推择之典,无所闻焉;"唐虞之际就有了"咨于四岳,询事考言"、"三载考绩,三考黜陟"、"选贤任能"的考选制度了;夏、商、周三代更因选举而重视学校教育,"务勤其教","择于乡庠";至两汉、隋唐,法制更为详备。杜佑在《通典》中指出,以汉族为主的历代中央政府统治区域是在伸缩变化的。从时间先后说,五帝以前曾经有过一个不论"封域广狭"的阶段。从地域广狭说,以汉族为主的中央政权所直接控制的地区,也是通过多次反复伸缩变化才逐渐扩大、形成多民族的统一国家的。杜佑列举五帝、三代时期"道德远覃,四

---

① (唐)杜佑撰,王文锦等点校:《通典》卷五八,《礼典十八》。
② (唐)杜佑撰,王文锦等点校:《通典》卷一八五,《边防典一》。
③ (唐)杜佑撰,王文锦等点校:《通典》卷八五,《礼典四十五》。
④ (唐)杜佑撰,王文锦等点校:《通典》卷六一,《礼典二十一》。
⑤ (唐)杜佑撰,王文锦等点校:《通典》卷四四,《礼典四》。
⑥ (唐)杜佑撰,王文锦等点校:《通典》卷一九,《职官典一》。

夷从化",秦皇、汉武、隋炀以兵拓境而"殒命歼族,遗恶万代"的事实,说明多民族统一国家巩固昌盛的基础在文教,在各族间的和平友好联系,而不能只恃战争和武力。

杜佑正是通过对礼制、衣食、职官、统治区域的变化等多方面的发展变化的叙述,说明人类社会是不断发展、不断进步的。杜佑特别反对那种美化远古传说中的三皇五帝时期社会为经济繁荣、人民富庶文化昌盛的"黄金时代"的说法,而认为当时实际上正好是社会生产落后、人民生活困难、风俗朴野、战争不休、生灵涂炭的乱世。他说:

> 在昔制置,事皆相因。物土疆,建万国,成则肇于轩后,方有可称。不应创择万人,首令分宰。盖因其豪而伏众,即其地而名国。或循沿旧政,简朴不传;或坟籍散亡,建兹复纪。涂山之会,亦云万数。夏祚经四百,已丧七千。殷氏六百年间,又损千二百矣。爰及周报,八百余祀,离为十二,合为六七。始皇荡定,天下一家。历载千九百,并万而为一。众暴寡且无虚月,大灭小未尝暂宁。迭寻干戈,挤人涂炭。①

> 三代以前,天下列国,更相征伐,未尝暂宁。陪臣制诸侯,诸侯陵天子。人毙锋镝,月耗岁歼。自秦氏罢侯置守,两汉及有隋,大唐,户口皆多于周室之前矣。夫天生烝民,而树君司牧,语治道者,固当以既庶而安为本也。②

杜佑将三代以前与三代以后作了比较,认为三皇五帝时期并不是什么黄金时代。为什么这样一个社会经济文化落后,人们粗野而多弊风弊俗的人类历史初期阶段,被吹嘘成"文明盛世"的黄金时代呢? 杜佑认为这是"疾世浇巧"而思托古改制以挽救其统治危机的后代"贤者"故意的夸大、虚美的结果。

第三,历史发展进步的原因,不在"冥数素定",而在"形势驱之"。杜佑一方面肯定了人类社会的历史是由低级向高级发展步的,更可贵的是他还进一步探索了推动历史前进的动力。在这个探索中,杜佑批判了那种历史是"冥数素定"、是种族优劣、是英雄豪杰推动的种种错误观点;明确指出,历史进步主要是"形势驱之",是客观形势发展推动的结果,是人类生活的具体环境和具体条件发生作用的结果。

杜佑的这种认识,不仅可由杜佑在《通典》的内容上摒弃了自《汉书》以来正史诸志中关于阴阳五行、祥瑞符命的大量记载可以看出,不仅从讨论决定战争胜负的原因时,否定了风云鸟兽等自然现象的作用或影响可以看出,又可从讨论地方区划时批判了以天象来说明人事,"下分区域,上配星躔"的分野论可以看出。而且杜佑在讨论诸如中国古代政治制度中的分封制和郡县制的优劣、中央集权和地方分权

---

① (唐)杜佑撰,王文锦等点校:《通典》卷一三,《职官典十三》。
② (唐)杜佑撰,王文锦等点校:《通典》卷一八五,《边防典一》。

的斗争等重大问题时,也鲜明地表达了这种观点。

例如关于中国封建社会历史上集权与分权的问题,为什么中央集权与地方分权之间长期存在着矛盾斗争? 这种矛盾斗争是否像有的史学家认为的那样,是由某些统治者个人的道德品质及政治野心所决定的? 杜佑以唐代的安史之乱为例,说明历史条件所形成的"势"的作用。

> 玄宗御极,承平岁久,天下乂安,财力殷盛。开元二十年以后,邀功之将,务恢封略,以甘上心。将欲荡灭奚、契丹,翦除吐蕃。丧师者失万而言一,胜敌者获一而言万。宠锡云极,骄矜遂增。哥舒翰统西方二师,安禄山统东北三师……于是骁将锐士,善马精金,空于京师,萃于二统。边陲势强既如此,朝廷势弱又如彼。奸人乘便,乐祸觊欲,胁之以害,诱之以利,禄山称兵内侮,未必素蓄凶谋。是故地逼则势疑,力侔则乱起,事理不得不然也。昔汉祖分裂土地,封建王侯,吴芮独卑弱而忠,韩、彭皆强大而悖。……向使制置得其适宜,诸侯孰不信顺,奸谋邪计,销于胸怀,岂复有干纪作乱之事乎? 语曰:朝为伊、周,夕成桀、跖,形势驱之而至此矣。[1]

杜佑分析玄宗开元以来的形势,认为开元二十年(732 年)以后,已形成边将军事实力逐渐增大、朝廷日趋衰弱的形势,因而"地逼则势疑,力侔则乱起,事理不得不然也。"所以安史叛乱的发生,决不仅是安、史个人的原因,更重要的是"形势驱之而至此矣"。

封建正统学者们在谈到危及统治的农民起义或统治阶级内部的党争、变法、内战、篡杀时,总是习惯于从个人去追求原因,以个人道德的标准判定是非,因而难以把握历史发展的要害。在他们眼里,不仅历代农民起义的领导人如黄巢、李自成、张献忠等是盗匪,就是封建时代的改革家如商鞅、王安石等,也被描写为刻薄寡恩、不近人情的奸邪小人。对于历史上农民起义的背景及改革出现的客观原因及客观条件,很少能够给予正确、客观地分析,因而也不能帮助统治者对这些事变作出正确结论,并从中汲取必要的历史教训。

杜佑识见的过人之处正在于此,他在总结历史经验教训以指导现实政治的要求下,能认真地面对现实,面对历史,客观地反映历史事实,在一定程度上道出事物发展的真理。一方面注意把握历史发展的内在要素。另一方面,杜佑也并没有完全否定人们的主观意志和行动能对客观形势产生积极的影响。如果人们能够认清这种客观形势,适应它的发展趋势而采取措施,或对造成这种趋势的客观条件加以改变的话,是可以取得符合人们意愿的结果的。正因为如此,杜佑在反对"冥数素定"的宿命论的同时,又强调"法度得失"、"政理臧否",强调"制得其宜"。就是在讨

---

[1] （唐）杜佑撰,王文锦等点校:《通典》卷一四八,《兵典一》序。

论促使唐王朝由盛而衰的安史之乱所以发生的原因时,杜佑在强调"形势驱之"、"事理不得不然"的同时,也作出"盖是人事,岂惟天时"的论断。(《通典·食货典》后论)显然,杜佑是注意到了"形势"和"人事"两方面的作用的。[①]

一千多年前,作为古代的史学家,杜佑即能从"人事"、"形势"的角度衡量并辩证地观察历史的发展,与我们现在所讲的辩证地客观地认识历史的思想在某种程度上相吻合,其史观的杰出,是不能不令人敬佩的。

第四,"为国之本资乎人,氓人之利害系乎官政"。杜佑认为,在管理国家政治方面,人才起着决定性的作用。他认为,国家政治的好坏,决不是"明君""昏君"一人之事,"君不独理,故建庶官",所以"官政"如何,于"国本"关系极大。这是杜佑在人才思想方面的一个出发点。杜佑认为:"夫上材盖寡,中材则多,有可移之性,敦其教方善;若不敦其教,欲求多贤,亦不及已。非今人多不肖,古人多材能,在施政立本使之然也。"[②]

这里,杜佑认为,人才并不是"天生"的,而是靠教育、培养的手段才能得到。杜佑驳斥了那种"今人不如古人"的看法,认为人才是在实践中造就成的。在《选举典》中,杜佑对魏晋以来以言取士的制度持批评的态度。他主张选人应注意"行备,业全,事理,绩茂"这样几个因素,即着重从其实际才能方面进行考察。他认为"以取士既已失之,考言唯华,失之愈远。若变兹道,材何远乎!"[③]

杜佑主张采用多种办法和途径选拔人才:"诚宜斟酌理乱,详览古今,推仗至公,矫正前失。或许辟召,或令荐延,举有否臧,论有诛赏,课绩以考之,升黜以励之。拯斯刓弊,其效甚速,实为大政,可不务乎!"这里,杜佑提出一整套综合的人才管理办法,包括古今教训、当事人的公正态度、考核制度、升黜制度等。

"古之中华,今之夷狄"。在封建社会里,正统学者们认为,中华自古以来便是文明的礼义之邦,而夷狄始终是蛮荒之野人。因而,在民族关系上,他们往往歧视"夷狄"等少数民族。而杜佑从人类社会由低级向高级进化的观点出发,认为中华民族最初与夷狄并无两样,只是经过多年的进化,才发展到今天的文明水平,他指出:"古之人朴质,中华与夷狄同:有祭立尸焉,有以人殉葬焉,有茹毛饮血焉,有巢居穴处焉,有不封不树焉,有手搏食焉,有同姓婚娶焉,有不讳名焉"。[④] 他还说:"人之常情,非今是古,其朴质少事,信固可美,而鄙风弊俗,或亦有之。缅维古之中

[①] 李之勤:《杜佑的历史进化论》,《中国史学史论集》第二辑,上海人民出版社 1980 年版,第 183 页。

[②] (唐)杜佑撰,王文锦等点校:《通典》卷一三,《选举典一》。

[③] (唐)杜佑撰,王文锦等点校:《通典》卷四〇,《职官典二十二》。

[④] (唐)杜佑撰,王文锦等点校:《通典》卷四八,《礼典八》。

华,多类今夷狄"。①

杜佑从民族习俗上证明,上古之时,"中华"也有许多"鄙风弊俗",跟"夷狄"并没有什么两样,所以作为统治者,不能贵中华而贱"夷狄"。杜佑关于民族平等的思想,是唐代民族融合和民族政策的产物,在理论上具有重要意义,它进一步打破中国历史传统观念,即"中华"一向就是先进的民族,而"夷狄"向来就是落后的民族。从而提出,中华与"夷狄"应友好亲善。正是在这样的思想指导下,杜佑在民族关系上,反对周边少数民族滥施兵革,提出"来则御之,去则备之"、"怀之以德"的处理民族关系的方针。他批评秦始皇、汉武帝、隋炀帝在处理民族关系方面的失误,造成"百姓怨苦"的局面,称赞汉武帝"深达理源",晚年有所节制的做法。

杜佑关于"中华与夷狄同"的民族观点,是有着重要的理论意义的。恩格斯曾说过:"我们越是深入地追溯历史,同出一源的各个民族之间的差异之点,也就越来越消失。一方面这是由于史料本身的性质,——时代越远,史料也越少,只包括最重要之点;另一方面这是由这些民族本身的发展所决定的。同一个种族的一些分支距他们最初的根源越近,他们相互之间就越接近,共同之处就越多。……这一种或那一种特点,可能只有地方性的意义,但是它所反映的那种特征却是整个种族所共同具有的,而史料的年代越是久远,这种地方性的差别就越是少见。"②杜佑作为封建史家,不可能掌握这种科学观点与科学方法,但他在一千多年前能够提出"中华与夷狄同"的论点,的确是难能可贵的。

从以上列举的几个方面可以看出,杜佑的历史观的进步性是十分突出的,这既是对古代优秀史学家优秀的史学传统的继承,更是一种发展、创新和扩大。综合起来看,这些史学观点的一个鲜明的特点,是他十分重视将历史经验与当时的社会现实结合起来,他的许多见解和主张都有相当的准确性和突出的针对性,具有直接为现实服务的作用和价值,这是他"征诸人事,将施有政"的经世致用学术旨趣的反映。③

(三)《通典》的影响及研究

杜佑所撰《通典》,是我国古代史学发展史上的一块里程碑。首先,《通典》的编纂奠定了典制体史书的基础。从此在编年体、纪传体两种体裁史书之外,出现了政书体史书,开辟了历史研究的新途径。后来不少史学家追随杜佑的《通典》,继有续作。

① (唐)杜佑撰,王文锦等点校:《通典》卷一八五,《边防典一》。
② 《马克思恩格斯全集》第16卷,人民出版社1964年2月版,第570页。
③ 瞿林东:《唐代史学论稿》下编,北京师范大学出版社1989年3月第1版,第286页。

北宋真宗咸平年间,有宋白等人奉诏令修撰《续通典》二百卷,这是《通典》最早的续作,可惜"其书重复猥杂,大为时论所非,卒不传布"。[①] 南宋魏了翁又作《国朝通典》,记载宋代的典章制度,但最终未能成书。

元初马端临深受杜佑《通典》的启发,一方面"效《通典》之成规",一方面补《通典》之所无,撰成《文献通考》二十四门,三百四十八卷,是继承、发展《通典》的又一巨著。此后,清朝乾隆年间,敕修《续通典》一百五十卷,记载唐肃宗一直到明思宗近九百年的典章制度。《续通典》篇目基本依杜佑《通典》所定的形式,只是把《兵》《刑》分列,共为九门。清初,乾隆皇帝还敕修《清通典》一百卷,记载清初到乾隆年间的典章制度。《清通典》体例与《续通典》相同,分为九门,但《食货典》中的《榷酤》《算缗》,《礼典》中的封禅等,因清代未实行,因此删去。《州郡典》以九州统叙历代沿革,也不适应清朝,故改以《清一统志》为标准。虽然如此,《续通典》《清通典》都是受杜佑《通典》影响而编撰成的有关典章制度的专史。

实际上,"九通"或"十通"这些典制体史书,都是在《通典》的影响下陆续完成的,九通或十通与二十四史并驾齐驱,成为研究中国古代历史的重要典籍。

此外,《通典》出现后,北宋王溥撰《唐会要》《五代会要》,后世因之,又有《宋会要》《大明会典》《大清会典》的编撰,这也是政书体史书的一种类型。因此,《通典》开创新史体的巨大功绩,是具有重要意义的。

第二,《通典》所反映的经世致用的思想,影响也是深远的。中国古代史学,很早便已形成为现实服务的优良传统。杜佑撰《通典》,强调"将施有政",将"经世致用"的思想进一步发展了。唐人李翰在《通典·序》中曾讲:

> 儒家者流,博而寡要,劳而少功,何哉? 其患在于习之不精,知产不明,入而不得其门,行而不由其道,……学者以多闻为广见,以异端为博闻,是非纷然,塞胸满腹,溃洞茫昧,而无条贯,或举其中而不知其本,原其始而不要其终。高谈有余,待问则泥。虽驱驰百家,日诵万字,学弥广,而志弥惑,闻愈多而识愈疑,此所以勤苦而难成,殆非君子进德修业之意也。

这里,李翰批评了以往一些儒学家流博而寡要、所学不切实际的弊端,认为这样的人学的越多越糊涂,高谈有余,实用则不行。下面笔锋一转,李翰评介《通典》:

> 今《通典》之作,昭昭乎其警学者之群迷欤! 以为君子致用,在乎经邦,经邦在乎立事,立事在乎师古,师古在乎随时,必参古今之宜,穷始终之要,始可以度其古,终可以行于今,问而辨之,端如贯珠,举而行之,审如中鹄。夫然,故施于文学,可为通儒,施于政事,可建皇极……非经国礼法程制,亦所不录,弃无益也。若使学者得而观之,不出户知天下,未从政达人情。罕更事知时变,

---

① (宋)李焘:《续资治通鉴长编》卷四九,真宗咸平四年九月丙戌。

为功易而速，为学精而要……非聪明独见之士，孰能修之。①

李翰显然深深洞悉《通典》一书的主旨所在，即"致用在乎经邦"。与杜佑同时代的权德舆也称《通典》"诞章闳议，错综古今，经代（世）立言之旨备焉"②。宋人朱熹也认为："杜佑可谓有意于世务者。"③清朝乾隆皇帝称《通典》是"经国之良模"。著名的史学家范文澜也说："《通典》的精华是'理道'的要诀。"④

关于经世致用之学，我国学者一般都认为它产生于明末清初，而在清嘉庆、道光年间得到发展。但是一些学者认为，根据《通典》一书所反映的经世致用的学术旨趣判断，上述看法是可以商榷的。中国历史上经世致用之学，应是滥觞于唐中叶，从代宗大历年间至宪宗元和年间则显得尤其活跃，这时期的经世致用之学，用杜佑的话来说，它是作为"术数之艺"、"章句之学"的对立物而出现的，其后，南宋学者陈亮、叶适主张"功利"之学和"务实"之道，对朱熹学派宣扬的义理说教进行批判，是经世致用之学在理论上的前进。明末清初顾炎武等人更进一步把对理学的批判与著述的实践结合起来，力倡"文须有益于天下"，所有这些，都是嘉、道年间勃兴起来的经世致用之学的前驱。显然，杜佑《通典》的"经世致用"思想，是具有开启先河的意义的。⑤

第三，《通典》的编纂，为继承发展"通史学风"做出了贡献。《史记》以下，修史多是断代为书，通史罕有制作。而《通典》修成以后，使"通史"体史书重又受到人们的重视。章学诚说："总古今之学术，而纪传一规乎史迁，郑樵《通志》作焉；统前史之书志，而撰述取法乎《官礼》，杜佑《通典》作焉；合纪传之互文，而编次总括乎荀、袁，司马光《资治通鉴》作焉；汇公私之述作，而铨录略仿乎孔、萧，裴潾《大和通选》作焉。此四者，或存正史之规，或正编年之的，或以典故为纪纲，或以词章存文献，史部之通，于斯为极盛也。"⑥

梁启超也强调："有《通鉴》，而政事通，有《通典》而政制通。"认为作史"所贵在会通古今。"⑦这些评论都肯定了《通典》"会通因仍之道"及其在中国史学的"通史学风"传承上所起的作用。

当然，作为古代史学家编撰的史书，《通典》也存在一些缺陷：首先，从历史编纂角度来看，《通典》以一百卷，约占全书二分之一的篇幅写"礼"，其中"沿革篇"六十

---

① （唐）杜佑撰，王文锦等点校：《通典》，《通典序》。
② （清）董诰：《全唐文》卷五〇五，《杜公墓志铭并序》，上海古籍出版社 1990 年 12 月第 1 版。
③ 《朱子语类》卷一三六，《四库全书·子部儒家类》。
④ 范文澜：《中国通史》第 4 册，人民出版社 1979 年 5 月版，第 363 页。
⑤ 瞿林东：《唐代史学论稿》，第 287 页。
⑥ 章学诚：《文史通义》卷四，《释通》，上海书店 1988 年 3 月影印本。
⑦ 梁启超：《中国历史研究法》第 2 章，上海古籍出版社 1987 年 9 月第 1 版，第 21 页。

五卷,"开元礼"三十五卷,不能认为是十分合适的。这些内容既失于重复,又失于烦琐。① 其次,在杜佑的历史哲学中,朴素的唯物主义观点,朴素的辩证法观点和进步的历史观点,是应充分肯定的。但从全书来看,仍有不少消极的方面,即忽视人民群众的作用,认为"民者,瞑也,可使由之,不可使知之"。而对于个别杰出的统治阶级人物的作用,作了过高的评价。因而与其思想积极的一面,存在着矛盾之处。

再次,《通典》在社会思想方面,从经济制度、政治制度的角度,对封建社会有不少深刻揭露,但《通典》作者毕竟是封建社会秩序的积极维护者,他编纂此书的目的是为了"将施有政",所以他自然要对封建统治进行大量的粉饰,这是《通典》的糟粕所在。

对于《通典》存在的缺陷,我们只能放到当时的历史背景和历史条件下去认识,我们不能对一千多年前的史学家提出跨时代的要求。

《通典》在宋、元、明、清各代有多种刻本,以清代乾隆武英殿刻"九通"本最为流行。国外有朝鲜活字刊本。今天所存最早版本为北宋刻本,现藏于日本宫内厅书陵部。1981 年日本汲古书院以其原版影印刊行,其缺卷部分用日本天理图书馆藏南宋刻本、静嘉堂文库藏元刻本补齐。1988 年中华书局出版的标点本最便于阅读。

《通典》的研究,一直受到学者们的重视,国内关于《通典》研究较有影响的论著有:瞿林东《唐代史学论稿》,北京师范大学出版社 1989 年 3 月出版。李之勤《杜佑的历史进化论》,载于《中国史学史论集》第二集,上海人民出版社 1980 年 1 月出版。陈光崇《杜佑在史学上的贡献》,载于《中国史学史论集》第二集,上海人民出版社 1980 年 1 月出版。陶懋炳《杜佑和通典》,载《史学史资料》1980 年 3 期。张志哲《中国史籍概论》(第 5 章第 1 节),江苏古籍出版社 1988 年出版。仓修良《中国古代史学史简编》(第 4 章第 1 节),黑龙江人民出版社出版。金毓黻《中国史学史》(第 7 章第 4 节),中华书局 1962 年 6 月出版。其他著作不一一列举。这些论著,都是我们在学习和研究《通典》这部著作时可以参考的。学习研究参考书目(略)

(原载魏良弢主编《史著英华》,中国青年出版社 2000 年 5 月第 1 版)

---

① 也有学者对此提出不同意见,认为《通典·礼典》一百卷为研究中古以前尤其唐前期的礼仪制度、宗教文化、社会关系提供了重要资料,是中国古代第一部礼制史通史著作,是唐以前历代礼治与礼制的历史总结。参见安徽大学张灵利 2008 年硕士学位论文《论杜佑〈通典·礼典〉》。

《通志》评介

两宋时期，随着社会经济和学术文化的发展繁荣，史学也进入空前繁盛的时期，涌现出大批著名的史学家，撰写出多种体裁的鸿篇巨制，其中郑樵编撰的二百卷纪传体通史——《通志》，便是其中著名的一部。宋代以后，《通志》产生了历久不衰的影响，成为中国史学百花园中一朵奇葩。

一、郑樵的生平与《通志》的编纂

（一）郑樵的生平

郑樵，字渔仲，别号溪西渔民。福建兴化军莆田（今福建田）人。生于北宋崇宁三年三月三十日（1104 年 4 月 26 日），卒于南宋绍兴三十二年三月初七（1162 年 4 月 22 日），享年 59 岁。

根据 1963 年在福建发现的道光年间《郑氏族谱》记载，郑樵的七世祖郑居泰当过湖州安阳县簿、涪州参军司法，高祖郑冲监曾任杭州酒税，都是职位不太高的地方官吏。郑樵的曾祖父郑子堂曾"补太学，中漕司举，复中本贯"，开始任朝廷官。祖父郑宰"熙宁三年（1070 年）庚戌进士"，父亲郑国器是太学生。

郑樵祖上是莆田当地的望族，到父亲郑国器这一代时，郑家仍相当殷富。郑国器曾经将一部分土地卖掉，筹集资金建筑水利工程——下溪苏羊陂，灌溉田地七百多亩，乡亲们因此感谢郑家，每年自动输送陂租六百斤，祭祀郑家祖先（道光郑惠元《郑氏族谱》）。郑樵乡居几十年，主要的经济来源就是地租、陂租。大概郑樵没有担任官职的缘故，郑家到郑樵这一代时，几乎已到了"穷困之极""厨无烟火"的地步，郑樵后来常称自己是"田家子"①。

郑樵小时候读书十分用功，很早便对《六经》诸子等书产生了兴趣。16 岁那

---

① （宋）郑樵：《夹漈遗稿》卷三，《与景韦兄投江给事书》，文渊阁《四库全书》本。

年,父亲去世,郑樵谢绝人事,不应科举,与堂兄郑厚一道,到城外夹漈山中造草屋三间,专心读书三十年,人们都称他为"夹漈先生"。少年时代,郑樵抱负很大,立志"欲读古人之书,欲通百家之学,欲讨六艺之文而为羽翼",并说"如此一生则无遗恨"①兄弟二人,常是"寒月一窗,残灯一席,讽诵达旦而喉舌不罢劳……或掩卷捱灯,就席杜目而坐,耳不属,口不诵而心通,人或呼之,再三莫觉。"

随着岁月的流逝,家藏书籍已难以满足兄弟阅读的需要,于是郑樵兄弟就到一些藏书家的家中借读书籍,"闻人家有书,直造其门求读,不问其容否,读已则罢,去住曾不吝情"②。当时的福建,因为不曾受过兵火践踏,所以许多人都收藏有不少前代书籍,特别是郑樵的家乡莆田,号称是藏书最富的地方。兵部郎中叶廷珪在绍兴十五年(1145年)上疏中曾说:"切见闽中不经残破之郡,士大夫藏书之家,宛如平时,如兴化之方、临漳之吴,所藏尤富,悉其善本。"③据郑樵自己在《通志·校雠略》中讲,"乡人陈氏,尝为湖北监司,其家甚微,其官甚卑,然一生文字间,至老不休,故所得之书,多逢山所无者"。乡邦丰富的藏书为郑樵广泛阅读各种书籍创造了良好的条件。加之其异常勤奋,"创作还惊心力尽,吟哦早觉鬓毛雕"④。"寸阴未尝虚度,风晨雪夜,执笔不休。"⑤故能成就一代巨著。

(二)《通志》的编撰

经过十多年的辛勤寻访,郑樵终于搜集了"东南遗书……古今图谱,三代之鼎彝,与四海之铭碣"⑥,撰成《群书会记》三十六卷。郑樵自己曾说,"虽不一一见之,而皆知其名数之所在。后来他又抄录秘省所颁阙书目录,撰成《求书阙记》七卷、《外纪》十卷。广泛的研读,为郑樵编撰《通志》打下了充实的史料基础。

郑樵的读书生活,十分清苦。平日里"布衣蔬食随天性"⑦,一心读书钻研,生活琐事全不在意,"夏不葛亦凉,冬不袍亦温,肠不饭亦饱,头发经月不栉,面目衣裳垢腻相重不洗"。以至亲友们都把他看成"为痴、为愚,为妄"⑧。

郑樵刻苦学习,然而并非与众人完全隔绝,郑氏兄弟二人对于众人之事,也是"解纷排难,洞肝彻臆,遇不平事,则热中振衣,达旦不寐,奔往掉赴,若将后时"⑨

---

① (宋)郑樵:《夹漈遗稿》卷二,《献皇帝书》。
② (宋)郑樵:《夹漈遗稿》卷三,《与景韦兄投字文枢密书》。
③ (宋)李心传:《建炎以来系年要录》卷一五三,中华书局1988年4月第1版,第2465页。
④ (宋)郑樵:《夹漈遗稿》卷一,《题夹漈草堂》。
⑤ (宋)郑樵:《夹漈遗稿》卷二,《献皇帝书》。
⑥ (宋)郑樵:《夹漈遗稿》卷二,《献皇帝书》。
⑦ (宋)郑樵:《夹漈遗稿》卷一,《题夹漈草堂》。
⑧ (宋)郑樵:《夹漈遗稿》卷三,《与景韦兄投字文枢密书》。
⑨ (宋)郑樵:《夹漈遗稿》卷三,《与景韦兄投江给事书》。

当郑樵兄弟在夹漈山中刻苦读书学习的时候,宋代社会正经历着巨大的变化。北宋覆灭以后,宋室南迁。南宋政权建立初期,宋、金对峙,民族矛盾尖锐而复杂。在民族危机日益严重,全国军民纷纷投入抗击金兵、抵抗金兵南侵的形势下,年青的郑樵没有将自己关在书斋之中、隔在世事外,而是满怀一腔热血,决心报效国家。郑樵兄弟结伴下山,投书给事中江常和签枢密院事的宇文虚中,以古代"能死义之士"的马援、张巡、许远等英雄自许,表示要以自己的才干和学识服务朝廷,抗击金兵,"以摅生灵之愤,刷祖宗之辱"。①

在给江给事的信中,郑樵兄弟二人对时局提出了自己的看法。他们认为,第一,此时虽是天子蒙尘,苍生鼎沸之时,但是从宋金双方情况来看,只要能够很好地利用有利条件,抗金战争是能够取得胜利的。第二,宋朝军队教导不明、典型不正、纪律不严、军心不振,而一般士大夫又是"龊龊不图远略,无足与计者",因此,郑樵兄弟把希望寄托在宇文虚中、江常等他们认为杰出的人物身上,并且满怀期望地等待着他们的提携。但是,郑樵兄弟的上书并没有得到回应。由于朝廷抗金不力,宇文虚中因议和之罪被流窜韶州,后又奉使金国,羁囚而死。郑樵兄弟两人被引荐无望,无奈,只好重回夹漈,继续潜心钻研学问,读书讲学,借以抒发自己的学术主张,寄托自己的政治理想。

绍兴五年(1135年),郑厚"再举礼部,奏赋第一",走上宦途。而郑樵仍然坚持在夹漈山上过着清苦的读书生活。为了学术研究和著作,他虽然先后三次被举荐为"孝廉",两次被推举为"遗逸",仍不动心,专心致志于著述生活。

宋代的学术是在社会经济和科学技术进步的基础上,在唐代学术的影响下发展起来的。在史学方面,也出现了空前繁荣的局面,《五代史》(《旧五代史》)、《新唐书》、《五代史记》(《新五代史》)、《资治通鉴》等重要著作,都是在宋代编成的。另外,对于当代"国史"的纂修,也有很大的成绩。

宋代私人修史的风气相当盛行,尽管在纂修当代历史时,往往由于记述时政,难免触犯朝廷中的某些人物,因而受到查禁,但总的说来,宋代私修的史籍比前代有所增加。郑樵正是在宋代学术繁荣的背景下,深感通史的缺乏,而决心编纂通史。郑樵的理想是要"集天下之书为一书",为了这个目的,郑樵平时特别注意结交两种类型的人物,一类是文化人士和藏书家,郑樵与他们互借藏书,切磋学术。另一类是朝廷官员,他们有的是看重郑樵的学问而与他交往,如李纲、赵鼎、张浚等人,还有一些人则是郑樵想借助他们的力量,取得更为有利的条件从事著作,如皇帝、宰相等人。

为了达到"集天下书为一书"的目的,郑樵在长达几十年中,对各种学问作了有

---

① (宋)郑樵:《夹漈遗稿》卷三,《与景韦兄投江给事书》。

计划、有系统的研究。通史的写作,必须全面反映社会历史丰富的内容,要求作者具备广博的知识。郑樵从研究经学入手,批判汉儒治经的烦琐注释和宋儒的重辞章、讲义理的主观臆说,代之以务实的学风,注意理论与实践的联系印证。他曾指出前代的许多注疏家由于缺乏实践经验,自己也不知何物何状,单凭书本知识进行注释,结果是"反没其真",别人读了自然也得不到任何益处。他说,那些浅显的学问家们只知道陈说人情物理,而对于自己不懂的知识,则注如同不注。遇到天文,则说这是星名;遇到地理,则说这是地名,这是山名,这是水名;遇到草木则说这是草名,这是木名;遇到虫鱼则说这是虫名,这是鱼名;遇到鸟兽则说这是鸟名,这是兽名。至于到底这是什么星、什么地、什么山、什么水、什么草、什么木、什么虫、什么鱼、什么鸟、什么兽,则避而不谈。即使偶尔有所解释,也不过是以《尔雅》为根据,自己并不认识。

为改变这种情况,郑樵大力提倡研究学问要结合实际、身体力行。在《通志·昆虫草木略》序中,他介绍自己的经验说,为了研究植物,他常常离开自己的草堂,到田野里去向老农请教。为了观察动物的生活状态,他常常在夜深人静或黎明前潜入深山丛林之中,"与夜鹤晓猿杂处,不问飞潜动植,皆欲究其情性"。为研究天文,他在《天文略》序中说自己秋夜口吟《步天歌》(关于天文的诗歌),抬头望视星辰,一一核实星辰位置,用实践中所获得的知识,去丰富书本中的知识。

在几十年的钻研学习中,郑樵以十年时间学习经学,三年时间学习礼乐之学,五六年学习天文、地理、虫、鱼、草木之学,八九年为讨论之学。[①] 为编撰《通志》奠定了坚实的基础。

为了实现编撰史书的夙愿,郑樵早在绍兴八年(1138 年)就投书礼部尚书方逢辰,表明自己立志撰写通史的意愿,介绍了自己初步的设想,要求方逢辰代为举荐,以取得朝廷的任命。[②] 郑樵生活的时代,私自编撰史书是会冒极大风险的,只有经朝廷同意,才可避免擅修国史之嫌。经过几年的努力,绍兴十九年,郑樵四十六岁,著作已经积累了不少,于是他从中挑选了一百四十种,步行两千余里,奔赴京师向朝廷献书。他在《献皇帝书》中,介绍了自己的身世、胸怀抱负,并说明自己著作的门类、方法、意义,希望能得到朝廷的认可与支持。这一次献书,郑樵受到朝廷的"嘉纳",宋高宗为粉饰太平,诏令将郑樵所撰之书藏于秘府。这使郑樵受到极大鼓舞。回乡以后,郑樵声名鹊起,远近前来登门问学的一时多达二百余人,郑樵所作的文字也随之广泛流传。在《上宰相书》里,郑樵曾说:"樵虽林下野人,而言句散落人间,往往家藏而户有,虽鸡林无贸易之价,而乡校有讽诵之童。凡有文字,属思之

---

① (宋)郑樵:《夹漈遗稿》卷二,《献皇帝书》。
② (宋)郑樵:《夹漈遗稿》卷三,《寄方礼部书》。

间已为人所知。未终篇之间,已为人所传。"①影响之大,于此可见。虽然郑樵已经取得了很大的成功、很高的名声,但他并不自满,而是"益自励学",发奋著作。

绍兴二十七年(1157年),经过侍讲王伦和贺允中的举荐,高宗赵构于次年二月召见了郑樵。郑樵对于能够见到高宗,十分高兴,他说:"自古帝王之负学术,未有如此之高明;从来草茅而见至尊,未有如此之委曲。一时盛事,四海传闻"(《上殿通志表》,见周华《福建兴化县志》卷六)。趁着见到皇帝的机会,郑樵献上《修史大例》,向高宗陈述拟编《通志》一书的内容纲要,并要求宋高宗批准他进入官府的藏书库,阅读朝廷秘阁藏书。高宗召见郑樵以后,朝廷授予郑樵九品的右迪功郎,让他去主管兵部架阁文字。但时间不久,郑樵便遭遇到御史叶义问的"弹劾",高宗改派郑樵担任监谭州南岳庙之职,并给予笔墨用具,归家撰写《通志》。此后郑樵遂专心撰述。一边整理、审订过去陆续写就的旧稿,特别是有关《二十略》的内容,同时着手删节改订正史的纪传文字,最后终于完成了《通志》全书的初稿,实现了会通众史,"集天下之书为一书"的理想。

绍兴三十一年,郑樵满怀激情,携带《通志》稿本,再次到京城献书。恰逢宋高宗赴建康未归,由留守宰相接待,仍得诏除枢密院编修官,不久兼检详诸房文字。为了便于翻阅秘书省的藏书,他提出"修金正隆官制"的请求并得到许可,实现了多年来的宿愿,但不久以后,郑樵再遭弹劾而罢职。这对郑樵来说是一个打击,绍兴三十二年,宋高宗回到临安,下诏命郑樵进献所著《通志》。命下之日,郑樵已不幸病逝于故里,终年59岁。

二、《通志》的主要内容及编纂特点

(一)主要内容

郑樵是一个学识渊博的学者,他的治学范围,经史子集、天文地理、花草虫鱼无所不包。他生平著述很多,仅文献有记载的便多达八十四种,现在尚可考证的有五十七种,大致分为九类:

史类十八种	《通志》二百卷;《氏族志》五十七卷;《群书会记》三十六卷;《图书志》一卷;《图谱有无记》二卷;《集古系时录》十卷;《集古系地录》十一卷;《求书阙记》七卷;《求书外记》十卷;《夹漈书目》一卷;《百川原委图》《郡县迁革书》《动植志》《氏族源》《氏族韵》《亡书备载》《校雠备论》《书目正讹》等。

① (宋)郑樵:《夹漈遗稿》卷三,《上宰相书》。

经类十三种	《诗经》二十卷;《诗辨妄》六卷;《书考》六卷;《书辨讹》七卷;《春秋传》十二卷;《春秋考》十二卷;《春秋地名谱》十卷;《尔雅注》三卷;《刊谬正俗跋正》八卷;《谥法》三卷;《诸经序》《春秋列传》《诗名物志》等。
礼类五种	《乡饮礼》七卷;《乡饮礼图》三卷;《乡饮驳议》《衣服图》《运祀仪》等。
乐类一种	《系声乐府》二十四卷。
小学类九种	《象类学》十一卷;《字始连环》二卷;《石鼓文考》三卷;《论梵书》三卷;《六书证篇》《续汗简》《分音类韵》《字书》《音韵之书》等。
诸子类一种	《十说》二卷。
天文类六种	《天文志》《分野记》《大象略》等。
医方类六种	《本草成书》二十四卷;《本草外类》五卷;《鹤顶方》二十四卷;《食鉴》四卷;《采治录》《畏恶录》等。
文类一种	《夹漈遗稿》三卷。

以上九类五十七种,除二十四种无卷数外,还有三十三种,五百三十七卷,或许尚有别的著作存在。[①]

在郑樵撰写的众多著作中,现存的只有《通志》《夹漈遗稿》《尔雅注》《诗辨妄》《六经奥论》以及一些零散的遗文。这些著作中,最著名的即是他积三十余年精力编撰的二百卷的《通志》。

《通志》是一部纪、传、表(谱)、志俱全的大型通史著作,是郑樵毕生心血的结晶。全书的具体篇目如下表:

本纪十八卷	《三皇纪》一卷;《五帝纪》一卷;《三王纪》一卷;《秦纪》一卷;《前汉纪》一卷;《后汉纪》一卷;《魏纪》一卷;《蜀纪》一卷;《吴纪》一卷;《晋纪》一卷;《宋纪》一卷;《南齐纪》一卷;《梁纪》一卷;《陈纪》一卷;《后魏纪》一卷;《北齐纪》一卷;《北周纪》一卷;《隋纪》一卷。
世家三卷	《周同姓世家》一卷;《周异姓世家》二卷。
列传一百零八卷	《后妃传》二卷;《宗室传》八卷;《列传》七七卷;《外戚传》一卷;《忠义传》一卷;《孝友传》一卷;《独行传》一卷;《循吏传》二卷;《酷吏传》一卷;《儒林传》三卷;《文苑传》二卷;《隐逸传》二卷;《宦者传》一卷;《游侠刺客滑稽货殖传》一卷;《艺术传》三卷;《佞倖传》一卷;《列女传》一卷。

---

① 张志哲:《中国史籍概论》第 5 章,江苏古籍出版社 1988 年版。

续　表

载记八卷	《前凉前赵载记》一卷；《后赵魏载记》一卷；《前燕载记》一卷；《符秦载记》一卷；《后秦后蜀后凉载记》一卷；《后燕西秦北燕载记》一卷；《南凉北凉南燕载记》一卷；《西凉夏后梁载记》一卷。
四夷传七卷	《东夷传》一卷；《西戎传》二卷；《南蛮传》二卷；《北狄传》二卷。
年谱四卷	《世谱年谱》四卷。
二十略五十二卷	《氏族略》六卷；《六书略》五卷；《七音略》二卷；《天文略》二卷；《地理略》一卷；《都邑略》一卷；《礼略》四卷；《谥略》一卷；《器服略》二卷；《乐略》二卷；《职官略》七卷；《选举略》二卷；《刑法略》一卷；《食货略》二卷；《艺术略》八卷；《校雠略》一卷；《图谱略》一卷；《金石略》一卷；《灾祥略》一卷；《昆虫草木略》二卷。

（二）编撰特点

郑樵编撰的《通志》，纪、传、略叙述的历史时间前后并不一致，本纪自三皇五帝到隋，后妃传自汉到隋，列传自周到隋，二十略自传说时代到唐及北宋。从郑樵最初的愿望来看，他准备"上自羲皇，下逮五代"。之所以修撰过程中在时间起讫上有所改动，主要原因正像他自己在《通志·总序》中所说："唐书、五代史，皆本朝大臣所修，微臣所不敢议，故纪传讫隋。若礼乐政刑，务存因革，故引而至唐云。"显然，郑樵是担心触犯本朝的忌讳。也正是因此，在正式修《通志》以前，他曾一再上书给皇帝和宰相，请求朝廷批准其修撰通史，直到宋高宗正式下诏许可，他才着手编纂。

郑樵正式修撰《通志》的时间，据他在《上宰相书》里谈道："去年到家，今年料理文字，明年修书，若无病不死，笔札不乏，远则五年，近则三载，可以成书。"表面上看，郑樵修书的时间，只有三五年，而事实上，正如前面所述，郑樵为修《通志》已进行了长期准备。如若不然，三年五载的短时间内，他是不可能完成这样一部大著作的。特别是《二十略》，若不是长期研究，短时间内决难草就。

事实上，郑樵多年的著述，都是为《通志》的修撰打基础。仅就《二十略》而言，在撰《氏族略》之前，他便写过《氏族志》五十七卷，还写过《氏族源》、《氏族韵》二书；在撰《六书》《七音》二略以前，则写过《象类书》《六书证篇》《字始连环》《分音类韵》等书；关于天文方面，他作过《天文志》；而《艺文略》，则有其《群书会记》为蓝本；《校雠略》则更有《校雠备论》《书目正伪》等书为依据。

不仅《二十略》是这样，即使纪传部分，也都同样事先写过某些专著，如《春秋列传》，就是郑樵在《通志》一书中为春秋时期人物补立新传所本。郑樵自己所讲"五十载总为一书"（《上殿通志表》，载周华《福建兴化县志》卷六），即是这个意思。

郑樵的《通志》，从体例上来说，包括本纪、列传、世家、载记、年谱、略六门，完全仿照司马迁《史记》而作,只不过是改书称略,改表称谱,另外加上载记。载记是唐人修《晋书》时为记载十六国少数民族政权设立的体例,这些改动,对《史记》的体例没有实质性改变。《史记》是一部纪传体通史,《通志》的名称正是通史的意思,郑樵一生奋斗的目标,就是要写一部贯通古今的通史。郑樵在《通志·总序》中说:"古者纪事之史谓之志……太史公更志为记,今谓之志,本其旧也。"其实,《史记》一书本名《太史公书》,《史记》一名乃后人称谓,因而"更志为记"并非出自司马迁本人之意。

《通志》一书,长期以来,人们认为精华皆在《二十略》,这也是郑樵最为自负的。正像他在《通志·总序》中所说:"今总天下之大学术而条其纲目,名之曰略,凡二十略。百代之宪章,学者之能事,尽于此矣。其五略(指礼、职官、选举、荆法、食货)汉唐诸儒所得而闻,其十五略,汉唐诸儒所不得而闻也。"正是由于人们往往只看重《通志·二十略》,因而南宋末年以来,刻书家即单刻《二十略》行之于世,以至于像马端临这样博览群书的史学家,也仅仅只见到《二十略》,而没有看到《通志》全书。元大德(1297—1307 年)以后,全部《通志》才逐步刊行于世。

对于《通志》的纪传部分,长期以来人们一直评价不高,认为其内容大都是损益诸史旧文而成,这一点连郑樵本人也直认不讳。他在《通志·总序》中说:"纪传者,编年纪事之实迹,自有成规,不为智而增,不为愚而减。故于纪传,即其旧文,从而损益。"近十年来,一些史学家以《通志》纪传与有关史书核对,发现郑樵修纪传并不是"全钞诸史,无所剪裁",而是对旧史有所损益,进行过一番加工的。[①]《通志》先秦部分,史事的补正十分明显,特别是三皇五帝两卷,与《史记》全异,可以说是重编。"三王纪"(夏、商、周)也是据部分《史记》旧文重新改纂的。先秦时代的列传,《通志》的蓝本是《史记》为主,但是由于司马迁详今略古,先秦人物传记不多,对此,郑樵亦多所补正。从卷八九春秋、周、鲁各人物传至卷九二齐、楚的大部分传文(约 130 篇),都是《史记》所无。如《富辰列传》《单襄公列传》《申繻列传》《臧文仲列传》等,有的是删节《国语》而成,有的是增损《左传》而成,有的则是综合两书有关篇章编纂而成。至如人们所熟悉的《马钧传》,则是根据《三国志》裴注的内容删削而成。其他六朝至隋各纪传折中于南北史与各史原书之间者,也不乏其例。

在纪传部分中,郑樵改变"史""汉"各书"合传""附传"的格式,统一采取以朝代为纲,按先后次序编排的"分传"形式,使一些人物事迹更为突出。如廉颇、蔺相如的传,《史记》是合传,末附赵奢父子、李牧传;管仲、晏婴也是合传,《通志》则一律改成分传,并列叙述。

对待"类传"这一格式,郑樵也颇费功夫,如《晋书》有"忠义传",后魏称"节义",

---

① 仓修良:《中国古代史学史简编》,黑龙江人民出版社 1983 年版,第 304 页。

隋曰"诚节",周称"孝节",宋称"孝义",其他《梁书》《陈书》《齐书》《魏书》都不立此传,《通志》则统一名目为"忠义传"。

在内容方面,加以改编重纂,如《梁书》无"忠义传",《通志》则录张嵊、江子一、沈峻、韦粲四人事迹编成"忠义传"。"游侠列传"则统一了其他史书的"刺客""滑稽""货殖"诸传,内容也有改纂,例如《史记》"刺客列传"所载曹沫、专诸列传,因为已经分别见诸春秋传、吴世家,便删去不录。其他如"文苑传""佞幸传""隐逸""孝友""循吏""艺术"等,也有类似的改编。

郑樵的补正史事,以其网罗大量史料作基础,但对史料的编次取舍,并不盲目抄并,而是参同对校、择善而从。如西汉的传记,有的是"史""汉"并载。一般说来,郑樵录取《汉书》为多。如贾谊、晁错等列传,因为《汉书》的资料较《史记》更为丰富,各人物传的内容更为充实。但是如果《汉书》对《史记》的传文删削不当,郑樵则仍用《史记》原文。处理南北朝各史与李延寿《南史》《北史》的关系,也是择善而从。

《通志》的年谱也是值得注意的。郑樵《通志》中所谓的"谱",就是司马迁《史记》中的"表"。《史纪》十表,后人不大注意。清人曾说过,"后世续《史记》,于十表不甚省览","大约以十表空格辽阔,文义错综,不耐寻讨,亦古今学人之通病也。"①而郑樵却是深切了解司马迁作表的意图所在的。他说:"按司马迁之法,得处在表,用处在纪传,以甚至要者条而为纲,以其滋漫者厘而为目,后之史家既自不通司马迁作表之意,是未知迁书之所自作也。"②他认为,"太史公囊括一书,尽在十表"③,这种看法是很有见地的。

司马迁作《史记》的主旨,是"原始察终,见盛观衰",④而最能体现这种思想的是十表。《太史公自序》及十表前的序都能说明这一点。他在《十二诸侯年表·序》中说:"儒者断其义,驰说者骋其辞,不务综其终始,历人取年月,数家隆于神运,谱牒独记世谥,其辞略,欲一观诸要览,于是谱十二诸侯,自共和讫孔子,表见《春秋》《国语》,学者所讥盛衰大指著于篇,为成学治古文者要删焉。"他在《六国年表·序》说,要"著诸所闻兴坏之端,后有君子,以览观焉。"在《汉兴以来诸侯王表·序》中说:"令后世得览,形势虽强,要之以仁义为本。"

《史记》以后,班固作八表,也有其独到之处,但从总的方面来说,他失去司马迁作表之意。所以郑樵说班固"是为不通"。这可以从几个方面来看。首先,班氏八表的中心思想是"汉绍尧运"。班固也谈"势",但那不过是"五行运转"的意思,与司马迁所谈"势"是截然不同的。班固将"盛衰终始"的原因归之于"命",而司马迁只

---

① （清）汪越:《读〈史记〉十表序》,《四库全书·史部正史类》。
② （宋）郑樵:《夹漈遗稿》卷三,《上宰相书》。
③ （宋）郑樵:《通志》卷二一,《年谱序》。
④ （汉）司马迁:《史记》卷一三〇,《太史公自序》,中华书局 1959 年 9 月第 1 版。

有在具体问题解决不了的时候,才谈命,这与班固把历史整个盛衰归之于天命是不同的。其次,班固所作《古今人表》,"唯以品藻贤愚、激扬善恶为务尔",①也受到后人讥评。班固虽也作《百官公卿表》,但意在"备温故知新",与司马迁作表是不同的。

班固以后,表谱之学不兴,到了唐代,刘知几重新提出这个问题来。他认为"表"应是纪传体史书中不可缺少的组成部分。唐以后,宋欧阳修的《新唐书》有宰相、方镇、宰相世袭、宗室世袭等表。除方镇表的序尚有见解外,其余各表成就不多。

郑樵在修撰《通志》时,充分体会到《史记》表的意义,因而他将"表"提到了相当高的位置。他在《通志·总序》说:"《史记》一书,功在十表,犹衣裳之有冠冕,木水之有本原。""夫纪者,袭编年之遗风。传者,纪一身之行事。修史之家,莫易于纪传,莫难于表志。太史公囊括一书,尽在十表。"②可见,"表"决不是可有可无,而是集中体现史家的思想,是史籍中重要的一部分。

《通志·年谱》相当于《史记》的表,虽然只有四卷,在全书二百卷中所占比例不大,但却反映了郑樵在史学上的重要学术见解。郑樵在年谱序中谈到自己作谱的用心。他说:"为天下者,不可以无书,为书者不可以无图谱。图载象,谱载系,为图所以周知远近,为谱所以洞察古今。"司马迁作表是观盛衰,郑樵作谱是要洞察古今,基本思想是一致的。郑樵所作年谱,对汉以前史事,多以《史记》之表为本,汉以后,郑樵别作年表,而终于唐统一。他还增补了《史记》所缺。如对齐桓之霸、晋文之霸,对衣裳之会,都分别列出。在周显王十年(前359年),他增写了秦"以卫鞅为左长,定变法之令"。

郑樵所作年谱,打破了一姓一氏为政权中心的正统思想。如《史记·六国年表》止于秦二世三年(前207年),而《七国谱》止于楚义帝五年。秦王子婴、楚义帝心,西楚霸王的年号,在《年谱》中都得到反映。在《前汉年谱》中对吕后统治八年的史事,也有适当反映。他在《前汉纪》中批判过所谓的正统观念,说:"臣谨按汉吕、唐武之后立纪,议者纷纭不已。殊不知,若吕后之纪不立,则八年正朔所系何朝?武后之纪不立,则二十年行事所著何君? 不察实义,从事虚言,史家之大患也。"郑樵的这一思想在《年谱》中得到很好的体现。

郑樵的《年谱》从史实出发,对于农民起义者或割据势力,只要建立了政权,有年号的,在年谱中都有一定的位置。这反映了郑樵著史过程中尊重史实的严谨态度。

---

① (唐)刘知几:《史通》卷一六,《杂说》上,上海古籍出版社1978年4月第1版。
② (宋)郑樵:《通志》卷二一,《年谱序》。

对于少数民族政权,郑樵在《年谱》中与汉人政权同样重视。他的年谱,止于武德元年(618 年),是有其用心的。他批判那种"南指北为索虏,北谓南为岛夷"的历史歪曲。他的《南北朝年谱》,开始的时间是"魏世祖太武皇帝太平真君元年(440年)",而不是像有些人修撰史书那样以汉人政权宋武帝永初元年(420 年)为开端。

在《年谱》的编纂方法上,郑樵总结《史记》的成就,提出"纲举目张"的主张。在《年谱》的取材上,郑樵主张史贵征实。他的《十二诸侯年谱》、《七国年谱》是以《史记》的《十二诸侯年表》及《六国年表》为本,同时也是经过认真考订,并增删改作达二百五十余条,其中虽未必都正确,但订正《史记》之误处不少。例如:周庄王四年(前 693 年),郑栏内,《史记》将人名郑子仪误为郑子婴。周惠王元年(前 676年),楚栏内,《史记》将"《文王》十四年"误为"楚堵敖艰元年"。周襄王十六年(前636 年),晋栏内,《史记》误将"晋文公重耳诛怀公于高梁"的时间与"狐偃言于晋侯,求诸侯莫如纳王"的时间误为同一年。周灵王十年(前 562 年),鲁栏内,《史记》将"三桓分为三军,各征其军"误为"各将军",而"征"是征赋税之意,"将军"是领军之意,意思完全不同。

类似的失误,郑樵在《年谱》中一一予以精心考订,澄清辨正,反映了他既要"会天下之书",又要"核实得书"的思想。

《通志》的《二十略》,历代的学者大多都认为是《通志》一书的精华所在。是《通志》一书中价值最高的一部分。人们之所以这样认识,是因为这《二十略》是郑樵三十年苦心钻研并先后陆续撰述的各种学问的结晶,确有其独创精神。《二十略》不仅在中国史学史上有其重要贡献,而且在中国整个学术思想史上都具有很高的价值。

《二十略》相当于正史中的书、志,历来人们都认为《二十略》是郑樵对旧史志的改造。但郑樵自己却认为,"臣之二十略,皆臣自有所得,不用旧史之文"(《通志·总序》)。他还说:"《志》之大原,起于《尔雅》,司马迁曰'书',班固曰'志'……余史并承班固,谓之《志》。皆详于浮言,略于事实,不足以尽《尔雅》之义。"这说明,郑樵自己并不认为《二十略》是因袭改造史志旧文而成,相反,他批评旧史《志》"不足以尽《尔雅》之义"。因此他追本溯源,要以《二十略》来畅扬《尔雅》的本义,效法《尔雅》,释故训,备述六亲九族之礼,多识鸟兽草木之名,乃至天地山川、宫室器用,做到总括万殊,而皆以类相从。正因为如此,他才自豪地宣称:"臣今总天下之大学术而条其纲目,名之曰略,凡《二十略》,百代之宪章,学者之能事,尽于此矣!"

在解释为何称"略"时,郑樵说,称为略者,举其大纲之意。《二十略》中,《礼略》《职官》《选举》《刑法》《食货》等五略,多依据《通典》旧文,其余《天文》《地理》《艺文》《灾祥》《乐》《谥略》《器服》诸略,是对旧史志及礼书的改造,偶或借用旧名。至于《氏族》《六书》《七音》《都邑》《校雠》《图谱》《金石》《昆虫草木》诸略,是郑樵的独创。

《二十略》首列的是《氏族略》,该略除卷首是氏族序,概述氏族一略的宗旨外,其余内容都是介绍各种氏族的由来,共类目有:

以国为氏;以郡国为氏;以邑为氏;以乡为氏;以亭为氏;以地为氏;以姓为氏;以字为氏;以名为氏;以次为氏;以族为氏;夷狄大姓;以官为氏;以爵为氏;以凶德为氏;以吉德为氏;以技为氏;以事为氏;以谥为氏;以爵系为氏;以国系为氏;以族系为氏;以名为氏;以国爵为氏;以邑系为氏;以官名为氏;以邑谥为氏;以谥氏为氏;以爵谥为氏;代北复姓;关西复姓;诸方复姓;代北三字姓;代北四字姓。

此外,郑樵还列有四声,说明姓氏的正确读音;列有总论,说明"同姓异实""避讳""省言""省文""避仇""生而有文"等诸多特殊氏族的来源。

郑樵将《氏族略》列在卷首,是因为他看到了氏族研究与史学工作的密切关系,他在《氏族序》中谈道:"自隋唐而上,官有簿状,家有谱系,官之选举,必由于簿状,家之婚姻,必由于谱系。历代并有图谱局,置郎令史以掌之。仍用博通古今之儒,知撰谱事。凡百官族姓之有家状者,则上之官,为考定详实,藏于秘阁,副在左户。若私书有滥,则纠之以官籍。官籍不及,则稽之以私书。此近古之制,以绳天下,使贵有常尊,贱有等威(卑)者也。所以人尚谱系之学,家藏谱系之书。"

显然,郑樵清楚地认识到了氏族、谱牒在唐代以前社会中的重要作用,他不满意旧日氏族谱牒之书,对于依姓氏声韵编谱的书如《元和姓纂》《古今姓氏辨证》等,依字编谱的书如《姓氏急就章》,以及依郡望编谱的书都提出批评。他看出谱牒中的伪造,他在《年谱序》中指出这些东西是"私家冒荣之书"。在《氏族略》中他说"只本人家谱籍无足信也","野书之言无足取","大抵氏族之家言多诞,博雅君子不可不审","盖谱牒之家信疑相杂"。

郑樵的《氏族略》是对旧氏族的批判总结,他设立的三十五分类法,打破了郡望门阀的界限,而作出新的安排:"先天子而后诸侯,先诸侯而后卿大夫士,先卿大夫士而后百工技艺,先爵而后谥"。他认为这样便可以"绳绳秩秩,各归其宗,使千余年湮源断绪之典灿然在目,如云归于山,水归于渊,日月星辰丽乎天,百谷草木丽乎土者也"。以朝廷职位爵名来谱列氏族以代替旧日的郡望谱列法,这是郑樵对氏族学的发展。

在《氏族略》中,郑樵探讨了氏族的起源与姓氏的分别,表达了他对氏族公社时期社会组织形式与姓氏变化关系的深刻理解,提出了一些值得重视的观点。同时,他还纠正了一些史学家在姓氏问题上出现的失误,例如他认为三代时姓与氏称呼是不同的,平时称姓,如伯姬、季姬、孟姜、叔姜之类,但司马迁、刘知几却不明此点,将周公称为姬旦,将文王称为姬伯,他认为"三代之时,无此语也","虽子长、知几二良史,犹昧于此"。

更为可贵的是,郑樵在分析氏族变化时,朦胧地区分出了历史发展的阶段性。他将历史分为古代、中古、近古等不同阶段。他以伏羲等人的时代为古代;周行谥法,进入中古;从秦统一,直到隋唐,为近古;五代以后,为新的历史阶段。在谈到五代以来的社会变化时,郑樵特别注意了世家大族没落这一社会现象,指出:"五季以来,取士不问家世,婚姻不问阀阅。"

《六书略》《七音略》是关于文字、声韵的专志。其实从严格意义上讲,这二略并不属于史学的范围,如果要从"史"的角度来为文字、声韵立志,就应写成文字学史、声韵学史。虽然如此,郑樵的《六书略》《七音略》在文化史研究上,仍然是意义重大的。如《六书略》系统地讲述了象形、谐声、指事、会意、转注、假借六种构字法,对24235 字进行了分类,"使天下文字无所逃,而有目者可以尽晓",成为文字学研究的重要资料。《七音略》分析了宫、商、角、徵、羽、半徵、半商七音,认为"天地万物之音,备于此矣,虽鹤唳、风声、鸡鸣狗吠、雷霆惊天、蚊虻过耳,皆可译也,况于人言乎。……今取七音,编而为志,庶使学者尽传其学"。在《七音略》中,郑樵以图表的形式,详列了七音的变化。

《图谱略》的设立,也是郑樵的一个创新。郑樵认为,图在治学中十分重要,书与图,不可偏废。图是经,书是纬,"一经一纬,相错而成"。"古之学者,为学有要,置图于左,置书于右,索象于图,索理于书,故人亦易为学,学亦易为功。"郑樵批评了"后之学者,离图即书,尚辞务说,故人亦难为学,学亦难为功,虽平日胸中有千章万卷,及置之行事之间,则茫茫然不知所向"(《通志·图谱略》索象)的现象。郑樵以前,刘向、刘歆《七略》收书不收图,班固《艺文志》也没有图,结果是"图谱日亡,书籍日冗。所以困后学,而堕良材者,皆由于此"。郑樵举例说明,古今学术利用图谱者有 16 类,一天文,二地理,三宫室,四器用,五车旗,六衣裳,七坛兆,八都邑,九城筑,十田邑,十一会计,十二法制,十三班爵,十四古今,十五名物,十六书。此 16 类,如"有书无图,不可用也"。

在中国,图书分类法虽然产生得很早,但自刘向、刘歆《七略》以来,图的作用没有受到应有的重视,一直到郑樵,图谱的重要作用才被系统地阐发出来,这是有其重要意义的。正像郑樵所言,"天下之事,不务行而务说,不用图谱可也。若欲成天下之事业,未有无图谱而可行于世者"。可见,图谱的作用,已被郑樵强调到是否能成天下之事业的高度了。

《通志·金石略》也是有特色的。长期以来,人们对金石学的作用没有予以充分的估计。宋代开始,才有一些学者注意研究金石学,并形成了一批富有史料价值的金石学著作。为反映宋代史学发展的这一新的成就,郑樵按朝代顺序排列金石资料,撰成了《金石略》。在金石序中,郑樵特别强调了金石学在史学编纂上的价值:"方册者,古人之言语;款识者,古人之面貌。以后学跂慕古人之心,使得亲见其面而闻其言,何患不与之俱化乎!……今之方册所传者,已经数千万传之后,其去亲承之道远矣。惟有金石所以垂不朽,今列而为略。庶几式瞻之道犹存焉。且观晋人字画,可见晋人之风猷;观唐人书踪,可见唐人之典则。此道后学安得而舍诸。三代而上,惟勒鼎彝,秦人始大其制而用石鼓,始皇欲详其文而用丰碑,自秦迄今,惟用石刻,散失无纪,可为太息!"

《二十略》中的《校雠略》在学术思想上具有更重大的意义。所谓校雠,就是校勘的意思。郑樵在《校雠略》中,叙述的内容有:秦不绝儒学论二篇;编次必谨类例论六篇;编次必征亡书论三篇;书有名亡实不亡论一篇;编次失书论五篇;见名不见书论二篇;收书之多论一篇;缺书备于后世论一篇;亡书出于后世论一篇;亡书出于民间论一篇;求书遣使校书久任论一篇;求书之道有八论九篇;编次之讹论十五篇;崇文明于两类论一篇;泛释无义论一篇;书有不应释论三篇;书有应释论一篇;不类书而类人论三篇;编书不明分类论三篇;编次有叙论三篇;编次不明论七篇。

《校雠略》诸篇对于书籍的存亡、文献的搜集、储备、校刊等,都提出了许多可贵的方法和意见,在校雠学上意义重大。正像张舜徽先生所讲:"我国学术史上,将校雠之学写为专著、加以重视,是从郑樵《通志·校雠略》开始的。这书虽很简单,但有不少创见,给后世学者以许多启发。"[①]

郑樵所列的二十一个类目,既详细论述了求书的途径,又介绍了对所搜集的书籍如何进行分类和编排的方法,这些意见,不仅对历史学家有重要参考价值,而且对图书储藏部门搜集图书、编排目录,也都很有实用价值。

《二十略》中的《昆虫草木略》,也是其他史书所没有的,为郑樵的首创,其类目包括:序;草类;蔬类;稻粱类;木类;果类;虫鱼类;禽类;兽类。

《昆虫草木略》的编纂,郑樵是在长期的实践中完成的,而不是像先前的大多数学者那样仅停留在书本之上。因而,郑樵的《昆虫草木略》,内容详实而可靠,具有很高的实用价值。郑樵谈到自己编撰的指导思想时曾说:"学者皆操穷理尽性之说,而以虚无为宗。至于实学,则置而不问。"郑樵主张,书本上的东西,必须与对实物的观察相结合,而以往"大抵儒生家多不识田野之物,农圃人又不识诗书之旨,两者无由参合,遂使鸟兽草木之学不传"。郑樵举例说,儒生们读《诗经》,熟诵"关关雎鸠,在河之洲",但是"不识雎鸠,安知河洲之趣与关关之声乎?"郑樵解释说:"凡雁鹜之类,其嘴扁者,则其声关关,鸡雉之类,其嘴锐者,则其声鷕鷕,此天籁也,雎鸠之嘴似凫雁,故其声如是。"郑樵又以"呦呦鹿鸣,食野之萍"为例:"不识鹿,则安知食萍之趣与呦呦之声乎?凡牛羊之属,有角无齿者,则其声呦呦。驼马之属,有齿无角者,则其声萧萧。此亦天籁也。鹿之嘴似牛羊,故其声如是。又得蒌蒿之趣

---

① 张舜徽:《中国校雠学叙论》,载《华中师范学院学报》1979 年第 2 期。

也。"郑樵指出,如果不明白鸟兽的情状,又怎么会了解《诗经》的作者为什么将雎鸠之声拟为"关关",将鹿鸣拟为"呦呦"呢!

当然,从现代动植物科学的观点来看,郑樵的某些认识可能不尽准确,但作为一个古代学者,能这样重视对实物的观察研究,重视书本知识与实践知识的结合,确是难能可贵的。

《二十略》中的《艺文略》,虽是以往史书所存在的类目,但郑樵并不因袭前人的成规去做,而是凭着自己对目录学的研究,探索新的书籍分类方法。他认为:"学术之苟且,由源流之不分;书籍之散亡,由编次之无纪。"(《通志·总序》)因此,他在作《艺文略》时,打破以前所有书籍的分类编排方法,把历代史志、公私书目,以及自己访书过程中耳闻目见的十一万零九百多卷书籍,分成十二类,百家,四百二十二种。他的这种分类法,"从辨章学术、考镜源流的角度出发,剖析流别,至为纤悉。可算是别开生面,成了精详周密的体系。"[1]郑樵也曾自负地说:"散四百二十二种书,可以穷百家之学,敛百家之学,可以明十二类之所归。"[2]

郑樵的《艺文略》,是在他用了多年功力的《群书会记》一书的基础上完成的。《群书会记》原有三十六卷,《艺文略》仅有八卷,卷数的减少是由于合并的结果,并不是删减了内容。《艺文略》中还加有一些案语,是郑樵在著录某些古代文化典籍的时候,顺便提出的自己的见解和研究成果,与过去目录中的小序或题解是有区别的。

郑樵在《上宰相书》中曾说明,"观《群书会记》,则知樵之艺文志异乎诸史之艺文"。这不但说明《艺文略》是就《群书会记》改编而成的,还反映由于《群书会记》有良好的基础,有新的特征,改编成的《艺文略》确是有自己的特色的。

《艺文略》不是记一代藏书之盛,也不是记一个时代的著作,而是"记百代之有无","广古今而无遗"的通史艺文志,这一区别是很重要的。《群书会记》本来就是为"记百代之有无","广古今而无遗"而作的。郑樵做学问重在"会通",因而《艺文略》体现了这一"会通"的原则。宋代及宋代以前的史志目录,一般都是记一代藏书之盛,都是依据当代官修的政府藏书目录编成的,而郑樵要实现"记百代之有无"、"广古今而无遗",他所依据的目录资料就不能以官修目录为限,必然要广泛地利用他以前的一切目录参考资料。郑樵在谈到《艺文略》的著录范围时曾说:"今所记者,欲以记百代之有无,然汉晋之书最为希阔,故稍略;隋唐之书于今为近,故差详;崇文四库及民间之藏,乃近代之书,所当一一载也。"

《艺文略》著录的图书,从数量上来看,超过了以往所有的书籍目录,如《汉书·

①　张舜徽:《中国校雠学叙论》,载《华中师范学院学报》1979 年第 2 期。
②　(宋)郑樵:《通志》卷七一,《校雠略》。

艺文志》《隋书·经籍志》共著录了五万卷图书,《旧唐书·经籍志》著录了五万多卷图书,北宋时代的三部国史《艺文志》则共著录了七万多卷图书,去掉相互之间的重复,总数不过十一万多卷。而郑樵的《艺文略》著录了图书一万零九百一十二部,十一万零九百七十二卷,确实已达到了"纪百代之有无"的目的。

《艺文略》最重要的特色当然还是表现在前面曾提及的图书分类方法上。可以说郑樵关于图书分类体系和建成这一分类体系的理论和方法是他在我国目录学上的最大贡献。郑樵说:"类书犹持军也。若有条理,虽多而治;若无条理,虽寡而纷。类例不患其多也,患处多之无术耳。"正是本着这样的指导思想,郑樵将十一万多卷的图书井然有序地编入了自己创立的图书分类体系中。

郑樵之前,图书的分类有四分法,或五分、六分、七分、九分等法,郑樵没有沿袭前人,而是建立起三层次的图书分类方法。在《校雠略》中,郑樵曾说:"十二野者所以分天之纲,即十二野不可以明天;九州者所以分地之纪,即九州不可以明地;七略者所以分书之次,即七略不可以明书。欲明天者在于明推步,欲明地者在于明远迩,欲明书者在于明类例。噫,类例不明,图书失纪,有自来矣!臣于是总古今有无之书,为之区别,凡十二类。"由此可知,郑樵首分将图书分为十二个大类(第一位类),再分小类(第二位类),小类中再分种类(第三位类),这样,所有的图书都被编入了三层次的分类体系之中。例如,郑樵所列十二类有:经类第一;礼类第二;乐类第三;小学类第四;史类第五;诸子类第六;天文类第七;五行类第八;艺术类第九;医方类第十;类书类第十一;文类第十二。

十二类之下是第二层次的分类,以史类第五为例,其下分为正史、编年、霸史、杂史、起居注、故事、职官、刑法、传记、地理、谱系、食货、目录,共十三类。此类以下再分小类,即第三层次的分类。以史类中传记类为例,其下分为耆旧、高隐、孝友、忠烈、名士、交游、列传、家传、列女、科第、名号、冥异、祥异,共十三类。

郑樵的三层次图书分类体系,打破了传统的图书分类方法,是具有开创意义的。中国宋代以前,图书分类只有二个层次,郑樵首次进行了三层位分类,是我国图书目录分类学史上的一大进步(佛经虽说在隋代已经分到了第三位,但第三位类只是反映译本,尚不是正式的图书三层位分类)。在《校雠略》内,郑樵对于分第三位类的原因说得清晰明透,他说:"易本一类也,以数不可合于图,图不可合于音,谶纬不可合于传注,故分为十六种。""诗本一类也,以图不可合于音,音不可合于谱,名物不可合于诂训,故分为十二种。""礼虽一类而有七种,以仪礼杂于周官可乎?""春秋虽一类而有五家,以啖赵杂于公谷可乎?""乐虽主于音声,而歌曲与管弦异事,小学虽主于文字,而字书与韵书背驰。编年一家而有先后,文集一家而有合离,日月星辰岂可与风云气候同为天文之学,三命元辰岂可与九宫太一同为五行之书?"正是因此,郑樵认为,刘向《七略》的分类,"自为苟简","四库所部，无乃荒唐"！

郑樵重视图书目录的分类，是因为他十分清楚目录分类在促进学术发展上所起的重要作用。他说："学之不专者，为书之不明也；书之不明者，为类例之不分也；有专门之书，则有专门之学，有专门之学则有世守之能，人守其学，学守其书，书守其类，人有存没而学不息，世有变故而书不亡。"郑樵对图书目录学重要性的阐述，对于我们今天的治学仍是具有重要参考价值的。[1]

关于郑樵所撰《二十略》中的《灾祥略》，《四库全书总目提要》作者曾指责其内容"悉钞诸史《五行志》"，认为其学术价值不高。但经一些学者核对，实际情况并非如此。如关于大水的记载，从春秋桓公元年（前 685 年）起，到西汉绥和二年（前 7 年），《灾祥略》共记有二十五次，比《汉书·五行志》多四次。从后汉光武帝建武八年（32 年）到献帝建安二十四年（219 年），《灾祥略》记载有二十四次，而《后汉书·五行志》则记载为二十六次。表面上看似乎两书所记仅差两次，而实际《灾祥略》所记二十四次中，不见于《汉书·五行志》的有五次，而《后汉书·五行志》所记二十六次中则有四次为《灾祥略》所无，这样一进一出，两书所载不重复者共达九次之多。

即使同一记载，而所记事实与叙述详略亦不尽相同。如殇帝延平元年（106 年），《后汉书·五行志》载："五月，郡国三十七大水，伤稼。"而《灾祥略》的记载是"秋九月，六州大水，冬十月，四州大水"。安帝永初二年（108 年），《五行志》只记"大水"二字，《灾祥略》则记"夏六月，京师及郡国四十九大水。""永初四年，《五行志》仍只记"大水"二字。而《灾祥略》则为"秋七月，三郡大水"。对于旱灾的记载，《灾祥略》的记载也较《五行志》详细具体。以东汉来说，自光武帝建武五年（29 年）起，至献帝兴平元年（194 年）止，《灾祥略》所记在这个时期内共发生过大小程度不等的旱灾达五十二次，可是《后汉书·五行志》所载仅十九次。显然，《通志·灾祥略》并不是"悉钞诸史《五行志》"，而是在内容上有增加，在观点上有异同。自有其价值所在。[2]

总之，郑樵的《二十略》扩大了史志的研究领域，增添了不少新的内容，开拓了人们研究社会历史的视野，这一体例的创新，是具有重要意义的。

---

① 王重民：《中国目录学史论丛》第 3 章第 8 节，中华书局 1984 年 12 月第 1 版，第 141 页。
② 仓修良：《中国史学史简编》第六章，黑龙江人民出版社 1983 年版，第 304 页。

三、《通志》的评价及版本

(一)《通志》的史学思想

《通志》一书,不仅在史学研究方面有重要价值,而且在史学思想方面,提出了许多重要的见解。

第一,崇尚会通;反对断代。

郑樵历来主张编写贯通古今的通史,反对断代为书。他认为历史是一个整体,犹如长江大河,后代之事与前代存在着"相因依"的关系,不能把它截断。而要了解这种"相因依"的关系,只有通史才能办到。郑樵在《通志·总序》中说:"百川异趋,必会于海,然后九州无浸淫之患;万国殊途,必通诸夏,然后八荒无壅滞之忧,会通之义大矣哉!"在《上宰相书》中他说:"水不会于海,则为滥水;途不通于夏,则为穷途。""天下之理,不可以不会;古今之道,不可以不通。会通之义大矣哉!"显然,郑樵是把"会通"当作撰写历史的一个根本原则来对待的。

郑樵最为推崇的史学家是孔子和司马迁。他认为孔子将散在天下的典、谟、训、诰、誓、命之书会而为一,并举而推之,上通于尧舜,旁通于秦鲁,使天下无逸书,世代无绝绪,"能绝古今之变",孔子实是中国通史之祖。郑樵在《通志·总序》中说:"自书契以来,立言者虽多,惟仲尼以天纵之圣,故总《诗》《书》《礼》、《乐》而会于一手,然后能同天下之文,贯二帝三王而通为一家,然后能极天下之变。"

对于司马迁上自黄帝,下至汉武,贯穿三千年历史而撰成《史记》,郑樵更是推崇备至,他在《通志·总序》中指出,司马氏父子"上稽仲尼之意,会《诗》《书》《左传》《国语》《世本》《战国策》《楚汉春秋》之言,通黄帝、尧、舜,至于秦、汉之世,勒成一书,分为五体。……使百代而下,史官不能易其法,学者不能舍其书。《六经》之后,惟有此作"。

在极力推崇孔子、司马迁的同时,郑樵对断代为史的班固进行了猛烈地批评,他认为班固是"浮华之士,全无学术,专事剽窃。"自班固撰《汉书》,断代为史,使历史前后失去相因之义,古今遂成间隔,会通之道既失,人们也就莫知其损益了。从郑樵对班固的批评来看,他所主张的"会通"之义,"会"是指横的方面,要求把各种学术内容和书籍都集中到一书之中,《二十略》的编纂,正是体现了这一"会"字的精神。"通"则是指纵的方面,要求把整个社会的发展历史,包括各种学术的发展变化,联贯写成一书,使历史记载做到时代相续,古今贯通。

将郑樵在多方面的叙述联系起来看,郑樵认为通史的长处主要表现在两个方面:一是可以避免史家对史事的避讳粉饰。因为编写通史,大多内容属于以前的历史，与史学家无直接利害关系，不存在为一朝一代曲笔避讳的问题，这样就比较容易反映出历史的真实面貌，所谓"史臣载笔，事久则议论易公。"二是通史贯通古今，可以"极古今之变"，对于典章制度的演变发展，也就能够看出它的前因后果。

郑樵"会通"的观点，主张将历史作为一个整体来考察，显然，这是郑樵史学思想中的精华之一。自司马迁撰《史记》以后，历代主张修撰通史并真正付诸实践的史学家并不多见，梁武帝时曾撰有《通史》，北魏元晖曾撰有《科录》，前者为合诸断代史而为一书，仍用纪传之体，后者则总前代事分为若干科，大约与《通典》相类似。唐代姚康又撰有《统史》二百卷。虽然这些史书都是通史体例，但在不同的历史时期，都已亡佚，因此，郑樵撰《通志》一书，成为汉代以来仅见的纪传体通史，郑樵所强调的"会通"思想更明显地超过了前人。

当然，客观来说，郑樵对断代史的批评是有失偏颇的，实际上贯通古今的通史与以朝代为断限的史书是各有长短、不可偏废的。正因如此，自班固《汉书》以后，断代史书一直修撰不绝，许多一直保留到今天，成为我们研究某一朝代历史的宝贵史料。

第二，主张据史直书，反对任情褒贬。

"据事直书"，"秉笔直言"，这是中国古代优秀史学家所一贯提倡的优良传统。唐代史学家刘知几在《史通》中曾列有《直书》、《曲笔》的专章，极力推崇那些"烈士殉名，壮夫重气"，"宁为兰摧玉折，不为瓦砾长存"的史学家，反对那些"曲意阿附"的史臣。郑樵继承和发展刘知几据史直书的思想，主张史学家写史，必须如实反映历史的真实，反对主观地任情褒贬。他以《春秋》一书为例说："凡说《春秋》者，皆谓孔子寓褒贬于一字之间，以阴中时人，使人不可晓解。三传唱之于前，诸儒从之于后，尽推己意而诬以圣人之意，此之谓欺人之学。"（《通志·灾祥略序》）他强调指出，"《春秋》主在法制，而不在褒贬"（《寄方礼部书》）。郑樵的这一见解可以说是十分大胆的，他对长期以来一直被奉为春秋笔法的一字褒贬之说提出怀疑。在郑樵看来，《春秋》一书原本并没有什么深奥的意义，所谓的"褒"与"贬"，不过是后来儒生有意附会罢了，即所谓"三传唱之于前，诸儒从之于后"。

郑樵认为，如果史学家任意褒贬，结果必然会使历史的事实失去本来的面目，这是正直的史学家所不能为的。他认为，史学家的责任在于真实地记载史事，史实清楚，善恶自明，无需什么一字褒贬。他举例说，读了"萧（何）、曹（参）之行事，岂不知其忠良！"看了"（王）莽、（董）卓之所为，岂不知其凶逆！"对于历史上一些史学家的任意褒贬及曲笔，郑樵在《通志·总序》中作了深刻的揭露批判，他说："曹魏指吴、蜀为寇，北朝指东晋为僭。南谓北为索虏，北谓南为岛夷。《齐史》称梁军为义军，谋人之国可以为义乎？《隋书》称唐兵为义兵，伐人之君可以为义乎？房玄龄董史册，故房彦谦擅美名；虞世南预修书，故虞荔、虞寄有嘉传。甚者桀犬吠尧，吠非其主。《晋史》党晋而不有魏,凡忠于魏者目为叛臣,王凌、诸葛诞、毌(音 guan)丘俭之徒抱屈黄壤。《齐史》党齐而不有宋,凡忠于宋者,目为逆党,袁粲、刘秉、沈攸之徒含冤九泉。噫!天日在上,安可如斯!似此之类,历世有之,伤风败义,莫大乎此!"

郑樵认为,之所以产生这种现象,原因就在于史学家不能够据史实直书,单凭个人好恶、自身利害而专事褒贬,这样自然达不到"信者传信,疑者阙疑"的信史要求了。郑樵把那些专事褒贬的人比作"犹当家之妇,不事饔飧,专鼓舌唇,纵然得胜,岂能肥家,此臣之所深耻也"。郑樵认为,只要秉笔直书,褒贬自然会寓于史事之中,所以他说:"纪传之中,既载善恶,足为鉴戒,何必于纪传之后,更加褒贬。"(《通志·总序》)

郑樵所主张的据史直书思想,进一步发展和深化了刘知几的思想,到了清代,章学诚也力主直书之说,三人的思想一脉相承,反映了史学的优良传统。

第三,批判"五行相应"的妖妄之学。

在《通志·灾祥略》中,郑樵明确将阴阳五行灾祥之说斥之为"妖学"、"欺天之学",对历代相沿的"五行相应"之说进行了猛烈批判。在中国古代,天人感应、五行相应之说长期流行,蒙蔽了无数人民群众,根据这种理论,社会上所发生的大多数事情都与自然现象联系起来,"绳之以五行之说"。不仅改朝换代这样的大事在自然界有着相应的反应,甚至人们的穿衣戴帽、一举一动,无不受到阴阳五行的支配。

郑樵认为"五行之绳人甚于三尺",比法律还厉害:"说《洪范》者,皆谓箕子本《河图》、《洛书》以明五行之旨。刘向创释其传于前,诸史因之而为志于后,析天下灾祥之变而推之于金木水火土之域,乃以时事之吉凶而曲为之配,此之谓欺天之学。"

郑樵还进一步揭露说:"天地之间,灾祥万种,人间祸福,冥不可知。奈何以一虫之妖、一气之戾,而一一质之为祸福之应?其愚甚矣!"郑樵明确地指出,人事的变化,与自然界的变异并无必然联系,所以"国不可以灾祥论兴衰","家不可以变怪论休咎。"

郑樵在批判荒诞错乱的神权主义五行说的同时,提出"万物之理不离五行,而五行之理其变无方"。也就是说,五行是自然现象中的物质原素,但五种原素的变化是无穷的,不能与人事牵强联系在一起,更与国家的兴衰没有直接联系。郑樵对自然世界的这种观点,是具有唯物主义倾向的,具有重要的现实意义。在五行灾祥说仍有重大影响的宋代,能鲜明地提出这种观点,是很了不起的。

一方面郑樵批判了五行灾祥的妖妄之学,另一方面,郑樵在《通志》中照样作了《灾祥略》,但其内容则"专以纪实迹,削去五行相应之说,所以绝其妖"(《灾祥略序》)。这样一来,无形中与五行说树立了一个尖锐的对立面,充分表现了郑樵史学思想中的批判精神。

第四，提倡实学，反对空言。

在宋代的学术思想领域里，理学占统治地位。郑樵对宋代以来理学家们崇尚空说义理、不务实学的社会风气非常不满。他说："学者操穷理尽性之说，以虚无为宗，实学置而不问。"(《通志·昆虫草木略序》)他还说："义理之学，尚攻击；辞章之学，务雕搜。耽义理者，则以辞章之士为不达渊源；玩辞章者，则以义理之士为无文采。要之，辞章虽富如朝霞晚照，徒焜燿人耳目；义理虽深如空谷寻声，靡所底止；二者殊途而同归，是皆从事于语言之末，而非为实学也。"①

郑樵所主张的实学，是指从实践中获取知识。他在《通志·总序》说："语言之理易推，名物之状难识。"而要识"名物之状"，就必须走出书斋，"广览动植，洞见幽潜，通鸟兽之情状，察草木之精神，然后参之载籍，明其品汇。"对于一些人主张的"读百遍，理自现"的观点，他进行了批驳，指出像天文、地理、车舆、器服、草木、虫鱼、鸟兽之名，不去接触实践，仅停留在书本之中，"虽读万回万复，亦无由识也"。②

郑樵认为，史学家们忽视实践的情况由来已久，"自司马迁《天官书》以来，诸史各有其志"，但修史的史官"能为志，不识星"，而历官们却"能识星而不能为志"。史官所修的志，"不过采诸家之说而集合之耳，实无所质正也"。这就是说，史家修志，只不过是把别人的研究成果汇总一下而已，至于正确与否，史官自己也不清楚。

郑樵一再强调书本知识与实践的结合："农圃之人识田野之物，而不达诗书之旨；儒生达诗书之旨，而不识田野之物"，二者无由参合，"遂使鸟兽草木之学不传"。正是由于郑樵有着如此明确的认识，所以他在修撰《通志》特别是《二十略》时，长期坚持书本知识与实践的结合，取得了前人所未能取得的成就。

第五，秦人焚书而书存，诸儒穷经而经绝。

对于历史上秦始皇的"焚书坑儒"，在很长的历史时期里，被一些儒生们人为地加以夸大渲染，使人们提到"焚书坑儒"便以为秦始皇烧了所有的书，灭绝了儒学。郑樵则不以为然，他在《校雠略·秦不绝儒学论》中明确指出："萧何入咸阳收秦律令图书，则秦亦未尝无书籍也。其所焚者，一时间事耳。后世不明经者，皆归之秦火，使学者不睹全书，未免乎疑以传疑。然而《易》固为全书矣，何尝见后世有明全《易》之人哉！臣向谓秦人焚书而书存，诸儒穷经而经绝，盖为此发也。《诗》有六亡篇，乃六篇诗本无辞；《书》有逸篇，仲尼之时已无矣，皆不因秦火。自汉以来书籍，至于今日，百不存一二，非秦人亡之也，学者自亡之耳。"郑樵的见解冲破了人们长期以来形成的秦始皇焚毁了所有典籍的错误看法，让人们知道，古代书籍的散

---

① (宋)郑樵：《通志》卷七二，《图谱略》。
② (宋)郑樵：《夹漈遗稿》卷三，《寄方礼部书》。

亡,不尽由于秦火。

提到秦始皇禁绝儒学,郑樵也提出与传统看法不同的见解。他认为秦时并没有排斥儒生与经学,更没有废弃儒学。他说:"陆贾,秦之巨儒也。郦食其,秦之儒生也。叔孙通,秦时以文学召待诏博士。数岁,陈胜起,二世召博士诸儒生三十余而问其故,皆引《春秋》之义以对,是则秦时未尝不用儒生与经学也。况叔孙通降汉时,自有弟子百余人,齐、鲁之风亦未尝替。故项羽既亡之后,而鲁为守节礼仪之国,则知秦时未尝废儒。"(《校雠略》)郑樵所言,是为史书记载所证实了的。汉初高祖刘邦的不少重要谋臣,正是儒生,如叔孙通定朝仪的故事,便是个例证。郑樵认为,被秦始皇坑杀的儒生,只不过是那些"一时议论不合者耳"。

当然,作为古代的史学家,郑樵史学思想中也存在着明显的时代烙印,他直言不讳地阐明自己著书立说的目的在于维护名教,为巩固统治秩序服务,"使百代之下为人臣、为人子者,知尊君严父,秦亡如存,不敢以轻重之意行乎其间,以伤名教者"。[1] 虽然如此,我们还是应当看到,郑樵的史学思想与正统的史学是有较大区别的。

(二)《通志》的价值

《通志》成书以后的很长时期里,人们对该书的评价存在着两种不同的观点。有的人认为郑樵是"陋儒""妄人",[2]《通志》一书是"徒袭旧史,未能择之精、语之详也。"[3]。清四库馆臣在《四库全书总目提要》中一方面称郑樵"傲睨万状,不可一世,其器量殊显浅狭。"评价《通志》一书纪传全袭旧文,并无创新,《二十略》亦多有挂漏穿凿。而郑樵为人"放言纵横,排斥古人,秦汉来著作之家,无一书能当其意。"另一方面也称"南北宋间记诵之富,考证之勤,实未有过于樵者。其高自位置,亦非尽无因也。"[4]"其平生之精力,全帙之菁华,惟在《二十略》。"[5]章太炎在《史学略说》中,指责《通志》"不仅纪传、世家、载记全钞诸史,无所剪裁,即其所极意经营之《二十略》亦不免直录旧典,而惮于改作"。

然而,自清代以来,也有不少人为郑樵鸣不平,在一些著作中为其人其书洗刷冤屈。其中最有影响者是清人章学诚。他在《文史通义》一书中,特地写了《释

---

① (宋)郑樵:《通志》卷四六,《谥略序论》。
② (清)钱大昕:《潜研堂文集》卷三三,《答孙渊如书》。
③ (清)戴震:《戴东原集》卷五,《续天文略序》。
④ 《四库全书总目》卷一五九,集部·别集类《夹漈遗稿》提要,中华书局 1965 年 6 月第1 版。
⑤ 《四库全书总目》卷五〇,《史部·别史类·通志》。又四库馆臣认为,"盖宋人以义理相高,于考证之学,罕能留意。(郑)樵恃其该洽,睥睨一世,谅无人起而难之,故高视阔步,不复详检,遂不能一一精密,致后人多所讥弹也。特其采摭即已浩博,议论亦多精辟,虽纯驳互见,而瑕不掩瑜,究非游谈无根者可及"。

通》《申郑》《答客问》等专章,为郑樵及其《通志》辩护。他认为"郑樵生千载而后,慨然有见于古人著述之源,而知作者之旨,不徒以词采为文,考据为学也。于是遂欲匡正史迁,益以博雅,贬损班固,讥其因袭,而独取三千年来遗文故册,运以别识心裁,盖承通史家风,而自为经纬,成一家言者也。学者少见多怪,不究其发凡起例,绝识旷论,所以斟酌群言,为史学要删。而徒摘其援据之疏略、裁剪之未定者,纷纷攻击,势若不共戴天,古人复起,奚足当吹剑之一吷乎!"①对于《通志》一书,章学诚认为其"卓识名理,独见别裁,古人不能任其先声,后人不能出其规范。虽事实无殊旧录,而辨名正物,诸子之意,寓于史裁,终为不朽之业矣"②。可见,章学诚从发凡起例,通史家风等方面高度评价郑樵及其《通志》。

梁启超也认为,在中国史学史上,郑樵应当与刘知几、章学诚齐名,此三人"与中国史学史的成立与发展最有关系的。"梁启超虽然也认为"除《二十略》外,竟不能发现其有何等价值","然仅《二十略》,固自足以不朽。史界之有樵,若光芒竟天之一慧星焉。"③

建国以来,史学界对郑樵及《通志》进行了多方面研究。1961年4月6日,白寿彝先生在《人民日报》发表《郑樵对刘知几史学的发展》一文,指出"郑樵是我国历史上的优秀史学家,他有许多东西继承了刘知几的优秀传统而加以发展。"1963年,厦门大学历史系郑樵研究小组在《厦门大学学报》第四期上发表了题为《郑樵史学初探》的文章,全面介绍、评价了郑樵及其《通志》,认为"郑樵是一个有贡献的封建史学家,他所著的《通志》对于后代史学的发展起过一定作用"。该文章认为郑樵在史学上的贡献主要反映在历史编纂学方面,"他在史学史上的地位,是应当给予肯定的"。

仓修良、魏得良二先生在《中国古代史学史简编》的第六章,对郑樵的《通志》进行了全面评价,认为郑樵是中国封建社会中一位伟大的史学家。此外,张孟伦先生的《中国史学史》《甘肃人民出版社1986年出版》、仓修良主编的《中国史学名著评介》(山东教育出版社1990年出版)等著作,也都以专门章节高度评价了郑樵及《通志》。

郑樵的《通志》一书产生以后,对通史体史书的编撰产生了重要影响,清乾隆五十年(1785年),清朝廷主持修撰了《续通志》六百四十卷。该书为乾隆三十二年(1767年)敕命修撰,体例与《通志》大体相同,分本纪、列传、二十略等几大部门,缺世家、年谱。全书内容与郑樵《通志》相衔接,纪、传从唐初到元末,二十略从五代起到明末止。

① 章学诚:《文史通义》卷五,《申郑》,上海书店1988年3月第1版。
② 章学诚:《文史通义》卷四,《释通》。
③ 梁启超:《中国历史研究法》第2章,上海古籍出版社1987年9月第1版,第22页。

此外,清乾隆年间还修成《清通志》(原称《皇朝通志》)126 卷,内容起自清初,止于乾隆晚年。《通志》《续通志》《清通志》,成为著名的"九通"系列的重要部分。

(三)《通志》的版本

《通志》修成以后,当时并没有刊本,只有钞本流传,《二十略》作为其书的重点部分,曾单行于世。马端临《文献通考·经籍考》卷二八故事类著录"郑夹漈《通志略》",有按语说:"此书刊本元无卷数,止是逐略分一二耳。《中兴四朝艺文志》别史类载《通志》二百卷……此《二十略》之书也。"由此可知,马端临也仅见到刊本《二十略》而未见到《通志》全书,同时亦可知《二十略》早有单行本刊出。《宋史》卷七七《艺文志》小学类载:"《通志·六书略》,五卷。"可见不仅《二十略》有单行本,各略似也有单行本。

《通志》全书刊本存世者,为元大德十一年(1307 年)与至治二年(1322 年)刊本。浙江古籍出版社 1986 年出版"十通"之《通志》影印本,便于寻找查阅。

《二十略》单行流传最广者为明正德年间(1506—1521 年)陈宗夔巡按于闽时所刻,清乾隆十三年(1748 年)于敏中、十四年汪启淑,均重刊陈氏本。陈本多讹误,于本亦因循未改,汪本则多予改正,错误改者亦不少。1936 年世界书局以乾隆中于敏中重刻之陈宗夔校刊本为底本排印,依义分段,眉目清楚,并加断句,且编有详目,比较便于检读。1990 年 6 月上海古籍出版社以此版本影印出版。

(原载魏良弢主编《史著英华》,中国青年出版社 2000 年 5 月第 1 版)

《文献通考》评介

《文献通考》是中国历史上继杜佑《通典》以后，规模宏大的一部记述历代典章制度的专著，在中国史学及学术发展史上占有十分重要的地位。《文献通考》虽然距今已有六百多年了，但随着时间的推移，该书在中国学术文化史上的重要价值，愈来愈受到人们的重视。

一、马端临的生平及《文献通考》的撰著

（一）马端临的生平

马端临，字贵与，号竹洲，元代饶州乐平永善乡（今江西乐平）人。生于南宋理宗宝祐二年（1254 年），卒于元泰定帝泰定元年（1324 年），享年七十岁。马端临虽著有《文献通考》，但他在世时并不著名，《元史》《宋史》都没有为他立传。《元史类编》《宋元学案》虽有他的小传并为后来的《新元史》所沿袭，也不过寥寥一二百字。在《通考·自序》中，马端临也没有叙述自己的历史，只有《通考》的《进书表》《抄白》以及清初修撰的《乐平县志》，保留了有关马端临的部分史料。

马端临的二十二世祖，是唐中期著名的将领马燧。马燧在唐代宗时屡次为朝廷击败藩镇军队，以军功封北平郡王，新、旧《唐书》都有专传。宋代乐平马氏，最有名的是由监察御史官职升至吏部员外郎、直龙图阁的马遵。马遵"性乐《易》，善议论，其言事不为激评，故多见推行"①。马遵与范仲淹有着友好往来。马端临的高祖父马浩、曾祖父马梅、祖父马光，都没有担任过朝廷官职，到马端临的父亲马廷鸾一代，马家才又兴盛起来。

马廷鸾，字翔仲，号碧梧，晚年自号玩芳病叟，《宋史》有他的专传。马廷鸾自幼"甘贫力学"，淳祐七年（1247 年）进士及第，由池州教授一职任起，一直升迁到右丞

---

① （元）脱脱等：《宋史》卷三〇二，《吕景初传附马遵传》，中华书局 1985 年新 1 版，第 10022 页。

相兼枢密使的高职。据史书记载,马廷鸾为人"立朝正直,卓树风猷",与文天祥等人来往很多。文天祥曾写有《贺马右相廷鸾启》一文,称"知廊庙之有人,为国家而增气"①。咸淳八年(1272年),由于身患重病,特别是由于权臣贾似道当国,措置乖方,国势岌岌可危,马廷鸾辞去相职。他辞相后的第四年,元军即攻陷了临安,南宋灭亡。马廷鸾深抱亡国之痛,隐居不仕,自比晋末的徐广,耻为五代的冯道,表现了崇高的民族气节。

马廷鸾是个学问十分渊博的人,曾担任国史院编修和实录院检讨,写过不少著作,如《六经集传》《语孟会编》《楚辞补记》《洙泗裔编》《读庄笔记》《读史旬编》《仪礼本经注疏会编》等。马廷鸾爱好学习、长于著作的家风,对马端临学识的增长及后来编著《文献通考》一书是有很大影响的。正像马端临所讲"业绍箕裘,家藏坟索,插架之收储,趋庭之问答,其于文献,盖庶几焉"(《文献通考·自序》)。马廷鸾以经史百家教授诸子,马端临自幼便岁计月校地努力读书,学问增长很快。早年,他师从"深于朱子之学"的曹泾。曹泾学识渊博,著有《讲议》四卷、《书稿》《文稿》《韵稿》《俪稿》各五卷,还著有《服膺录》《读史记》等书,《宋元学案》将其列为介轩学案中人物。马端临在治学上自然也受到了曹泾的影响。

当然从史学角度看,马端临还是受父亲的影响比较大。马端临曾与父亲共同编写《读史旬编》,以十年为一旬,从帝尧写到后周显德七年(960年),共三十八帙。在这一工作过程中,从治学方法到史料源流,马端临得其父耳提面命,受到史学编撰的基本训练,为后来编撰《文献通考》打下了一个好的基础。

马端临十九岁时,以郊恩补承事郎。二十岁时中举,漕试第一。宋恭帝德祐二年(1276年)元军攻陷临安,此时马端临二十三岁。他秉承父志,绝意仕进,专以读书著述为事。宋人留梦炎降元后,意欲招纳马端临,马端临坚辞不赴。父亲去世以后,马端临出任慈湖书院山长、柯山书院山长及台州路学教授等学职,一生主要时间都在家乡隐居著书。

(二)《文献通考》的撰著

马端临什么时间开始修撰《文献通考》,史无明文记载,《续文献通考》的《凡例》中称"《通考》一书,成于宋末元初",说得很笼统。《新元史》马端临传记载:"宋亡隐居不仕,著《文献通考》以补杜佑《通典》之阙,二十余年而后成书。"《通考》卷首所刊元英宗至治二年(1322年)的《抄白》,亦称其书"本儒用心二十余年,卷帙繁多"。而据元仁宗延祐六年(1319年)四月王寿衍《进通考表》的内容来看,《文献通考》至迟在延祐四年(1317年)七月以前已经成书。顺治《乐平县志》载李谨恩《通

---

① (宋)文天祥:《文山集》卷七,《贺马右相廷鸾启》,文渊阁《四库全书》影印本。

考序》,说明在元成宗大德十一年(1307年)《通考》就已经成书,作者时年五十四岁,由此推断,马端临在三十岁前后便已开始编《通考》了。

元仁宗延祐四年(1317年),道士王寿衍在饶州路发现马端临《文献通考》原稿六十八册,上奏获准官印。王寿衍的原来任务是搜寻法箓(道教书)和道行之士(有名的道士),为什么他会注意到历史著作呢?据柯劭忞《新元史·释老传》记,宋、元之间,有个湖州道士莫起炎,曾被马廷鸾邀请设坛求雨。莫起炎在元世祖面前也要过妖术,后来传法给他的徒弟王继莘。王寿衍也是个道士,或者与马廷鸾相识,与王继莘有关系,可能因此知道马端临,否则是不大容易访到《文献通考》的。

马端临为什么要用数十年的时间,花这样大的精力编撰《文献通考》呢?据马端临的自序来看,他的主要目的是:

第一,说明历史的"会通因仍之道"。

在《文献通考》中,马端临继承前人的会通思想,并将其进一步发展。他在《文献通考·自序》中说:

> 昔荀卿子曰:欲观圣王之迹,则于其粲然者矣,后王是也。君子审后王之道而论于百王之前,若端拜而议。然则考制度,审宪章,博闻而强识之,固通儒事也。《诗》《书》《春秋》之后,惟太史公号称良史,作为纪、传、书、表,纪传以述理乱兴衰,八书以述典章经制。后之执笔操简牍者,卒不易其体。然自班孟坚而后,断代为史,无会通因仍之道,读者病之。至司马温公作《通鉴》,取千三百余年之事迹,十七史之记述,萃为一书,然后学者开卷之余,古今咸在。然公之书,详于理乱兴衰,而略于典章经制,非公之智有所不逮也,编简浩如烟埃,著述自有体要。……唐杜岐公始作《通典》,肇自上古,以至唐之天宝,凡历代因革之故,粲然可考……天宝以后,盖阙焉。有如杜书纲领宏大,考订该洽,固无以议为也。然时有古今,述有详略,则夫节目之间,未为明备,而去取之际,颇欠精审,不无遗憾焉。……王溥作唐及五代《会要》,首立帝系一门,以叙各帝历年之久近,传授之始末,次及后妃、皇子、公主之名氏封爵,后之编会要者仿之,而唐以前则无其书。①

从马端临的话中可以看出,他赞成编撰通史,不赞成编断代史。他认为司马迁《史记》、王溥《会要》固然很好,但《史记》限于汉代以前历史,《会要》限于唐及五代历史,都不能集著述之大成;司马光的《通鉴》不述典章制度,杜佑的《通典》节目"未为明备"。他要在这些史籍的基础上,撰一部更大的典章制度的通史,来说明历史的"会通因仍之道"。他在对一些重要史书的体例进行剖析时说:"窃尝以为理乱兴衰,不相因者也,晋之得国,异乎汉;隋之丧邦,殊乎唐。代各有史,自足以该一代之

---

① 《自序》,(元)马端临:《文献通考》,中华书局2011年9月第1版。

始终，无以参稽互察为也。"

如何才能"参稽互察"呢？必须了解历史发展的来龙去脉与前因后果。马端临认为最能体现历史继承关系的是典章经制，"典章经制，实相因者也。殷因夏，周因殷，继周者之损益，百世可知，圣人盖已预言之矣"。因此，他修撰的《通考》专门叙述典章制度，以其演变来说明其继承关系和发展脉络。

第二，提供"治国安民之术"。

据《文献通考·抄白》载，马端临"知前代之典章，识当时之体要，以所见闻，著成一书，名曰《文献通考》"。在编撰过程中，他"纂集古今，浩汗该博，殚极精力，用志良勤，有益后学"。可见，通过著书立说以求为后代作出建设性的贡献，为解决现实政治、经济问题做出有成效的努力，是马端临追求的目标。正是因此，元朝统治者称他的《通考》有"治国安民"之功效，赞扬他为"济世之儒"，他钻研的学问为"有用之学"。当然，从今天的眼光来看，马端临的《文献通考》不仅是对当时统治者有"治国安民"的功效，其中许多内容是有长久的借鉴参考价值的。

第三，察历代"变通张弛之故"。

所谓"变通张弛之故"，即探讨历代治乱兴衰的原因，总结历史的经验教训。马端临主张"会通因仍"之道，但他决不是简单地罗列堆积历代的资料，而是企图从"会通因仍"之中，发现历史的"变通张弛之故"，这是他对司马迁以来"会通"思想的进一步发展。因此，马端临在叙述每一项制度时，特别注意其内在的变化及规律。例如在《钱币考》中，他揭示历代钱币铸造、发行、流通的利弊得失，认为由于社会经济发展，交换频繁，"故钱不足，于是钱之直日轻，钱之数日多，数多而直轻，则其致远也难"。

为解决这一矛盾，于是有纸币的发明。马端临在分析纸币的产生时，不是孤立地看待某一时期的钱币，而是把唐代的飞券钞引与宋代的便钱务、交子务串通起来分析，使人了解其演变过程。唐代的飞券钞引是"执券引以取钱，而非以券引为钱也"。真正的纸币始于宋。宋庆历以后，蜀始有交子；建炎以来，东南始有会子。交子与会子才是真正的纸币。马端临在《通考·自序》中对纸币的作用给予充分的肯定，认为："然铜重而楮轻，鼓铸繁难，而印造简易。今舍其重且难者，而用其轻且易者，而又下免犯铜之禁，上无搜铜之苛，亦一便也。"马端临的这一认识，显然是由于他对纸币的"变通张弛之故"有了深刻的理解。

第四，编撰"明备精审"之著。

马端临认为司马光的《资治通鉴》详载了历代的理乱兴衰，而对于典章经制记载简略。他认为"理乱兴衰"是没有继承关系的，而典章经制却是世世相因的。理乱兴衰，已有《通鉴》一书，而世世相因的典章经制，却缺少专书记载。杜佑虽撰有《通典》，但该书一来只记到天宝为止，天宝以后的典制无文；二来《通典》"节目之间,未为明备",去取之际"颇欠精审"。因此,马端临认为编纂一部"明备精审"的专记典章经制的著作,是自己义不容辞的责任。

二、《文献通考》的主要内容及编纂特点

(一) 主要内容

《文献通考》三百四十八卷,记载的时限从上古到南宋宁宗嘉定年间(1208—1224 年)。马端临完成《通考》在元延祐四年(1317 年)七月以前,即完成于南宋灭亡后三十八年,按说《通考》所载内容应截止于南宋灭亡的祥兴二年(1279 年)。马端临之所以没有这样做,一来是避免涉及已经统治中原的蒙古统治者,以免惹祸上身,二来兵荒马乱,有关南宋后期的文献资料有限,道路传闻又不足为信。

《文献通考》三百四十八卷的具体篇目见下表:

第一《田赋考》七卷	《历代田赋制》五卷;《水利田等》一卷;《屯田官田籍田附》一卷。
第二《钱币考》二卷	《历代钱币制》二卷。
第三《户口考》二卷	《历代户口丁中赋役奴婢佣赁品官占户》二卷。
第四《职役考》二卷	《历代乡党版籍职役》一卷。《历代乡党版籍职役复除》一卷。
第五《征榷考》六卷	《征商关市》一卷;《盐铁矾》二卷;《榷酤禁酒》一卷;《榷茶坑冶》一卷;《杂征敛》一卷。
第六《市籴考》二卷	《均输市易和买》一卷;《常平义仓租税社仓》一卷。
第七《土贡考》一卷	《历代土贡进奉羡余》一卷。
第八《国用考》五卷	《历代国用》二卷;《漕运》一卷;《赈恤》一卷;《蠲贷》一卷。
第九《选举考》十二卷	《举士》五卷;《贤良方正》一卷;《孝廉武举任子》一卷;《童科吏道赀选进纳方伎》一卷;《举官》三卷;《辟举考课》一卷。
第十《学校考》七卷	《太学》三卷;《祠祭褒赠先圣先师》二卷;《幸学养老》一卷;《郡国乡党之学》一卷。
第十一《职官考》二十一卷	《官制总序》一卷;《三公》一卷;《宰相》一卷;《门下省等》一卷;《中书省等》一卷;《历代尚书等》一卷;《御史台等》一卷;《学士院等》一卷;《诸卿等》一卷;《太仆卿等》一卷;《殿中监等》一卷;《枢密院等》一卷;《大将军等》一卷;《东宫官总叙等》一卷;《司隶校尉等》一卷;《制置使等》一卷;《京兆等》一卷;《文散官等》一卷;《禄秩、职田、官品占田》一卷;《官品》二卷。

第十二《郊社考》二十三卷	《郊》五卷;《明堂》三卷;《祀后土》一卷;《雩、祷水旱》一卷;《祀五帝》一卷;《祭日月》一卷;《祭星辰》一卷;《祭寒暑、六宗四方、仪礼祀方明仪》一卷;《社稷》一卷;《祀山川》一卷;《封禅》一卷;《高禖八蜡》一卷;《五祀》一卷;《籍田祭先农、亲蚕祭先蚕》一卷;《祈禳》一卷;《告祭》一卷,《杂祠淫祠》一卷。
第十三《宗庙考》十五卷	《天子宗庙》四卷;《后妃庙私亲庙》一卷;《祭祀时享》四卷;《祫谛》三卷;《功臣配享、祀先代帝王贤士》一卷;《诸侯宗庙》一卷;《大夫士庶宗庙》一卷。
第十四《王礼考》二十二卷	《朝仪》三卷;《巡狩》一卷;《田猎》一卷;《君臣冠冕服章》三卷;《后妃命妇以下首饰服章制度》一卷;《圭璧符节玺印》一卷;《乘舆车旗卤簿》四卷;《国恤》三卷;《山陵》五卷。
第十五《乐考》二十一卷	《历代乐制》三卷;《历代制造律吕》一卷;《律吕制度》一卷;《度量衡》一卷;《金石土革丝匏竹木之属》六卷;《乐悬》一卷;《乐歌》三卷;《乐舞》二卷;《俗部乐》一卷;《散乐百戏鼓吹》一卷;《夷部乐彻乐》一卷。
第十六《兵考》十三卷	《兵制》六卷;《禁卫兵》一卷;《郡国兵乡兵》一卷;《教阅》一卷;《车战舟师水战》一卷;《马政》二卷;《军器》一卷。
第十七《刑考》十二卷	《刑制》六卷;《徒流配没》一卷;《详谳平反》二卷;《赎刑》一卷;《赦宥》二卷。
《经籍考》七十六卷	《总叙》一卷;《经部》一六卷;《史部》十七卷;《子部》二十二卷;《集部》二十卷。
第十九《帝系考》十卷	《帝号历年》一卷;《太上皇太皇太后皇太后》二卷;《后妃》四卷;《皇太子皇子》一卷;《公主》一卷;《皇族》一卷。
第二十《封建考》十八卷	《上古至封建制》二卷;《春秋列国传授本末事迹》三卷;《秦楚之际诸侯王》一卷;《西汉王子侯功臣侯外戚恩泽侯》二卷;《东汉王侯列侯》二卷;《魏晋南北朝诸侯王列侯》五卷;《唐诸王藩镇》二卷;《五代宋王》一卷。
第二十一《象纬考》十七卷	《中宫三垣二十八宿十二次度数》三卷;《瑞变流星云气名状无变》一卷,《日食日变》三卷;《月食月变》一卷;《孛星》一卷;《月五星凌犯》四卷;《流星星陨》二卷;《昼星见五星聚舍》一卷;《瑞星客星云气虹霓》一卷。

第二十二《物异考》二十卷	《总叙》一卷;《水灾水异醴泉黑眚黑祥》二卷;《火灾火异赤眚赤祥》一卷;《木异草异谷异野谷竹米芝草朱草青眚青祥》一卷;《金异玉石之异白眚赤祥》一卷;《岁凶地震山崩地陷地移地长川竭地生异物黄眚黄祥》二卷;《恒雨恒畅恒燠恒寒恒风恒阴》四卷;《雷震物自鸣自动自坏》一卷;《人异诗异讹言服妖》三卷;《毛虫动物之异》四卷。
第二十三《舆地考》九卷	《总叙》一卷;《古冀州》一卷;《古兖州古青州古徐州》一卷;《古扬州》一卷;《占荆州》一卷;《古豫州》一卷;《古梁州》一卷;《古雍州》一卷;《南商越》一卷。
第二十四《四裔考》二十五卷	《东方各国》四卷;《南方各国》五卷;《西方各国》三卷;《西域各国》四卷;《北方各国》九卷。

以上二十四门中,《经籍》《帝系》《封建》《象纬》《物异》五门,为马端临独自创立,其余门类皆为《通典》的原目和子目。如《田赋》《钱币》《户口》《职役》《征榷》《市籴》《土贡》《国用》八门原在《通典》和《食货典》中;《选举》《学校》二门原在《选举典》中;《郊社》《宗庙》《王礼》等三门原在《礼典》中,其余《职官》《乐》《兵》《刑》《舆地》,以及《四裔》等门,类目基本上与《通典》相同。

从具体内容来看,唐天宝以前以《通典》为基础,并作适当的补充。中唐以后,则是马端临自己广泛采集各种史料并加以认真整理、研究的结果。在马端临撰写《通考》的时候,《宋史》未成书,而马端临所见到的宋代史料相当丰富,其中不少是《宋中》所没有的资料。《文献通考》取材广博,网罗宏富,内容包括了封建社会从经济基础,到上层建筑的各个领域。虽说全书从上古一直叙述到南宋,但马端临在内容取舍上坚持厚今薄古的原则,有关宋代的内容,约全书的一半以上,是全书的主干。

(二) 编纂特点

《通考》作为一部详尽的中国古代典章制度史,包括了不少涉及政治、经济、军事、文化、艺术、思想、民族等多方面的专史。例如,《学校考》实际上就是一部中国古代教育史;《刑法考》实际上是一部中国古代刑法史;《兵制考》实际是一部军事发展史;《乐考》则是一部中国乐舞史。《通考》中有的节目虽出自《通典》,然而青出于蓝更胜于蓝,内容更为丰富,条目更加明备,脉络更加清楚,史料更加典型,重点更加突出,范围更加广泛。大多数内容,去取精审,一字一句,皆有所本。

《通考》的每一门都有小序,载于卷首。每门之下又分为若干子目(类),每一目的内容,也是按时间先后排列。虽然是汇集史料,但《通考》不同于《会要》一类书籍,它不仅是排比资料,而且是对史料既有叙述,又有马端临及许多学者的考证、论断。

《通考》的每一个条目,所引经史之文,一律顶格书写,这就是马端临称之为"叙事"的部分。这一部分"本之经史,而参之以历代会要以及百家传纪之书",这就是《通考》中的所谓"文"。《通考》中关于宋代部分的"叙事",有相当部分取材于宋代的四部国史及历朝会要,但不一定转录全文,而是有所去取删节。

《通考》中凡是低一格排行的,是当时臣僚的奏议,低二格排行的是近代诸儒的评论以及名流之燕谈、稗官之记录,这就是马端临称之为"论事"的部分,即《通考》中所谓的"献"。

《通考》一书引用宋人的评论,较多的有沙随程氏(程迥)、石林(叶梦得)、致堂胡氏(胡寅)、山斋易氏(易祓)、止斋陈氏(陈傅良)、水心叶氏(叶适)、东莱吕氏(吕祖谦)、巽岩李氏(李焘)、先公(马廷鸾)等,从中可以看出作者的思想倾向。《通考》还引用了不少宋人笔记,如吴曾的《能改斋漫录》、洪迈的《容斋随笔》、沈括的《梦溪笔谈》、王明清《挥麈录》等。

《通考》中的按语。一般随在诸儒评议之后,这是马端临自己的议论。"其载之史传之记录而可疑,稽诸先儒之论辨而未当者,研精覃思,悠然有得,则窃著己意附其后焉。"马端临虽未明确说明,但很明显,这一部分就是《通考》中所谓的"考"。

对于研究历史来说,《通考》的"叙事"部分当然有很高的史料价值,因为它主要根据的是今已佚失的宋代国史和今已残缺的宋会要。它的"论事"部分,引用的宋人议论及著作,有些现在已经亡佚了,即使现存的,仍可作校勘资料。而马端临自己的"考",更有许多精辟独到的见解,尤为可贵。

从编写体例来看,《通考》"文""献""考"明确区分的这种方法,较之《通典》正文带夹注,夹注又混有补充材料及作者议论,眉目不清、条理不贯的编写方法先进了许多。例如《田赋考》关于王莽改制是这样记载的:

> 王莽篡位,下令曰:古者设井田则国给人富而颂声作。秦为无道,坏圣制,废井田,是以兼并起,贪鄙生。强者规田以千数,弱者曾无立锥之居。汉氏减轻田租三十而税一,而豪民侵凌,分田劫假,阙名三十,实什税五也。富者骄而为邪,贫者穷而为奸,俱陷于辜,刑用不错。今更名天下田曰王田,奴婢曰私属,皆不得买卖。其男口不过八而田满一井者,分余田与九族,乡党犯令,法至死。制度又不定,吏缘为奸,天下謷謷然,陷刑者众。后三岁,莽知民愁,下诏诸食王田及私属,皆得卖,勿拘以法。然刑罚深刻,他政诗乱,用度不足,数赋横敛,民愈贫困。

> 荀悦论曰:古者什一而税,以为天下之中正也。今汉氏或百一而税,可谓鲜矣。然豪强人占田逾侈,输其赋大半。官家之惠优于三代,豪强之暴酷于亡

秦。是上惠不通,威福分于豪强也。文帝不正其本,而务除租税,适足以资豪强也。且夫井田之制,不宜于人众之时,田广人寡,苟为可也。然欲废之于寡立之于众,土地布列在豪强,卒而革之,并有怨心,则生纷乱,制度难行……

老泉苏氏曰:周之时用井田,井田废,田非耕者之所有,而有田者不耕也。耕者之田,资于富民,富民之家,地大业广,阡陌连接,募召浮客,分耕其中,鞭笞驱役,视以奴仆……不耕不获者坐而食富强之利……

水心叶氏进卷曰:今之言爱民者,臣知其说矣,俗吏见近事,儒者好远谋。故小者欲抑夺兼并之家以宽细民,而大者则欲复古井田之制,使其民皆得其利……二说者其为论虽可通,而皆非有益于当世,为治之道,终不在此。且不得天下之田尽在官,则不可以为井,而臣以为虽得天下之田尽在官,文武周公复出而治天下,亦不必为井,何者?其为法琐细烦密,非今天下之所能为……今俗吏欲抑兼并,破富人以扶贫弱者,意则善矣,此可随时施之于其所治耳,非上之所恃以为治也……故臣以为儒者复井田之学可罢,而俗吏抑兼并富人之意可损……

按:自秦废井田之后,后之君子每慨叹世主不能复三代之法以利其民,而使豪强坐擅兼并之利。其说固正矣。至于斟酌古今,究竟利病,则莫如老泉、水心二公之论,最为确实。愚又因水心之论而广之曰:井田未易言也。……三代而上,天下非天子之所得私也,秦废封建而始以天下奉一人矣。三代而上,田产非庶人所得私也,秦废井田,而始捐田产以与百姓矣。秦于其所当予者取之,所当取者予之。然沿袭既久,返古实难,欲复封建,是自割裂其土宇以启纷争,欲复井田,是强夺民之田产以召怨怼,书生之论,所以不可行也。[①]

在上述引文中,马端临首先顶格记载了王莽改制的主要史料,交待了王莽欲效古人恢复井田(即王田)及最后失败的情况,随后降两格引述了荀悦、苏洵、叶适等人关于恢复井田制的议论,最后马端临总结前人的看法,提出了自己的见解。

这里,从荀悦到叶适,都注意到了商鞅变法以后,豪强地主土地兼并的发展,注意到了井田制的瓦解是土地制度的重要变化,注意到了在秦汉以后的历史条件下,恢复古代井田制度是不切实际的。特别是马端临的总结性按语,更一语中的地指明了在土地私有制度沿袭已久的情况下,"欲复井田,是强夺民之田产以召怨怼",是根本行不通的。马端临的这一观点,即使按我们今天看来,也是非常了不起的。

马端临作为一个封建史学家,虽然不能运用辩证唯物主义的观点来认识问题,但是由于他注意历史演化的"变通张弛之故",因而在许多问题上都提出了一些极有价值的、直到今天仍然值得我们高度重视的见解。

---

① (元)马端临:《文献通考》卷一,《田赋一》,中华书局2011年9月第1版。

从《通考》中马端临的所有按语来看,其作用主要有五个方面:一为指点线索;二为判断是非;三为追溯源流;四为剖析史料;五为解释名词。由于按语一般都是进行概括性总结,其中往往寓含了马端临的一些深刻见解,因而特别值得注意。可以说,《通考》的精华往往体现在马端临的按语之中。

《通考》的有些部类,虽是《通典》或《通志》中开始设立的,但正像我们前面指出的,"青出于蓝而胜于蓝",马端临不是简单地抄袭前人,而是有所加工,有所改造、有所发展的。以《经籍考》七十六卷为例,它虽然受了郑樵《通志》的影响,但《文献通考·经籍考》无论在内容上、体例上,都有了很大变化。马端临在《文献通考·自序》中叙述他撰《经籍考》的取材和目的时说:

> 今所录,先以四代史志列其目。其存于近世而可考者,则采诸家书目所评,并旁搜史传、文集、杂说、诗话。凡议论所及,可以纪其著作之本末,考其流传之真伪,订其文理之纯驳者,则具载焉。俾览之者如入群玉之府而阅木天之藏,不特有其书者,稍加研穷,即可以洞究旨趣;虽无其书者,味兹题品,亦可粗窥端倪,盖殚见洽闻之一也。[1]

这里,马端临详细讲述了他作《经籍考》的方法。《经籍考》是以四部分类的,在《经籍考》的四部和每部所分的子目内,都是以四代史志列其目。所谓四代史志,即《汉书·艺文志》、《隋书·经籍志》、两《唐书》后的《经籍志》和《艺文志》。至于宋代,由于《宋史》还没有完成,因而宋代的书目采用了宋朝四部国史艺文志。即三朝(太祖、太宗、真宗)、两朝(仁宗、英宗)、四朝(神宗、哲宗、徽宗、钦宗)和中兴四朝(高宗、孝宗、光宗、宁宗)国史艺文志。在《文献通考·经籍考》四部及其子目的开端,都是引用或节引这四部史志的大序和小序作为《经籍考》的大小序,并把四代史志的四部及子目中著录的图书,都数列其后,以见图书的流传盛衰。还有不足的地方,马端临自加按语,有时则引用父亲马廷鸾的见解。

《经籍考》著录的图书是以现存的为主,大多都是唐宋时代所流通的图书,即所谓"存于近世而可致者",这与郑樵《艺文略》"纪百代之有无","广古今而无遗"是明显不同的。虽然从著录图书数量上看,《经籍考》有所减少,但马端临特别重视图书的提要及"诸家书目所评"以及其他书内有关的"议论"。他取材的方法和范围着重在史志目录和公私藏书目录。如《崇文总目》和四种国史艺文志的评释都低一格编排,晁公武、陈振孙二家的图书解题及相关的撰人传志、原书序跋、笔记、语录、诗话、文集内的议论则低两格编排。此外,还引用了一些专科目录,如高似孙的《子略》、周氏《涉笔》等,有的则有马端临自己的按语。以《经籍考》卷一九一《史记》的著录为例,《史记》卷一三〇:

---

[1] (元)马端临:《文献通考》,《自序》,中华书局 2011 年 9 月第 1 版。

晁氏曰：右汉太史令司马迁续其父谈书，创为义例，起黄帝讫于汉武获麟之岁，撰成十二纪以序帝王，十年表以贯岁月，八书以纪政事，三十世家以叙公侯，七十列传以志士庶，上下三千余载，凡为五十二万六千五百言……

陈氏曰：汉太史令夏阳司马迁子长撰，宋南中郎参军河东裴骃集注。按班固云，迁据《左氏》《国语》，采《世本》《战国策》，述《楚汉春秋》，接其后事，讫于大汉，斯以勤矣……

李方叔《师友读书记》曰：司马迁作《史记》，大抵讥汉武帝所短为多，故其用意远，扬雄、班固之论不得实。秦始皇本纪皆讥武帝也，可以推求《史记》其意深远，则其言愈缓，其事繁碎，则其言愈简，此《诗》《春秋》之义也。

《朱子语类》曰：司马迁才高识亦高，但粗率。太史公三代本纪皆著孔子所损益四代之说，高帝纪又言"色尚黄，朝以十月"，此固有深意……

东莱吕氏曰：太史公之书法，岂拘儒曲士所能通其说乎，其指意之深远，寄兴之悠长，微而显，绝而续，正而变。文见于此，而起义于彼，有若鱼龙之变化，不可得而踪迹者矣。读是书者，可不参考互观以究其大指之所归乎。

夹漈郑氏曰：仲尼既没，诸子百家兴焉，各效《论语》，以空言著书。至于历代实迹，无所统系。迨汉建元元封之后，司马氏父子出焉。世司典籍，工于制作，故能上稽仲尼之意，会《诗》《书》《左传》《国语》《世本》《战国策》《楚汉春秋》之言。通皇(黄)帝尧舜，至于秦汉之世，勒成一书，分为五体。本纪记年，世家传代，表以正历，书以类事，传以著人。使百代而下，史官不能易其法，学者不能舍其书，六经之后，惟有此作。故谓周公五百岁而有孔子，孔子五百岁而在斯乎。是其所以自待者已不浅，然大著述者，必深于博雅，而尽见天下之书然后无恨。当迁之时，挟书之律初除，得书之路未广，亘三千年之史籍，而跼蹐于七八种书，所可为迁恨者，博不足也。凡著书，虽杂前人之书，必自成一家言。……今迁书全用旧文，间以俚俗，良由采摭未备，笔削不遑，故曰：余不敢堕先人言，乃述故事，整齐其传，非所作也。刘知几亦讥其多聚旧记，时插新言，所可为迁恨者，雅不足也。大抵开基之人，不免草创，全属继志之士为之弥缝……自《春秋》之后，惟《史记》擅制作之规模，不幸班固非其人，遂失会通之旨，司马氏之门户，自此衰矣。

先公曰：太史公整齐世传，论次其文，七年而遭李陵之祸，于是述陶唐迄获麟止，是《史记》二千四百一十三年之书，以七年而成。

从《史记》的著录可以看出，马端临虽不撰解题，却将晁公武、李方叔、朱熹、吕祖谦、郑樵等一批学者包括其父亲"先公"，关于《史记》的评论一一加以征引，使著录的内容大为丰富，极便于后人查阅。唐宋时期，是提要目录最为发展的时代，马端临显然发展了这一方法，即把当时存有的目录资料，"凡可以记其著作之本末，考其流传之真伪,订其文理之纯驳者",都编排在自己的目录内,这就会起到同自己编的提要、题记一样的作用,更由于这是编了众家之长,因而所起的作用就更大,学术价值更高。正像马端临自己所体会的,以这样方法编成的《经籍考》,读者拿在手里,"不特有其书者(指所著录之书)稍加研究,即可洞究旨趣;虽无其书者,亦可粗窥端倪"。

马端临之前,中国提要式书目共有两种体裁,一种是叙录体,一种是传录体,前者可以《汉书·艺文志》为代表,后者可以王俭《七志》为代表。叙录体著录图书的特点是用简明的语言,略述其书的特点、作意,或者是评介其书的内容,揭示其书的存佚情况及其真伪等。传录体的提要书目,"亦不述作者之意,但于书名之下,每立一传……文义浅近,未为典则"①。

马端临的著录方法,继承了叙录体的优点,又改变了其"点到即止"的不足,采用征引前人文字的办法,对其所著录图书的成书、始末、内容特点、流传情况等等,均作出详尽的说明,对于不同的见解,也一并照录,虽然有些论点与马端临自己的看法相左,他也兼收并蓄,为研究者提供了极大的方便。

马端临这一著录图书的方法,受到后人特别是清人的重视,如朱彝尊撰《经义考》、章学诚撰《史籍考》,都是采用了这一方法,并且发展了这一方法。后来补诸史艺文志和地方志的风气兴起后,这一目录学编纂方法又为更多的人所采用。由于马端临采用了科学的著录方法,因而其《经籍考》七十六卷著录的图书,源流清晰,正确可信,这点远在郑樵《通志·艺文略》之上。马端临的《经籍考》、郑樵的《艺文略》再加上宋代王应麟的《玉海·艺文》,成为中国中古后期三部目录学的巨著,对后来学术发展,产生了极大影响。②

以上事实说明,《通考》中的一些部类,虽是沿袭前人,在内容上、体例上却已有很大变化。

再以《文献通考》中的《四裔考》为例,《通典》设有《边防》一门,专述中国四面边疆各少数民族及周边国家地区的情况。《四裔考》虽然记录同样的内容,但它并不是简单地沿袭《通典·边防》的记载,而是有所发展,有所创新。

《文献通考·四裔考》二十五卷,二百四十九目,较《通典·边防》十六卷一百九十三目多出九卷五十六目,所载内容明显多于《通典·边防》。例如卷五至卷九的南裔,有七十三目,其中十七目是《通典·边防》所没有记载的,如南诏、交趾、阇婆、阿罗陁、呵罗单、婆皇、婆达,这些地方至迟在唐高宗时就已存在,而《通典》都漏载,《通考》一一将其补齐。由此可见,《通考》对有关史实的增补之功,是显而易

---

① (唐)魏征:《隋书》卷三二,《经籍志》,中华书局 1973 年 8 月版,第 903 页。
② 王重民:《中国目录学史论集》第 3 章第 8 节,中华书局 1984 年第 1 版,第 138 页。

见的。

三、《文献通考》的评价与版本

（一）《文献通考》在史学史上的地位

《文献通考》成书以后，在很长的历史时期里，人们对它的评价存在着不同的看法。否定它的，认为《通考》除了因袭杜佑《通典》之外，多抄取史志、会要及宋人议论，本身没有多少创新精神，远不及《通典》体大思精、简而得要。这种看法，以清人章学诚为代表。他在《文史通义》内篇四《释通》中认为，《文献通考》"虽仿通典，而分析次比，实为类书之学。书无别识通裁，便于敷陈对策之用"。按章学诚的观点来看，史书的体例大体分为三类。一类称为独断之学，一类称为比次之书，一类称为考索之功。"高明者，多独断之学，沉潜者，尚考索之功……若夫比次之书，则掌故令史之孔目，簿书记注之成格……其用止于备稽检而供采择，初无他奇也。"他还认为，"独断之学，考索之功欲其智，而比次之书欲其愚，亦犹酒可实尊彝，而糟粕不可实尊彝"。那种对史料经过加工的高级成品，具有别识心裁、嘉惠后学、有一定创造性的著述才是独断之学，而比次之书，不过是原始材料的记录、整理、选辑、汇编而已。

根据这样的原则，章学诚认为"马贵与无独断之学，而《通考》不足以成比次之功，谓其智既无所取，而愚之为道，又有未尽也。且其就《通典》而多分其门类，取便翻检耳……此乃经生决科之策括，不敢抒一独得之见，标一法外之意，而奄然媚世为乡愿，至于古人著书之意旨，不可得闻也"①。

章学诚的观点，曾经影响了不少人对《通考》的评价，以至于有些人研究典章制度时，用着《通考》提供的资料、观点，而却口头上称"吾取君卿，而鄙贵与"。近人金毓黻完全不同意章氏的批评，他从史学角度，充分肯定了《通考》的价值。他说："李焘之撰《续通鉴长编》也，曾失之繁，勿失之略，《长编》之可取者。在宁繁勿略。《通考》之可取者，亦在宁繁勿略。"

他以史学家吕思勉编撰史书为例，指出书中所称引之典章制度，"屡举《通考》而罕及《通典》，岂非以其称引者，多为杜书所未备乎？"②谈到一些人贬低《通考》的原因，他说："近贤之喜称《通典》，盖亦有故，《通典》一书，长于言礼，多存古训，极有裨于治经，而《通考》则否，此专经之彦所取资也。《通典》之文，简而不俚，

---

① 章学诚：《文史通义》卷五，《答客问》中。
② 金毓黻：《中国史学史》第7章，中华书局1962年6月新版，第198页。

首尾一贯,极有助于文章,而《通考》则否,此又缀文之士所乐道也。"金毓黻指出,清人之所以称道《通典》,贬低《通考》,是因为"清儒之治史学者。多自经学入,以治经之法治史,故盛称《通典》"。但如果从史学价值角度来看,"典礼贵明因革,而不必多录旧说,文章贵详其原委,而不必过为修饰。以体例言,《通典》之详于典礼未必是,以事实言,《通考》之详于记载未必非"。

谈到《通典》的精简与《通考》的详赡,金毓黻认为,《通典》"固以简严为贵,若专取某一门而探讨之,详如《通考》犹病其略,况《通典》乎"!金毓黻还认为:"且与书所载宋制最详,多为《宋史》各志所未备,所下案语,亦能贯穿古今,折衷至当,是又《通考》之长,非《通志》之所能尽具也……而《二十略》多抄自《通典》,不易一字,不识所谓别识通裁者果何在!而《通考》之于《通典》,则无是也。浅学之士,贵耳贱目,其轻视《通考》,实由章氏启之。"金毓黻认为,正确的态度应是"主以《通典》之精简,辅以《通考》之详赡,则能兼取其长,而折衷至当矣"①。

金毓黻对《通考》的认识是精辟的,其实,只要我们认真检读《通考》,就不难发现,《通考》一书,并不乏章学诚所称的"独断之学",马端临的许多史识,实在杜佑、郑樵之上。可以说,《文献通考》无论从史料的角度看还是从史识的角度看,都是杰出的著作。在中国史学史上有着不可动摇的地位。这具体反映在以下几方面:

首先,有继往开来之功。马端临在撰写《通考》过程中,对历代史书如《史记》《汉书》《资治通鉴》等进行过认真研究,注意各书的结构、体例、作用、意义,特别是对《通典》,他的钻研是很深入的。一方面他钦佩其"纲领宏大,考订该洽";另一方面又感叹其"节目之间,未为明备;而去取之际,颇欠精审"。因此马端临在继承前人优点的基础上,大胆地进行改革、创新。除了新增、调整、修订许多节目以外,还调整内容。

例如,"盐铁始于齐,榷酤始于汉,榷茶始于唐",唐氏的杜佑将盐铁目放在《通典》卷一〇,把榷酤、算缗、杂税放在《通典》卷一一,统归《食货典》。马端临认为这些类目在性质上有相似之处,分开不便查阅,因而他将盐铁、榷酤、榷茶、坑冶、杂征敛合并为《征榷》,使有关征榷的史料更为集中。户口,《通典》以前,正史将其列入《地理志》,杜佑将其列入《食货典》。马端临则独具慧眼,将户口与以人丁、人户为单位的赋税联系在一起,将口赋、算赋编进《户口》;将田制和与之有关的赋税合并,列为《田赋》。这是适应时代变化而作出的调整。因为从汉代至唐行两税法以前,税收的主要根据是人丁、户口;两税法以资产为主,资产主要指田产,两税可称为田赋。

《通典》的作者杜佑,出身士族,强调封建等级,极力推崇"礼",因此《礼典》

---

① 金毓黻:《中国史学史》第7章,中华书局1962年6月新版,第198页。

占《通典》全书二百卷的一半,马端临在《通考》中压缩为六十卷。减其所当减,增其所宜增,马端临的这些创新之举,体现了史学前进的步伐,是有开拓之功的。

第二,史料更为丰富。

《通典》号称精简,但恰恰是因此,许多方面语焉不详。从时间来看,《通典》只写到唐天宝年间,天宝以后至南宋嘉定末年,近四百七十年是空白。马端临广征博引,加以续补,使天宝以前的内容更为充实,天宝以后的则补充了空缺。特别是宋代部分,翔实而可靠,许多内容为《宋史》各志所未备,脱脱主持编修《宋史》时,其诸志的编纂就参考了《通考》。后人在论述典章制度时,也多所征引。因此,《通考》的史料详赡繁富,不惟不是其病,而恰恰为其所长。

第三,《通考》考证鉴定谨严。

马端临在编纂《通考》过程中,广引各种不同意见,详加考订,使书中内容更为精确可信。如《选举三》,对宋太平兴国三年(978年)"试进士始加论一首"之事,经过考证,马端临加按语说:"建隆以来,逐科试士,皆是一赋、一诗、一论,凡三题,非始于是年也。"对于许多一时难以判断是非的问题,则加以存疑,如《选举二》所记天宝六载(747年)科举考试无一人及第之说,考证曰:"然以《唐登科记》考之,是年进士二十三人,风雅古调科一人。不知何以言无一人及第也,当考。"在《选举四》有"按祖宗以来,试进士皆以诗赋论各一首,除制科外,未尝试策"马端临按语曰:"不知试策实始于何年,当考。"这种存疑的精神是可贵的。凡出于推断的,马端临亦一一说明,反映了其治学态度的谨严。

第四,有别识通裁之见。

马端临编纂《通考》的目的是要说明历史的"会通因仍之道",察历代"变通张弛之故",因而,《通考》并不像章学诚所讲"无别识通裁",相反,恰恰是在许多重要问题上,马端临的史识都发展和超越了古人的思想。例如《职役一》记载韩琦、韩绛、蔡襄论里正、衙前之弊后,提出一些建议,里正、衙前之役被取消。马端临感叹:"夫均一衙前也,将吏为之,则可以占田给复;乡户为之,则至于卖产破家。然则非衙前之能为人祸也,盖官吏侵渔之毒,可施之于愚戆之乡氓,而不可施之于谙练之将吏故也。"马端临的认识显然比韩、蔡诸人更深一层,他认为衙里正的弊端并不在于制度本身,关键在于"官吏侵渔之毒",此毒不除,采取任何措施都是徒劳无益的。

清乾隆《重刻〈通考〉序》称赞马端临"意在精详,故间出论断",其论断大多都反映了马端临的"别识通裁"。

(二)《文献通考》的思想价值

《文献通考》不仅在史学史上有着重要价值,而且书中所反映出的马端临的一些史学思想,更受到人们的重视。

第一,在对待历史的态度上,反对神权主义的五行说及那种违反史实任意褒贬的历史观点。在这一点上,马端临与杜佑、郑樵有着相通之处。杜佑编撰《通典》,摈弃历代史书皆列《五行志》的做法,干脆不设《五行典》,不管对史事褒贬那一套。郑樵编《通志》则以激烈的言词明确反对以五行变化比附人事的做法,他在《通志·灾祥略》序中说,五行之学是妖学,欺天之学,《春秋》褒贬之学是妄学,欺人之学。他明确指出:"人间祸福,冥不可知,奈何以一虫之妖,一气之戾,而一一质之为福祸之应? 其愚甚矣……国不可以灾祥论兴衰……家不可以变怪论休咎。"马端临继承前人的这种优良传统,对五行之说也提出了批评。在《通考·自序》中指出:

> 《记》曰:"国家将兴,必有祯祥;国家将亡,必有妖孽。"盖天地之间,有妖必有祥,因其气之所感,而证应随之。自伏胜作《五行传》,班孟坚而下踵其说,附以各代证应,为《五行志》,始言妖而不言祥。然则阴阳五行之气,独能为妖孽而不能为祯祥乎? 其亦不达理矣。

这里,马端临没有明确指出五行学说的不可信,却揭露了五行"独能为妖孽而不能为祯祥"的矛盾之处,接着,马端临指出:

> 虽然,妖祥之说固未易言也。治世则凤凰见,故有虞之时有来仪之祥。然汉桓帝元嘉之初,灵帝光和之际,凤凰亦屡见矣,而桓灵非治安之时也。诛杀过当,其应为恒寒,故秦始皇时有四月雨雪之异。然汉文帝之四年,亦以六月雨雪矣,而汉文帝非淫刑之主也。斩蛇夜哭,在秦则为妖,在汉则为祥,而概谓之龙蛇之孽,可乎? 僵树虫文,在汉昭帝则为妖,在宣帝则为祥,而概谓之木不曲直,可乎? 前史于此不得其说,于是穿凿附会,强求证应,而深有所不通。

马端临不是简单地攻击批判五行学说,而是叙述了传统的说法,并从历史事实上分析这种说法的矛盾之处,因而比郑樵对五行学说的批判更为有力,更能击中要害。接下来,马端临对"物异"作了客观分析,并给"物异"下了一种定义:

> 窃尝以为物之反常者,异也。其祥则为凤凰、麒麟、甘露、醴泉、庆云、芝草;其妖则为山崩、川竭、水涌、地震、豕祸、鱼孽。妖祥不同,然皆反常而罕见者,均谓之异,可也。故今取历代史五行志所书,并旁搜诸史本纪及传记中所载祥瑞,随其朋类,附入各门,不曰妖,不曰祥,而总名之曰物异。

马端临一反传统将自然变化与人事相联系的作法,以反常现象来解释物异,以物异来解释不常见的自然存在。在《通考》中,《物异》共二十卷,包括水灾、水异、火灾、火异、木异、草异、谷异、金异、玉石之异、岁凶、地震、山崩、地生异物、恒雨、甘露、天雨异物、恒旸、恒燠、恒寒、雹、木冰、冰花、恒风、恒阴、夜妖、雷震、物自鸣、物自动、物自坏、人异、毛虫之异、麒麟、马异、牛祸、豕祸、羊祸、犬异、羽虫之异、凤凰、鸡祸、龙蛇之异、鱼异、龟异、虫异、蝗异、螟、鼠妖等项,编录了有关记录。

在这些物异材料中,可靠的记录与附会传说相羼杂,但马端临的态度是在客观

地保留许多反常现象的资料,这显然是一种对待自然现象的客观态度,是和五行学
家们迷信物异,以物异解释人事的错误态度有根本区别的,马端临在处理"物异"材
料时,只是整齐旧文,并没有把关于证应的部分删去,反而把它们保留了不少,并且
也保留了董仲舒、刘向等人的一些说法。这是因为他在自序中已说明了自己的看
法,在《物异考》中就不妨编次旧闻,请读者自加判别。①

对于主观主义的褒贬说,马端临首先对褒贬说出自《春秋》的看法表示怀疑,
他说:

> 按《春秋》古经,虽《汉艺文志》有之,然夫子所修之《春秋》,其本文世所不
> 见,而自汉以来所编古经,则俱自三传中取出经文,名之曰正经耳。然三传所
> 载经文,多有异同,则学者何所折衷?如"公及邾仪父盟于蔑",左氏以为"蔑",
> 公谷以为"昧",则不知夫子所书者曰蔑乎?曰昧乎?"筑郿",左氏以为"郿",
> 公谷以为"微",则不知夫子所书,曰郿乎,曰微乎?"会于阙慭",公、谷以为"屈
> 银",则不知夫子所书,曰阙慭乎?曰屈银乎?若是者殆不可胜数,盖不特亥
> 豕、鲁鱼之偶误其一二而已。然此特名字之讹耳,其事未尝背驰于大义,尚无
> 所关也。至于"君氏卒"则以为"声子,鲁之夫人也","尹氏卒"则以为"师尹,周
> 之卿士也",然则夫子所书隐三年夏四月辛卯之死者,竟为何人乎?不宁惟是。
> 公羊、谷梁于襄公二十一年皆书"孔子生"。按《春秋》惟国君世子生则书之,
> "子同生"是也。其余,虽世卿擅国政如季氏之徒,其生亦未尝书之于册。夫子
> 万世帝王之师,然其始生乃鄹邑大夫之子耳,鲁史未必书也。鲁史所不书,而
> 谓夫子自纪其生之年于所修之经,决无是理也。而左氏于哀公十四年获麟之
> 后,又复引经,以至十六年四月书仲尼卒,杜征南亦以为近诬。然则《春秋》本
> 文,其附见于三传者,不特乖异未可尽信,而三子以其意增损者有之矣。盖襄
> 二十一年所书者、公、谷尊其师授而增书之也;哀十六年所书者,左氏痛其师亡
> 而增书之也:俱非《春秋》之本文也。三子者以当时口耳所传授者各自为传,又
> 以其意之所欲增益者掺入之。后世诸儒复据其见于三子之书者互有所左右而
> 发明之,而以为得圣人笔削之意于千载之上,吾未之能信也。②

马端临从《春秋》的来源进行分析,认为其原本既然已不可见,而汉代以来所传都来
自左丘明、公羊、谷梁三人口耳传授,其中经文歧异之处很多,后代的儒生又在此基
础上任意发挥,因此所谓"圣人笔削之意"并不可信,《春秋》褒贬之说,不能成立。

马端临显然对任意褒贬史实是坚决反对的,通过对《春秋》褒贬之说的批判,他
从根本上否定了历代许多史家拉大旗作虎皮,以孔夫子褒贬《春秋》为根据,任意曲

---

① 白寿彝:《马端临的史学思想》,载《中国史学史论集》第2卷,上海人民出版社1980年1月
出版。
② (元)马端临:《文献通考》卷一八二,《经籍考九》,中华书局2011年9月第1版。

解历史的做法。

在对待历史的变化上。注意探索历史发展的规律。马端临在《通考》中,十分强调"会通",这既是对前人优秀史学传统的继承,又是进一步的发展。在《通考》之前,杜佑、郑樵都以"通"字名书,都强调历史发展的连贯性,马端临继承他们"会通"的观点,同时,在"会通"的基础上,进一步将这一认识上升为探索历史的"变通张弛之故",亦即探索历史发展过程中的某些规律。在《通考·总序》中,他引用郑樵的论点来表达自己对"通"的看法:

> 《诗》《书》《春秋》之后,惟太史公号称良史,作为纪、传、书、表。纪传以述理乱兴衰,八书以述典章经制。后之执笔操简牍者,卒不易其体。然自班孟坚而后,断代为史,无会通因仍之道,读者病之。

马端临与郑樵一样,抑班扬马,强调典章制度的相因关系。在实践上,马端临著《文献通考》,自远古叙至南宋,总分为二十四考,每考又各立有子目,按时代顺序历数各方面的典章制度,体现了"会通"的编撰方法。但马端临并没有停留在这一历史编纂学、文献学的方法上,而是将这种"会通"的思想进一步运用于对历史问题的研究上,提出了探索历史"变通张弛之故"的思想,他在《通考·自序》中说:

> 爰自秦汉以至唐宋,礼乐兵刑之制,赋敛选举之规,以至官名之更张,地理之沿革,虽其终不能以尽同,而其初亦不能以遽异。如汉之朝仪官制,本秦规也。唐之府卫租庸,本周制也。其变通张弛之故,非融会错综,原始要终而推寻之,固未易言也。

显然,如果说郑樵的"会通"只是处理史书的一种方法,而马端临则是在这种方法的启发下,将"会通"发展为研究历史的方法了。尽管在当时的历史条件下,马端临还不可能科学地认识到历史发展的规律,但他已清醒地发现了历史变化中一些带有规律性的现象。在马端临看来,历史的"变通张弛之故"在于"古今异宜","其势然也"。这就是说,社会的发展变化,是由历史发展的客观形势所决定的,是"不容不然",非变不可的。

《通考·自序》在论田赋时说,"随田之在民者税之而不复问其多寡始于商鞅;随民之有田者税之而不复视其丁中始于杨炎。三代井田之良法坏于(商)鞅,唐租庸调之良法坏于(杨)炎",虽然"二人之事,君子所羞称",可是,"后之为国者,莫不一遵其法,一或变之,则反至于烦扰无稽,而国与民俱受其病,则以古今异宜故也"(《田赋考·序》)。因此,对于"以田定赋,以家之厚薄为科敛之轻重"的两税法,"虽非盛世事,而救时之策,不容不然,未宜遽非也"(《田赋考》三)。对于历史上这种制度的变革,只能"随时制变",否则,即使是"圣人"也是行不通的,所谓"圣人不能违时,不容复以上古之法治之也"。

从历史变化的角度出发,马端临批判了那些不顾形势变化、墨守成规、不知随世势之变而变的思想。例如谈到封建制的问题时他说：

> 封建、郡县皆所以分土治人，未容遽曰：此公而彼私也。然必有公天下之心，然后能行封建。否则莫如郡县。无公天下之心，而欲行封建，是授之以作乱之具也。

马端临注意到了行封建制与郡县制的历史条件是不同的。那种不顾形势而主张恢复封建古制的议论，是一种不识时务的书呆子论调。他说："盖时不唐虞，君不尧舜，终不可复行封建。谓县之法出于秦，而必欲易之者，则书生不识变之论也。"（《封建考》六）封建制所以不可实行，其原因在于郡县制"所袭既久，返古实难，欲复封建，是自割裂其土宇以启纷争"。马端临不仅从理论上说明了封建制的不可实行，还列举事实，进一步论述了封建制的兴废始末，驳斥了"逮汉之亡，议者以为乏屏藩之助，而成孤立之势"这种违背历史事实的错误论调，他说：

> 愚又尝夷考历代之故：魏文帝忌其诸弟，帝子受封有同幽絷。再传之后，主势稍弱，司马氏父子即攘臂取之，曾无顾惮。晋武封国至多，宗藩强壮，俱自得以领兵卒、置官属，可谓惩魏之弊矣，然八王首难，阻兵安忍，反以召五胡之衅。宋、齐皇子俱童孺当方面，名为藩镇，而实受制于典签长史之手。每一易主，则前帝之子孙歼焉，而运祚卒以不永。梁武享国最久，诸子孙皆以盛年雄材，出为邦伯，专制一方，可谓惩宋、齐之弊矣，然诸王拥兵，捐置君父，卒不能止侯景之难。然则魏、宋、齐疏忌骨肉，固以取亡，而晋、梁崇奖宗藩，亦不能救乱。（《通考·自序》）

历史事实说明，封子置藩，建立封建制，并不能使国家运祚长久，因为历史条件已与古时不同。历史的发展，由客观的时势决定，个人意志难以改变其行程。马端临同意唐人柳宗元的主张，赞成郡县制，反对分土封侯，表达了他顺应时势的进步思想。

在探讨历史"变通张弛之故"的时候，马端临注意从宏观角度把握历史的发展变化，其关于历史发展阶段的划分即是这种体现。在《封建考》中，马端临以公与私的区分为重要标志，评论历史的变革。他把唐虞以前的时代称为官天下，自夏开始，则称为家天下。家天下是私，官天下是公；公与私有着截然的不同。"上下之际，均一至公"，是谓公；"分疆画土，争城争地，是谓私"。三代的私，是与唐虞时代相比较而言，至于与后世相比，还是要公一些。到了秦代，泰始皇灭六国，"尺土一民，皆视为已有"，此时私的程度就更厉害了。

从马端临的分析可以看出，他是把中国历史分成三个大的阶段的。第一个大阶段是唐虞以前，第二个大阶段是夏、商、周三代。第三个大阶段是秦灭六国以后。不同的历史阶段，公与私的程度是不相同的。按照马克思主义的观点来看，公天下与私天下的不同是由是否有财产私有制所决定的，人类私有制的产生，有一个从浅化到逐渐深化的历史过程。马端临虽不能科学地认识这一问题，但他已初步地接触到这个问题的边缘。他历举殷契至汤的八迁,周弃至文王的屡迁,泰伯、鬻绎、箕子的建国,来说明古代土地所有观念的缺乏。他又指出,"古之帝王未尝以天下为己私,而古之诸侯亦未尝视封内为已物",以区别于后世的"分疆画土,争城争地"。

马端临的这种认识,正是他"会通"历史变化得出来的。其实,马端临所说的唐虞以前的时代,约相当于我们所说的原始社会,所说的三代,相当于我们所说的奴隶制社会,所说的秦始皇以后的社会,相当于我们所说的封建社会。马端临对于历史变革的这种认识、理解,显然接触到了历史图景的重大问题。尽管他还不能深入本质地抓住这些问题,但这已是十三四世纪之际的十分宝贵的历史遗产,理应受到重视。①

对于秦汉以后的历史,马端临仍从宏观角度认识社会的变化,"察变通张弛之故"。例如,他以秦汉建国的过程来论述封建专制主义的形成。他在《通志·自序》中指出:

> 秦既灭六国,举宇内而郡县之,尺土一民,始皆视为己有。再传而后,刘、项与群雄共裂其地而分王之。高祖既诛项氏之后,凡当时诸侯王之自立者与为项氏所立者,皆击灭之,然后裂土以封韩、彭、英、卢、张、吴之属。盖自是非汉之功臣不得王矣。
>
> 逮数年之后,反者九起。异姓诸侯王多已夷灭,于是悉取其地,以王子弟亲属,如荆、吴、齐、楚、淮南之类,盖自是非汉之同姓不得王矣。
>
> 然一再传而后,贾谊、晁错之徒拳拳有诸侯强大之虑,以为亲者无分地,而疏者逼天子,必为子孙之忧。于是或分其国,或削其地,其负强而动如七国者则六师移之。盖西汉之封建,其初则剿灭异代所封而以畀其功臣,继而剿灭异姓诸侯而以畀其同宗,又继而剿灭疏属刘氏王而以畀其子孙,盖检制益密而猜防益深矣。……景、武之后,令诸侯王不得治民补吏。于是诸侯虽有君国子民之名,不过食其邑入而已,土地甲兵不可得而擅矣。

马端临从春秋战国族姓封侯建国制最初的强大入手,一步步分析了其在秦汉时期逐渐削弱的过程,随着这种封建制的削弱,封建专制主义则相应地加强,从而为中世纪的封建专制主义奠定了政治的基础。此后在一些朝代里虽然还有以所谓"封建"名义出现的东西,但在本质上已与西汉时的"封建"完全不同了。马端临特别把西汉消灭所谓"封建"而走向封建专制主义的过程,逐步加以剖析,反映了其史识的卓越。

对于汉代以后,选举和官制变化所反映的封建专制主义的强化,马端临也有着杰出的认识。他在《通志·自序》中指出:

---

① 白寿彝:《马端临的史学思想》:载《中国史学史论集》第2集。

　　两汉以来,刺史守相得以专辟召之权。魏晋而后,九品中正得以司人物之柄。皆考之以里闾之毁誉,而试之以曹掾之职业,然后俾之入备王宫,以阶清显。盖其为法,虽有愧于古人德行之举,而犹可以得才能之士也,至于隋而州郡僚属皆命于铨曹,搢绅发轫悉由于科目。自以铨曹署官,而所按者资格而已,于是勘籍小吏得以司升沉之权。自以科目取士,而所试者词章而已,于是操觚末技得以阶荣进之路。夫其始进也,试之以操觚末技而专主于词章,其既仕也,付之于勘籍小吏而专校其资格,于是选贤与能之意无复存者矣。

马端临已觉察到自隋代开科取士以后,选举的权力由地方政权和地方世族手中转到中央政权这样一个重大变化。同时,他也觉察到了两汉以后,中央政务向实际负责机构和实际负责官员的转移,看到了品秩高者不必有大权,有大权者不必居三公之极品。无论是天子或奸雄,都要把实权掌握在自己的近臣手里,而不是掌握在大臣手中,这正是汉代以后中央集权的强化在职官制度上的反映。[①]

　　第三,在论述历上的改革时。充分肯定变革力量的进步性。对于历史上那些勇于改革而又有利于社会发展的人物及有关事件,马端临总是给予褒扬。

　　商鞅变法一向为儒者所非议。马端临虽也说过商鞅之为事,"君子所羞称"。但他对商鞅变法的必要性及其作用,却都予以充分肯定。他引用蔡泽的话说:"蔡泽言商君决裂井田,废坏阡陌,以静百姓之业而一其志。夫曰静曰一,则可见周授田之制,至秦时必是扰乱无章,轻重不均矣。"(《通考·田赋考》一)又引用杜佑的话,承认"鞅以三晋地狭人贫,秦地广人寡,故草不尽垦,地利不尽出。于是诱三晋之人,利其田宅,复三代,无知兵事而务本于内,而使秦人应敌于外。故废井田,制阡陌,任其所耕;不限多少。数年之间,国富兵强,天下无敌。"对于商鞅变法的作用这样评价,应该说是比较符合历史的真实的。

　　杨炎的两税法,在当代、后代,都曾遭到过许多人的非议反对,对于这些议论,无论是正面的、反面的,马端临在《通考》中都一一加以记载,并从当时形势的发展和对人民负担的减轻上,谈了自己对两税法的肯定看法。他说:

　　至唐,始分为租庸调。田则出粟稻为租,身与户则出绢布绫锦诸物为庸调。然口分、世业,每人为田一顷,则亦不殊元魏以来之法。而所谓租庸调者,皆此受田一顷之人所出也。中叶以后,法制隳弛,田亩之在人者不能禁其卖易,官授田之法尽废,则向之所谓输庸调者多无田之人矣。乃欲按籍而征之,令其与豪富兼并者一例入赋,可乎?又况遭安史之乱,丁口流离转徙,版籍徒有空文,岂堪按以为额?盖当大乱之后,人口死徙虚耗,岂复承平之旧,其不可转移失陷者独田亩耳。然则视大历十四年垦田之数,以定两税之法,虽非经国

---

① 白寿彝:《马端临的史学思想》,载《中国史学史论集》第2集。

之远图,乃救弊之良法也。但立法之初,不任土所宜,输其所有,乃计绫帛而输钱。既而物价愈下,所纳愈多,遂至输一者过二,重为民困。此乃掊刻之吏所为,非法之不善也。陆宣公与齐抗所言,固为切当,然必欲复租庸调之法,必先复口分、世业之法,均天下之田,使贫富等而后可,若不能均田,则两税乃不可易之法矣。①

马端临的议论,完全是根据当时历史的发展形势,即在均田制受到破坏、租庸调无法实行的情况下,肯定两税法是一种“救弊之良法”,反对了那些脱离社会现实而空谈制度好坏的“书生不识变之论”。马端临特别强调,既然均田制无法恢复,“则两税乃不可易之法矣”。至于两税法实行过程中出现这样那样的问题,他认为“此乃掊刻之吏所为,非法之不善”。谈到两税与财产的关系,他指出:

历代口赋,皆视丁中以为厚薄。然人之贫富不齐,由来久矣。今有幼未成丁而承袭世资,家累千金者,乃薄赋之。又有年齿已壮而身居穷约,家无置锥者,乃厚赋之。岂不背谬?今两税之法,人无丁中,以贫富为差,尤为的当。宣公所谓“计估算缗,失平长伪,挟轻费转徙者脱徭税,敦本业不迁者困敛求,乃诱之为奸骫之避役”。此亦是有司奉行者不明不公之过,非法之弊。盖力田务本与商量逐末,皆足以致富。虽曰逐末者易于脱免,务本者困于征求,然所困犹富人也,不犹愈于庸调之法不变,不问贫富,而一概按元籍征之乎?②

马端临注意到两税法实行前后征税对象的不同:两税法以前,税收以人丁为依据,而人们实际上贫富不同,按人口征收显然不合理;而两税法以贫富为依据,“尤为的当”,是最合理的。这里,马端临抓住了税法变化的关键所在,肯定了两税法的进步意义。至于陆贽所指责的问题,他认为同样是属于“有司奉行者不明不公之过,非法之弊”。从对两税法的分析可以看出,马端临作为一个史学家,其眼光是十分敏锐的。

对于北宋时期王安石进行的变法,宋代以后更是毁誉参半,马端临在《职役考》中指出:“盖介甫之行新法,其意勇于任怨,而不为毁誉所动。然役法之行,坊郭、品官之家尽令输钱,坊场酒税之入,尽归助役,故士夫豪右不能无怨,而实则农民之利。此神宗所以‘有于百姓何所不便’之说。”

马端临肯定助役法对农民是有利的,对地主官僚却不利。他引用神宗的话说:“询访邻近百姓,亦皆以免役为喜,盖虽令出钱,而复其身役,无追呼刑责之虞,人自情愿故也!”马端临认为免役法是良法,只是由于“所用皆苛刻小民”,因而终遭失

---

① (元)马端临:《文献通考》卷三,《田赋考三》。
② (元)马端临:《文献通考》卷三,《田赋考三》。

败。这并不是役法本身的问题。马端临在《市籴二》评论青苗法时,指出其为民害者三,即征钱、取息、抑配。从条例司的规定来看,这三害都在禁绝之列,问题仍然出在行法之人身上,即"施行之际,实则不然也"。可以看出,马端临对于改革是给予肯定的,对于改革过程中存在的问题,也往往有较深刻的认识。

第四,在谈到统治经验时,马端临较多体现出同情与爱护人民的一面。在《通考》一书的许多篇章如田赋、户口、职役、征榷、市籴、土贡、国用诸考中,马端临多次谈到民心向背与政权存亡的关系问题。他认为,一个国家的建立,首先要有人民,如果人民无法生活,大量逃亡,那么一个国家就不可能存在下去。在许多地方,他描绘了百姓生活的疾苦,一再揭露封建统治者只顾眼前利益,不管人民死活,大量巧取豪夺,进行残酷剥削的事实。他说在古代的时候,"民众则其国强,民寡则其国弱,盖当时国之兴立者,民也"。可是到了后代,"民之多寡,不足为国之盛衰。官既无籍于民之材,而徒欲多为之法,以征其身,户调口赋日增月益,上之人厌弃贱薄,不倚民为重,而民益穷苦憔悴,只以身为累矣"(《户口考·序》)。他特别指出,秦以天下奉一人,百姓"力罢不能胜其役,财尽而不能胜其求"。又说:"役民者,官也,役于官者,民也。郡有守,县有令,乡有长,里有正,其位不同,而皆役民者也。"马端临得到结论是"役民者逸,役于官者劳"。役民之官设立多种方法以增"役于官者"之劳,而役于官者则有无穷的征发。在《征榷》一门中,马端临谈到宋代的杂赋:

> 今朝廷之所以取之州县者,曰经总制、月桩、板帐钱也。而州县之所借以办此钱者,曰酒坊、牙契、头子钱也。或所取不能及额,则违法扰民以足之,曰输纳斛面、富户词讼、役人承替、违限科罚之类是也。

除此以外,尚有许多无名之赋,上取其一,而下取其十,上下官吏狼狈为奸。在谈到宋代的"征榷"时,他指出"征榷"之设,本为不使农民受商贾的盘剥"以优农民",可实行的结果却使百姓大受其害,"昔之榷利,曰取之豪强商贾之徒,以优农民;及其久也,则农民不获豪强商贾之利,而代受豪强商贾之榷,有识者知其横苛,而国所需,不可止也"(《征榷考·序》)。

再如市籴、均输、市易、和买、常平、义仓、和籴,本也是便民的措施,"初未尝有一毫征利富国之意"。沿袭既久,古意浸失,"至其极弊,则名曰和买和籴,而强配数目,不给价值,鞭笞取足,视同常赋。盖古人恤民之事,后世反籍以厉民。"宋代厉民手段繁多,有时甚至强借农民赋税六七年,使民不聊生,家破人亡。在《土贡考·序》中,马端临指出:"土贡即租税也",他具体分析道:

> 汉唐以来,任土作贡,无代无之,著之令甲,犹曰当其租入,然叔季之世,务为苛横,往往租自租而贡自贡矣。至于珍禽奇兽,衮服异味,或荒淫之君,降旨取索;或奸谄之臣,希意创贡,往往有出于经常之外者。甚至捐留官赋,阴增民

输,而命之曰羡余,以供贡奉。上下相蒙,苟悦其名,而于百姓则重困矣。①

谈到"衙前"的害民,马端临记载了北宋英宗时期,东京有父子二丁,将为衙前。父亲告诉儿子说:"吾当求死,使汝曹免冻馁。"于是父亲自杀而死。在当时的农村,"多种一桑,多置一牛,蓄二年之粮,藏十匹之帛,邻里已目为富室,指抉以为衙前"。这种世道,如何谈得上社会的发展呢?官民之间已形成了尖锐的敌对情绪,"礼义消亡,贪饕成俗。为吏者以狐兔视其民,睥睨朵颐,惟恐堕阱之不早;为民者以寇戎视其吏,潜形匿影,日虞怀璧之为殃。上下狙伺,巧相计度"②。以上种种揭露与批评,反映了马端临对当政者肆无忌惮刻剥百姓的愤恨及对农民可怜命运的深切同情,体现了马端临思想中人民性的一面。

对于形成诸种罪恶的原因,表面上看来似乎只是贪官污吏的事,而真正的罪魁都是高高在上的封建帝王。对于这些封建帝王,马端临认为也是可以批评的。他说:

> 按古者,庶人谤,商旅议。夫子曰:"天下有道,则庶人不议。"则诽谤,古所有也。周公曰:"小人怨汝詈汝。"又曰:"否则厥口诅祝。"晏子曰:"人民苦病,夫妇皆诅,虽其善祝,岂能胜亿万人之诅?"则祝诅亦古所有也。然未尝以此罪人。至秦之立法,则犯此二者,皆坐以大逆而诛夷之。汉高帝入关,约法三章,除秦苛娆,而首及诽谤偶语之酷,则当亟除之矣,而卒不曾除。至高后元年,有诏除其法矣,而又不克除。文帝之时,复有此诏。然自景、武而后,则一用秦法。凡张汤、赵禹、江充、息夫躬之徒所为诬害忠鲠,倾陷骨肉,坐以深文,中以危法者,不曰诽谤不道,则曰诅祝上有恶言。盖此二法者,终汉之世,未尝除也。③

马端临认为古代人民是可以对帝王批评甚至诅咒的,并不算犯法。当政者也未尝以此罪人。至秦朝之法,犯此二者,皆以大逆的罪名而诛夷之。汉代三百年,朝廷虽再三表示要废除这项禁令而终于没有废除。在马端临看来,这些规定是应当废除的,在一统帝国下,人民也应当可以批评帝王。马端临的这一认识,显然是对历代统治者涂抹在帝王权力上的圣光的藐视,是非常大胆的。实际上,马端临对历代统治者特别是宋代统治者的揭露与批判,都是针对着现实的,正像他在《通考·总序》中所阐明的,编纂《通考》的目的,就在于"庶有志于经邦稽古者,或可考焉"。

(三)《文献通考》的影响

《文献通考》成书以后,虽然对它的评价曾有过不同看法,但总的来看,随着时

---

① (元)马端临:《文献通考》卷二二,《土贡考一》。
② (元)马端临:《文献通考》卷三,《职役考二》。
③ (元)马端临:《文献通考》卷一六二,《刑考二》。

间的推移,人们对它的评价愈来愈高。在我国研究历代典章经制、阐明因仍损益之道的典籍,首推"三通","三通"之中,则"莫善于《通考》之书。其考核精审,持论平正,上下数千年,贯穿二十五代。于制度张弛之迹,是非得失之林,固已灿然备具矣"。"虽稍逊《通典》之简严,而详赡实过之"。①

当然,作为一个封建史家,马端临的《通考》有其一定的历史局限性,儒家的正统思想仍然占着主导地位。在他看来,"圣经贤传,终古不朽,而小道异端,虽存必亡,不以世主之好恶为兴废也"②。

此外,《通考》在史学上也存在一些错误之处,诚如顾炎武所说:"马贵与《文献通考》,以一生精力成之,遂为后世不可无之书。而其中小有舛漏,尚不能免。"(《日知录·著书之难》)这种说法,是近乎情理、合乎事实的。就以《通考·经籍考》来说,尽管有人称"大抵历朝坟籍,自唐以前,概见《隋志》;宋兴以后,《通考》为详"(《明胡应麟《经籍会通》一)。又将《通志》的《艺文略》和《通考》的《经籍考》作比较说:"郑氏艺文一略,该括甚巨,刻剖弥精,良堪省阅。第《通志》前朝,失标本代,有无多寡,混为一途。番阳《通考》,以四部分门,实因旧史,而支流派别,条理井然。且究极旨归,推明得失,百代坟籍,烨如指掌。"(《经籍会通》一)

然而《经籍考》也存在着失误:

第一,失之伦类。例如南宋末年人戴埴著《鼠璞》,考证经史上的疑义以及名物典制的异同,持论精审。之所以名称为《鼠璞》,是因取郑人谓玉未琢为璞,周人谓鼠未腊为璞,同名异物的意义;而《通考》却将其列入小说家,显然失其伦类。

第二,缺载唐代典籍之事。《旧唐书·经籍志》历记贞观时购买、校订群书,开元时整理、缮写群书、文宗时搜访群书以及安禄山之乱、黄巢起义典籍散亡之事,《通考》对此却没有记载。

第三,一书重见。如陆德明《经典释文》三十卷,见于卷一八五经解类,又见卷一九〇小学类。

第四,失于检照。例如转录杜佑《通典》中的唐代避讳文字时,仍依杜本之旧,显然不妥。

(四)《文献通考》的版本

《文献通考》最初刻于元泰定元年(1324 年),有西湖书院刊本,今已不存。现存的有元至元五年(1339 年)余谦补修本。明正德十六年(1521 年)慎独斋刘洪刻本,嘉靖四年(1525 年)冯天驭刊本,清乾隆十三年(1748 年)武英殿校刊"三通"合

① (元)马端临:《文献通考》卷首,《乾隆御制重刻文献通考序》,浙江古籍出版社 1966 年 11 月第 1 版。
② (元)马端临:《文献通考》卷一七四,《经籍考序》。

刻本,附有考证。光绪二十二年(1896 年)有浙江书局刊本。还有比较容易见到的商务印书馆 1936 年的万有文库"十通"本。其中以晚出的浙江书局本错误较少,但也存在不少问题,阅读时,应用其他史籍核对。1988 年,浙江古籍出版社以该版本影印出版,(一)、(二)各一册。由上海师范大学古籍研究所、华东师范大学古籍研究所负责点校的标点本《文献通考》,由中华书局于 2011 年 9 月出版,极便于阅读。①

《文献通考》成书以后,后代不乏续之者。明万历年间,王圻撰有《续文献通考》,该书共分三十门,二百五十四卷,起自宋嘉定年间(1208—1224 年)至于明万历三十年(1602 年)左右。该书继承马氏的编撰风格、规则,所取资料丰富,尤其是明代史料编入最多,所以有一定价值。后来清统治者编撰《续文献通考》,一方面极力贬低万历本价值,另一方面却又从该书中抄袭了大量资料。

清乾隆十二年(1747 年),清朝廷设立《续文献通考》馆,命张廷玉为总裁,撰《续文献通考》二百五十卷。乾隆二十六年又分出部分内容编纂成《清文献通考》。

1921 年,刘锦藻又以个人力量修成《清朝续文献通考》四百卷,补上了乾隆五十一年至清末宣统三年(1786—1911 年)共一百二十六年的史料。这些都反映了《通考》对后世的影响。

建国以来,不少史学家展开对《文献通考》一书的研究,较有影响的成果有:白寿彝《马端临的史学思想》(《中国思想通史》第四卷下册),张孟伦《马端临和〈文献通考〉》(《中国史学史》下册),仓修良《马端临和〈文献通考〉》(《中国古代史学史简编》第四章第二节)、王瑞明《文献通考》(《中国史学名著评介》第二卷)。此外,在报刊上亦有部分研究成果发表。这些成果都可以供读者参考。

(原载魏良弢主编《史著英华》,中国青年出版社 2000 年 5 月第 1 版)

---

① 2000 年本文撰成时,中华书局 2011 年 9 月版标点本《文献通考》一书尚未出版,今补入,特予说明。

《中国中古良贱身份制度研究》前言

二十世纪五十年代以来,在中国中古史研究方面取得的重要成果之一,便是唐长孺、何兹全、王仲荦、韩国磐、朱雷、高敏、姜伯勤、张泽咸等先生对该时期社会经济及阶级关系的研究。他们的一系列论著已成为研究中国中古史的经典之作。特别是对中国中古部曲佃客制的研究,更是中华人民共和国成立以来,史学界研究中国中古历史取得突出成就的一个重要方面。日本学者在中国中古社会经济与身份制研究方面,也取得了不可小觑的成绩。

在这样的背景下,要将中国中古社会结构及阶级、阶层的研究再推进哪怕是一步,也是需要深厚的学术功力、付出艰辛努力的事情。因此,像笔者这样一个史学晚进,涉足于中古良贱身份等级制度的研究,并且乐此不疲数十年之久,颇有些不自量力。然而,兴趣使然,笔者多年来并未感到太多探索的辛苦,相反,倒是因不断地有一些收获,经常体会到精神的充实与内心的喜悦。

二十多年前的1982年秋天,笔者考取了兰州大学历史系齐陈骏教授的研究生,在齐师指导下通读《隋书》、新旧《唐书》、《资治通鉴》等基本史料。在阅读《隋书》、两《唐书》时,笔者对隋唐官府经常大量赏赐奴婢的现象产生了兴趣,进而在翻阅中古笔记小说时,看到了魏晋南北朝时期许多残害奴婢的事例,如有些权贵令婢女劝客饮酒,客人不饮即杀婢女;有的权贵甚至将婢女头颅割下后揩干血迹置于盘中争胜;更有甚者,有的权贵甚至将婢女坐置于笼中蒸食。笔者感到十分震惊。

在导师指导下,笔者又读《唐律疏议》,看到唐代关于良贱身份制度的大量律文,看到在号称盛世的唐代,杀死一个奴婢所受到的惩处竟比杀死一头牛马还要轻的规定。笔者感到人们经常提及的奴隶制残余,恐怕不是一两句话就可以轻易带过的。进一步拜读了唐长孺、何兹全、王仲荦诸先生的论著后,受到很大启发,深感这一问题大有深入研究的必要。于是,经过三年努力,完成了题为《唐代奴婢制度初探》的硕士学位论文,并开始发表相关的成果。

进入大学任教以后,虽然因时地的关系,研究方向多有拓展,但对中古良贱身份制的研究基本上没有中断,一些成果先后在《历史研究》《中国史研究》《比较法研究》《中国经济史研究》《敦煌学辑刊》等刊物发表。

1997 年至 2000 年,笔者有幸师从南京大学魏良弢教授在职攻读博士学位,魏先生鼓励笔者将中古良贱身份制的研究继续深入下去,并指出要在理论上、史料上及方法上要有新的突破。

三年间无数次的耳提面命,使笔者进一步理清了思路,开始将中古良贱身份制作为一个完整的身份等级系统进行全面研究,最终以《中国中古良贱身份制度研究》的论文通过了答辩并取得博士学位,并因此获得南京大学新星科学奖。眼前这部书稿便是在博士论文的基础上修改完成的。

笔者之所以长期以来坚持探讨中国中古良贱身份制度问题,是因为这一制度与中国中古社会的政治、经济、阶级关系、思想文化等有着极为密切的关系。在中华古代法系的代表作《唐律疏议》五百零二条律文中,涉及良贱身份制度的律文多达一百余条即可为证。若能将良贱身份制度放在中古社会的整个历史背景下,联系社会经济制度、政治制度、思想文化、法律演变,采取纵向比较、中外比较等多种方法,深入研究下去,必然会对中国中古社会以及中国整个古代社会的性质、特点产生一些新的认识。

中古良贱身份等级制度,自二十世纪初以来便受到中外史学家、法学家的重视,取得了不少学术成果。如清宋民初法学家沈家本撰有《历代刑法考》,薛允升撰有《唐明律合编》,程树德撰有《九朝律考》,瞿同祖撰有《中国法律与中国社会》,其中都涉及了中古良贱身份问题。中华人民共和国成立以来,唐长孺诸先生更将这一课题的研究推进到了一个新的高度。日本学者仁井田陞《中国法制史》、浜口重国《唐王朝的贱人制度》、堀敏一《中国古代身份制》等,则是日本学者研究中国古代身份问题的代表性著作。

学术研究是一个薪火相传的事业,前人的研究是我们进一步探索的基础。笔者注意到,以往的研究,多侧重于某一个单一角度如经济史、法制史,或某一类、某几类贱民如部曲、杂户、官户、奴婢等,相对孤立地研究中古良贱身份问题,且多局限于一个朝代。而将良贱制度作为一个完整的身份等级系统,从一个较长的时段,从政治、经济、法律、思想、制度多方面结合的角度上,探讨其形成、发展、衰亡的历史过程与原因者,尚不多见。这其中原因很多,但重要的原因一是受到史料的限制,二是在理论上思想上还不够解放。近年来,随着秦汉三国简牍的新发现、敦煌吐鲁番文书的系统出版、西方有关文献的大量移译以及社会科学理论与方法的发展、进步,思想的解放,为我们今天能够比较全面、系统地研究中古良贱身份制度,打下了良好基础。

中古良贱身份制度涉及中古社会的各个方面,资料相对讲比较分散。这些年来,在全面阅读有关文献,包括正史、杂史、笔记、文集及墓志碑铭等史料的基础上,笔者尤其注意到对出土文献如秦汉竹简、敦煌吐鲁番文书的利用。通过对敦煌吐鲁番出土汉文文书的分类统计,笔者分析了直接涉及良贱身份制的法律律文、部曲转让、奴婢买卖、价格文书、悬赏缉捕逃奴文书、奴婢放良文书等,以及间接涉及良贱身份制度的各类户籍、手实、计帐、名簿、过所、狱讼辞等文书,并对其中有些文书的性质、年代等进行了考订并说明其价值,并在研究中充分利用了这些资料。

良贱身份制度,涉及政治、经济、思想、文化、法律、中外社会的不同特点等诸多方面,是一个理论性很强的课题,因此,理论的准备显得十分重要。在研究这一课题过程中,笔者重点学习了马克思主义的有关理论,特别是对《经济学手稿》中的《资本主义生产以前的各种形式》《家庭、私有制和国家的起源》等重点篇章及有关阶级、等级、身份、法律的有关论述,反复研读。同时亦阅读了西塞罗、盖尤思、黑格尔、梅因、韦伯、汤普逊、布罗代尔、罗素、亨廷顿等一批西方学者的理论著作以及罗马史、罗马法、西方经济史等各种著作。在方法上,以历史学的方法为主,同时借鉴社会学、比较法学等方法,将传世文献与新出土文献结合,将宏观分析、中观分析及个案分析相结合,将纵向的比较与横向的比较相结合,力争从多个侧面探讨中古良贱身份制度,以求获得较为客观、较为符合历史事实的研究结果。

对于中国中古良贱身份制度产生、发展、演变、衰落的历程,笔者是这样认识的:在魏晋南北朝至隋唐时期,存在着一个既不同于秦汉身份制又有别于宋以后身份制的良贱身份等级制度。这一系统、完整、严密的制度,以法定的形式集中体现在《唐律疏议》之中。中古良贱身份制的渊源,从理论上来讲,是以先秦时期在自然经济和宗法关系基础上产生的儒家礼治等级观念为基础的,礼所特别强调的"差别""异""分""序""尊卑""贵贱"等,目的是调节人们的相互关系,使人们接受自己现实的社会地位,不得逾越。正如《周礼·大司徒》所言:"以礼辨等,则民不越。""礼"的这种特点,说明礼是以具有极为久远的氏族血缘的宗法制度为其深厚根基的。从根本上讲,儒学是一种等级制的统治学说,儒家强调的人格是等级人格。儒家这种等级身份理论,经过汉代董仲舒的进一步改造,发展成为一套以儒家宗法思想为中心、以天人感应、三纲五常理论为特征、把神权君权父权夫权绝对化的尊卑贵贱身份等级理论,对中国后来社会,产生了极为深远的影响。中古社会良贱等级身份制度的理论根据,即源于此。

当然,若从制度的渊源来看,中古以前秦汉社会中作为身份等级标志的二十等爵制度,是以法家思想为主导的。这种身份等级制的基本特点是"流动性"及"非凝固性"。在这种制度下,人们可以入赀买爵,可以通过归爵或"冗边"改变身份甚至改变奴婢身份。这不同于西周世卿世禄制度下以宗法血缘关系决定身份,也不同于中古门阀士族制度及良贱等级制度下以出身决定身份。因此,中古时期的身份系统,从整体上来看并非继承秦汉而来。而与战国以前的宗法等级制有着某种程度上的相似之处。尽管如此,中古良贱制的某些方面如奴婢身份等,仍与秦汉的奴婢身份有着一定的继承关系,这可以从睡虎地秦简及秦汉文献与唐律中奴婢身份地位规定的比较中得到说明。

随着汉代土地兼并的发展,大量小农破产,以二十等爵制为基础的身份制度开始瓦解,为此,汉代许多儒生一再提出按儒家礼治理论重建身份等级制度的呼吁甚至进行改革的尝试,这些努力虽未能产生多少成效,却成了中古良贱制度产生的先声。

魏晋南北朝时期是中古良贱制度的形成及法典化时期。东汉以后,中国社会由商品经济相对发达的秦汉时期向自然经济占绝对统治地位的中古社会演变,随着世家大族的兴起,大土地所有制的凝固性日益增强,由此所决定的劳动者依附关系不断强化,部曲与客这一身份等级已经形成。社会经济生活中已经存在着不同层次、不同程度的对劳动者占有、役使的现实,进而提出了从法律上确立不同等级身份的问题。

魏晋政权模仿私家役使部曲奴婢家兵的方法,利用强制力量推行的屯田制、士家制,为中古不同层次劳动者包括贱民身份诸特征的形成与法典化,开辟了道路。贱民的一些主要特征如身份世袭制、身份差等制、同色相婚制、身份放免制、同罪异罚制,此时大体都已出现。由于部分士家与私人部曲奴婢身份在一定程度上的重叠,必然会使国家士家制的某些制度和特征对世族豪强地主的私人部曲奴婢的法律规定发生重要影响。

西晋政权作为一个儒家化政权,大力强化身份等级观念与等级制度,其等级占田与荫客制,实际上是西晋政权对世族地主占有部曲田客的现实既予以承认又加以适当限制的制度。如果说九品中正制已确立了世族门阀的政治地位。占田荫客制则确定了士族的经济特权。它的意义在于开创了自春秋战国宗法等级井田制瓦解以来按等级占田荫客的先例,这就为贵贱身份等级的进一步确立、为良贱身份等级系统的形成奠定了基础。

东晋是门阀政治的典型时期,由于世家大族垄断政权,对世族利益有所限制的一些政策包括良贱身份制度,却难以全面实行起来。南朝时期,世族开始衰落,良贱身份制度亦无太大发展。而十六国北朝特别是北魏政权,在特殊的历史条件下,面对以中原世家大族坞堡主经济为核心的多种经济成分的并存及现实生活中身份等级的多样化,在建立新的门阀贵族体系的过程中,同时建立起系统的良贱身份等级制度,在推行均田制的过程中,更将良贱身份制度严格化、法典化。这些规定都直接影响到了隋唐良贱制度的形成,唐律中许多良贱制度的律文即由此而来。

唐律制定时期的唐前期社会性质,大体与南北朝相似,这正像陈寅恪先生曾指出的,唐史可以分前后两期,分野在唐朝中叶,"前期结束南北朝相承之旧局面,后期开启赵宋以降新局面,关于政治、社会、经济者如此,关于文化学术者亦莫不如此"①。这一见解可谓触到了唐代社会变化的关键所在。因此,从社会基本结构与阶级关系来讲,唐前期与南北朝社会并无本质的不同。这一时期的世家大族仍有一定的经济、特别是政治实力,部曲奴婢的役使在生产劳动中仍占有相当的比重。唐律中关于良贱身份等级制度的大量律文既有继承前朝的一面,更有与唐代的社会现实相吻合的一面,它是唐代社会现实的身份等级的反映和产物。敦煌吐鲁番出土户籍、手实等文献中所清楚反映的良贱制度有力的说明了这一点。

从唐律与罗马法关于奴婢与奴隶来源、法律地位、"个人权利"、放良解放诸方面的全面比较可以看出,如果仅从法律规定讲,唐代奴婢地位比罗马奴隶地位要低。造成这一现象的原因,一是由于唐代与罗马有着不同的社会经济特点与历史文化背景;二是唐律与罗马法本身的法律特点决定了它们对奴婢、奴隶法律规定的不同;三是唐律与罗马法思想来源的不同也决定了它们对奴隶、奴婢规定的不同。

中古良贱身份制度的衰落,大体是与世族地主政治、经济地位的全面衰落相同步的。其主要原因,一方面是南北朝及隋末农民起义,给了世族地主以沉重的打击,使部曲佃客制开始走下坡路;另一方面,更由于唐中叶以来,商品经济的发展与活跃,使均田制度崩溃,世族土地所有制彻底瓦解。部曲、奴婢人身依附关系减轻,并大量向契约租佃农转化;雇佣关系的发展也减少了债务农民沦为贱口的数量;以人丁为本向以资产多寡为宗的赋税制改革,也使国家政权与地主争夺劳动力和纳税人口的矛盾趋于缓解。而两税法的实施使作为财产计算的奴婢在定户等中的地位显著提高,促使奴婢役使数量减少。

唐代中后期,虽然掠卖奴婢之风盛行一时,但这种现象是地主官僚生活腐化的反映,是一些官僚奸商利用边地与中原经济发展的不平衡性,进行奴婢贩卖的结果,并不反映中原部曲奴婢劳动制的再次强化。

从官贱民来看,唐中叶以来大量官奴婢演变为番户及官府中杂户、官户等官贱民日益为雇佣工匠所取代,反映了官贱民制度的衰落和演变。

唐中叶以来,奴婢阶层开始出现明显的雇佣化趋势。从唐律规定的奴婢"律比畜产",到宋代奴婢的"雇佣良民",奴婢身份发生了重要变化。这种变化的根本原因在于唐中叶以来生产关系的变化、商品经济的活跃。雇佣关系已渗透到中古贱民制度中去并促使其瓦解。奴婢大量的雇佣化的结果,使世袭性贱民大为减少,而奴婢这一贱民阶层主体的变化及部曲、官户、杂户等贱民的消失,最终导致了整个中古良贱制度的衰亡。及至宋代,《宋刑统》等虽然形式上仍存在着唐律中关于良贱身份制度的诸多规定,但大多已成虚文了。

① 陈寅恪:《金明馆丛稿初编》,上海古籍出版社 1982 年版,第 296 页。

　　总的来看,中古良贱身份制度,是以儒家礼学尊卑身份等级理论为指导、以社会中人们身份等级实际分化的现状为基础,以国家政权的良贱身份法律规定为依据而建立起来的。这种制度在当时的历史条件下,在一定的历史时期和一定的程度上,适应了中古社会多种经济成分并存的现状,对于稳定社会、保证生产发展、调解国家与地主争夺劳动人口的矛盾,起着一定的作用。而唐宋之际,随着商品经济的活跃、农民人身依附关系的减轻,中古良贱身份等级制度逐步瓦解,则反映了社会的进步。正如英国法学家梅因所言:"所有进步社会的运动在有一点上是一致的,即家族依附的逐步消灭以及代之而起的个人义务的增长。……用以代替家族宗法基础上相互关系形式的就是契约。""可以说,所有进步社会的运动,到此处为止,是一个'从身份到契约'的运动。"①

　　虽然由于中国古代社会发展的曲折性未能使唐宋身份等级制的变化进一步发展,但中古良贱制的衰亡,其意义仍然是重大的。这从一个侧面反映了中国封建社会由前期向后期的转变。

　　以上是笔者对中国中古良贱身份制度发展演变的基本看法,尽管许多方面的认识还有待于深化,但笔者自以为对中古良贱身份等级制度变化的大体脉络,把握还是准确和清楚的。

　　在本书中,笔者是把中古良贱制度作为一个完整的身份等级系统来说明的,着重点在于探索它产生、形成、演变、衰亡的历程与深层原因,而对于史书中有明确记载,且人们并无多少异议的良贱身份制度的一般规定,未作过多叙述。读者若有兴趣,完全可以查阅《唐律疏议》中的有关律文。对于佛寺道观等宗教团体范围内的良贱身份制问题,何兹全、姜伯勤以及法国谢和耐等国内外学者已作了相当深入的研究,本书一般不再涉及。

　　对于中国的历史问题,笔者越来越感到从世界范围内把握的重要,如果我们不去全面了解世界的范例,闭门就中国谈中国,许多问题是无法说清楚的。此外,在中国历史研究中,我们也应当更多打破各个断代研究的壁垒,注意纵向的多学科的综合对比研究。在这方面,笔者虽然才疏学浅且已届知天命之年,也还是有决心进一步去努力的,真诚地期望得到来自各方面的批评指教。

　　(原载李天石著《中国中古良贱身份制度研究》,该书列入国家"十五"重点图书出版规划项目,南京师范大学出版社2004年版)

---

① [英]梅因:《古代法》,商务印书馆1959年版,第96—97页。

《六朝文化概论》序

一、"六朝"的历史概念

"江雨霏霏江草齐,六朝如梦鸟空啼。无情最是台城柳,依旧烟笼十里堤。"

晚唐诗人韦庄的一句"六朝如梦鸟空啼",倾倒了古往今来多少文人骚客!

六朝的时代虽已过去了一千四百多年,但人们并没有随着岁月的流逝而淡忘。提起六朝,人们总会对那段令人迷离而又神往的历史产生无限的遐想,对六朝历史文化深层里那特有的神韵与风采产生浓烈的兴趣,对在那漫长的封建时代里微若晨曦的六朝时代的人文觉醒与人文精神,产生强烈的、跨越时空的共鸣。

六朝三百多年历史的神韵是什么? 六朝的魅力何在? 六朝与现代社会、现代人文精神有什么联系? 这就不能不探索、研究六朝的文化。

在正式探讨六朝文化之前,有必要首先搞清楚"六朝"这一历史概念的内涵,搞清楚"六朝文化"的内涵及其价值。

"六朝"之专称,在隋灭陈以后的数十年里,尚未见之于现存文献记载。因此,在隋代,可能还没有特指孙吴、东晋、宋、齐、梁、陈"六朝"之专称,[①]即或偶有此称,也尚未被人们所普遍接受和沿用。

"六朝"一词大量出现在文献中,是在唐代,特别是在唐中期以后。当时所称"六朝",已专指孙吴、东晋、宋、齐、梁、陈六个政权。如唐玄宗、肃宗时代的许嵩,[②]在其所著《建康实录》一书的序中曾言:"(许)嵩述而不作,窃思好古,今质正

---

① 隋唐时史书中有时出现的"六朝"一词,所指并非后人所讲的"六朝"。如唐初修《隋书·礼志》中的六朝系指周、汉、魏、晋、宋、齐六个政权。再如《旧唐书·李德裕传》载唐敬宗诏书,称李德裕家族曰:"冠内廷者二代,袭侯伯者六朝"。这里的"六朝",指得是唐肃宗至敬宗以前先后执政的唐代六位皇帝的时代,与本书所言六朝没有关系。

② 关于许嵩生平,史书未见记载,据其书中卷四所言"案吴大帝即王位黄武元年壬寅,至唐至德元年丙申,合五百三十五年矣"等言来看,其生活年代当在玄宗、肃宗之间。见许嵩撰、张忱石点校《建康实录》,中华书局 1986 年第 1 版。

传,旁采遗文,始自吴起汉兴平元年,终于陈末祯明三年。……总四百年间。著东夏之事。勒成二十卷。名曰《建康实录》。具六朝君臣行事,事有详简,文有机要,不必备举"。此处"六朝",虽与后来专称的"六朝"尚有一些微小区别,但本意已是指时间连续的孙吴、东晋、宋、齐、梁、陈六个王朝了。

在唐人诗文里,特别是在中晚唐诗人的诗作中,人们已大量使用"六朝"一词。如唐代大历诗人钱起《江行无题》诗云:"只疑云雾窟,犹有六朝僧。"元和时诗人殷尧藩《金陵上李公垂侍郎》诗云:"六朝空据长江险,一统今归圣代尊"。中唐诗人刘禹锡《台城怀古》诗云:"清江悠悠王气沉,六朝遗事何处寻。"晚唐诗人许浑《金陵阻风登延祚阁》诗云:"戈铤三国事,冠盖六朝中。"晚唐诗人杜牧《题宣州开元寺水阁》诗云:"六朝文物草连空,天淡云闲古今同。"杜牧《许七侍御弃官东归》诗云:"江山九秋后,风月六朝余。"晚唐诗人罗邺《登凌嵩台》诗云:"四海已归新雨露,六朝空识旧江山。"罗邺《春望梁石头城》诗云:"六朝无限悲秋事,欲下荒城回首频。"晚唐诗人张乔《题古观)诗云:"松留千载鹤,碑隔六朝人。"张乔《寄绩溪陈明府》诗云:"六朝兴废地,行子一销魂。"晚唐诗人韩偓《袅娜》诗云:"袅娜腰肢淡薄妆,六朝宫样窄衣裳。"晚唐诗人皮日休《游栖霞寺》诗云:"泉冷无三伏,松枯有六朝";晚唐诗人陆龟蒙《金陵道》诗云:"当时六朝客,还道帝乡人。"晚唐诗人曹松《石头怀古》诗云:"虽宽百姓土,渐缺六朝坟。"晚唐诗人孙元晏《陈淮水》诗云:"文物衣冠尽入秦,六朝繁盛忽埃尘。"晚唐诗人贯休《经吴宫》诗云:"此是前车况非远,六朝何不更惺惺。"晚唐诗人齐已《看金陵图》诗云:"六朝图画战争多,最是陈宫计数讹。"晚唐诗人罗隐《甘露寺火后》诗云:"六朝圣事已尘埃,犹有闲人怅望来。"罗隐《送蕲州裴员外》诗云:"两晋家声须有主,六朝文雅别无人。"晚唐诗人唐彦谦《过三山寺》诗云:"遥听风铃语,兴亡话六朝。"唐彦谦《金陵怀古》诗云:"宫殿六朝遗古迹,衣冠千古漫荒丘。"晚唐诗人吴融《秋色》诗云:"曾从建邺城边路,蔓草寒烟锁六朝。"晚唐诗人李洞《金陵怀古》诗云:"一遇灵鳌开睡眼,六朝灰尽九江空。"晚唐诗人刘洞《石城怀古》诗云:"几许六朝事,不禁江水流。"以上诗中的"六朝",显然已是特指孙吴、东晋、宋、齐、梁、陈六个政权了。

唐代以后,称六朝者渐多,如《宋史·张守传》云:"建康自六朝为帝王都。"宋代学者张敦颐著有《六朝事迹编类》,李焘著有《六朝通鉴博议》。宋代人杭谏著有《金陵六朝统纪》一卷,赵氏著有《六朝采要》十卷,张养正著有《六朝事迹》十四卷。[①] 宋代著名诗人陆游诗云:"七十三年事事新,涵濡幸作六朝民。"宋代政治家王安石诗云:"归鞍侵调角,回首六朝山。"宋代刘子翚《建康怀古》诗云:"悠悠六朝事,转盼风惊烛。"宋代米芾《答刘巨济》诗云:"世人都服似摩诘,不知六朝居士衣。"

---

① (元)脱脱等:《宋史》卷二〇三,《艺文志》,中华书局1977年版,第5104页。

宋代词人周紫芝词云:"六朝文物何在? 回首更凄然。"元代王实甫《西厢记》第二本第一折云:"香消了六朝金粉,清灭了三楚精神。"清朝吴伟业《吴诗集览》卷一〇下诗云:"六朝金粉地,落木更萧萧。"清朝黄遵宪《玄武湖和龙松岑》诗云:"莽莽六朝兴废事,珠楼绮阁未央渠。"这些诗文中的"六朝",明确指的是孙吴、东晋、宋、齐、梁、陈六个政权。

在中国古代,人们有时亦称"六朝"为"六代",如唐代诗人李白《留别金陵诸公》诗云:"六代更霸王,遗迹见都城。"李白《赠昇州王使君忠臣》诗云:"六代帝王国,三吴佳丽城。"李白《金陵三首》诗云:"六代兴亡国,三杯为尔歌。"盛唐魏万《金陵酬李翰林谪仙子》诗云:"金陵百万户,六代帝王都。"盛唐吴筠《建邺怀古》诗云:"绵历已六代,兴亡互纷纶。"中唐刘禹锡《金陵五题》诗云:"台城六代竞豪华,结绮临春事最奢。"中唐殷尧藩《登凤凰台》诗云:"三山飞鸟江天暮,六代离宫草树残。"中唐沈青箱《过台城感旧》诗云:"六代旧江山,兴亡几百年。"晚唐许浑《金陵怀古》诗云:"松楸远近千官冢,禾黍高低六代宫。"许浑《送上元王明府赴任》诗云:"莫言名重懒驱鸡,六代江山碧海西。"晚唐王贞白《金陵》诗云:"六代江山在,繁华古帝都。"晚唐罗隐《金陵夜泊》诗云:"六代精灵人不见,思量应在月明中。"罗隐《台城》诗云:"晚云阴映下空城,六代累累夕照明。"宋代诗人曾极《金陵百咏·覆舟山》诗云:"六代兴衰貉一丘,繁华梦逐水东流。"《金陵百咏·孙陵鹅眼钱》诗云:"六代初终几变迁,孙陵无树起寒烟。"宋代词人贺铸《水调歌头·台城游》词云:"南国本潇洒,六代浸豪奢。"清顾炎武《赠吴处士继思》诗云:"六代江山好,愁来恣搜讨"。现代人亦有仿古人称六朝为六代者,如鲁迅《无题》诗之一云:"六代绮罗成旧梦,石头城上月如钩。"

古时人们亦有将三国与六朝连称者,如《宋史·艺文志》载有宋代胡寅著《三国六朝攻守要论》,[①]南宋孝宗时太常博士上言:"三国六朝五代为非盛事而自已终之。"这里的"三国六朝",实际上指得是现在我们一般所讲的六朝而不包括蜀汉与曹魏。一直到清代,人们仍习惯上将东吴、东晋、宋、齐、梁、陈统称为"三国六朝"。如乾隆时纪昀编《四库全书总目提要》一书,论及宋代李焘著《六朝通鉴博议》一书时称:"此书详载三国六朝胜负攻守之迹,而系以断论。"此处虽称"三国六朝",实际上系指李焘书中所讲的"六朝",而不包括三国中的魏国与蜀国。

当然,古人也有将整个魏晋南北朝统称为"三国六朝"的,如清嘉庆时严可均编《全上古三代秦汉三国六朝文》一书,书名中所讲的"三国六朝",实际上包括魏晋南北朝整个历史时期。书中所收文章的时代,并不限于南方六朝,而是既包括南方"六朝",也包括南方蜀汉、北方曹魏、西晋十六国、北魏、北齐、北周、隋等在内的所

---

① (元)脱脱等:《宋史》卷二〇三,《艺文志》。

有魏晋南北朝时期的政权。

近代以来,"六朝"实际上仍存在着两个层次上的概念。一种概念专指孙吴、东晋、宋、齐、梁、陈,这是一般意义上的六朝。另外,一些学者仍使用广义上的大"六朝"概念,即将魏晋南北朝近四百年的历史时期笼统称为"六朝",特别是日本学者多用此概念。如日本学者编《战后日本研究中国历史动态》一书,其魏晋南北朝、隋唐一章即称为"六朝、隋、唐"。[①] 这里的六朝系指广义的大"六朝"。

在中国,不少人所讲的六朝书法、六朝艺术、六朝建筑等,有时亦泛指整个魏晋南北朝历史时期,如王壮宏、马成名编《六朝墓志检要》一书,所收"六朝"墓志,范围即是整个魏晋南北朝时期。[②]

在使用狭义的六朝概念时,有些学者的论著亦将东吴之后、东晋之前、西晋统一江南的三十七年,纳入六朝的范围,这主要是考虑到西晋的统一并没有完全打断南方地区社会独立发展的步伐,孙吴至东晋,江南社会的发展有着相当的延续性,同时亦是考虑到研究上的方便。这与严格意义上的狭义六朝概念并不矛盾。

此外,还有的学者将魏、晋、北魏、北齐、北周、隋等六个建都于北方的政权称为"六朝",为区别于南方六朝,特称"北方六朝"。

本书"六朝文化"所指"六朝",系指最初的也是为目前多数人所理解的"六朝"概念,即指孙吴、东晋、宋、齐、梁、陈六个政权。时间从公元 229 年孙吴建国到公元 589 年隋灭陈,其间除去西晋统一的三十七年外,共三百二十三年的历史。

二、"六朝文化"的内涵

探讨"六朝文化",除辨明"六朝"的历史概念外,还应当搞清楚"文化"的概念,这样才能确定"六朝文化"的具体内涵。

在中国,关于"文化"的概念,经历了一个长期的演变过程。"文",汉语言中最初的本意是指各色交错的纹理。《易·系辞下》曰:"物相杂,故曰文"。《说文解字》称:"文,错画也,象交文"。"化",汉语言中本意指生成、改变、造化之意。《易·系辞下》曰:"男女构精,万物化生。"《庄子·逍遥游》曰:"化而为鸟,其名曰鹏。"

"文"与"化"一同使用,从目前所存在的文献来看,最早出现在《易经》中,《易·贲卦·象传》曰:"〔刚柔交错,〕天文也。文明以止,人文也。观乎天文,以察时变;观

① 日本学者的六朝论著,一般都是用大六朝概念。如宫川尚志《六朝宗教史》(弘文堂 1948 年版)、宫川尚志《六朝史研究》(学术振兴会 1956 年版)、堀敏一《六朝时期隶属民的诸形态》(《中国古代的身份制》,汲古书院 1987 年版)等,所言"六朝"都是指整个魏晋南北朝时期。

② 王壮宏、马成名:《六朝墓志检要》,上海书画出版社 1985 年版。

乎人文,以化成天下"①。这里,"文明"之意,古人解释为"经天纬地为文,照临四方为明"。"文明以止",即不以威武而以文德教人。② 如此即是"人文",以人文"化"天下,即是古代圣人提倡的文治教化。

西汉时,"文化"开始结合成为一个复词。汉刘向《说苑·指武》曰:"凡武之兴,为不服也,文化不改,然后加诛。"晋束皙《补亡诗·由仪》曰:"文化内辑,武功外悠。"这里的文化,显然指与武力征服相对立的文治与教化。

西方文化的概念,与中国有所不同,西方文化的 Culture,原型为动词,含有耕种、居住、练习等意义,在此基础上,从人类的物质生产活动生发,继而引申到精神领域,而中国"文化",从一开始就专注于精神领域。③

现代意义上的"文化",罗竹风先生主编的《汉语大词典》定义为:"人们在社会历史实践过程中所创造的物质财富和精神财富的总和。"④张岱年先生主编的《中国文化概论》一书定义为:文化的实质性含义是"人化"或"人类化",是人类主体通过社会实践活动,适应、利用、改造自然界客体而逐步实现自身价值观念的过程。"这一过程的成果体现,既反映在自然面貌、形态、功能的不断改观,更反映在人类个体与群体素质(生理与心理的、工艺与道德的、自律与律人的)的不断提高和完善"。简言之,"凡是超越本能的、人类有意识地作用于自然界和社会的一切活动及其结果,都属于文化;或者说,自然的人化即是文化"⑤。

现代意义上人们使用的文化概念,又有广义文化与狭义文化之分。广义文化亦称大文化,广义的"文化"从人之所以为人的意义上立论,认为正是文化的出现,将动物的人变为创造的人、组织的人、思想的人、说话的人以及计划的人,因而将人类社会历史生活的全部内容统统摄入"文化"的定义。一般来说,此"文化"的定义更接近现代汉语中"文明"的含义。文化哲学、文化人类学等学科的研究工作者多持此类文化界说。

与广义"文化"相对的,是狭义的"文化"。狭义的"文化",排除人类社会历史生活中关于物质创造活动及其结果的部分,专注于精神创造活动及其结果,所以又被称作"小文化"。在前述汉语言系统中,"文化"的本义是"以文教化",亦属于"小文化"范畴。

广义文化与狭义文化,涉及范围大小有别,"文化概念广狭的确定,应由研究者

---

① 《周易正义》卷三,《贲传》。载《十三经注疏》,中华书局 1980 年版,第 37 页。
② 《尚书正义》卷二,《虞书舜典》,载《十三经注疏》,中华书局 1980 年版,第 125 页。
③ 参见张岱年:《中国文化概论》,北京师范大学出版社 1994 年版,第 2 页。
④ 罗竹风:《汉语大词典》中卷,汉语大辞典出版社 1997 年 4 月第 1 版,第 4023 页。
⑤ 张岱年:《中国文化概论》,北京师范大学出版社 1994 年版,第 2 页。

的学科、课题、内容而定"①。而同广义文化与狭义文化相关联的还有文化结构问题。关于文化结构,张岱年先生认为有物质文化与精神文化两分说,物质、制度、精神三层次说,物质、制度、风俗习惯、思想与价值四层次说,物质、社会关系、精神、艺术、语言符号、风俗习惯六大子系统说等等。

本书所讲的"六朝文化",基本上以"小文化"为论述范围,主要讨论涉及六朝时期的精神创造领域的文化现象,即以文化结构四层次说中的后三层次,即制度、风俗习惯、思想与价值等展开论述。具体内容则包括六朝时期的典章制度、六朝时期的社会思想与宗教、六朝时期的文学艺术、六朝时期的史学、六朝时期文献学、六朝时期的科学技术、六朝时期知识阶层与六朝六化的关系、六朝时期南北文化的交流等。

我们的探讨虽以狭义文化为对象,但亦不能忽略物质创造活动的基础意义和决定作用,实际上狭义文化与广义文化有着内在的不可分割的联系,前者包括于后者之中,有时很难将它们截然分开。例如科学技术,它是生产力,是物质层面的东西,可它又是与精神创作密切相关的文化,所以我们在第十章专题探讨了六朝时期的科学文化。再如我们在研究六朝文化的精神创造时,必然要涉及六朝精神文化产生的物质基础问题,因此本书在第三章简要探讨了六朝时期的社会经济。同时,我们知道,六朝文化是发生在历史上一定的时空范围内的,因此本书在第一、二章简要介绍了六朝政权更迭的历史以及六朝疆域的变化,我们相信这些内容对于一般读者了解六朝的历史与六朝地域的全貌、对于进一步理解与认识在此时空范围内发生的六朝文化,都是会有所帮助的,这并不意味着这些内容都是我们所要界定的六朝文化概念。

三、"六朝文化"的价值与意义

六朝文化是中国传统文化的一部分,是具有时代特色的文化,它是公元三至六世纪以六朝京都建康为中心而形成的地域文化。

研究六朝文化的意义,总的来说与研究中国传统文化的意义在某种程度上是一致的。这正如毛泽东同志所说:批判地继承中国传统文化是我们现阶段建设社会主义新文化的一项重要任务。从孔夫子到孙中山我们都应当很好地总结。江泽民同志在纪念中国共产党成立八十周年大会讲话中也指出,"我国几千年历史留下了丰富的文化遗产,我们应该取其精华、去其糟粕,结合时代精神加以继承和发展,做到古为今用"。这是我们研究与评价六朝文化的基本出发点。

---

① 张岱年:《中国文化概论》,北京师范大学出版社 1994 年版。

作为中国传统文化的一部分,六朝文化与中国传统文化有着共性的一面,这是毫无疑义的。同时,我们如果只是一般地将六朝文化看作中国文化的一部分,而忽略了六朝文化中的特殊价值,那也不是唯物主义的态度。当今,在多年来人们对中国传统文化整体已有了相当深入研究的基础上,我们似乎更应当注意到六朝文化的特殊性,即六朝文化在整个中国传统文化中的地位与特色问题。

在中国历史上,魏晋六朝上承两汉,下启隋唐,呈现出汉唐两大盛世之间的一个特殊的、风采独具的时代。一方面需要承认,魏晋南北朝是中国历史上动乱最多的时期之一,战乱不断、南北分裂是其主要的社会特征;另一方面,六朝又是一个"独特"的时代,其灿烂、精深的思想文化深深地吸引着后人。有的学者甚至认为,包括六朝在内的汉晋文化与罗马文化为世界古代文明的两大中心。

在长期的中国封建社会里,旧史学家对六朝三百多年的思想主流多采取否定的态度,正如钱穆所言:"此三百年间之风气,自古学者率至轻蔑之意,且盛加非难,甚则以谓乃五胡之乱所由兴焉。"①这是旧时代封建文人通常的看法,中华人民共和国成立以来的相当长一个时期内,由于受极"左"思想的影响,人们对这一历史时期的诸多文化现象,仍多加否定。直到改革开放以后,学术界开始实事求是地研究六朝历史文化,人们才逐渐得出了一些新的认识,重新给予六朝社会以较为客观的评价。

总的来说,六朝文化中既有精华又有糟粕,从历史发展的长过程来看,应当说六朝文化在历史上所起的积极作用或者说正面价值,要大于她的消极作用或负面价值。六朝文化中比较多地保留了中国传统文化中的精华,对中华文明做出了极为重要的贡献。

概括来说,六朝文化的价值主要表现在以下几个方面:

首先,六朝时期出现了个性自觉、思想解放的潮流,凸显了其在中国文化发展史上的重要地位。

就以对六朝时期的主要哲学思潮、六朝文化的精髓——玄学的评价而言,历来认为其来源既有道家亦有儒家。我们知道,儒家和道家两种学说在中国历史上是各具其正面价值和负面价值的,在不同的历史背景和时代需求下,处于此起彼伏、变幻交错的状态中,形成多种不同的组合模式,"而玄学的一个重要使命便是力图从更高更抽象的本体论层面上,将儒道双方的正面价值整合为一,实现对儒道学说的超越"②。

以往不少学者都曾指出:中国传统文化的消极面之一,是中国传统社会"重家

---

① 钱穆:《国学概论》,商务印书馆 2008 年版,第 144 页。

② 徐斌:《魏晋玄学新论》,上海古籍出版社 2002 年版,第 3 页。

族,独缺少个性自觉,孤往独到精神不获发扬"①。在古老的传统宗法制基础上形成的中国传统伦理观念,历来是重群体、重家族,以群体认同价值作为标准的人格理想而缺少个性自觉。显然,这一概括仅是就中国整个历史时期而言,实际上,恰恰在魏晋六朝时期,中国社会出现了自秦汉以来的第一次也是在清末之前中国二千年封建社会中最强的一股个性自觉、思想解放的潮流。在中国思想史上占有极重要位置。

许多在学术上卓有建树的学者,从不同的角度对六朝文化的正面价值给予客观评价。宗白华先生在《论〈世说新语〉和晋人的美》一文中指出:"汉末魏晋六朝是中国政治上最混乱、社会上最苦痛的时代,然而却是精神史上极自由、极解放,最富于智慧、最浓于感情的一个时代。"②冯友兰先生在《中国哲学史新编》第四册中说:"在中国哲学史中,魏晋玄学是中华民族抽象思维的空前发展。"③汤用彤先生认为,魏晋时代是思想自由解放的时代,其时思想中心不在社会而在个人,不在形质而在精神,其时之人生观,与哲理均呈现出崭新的面貌。④汤一介先生在《论魏晋玄学中的内在性与超越性问题》一文中提出,玄学是以"内在超越"为特征的哲学,内在超越是指超越的精神境界,儒家追求道德上的理想人格,道家追求精神上的自由,玄学则是对两者的调和。⑤李泽厚先生在《中国古代思想史论》中说:"人(我)的自觉成为魏晋思想的独特精神,而对人格作本体建构,正是魏晋玄学的主要成就。"⑥张岱年先生在《中国文代概论》中指出:六朝时期,"中国文化得到多向度的发展和深化,强健而清新的文化的精神大放异彩"⑦。

六朝文化在挣脱两汉儒学束缚、追求思想自由、发展抽象思维、张扬个人主体性、实现精神的内在超越等方面,显然有着自己的独创性。这些都是我们尤其要注意发掘的六朝文化特殊的历史价值。

第二,倡导兼容的文化政策与学术上的自由争鸣是六朝文化繁荣活跃的重要原因。

六朝文化之所以能够在这一时期挣脱两汉儒学束缚、出现追求思想自由、张扬个人主体性、实现精神内在超越的潮流,与当时倡导的兼容并存的文化政策与学术争辩之风的盛行密切相关。

---

① 参见许思园:《中西文化回眸》,华东师范大学出版社 1997 年版,第 64 页。
② 宗白华:《艺境》,北京大学出版社 1999 年版,第 133 页。
③ 冯友兰:《中国哲学史新编》第四册,第 8 页。
④ 汤用彤:《魏晋玄学论稿》,上海古籍出版社 2001 年版,第 38 页。
⑤ 汤一介:《儒道释与内在超越性问题》,江西人民出版社 1991 年版。
⑥ 李泽厚:《中国古代思想史论》,安徽文艺出版社 1994 年版,第 192 页。
⑦ 张岱年:《中国文化概论》第五节"乱世中的文化走向",北京师范大学出版社 1994 年版,第
96 页。

  六朝时期,由于汉代定于一尊的儒学的衰微,玄学、道学思想的崛起,佛学的东渐,在这种特定的社会历史环境下,六朝政权的统治者都倡导诸思潮兼容的思想和文化政策。如孙吴时,除传统的儒学外,两汉间东渐的佛教已传到了江南地区,佛僧支谦就在这时来到吴地。"吴主孙权闻其博学有才慧,即召见之,拜为博士,使辅导东宫,甚加宠秩。"从黄武元年(222 年)至建兴中(252—253 年),译出《维摩诘经》等二十七部佛典。① 另一佛僧康僧会也于吴赤乌十年(247 年)从交趾来到建业,从事译经传教活动。孙权为其在建业造建初寺,这是江南的第一所佛寺。孙吴时,发源于中原青、徐和西南巴蜀地区的道教也传到了江南地区。先后传入的有属于太平道支派的于君道、帛家道,属于五斗米道支派的李家道、清水道、杜子恭道团等。② 据《三国志·吴书·孙策传》注引西晋虞溥《江表传》载:"时有道士琅邪于吉,先寓居东方,往来吴会。立精舍,烧香,读道书,制作符水以治病,吴会人多事之。策曾于郡城门楼上集会诸将宾客,吉乃盛服……趋度门下,诸将宾客三分之二下楼迎拜之。"说明道教思想在孙吴时已逐渐拥有众多的信徒。

  东晋时,随着北方大族南徙江南,盛行于中原的玄学传入江东。上至皇帝,下至大臣,在当时盛极的玄风浸染下,"学者以老庄为宗,而黜六经;谈者以虚荡为辨,而贱名检;行身者以放浊为通,而狭节信;仕进者以苟得为贵,而鄙居正;当官者以望空为高,而笑勤恪"③。可以说,当时东晋朝廷上下,玄风劲吹。除儒、玄外,东晋时道教和佛教思想也比孙吴时有了进一步的发展。陈寅恪先生在《天师道与滨海地域的关系》一文中指出:东晋南朝的许多门阀士族都是信奉五斗米道的世家,琅玡王氏家族中的王羲之一门,是东晋最有代表性的文化士族,"世事张氏五斗米道"。而南方吴姓氏族如葛洪、杨羲、许谧、许翙、陆修静、顾欢、陶弘景等则对后来天师道茅山上清派的形成产生了重要影响。④ 佛学方面,东晋时,南方有慧远主持的庐山东林寺和佛陀跋陀罗、法显等据以译经传教的建康道场寺两个佛教中心,佛教的思想和学说,这时并与玄学合流而成为时代思潮。⑤

  南朝时期,更是儒、玄、道、佛诸思潮既互相兼容,又竞相驳诘、发展的时代。刘宋时期设立的儒学、玄学、史学、文学四馆就是倡导诸思想学说兼容共存的例证。梁武帝本人更是集诸思潮于一身。他早年学儒信道,晚年则舍道事佛,并把孔子、老子、释迦牟尼合称"三圣",提出了三教同源说。⑥ 因而由诸思潮相互交汇的思

---

① (南朝梁)释僧祐:《出三藏记集》卷一三,《支谦传》,中华书局 1995 年版,第 517 页。
② 参见任继愈:《中国道教史》,上海人民出版社 1990 年版,第 57 页。
③ (清)赵翼:《廿二史札记》卷八,"六朝清谈之习",第 167、168 页。
④ 参见任继愈:《中国道教史》,第 116 页。
⑤ 参见洪修平:《中国佛教文化历程》,江苏教育出版社 1995 年版,第 82 页。
⑥ 罗宏曾:《魏晋南北朝文化史》,四川人民出版社 1989 年版,第 210—211 页。

想、文化便构成了这一时代的特色。

与倡导兼容的文化相适应,六朝的学术空气十分自由,文人学者之间相互聚会、相互切磋和自由争辩之风甚盛。文人学者之间的聚会产生较大影响的有东晋穆帝永和九年(353年)王羲之的兰亭之会;有南朝初年文人谢混与族子灵运、瞻、晦、曜、弘微以"文义赏会"的乌衣之游以及山水诗的创立者谢灵运与族弟惠连、东海何长瑜、颍川荀雍、泰山羊璇之涯文章集会的山泽之游。还有萧齐武帝永明五年(487年),竟陵王萧子良鸡笼山西邸之会与竟陵八友,这是一个讲论与探讨儒学、佛学与文学的学术团体,正是在这个西邸之会上,无神论者范缜与萧子良之间展开了有无因果报应思想的争辩,并酝发了有神与无神之间的论战。[1] 当时文人学者之间学术上的自由探讨和争辩是一种十分普遍的现象。这种学术思想上盛行的自由探讨、争辩之风,与统治者倡导的兼容并存的文化政策及个人的身体力行,密切相关。

第三,六朝文化在传承汉魏以前中国传统文化方面发挥了重要作用。

魏晋南北朝时期,西晋短暂统一瓦解以后,以中原为核心的北部中国经历了五胡十六国、北魏等一系列的分裂割据王朝。这些割据王朝均为经济、文化发展远较汉族落后的少数民族所建立。这些少数民族入主中原时,均对中原地区现存的比较先进的经济、文化进行了程度不同的破坏,民族矛盾和阶级矛盾都比较尖锐;而相对于北方中原地区而言,我国江淮以南的六朝却都是汉族建立的封建政权;王朝虽有变更,但社会远较北方安定。晋永嘉之乱后从洛阳逃往南方的汉晋大族,在南方六朝政权中始终居于主导地位。不仅如此,他们还把掌握和领有的汉晋学术文化带到了南方。因此,南方六朝不仅是汉魏正朔所在,而且是汉晋文化得以保存和发展之地。同时,北方少数民族政权的封建化,除依靠永嘉之乱后留存于北方的一些汉人大族保留的汉晋文化外,另一方面更为重要的是吸收和利用南方保存的汉晋文化。如北魏孝文帝太和改制之前,北魏政权已开始逐步封建化,但其制度终显粗疏。直至北魏太和十七年(493年)王肃自建康来奔,才把孝文帝的太和改制大大向前推进了一步。陈寅恪先生认为:王肃输入北朝的正是汉晋及南朝前期制度之总和,因而终于"蔚成太和文治之盛"[2]。

六朝在保存和传承中国传统文化方面的作用,从当时书籍的保存情况亦可看出。据《隋书·经籍志》记载,南北朝时期北朝魏、齐、周三代的经、史、子、集等书籍及文人著述,其总和尚不及南朝宋、齐、梁、陈四代中存书最少的陈朝,况且这还是在南朝经历侯景之乱、江陵之变等多次毁书厄运下的情况。

---

① (唐)李延寿:《南史》卷五七,《范云传附从兄缜传》,第1421页。
② 陈寅恪:《隋唐制度渊源略论稿》,中华书局1963年版,第13页。

显然,六朝在保存和继承中国汉魏以前古代文化方面,有着巨大的历史功绩。

第四,六朝文化成为隋唐礼乐政刑典章制度的重要渊源。

人们知道,隋唐是中国封建社会的鼎盛时期,这一历史时期在政治、经济、思想文化等诸多方面所取得的成就,都达到了中国中古历史的高峰。但是,隋唐时代各方面的成就并非一蹴而就,而是有一个逐渐积累、发展的过程。这其中一方面有魏晋之前中国传统社会的影响,另一方面,则主要是魏晋南北朝以来中国社会多方面的发展包括六朝文化的发展,为隋唐社会繁荣局面的到来创造了历史条件。

著名史学大师陈寅恪先生在其名著《隋唐制度渊源略论稿》一书中论及隋唐制度渊源时曾指出:"隋唐之制度虽极广博纷复,然究析其因素,不出三源:一曰北魏、北齐;二曰梁、陈;三曰西魏、周。所谓(北)魏—(北)齐之源者,凡江左承袭汉、魏、西晋之礼乐政刑典章文物,自东晋至南齐其间所发展变迁,而为北魏孝文帝及其子孙摹仿采用,传至北齐成一大结集者是也。……所谓梁、陈之源者,凡梁代继承创作陈氏因袭无改之制度,迄杨隋统一中国吸收采用,而传之于李唐者。"①

陈先生所述三源,其中(北)魏、(北)齐之源,来自于江东士人之北奔,即"江左承袭汉、魏、西晋之礼乐政刑典章文物,自东晋至南齐其间所发展变迁,而为北魏孝文帝及其子孙摹仿采用"。而梁、陈之源,则为隋朝统一江左、灭陈时所吸收。可见,隋唐制度渊源的三个源头中,二支皆与南方六朝有关。

另外,在对比以上三源对隋唐制度影响的重要性时,陈寅恪先生特别强调指出:"在三源之中,(西)魏、周之源远不如其他两源之重要。"②陈寅恪先生在对比南北朝社会的差异时也特别指出:"南北朝有先后高下之分,南朝比北朝先进,这可以从经济生活、社会习俗等各方面的情况看出。"③南朝的各项制度对隋唐各方面制度都产生了巨大而深远的影响,陈寅恪、唐长孺诸先生还特别强调指出,唐代中期以后的各项制度实际出现了一个南朝化问题。④ 这就进一步阐明了六朝文化对隋唐礼乐政刑典章文物等各方面制度所产生的重大影响。

第五,六朝文化在中国江南开发史上占有十分重要的地位。

从中国历史的发展来看,在相当长的一个时期里,中国经济的重心一直在北方,唐宋以后,中国经济重心方转移到南方。而在这一转移的过程中,六朝无疑是一个重要的历史阶段。六朝时期是中国南方地区社会经济与文化的大发展时期,

---

① 陈寅恪:《隋唐制度渊源略论稿》,第1—2页。

② 陈寅恪:《隋唐制度渊源略论稿》,第2页。

③ 陈寅恪:《隋唐制度渊源略论稿》,第2页。张岱年:《中国文化概论》第五节:"乱世中的文化走向",第96页。

④ 参见万绳楠:《陈寅恪魏晋南北朝讲演录》,黄山书社1987年版;唐长孺:《魏晋南北朝隋唐史三论》,武汉大学出版社1993年版。

在江南开发史上占有极重要的地位。

中国长江以南,是人类的发祥地之一,早在远古时代,这儿已有了简单的原始农耕经济。但总体来看,这一地区,在秦汉以前多数尚为"水耕火耨"的落后地区。秦汉之际虽得以较大规模开发,但"直到东汉末年,江淮以南地区经济的发展还远远落后于中原经济发达地区。当时江淮以南堪称经济比较发达之区,还仅限于一些点和线,尚未扩及广大的面"[①]。及至三国时,孙吴政权争江淮、收岭南、取荆州、服蛮越,方开始有计划、大规模的开发江南。特别是永嘉之乱后大批北方劳动人民的避难南渡,带来了先进的生产工具与劳动技能,大大加快了江南开发的步伐。历经东晋、宋、齐、梁、陈几百年的发展,形成了巴蜀、江汉、三吴三大经济区域及豫章、岭南、闽江等新经济区域。同时,经济的开发向深度发展,长江流域上、中、下游的经济联系日益加强。及至隋代,江南已成中国最重要的经济区域。南粮北调已成为中央政府在经济方面的首要之事。唐宋之际,江南更成为中央财赋的主要来源之地,中国经济重心已转移至南方。

不仅经济的发展如此,随着经济重心的南移,江南亦成为文化的上重要区域,六朝以来,江南地区人才辈出,著作如林。以与文化相关的人物而论,如经学方面的陆玑、虞翻、韩康伯、梅颐、范宁、雷次宗、皇侃等;文学方面的有谢灵运、陶渊明、谢朓、江淹、王融等;文学评论方面的有钟嵘、刘勰、萧统等;史学方面的有裴松之、袁宏、刘孝标、范晔、孙盛、裴骃、干宝、萧子显、沈约、裴子野等;目录学方面的有李充、王俭、任昉、阮孝绪等;谱学方面的有贾弼及其后人、王弘、王俭及其后人;地志学方面的有常璩;文字学方面的有顾野王、郭璞;音义学方面的有徐邈、李轨;书法方面的有王羲之、王献之、羊欣、萧子云、王僧虔等;书学方面的有王僧虔、袁昂、庾肩吾等;绘画方面的有顾恺之、陆探微、张僧繇等;音律学方面的有何承天;天文学方面的有王蕃、张子信;算学历法方面的祖冲之、何承天;本草方面的陶弘景;化学、方术方面的有葛洪;此外还有无神论者范缜、无君论者鲍敬言、佛学家慧远、法显等,真是举不胜举。他们不仅在六朝文化史上占有重要地位,不仅对江南的社会发展作出了巨大贡献,而且在整个中华文明史上都值得大书一笔。

六朝文化的发展,为中国文化重心的转移奠定了基础。唐代后期,长江中下游已成为全国的文化中心所在,无论是诗人数量还是进士数量,都超出了北方。明清时期,江南更成为公认的人文荟萃之区。

第六,六朝文化与对中外文化交流的影响。

魏晋南北朝时期,中国南北方政权基本上是划江淮而治,由于政治地理与自然地理的限制,六朝政权除了偶尔借北方政权的版图出使及接纳外国使节以外,偏在

---

① 许辉、蒋福亚:《六朝经济史》,江苏古籍出版社 1993 年版,第 42 页。

江左的六朝政权要通过传统的丝绸之路与西方国家进行交往,实际上有相当的困难,这样便促使六朝政权另辟通道发展与各国的往来。因而六朝时期的中外交流,无论是在交往途径、交往对象、交往方式,还是在交往内容上,与此前历史上的中外交流相比,出现了一些新的特点,发生了一些值得注意的变化。

六朝时期,六朝各政权与各国的往来途径主要是通过海路;交往的对象主要是海东、南海、东南亚诸国;交往的方式则突破了此前以政治往来及政府使节为主的限制,向各国之间全方位的官方、民间交往过渡;在交往内容上,则由此前的以物质交换为主向全面的政治、经济、思想、文化、宗教等交流转变。这就为后来隋唐时期的全面对外开放奠定了基础。因此,我们不妨说,正是有了六朝时期的对外开放,才出现了隋唐时期的全面开放。

史学大师范文澜先生曾指出:"在东晋南朝时期,长江流域开发出来了,使隋唐封建经济得到比两汉增加一倍的来源;文化事业发展起来了,使隋唐文化得到比两汉提高一层的凭藉。"[①]这是对六朝历史文化价值的高度概括。

当然,六朝文化的历史价值,远不止这些,六朝文化价值的许多方面尚有待我们去研究、去发现。历史唯物主义认为:"每一时代的理论思维、从而我们时代的理论思维,都是一种历史的产物,在不同的时代具有非常不同的形式,并因而具有非常不同的内容"[②]。人们对真理的认识永远没有穷尽,对于人类历史、对于人类自身,往往也会随着时代的前进而产生新的认识、新的观点。钱穆先生论及中国文化时曾指出:"文化俨如一生命,他将向前延伸,不断成长。横切一时期来衡量某一文化之意义与价值,其事恰如单提一局部来衡量全体,同样不可靠。我们应在历史时期全进程中求其体段、寻其态势。"[③]相信随着时代的前进,人们会进一步加深对六朝文化深厚内涵的认识。

学习、研究六朝文化,对于我们来说具有多方面的重要意义:

首先,有助于深刻地认识中国传统文化,去除其糟粕,吸取其精华,实现中华文明的伟大复兴。

历史上,中华文明与尼罗河文明、印度文明、两河文明同为世界古老的四大文明。然而,历经数千年之后,后三种古老文明都由于各种原因而中断、湮灭了,只有东方的中华文明一枝独秀,依然生机勃勃,延续至今。这充分说明中华文明强大的生命力及超强的适应能力,说明中华民族有巨大的向心力和凝聚力。中华文明必将继续在丰富发展中延续下去。江泽民在《在庆祝中华人民共和国成立五十周年大会上的讲话》中指出:"我们伟大的祖国已经走过了五千年的历程。在五千年的

---

① 范文澜:《中国通史简编》修订版第二编,人民出版社 1964 年版,第 409 页。
② 《马克思恩格斯全集》第 20 卷,人民出版社 1996 年版,第 382 页。
③ 钱穆:《中国文化史导论》,商务印书馆 1994 年版,第 4 页。

历史长河中,中华民族以自己的聪明才智和卓越创造,为世界文明作出了不可磨灭的贡献。在新的千年中,中华民族必将以自己新的灿烂成就,为世界文明作出更大的贡献。"要实现这一任务,必须全面地总结中华文化包括六朝文化的遗产,去除其糟粕,吸取其精华,古为今用,使中华文化的精华,在新的历史条件下得以继承、发扬、光大,从而实现中华文明的伟大复兴。

第二,有助于更加准确、更加深刻地认识六朝在中国历史上的地位。

关于六朝的历史地位,前辈学者如陈寅恪、唐长孺、周一良、缪越等先生及大批专家学者曾进行过长期深入研究并曾予以高度评价,但由于这些研究立足学术性探讨、发表于专门著作,往往不为一般读者所了解。因而,充分宣传、广泛普及六朝文化的知识、认识六朝在中国历史上的地位,就显得十分重要与迫切。

第三,有助于全面地认识世界文化与中国文化的多样性及中国文化的博大精深。

目前,经济的全球化趋势越来越明显,同时人类文化在当今世界信息技术和传媒网络的作用下,正冲破时空地域的限制,超越不同国家和民族的分歧,趋向融合与交流。但是文化的全球化并不等于文化的一元化。世界范围内不同特色、不同内涵文化的发展,正是世界文化丰富多彩、多元化的表现。不少学者预言,经济的全球化将有利于文化多元的发展,未来将有一个新的"轴心时代"出现。在可以预见的一段时间里,各民族、各国家在其经济发展的同时一定会要求发展其自身的文化。从今后世界文化发展的趋势看,将会出现一个在全球意识观照下的文化多元发展的新局面。主要以中国为代表的东方文化的独特内涵必将进一步受到世人的瞩目。中国文化的内涵极为丰富,博大精深。儒家的仁义敦厚、道家的清静超越、墨家的谨严兼爱、法家的清整严峻、佛教的精于思辨、民间宗教的汇通交融,无不值得深入探究。继春秋战国百花齐放、百家争鸣之后的中国历史上第二次思想解放时期的魏晋六朝,其丰富多彩、独具特色的文化内涵,为我们认识中国文化的多样性及中国文化的博大精深提供了一个时代范例。

第四,有助于全面推动现代化建设及促进地方社会文化事业的发展。

现代化建设,不仅是一个经济上从传统到现代的发展过程,而且整个社会与文化都要实现从传统到现代的转型。在建设社会主义新文化的过程中,我们应当充分利用先人留下的文化遗产,批判地吸收传统文化中的精华,同时也注意吸收世界上所有的优秀的民族文化的遗产,为建设社会主义的现代新文化的服务。

六朝的时代虽然距今已经十分遥远,但六朝文化超越时空的魅力,至今对人们仍有极大的吸引力,六朝的遗存仍在不断发现,六朝的旅游业资源有待进一步开发,六朝文化在国际上特别是在东亚、东南亚国家和地区的影响日益扩大。作为六朝时期政治经济中心的南京,作为六朝时期重要地区的江苏,加强六朝历史文化的研究,尤显重要,正所谓"一时代有一时代之历史与文化,一地区有一地区之历史与文化"。研究本地区之历史文化,不能理解为狭隘的地方主义,相反,这恰恰是突出地方特色、发挥地方优势、古为今用,以传统文化的精华服务于当前先进文化建设的必然之举。

本书的编写,旨在为有意了解六朝文化基本内容和概况的广大干部群众和一般读者,提供一个简明扼要、深入浅出的读本,使更多的人们了解六朝文化、学习六朝文化、研究六朝文化、宣传六朝文化,使六朝文化的精华,在新的历史条件下得以继承与发扬光大,为促进社会主义精神文明和先进文化的建设,为促进江苏地方社会文化事业的发展,作出应有的贡献。

著名魏晋南北朝史专家韩国磐先生曾作赋一篇,论六朝历史文化之盛,文、意俱佳,兹录于此以作开篇序语:

> 或曰六朝金粉,或言六代豪华,爰自孙吴东晋,历经宋齐梁陈,虽云雄踞江左,亦惟半壁河山。新亭饮泣,徒怀悲于往哲;关内覆师,由夺位而南归;历数屡更,犹经三百余载;新朝频建,共历四十人君。苟无英杰储恃,安能偏方割据?故沈约书之于史曰:荆城跨南楚之富,扬部有全吴之沃,鱼盐杞梓之利,充牣八方;丝绵布帛之饶,覆衣天下。庾信亦著之于赋云:于时朝野欢娱,池台钟鼓,里为冠盖,门成邹鲁,连茂苑于海陵,跨横塘于江浦,橘则园植万株,竹则家封千户,西赆浮玉,南琛没羽。盖当萧衍称帝之后,梁朝全盛之时,良畴美柘,畦畎相望;连宇高甍,阡陌如绣。无奈侯景之乱,遂生尧城之变,繁华消歇,人物凋零,盛衰更迭,载籍斯在。论武略则周瑜扬威于赤壁,陆逊制敌于夷陵,旋师称量沙之谋,御敌有长城之将。述文事则二陆为吴郡之英,陶谢乃晋宋之杰,沈范则领袖风骚,徐庾则专擅文彩。四声八病,始发明于江左;文选文心,均载誉于千年。至于书尊逸少,画赞虎头,咸称绝作,雄踞艺苑。若乃天文地理,历法术数,皆有创造,超迈前人。勾股有方,割圆有术,钢经百炼,船名千里,超越江海,窥测日月,精思巧艺,层出不穷。由是而言,六朝固为纷扰多事之秋,亦饶繁盛发明之迹。面首狎客,未可全斥以荒淫;鹄飞鹏举,还宜深探其经略;去其糟粕,而钻研典册之间奥;取其精华,以光大炎黄之文明。

(原载许辉、李天石主编《六朝文化概论》,南京出版社 2004 年版)

《唐宪宗传》序

提起唐朝的历史,人们对唐太宗李世民、女皇武则天、唐玄宗李隆基,也许并不陌生,可是说到唐宪宗李纯,说到唐宪宗统治时期出现的"元和中兴",说到唐宪宗在大唐帝国走向中衰时期为重新振兴国家所做的种种努力及其建立的功业,了解的人就不那么多了。

其实早在一千多年以前的唐代,人们就已经将唐宪宗的"元和"年号与"贞观""开元"年号并列在一起,将唐太宗、唐玄宗、唐宪宗所谓"三宗",看作是唐代最杰出的三位帝王了。

唐宪宗李纯,是唐朝第十一代皇帝,生于公元778年,死于公元820年,二十八岁即皇帝位,在位十五年(806—820年),终年四十三岁。

宪宗生活的时代,是唐帝国经历了开元、天宝的鼎盛时期之后,骤然走向衰落的时期。公元755年爆发的安史之乱,引发了唐帝国积蓄已久的各种社会矛盾,使唐帝国由颠峰跌入了低谷。社会的变化、动荡,空前剧烈。社会经济、思想文化的变化先不说起,在人们的社会政治生活中,影响最大的莫过于藩镇割据了。

藩镇割据的出现,有其深刻的社会根源,有其产生的历史必然性。然而,对于唐朝廷来说,对于广大的民众来说,藩镇割据的存在,意味着唐帝国的分裂与中央集权的削弱;意味着战争的连绵不断、藩镇强取暴敛的加剧及人民生活的无限痛苦;意味着社会生产不断遭到破坏和社会发展的停滞不前。因此,结束藩镇割据,维护中央集权和国家统一,既是统治者维护统治的需要,也是广大民众的迫切要求和期望,同时也是历史发展的必然趋势。在这样的历史背景下,处于国家最高领导地位的皇帝,怎样对待藩镇割据,怎样对待国家统一,怎样对待民众的疾苦,怎样处理个人私欲与国家利益的矛盾,就成为人们对其功过是非进行客观评价的主要依据。从这许多方面来看,唐宪宗可以说是唐中期以后诸帝中的佼佼者。

唐宪宗的历史功绩,首先表现为他坚持"以法度裁制藩镇"的基本方针,始终不渝地将削平藩镇割据、维护国家统一、加强中央集权作为自己毕生奋斗的目标。

宪宗登基不过数日,西川的刘辟便公然向年轻的帝王提出挑战,企图谋取三川，割据西南。宪宗不畏艰难，勇敢地接受挑战，果断地镇压了西川与夏绥的叛乱，揭开了"以法度裁制藩镇"的序幕。在以后的年代里，宪宗先后平服镇海、淮西、成德、平卢、卢龙、魏博等大河南北数十个割据藩镇，重新实现了国家的统一。唐帝国国势重新振兴，中央权威再度树立。这里，历史与社会所提供的有利条件固然重要，然而如果没有宪宗个人的智慧及杰出的组织领导才能，这个局面也是难以出现的。

宪宗的历史功绩，还表现为执政期间，"举贞观、开元之政"，励精图治，坚持改革，废除前朝种种弊政，释放宫女，停止进奉，裁汰冗员，整顿吏治，严惩贪赃，禁掠奴婢，使代、德以来的社会风气为之一变。

宪宗坚持"为政之本，在于安人"的原则，重视农桑生产，注意水利兴修，改革赋税制度，对关系国计民生的重要事务，事必躬亲，使元和年间（806—820年）的生产有所发展，民众的负担不因讨伐割据藩镇的战争而有过多加重。事实上，元和年间的平藩战争虽然耗费了大量人力物力，但宪宗并未忘记百姓的疾苦，十多年里，他为百姓遭受各种灾害而蠲免的钱粮，无论是在次数上还是数量上，都可以说是唐中期以后诸帝中最多的。此外，宪宗重在与藩镇争夺赋税的方针，无疑也有益于民众负担的减轻。

宪宗执政的多数时间里，坚持任人唯贤的原则，善于发现人才，用人所长，使元和年间的政治、经济、军事、文化舞台上，群星璀璨，人才济济。宪宗任用贤相良相之多，在唐中期以后的历史上，可以说是首屈一指。李绛、裴垍、李吉甫、武元衡、裴度、崔群等人，即使放在有唐一代，也是难得的良相。在征讨藩镇的战争中，宪宗不拘资历，大胆起用年轻的才勇之将，高崇文、李光颜、乌重胤、李愬等大批杰出的将领脱颖而出，成为平定藩镇的骨干。

宪宗注意树立良好的政治风气，鼓励大臣直言极谏，自己则虚心纳谏，"为君推诚，为臣尽忠"，是宪宗调整君臣关系的准则。由于宪宗的大力倡导，元和年间，敢于直言直谏的大臣大为增加，形成了贞观、开元以来从未有过的良好的政治空气。

宪宗执政的初期、中期，注意个人品行修养，严于律己，勤于政事。为筹集平藩的经费，长期"缩衣菲食"，过着十分俭朴的生活。十几年里，兢兢业业，无论是"大雪深数尺、天气奇寒"的严冬，还是"大暑方甚"的酷夏，宪宗坚持上朝不辍，勤于政务，为臣民做出了好的榜样。

宪宗有着果敢的性格和坚强的意志。在平定藩镇的过程中，多次临危不惧，遇难不乱。虽然征讨藩镇的战争多次受挫，然而宪宗从不为此沮丧退缩。特别是元和十一年（816年），铁城大败，中外惊恐，群臣纷纷要求罢兵，宪宗力排众议，调整方略，坚持征讨，终于取得了平定淮西的重大胜利。

宪宗是一个头脑灵活的政治家，而不是一个不识机变的愚夫子。他能够根据客观情况的变化调整修正自己的方针,将原则性与灵活性相结合。对于祖先遗留下来的制度,他采取"苟非是,奈何不改"的态度,大胆创新,除弊兴利。讨伐藩镇,也能够注意在不利的情况下作出必要的暂时性的妥协,在处理民族关系上,同样体现出这种灵活的特色。

宪宗重视文教,倡导文学,为元和文坛的繁荣,创造了有利的条件,使元和时期的文化,在中国文化史上留下了颇重的一笔。

作为一个古代帝王,宪宗可以说得上是一个圣明之君、中兴之主。当然,时代的阶级的局限性也不能不在宪宗的身上反映出来。特别是在元和十二年(817 年)取得平定淮西的重大胜利以后,宪宗在胜利的形势下渐渐变得骄傲起来,在思想、政治、生活各方面,都发生了明显变化。此时,其历史的局限性就更加凸显出来。

人,是社会的人,出现这种情况并不奇怪,作为一个古代帝王更是如此。我们既不能因唐宪宗的某些缺点、不足,而否定其平定藩镇、中兴大唐的历史功绩,也不能因其重大的贡献,而否定其存在的时代局限性。总的来说,宪宗晚年的变化更多地属于古代帝王本身的局限性。这种局限性并不能影响他作为一个奋发有为、励精图治并取得很大成功的帝王在历史上的突出地位。这就是我们对唐宪宗的一个基本评价。

(原载李天石著《唐宪宗传》,人民出版社 2017 年第 1 版,2019 年第 2 次印刷)

《西域出土法律文献比较研究》序
——以经济法、身份法为重点

　　涓涓细流,汇成江河湖海,一土一石,聚为峻岭高山。数千年来,中华各族人民的优秀儿女,共同努力,创造了灿烂的中华文明,而生成于中国本土上的中华法系,博大精深,源远流长、历史悠久而从未中断,是中华文明的重要组成部分。"世界上曾经出现过许多种法系,但在漫长的发展过程中,或者因汇入其他法系而消弭,或者因国家的灭亡而消亡,或者因其他许多复杂的原因而中断,只有中华法系,经过数千年的发展始终不曾中断。这种悠久性、完整性、系统性、典型性,是世界上其他法系所不具备的,是研究东方文明古国法系的最具代表性的范例"。①

　　西域出土的中国中古法律文献,蕴含着中古时期各族人民共同创造中华法律文化的丰富内容。探讨中国中古时期西域出土的各民族法律文献的特点、相互联系及其在中华法律文化中的地位,具有十分重要的学术价值与现实意义。

　　首先需要确定本书所说的几个概念:

　　首先是"西域"。西域最早是汉代以来对玉门关、阳关以西地区的总称。后来又形成了广义、狭义之分。广义的西域从中国境内一直到中亚、西亚、印度半岛甚至欧洲东部和非洲北部。狭义的西域则主要指葱岭以东的中国西北部地区。本文的西域,取狭义的概念,但并不局限于新疆地区,而是包括新疆、甘肃、青海、宁夏在内的中国整个西北地区。

　　关于"中古"的概念,学术界的界定也有不同的意见。胡适将秦汉到宋代宋真宗约一千二百年视为"中古";②文学界学者的论著大多以汉魏六朝为"中古"。史学家杨向奎的《宗周社会与礼乐文明》一书也以汉魏六朝为"中古",以虞夏商周为

---

　　① 张晋藩:《中华法系的价值与中华法系的重塑》,《北京日报》2016 年 11 月 6 日。
　　② 见胡适著《中国中古思想史长编》所附《中国中古思想小史》第一讲。原稿写于 1931—1932 年,华东师范大学出版社 1996 年版。

"古代"。① 史学界何兹全等则以三至九世纪为"中古";②日本学者宫崎市定为代表的京都学派,以汉之前为"古代",以六朝隋唐为"中世";③日本的东京学派则以唐以前为中国的"古代",以宋以后为"中世";④本书基本采纳何兹全说,所讲"中古",主要指魏晋南北朝隋唐五代时期,但考虑到西夏黑城子出土的西夏文献亦属西域重要的文献,必须加以研究,因此本书"中古"的概念,下限将延及宋初西夏时期,与胡适"中古"概念的下限相近。

"法律文献",也有广义、狭义的概念之分,狭义的法律文献,主要指司法类文献,如法典、律令、犯罪、诉讼、案例、刑处、牢狱等司法文献;广义的法律文献,则除了包括上述司法类文献外,也包括法律、法典所规定、所涉及的相关法律制度,本书"法律文献"采用广义的概念。⑤

本书中"中华法系""中原法系"概念的使用,也有所区别。中华法系,一般指以汉民族法文化为主体,包括各民族政权法律文化在内的法系。因为中华各族人民都曾为"中华法系"的形成做出了不同贡献。而言及"中原法系",则一般仅指汉民族法律体系。

自十九世纪末叶以来,在中国的西北地区,先后出土了大批的文献,其中属于中古时期的文献,大宗的有敦煌文书、吐鲁番文书,在西北各地如楼兰、尼雅、于阗、库车、黑城子等地也出土有佉卢文、回鹘文、于阗文、粟特文、西夏文等各类民族语言文书。

多年来,在众多学者及出版界人士的共同努力下,敦煌、吐鲁番大宗文献已基本出版完毕。⑥ 对其中的法律文献,国内外不少学者进行了整理、探讨,⑦而在中古汉文法律文献研究方面,较著者有日本仁井田陞、山本达郎、池田温等,国内学者唐耕耦、刘俊文等也做出了突出成绩。刘俊文《敦煌吐鲁番唐代法制文献考释》等书有相当影响。在民族法律文献整理研究方面,马雍、林梅村、孟凡人、刘文锁等对尼雅佉卢文书作了深入研究;对敦煌吐蕃法律文献,王尧和陈践等做了开拓性的工

---

① 杨向奎:《宗周社会与礼乐文明》,人民出版社 1997 年版。

② 见何兹全:《中古寺院领户研究》,载《食货》半月刊第 3 卷第 4 期,1936 年版。

③ 谷川道雄《中国的中世》一文即以六朝隋唐为研究对象,见《中国中世社会与共同体》日本图书刊行会 1976 年版。

④ [日]周滕吉之:《中国土地制度研究》,日本东京 1954 年版。

⑤ 相对而言,狭义的法律文献要少得多。严格意义的"法典文献"更少,在敦煌吐鲁番文书中只有三十四件。参见黄正建:《唐代法典、司法与天圣令诸问题研究》,中国社会科学出版社 2018 年 4 月版,第 392 页。

⑥ 关于敦煌、吐鲁番文献的出版情况,参见此书后附"参考文献"。

⑦ 如刘海年、杨一凡主编《中国珍稀法律典籍集成》14 卷本,即收录了大量西域中古法律文书(科学出版社 1994 年版);杨一凡、田涛则主编有《中国珍稀法律·典籍续编》10 卷本,2003 年由黑龙江人民出版社出版。

作,出版了《敦煌本吐蕃历史文书》等书。回鹘文献研究最早由俄国学者拉德洛夫编成《回鹘文献集》,其后日本学者护雅夫、山田信夫等掀起研究高潮,出版了《回鹘契约文书集成》等著作,梅村坦、森安孝夫随后也有不少成果问世。中国学者李经纬在国内最早刊布了回鹘文献一百八十四件。在西夏法律文献研究方面,显著的成果有史金波等整理的《天盛改旧新定律令》的出版。至于研究西域出土法制文献的论文则举不胜举。总体来看,这些研究,一是立足于文献的整理发布及文本的考证;二是利用文献对相关的法律制度进行具体研究。

目前,研究西域出土的中古法律文献,尚显薄弱的方面是:(1)中古西域法律文献所反映的法律制度,在哪些方面受到了历史与客观条件如民族的、地理的、宗教文化的、政局变化的局限与影响? 有什么民族的、地域的、时代的特点? (2)中古西域法律制度的历史继承关系是怎样的? 各个民族各个政权之间相互之间的法律关系又是怎样的? (3)与中原王朝的法律制度相比较,中古西域法律文献哪些方面是其独具的特色? 而又在哪些方面受到中原法律体系的影响,与中原法系保持有一致性? 又在多大程度上影响了中华法律体系? (4)对于中华法系来说,西域出土的中古法制文献有着什么样的意义?

这些方面都需要通过对西域出土法律文献的比较研究来进一步展开。本书将以十九世纪末以来出土的中古时期西域地区即新、甘、青、宁一带中古法律文献作为一个整体,进行比较法学的研究,以社会经济法、身份法作为重点,认真梳理出土中古法制文献,搞清楚其相互之间的关系、厘清其历史渊源及其与中华法系的关系,这既是学术研究的必须,同时也是维护祖国统一、加强民族团结的需要,具有十分重要的学术意义与重大的现实意义。

下面概述本书的主要篇章结构与主要论点。

第一章"三至五世纪鄯善王国财产权利法比较研究",主要利用佉卢文书,探讨了鄯善王国的水利法、私有财产保护法、财产继承法等,并与中原相关法律及罗马法作比较,分析其异同。

——关于三至五世纪的鄯善王国的水利法。据出土佉卢文书反映,鄯善王国的水利由国家统一掌控。由于其民族地处沙漠内陆,水资源相对紧缺,"在这里,农业的第一个条件是人工灌溉"[①]。鄯善王国由于其水源有限的特殊性,使其水利的分配与管理,带有了较之其他国度更加重要的地位,政府对水资源的管理十分严格。各地土地灌溉的时间与次数根据农时大体一致。国家以祭祀"贤善河神"的名义,对用水者征收水费。通常情况下,征收的水费金额相当于一头牛。国家设置"祭司"来管理水利祭祀事务。耕种土地的多少,在很大程度上取决于得到水量与

---

① 《马克思恩格斯全集》第 28 卷,人民出版社 1972 年版,第 260—263 页。

种子量的多少。与较晚的唐代《敦煌用水细则》及《水部式》规定相比,鄯善王国水利法有相似一面,但远不如唐代规定细致全面。水利在鄯善王国社会中起着决定性作用,在一定程度上影响到其土地制度、政治制度与文化内涵的变迁。

——关于三至五世纪的鄯善王国的私有财产保护法。从佉卢文书来看,国家在法律上是保护合法的财产所有权的。首先,在众多佉卢文献中存在保护私人产权的法律。在鄯善王国,国家对私人占有的个人财产,公共财产,包括土地、树木、个人物品等,都从法律上作出规定,加以保护。对于因债务侵犯他人财产的情况,由朝廷出面,立下契约,在限定的时间内偿还,若不偿还,国家有相关的法令予以惩处,也给予关注并给予必要的干预。对于不经主人同意,便将奴隶、奴仆送给他人、抵押他人的,将予以严惩。未经主人许可而将主人之财产出售,系属非法。对于特殊时期,如战争之前的债务情况,鄯善王国规定不再追究。这是鄯善国财产所有关系中的一种特殊规定。而对于外国难民的财产,国家也给予必要的保护。相比于中原汉唐时期,法律保护个人的私有财产的原则,大体是一致的。

——关于三至五世纪的鄯善王国的私有财产继承法及相关法律问题。从佉卢文献来看,鄯善王国的财产继承权明显具有以下几个方面的特点:第一,鄯善王国实行长子继承制度;第二,实行户内财产子女均分原则,而在中原地区,户产在户子中均分的原则由来已久。从唐宋的律令规定可以看出,对父辈田宅财产,在父母去世后,兄弟当对财产进行均分。兄弟死亡则由其子继承父份。如果违犯律令,会受到法律惩罚。宋代规定更加具体细致。规定父母没有遗留财产者,不得强分;妻家财产,不在分限;妻子亡没,其所有财产娘家人不得追要;若兄弟皆亡,兄弟诸子均分;未娶妻者,别与聘财。显然,从鄯善王国时期的三世纪,至宋代的十三世纪,户产均分的大原则并没有根本变化。

——关于鄯善王国特殊情况下的财产所有权问题。在许多特殊情况下的财产分割问题,情况较为复杂。1. 共有财产的分割问题。在中原汉民族当中,财产为不是一个家族的两人或两人以上共同占有的情况不多见,但在鄯善王国,却经常出现多人占有同一财产的情况。也有许多非同一家族之人共同占有某一财产的情况。对此国家有明确规定:未经多个所有人的同意,亦不能擅自处置此类财产。共同财产的使用权分配,也是一个法律问题,类似奴隶之类的共同财产,只能将奴隶的劳作时间在主人之间平均分配。此种情况中原较少见,而罗马法中却有不少类似的规定,罗马法称之为"共有物"。这反映了鄯善王国财产所有权的特殊性。2. 财产继承中债务的继承转移问题。在财产继承的过程中,继承人有时会面临被继承人生前的债务问题,62 号文书反映,乌波格耶称已故黎弥耶曾向他借有一匹马未还。黎弥耶死后,其财产继承人史克罗夷陀得到此马,却无意归还。朝廷于是命令财产继承人史克罗夷陀必须代已故财产所有人偿还此马。看来财产继承人须偿付原财产所有人债务这个法律规定,在所有民族中都是相通的。3. 财产被盗,他人追回后的财产权分配问题。这是一种较为复杂的财产权变化情况,处置亦较复杂。国王命令"依照奥古侯迦兰查在此地审理案件那样,现在就依法作出判决"。4. 财产权的主动放弃。从佉卢文书中第 265 文书来看,即使财产主人放弃自己的财产权利,也必须以书面的形式加以声明,甚至报请相关部门或朝廷批准。这与罗马法中放弃所有物中个人部分财产权的规定颇相似。5. 无主之物的先占原则。秦汉时期,如果在自己的土地中发现埋藏物,所有权归于自己。在罗马法中有相似之规定。在精绝国,也有着与中原法、罗马法相似的"无主财产先占"的原则。

第二章集中研讨了鄯善王国普遍存在的奴隶制度及奴隶性质、奴隶身份法及其与中原及罗马奴隶农奴法的异同等。对于鄯善王国的奴隶身份,学术界有不同的看法,因此对鄯善王国的社会性质,也有着完全不同的看法。

——鄯善王国奴隶身份的主要特征。1. 奴隶属于主人私有财产,并得到国家法律保护;2. 鄯善国的奴隶可以像物品一样买卖,交换、赠送;3. 奴隶所生子女身份仍为主人财产,未经主人同意,不得转让他人;4. 鄯善国奴隶的主要来源是破产贫户;5. 关于对奴隶的处罚权、杀奴权问题。奴隶主对奴隶能否拥有生杀大权,成为人们判定奴隶性质的重要依据之一。从现有文献来看,鄯善国奴隶主人对于奴隶拥有任意处罚甚至生杀大权。奴隶地位极其低下。鄯善王国的奴隶,即使被人杀害,杀人者往往也是不受处罚的。如果杀害的是他人奴隶,也仅是作为损失他人财产来处理,并不按杀人罪处罚,杀人者只要赔偿对方主人即可了事,这与中原王朝的法律制度还是有所不同的。相比较而言,鄯善国主人杀害奴隶的权利较之罗马、唐代法律规定的权利还要更大一些,鄯善国的奴隶较之唐代奴婢与罗马奴隶的法律地位更为低下。

——关于鄯善国奴隶劳动的性质及其在社会中的作用问题。必须分清几个问题:一是鄯善王国的这一社会身份阶层,是否属于奴隶性质。经过分析,我们认为其奴隶的性质应是没有疑问的。二是此类人员的劳动,在鄯善王国中占有多大比重,是主要从事生产呢还是仅仅用于家内劳动? 只有占主导地位的社会劳动,才能决定一个社会的性质。三是其奴隶制的特点,与中原或中亚、西方奴隶制相比,受到更多影响的是哪个方面。从总体上来看,鄯善国奴隶与中原奴婢制度的相同之处,是大于其与罗马奴隶制的相同之处的。这也进一步说明了鄯善王国尼雅人虽是来自中亚,但其社会制度还是受到了中原文化的很大影响。

第三章是从出土文献看中古西北地方法的特点。

主要以鄯善、河西、高昌诸政权的法律制度与中原的法律制度比较为重点。

——鄯善王国法律的地方民族特点。从尼雅遗址出土的一千多件佉卢文书可见,鄯善王国虽是西域的一个地方小政权,但其法律制度已比较健全完备,当时已有成熟的国家成文法。从佉卢文书中大量的案例及相关资料可以看出,鄯善王国法律制度的特点是如下。第一类:行政法规。包括中央与地方的行政法规。在中央行政体制方面,鄯善王国明显具有绿洲城邦政治体制的特点,其法律规定,鄯善国王拥有至高无上的权力。国王就财产、税收、土地、水利等众多问题经常向地方首脑发布谕令。其行政权力与司法权力基本是统一的,国王既是最高行政长官,也是最高司法裁判者。从经济法规的角度看,国王也拥有至高无上的权力。国王不仅掌握世俗行政权力,而且对于僧团及僧界事务,也拥有最高的控制权,鄯善国国王信奉佛法,僧界法规,或曰宗教行政法规,皆由国王统一制定。在地方政府的行政法规方面,从文书可见,王室主要通过设在各地的行政机构实现其统治。第二类:刑法律令。这涉及抢掠、斗殴、伤害、盗窃、强奸、诈骗等刑事案件。值得注意的是,在一个案件中,国王对旧有的家庭法中那种偏袒年长者(兄长或父亲)一方的倾向进行了纠正。这与中原汉族长幼尊卑之秩序森严不可颠倒的法律规定形成对比。第三类:民法类文书。涉及各类民事纠纷,如财产权利、婚姻纠纷、人口领养、奴隶买卖、牲畜损害等。值得注意的是,在鄯善王国,司法活动中涉及财产所有权的案例相对较多。在许多案件中,特别强调了"私有财产"的不可侵犯性。第四类:诉讼法。从文书可以看出,鄯善民间的诉讼案,可以向地方官员提出,也可直接向国王提出。第五类:契约经济法。也是由于鄯善地区的私有制度比较发达,契约经济法的规定也相当成熟。以上涉及六朝时期佉卢文的法律文献,清晰地反映了西域地方社会的法律文化与制度,既具有明显地方特色,也兼有西域地区绿洲社会政治体制的特征,许多方面与中原的法律制度有一定差异。

——吐鲁番及河西走廊地区前凉、前秦、后凉、西凉、北凉等政权法律特点。第一,从政治隶属关系上来看,为了生存与争取正统地位,这些政权,多以南方六朝汉族政权为正朔所在,向不同的六朝政权称臣,接受六朝中央政府的册封。第二,在国家基本制度包括法律制度上,西北各政权主要是受中原汉文化的影响,以汉文化系统为主导,但也有变通。第三,在文化上,中原士人的大量迁入及家学的兴盛,使河西地区成为仅次于江南的汉文化保留地之一。

——出土文献反映的中古西北诸政权户籍法、奴隶法比较问题。在鄯善王国的佉卢文书中,有许多籍账类文书,但我们似乎还看不到明确为户籍的资料。第334号文书性质虽难以确定,但经分析,此文书专门记录妇女出嫁至外地的情况,与孙吴简户籍第三类有相似之处,很可能是一种户籍的材料。因为作为地方民户管理者,是完全有必要了解本地哪些人包括妇女离开本地,去向何方,以相应地订正户籍。这个名册的制定,应是依据与户籍相应的资料来登录的。可以佐证鄯善可能存在户籍的资料是:在楼兰遗址中,与佉卢文文书相同时代出土的汉文纸本户籍已经出现,如LM.1.i.108和022.马纸260。此文书已带有户籍性质,日本学者池田温直接定名为《晋(四世纪?)楼兰户口簿稿》。① 此文书既然与佉卢文书同出自鄯善,那么大体上可以断定鄯善王国也应是有自己的户籍登录制度。与鄯善王国相邻的诸凉及高昌政权,户籍资料相对来说要丰富得多。除了人们熟知的 S.113《西凉建初十二年正月敦煌郡敦煌县西宕乡高昌里籍》、②《西魏大统十三年瓜州效谷郡计账》外,③新公布的吐鲁番文书 2006TSYIM4:5(1－2)《前秦建元二十年三月高昌郡高宁县都乡安邑里籍》是反映时代最早、内容最丰富、最具代表性的民籍,此籍清楚地写明了每户占有土地的数量、买卖进出的情况,但并未有土地四至的记录。从各户占有土地数量有较大差别来看,其性质显然不是国家控制下的土地分配,而是私人所有的土地。之所以要登录在户籍,是因为国家要据之征发赋税徭役。从现在发现的六朝时期高昌地区的有关文献来看,在高昌这个地区,数百年来,土地私有制与货币经济是相对比较发达的。与此相适应,从前凉到北凉、前秦、高昌王国,都在土地私有制的基础上,制定了相应的经济法规。《前秦建元籍》注明土地田园包括奴婢的转移情况,目的是为了掌握民户私有资产变动的情况,以便有利于国家的管理与赋税的征收。

出土中古文献中有不少反映西北诸政权奴隶身份的文书。144 号佉卢文书是一件涉及人命案的国王敕谕,从文书可以清楚地看出,国王敕谕的重点不是追究打死人者舍伽那的刑事责任,惩处凶手,而是强调赔偿一人了事。这里,死者仅是作为一个具有劳动力的财产而对待的,而只要凶手赔偿了同样一个具有劳动能力的人即财产,此案即算了结。凶手亦即没有任何责任了。北凉义和二年(432 年)的文书,时间年代大致与鄯善国相近,可证两地奴隶制度有相似之处。新发表的吐鲁番《前秦建元二十年籍》文书,登录了不少主人拥有的奴婢,如[一]片 3 行的"虏奴益富年卅入李洪安""虏婢益心年廿入苏计",[二]片 3 行的"西塞奴益富年廿入李雪",4 行的"虏婢巧成年廿新上",从这些买卖的奴婢登录入户籍来看,早在唐以前几百年的前秦建元二十年,即公元 384 年,民户中的奴婢及有关的转移、买卖等,已经是需要登入户籍册了。结合长沙走马楼所出吴简户籍中的奴婢登录形式,综合分析,说明贱口登录制度,早在魏晋时期已经形成,《大统十三年籍账》说明在北魏西魏均田制时期,良贱身份在户籍中的登录与区分已经明确,中古的良贱身份法的一些特征、唐代的良贱身份制,渊源有自。

---

① 池田温认为:"可以断定甚至西域的外族居住地,也曾实行由魏晋的驻屯机关同内地相通的文书行政,以之与同样在楼兰遗址发现的纸本户口名簿稿合并起来看,就会联想到当时户口登录制一直渗透到了西陲的情形。"但也有的学者并未认定此文献的户籍性质。

② 唐耕耦、陆宏基:《敦煌社会经济文献真迹释录》,第 1 辑,书目文献出版社 1990 年版,第109—111 页。

③ 唐耕耦、陆宏基:《敦煌社会经济文献真迹释录》,第 1 辑,第 112—127 页。

第四章以《唐律疏议》良贱身份法与出土文书进行比较研究。

在西域出土的汉唐文献中,颇多良贱制度史料,因此将唐代法律文献与出土文献进行比较,与新发现的天一阁明钞本天圣令所附唐令比较,与日本遗存的大宝律令、养老律令中保留的唐代法律文献比较,与大约同《唐律疏议》同时形成的罗马法《国法大全》相比较,可以得出许多新的认识,说明多方面问题。

——敦煌吐鲁番文献中有关奴婢、部曲及寺院依附民的文书。在敦煌吐鲁番文献发现以前,人们对《唐律疏议》良贱身份制度的规定,是否反映唐代的社会现实制度是颇有怀疑的。但敦煌吐鲁番文献的面世,以铁一样的事实,说明了《唐律疏议》所规定的良贱身份制度在现实生活中的存在。在此我们对敦煌吐鲁番文献中有关奴婢、部曲及寺院依附民的资料进行了系统的梳理,以便与《唐律疏议》相比较,也为后来的研究者提供更大的方便。

——《唐律疏议》中"官户及奴法"的复原。在《唐律疏议》五百零二条律疏中,直接涉及贱人问题的律疏约有一百零二条,我们按《唐律疏议》的先后顺序,首次将所有涉及贱口的一百零二条律文一一列出。这一百零二条律疏,实际就包含了《唐律疏议》律文提到的"官户及奴法"(语出卷三第二八条)的全部内容。其中包括官贱人中的官户、杂户、工户、音声人、官奴婢等,私贱人则包括部曲、奴婢等。而另外约四百条律疏及这一百零二条律疏中涉及良人的部分,即是《唐律疏议》中提到的"良人之法"(语出卷六第四七条;卷二八第四六七条)。"良人之法"与"官户及奴法"之结合,则是完整的良贱身份法。其实良贱身份之法,是统一在一个完整的法律体系当中的。一定意义上讲,唐律中良人、贱人构成了唐代等级身份制的主体,无良人即无贱人,无贱人即无良人。"官户及奴法"与"良人法",共同构成了唐代的良贱身份法。此次将所有一百零二条"官户及奴法"从五百零二条律疏中梳理出来,并结合传世文献、出土文献加以分析,清晰地展现出唐代良贱身份法律制度的全貌。说明了唐代"官户及奴法"与"良人法"既有区别又作为一个不可分割的整体,全面构成了系统、严密的唐代良贱身份等级制度。通过五百零二条律疏,特别是一百零二条"贱人法"的分析,我们不难看出,在唐代,唐政府对于良贱身份制度的所有重要方面,都作出了严密、细致、全面的规定。

——从《唐律疏议》之"官户及奴法""良人法"与出土文献、天圣令唐令文、日本大宝、养老令比较中,认识唐代良贱制度的特点。经过对"官户及奴法"与"良人法"各类史料的对比分析,至少可以得出几点认识:1.西域出土的各类身份法律文书说明,由唐代的"官户及奴法"与"良人法"构成的良贱等级制度,是中古时期最全面、最系统、最严密的身份制度;2.中国中古良贱制度的形成有着深远的历史渊源与历史背景;3.唐代良贱身份体系不仅仅是法律规定,而且是现实生活中良贱身份制度的体现;4.比较研究说明,唐代奴婢身份类同资财牛马,生命很难得到保障,地位极其低下;5. 中国中古时期的良贱身份制打上了宗法父家长制的深深烙印:从唐律各方面的规定可以看出,贱口与主人的法律关系,同子孙与父祖的法律关系十分相近,这绝不是偶然的,而是与中国古代社会的奴隶制大多存在于父家长宗法体系的范围内这一特点分不开的,与儒家尊卑身份等级的名分伦常分不开的,与中国自然经济始终占统治地位分不开的。因此,论及中国古代社会的人身依附关系,必须认识到宗法父家长制的影响是始终存在的。唐代良贱身份制度的形成,其实就是自汉代以来引礼入律过程中,以儒家等级名分理论规范社会中不同的经济成分与人身关系,并上升至法律规定的过程。认识唐律良贱制度的特点,必须从它所赖以产生的不同的社会经济关系、不同的历史条件入手。唐代的良贱等级身份制度,主要是中古社会特定历史条件下的产物,同时它的某些等级身份如奴婢一类,则既有现实的社会基础,又有沿袭前代的一面,而作为整个中古良贱等级身份制系统的形成,则既是中古现实经济基础、阶级、阶层关系在政治上的反映,更是在"引礼入法"过程中,继承中国儒家礼学等级身份传统观念并将其上升为政治法律体系的一种实践。杜预在上晋律表的奏章中曾称,晋律的基本精神是"远遵古礼,近因时制","格之以名分"。① 唐代良贱身份制的形成也正是如此。

第五章从敦煌吐鲁番出土汉、藏文书看吐蕃与唐代经济法的异同。以西域地区出土的汉文与古藏文文献为中心,结合传世文献中的相关记载,通过实证与对比分析的方法,对吐蕃统治西域时期的赋税征纳、地方财政、土地纠纷、雇佣契约、买奴契约、奴隶纠纷等与经济、法律两个方面的相关问题进行了探讨,同时说明吐蕃相关经济法与唐代经济法的深层契合。

——关于吐蕃统治西域时期赋税条例与税收征纳问题。吐蕃统治时期户税的征收对象除民户的突田外,也涵盖了户内的资产与人口。吐蕃时期住户中的男子或合适的奴仆要应征服兵役,每户需缴纳一定的军需物资。吐蕃统治者根据法令,对部落内部先锋官、部落长官等人员亡失马匹的行为进行惩罚纳税。而且,百姓负担的赋税数额比拖欠年债的罚款与未缴纳军需的惩处要多,侧面反映出百姓赋税负担沉重。吐蕃百姓欠税的现象较为常见,常通过借贷的方式来偿还所欠税额,借贷利息为借一还二,实际上加重了赋税负担。

——关于吐蕃统治西域时期地方财政支出与管理问题。吐蕃统治时期地方财政存在着两种管理规制与三层管理体系。吐蕃统治者在沙州地方设立了两个粮仓,由专门的粮官管理。地方寺庙的开支已经纳入吐蕃地方财政管理范畴,建立三户养僧制保证寺庙的日常开支。地方财政核算存在月账、半年账、两年度总账等形式,核算方法呈现出"四柱式结算法"的雏形,处于从三柱到四柱的过渡时期。行

---

① (唐)房玄龄等:《晋书》卷三四,《杜预传》。

政、军费与宗教费用支出是地方财政支出的重要内容。陷蕃前后,地方财政支出的核算周期与方式有较强的连续性,但在账目格式与支出管理上有各自特点。

——关于吐蕃统治西域时期土地制度与纠纷问题。吐蕃统治时期存在土地供给不足的情况,百姓会选择与他人合伙耕种土地。吐蕃统治者推行计口授田制,百姓领受的土地记录地亩簿。不同户百姓取得的土地可能相邻,但容易因相邻土地引发纠纷。在出现土地纠纷时通常先核对田契,统治者为避免纠纷已经采取预防措施。鼠年对草地与农地进行调整时,土地权利发生变动,因归属权问题也引发土地纠纷。在吐蕃的"兴佛政策"下,涉及寺产的土地纠纷,先考虑保护寺院僧团的利益。在判决时采用"骰子占",似有古代神判的意味。

——关于吐蕃统治西域时期雇佣契约与人身依附关系问题。结合吐蕃统治者变更契约书写文字的命令与契约中出现的部落建制,重新推定敦煌出土的十件吐蕃统治时期雇佣契约的书写年代;对比雇佣契约中的各项规定,将雇佣关系分为佣者完全奴役、佣者相对被动、雇佣双方相对平等、佣者相对主动四种类型。在雇佣契约发展过程中,吐蕃统治时期是一个承前启后的关键时期,雇佣契约的形式在延续唐王朝时期基础上有所发展,并为归义军时期所承继。从雇佣契约的书写形式、纪年方式、吐蕃量制等可以看出吐蕃统治时期的民族特色。

——关于吐蕃统治西域时期奴隶买卖与纠纷问题。通过对一件 P.t.1081 关于吐谷浑莫贺延部落奴隶李央贝诉状的研究,了解到吐蕃时期买奴契约具有法律效力,但契约中对卖主的违约惩罚规定约束力有限。吐蕃户口状与唐朝户口牒在格式与内容上有相通之处,奴隶户口由户主申报,两者在申报日期、户籍涵盖成员等方面有所差别。"旧吐谷浑"原属于吐谷浑辖地,吐蕃占领后,在故地建立了"新"吐谷浑部落。与汉、粟特、回鹘文买奴契约相比,古藏文契约具有私契属性,对买卖双方的权利与义务规定更细致,在纪年方式上有本民族特点。

——关于吐蕃统治西域时期奴隶纠纷反映的民族关系问题。吐蕃统治时期沙州地区的民族与社会关系极其复杂。从 P.t.1077 陷蕃唐人都督提出的奴隶纠纷诉状入手,探讨唐人都督与吐蕃人朗·绮布对管布身份、契约效力、债务抵偿三个方面的不同认知,以唐律与吐蕃律的认知与契合,考察唐人与吐蕃人的文化交融与互动情况。从诉状来看,吐蕃统治时期唐人与吐蕃人因对事物的不同认知而产生纠纷;因此,唐蕃双方的交互理解,才是解决这类纠纷的根本路径。

对比唐前期与归义军政权统治时期的具体情况,可以发现吐蕃政权在西域地区施行的经济与法律制度,与前、后两个时期存在较强的连续性。吐蕃统治者在吸纳唐王朝统治时期法令规定与民间习惯的基础上,融入了蕴涵本民族特色的法令与习俗,形成了一套具有吐蕃特色的征收赋税、财政管理、判决诉讼、订立契约等经济与法律制度实施层面的运营体系。这套运营体系的部分措施为其后的归义军政权所承继,得以在西域地区延续发展。

第六章对中古时期回鹘出土契约文书的比较研究。

中古时期回鹘部族建立的相关政权与中原王朝联系密切,在中古时期扮演着重要的角色。史书典籍中关于回鹘的史料有一定的数量,但涉及法律制度的史料却十分稀少。自十九世纪末,在敦煌、吐鲁番地区发现了大批回鹘文文献,其中除了丰富的回鹘文宗教文献外,有不少回鹘文法律文书。这些法律文书涉及行政法规、民法类文书、诉讼法、契约经济法等多方面,弥补了史籍文献对回鹘法律制度记载甚少的缺憾。

以往,许多学者对回鹘出土法律文献已做了一些研究,取得不少成绩。① 但对契约的比较研究尚嫌薄弱。本章重点通过对回鹘文经济类法律文书的比较研究,探索回鹘契约法律文献的特点。而通过与中原王朝和其他周边民族相关制度的比较,搞清楚其相互之间的关系,厘清其历史的渊源及与中原契约法的联系、对该地区社会文化的影响。

——关于回鹘文借贷文书反映的借贷类型、借贷利息及棉花的货币职能问题。回鹘社会的粮食借贷可分为"春借秋还"和非"春借秋还"两种借贷类型。第一种类型不仅存在于高昌回鹘地区,在中原和敦煌等地区也广泛存在,借贷者借粮的原因经常是因为缺少可播种的种子。此类借契的还贷时间考虑到农民的偿还能力,主要集中于秋季新作物下来的时候。为保证出借粮食的债权人能在规定时间收回借出的粮食,不影响来年的春播,契约对于逾期不能及时还粮的情况按照民间惯例在原有基础上加息。另一种非"春借秋还"型,借贷时间较为随机,还贷时间依据借贷人的还贷能力而定,没有违约责罚,是一种相对宽松的粮食借贷。回鹘社会粮食借贷不算月利息,以粮食"一熟"为期限规定利率。将粮食借贷契约的利息转换成按月计算后,可以发现利息在 8.3%—33.3% 之间,普遍超过唐宋法律规定的最高利率限度。而以高昌地区不同时期的借粮文书与西夏法典《天盛律令》的规定对比,则可以发现:无论是麴氏高昌国、西夏政权还是高昌回鹘政权,粮食借贷都是采用总和计息的方式,不同的是高昌回鹘严格遵守"借一还二"的标准,总息为 100%。该利率没有超出西夏社会法律规定的最高利息。高昌回鹘社会默认的总和计息 100% 已经成为一种民间惯例,粮食借贷只要不超过"借一还二"的标准,都属于合法。

"非粮食借贷",更多反映的是当时社会商品经济发展的情况。借贷契约存在无息和有息之分,吐鲁番出土的唯一一件回鹘文无息契约为借银契约。在回鹘文借贷契约中,极个别契约有物保之外,其余的文书写明的担保方式的都为人保,这件回鹘文无息借银契的担保方式也是以人担保而不以物担保。与之相比,敦煌地

---

① 对回鹘出土法律文献研究的详情,参考第七章正文。

区和唐宋时期中原地区的民间无息借贷多采用物保和人保并存的担保方式。就这件无息借银契而言,在缺乏物保和人保的双重保障之下还能保证责任实施,其原因有两点:其一,借贷人的身份为都统,是当地佛教团体的首领,社会地位尊贵,其身份就是最好的信用保证。其二,契约中有五位证人,作为契约的第三方,证人保证契约签订的公开与公平,在当事人双方出现争执时,进行调解,维护债权人的权益不受侵犯,证人的数量越多,契约越有保证性。

棉花是吐鲁番地区种植的主要经济作物,回鹘非粮食借贷契约中存在棉布(böz)和棉质布料官布(quanbu)的借贷,二者在借贷时间、还贷时间、计息方式月利息、违约责罚几个方面存在不同。借棉布契和"春借秋还"粮食借贷契约相似,棉布借贷和归还的时间与农时息息相关,而借官布契在计息方式和无违约责罚的特点方面和借银契相似。为更好了解回鹘文 böz 和 quanbu 的属性,找出它们在借贷文书中存在的不同原因,我们对除借贷文书的其他类文书中对棉布和官布的描述作了列举,发现在高昌回鹘,棉布和官布只要盖有特定的皇印,符合政府规定的一定规格,就可以作为实物货币在相应的地区流通,行使货币的职能。西州回鹘地区的棉布的主要功用有两个,一个是作为布料用于衣服的制作,另一个是经过官方盖章认定作为实物货币使用,官布作为棉布的一个品种,只具备棉布的第二种作用,而不充当布料使用。回鹘借贷契中所借的棉布(böz)是作为布料使用的,用于人们的基本生活需求,由于纺织棉布和偿还棉布的时间和棉花种植收获季节有关,所以借棉布契和借粮食契呈现出相似性,同理也可以理解官布作为实物货币使用,在借贷契约中和同为货币的银钱作用相同。

——关于回鹘文买卖契约法问题。分析回鹘文买卖契约文书,可以了解其蕴含的契约法制度。在现存的回鹘文买卖契约中,有关标的物的支付方式和成交价格被清楚地记录下来。通过整理二十八件回鹘文买卖契,可以发现高昌回鹘社会流通着多种货币,包含官布、棉布、银钱、中统宝钞、金子等,实物、货币、金属货币、纸币等并存。这一时期货币关系呈现出以棉布、官布等棉质类织品为本位,银钱、金子、钞锭相辅使用的特点,这是受历史传统、地理区位、政治军事形势等多方面因素影响所形成的。至于买卖价格,同类商品在市场上存在一定的物价标准,在标准价格下,土地的交易价格受肥沃程度、灌溉条件、地理位置三方因素影响。土地与奴隶的私有,是买卖契约反映的一个重要的社会经济问题。不论是买卖土地抑或是买卖奴隶,契约文书中均有"公正合法地趸卖"的字样,表示土地和奴隶买卖的合法性。土地和奴隶,一经转卖后,买卖双方订立契约,所有权就"千年万年"归于买方所有,成为买方的私有财产,买方可以出租、典当甚至买卖,任意处置。在土地买卖的契约中,有对田地"四至"描述的条项,这是卖方对土地所有权的再次确认,明晰私有土地的界限,区分交接的土地,避免契约签订后出现的不必要争端。

回鹘文买卖契的担保制度健全,负担保责任的主要为出卖方和参加契约签订的第三方,其中出卖人是最主要的担保人,担保责任包括追夺担保和瑕疵担保。契约签订后,存在第三人对标的物的所有权存在争议并企图赎回的现象,为了避免交易的买方所有权被追夺、利益受到损害的现象发生,在回鹘文买卖文契中,出卖方不仅会写明所有权的归属条款,还会对标的物进行详细的标的,更在契约中强调第三人不得"说三道四",负追夺担保的责任。关于买卖标的物的瑕疵担保,不同的标的物瑕疵担保条例均有不同。中原法典、吐蕃文书对标的物的"听悔"期限都作了一定的规定,从三天到一个月不等,而回鹘文 MM27 号文书中,卖方享有终生的"听悔权",这一特例表现了高昌回鹘社会特有的瑕疵担保。此外,参加契约签订的见人也起到担保的责任,回鹘文买卖契中见人广泛存在,为了突出其重要性,文书中还出现见人的花押,这在回鹘文借贷和租赁文书中并没有出现,足以证明见人在买卖契中的重要作用。违约责罚条款方面,按照纳罚条款的具体内容可以分为"一罚一""一罚二""纳罚人官"三种类型。"一罚一"是惩罚程度最轻的类型,"一罚二"一直以来一直都是高昌地区最普遍存在的违约责罚,到回鹘统治时期,使用率更胜于前。第三类"纳罚人官型"并非回鹘所特有的违约责罚,在唐代敦煌地区和西夏黑水城地区都出现类似的违约责罚条款,两者的内容和回鹘文书既有相同点,又有不同点。

——关于高昌回鹘租佃契约法与租佃关系问题。高昌地处中西文化交融、碰撞地区,在许多方面受到唐宋中原地区传统文化的影响。在租佃格式上,高昌回鹘租佃契约,遵循一定章法,一般由七个主要义项组成。麴氏高昌国统治时期的汉文租佃契与高昌回鹘相比多了租借期限、意外事故责任、合意声明和违约责罚几项。唐代该地区的租佃契继承了麴氏统治时期的基本格式,出现的变化在于对违约行为的界定更为明确多样,受政治和社会因素的影响,出现了互佃契和转佃契两种新型的租佃契约。回鹘文租佃契很大程度上继承了麴氏高昌和唐代时期契约的格式,契约精简成熟,很多契约的基本原则已成为社会共识,而没有在文书中特地表达出来。文书形式单一,不够多样。和同时的元代中原地区租佃文书相比,二者在立契时间的位置上有很大差异,回鹘文书日期位列文书项首,元代中文文书的日期项位于文书后半部分。回鹘文书的日期项置于项首,反映了八世纪以前流行的古老格式,而元代中文租佃契继承的是宋代以后时间项置文书后部的变化,这种格式流行于十三至十四世纪。在保人问题上,元代契继承了唐宋代契约重视保人的观念,保人承担担保责任,在契约中不可或缺。回鹘文租佃契与之相比,基本上没有与保人有关的条文,二者存在很大差异。

在租佃关系方面,通过对契约中地主和佃人社会经济地位的研究,可以知道,回鹘社会中存在着拥有众多田产,靠土地租佃营生的地主。租佃土地的佃人中有许多是没有土地耕种的贫苦农民,或拥有少量田产的小地主,也有缺少特定类型土地的普通人。表现在租佃关系的剥削程度上也有所不同。虽然大部分的回鹘租佃契是佃人主动向地主租借的租入契，但也有地主主动出租的出租型契约。出租型租佃契的地主之所以要出租土地，并不是因为他们拥有大量土地，想利用土地去剥削租佃人，反之而是因为自己本身经济上的需要才出租土地的，租佃关系表现为佃人处于优势地位，地主处于弱势地位，此间无地主剥削佃人的关系可言。可以说回鹘文租佃契约因具体契约中的不同内容，呈现出多样的租佃关系。

除租佃关系外，回鹘租佃契约中还涉及不少与当时的土地税收相关的信息。回鹘土地征收的税种多种多样，有固定征收的捐税，也有受政治原因而不定期出现的新税。不同的税收由专门的术语表示。租佃双方所需负责的地税，契约中都会予以规定，地主交纳的地税多少，反映了租佃关系的剥削程度。

——关于高昌回鹘的社会性质问题。历史渊源、社会生产力和物质文化水平等因素，决定了高昌回鹘的社会性质为奴隶制社会。奴隶是最底层的社会阶级，丧失人身自由，作为奴隶主的私有财产被任意买卖。从赎买一名叫"斌通"的奴隶的相关文书可以得知，当时存在赎买释放奴隶的情况，但奴隶想要恢复自由并非易事，有一定的程序，只有获得盖有官印的释奴文书，才算免除奴隶身份。然而，实际意义上，即使获得释放文书，奴隶的人身自由依旧受到限制，没有真正的自由。他要对赎买他的人尽一定的劳动义务，如果没有谨慎保管好释放文书，将再次面临沦落为奴隶并被买卖的境地。

第七章关于西夏经济与法律的诸多问题及与中原法的异同。

西夏作为一个独具特色的王朝，在与中原王朝的接触中，深受儒家政治法律制度的影响，以西夏王朝鼎盛时期修订颁布的国家法典《天盛改旧新定律令》为代表的西夏法律，在立法思想与立法模式上，都传承了以唐宋律为代表的中原法律，同时西夏法典在内容和编纂体例上又对唐宋律有所创新和发展，是中华法系的有机组成部分。西夏法典的立法基础是儒家思想，西夏法典从编纂到具体内容，许多方面都受到了中原唐宋法律的影响，但是西夏法典，也有自己的民族特色，其编纂方式又不完全受制于唐宋律，在内容上，也与唐宋律有很多不同，在体例上更是一种新的形式。可以说，中华法系就是在融合了各民族包括西夏党项民族的法律意识和法律原则的基础上，不断丰富着自己的内涵，成为世界最有代表性的法系之一。[1] 本章

---

[1] 参见张晋藩：《中华法制文明的演进》，中国政法大学出版社1999年版。邵方：《唐宋法律中儒家孝道思想对西夏法典的影响》，《法学研究》2007年第1期。邵方：《西夏法典对中华法系的传承与创新》，《政法论坛》2011年第1期。张晋藩：《多元一体法文化：中华法系凝结少数民族的法律智慧》，《民族研究》2011年第5期。陈旭：《儒家的"礼"与西夏〈天盛律令〉》，《西北第二民族学院学报》2002年第3期。杜建录《〈天盛律令〉与西夏法律制度研究》，宁夏人民出版社2005年版。邵方：《西夏法制研究》，人民出版社2009年版。

利用传世文献与出土文献,从经济立法的角度,研究了西夏经济制度的几个重要问题,并对西夏律与唐宋律各方面的关系,作了探讨。

——从纳梁与应役看西夏赋役与籍账制度,兼与唐宋籍账制度比较。前人对西夏的赋役与籍账制度做了一些相关研究,主要集中在对西夏农业租税文书中税种、租税征收方式的研究以及对西夏户籍文书的译释及相关户籍制度的探讨上。对于徭役日期与西夏租税簿册制作、呈递中央的关系及西夏税账制度、西夏与唐宋籍账制度的对比诸方面,则未有深入研究。这里,我们探讨了西夏赋役与籍账制度,并揭示西夏出役的日数不仅与西夏以土地为科派标准的赋役制度有关,还与西夏籍账制度的制作、地方呈递中央的过程有关。同时,探讨西夏几种不同类型的租税簿册及其编制过程,深入分析西夏的税账制度。最后,比较了西夏与唐宋的籍账制度,探讨西夏对唐宋籍账制度的继承和发展。

通过对比西夏与唐宋籍账制度,我们发现,西夏与唐代在手实编制过程方面有着相似之处,同时基层呈递县一级并进行审核,两者也相同。从籍账的内容上看,唐前期重人丁到唐中后期至宋代以资产为宗,尤其突出土地这一历史特点,在西夏籍账制度中尤为明显,反映了西夏籍账制度继承了两税法实行以来以资产为宗的历史轨迹。宋夏针对无地之户的籍账管理中,宋代有丁籍、丁账这样区别于针对有地之户的"五等版簿"的籍账制度,西夏则是与有地之户一同管理,这与西夏全民皆兵的民族籍账管理的特点有关。

——关于西夏土地产权制度的问题。西夏"闲地令"所反映出的荒地产权,较之于唐前期均田制下的荒地产权制度,后者侧重"国有"性质,前者更侧重"私有"性质。西夏荒地产权制度的这种"私有"性质,跟唐中后期均田制瓦解后、五代两宋,土地私有制日趋发展的历史潮流息息相关。同时,从敦煌文书也能看出,西夏这种"私有"性质,与唐以来西北土地制度的发展一脉相承。因此,西夏的荒地产权制度,不仅反映出西夏一朝土地私有制的发展情况,更是唐宋以来,土地私有制在西北地区的历史延续与发展。

西夏土地的出典,并不如宋代那样频繁与复杂。这主要表现在原主和承典人对于土地产权归属的关系上。宋代原主在出典土地的同时,能将土地的所有权出卖给第三方,并且原主拥有土地的最终回赎权;承典人也能在承典期内将土地转典给第三方;还有诸如第一典买人与转典买人这样的现象等等,因此围绕土地产权形成了多层关系。但是西夏的原主在出典土地时,如果未将本利付清,是不能将土地卖给第三方的,这样使得土地产权在出典期内受到分割,这种分割最明显的标志就是原主的土地所有权受限于承典人。从这个意义上可以说,西夏的土地流转并未如宋代那样自由与频繁。

如果从典权与土地产权的角度看,西夏的原主如果用土地的使用收益权抵消利息,就等于承典人获得了土地的使用权;这时原主通过让渡土地的用益权,获得资金的融通,又因承典人在回赎期内不得将土地占为己有,故原主在回赎期也不会丧失土地的所有权。如果原主不能按期回赎,承典人就能获得承典土地的所有权,这就足以构成对典价偿还的担保。这种典权兼有用益物权与担保物权的功能,与宋代并无差别。① 从赋役科派与籍账编制的角度出发,西夏的原主如果将土地的使用权出让给承典人,那么西夏的承典人就如宋代承典土地的客户一样,都是国家科派赋役的对象,并登入国家租税簿册中。可以说,西夏的承典人的身份相当于宋代所说的"二地主"的身份。

——从黑水城出土西夏手实文书看西夏与唐宋赋役制度的关系。唐宋手实问题,中日学界已有许多深入研究。但是在西夏手实的书写格式与唐宋的比较、西夏手实与西夏赋役制度的关系,以及通过比较西夏与唐宋手实所反映出来的西夏与唐宋赋役制度关系诸方面,还缺乏深入的探讨。比较西夏手实与唐宋手实,可以看出,不仅两者书写习惯不同,还能看出西夏赋役制度受到了唐以来赋役制度变化的影响。唐前期是以丁身为本的赋役制度,因此手实上的人口信息登载顺序位于土地之前。唐中后期,均田制瓦解、两税法实行,以丁身为本的赋役制度转变为以资产为宗,特别是以土地为赋役征收、征发依据。虽然在书写格式上人口与土地信息顺序没变,但这仅仅是承袭唐以来手实书写的惯例,实质上手实中的土地信息、资产相关信息跟人口信息比例相当,晚唐五代时期更是侧重于土地。② 到了宋代,土地等资产信息更为重要。西夏有其自身民族制度的特点,如全民皆兵的兵役制度,因此手实中人口信息与兵役息息相关。但是就西夏赋税制度,以及除兵役外的主要徭役制度而言,主要以土地为征收、征发依据。虽然西夏存在人头税,手实上的人口信息也是其征收的参考依据,但这种人头税并非西夏最主要税制,所以按丁收税也非当时主流。因此,西夏手实的土地信息登载于人口信息之前,是以土地为主的赋役制度决定的。这种以土地为主的赋役制度,也是受到自唐中后期、以资产为宗特别是以土地为主的赋役制度的历史渊源的影响。

——关于西夏转运司与地方财政制度及其与宋代地方财政制度的异同。前人对西夏财政制度的研究,集中在西夏财政的支出和收入两方面。对西夏地方财政运转的问题尚缺乏深入研究。

从西夏水利事务管理中可以看出,在中央,中书握有这方面的决定权,转运司只有商议权,对中书负责;在地方,转运司负责具体的事务管理,尤其侧重于赋税方

---

① 关于宋代典权兼有用益物权与担保物权的功能,参见余贵林、郝群:《宋代典卖制度散论》,《中州学刊》1997年第5期。

② 宋家钰:《唐代手实初探》,中国社会科学院历史研究所魏晋南北朝隋唐史研究室:《魏晋隋唐史论集》(第一辑),第225页。

面,这反映了西夏转运司不仅握有地方水利事务管理权,也握有与水利相关的财政职权。这种地方财权集中反映在转运司征收地方赋税方面,具体表现在纳租簿册的管理权、审核权。而且不论是簿册的上交汇总,还是簿册的审核,都是从郡县——转运司——中央三级财政管理的形式呈现出来,这可以说是西夏转运司的地方财权垂直地方、握有地方经济大权的表现。虽然西夏中央政府对转运司的财权有所限制,但从转运司直接向中书负责这一体系来看,中央还是赋予了转运司很大的地方财权。同时,通过对西夏转运司地方财权的分析,我们还能看到西夏地方财政的运转模式。我们以《天盛改旧新定律令》中水利管理的律文为重点,通过对宋夏转运司在地方财权中的作用进行比较可以看出,西夏从中央到地方的财政制度体系,很大程度效仿、甚至在一定程度上承袭了宋代的财政制度。

从具体的财政系统的运转来看,有许多相似之处。从两个政权的地方财政制度看,转运司的职权性质基本相同,都是为了"足上供";从地方财经监管方面来看,宋夏转运司无疑握有地方重要的财经监管大权。当然,在权限方面,双方都受到中央政府所设相关部门的制约,如"磨勘司"。但是,宋夏转运司在地方财政制度的具体方面,也存在一些差异:如西夏转运司亲临上阵的范围似乎要比宋朝广,亲临官员的级别要更高,反映出西夏转运司财权细化的趋向;在地方审核权方面,一个最大不同点,即西夏转运司拥有对地方的垂直审核这样的地方一级审核体系,而宋朝还有州一级这样的二级制。但不论怎样,正如文献所载西夏中央官制"多与宋同"并无误。

——关于西夏与唐宋仓库法的比较问题。西夏与宋朝长期的对峙与战争,依靠的不仅是其军事力量,还有成体系的经济制度,而严密的仓库制度则是西夏经济制度的重要内容之一。这里以西夏仓库制度中的损耗法、保管法、押运法等为重点,分析西夏与唐代仓库制度的异同及继承关系。

西夏仓库出入库簿册的管理制度,有着从中央到地方一个完整的监察体系,以保证西夏仓库制度的正常运转。另一方面,西夏仓库簿册的制定与审核,也与仓库官职系统的升迁考核紧紧挂钩,西夏仓库官员三年一次的迁转,其中很重要的一项即仓库簿册的考核。

在与宋朝仓库簿册管理的比较中,我们可以看出:在出仓凭据的管理制度上,西夏地方仓库以地方军事部门——监军司负责,宋朝以粮勾院为代表的地方监察部门负责,京畿仓库中西夏以"上谕"这种最高统治者的命令为凭据,宋朝以粮料院为代表的部门负责出仓凭据的下发。簿册审核制度中,西夏年中审核次数要较之宋朝多一轮,宋夏在第一轮的审核部门中也不同,西夏为郡县审核,宋朝是上交至州,这也是知州为宋朝州郡财征最主要负责者的制度体现。[①] 从年中与年终簿册

---

① 汪圣铎先生在州郡财计制度中知州与通判的关系论述到:通判在州郡财政制度中起到的是辅助、监督作用,但最主要的负责者是知州。见汪圣铎著:《两宋财政史》,中华书局1995年版,第643—644页。

的审核流程来看,县—州—中央这种层级审核制,宋夏政府都大致相同,并且,北宋元丰改制后,仓库簿册审核归户部管理,凡属财计方面的较为重大的事务须征得宰相同意。宋朝最高行政长官对财计集权的加强,与西夏最高行政机构——中书掌管财计并无不同。同时,西夏的枢密院和中书都有掌管全国财计的职能,说明了皇帝为加强君主集权、对中书、枢密院在财计上的分权,这与中原王朝皇帝的做法如出一辙。

从唐代与西夏仓库法的比较研究中可以看出,西夏仓库法中诸如"三年一考核"之损耗法、晾晒法、官物管理法等,与唐代仓库法有着许多相似之处。另一方面,我们也能看出,在仓库制度的细节上也有许多不同之处,这也反映了西夏具有一套适应自身民族特点的制度。总之,西夏仓库簿册管理制度,虽与中原王朝存在些许差异,具有本民族的管理与制度的特点,但从深层次讲,西夏这种严密完善的制度,在许多根本原则上,无不受到中原制度的影响,可以说是对中原仓库法的承袭与改良。

——关于西夏水利法与中原水利法的比较。从当界管理原则、按亩用水、基层管理者的征发与巡河制度、植被种植、春天兴修水利等问题出发,从制度层面详细深入地探讨西夏水利法与中原水法的渊源关系,分析西夏完备的水利法体系对中原水利法种种原则的继承与发展。研究表明:西夏水利法中"当界"管理、就近征发役夫的原则,水利设施的维修,水渠道路法的禁占制度,按亩用水制度,水利设施植被种植制度,基层管理者的征发制度,渎职惩处制度,无不留有中原之法的深深痕迹,唐代律、令、《水部式》等关于水利法的种种原则、制度与规定,无不为西夏高度效仿乃至继承,可以说,西夏水利法的完备体系是建立在中原法的基础上并继续向前发展的;同时,由于西夏与魏晋南北朝唐宋的河西同处西北,地理、气候环境相近,因此在灌溉用水方面,西夏承袭河西因子的痕迹也非常明显。

从高昌时期的计田承亩制度的开创,到唐《水部式》所规定的河西"计营田须亩出功",再到蕃占、归义军时期继续沿用唐役制,西夏"计田出役"无疑是自中古时期西北役制开创到发展以来的历史继承,并在自己的法律体系中详细地体现出来。比较宋夏水利法,可以发现西夏的许多水利制度与宋代高度相仿,但也有其民族自身特有的与中原制度不同的地方。如水利管理的问责惩罚制度上,西夏较宋代更为严厉;又如因为西夏税账的编制与呈递时间关系到春天水利役夫征调的时间,故宋夏在春天征夫的时间上又有所区别,这表明了西夏水利法自身的特点。

——关于"同居不同居"连坐制反映的西夏法与中原法的历史渊源。西夏"同居不同居"分开量刑的连坐法体系不能完全说是西夏独创,从中原连坐制度的历史发展来看,"同居不同居"的连坐量刑体系,是在不断演化的历史过程中逐渐形成的:秦汉时期所谓类似"同居""别居",以及"更嫁"等连坐判定标准,只限于个别案例,并未正式纳入连坐体系当中;魏晋南北朝时期,"在室之女,从父母之刑;已醮之妇,从夫家之刑"成为"同不同居"量刑的另一种诠释;至唐宋律法,正式将"同居"量刑纳入谋反大罪的连坐体系中。可以说,这种体系的演变,是中原法律体系不断完善的一个缩影,也表明,这种体系从秦汉至唐宋并未断流,非止西夏独有。《天盛改旧新定律令》关于"同不同居"量刑的律文的增多,表明了西夏在充分吸收中原连坐法的体系之上,进一步完善自身的连坐制。从连坐制的主要内容来看,西夏法承袭了中国古代亲属连坐制的两个最主要组成部分——人身没官与没家资。西夏法不仅继承了这两个内容的量刑标准——按亲属远近量刑,并进一步发展,将"同居不同居"的量刑纳入其中即为重要标志。这种发展,也是中原连坐制不断演进的一个结果。

中国古代法律条文的制定与实施,有其社会、经济等因素作为源动力。西夏"同居不同居"量刑方式的出现,与西夏的经济制度密切相关,尤其是西夏以土地为征收、征发为依据的赋役制度影响甚大。同时,唐中后期以来的社会变革,特别是两税法实行以来的社会、经济制度的变革,也深刻影响了西夏法律体系的形成与发展。总之,西夏确立"同居不同居"的连坐法体系,究其法源,其一,承袭自先秦至唐宋的法律体系;其二,唐宋以来社会、经济制度的变化,为西夏法律体系的建立和完善提供了必要的基础与条件。

第八章,关于西夏与唐宋逃人法的比较研究。

中国历史上人口逃亡现象十分普遍,西夏统治者为了防止本国人口逃亡,规定对逃亡者进行严厉处罚,制定了严密的逃人法。黑水城出土文献为我们提供了关于逃人法的第一手资料。此前有学者对西夏逃人法展开初步研究,但仅限于西夏逃人法本身,尚未将西夏逃人法与中原法系中的逃亡法进行对比研究。《天盛改旧新定律令》是研究西夏法律的重要资料,其中专章论述逃人法的有番人叛逃门、为投诚者安置门、判罪逃跑门和逃人门等。除此之外,背叛门、边地巡检门、弃守营垒城堡溜等门和行狱杖门等也都有逃人法的相关内容。

——关于逃人的刑处及与唐宋的比较问题。西夏时期逃亡的种类有罪犯逃亡、叛国逃亡、官私人和妇女逃亡以及职官弃职等。通过对比分析可以发现,西夏和唐宋对逃人刑处依据的标准和处理的方式是极其相似的,主要都是依据罪犯罪情来定罪,并且都有了自首可以减罪的规定;关于叛国而亡,西夏和唐宋在处理方式上也十分相似,都是严厉打击叛逃罪,对投诚归来者实施一些优惠政策;对于职官弃职而亡,都是主要依据官员弃职的时间来定罪。

——关于西夏和唐宋对窝藏逃人者处罚的比较。西夏和唐宋对窝藏罪犯的处罚,都是首先判断窝藏者是否知情,知情则依据罪人的罪行和窝藏的时间来定罪。关于处罚的原则,西夏和唐宋都受儒家"亲亲相隐"思想的影响,窝藏者如果与逃犯是亲戚，可以相应减罪。在对逃人的举告上，西夏和唐宋一方面规定百姓有举告的义务，对某些重罪，更是强迫举告，不举告要受到惩罚，另一方面设举告赏，鼓励百姓举告。关于举告赏的来源，西夏和唐宋都规定主要由逃人出，逃人无力给者，方由官府出。

——对逃人的管理和缉捕。西夏和唐宋为了预防罪犯和百姓逃亡，都建立了严格的信息登记制度，方便对逃人的管理和缉捕。对监管者看管不力的情况，西夏和唐宋基本上都分为受贿徇情、未受贿懈怠、无心失之三种情况，并都以捕回逃人为最终原则。期间期后捕回逃人者都可依法减罪。关于缉捕逃人的问题，西夏和唐宋都对逃人与追捕者相斗进行了规定。对逃人处罚较重，对追捕者处罚较轻。关于追捕不力者，西夏和唐宋都以是否"力堪能胜"为区分标准，对力堪能胜而未全胜乃至全败者处罚较重，对力未堪胜不斗者处罚较轻，甚至不处罚。对追捕逃人有功者，西夏和唐宋都会进行奖励，奖励的来源与举告赏基本相同，主要由逃人出，逃人无力给者，有官府出。

以上几个方面说明，西夏逃人法相当一部分的规定，实际是对唐宋时期中原逃亡法的继承。但除此之外，西夏还根据本民族的情况，对中原逃亡法做出了调整和创新。如在逃亡罪犯打击的重点上，西夏重点打击叛逃罪，对叛逃者的刑处最重。而宋朝重点打击的是强盗罪；对隐匿私人的刑处，西夏规定要根据窝藏者出工价的情况判罪，而唐宋时期并未发现相关规定；关于捕告赏方面，唐宋时期多设物质奖励，而西夏不同，不仅设置物质奖励，在某些方面还可以以功减罪。在逃亡法的立法原则上，西夏法典虽然也运用了"亲亲相隐"的原则，但是西夏对节亲戚隐匿逃人减罪的力度明显小于唐宋时期，这可能是因为西夏与唐宋受儒家影响的程度不同；关于以官抵罪的原则，西夏运用的范围明显广于唐宋。总之，对西夏逃人法的分析，一方面证明了西夏法系对唐宋时期中原逃亡法的沿袭，另一方面，也说明西夏政权结合自己本民族的实际情况，对唐宋逃人法进行了适合本民族的改造，发展并形成了西夏独特的逃人法体系。

第九章，关于西夏与唐宋军法的比较研究。

西夏创造的灿烂法律文化，也体现在其军法制度上。学界关于西夏军法的研究发轫于上世纪八十年代，其后研究问题不断细化。但鲜有将西夏军法制度与唐宋军法制度进行对比研究的成果。本章结合相关史料，从军队编制制度、战时军事赏罚制度、武器管理制度等三个方面，探究西夏军法与唐宋军法的渊源及相互关系，寻求西夏军法的独特之处。

——关于宋夏军队在编制、军籍管理、军队职责等方面的异同。西夏军队最基本组织单位为军抄，军抄之上编制为溜，且八溜组成一头项，抄、溜、头项层层分级构成西夏军队基本编制。通过对比研究发现，西夏军队编制与宋朝相比虽均是层层递级,但宋朝军队编制相较于西夏明显更为复杂。

——西夏军籍管理较为完善,西夏律法对军籍注册、军籍注销、军籍交纳、军籍磨勘等记载较为详细,与宋朝军籍史料缺乏相比,可见西夏君主对军籍管理的重视。由军籍管理制度可知西夏兵制为征兵制,与同为征兵制的辽相比在征兵年纪上有所差别,但二者均存在辅助职位。和唐朝前期的"兵农合一"的府兵制相比,军队闲时都需各司其职,战时出征作战,与宋朝募兵制相比,则差异较大;通过对军队类型的比较可知西夏与宋朝均存在边镇驻守军、驻守京师的中央军、国主护卫军,且西夏军队部分番号等与宋朝相似。通过对西夏军队中边防巡检人员职责和失职惩处的规定可以发现,在"全民皆兵"的西夏,军队通常身兼多责,并非单一兵种。

——宋夏战时军事赏罚制度的异同。以《贞观玉镜将》和《天盛律令》两部律法为基,梳理了西夏不同条件下的军功赏赐、军功赏赐的主要手段和军功赏赐的原则,并探究了西夏军事违法行为、军法惩处手段、军法罚罪制度原则,同时与唐宋相关军事赏罚制度进行比较。可以发现,西夏与唐宋战时军事赏罚制度存在较多相似之处,如在军事赏赐条件方面,西夏与宋均将斩杀敌人、俘获敌人、俘获敌方武器或物资、奇功等作为基本赏赐条件,予以相应的赏赐。西夏与宋虽都将赐物作为主要赏赐手段,但物品赏赐力度有很大不同,以绢为例,西夏赏赐过百匹为常见之事,宋却将赏绢十匹作为一等赏赐。

——通过战时军事违法行为判定、战时军事惩处手段等两个方面,将西夏与唐宋战时军事罚罪制度进行对比研究,发现西夏、唐宋在这两个方面有较多相似之处,如在探讨战时军法惩处手段时发现西夏与宋都将杖刑、死刑等作为惩处手段,但在惩处力度上差异明显。以杖刑为例,西夏战时军法杖刑惩处数量一般在十五杖,最高为二十杖,但宋《武经总要》中记载的战时军法涉及的杖刑数量都为一百左右,可见其惩处力度要重于西夏。西夏战时军事赏罚制度在一定程度上受到唐宋的影响,但同时也保留了本民族的相关条例。

——宋夏武器管理制度方面的异同。从分析西夏武器种类、武器配备法、武器季校法角度出发,并结合唐宋相关武器法规史料进行对比研究。从武器配备来看,西夏军队所用武器种类,多数与宋朝相似,如最基本的武器为弓、箭、披、甲、马、斧等;但对部分武器重视的程度西夏与宋朝有异,如西夏正军基本都配有剑,与宋朝相差较大,宋朝剑的地位不断降低,甚至沦为威仪之用,军事功能则被刀取代;此外西夏武器形制要求比较严格且单一,不如宋朝制作灵活合理。另一重要的差异是,西夏和唐宋虽均以冷兵器为主,但宋朝此时期已经将火器作为军事配备的重要组成部分,而西夏火器明显较弱。

——从武器配备覆盖面来看,西夏因为"全民皆兵",武器覆盖阶层相对于宋朝,更加广泛,西夏除由国家发放战具外,还普遍存在自备武器的现象,而宋朝对私藏违禁武器行为惩处严厉;西夏的武器配备法反映出明显的等级性,可能是受宋朝的"军中阶级法"影响;西夏和宋的武器季校法也存在极大的差异,在季校时间、对象、负责人、流程等方面都迥然不同,但仍有部分相似之处,如都存在一年一校的情况,对武器季校中部分违法行为的判定也十分相似。

——通过上述研究可见,西夏在军法制度上与唐宋既有差别,又有着千丝万缕的联系,这也从一个侧面反映出西夏少数民族文明与中原文明的交流融合,论证了民族融合的历史趋势以及中华民族多元一体化的特点。

以上本书的核心内容,许多已先期形成论文,发表于国内有影响的学术刊物。在学界产生了一定的影响。更多的成果,将陆续发表。

本书是西域出土的中国中古法律文献比较研究的初步研究成果,仅侧重于社会经济法与身份法诸方面的研究,所提出的看法有些也不一定成熟,今后这一方面的研究尚有大量的工作要做。我们愿意与学界同仁继续努力,为深入西域出土中国中古法律文献的比较研究继续做出贡献。

(原载李天石主持完成的国家社会科学基金重点项目:《西域出土法律文献比较研究》,结项等级为优秀)

《南京通史·隋唐五代宋元卷》绪论

本书为多卷本《南京通史》之隋唐五代宋元卷,论述的是从公元 589 年隋灭陈统一中国,至公元 1368 年元朝灭亡,共 779 年的南京历史。

一

为确定本卷论述的地域范围及便于古今对照,有必要首先说明南京的自然地理特征、南京现在的政区概况及三至十四世纪南京政区的主要变化。

从地理区位与特征来看,今南京市市域地理的坐标为北纬 31°14′—32°37′,东经 118°22′—119°14′,位于长江下游中部富庶地区,江苏省的西南部。南京市跨长江两岸,北连辽阔的江淮平原,东接富饶的长江三角洲,与镇江市、扬州市、常州市及安徽省滁州市、马鞍山市、宣州市接壤。市区东倚钟山,西傍长江天堑,大江从西南流向东北,南京段江水长约 95 千米,距长江入海口 347 千米。

南京四周山峦起伏,宁镇山脉和江北老山横亘市域中部,南部有秦淮流域丘陵岗地南界的横山、东庐山遥相呼应。市区除宁镇山脉最高峰紫金山外,北有幕府山,西有清凉山(古名石头山),南有雨花台,西南有牛首山、祖堂山,东北则有栖霞山,城东北有临江兀立的燕子矶。南京市域内湖泊、水库棋布,河流网织,水域面积达到 11%。市区既有群山环抱,又有秦淮河、金川河和玄武湖、莫愁湖等大小河流、湖泊萦绕。地热资源丰富,著名的有汤山温泉、汤泉温泉、珍珠泉温泉等,水温一般在 20 ℃—60 ℃。

南京地貌特征属于宁镇扬丘陵,以低山缓岗为主,低山占土地总面积的3.5%,丘陵占 4.3%,岗地占 53%,平原、洼地及河流湖泊占土地总面积的 39.2%。土壤性质在北、中部广大地区为黄棕壤(地带性土壤),南部与安徽省接壤处有小面积的红壤。适宜的农作物品种主要为水稻、小麦、玉米、大豆、花生、棉花等。

从气候特征来看,南京属北亚热带湿润气候,四季分明,雨水充沛。常年平均降雨 117 天,平均降雨量 1 106.5 毫米,相对湿度76%,无霜期237 天。每年 6 月下旬到 7 月上旬为梅雨季节。

从行政区划来看,现今南京行政区域的总面积为 6 587.02 平方千米。2012 年在户籍总人口 6 363 641 人。① 目前南京共有 11 个行政区,分别为:玄武区、鼓楼区、建邺区、秦淮区、雨花台区、浦口区、栖霞区、江宁区、六合区、溧水区、高淳区。② 本书所述历史上的南京,将大体以此区域范围为界。

六至十四世纪,南京的称谓及辖区范围多次发生变化。

六朝时期,南京的名称为建邺、建康。又据《隋书·地理志》载:"江宁,梁置丹阳郡及南丹阳郡,陈省南丹阳郡。平陈,又废丹阳郡,并以秣陵、建康、同夏三县入焉。大业初置丹阳郡。有蒋山。"

史料反映,隋灭陈统一全国后,将隋朝的政区规划推广到整个江南地区。在建康城西的石头城,曾设置蒋州,"统县三,户二万四千一百二十五"。三县即江宁、当涂、溧水。③ 隋朝还在开皇九年(589 年),于广陵(今江苏扬州)设置扬州大总管府,④管理江南的政治军事,压制建康城作为六朝政治中心的地位。

隋炀帝时,改蒋州为丹阳郡,⑤治江宁县(今江苏南京),领江宁、溧水、当涂等县。唐武德三年(620 年),杜伏威归国,"以江宁、溧水二县置扬州……杜伏威为扬州刺史,总管江淮以南诸军事"⑥。"析置丹阳、溧阳、安业三县,更江宁曰归化"⑦。武德七年(624 年)又改为蒋州。废茅州,以句容、延陵归入蒋州。⑧ 武德八年(625 年),复名为扬州。又以延陵、句容属之。省安业入归化,随后,"更归化为金陵"。⑨

武德八年(625 年)唐政府重置扬州大都督府于石头城。武德九年(626 年)唐政府对南京地区的行政区划作了调整:"省江宁县之扬州,"扬州治所移至江都(今扬州),改金陵县为白下县,以延陵、句容、白下三县属润州,丹阳、溧阳、溧水三县属宣州,同时把白下县的治所移至六朝白下城故址。贞观九年(635 年),唐政府重新将白下县改回江宁县,白下城废弃不用。⑩

---

① 南京年鉴编撰委员会:《南京年鉴》,南京出版社 2013 年版。
② 以 2013 年南京市最新调整的行政区划为据。参见南京市地方志编辑委员会:《南京年鉴》(2014 年),南京年鉴编辑部 2014 年版。
③ (唐)魏征:《隋书》卷三一,《地理志下》,第 876 页。《资治通鉴》卷一七七开皇九年春载:"于是陈国皆平……更于石头置蒋州。"
④ (唐)魏征:《隋书》卷三一,《地理志下》,第 873 页。
⑤ (唐)魏征:《隋书》卷三一,《地理志下》,第 887 页载:"丹阳旧京所在,人物本盛,小人率多商贩,君子资于官禄,市厘列肆,埒于二京,人杂五方,故俗颇相类。"
⑥ (宋)周应合:《景定建康志》,南京出版社,2009 年,第 235 页。两《唐书》和《资治通鉴》同。
⑦ (宋)欧阳修:《新唐书》卷四一,《地理志》,中华书局 1975 年版,第 1057 页。归化名称之由来,据《元和郡县图志》记载:"武德三年,杜伏威归化,改江宁为归化县。"
⑧ (后晋)刘昫等:《旧唐书》卷四〇,《地理志四》,中华书局 1975 年版,第 1584 页。
⑨ (宋)欧阳修:《新唐书》卷四一,《地理志五》,第 1057 页。
⑩ (后晋)刘昫等:《旧唐书》卷四〇,《地理志三》,第 1584 页。

　　至德二载(757年),以润州之江宁县置江宁郡(今南京),乾元元年(758年),改江宁郡为昇州,其背景据《太平寰宇记》记载:"以金陵自古雄据之地,时遭艰难,不可以县统之,因置昇州,仍加节制,实资镇抚。时人艰弊,力难兴造,因旧县宇以为州城。禄山平后,复废州,依旧为县。"可见,改昇州是因唐朝中央政府受内乱困扰,置昇州"实资镇抚"。肃宗乾元二年(759年),著名书法家颜真卿曾升任昇州刺史,并充任浙江西道节度使兼江宁军使。乾元三年(760年),颜真卿任职不到两年即离开昇州,入京任刑部侍郎。①

　　上元二年(761年),唐政府废昇州。改昇州统辖的江宁县为上元县。至唐僖宗光启三年(887年)复立昇州。隶上元、句容、溧水、溧阳四县。②

　　五代十国时期,昇州作为江南重镇,深受杨吴政权的重视。杨吴武义二年(920年),改昇州为金陵府。先后由徐温及其养子徐知诰(即李昇)担任金陵府尹。天祚三年(937年),以金陵府为西都。同年,杨吴大臣徐知诰接受吴国杨溥"禅让"即位,改元升元,以金陵为国都,改金陵府为江宁府,史称南唐。③ 金陵作为南唐首都,地位愈益重要。

　　975年,北宋灭南唐,复改江宁府(今南京)为昇州。宋真宗以赵受益(后改名赵祯)为昇王,不久立为皇太子。天禧二年(1018年)复昇州为江宁府。

　　1127年,宋高宗即位,改江宁府为建康府,以此地作为东都。金兵南下,高宗南逃后,以杭州为行在。1138年,宋高宗再次南逃杭州,正式建都,改杭州为临安府,建康府成为陪都。

　　1275年,元军南下,以建康府为建康。1329年,改建康为集庆。1356年,朱元璋攻克集庆,改集庆路为应天府。1368年,朱元璋在应天正式称帝,定国号为明,是为明太祖。以应天府为南京,以为首都,同年八月,明军攻克大都,元朝灭亡。

　　综上所述,六至十四世纪,南京的行政级别与名称变化频繁,先后使用的名称有蒋州、丹阳、扬州、归化、白下、江宁县、江宁郡、金陵、昇州、建康、集庆、应天府等十多个,其统辖行政区划的范围也多有增减分合。④

二

　　总体来看,隋唐五代宋元时期南京历史的发展,经历了一个从六朝时期兴盛繁

---

　　① (后晋)刘昫等:《旧唐书》卷一二八,《颜真卿传》,第3592页。
　　② (宋)欧阳修:《新唐书》卷四一,《地理志五》,第1057页。
　　③ (宋)薛居正等:《旧五代史》卷一三四,《僭伪列传一》,第1786页。
　　④ 为便于行文,本书在论述某一历史时期时,将使用这一时期南京的主要称谓,并以这一时期主要的行政区划范围为论述对象。

华,走向隋及唐前期"气尽山空",历史地位一落千丈,尔后又在唐中后期及五代十国时期强劲崛起,至宋元时期一变成为中国封建社会后期东南政治经济文化重镇的历史过程。

在六至十四世纪这一历史时期,南京变化的大势,大体可以划分为三个阶段:

第一阶段,从公元 589 年隋朝灭陈,至公元 755 年安史之乱。这一时期总体上是南京政治地位下降、经济持续发展的历史时期,大约一百六十余年。

六朝时期,作为都城的建康,是江南的政治经济文化中心。这一时期无疑是南京历史上发展最快的历史时期之一。公元 589 年,隋朝大军一举跨过长江,兵分八路攻灭陈朝。隋文帝将陈朝的皇室与权贵移徙长安,彻底割断了其与江南士族和江南故土的联系。之后,隋政府在江南采取了一系列的措施,"建康城邑宫室,并平荡耕垦,更于石头置蒋州"①。隋朝政府的江南政策无疑是强硬的,南京的地位明显下降。

隋朝后期,随着大运河的开凿,江南经济地位的上升,加之晋王杨广任扬州大总管,坐镇扬州的经营,金陵又渐显重要。② 然而及至唐初,唐统治者继承隋朝的监控政策,有意贬抑金陵的地位,使金陵地位再次呈现下降趋势,正如唐初四杰之一王勃所见的那样:"遗墟旧壤,百万里之皇城,虎踞龙盘,三百年之帝国,阙连石塞,地实金陵,霸气尽而江山空,皇风清而市朝改。昔时地险,尝为建业之雄都。今日太平,即是江宁之小邑。"③"气尽山空""江宁小邑",这便是隋和唐初金陵政治地位一落千丈的生动写照。

然而,有意的贬抑,并不能阻止社会经济发展的内在规律。政府某种程度的忽视,有时却为经济的恢复与发展,创造了良好的机遇与条件。

唐武德七年(624 年),以今南京为中心的辅公祏政权被平定以后,江淮地区自隋末以来长期的动荡宣告结束。此后,除武则天执政时期徐敬业在扬州发动的反武斗争之外,在唐前期百余年间,江南未出现大的社会动乱。持续百年的发展,使江南地区经济实力大为增强。至安史之乱后,以东南八道为中心的江南,终于成为唐中央政府的主要财赋来源之地,金陵的地位因而再次凸显。

第二阶段,大体从 755 年安史之乱至 1127 年南宋建立,三百六十多年。这是南京自唐中后期地位日益重要、后经南唐时期进一步快速发展,至北宋初期政治地位短暂低落,经济仍在快速发展的时期。

---

① (宋)司马光:《资治通鉴》卷一七七,隋文帝开皇九年,中华书局 1955 年版,第 5516 页。
② 杨广在江南苦心经营,统领江淮四十四州,据《隋书》卷六一《郭衍传》载:杨广图谋夺嫡的谋士郭衍曾言:"若所谋事果,自可以为皇太子,如其不谐,亦须据淮海,复梁、陈之旧。"
③ (宋)李昉等:《文苑英华》卷七一八,王勃《江宁吴少府宅饯宴序》,中华书局 1982 年版,第 3713 页。

唐代前期,国家的根本在关中,其主要的赋税来源地,主要集中在关中、山东,国家军事防御的重点则主要在河西、塞北和华北。由于征集与运输的便利,唐中央政府的赋税和徭役大都来自于中国北方。而南京所在的江淮地区,并不为政府所重视,加之此处是南朝故地,如何防止割据政权的再现,实现中央强力的政治监控,是政府首先考虑的事情。

在隋唐时期"役莫重于军府"的年代里,[①]包括南京在内的江南地区的民众,长期以来"惟出租庸,更无征防"[②],既不是帝国政治、军事的重要地区,又不是主要的赋税来源地,较长时间内维持着相对和平稳定的局面,相对较轻的赋役负担和优越的自然条件,为当地生产力的发展,经济实力的不断增强,提供了良好的条件。

天宝十四载(755 年)爆发的安禄山、史思明叛乱,是唐帝国长期以来社会矛盾的总爆发,是大唐王朝由盛而衰的转折点。在长达七年多的动乱当中,唐皇室险为倾覆,社会经济遭受严重破坏。从洛阳东至郑州、汴州一直到徐州,"人烟断绝,千里萧条"[③]。国家控制的户口由天宝末年的九百零六万九千户,急剧下降至乾元三年(760 年)的一百九十三万三千一百七十四户[④],损失在四分之三以上。

长年的征战,不仅使唐朝政府的国力大伤,而且也在战后形成了严重的藩镇割据局面,使各地的财赋收入无法正常输纳于中央。安史之乱以前,唐玄宗天宝八载(749 年),天下租庸调每年收入钱、粟、绢、绵、布等约五千二百三十余万贯、石、匹、端[⑤],安史之乱以后,经过代宗时刘晏整顿财政,"通天下之财,总计收入,总一千二百万贯"。其中盐利还占有一半以上。比之天宝年间的赋税收入,大为减少。建中元年(780 年),德宗实行两税法改革以后,财政情况虽有好转,但仍入不敷出。因此,如何保证中央最基本的财政收入,就成为唐后期帝王首先考虑的问题。

藩镇割据局面,使政府能够控制的纳税地区与纳税户口锐减。据宰相李吉甫所奏《元和国计簿》统计,元和二年(807 年),天下方镇有四十八个,州府二百九十五个,县一千四百五十三个。拥有民户二百一十四万五百五十四,其中凤翔、鄜坊、邠宁、振武、泾原、银夏、灵盐、河东、易定、魏博、镇冀、范阳、沧景、淮西、淄青十五道七十一州都不向朝廷申报户口。朝廷每年赋税的收入,主要依靠的是浙东、浙西、宣歙、淮南、江西、鄂岳、福建、湖南等东南八道四十九州,一百四十四万户。就是靠着这东南八道财赋的支撑,唐政府才在风雨飘摇之中,又存活了一百多年。

东南八道之所以能够提供唐中央政府的开支,毫无疑问是以江南包括南京地

① (宋)司马光:《资治通鉴》卷二一〇,开元八年条。
② (后晋)刘昫等:《旧唐书》卷四九,《食货志》,第 2114 页。
③ (后晋)刘昫等:《旧唐书》卷一二〇,《郭子仪传》,第 3457 页。
④ (唐)杜佑撰,王文锦等点校:《通典》卷七,《食货志二》,中华书局 1988 年版,第 41 页。
⑤ (宋)王钦若等:《册府元龟》卷四八七,中华书局 1960 年版,第 5830 页。

区社会经济的快速发展为前提的。于是在唐代后期及宋元的国家文献、官府文书、私人书信中,江南开始有了"国之命脉""财赋渊薮""必待江、淮转饷乃足""苏常熟,天下足""苏湖熟,天下足"等种种光环。人们终于发现,经过百余年的积累,江南已呈现出新的面貌,人们不得不刮目重新审视江南的发展。

南唐时期,作为首都,南京地区出现了又一个发展的高峰时期。一方面,北方人口继续南下,提供了大量的劳动力。有学者曾将南唐末年的长江以南包括南京在内的南唐各州户数和唐元和年间的户数进行比较①,可知在南唐境内的人口增长幅度较大。而这很大一部分的人口,都侨居在时为国都的金陵。另一方面,在这一时期南唐统治者的重视下,农业、手工业、商业及社会文化等,呈现全面繁荣与发展的态势。

北宋统一南唐初期,为防止南唐残余割据势力的再起,宋政府一度对金陵实行了与隋唐政府相似的压抑政策。然而,这个时间并不长久,随着年代的久远,社会的稳定,南京又进入了快速发展期,这从现存的南宋《景定建康志》所载的大量史料及宋元时期南京人口快速增长并达到历史最高记录,即可略见一斑。

六至十四世纪南京城市发展的第三阶段,大约从公元 1127 年南宋建立,至公元 1368 年朱元璋定都南京,约二百四十年。这是南京成为东南经济政治文化重镇的最后奠定时期。

北宋钦宗靖康二年(1127 年),女真人攻占北宋首都汴京(今河南开封),掳走北宋皇帝宋钦宗和太上皇宋徽宗及几乎全部的皇族、后妃、官吏,另尚有逾十万的首都平民亦一同被驱掠北方,北宋灭亡。

随着北宋覆灭,高宗在应天府建立了南宋政权,以后的几年中,高宗不断地游走于东南各地。伴随着高宗向南巡幸,迁都问题也成了大臣们议论的焦点问题,一部分大臣主张建都南京,一部分大臣主张建都杭州,更有一些人主张西幸长安、巴蜀。最后,南宋最终在杭州建都,开始了将近一百五十年的统治。

作为陪都的建康府,地处南北交界之处,在南宋的对外防御体系中,占有十分重要的地位。因而南宋政府不得不留意经营,这一时期,南京无论在社会经济发展还是在民众组织、军事配置、城垣建设、战船打造等诸多方面,都体现出明显特色。及至元代,从《至正金陵新志》等史书的反映来看,南京仍然是十分繁荣的。本卷对此做了全面论述与分析。

总之,经过七百七十九年的曲折发展,南京终于完成了由古代城市向近世城市的演变,当朱元璋建立应天府、定都南京时,南京在城市人口、城建规模、市政管理、文化产业、农业、手工业、商品经济发展水平及海外贸易、对外经济、文化交流等各

① 杜文玉:《南唐史略》,陕西人民教育出版社 2001 年版,第 47 页列表。

个方面,都已经名副其实的成为在东南、在全国对各地及海外具有重大辐射与影响力的经济、政治、文化重镇,为明清南京城市达于极盛,奠定了基础。

三

分析六至十四世纪南京城市的发展,脱离不开这一时期整个中国社会发展变化的重要轨迹与重大历史背景。在这一历史过程中,有这样几个关键点是值得注意的:

一是中国经济重心南移与南京城市发展的关系。

中国历史的发展,从文明起源角度来看,尽管是多元一体,在黄河流域、长江流域、珠江流域及至北到辽河流域,都发现了中国人类文化遗存,但三代时期,文明的主要中心毕竟是在黄河流域。秦汉之际,江南之地尚是“火耕水耨”、人口稀少、有待开发的落后之地。三国鼎立,孙氏割据江东,建立东吴政权,随后又历东晋、宋、齐、梁、陈,六朝先后在江南近四百年的经营,江南经济得以迅速发展。然而,直至唐朝中叶,中国政治、经济重心仍在以河北、河南、山东、关中为重心的北方地区。所谓“头枕三河(河东、河南、河内),面向草原”,是当时中央政府立国的基本态势。

唐宋时期,出现了新的历史现象,这就是中国经济重心的南移,在此基础上,又出现了文化重心的南移。唐代江南凭借着六朝以来数百年持续不断的开发与积累,经过唐前期一百多年默默的发展,在经济、文化与社会等方面,进一步繁荣与发展。特别是安史之乱以后,中国经济重心南移加快,江南地区呈现出后来居上的态势。

唐宋之际江南的发展,表现在许多方面,如在经济方面,农业上唐代江南地区大体形成了江东、成都、江西、湖南、福建等几个重要的经济区域,这些区域农业生产力有了较快发展。中唐以后南方的农田水利工程已远超过北方,唐代最先进的耕犁曲辕犁首先出现在江东并在南方地区推广,长江流域普遍采用了水稻插秧技术,稻麦轮作复种制也在先进的农业区推广。长江流域的粮食产量空前增加,茶业、盐业、粮食加工业等相关的产业也有了超迈前代的发展。

中唐以后,“天下以江淮为国命”,江南地区几乎独立承担了唐中央政府一百多年的财赋供给,这一点从唐宋时期来自江南的粮食漕运数量可以看得很清楚。开元二十二年(734 年),唐政府以裴耀卿为江淮转运使,耀卿采用沿线置仓、节级搬运等方法,使漕运量激增,“三年,凡运七百万石,省脚三十万贯”①,基本解决了关中缺粮问题。从此,江淮转运使遂为常设使职。这标志着江淮漕粮开始成为唐代

---

① (宋)王溥:《唐会要》卷八七,《转运盐铁总叙》,上海古籍出版社 2006 年版,第 1597 页。

朝廷赖以生存的局面的形成。从开元二十二年(734年)起至天宝年间,漕粮的年运量保持在二百数十万石,其中江淮的漕粮数占到了全国年漕量的56.5%。刘晏以宰相的身份领度支盐铁转运租庸使后,专掌东南财赋。经过整顿,转输江淮财赋的功效大大提高。每年漕运的粮食,多时达一百一十万石,少时也有五十万石,"军国之用,皆仰于晏"①。江淮财赋物资源源不断地运往关中。

及至宋代,江南漕粮数量剧增,成绩更为突出。北宋建国初期,由于江南大多地区尚未纳入版图,故漕运的范围仅局限于北方地区,一年的漕粮不过百余万石。至宋太祖开宝时,通过汴河征调淮南漕米数十万石,漕粮大体维持年运量一百几十万石上下。

北宋统一江南后,东南漕运大增,"岁运米四百万石"。太平兴国六年(981年),宋王朝对全国漕粮确定年运量标准,其中"汴河岁运江淮米三百万石,菽一百万石"②,相比于"黄河粟五十万石,豆三十万石,惠民河粟四十万石,豆二十万石,广济河粟十二万石,凡一百五十二万石"来看,江淮岁运远高于他处。不久,这一定额标准又被日渐增长的东南漕运量所突破。太宗后期,东南漕粮年运量已达六百万石以上。景德四年(1007年),宋中央取至道二年到景德二年间(996—1005年)东南漕运"十年酌中之数定为年额,上供六百万石,米纲立额始于此"。景德四年,北宋确立的全国漕粮年额为八百万石,其中东南地区六百万石,北方地区二百余万石(黄河八十万;广济河六十二万,惠民河六十万),东南地区占了四分之三。③

北宋中期以后,北方漕粮常在百万石以下。江淮漕运愈显得重要。在宋真宗和宋仁宗朝的一些年份,东南地区上供漕粮曾出现过年运八百万石的记录。④ 后来虽有减少,但北宋时期漕粮中的绝大部分还是来自东南六路地区,即淮南路、江南东、西路、荆湖南、北路及两浙路。总的来看,北宋时期漕粮的数量,不仅远远超过汉唐时期一年四百万石之数,而且也为明清时期所不及。这显然是以江南地区农业经济的快速发展为基础的。⑤

唐代主管盐铁及漕运的是盐铁转运使,这一职务在唐中期以后多由宰相担任,或由淮南节度使、镇海节度使兼任。不少人也由此升任宰相。足见此工作之重要性。淮南节度使驻扬州(今江苏扬州),镇海节度使驻润州(今江苏镇江),南京虽不是两地之一,但作为江淮南北漕运的重要周转之地,自唐代中期以来金陵就与扬

---

① (后晋)刘昫等:《旧唐书》卷一二三,《刘晏传》,第3513页。
② (元)马端临:《文献通考》卷二五,《国用三》,浙江古籍出版社1988年版,第244页。
③ (元)马端临:《文献通考》卷二五,《国用三》,第246页。
④ (宋)欧阳修:《欧阳文忠公集》卷二六,《资政殿学士尚书户部侍郎简肃薛公墓志铭》。
⑤ 李天石:《宋代江淮的漕运》,载于范金民、胡阿祥主编:《江南地域文化的历史演进文集》,生活·读书·新知三联书店2013年版。

州、镇江一体处于南粮北调的核心位置。

中国经济重心的南移这一中国历史上的重大变化,对中国后来的历史发展,产生了深远而有重大意义的影响。正如有的学者指出的:"唐代后期政府之生命,全系于东南,东南民赋与东南盐利实为其财政收入之柱石。"①同样,这一过程也对南京城市的发展产生了重大影响。正是在这样一个大的背景下,南京的经济文化等建设才出现了超速的跨越式发展。

二是中国文化重心南移与南京城市发展的关系。

文化重心是随着经济重心的转移而转移的。唐宋元时期,随着经济重心的南移与经济的发展,长期居于北方的中国文化重心,也在南宋之际完成了南移,江浙地区,包括南京地区,真正成为中国的人文荟萃之地。其间,南唐时期金陵文化的繁荣与发展,尤其值得关注。

我们知道,宋代是中国文化的极盛时期,宋朝在中国古代教育、科技和文化发展的历史上,占有突出的重要地位。陈寅恪先生认为:"华夏民族之文化,历数千载之演进,造极于赵宋之世。"②邓广铭先生也曾说:"宋代文化的发展,在中国封建社会历史时期之内达于顶峰,不但超越了前代,也为其后的元明之所不能及。"③

宋代文化是否为元明之所不及,我们暂且不论,一个清楚的事实是,宋代的精神文明,深深受到了来自金陵的南唐文化的影响。这表现在许多方面。如宋朝"右文抑武"基本国策的实行。众所周知,宋太祖在建立赵宋皇朝以后,在行政体制上进行改革,努力提高文臣地位,扭转唐后期以来轻蔑文人的风习,收到很大效果。宋太宗时期继续推行右文政策,优遇文臣,大阐文治。

而实际上,一个重要的事实是,中央政权出现文人化的倾向,始自南唐。南唐君主重用儒者文臣,以文治国,由文人担任枢密使,执掌兵权。南唐后期知节度使改为知军州事,而且多任用文人,改变了五代时期武夫专权的旧习,在一定程度上影响了北宋的文官政治,开宋朝以文人理政之先河。

北宋彻底摒弃了中原五代重武轻文的积习,为加强朝廷对地方的控制,选派文臣担任知州,将地方行政管理权从武夫悍将的控制下转到中央委派的文职官员手中,知州府事在地方发挥着越来越积极的作用,直接削弱了以武人为主体的藩镇行政管理体制。因此,我们在北宋政权的国家行政架构体系中可以见到南唐政权的影响,可以说,南唐开了北宋文人政治之滥觞。

---

① 李剑农:《中国古代经济史稿》,武汉大学出版社2006年版,第552页。
② 陈寅恪:《邓广铭〈宋史职官志考证〉序》,《金明馆丛稿二编》,《陈寅恪先生文集》卷2,上海古籍出版社1980年版,第245页。
③ 邓广铭:《宋代文化的高度发展与宋王朝的文化政策》,《邓广铭学术论著自选集》,首都师范大学出版社1994年版,第169页。

再如,在文物典籍的收集整理与人才汇聚方面。宋代国家藏书的重要一部分即来自南唐。南唐经过三代国主的大力搜求,至南唐末年,金陵官藏书籍达到十余万卷之多。北宋灭南唐,取其藏书。在北宋所收诸国的图书中,属于南唐的藏书竟占北宋馆阁藏书的三分之一。江南藏书之盛为天下之冠。南唐被称为文献之地,有"元和之风"。南唐三主重视并大力提倡文化建设,对文献的收藏、保存与整理和文化的发展做出了卓越贡献。马令对南唐收集图书极为赞赏:"皇朝初离五代之后,诏学官训校《九经》,而祭酒孔维、检讨杜镐,苦于讹舛。及得金陵藏书十余万卷,分布三馆及学士舍人院。其书多雠校精审,编秩完具,与诸国本不类。昔韩宣子适鲁而知周礼之所在,且周之典礼,固非鲁可存,而鲁果能存其礼,亦为近于道矣。南唐之藏书,何以异此。"[①]

除了典籍外,南唐对于北宋文化重要的贡献还在于它为北宋王朝提供了一大批有真才实学的学者文士。据史书记载,南唐当时重要的文臣,大多参与了图书典籍的校勘整理。其中南唐文臣参与《太平广记》、《太平御览》两大类书的人数,甚至达到总编纂人数的 40% 以上。

再举文化制度建设方面,宋代借鉴南唐之处颇多。北宋的文化政策与南唐的文化政策有很多相同或相似之处,可以说,北宋初期文化方面的诸多制度、文学创作的风气,都与南唐有着密不可分的关系。北宋重视文人,扩大科举,兴办教育和当时较为宽松的学术环境,在一定程度上是受了南唐的影响。

最后,再从书院、画院制度等方面,看南唐在文化教育方面对宋朝的影响。

南唐统治者重视文化建设事业,倡导文治,重用文士,重视和提倡文化教育,大力培养人才,兴办学校,推行儒学教育,弘扬儒风。除广泛搜集图书文献,编撰典籍,广揽人才,设立贡举选拔人才以外,在兴办教育方面,措施得力。如南唐在庐山国学设立学田制度,既为学校提供资金,又避免给国家增添额外负担,后来被宋朝沿用。庐山国学后来发展成为白鹿洞书院,对宋代文化的繁荣,发挥了重要作用,推动了书院教育体制的完善。至宋代遂有四大书院之称,它们均聘请名儒主持讲学,使教育事业突破了官学僵化的办学体制,历元、明、清诸朝,长盛不衰。可以说南唐的书院教育,对后世书院教育体制的形成,有相当的促进作用。

南唐各地学校的大规模兴建,不仅为南唐,而且为后世中国文化的发展培养、积累了大批人才。南唐国子监和庐山国学培养出的大批人才,以及南唐境内形成的浓厚的文化气氛,不仅为江淮当地文化水平的提高起了极大的作用,而且对北宋及其以后社会经济文化发展起了重要的推动作用。南唐聚集了大批文人学士,举

---

① (宋)马令:《南唐书》卷二三,《归明传》下第十九,《丛书集成初编》,中华书局 1985 年新 1 版,第 153 页。

朝上下崇文成风,民间的读书向学之风繁盛,南唐开设贡举之后,学子们更是崇学成风,社会上形成好文尚士的良好风气。由南唐入宋的重要文臣中,拥有韩熙载、李建勋、徐铉等为代表的许多杰出的词人、诗人、画家、书法家、音乐家、文献学家等。如南唐在金陵设有宫廷画院,集中了许多优秀的画家,如花鸟画家刘熙,人物画家王齐翰和周文矩,以及山水画家董源等,均为当时画坛名手。不少入宋的南唐文人直接参与了画院建设等,对北宋初期的文化建设,对提高宋初文人的整体文化素质及对宋代文学的影响,做出了重要贡献。

毫无疑问,处于唐宋社会转型之际的南唐,曾经创造出灿烂的文化财富,其对宋代历史文化的影响,是十分明显的。南唐政权的文化中心是在金陵,从这一角度来看,南唐之金陵,对宋代一朝臻于中国古代文化发展的高峰,贡献是巨大的。对于南唐政权在中国历史上的地位,有必要进一步加强认识,深入研究。[①] 这是研究南唐史最重要的内容之一,也是我们评价南京在中国文化史上的历史地位的重要依据之一。

自宋代之后,江南已成为人才渊薮,宋元三百多年间,江淮学子求学、应举的热情,在科举考试巨大利益的驱使下空前高涨。江淮读书风气之盛,读书人数之多,史无前例。人称"今吴越闽蜀,家能著书,人知挟册"[②],自北宋景祐二年(1035 年)范仲淹创建府学,各地争相效仿,故有"天下有学自吴郡始"之说。宋代时天下书院713 个,南方占了 682 个,占了全国书院的 95.7%。[③] 从科考来看,唐五代以前,科举考试中获状元者主要集中在北方,大体占总数 64%,而至北宋,有籍可查的状元68 名,其中北方籍 35 名,南方籍 33 名,南北处于平衡状态,而到南宋以后历代,南方状元人数大大增加,全国 305 位状元中,南方有 240 位,占 79%,其中江苏有状元 73 名,浙江有状元 62 名,分别占了全国的 1/4 和 1/5。[④] 及至明代,以南京为都城,南京更成为全国科举文教之中心。唐五代宋元时期,无疑是中国文化重心南移的关键时期,而江淮包括南京,在其中无疑起了举足轻重的作用。

唐宋以来,南京政治、经济地位的提高,促进了各项文化事业的长足发展,民众的精神风貌为之一变,意气风发,各领域学者辈出,成就斐然。与此同时,全国各地的著名学者在这儿的活动,也大大丰富了地域文化的内涵。中外文化交流的频繁,又进一步提升了地域文化的包容性。

---

① 参见任爽:《南唐史》,东北师范大学出版社 1995 年版;邹劲风:《南唐国史》,南京大学出版社 2000 年版。

② 叶适:《水心集》卷九,《汉阳军新修学记》,《四库全书·集部别集类》,上海古籍出版社 1979年版。

③ 参见王炳照:《中国古代书院》,商务印书馆 1998 年版,第 202—203 页。

④ 参见(清)黄之隽等编纂、赵弘恩监修:《江南通志》卷一一九至一二四《选举制》,广陵书社 2010 年版;胡兆量等:《中国文化地理概述》,北京大学出版社 2006 年版,第 185 页。

从唐宋元时期各个方面的发展来看,江浙地区特别是以南京、镇江、苏州、杭州等城市为中心,出现了经济发展、市井繁荣、人才辈出、文化昌盛、思想活跃、科技发展、对外交流不断扩大、世界影响远被欧亚的发展局面,成为中国也是当时世界上最发达的地区之一,南宋以后,"上有天堂,下有苏常""上界有天堂,下界有苏杭"已成为广泛流传的民谣。从《马可·波罗行记》所记可以看出,宋元时期江淮一带包括南京在内的城市之富庶,即使放在世界范围内来看,也是首屈一指的。①

三是东南地区社会经济转型、海上丝绸之路兴起与南京城市发展的关系。

南京城市在唐中叶、宋元之际的发展,除了与中国经济重心的南移相关,也与汉唐社会与宋元社会某种质的变化,与东南沿海对外交往的发展即海上丝绸之路的崛起有密切关系。

唐宋经济重心南移之前,中国的经济与政治中心皆在北方,此即所谓"头枕三河(河东、河南、河内),面向西北"。古老的丝绸之路即是一条经由漫漫戈壁与草原,从陆路通往西域的中西交通孔道。那时的中外经济、政治、文化交往,都是经由陆路进行的。然而,随着中国经济重心的南移,随着宋夏政权对立中陆上东西交流丝绸之路的中断,"从根本上改变了战国秦汉以来我国经济一直以黄河流域为重心的经济格局,同时经济重心区域由于向东南方向移动,而更加靠近拥有优良海港的沿海地区,为封闭型的自然经济向开放型的商品经济过渡提供了某种历史机遇"②。中国的历史由此开始了由"头枕三河、面向西北"向"头枕东南、面向海洋"的转变。这既是汉唐社会与宋元社会的重大区别,也是中原地区与两宋东南沿海地区发展路向的不同。而从面向西北草原转过头来,到面向东南海洋,"则是中国古代经济发展历程中真正具有路标性意义的重大转变。这个转变的实质性内涵是从自然经济转向商品经济,从习俗取向变为市场取向,从单一种植经济过渡到多种经营,从基本上自给自足到专业分工有所发展,从主要生产使用价值转为生产交换价值,从封闭经济走向开放经济"③。正是在这样的一个背景下,南京也开始了面向大海、面向近世城市的转型。这一时期江南的城市布局密集程度越来越高,城市经济功能不断增强,城市服务型行业快速发展,市场商品经济普遍繁荣。这从本卷所述唐宋南京城市的繁荣可见一斑。

从对外贸易与交流来看,虽然南京不如当时的广州、明州(今宁波)、杭州、泉州

① 尽管对于马可·波罗是否到过中国曾经有人怀疑,但据杨志玖先生研究,"无论从《行纪》本身的记录,还是中国的有关资料,都有力地证明马可·波罗不仅确实到过中国……而且他所叙述的旅行路线和沿途所见的风土人情、社会经济、战争情况等大都是真实可信的。"见杨志玖:《马可·波罗到过中国》,《历史研究》1997年第3期。
② 葛金芳:《中国经济通史》第五卷,湖南人民出版社2003年版,第838页。
③ 葛金芳:《两宋东南沿海地区海洋发展路向论略》,《湖北大学学报》2003年第3期。

等大型海港或如东南沿海（即长江三角洲含杭州湾、福建沿海和广州所在的珠江三角洲）地区那样具有航海的直接便利，但由于南京地临大江，水深江阔，极便于大型船只的航行。所以金陵的造船业、航海业也有了比较快的发展，促进了当时海外贸易的兴盛。如在南唐时期，南唐与契丹交往频繁，当时割据政权林立，陆路交通已很难通行，不得不绕行海上。当时与南唐交往的还有新罗、高丽、占城、大食，都是经海上而来，进行大宗货物贸易。这些都需要大规模的船只运输。南唐的大船可容纳千人，载重量较以往也有所增加，造船技术有所进步。

南京城郊的一些港口，在唐代就是南京城与外界联系的重要交通枢纽，为城市的发展发挥着极重要的作用。如金陵城外北部的"竹篠港"，其地理位置处在北临长江、南连孙吴时期开凿的人工漕运河道"直渎"的位置[1]；另外还有小蜀港，"在城东北一百里，句容县北六十里。事迹：唐世置盐铁转运使在扬州，本朝（指宋朝）都大发运使在真州，皆于江南岸置仓转般"[2]，两港都为金陵航运的重要交通枢纽。再如龙湾等，一直是长江边一个军事经济地位十分重要的港口。

在宋元之际，南京的造船业与作为掌控船只方向与平稳的船舵等船舶制作技术，有了突飞猛进的发展。如在宋代，已出现万石大船，"万石船操驾之人数百"，体短圆如三间大屋，可载铜钱二十万贯。海船也具有沙船、客舟神舟、泉舶、浙船多种，其中沙船始建于唐代，与广船、福船、鸟船并称四大海船。沙船大者长十丈，竖五桅，载重二百三十多吨，为长江口以北海域的主要水运船舶。另有客舟与神舟。客舟为出使海外的随员座船。神舟是将万石海船装修成华丽的大型海船，当这种神舟驶进高丽礼成港时，曾以其"巍如山岳浮波"的体态、"超冠古今"的装饰，引起了高丽人"倾国耸观，欢呼嘉叹"。

航海术也在这一时期有了很快发展。十一世纪中叶、北宋末期，出现了作为导航辅助工具的指南针。指南针的应用弥补了观察天文星辰的缺陷，使人们获得了全天候航行的能力。到南宋时，指南针已逐步成为主要的导航仪器。

南宋后期，建康沿江一带的战船制造业，有相当快的发展。据建康府制置司统计，此时期修造战船及修理旧船的数量很大，"自淳祐九年以后，大略可考造船、修船共三千五百五十只，造新船共八百五十七只，修旧船共二千六百九十三只"。这样的规模与数量，是以往的唐代不可同日而语了。

元代因定都于大都，"去江南极远，而百司庶府之繁，卫士编民之众，无不仰给

---

① （宋）周应合：《景定建康志》卷一九，《山川志三·河港》，第451页。"直渎"地理概况："在城北，隶上元县钟山乡，去城三十里，阔五丈，深二丈，西至霸埭，东北接竹篠港，流入大江。旁有直渎山、直渎洞。吴后主所开，渎道直，故名曰'直渎'"。〔见（宋）周应合：《景定建康志》卷一九，《山川志三·河港》，第453页。〕

② （宋）周应合：《景定建康志》卷一九，《山川志三·河港》，第451页。

于江南"①。为便利东南地区粮食对大都的供应和大都方面与东南沿海国外贸易的联系,元世祖忽必烈在至元十九年(1282年)开始试行海运。有元一代,海运主要承担了京师粮食的供应,随着元廷机构的不断扩大以及京城人口的不断增长,更有山东、河北,及漠北地区备储荒都有赖于海运,故此元人之海运,号称"一代之良法",具有"民无挽输之劳,国有储蓄之富"的功用。

无论海运是为了向北方漕粮还是对海外交往,元代海运自始至终都是从江淮出发的,其中太仓刘家港最为重要,而淮河、长江南北的沿海沿江一带也都是主要航道。在延祐三年(1314年),为减少刘家港的航运压力,利用太湖的主要出水口——白茆港的地理之便,将之开辟为当时海运的支线即松江、温州、台州、庆元、绍兴等处粮船的聚集出洋处。上江线,即海运重要的内河支线,承载江西、湖广的粮食,从刘家港出发,逆长江而上,先后到达真州、集庆等处。因此,集庆(今南京)和真州虽不是直接的出海口,却是粮食物资船只的集结处。建康路在海运中的意义可谓重大。

元代海运的开辟是中国海运史上划时代的大事,它对于商业的发展、大都的供给和繁荣、南北交通的畅通、造船业的扩大、航海技术的提高等等,都具有重要意义。元朝时南北经济的交流,主要通过陆路、河漕和海运三条途径,而海运是最经济的。因此,每年总是有上百成千只海船往返于南北海道。官船除漕运粮食外,还运载南方的各种手工业产品,以及东南沿海外贸港口的进口商品,大大促进了南北物资的交流,也为中外商船去北方或海外贸易提供了方便,更为南京城自身的发展提供了契机。正是在这样的背景下,南京城向东方,向海外,打开了大门,才能够成为郑和下西洋那样的历史壮举中的造船与航海的基地。

总之,唐五代宋元时期,整个江南地区在中国与世界的交往中的影响越来越大,海上对外贸易愈加繁荣。南京造船业的发展及许多港口的建设,既从一个侧面反映了南京对外经济贸易与文化交流的扩大,也说明了南京由中古时期的政治、军事型城镇,向近世经济为主型城市的转型。

(原载李天石等著《南京通史·隋唐五代宋元卷》,南京出版社2016年9月版)

---

① (明)宋濂等:《元史》卷九三,《食货志一》,中华书局1976年版,第2364页。

《江苏通史·宋元卷》导论

本卷叙述的是自公元960年至公元1368年宋、元时期江苏地区的历史。

宋元时期本地区行政区划隶属关系变化较大。今江苏地区,在宋代分别隶属于淮阳军、淮南东路、江南东路、两浙路等,元代今江苏地区则分属于江浙行省(或江淮行省)和河南、江北行省。考虑到宋元时期人们习称的"江淮"地区包括了今天的江苏大部分地区(宋代所谓的"江淮两浙",包括今江苏、浙江及安徽、江西一部分),为行文及叙述方便,本卷统一称宋元时期今江苏地区为"江淮地区"。

宋元时期的江淮地区,与此前的唐代及更早的六朝时期相比较,发生了较大的变化。这一时期的江淮地区,无论从政治、经济、军事、思想文化哪个方面来看,其在全国的作用,都显得较前更为重要,成为中国古代社会后期举足轻重的地区,也成为江苏地区历史上发展最快的时期之一。

一

要了解宋元时期江淮地区的历史,首先应当认识宋元两朝在中国历史发展进程中的地位。

宋元时期,是中国社会的一个大变动时期,这个变动可以按有些学者所讲的从唐代说起,称为"唐宋变革"时期,也可以按有的学者所认为的,"宋元时代又是中华文明居于世界领先地位的最后时期"[①]。其实不管怎样划分历史阶段,中唐以来至宋元,中国的社会形态发生了很大的变化,这是一个事实,宋元几百年的变化影响深远。

从统治阶层来看,如果说在唐代连皇室也不得不加以崇敬的中古士族还有相当的地位,至宋代,"取士不问出身,婚姻不问阀阅",就已经成为人们的共识,士族已彻底退出了历史舞台,而通过科举考试出身的普通官僚地主则完全成为统治阶

---

① 《中国大百科全书·中国历史》二,中国大百科全书出版社1992年4月版,第1012页。

层的主体。

从农民的整体情况来看,魏晋隋唐中古时期那种对地主依附关系极强的部曲佃客农奴制经济,此时已为农民人身隶属关系相对减轻、身份相对自由的契约租佃制经济所取代。农民身份也整体上摆脱了中古时期良贱身份等级体制的约束,向宋以后庶民社会过渡。

从土地制度上看,以身份高下及定期还、授为重要特征的中古时期的占田制、屯田制、均田制,宋元时期已经不存在了,统治者在土地方面实行的是"不立田制"的政策,土地买卖相对自由了,土地流通加快了。

从宋代农业、手工业、商品经济等生产力发展水平来看,这是一个迅猛发展的时期。长江下游太湖流域一带以稻麦两作制为特征的农业成为当时世界最发达的地区。中国著名的四大发明,其中的印刷术、火药、指南针三项的开发应用,主要就在这个时期。宋代还出现了世界上最早的纸币交子。同时随着经济文化的发展,宋代还大大发展了远及东西方世界的海上贸易。中国经济重心的南移也完成于这一个时期。

从城市发展来看,宋代的城市与中古时期魏晋隋唐,特别是唐中期以前的城市相比较,也发生了根本性的变化:唐中期以前的城市是一种行政支配型的坊市型城市,城市相对封闭,商业活动只能在官府指定的地点限时进行。而宋代的城市则是另一类型的带有开放性的在时间、空间上较少约束的市民商业性城市,商业活动极为自由,镇市也发展成为开放型的乡村经济中心。

从思想文化上来看,宋代儒学思想吸收佛学理论,产生了对后世思想文化影响深远的理学体系。又由于宋代活字印刷术的发明,造纸业的发展,宋代文化的普及程度远过于汉唐。哲学思想、教育、文学、史学、艺术的总体水平空前发展,成为中国古代社会文化的鼎盛时期。

这里我们可以借用法国汉学家谢和耐对宋代的评价:

> 十三世纪的中国,其现代化的程度是令人吃惊的,它独特的货币经济、纸钞、流通票据,高度发展的茶、盐企业、对外贸易的重要(丝绸、瓷器),各地出产的专业化等等。国家掌握了许多货物的买卖,经由专卖制度和间接税,获得了国库的主要收入。在人民的日常生活方面,艺术、娱乐、制度、工艺技术各个方面,中国是当时世界上首屈一指的国家,其自豪足以认为世界其他各地皆为化外方邦。[①]

这就是一个外国人在看了中国的史书以后,对南宋之际的中国社会的一个印象。

---

① 〔法〕谢和耐:《南宋社会生活史·序》,"中国文化大学"出版部 1982 年中译本。

总之,从宋代生产力发展水平、经济与科学技术、思想文化、文学艺术等各个方面的发展来看,这一时期无疑是一个极为繁荣的历史时期,即使放在当时的世界范围内来看,也处于领先地位。正如史学界研究业已证明的那样,"宋代经济文化多方面的成就,不仅在当时世界上处于领先地位,而且为人类文明做出了重大贡献,产生深远影响"[1]。

当然,在这一时期,民族矛盾尖锐,南北战争不断,这对中原地区及江南地区的历史发生了重要影响。

继宋代而起的元朝,是中国第一个少数民族建立的真正大一统的王朝,尽管它的统治曾给中原地区带来了一些落后的制度,但也给传统中国的各个方面带来了一些新的因素。元帝国作为一个世界帝国,疆域辽阔,各民族共同生活在一个统一集中的中央政府领导之下,民族之间的经济文化交流进入了一个新的历史时期,形成了新的民族融合的高潮。元帝国之国祚虽不足百年,但给后人留下的遗产是丰富的。

二

从宋元时期的江淮地区来看,其总的发展趋势是受宋元时代大的历史环境与社会背景所制约的。同时,相对于其他地区而言,江淮地区又自有其发展的特殊性。这一特殊性最为突出的一点,就是这一时期江淮地区社会经济与文化的迅猛发展及其对后来历史发展的深远影响。这主要体现在以下几个方面:

首先,宋元时期江淮地区的发展,使自六朝以来开始的中国经济重心南移的过程最终完成,使宋元以后中国经济重心南移成为定局,从而奠定了江淮在中国古代社会后期的地位与中国的基本经济格局。

众所周知,江南之地在秦汉之际,尚是"火耕水耨"、人口稀少、有待开发的落后之地。三国鼎立,孙氏割据江东,建立东吴政权,随后又历东晋、宋、齐、梁、陈,六朝先后在江南经营近四百年,江南经济得以迅速发展。然而,直至唐朝中叶,中国政治、经济重心仍在以河北、河南、山东、关中为重心的北方地区。所谓"头枕三河(河东、河南、河内),面向草原",是当时中央政府立国的基本态势[2]。唐代中叶发生安史之乱,河北、山东等地为藩镇所割据,而江南相对安定,经济继续发展。五代十国时期,南唐、吴越等政权统治的江南,经济文化继续快速发展,江南地区开始出现全面超越北方地区经济发展的趋势。至北宋之际,江南成为北宋政府财赋的主要来

---

[1] 《中国大百科全书·中国历史》二,中国大百科全书出版社 1992 年 4 月版,第 1012 页。

[2] 葛金芳:《南宋立国态势及经济格局论析》,载《邓广铭百年诞辰国际学术研讨会论文集》,中华书局 2007 年版。

源之地,靖康之乱后宋廷南迁,江淮地区更成为宋朝廷的根本安身立命之所。此时期宋朝的立国态势已转变成为"头枕东南,面向海洋"。尽管本卷所述的江淮地区仅是整个江南地区的一部分,但没有人怀疑,这个地区是江南社会经济的核心地区与主体部分。

此时期江淮地区社会经济的发展,首先得益于北方人口的南迁。唐中期至五代末年,北方大量人口向南方迁移,史称安史乱后,"天下衣冠士庶,避地东吴,永嘉南迁,未盛于此"①。北宋末年,靖康之乱前后,南迁再次掀起高潮。黄河流域的人口大量向长江流域迁徙。而在南宋,金人完颜亮南侵时,淮河流域的人口又大量向江南迁徙。至蒙古军队南下灭宋,长江流域的人口又向更南的珠江流域迁徙。在这三次大迁徙中,以第一次的迁徙规模最大,对宋代整个人口的分布影响也最大。②宋元人口的大量南迁,为江南地区的进一步开发与经济发展,提供了大量人力资源与先进的生产技术,无疑加快了中国经济与文化重心的南移。

此时期江淮地区社会经济的发展,还表现为生产力水平的大幅度提高。关于宋代江南农业生产发展的水平问题,是学术界讨论的一个热点。尽管对于宋代出现农业革命的看法,学界有不同的意见,但从"苏、常熟,天下足""苏、湖熟,天下足"等民谚的出现来看,③从江南稻产量基本产量单产约在1.5宋石以上、3宋石以下,太湖平原的单产已达2—3宋石的情况来看,④在宋元之际,江淮的农业经济出现了较快发展应是没有疑义的。从耕作技术来看,此时也已形成精耕细作的传统,复种指数不断提高,土地利用达到极致,而北宋初年从今越南引进的早熟双季稻在江南的推广,促进了粮食产量的提高。

从手工业、商业来看,江淮一带的制盐业、造船业、制瓷业、丝织业、冶铁业及茶叶、桑蚕等农副业,也全面发展起来。如北宋的淮盐为3 350万千克,到了南宋时已经达到了一亿千克左右,增长迅速。史载:"以盐额论之,淮东之盐多于二浙五之一;以去岁卖盐铁论之,淮东多于二浙三之二",再如江淮一带的造船业,多集中在扬州、建康、平江(苏州)等沿江河等,当时建康造船场已能制造用于航海的大船。当时大的战船多由官船场打造。除战船外宋代的船大都是用于交通运输的船。平江的造船业,在南宋时,已掌握利用转轴升降船桅和踏轮激水推动船身前进的技术,锚船方法也有了很大进步。

从赋税的收入来看,自唐中叶安史之乱以后,北方地区为诸藩镇所割据,财赋

① 《李白集校注》卷二六,《为宋中丞请都金陵表》。
② 张家驹:《两宋经济重心的南移》,湖北人民出版社1957年版。
③ 陆游:《渭南文集》卷二○,《常州奔牛闸记》;薛季宣:《浪语集》卷二八,《策问》。
④ 周春生:《宋元江浙诸郡稻米单产试探》,载《中国社会经济史论丛》,中国社会科学出版社2006年版;周春生:《论宋代太湖地区农业的发展》,载《中国史研究》1993年第3期,第45—54页。

不入中央,宪宗元和年间虽有短暂天下统一,但为时并不长久。唐后朝中央政府的财赋来源,主要是依赖东南八道,唐《元和国计簿》称,唐中央"每岁县赋入倚办,止于浙西、浙东、宣歙、淮南、江西;鄂岳、福建、湖南等道,合四十州,一百四十四万户"①。唐代的这种情况,一方面是由于南方经济的发展,但在一定程度上也是藩镇割据的形势使然。五代十国时期,南方相对安定,经过五十多年的发展,至北宋灭南唐、并吴越之时,江淮一带已是高度发达的地区,故宋朝建国,经济主要依赖于江浙一带的漕运。宋初曾有过一次关于从汴京迁都西安或洛阳的争论,却由于洛阳政治中心距江南漕路太远而作罢,这也说明了宋代立国已不能不完全依赖江南之经济。

从对外关系来看,唐五代以后,传统的陆路丝绸之路渐渐衰落了,但随着经济重心的南移,航海技术的发达,沿海对外贸易却日益发达起来,北起山东,南至福建、广东,包括江淮沿海一带的对外贸易港口纷纷出现,丝绸、瓷器、铁器等的输出,香料等奢侈品的输入大大增加,进而刺激了江南外向型经济的活跃与发展,这无疑也是宋元时期江淮地区社会经济变化的一个重要方面。

其次,宋元时期,江淮地区一度成为全国的军、政核心地带,其在全国的政治地位日渐提高,举足轻重。

唐中期以前,中央政府的政治中心多在长安至洛阳一带,国家财赋的主要来源也在北方。唐中期以后,东南地区的快速发展,使江南地区财赋的北运,对中央的生存已至关重要,这样便出现了国家政治中心与经济中心的背离,尽管当时这种局面的出现,在很大程度上是由于唐代北方藩镇割据的情况使然,但也与江南经济的发展、经济中心的逐渐南移直接相关。五代十国北宋时期,随着东南地区的进一步发展,特别是江南漕运地位的日益重要,作为政治中心的中央政府重心日渐东移:北宋初,为方便得到江南漕粮,宋政府不得不以虽处四战之地,却处于东南漕运要冲的汴京作为都城。南宋时期,更由于宋金战争的原因,宋廷南迁,南宋以临安为首都,宋中央政府的政治与经济中心就合二为一了。

北宋平南唐之初,宋朝廷曾有意抑制以江宁府(建康)为中心的南唐旧地。但到天禧二年(1018年),距灭南唐四十多年之后,宋政府改以昇州为江宁府,置军为建康军,寿春郡王赵祯,即后来的宋仁宗加太保,封昇王,在提高未来皇位继承人赵祯地位的活动中,以江宁为中心的江淮地区政治地位日渐重要。至南宋之际,江淮地区成为宋政府的军事重心所在地,一度议定为行在地。宋朝统领抗金军队的大都督府便先后设立于扬州、建康,江淮地区之安危,直接关乎整个国家之安危,宋金对峙时期的许多重要战役,即发生在此地。此后江南地区的保全,使东南地区免受

---

① (宋)王溥:《唐会要》卷八四,《租税》下。

了战争的蹂躏。

再次，宋元时期，随着经济重心的南移与经济的发展，长期居于北方的中国文化重心，也在南宋之际完成了南移，江淮地区，特别是江浙地区，真正成为中国的人文荟萃之地。其实，自唐中期以来，江南已成为人才渊薮，但与两宋相比，则为之逊色，宋元三百多年间，江淮学子求学、应举的热情，在科举考试巨大利益的驱使下空前高涨。江淮读书风气之盛，读书人数之多，史无前例。人称"今吴越闽蜀，家能著书，人知挟册"①，自北宋景祐二年（1035 年）范仲淹创建苏州府学，各地争相效仿，故有"天下有学自吴郡始"之说。宋代时天下书院 713 个，南方占了 682 个，占了全国书院的 95.7%。② 从科考来看，唐五代以前，科举考试中获状元者主要集中在北方，大体占总数的 64%，而至北宋，有籍可查的状元 68 名，其中北方籍 35 名，南方籍 33 名，南北处于平衡状态，而到南宋以后历代，南方状元人数大大增加，全国 305 位状元中，南方有 240 位，占 79%，其中江苏有状元 73 名，浙江有状元 62 名，分别占了全国的 1/4 和 1/5。③ 据《吴郡志》卷二八记载：自苏州州学创办以来，终北宋之世，苏州共出进士 159 名。可见，两宋时期，是中国文化重心南移的关键时期，而江淮在这一转移的过程中，无疑起了举足轻重的作用。

三

从宋元时期各个方面的发展来看，江淮地区出现了经济发展、市井繁荣、人才辈出、文化昌盛、思想活跃、科技发展、对外交流不断扩大、世界影响远被欧亚的发展局面，成为当时世界上最发达的地区之一，南宋以后，"上有天堂，下有苏常""上界有天堂，下界有苏杭"已成为广泛流传的民谚。元代的马可·波罗曾用许多笔墨形容宋元江南的繁盛。例如说到苏州：

> 苏州城漂亮得惊人，方圆有三十二公里。居民生产大量的生丝制成的绸缎，不仅供给自己消费，使人人都穿上绸缎，而且还行销其他市场。他们之中，有些人已成为富商大贾。这里人口众多，稠密得令人吃惊。然而，民性善良怯懦。他们只从事工商业，在这方面的确显得相当能干。如果他们的勇敢和他们的机智一样优越，那么，就凭他们众多的人口，不仅可以征服全省，而且还可以放眼图谋更远的地方。……有十六个富庶的大城市和城镇，属于苏州的管

---

① 叶适：《水心集》卷九，《汉阳军新修学记》，《四库全书·集部别集类》，上海古籍出版社 1979 年版。

② 参见王炳照：《中国古代书院》，商务印书馆 1998 年 11 月版，第 202—203 页。

③ 参见《江南通志》卷一一九至一二四，《选举制》；胡兆量等：《中国文化地理概述》，北京大学出版社 2006 年 3 月版，第 185 页。

辖范围。这里商业和工艺十分繁荣兴盛。苏州的名字,就是指"地上的城市",正如京师的名字,是指"天上的城市"一样。①

很清楚,最后两句中"地上的城市"与"天上的城市",实际就是指"上有天堂,下有苏、杭"的民谚。可见苏杭之富庶,连外国人也为之惊叹。

再如讲到常州,马可·波罗说,"常州城,这是一个美丽的大城市,盛产生丝,并且用它织成花色品种不同的绸缎。这里的生活必需品很充足"②。讲到镇江,他说:"居民是佛教徒,是大汗的臣民。使用他们的纸币。他们靠经营工商业谋生,广有财富。他们制造丝绸和金线织物。……各种食物也极其丰盛。"讲到镇江对面的瓜州一带向北延伸的大运河,他说:

> 通往契丹省的交通线……是由许多河流、湖泊,以及一条又宽又深的运河组成的。这条运河,是根据大汗的旨意挖掘的,其目的,在于使船只能够从一条大河转入另一条大河,以便从蛮子省直达汗八里,不必取道海上。这样宏伟的工程是十分值得赞美的。然而值得赞美的不完全在于这条运河把南北国土贯通起来,或者它的长度那么惊人,而在于它,为沿岸许多城市的人民,造福无穷。沿着运河两岸,也同样筑有坚固、宽阔的河堤,使陆上交通变得非常方便。③

大运河怎样开凿的,看来马可·波罗并不十分清楚,可他却看到了大运河的便利及给两岸带来的繁盛。

讲到真州与扬州,他说:

> 随后又到达一个建筑完好的大城镇真州,从这里出口的盐,足够供应所有的邻近省份。大汗从这种海盐所收入的税款,数额之巨,简直令人不可相信。这里的居民也信奉佛教,使用纸币,都是皇帝陛下的臣民。从真州向东南方向继续前进到达重要的扬州市。在司法上,扬州管辖二十四个城镇,所以,必须把它看成是一个举足轻重的要地。它隶属于大汗的版图。人民信奉佛教,以商业和手工业维持生活。人们制造武器和各种军用品,因此,有许多军队屯驻在这一地区。④

这个描述大体也是符合当时真州与扬州的实际情况的。

在马可·波罗的游记中,还描述了宝应、高邮、通州、淮安等地工商业的活跃、盐业的发达、丝织品的精美、纸币的流行、税入的丰厚等繁荣景象。虽然此书反映的内容已如此丰富,但马可·波罗却在他的游记中讲:"其实,我所描写的,还不及

① 《马可·波罗行记》第75章,福建科学技术出版社1981年12月版,第197页。
② 《马可·波罗行记》第74章,第173页。
③ 《马可·波罗行记》第72章,第171页。
④ 《马可·波罗行记》第68章,第171页。

其中的二十分之一"。

从《马可·波罗行记》所记可以看出，江淮一带在宋元时期的富庶，即使放在世界范围内来看，也是首屈一指的。①

本卷较系统论述了江淮地区在宋元时期的基本历史发展过程。希望能够为人们认识与了解这一个时期江苏地区的历史，提供一个基本的线索。

（原载李天石、潘清等著《江苏通史·宋元卷》，凤凰出版社 2012 年 3 月版）

---

① 尽管对于马可·波罗是否到过中国曾经有人怀疑，但据杨志玖先生研究，"无论从《行纪》本身的记录，还是中国的有关资料，都有力地证明马可·波罗不仅确实到过中国……而且他所叙述的旅行路线和沿途所见的风土人情、社会经济、战争情况等大都是真实可信的"。见杨志玖：《马可·波罗到过中国》，载《历史研究》1997 年第 3 期。

冯兴振《天下汉风》序

"大风起兮云飞扬,威加海内兮归故乡,安得猛士兮守四方"。一首"大风歌",人们吟唱了两千年,激励了无数人。

两汉帝国,自公元前206年建国至公元220年灭亡,立国凡四百二十六年。纵观中国与世界上下数千年之历史,可以说汉朝是一个充满生机、充满活力、富足而又强大的时代。

从世界范围来看,公元前二世纪在世界东西方古文明带上,堪与汉帝国相比肩者,唯有罗马帝国。位于中亚西亚的安息帝国,虽然立国亦有数百年之久,然而其影响远不能与汉朝相比拟。

我们知道,秦始皇统一全国,"车同轨,书同文,行同伦",天下归于一统,然而秦运短促,二世而亡。继后之汉朝,才是中国历史上真正意义的民族与国家大统一的开启时代,汉之版图与事功都在秦朝之上。国家与民族浑然天成的交融与统一,成为这一历史时期的最大特点。可以说,汉朝的建立,为后来统一的中华多民族国家的发展奠定了坚实的基础。汉代的各项典制文化,引领了后来中国历史发展的基本走向。

更为重要的是,从世界范围来看,大约与汉朝处于同一时期的贵霜、安息、罗马等帝国,其民族与文化的延续,后来都出现了中断,唯有中国,自远古经秦汉以来的中华文明,源远流长,一脉相承。传至今天,成为我们引以为骄傲与自豪的灿烂的中华文化。

那么,汉朝文化的特点是什么呢?这不能不从刘邦说起。刘邦起自布衣,建立西汉以后,他能够深切体会到秦末丧乱、凋敝的社会现实,并且注意吸收秦朝灭亡的教训,轻徭薄赋,休养生息,制定了比较宽松的政策。这一政策的理论根据则是先秦以来道家学说中的黄老哲学思想。这种思想,适应汉初战乱后需要休养的社会现实,又与汉初政治现实相结合,成为汉初社会经济恢复时期的主导思想。

黄老思想主张顺应自然,清静无为,然后才能达到"无不为"之境地,"圣人无心,以天地之心为心"。也就是说要以天地自然的运行,作为自己的主张。通过无为而达到无不为,"我无为而民自化"。

以往学界,一些人对汉初之实行黄老无为而治的做法,颇有微词。然而,当时代发展到今天,当人们日益重视和谐发展与科学发展的时候,我们却发现,黄老思想自有其合理的一面,这一政策在缓和矛盾、稳定社会、保护生态、保持社会持续发展方面,显然有其积极的因素。

汉武帝时期,汉朝国力逐渐强盛,于是武帝欲拓边开疆,削藩平乱,整治财政,加强集权,于是他放弃"无为而治"的黄老思想,改以儒学大一统之学说统御天下,国力进一步强大,汉朝达于极盛。然而为政之要,一张一弛,弦绷得太紧,难免出乱。于是武帝晚年,不得不发布"罪己诏"而更弦易辙,与民休息。

其实"汉家自有制度,本以霸王道杂之"。无论是黄老思想,还是儒、法学说,汉朝皆以适应社会需要为根本,我以为这正是汉人高明之处。我读历史、研究历史,说来已有三十多年。我虽是专门研究魏晋隋唐历史的,但对汉史却是情有独钟!其原因大体有三:一是读魏晋南北朝隋唐史,不能不追本溯源,因为中古及后来朝代的许多制度多是来自汉代,还有些制度虽不直接来自汉代,却也往往与汉代有关。不研究汉史,就不会深刻地认识后来的历史,由此我也认为,虽然人们常讲"汉承秦制",其实秦朝时代甚短,汉代形成的许多制度,才是真正在历史上"制度化"了的东西并为后代所继承。从这点看,了解汉史,当然是人们认识中国其他朝代历史的最好切入点之一。

汉代历史之所以引起我更多兴趣的第二个原因,是近年来众多汉代考古的重大发现,以及尹湾汉简、张家山汉简等大量汉代最原始最直接文献的出土。这些发现使我们与汉代的距离一下子拉近了。抚摸着汉王陵中那鬼斧神工般雕凿的光如镜面而笔直的墓道及块块巨石,望着那惟妙惟肖的汉代陶俑,读着那条条竹简,看着那似是刚刚写就的文字,真有一种与汉人同时代的感觉。

说来这第三个原因也是最主要的原因,那就是"汉风"所具有的独特魅力了。汉文化特征之博大的方面,前已说明,其实汉文化的特点体现在方方面面,就以汉文化中重要的一个方面——汉代艺术来看,无论是汉代画像石、汉代壁画、汉代陶俑、汉代雕刻、汉代建筑,还是汉代的漆器、铜镜、织锦等各类工艺品,无不体现出一种狂放、天真、古拙、质朴之美,这种美感所体现出来的生动活跃的气势力量及由楚文化而来的浪漫主义色彩,正如李泽厚先生所言,是后代艺术品无论如何都无法比拟的。

再以刘邦起事时之沛、丰、徐地区的初期汉文化为例,我以为其最为显著的特点是融合南北楚、鲁诸种文化,形成了一种基于平民社会的生机勃勃、雄姿英发之社会气象。试看刘邦所用之人,除张良一人为贵族出身之外,其他人如萧何为沛主吏掾,曹参为狱掾,任敖为狱吏,周苛为泗水卒史,申屠嘉为材官,周勃吹箫,樊哙屠狗,灌婴贩缯,娄敬挽车,陈平、王陵、陆贾、郦商等皆为白徒,这些平民、"粗人",所决定的社会文化基调,则是一种不可抑制的开拓、创新的亢奋气象。与其他朝代相比,汉朝人有大气、朝气,对此也许各人的看法会有些不同,如蔡东藩认为汉人有豪气;钱穆认为汉统治者有平民气;吕思勉则认为汉高祖有氓庶气——目中容得一切,故能用知勇之士。

尽管人们看法不尽一致,但基本点是相同的。因此,对起源于沛丰徐地区的汉文化,需要好好地总结,深入地发掘其历史与文化的价值。

冯兴振先生主编的《天下汉风》一书,我认为就是这样一部很好地总结汉文化的成功之作。细读此书,其重要的历史意义与现实意义至少反映在以下几方面:

一是作者对汉文化的内涵,定位准确,理解深刻。

本书对汉文化内涵的论述,细致而全面。如第一章开宗明义即概括了汉文化的渊源与内涵。过去有人曾说汉文化是一种英雄文化、尚武文化,显然这只是看到了汉文化的一个侧面,实际上汉文化正如本书作者所指出的,融合了中国的楚文化、鲁文化与黄老思想等多种文化,体现了南北文化的交融,表现在政治、经济、军事、哲学、典制、文学艺术等领域,物质与精神两大方面。具体论述到汉文化的导源——古沛文化,作者认为其特点一是注重平等精神,二是具有功利主义的价值取向,三是具有尚武豪爽悍直的民风,四是具有浓重的宗教崇拜心理,五是形成了载歌载舞、多姿多彩的民风。这样的概括,我以为是相当准确而深刻的。

二是全书深刻阐明了保护与利用汉文化资源的重要历史意义与现实意义,充分体现了作者以文化促经济,以文化促社会发展的战略眼光。从本书的论述可以看出,近年来沛县等地方政府,为了挖掘利用汉代历史文化资源,做了大量的卓有成效的工作,促进了当地文化事业与旅游经济的发展。同时作者在书中对今后如何进一步开发利用汉文化资源,亦做了深入的思考与阐述,并提出了许多建设性的构想,这些无疑都具有重要的现实意义。

三是作者对沛丰徐等地区的汉文化名胜古迹,论述全面而生动。可以说此书一册在手,对江苏地区的汉文化名胜古迹甚至相关的传说,即可一览无余。此外,也许是由于家乡人说家乡历史上的人和事,因而较之外人,汉文化讲得更为直接,更为真切,更为生动。全书的叙述文字,活泼而灵动,绝少时下一些书籍的文字生涩、叙述呆板之病。

手捧着这来自刘邦家乡的书稿,读着书中那娓娓道来的故事,我不由得又要吟唱起千古的"大风歌",是为序。

(原载冯兴振主编《天下大风》,江苏人民出版社 2009 年 1 月第 1 版)

李恒全《战国秦汉经济问题考论》序

　　中国自古以来就有重视经济问题的悠久传统,从司马迁《史记》的《平准书》、《货殖列传》到历代正史中的《食货志》以及历代政书中的《食货典》即可为证。然而,中国社会经济史研究真正进入现代学术研究的体系,踏上科学的轨道,成为一门真正的科学,则是自梁启超倡导史学革命特别是"五四"运动以后的事情。

　　二十世纪二三十年代的中国社会史大论战,亚细亚生产方式的讨论,新中国成立后"五朵金花"中之中国古史分期、资本主义萌芽等问题的讨论,无不与经济史研究息息相关。尽管 1949 年中华人民共和国成立以来经济史研究曾与整个史学研究一样,受到教条主义、形式主义的严重影响,但 1978 年以后三十多年来的思想解放、改革开放的理论与实践,为中国社会经济史的研究提供了无比广阔的天地与丰富的素材及范例。整个中国经济史的研究,大体是走着理论与史料相结合、宏观与微观相结合、历史与现实相结合这一颇具特色的道路的。正如有的学者所称,中国社会经济史研究无疑是目前中国史学研究的生力军之一。对整个中国史学界来说,这方面的具体成果可能还是次要的,其所体现的左右中国史坛的史观与史料两大史学流派取向之间的那种合流或会通的趋势,更应引起我们的重视。"在重材料尚考证的同时,并不轻理论卑方法,是这一趋势的最重要的特征。从事社会经济史研究的学者们恰到好处地将这两个方面均衡地结合起来,从而实现了历史学的社会科学化。"[①]

　　当然,这仅仅是从总体上而言,实际上,要将理论与史料很好的结合并得出较为科学的结论,并非易事,非经过多年刻苦耐劳的学习与训练、一点一滴的积累与梳理,深入的思辨与考证,难以成事。李恒全著《战国秦汉经济问题考论》一书(以下简称《考论》),我以为就是在战国秦汉经济史研究领域中将史料与理论、考证与辨析、微观与宏观很好结合的一部新作。

　　通读全书,我以为恒全此书的特点至少有以下几方面:

---

　　① 王学典:《近五十年的中国历史学》,载《历史研究》2004 年第 1 期。

首先，丰富的史料与精细的考辨。史料是学术研究的基础，全面地占有史料，以史料自身显露的信息为基础，以实证分析解决问题，力求以材料说话，论从史出，这是对一个史学工作者的基本要求。从《考论》一书可以看出，恒全不仅熟练掌握了传世文献的基础史料，而且充分利用了战国秦汉新出土的简牍资料，注意将传世文献资料与出土考古资料结合，考证辨析，去伪存真，通过二重证据的方法，以求得历史的本来面目。近几十年来，在战国秦汉古文献发现方面，考古界经常传来令人振奋的消息。例如秦简，如果从湖北云梦睡虎地首见秦简说起，现在陆续发现的秦代简牍已达十几批之多，较重要者便有1975年云梦睡虎地4号、11号墓秦代简牍；1986年出土的甘肃天水放马滩秦墓简（460枚）；1989年出土的湖北云梦龙岗6号秦墓简（293枚）；1990年出土的湖北沙市关沮秦汉墓简（500枚）；1993年出土的湖北江陵王家台秦墓简（800枚）；1993年出土的湖北沙市周家台秦墓简（390枚）；2002年在湘西里耶古城出土的36000枚秦简。较近者则有北京大学从香港购得的秦简763枚及木牍、竹牍等。另外，岳麓书院秦简也已出版。汉简的出土自上一世纪初以来便已为世人所熟知，若从1907年敦煌汉边塞遗址出土的708枚简算起，至今已有四十多批汉简牍先后发现，特别是张家山汉简以及走马楼吴简的面世。尤其受到学界的瞩目。

大量的战国特别是秦汉文献的先后面世，为现代学者提供了大量前人无法想见的史料。恒全在《考论》一书中充分利用了这些资料，得出了许多新的看法。如通过对睡虎地秦简《田律》"入顷刍稾"条和张家山汉简《田律》"入顷刍稾"条的新解释，提出了《田律》所说的"顷入刍三石、稾二石"仅是征税的测算标准、秦汉刍稾税征收是按实有亩数计征而非按顷征收的看法。

根据新出土的秦汉简牍，《考论》一书认为秦汉户税分为户赋和户刍，其特点是以户为单位，按户征收，征收时间为秦至西汉中期，是征收对象覆盖范围最大的税种，其征收量远低于人头税。在秦汉徭役制度方面，又利用了天长纪庄木牍和荆州纪南松柏木牍，提出针对秦汉健康成年男子的"傅籍"的目的是征发兵役，而与更役征发无关；提出秦汉算赋与更役征纳具有重合的特征，即凡是交纳算赋的对象，同时也是更役征发的对象，凡是交纳算赋的年龄段同时也是更役征发的年龄段；提出算赋与更役的征收对象为十五岁至免老年龄之间的健康成年男子、健康成年女子与轻度残疾者，兵役征发的对象为"始傅"年龄至免老年龄之间的健康成年男子，秦汉无爵者的"始傅"年龄分别称为十七岁、二十岁、二十三岁。这些结论，显然都是立足于传世文献与新出土文献的很好结合与辩证分析基础上提出来的。

对于考古方面的资料，恒全在《考论》一书中也给予了高度重视，如春秋战国时期铁农具与牛耕的使用情况，就是立足于传世文献与考古材料进行分析的。

根据走马楼三国吴简，《考论》提出孙吴继承了秦汉赋役制度，算赋和徭役征纳的对象均为十五岁至六十岁之间的成年男女,与秦代相同,也反映了在正常情况下算赋与徭役征纳重合的特征。

根据睡虎地秦简和张家山汉简有关内容,《考论》提出秦汉的爵位继承主要看血缘关系的远近,属单一继承制,即在每个继承顺序上爵位继承者只能有一人,前一继承顺序无人,后一继承顺序方能补上;户主身份继承则即看重血缘关系,也注重承担家庭责任的能力;针对学界通常所认为的家产诸子均分制,他提出由于汉初二十等军功爵还发挥着强大的效力,具有普遍意义的家产诸子均分制尚不能建立起来,因此,汉初家产的诸子继承为等级继承制。

正是由于立足于传世文献与出土文献的很好结合,因而,书中立论多是比较可靠与可信的。

第二,从《考论》一书看出,恒全具有较强的问题意识,书中所论多是战国秦汉史学界比较关注、争鸣较多的重要问题。我向来认为,学术研究应当充分地开展讨论与辩驳,正是通过不断的学术交锋,人们的认识才能不断的深化,正是在学术争鸣的辩驳中,人们才能不断纠正错误的认识,由相对真理,逐渐走向或接近绝对真理,否则,学者们如果只是自讲自话,学术就不可能得到健康的发展。战国秦汉经济史的研究,多年来经过无数学者的耕耘,可以说是根繁叶茂,大家如林,成果众多,要在前人研究的基础上向前每推进一步,都是需要付出艰辛努力的事情。十几年来,恒全从一个一个具体问题入手,在充分借鉴、吸收前人研究成果的基础上,对不同的学术观点及相关的史料进行仔细的辨析,推陈出新,对不少传统的看法,提出了新观点。如他认为在西周分封制下,分封的是政治统治权,而非土地所有权,西周中期出现的土地交换是政治管辖权的交换,而非土地所有权的交换,因此,西周井田制是家族公社所有制,而非国有制。针对目前流行的国有制性质的战国授田制说,他认为以土地私有制解释战国土地所有制更为合理。针对张家山汉简公布以来,学界所认为的汉初土地所有制属非私有制观点,他提出汉初土地制度是土地私有制基础上的限田制。对于铁农具与牛耕的使用导致井田制变革的传统说法,《考论》也利用考古学的新成果,提出了质疑。书中这些论点,虽不能说是定论,但毕竟为下一步深入的研讨,提出了新的思路。

第三,坚持历史方法与逻辑的统一,量化分析与整体综合、推导演绎与具体归纳、纵向与横向的比较,多种方法得到充分运用。书中在大量占有资料的基础上,多处运用表格的方式来说明问题,如运用天长纪庄木牍关于西汉东阳县《户口簿》、《算簿》资料,对汉代更役负担,通过表格做了定量分析,从而证实了晁错所云之"今农夫五口之家,其服役者不下二人"说法的正确性。此类数据统计表格量化了相关分析,因而使相关结论更加有说服力。

第四,遵守学术规范,尊重他人劳动成果。按说这一原则应当是学者遵守的基本规范,然而在学术浮躁与名利是竞的当下,这是不能不强调的一个问题。《考论》一书,在前人研究成果的基础上,广泛搜集旧说,给以客观评价。在每个问题的研究上,对学界有代表性的观点都作了介绍,例如在第一章第二节"战国土地私有制"一节中,论及睡虎地秦简公布以后春秋战国土地私有制的观点到授田制观点的挑战时,《考论》先后引证了刘泽华、张金光、袁林、李瑞兰、张玉勤、乌廷玉、余敏声、李雪山、吴荣曾及罗镇岳、严宾、葛金芳、晁福林等十多位学者的不同观点,一一辨析,加以评判,指出这些观点的异同及可商榷之处,在此基础上,最后从授田是客观存在,但授田并不一定就与土地国有制划等号;睡虎地秦简《封诊式。封守》"乡某爰书"一条史料并不能说明土地属于国有;归田说法不能成立;土地买卖与土地流转是客观存在等四个方面,说明了战国土地私有制存在解释的合理性。书中类似的引证与讨论处不少,这其中既有经过深思熟虑的观点认同,也有根据可靠史料进行的驳议和观点论难,并且毫不讳言其不少观点是得自于前人的启发并在此基础上推进发展的。

最后我还想说的是,在恒全的研究中,虽然主要是以实证性为基础,但在看似细小而微的具体考论中,往往联系战国秦汉经济史的重大理论问题展开阐述。例如春秋战国时期到底是铁器与牛耕的使用导致了井田制度的瓦解,还是家族公社向家庭公社的转化导致了井田制度的瓦解? 这是一个重大的问题。《考论》一书在充分占有传世文献特别是考古资料并深入研究的基础上,提出了在井田制开始瓦解之时,铁农具和牛耕还没有大量出现,在井田制变革过程中,铁农具和牛耕不能形成社会性的生产力,当战国中期以后铁农具开始大量运用于农业生产时,春秋战国土地制度变革已基本结束。这一观点似不符合史学界传统的铁农具和牛耕的使用导致井田制瓦解的看法,表面看也似乎不太符合生产力决定生产关系的理论,但仔细分析起来,一方面,这是史料所反映的一个基本事实,我们不能不顾事实去适应"理论"。另一方面也是符合马克思主义所说在一定的历史条件下,生产关系的调整,会极大的促进生产力的发展这一基本原理的。在这个问题上,我曾与恒全多次进行讨论,其实在一定的历史条件下,人们生产结合的方式与方法,人们的主观能动作用的发挥与否,会极大的阻碍或促进生产力的发展,这是并不违反马克思主义基本原理的。马克思并不是机械生产力论者,他曾深刻指出:"人本身是他自己的物质生产的基础,也是他进行的其他各种生产的基础。因此,所有对人这个生产主体发生影响的情况,都会在或大或小的程度上改变人的各种职能和活动,从而也会改变人作为物质财富、商品的创造者所执行的各种职能和活动。"[①]从社会生产

---

① 马克思:《剩余价值理论》(1861 年 8 月—1863 年 7 月),《马克思恩格斯全集》第 26 卷Ⅰ,人民出版社 1979 年版,第 300 页。

过程的角度看,人总是表现为这一过程的主体,也是社会变革的主体,"具有固定形式的一切东西,例如产品等等,在这个与运动中只是作为要素出现。生产过程的条件和物化本身也同样是他的要素,而作为他的主体出现的只是个人,只不过是处于相互关系中的个人,他们既再生产这种相互关系,又新生产这种相互关系。这是他们本身不停顿的运动过程,他们在这个过程中更新他们创造的财富世界,同样地也更新他们自己"。[①] 由此可见,现实的人构成了马克思历史哲学理论的逻辑前提,而历史的本质也就是人发展的历史。在一定的条件下,人们的生产结合方式与方法,例如集体劳作的方式与个体劳作的方式,会在很大程度上阻碍或促进生产力的发展。古人已明白在井田制下,"以众地者,公作则迟,有所匿其力也",在个体家庭劳动方式下,"分地则速,无所匿其迟也"这样一个道理。(《吕氏春秋·审分》)现代社会一个最明显的例证就是,中国在改革开放初期,正是由于安徽小岗子村所启端的家庭联产承包责任制适应了中国生产力发展的需求,因而这一制度的全面推广展开,就对中国农业生产力的快速发展与社会进步产生了巨大的推动作用。在这一过程中,农业生产中使用什么工具,显然不起多少根本性作用。

作为曾经的导师,看到恒全能有这样一部有分量的成果问世,当然是很高兴的。科学研究是永无止境的名山事业,书中的一些论点也许尚有可商榷之处,但可以看出,恒全做学问的态度是认真的,严谨的,扎实的。期望恒全能在此书出版以后,本着科学研究唯有求实存真的态度,多多听取各方面意见,将研究进一步推向深入。

(原载李恒全著《战国秦汉经济问题考论》,江苏人民出版社 2012 年版)

---

① 《马克思恩格斯全集》第 46 卷,人民出版社 1979 年版,第 226 页。

李济沧《东晋贵族政治史论》序

济沧先生的大作《东晋贵族政治史论》就要出版了，欣喜祝贺之余，谈一点感想。

关于魏晋南北朝门阀士族制度，中外学者已做了不少的研究，成果丰硕。陈寅恪、唐长孺、周一良、田余庆、谷川道雄等中古史大家，皆有经典之作传世。据不完全的估计，仅 1949 年以后学人发表的与士族相关课题的研究论著，就在百篇（部）以上。因而就门阀士族研究来说，后人欲出新意，实在不易！至于东晋一朝的门阀士族制度，田余庆先生所著《东晋门阀政治》，是中国学者研究这一问题的扛鼎之作。在日本，对此方面研究最有影响的，当然是谷川道雄先生的一系列大作，特别是其《中国中世社会与共同体》一书，系统阐述了其中国中世"豪族共同体"的理论，在中日学术界产生了巨大而深远的影响。

很明显，济沧的大作，无论从研究的框架、理论与方法，都与日本京都学派的中国中世共同体理论紧密相关。因此，有必要谈谈中日学界对于中国中世研究的异同。

应当说，中日学者对中国中古史的看法是有较大差异的。而且，日本的京都学派与历史学研究会派，学者们的看法差异也很大。实际上，这个问题关系到对中国中古社会性质的认识，与两国学者及日本不同学派所主张的不同历史分期观点直接相关。

自上世纪二三十年代以来，特别是自 1949 年以后，中国学者对中国历史分期的问题，曾进行了长期热列的讨论，提出了多种观点，但无论是持春秋战国封建说的学者，还是持秦汉封建说、魏晋封建说的学者，都认定魏晋南北朝社会为封建社会。认为这一时期，最显著的时代特征，即是经济上以大土地所有制为主导、阶级关系上以劳动者依附身份的强化为特点，政治上是以士族的垄断及与皇权的合作为特征的门阀士族统治。因此，中国学者多年来在研究魏晋南北朝的门阀士族制度时，多从阶级关系、阶级矛盾的角度出发，从经济基础、政治因素、文化背景等多方面探讨。

而在日本,自二十世纪初以内藤湖南为代表的京都学派形成后,内藤湖南就如何从总体上把握中国史的研究提出了自己的看法。他认为中国历史有自己的发展规律和发展阶段,并提出了中国历史可以划分为三个时期,即:以先秦至秦汉为上古(即古代),六朝至隋唐为中世,两宋至清为近世,各时代以其不同的时代内容相延续。此后,内藤湖南的门生继承和发展这一分期理论,并形成了作为京都学派的中国史分期法。宫崎市定继承内藤之说,认为"从三国到唐朝的中国社会,大体上可以称为贵族制度时代"。

此后京都学派的代表是谷川道雄先生,他提出了系统的贵族共同体理论,认为:"以往的六朝研究,虽然也注重贵族(家族)的地方社会势力,但是那只是将其作为国家的对立面,即从统一与分裂的角度所作出的理解。我虽然也考虑这一方面的问题,但是更加注重的是使贵族阶级势力得以形成的那种内部结构。这是一种既存在着贵族与民众相隔离的阶级关系,又建立了共存体制的共同体社会"。[①] 谷川道雄先生提出的豪族共同体理论,得到了对此也深有研究的川胜义雄先生的支持。在他们二人领导主持的日本中国中世史研究会的共同推动下,这一理论日臻成熟,1970 年出版了论文集《中国中世史研究》,登载了谷川道雄、川胜义雄合作的文章《关于中国中世史研究的立场和方法》,正式全面地推出了"豪族共同体"的理论。随之,围绕豪族共同体理论,在日本展开了激烈的论争。

谷川先生认为中国中古的共同体,不同于秦汉之前的那种所谓的村落共同体。那种村落共同体,"多是以土地及生产手段共有或共同利用为基础,并由此形成村落为规律的。然而在六朝时代这种村落的存在是无法得到强有力的认证的"。他认为,"当时将农村中各家族结合为一体的力量,来自于那种特定的有实力家族的领导性,以及民众各家对于这种领导性的信赖之心。在这里与其说是经济关系,不如说是精神关系,形成了人与人之间相互结合的更加有力的纽带。"因此,他认为真正将民众与门阀贵族二者结合在一起的,其实是双方主体上的精神和意识,即民众的共同体诉求以及门阀贵族抑制自我欲望,救济他人的伦理精神。双方在诉求、回应、肯定的过程中,形成一种通过乡论而结成的新型人与人的社会关系。显然,谷川先生更重视的是士族与民众形成的共同体的精神层面。

共同体理论,并不是谷川先生凭空想出的。实际上来自于他对马克思主义理

---

① 文中所引谷川道雄先生回忆与访谈皆出自张皓、钟玉发:《谷川道雄教授访谈录》,载《史学史研究》2004 年 3 期;王大建:《谷川道雄先生与魏晋南北朝史研究》,载《文史哲》2003 年第 1 期;李文澜:《共同体:解释中国人的历史》,载《魏晋南北朝隋唐史资料》2004 年第 21 期;李磊:《把握中国史内在逻辑,重建中国史研究模式:访谷川道雄教授》,载《历史教学问题》2005 年第 1 期;[日]谷川道雄著,马彪译:《中国中世社会与共同体》,中华书局中译本 2002 年版;[日]谷川道雄著,李济沧译:《隋唐帝国形成史论》,上海古籍出版社中译本 2004 年版。

论的理解。他曾经回忆,他早年"就是马克思主义文献的贪婪读者。我至今还清晰地记得当时在夜晚悄悄阅读这些著作的情形。我最感兴趣的是在日本翻译出版的马克思手稿《前资本主义生产诸形态》一书。马克思在这部手稿中将前资本主义时期的个人与共同体的结合关系,划分为几种类型,并给予了逻辑分析。我曾尝试着将这一理路引入中国史。这本书对我的影响是终生性的,从那时起,直至十几年后我对共同体论的提倡,都受到这部文献的潜在影响""最终使我得以摆脱苦境的,是共同体概念的提出。民众并非个人的生存,而是在自己所属的社会之中发挥其主体性的。按照马克思的说法,个人与全体的历史结合形式,如果称为共同体的话,那么当我们捕捉民众的历史存在方式的时候,不也应该导入共同体的概念吗?"

谷川先生的中国中古共同体理论提出以后,曾受到日本史学界的批评。特别是日本的东京学派,即历研派,在中国历史分期问题上与京都学派完全不同,他们认为,中国的魏晋南北朝时期,仍属于中国的古代社会,即奴隶社会。中国从古代向中世的转变则是发生在唐宋之际。根据这一观点,两汉六朝隋唐时代的大土地所有内部的主要劳动力是奴婢即一种奴隶,但是宋代以后大土地所有的主要劳动力的佃户却是一种农奴,在唐宋之际,发生了从奴隶制生产方式向农奴制生产方式的过渡。

历研派认为谷川先生的中国中古的共同体理论,违背了马克思主义,轻视了六朝时期的阶级对立问题,所以谷川先生曾被视为"反动派"。而谷川先生对此进行了辩驳:"我在学生时代阅读了马克思的一些著作,其中包括他所写的《前资本主义形态》一书。……马克思认为资本主义关系的形成需要有两个条件:一是人与自然的分离;二是人从共同体中分离出来。人只有从自然中分离出来,才能进行资本主义生产。另外,人只有从共同体中分离出来才能形成资本主义生产关系即资本家与劳动者之间的关系。劳动者出卖劳动力,因此人变成了商品。在资本主义生产关系产生之前,人类曾存在各种形式的共同体。马克思首先对这些共同体作了研究,例如亚洲的、希腊的、日尔曼的,等等。这些共同体虽然不尽一样,但是都具有一个共同的特征,即个人存在于自然之中。……就个人与社会之间的互相关联,我就是这样想的,而这当时受到了学生们的欢迎,以至今日仍有影响。而我所使用的正是马克思的理论和方法,因此说,我没有违反马克思主义,是马克思主义者"。

谷川先生的共同体理论在日本提出以后,尽管当时曾受到了学界的围攻,但谷川先生始终坚持自己的观点。时至今日,在中国和日本的史学界,尽管相当多的年轻学者对宏大的理论性的问题越来越不感兴趣,而更倾向于微观课题的研究,但毫无疑问,谷川先生的共同体理论越来越多的得到承认。特别是在中国史学界,随着谷川先生的一系列著作译为中文,他的中世共同体理论,也越来越多的被中国学者所了解。尽管有的学者仍从中国传统的研究理路,来看待谷川先生的观点,提出了一些不同的看法。而在实际上,正如谷川先生所讲,他的理论,对中国史研究是有影响的。近年来人们越来越重视历史上人与人之间的多层面的关系。"比如,从二十世纪七十年代后期开始重视研究宗族、地域社会、救灾机构等问题,多少都受到过这一观点的影响。又如,就乡绅研究而言,即使研究对象的乡绅是坏人,但他们也还是社会的指导者,发挥着领导民众的作用。虽然这不可能被看成是我的影响,但是毕竟还是互相有着某种共同关联。另外,在日本对于我的批判也逐渐消失了。从总体上来看,第二次世界大战后日本史学界超越了批判性的观点,出现了新的研究方法和观点。"

从谷川先生豪族共同体理论创立与艰难的发展过程来看,一种理论要在实践中加以证实、深化、发展,直到最后较为完善并为人们认可,是多么的不容易。尽管对这一理论的一些方面,我们也并不完全认同,但我认为谷川先生的最可宝贵之处,是他坚持从中国历史的实际出发,而不是从某些理论教条出发来认识中国历史的特点。他的共同体理论虽源自马克思主义的共同体理论,但他是从中国中古史料所反映的中国社会的实际中,得出豪族共同体的认识的。谷川先生在回答关于京都学派的主要特色这一问题时曾说:"简单地说,最大的特色是:别的学派以欧洲史为中心来看待中国史;而京都学派则着重于从中国史内部来研究中国史,用发展的眼光看待中国史,并努力在世界历史中把握中国史、研究其普遍性意义"。

从中国史学界改革开放以来研究的实际状况来看,人们不再停留在过去简单的从经济关系入手,只注重土地所有制、人身依附关系、阶级斗争的研究方法,开始注意从多层次多角度,研究活的生动的中国历史。这些年来中国社会史、文化史的重新兴起、社会基层研究、家族、家庭、妇女史研究的活跃,不都是这一转变的反映吗?!由此,我们更能认识早在上个世纪七十年代,在中日史学界几乎一边倒的以阶级斗争为纲研究史学的大环境下,谷川先生坚持从实际出发研究中国中古史,对历史上曾经起过进步作用的门阀士族及其由儒家理论为主导,杂以道家、佛教理念所指导的地方共同体社会,给以一定程度的肯定,并且始终不渝坚持自己的观点,是多么的难能可贵。

当然,也有学者认为谷川先生的理论,夸大了门阀贵族的作用,在论证上,存在重正史轻出土文献,在实践上,忽略了佛教社邑、结社等民间共同体的问题,因而得出结论,认为谷川先生所提供的事实不足以支持其"共同体"理论。但我们认为,谷川先生的豪族共同体理论尽管在一些方面存在不足或缺陷,但尚不足以动摇其基本的理论框架。在中国历史文献的主流方面,正史毕竟是反映当时占统治地位的社会力量的主体文献,由此得出魏晋南北朝时期占主导地位的是士族为主导的共同体社会也并不为过。这与田余庆先生主张的东晋社会是最为典型的门阀政治,可以说是异曲同工。至于宗教社邑、民间结社等民间共同体,对社会的支配与主导作用毕竟不能与士家大族或地方豪族等同。

　　其实，比门阀贵族影响力与支配力更大的，无疑是秦统一以后即已确立的从中央集权政府，到基层社会的层层官僚行政体系的控制。这从出土文献所反映的从秦汉至魏晋南北朝，直到隋唐时期，中央对地方军政控制的严密，可见一斑。因此，我以为从多层面来认识中国中古社会，是较之单一从阶级关系或某个单方面对社会的支配作用，更加符合历史的实际。谷川先生也一再强调，他并不否定阶级关系与阶级矛盾在当时社会中的作用。对共同体中存在的阶级矛盾，谷川先生是这样解释的："从理论上讲，阶级矛盾和共同体关系是不相容的，但在当时的时代，这两者却很和谐、协调地结合在一起。这是因为受时代的限制，人们必须努力抑制自己的欲望，从而使共同体内的阶级矛盾得到缓解。随着时代的发展，领导共同体的望族，通过在乡里社会的领导地位，得到了升官的特权。望族倾向于逐渐脱离乡里社会，转变为中央贵族。他们的生活也奢侈起来，并且要求扩大各种经济利益。官职变成了追求利润的一种手段。这样一来，阶级和共同体之间的调和关系就崩溃了，共同体关系由于贵族阶级的苛敛诛求而瓦解。总之，当时的共同体关系是由阶级关系形成的，但它最后又因阶级关系而消灭。"

　　由此可以发现，谷川先生不像有些学者，教条主义的运用阶级斗争理论，强调门阀士族与农民阶级之间的阶级矛盾始终处于尖锐对立之中，而是会有一个变化的过程：领导共同体的望族，必须以儒家礼治的社会理念，努力抑制自己的欲望，使自己与共同体和谐、协调地结合在一起，从而使共同体内的阶级矛盾不断得到缓解。而随着时代的发展，望族可能会逐渐脱离乡里社会的传统，扩大各自的经济利益，并且生活奢侈起来，阶级和共同体之间的调和关系就会崩溃，就会出现尖锐的阶级斗争，导致社会的变动甚至政权的更替。其实，这样的分析与我们在坚持阶级分析的前提下，肯定历史上的治世，认为统治者例如唐代贞观之治时的李世民，能够力倡民本思想，努力克制自己的剥削欲望，缓和阶级矛盾，从而实现社会的安定、发展，不是一个道理吗。因此，说谷川先生的中世共同体理论放弃或违背了阶级分析的方法是不妥当的。

　　总之，谷川先生能在数十年前，即努力倡导立足于中国历史本身的特点来研究中国历史，尤其值得我们借鉴与学习。正如有的学者所言，在当时的历史环境与背景下，谷川先生提出的共同体理论，"具有史学研究范式转换上的意义，通过揭示整个中国历史进程中的内在矛盾及其被克服的动力机制，使过去因片面强调阶级原理而被有意无意遮蔽了的历史真相和特殊面貌豁然呈现出来，催生出新的问题意识。"①

---

　　① 牟发松：《汉唐历史变迁中的社会与国家》，上海人民出版社 2011 年 10 月版，第 165 页。

当然,谷川先生的"共同体"理论,尽管由于其理论体系的宏大,在不少方面还未能来得及做进一步的实证研究,还存有不完善之处,但若由此得出结论说其"共同体"理论不能成立,显然言之过甚。我想许多方面论述或史料的不足,当是限于谷川先生的精力与条件。他根据这一历史时期六朝贵族在中国历史上的地位与宏观的时代背景、历史特点,抽象出的"共同体"理论的概念,大量实证性的工作还有待后人进一步去深化。我认为济沧先生大作研究的许多方面,就是对谷川学说的重要补充与举证。在许多方面进一步证实了谷川理论的科学性与可靠性。

济沧先生在日本立谷川先生门墙多年,可以说是在日本京都学派影响环境下成长起来的一代学者(谷川先生语),其研究的理路与方法受到这一学派的深刻影响,是十分自然的。读了济沧的著作,我感到济沧已深得谷川先生治学之三昧,这不仅体现在其总体理论框架上已很好地把握了谷川先生的理论,而且济沧先生以更为具体的史实与深入的分析,在许多细节上,将谷川道雄先生的共同体理论的许多方面,进一步具体化、实证化了。这里试举几例:

在《魏晋贵族体制的形成与乡论》一章中,济沧大作分析了西晋元康时期的放达之风,探讨了乡论的内涵及其历史意义。认为放达风气产生于汉末,尽管遭到了如曹魏明帝的皇权压制,但到魏晋之际却日趋猛烈,其代表人物前有竹林名士,后有元康名士。历来研究将两者进行对比,倾向于肯定前者而否定后者。济沧则认为,竹林和元康都是汉末以来放达风潮的一环,但元康时期的放达与曹魏以及竹林时期不同之处在于,它上升成为一种社会风潮,不仅仅是个人或特定阶层、群体,而是整个社会上下,无论地位高低、贵贱,都可看到放达行为的体现。元康放达之风超越了阶层和群体,上升为普遍的社会现象,这是中国历史上不曾有过的事情。其中原因,在于当时的社会舆论对放达行为予以了支持和肯定。对于皇帝权力并不赞同的放达行为,包括地方乡里社会在内的广大舆论亦即乡论却给予赞誉,许多放达人物也正是由此进入到了官僚世界之中。在肯定贤者、有德者的同时,对行为放荡不羁的放达之士也积极评价。这一历史事实显示出,魏晋时期地方社会乡论具有与王朝选官标准不一样的自律性倾向。这实际是对谷川先生关于地方社会乡论具有与王朝选官标准不一样的自律性倾向的一种具体论证。

再如,关于乡品与官品的关系问题。自从日本学者宫崎市定首次提出了官品较乡品低四品起家的观点以来,中日两国学术界围绕乡品与官品之间的对应关系做了不少研究,尤其是中国学者进一步提出了乡品与官职对应的新观点。济沧书中则通过分析乡品与官品、官职的对应关系后指出,首先,乡品只是与起家官品存在着对应关系,而不是与官品有规律性对应。其次,这种对应呈现出一定的趋势,相差四品应是一个大致的原则,有着上下的浮动。再次,乡品与官职之间也有紧密联系,但并不能以这种关系替代或者否认乡品与起家官品的对应。这种联系并非某些具体官职与某些乡品相对应,而是如晋宋六品官以上或梁朝十八班内官职需由乡品二品者担任那样,九品官制以内的绝大多数品官都需要具有乡品这一资格。最后,针对官职所作的乡品规定,南朝以前,还不能确认为国家法律或条文,南朝以降,这些规定主要出现在乡品三品及以下。最后他指出,在研究九品官人法的实质和历史意义之际,探讨乡品与官品或乡品与官职的对应关系固然重要,但乡品与国家权力之间的关系更应得到澄清,对获得乡品二品的门阀贵族阶层具有相对于皇权的自律性特质应予以足够的重视。我以为,济沧的这个观点,虽不能就视为定论,但较之以往的研究,显然细致、深入了许多。

在仔细梳理中日学者关于东晋门阀贵族研究成果的基础上,济沧大作很细致地分析了中日学者观点的异同,特别值得提出的是,他仔细梳理或曰调和了中日学者研究中古门阀贵族制的许多异同之处,并在两者之间,做了很好的疏通,从而为两国学者的进一步深入研究找到了许多共同点。

注意从文化角度分析东晋门阀贵族的影响,也是济沧大作的一个特点。中国史学界多年来对门阀士族的研究,往往注重于士族地主的经济基础,言及士族的文化与精神,多着重于士族个人的特点与品性,而对士族文化价值观、精神世界与社会的关系及其对施政方针及地域社会的影响,研究的不够多。实际上,正如作者在序章中所说,"六朝贵族有着极为显著的时代特征。他们在当时的政治、经济、社会、文化等各个方面都发挥着巨大影响力,作为一个阶级,一个群体,当然体现着该时代固有的价值意识,而就贵族个人的主体性而言,他们身上又拥有属于本阶级特有的完结性精神世界。"他提出,这种属于门阀贵族主体上的精神伦理或价值意识与门阀贵族所具有的社会性、地域性特点之间,到底有着什么样的关联呢? 以往的研究显然是不够的。在此书第二编中,作者结合历史文献中东晋地方的"清静""清简""威惠""严猛"等等许多评语,具体分析了东晋不同时期不同地域的地方政治,从中可以发现,东晋地方政治中尽管有着"贪残""严猛"一类负面的评价,但其主流却是"清"这一贵族式理念支撑的"清静"政治。

限于篇幅,在这里我不能一一尽数济沧先生大作的优点,若归结为一句话,那就是济沧的大作,从实证的角度,进一步深化了谷川先生中国中古社会共同体理论的研究。

谷川先生虽未能在生前亲眼看到其弟子大作的出版,但我想他的在天之灵是会感到欣慰的。也许是由于南京为六朝故都的缘故,谷川先生上世纪八十年代第一次来过南京以后,就与我们南京师范大学中国史学科的老师建立起了持续多年的友谊与联系。特别是 2006 年济沧来南京师范大学任教以后,这种联系更加密切了。他的每一部新著出版或论文发表,都曾惠赠给我,我的六朝史著作、论文也每每请他指教。这些年,本希望能邀请他再来南京师大讲学,但由于他的健康原因,这一愿望一直未能实现,这是我颇以为憾的。先生去世之前,交待将他精心收藏的一大批在日本出版的日文中国史研究图书中的重要部分,捐赠给南京师范大学中国史学科。现在以他名字命名的特藏书库在南师大已正式挂牌对外开放,服务于从事中国历史研究的师生,这可以说是对先生一生孜孜不倦致力于中国历史研究、致力于中日人民友好与中日历史学者之间的合作交流的一个最好的纪念吧!

济沧的大作,当然也有一些我并不完全认同的观点,许多方面也有待进一步深化,但学术贵在争鸣。不管怎样,我想此书的出版,必将为推进中国中古史研究特别是门阀贵族史的研究,起到重要的作用。是为序。

(原文载李济沧著《东晋贵族政治史论》,江苏人民出版社 2016 年 1 月版)

杨心珉《钱货可议——唐代货币史钩沉》序

　　心珉自幼热衷于收藏古代钱币,硕士学习阶段又主攻明代货币史,在货币文物的鉴定和研究方面积累了二十余年的经验和心得。2012 年考取为我的博士后,心珉表达了深入研究中国中古货币史的意愿,渴望在探索中国货币发展脉络的道路上有所建树,希望我能给予帮助和指导。在多次商议之后,确定了心珉的博士论文以唐代货币史为主要研究对象。

　　中国古代知识界对货币文物一直给予着持续的关注,自南梁顾烜首著《钱谱》,历朝历代均有相应的著作问世。特别是清季考据学兴起之后,文人学者对于古代货币的研究更加痴迷,涌现出以翁树培、刘燕庭、鲍子年、李佐贤为代表的一批卓有见识的泉坛名宿,但客观来看,当时对于货币文物的研究,还停留于单纯的收藏考证阶段,人们往往执着于对奇品、稀品的搜求,而忽视了其对于了解社会经济面貌之帮助。

　　事实上,作为社会经济运转的物质载体,古代货币对于我们全面、细致、深入地研究货币所行时代的经济史及相关问题,极为重要,帮助巨大。对相关货币的整理和研究,不仅可以弥补史料记载之不足,而且相对于文献史料来说,货币更具直观性、可靠性,无疑是重要的第一手材料。是故民国建立后,伴随着现代史学理论体系的发展,货币文物开始打破古董雅玩身份的束缚,逐步体现其真实的研究价值。一方面,以丁福保、郑家相等为代表的泉学家积极开拓视野,结社立刊。当时创办的《泉币》、《古泉学》等刊物,已让人明确感觉到泉坛的研究境界正在由潜兴猎奇向借物论理的层面提升,而另一方面,史学界也越来越多地认识到货币文物的研究价值,在由社会经济史学泰斗陶希圣主编的《食货》半月刊中,利用货币材料,甚至直接讨论货币发展相关问题的文章,为数不少。然而随着抗战爆发,泉学社团终止活动,《食货》杂志亦告停刊,学界对于货币文物和货币史的关注重新归于沉寂。

　　中华人民共和国建立以后,货币史研究领域成果层出不穷,其中尤以彭信威《中国货币史》一书影响最为深远。彭氏既精于货币文物的研究,又有深厚的史学功底,加之以治学严谨,视野开阔,用力勤苦,故其所作《中国货币史》学术质量之高,诚为中国货币史研究领域之翘楚。所憾者唯因篇幅所限,对各朝代之货币流通具体情况,不及作更深入细致之解释,为后世学者继续探索提供了空间。多年来,在《中国经济史》一类的经济通史著作中,虽然也对各断代的货币问题有所论述,但限于体例,亦难以全面展开深入探讨。

2003 年,汪圣铎《两宋货币史》出版,该书对有宋一代货币之铸造、发行、流通等诸问题,皆作了细致入微的解答,开货币断代史研究之先河,而在唐代货币史方面,学界至今还没有体系化的成果。有鉴于此,我建议心珉发挥自身优势,将货币史研究的时空坐标,划定于有唐一代,在兼顾实物考证的同时充分挖掘货币所蕴藏的史料价值,以期在该领域的研究中取得较大的突破。

目标明确后,心珉即全身心地投入到文献阅读、史料搜集、相关货币理论学习及有唐一代货币实物的全面搜集、考证中去。数年之中,除上课之外,心珉废寝忘食,孜孜矻矻,经常为一款货币之流行时间、地域范围、影响大小,反复推敲,数年之后,终于推出了这部唐代货币史研究的专著。这一成果,不仅有从实物出发的考证推敲,也包含立足于经济史角度的探索和分析,且所论多有新意,博士论文答辩时,博得诸评审专家好评,后被评为优秀毕业论文,为其博士学习生涯,画上了圆满句号,亦可谓不负我望。近日得其来电称此作将由著名的商务印书馆出版面世,作为一个青年学者,能够得此机遇,亦足以作为其执着向学的回报了。欣喜之余,草成此文代为作序。专著虽已出版,研究却无穷期! 希望其不忘初心,继续努力,再攀高峰。

（杨心珉著《钱货可议——唐代货币史钩沉》,商务印书馆 2018 年 2 月第 1 版）

夏仁琴《南唐历史文化研究文集》序

在悠久的人类文明发展史上，我们常会发现，某一朝代或某一政权在历史上的重要地位与影响力，有时与其历时的长短及版图的大小，并无直接联系。有的王朝虽然存在时间不长，版图不大，国势亦不十分强盛，然而却会对后世产生重要的深远的影响。南唐无疑就属于这样的政权。

南唐是五代十国时期割据江淮的一个小王朝，当其极盛之时，也不过拥有三十五州之地，人口不过五百万。统治的君主经历了烈祖李昪、元宗李璟、后主李煜三世，历时三十九年。南唐的历史，若就其版图的广狭、人口的多寡，传世的长短，都无法与历代强盛的统一王朝相比。以往在中国历史发展的长河之中并不引人瞩目。正统的旧史家如薛居正、欧阳修，在两《五代史》中，把它列入"僭伪"、"世家"之类，非正统的旧史家如马令、陆游，在其《南唐书》中，则以"诛乱尊王"、"笔削春秋"为辞。明清时期，陈霆撰《唐余纪传》、吴非撰《三唐传国编年》，陈鳣撰《续唐书》，也只是把它当作唐帝国的余波加以记述。

新中国成立之初，中国考古工作者在南京江宁祖堂山发现了南唐二陵。1950年10月8日，国家正式批准对南唐二陵进行发掘。从1950至1951年，由南京博物院具体组织，运用现代考古学的方法，科学地发掘了南唐二陵，并由曾昭燏先生主持编写了《南唐二陵发掘报告》。此后，南唐的历史愈来愈受到了史学工作者的重视。1988年中华人民共和国国务院公布南唐二陵为全国重点文物保护单位。

改革开放以来，随着研究工作的深入，学界对南唐及其在中国历史上的地位，认识进一步深化，先后出版了一批南唐史研究的专著、论文。人们认识到，南唐历史所具有的研究价值，并不在于南唐是不是正统王朝，也不在于它与唐帝国有无传承关系，而是在南唐统治江南的这一历史时期，江淮地区的政治、经济、文化发生了一系列深刻变化。这些变化不仅仅是增强了南唐的国力，使其得以北拒晋、汉，周，南威吴越、闽，楚，独霸一方，虎视中原，其统治者甚而有混同寰宇、统一天下之志，在当时的历史条件下扮演了重要角色，更重要的是在北宋统一以后，南唐故地所具有的政治、经济、文化等各方面的实力仍然在社会的发展进程中发挥着重要的作用。其中特别是在文化方面,影响尤其深远而巨大。

我们都知道,宋代是中国历史上文化发展的高峰时期,日本学者宫崎市定早在上世纪发表的《东洋的文艺复兴与西洋的文艺复兴》一文中即认为,[①]宋代科技发达,思想文化繁荣,是中国历史上的文艺复兴时期。陈寅恪先生也认为:"华夏民族之文化,历数千载之演进,造极于赵宋之世。"[②]邓广铭先生也说:"宋代文化的发展,在中国封建社会历史时期之内达于顶峰,不但超越了前代,也为其后的元明之所不能及"。[③] 由邓广铭等主笔的《中国大百科全书》"宋朝"条,充分肯定了宋代在中国历史上的高峰地位。认为宋代经济文化多方面的成就,"不仅在当时世界上居于领先地位,并且对人类文明作出了重大贡献,产生了深远影响"。[④] 然而,宋代文化繁盛局面的出现,并非一蹴而就。其中除了其本身的历史条件与原因外,无疑是继承了前朝,特别是唐代同时也包括南唐奠定的基础。

这里我仅简单列举几个方面,说明南唐对宋朝的影响:

第一,"右文抑武"基本国策的实行。众所周知,宋太祖在建立赵宋皇朝以后,在行政体制上进行改革,努力提高文臣地位,扭转唐后期以来轻蔑文人的风习,收到很大效果。宋太宗时期继续推行右文政策,优遇文臣,大阐文治。而实际上,政权出现文人化的倾向,始自南唐。南唐君主重用儒者文臣,以文治国,由文人担任枢密使,执掌兵权。南唐后期知节度使改为知军州事。而且多任用文人为职。改变了五代时期武夫专权的旧习,在一定程度上影响了北宋的文官政治,开宋朝以文人理政之先河。北宋彻底摒弃了中原五代重武轻文的积习,为加强朝廷对地方的控制,选派文臣担任知州,将地方行政管理权从武夫悍将的控制下转到中央委派的文职官员手中,知州府事在地方发挥着越来越积极的作用,直接削弱了以武人为主体的藩镇行政管理体制。因此,我们在北宋政权的国家行政架构体系中可以见到南唐政权的影响,可以说,南唐开了北宋文人政治之滥觞。

第二,在文物典籍的收集整理与人才汇聚方面。宋代国家藏书的重要一部分即来自南唐。南唐经过三代国主的大力搜求,至南唐末年,金陵官藏书籍达到十余万卷之多。北宋灭南唐,取其藏书。在北宋所收诸国的图书中,属于南唐的藏书竟占北宋馆阁藏书的三分之一。江南藏书之盛为天下之冠。南唐被称为文献之地,有"元和之风"。南唐三主重视并大力提倡文化建设,对文献的收藏、保存与整理和

---

① [日]宫崎市定:《东洋的文艺复兴与西洋的文艺复兴》,载《史林》1942 年第 26 期。

② 陈寅恪:《邓广铭〈宋史职官志考证〉序》,载《金明馆丛稿二编》,《陈寅恪先生文集》第 2 卷,上海古籍出版社 1980 年版,第 245 页。

③ 邓广铭:《宋代文化的高度发展与宋王朝的文化政策》,《邓广铭学术论著自选集》,首都师范大学出版社 1994 年版,第 169 页。

④ 《中国大百科全书·中国历史》辽宋西夏金史卷,中国大百科全书出版社 1988 年版,第 106 页。

文化的发展做出了卓越贡献。马令对南唐收集图书极为赞赏:"皇朝初离五代之后,诏学官训校《九经》,而祭酒孔维、检讨杜镐,苦于诖舛。及得金陵藏书十余万卷,分布三馆及学士舍人院。其书多雠校精审,编秩完具,与诸国本不类。昔韩宣子适鲁而知周礼之所在,且周之典礼,固非鲁可存,而鲁果能存其礼,亦为近于道矣。南唐之藏书,何以异此。"①除了典籍外,南唐对于北宋重要的贡献还在于它为北宋王朝提供了一大批有真才实学的学者文士。据史书记载,南唐当时重要的文臣,大多参与了图书典籍的校勘整理。其中南唐文臣参与《太平广记》、《太平御览》两大类书的人数,甚至达到总编纂人数的40%以上。

第三,宋代在文化制度建设方面,借鉴南唐之处颇多。北宋的文化政策与南唐的文化政策有很多相同或相似之处,可以说,北宋初期文化方面的诸多制度,与南唐关系极大。南唐初期文化方面的诸多制度、文学创作的风气,都与南唐有着密不可分的关系。北宋重视文人,扩大科举,兴办教育和当时较为宽松的学术环境,在一定程度上是受了南唐的影响。

第四,从书院、画院制度等看南唐在文化教育方面对宋朝的影响。南唐统治者重视文化建设事业,倡导文治,重用文士,重视和提倡文化教育,大力培养人才,兴办学校,推行儒学教育,弘扬儒风。除广泛搜集图书文献,编撰典籍,广揽人才,设立贡举选拔人才以外,在兴办教育方面,措施得力。如南唐在庐山国学设立学田制度,既为学校提供资金,又避免给国家增添额外负担,后来被宋朝沿用。庐山国学后来发展成为白鹿洞书院,对宋代文化的繁荣,发挥了重要作用,推动了书院教育体制的完善。至宋代遂有四大书院之称,它们均聘请名儒主持讲学,使教育事业突破了官学僵化的办学体制,历元、明、清诸朝,长盛不衰。可以说南唐的书院教育,对后世书院教育体制的形成,有相当的促进作用。

南唐各地学校的大规模兴建,不仅为南唐,而且为后世中国文化的发展培养、积累了大批人才。南唐国子监和庐山国学培养出的大批人才,以及南唐境内形成的浓厚的文化气氛,不仅为江淮当地文化水平的提高起了极大的作用,而且对北宋及其以后社会经济文化发展起了重要的推动作用。南唐聚集了大批文人学士,举朝上下崇文成风,民间的读书向学之风繁盛,南唐开设贡举之后,学子们更是崇学成风,社会上形成好文尚士的良好风气。由南唐入宋的重要文臣中,拥有韩熙载、李建勋、徐铉等为代表的许多杰出的词人、诗人、画家、书法家、音乐家、文献学家等。如南唐在金陵设有宫廷画院,集中了许多优秀的画家,如花鸟画家刘熙,人物画家王齐翰和周文矩,以及山水画家董源等,均为当时画坛名手。不少入宋南唐文

---

① (宋)马令:《南唐书》卷二三,《归明传》下第十九,《丛书集成初编》,中华书局1985年新1版,第153页。

人直接参与了画院建设等,对北宋初期的文化建设,对提高宋初文人的整体文化素质及对宋代文学的影响,做出了重要贡献。

毫无疑问,处于唐宋社会转型之际的南唐,曾经创造出灿烂的文化财富,其对宋代历史文化的影响,是十分明显的。从这一角度来看,南唐对宋代一朝臻于中国古代文化发展的高峰,贡献是巨大的。对于南唐政权在中国历史上的地位,有必要进一步加强认识,深入研究。这是南唐史研究最重要的内容之一,也是我们评价其历史地位的重要依据,是对其进行深入研究的价值所在。

2010 年,时值南唐二陵正式进行考古发掘六十周年纪念,在蒋赞初教授、潘谷西教授及南京博物院老院长梁白泉研究馆员等一批德高望重的学者的建议下,由南京博物院、南京市文物局和江宁区人民政府组织,联合举办了南唐二陵考古发掘六十周年系列纪念活动。其中重要的内容之一,即是两次学术会议的举行。第一次"南唐文化交流论坛",于 2010 年 12 月 2 日至 3 日,在江宁东山举办,江苏省内外 20 多名专家学者受邀出席会议。第二次"南唐历史文化学术研讨会",于 2014 年 11 月 8 日成功举办,在宁有关高校及省、市文博部门的十多位专家学者出席会议。

眼前这部文集所收两次会议的论文,内容十分丰富。其中既有当年参加南唐二陵考古发掘的考古界前辈如蒋赞初先生对当年发掘过程的详细生动的回顾,也有从政治、经济、法律、宗教等多角度对南唐历史地位的重新评价;既有对南唐二陵陵园布局及相关问题最新的考古发现,也有对二陵保护设施修建及管理工作的回顾与今后保护任务的探讨与展望;既有从"近世都城"观念出发,从宏观角度探讨南唐金陵城制对后代城制的深远影响及南唐二陵与唐代、五代十国其他帝陵的比较研究,也有对南唐二陵之家族墓地、玉器、彩画、墓志、葬仪、书法等的微观考证。总之,这些论文各有千秋,异彩纷呈,无论在文章选题、研究视角还是理论与方法等方面,都在一定程度上代表了南唐史研究的最新成果与水平,很值得一读。

这里,我认为尤其应当对南唐二陵文物保护管理所多年以来,为保护、建设、管理南唐二陵陵园所做的艰苦、细致、富有成效和开创性的工作,表示由衷的敬佩!正是由于他们几代人年复一年、日复一日持续、不懈地努力,才使南唐二陵陵园得到了很好的保护与开发,为广大人民群众学习了解祖国的这一份珍贵的历史文化遗产、为南唐历史文化的学术交流与研究,提供了优越的条件,做出了卓越的贡献!在此我们应当向他们表示感谢!

当然,对于南唐历史文化的深入研究,我认为现在还只是做了一部分工作,进一步的研究,任务仍然艰巨。相信随着研究的进一步深入,我们会对南唐历史文化得出更多更详尽的认识。是为序。

(原刊夏仁琴主编《南唐历史文化研究文集》,南京出版社 2015 年 10 月出版)

李常生《苏轼行迹考》序

常生君的大作就要付梓,他要我作序,作为他的导师,我责无旁贷。

如果要列出中国历史上几位最伟大的文学家,我想苏轼必列在前几位无疑。陈寅恪先生曾称:"华夏民族之文化,历数千载之演进,造极于赵宋之世。"赵宋之世,群星璀璨,人才辈出,巨星无数,而苏轼又是其中的佼佼者!

自宋代以来,研究苏轼的成果,书籍文章无数,然截至目前,实地将苏轼一生所行之地、所留之迹,进行系统考察、深入细致研究者,常生君当属第一人。

常生君生于战争烽烟之中,家遭不幸,孤儿寡母流落海岛,无依无靠,甚至曾在街头乞讨为生,在艰难中长大成人。然而,艰苦的生活看来磨砺了常生君的坚强意志,此后的数十年里,他竟能从小学、中学、高中一路奋斗过来,从优秀的顶尖级的政治大学商学院毕业,从事着待遇不错的企业管理、房地产业与城市规划等工作。若在常人看来,人生如此即应满意了。然而常生君五十岁以后,却开始了自己的人生转向,先后考入台湾文化大学环境规划专业与南京东南大学城市规划专业学习,获得硕士、博士学位,并先后参与、主持了山东临沂王羲之纪念园林等重大文化项目的规划设计。此时,即使对于一个有一定追求的人来说,也可以满足了。然而,常生君此时又迈向了人生的另一个目标:研究苏轼——循着千年以前东坡的人生轨迹,考察、考证、研究苏轼所到之处、所留之迹。

常生君对苏东坡心仪已久,阅读了大量的文献资料,对苏轼的平生已做了长期的了解,然而,真正要沿着苏轼的人生轨迹,考察其所到之处、所留之迹,却非易事。苏轼一生为官,天南海北,东至密州、西至凤翔、南达海南岛,最后逝于常州。所经之地、所任职州府,多达数十处,即使在今天交通已十分便利的条件下,要实地考察一遍,也相当困难。加之各地崇尚名人效应,所传苏轼遗迹众多,真伪难辨,即使终生从事苏轼研究的专业研究者,涉及苏轼的行迹,也难免会出现以讹传讹,错谬丛出的现象。

常生君有着良好的地理学、建筑学的专业基础,擅长于地理方位的考订、历史与现实地图的绘制,青少年时代又博览中外文学名著,有着很好的文学素养,但为使自己的研究更加具有科学性、学术性，遂以耳顺之年，投入历史学领域的学习研究，2013 年，考入南京师范大学中国历史专业，攻读博士学位，以优异的成绩毕业。2017 年，又考入武汉大学中国古典文学专业博士班学习。多年来，以羸弱之身，边学习功课、阅读文献，边实地考察。三越秦岭，四上庐山，五过三峡，十一次去惠州，十三次赴黄州，其余多次考察之地，不可历数。考察途中，备尝苦辛，多次昏厥在地，而作为一个台湾人，所至许多地方，又颇受限制，正如他自己所言"其中甘苦，难为外人所知"。

眼前，历经多年奋斗，一部二百余万字、上千幅图的《苏轼行踪考》摆在我们面前了，常生君也已到了"从心所欲，不逾矩"之年。《苏轼行踪考》的完成，恰是一个很好的纪念！此书广征博引，图文并茂，既有苏轼所至地方的历史文献依据，又有现存文物古迹的佐证；既有碑铭石刻之遗存，又有现代科技 GPS 的定位考证。尽管书中所有考证内容，容有存疑商榷之处，但此书的出版，无疑为苏轼研究者、苏学爱好者提供了一部考证详实、内容丰富的苏轼研究基本文献，可喜可贺！

我知道，《苏轼行踪考》还只是常生君为完成一部《苏东坡传记》而做的奠基性工作，希望常生君继续努力，最终实现自己的理想，为中国文化事业做出更大的贡献！是为序。

（原文载李常生著《苏轼行踪考》，台湾城乡风貌研究室 2019 年版）

王志高《张暄研究》序

4 个月前的 2017 年 12 月 30 日,我曾应邀主持了在南京浦口举行的由王志高教授推动举行的纪念张瑄诞辰 600 周年暨生平事迹研讨会。现在,志高教授撰写的关于张瑄研究的专著即将出版,请我作序,我是责无旁贷的。

600 年前,明代名臣张瑄出生在南京江浦,至今在一些传世与出土文献中,有各种他的惠政事迹流传于世。曾有人评论他:"学行淑著人,文章行于世;政事及于务,功业著于时。"这个评价应当说是相当高的。

不仅张瑄是一代名臣,而且张瑄的先祖张咏,早在宋代也是一位名臣。说来也巧,前年我指导的一位硕士生,他的毕业论文的选题就是研究张咏的生平事迹及其著作《乖崖集》。当时我们师生对张咏的后人张瑄并不太了解。没想到志高教授这些年来对张咏的后人张瑄已作了相当深入的研究,并请我来主持相关活动,看来这真是一种缘分啦!

张咏是宋初太平兴国年间的进士,在许多地方做过官,重要的是他在昇州(今南京)也任过职。史料留有与张咏相关的许多重要的历史史实,如《宋史》记载他在四川益州做知州的时候,遭遇王小波等人起义,他曾对相关事宜做了妥善的安置与处理。还有一个中国历史上的重要的事件与张咏相关,即世界上最早的纸币交子就是张咏发明的。交子是用桑树叶等材料制成的纸币,现在在英国伦敦的一个银行里面,就种有一棵桑树,旁边就写有张咏乃纸币之父的说明。纸币起源于张咏,这是一个非常大的贡献,值得我们现在好好来纪念张咏。

张咏才学兼备,留有一部重要的著作《乖崖集》,全集有赋、词、诗、书、表、赞、杂著等十二卷,这是研究张咏史迹与思想的重要资料。张咏后来官至宋真宗朝的礼部尚书,不管是在官场还是为人处世上,他多受同僚以及后来者称赞。韩琦评价他:"魁奇豪杰之材,逢时自奋,智略神出,勋业赫赫,震暴当世,诚一代之伟人也。"蔡襄评价他:"此君殊清节,可为世戒,此君殊重厚,可以为薄夫之检押。"王安石评价他:"岂不以刚毅正直有劳于世如公者少欤。"苏轼评价他:"以宽得爱,爱止于一时。以严得畏,畏止于力之所及。故宽而见畏,严而见爱,皆圣贤之难事而所及者远矣。"等等。看来张瑄的为人与家风与他的先祖有密切的关系,所以我认为在宣传研究张瑄有关事迹的时候,可以将张咏事迹结合到一起研究。好在志高在这部书稿中,对此都已做了全面深入地阐述。

由张咏、张瑄的史迹,我联想到应该怎样评价历史上士人阶层官员及世家贤达的历史作用问题。我们研究历史,常说要实事求是,客观对待,但实际上,我们在对历史作出相关评论的时候,往往带有主观自我的意向。例如,在一个相当长的历史时期,我们常将中国历代政权中的各级官员、地方的贤达乡绅,简单的列入"帝王将相"、"地主官僚"之列,认为他们只知横征暴敛、残酷地剥削压榨老百姓,而对他们的历史作用往往简单地带过甚至加以否定。这其实不是历史唯物主义的态度,更不符合"实事求是"的原则。

我们常讲,"人们自己创造自己的历史",这"人们",不仅是指广大的普通人民群众,而且也应当包括了历代众多的优秀士人阶层在内的统治官员。否则我们就不能全面地解释中国几千年文明发展的历史过程及其长期延续的原因。我们在评价历史人物和事件时,应当按照经典作家所讲的那样,一定要放在当时的历史背景及社会条件下而不是简单地按现代社会官员的标准来要求来分析,这样才能产生更加客观的评价与认识。

应当看到,一千多年来,通过科举考试进入中国统治阶层中的士人,大多是在儒家政治理念的指导下从政的,这就决定了他们的基本价值观必须是以"修身、齐家、治国、平天下"、"勤政爱民"作为根本旨归的,尽管这其中必然也会包括"等级名分""尊卑贵贱"等现在看来是腐朽的思想。我们还应该看到,几千年来,我们中华民族传统文化的赓续与传承,也都与这些曾经亲身参政、议政的以礼学传家的世家贤达的代代传承、著述分不开的。而我们对于这些乡绅官宦贤达的研究还是远远不够的。作为专门的研究工作者,我们应该对这些社会与文化名流的政迹与著述,给予更大的关注与研究。

从这个角度来看,我们对中国历史上的官员、士人,都要抱着一个更为客观的态度来评价。事实上,对儒学本身的评价这些年来也发生了很大的变化。过去国内对儒学的研究主要是负面的评价,新儒学的研究又主要出现在海外,他们对于儒家的政治理念研究也相对较少。而这些年,我们看到一些国外儒学研究机构与专家开始把研究重心放到了中国国内,像贝淡宁就曾写过一本叫《贤能政治》的书,对中国历代的士人阶层、贤能政治进行了深入的研究。他认为这种"贤能政治"的"择优而仕"的优,不仅要在才学上有所体现,更应该在治理社会、增强社会价值上有所体现。

现在我们强调要弘扬社会主义核心价值观、弘扬中华优秀传统文化,增强国家文化自信与文化软实力,以提升中华文化影响力。一个很重要的方面就是要不断学习历史、研究历史,特别是研究中华民族五千年来优秀文化的历史。历史是一部优秀的教材,我们可以从中不断汲取经验与智慧。

志高教授对张瑄的研究,已有多年。此书非常全面地介绍了与张瑄相关的文献记载情况,对张瑄史料的搜集,几乎达到了竭泽而渔的地步。加之志高教授曾主持江北浦口张瑄家族墓葬的科学考古发掘工作,对相关文献及出土材料都非常熟悉,因而对不少问题都进行了仔细的深入的令人信服的考辨,这就使得本书的内容更加严谨,更加可信。

其实据我所知,研究张瑄及其家族,是存在着许多困难的,例如在明代,同名为张瑄的历史人物就不下十几个,因此要甄别不同的张瑄及其史迹、文献,厘清前人在史料上的混淆与讹误,是要下很大功夫的,而志高教授在这方面做了相当扎实的工作。可以不夸张地说,这部专著代表了当前张瑄研究的最高学术水平。

此书列入由我一直主编的"随园史学丛书",由江苏人民出版社出版,是一件令人高兴的事情。相信此书的出版,必然会引起学界的重视,必将推动张瑄研究的进一步深入,同时也将会促使人们更加深入地挖掘出张瑄研究中蕴含的深厚的历史文化资源。是为序。

(原文载王志高主编《张瑄研究》,江苏人民出版社 2018 年版)

张宪华《皖江文献丛稿》序

接到宪华的书稿，甚是欣喜。

我与宪华的交往，说来已有三十年。

记得 1982 年 9 月，宪华从安徽到兰州，与我及王冀青三人，同学于齐陈骏先生门下。我们的导师齐陈骏先生，是上世纪五十年代从上海复旦大学毕业后主动去兰大任教的高才生，那时已是治隋唐史特别是敦煌学的名家，现在教育部兰州大学人文社会科学敦煌学重点研究基地的前身"兰州大学敦煌学研究室"，即由先生亲手奠基。记得刚刚入学，齐先生让我们抓紧时间打牢专业基础，指示我们认真阅读《资治通鉴》一书。宪华兴致很高，和我同时购买了中华书局标点本《资治通鉴》二十册。从此便手不释卷，孜孜苦读。边读还边做笔记，在《通鉴》书上也写满了眉批。他的硕士毕业论文《试论唐朝科举制度的演变及其特点》，洋洋洒洒，广征博引，充分利用了各类史料，包括大量《通鉴》的材料，获得专家好评并顺利通过兰州大学硕士研究生学位答辩。我们是国内首批毕业的历史文献学（敦煌学）方向硕士生，宪华受到敦煌吐鲁番文书研究的严格训练并有很好的基础，但以后没有朝此方向发展，这是颇使人遗憾的。

1985 年下半年毕业后，我们都奔向东南，我在南京师范大学历史系执教，宪华在芜湖的安徽师大工作，时相往来，切磋交流。他结合自己的工作和地域特点，发表了《唐代安徽进士考》、《北魏官学初探》等学术文章，九十年代初又写有《东晋南朝时期庐江何氏研究》一文，此文所言西晋时期的庐江郡，辖今东起安徽芜湖，北至寿县，南至江西九江的广大地区，郡治舒县（今安徽舒城县）。都属于现在的皖江范围。据我所知，这是国内较早探讨侨姓士族之一庐江何氏的专题论文。发表后曾为学人多次引用与评介。

进入二十一世纪后，宪华厚积薄发，又发表了两篇具有较高学术价值的文章，一篇是《东晋南朝皖南的社会经济》，该文瞄准了学界不甚注意的南朝皖南区域，是一篇填补空白之作。被中国人民大学复印报刊资料《魏晋南北朝隋唐史》全文转载。第二篇是《唐末五代徽州的北方移民与经济开发》，此文首次考证出这一时期徽州的移民数字,对于复旦大学吴松弟教授关于唐末徽州移民的研究成果,是一个重要的补充。此文被中国人民大学复印报刊资料《经济史》全文转载。我认为这两篇学术文章,从产生想法,到收集资料,再形成思路,深入考辨、精心构思,最后形成文章,后又反复修改锤炼,无疑是宪华的苦心孤诣之代表作,绝非一年半载之功可以轻就。

2007年以后,宪华参加了芜湖市地方文史的编著活动,在编著《芜湖通史》一书时,分工宋元明清《鸦片战争前》部分撰写,他克服史籍方志记载之不足的困难,不辞辛劳,从家谱、传记、考古材料到民间传说等,苦苦寻觅材料,还多次下乡进行田野调查。前后历时三载,方成功地完成任务。此书第四章"芜湖文献研究",即是此项活动的精品选录。

对于皖江文化的研究,近年来有较快的发展。尽管对于皖江文化的内涵,学术界的看法不完全一致。但在我看来,理应包含对皖江地区一切历史的、现实的广义的文化现象的研究,包括生产力、生产关系、生活形态、物质成果、精神成果、科学发明等各方面全方位的研究。其中关于民族、世族、宗族、家族、移民等历史文化及相关历史文献的研究,无疑是不可缺少的重要方面。宪华此书是这方面一个很好的探索。

对于皖江文化,我了解并不很多,但因为我在南京工作近三十年,也曾多次去过安徽各地并阅读、整理过一些安徽文献。窃以为南京以上,安庆至芜湖一带是历史文化底蕴深厚的地区。比如桐城方氏,被梁实秋、钱理群誉为"中国第二大文化名门",仅次于曲阜孔氏。又如建德周氏(即东至周家),周家五代名人辈出,覆盖官、商、学诸领域,是一个在中国近现代历史上留下深深印记的家族。还有安徽太湖赵朴初家族等。除了桐城方氏,宪华在这本书里对太湖赵家、建德周家都做了探讨,我认为是很有意义和价值的。这本书中还有一些年谱、家谱的研究,也是对皖江文化资源的整理、探究工作,或者说是拾遗补阙的工作。

《皖江文献丛稿》一书,内容包括皖江地区的世家大族、皖江古代经济、皖江文献、芜湖文献诸多方面。通读全书,我以为宪华以严谨的科学态度与正确的理论、方法,对皖江历史上一些世族人文现象、社会经济、移民问题、相关历史文献等,做出了深入的、细致的探讨,取得了令人欣喜的成果,其中有些内容足以为现代文化建设及相关政策的制订,提供很好的借鉴。

相信此书的出版,会进一步扩大皖江历史文化研究的影响,推动皖江城市带经济及区域文化建设的发展与社会进步。也希望宪华兄能有更多的优秀成果问世。

运笔至此,我推窗西望夕阳下长江上往来的航船,不由想起宋人王安石《桂枝香·金陵怀古》的词句:"千里澄江似练,翠峰如簇","彩舟云淡,星河鹭起,画图难足"。此语虽是咏金陵的,但千里长江一线穿,无论是长江上游、皖江中游还是宁、沪下游,在新的时代与新的历史条件下,各地区的社会经济、社会管理、思想文化及优秀的历史文化遗产的总结与继承等,必将会展现出更加美好的画卷。是为序。

（原载张宪华《皖江历史与文献丛稿》,安徽师范大学出版社 2013 年 4 月版）

许辉、蒋福亚《六朝经济史》评介

许辉、蒋福亚主编的《六朝经济史》一书,近期由江苏古籍出版社出版。该书分为七章二十节,三十二万字。全面、系统地探讨了六朝时期经济的发展及其规律特点。

六朝时期江南社会经济的发展,在中国经济史上占有十分重要的地位,历来为学术界所重视,有不少论著先后问世,但由于六朝时期长达近四个世纪之久,朝代更替频繁,经济状况及其制度多有变化,因而长时间以来一直没有一部以六朝为整体研究对象,系统论述其经济发展演变的著作。此次《六朝经济史》一书的出版,终于填补了这一空白。

综览全书,有这样几个特点:

第一,内容丰富,结构谨严。《六朝经济史》(以下简称《史》书)正文前有一篇数万言的导论,作者在导论中概要地阐述了对六朝经济的基本看法和观点,可以视作全书的大纲。在正文七章中,作者系统地论述了农业、手工业、商业、交通、大土地所有制的形成和发展,地主阶级和依附农民,户籍与田赋制度、六朝经济区的开发等,大体上六朝经济的各个层面都涉及了。论述较为全面。

从各章节的具体子目来看,内容十分丰富。如该书第一章,分别论述了六朝的疆域及自然条件,江南我国古人类的发祥,三大地域经济文化的形成,秦汉时期南方经济发展的概貌,南方经济发展的主要因素及新经济区的出现等问题,涵盖面相当广泛。在一些具体的论述中,作者深入到了许多为前人所忽略的方面。如江汉经济区的开发问题,以往学者往往重视江陵、襄阳、夏口地区的开发,而忽略了洞庭、湘水流域经济的发展,《史》书作者搜集有关史料,对这两个地区的经济开发问题,作了细致深入地探讨,令人信服地指出,六朝时期的江汉经济区,应是包括洞庭,湘水流域的。

再如江南矿冶业的发展问题,作者充分发掘有关史料,全面地展现了六朝时期矿冶业的发展,其中有关有色金属开采、冶炼的考述,显然超出了以往的有关研究。在有关农作物病虫害的防治、南朝的杂调、杂税的征收、东晋南朝时期江南的水利建设等问题上,作者也都充分利用了一些人们所忽视的史料,丰富了本书的内容。从结构安排上来看,作者亦一改一般经济史著作从农业、手工业、商业等逐项平铺直叙的方法,首先从纵横两方面探讨了六朝经济区形成发展的经过,分析了几个经济区相互的关系及各自的特点,使读者开始便对六朝经济开发的源流有了基本的了解。随后,作者依据马克思主义经济学的原理,从所有制关系入手,探讨了江南大地所有制的形成和发展,在此基础上,进而探讨了由土地所有制关系所决定的地主阶级和各种依附农民的状况、论述了反映阶级关系,分配关系的户籍赋役制度。最后,具体阐述了农业、手工业、商业的发展。这样的安排,使读者既能从宏观了解六朝经济开发的过程及特点,又能从微观上具体认识六朝经济发展的状况及达到的水平,反映了作者构思的匠心及全书体例结构的谨严。

第二,继往开来,求实创新。多年来,许多史学前辈曾在六朝史研究中取得不少成果。《史》书作者注意总结、归纳、吸收这些研究成果,并遵照学术研究接力赛的原则,努力创新。据初步统计,《史》书作者专用或指明参考的各种学术论著达一百多种,这一方面反映了作者的用功之勤,亦反映了作者对前人研究成果的尊重。对于以往的学术观点,作者本着实事求是的态度,既有继承的一面,又不囿于传统的观点,在许多方面有所发明创新。这里不妨略举几例:

1. 关于江南大土地所有制发展的途径问题。以往学者多认为土地买卖是当时土地兼并的主要途径,《史》书作者则对六朝时期土地买卖、统治者赏赐、假与公田及占山护泽、巧取豪夺等土地兼并的途径一一进行了细致分析,认为"无论是统治者的赏赐、还是假民公田,其数量都是有限的,而土地买卖充其量也只能是大土地所有制发展过程中的补充手段,并非主要途径,这是因为:第一,农民的个体经济具有顽强性和相对稳定性,在魏晋南北朝自然经济占重要地位时期,更是如此。第二,士族的相对稳定性也使土地的流动受到限制。第三,上述情况使人口稠密地区地价猛增,通过购买土地扩大地产必然极其困难,因此就东晋南朝而言,"大地产的发展,更多地是走占山护泽,凭借权势或私人武装侵凌平民、巧取豪夺的途径。"作者此说虽不能视为定论,但从一个新的角度提出了怎样认识江南大土地所有制的发展问题,给人以启迪。

2. 关于"火耕水褥"的理解问题。作者归纳了汉唐以来人们对"火耕水褥"所反映的耕作制度的三种有代表性观点,并一一进行辨析。认为根据《盐铁论·通有篇》"伐木而树谷,蟠菜而播粟,火耕而水褥"的行文格式看,"火耕"与"水褥"应是南方土地开发及水稻生产过程中两种不同内容的具体作业。"火耕"实际包括烧荒和烧掉上年干枯稻秆、杂草两种类型,后一类型是直到近代仍在一些地区流行的耕作方式,它具有除草、施肥、防治病虫害等多种作用。至于"水褥",作者认为,它并不是传统观点所认为的以水淹草、借助镰割的方法,而是指在稻田有水的情况下进行中耕除草,即《齐民要术》中所称的"蒋"。直到本世纪七十年代,"水耨"仍是我国稻田除草的主要方法。因此,笼统地将"火耕水耨"视作原始落后耕作方式的代名词是不正确的。这里,作者对传统的观点提出了异议,而这一问题关系到对江南生产力发展水平的估价,无论作者的观点正确与否,其重要意义是显而易见的。

3. 关于钱币在六朝经济生活中的作用问题,作者对以往许多学者认为魏晋南北朝时期钱币已衰退至辅币地位、布帛米谷等实物成为主要流通手段和价值尺度的观点提出疑问,认为根据有关史料来看,六朝时期的江南地区,货币仍然是主要的交换媒介和价值尺度,是逐利求富者追求的目标,而且政府财政收支也往往以钱币计算。江南地区流通领域中,主要矛盾是钱币的缺乏和形制的不一,这与当时北方地区钱币似有若无、实物交易占据主导地位的情况是有很大不同的,不能一概而论。作者的这一观点显然是比较客观和符合历史实际的。

此外,在其他许多方面,如东晋土断的时间问题、六朝时期岭南的户口、巴蜀地区早期开发、"客皆注家籍"、"十夫客"、轮作复种制的时间、麦作的传入江南及推广、水稻的秧苗移栽等问题,作者都提出了值得重视的见解。

第三,充分利用考古资料,这是《史》书又一显明的特点。考古资料具有重要的实证作用,它往往可以直观地说明许多为史籍所不能说明的问题。《史》书作者显然充分认识到了这一点。在许多方面,特别是在具体论述农业、手工业、商业的发展时,大量地利用了出土资料。如在考证水稻种植中的火耕问题时,作者利用了四川成都东汉墓出土的"弋射收获"画像砖和德阳东汉画像砖的资料;在论述农业工具"耙"的作用时,利用了广东连县晋墓出土的陶耙模型及广西梧州南朝墓中耙田模型的资料;在论述六朝时期制瓷业的发展时利用了镇江东晋画像砖、宜兴六朝青瓷窑址、汤渡村青瓷窑址等资料。这些考古资料的利用使作者的许多论点,建立在更加可信可靠的基础上,大大增加了其科学性。

除以上几个显著特点外,《史》书作者还吸收近年来几次长江流域上、中、下游经济发展研讨会的有关研究成果,对如何借鉴历史上长江流域经济发展的经验教训、服务于现代化建设的问题进行了探索,指出六朝以来长江上中下游经济联系的加强,使长江流域在事实上形成了一个新兴的富有生机的经济带,长江下游需以长江中、上游为腹地和依据,长江中、上游则要下游的技术辐射和出海口,它们之间的依赖性和互补性愈来愈强,在今天全面开发和建设长江流域的改革开放时期,更应充分发挥"黄金水道"的重大作用。作者的这些观点,是有着重要的现实意义的。

当然,作为集体合作的一个成果,《史》书亦存在着不足之处,主要表现为:

一、个别方面的论述较为单薄,论述不够透彻。如六朝时期的交通问题,作者仅用了数千字加以叙述,许多方面显然没有展开,这在一定程度上会影响到读者对六朝时期江南水陆交通作用的认识和理解,实际上,有关六朝交通特别是内河航运的有关资料还是可以进一步发掘利用的。

二、个别论点的提出,论据似嫌不够充分。如关于六朝时期江南士族庄园经济的问题,作者基本持否定其存在的意见,认为秦汉时期已有"或耕豪民之田,见税十五""分田劫假"的租佃关系,隋唐时期租佃关系进一步发展,介于两者之间的魏晋南北朝时期,租佃关系亦应有相当发展,因此,庄园经济不占主导地位。这里作者是否将租佃制与庄园经济的关系有些绝对化了? 其实,一般持庄园经济说的同志,并未否定魏晋南北朝庄园经济下租佃关系的存在,只不过是当时租佃关系受庄园经济的超经济强制等其他特征的制约,处于一种半自由状态而已。这种租佃关系是不是绝对与庄园经济不相容呢? 是不是可以与隋唐时期的租佃关系等同呢? 值得考虑。

三、书中个地方尚有失误。如关于"屯"的称谓问题,作者引用《三国志·吕蒙传》中"时蒙与成当、宋定、徐顾屯次比近"一条史料,认为孙吴时"屯"亦称"屯次",行文中作者亦提到"屯次的收入"等。其实史书中有将"屯"称为"屯府"的,却没有称为"屯次"的。所谓"屯次比近",应作"屯比次相近"之意理解。

(原载《中国史研究动态》1995 年第 10 期)

王永平《中古士人迁移与文化交流》评介

扬州大学王永平教授的大作《中古士人迁移与文化交流》(以下简称《迁移与交流》)一书最近出版了,①可喜可贺!

拜读之后,感觉这是作者集近十多年来的思考、体悟和耕耘,完成的一部论题新颖、视野宽阔、多所创新的佳作。这里谈一点读后感。

关于"中古"的时间概念,学术界的界定并不一致,《迁移与交流》一书基本采纳何兹全所讲的"中古"时段,主要指魏晋南北朝隋唐时期,但要探究江南士人群体的形成过程,该书将其起始点追溯到两汉时期。

近十多年来,在历史学研究中,社会史、文化史等领域逐渐受到重视。在这些领域中,学界又特别注意对特定地域或特定人群、社会集团、社会阶层的社会文化现象作更深入、更广泛的综合性考察。这种视角、思路的转换,拓展了学术研究的空间,也使学界焕发了更加生机勃勃的气息,取得了更为丰硕的成果。

作为一名中国"中古史"的研究者,作者长期以来最关注的是当时的社会文化问题。他认为:"一时代有一时代之文化(即强调文化的历时性发展与变化),一地域有一地域之文化(即强调文化的空间性分布与差异)。……对地域社会发展处于关键时期的中古时代而言,以地域为中心的社会文化史研究具有特别重要的意义。具体历史时期的内在特点决定着我们必须凸显这种'地域'视角和意识。……不过,在强调文化的地域性同时,必须避免片面性和绝对化的倾向,我们应当注意寻找不同区域间的或隐或显的联系。"人是文化传播最活跃的载体,人口膨胀或社会的动乱往往会造成人口的迁移,而不同地区间的人口迁移则必然造成异质文化的碰撞、冲突和融通。士人是精神文明、学术文化的结晶,士人的流动必然形成学术文化与思想的传播。这样,在不同地域间的士人接触过程中,便不可避免地出现因利益、风俗、宗教、学风等因素引起的冲突、对抗和交融。《迁移与交流》一书即是

① 该书由社会科学文献出版社作为《扬泰文库》中的社会文化系列之一,于 2005 年 6 月出版发行。

在上述总体思路的框架下,围绕着汉唐间南北地域士人流迁与学术传播的课题具体展开论述的。

该书约二十万字,除《扬泰文库》总序、胡阿祥教授序和作者前言、后记外,共由十二篇专论组成,后面还有一篇《沮授的地域情结及其悲剧人生》的附录以及"参考文献"。

《迁移与交流》全面、系统地探讨了中古士人迁移与文化交流的发展轨迹及其规律特点。

第一章"两汉时期江南士人群体的成长与区域社会文化的发展"指出,在西汉两百多年的历史过程中,正史中有明确记载的江南士人寥若晨星,他们的沉寂状态与当时江南落后的社会发展状况密切相关。东汉时期,江南士人群体兴起,其群体意识与地域自觉初步形成,这是建立在江南地区的经济开发与世家大族的壮大的坚实的社会基础之上的。

第二章"汉末士人之流动与刘表政权之兴衰"论述了在政局跌宕、群雄纷争的东汉末年,割据荆州的刘表与荆襄大族及流寓士人积极合作,保境息民,稳定了割据政权。但时过境迁,各类士人群体的态度、取向及其立场的变化,对刘表政权的衰亡具有相当大的影响甚至具有决定性的作用。

第三章"孙吴时期侨寓士人的学术文化贡献",从汉末北方士人南徙与文化传播的角度,考叙了汉晋间江东地域社会变化特别是文化发展的状况。第四章"孙吴时期之学术文化风尚"和第五章"蜀汉时期之学术文化风尚"分别就孙吴时期江东地区侨、土士人间的学术文化风尚的异同及其融通变化的情况和蜀汉统治者的文化修养与思想文化政策及蜀汉时期侨、旧士人的学术风尚与文化建树进行了考析。

第六章"入晋之蜀汉人士命运的浮沉"和第七章"陆机陆云兄弟之死与南北地域冲突"分别分析了蜀汉灭亡后,蜀地侨、旧士人的政治与生活遭遇,出现了蜀地士人群体逊于汉代的状况以及详考了南人代表陆机、陆云兄弟入洛求仕之遭遇,揭示了"二陆"的死因,指出其命丧北土终结了西晋之世南士入北求仕的活动。

第八章"北魏之南朝流亡士人与南北文化交流"在南北分裂和民族对抗的形势下,从南北文化交流的角度,考察了北魏时期的一个特殊的士人群体——南朝流亡人士的活动情况,指出了在北魏汉化和汲取南朝文化的过程中,南朝流亡人士是一个重要的津梁,发挥了转输作用。

第九章"青齐士人之北徙与北魏文化之变迁"考察了青齐士人群体命运的沉浮及其对北魏社会文化之贡献诸问题,并深究了关于青齐士人学风南朝化的问题。

第十章"隋代江南士人之北播及其命运之沉浮",分别论述了南北统一后,隋朝两代君主对待江南士人的不同态度和影响。

第十一章"隋炀帝之文化趣味与江左文化之北传"和第十二章"杨素、杨玄感父子与江左文士之交往"分别论述了隋炀帝与南方士人的密切交往及其对江左文化的爱好,推动了隋代南北文化融合的局面以及通过考叙隋朝最有影响力的权势之家杨素、杨玄感父子与南士的交往,从一个侧面透视出入隋南士之境遇及其人生选择。

通过以上各章,作者分别考叙了两汉时期、汉末、孙吴与蜀汉时期、两晋之际、南北朝和隋唐之际士人群体的流动与文化交流的史实,大体勾勒出一条南北文化"互动"的线索。从中我们可以看出以东晋立国江东为界,南北士人流动和文化交流格局发生了深刻的变化:秦汉、魏(西)晋时期,南方在学术文化上主要接受北方文化的哺育,南士在政治和生活习尚诸方面受到歧视和侮辱;南北朝隋唐时代,情况则不同,南方成为公认的学术文化正朔之所在,南学北输一直是南北文化交流的主流方向,因此,隋唐之武力虽然统一了南方,但在学术文化上则是南征服了北。

综观全书,给读者以诸多启示,其最显著的特色是:

1. 宏观和微观相结合的框架结构。

《迁移与交流》诸篇以士人流迁与文化交流有重要影响的重大事件、人物、群体的个案研究为"点",以江南地域为核心,而又推及江淮、荆襄、巴蜀、中原、青齐等地域范围,以时间为经线串联起了中古时代士人群体的流动与文化交流的史实和南北文化"互动"的轨迹,比较完美地将诸"点"联结成线,通过以"点"为核心的辐射,汇通为一个或多个"侧面"。既有微观的个案的深入考论,又有宏观面貌的整体观照,既能使读者从宏观上了解中古士人迁移带来的文化交流过程,又能从微观上具体认识汉唐间各时段的士人群体发展、传学的状况;既有学术的深度,又体现出了论著的个性。全书结构条理清晰、脉络分明,表现了作者将个案整合为整体"史"的建构能力。

2. 引人入胜的新见解。

《迁移与交流》一书是在一系列论文的基础上形成的书稿,所以全书不是用叙述的方法,而是以论证的方式来讨论所要论证的主题,因而作者超越了对问题的泛泛阐释,而是以史实求证,提出了许多颇有见地的新观点。比如作者立论的汉末士人之流动与刘表政权之兴衰的基础,即是作者在长期研究中发现各地域政权内大族豪强及其士人代表依违去就的态度变化,这些变化往往对该政权的兴衰具有决定性的作用。在这一章中,作者还对刘表的作为与历史作用进行了客观、冷静的评价和研究,肯定了他作为"荆州学派"的领袖人物对中华学术的存续和流传、对中古学术思想的推陈与出新所作的重要贡献,指出他比同时代那些嗜血成性的"英雄"人物更值得后世的景仰与崇敬。

又比如作者进一步深究了关乎南北文化交融之大局的青齐地域及其士人群体的学风问题,认为从总体上看,青齐地区的学风是南北兼容的,不过究其根底而言,他们承继了北朝的传统,但受到了南朝新学风的浸润,出现了一些变异,他们回归北朝,对北方学风的冲击并不很明显。再比如,作者通过考察,指出江南士人群体不断壮大并逐渐演化成与北士群体间的对抗的政治格局大约在北宋中期以后才正式形成,但究其起始,明显的标志出现在隋代,因此隋代江南士人群体的出现及活动,预示着中国古代历史的一大变局。伴随着这一历史变化,隋炀帝采取了与文帝压制南士截然相反的大力提携南士的政策,冲破了狭隘的关陇本位观念的束缚。从发展的眼光看,这是一个意义深刻的历史转变,应当引起人们足够的重视。

3. 新视角的切入。

学界对中国"中古史"的研究无论从深度和广度上来讲都已比较透彻,学人要想在前人的基础上有所突破,就必须转换思路、开拓视野,以新的视角对许多历史现象做出新的解释。该书作者就很善于挖掘新视角来揭示新问题。比如在探讨陆氏兄弟死因的问题上,作者从详考陆氏兄弟入洛求仕之遭遇的新视角入手来揭示其死因,论证了"二陆"之死是由于成都王司马颖幕中南北人士的地域歧视及士人与佞小之争交互影响的结果,非止一端。再比如,关于南北朝时期的南北交流,学界已论述颇多,但作者选择了一个特别的视角,即考察北魏时期一个特殊的士人群体——南朝流亡人士,并通过对这一群体的研究,对当时南北文化交流的一些相关问题进行了阐释,使我们对南北交流问题有了更清晰、深入的认识。

4. 继往开来,弥补相关研究的薄弱环节。

发现问题和解决问题是学术研究的出发点和归宿点,也是史学研究的难能可贵之处,《迁移与交流》一书即有不少篇目找出和补充了该领域研究的薄弱之处。比如,作者认为,长期以来,在先秦两汉江南区域社会史研究中,人们比较关注区域经济开发和行政建置等问题,而对直接体现该地区社会与文化发展状况的士人群体问题则重视不够,这虽与文献记载较少有关,但却是个缺憾。作者考察、汇聚了两汉的相关记载,大体描述出江南士人活动的轨迹。比如作者论述东汉江南士人群体兴起的原因时,除分析了中原士人的南徙、东汉朝廷的倡行教化、江南地区经济的开发外,特别解析了以往人们重视不够的世家大族的推动作用。又比如在孙吴政权的建立和发展过程中,北方侨寓士人曾发挥过重要作用,不过,以往学人们重视对他们政治、军事活动的研究,而对他们在学术文化方面的作为则少有专论,有鉴于此,该书作者尽力弥补了这一遗漏和缺憾。又比如,谈论"汉魏之际,中华学术之大变",几位史学大师据以立论的主要是中原地区的学术资料,但在天下三分的政治格局下,作者认为很有必要对孙吴、蜀汉统治区域内的学术文化进行探讨,由此该书作者以两章的篇幅深入地考论了这一问题,有利于我们更准确地从整体上把握和认识当时学术文化变迁的大势。再比如,作者几年来致力于隋唐之际南士北徙与南北文化交融问题之探析,发现隋廷豪门杨素父子与隋南士交往颇为密切,此举深刻地影响了其父子之文化学术与政治活动。但学人对此似无专论,作者则对该问题深加考叙,填补了以往史论之不足。

另外,作者全书注重史与论的结合,充分利用传世文献资料,选材丰富,取材精当,特别善于运用常见的史料说明深刻的问题,使结论具有坚实的实证基础,极具说服力。而且永平先生全书一如他以往的文风,行文流畅,语言简练、精辟,读来使人气畅神怡。

当然,智者千虑,必有一失。在分析了该书的特色与成绩之后,我们也想指出一点不足之处,主要表现为:

一、全书缺乏"绪论"或"总论"来提纲挈领。虽然该书篇目以时间为经线,清晰明朗,但是如果加上绪论或总论来对全书的十二篇专论进行系统概述,更直观地向读者展示出中古士人迁移与文化交流的发展轨迹,以及开始即对"中古"的时间概念和"士人"的定义作个说明,岂不更好。

二、考古材料的利用较为薄弱。作者虽然充分运用了传世文献资料以及现当代数位史学大师的研究成果,但是对相关的考古材料利用不够,这是个缺憾,毕竟考古资料具有重要的实证作用,它往往可以直观地、有力地说明许多史籍所不能说明的问题。

瑕不掩瑜,总体来看,《迁移与交流》一书是作者用情思考、用心著述的成果,是一部结构严谨、资料扎实、视角独特、见解深刻的佳作。作者将中古时期人群的文化交流的宏论,落实到了具体的时空地域范围内与家族的对象上,在传统的文化交流史研究领域内,无论从方法论上还是从具体个案上,都作出了很好的启示,迈出了重要步阀,作出了可贵的贡献。不仅如此,捧读此书,我们还可以从中体味出作者的那份对往昔岁月追怀、感念的历史情感和宁静淡泊的治学心境。

(原刊《河南科技大学学报》2006 年第 2 期,合作者:来琳玲)

近年来唐代贱民制度研究综述

唐代贱民制度是唐史研究中的一个重要课题。它关系到对整个唐代社会的认识,牵涉到唐代社会政治、经济、阶级关系研究的许多重要方面,理应受到治唐史者的重视。

近年来,我国唐史学界开始对唐代贱民问题展开多方面的研究探讨,并取得了初步的成果,发表有关论文二十多篇,专著二部(截至 1990 年)。有些论著也间或涉及这一问题。现在,笔者就所能见到的论著,将有关讨论情况作一概要的介绍。

一、对唐代部曲的研究

"部曲"一词,在汉代是军队编制的名称。魏晋以降成为私兵的代称。到北周武帝建德六年(577 年)诏令颁布以后,部曲成为法定的私人依附者。对于这些,论者一般没有多大异议。对于唐代的部曲,看法则很不一致。争论的焦点在于:唐代社会是否存在一定数量的部曲,唐律中有关部曲的条文是否是现实生活的反映,唐代部曲究竟从事何种劳动,是主要从事农业生产劳动呢,还是使役于家内。

一种观点认为,唐代是部曲佃客生产制,部曲佃客是典型的农奴。王仲荦在其《隋唐五代史》(上海人民出版社 1986 年版)一书中认为:"世家大族即门阀士族的大土地所有制在唐前期的生产关系中是占主导地位的","部曲客女或奴婢是大土地所有者土地上的耕种者"。韩国磐认为,唐代的部曲和客女,是私家依附性极强的农奴。隋唐五代史书中记载的部曲客女不多的原因,是由于唐律规定"部曲奴婢是为家仆"。部曲即是家仆,故径言家僮和仆隶,实际上隋唐五代时期拥有大量家僮仆隶的官僚豪强还是很多的。在唐代,除了上述意义的部曲外,也还有一种属于私人武装的部曲,与唐律所言部曲不尽相同(《隋唐五代史论集》1979 年版)。唐长孺与上述观点不同,认为"具有强烈人身依附关系的部曲制在中原地区是过了时的";"唐律中明确规定其贱口身份和法律地位的部曲,几乎在史籍中一无所见"。唐长孺分析了吐鲁番文书中出现的部曲,认为西州的部曲制"显然是从内地引进的。基本上在全国过了时的残遗同样在西州也没有获得发展"。根据《武周先漏新附部曲客女奴婢名籍》，唐长孺认为，从寄庄户检括出的部曲有可能是（不一定都是）从事农业生产劳动的。①

孟昭庚则认为，"所谓部曲之类的人物，在现实生活中已基本消失了"②。李伯重的观点略有不同。他认为，"唐代中后期，不仅私人地主拥有部曲的例子见不到，就是官僚地主拥有部曲的记载也很少了，会昌灭佛只放奴婢不见部曲，唐代中后期因罪没官者，只见有资财及奴婢，这说明唐代中后期，私人占有部曲的现象几乎消失了"③。赵凯球认为，唐代法令上虽有部曲的规定，但史料记载很少。"这当是部曲数量不多的反映。"④对于部曲的役使，武建国认为，唐代部曲不受田，说明唐代部曲已主要供家内役使，而不是用于生产劳动。⑤ 李季平等亦持此种论点。⑥

1985 年张泽咸在《唐代的部曲》这一专文中，对以上意见提出不同看法。他首先探论了唐律所载部曲的身份地位，认为唐律有关部曲的条款不是简单总结周隋以来的律条，更重要的是为了适应唐代社会现实的政治需要，史书和出土文物所留下的有关部曲的记载，就是良好证明。《唐会要》卷八六载高宗显庆二年敕，《文苑英华》卷五三一《部曲判》及唐朝大赦诏敕一再提到部曲，都说明了部曲在现实生活中的存在。其次，唐律及史书所记载的部曲都没有明文提到他们被用来从事农业劳动，因而很难说他们是典型的农奴，部曲并不等于是佃客。吐鲁番文书所记从寄庄括出的部曲，有可能部分从事生产，但就整体而言，部曲是地主阶级的家务劳动者，决不可能是农业劳动的主力军。再次，唐律有关部曲的规定延续使用了较长时期，反映了部曲的消失并非短暂的事。从元和十二年（817 年）诏令提及部曲，文宗时许州官僚拥有"家人部曲"。文宗太和六年（832 年）右仆射王涯准敕祥度诸司制度对部曲、奴婢服饰的规定，都反映出中晚唐时部曲客女在社会上仍有一定数量。那种认为中唐以后现实生活中部曲已经消亡的结论未必妥当。文章最后认为，部曲的消亡当在辽金以后。⑦

一些同志还探讨了寺观部曲问题。张弓在《南北朝隋唐寺观户阶层述略》⑧一文中认为，"寺观部曲在唐前期的显著存在是唐律关于'观寺部曲'的法律规定的现实基础"。由于隋末农民战争以来部分原来的奴婢阶层得以免为部曲，因为"寺观

① 唐长孺:《敦煌吐鲁番文书初探》,武汉大学出版社 1983 年版。
② 孟昭庚:《唐代的奴仆问题》,载《中国唐史学会论文集》,陕西人民出版社 1983 年版。
③ 李伯重:《唐代部曲奴婢等级的变化及其原因》,载《厦门大学学报》1985 年第 1 期。
④ 《中国大百科全书·中国历史·隋唐五代史》。
⑤ 武建国:《唐代的贱民》,载《贵州文史丛刊》1984 年第 3 期。
⑥ 李季平:《试析唐代奴婢和其他贱民的身份》,载《齐鲁学刊》1986 年第 6 期、1987 年第 1 期。
⑦ 张泽咸:《唐代的部曲》,载《社会科学战线》1985 年第 4 期。
⑧ 张弓:《南北朝隋唐寺观户述略》,载《社会科学战线》1986 年第 3 期。

部曲阶层在唐前期得到发展"。中唐以后,由于商品经济和租佃关系的发展对旧有封建依附关系的冲击,贱口依附人户渐趋消缩,"寺观部曲"的名称在唐后期官私文书中几乎不再见到,正是当时社会现实的反映。

1987 年,中华书局出版姜伯勤用功多年的《唐五代敦煌寺户制度》一书。书中从生产关系、法律关系上深入地考察了寺户,认为寺户即常住部曲,"他们属于贱类,但身份上又高于奴婢,他们实质上是寺院地主在人身上不完全占有的农奴式人口"。姜伯勤还分析了寺户阶层在唐宋中国封建社会经济结构变革时期的演变,认为对寺户制度的研究是"解剖部曲荫户制度衰落时封建社会经济结构变迁的一把钥匙"。

二、对唐代奴婢的研究

在唐代贱民问题的研究中,奴婢问题受到了特别重视。围绕这个问题发表的论文较多,1986 年上海人民出版社出版李季平的《唐代奴婢制度》一书,全面讨论了唐代奴婢制度,是作者多年来潜心钻研这一问题的成果。

下面将论著重点讨论的几个问题介绍如下。

(一)关于唐代奴婢的性质。传统的观点认为,封建社会中的奴婢是奴隶制度在封建社会的残余。对于唐代奴婢,多数论著称亦作如此认识。侯外庐认为,在唐代"奴婢的地位次于部曲"[1]。韩国磐认为,隋末农民战争中,"获得解放的奴婢数量必然很大,因此奴隶制残余越来越少了。然而这种残余并非一下就可以廓清。故在隋唐五代时还有不少的奴婢"。与前朝相比,这个时期的奴婢虽然身分地位发生了一些变化,但他们仍是'律比畜产'的奴隶制的残余"[2]。李季平、孟昭庚、李伯重亦持同样的看法。李季平《唐代奴婢制度》一书第二章的题目便是:"中国封建社会中奴隶制残余形态及其在唐代的严重遗留"。

翁俊雄不同意以上观点。他在《关于隋唐五代奴婢的性质问题》[3]一文中提出,隋唐五代时期的奴婢与奴隶社会中的奴隶根本不同。奴婢是封建性的奴仆,奴婢的存在是地主阶级的需要,是隋唐五代社会的重要组成部分。翁俊雄以唐代奴婢从事的劳动说明,奴婢不是个可有可无的多余阶层,奴婢制度是建立在封建生产关系基础上的。他认为,隋唐五代的佃客主要是给地主交纳产品,而奴婢主要是为地主服劳役。隋唐五代的奴婢实际上就是恩格斯所讲的封建奴仆,是农民阶级的一个"独特等第",这就是奴婢存在于整个封建社会中的原因。

① 侯外庐:《中国封建社会史论》,人民出版社 1979 年版。
② 韩国磐:《隋唐五代史论集》1979 年版。
③ 翁俊雄:《关于隋唐五代奴婢的性质问题》,载《北京师范学院学报》1980 年第 4 期。

韩国磐在 1984 年修订的《北朝隋唐的均田制度》一书中谈到奴婢时指出:"奴婢虽是奴隶制的残余,但不能将这时的奴婢视同奴隶";"部曲奴隶虽称为贱民,实即人身依附性极强的农奴或家仆"。

张泽咸认为:"被视为资产的奴婢,其中确有一些被用于从事农业生产,但并不能称之为农奴,何况奴婢用于农业小生产在全社会中所占比例极小。"

武建国认为,唐代奴婢的性质具有奴隶与农奴的两重性。他们与奴隶社会的奴隶有相同的一面,如人身被他们占有,可以当作物品买卖,刑罚重于其他阶层,但唐代奴婢与奴隶制下的奴隶又有差异:首先,主人已不能随意杀害奴婢;其次奴婢不再终身为奴;再次,部分奴婢已有私有财产。附贯州县的奴婢已享有平民纳资代役的待遇。这些都反映了封建制下奴婢的特点。

(二)关于唐代奴婢的来源、数量及其作用。关于奴婢的来源,论者都认为有以下几个方面:① 破产农民;② 战争俘虏;③ 犯罪籍没;④ 前代遗留;⑤ 地方贡献;⑥ 官府赏赐;⑦ 海外贩运。但在这些来源的具体问题上有不同意见。例如战俘奴婢问题。一方面,论者一致认为唐前期尤其唐初,没战俘为奴婢的现象一直存在。另一方面对唐朝是否存在没战俘为奴婢的制度又有不同看法。孟昭庚认为武德贞观年间没战俘为奴显系承袭隋代遗风,到太宗时,以战俘为奴婢者已不多了。武建国认为,唐初统治者,"尤其唐太宗时,对战俘不再承袭前代沦为贱种,类为皂隶'的旧制"。以上学者的论点,主要根据一是太宗征高丽时,放免高丽战俘万四千口。二是侯君集征高昌,没无罪人为奴婢,被下狱治罪。李天石对此提出不同意见,认为太宗赦免高丽战俘,只能看作是一种特例和"恩典",并未根本改变"抗拒王师应没为奴隶"的制度。正因为如此,太宗赦免这些战俘,也必须令有司以布帛赎之。侯君集被治罪,问题也不在于他没战俘为奴婢,而是因为他擅自将无罪的人没为奴婢。反之,如果将有罪的俘虏——即敢于抵抗唐军的人没为奴婢,是不会有过错的。同征高昌的阿史那社尔就因受赏高昌战俘时只选老弱者而受嘉奖。另外,唐中央机构中尚书省下的都官,既主管奴婢事务,又负责"簿录俘囚",这绝不是偶然的。史料证明,至少在唐前期,没战俘为奴婢的制度是一直存在的。只是战俘奴婢的数量比起前朝有了减少。[1] 李季平也认为,"抗拒王师"的战俘,按制度是要没为奴婢的。即使在唐中期,仍有按制没战俘为奴婢的现象存在。[2]

在谈到由海外贩卖来的奴隶时,一些学者探讨了"昆仑奴"问题。李季平认为,"昆仑"一词,其义颇广,主要是指民族和国家而言。唐代泛称今中南半岛南部及南洋诸岛一些"卷发黑身"的居民为"昆仑"。所谓昆仑奴,自然指昆仑族人之为奴者。

---

① 李天石:《唐代的官奴婢制度及其变化》,载《兰州学刊》1988 年第 3 期。

② 李季平:《唐代奴婢来源述论》,载《唐史论丛》第 4 辑,三秦出版社 1988 年版。

昆仑奴构成了唐代官私奴婢的一部分。一般来讲,由南洋诸国作为贡品输入的,大都属于官奴婢,由大食人贩卖而来的,大都属于私奴婢。秦浩在《唐墓昆仑奴俑考释》一文中,将数千座唐墓中出土的昆仑奴俑按不同的体貌、服饰、姿态区分为三种类型,并结合唐文献的记载,指出唐代昆仑奴所来自的不同地区。[1]

谈到唐代掠卖边地人口为奴的情况时,孟昭庚认为,这类奴婢主要来自南方,其次是东西方甚广,北方则几乎全无。程喜霖在考察西州奴婢情况时认为,唐代奴婢不仅来自南方,西北也是其来源之一。[2]

关于唐代奴婢的数量及役使情况,多数论者认为,唐代奴婢数量已明显减少,大多已不从事农业生产劳动,而是服役于家内。主要证据一是唐代的均田制规定奴婢不受田,这一改变是以奴婢的减少为前提的;二是玄宗天宝八年的限奴婢数额较之前代大大减少,这是以现实生活为基础的。

李季平、李伯重、李天石的看法有所不同。李季平认为奴婢不受田,说明奴婢在社会生产中逐渐被排斥,"成为单纯的家内奴隶"。但他又认为."唐代社会上始终存有大量的私奴婢","唐中后期,社会上的奴婢数量更是大得惊人"。李伯重、李天石则认为,唐前期,奴婢在社会总人口中虽比唐以前有了减少,但仍占有一定比例,奴婢从事社会生产的现象仍相当普遍。唐中期以后,奴婢的数量才逐渐减少,且大多移入家内使役。唐玄宗天宝八年的诏令,反映的是中唐奴婢日益减少的情况。

近年来出土的吐鲁番文书为这一问题的研究提供了新资料。唐长孺曾分析了吐鲁番出土的一批唐初乡户口账。其中三个乡的统计如下:

1. 当乡总口数二千六十四,奴婢一百一十六,占总口数的百分之五点六;

2. 当乡总口数一千二百余,奴婢约一百四十余,占总口数百分之十二;

3. 当乡总口数二千三百余,部曲三,奴婢三百三十四,贱口占总人口数百分之十五左右。

宋家钰认为,"如据此计算,唐代贱口总数则有四、五百万。实际上可能没有这么多。……我个人估计,贱口数可能在三百万左右"[3]。

唐长孺认为,吐鲁番文书中记载的这些奴婢,主要是麴氏高昌的遗留,并不反映唐代内地的实际情况。根据敦煌文书来看,唐朝内地奴婢在总人口中的比例不会像西州那样高。武建国也认为,唐代奴婢的数量及使用状况,内地与边地是有差异的,不能一概而论。

李天石专门探讨了唐代两税法的实行对唐代奴婢制度的影响,他认为两税法

---

① 秦浩:《唐墓昆仑奴俑考释》,载《南京大学学报》1984 年第 2 期。

② 程喜霖:《唐代公验与过所案卷所见的经济材料》,载《中国社会经济史研究》1986 年第 2 期。

③ 宋家钰:《中国唐史学会论文集》,三秦出版社 1989 年版。

的实行,使作为财产计算的奴婢在定户等、征赋税中的比重加大了,导致了社会上奴婢数量的减少。①

(三)关于唐代奴婢的买卖制度及其价格。集中探讨唐代奴婢买卖制度的是朱雷、李季平等。朱雷认为,唐代商业活动被严格限定在特定区域——市中进行。市内又按商品种类性质分为若干行,行内又分若干肆、铺。由于法律规定奴婢属于资产,类同牲畜,按"名相近者相远,实相近者相迩"的原则,奴婢与马匹之类的财产自应同属"口马行"。在口马行中,奴婢与牛马一样,按"三价均市"的原则,分为上中下三价。《唐沙州某市时价簿口马行时沽》反映的正是这样一种情况。朱雷还分析了奴婢标明"家生""蕃奴"的意义。唐代奴婢买卖须有"过贱"手续,而家生奴婢不来自买卖,没有"市券""公验",只有在五人保白的情况下才可以合法出售;但如果有口马行牙人作证,不仅不需要旧券,甚至也无须保人"保白",即可成交出售。因此"家生"的意义不在于价格的差别。至于"蕃奴"的蕃字,朱雷认为是指奴婢的产地。时沽中的"蕃"当指吐蕃。②

(四)李季平在《唐代奴婢制度》一书中探讨了唐代奴婢市场的分布、奴婢买卖手续。谈到奴婢的价格,李季平认为,"由于时间、地点不同、经济发展和供求情况不一,想要求得一个各地市场统一的奴婢价格,实际上是不可能的"。李天石则根据传世文献与出土文书中提供的有关奴婢价格的十种资料,概略地估算了唐代的奴婢价格,认为唐前期奴婢价格较低,奴价一般不超过十万钱,而唐中期以后,奴婢价格上涨,婢价高达二十万钱左右。③

(五)关于唐代寺院奴婢制度。唐代寺院奴婢阶层的存在,为学界所公认,但在具体认识上存在分歧。例如在寺奴婢的称谓上,姜伯勤一度认为"家人"是寺院奴婢,后来他在《唐西州寺院家人奴婢的放良》④一文中修正了自己的看法。他认为,唐代民间"家人"可以用指从部曲到奴婢的全部私贱人,但严格分析起来,家人身份应相当于奴婢。张弓则认为,从文献上看,"家人"一词在唐代有两种含义。一是泛指同载于一户之籍的"一家之人",另一含义是专指私奴,寺院的家人即寺院私袭的奴婢。

再如"净人",姜伯勤认为是一个包括部曲、奴婢在内的多层次概念。⑤ 张弓则认为,"净人"是南北朝至唐前期对寺奴婢的通称,"净人"是寺奴婢的梵名意译。对

① 李天石:《论两税法的实行对唐代奴婢的影响》,载《敦煌学辑刊》1987年第1期。
② 朱雷:《敦煌所出唐沙州某市时价簿口马行时沽考》,载《敦煌吐鲁番文书初探》,武汉大学出版社1983年版。
③ 李季平:《唐代私奴婢初探》,载《敦煌学辑刊》1984年第2期。
④ 姜伯勤:《唐西州寺院家人奴婢的放良》,《中国古代史论丛》,福建人民出版社1982年版。
⑤ 姜伯勤:《唐五代敦煌寺户制度》,中华书局1987年版。

于寺院牧羊人身份,也有不同意见。姜伯勤认为,"牧羊人"地位相近于沙州"作人",亦即相近于雇农长工。张弓则认为,"牧羊人"身份是寺奴。[①] 他认为,在唐代寺院奴婢阶层中,"音声"身份较高,可充"音声"的"净人"次之;专供"为僧作净"的"净人身分较低";世袭寺奴婢——家人、家生奴、家生婢子等身份最低。在对寺院奴婢的整体认识上,姜伯勤认为,"唐代是役使净人、奴婢的寺院经济体制由盛而衰的转折时期"。会昌灭佛,收奴婢为两税户十五万人,尼僧还俗及良人枝附者数十万,标志着佛寺中役使净人、奴婢的生产体制没落了。

张弓认为,唐朝廷对于隋末以来奴婢的放免之风,采取听任其变的政策,这集中反映在高宗显庆二年"听放还"的敕令上。文章以《唐开元四年玄觉寺婢除附牒》证明,直到"听放还"敕令下达六十年以后,奴婢放良之风仍在僻远的西州劲吹,寺奴婢也不例外。

张弓认为,唐后期全国寺奴婢的数量曾一时回升,原因之一是投充寺院的编户大批沦为寺奴婢,而原来寺院中的"家人""厮儿"等本色奴婢的比例却下降了。唐代寺奴婢阶层基本成分的变化,显然标志着寺院奴婢阶层实际上趋于削缩。

（六）关于唐代奴婢制度的变化及原因

许多论者认为,唐代奴婢制度,在中国封建社会由前期向后期转变的时期发生了很大变化,但对这一变化的具体时间、内涵、原因则有不同看法。孟昭庚认为,唐代奴婢制比之前朝的变化,首先表现为奴婢数量的减少。其原因一是战俘奴婢不多了;二是破产农民沦为奴婢者也由于政府的限制日益减少;三是掠卖少数民族为奴的现象仅限于南方、东方,西方次之,北则几乎全无。第二个变化是佣夫、典身的出现,反映了奴婢的身份在蜕变之中。而达官贵人奴婢变化的特点是日益骄横强悍,成为统治阶级的鹰犬。

李天石认为,应以唐中期为界限,联系土地所有制的变化,农民依附关系的减轻来认识奴婢数量的减少、身份的提高。唐中叶以来,商品经济的发展,均田制的破坏,使士族世代相承的稳固的土地所有制崩溃,使佃客部曲制随着士族土地凝固性的丧失而减轻依附关系。同时由于一般地主所有制和契约租佃制的发展,许多佃客、部曲包括奴婢转变成为契约租佃制下的客户。这应是中唐以后奴婢减少并转为主要供家内使役的根本原因。唐朝中期实行的严厉的限奴政策,也加速了奴婢向良人依附制的转化。两税法的实行,也使作为财产计算的奴婢在赋税中的地位陡然提高了。多占有奴婢意味着多纳赋税,这也是地主官僚减少其奴婢使用量的原因之一。谈到唐中后期掠卖奴婢盛行的原因,李天石认为,唐中期后,一方面内地奴婢来源日益减少。另一方面,地主官僚生活日益腐化,企望得到更多的奴婢

---

① 张弓:《唐五代敦煌寺院的"牧羊人"》,载《兰州学刊》1984 年第 2 期。

满足其奢侈生活的需要。于是一些缘边州县的官吏、奸商利用边地奴隶众多的条件,大搞奴婢贩卖,从中谋利,这是唐中期后掠卖边地奴婢成风的重要因素。这一现象不是唐代奴婢增多的表现,而是内地奴婢来源减少的一种反映。①

李伯重也以中唐为界探讨了唐代奴婢制度的变化及原因。他认为,《唐律疏议》中有关部曲奴婢的条文反映了唐初部曲奴婢的实际法律地位。而中唐后,部曲奴婢的现实情况发生了变化,实际上的身份地位逐渐提高。从数量看,唐中期后奴婢也比之前期明显减少。李伯重认为,发生这些变化的原因固然与奴婢争取解放的斗争有关,但更重要的是由于租佃关系的发展。中唐以后农民阶级的客户化对于部曲奴婢的命运起了决定性的影响,奴婢的客户化乃是不可避免的历史潮流。

赵云旗认为,在隋唐时期的变革阶段,奴婢内部发生了分化。形成了不同的等级。这些等级主要有:官僚阶层、剥削阶层、中等阶层、下层奴婢四类。这些不同的等级向着不同的方面转化。首先,部分人向官僚剥削阶级一面发展,以凡是奴婢都是贱类的观点看待这些人是不太合适的。其次,广大奴婢已基本上脱离生产领域而转为服务领域,由劳动人口变成消费人口,身份由奴婢逐渐变为封建家仆。再次,有些奴婢向佣工、典身、佃农方向转化。

赵云旗认为,在唐代以前的法律中,关于奴婢的条文极少,而《唐律》中奴婢条文大大增加,这说明隋唐时期的奴婢受到了国家的重视。《唐律》中对奴婢保护的范围远大于前代,某些条文说明奴婢开始获得了与良人相同的资格,法律地位比以前大为提高了。奴婢买卖的严格限制也说明奴婢具有了一般的人格,至少不能与牛马同栏买卖了。发生以上变化的原因,除了前面学者提到的以外,赵云旗认为,社会生产力的提高也使奴婢阶层转化消费人口有了可靠的保证。②

李天石还对唐代的官奴婢制度及其变化进行了探讨,认为官奴婢制度的变化与社会上私奴婢的变化是基本同步的。③

三、对唐代其他贱民的研究

除了部曲奴婢外,唐代的贱民还有杂户、太常音声人、官户、工乐等。

张维训《略论杂户"贱民"等级的消亡》④一文,是近年来研究唐代杂户的力作。该文是他《略论"杂户"的形成和演变》⑤的姊妹篇。张维训认为,杂户始见于十六

---

① 李天石:《唐代私奴婢初探》,载《敦煌学辑刊》1984 年第 2 期。
② 赵云旗:《论隋唐奴婢阶层在中国历史上的变化及其原因》,载《晋阳学刊》1987 年第 2 期。
③ 李天石:《唐代的官奴婢制度及其变化》,载《兰州学刊》1988 年第 3 期。
④ 张维训:《略论杂户"贱民"等级的消亡》,载《江西社会科学》1982 年第 4 期。
⑤ 张维训:《略论"杂户"的形成和演变》,载《中国史研究》1983 年第 1 期。

国初期,其来源当是被征服诸族的俘虏或居民,北魏时期,杂户脱离营户转入官府供役,在封建等级中被列入贱隶范围。隋唐时期,轮番服役和纳庸(资)代役的普遍推行,对杂户产生了极大的影响。首先,杂户通过轮番和纳资代役的途径,减少和摆脱苛重的劳役,有了更多的时间和更多自主地从事私有经济的活动。其次,杂户隶属关系松弛了。杂户从直属官府转为附贯州县,是这些杂户由贱民转化为良人的社会经济条件。

经济关系的新变动及杂户的反抗斗争迫使唐政府不能不调整政策,有条件地放免诸贱色人口,特别是杂户。《唐六典》刑部尚书都官郎中所载官奴婢"一免为番户,再免为杂户,三免为良人"的规定,证明放免更加制度化和经常化,另一方面,《唐律疏议》所载"杂户者谓前代以来犯罪没官,散配诸司驱使",证明唐代由罪犯直接配为杂户的办法已废止了;由官奴婢逐级放免而来的杂户也在减少。大约在唐中期以后,杂户作为贱民中的一个阶层便消亡了。

武建国认为,唐代杂户"受田进丁老免与百姓同",在经济条件上优越于其他贱民。从受田和服役的时间来看,杂户的主要劳动形式已由服杂役转向以农业生产为主。在土地上的经营已占据了他们的大部分时间。在法律上除当色相婚、良人不准养杂户子孙的条例体现了其贱民身份外,其他则一同良人之例。杂户与官户虽只差一个等级,但这一级的实际差别是比较大的。

官户,按唐律规定,"系前代以来,配隶相生,或今朝配没,州县无贯,听属本司"。身份低于杂户,受田减百姓口分之半,一年三番,不上番者亦可纳资代役。韩国磐认为,"官户亦有长上无番者,从这点看,真正能够纳资代役的恐怕不多"。他认为,杂户、官户的地位不仅比自耕农低,比客户也要低些。杂户、官户是封建国家直接掌握的依附性最强的农奴。

武建国认为,官户所受之田,当是给官户自营为生的,因为除上番以外,不再交纳其他的赋税。李天石则认为,官户"州县无籍,惟属本司",所受之田,很可能是官田。

太常音声人。韩国磐认为,这是隋末以来对太常寺乐工的称呼。李季平则认为,太常音声人是指在太常寺作乐的人,是乐户的总名,隋末以来,才与工乐区别开来,别名太常音声人的。唐之盛时,太常音声人竟"至于数万"。从太常音声人"不从州县赋役"及可以"婚同百姓"来看,太常音声人身份较杂户高,是贱民系列中身份最高的人。

工乐户。也属官贱民一种。"工乐者,工属少府,乐属太常,并不贯州县"。韩国磐认为,工户指官府工匠,包括了长作匠、短番匠、明资匠等。武建国则认为,配隶工户只是官府作坊中工匠的一个来源,他们的身份是贱民,与政府征发服役的丁匠是有异的。至于乐,韩国磐认为有两种,一为来自诸州的短番乐工,一为长上乐工,都属贱口之列。虽然长上匠与短番匠、长上乐工与短番乐工都属贱口之列,但在身份上还是有所区别的。韩国磐认为,杂户、官户、乐户或太常音声人、工匠等都是隋唐五代隶属于封建官府的农奴。

(原刊《中国史研究动态》1990 年第 3 期)

六十年来六朝史研究的回顾与展望

———

一

　　以江南为中心的六朝,上承秦汉,下启隋唐,在整个中国历史发展过程中,占有十分重要的地位。六朝近四百年的历史与文化,对中国后来历史发展的走向与文化演进,产生了极为重大而深远的影响。

　　中华人民共和国成立六十年来,中国六朝史研究有了很大的发展与变化,取得了很大的成就,同时也存在着诸多不足。认真对六十年来六朝史研究进行系统的学术回顾与展望,对于深化与推进六朝史研究,无疑具有十分重要的意义。①

一

　　对六朝历史的研究,可以说自六朝当代就已开始。② 近代以来,对六朝历史进行现代意义上的研究与总结,是自梁启超提出史学革命的口号以后,以二十世纪三四十年代为最盛。其代表人物如陈寅恪主要研究六朝文化与民族,特别是六朝各项制度与唐代制度的渊源关系;③吕思勉则侧重于魏晋南北朝通史撰作;④汤用彤的成就主要是宗教方面;⑤王伊同、谷霁光主要研究六朝门阀;何兹全、全汉昇、武仙卿、鞠清远等则是较早对六朝社会经济包括寺院经济史进行深入研究的学者。

---

　　① "六朝"有广义、狭义两解。广义六朝,指《通鉴》按正统观念所说的魏、晋、宋、齐、梁、陈,泛指整个魏晋南北朝。而狭义六朝则如《建康实录》所记,专指孙吴、东晋、宋、齐、梁、陈六朝。在十年前世纪之交的学术史回顾热潮中,曹文柱等撰有《二十世纪魏晋南北朝史研究》,近年陈长崎等亦撰有《魏晋南北朝史研究三十年》。这些论文,着眼点都是广义六朝。本文则侧重于以江南为统治中心的狭义六朝。

　　② 如晋人陈寿著《三国志》;刘宋裴松之注《三国志》;梁人沈约著《宋书》;梁人萧子显著《南齐书》等。六朝以后,姚思廉、许嵩、司马光、刘恕、沈括、洪迈、李贽、王夫之、王鸣盛、赵翼、钱大昕等一大批史学家,在他们的著述中都曾对六朝史进行过不同层面不同角度的研究。

　　③ 陈寅恪:《隋唐制度渊源略论稿》,中华书局1963年5月第1版。

　　④ 吕思勉:《两晋南北朝史》,上海古籍出版社1983年8月第1版。

　　⑤ 汤用彤:《汉魏两晋南北朝佛教史》上下,商务印书馆1938年版,1955年中华书局重印。其魏晋玄学的一批论文,大多收入人民出版社1957年出版的《魏晋玄学论稿》一书中。

另外,还有周一良、严耕望等一批卓越的史学家。这些学者大都国学根基深厚,治学精勤,上承乾嘉学派之精髓,兼摄当时西方社会科学之丰富营养,他们的论著具有开拓性的意义,许多成果今天仍有很大的参考价值。

1949 年以后,中国的六朝史研究,进入了一个新的历史时期。六十年的六朝史研究,大体经历了三个阶段:

第一个阶段,从 1949—1966 年,这是史学工作者自觉地以马克思主义为指导,探索新的理论与新的方法,提出新的课题,开拓新的研究领域的时期。代表人物是何兹全、唐长孺、缪钺、周一良、王仲荦、韩国磐、万绳楠等。他们的六朝史研究大多开始于 1949 年以前,但大多研究论著的发表,主要在 1949 年之后,他们的研究在深度与广度上都超越了前人。如唐长孺《三至六世纪江南大土地所有制的发展》《南朝士族的衰落》《南朝寒人的兴起》等文,对六朝时期的政治经济文化等许多问题提出了极有影响的见解。再如,何兹全对六朝自然经济与农民人身依附关系的研究、韩国磐对六朝经济史的研究等,都有很大的影响。

这一阶段,马克思主义史学家编写的几部中国通史也相继出版,其中对于六朝历史,多有深入叙述。何兹全的《魏晋南北朝史略》(1958 年)、王仲荦的《魏晋南北朝隋初唐史》(1961 年)两部断代史专著也产生了较大影响。可以说中国六朝史研究成为一个科学的体系,大体完成于这一阶段。

第二个阶段,从 1966 年至 1978 年,这一时期史学受"文化大革命"的严重影响,影射史学盛行,历史成了政治的工具,六朝研究与整个史学一样,处于停滞状态。

第三阶段,从 1978 年至今。改革开放以来,老一代史学家如何兹全等,继续有佳作推出,白寿彝总主编的多卷本《中国通史》第 5 卷,即由何兹全主编,代表了二十世纪八十年代六朝史研究的水平。而大批中华人民共和国成立以后成长起来的学者也释放出积蓄已久的学术能量,出版了大批学术论著,[①]如田余庆、黄烈、汤一介、周伟洲、朱大渭、简修炜、熊德基、万绳楠、郑佩欣、高敏、黎虎、许辉、蒋福亚等。田余庆对东晋门阀政治进行了深入研究;黄烈、周伟洲对六朝少数民族进行了多方面研究;朱大渭有《六朝史论》《六朝史论续集》;熊德基有《六朝史考实》、郑佩欣有《魏晋南北朝史探索》,简修炜等人对六朝经济与阶级、阶层、各类身份的研究,在史学界都有相当影响。同时,1977 年恢复高考以后成长起来的一批博士、硕士及中青年学者,亦成为研究的生力军,他们精力旺盛,思想敏锐,以新的理论与方法研

① 据陈长琦等统计,自 1978 年至 1988 年的第一个十年,中国大陆每年发表的有关魏晋南北朝史研究的论文在一百五十篇以上,第二个十年达到年均两百篇以上,第三个十年则达到年均三百篇以上。三十年来出版的有关魏晋南北朝史研究的学术著作,大约有几百部,见陈长琦、范兆霖《魏晋南北朝史研究三十年》,载《史学集刊》2009 年第 10 期。

究魏晋南北朝史包括六朝史,取得一批富于新见的学术成果。

这一时期,六朝史研究的组织与机构纷纷出现,开始定期进行学术交流。1984年11月,在四川成都召开了中国第一届魏晋南北朝史学术研讨暨成立大会。重点讨论了魏晋南北朝的社会经济、阶级关系、民族关系三方面问题;第二届会议于1986年秋在山东烟台举行,会议主题是魏晋南北朝在中国历史上地位问题;第三届年会于1989年11月在广西桂林举行,会议中心主题是区域经济史研究与思想文化、社会生活史。一些学者重点讨论了六期时期江西区域经济的发展,认为经过六朝几百年发展,江西成为长江中下游的第三个经济中心;第四届年会暨国际学术会议于1992年9月在陕西西安举行,会议主题是魏晋南北朝文化及民族与民族关系问题;第五届年会暨国际学术会议于1995年9月在湖北襄樊市举行,除中国学者外,这次会议有来自日本、韩国的学者25人参加。大会收到近百篇论文,其中罗宗真《从出土文物看三国东吴的经济发展》、张旭华《南朝勋品制度试释》、何德章《释荆州本畏襄阳人》、孟聚《魏晋南朝时期的何氏家族》等,都是专论六朝历史与文化的;第六届会议于1998年9月在江苏南京举行,主题是六朝文化与南京;第七届会议于2001年8月在山西大同举行,主题是研究北朝史,但其中亦有一些研究六朝的文章,如许辉的《南北朝关系述论》、罗宗真《六朝时期南北文化的交往》等;第八届会议于2004年8月在四川成都举行,这次会议主题之一是纪念著名六朝史专家缪钺先生。第九届会议于2007年8月在湖北武汉举行,会议主题是"百年魏晋南北朝史研究的回顾与展望"。

每隔三年一次的中国魏晋南北朝史学术研讨会,为学者们的交流提供了平台,会议提交的论著许多是专门探讨六朝的。中国社会科学院历史研究所、武汉大学、北京师范大学、四川大学、郑州大学等单位还设立了专门的魏晋南北朝史研究室(所)。

六朝时期,江南地区是六朝的主要区域,而建康所在地南京曾是六朝古都。改革开放以来,江南地区的学者特别是江苏的古代史学者,有意识地加强六朝史研究,于1985年11月成立了江苏省六朝史研究会。此后,2000年12月,南京师范大学成立了六朝历史文化研究所;2001年,南京市政府、人大、省炎黄学会等单位联合成立了南京六朝史研究会;南京大学历史系亦有六朝研究室。

江苏省六朝史研究会本着推进六朝历史文化研究的宗旨,积极组织、协调省内外史学工作者开展学术研讨和交流,一年举行一次学术活动。已成为中国六朝史研究的一支十分活跃和不可忽视的力量。尤其是近年以来,研究会更加扎实地推动学术研究的深入和成果的出版,学术交流也更注重实效,整个学会工作取得了明显的进展,在学术界有较大影响。几十年来,江苏省六朝史研究会组织了一系列较大的学术活动:

在经济史方面,主要是开展对长江流域社会经济史的研究。近几十年的改革开放,促使中国学者重视与研究历史上中国长江流域的经济开发问题,围绕这一问题,江苏省六朝史研究会与有关单位联合,于 1986 年 8 月,与武汉大学、中国魏晋南北朝史研究会共同组织了"三至九世纪长江中游社会经济研讨会";1987 年 11 月,与中国魏晋南北朝史研究会共同发起,在常州召开了"长江下游三至九世纪社会经济研讨会";1991 年 11 月,中国魏晋南北朝史研究会在南京师范大学召开了"长江流域社会经济发展学术讨论会"。这次会议是在先后举行长江流域几次社会经济发展学术讨论会的基础上召开的。会议力求开创对整个长江流域社会经济发展历程进行全面考察和系统研究的新局面。此外,1986 年 11 月,在丹阳召开了"六朝农业与水利"学术研讨会;2005 年 11 月,在南京召开了六朝经济史专题研讨会;2006 年 4 月,在扬州召开了"六朝城市与交通"研讨会;2008 年 5 月在盐城举行了"六朝与海盐文化"研讨会。

在六朝军事及南北交流方面,1990 年 9 月,江苏六朝史研究会与江西大学等部门在江西庐山白鹿洞书院召开了"六朝军事与战争"学术研讨会。会议重点探讨了六朝的军事制度、军事思想、军事战术与人物等,会议论文后在《南京史地》杂志上集中发表。1996 年在徐州举行了"六朝时期南北交流"学术研讨会。

在六朝文化史研究方面,近年来,江苏省六朝史研究会组织了一系列学术活动并出版了一批重要的学术成果。1998 年 9 月,江苏省六朝史研究会与中国魏晋南北朝史学会等联合,召开了六朝文化国际学术研讨会,与会学者有一百多人,日本、韩国等国与会学者二十余人。提交论文六十余篇。会议的主题是六朝文化,这次会议是在南京召开的较大规模的专门研究六朝文化的学术会议,特点是传世文献与出土文献研究相结合,历史研究与文物研究相结合。除这次大规模学术会议以外,学会还开展了一系列中小型学术活动研讨六朝文化。如 1992 年,在连云港举行了"六朝文化与文学"研讨会;2000 年 12 月,在南京举行了"六朝历史与文化"学术研讨会;2007 年五月在常州举行了"六朝与吴文化转型"学术研讨会。

在六朝区域史及总体史研究方面,1999 年在南通召开了"六朝与南通历史"学术研讨会;2001 年 11 月,在南京召开了"六朝区域文化与旅游产业"学术研讨会;2002 年 11 月在常熟举行了"六朝与江南史"研讨会;2004 年 10 月,在淮阴举行了"江淮地域与六朝历史"研讨会;2008 年,在南京召开了"六朝建康城"国际学术研讨会;2009 年 9 月,在南京师范大学举行了有国内外众多高校与科研部门学者参加的"建国六十年来六朝史研究的回顾与展望"学术研讨会。

继二十世纪八十年代陆续出版的《六朝史讲座》《南京教育学院学报专辑》、《古代长江下游的经济开发》(三秦出版社出版)等成果以后,二十多年来,江苏省六朝史研究会组织出版了一批重要研究成果:

1. 张承宗等著《六朝史》(江苏古籍出版社 1991 年版)。该书以南方地区三至六世纪的六朝历史独立成篇,全面系统地对此时南方社会历史文化的成就及其地位进行考察和剖析。该书突出的特点是思想文化、科学技术、生活风貌三章的内容占到全书总篇幅的 35％,构成全书重点,反映了近年来中国史学界对文化史、社会史研究的普遍重视。

2. 许辉、蒋福亚主编《六朝经济史》(江苏古籍出版社 1993 年版)。此书以"导论"发端,依次论及六朝经济区的开发、大土地所有制的形成和发展、地主阶级和依附民、户籍与田赋制度、农业、手工业、商业与交通等各个侧面。作者力求对六朝经济发展的轨迹和特点,进行概括性的探索和总结。是近年六朝社会经济史研究的代表作之一。

3. 卞孝萱主编《六朝史论集》(黄山书社 1993 年版)。该书是由江苏省六朝史研究会编辑出版的一部论文集,涉及政治军事、经济开发、学术文化、社会生活、文物古迹等方面。其涵盖面之广、论述研讨之深,充分反映了江苏省史学工作者在六朝史领域学术研究的显著进展。

4. 2001 年,江苏古籍出版社出版了许辉、邱敏、胡阿祥主编的《六朝文化》一书。这是江苏省六朝史研究会几十位学者合力完成的,其中既有历史学者,也有文物工作者。内容分为基础研究篇十章、应用开发篇七个专题。该书运用了大量的考古材料、方志、笔记等,并吸收天文、地理、建筑、艺术等多种成果,是目前比较全面的研究六朝文化的著作。

5. 卞孝萱主编的"六朝丛书"。这是一部研究六朝的系列丛书,先后推出的有《六朝思想史》《六朝人生哲学》《六朝园林》《南朝史精语》《南史札记》等。由南京出版社 1992 年开始出版。该丛书力求对六朝历史作多渠道、多层次、多方位、多形式的探讨和论述。

6. 卞孝萱主编"六朝文学丛书",由中国黑龙江教育出版社出版。以六朝文学研究为主,如范子烨著《〈世说新语〉研究》、赵以武《阴铿与近体诗》、丁福林著《东晋南朝的谢氏文学集团》、王琳著《六朝辞赋史》、王云路《六朝诗歌语言研究》、罗国威著《敦煌本〈昭明文选〉研究》、程章灿著《世族与六朝文学》、刘跃进范子烨编《六朝作家年谱辑要》、吉定的《庾信研究》等。

除上述各项有组织的学术研究成果外,学会个人也发表有不少论文和专著。例如蒋赞初在长期主持长江流域魏晋六朝考古和文物发掘的基础上,出版了《长江中下游历史考古论文集》(科学出版社 2000 年 10 月版);罗宗真主持编纂了《江苏文物志》(江苏古籍出版社 1998 年版)、《魏晋南北朝考古》(文物出版社 2001 年版)、《探索历史的真相——江苏地区考古、历史研究文集》(江苏古籍出版社 2002 年版);李蔚然出版了《南京六朝墓葬的发现与研究》(四川大学出版社 1998 年出版);张承宗撰写了《江南文化与经济生活研究》(江苏古籍出版社 2000 年版)。
2009 年,其六朝史研究论文集亦出版。贺云翱《六朝瓦当与六朝都城》一书,2005
年由文物出版社出版。作者对南京地区出土的大量的六朝瓦当进行了较为全面的
研究,并从文献学、历史学、考古学等层面对六朝建康城的走向、城市布局、历史风
貌等进行了探讨,对建康城的复原作出新的解释。

近年江苏不少年富力强的中青年学者的六朝史研究成果也陆续问世,如胡阿
祥于 2001 年出版了《六朝疆域与政区》(西安地图出版社,2005 年又由学苑出版社
出版增订本)。2001 年,他的《魏晋本土文学地理研究》一书列入"南京大学博士文
丛"出版。2008 年,他承担的侨州郡县研究国家项目,以《东晋南朝侨州郡县与侨
流人口研究》一书作为代表性成果,由江苏教育出版社出版,是作者多年研究侨州
郡县的心得与结晶。此外,他的《宋书州郡志汇释》一书,亦在 2006 年由安徽教育
出版社出版。以上著作在六朝历史地理研究方面填补了众多学术空白。

王永平的《六朝家族》(南京出版社 2008 年版)、《六朝江东世族之家风家学研
究》(江苏古籍出版社 2003 年版)、《孙吴政治与文化史论》(上海古籍出版社 2005
年版)、《中古士人迁移与文化交流》(社会科学文献出版社 2005 年版)等专著也先
后出版。它们对六朝史特别是六朝家族文化等,进行了系统深入的研究。

作为国家"十五"重点图书规划项目的李天石著《中国中古良贱身份制度研
究》一书,2004 年由南京师范大学出版社出版,该书系统探讨了包括六朝在内的中
古良贱身份系统的形成与演变。2005 年,李文才《南北朝时期益梁政区研究》一书
由商务印书馆出版。2006 年,赵益的《六朝南方神仙道教与文学》一书,由上海古
籍出版社出版。王波在澳亚周刊出版有限公司出版了《王羲之年谱笺证》;2005 年
由凤凰出版社出版的邵雍先生的《冶山存稿》一书,也涉及六朝史研究的众多方面。

南京六朝文化研究会成立以后,也举行了一系列学术活动并出版了一批成果:
2001 年在南京召开了刘勰《文心雕龙》研讨会,出版了由陈安吉主编的"可爱的南
京"丛书,2004 年,组织编写了"六朝文化丛书",其中许辉与李天石主编的《六朝文
化概论》、张承宗主编的《六朝民俗》、卢海鸣著《六朝都城》、邱敏著《六朝史学》、罗
宗真王志高著《六朝文物》、傅江译《六朝帝陵》,以及《六朝文学》《六朝经学与玄
学》《六朝宗教》《六朝科技》《六朝艺术》等书先后出版。2008 年,"六朝文化丛书"
第二批成果开始出版,如王永平《六朝家族》及《六朝军事》《六朝经济》《六朝政
治》《六朝制度》《六朝政区》《六朝教育》《六朝民族》《六朝交流》《六朝论著》等书已
出版或正在出版。

2005 年,南京出版社出版"十朝故都文化丛书",其中王永平《孙吴文化》、张学
锋、傅江《东晋文化》、程章灿《南朝文化》(上)、李天石与来琳玲《南朝文化》(下)皆
是六朝文化专著。2007 年,南京出版社出版了"南京稀见文献丛刊",其中《六朝事

迹编类》《六朝通鉴博议》等书,皆是关涉六朝史研究的重要史料。2009 年,由胡阿祥、李天石及卢海鸣编著的《南京通史》六朝卷也已出版。

此外,由胡阿祥主持的《南京晓庄学院学报》之六朝专栏,李天石主持的《南京师范大学学报》之六朝史专栏,亦成为六朝史研究的重要园地,在学界产生了相当影响。

二

怎样评价六十年来中国的六朝史研究? 不同的人会有不同的看法。笔者这里不拟从所有的方面来全面地论述这一问题,仅就个人的认识,评点一些有代表性的、影响比较大且在一定程度上可能会影响到今后研究趋势的重要方面。

从学术史的角度看,六十年来中国六朝史研究,经历了一个曲折发展、逐步繁荣的过程。

二十世纪上半期,中国现代意义上的六朝史研究处于起步阶段,但以陈寅恪为代表的六朝史研究的水平却已达到相当高的水准。这从当时六朝史研究的成员、学者对六朝史料的掌握程度、研究的主要对象与内容、使用的理论与方法等来看,都说明了这一点。

二十世纪三四十年代,六朝史研究虽然处于自发的研究阶段,但我们所知的参加六朝史研究的学者,正如本文一开始所述,无一不在各自研究的领域,取得了开创性的成绩。如陈寅恪先生,不仅在六朝文化与种族、六朝与隋唐社会的相互关系方面,取得了许多至今仍有重大影响、甚至无法突破的主流学术论点,而且他的正式的、私淑的弟子与学生们,近几十年来,代代相传,分布于各个高校与科研部门,在陈寅恪先生开拓的基础上,继续推进六朝史研究,奠定了中国六朝史研究的重要根基。再如何兹全先生三四十年代即开展对六朝地主经济、寺院经济史研究,其相关成果,至今仍是研究这一领域的经典之作;同样,目前能在六朝宗教史研究方面全面达到汤用彤先生六朝宗教史研究水平的也许还没有。

分析这些学者的成就,笔者认为重要的原因是根基于他们扎实的国学功底,放眼中外的学术眼界,较少教条的理论与方法,不受限制的研究环境。如陈寅恪,自幼师承良好的家学传统,稍长即去日本、欧美诸国游学,因此他按照自己的家世背景、学术视野及素养从事研究,既有全面掌握所有史料的基础,又能立足于传统乾嘉学派式的精细考据,还能学习与利用欧洲西方现代史学的方法,其中也包括马克思的历史唯物主义理论。① 吕诚之先生,"读书广博而重视融会贯通",强调社会历

---

① 据陈寅恪本人讲,他在德国求学期间即曾读过德文原版的《资本论》。

史的变迁进化,主张历史研究应"认识其变迁进化之因果关系"①,其早年著两部通史及抗战时期所著《两晋南北朝史》,都注意从经济、政治、文化的多层面分析社会,特别重视历史发展的内在规律,并且注意从社会组织、社会等级、人民生计等方面,全面认识六朝社会。何兹全先生的六朝史研究同样如此,他早年在北大受教于胡适、傅斯年、钱穆、陶希圣等兼通中外诸师(其中钱穆于外国史学较弱),吸收各位教师所长,同时,他又精读过马克思主义的理论,②故其治学眼界开阔,能融会贯通,形成自己对六朝社会认识的系统理论体系,持之多年而基本观点不变,其对六朝社会结构与经济的看法,至今仍是难以推翻之论。

陶希圣的《食货》杂志,所刊六朝史论文,作者大多也是受西方史学理论包括马克思主义理论的影响,注意经济基础与上层建设的关系,注意国计民生的分析,注重民众的意向,其中所刊许多论文仍是该领域的代表作。

中华人民共和国成立以后,史学工作者开始系统学习马克思主义理论,以历史唯物主义与辩证唯物主义指导史学研究,应该说,在中华人民共和国成立初十七年中,取得的成绩是很大的。我认为这十七年六朝史研究所取得的最大成就,就是对当时六朝社会特征,包括六朝社会的基本经济结构、阶级关系、阶级斗争、生产力水平、土地制度、赋税制度、商业发展水平、民族特征与分布、民族关系等方面的认识,达到了此前未有的水平。

例如马克思主义史学家范文澜二十世纪五十年代初著《中国通史简编》第二编,依据历史唯物主义原理,论述了六朝时期人口的南迁、农业、手工业、商业、科技、文化等多方面的发展,指出南朝三百年的士族统治,对中国南部的发展,作出了贡献,"在东晋南朝时期,长江流域开发出来了,使隋唐封建经济得到比两汉增加一倍的来源;文化事业发展起来了,使隋唐文化得到比两汉提高一层的凭藉"③。

何兹全先生继续深入六朝史研究,二十世纪五十年代完成了《中国古代社会的几个问题》等论文与《魏晋南北朝史略》一书,1982 年出版了《读史集》,1991 年,出版了《中国古代社会》《中国通史·魏晋南北朝卷》,这些成果重点仍是运用马克思主义理论,探索中古社会史的问题,使他在解放前形成的观点进一步深入。

唐长孺先生的六朝研究,早年从事中国辽、金、元史研究。1944 年后,他专注于魏晋南北朝隋唐史研究。中华人民共和国成立后,他完成了《魏晋南北朝论丛》《三至九世纪江南大土地所有制的发展》《魏晋南北朝论丛续编》《魏晋隋唐史三

---

① 杨宽:《吕思勉史学论著前言》,载《两晋南北朝史》,上海古籍出版社 1983 年版。

② 早在 1927 年,何兹全即读了列宁《远方来信》,二十世纪三十年代在北大,读了恩格斯、马克思、考茨基的著作,辩证法与唯物史观对他的史学思想影响很大。见何兹全:《我的史学观和我走过的学术道路》,载《史学家自述》,武汉出版社 1994 年版。

③ 范文澜:《中国通史简编》(修订本)第二编,人民出版社 1965 年版,第 449 页。

论》等众多著作,唐先生的考据精细而扎实,而他在精辨史料基础上运用马克思主义理论对六朝社会各方面所作出的宏观与微观相结合的理论分析,更是令人叹服。

再如韩国磐完成了《南朝经济试探》,李剑农则有《魏晋南北朝隋唐经济史稿》,周一良有《魏晋南北朝史论集》;王仲荦有《魏晋南北朝隋初唐史》。这些论著大都在历史唯物主义指导下围绕六朝社会性质及土地、赋税制度等多方面问题展开争鸣讨论,尽管没有形成一致的看法,却大大加深了人们对这一时期经济与社会的认识与了解。

思想文化方面,有侯外庐《中国思想通史》第三册和汤用彤《汉魏两晋南北朝佛教史》等著作的出版,同样体现了历史唯物主义理论的指导作用。

中华人民共和国成立初十七年的六朝史研究,奠定了现今六朝史研究的基础,尽管这一时期的研究,大多围绕着所谓史学"五朵金花"问题展开,存在着选题过于集中、理论分析多存教条化、史料发掘不深、人物评价文章过多、空泛文章充斥等种种缺陷,但很难想象,如果没有十七年的这些研究,我们的六朝史研究目前会是一个什么样的水准。换言之,即以台湾地区、香港地区的六朝史研究来看,他们的研究不以马克思主义为理论指导,研究对象,也有相对的"自由",但这十七年,除了史料考据性著作外,从对六朝总体与宏观的研究来看,远未达到中国内地、日本总体的研究水平。因此,我不同意时下有人全面否定十七年史学的观点。

改革开放以来,六朝史进入一个快速发展的阶段。纵观三十多年来的六朝史研究,我认为研究比较深入的主要在以下几方面:

一是对六朝历史的整体评价。六朝是中国历史上的乱世,历代史家普遍评价不高。二十世纪三十年代,陈寅恪的《隋唐制度渊源略论稿》指出了六朝对唐代的影响问题。但中华人民共和国成立后很长一段时间里,史学界却没有充分肯定六朝的历史作用。因为"分裂时期的历史,历来总是被忽视;因为它往往延续于动乱之中,没有多少可以被称道的文治武功,典章制度也很混杂。魏晋南北朝的历史,总是处于被忽视受冷落的地位"[①]。直至1984年的烟台会议之后,多数学者才形成了较为一致的看法,认为六朝是中国历史发展的一个重要时期,六朝在中国历史上占有十分重要的地位。

与此问题相关的,是六朝与北朝,孰是影响隋唐历史与制度的主流问题。陈寅恪二十世纪三十代曾指出了唐代财政制度的南朝化问题,近几十年来,唐长孺进一步论证了这一观点,认为唐代的制度的确有一个南朝化的过程。[②] 对此学界也有不同看法,如田余庆等先生认为,"从宏观来看东晋南朝和十六国南朝全部历史运

---

① 田余庆:《魏晋南北朝史研究的回顾与前瞻》,载《秦汉魏晋史探微》,中华书局1993年版。
② 唐长孺:《魏晋南北朝隋唐史三论》,武汉大学出版社1993年版。

动的总体,其主流毕竟在北而不在南"①。对此,牟发松从南北朝九品十八班官制的形成与南北关系等方面,对唐代南朝化问题作了深入考察,认为"南朝化一方面意味着唐代前期主要继承北朝历史发展的方向,与南朝当日历史发展的方向脱节,另一方面则意味着唐代中叶重新与南朝当日的历史发展方向相衔接,唐代前期占主导地位的北朝因素相应淡出乃至消失"②。这样分不同阶段与主次来看待唐代的南朝化问题,无疑是比较符合历史实际的。

二是对六朝社会经济、社会阶级、阶层、社会结构的研究继续深入。三十年来,史学工作者在前人基础上,继续深入分析六朝的土地所有制问题,农业、手工业、商业问题,阶级关系问题,人身依附问题,赋役制度问题等,成绩卓著。例如六朝时期南方社会经济的开发和进步,是此时期历史发展的基本特征和关键课题,历来为学术界所注重,经过多年研究,特别是通过对六朝时期长江中游、下游及长江全流域经济发展问题三次全国学术会议的召开,学者们已充分肯定了此时期江南的快速发展及对中国历史的贡献。其中罗宗真、简修炜、许辉、蒋福亚等人的相关研究成果,值得重视。徐明德认为,孙吴时期江南经济的迅速发展,为中国古代经济重心南移准备了条件。罗宗真从更长的时段探讨了这一趋势。③ 对于东晋南朝大土地所有制,蒋福亚分析其成因后指出,当时的大庄园土地不是靠购买式兼并形成的,而是豪强地主强占山川林泽或凭借私人武装侵夺百姓田产的结果。汤其领具体考察南朝大庄园的经营模式,指出它们具有宗法性日趋减弱、等级性逐渐加强、管理方式多样和间接经营多的特点。章义和认为六朝庄园的经营存在着集中、分散、集中与分散相结合三种经营形式。这三种经营形式虽各有特点,但分散经营因为生产者积极性较高,而且它采取的分散租佃制形式符合中国地主封建制的发展,因此成为以后我国封建经济的主要经营形式。④

何德章从农业技术、环境、人口等方面分析了六朝时期南方的开发。李恒全、郭智勇分析了六朝时期商品经济发展的原因与具体表现。⑤ 此外,对于六朝手工

---

① 田余庆:《东晋门阀政治》,北京大学出版社1989年版。阎步克亦有类似观点。

② 参见牟发松:《略论唐朝的南朝化倾向》,载《中国史研究》1996年第2期;《从南北朝到隋唐——唐代的南朝化倾向再论》,载《回望大梦的六朝》,凤凰出版社2009年版,第68页。

③ 参见罗宗真:《六朝时期全国经济重心的南移》,载《江海学刊》1984年第3期;简修炜《六朝史稿》及其论文,重点论述了六朝依附关系的发展;许辉、蒋福亚:《六朝经济史》,凤凰出版社2019年版;徐明德:《公元三世纪江南经济考略》,《浙江学刊》1984年第2期。

④ 分见蒋福亚:《东晋南朝的大土地所有制》,载《江海学刊》1992年第2期;汤其领:《东晋南朝世族地主庄园试探》,载《苏州大学学报》1990年第1期;章义和:《从谢灵运〈山居赋〉论六朝庄园的经营形式》,载《许昌师专学报》1993年第1期。

⑤ 何德章:《六朝江南农业技术两题》,载《南京晓庄学院学报》2005年第3期;《六朝南方开发的几个问题》,载《学海》2005年第2期。李恒全、郭智勇:《经济结构整合与六朝商品经济的发展》,载《苏州大学学报》2006年第4期。

业、城市、赋税制度、户籍的黄白籍问题、土断问题,都有较以往深入的探索。

这一时期,六朝区域经济史的研究日益兴起。关于六朝时期岭南区域经济的发展,如岭南的开发过程,岭南海外贸易与港市,岭南农业开发,吴对岭南的开发与治理,岭南发展的考古学观察等,都有专门研究成果。[①] 王志邦撰文认为,封建大土地所有制的发展极大地促进了浙江地区农业经济的繁荣;张承宗《六朝史》则对六朝时期江南的农业、手工业、商业、航运业以及长江下游的经济开发作了系统的考察;许辉探索了六朝时期珠江三角洲的开发;黄金铸则对六朝广西开发格局进行了初探。张灿辉撰有《六朝区域史研究》。[②] 由胡阿祥主编的《江南社会经济研究·六朝隋唐卷》一书也有不少论文探讨了以江南为重点的六朝区域经济。[③]

高敏的《魏晋南北朝经济史》上下册、《魏晋南北朝经济史探讨》、《秦汉魏晋南北朝土地制度研究》、《魏晋南北朝史发微》、《魏晋南北朝兵制研究》等论著,以马克思主义理论为指导,深入解析了六朝社会经济与社会结构的方方面面,将其老师唐长孺的六朝研究进一步拓展与深入开来。

寺院经济方面,何兹全主编了《五十年来汉唐佛教寺院经济研究》一书,金家瑞《南朝的寺院和僧侣》、简修炜《南北朝时期的寺院地主经济初探》、张弓《南北朝隋唐寺观户阶层述略》等文对此又有进一步的探索。

朱绍侯《魏晋南北朝土地制度与阶级关系》、余鹏飞《三国经济史》等,也从不同侧面探索了六朝经济史中的重大问题。

三是对六朝门阀政治、六朝家族个案的新探索。二十世纪三十年代,王伊同有《五朝门弟》、谷霁光有《六朝门阀》出版,解放后一段时间里人们对士族的作用多加否定,探析不深,士族个案的研究基本未能展开。唐长孺在二十世纪五十年代撰文认为,士族门阀特权的确立,政治上是皇权和地方豪强势力妥协的结果,经济上是封建国家土地所有制和贵族官僚大土地妥协的结果。[④] 以后他又进一步论述了东汉以来的大姓名士是构成魏晋士族的基础。

改革开放以来,学者们解放思想,对六朝士族的作用有新的认识,对门阀政治的产生、性质、作用和衰亡等方面提出了很多新观点。比较有影响的,如田余庆《东

---

① 分见傅兆君:《六朝城市经济的特点及其在新经济区发展中的作用》,载《学术月刊》1992年第11期;刘希为、刘磐修《六朝时期岭南的开发》,载《中国史研究》1991年第1期;陈长琦:《六朝广东发展的考古观察》,载《广东社会科学》1992年第3期;赵庆伟:《六朝时期广州海外贸易的崛起与港市的繁荣》,载《中南民族学院学报》1994年第2期;黄金铸:《六朝岭南农业开发的综合考察》,载《中南民族学院学报》1999年第2期,《六朝岭南地区城市发展与区域开发》,载《中国史研究》1999年第3期;段塔丽:《试论三国时期东吴对岭南的开发与治理》,载《南京大学学报》1999年第1期。

② 张灿辉:《六朝区域史研究》,岳麓书社2008年版。

③ 胡阿祥:《江南社会经济研究·六朝隋唐卷》,中国农业出版社2005年版。

④ 唐长孺:《门阀政治的形成及其衰落》,载《武汉大学学报》1959年第8期。

晋门阀政治》一书,分析了王、庾、桓、谢几大士族的执政特征,认为门阀政治只存在于东晋一朝,具有过渡性和暂时性特点,其实质是一种在特定条件下出现的几家大族的权力平行或超越于皇权的政治变态,是皇帝和士族的联合执政。祝总斌在《中国通史》第 5 卷中撰有《门阀制度》一章。他认为,门阀制度最重要的特征就是按门第高下选拔和任用官吏,在这一时期,它经历了四个阶段:东汉后期是萌芽期,曹魏、西晋是初步形成期,东晋和南北朝前期是确立和鼎盛期,南北朝后期是衰落期。大土地所有制、封建大家族与宗族以及儒学三者相结合之统一体的形成与发展,是门阀制度出现和持续存在的前提。

这一时期,一些学者对六朝士族的个案也展开了研究。田余庆《东晋门阀政治》就具有大族个案研究的特征。叶妙娜认为,东晋南朝谢氏家族经历了上升—全盛—衰落的发展过程,与之同步的是文—武—文的变化。王连儒认为,大族婚姻是一种复杂的伦常政治现象,影响所及,使得国家政治属性也带有浓厚的伦常色彩。曹文柱认为陈郡谢尚得任豫州刺史,是谢氏在东晋众多士族中脱颖而出的转折点。韩树峰探讨了江南晚渡大族为仕宦而弃文从武的情况。稽发根讨论了六朝吴兴沈氏由武力强宗向文化士族过渡的过程。① 刘驰撰有《六朝士族探析》一书。② 王永平近年注重六朝家族学术文化"家门化"的个案研究,他的《六朝家族》即重点研究了琅邪王氏、陈郡谢氏、兰陵萧氏、吴郡陆氏、张氏、沈氏的家族文化特征。

四是对六朝思想文化的深入讨论。这方面罗宏曾撰有《魏晋南北朝文化史》,万绳楠有《魏晋南北朝文化史》,熊铁基有《汉唐文化史》,曹文柱主编有《中国文化通史·魏晋南北朝卷》,都涉及六朝文化。而专以江南六朝文化为研究对象的有许辉、胡阿祥与李天石等著《六朝文化》《六朝文化概论》等。总的看,这一时期的六朝文化研究具体而细微。对于文学、宗教、艺术、科技、风俗,特别是玄学、儒学、经学等均有深入研究。对于六朝文化的总体特征,周积明认为是以经学独尊为内核的文化模式崩解,生动活泼的文化多元发展取而代之,而贯穿其中的一个共同主题是对超越具体事物的形而上之自在本体的追求。③ 李天石认为六朝文化具有其独特的价值,主要就是挣脱两汉儒学束缚,追求思想自由,发展抽象思维,张扬个性主体,实现精神的内在超越。在传承汉魏以前传统文化、影响隋唐礼乐政刑典章制度、促进江南开发及中外文化交流方面,都起了重要作用。④ 罗宏曾的《魏晋南北

---

① 分见叶妙娜:《东晋南朝侨姓高门之仕宦:陈郡谢氏个案研究》,载《历史研究》1986 年第 3 期。王连儒:《东晋陈郡谢氏婚姻考略》,载《中国史研究》1995 年第 4 期。稽发根:《六朝时吴兴沈氏文人的崛起与发展》,载《湖州师专学报》1998 年第 2 期。韩树峰:《河东裴氏南迁述论》《河东柳氏在南朝的独特发展历程》,分别载于《中国史研究》1996 年第 2 期、2000 年第 1 期。

② 刘驰:《六朝士族探析》,中央广播电视大学出版社 2000 年版。

③ 周积明:《论魏晋南北朝文化特质》,载《江汉论坛》1989 年第 1 期。

④ 李天石:《论六朝文化的价值》,载《浙江师大学报》,2004 年第 3 期。

朝文化架构的特征》一文,把这一时期定位为中国历史上第二次百家争鸣时期。

五是六朝社会史研究的兴起。吕思勉先生的《两晋南北朝史》曾用了不少笔墨论述六朝的社会生活,但1949年以后,六朝社会民俗被视为封、资、修而遭到批判。无人敢对之研究,近三十年来,人们认识到社会的历史不仅只是政治的经济的历史,更包括人们衣食住行等具体的社会生活。近年来,涉及六朝社会史方面的著作主要有齐涛《魏晋隋唐乡村社会研究》(山东人民出版社1995年版)、曹文柱主编《中国社会通史·秦汉魏晋南北朝卷》(山西教育出版社1996年版)、葛剑雄《中国移民史》第2卷(福建人民出版社1997年版)、朱大渭等《魏晋南北朝社会生活史》(中国社会科学出版社1998年版)等。张承宗、孙立撰文认为,六朝的社会风气,南方逐渐由尚武转变为懦懦。六朝江南妇女,以养蚕纺织等手工劳动为主,此外还从事植物的采集,并参与酿酒、卖茶等市场活动。这与六朝时期社会风气的相对开放分不开。①

六是六朝考古的新进展。解放以后,江南地区多有六朝遗址、墓葬的发现,其中江苏南京地区发现尤多。② 近三十多年来,六朝考古有重大的突破,许多以往学者们有争议的问题有望得以解决或部分解决。这其中对六朝史研究影响最大、最为重要的,可能是长沙走马楼吴简的发现与六朝建康城一系列遗址的发现。

七是六朝时期文献和典籍的整理方面也取得重要成果。这方面成绩十分显著,和六朝史有关的正史及《资治通鉴》都得到系统整理,由中华书局出版了标点校订本。一些基本文献典籍如《世说新语》《颜氏家训》《抱朴子内篇》《抱朴子外篇》《华阳国志》都已整理校注出版。六朝的相关墓志石刻及出土文献,如赵超《汉魏南北朝墓志汇编》、罗新等《新出魏晋南北朝墓志疏证》、唐长孺主编《吐鲁番出土文书》、长沙文物考古研究所编录《长沙走马楼三国吴简·嘉禾吏民田家》等都已出版。鲁西奇撰《六朝买地券丛考》,讨论了买地券反映的制度、地理等方面的问题。这里不再细述。③

<h1 style="text-align:center">三</h1>

在对六十年来六朝史研究作出如上简要回顾的基础上,有必要对今后如何进一步深化六朝史研究进行深入的思考与总体展望。

毫无疑问,对六朝历史进行更深入探索是很有必要的。这是因为,自孙吴建

---

① 张承宗、孙立:《东晋南北朝社会风气及南北民俗的交流》,载《江海学刊》1995年第6期;张承宗:《六朝江南妇女的经济活动》,载《浙江师范大学学报》2006年第5期。

② 见罗宗真:《六朝考古》,南京大学出版社1994年版。

③ 鲁西奇:《六朝买地券丛考》,载《文史》2006年第2辑。

国,到隋朝于公元 589 年灭陈,前后三百六十多年,处于南北对峙状态下的南方六朝,始终有着其独立的发展轨迹与独特个性。六朝史研究,应该特别重视对六朝社会发展独特轨迹与个性的研究。与北方诸政权相比,江南六朝有着相当的差异性。就此时整个中国历史的发展来看,无论是"缺南"还是"少北",都是不可想象的,都无法构成此时期完整的中国历史。可以说正是此时期南北政权历史文化诸多的"异",才构成了后来隋唐大统一时代历史文化方面内容丰富、异彩纷呈诸多的"同"。这就是我们需要加强对江南六朝史研究的原因所在。

怎样深化对六朝史的研究? 笔者认为,通过以上对六朝研究史的回顾,其中那些行之有效的研究理论、研究方法、研究手段、研究目标,应当是我们特别重视并继续发扬坚持的。这主要包括以下几方面:

一是研究的重点对象与目标。我们知道,历史是十分复杂的,尤其是六朝时期,南北政权对峙,政权更迭频繁,制度头绪众多,民族关系复杂,因此我们现今不可能,也没有必要完全复原历史的原象。历史就是历史,历史研究的任务,总是立足于当代对过去的历史进行某些选择性的研究,这是必然的,也是符合实际的。那么我们应当重视六朝的哪些方面的研究呢? 这里有一个宏观、中观、微观的关系问题。从微观方面讲,我们不可能搞清楚六朝的一切方面,但我们却可以从中观、宏观角度,大体搞清楚六朝社会的重要的、基本的方面。因此笔者主张选择六朝研究题目与目标不宜过于琐碎。当然这并不包括那些看似细小,而实际却关乎社会重大问题的课题。我们的重点似应放在微观与宏观相结合基础上所提出的重大问题上,例如近年六朝史学界所讨论的南北朝制度与文化的相互关系问题,六朝与唐代社会制度的渊源问题,六朝文化的特点与现代价值问题,都是极有意义的宏观研究课题。当然,笔者并不反对对六朝历史具体问题作更多乾嘉学派式的考证:历史学者本来就不是都集中于一个层面上做历史研究的,历史需要人们从宏观、中观、微观、长时段、中时段、短时段等不同层面、不同时段来进行研究和认识。不过就近年来许多青年学者过早沉浸于琐碎问题的考辨,研究过于细碎化的倾向来说,我以为目前应当更多提倡立足于扎实考辨与全面掌握史料基础上的宏观与中观的研究与分析。

其实,对于许多细碎的历史问题,是不太可能也没有必要都搞清楚的(当然若把这种工作当作一种基本功训练或一种个人喜好,另当别论)。例如当代史研究中对于"文化大革命"起源之类的宏观问题,你若只搞清楚一些个无关紧要的具体问题,而忽略从历史的社会的深层次去分析问题,搞的研究再多,你也是无法说清楚的。日本著名六朝史专家谷川道雄近年来十分忧虑日本六朝学界的一个问题,就是"研究者之间共同关心的问题少了",日本史学界青年一代越来越不关心历史上重大社会问题的研究,而过多沉浸于琐碎事件与制度的考据。他认为尽管以往的日本史学界所研究的"六朝社会共同体问题""中国古代历史分期问题"之类重大问题并不能取得完全一致的意见，但毕竟是推进了日本六朝史研究的不断深入，而且有重大的意义。中国的六朝史研究是不是也有这个问题呢？其实通过前面的回顾，我们不难看到，从某种意义上讲，正是由于中国史学界多年来对中国古史分期、汉民族形成问题、土地所有制问题、资本主义萌芽问题、农民战争问题、封建社会长期延续原因等重大历史问题的研究，我们的六朝史研究的许多方面才达到了较高的研究水平。现在许多青年人对老一辈学者所关注的重大问题已经失去了兴趣，"而自己所研究的课题又缺乏宏观的力度。本来，同老一辈学者相比，青年学者在史料功底和理论思辨能力上就相对存在着欠缺，过早地埋头于琐细的局部问题之中，则很难成大器"[①]。这无疑是中的之论。

二是研究六朝史(其实也包括所有历史研究)应当学习与掌握的理论问题。此点与上一问题相关。如果我们只是进行纯粹的考据，那么一般只要网罗所有的史料、掌握逻辑的推演、注意史料的鉴别等一系列环节，大体就会有一个或是或非的最终结果。其实，由于目前电脑技术的应用，过去我们需要花费数月、数年、甚至数十年才能完成查阅的浩瀚史料，现在电子计算机可能在瞬间便可以完成了。这就是目前一般考据方法的应用越来越简单的原因。例如我们要知道六朝一个身份名称或一个地名在文献中最早出现的时间及出现的频率，只要将它输入电脑，马上就可以完成了，这对于我们搞清楚相关问题极有帮助。但是，机器目前毕竟还是不能完全代替人的抽象思维，对于复杂的历史问题，特别是人与社会这样复杂的历史问题，只靠机器是不能解决问题的。要深入地认识人与社会，还是要靠对人与社会深入的、多方面的研究与透彻分析。而要做到这一点，我以为理论的学习是十分重要的。

回顾六十年来的六朝史研究，哪一个重要论点的提出与创造性研究成果(一般的史籍整理除外)能离开理论的分析呢？如陈寅恪对南朝与唐代历史关系的分析，何兹全对六朝社会特征与社会结构的认识，唐长孺对六朝社会中门阀士族、部曲、佃客等阶级、阶层的分析，都离不开理论的指导。何兹全的《中国古代社会》、唐长孺的《魏晋南北朝隋唐史三论》、田余庆的《东晋门阀政治》等论著，无不体现着理论与史料、宏观与微观的有机结合。

具体说到应该掌握什么样的理论，由于近年众多外国社会科学理论的引入，可能会仁见仁，智见智，但依笔者个人的经验来看，恐怕目前还没有哪一种理论比马克思历史唯物主义与唯物辩证法，更能使我们深入分析与认识人与社会的。马克思主义的历史唯物主义基本原理并没有过时。笔者认为目前中国历史学界真正高

---

① 曹文柱、李传军：《二十世纪魏晋南北朝史研究》，载《历史研究》2002年第5期。

质量的研究成果,例如上举诸书,大多还是运用马克思主义理论指导完成的。当然我们现在要以发展的变化的眼光来看待与应用马克思主义理论,绝不能将之教条化。

三是六朝史的研究,要在务实的基础上转换视角,改进方法,提出一些新的问题进行探索。多年来的思维定式,已使我们感到六朝史研究这块土地几乎已开垦殆尽,现在一些学者指导六朝史研究生做论文,选题似乎都出现了困难。其实,有时换一个角度,换一种方法,我们就会柳暗花明,发现一些新的问题和方法,而且即使过去已经做过的题目,也不是没有剩义可研究了。

四是史料的发掘问题。史料,首先是基本史料,即对正史、别史与政书、类书、文集、笔记等传世文献资料的掌握。这应是史料之大宗。对传世文献资料不熟悉,而去猎奇稀有材料,这是真正的历史学家一贯所反对的。陈寅恪重视出土文献资料的作用,认为"一时代之学术,必有一时代之材料",但我们看他的《隋唐制度渊源略论稿》等经典著作,基本都是利用最普遍、最常见的史料论证完成的。

其实如果对于基本史料尚不能认真学习与掌握,即便稀有的史料摆在面前,恐怕也是利用不好的。现在的史学青年,尤其要学会在阅读基本史料的"日课"中,加深对历史现象的认识。

在熟悉基本史料的基础上,要注意利用新的出土文献资料,例如近年六朝文献的出土,以1996年发现的长沙走马楼吴简最为知名。其总数十多万片、约两百余万字。今后随着大批简牍的公布,孙吴史的研究将会有较大的突破。

五是要扩大国际的学术交流。六朝史作为中国史学的一部分,已经日益国际化了。田余庆二十多年前就指出,"外国汉学家的研究成果,要多多吸收。探索新问题,借鉴外国,可以丰富我们的思想"①。目前,日本的学者在六朝史不少方面的研究,还是走在我们前面,而且应当注意的一个事实是,日本的一些学者,也是以唯物史观来指导六朝史研究的。② 因此加强中外特别是中日的六朝史研究国际合作与交流,十分必要。再如韩国历史上的三国时期,与中国六朝交往密切,其典制文化风俗多受中国六朝影响,将中韩历史加以比较,定会使双方的研究得到很大启发。总之,只有将研究的视野拓宽到世界范围,我们才能够在互相的切磋与交流中,加深、加快六朝史研究工作。

六是要注重考古资料的利用。

---

① 田余庆:《魏晋南北朝史研究的回顾与前瞻》,载《秦汉魏晋史探微》,中华书局1993年出版。
② 如日本著名六朝史专家谷川道雄在总结自己的学术道路时,就称马克思主义对自己的影响是"无法否定的",他是马克思著作"贪婪的读者"。见其《中国中世社会与共同体》中文版自序,中华书局2002年版。

　　近年中国六朝考古不断有新的发现,[①]特别是在南京,南京博物院、南京博物馆近年进行了一系列较重大的六朝墓葬的发掘。如南京钟山六朝祭坛遗址的发现,建康城宫城遗址的发现,石头城遗址的考古,六朝帝王陵的考古(如对陈武帝万安陵的调查、对陈文帝永宁陵的调查、对梁临川王萧宏墓的调查、对梁始兴王萧和墓、对梁潘阳王萧恢墓的调查),对栖霞山石窟寺、钟山寺庙遗址的调查,这些工作都促进了六朝史研究工作的深入。另外,在江南各省,近年都有一些六朝遗址、墓葬的发现。六朝考古的新成果使六朝史研究更加具有吸引力,促使研究水平不断有新的提高。

　　七是要戒除浮躁与急功近利行为,踏踏实实进行研究。我们经常讲:"板凳要坐十年冷,文章不写一句空。"这就是要鼓励人们踏踏实实治学。史学研究,来不得半点马虎,中国史学历来有着优良的传统,我们不能为时下社会上的浮躁与急功近利之风诱惑,而是要扎扎实实打好基本功。田余庆先生二十多年前曾讲过,要经过"十年生聚,十年教训"的努力,多出几个陈寅恪式的史家。现在二十多年过去了,我看现状至多是喜忧参半。我想只有经过继续的艰苦奋斗,才可能将中国的六朝史研究一步步推向深入。

(原刊《南京师大学报》2010 年第 4 期)

---

　　① 关于六十年来六朝考古的情况,限于篇幅未作详细介绍,有关情况可参见罗宗真:《六朝考古》,南京大学出版社 1994 年出版;罗宗真、王志高:《六朝文物》,南京出版社 2004 年版。

改革开放四十年来的
中国古代经济史研究

　　改革开放四十年来最引人瞩目的变化之一,莫过于中国经济的高速发展了。现在的中国是历史的中国的延续,从历史的深处发现中国经济高速发展的内在根源,无疑是中国经济史研究者的重大责任。在中国历史学界,经济史的研究,历来就是水准较高的研究领域,正是在这样一个背景下,四十年来中国古代经济史的研究,空前活跃,取得了重大的进展。概括来说,其主要特点表现为:

　　第一,大量的经济史资料被充分发掘出来,中国经济史研究的基础更为广阔和雄厚。四十年来,随着国力的增强与研究条件的改善,在传统典籍文献全面整理出版的基础上,大批古代经济史的文献档案资料得以整理出版。如正在编纂出版的《中华大典》,其中的《经济典》《农业典》和《工业典》,包含着丰富的古代经济史研究资料。魏明孔编纂的4000万字《工业典》已于2016年出版;宁可主编的4500万字的《经济典》、穆祥桐主编的4000万字的《农业典》,正在编纂出版之中。敦煌吐鲁番文书包括早年被掠至国外的部分,也已全部刊布。这些资料的整理刊布为推动中国经济史研究提供了极大方便。清史纂修工程组织编辑出版的数量可观的清代史料,对于推动清代经济史研究,功不可没。

　　改革开放以来,随着基本建设规模的扩大与考古事业的发展,大量涉及古代经济的遗址与文物,如城市遗址,建筑遗址,古代农作物,冶金、陶瓷、纺织、造船、工具等手工作坊与实物等,被不断发掘出来,为研究古代经济提供了直接的实物资料。而大量文字资料如甲骨文、金文、秦汉三国简牍、敦煌吐鲁番文书、墓志、碑刻、民间文书、族谱等等的发现与刊布,为古代经济史研究增添了异样的光彩。

　　地下文字、文物资料与传世文献记载相互印证,相互补充,匡正或深化了人们的认识,促进古代经济史研究不断深入。如1996年在长沙五一广场古井中出土的总数约14万枚三国走马楼吴国简牍,为研究吴国社会经济提供了丰富的资料。譬如吴简中的佃田租税券书,为了解吴国的赋税与租佃制度提供了最直接的史料。再如吴简中的户籍资料,为研究三国时期基层社会的户籍编制与身份问题,提供了第一手资料。此外,张家山汉简、龙山里耶秦简、敦煌悬泉驿汉简及清华秦简、岳麓秦简等的发现与刊布,都为古代经济史研究提供了第一手资料。学者们围绕这些新资料的研究,发表了大量成果,在许多方面改写了传统的结论。即使是传世文献,也有重要的发现与研究成果,如戴建国在天一阁发现的明钞本宋《天圣令》,附有唐代田令、赋役令、仓库令、厩牧令、关市令的原文,这为人们多年争论的唐代土地赋役制度等问题,提供了最直接的资料,使唐代经济史的研究进一步深化。

在明清经济史料方面,一大批以地方"文书"为名的民间历史文献如贵州清水江、浙江石门、湖北天门、浙江宁波等民间契约文书的发现,有力地推动了明清社会经济史研究。以清水江文书为例,2007年张应强等汇编成册的《清水江文书》,即在30万份以上。是明清以来锦屏县苗村侗寨混农林业契约文书的辑录。再如曹树基、陈支平主编的《客家珍稀文书丛刊》(广东人民出版社2019年版),仅第一辑便收录整理了赣、闽、粤三省34个县的约3.4万件契约文书,237个账簿,共3万余页。这些文献的发现,将大大促进明清以来中国传统乡村经济史的研究。

第二,重大理论问题的研究有所突破,新的研究领域不断开辟。

改革开放之初,对建国以来的"五朵金花"问题(中国古史分期、中国封建土地所有制、中国封建社会农民战争、中国资本主义萌芽、汉民族形成)继续展开了深入讨论并有新的突破,特别是"中国封建长期延续原因"的讨论,对于开经济史研究思想解放之风气,意义深远,具有重要的学术价值与现实意义。1993年始,《中国经济史研究》编辑部与多单位联合主办"中国经济史论坛"系列研讨会,主题涉及中国传统农业与小农经济、中国封建社会前后期经济发展比较、中国古代地主制经济的发展机制和历史作用、中国经济史理论与方法、中国现代化中传统经济因素的作用、中国经济史上的"天人合一"、中国历史上的商品经济、历史上的"三农"问题、中国历代农民家庭规模与农民家庭经济、环境史视野与经济史研究等。这些研讨会,深化了中国传统经济的研究,在国内外学术界产生了较大的影响。

这一时期关于资本主义萌芽问题的研究,集大成者是许涤新、吴承明。他们在《中国资本主义的萌芽》一书中认为,中国资本主义萌芽就是生产关系的发展过程,具有过渡性和双重性;这个生产关系是在封建社会晚期产生的;资本主义萌芽对于它所出现的社会跟时代是一个新的、先进的生产关系,是有延续性的。尽管在后来的研究中,吴承明不再提资本主义萌芽,而是探讨市场经济,这一探讨仍具有重要意义。李伯重从中国资本主义萌芽理论赖以存在的基础——英国模式的讨论入手,通过英国模式和明清江南模式的比较,得出如果没有西方的入侵,江南几乎不可能出现英国式的近代工业革命,资本主义萌芽是一个伪命题的结论。他分析了江南早期工业最终不能发展为近代工业的原因。

关于历史上的社会转型这一重大问题,几十年来讨论也十分热烈。其中商周、春秋战国、唐宋、晚清以来的社会转型,关注者尤多。特别是唐宋变革的问题,备受关注,论著众多。李华瑞《唐宋变革论的由来与发展》(天津古籍出版社 2010 年版)一书有全面介绍与评述。

在整体经济史研究方面,许多具有贯通性的古代经济史论著,如由林甘泉、方行、宁可主持的包括先秦至清代的多卷本《中国经济通史》,田昌五、漆侠主编的《中国封建社会经济史》,赵德馨主编的《中国经济通史》等先后出版。陈守实《中国古代土地关系史稿》、赵俪生《中国土地制度史》、郑学檬主编的《中国赋税制度史》等,从不同角度对古代经济作了多方面的探索,呈现出不同特色。在专门经济史方面,魏明孔主编的 4 卷本《中国手工业经济通史》对中国手工业发展进行了全面梳理与探讨,对中国手工业生产部门和类型、手工业生产和对社会经济生活的影响等方面均进行了系统阐述。冶金史的研究也更加成熟。代表性成果有杨宽《中国古代冶铁技术发展史》、田长浒《中国金属技术史》、华觉明《中国古代金属技术——铜和铁造就的文明》、苏荣誉等的《中国上古金属技术》等。吴慧主编的 5 卷本《中国商业通史》是商业史研究的代表作。

认识到中国幅员的辽阔,地域的差别,学者们日益重视区域经济史的研究。如人们利用徽州文书对皖南经济史的研究,山西学者利用民间文献对晋商的研究,福建、广东、贵州学者利用民间契约对东南乡村经济史的研究,殷晴对古代西域丝绸之路经济史的研究》(《丝绸之路经济史的研究》,兰州大学出版社 2012 年版)都取得重要进展,颇具特色。

民族经济史的研究也空前繁荣,其中漆侠、乔幼梅的《辽夏金经济史研究》(河北大学出版社 1998 年版),乔幼梅的《宋辽夏金经济史研究》(上海古籍出版社 2015 年版),杜建录、史金波的《西夏社会文书研究》(上海古籍出版社 2010 年版)等论著对辽、金、西夏经济史的研究,都是成功的范例,独具特色。

随着人们环保意识的增强,环境经济史也受到重视。王子今在 1994 年发表的《试论秦汉气候变迁对江南经济文化发展的意义》一文认为,气候条件的变迁对于秦汉时期江南地区经济文化的显著进步曾形成相当重要的影响。此后,他又出版了 50 万字的《秦汉时期生态环境研究》(北京大学出版社 2007 年 9 月第 1 版)一书。2016 年,张全明《两宋生态环境》(中华书局 2016 年版)一书出版。城市生态环境史方面,程遂营有《唐宋开封生态环境研究》(中国社会科学出版社 2002 年版)一书出版。南开大学还专门成立了中国环境史研究中心,出版了《中国历史上的环境与社会》(三联书店 2007 年版)、《中国环境史研究》(中国环境科学出版社 2009 年版)等成果。近年关于环境史研究的成果不断涌现,余不举例。

妇女经济史、海洋经济史、社会保障与救济史的研究也有新的突破。另外,交通运输史、商业货币史、物价与财政史等专史领域,也都有很多优秀成果。例如范金民的《江南丝绸史研究》(农业出版社 1993 年版)、《明清江南商业的发展》(南京大学出版社 1998 年版)都颇具特色。

第三,新理论、新视角、新方法运用于古代经济史研究,成绩斐然。

对新理论与新方法的探索,是改革开放以来古代经济史研究发展的一个重要特点。人们在坚持马克思主义史观的同时,也注意吸收其他的理论与方法从事研究。跨学科的研究、量化经济史的研究,日渐普及。随着全球化进程日益加快,从全球视野下进行中西方长时段经济史的比较研究,成为很多经济史学家关注的热点。这对于深刻理解中国社会经济史具有重要意义。以李伯重、王国斌、彭慕兰等人为代表的加州学派在这方面做出了突出贡献。同时,也得到许多学者的响应。多数学者对他们所表达的从中国历史的实际经验出发,以多元标准思考中国社会的研究视角表示认同。在史学方法上,著名经济史学者吴承明提出的"史无定法"的观点,为多数学者所认同。

此外,从科技史角度研究与古代经济史的关系,也是一个重要特色。如郑学檬等著《唐宋科学技术与经济发展关系研究》(厦门大学出版社 2013 年版)即是这方面的代表作之一。

历史是不能割断的,今日中国是历史中国的延续。展望中国古代经济史的发展趋势,今后应进一步加强经济史学理论的深入反思与创新研究,以中国史研究为基础,以中国经济史研究为重心,聚焦中国历史进程中的基本经济经验与突出问题,加以提炼、反思与研究,进一步形成并树立中国经济史学独特的话语体系。

继续重视新史料的发掘、整理与出版,加强大型综合数据库的建设。未来海洋经济史、生态环境史、科技经济史、比较经济史等,将继续成为新的学科关注与增长点。特别是随着一带一路经济带的建设与发展,海上、陆上丝绸之路经济史的研究,也会有更大的发展,出现新的局面。运用多学科方法与理论阐释经济史,理论视角与方法的多元化,将继续会是未来经济史研究的重要特征。

改革开放四十年来中国古代经济史研究领域所取得的成就是巨大的,这里仅是一个概述,挂一漏万,不到之处,敬请谅解!

(在"纪念改革开放四十年来的历史学研究"会议上的发言)

后　记

　　时光荏苒,岁月如梭,转眼人生已过去大半,我从事历史学习与探索,也已有四十年之久。说起来,我与历史学还是有些缘分的。

　　我出生在山东省淄博市,但年幼时,却经常生活在山东济南历城亓家庄姥姥家。在姥姥家门口不远处,有一座高高的圆锥体青山,人们叫它华山,隔黄河与对岸的鹊山相对。我跟姥姥、舅舅串门走亲戚,常从华山脚下路过。当时只觉得此山形体规正,草木葱茏,十分好看。长大后才知道这就是历史上著名的华不注山。春秋时这里曾发生过一场著名的齐晋"鞌"之战,晋军三周华不注,齐侯伪作役仆取水方免于难。《春秋左传》对这个历史事件的记载具体而生动。后来读到李白的《古风》诗句"昔我游齐都,登华不注峰,兹山何峻秀,绿翠如芙蓉",倍觉亲切。又看到元代名画家赵孟頫为周密所画鹊山、华山景色之《鹊华秋色图》,了解到围绕此山此画所发生的种种离奇故事,更为幼年时曾戏于此、长于此而感到骄傲。山东大学著名史学家王仲荦先生的论文集即名为《鹊华山馆丛稿》。前两年我也附庸风雅,开了个微博,径自称为"华不注山人"。此段经历,似乎隐示了我与历史学的缘分。

　　1966年,父母亲响应国家号召支援西北三线建设,8月我们举家西迁。时值"文革"初起,在北京我们看到了一派山雨欲来风满楼的景象。父母工作的军工厂位于甘肃的一个山沟里,那儿也卷入了"文革"之中。大人们"闹革命",我们小学生也人人当起了"红小兵"。几年下来,文革时期所有的活动、种种场景都亲身经历了,并深深地印在了脑海里。这就是我少年时代所经历的最现实的历史。

　　在甘肃那个山沟里,我读完小学与初中。其实那时候学校经常"停课闹革命"、搞军训,哪能学到多少知识。当时所有的书籍大都成了"四旧"或"封、资、修",几乎读不到什么书,幸好我有一个房后邻居是我的好同学好朋友,通过他,我得以偷着借读了他家中父母暗藏的几箱中外名著,如三国、水浒、西游、红楼梦"四大名著"及《战争与和平》《静静的顿河》《牛虻》《海鸥》等书。(令人唏嘘的是,这位冒着风险不断借书给我读的名叫董平的好同学,后来却因知识分子父亲所谓的历史问题,屡遭牵连,一直插队在农村不能被招工,年纪轻轻便郁郁而终。)

1970 年,我十六岁被招工进入兰州钢铁厂,当了炼钢工人。当时的工作环境异常恶劣,劳动艰苦而又危险。飞溅的钢花中,我曾数次死里逃生。我的有些同事却没有那么幸运,或失去了宝贵的生命或落下了终生的残疾。工作虽然艰苦,但我对读书的兴趣却有增无减。记得一位工友从别处借到一本头尾残破的《中国上古史演义》(后来才得知这是著名历史学家顾颉刚称为“一代才女”的陈穈常女士1954 年撰写的中国上古通俗史),给他借读的时间只有两天,我软磨硬泡,得到了其中一夜的阅读权。我通宵达旦,一口气读完了全书,还做了不少笔记(至今尚存),清晨还了书,强打起精神去炼钢厂上班。

1971 年“批林批孔”运动开始后,部分供批判用的孔、孟之书可以阅读了,毛主席又号召多读点马克思主义经典著作,部分西方哲学类书籍也可以阅读了,因此我在工余读了不少相关的书籍,并借此了解了一些中外历史。特别让我记忆深刻的是,有一天父亲带回家三册(第八、九、十册)不全的中华书局 1962 年版标点本《汉书》,内容恰好是李广、卫青、霍去病、司马相如、张骞、司马迁等几个名人的传记。尽管当时读文言文还有困难,但我如获至宝,不断阅读,珍藏至今。

1973 年,新华书店开始出售“文革”前印好、但尚未面市即遇“文革”查封的范文澜先生的《中国通史简编》(修订本)前三编四册。此书写了先秦到五代的历史。记得一套书的价格近四元,这对一个月只有二十几元生活费的青工来讲是笔不小的开支,但我还是星期天一清早去新华书店排队将它买了下来并在工余时间时时阅读。

由于略知一点历史知识,技术革新中又搞出点成绩,我被工厂抽调去宣讲“批林批孔”材料及辅导“六本书”(指《哥达纲领批判》《路德维希·费尔巴哈与德国古典哲学的终结》《反杜林论》《国家与革命》等六本马克思主义经典著作)学习,效果颇佳,1975 年被调至工厂团委工作,这使我有更多时间,能更加方便地阅读中外书籍了。

1977 年,小平同志高瞻远瞩,恢复了高考制度。首届高考,单位没有批准我报考,第二年政策放宽,我便以历史、地理科目成绩九十多分的高分被录取到了兰州大学。

高考时我报的第一志愿是经济学,我认为“文革”之后,经济将会有大的起飞,经济学应是最重要的专业。第二志愿报的是法学,我认为经过“文革”的动荡,国家需要实现法制,法学将极为重要。第三志愿报的才是我所喜欢的历史学专业。以我当时的分数被录取在前两个专业完全是可能的。但阴差阳错,由于种种原因,我最终被录取在了历史学专业。

得到消息的那一天,我长吁一口气:看来我宿命已定,一辈子就与历史学结缘了! 我的心从此安定下来:一生从事历史学这个我喜欢的专业,不再动摇!

回首"文革"那个年代，在正该好好读书的年纪，我们这几代人却历经政治运动，后来或上山下乡，或当兵进厂，经历种种生活的磨难。这个曲折的经历，使我们更加深刻地了解了社会，并引发了日后对历史问题久远的思考与探索。但同时也在一定程度上决定了我们知识结构的先天不足。

当初选中国古代史学习，是考虑到近现代史的研究禁忌较多，资料难得，而古代史离现实较远，研究禁区也少一些。实际上，中国历史是一以贯之的，现实的中国与历史的中国，有着千丝万缕的联系，相去并不遥远。要理解现实的中国必须透彻地研究历史上的中国。

在我的史学探索生涯中，我思考较多的一个方面，是社会中"人"及人与人之间的关系问题，即阶层、身份、地位、权利及与此相关的经济、法律、社会、思想、文化等。我以为"人"是社会运转的核心，社会发展的核心是人的发展。只有对人及人之间的相互关系研究透彻了，才能进一步加深对其他方面的了解。马克思在《共产党宣言》中曾明确指出，人类未来的理想社会，"将是这样一个联合体，在那里，每个人的自由发展是一切人的自由发展的条件"①。在《资本论》中，马克思又进一步阐明：未来社会是"以每个人的全面而自由的发展为基本原则的社会形式"。②

既然如此，我们就要研究历史上人的全面而自由的发展受到了怎样的限制，一切人的自由而全面发展的条件怎样才能实现。因此，在我思考探索的过程中，尽管在理论方面也学习采用了不少中外的各种理论，但基本的理论仍是马克思主义的历史唯物主义与辩证法。

此外，在史学探索中我特别重视中外历史及不同历史发展阶段的比较研究，我认为只有在不同历史的比较中，才能更深刻地认识中外历史不同社会的特点。才能发现其中的异同与共同规律。

庄子曾言："吾生也有涯，而知也无涯，以有涯随无涯，殆矣！"我们年轻时曾经有过不少雄心壮志，恨不得研究遍历史上所有重要的问题，待如今方发现，个人的精力、能力其实是很有限的。我们只能尽己所能，在有限的生命范围内，做一点点也许有价值，也许没有多大价值的研究。只有一代代的史学工作者薪火相传的奋斗下去，我们才能对历史的研究作出自己微薄的贡献。

几十年来在南京师范大学任教，工作学习心情是愉快的。面对一届届求知心切、生气勃勃的同学们，我们教师的精神与心态也总是年轻的。多年来，历任领导及同事们、学界众多知名不知名的朋友们，在各方面都给予了我很多帮助支持。值此机会，我要深深表示感谢！

---

① 《马克思恩格斯选集》第一卷，《共产党宣言》，人民出版社 1995 年版，第 294 页。
② 《资本论》第一卷第二十二章，《剩余价值转化为资本》，人民出版社 1975 年 6 月版，第 649 页。

这里还要特别感谢江苏人民出版社,特别是王保顶先生多年来对我主编的"随园史学丛书"及学术著作出版的无私帮助、大力支持。感谢王淳航、骆详译等同志帮助我整理、校对书稿更要对本书责任编辑在编辑本书过程中所表现出的高度责任心与专业水平,表示由衷敬佩与感谢!此书的出版若能为史学苑中再增添一朵小花,心愿足矣!虽然我已经退休且眼力日衰,但对历史问题的思考与探索不会停止,这方面老一辈史学家为我们做出了榜样!

我常想,一个人能将自己的兴趣、爱好与自己所从事的职业统一在一起,这该是何等的快事啊!几十年来,我一直居住在南京龙江 26 层高楼之上。备课、写作之余,我喜欢站在窗前,东望石头城、秦淮河,西望大江奔流,吟诵王安石《桂枝香·金陵怀古》中的词句:"千里澄江似练,翠峰如簇。归帆去棹残阳里,背西风,酒旗斜矗。彩舟云淡,星河鹭起,画图难足。……千古凭高对此,漫嗟荣辱。六朝旧事随流水,但寒烟衰草凝绿。"

去年隆重而热烈的退休欢送会上,同事们深情的话语,令我感动,令我难忘!我的老朋友、老同学李德宽先生亦作诗相贺:

作别金城向金陵,转瞬即是大半生。

随园天石琢古鉴,断代域地已汇通。

案头蜗居天地小,讲堂珠玑贯长虹。

躬耕史苑四十载,育得桃李万千名。

老友激赏,何敢受之,但"作别金城向金陵,转瞬即是大半生",却甚得吾心。最后,再借王安石句,赋《望江楼吟王荆公〈桂枝香·金陵怀古〉》小诗一首:

荆公昔咏《桂枝香》,　登临送目叹兴亡。

千古凭高嗟荣辱,　寒烟衰草遣悲凉。

人生几回伤往事,　过尽千帆是大江。

且把来日付浊酒,　儒林湖上看夕阳。①

2020 年 6 月 6 日写于金陵石头城下秦淮河畔

---

① 退休后常陪高堂居于滁州醉翁亭侧、儒林湖畔,晨望朝霞,晚赏落晖,故有是语。